Beck'sche Kompakt-Kommentare

Verwaltungs-verfahrensgesetz

Von

Dr. Winfried Huck
Professor an der Hochschule Braunschweig/Wolfenbüttel
und der Tongji-Universität, Schanghai, und
Fellow, Centre for Environment, Energy and Natural Resource Governance
(C-EENRG), University of Cambridge sowie
Senior Legal Fellow, Centre for International Development Law (CISDL), Montreal

Dr. Martin Müller
Professor an der Hochschule Braunschweig/Wolfenbüttel i. R.

4. Auflage 2025

C.H.BECK

Zitiervorschläge
Huck/Müller/Müller VwVfG § 1 Rn. 1

beck.de

ISBN 978 3 406 81820 2

Wilhelmstr. 9, 80801 München
Druck und Bindung: Friedrich Pustet GmbH & Co. KG,
Gutenbergstraße 8, 93051 Regensburg

Satz: Druckerei C.H.Beck Nördlingen
(Adresse wie Verlag)
Umschlag: fernlicht kommunikationsdesign, Gauting

chbeck.de/nachhaltig

Gedruckt auf säurefreiem, alterungsbeständigem Papier
(hergestellt aus chlorfrei gebleichtem Zellstoff)

Vorwort

„Beschleunigung, Deregulierung und Privatisierung haben Konjunktur", so lautete vor 27 Jahren der prägnante Befund von Dr. Bernhard Stüer (DVBl 1997, S. 326) Es schien, als seien verwaltungsrechtliche Instrumente gefunden worden, um den bedrohten Investitions- und Wirtschaftsstandort Deutschland zu stärken. Überlange Planungs- und Genehmigungsverfahren sollten gestrafft und vereinfacht werden. Zu den Maßnahmen zählten unter anderem das zwischenzeitlich aufgehobene Sternverfahren und die ebenfalls abgeschaffte Antragskonferenz, deren Wiedereinführung aktuell von Bund und Ländern gefordert wird.

Heutige Herausforderungen wie der Krieg in der Ukraine, die Energiewende, der Wasserstoffausbau, die Dekarbonisierung, der Klimaschutz, die Digitalisierung, die Künstliche Intelligenz, der Wohnungsbau und verschleppte Infrastrukturprojekte übersteigen die damaligen Gegebenheiten sowohl in quantitativer als auch qualitativer Hinsicht. Bereits 1996 reagierte der Gesetzgeber mit einer Reihe von Beschleunigungsgesetzen, darunter das Gesetz zur Beschleunigung von Genehmigungsverfahren. Diese sollten – so die Intention – einfach, zweckmäßig und zügig ablaufen, wie es § 10 S. 2 VwVfG ab 1996 vorgab. Die Vorwürfe, es handele sich dabei um „unverbindliche Gesetzeslyrik oder eine Hohl- bzw. Leerformel" ernteten überzeugenden Widerspruch (Bonk NVwZ 2001, 636 (639)).

Mit neuem Beschleunigungsschub erreichten zahlreiche Modernisierungen vor allem das gegenüber dem VwVfG vorrangige Fachrecht, wie etwa EEG, BImSchG (BT-Drs. 20/11657 vom 5.6.2024), WindSeeG, EnWG, NABEG und LNGG. Dabei sollte nicht übersehen werden, dass das Auseinanderdriften zwischen dem subsidiären VwVfG und dem vorrangigen Fachrecht ebenfalls beschleunigt wird, was die Frage aufwirft, ob und inwieweit eine bessere Verzahnung zwischen Fachrecht und dem allgemeinen VwVfG eine Aufgabe ist, für deren Erledigung die Zeit reif wäre.

Zum 1.1.2024 trat weitgehend das fünfte VwVfÄndG in Kraft, welches zahlreiche digitale Konzepte aus dem PlanSiG übernimmt, insbesondere zur Auslegung und Erörterung im Rahmen von Planfeststellungsverfahren. Zukünftig müssen Bekanntmachungen auf der Internetseite der Behörde oder ihres Verwaltungsträgers zugänglich gemacht werden. Die zur Auslegung vorgesehenen Dokumente müssen ebenfalls vor Beginn des Erörterungstermins online bereitgestellt werden. Die Onlinekonsultation und mit Einwilligung der Beteiligten auch Video- oder Telefonkonferenzen können jetzt Erörterungstermine ersetzen. Die elektronische Ersetzung der Schriftform wurde erweitert, so etwa die Zulassung des „qualifizierten elektronischen Siegels" für Behörden und des „besonderen elektronischen Anwaltspostfachs" (beA).

Neben den fachrechtlichen Änderungen dürften die dringend notwendigen, ja überfälligen digitalen Lösungen im VwVfG zu einer erheblichen

Beschleunigung der Verfahren beitragen. Weitere Überlegungen zur Beschleunigung von Genehmigungs- und Planfeststellungsverfahren wurden in der Besprechung des Bundeskanzlers mit den Regierungschefinnen und Regierungschefs der Länder am 6. November 2023 unter TOP 4 deutlich: Die Planungs- und Genehmigungsverfahren müssen beschleunigt werden, damit der Wirtschaftsstandort Deutschland wettbewerbsfähig bleibt. Die Beschleunigung dient auch dazu, die Digitalisierung, den Umbau des Energiesystems, die Schaffung einer modernen Infrastruktur sowie die Erreichung der Klimaziele rascher zu erreichen. Die Vereinbarung eines „Pakts für Planungs-, Genehmigungs- und Umsetzungsbeschleunigung" soll zur Verschlankung von Verfahren führen, indem das Recht modernisiert sowie Prüfschritte in Genehmigungsverfahren reduziert und standardisiert werden (Anlage zu TOP 4), wobei ua nach § 25 III VwVfG die frühe Öffentlichkeitsbeteiligung und vor allem die Digitalisierung stärker genutzt werden sollen. Die Wiederbelebung der bereits im VwVfG geregelten, dann aber aufgehobenen Antragskonferenz soll bei komplexen Verfahren und geringer Erfahrung der Beteiligten in Genehmigungsverfahren zukünftig zum Regelfall werden (S. 47 der Anlage zu TOP 4).

Bis sich die neuen Regelungen in gerichtlichen Entscheidungen widerspiegeln, wird noch eine gewisse Zeit vergehen. Gleichwohl ist der Zeitpunkt vor dem Hintergrund neuer Regelungen und geplanter weiterer Änderungen gekommen, nach fast fünf Jahren eine Neuauflage anzugehen, die die ergangene Rechtsprechung berücksichtigt.

Der Kommentar befindet sich damit auf dem Stand von Juli 2024. Die bisherige Konzeption wird auch in der vierten Auflage beibehalten. Die Kommentierung orientiert sich weiterhin an der Rechtsprechung des Bundesverwaltungsgerichts und der Oberverwaltungsgerichte. Das Werk wendet sich an all jene, die einen schnellen, zuverlässigen und zugleich umfassenden Einstieg in das Rechtsgebiet suchen und diesen im vorliegenden Kommentar rasch finden sollten.

Es ist uns ein Bedürfnis, an dieser Stelle Frau Saskia Henze-Wiskow vom Verlag C.H.BECK für die hervorragende und effiziente Kommunikation vor und während der Erarbeitung dieser und der letzten Auflagen zu danken. Ihr umsichtig geführtes Lektorat hat nicht nur zu einer angenehmen und produktiven Zusammenarbeit geführt, sondern Qualität und Präzision des Werkes maßgeblich gesteigert.

Auch unseren Familien sind wir erneut zu großem Dank verpflichtet. Ohne ihre Rücksichtnahme und Unterstützung wäre die fristgerechte Erstellung nicht möglich gewesen.

Braunschweig/Wolfenbüttel, im August 2024

Winfried Huck
Martin Müller

Inhaltsverzeichnis

Vorwort V
Abkürzungsverzeichnis XIII
Verzeichnis der abgekürzt zitierten Literatur XXI

Verwaltungsverfahrensgesetz (VwVfG)
Teil I. Anwendungsbereich, örtliche Zuständigkeit, elektronische Kommunikation, Amtshilfe, europäische Verwaltungszusammenarbeit

Abschnitt 1. Anwendungsbereich, örtliche Zuständigkeit, elektronische Kommunikation 1

§ 1 Anwendungsbereich *(Müller)* 1
§ 2 Ausnahmen vom Anwendungsbereich *(Müller)* 10
§ 3 Örtliche Zuständigkeit *(Müller)* 16
§ 3a Elektronische Kommunikation *(Müller)* 26

Abschnitt 2. Amtshilfe 36

§ 4 Amtshilfepflicht *(Müller)* 36
§ 5 Voraussetzungen und Grenzen der Amtshilfe *(Müller)* 40
§ 6 Auswahl der Behörde *(Müller)* 47
§ 7 Durchführung der Amtshilfe *(Müller)* 48
§ 8 Kosten der Amtshilfe *(Müller)* 51

Abschnitt 3. Europäische Verwaltungszusammenarbeit 53

§ 8a Grundsätze der Hilfeleistung *(Müller)* 53
§ 8b Form und Behandlung der Ersuchen *(Müller)* 56
§ 8c Kosten der Hilfeleistung *(Huck)* 59
§ 8d Mitteilungen von Amts wegen *(Huck)* 60
§ 8e Anwendbarkeit *(Huck)* 62

Teil II. Allgemeine Vorschriften über das Verwaltungsverfahren

Abschnitt 1. Verfahrensgrundsätze 65

§ 9 Begriff des Verwaltungsverfahrens *(Huck)* 65
§ 10 Nichtförmlichkeit des Verwaltungsverfahrens *(Huck)* 74
§ 11 Beteiligungsfähigkeit *(Huck)* 80
§ 12 Handlungsfähigkeit *(Huck)* 85

§ 13 Beteiligte *(Huck)* 89
§ 14 Bevollmächtigte und Beistände *(Huck)* 99
§ 15 Bestellung eines Empfangsbevollmächtigten *(Huck)* 111
§ 16 Bestellung eines Vertreters von Amts wegen *(Huck)* 114
§ 17 Vertreter bei gleichförmigen Eingaben *(Huck)* 120
§ 18 Vertreter für Beteiligte bei gleichem Interesse *(Huck)* 126
§ 19 Gemeinsame Vorschriften für Vertreter bei gleichförmigen Eingaben und bei gleichem Interesse *(Huck)* 129
§ 20 Ausgeschlossene Personen *(Huck)* 131
§ 21 Besorgnis der Befangenheit *(Huck)* 145
§ 22 Beginn des Verfahrens *(Huck)* 155
§ 23 Amtssprache *(Huck)* 164
§ 24 Untersuchungsgrundsatz *(Huck)* 171
§ 25 Beratung, Auskunft, frühe Öffentlichkeitsbeteiligung *(Huck)* 194
§ 26 Beweismittel *(Huck)* 207
§ 27 Versicherung an Eides statt *(Huck)* 220
§ 27a Bekanntmachung im Internet *(Huck)* 224
§ 27b Zugänglichmachung auszulegender Dokumente *(Huck)* 227
§ 27c Erörterung mit Verfahrensbeteiligten oder der Öffentlichkeit *(Huck)* 230
§ 28 Anhörung Beteiligter *(Huck)* 232
§ 29 Akteneinsicht durch Beteiligte *(Huck)* 249
§ 30 Geheimhaltung *(Huck)* 265

Abschnitt 2. Fristen, Termine, Wiedereinsetzung 271

§ 31 Fristen und Termine *(Huck)* 271
§ 32 Wiedereinsetzung in den vorigen Stand *(Huck)* 278

Abschnitt 3. Amtliche Beglaubigung 289

§ 33 Beglaubigung von Dokumenten *(Huck)* 289
§ 34 Beglaubigung von Unterschriften *(Huck)* 293

Teil III. Verwaltungsakt

Abschnitt 1. Zustandekommen des Verwaltungsaktes 297

§ 35 Begriff des Verwaltungsaktes *(Müller)* 297
§ 35a Vollständig automatisierter Erlass eines Verwaltungsaktes *(Müller)* 323
§ 36 Nebenbestimmungen zum Verwaltungsakt *(Müller)* 325
§ 37 Bestimmtheit und Form des Verwaltungsaktes; Rechtsbehelfsbelehrung *(Müller)* 335
§ 38 Zusicherung *(Müller)* 344
§ 39 Begründung des Verwaltungsaktes *(Müller)* 350
§ 40 Ermessen *(Müller)* 358
§ 41 Bekanntgabe des Verwaltungsaktes *(Müller)* 378

§ 42 Offenbare Unrichtigkeiten im Verwaltungsakt *(Müller)* 385
§ 42a Genehmigungsfiktion *(Müller)* 387

Abschnitt 2. Bestandskraft des Verwaltungsaktes 391

§ 43 Wirksamkeit des Verwaltungsaktes *(Müller)* 391
§ 44 Nichtigkeit des Verwaltungsaktes *(Müller)* 399
§ 45 Heilung von Verfahrens- und Formfehlern *(Müller)* 409
§ 46 Folgen von Verfahrens- und Formfehlern *(Müller)* 417
§ 47 Umdeutung eines fehlerhaften Verwaltungsaktes *(Müller)* 422
§ 48 Rücknahme eines rechtswidrigen Verwaltungsaktes *(Müller)* ... 426
§ 49 Widerruf eines rechtmäßigen Verwaltungsaktes *(Müller)* 448
§ 49a Erstattung, Verzinsung *(Müller)* 460
§ 50 Rücknahme und Widerruf im Rechtsbehelfsverfahren *(Müller)* 466
§ 51 Wiederaufgreifen des Verfahrens *(Müller)* 469
§ 52 Rückgabe von Urkunden und Sachen *(Müller)* 480

Abschnitt 3. Verjährungsrechtliche Wirkungen des Verwaltungsaktes 482

§ 53 Hemmung der Verjährung durch Verwaltungsakt *(Müller)* 482

Teil IV. Öffentlich-rechtlicher Vertrag

§ 54 Zulässigkeit des öffentlich-rechtlichen Vertrags *(Huck)* 491
§ 55 Vergleichsvertrag *(Huck)* 507
§ 56 Austauschvertrag *(Huck)* 514
§ 57 Schriftform *(Huck)* 519
§ 58 Zustimmung von Dritten und Behörden *(Huck)* 524
§ 59 Nichtigkeit des öffentlich-rechtlichen Vertrags *(Huck)* 529
§ 60 Anpassung und Kündigung in besonderen Fällen *(Huck)* 540
§ 61 Unterwerfung unter die sofortige Vollstreckung *(Huck)* 547
§ 62 Ergänzende Anwendung von Vorschriften *(Huck)* 550

Teil V. Besondere Verfahrensarten

Abschnitt 1. Förmliches Verwaltungsverfahren 559

§ 63 Anwendung der Vorschriften über das förmliche Verwaltungsverfahren *(Huck)* 559
§ 64 Form des Antrags *(Huck)* 562
§ 65 Mitwirkung von Zeugen und Sachverständigen *(Huck)* 564
§ 66 Verpflichtung zur Anhörung von Beteiligten *(Huck)* 568
§ 67 Erfordernis der mündlichen Verhandlung *(Huck)* 571
§ 68 Verlauf der mündlichen Verhandlung *(Huck)* 576
§ 69 Entscheidung *(Huck)* 582
§ 70 Anfechtung der Entscheidung *(Huck)* 586

§ 71 Besondere Vorschriften für das förmliche Verfahren vor Ausschüssen *(Huck)* 587

Abschnitt 1a. Verfahren über eine einheitliche Stelle 591

§ 71a Anwendbarkeit *(Müller)* 591
§ 71b Verfahren *(Müller)* 594
§ 71c Informationspflichten *(Müller)* 598
§ 71d Gegenseitige Unterstützung *(Müller)* 600
§ 71e Elektronisches Verfahren *(Müller)* 601

Abschnitt 2. Planfeststellungsverfahren 603

§ 72 Anwendung der Vorschriften über das Planfeststellungsverfahren *(Huck)* 603
§ 73 Anhörungsverfahren *(Huck)* 630
§ 74 Planfeststellungsbeschluss, Plangenehmigung *(Huck)* 669
§ 75 Rechtswirkungen der Planfeststellung *(Huck)* 712
§ 76 Planänderungen vor Fertigstellung des Vorhabens *(Huck)* 737
§ 77 Aufhebung des Planfeststellungsbeschlusses *(Huck)* 744
§ 78 Zusammentreffen mehrerer Vorhaben *(Huck)* 747

Teil VI. Rechtsbehelfsverfahren

§ 79 Rechtsbehelfe gegen Verwaltungsakte *(Müller)* 755
§ 80 Erstattung von Kosten im Vorverfahren *(Müller)* 768

Teil VII. Ehrenamtliche Tätigkeit, Ausschüsse

Abschnitt 1. Ehrenamtliche Tätigkeit 777

§ 81 Anwendung der Vorschriften über die ehrenamtliche Tätigkeit *(Huck)* 777
§ 82 Pflicht zu ehrenamtlicher Tätigkeit *(Huck)* 779
§ 83 Ausübung ehrenamtlicher Tätigkeit *(Huck)* 780
§ 84 Verschwiegenheitspflicht *(Huck)* 784
§ 85 Entschädigung *(Huck)* 789
§ 86 Abberufung *(Huck)* 792
§ 87 Ordnungswidrigkeiten *(Huck)* 794

Abschnitt 2. Ausschüsse 796

§ 88 Anwendung der Vorschriften über Ausschüsse *(Huck)* 796
§ 89 Ordnung in den Sitzungen *(Huck)* 798
§ 90 Beschlussfähigkeit *(Huck)* 801
§ 91 Beschlussfassung *(Huck)* 805
§ 92 Wahlen durch Ausschüsse *(Huck)* 806
§ 93 Niederschrift *(Huck)* 808

Teil VIII. Schlussvorschriften

§ 94 Übertragung gemeindlicher Aufgaben *(Huck)* 811
§ 95 Sonderregelung für Verteidigungsangelegenheiten *(Huck)* 812
§ 96 Überleitung von Verfahren *(Müller)* 814
§§ 97–99 (weggefallen) 816
§ 100 Landesgesetzliche Regelungen *(Huck)* 816
§ 101 Stadtstaatenklausel *(Huck)* 817
§ 102 Übergangsvorschrift zu § 53 *(Huck)* 817
§ 102a Übergangsregelung für die Durchführung von Verwaltungsverfahren *(Huck)* 819
§ 103 (Inkrafttreten) *(Huck)* 820

Sachverzeichnis 821

Abkürzungsverzeichnis

aA .... anderer Ansicht
AEUV .... Vertrag über die Arbeitsweise der Europäischen Union
AG .... Aktiengesellschaft
AG .... Amtsgericht (Ortsname)
AK .... Aarhus-Konvention
AO .... Abgabenordnung
A-QSG .... Abschlussprüfungs-Qualitätssicherungsgesetz
Arg. .... Argumentum
ArbnErfG .... Gesetz über Arbeitnehmererfindungen
AtG .... Atomgesetz
AtVfV .... Atomrechtliche Verfahrensordnung
AsylG .... Asylverfahrensgesetz
AufenthG .... Aufenthaltsgesetz
AuslG .... Ausländergesetz

BAföG .... Bundesausbildungsförderungsgesetz
BAG .... Bundesarbeitsgericht
BauBG .... Bundesbaugesetz
BauR .... Baurecht (Zeitschrift)
BBergG .... Bundesberggesetz
BBesG .... Bundesbesoldungsgesetz
BB .... Der Betriebs-Berater
BBG .... Bundesbeamtengesetz
BDG .... Bundesdisziplinargesetz
BDSG .... Bundesdatenschutzgesetz
BeckOK .... Beck'scher Online-Kommentar
Beil. .... Beilage
BGH .... Bundesgerichtshof
BGB .... Bürgerliches Gesetzbuch
BayVerfGH .... Bayerischer Verfassungsgerichtshof
BeamtStG .... Beamtenstatusgesetz
BeckRS .... Beck'sche Rechtsprechungssammlung (beck-online)
BFH .... Bundesfinanzhof
BEG .... Bundesentschädigungsgesetz
BGB .... Bürgerliches Gesetzbuch
BGBl. .... Bundesgesetzblatt
BHO .... Bundeshaushaltsordnung
BImSchG .... Bundes-Immissionsschutzgesetz
BMF .... Bundesministerium für Finanzen
BMI .... Bundesministerium des Inneren
BMIBBG .... Gesetz über die Bereinigung von Bundesrecht im Zuständigkeitsbereich des Bundesministeriums des Innern

BMinG .... Gesetz über die Rechtsverhältnisse der Mitglieder der Bundesregierung (Bundesministergesetz)
BMV .... Bundesministerium der Verteidigung
BNatSchG .... Bundesnaturschutzgesetz
BNotO .... Bundesnotarordnung
BRAO .... Bundesrechtsanwaltsordnung
BSG .... Bundessozialgericht
BStatG .... Bundesstatistikgesetz
BT-Drs. .... Bundestags-Drucksache, zitiert nach Wahlperiode und Nummer
BVerfGE .... Entscheidungen des Bundesverfassungsgerichts
BVerfSchG .... Bundesverfassungsschutzgesetz
BVerwG .... Bundesverwaltungsgericht
BVerwGE .... Entscheidungen des Bundesverwaltungsgerichts
BZRG .... Bundeszentralregistergesetz

CD .... Compact Disk

DIN .... Deutsches Institut für Normung
DLR .... Richtlinie 2006/123/EG des Europäischen Parlaments und des Rates vom 12.12.2006 über Dienstleistungen im Binnenmarkt
DLRG .... Deutsche Lebens-Rettungs-Gesellschaft e. V.
DNotZ .... Deutsche Notar-Zeitschrift
DÖV .... Die öffentliche Verwaltung (Zeitschrift)
DRiG .... Deutsches Richtergesetz
DRK .... Deutsches Rotes Kreuz
DStR .... Deutsches Steuerrecht (Zeitschrift)
DVBl. .... Deutsche Verwaltungsblätter (Zeitschrift)
DVD .... Digital Versatile Disc

EGBGB .... Einführungsgesetz zum Bürgerlichen Gesetzbuch
eG .... eingetragene Genossenschaft
elDASDG .... Gesetz zur Durchführung der Verordnung (EU) Nr. 910/2014 des Europäischen Parlaments und des Rates vom 23. Juli 2014 über elektronische Identifizierung und Vertrauensdienste für elektronische Transaktionen im Binnenmarkt und hzur Aufhebung der Richtlinie 1999/93/EG
elDAS-VO .... Verordnung (EU) Nr 910/2014 des Europäischen Parlaments und des Rates vom 23. Juli 2014 über elektronische Identifizierung und Vertrauensdienste für elektronische Transaktionen im Binnenmarkt und zur Aufhebung der Richtlinie 1999/93/EG
ElektroG .... Gesetz über das Inverkehrbringen, die Rücknahme und die umweltverträgliche Entsorgung von Elektro- und Elektronikgeräten

elIDKGEG	Gesetz zur Einführung einer Karte für Unionsbürger und Angehörige des Europäischen Wirtschaftsraums mit Funktion zum elektronischen Identitätsnachweis soie zur Änderung des Personalausweisgesetzes und weiterer Vorschriften
EMRK	Europäische Menschenrechtskonvention
EnWG	Energiewirtschaftsgesetz
EuRAG	Gesetz über die Tätigkeit europäischer Rechtsanwälte in Deutschland
e. V.	eingetragener Verein
ev.	evangelisch
EuR	Europarecht
EUV	Vertrag über die Europäische Union
EuZW	Europäische Zeitschrift für Wirtschaftsrecht
FamFG	Gesetz über das Verfahren in Familiensachen und in den Angelegenheiten der freiwilligen Gerichtsbarkeit
FG	Finanzgericht
FGG	Gesetz über die Angelegenheiten der freiwilligen Gerichtsbarkeit
FlurbG	Flurbereinigungsgesetz
Fn.	Fußnote
FStrG	Bundesfernstraßengesetz
FVG	Gesetz über die Finanzverwaltung
G	Gesetz
GG	Grundgesetz
GastG	Gaststättengesetz
GbR	Gesellschaft bürgerlichen Rechts
gem.	gemäß
GMBl.	Gemeinsames Ministerialblatt
GmS-OBG	Gemeinsamer Senat der obersten Gerichtshöfe des Bundes
GenTG	Gentechnikgesetz
GewO	Gewerbeordnung
GG	Grundgesetz
GmbH	Gesellschaft mit beschränkter Haftung
GPSG	Geräte- und Produktsicherheitsgesetz
GSG	Gerätesicherheitsgesetz
GVG	Gerichtsverfassungsgesetz
Hochschulvergabe-VO	Hochschulvergabeverordnung
HGB	Handelsgesetzbuch
hM	herrschende Meinung
HRG	Hochschulrahmengesetz
Hs.	Halbsatz

HwO .... Handwerksordnung
HZvNG .... Gesetz zur Einführung einer kapitalgedeckten Hüttenknappschaftlichen Zusatzversicherung und zur Änderung anderer Gesetze
HZÜ .... Übereinkommen über die Zustellung gerichtlicher und außergerichtlicher Schriftstücke im Ausland in Zivil- und Handelssachen

IBR .... Immobilien- und Baurecht (Zeitschrift)
idF .... in der Fassung
i. E. .... im Ergebnis
InfAuslR .... Informationsbrief Ausländerrecht
IFG .... Informationsfreiheitsgesetz
IPBeschlG .... Infrastrukturbeschleunigungsgesetz
IRG .... Gesetz über die internationale Rechtshilfe in Strafsachen
IT .... Informationstechnologie

JuS .... Juristische Schulung (Zeitschrift)
JuSchG .... Jugendschutzgesetz
JVEG .... Justizvergütungs- und -entschädigungsgesetz –
JZ .... Juristenzeitung

kath. .... katholisch
KDVG .... Kriegsdienstverweigerungsgesetz
KfSachvG .... Kraftfahrsachverständigengesetz
KG .... Kommanditgesellschaft
KGaA .... Kommanditgesellschaft auf Aktien
KHG .... Krankenhausfinanzierungsgesetz
KommJur .... Kommunaljurist (Zeitschrift)
KonsularG .... Konsulargesetz
KrWG .... Kreislaufwirtschaftsgesetz
KWG .... Kreditwesengesetz

L. .... Leitsatz
LAG .... Lastenausgleichsgesetz
LBauO .... Landes-Bauordnung
LG .... Landgericht
LKV .... Landes- und Kommunalverwaltung (Zeitschrift)
LKRZ .... Zeitschrift für Landes- und Kommunalrecht Hessen – Rheinland- Pfalz – Saarland
LPartG .... Lebenspartnerschaftsgesetz
LSG .... Landessozialgericht
LSK .... Leitsatzkartei
LStrWG .... Landes-Straßen- und Wegegesetz
LuftSiG .... Luftsicherheitsgesetz
LuftVG .... Luftverkehrsgesetz

MADG .... Gesetz über den militärischen Abschirmdienst
MBPlG .... Magnetschwebebahnplanungsgesetz
MDR .... Monatsschrift für deutsches Recht
MEPolG .... Musterentwurf eines einheitlichen Polizeigesetzes v. 25.11.1977
MittBayNot .... Mitteilungen des Bayerischen Notarvereins, der Notarkasse und der Landesnotarkammer Bayern
MMR .... Multimedia und Recht. Zeitschrift für Informations-, Telekommunikations- und Medienrecht

NBauO .... Niedersächsische Bauordnung
NdsVBl .... Niedersächsische Verwaltungsblätter (Zeitschrift)
NJ .... Neue Justiz (Zeitschrift)
NJW .... Neue Juristische Wochenschrift
NJOZ .... Neue Juristische Online-Zeitschrift
NordÖR .... Zeitschrift für Öffentliches Recht in Norddeutschland
NRW .... Nordrhein-Westfalen
NStZ .... Neue Zeitschrift für Strafrecht
NStZ-RR .... Neue Zeitschrift für Strafrecht – Rechtsprechungsreport
NVwZ .... Neue Zeitschrift für Verwaltungsrecht
NVwZ-RR .... Neue Zeitschrift für Verwaltungsrecht – Rechtsprechungsreport
NZA .... Neue Zeitschrift für Arbeits- und Sozialrecht
NZA-RR .... Neue Zeitschrift für Arbeits- und Sozialrecht – Rechtsprechungsreport
NZBau .... Neue Zeitschrift für Bau- Vergaberecht
NZM .... Neue Zeitschrift für Miet- und Wohnungsrecht
NZS .... Neue Zeitschrift für Sozialrecht

ÖPP .... Öffentlich-Private Partnerschaft
OLG .... Oberlandesgericht
OVG .... Oberverwaltungsgericht
OWiG .... Gesetz über Ordnungswidrigkeiten
OZG .... Onlinezugangsgesetz
OZGÄndG .... Gesetzes zur Änderung des Onlinezugangsgesetzes sowie weiterer Vorschriften zur Digitalisierung der Verwaltung

PBefG .... Personenbeförderungsgesetz
PAO .... Patentanwaltsordnung
PartG .... Parteiengesetz
Pdf .... Portable Document Format
PostG .... Postgesetz
PStG .... Personenstandsgesetz

RDG .... Rechtsdienstleistungsgesetz
RIW .... Recht der Internationalen Wirtschaft
Rn. .... Randnummer(n)

RVO .... Rechtsverordnung
RVO .... Reichsversicherungsordnung

s. .... siehe
S. .... Satz; Seite
SaatVerkG .... Saatgutverkehrsgesetz
SchRModG ...... Gesetz zur Modernisierung des Schuldrechts
SchfG .... Schornsteinfegergesetz
SCE .... Societas Cooperation Europae
SDG .... Sustainable Development Goal
SE .... Societas Europaea
SEP .... Societas Europaea Privata
SGB I .... Erstes Buch Sozialgesetzbuch – Allgemeiner Teil
SGB VII .... Siebtes Buch Sozialgesetzbuch – Gesetzliche Unfallversicherung
SGB VIII .... Achtes Buch Sozialgesetzbuch – Kinder- und Jugendhilfe
SGB X .... Zehntes Buch Sozialgesetzbuch – Sozialverwaltungsverfahren und Sozialdatenschutz
SigG .... Signaturgesetz
SortSchG .... Sortenschutzgesetz
StAG .... Staatsangehörigkeitsgesetz
SteuerberG .... Steuerberatergesetz
StGB .... Strafgesetzbuch
StPO .... Strafprozessordnung
str. .... streitig
stRspr .... ständige Rechtsprechung
StVJModG .... Gesetz zur Modernisierung des Besteuerungsverfahrens
StVG .... Straßenverkehrsgesetz
StVZO .... Straßenverkehrs-Zulassungs-Ordnung
SUP .... Societas unius personae

TA .... Technische Anleitung

UIG .... Umweltinformationsgesetz
UmwRG .... Umwelt – Rechtsbehelfsgesetz
UN .... United Nations (Vereinte Nationen)
UPR .... Umwelt- und Planungsrecht
UrhWG .... Urheberrechtswahrnehmungsgesetz
USB .... Universal Serial Bus
UVP .... Umweltverträglichkeitsprüfung
UVPG .... Gesetz über die Umweltverträglichkeitsprüfung

VA .... Verwaltungsakt
VblBW .... Verwaltungsblätter für Baden-Württemberg
VDG .... Vertrauensdienstgesetz
VDI .... Verein Deutscher Ingenieure
VermG .... Vermögensgesetz

VGG .... Verwertungsgesellschaftengesetz
VGH .... Verwaltungsgerichtshof (mit Ortsnamen)
VIG .... Verbraucherinformationsgesetz
VIZ .... Zeitschrift für Vermögens- und Wirtschaftsrecht
VO .... Verordnung
VV .... Verwaltungsvorschrift(en)
VwGO .... Verwaltungsgerichtsordnung
VwVfG .... Verwaltungsverfahrensgesetz
VwVG .... Verwaltungsvollstreckungsgesetz
VwZG .... Verwaltungszustellungsgesetz
VZOG .... Vermögenszuordnungsgesetz

WasserVerbR ..... Gesetz zur rechtlichen Stabilisierung der Zweckverbände für Wasserversorgung und Abwasserbeseitigung
WaStrG .... Bundeswasserstraßengesetz
WHG .... Wasserhaushaltsgesetz
WiPO .... Wirtschaftsprüferordnung
WPflG .... Wehrpflichtgesetz
WRV .... Weimarer Reichsverfassung

zB .... zum Beispiel
ZfBR .... Zeitschrift für deutsches und internationales Bau- und Vergaberecht
ZfWassR .... Zeitschrift für Wasserrecht
ZOV .... Zeitschrift für offene Vermögensfragen
ZPO .... Zivilprozessordnung
ZRP .... Zeitschrift für Rechtspolitik
ZUM .... Zeitschrift für Urheber- und Medienrecht
ZUR .... Zeitschrift für Umweltrecht

Verzeichnis der abgekürzt zitierten Literatur

BeckOK BauGB .... Spannowsky/Uechtritz, BeckOK BauGB, Kommentar, 47. Aufl. 2019.

BeckOK GG .... Epping/Hillgruber, BeckOK Grundgesetz, Kommentar, 41. Aufl. 2019.

BeckOK UmweltR Giesberts/Reinhardt, BeckOK Umweltrecht, Kommentar, 52. Aufl. 2019.

BeckOK VwGO ... Posser/Wolff, BeckOK VwGO, Kommentar, 51. Aufl. 2019.

BeckOK VwVfG ... Bader/Ronellenfitsch, BeckOK VwVfG, Kommentar, 45. Aufl. 2019.

BKKS Corpus Iuris Civilis .... Behrend/Knütel/Kupisch/Seiler, Corpus Iuris Civilis, Lehrbuch, 2. Aufl. 1997.

BPRS .... Berger/Partsch/Roth/Scheel, Informationsfreiheitsgesetz: IFG, Kommentar, 2. Aufl. 2013.

Ehlers/Pünder Allg-VerwR .... Ehlers/Pünder, Allgemeines Verwaltungsrecht, Lehrbuch, 16. Aufl. 2022.

GHN .... Grabitz/Hilf/Nettesheim, Das Recht der Europäischen Union: EUV/AEUV, Kommentar, 68. Aufl. 2019.

HK-VerwR .... Fehling/Kastner/Störmer, Verwaltungsrecht, Kommentar, 4. Aufl. 2016.

Jauernig .... Jauernig, Bürgerliches Gesetzbuch: BGB, Kommentar, 17. Aufl. 2018.

Knack/Henneke .... Knack/Henneke, Verwaltungsverfahrensgesetz: VwVfG, Kommentar, 11. Aufl. 2019.

Kopp/Ramsauer .... Kopp/Ramsauer, Verwaltungsverfahrensgesetz: VwVfG, Kommentar, 20. Aufl. 2019.

Kopp/Schenke ...... Kopp/Schenke, Verwaltungsgerichtsordnung: VwGO, Kommentar, 25. Aufl. 2019.

Maurer/Waldhoff AllgVerwR .... Maurer/Waldhoff, Allgemeines Verwaltungsrecht, Lehrbuch, 19. Aufl. 2017.

NK-VwGO .... Sodan/Ziekow, Verwaltungsgerichtsordnung, Kommentar, 5. Aufl. 2018.

NK-VwVfG .... Mann/Sennekamp/Uechtritz, Verwaltungsverfahrensgesetz, Kommentar, 2. Aufl. 2019.

Obermayer/Funke-Kaiser .... Obermayer/Funke-Kaiser, VwVfG – Verwaltungsverfahrensgesetz, Kommentar, 5. Aufl. 2018.

SBS .... Stelkens/Bonk/Sachs, VwVfG: Verwaltungsverfahrensgesetz, Kommentar, 9. Aufl. 2018.

Sodan .... Sodan, Grundgesetz: GG, Kommentar, 4. Aufl. 2018.

Sodan/Ziekow GK ÖffR .... Sodan/Ziekow, Grundkurs Öffentliches Recht, Lehrbuch, 8. Aufl. 2018.

SSB .... Schoch/Schneider/Bier, Verwaltungsgerichtsordnung: VwGO, Kommentar, 37. Aufl. 2019.
Staudinger .... Staudinger, BGB – J. von Staudingers Kommentar zum Bürgerlichen Gesetzbuch mit Einführungsgesetz, Kommentar, 18. Aufl. 2018.
Stüer BauR-HdB ... Stüer, Handbuch des Bau- und Fachplanungsrechts, Handbuch, 5. Aufl. 2015.
WBSK VerwR I .... Wolff/Bachof/Stober/Kluth, Verwaltungsrecht I, Lehrbuch, 13. Aufl. 2017.
WBSK VerwR II ... Wolff/Bachof/Stober/Kluth, Verwaltungsrecht II, Lehrbuch, 7. Aufl. 2010.
Ziekow VwVfG .... Ziekow, Verwaltungsverfahrensgesetz, Kommentar, 4. Aufl. 2020.

Verwaltungsverfahrensgesetz (VwVfG)

In der Fassung der Bekanntmachung vom 23. Januar 2003 (BGBl. I S. 102), zuletzt geändert durch Art. 2 PostrechtsmodernisierungsG vom 15.7.2024 (BGBl. 2024 I Nr. 236)

Teil I. Anwendungsbereich, örtliche Zuständigkeit, elektronische Kommunikation, Amtshilfe, europäische Verwaltungszusammenarbeit

Abschnitt 1. Anwendungsbereich, örtliche Zuständigkeit, elektronische Kommunikation

§ 1 Anwendungsbereich

(1) Dieses Gesetz gilt für die öffentlich-rechtliche Verwaltungstätigkeit der Behörden

1. des Bundes, der bundesunmittelbaren Körperschaften, Anstalten und Stiftungen des öffentlichen Rechts,
2. der Länder, der Gemeinden und Gemeindeverbände, der sonstigen der Aufsicht des Landes unterstehenden juristischen Personen des öffentlichen Rechts, wenn sie Bundesrecht im Auftrag des Bundes ausführen,

soweit nicht Rechtsvorschriften des Bundes inhaltsgleiche oder entgegenstehende Bestimmungen enthalten.

(2) [1] Dieses Gesetz gilt auch für die öffentlich-rechtliche Verwaltungstätigkeit der in Absatz 1 Nr. 2 bezeichneten Behörden, wenn die Länder Bundesrecht, das Gegenstände der ausschließlichen oder konkurrierenden Gesetzgebung des Bundes betrifft, als eigene Angelegenheit ausführen, soweit nicht Rechtsvorschriften des Bundes inhaltsgleiche oder entgegenstehende Bestimmungen enthalten. [2] Für die Ausführung von Bundesgesetzen, die nach Inkrafttreten dieses Gesetzes erlassen werden, gilt dies nur, soweit die Bundesgesetze mit Zustimmung des Bundesrates dieses Gesetz für anwendbar erklären.

(3) Für die Ausführung von Bundesrecht durch die Länder gilt dieses Gesetz nicht, soweit die öffentlich-rechtliche Verwaltungstätigkeit der Behörden landesrechtlich durch ein Verwaltungsverfahrensgesetz geregelt ist.

(4) Behörde im Sinne dieses Gesetzes ist jede Stelle, die Aufgaben der öffentlichen Verwaltung wahrnimmt.

Übersicht

	Rn.
I. Bedeutung	1
II. Öffentlich-rechtliche Verwaltungstätigkeit	3
1. Verwaltungstätigkeit	4
2. öffentlich-rechtlich	6
a) Abgrenzungstheorien	7
b) Zweifelsfälle	11
c) Privatrechtliche Tätigkeiten	13
III. Erfasste Behörden und sonstige Organisationen	15
1. Bundesverwaltung	16
2. Länderverwaltung	17
a) Bundesauftragsverwaltung	17
b) Vollzug von Bundesrecht als eigene Angelegenheiten	21
3. Subsidiaritätsprinzip	22
a) Subsidiarität gem. I letzter Hs. und II letzter Hs.	22
b) Subsidiarität gem. III	24
IV. Begriff der Behörde	27
1. Organisatorische Selbständigkeit	28
2. Aufgaben öffentlicher Verwaltung	29
3. Private	30
a) Beleihung	31
b) Verwaltungshilfe	32
c) Staatliche oder kommunale Wirtschaftsunternehmen	33

I. Bedeutung

1 Der § 1 regelt den **sachlichen Anwendungsbereich** des VwVfG (§ 1 I-III) und definiert den Begriff der Behörde (§ 1 IV). Die Vorschrift knüpft an die Verteilung der Verwaltungszuständigkeiten in Art. 30, 83 ff. GG an. Der im Ansatz zunächst umfassend formulierte Anwendungsbereich wird aber bereits im jeweils letzten Hs. von § 1 I für die Bundesverwaltung (Art. 86 GG) und § 2 II 1 für die Auftragsverwaltung der Länder (Art. 85 GG) sowie in § 1 II 2 für die Ausführung von Bundesrecht durch die Länder als eigene Angelegenheiten (Art. 84 GG) dahin eingeschränkt, dass inhaltsgleiches oder entgegenstehendes Bundesrecht vorgeht. Schließlich enthält § 1 III für den Bereich der Ausführung von Bundesrecht durch die Länder eine allgemeine Subsidiaritätsklausel, wonach das VwVfG zugunsten bestehender Landes-VwVfGe zurücktritt.

2 Da das Gesetz in § 1 I–III an die öffentlich-rechtliche Verwaltungstätigkeit von **Behörden** anknüpft, wird der Begriff der Behörde in § 1 IV legaldefiniert.

II. Öffentlich-rechtliche Verwaltungstätigkeit

3 Das VwVfG gilt ausweislich von § 1 I und II allein für die öffentlich-rechtliche Verwaltungstätigkeit von Behörden. Erforderlich ist also zunächst das Vorliegen der **Verwaltungstätigkeit** einer Behörde, nicht nur einer behörd-

lichen Tätigkeit, des Weiteren das Vorliegen einer als öffentlich-rechtlich zu qualifizierenden Verwaltungstätigkeit, nicht nur irgendeiner (insb. privatrechtlichen) Verwaltungstätigkeit.

1. Verwaltungstätigkeit

Der Begriff der **Verwaltungstätigkeit** dient dem Ausschluss vom Anwendungsbereich des Gesetzes. Dies betrifft zunächst verfassungsrechtliche Tätigkeiten (zB die Wahlen zum Deutschen Bundestag gem. Art. 38 GG einschließlich aller Durchführungsakte, Ausübung der Richtlinienkompetenz durch den Bundeskanzler gem. Art. 65 S. 1 GG, die Einberufung von Sitzungen des Bundestages und des Bundesrates, die Entscheidung des Bundestages über die Aufhebung der Immunität eines Abgeordneten, über Petitionen, über die Einsetzung und den Auftrag von parlamentarischen Untersuchungsausschüssen) sowie Gesetzgebungs- und Rechtsprechungstätigkeiten (sog. Justizakte, zB Urteile, Beschlüsse → § 2 Rn. 11 f.). Nicht ausgeschlossen ist demgegenüber die materielle Verwaltungstätigkeit von Gesetzgebungs- (zB die Ausübung des Hausrechts durch den Bundestagspräsidenten oder den Gerichtspräsidenten, die Ladung von Zeugen durch einen parlamentarischen Untersuchungsausschuss) und Rechtsprechungsorganen; allerdings wird hier regelmäßig der Ausschließungsgrund gem. § 2 III Nr. 1 zum Tragen kommen. 4

Keine Anwendung findet das VwVfG des Weiteren auf Maßnahmen des **Völkerrechts,** des **supranationalen Rechts** und des **Kirchenrechts.** Der Anwendungsausschluss erfasst dabei nur die ausschließlich dem Völkerrecht zugehörigen Maßnahmen (zB die Anerkennung fremder Staaten, die Entscheidung über Aufnahme oder Abbruch diplomatischer Beziehungen, vgl. BeckOK VwVfG/Ronellenfitsch § 1 Rn. 35). Als supranationale Maßnahme kommt insbesondere der **Vollzug von EU-Recht** in Gestalt des Direktvollzugs von Unionsrecht, dh dessen Vollzug durch die Organe und Institutionen der EU selbst, in Betracht. Nicht ausgeschlossen ist dagegen die Anwendung des Gesetzes im Fall des indirekten Vollzugs von Unionsrecht, dh der Vollzug durch die nationalen Behörden der Mitgliedstaaten. Kirchenrechtliche Maßnahmen sind solche, die ausschließlich zum innerkirchlichen Bereich gehören. 5

2. öffentlich-rechtlich

Die Verwaltungstätigkeit muss **öffentlich-rechtlicher Art** sein. Auf privatrechtliche Tätigkeiten von Behörden findet das VwVfG keine Anwendung. Dies macht eine Abgrenzung zwischen öffentlich-rechtlichem und privatrechtlichem Handeln erforderlich. Als Anknüpfungspunkt der Abgrenzung dient regelmäßig die Rechtsgrundlage, auf welche die Behörde ihr Handeln im konkreten Einzelfall tatsächlich stützt, unter Umständen auch die Art der Entscheidung (so für den öffentlichen Auftraggeber und die Vergabekammern VK Westfalen ZfBR 2019, 304, 307). Unerheblich ist, ob diese Rechtsgrundlage zutreffend ist und ihre Voraussetzungen objektiv vorliegen. Denn für die 6

Abgrenzung geht es allein um die öffentlich-rechtliche Natur der Maßnahme, nicht um die erst in der Folge zu klärende Rechtmäßigkeit der Maßnahme.

a) Abgrenzungstheorien

7 Zur Abgrenzung öffentlich-rechtlicher von privatrechtlicher Tätigkeit wurden im Wesentlichen drei Abgrenzungstheorien entwickelt. In der Praxis kommen die genannten Theorien trotz der Kritik nebeneinander zur Anwendung. So liefert insbesondere die Subordinationstheorie in den meisten Fällen einfach und schnell ein Zuordnungsergebnis.

8 Die **Interessentheorie** unterscheidet danach, ob der zugrunde liegende Rechtssatz (primär) dem öffentlichen Interesse oder dem Privatinteresse zu dienen bestimmt ist. Öffentlich-rechtlich ist die Tätigkeit der Behörde mithin dann, wenn der Rechtssatz das Allgemeininteresse schützt, privatrechtlich ist sie, wenn der Rechtssatz Individualinteressen schützt. Allerdings lassen sich öffentliche und private Interessen nicht der erforderlichen Klarheit trennen. Privatrechtsnormen dienen stets auch öffentlichen Interessen.

9 Nach der **Subordinationstheorie** ist eine Tätigkeit öffentlich-rechtlich, wenn zwischen Behörde und Bürger (bzw. Unternehmen) ein Über-Unterordnungsverhältnis besteht. Bei Gleichordnung soll das Rechtsverhältnis dagegen dem Privatrecht zugehören. Dieser Ansatz verkennt, dass es auch im öffentlichen Recht Gleichordnungsverhältnisse und im Privatrecht Über-Unterordnungsverhältnisse gibt.

10 Die **Sonderrechtsstheorie** (auch modifizierte oder neuere Subjektstheorie genannt) stellt darauf ob, ob die entscheidende Rechtsnorm ausschließlich den Staat, seine Einrichtungen und sonstige Träger öffentlicher Aufgaben berechtigt oder verpflichtet. Nur in diesem Fall ist das Rechtsverhältnis öffentlich-rechtlicher, in allen anderen Fällen privatrechtlicher Natur.

b) Zweifelsfälle

11 Die Abgrenzungstheorien führen nicht in jedem Einzelfall zu einem eindeutigen Ergebnis. Das gilt etwa dort, wo es an einer ausdrücklichen Rechtsgrundlage für das Handeln der Behörde fehlt. In diesen Fällen kann zB auf den **Sachzusammenhang,** die traditionelle Zuordnung oder den verfolgten **Zweck** abgestellt werden.

12 Die öffentlich-rechtliche Natur des **Hausrecht**s und insb. eines Hausverbots kann sich aus dem Sachzusammenhang (Ziekow § 1 Rn. 26) oder aus dem damit verfolgten Zweck ergeben (NK-VwGO/Kronisch VwGO § 42 Rn. 208 ff.). **Immissionen** oder Störungen und dagegen gerichtete Abwehransprüche sind öffentlich-rechtlich, wenn sie bei Erfüllung eines öffentlichen Zwecks entstehen oder in unmittelbarem Zusammenhang mit der Erfüllung einer öffentlichen Aufgabe erfolgen. Ein **Vertrag** ist öffentlich-rechtlich, wenn sein Gegenstand öffentlich-rechtlicher Art ist.

c) Privatrechtliche Tätigkeiten

Privatrechtliches Handeln von Behörden unterfällt nach der eindeutigen Regelung des § 1 nicht dem Anwendungsbereich des VwVfG. Nicht dem VwVfG unterliegt mithin der gesamte Bereich der erwerbswirtschaftlichen Betätigung, der fiskalischen Hilfsgeschäfte, des Verwaltungsprivatrechts (i. S. der Wahrnehmung öffentlicher Aufgaben in Privatrechtsform) sowie das Vergaberecht, einschließlich der durch VA ergehenden Entscheidung der Vergabekammer im Nachprüfungsverfahren gem. § 114 III 1 GWB (BVerwG BeckRS 2015, 41921 Rn. 48). 13

Trotz der Nichtanwendbarkeit des VwVfG ist die Verwaltung bei ihrer privatrechtlichen Tätigkeit nicht frei von **öffentlich-rechtlichen Bindungen.** So muss die Verwaltung allgemein die aus den Staatsprinzipien, insb. dem Demokratie- und dem Rechtsstaatsprinzip sich ergebenden Pflichten beachten (zB das Neutralitätsgebot; vgl. Ziekow § 1 Rn. 28). Darüber hinaus muss die Verwaltung im Verwaltungsprivatrecht bestehende einfachgesetzliche Regelungen und auch die Grundrechte (insb. Art. 3 I GG) beachten. 14

III. Erfasste Behörden und sonstige Organisationen

Das VwVfG gilt gem. § 1 I Nr. 1 für die öffentlich-rechtliche Verwaltungstätigkeit der **Behörden des Bundes,** der **bundesunmittelbaren Körperschaften, Anstalten und Stiftungen des öffentlichen Rechts.** Das Gesetz ist gem. Nr. 2 anwendbar auf die öffentlich-rechtliche Verwaltungstätigkeit der **Länder, Gemeinden und Gemeindeverbände** sowie der der Aufsicht des Landes unterstehenden juristischen Personen des öffentlichen Rechts, wenn sie Bundesrecht im Auftrag des Bundes ausführen. Nach § 1 II ist das VwVfG zudem anwendbar, soweit die **Länder Bundesrecht als eigene Angelegenheiten** ausführen. Sämtliche Regelungen stehen unter dem Vorbehalt, dass nicht Rechtsvorschriften des Bundes inhaltsgleiche oder entgegenstehende Bestimmungen enthalten (Subsidiaritätsprinzip → Rn. 22); für § 1 II ist dieser Vorbehalt dahin eingeschränkt, dass er für die Ausführung von Bundesgesetzen nur gilt, soweit diese mit Zustimmung des Bundesrates das VwVfG für anwendbar erklären. 15

1. Bundesverwaltung

Behörden des Bundes bezeichnet die sog. unmittelbare Bundesverwaltung (Bundesbehörden ieS). Die unmittelbare Bundesverwaltung umfasst die **obersten Bundesbehörden** (zB Bundesministerien, Bundespräsidialamt, Bundeskanzleramt, Bundesbank, Bundesrechnungshof), die **Bundesoberbehörden** (mit Zuständigkeit für das gesamte Bundesgebiet, zB Bundesamt für Bevölkerungsschutz und Katastrophenhilfe für, – Güterverkehr, – für Infrastruktur, Umweltschutz und Dienstleistungen der Bundeswehr, Bundesanstalt für Materialforschung und -prüfung, – für das Personalmanagement der Bundeswehr, Bundeskartellamt, Bundespolizeipräsidium, Bundesverwaltungsamt, Bundeszentralamt für Steuern, Deutsches Patent- und Markenamt, Eisen- 16 bahn-Bundesamt, Generaldirektion Wasserstraßen und Schifffahrt, Kraftfahrt-Bundesamt, Physikalisch-Technische Bundesanstalt, Umweltbundesamt) sowie die ihnen gleichgestellten **Zentralstellen** (Art. 87 I 2 GG, zB Bundesamt für Verfassungsschutz, Bundeskriminalamt). Soweit einzelne Ministerien über einen **Verwaltungsunterbau** verfügen (zB die Auslandsvertretungen des Auswärtigen Amtes, die Bundesfinanzdirektionen, das Zollkriminalamt und die Hauptzollämter des BMF, die Wasser- und Schifffahrtsämter), gehört dieser ebenfalls zur Bundesverwaltung. Bundesunmittelbare **Körperschaften** (zB Deutsche Rentenversicherung Bund), **Anstalten** (zB Bundesagentur für Arbeit) und **Stiftungen** (zB Stiftung Preußischer Kulturbesitz) des öffentlichen Rechts gehören zur mittelbaren Bundesverwaltung. Sie sind juristische Personen des öffentlichen Rechts und damit im Unterschied zur unmittelbaren Bundesverwaltung rechtlich verselbständigt. Errichtet werden sie ausschließlich durch Gesetz oder aufgrund eines Gesetzes.

2. Länderverwaltung

a) Bundesauftragsverwaltung

17 Für Landesbehörden gilt das VwVfG des Bundes grundsätzlich dann, wenn sie Bundesgesetze **im Auftrag des Bundes** ausführen (Art. 85 GG). Tatsächlich läuft die Regelung des § 1 I Nr. 2 aber gegenwärtig wegen des § 1 III und der in allen Ländern erlassenen Landes-VwVfGe leer (→ Rn. 25).

18 **Behörden der Länder** meint hier – parallel zu den Behörden des Bundes – die sog. unmittelbare Landesverwaltung mit den **obersten Landesbehörden** (zB Landesministerien, Landesrechnungshöfe), den **Landesoberbehörden,** den **mittleren Landesbehörden** und den **unteren Landesbehörden.**

19 Mit den **Behörden der Gemeinden und Gemeindeverbände** ist die mittelbare Landesverwaltung gemeint, die der unmittelbaren gleichgestellt wird. Hierzu zählen auch die nicht rechtsfähigen Organisationseinheiten der Gemeinden und Gemeindeverbände (zB die nicht rechtsfähigen Anstalten des öffentlichen Rechts).

20 Der Aufsicht des Landes unterstehende **juristische Personen des öffentlichen Rechts** sind die rechtsfähigen Körperschaften, Anstalten und Stiftungen auf Landesebene.

b) Vollzug von Bundesrecht als eigene Angelegenheiten

21 § 1 II erstreckt die Anwendbarkeit des VwVfG auf die Fälle der Ausführung von Bundesgesetzen, deren Gegenstände der ausschließlichen oder konkurrierenden Gesetzgebung des Bundes unterliegen, durch die Länder als **eigene Angelegenheiten** (Art. 84 GG). Dies gilt uneingeschränkt für Bundesgesetze, die vor Inkrafttreten des VwVfG erlassen wurden, für später erlassene Bundesgesetze nur, wenn diese Gesetze mit Zustimmung des Bundesrates das VwVfG für anwendbar erklären. Aufgrund der Föderalismusreform (52. G zur Änderung des GG, BGBl. 2006 I 2034) aus dem Jahre 2006 und der damit entfallenen Rahmengesetzgebungskompetenz des Bundes erfasst § 1 II zukünftig sämtliches Bundesrecht. Infolge des § 1 III und der in allen Ländern

erlassenen Landes-VwVfGe läuft auch diese Vorschrift gegenwärtig leer (→ Rn. 25).

3. Subsidiaritätsprinzip

a) Subsidiarität gem. I letzter Hs. und II letzter Hs.

Die Festlegungen zum Anwendungsbereich des VwVfG in § 1 I und II stehen unter dem Vorbehalt, dass nicht Rechtsvorschriften des Bundes inhaltsgleiche oder entgegenstehende Bestimmungen enthalten. **Rechtsvorschriften des Bundes** sind nur solche, die vom Bund selbst erlassen werden, dh Bundesgesetze oder Rechtsverordnungen. Nicht hierzu zählen Satzungen sowie Rechtsvorschriften von bundesunmittelbaren Körperschaften, Anstalten oder Stiftungen, ebenso wenig (Bundes-) Gewohnheitsrecht, allgemeine Rechtsgrundsätze des Bundesrechts oder VV (KR/Ramsauer § 1 Rn. 37). Vorschriften des EU-Rechts stehen den Rechtsvorschriften des Bundes gleich. **22**

Die Geltung der **Subsidiaritätsklausel** ist im konkreten Fall anhand allgemeiner Kriterien festzustellen. Wo eine ausdrückliche inhaltsgleiche oder entgegenstehende Regelung fehlt, ist durch Auslegung zu ermitteln, ob die Vorschrift des Bundesrechts die Sachmaterie mit derart abschließendem Charakter erfasst, dass das VwVfG nicht zur Anwendung kommt. In der Regel wird dabei auf den Sinn und Zweck der Bestimmung sowie den Sinn und Zweck des Verwaltungsverfahrens allgemein und des VwVfG im Besonderen abzustellen sein (näher KR/Ramsauer § 1 Rn. 34 ff.). Entscheidend ist, ob die außerhalb des VwVfG stehende Bestimmung einen abschließenden Regelungsanspruch besitzt. Nicht erforderlich ist dagegen eine inhaltliche Übereinstimmung der Bestimmung mit dem VwVfG (VG München BeckRS 2023, 26080, Rn. 37). **23**

b) Subsidiarität gem. III

Für die Ausführung von Bundesrecht durch die Länder gilt das VwVfG nicht, soweit die öffentlich-rechtliche Verwaltungstätigkeit der Behörden landesrechtlich durch ein **Landes-VwVfG** geregelt ist. Der § 1 III normiert lediglich das Verhältnis der VwVfGe des Bundes und der Länder. Enthält das Bundesrecht außerhalb des VwVfG spezielle Verfahrensvorschriften, gehen diese dem Landes-VwVfG vor. Enthält das VwVfG Vorschriften, die nicht im Konflikt mit solchen des Landes-VwVfG, sondern im Konflikt mit sonstigen Verfahrensvorschriften außerhalb des Landes-VwVfG stehen, ist dies ebenfalls kein Fall des § 1 III. **24**

Die Regelung gilt allgemein für die **Ausführung von Bundesrecht,** unabhängig davon, ob der Bund die ausschließliche oder die konkurrierende Gesetzgebungszuständigkeit besitzt. Da alle Bundesländer eigene VwVfGe erlassen haben, ist das VwVfG für den gesamten Bereich des Vollzugs von Bundesrecht durch die Länder weitestgehend nicht anwendbar. Unerheblich ist in diesem Zusammenhang, ob die Länder vollständig eigene VwVfGe geschaffen haben oder in ihren VwVfGen – statisch oder dynamisch – auf das **25**

Bundes-VwVfG verweisen und darüber hinaus lediglich einige ergänzende oder abweichende Regelungen getroffen haben (so Berlin, Niedersachsen, Rheinland-Pfalz, Sachsen).

26 Das **Subsidiaritätsprinzip** greift allerdings nur, „soweit“ die landesrechtlichen Regelungen reichen. Trifft das LandesVwVfG keine oder keine abschließende Aussage, findet insoweit das VwVfG Anwendung. Dabei ist im Wege der Auslegung zu ermitteln, ob tatsächlich eine Regelungslücke besteht und diese der Auffüllung mit Bestimmungen des VwVfG bedarf. Je ausführlicher eine Regelung im LandesVwVfG ist, um so weniger ist Raum für eine Ergänzung. Zweifel hinsichtlich einer Regelungslücke oder der Ergänzungsbedürftigkeit stehen einer ergänzenden Heranziehung des VwVfG entgegen (BVerwG BeckRS 2023, 2448 Rn. 4 = NVwZ 2023, 521 (522) – zu fachgesetzlichen Verfahrensbestimmungen).

IV. Begriff der Behörde

27 § 1 IV bestimmt, dass **Behörde** im Sinne dieses Gesetzes jede Stelle ist, die Aufgaben der öffentlichen Verwaltung wahrnimmt. Die Legaldefinition geht insoweit von einem weiten, **funktionellen Behördenbegriff** aus (OVG Bautzen BeckRS 2014, 45210 Rn. 16). Erforderlich ist eine organisatorische Selbständigkeit von solchem Umfang, dass die Stelle die Aufgaben der öffentlichen Verwaltung mit entsprechender Zuständigkeit im Außenverhältnis eigenverantwortlich wahrnehmen kann (zur internen Einschaltung eines Privaten als Geschäftsbesorger BVerwG BeckRS 2011, 55447, Rn. 9 = NVwZ 2011, 506 (507)).

1. Organisatorische Selbständigkeit

28 Der Begriff der Behörde verlangt eine hinreichende **organisatorische Selbständigkeit.** Eine solche Selbständigkeit beinhaltet die Möglichkeit, im Außenverhältnis gegenüber anderen Behörden, typischerweise auch gegenüber dem Bürger eigenverantwortlich und im eigenen Namen zu handeln (KR/Ramsauer § 1 Rn. 53; aA SBS/Schmitz § 1 Rn. 233; ihm folgend jedenfalls für § 2 VIG OVG Lüneburg BeckRS 2015, 52686 Rn. 14). Wird das Handeln nicht der Stelle selbst, sondern der Gesamtbehörde zugerechnet, liegt keine Behörde vor (zB Ämter, Abteilungen, Ausschüsse (ohne Außenzuständigkeit, idR Prüfungsausschüsse, BVerwG NVwZ 1990, 698, Untersuchungsausschüsse des Bundestages, OVG Münster NVwZ 1987, 609, Außen- und Zweigstellen, Dezernate, Frauen- und Gleichstellungsbeauftragte, Personalrat, Referate, der Beitragsservice als GEZ-Nachfolger – OVG Bautzen BeckRS 2016, 121259 Rn. 7). Grundsätzlich unselbständige Behördenteile können für einzelne, ihnen zur selbständigen Wahrnehmung übertragene Angelegenheiten die Eigenschaft als Behörde haben (zB das Jugendamt gem. § 69 III iVm § 2 SGB VIII). Nicht abschließend geklärt ist die Konstellation noch vom Hauptverwaltungsbeamten umzusetzender, gleichwohl bindender Beschlüsse eines Ortsrates, ablehnend OVG Lüneburg BeckRS2021, 11544

Rn. 13; offengelassen BVerwG BeckRS 2022, 46640 Rn. 19 = ZfBR 23, 465 (467). Zu den Organen von Legislative und Judikative → Rn. 29.

2. Aufgaben öffentlicher Verwaltung

Aufgaben der öffentlichen Verwaltung werden wahrgenommen, wenn es sich um materielle Verwaltungstätigkeit handelt, dh die Aufgabe sachlich zur öffentlichen Verwaltung und die Rechtsgrundlage zum öffentlichen Recht gehört. Behörden können damit auch Verfassungsorgane sein, soweit sie keine Gesetzgebungsbefugnisse wahrnehmen (zB Präsident des Bundestages bei Ausübung der Polizeigewalt, OVG Münster NVwZ 1986, 609; – bei Entscheidung über Wahlkampfkostenerstattung, BVerfGE 27, 152; Stadtrat, soweit er im Wahlprüfungsverfahren über den Bestand einer Kommunalwahl zu entscheiden hat, OVG Münster DVBl 1981, 874), ebenso Rechtsprechungsorgane, soweit sie nicht als Gericht tätig werden. 29

3. Private

Nach dem funktionellen Behördenbegriff des § 1 IV ist entscheidend, dass **materielle Verwaltungstätigkeit** ausgeübt wird. Neben Gesetzgebungs- und Rechtsprechungsorganen können auch Privatrechtssubjekte eine solche materielle Verwaltungstätigkeit ausüben. Zu unterscheiden ist insoweit zwischen Beleihung, Verwaltungshilfe sowie staatlichen oder kommunalen Wirtschaftsunternehmen in Privatrechtsform. 30

a) Beleihung

Beleihung ist die Übertragung hoheitlicher Aufgaben kraft Gesetzes auf Private zur eigenverantwortlichen Wahrnehmung (zB bevollmächtigte Bezirksschornsteinfeger gem. § 3 SchfHwG (BVerwG NVwZ-RR 2013, 357, 359); Private als Entsorgungs- und Registrierungsstellen gem. § 17 ElektroG; Luftfahrzeugführer gem. § 12 I LuftSiG; Luftsicherheitsassistent gem. § 16a LuftSiG; öffentlich bestellte Vermessungsingenieure; Sächsische Aufbaubank). Für eine Beleihung kommen sowohl natürliche wie juristische Personen (zB TollCollect GmbH gem § 4 III BFStrMG) in Betracht (zur Beleihung von Prüforganisationen und Kfz-Sachverständigen gem. KfSachvG und Anlage VIIIb zur StVO s. Vock NJ 2012, 61 ff.). Da der Beliehene selbständig und eigenverantwortlich, insbesondere im eigenen Namen, öffentliche Aufgaben wahrnimmt, erfüllt er insoweit alle Merkmale des Behördenbegriffs iSv § 1 IV (anders bei §§ 61, 67 VwGO aufgrund des dort geltenden organisatorischen Behörden-Begriffs, OVG Bremen NVwZ 2011, 1145 (1146)). 31

b) Verwaltungshilfe

Verwaltungshilfe ist die unselbständige, nicht eigenverantwortliche Erledigung einer (fremden) öffentlicher Aufgaben durch einen Privaten. Der Verwaltungshelfer wird regelmäßig im Auftrag einer Behörde tätig, deren Wei- 32 sungen er unterliegt (zB Schülerlotse; in die technische Abwicklung des Kalkulationsverfahrens gem. 17b KHG einbezogene Private, OVG Münster BeckRS 2019, 6605 Rn. 31 – hier: das Institut für das Entgeltsystem im Krankenhaus – InEK). Einer gesetzlichen Grundlage bedarf es hier nicht. Anders als der Beliehene tritt er im Außenverhältnis nicht in unmittelbare Rechtsbeziehungen zu Dritten. Behörde gem. § 1 IV ist allein die den Verwaltungshelfer beauftragende Behörde, nicht hingegen der Verwaltungshelfer selbst.

c) Staatliche oder kommunale Wirtschaftsunternehmen

33 **Staatliche oder kommunale Wirtschaftsunternehmen,** die keine hoheitlichen Befugnisse ausüben, sind ebenfalls nicht Behörde iSv § 1 IV. Das gilt auch insoweit, als diese Unternehmen regelmäßig (primär) der Erfüllung öffentlicher Aufgaben dienen (zB DLRG, DRK, private Wohlfahrtsverbände).

§ 2 Ausnahmen vom Anwendungsbereich

(1) Dieses Gesetz gilt nicht für die Tätigkeit der Kirchen, der Religionsgesellschaften und Weltanschauungsgemeinschaften sowie ihrer Verbände und Einrichtungen.

(2) Dieses Gesetz gilt ferner nicht für

1. **Verfahren der Bundes- oder Landesfinanzbehörden nach der Abgabenordnung,**
2. **die Strafverfolgung, die Verfolgung und Ahndung von Ordnungswidrigkeiten, die Rechtshilfe für das Ausland in Straf- und Zivilsachen und, unbeschadet des § 80 Abs. 4, für Maßnahmen des Richterdienstrechts,**
3. **Verfahren vor dem Deutschen Patent- und Markenamt und den bei diesem errichteten Schiedsstellen,**
4. **Verfahren nach dem Sozialgesetzbuch,**
5. **das Recht des Lastenausgleichs,**
6. **das Recht der Wiedergutmachung.**

(3) Für die Tätigkeit

1. **der Gerichtsverwaltungen und der Behörden der Justizverwaltung einschließlich der ihrer Aufsicht unterliegenden Körperschaften des öffentlichen Rechts gilt dieses Gesetz nur, soweit die Tätigkeit der Nachprüfung durch die Gerichte der Verwaltungsgerichtsbarkeit oder durch die in verwaltungsrechtlichen Anwalts-, Patentanwalts- und Notarsachen zuständigen Gerichte unterliegt;**
2. **der Behörden bei Leistungs-, Eignungs- und ähnlichen Prüfungen von Personen gelten nur die §§ 3a bis 13, 20 bis 27, 29 bis 38, 40 bis 52, 79, 80 und 96;**
3. **der Vertretungen des Bundes im Ausland gilt dieses Gesetz nicht.**

Übersicht

	Rn.
I. Bedeutung	1
II. Ausnahme der Kirchen, Religionsgesellschaften und Weltanschauungsgemeinschaften (I)	2
III. Ausnahme bestimmter Verfahren und Rechtsgebiete (II)	7
1. Verfahren der Bundes- und Landesfinanzbehörden nach der AO	8
2. Straf- und Ordnungswidrigkeitenverfolgung, Rechtshilfe für das Ausland und Maßnahmen des Richterdienstrechts	10
3. Verfahren vor dem Deutschen Patent- und Markenamt und den bei diesem errichteten Schiedsstellen	14
4. Verfahren nach dem Sozialgesetzbuch	15
5. Recht des Lastenausgleichs	16
6. Recht der Wiedergutmachung	17
IV. Ausnahme bestimmter Tätigkeiten (III)	18
1. Gerichts- und Justizverwaltung	18
2. Prüfungsverwaltung	21
3. Vertretungen des Bundes im Ausland	22

I. Bedeutung

Der § 2 regelt die Ausnahmen vom **Anwendungsbereich** des VwVfG. Die Ausnahme des § 2 I zugunsten der Kirchen, Religionsgesellschaften und Weltanschauungsgemeinschaften konkretisiert die Art. 140 GG, 137 WRV. Die Bestimmung ist abschließend; eine erweiternde Auslegung ist ebenso ausgeschlossen wie eine ergänzende Heranziehung des VwVfG zur Lückenfüllung in den ausgeschlossenen Bereichen. 1

II. Ausnahme der Kirchen, Religionsgesellschaften und Weltanschauungsgemeinschaften (I)

Nach § 2 I gilt das Gesetz nicht für die Tätigkeit der Kirchen, Religionsgesellschaften, Weltanschauungsgemeinschaften sowie ihrer Verbände und Einrichtungen. **Kirchen** sind allein christliche Religionsgemeinschaften (zB kath. Kirche, ev. Landeskirchen, altkath. Kirche, ev.-methodistische Kirche, Bund freikirchl. Gemeinden (Baptisten), russisch-orthodoxe Kirche). Einer staatlichen Anerkennung bedarf es nicht (KR/Ramsauer § 2 Rn. 13a; aA Ziekow § 2 Rn. 5). 2

Religionsgesellschaften sind alle durch ein gemeinsames religiöses Bekenntnis verbundenen Personengemeinschaften in der Rechtsform der Körperschaft des öffentlichen Rechts (zB Neuapostolische Kirche). Die Zuerkennung des Körperschaftsstatus erfordert die Rechtstreue der Gemeinschaft. 3

Weltanschauungsgemeinschaften sind Vereinigungen, die sich die gemeinschaftliche Pflege einer Weltanschauung zur Aufgabe gemacht haben (Art. 137 VII GG, zB Freimaurer). Kennzeichnend sind die Stellungnahme zum Ganzen der Welt und die Beschäftigung mit Ursprung, Sinn und Ziel der 4

Welt und des Lebens. Im Gegensatz zu Religionsgesellschaften fehlt ihnen der religiöse Bezug.

5 Der Anwendungsausschluss erstreckt sich auch auf die **Verbände** und **Einrichtungen** der vorgenannten Institutionen. Hierzu zählen alle Einheiten, die der Erfüllung der zentralen Zwecke dieser Institutionen dienen (zB Caritas, Deutsche Kolpingfamilie, Ev. Bund, Ev. Jungmännerwerk, Innere Mission, kath. Genossenschaften und Orden sowie alle in Trägerschaft der Institutionen befindlichen Akademien, Hochschulen, Jugendheime, Krankenhäuser, Schulen, Studentengemeinschaften).

6 Nach allg. Auffassung beschränkt sich der Ausschluss auf den **innerkirchlichen Bereich** (KR/Ramsauer § 2 Rn. 8). Er hat damit rein deklaratorische Wirkung, denn hier handelt es sich bereits nicht um Verwaltungstätigkeit iSv § 1 I VwVfG. Zum innerkirchlichen Bereich zählen alle Tätigkeiten im rein religiösen oder weltanschaulichen Bereich ohne Auswirkungen auf das staatliche öffentliche Recht (zB Fragen der Mitgliedschaft, der Bekleidung von Ämtern und der daraus resultierenden Befugnisse, der Lehre, der Seelsorge, der inneren Verfassung und Organisation). Der Anwendungsausschluss gilt hingegen nicht für die materielle Verwaltungstätigkeit, insb. die Errichtung und Nutzung öffentlicher Einrichtungen (zB kirchlicher Friedhöfe, Kindergärten, Spielplätze), aber auch die Veranlagung zur Kirchensteuer.

III. Ausnahme bestimmter Verfahren und Rechtsgebiete (II)

7 In § 2 II werden bestimmte Verfahren und Rechtsgebiete vom Anwendungsbereich des VwVfG ausgenommen. Teilweise existierten hier bei Erlass des Gesetzes bereits spezifische Regelungen (zB zu Nr. 1: AO; zu Nr. 2: StPO, OWiG), teilweise waren diese beabsichtigt (zB zu Nr. 4: das 1975/1980 verabschiedete SGB I/SGB X). Andere Regelungen sollen wegen ihres **Auslaufcharakters** von einer verfahrensmäßigen Neuordnung ausgenommen werden (Nrn. 5 und 6).

1. Verfahren der Bundes- und Landesfinanzbehörden nach der AO

8 Ausgenommen sind nach Nr. 1 allein die Verfahren der **Bundes- und Landesfinanzbehörden** nach der AO. Die AO gilt für alle durch Bundes- oder EG-Recht geregelten Steuern einschließlich der Steuervergütungen, die durch Bundes- oder Landesfinanzbehörden verwaltet werden (s. § 1 I AO). Die Nichtanwendbarkeit für durch Landesrecht geregelte Steuern folgt demgegenüber aus § 1 III. Steuern sind Geldleistungen, die nicht eine Gegenleistung für eine besondere Leistung darstellen und von einem öffentlich-rechtlichen Gemeinwesen zur Erzielung von Einnahmen allen auferlegt werden, bei denen der Tatbestand zutrifft, an den das Gesetz die Leistungspflicht knüpft (§ 3 AO). Die Bundes- und Landesfinanzbehörden sind in § 6 AO iVm §§ 1 ff. FVG abschließend genannt. Im Ausnahmebereich der Nr. 1 dürfen Unterschiede zwischen AO und VwVfG oder vermeintliche Lücken in der AO nicht durch eine ergänzende Heranziehung des VwVfG beseitigt

bzw. geschlossen werden (OVG Berlin-Brandenburg BeckRS 2019, 32519 Rn. 13). In Betracht kommt vielmehr allein ein Rückgriff auf allgemeine Grundsätze des Verwaltungs-(verfahrens-)rechts (SBS/Schmitz § 2 Rn. 55).

Von Nr. 1 nicht erfasst sind die **Behörden der Gemeinden.** Die für sie 9
geltenden LandesVwVfGe enthalten für die Verfahren nach der AO aber regelmäßig entsprechende Parallelregelungen (zur expliziten Sonderregelung bei den Realsteuern s. § 1 II AO). Wo die gemeindlichen Steuerverfahren nicht der AO unterstellt sind, gilt jedoch das LandesVwVfG.

2. Straf- und Ordnungswidrigkeitenverfolgung, Rechtshilfe für das Ausland und Maßnahmen des Richterdienstrechts

Die Nr. 2 erklärt das Gesetz für nicht anwendbar bei der Strafverfolgung, der 10
Verfolgung und Ahndung von Ordnungswidrigkeiten, der Rechtshilfe in Straf- und Zivilsachen für das Ausland und – unbeschadet des § 80 IV – für Maßnahmen des Richterdienstrechts. Die **Strafverfolgung** war bereits in der StPO, die **Verfolgung und Ahndung von Ordnungswidrigkeiten** im OWiG geregelt. Die Ausnahme erfasst lediglich den Bereich repressiver Tätigkeit, bei Ordnungswidrigkeiten insgesamt, in Strafsachen nur die Verfolgung; die Ahndung von Straftaten in Form der Strafvollstreckung ist jedoch gem. § 2 III Nr. 1 ebenfalls vom VwVfG ausgenommen. Die Notwendigkeit zur Ausnahme von Justizakten resultiert aus § 1 I (→ § 1 Rn. 4 f.). Das VwVfG findet hingegen Anwendung auf präventive Tätigkeiten.

Die Herausnahme der Rechtshilfe in Straf- und Zivilsachen für das Ausland 11
aus dem Anwendungsbereich des VwVfG erklärt sich daraus, dass dieser Bereich regelmäßig durch **Völkerrecht,** zT aber auch spezialgesetzlich geregelt ist. Für Strafsachen sind das IRG und die Richtlinien für den Verkehr mit dem Ausland in strafrechtlichen Angelegenheiten zu nennen, für Zivilsachen das Haager Abkommen über den Zivilprozess, die Haager Übereinkommen über den Zivilprozess, über die Zustellung gerichtlicher und außergerichtlicher Schriftstücke im Ausland in Zivil- und Handelssachen und über die Beweisaufnahme im Ausland in Zivil- und Handelssachen, das Ausführungsgesetz und die Rechtshilfeordnung für Zivilsachen.

Der Begriff der **Rechtshilfe** wird hier vom Gesetz vorausgesetzt. Rechts- 12
hilfe umfasst grundsätzlich die Hilfe zwischen Gerichten (s. § 156 GVG) und meint im Rahmen des § 2 II Nr. 2 behördliche (Unterstützungs-) Maßnahmen (zB die behördliche Bewilligung der Auslieferung). Nicht hierher gehört die Amtshilfe, die Behörden sich untereinander leisten und die in § 4 geregelt ist.

Weiter findet das Gesetz keine Anwendung auf **Maßnahmen des Rich- 13
terdienstrechts** mit Ausnahme der Kostenerstattungsregelung für Vorverfahren gem. § 80 IV. Die Vorschrift trägt der Besonderheit des im Richterdienstrecht des DRiG und der Landesrichtergesetze zum Ausdruck gebrachten Richterdienstverhältnisses Rechnung. Der Ausschluss gilt umfassend für alle Maßnahmen des Richterdienstrechts, unabhängig davon, ob im Streitfall die Richterdienstgerichte oder die Verwaltungsgerichte zuständig sind. Nicht

erfasst sind hingegen Maßnahmen der gerichtlichen Selbstverwaltung gem. §§ 21 ff. GVG.

3. Verfahren vor dem Deutschen Patent- und Markenamt und den bei diesem errichteten Schiedsstellen

14 Nicht anwendbar ist das Gesetz auf Verfahren vor dem **Deutschen Patent- und Markenamt** (DPMA) sowie den bei ihm errichteten **Schiedsstellen** (Nr. 3). Die Ausnahme erklärt sich aus der justizförmigen Ausgestaltung des dortigen Verwaltungsverfahrens. Erfasst sind alle Verfahren vor dem DPMA betr. nationale Patente, Gebrauchsmuster, Geschmacksmuster und Marken, ferner die Verfahren vor den dort errichteten Schiedsstellen nach dem §§ 28 ff. ArbnErfG und §§ 92 ff. VVG. Zur Möglichkeit einer analogen Anwendung vgl. BVerwG 2020, 23128 Rn. 17 = NVwZ 2020, 1600 (1601).

4. Verfahren nach dem Sozialgesetzbuch

15 Das Gesetz ist weiter gem. Nr. 4 nicht anwendbar auf Verfahren nach dem **Sozialgesetzbuch.** Die ursprünglich enumerative Aufzählung ist 1996 durch die aktuelle umfassende, allgemeine Formulierung ersetzt worden. Materiell sind alle Gebiete vom SGB II bis SGB XII erfasst (vgl. § 37 I 1 SGB X). Regelungslücken innerhalb des Sozialrechts können durch Rückgriff auf die allgemeinen Grundsätze des Verwaltungs-(verfahrens-)rechts geschlossen werden. Außerhalb dieses Ausnahmebereichs bleibt das VwVfG anwendbar.

5. Recht des Lastenausgleichs

16 Die Nr. 5 schließt das **Lastenausgleichsrecht** vom Anwendungsbereich des Gesetzes aus. Der Ausschluss gilt für die Verfahren in Lastenausgleichssachen gem. LAG (und den dazu ergangenen RVOen) sowie allen weiteren der Lastenausgleichsverwaltung obliegenden Angelegenheiten gem. Art. 120a GG (s. die Aufzählung bei KR/Ramsauer § 2 Rn. 31).

6. Recht der Wiedergutmachung

17 In Nr. 6 wird das **Wiedergutmachungsrecht,** insb. das BEG, vom Anwendungsbereich des Gesetzes ausgenommen (s. die Aufzählung bei KR/Ramsauer § 2 Rn. 32).

IV. Ausnahme bestimmter Tätigkeiten (III)

1. Gerichts- und Justizverwaltung

18 Auf die Tätigkeit der **Gerichtsverwaltungen** und der **Behörden der Justizverwaltungen** ist das Gesetz nicht anwendbar, soweit deren Tätigkeit nicht der verwaltungsgerichtlichen Nachprüfung oder derjenigen durch die in verwaltungsrechtlichen Anwalts- und Notarsachen zuständigen Gerichte unterliegt. Damit werden Justizverwaltungsakte trotz ihrer Qualität als materielle

Verwaltungstätigkeit grundsätzlich aus dem Anwendungsbereich des VwVfG herausgenommen. Da das Gesetz allgemein von Tätigkeit spricht, sind auch Realakte mit umfasst. Die Regelung ergänzt die Ausnahme in § 2 II Nr. 1 (→ Rn. 11) und entspricht den §§ 23 ff. EGGVG, die für diese Akte die Zuständigkeit des OLG begründen. In den Anwendungsbereich der §§ 23 ff. EGGVG fallen zB Entscheidungen über die Einsicht Dritter in straf- und zivilgerichtliche Akten, Gnadenakte, Pressemitteilungen über Strafverfahren, Strafverfolgungsmaßnahmen und Zivilprozesse, Sperrerklärungen gem. § 96 StPO. Nicht hierzu zählen dagegen zB Entscheidungen von Justizprüfungsämtern und -kommissionen sowie allgemein präventiv-polizeiliche Maßnahmen (näher KR/Ramsauer § 2 Rn. 39a f.).

Gerichtsverwaltung umfasst alle Maßnahmen der Organe der Gerichtsverwaltung (zB des Gerichtspräsidenten), unabhängig vom Gerichtszweig, mit 19 Ausnahme von Handlungen der gerichtlichen Selbstverwaltung (zB Geschäftsverteilungspläne). **Behörden der Justizverwaltungen** sind die Justizbehörden (zB Justizminister, Gerichtspräsidenten, Staatsanwaltschaft) und die für die Justiz tätigen Behörden (Ermittlungspersonen der Staatsanwaltschaft).

Ausnahmsweise anwendbar bleibt das Gesetz, soweit die Tätigkeit der 20 Gerichts- und Justizverwaltung der verwaltungsgerichtlichen Nachprüfung oder derjenigen durch die in verwaltungsrechtlichen Anwalts-, Patentanwalts- und Notarsachen zuständigen Gerichte unterliegt. Dies gilt insbesondere für die kostenbezogene Tätigkeit der Justizverwaltung (BVerwG BeckRS 2022, 11837 Rn. 7; BeckRS 2020, 1469 Rn. 5). Dieser Ausnahmebereich der verwaltungsrechtlichen Anwalts- und Notarsachen ist mit G vom 30.7.2009 (BGBl. I 2449) eingefügt worden. Mit der Reform des Rechts der freiwilligen Gerichtsbarkeit wurden damit die Verfahren nach BRAO, EuRAG und BNotO, in denen die Rechtsanwaltskammern, Notarkammern oder Justizverwaltungen Entscheidungen in anwaltlichen oder notariellen Verwaltungsangelegenheiten treffen, dem VwVfG unterstellt (BR-Drs. 700/08, 1, 95). Mit G vom 14.8.2009 (BGBl. I 2827) wurde der Ausnahmebereich um die verwaltungsrechtlichen Patentsachen erweitert, um so die Anwendbarkeit des VwVfG auch in patentanwaltlichen Verwaltungsverfahren zu gewährleisten und diese den anwaltlichen Verwaltungsverfahren gleichzustellen (BT-Drs. 16/12061, 1, 20).

2. Prüfungsverwaltung

Für die Tätigkeit der Behörden bei Leistungs-, Eignungs- und ähnlichen 21 Prüfungen von Personen (sog. **Prüfungsverwaltung**) gelten nur die in § 2 III Nr. 2 genannten Normen des Gesetzes (zur Verfassungsmäßigkeit BVerwG BeckRS 2016, 114748). Der Grund liegt in der Höchstpersönlichkeit, der Situationsgebundenheit sowie der häufig speziellen Verfahrensregelung in Prüfungsordnungen. Die Ausnahme gilt nach allg. Ansicht nur für die eigentliche Prüfung, nicht hingegen für das gesamte Verfahren (zB nicht für die Feststellung der gesundheitlichen Prüfungstauglichkeit des Prüflings; zur Wirksamkeit eines außergerichtlichen Vergleichs OVG Berlin-Brandenburg NVwZ-RR 2014, 686 f.). Entscheidend ist die Abgrenzung im Einzelfall.

Zum Verfahrensrecht bei Prüfungen, insb. zu allg. Prüfungsgrundsätzen und den subsidiär heranzuziehenden Grundsätzen des Verwaltungs-(verfahrens-)rechts s. KR/Ramsauer § 2 Rn. 47 ff.

3. Vertretungen des Bundes im Ausland

22 Insgesamt vom Gesetz ausgenommen sind die Tätigkeiten der **Auslandsvertretungen des Bundes** (Botschaften und Konsulate). Die Ausnahme trägt dem Umstand Rechnung, dass die Auslandsvertretungen im Hoheitsgebiet eines anderen Staates tätig sind. Der Ausschluss gilt für alle Handlungen, erfasst aber letztlich nur die materielle Verwaltungstätigkeit (zB Ausstellen eines Einreisevisums; s. aber BVerwGE 142, 179 = BeckRS 2012, 20233 Rn. 24). Denn in allen anderen Bereichen ist das Gesetz schon aufgrund des § 1 nicht anwendbar. Zu beachten ist in diesem Zusammenhang das KonsularG. Der Rückgriff auf die Grundsätze des Verwaltungs-(verfahrens-)rechts erscheint hier dagegen mit Blick auf die Tätigkeit im Ausland problematisch (Ziekow § 2 Rn. 28; weiter wohl KR/Ramsauer § 2 Rn. 51).

§ 3 Örtliche Zuständigkeit

(1) Örtlich zuständig ist

1. **in Angelegenheiten, die sich auf unbewegliches Vermögen oder ein ortsgebundenes Recht oder Rechtsverhältnis beziehen, die Behörde, in deren Bezirk das Vermögen oder der Ort liegt;**
2. **in Angelegenheiten, die sich auf den Betrieb eines Unternehmens oder einer seiner Betriebsstätten, auf die Ausübung eines Berufs oder auf eine andere dauernde Tätigkeit beziehen, die Behörde, in deren Bezirk das Unternehmen oder die Betriebsstätte betrieben oder der Beruf oder die Tätigkeit ausgeübt wird oder werden soll;**
3. **in anderen Angelegenheiten, die**
   a) **eine natürliche Person betreffen, die Behörde, in deren Bezirk die natürliche Person ihren gewöhnlichen Aufenthalt hat oder zuletzt hatte,**
   b) **eine juristische Person oder eine Vereinigung betreffen, die Behörde, in deren Bezirk die juristische Person oder die Vereinigung ihren Sitz hat oder zuletzt hatte;**
4. **in Angelegenheiten, bei denen sich die Zuständigkeit nicht aus den Nummern 1 bis 3 ergibt, die Behörde, in deren Bezirk der Anlass für die Amtshandlung hervortritt.**

(2) [1] Sind nach Absatz 1 mehrere Behörden zuständig, so entscheidet die Behörde, die zuerst mit der Sache befasst worden ist, es sei denn, die gemeinsame fachlich zuständige Aufsichtsbehörde bestimmt, dass eine andere örtlich zuständige Behörde zu entscheiden hat. [2] Sie kann in den Fällen, in denen eine gleiche Angelegenheit sich auf mehrere Betriebsstätten eines Betriebs oder Unternehmens bezieht, eine der nach Absatz 1 Nr. 2 zuständigen Behörden als gemeinsame zuständige Behörde bestimmen, wenn dies unter Wahrung der Interessen der Beteiligten zur einheitlichen Entscheidung geboten ist. [3] Diese Aufsichts-

behörde entscheidet ferner über die örtliche Zuständigkeit, wenn sich mehrere Behörden für zuständig oder für unzuständig halten oder wenn die Zuständigkeit aus anderen Gründen zweifelhaft ist. [4]Fehlt eine gemeinsame Aufsichtsbehörde, so treffen die fachlich zuständigen Aufsichtsbehörden die Entscheidung gemeinsam.

(3) Ändern sich im Lauf des Verwaltungsverfahrens die die Zuständigkeit begründenden Umstände, so kann die bisher zuständige Behörde das Verwaltungsverfahren fortführen, wenn dies unter Wahrung der Interessen der Beteiligten der einfachen und zweckmäßigen Durchführung des Verfahrens dient und die nunmehr zuständige Behörde zustimmt.

(4) [1]Bei Gefahr im Verzug ist für unaufschiebbare Maßnahmen jede Behörde örtlich zuständig, in deren Bezirk der Anlass für die Amtshandlung hervortritt. [2]Die nach Absatz 1 Nr. 1 bis 3 örtlich zuständige Behörde ist unverzüglich zu unterrichten.

Übersicht

	Rn.
I. Bedeutung	1
II. Anknüpfungspunkte der örtlichen Zuständigkeit	2
1. Örtliche und andere Zuständigkeit	2
a) Funktionelle Zuständigkeit	3
b) Instanzielle Zuständigkeit	4
c) Örtliche Zuständigkeit	5
d) Sachliche Zuständigkeit	6
e) Organzuständigkeit	7
f) Verbandszuständigkeit	8
2. Umfang des Gesetzesvorbehalts bei Zuständigkeitsregelungen	9
3. Anknüpfungspunkte der örtlichen Zuständigkeit (I)	10
a) Belegenheit der Sache oder des Rechts	11
b) Unternehmenssitz, Betriebsstätte, Ort der Tätigkeit	13
c) Gewöhnlicher Aufenthalt oder Sitz	14
d) Anlass der Amtshandlung	17
III. Mehrfachzuständigkeiten	18
1. Zuständigkeit mehrerer Behörden (II 1)	18
a) Prioritätsprinzip	19
b) Zuständigkeitsbestimmung durch Intervention der Aufsichtsbehörde	20
2. Zuständigkeit für gleiche Angelegenheit mehrerer Betriebsstätten (II 2)	21
3. Zuständigkeitsbestimmung bei Zuständigkeitszweifeln (II 3)	24
4. Entscheidung bei Fehlen einer gemeinsamen fachlich zuständigen Aufsichtsbehörde (II 4)	25
IV. Zuständigkeitswechsel (III)	26
1. Im Laufe des Verwaltungsverfahrens	27
2. Entscheidung über Verfahrensfortführung	28
3. Zustimmung der nunmehr zuständigen Behörde	29
V. Zuständigkeit bei Gefahr im Verzug (IV)	31
VI. Rechtsschutz	34

I. Bedeutung

1 Das VwVfG normiert in § 3 allein die **örtliche Zuständigkeit** von Behörden im Anwendungsbereich des Gesetzes. Die Regelung ist mithin nicht beschränkt auf Verwaltungsverfahren iSv § 9. Der § 3 I benennt verschieden Anknüpfungspunkte der örtlichen Zuständigkeit und statuiert ein Rangverhältnis. Die folgenden Absätze regeln Konflikt- und Zweifelsfälle, der § 3 II den Fall der Zuständigkeit mehrerer Behörden, § 3 III denjenigen der fortbestehenden Zuständigkeit bei Änderung der sie begründenden Umstände im Verfahren, § 3 IV schließlich die Zuständigkeit bei Gefahr im Verzug.

II. Anknüpfungspunkte der örtlichen Zuständigkeit

1. Örtliche und andere Zuständigkeit

2 Das Verwaltungsrecht kennt eine Vielzahl von Zuständigkeitsarten: die funktionelle, instanzielle, örtliche, sachliche sowie die Organ- und Verbandszuständigkeit. Allein die örtliche Zuständigkeit ist im VwVfG geregelt. Gemeinsam ist den Zuständigkeitsarten das Ziel, anhand von Kriterien die für eine Aufgabe zuständige Behörde festzulegen, um eine möglichst effektive und kompetente Erledigung der Verwaltungsaufgabe zu gewährleisten. Eine klare und eindeutige Zuständigkeitsverteilung dient damit insbesondere auch dem Interesse der Bürger und Unternehmen an der Bestimmbarkeit der für die Entscheidung berufenen Behörde.

a) Funktionelle Zuständigkeit

3 Die funktionelle Zuständigkeit regelt, ob innerhalb des Organs (= der Behörde) der ör Körperschaft, Anstalt oder Stiftung der konkret handelnde Amtswalter bestimmte Qualifikationen besitzen muss (zB §§ 27 II 1, 61 I, § 65 V – Behördenleiter, sein allgemeiner Vertreter oder ein Angehöriger des öffentlichen Dienstes, der die Befähigung zum Richteramt hat).

b) Instanzielle Zuständigkeit

4 Die instanzielle Zuständigkeit entscheidet darüber, welcher Ebene bei einer mehrstufigen, hierarchisch aufgebauten Behördenstruktur die Aufgabe zugewiesen ist. Erledigt eine übergeordnete Behörde die einer unteren Behörde zugewiesene Aufgabe, so handelt eine unzuständige Behörde, es sei denn, der übergeordneten Behörde steht ausnahmsweise ein gesetzlich vorgesehenes **Selbsteintrittsrecht** zu.

c) Örtliche Zuständigkeit

5 Die örtliche Zuständigkeit grenzt den Tätigkeitsbereich einer Behörde räumlicher Hinsicht ab. Nur sie ist im VwVfG geregelt. Einer Prüfung der örtlichen Zuständigkeit bedarf es nur insoweit, als die vorab vorzunehmende

Prüfung der Verbands- und der sachlichen Zuständigkeit noch die Zuständigkeit mehrerer Behörden begründet (zur Verbandskompetenz und dem Unterschied zur örtlichen Zuständigkeit s. BVerwG BeckRS 2012, 51759 Rn. 17 f.).

d) Sachliche Zuständigkeit

Die sachliche Zuständigkeit begründet die Zuständigkeit einer Behörde aus- 6
gehend von der Aufgabe gegenständlich oder inhaltlich.

e) Organzuständigkeit

Die Organzuständigkeit beantwortet die Frage, welche Behörde innerhalb 7
eines aufgrund Verbandskompetenz zuständigen Verwaltungsträgers zuständig ist (zB Bürgermeister oder Gemeinderat).

f) Verbandszuständigkeit

Die Verbandszuständigkeit knüpft an die Regelung in § 1 an und ordnet die 8
Aufgaben den verschiedenen dort genannten Verwaltungsträgern (zB Bund, Ländern, Gemeinden, sonstigen juristischen Person des öffentlichen Rechts) zu (VGH München BeckRS 2022, 29794 Rn. 10; zur Bestimmung der Verbandszuständigkeit bei länderübergreifenden Sachverhalten vgl. VGH Kassel BeckRS 2020, 17256 Rn. 18). Dem im Wege der Verbandskompetenz zuständigen Verwaltungsträger muss die handelnde Behörde zugehören. Zur Möglichkeit der Bestimmung der Verbandszuständigkeit im Wege einer analogen Anwendung des § 3 vgl. OVG Münster BeckRS 2020, 25978 Rn. 5 f.

2. Umfang des Gesetzesvorbehalts bei Zuständigkeitsregelungen

Weitgehend geklärt ist heute die Geltung und der Umfang des Gesetzesvor- 9
behalts für Zuständigkeitsregelungen. Aus Art. 20 III GG ergibt sich, dass alle Fragen, die wesentlich für die Verwirklichung der Grundrechte sind, einer gesetzlichen Regelung bedürfen (BVerfGE 98, 218 mwN). Hieraus folgt aber kein allgemeiner **institutionell-organisatorischer Gesetzesvorbehalt** des Inhalts, dass Zuständigkeitsregelungen stets und ausschließlich in Gesetzesform erlassen werden müssen (s. auch BVerfGE 40, 237). Sowohl die Bildung und die Auflösung von Behörden als auch die Zuweisung von Zuständigkeiten auf Behörden sind ohne gesetzliche Grundlage möglich, soweit durch die Verfassung oder durch Gesetz nichts anderes bestimmt ist. Der Gesetzgeber ist zwar befugt, Zuständigkeitsregelungen zu treffen und hat dies auch für zahlreiche Sachmaterien getan. Aus dieser Regelungsbefugnis folgt aber keine Regelungspflicht. Wo es sich nicht um wesentliche Entscheidungen handelt, bleibt es dem Gesetzgeber freigestellt, ob er die Durchführung einer Aufgabe bestimmten Behörden durch Gesetz überträgt oder der Regelung durch ministerielle Verwaltungsanordnung überlässt (BVerwGE 120, 87 (96) = NVwZ 2004, 722).

3. Anknüpfungspunkte der örtlichen Zuständigkeit (I)

10 Die Anknüpfungspunkte zur Begründung der örtlichen Zuständigkeit sind in § 3 I normiert. Die Reihenfolge der Nrn. 1 bis 4 gibt gleichzeitig das Rangverhältnis der Anknüpfungspunkte wieder.

a) Belegenheit der Sache oder des Rechts

11 Nach Nr. 1 ist in Angelegenheiten, die sich auf unbewegliches Vermögen oder ein ortsgebundenes Recht oder Rechtsverhältnis beziehen, die Behörde örtlich zuständig, in deren Bezirk das Vermögen oder der Ort liegt (sog. **Belegenheit**). Die räumliche Nähe der Behörde zur betreffenden Angelegenheit indiziert hier gleichsam die Ortskundigkeit und Sachnähe der Behörde und damit eine effektive Aufgabenwahrnehmung. Zuständigkeitsbegründend ist allein die Belegenheit der Sache oder des Rechts, so dass es auf die Person des Eigentümers oder Inhabers nicht ankommt. Ein Wechsel in der Person (Rechtsnachfolge) ist zuständigkeitsmäßig unbeachtlich.

12 **Unbewegliches Vermögen** sind Grundstücke und sonstige Berechtigungen, auf welche die Bestimmungen über Grundstücke Anwendung finden (zB Erbbaurecht, Grunddienstbarkeiten, im Schiffsregister eingetragene Schiffe und Schiffsbauwerke, Wohnungseigentum, ferner grundstücksbezogene Rückübertragungsansprüche nach VermG). Unter **ortsgebundene Rechte oder Rechtsverhältnisse** fallen alle grundstücksbezogenen Rechte oder Rechtsverhältnisse, für die der Bezug zu einem bestimmten Standort kennzeichnend ist (zB baurechtliche Genehmigungen, Forst-, Jagd- (OVG Bremen BeckRS 2023, 17097 Rn. 15), Wasser- und Wegerechte, bei einem besonderen Grundstücksbezug uU auch gewerbe- und umweltrechtliche Genehmigungen; weitere Bsp. bei KR/Ramsauer § 3 Rn. 20 mwN).

b) Unternehmenssitz, Betriebsstätte, Ort der Tätigkeit

13 Örtlich zuständig ist nach Nr. 2 die Behörde, in deren Bezirk das Unternehmen oder die Betriebsstätte betrieben oder der Beruf oder die Tätigkeit ausgeübt wird oder werden soll, auf das/die/den sich die Angelegenheit bezieht. Wenn hier auf den **Betrieb** eines Unternehmens oder einer seiner Betriebsstätten abgestellt wird, ist der Begriff des Betriebs hier offenbar tätigkeitsbezogen (anders in § 3 II 2, wo der Betrieb – wie das Unternehmen – iS einer technisch-organisatorischen Einheit gemeint ist; zur Unterscheidung von Hersteller und Lohnhersteller gem. § 40 I 1 LFGB und der umfassenden Zuständigkeitsbegründung vgl. OVG Lüneburg BeckRS 2022, 2220 Rn. 10). Wo nationales Recht zur Umsetzung einer EU-Richtlinie dient, ist zu beachten, dass der Betriebsbegriff richtlinienkonform verstanden werden muss (BAG BeckRS 2020, 2671 Rn. 78, 90) und vom EuGH autonom ausgelegt wird (LAG Düsseldorf BeckRS 2020, 43233 Rn. 150; unter Verweis auf EuGH BeckEuRS 2015, 80637 Rn. 30, BeckRS 2015, 579180 Rn. 45). **Unternehmen** ist eine auf Dauer angelegte, rechtliche und organisatorische Einheit mit der Absicht der Gewinnerzielung, unabhängig von der Rechts-

form. **Betriebsstätte** bezeichnet eine räumlich vom Hauptbetrieb bzw. anderen Betriebsstätten getrennte Einrichtung, die dem Hauptbetrieb dient (vgl. § 12 AO). **Beruf** ist jede auf Dauer angelegte Tätigkeit zur Schaffung und Erhaltung der Lebensgrundlage. Als **andere dauerhafte Tätigkeiten** sind solche anzusehen, die nicht der Schaffung und Erhaltung der Lebensgrundlage dienen (zB ein Hochschulstudium, karitative und andere Tätigkeiten ohne Gewinnerzielungsabsicht, Hobbies bei intensiver Ausübung und gewisser Ortsbezogenheit).

c) Gewöhnlicher Aufenthalt oder Sitz

Unter Rückgriff auf §§ 30 III SGB I, 9 AO ist der **gewöhnliche Aufenthalt** 14
einer natürlichen Person dort, wo sie sich uU aufhält, die erkennen lassen, dass sie an diesem Ort oder in diesem Gebiet nicht nur vorübergehend verweilt. Entscheidend sind die tatsächlichen Verhältnisse, nicht die melderechtlichen, auch nicht der Wille der Person oder die Freiwilligkeit des Aufenthalts. Der Ort des gewöhnlichen Aufenthalts ist zu unterscheiden von der Wohnung, dem Wohnsitz und dem dauernden Aufenthalt. Die Orte können identisch sein, notwendig ist dies aber nicht. Der Ort bzw. das Gebiet muss im Inland liegen. Nicht nur vorübergehend ist der Aufenthalt bei einer voraussichtlichen Zeitdauer von ca. 6 Monaten (zB Ort der Ableistung des Wehrdienstes, im Asylverfahren zugewiesener Aufenthaltsort – vgl. KG InfAuslR 2007, 17; Zuweisung im Rahmen des Verteilungsverfahrens gem. § 15a AufenthG – OVG Bremen BeckRS 2022, 16108 Rn. 6; Studienort – str., bejahend BVerwGE 89, 110 = NJW 1992, 782; KR/Ramsauer § 3 Rn. 29 mit dem Hinweis auf die Notwendigkeit der Berücksichtigung der Umstände des Einzelfalls). Dabei ist vorübergehende Abwesenheit zB wegen Besuchen, Krankenhaus- und Rehaaufenthalten, Reisen, Urlaub oder ähnlichen Gründen unerheblich.

Bei einem gewöhnlichen Aufenthalt **an mehreren Orten** ist die zeitliche 15
Häufigkeit entscheidend, lässt sich damit der gewöhnliche Aufenthalt nicht feststellen, scheidet § 3 I Nr. 3 aus und die Zuständigkeit ist gem. § 3 II zu bestimmen (VGH München BeckRS 2022, 4461 Rn. 16).

Der **Sitz** einer juristischen Person oder einer Vereinigung bestimmt sich 16
nach Gesetz, Satzung oder Verleihung. Fehlt es an einer derartigen Festlegung, ist entscheidend der Ort, an welchem die Verwaltung geführt wird (§ 24 BGB).

Kommt es zu einer **Verlagerung** des gewöhnlichen Aufenthalts oder des 16a
Sitzes ins Ausland, bleibt die Behörde zuständig, in deren Bezirk die natürliche Person ihren Aufenthalt bzw. die juristische Person oder Vereinigung ihren Sitz zuletzt hatte. Im Ausländerrecht bleibt damit die Ausländerbehörde des Bundeslandes zuständig, in welchem der nunmehr im Ausland wohnende Ausländer seinen gewöhnlichen Aufenthalt zuletzt hatte. Eine (abweichende) Zuständigkeit der die Abschiebung veranlassenden Behörde nach § 3 I Nr. 4 kommt nur in den Fällen in Betracht, in denen der Ausländer keinen gewöhnlichen Aufenthalt im Bundesgebiet hatte (BVerwGE 142, 195 Rn. 21 = BeckRS 2012, 51759).

d) Anlass der Amtshandlung

17 Sind § 3 I Nrn. 1–3 nicht einschlägig, ist die Behörde gem. Nr. 4 zuständig, in deren Bezirk der **Anlass** hervortritt. Das ist typischerweise der Ort des Anlasses oder des Wirksamwerdens der behördlichen Maßnahme. Die Regelung der Nr. 4 begründet eine normale Zuständigkeit der Behörde; im Gegensatz dazu regelt § 3 IV nur eine vorübergehende Eilzuständigkeit.

III. Mehrfachzuständigkeiten

1. Zuständigkeit mehrerer Behörden (II 1)

18 In § 3 II sind die Fälle der gleichzeitigen Zuständigkeit mehrerer Behörden geregelt. Eine solche Mehrfachzuständigkeit liegt nur vor, wenn mehrere Behörden aufgrund des gleichen Anknüpfungspunktes, dh aufgrund der gleichen Ziffer des § 3 I zuständig sind. Ergibt sich die Zuständigkeit der verschiedenen Behörden aufgrund unterschiedlicher Ziffern des § 3 I, ist die in der Reihenfolge der Ziffern begründete Rangordnung entscheidend (→ Rn. 10 ff.). Darüber hinaus muss die Zuständigkeit der mehreren Behörden dasselbe Vorhaben betreffen (BVerwG BeckRS 2017, 127645 Rn. 16). Bei planfeststellungspflichtigen Vorhaben ist auf den vom Vorhabenträger bezeichneten und zur Planfeststellung gestellten (Leistungs-)Abschnitt abzustellen (BVerwG NVwZ 2017, 708, 711 f. Rn 14).

a) Prioritätsprinzip

19 Bei Mehrfachzuständigkeiten im vorgenannten Sinne gilt nach S. 1 Alt. 1 zunächst das sog. **Prioritätsprinzip:** Es entscheidet die Behörde, die zuerst mit der Sache befasst worden ist. Wenn die Zuständigkeit einzelner Behörden aus tatsächlichen oder rechtlichen Gründen zweifelhaft ist, findet das Prioritätsprinzip hingegen keine Anwendung; in diesen Fällen bestimmt sich die Zuständigkeit anhand der S. 2 und 3.

b) Zuständigkeitsbestimmung durch Intervention der Aufsichtsbehörde

20 Unabhängig vom Prioritätsprinzip kann die **gemeinsame Aufsichtsbehörde** eine der ihr nachgeordneten Behörden als zuständig bestimmen. Die gemeinsame Aufsichtsbehörde kann die Fachaufsicht oder auch nur die Rechtsaufsicht haben. Die Entscheidung ist an keine weiteren tatbestandlichen Voraussetzungen gebunden und steht im pflichtgemäßen Ermessen der Aufsichtsbehörde (§§ 10, 40; zur Rechtsnatur der Entscheidung s. u. → Rn. 37). Die Zuständigkeitsbestimmung seitens der Aufsichtsbehörde ist bis zum Zeitpunkt der Sachentscheidung durch eine der zuständigen Behörden zulässig.

2. Zuständigkeit für gleiche Angelegenheit mehrerer Betriebsstätten (II 2)

Bezieht sich eine gleiche Angelegenheit auf **mehrere Betriebsstätten** eines Betriebes oder Unternehmens mit der Folge einer Zuständigkeit mehrerer Behörden nach § 3 I Nr. 2, kann die gemeinsam fachlich zuständige Aufsichtsbehörde eine zuständige Behörde als gemeinsam zuständige Behörde bestimmen, wenn dies unter Wahrung der Interessen der Beteiligten zur einheitlichen Entscheidung geboten ist. Während § 3 II 1 die Fälle der Zuständigkeit mehrerer Behörden in Bezug auf eine Betriebsstätte in demselben Bezirk betrifft, regelt § 3 II 2 die Zuständigkeit mehrerer, in Bezug auf unterschiedliche Betriebsstätten in unterschiedlichen Bezirken jeweils allein örtlich zuständigen Behörden bei gleichgelagerten Angelegenheiten. Es handelt sich hier also eigentlich nicht um eine Mehrfachzuständigkeit, sondern um eine parallele Zuständigkeit. 21

Eine **gleiche Angelegenheit** liegt vor, wenn die Sachverhalte in tatsächlicher und rechtlicher Hinsicht im Wesentlichen vergleichbar sind. Obwohl der Wortlaut von einer gleichen Angelegenheit spricht, muss kein Zusammenhang gegeben sein. Denn Zweck der Vorschrift ist die Sicherstellung einer einheitlichen Entscheidung. 22

Die Bestimmung einer gemeinsamen zuständigen Behörde ist insbesondere **geboten,** wenn die Führung mehrerer paralleler Verfahren bei den eigentlich jeweils allein örtlich zuständigen Behörden für den Betrieb oder das Unternehmen unzumutbar ist. 23

3. Zuständigkeitsbestimmung bei Zuständigkeitszweifeln (II 3)

Die gemeinsame fachlich zuständige **Aufsichtsbehörde** entscheidet zudem bei positiven wie negativen Konflikten über die örtliche Zuständigkeit. Im Unterschied zu § 3 II 1 regelt § 3 II 3 die Fälle, in denen im Ergebnis nur eine Behörde zuständig ist, aber unklar ist, welche Behörde dies tatsächlich ist. Letztlich handelt es sich also hier nicht um eine Mehrfachzuständigkeit. 24

4. Entscheidung bei Fehlen einer gemeinsamen fachlich zuständigen Aufsichtsbehörde (II 4)

Schließlich bestimmt § 3 II 4 für den Fall des Fehlens einer gemeinsamen fachlich zuständigen Aufsichtsbehörde, dass dann die jeweils fachlich zuständigen Aufsichtsbehörden eine **gemeinsame Entscheidung** treffen. Die Regelung ist analog anzuwenden, wenn eine, mehrere oder alle beteiligten Behörden keiner Aufsichtsbehörde unterstehen. In diesem Fall sind die Behörden selbst an der Entscheidung zu beteiligen. 25

IV. Zuständigkeitswechsel (III)

Der § 3 III regelt den **Zuständigkeitswechsel** im laufenden Verwaltungs- 26
verfahren dahin, dass grundsätzlich die bisher zuständige Behörde das Ver-

fahren fortführen kann, wenn dies der einfachen und zweckmäßigen Verfahrensdurchführung dient, die Interessen der Beteiligten gewahrt sind und die nunmehr zuständige Behörde zustimmt. Die Bestimmung ist verfahrensökonomisch motiviert. Wo sondergesetzliche Regelungen bestehen, gehen diese vor (zB § 45a BAföG).

1. Im Laufe des Verwaltungsverfahrens

27 Die Umstände, welche die Zuständigkeit begründen, müssen sich **im Laufe des Verwaltungsverfahrens** ändern. Das Verfahren darf mithin nicht abgeschlossen sein. Abgeschlossen ist das Verfahren mit Eintritt der Unanfechtbarkeit des VA oder dem Abschluss eines öffentlich-rechtlichen Vertrages. Die Sachentscheidung im Ausgangsverfahren (typischerweise der Erlass des VA) beendet das Verfahren hingegen noch nicht. Das Widerspruchsverfahren gehört vielmehr ebenfalls noch zum Verwaltungsverfahren. Änderungen der zuständigkeitsbegründenden Umstände im Vorverfahren werden von § 3 III erfasst. Wird im Widerspruchsverfahren eine andere Ausgangsbehörde zuständig mit der Folge, dass für sie auch eine andere Widerspruchsbehörde zuständig wäre, bedarf die bisher zuständige Widerspruchsbehörde für die Fortführung des Widerspruchsverfahrens der Zustimmung der nunmehr zuständigen Widerspruchsbehörde. Ebenso ist das Verwaltungsverfahren noch nicht abgeschlossen, wenn es im Anschluss an ein verwaltungsgerichtliches Urteil gem. § 113 III VwGO fortgeführt wird (BVerwGE 98, 313 (316)).

2. Entscheidung über Verfahrensfortführung

28 Die **Fortführung des Verwaltungsverfahrens** durch die bisher zuständige Behörde verlangt eine dahingehende Entscheidung dieser Behörde, die im Ermessen der Behörde steht. Ermessensleitende Gesichtspunkte sind die einfache und zweckmäßige Verfahrensdurchführung (zB Verfahrensfortschritt) und die Interessen der Beteiligten (zB Mehrkosten, Zeitaufwand; zum Sonderfall einer Verlegung des gewöhnlichen Aufenthalts ins Ausland BVerwG 142, 195 Rn. 20 = NVwZ 2012, 1485 Rn. 20).

3. Zustimmung der nunmehr zuständigen Behörde

29 Die Entscheidung über die Verfahrensfortführung bedarf der **Zustimmung der nunmehr zuständigen Behörde.** Die Zustimmung kann bis zum Abschluss des Widerspruchsverfahrens und sogar bis zum Abschluss des verwaltungsgerichtlichen Verfahrens und somit rückwirkend erklärt werden (Rechtsgedanke des § 45 II; ebenso OVG Münster SVR 2015, 395, 396; Ziekow Rn. 30). Ob die Ersetzung der Zustimmung durch die Aufsichtsbehörde oder das VG möglich ist, erscheint zweifelhaft (bejahend KR/Ramsauer § 3 Rn. 51; SBS/Schmitz § 3 Rn. 41).

30 **Versagt** die nunmehr zuständige Behörde ihre Zustimmung, muss die bisher zuständige Behörde (im Widerspruchsverfahren die bisher zuständige Widerspruchsbehörde) das Verfahren abgeben und einen ggf. bereits erlassenen VA aufheben.

V. Zuständigkeit bei Gefahr im Verzug (IV)

31 In § 3 IV ist ergänzend eine **örtliche Notzuständigkeit** geregelt. Sie findet Anwendung, wenn die örtlich zuständige Behörde voraussichtlich nicht imstande ist, die erforderlichen Maßnahmen rechtzeitig zu treffen.

32 **Gefahr im Verzug** liegt vor, wenn der Schadenseintritt bei einem wichtigen Rechtsgut unmittelbar bevorsteht (konkrete Gefahr, einschließlich Anscheinsgefahr) und das sofortige Handeln der an sich unzuständigen Behörde notwendig ist. Die Notwendigkeit beurteilt sich nach den im Zeitpunkt der Entscheidung bekannten Umständen (ex-ante). Statthaft sind allein unaufschiebbare Maßnahmen. Hierunter fallen alle Maßnahmen, die den unmittelbar drohenden Schadenseintritt verhindern, bis die örtlich zuständige Behörde handeln kann. Regelmäßig werden nur vorläufige Maßnahmen ausreichen.

33 Die Notzuständigkeit **endet,** sobald die zuständige Behörde von der Gefahr Kenntnis erlangt und selbst die erforderlichen Maßnahmen veranlassen kann. Hieraus erklärt sich auch die Pflicht der notzuständigen Behörde zur unverzüglichen Unterrichtung der an sich örtlich zuständigen Behörde. Unverzüglich bedeutet ohne schuldhaftes Zögern (vgl. § 121 I BGB). Mit der Unterrichtung geht die Zuständigkeit wieder auf die an sich örtlich zuständige Behörde über, die dann auch über den Fortbestand bzw. die Aufhebung der getroffenen Maßnahmen entscheidet. Bis zur Unterrichtung bleibt die notzuständige Behörde zuständig, so dass eine verzögerte Unterrichtung die Rechtmäßigkeit der getroffenen Maßnahmen nicht berührt.

VI. Rechtsschutz

34 Der Bürger hat einen **Anspruch auf ein Handeln der zuständigen Behörde,** der allerdings durch die Regelungen der §§ 44 und 46 stark eingeschränkt ist. Handelt im Einzelfall eine unzuständige Behörde, hängen die sich aus der Unzuständigkeit ergebenden Rechtswirkungen von der Art der Unzuständigkeit ab:

35 Grundsätzlich führt die Unzuständigkeit der Behörde nur zur **(formellen) Rechtswidrigkeit** der Maßnahme (§§ 43, 44 III Nr. 1). Das gilt auch für die Fälle der örtlichen Unzuständigkeit der handelnden Behörde. Und diese durch eine Verletzung der Vorschriften über die örtliche Zuständigkeit bedingte formelle Rechtswidrigkeit begründet nach der ausdrücklichen Regelung des § 46 keinen Anspruch auf Aufhebung des VA, wenn die Verletzung der Vorschriften über die örtliche Zuständigkeit die Entscheidung in der Sache offensichtlich nicht beeinflusst hat. Allein ein Verstoß gegen die örtliche Zuständigkeit gem. § 3 I 1 Nr. 1 begründet bei VAen ausnahmsweise deren Nichtigkeit (§§ 43, 44 II Nr. 3).

36 Darüber hinaus sind folgende Besonderheiten zu beachten: Erledigt eine übergeordnete Behörde die einer unteren Behörde zugewiesene Aufgabe, begründet dies grundsätzlich einen Verstoß gegen die instanzielle Zuständig-

keit, es sei denn, der übergeordneten Behörde steht ausnahmsweise ein gesetzlich vorgesehenes **Selbsteintrittsrecht** zu.

37 Bestimmt die Aufsichtsbehörde im Falle des § 3 II die zuständige Behörde, ist die **Rechtsnatur** dieser Entscheidung umstritten (für einen verfahrensrechtlichen VA Ziekow § 3 Rn. 23 (hM); aA KR/Ramsauer § 3 Rn. 38). Der Streit ist iE ohne Folgen, da es sich auch bei Bejahung der Außenwirkung und damit der VA-Qualität lediglich eine verfahrensrechtliche Entscheidung handelt, die nicht isoliert, sondern nur zusammen mit der Sachentscheidung angegriffen werden kann (§ 44a VwGO).

38 Die **Fortführungsentscheidung** der bisher zuständigen Behörde gem. § 3 III ist nach ganz hM kein VA und als Verfahrenshandlung nicht selbständig angreifbar (§ 44a VwGO; BVerwGE 70, 72; Ziekow § 3 Rn. 29). Gleiches gilt für die Zustimmungserklärung der nunmehr zuständigen Behörde.

§ 3a Elektronische Kommunikation

(1) Die Übermittlung elektronischer Dokumente ist zulässig, soweit der Empfänger hierfür einen Zugang eröffnet.

(2) [1] Eine durch Rechtsvorschrift angeordnete Schriftform kann, soweit nicht durch Rechtsvorschrift etwas anderes bestimmt ist, durch die elektronische Form ersetzt werden. [2] Der elektronischen Form genügt ein elektronisches Dokument, das mit einer qualifizierten elektronischen Signatur versehen ist. [3] Die Signierung mit einem Pseudonym, das die Identifizierung der Person des Signaturschlüsselinhabers nicht unmittelbar durch die Behörde ermöglicht, ist nicht zulässig.

(3) Die Schriftform kann auch ersetzt werden

1. **durch unmittelbare Abgabe der Erklärung in einem elektronischen Formular, das von der Behörde in einem Eingabegerät oder über öffentlich zugängliche Netze zur Verfügung gestellt wird; bei einer Eingabe über öffentlich zugängliche Netze muss ein elektronischer Identitätsnachweis nach § 18 des Personalausweisgesetzes, nach § 12 des eID-Karte-Gesetzes oder nach § 78 Absatz 5 des Aufenthaltsgesetzes erfolgen;**
2. **durch Übermittlung einer von dem Erklärenden elektronisch signierten Erklärung an die Behörde**
   a) **aus einem besonderen elektronischen Anwaltspostfach nach den §§ 31a und 31b der Bundesrechtsanwaltsordnung oder aus einem entsprechenden, auf gesetzlicher Grundlage errichteten elektronischen Postfach;**
   b) **aus einem elektronischen Postfach einer Behörde oder einer juristischen Person des öffentlichen Rechts, das nach Durchführung eines Identifizierungsverfahrens nach den Regelungen der auf Grund des § 130a Absatz 2 Satz 2 der Zivilprozessordnung erlassenen Rechtsverordnung eingerichtet wurde;**
   c) **aus einem elektronischen Postfach einer natürlichen oder juristischen Person oder einer sonstigen Vereinigung, das nach Durchführung eines Identifizierungsverfahrens nach den Regelungen der auf Grund des § 130a Absatz 2**

Satz 2 der Zivilprozessordnung erlassenen Rechtsverordnung eingerichtet wurde;

d) mit der Versandart nach § 5 Absatz 5 des De-Mail-Gesetzes;

3. bei elektronischen Verwaltungsakten oder sonstigen elektronischen Dokumenten der Behörde,

a) indem diese mit dem qualifizierten elektronischen Siegel der Behörde versehen werden;

b) durch Versendung einer De-Mail-Nachricht nach § 5 Absatz 5 des De-Mail-Gesetzes, bei der die Bestätigung des akkreditierten Diensteanbieters die erlassende Behörde als Nutzer des De-Mail-Kontos erkennen lässt.

(4) [1] Ist ein der Behörde übermitteltes elektronisches Dokument für sie zur Bearbeitung nicht geeignet, teilt sie dies dem Absender unter Angabe der für sie geltenden technischen Rahmenbedingungen unverzüglich mit. [2] Macht ein Empfänger geltend, er könne das von der Behörde übermittelte elektronische Dokument nicht bearbeiten, hat sie es ihm erneut in einem geeigneten elektronischen Format oder als Schriftstück zu übermitteln.

(5) [1] Ermöglicht die Behörde die unmittelbare Abgabe einer Erklärung in einem elektronischen Formular, das von der Behörde in einem Eingabegerät oder über öffentlich zugängliche Netze zur Verfügung gestellt wird, so hat sie dem Erklärenden vor Abgabe der Erklärung Gelegenheit zu geben, die gesamte Erklärung auf Vollständigkeit und Richtigkeit zu prüfen. [2] Nach der Abgabe ist dem Erklärenden eine Kopie der Erklärung zur Verfügung zu stellen.

Übersicht

	Rn.
I. Bedeutung	1
II. Grundsatz der Zulässigkeit der elektronischen Form (I)	2
1. Elektronische Dokumente	3
2. Erfordernis der Zugangseröffnung durch den Empfänger	4
III. Gleichstellung von Schriftform und qualifizierter elektronischer Signatur (II)	6
1. Grundsatz der Zulässigkeit der elektronischen Form auch bei Schriftformerfordernis	7
2. Die qualifizierte elektronische Signatur (II 2)	8
a) Anforderungen an eine qualifizierte elektronische Signatur	8a
b) Abweichungen vom Erfordernis der qualifizierten elektronischen Signatur	9
c) Verwendung von Pseudonymen	11
IV. Weitere Möglichkeiten des elektronischen Schriftformersatzes	11a
1. Erklärungen gegenüber der Behörde	11a
a) Die Nutzung von Eingabegeräten oder öffentlichen Netzen (III Nr. 1)	11a
b) Die Nutzung eines Anwaltspostfachs oder eines gleichgestellten elektronischen Postfachs (III Nr. 2a)	12
c) Die Nutzung eines elektronischen Postfachs einer Behörde oder juristischen Person des öffentlichen Rechts nach vorausgegangenem Identifizierungsverfahren (III Nr. 2b)	15

Rn.
d) Die Nutzung eines elektronischen Postfachs einer natürlichen oder juristischen Person oder einer sonstigen Vereinigung nach vorausgegangenem Identifizierungsverfahren (III Nr. 2c) ... 16
e) Die Nutzung der De-Mail durch Bürger und Unternehmen (IIINr. 2d) ... 17
2. Erklärungen von Seiten einer Behörde ... 18
a) Die Nutzung eines qualifizierten elektronischen Siegels durch Behörden (III Nr. 3a) ... 18
b) Die Nutzung von De-Mail durch Behörden (III Nr. 3b) ... 23
3. Öffnungsklausel (II 1) ... 24
4. Beweiskraft elektronischer Dokumente ... 25
V. Technische Inkompatibilität (IV) ... 26
VI. Schutz des Erklärenden (V) ... 30

I. Bedeutung

1 Die Vorschrift wurde im Jahre 2002 im Wege des 3. VwVfÄndG (BGBl. I 3322) in das VwVfG eingefügt.Der im Verwaltungsverfahren allgemein geltende Grundsatz der Formfreiheit wurde damit erweitert um die Möglichkeit der **elektronischen Verfahrensabwicklung** (§ 3a I). Bei bestehendem Schriftformerfordernis bedarf das elektronische Dokument einer qualifizierten elektronischen Signatur oder einer der ihr gleichgestellten Vorgehensweisen (§ 3a II). Schließlich enthält die Norm eine Regelung zum Verfahren bei auftretenden Inkompatibilitäten (§ 3a III). Ergänzt wird die Vorschrift durch die Regelungen in den §§ 37, 41 II und IV sowie das am 1.7.2014 in Kraft getretene EGovG (BGBl. 2013 I 2749). II wurde durch das EVerwFG (BGBl. 2013 I 2749, Nr. 43) in zwei Schritten zum 1.8.2013 und 1.7.2014 sowie erneut zum 29.7.2017 (BGBl. 2017 I 2745) und 1.11.2019 (BGBl. 2019 I 846) geändert. Zum 1.1.2024 wurde mit dem 5. VwVfÄndG II erneut geändert, III eingefügt, der bisherige III wurde IV und V angefügt (BGBl. 2023 I 344). Die Vorschrift in ihrer aktuellen Fassung wird ergänzt durch eine Neufassung des OZG und des EGovG, und hier insbesondere durch die neu eingefügten §§ 9a OZG und 9a EGovG (s. BT-Drs. 20/8093 und BT-Drs. 20/10417).

II. Grundsatz der Zulässigkeit der elektronischen Form (I)

2 § 3a I statuiert den Grundsatz der **Zulässigkeit der Übermittlung elektronischer Dokumente.** Die elektronische Kommunikation ist immer dann möglich, wenn der Empfänger einen Zugang eröffnet.

1. Elektronische Dokumente

3 Die Gestattung der elektronischen Kommunikation ist im Ansatz umfassend. **Elektronische Dokumente** werden in jeder beliebigen Art erfasst. Dies

beinhaltet alle gegenwärtig oder zukünftig verfügbaren Standards. Es kommt insoweit weder auf den Inhalt (zB Text, Graphiken, Filme) noch auf das Format (zB doc, pdf, ppt) an (zur Abgrenzung gegenüber dem Begriff der elektronischen Form → Rn. 6).

2. Erfordernis der Zugangseröffnung durch den Empfänger

4 Mit dem Erfordernis der Zugangseröffnung durch den Empfänger trägt das Gesetz dem Umstand Rechnung, dass nicht jeder Beteiligte an einem Verwaltungsverfahren in jedem Fall die Technik der elektronischen Kommunikation nutzt. Vor allem bei Privatpersonen fehlt es zum Teil noch am erforderlichen Zugang. Aber auch Unternehmen, selbst wenn sie im Internet über eine Homepage verfügen, besitzen nicht in jedem Fall auch einen Zugang für die Übermittlung elektronischer Nachrichten. Insoweit gilt das Prinzip der Freiwilligkeit. Nach dem eindeutigen Wortlaut reicht zudem das **Bestehen eines Zugangs** nicht aus, vielmehr bedarf es einer Zugangseröffnung (→ Rn. 5).

5 Die Eröffnung des Zugangs verlangt eine **Widmung,** mithin eine willensgetragene Entscheidung. Eine Zugangseröffnung kann dabei ausdrücklich oder konkludent erfolgen. Sie lässt sich bei Unternehmen durch den Hinweis auf eine E-Mail-Adresse auf der Homepage, das Zusenden einer E-Mail oder die Aufnahme einer E-Mail-Adresse im Briefkopf begründen. Anders ist dies bei Privatpersonen: dort ist regelmäßig zu prüfen und ausdrücklich festzustellen, ob die Eröffnung eines Zugangs im Verhältnis zu anderen Privaten oder auch zu Unternehmen darüber hinaus auch eine Zugangseröffnung gegenüber Behörden umfasst (zur Zugangseröffnung durch Anmeldung in einem Portal s. OVG Lüneburg BeckRS 2016, 51867 Rn. 16). Dies ist weder zwingend der Fall noch kann darauf mangels anderslautender, einschränkender Erklärung geschlossen werden (OVG Münster BeckRS 2014, 58517 = NVwZ-RR 2015, 172).

5a **Behörden** sind demgegenüber allgemein verpflichtet, einen Zugang für die Übermittlung elektronischer Dokumente zu eröffnen. Dies ergibt sich zum einen aus dem zum 18.12.2008 in Umsetzung der Dienstleistungsrichtlinie eingefügten § 71a (BGBl. 2008 I 2418) in Verbindung mit den einschlägigen Fachgesetzen sowie allgemein im Anwendungsbereich des VwVfG – und darüber hinaus – aus dem zum 1.7.2014 in Kraft getretenen § 2 I EGovG (BGBl. 2013 I 2749). So gilt die Pflicht zur Zugangseröffnung für elektronische Dokumente gem. § 2 I EGovG iVm § 1 I und II EGovG für die öffentlich-rechtliche Verwaltungstätigkeit der Behörden des Bundes einschließlich der bundesunmittelbaren Körperschaften, Anstalten und Stiftungen des öffentlichen Rechts, sowie der Behörden der Länder, der Gemeinden und Gemeindeverbände und der sonstigen der Aufsicht des Landes unterstehenden juristischen Personen des öffentlichen Rechts, wenn sie Bundesrecht ausführen, iVm § 1 III darüber hinaus für die Tätigkeit der Gerichtsverwaltungen und die Behörden der Justizverwaltung einschließlich der ihrer Aufsicht unterliegenden Körperschaften des öffentlichen Rechts, soweit die Tätigkeit der Nachprüfung durch die Gerichte der Verwaltungsgerichtsbarkeit oder die in verwaltungsrechtlichen Anwalts-, Patentanwalts- und Notarsachen zuständigen Gerichte unterliegt.

III. Gleichstellung von Schriftform und qualifizierter elektronischer Signatur (II)

6 Auch wenn eine Rechtsvorschrift (Gesetz, VO, Satzung) **Schriftform** anordnet (zB § 10 VII BImSchG), kann diese durch die **elektronische Form** ersetzt werden. Voraussetzung ist, dass die Rechtsvorschrift die elektronische Form nicht ausschließt und das elektronische Dokument mit einer **qualifizierten elektronischen Signatur** versehen ist (zu den Ausn. → Rn. 8 ff.). Die „elektrische Form" ist der Oberbegriff (elektronische Form = elektronisches Dokument plus qualifizierte elektronische Signatur,) und nicht auf die eIDAS-VO beschränkt ist. Mit der Neuregelung zur Beweiskraft elektronischer Dokumente wurde die Ersetzung der Schriftform deutlich erleichtert (→ Rn. 1, 11 f.).

1. Grundsatz der Zulässigkeit der elektronischen Form auch bei Schriftformerfordernis

7 Das Schriftformerfordernis schließt die elektronische Form grundsätzlich nicht aus, sondern stellt nur **zusätzliche Anforderungen** an die Signatur. Das elektronische Dokument ist nur – ausnahmsweise – ausgeschlossen, wo mit der Anordnung der Schriftform zugleich die elektronische Form ausdrücklich ausgeschlossen wird (zB § 38a StAG).

2. Die qualifizierte elektronische Signatur (II 2)

8 Die qualifizierte elektronische Signatur ist die grundsätzliche Alternative zur Schriftform. Ihre Verwendung ist sowohl Bürgern und Unternehmen wie auch Behörden gestattet.

a) Anforderungen an eine qualifizierte elektronische Signatur

8a Die Anforderungen an eine **qualifizierte elektronische Signatur** ergeben sich aus Art. 3 Nr. 12 eIDAS-VO (vormals § 2 Nr. 3 SigG) oder anderen gesetzlichen Regelungen. Danach muss es sich um **Daten** in elektronischer Form handeln, die anderen elektronischen Daten beigefügt oder logisch mit ihnen verknüpft sind und die zur Authentifizierung dienen, die ausschließlich dem Signaturschlüssel-Inhaber zugeordnet sind, die Identifizierung des Signaturschlüssel-Inhabers ermöglichen, mit Mitteln erzeugt werden, die der Signaturschlüssel-Inhaber unter seiner alleinigen **Kontrolle** halten kann, die mit den Daten, auf die sie sich beziehen, so verknüpft sind, dass eine nachträgliche Veränderung der Daten erkannt werden kann, und die auf einem zum Zeitpunkt ihrer Erzeugung gültigen qualifizierten Zertifikat beruhen und mit einer sicheren Signaturerstellungseinheit erzeugt werden. Diesen Anforderungen genügt ein Widerspruchsschreiben, welches in ein elektronisches Dokument im pdf-Format umgewandelt und mit einer elektronischen Signatur versehen wurde und dann als Anlage zu einer einfachen E-Mail an die Behörde übermittelt wurde (BVerwG NVwZ 2017, 967, 968 Rn. 18 f.). Zu den technischen Anforderungen und zur Funktionsweise der qualifizierten elektronischen Signatur s. BeckOK VwVfG/Müller § 3a Rn. 13 ff.

b) Abweichungen vom Erfordernis der qualifizierten elektronischen Signatur

Ausnahmsweise ist eine qualifizierte elektronische Signatur trotz Schriftformerfordernis nicht erforderlich, wo die Rechtsvorschrift selbst ihrem Wortlaut nach bei der elektronischen Form den **Verzicht auf die qualifizierte elektronische Signatur** oder sonstige zusätzliche Anforderungen formuliert (zB §§ 37 III 1, 69 II 6: „schriftlich oder elektronisch"; s. auch § 357 I 1 AO und dazu BFH DStR 2015, 1922, 1924 Rn. 22). 9

Umgekehrt gibt es Rechtsvorschriften, die über die qualifizierte elektronische Signatur hinaus **zusätzliche Anforderungen** an die elektronische Form stellen. 10

c) Verwendung von Pseudonymen

Pseudonyme sind nach der gesetzlichen Wertung des § 3a II nur dann nicht zulässig, wenn die Identifizierung der Person des Signaturschlüsselinhabers nicht unmittelbar durch die Behörde möglich ist. Solange die Identifizierung unmittelbar durch die Behörde hingegen gewährleistet ist, ist auch die Verwendung von Pseudonymen gestattet. Zulässig sind Pseudonyme wie zB Stadt X, Landkreis Y oder auch der Landrat von Z. 11

IV. Weitere Möglichkeiten des elektronischen Schriftformersatzes

1. Erklärungen gegenüber der Behörde

a) Die Nutzung von Eingabegeräten oder öffentlichen Netzen (III Nr. 1)

Die Schriftform kann darüber hinaus durch die unmittelbare Abgabe der Erklärung in einem **elektronischen Formular** ersetzt werden, welches von der Behörde in einem Eingabegerät oder über öffentlich zugängliche Netze zur Verfügung gestellt wird. Diese Regelung entspricht wörtlich dem vormaligen II 4 Nr. 1 und II 5. Die Verschiebung dient allein der systematischen Klarheit (BT-Drs. 20/8299, 16). Ziel ist, dass das Dokument inhaltlich unverändert bei der Behörde ankommt und damit ist die Integrität des elektronischen Dokuments auch hier sichergestellt. Entscheidend ist die unmittelbare Eingabe in ein vom Erklärenden im Übrigen nicht veränderbares elektronisches Formular (sog. Direktausfüllung). Die Behörde hat durch technische Ausgestaltung der Prozesse zu steuern, welche Erklärungen abgegeben werden können und Manipulationen auszuschließen. Entscheidend ist die Gewährleistung aller Funktionen einer Schriftform, wie sie bei der qualifizierten elektronischen Signatur erfüllt sind (zB die Echtheitsfunktion). Die Integrität 11a ist nicht mehr sichergestellt, wenn der Erklärende das Formular zunächst herunterladen, ausfüllen und dann wieder heraufladen kann; in einem solchen Fall gilt II 2 (BR-Drs. 557/12 75).

11b In jedem Fall muss der sichere **Identitätsnachweis** durch den Erklärenden gewährleistet sein (sog. Authentifizierung). Wird die Erklärung an einem Eingabegerät (Terminal) in der Behörde abgegeben, erfolgt die Identitätsfeststellung vor Ort, typischerweise durch einen Behördenmitarbeiter.

11c Erfolgt die Eingabe der Erklärung über **öffentliche Netze,** bestimmt II 5 ergänzend, dass in diesem Fall ein sicherer **Identitätsnachweis** durch den Erklärenden erfolgen muss, entweder nach § 18 PAuswG mittels der eID-Funktion des neuen Personalausweises oder nach § 78 V AufenthaltsG mittels des elektronischen Aufenthaltstitels. Seit dem 1.11.2019 ist der Nachweis auch gem. § 12 eID-Karte-Gesetz möglich. Der Gesetzgeber verzichtet bewusst auf konkrete Vorgaben zur technischen und organisatorischen Ausgestaltung und eröffnet der Verwaltung so einen weiten Gestaltungsspielraum. Dieser Spielraum kann individuell von der Behörde durch Technische Sicherheitsrichtlinien ausgefüllt werden. Denkbar wäre aber auch – bei entsprechender Beschlusslage (auf Bundesebene durch den IT-Rat, auf Länderebene durch den IT-Planungsrat) – die Erarbeitung einer Technischen Richtlinie durch das BSI (BR-Drs. 557/12 75 f.).

b) Die Nutzung eines Anwaltspostfachs oder eines gleichgestellten elektronischen Postfachs (III Nr. 2a)

12 Der neue III Nr. 2a knüpft an die für den elektronischen Rechtsverkehr mit den Gerichten geschaffene Infrastruktur des elektronischen Gerichts- und Verwaltungspostfachs. An Behörden gerichtete Erklärungen können danach zukünftig insbesondere über ein besonderes elektronisches **Anwaltspostfach** (§ 31a BRAO) und ein besonderes elektronisches Anwaltspostfach für Berufsausübungsgesellschaften ((§ 31b BRAO) abgegeben werden. Ihnen gleichgestellte elektronische Postfächer sind derzeit das besondere elektronische Postfach für Notare (§ 78n BNotO) sowie das besondere elektronische Postfach für Steuerberater (§ 86d StBerG) und steuerberatende Berufsausübungsgesellschaften (§ 86e StBerG)

13 Das zu übermittelnde Dokument muss nicht mit einer qualifizierten elektronischen Signatur, aber mit einer **einfachen Signatur** versehen sein. Erforderlich ist mithin eine Unterzeichnung mit der Namenswiedergabe des Erklärenden.

14 Die hier erfassten elektronischen Postfächer sind nur für den sog. **Hin-Kanal** zugelassen, dh für die Korrespondenz aus diesen Postfächern hin zur Behörde. Nicht eröffnet wird mit III Nr. 2a die Benutzung in umgekehrter Richtung, dh als Rück-Kanal von der Behörde an diese Postfächer (BT-Drs. 20/8299, 17). Zum einen besteht für behördliche Erklärungen grundsätzlich kein (Schrift-)Formerfordernis, zum anderen werden behördliche Erklärungen dort, wo die Schriftform vorgesehen ist, grundsätzlich auch an anderer, dritter Stelle als Beweismittel benötigt. Schließlich wäre die

(ersetzte) Schriftform nur bis zu dem jeweiligen elektronischen Postfach gewahrt, nicht aber bei der Weiterreichung an den Mandanten.

c) Die Nutzung eines elektronischen Postfachs einer Behörde oder juristischen Person des öffentlichen Rechts nach vorausgegangenem Identifizierungsverfahren (III Nr. 2b)

Die Vorschrift betrifft Erklärungen von Behörden und erscheint damit auf den ersten Blick unsystematisch, da die Schriftform ersetzende Erklärungen von Behörden ansonsten in III Nr. 3 normiert sind. Allerdings betrifft die Regelung ebenso wie die sonstigen Fälle des III ausschließlich Erklärungen gegenüber den Behörden. Auch hier ist also nur der sog. **Hin-Kanal** erfasst. 15

d) Die Nutzung eines elektronischen Postfachs einer natürlichen oder juristischen Person oder einer sonstigen Vereinigung nach vorausgegangenem Identifizierungsverfahren (III Nr. 2c)

Nach III Nr. 2c ersetzen Erklärungen, die unter Verwendung eines besonderen elektronischen **Bürger- und Organisationspostfachs** nach vorausgegangenem Identifizierungsverfahren abgegeben werden, die Schriftform. Gemeint sind damit Postfächer iSv §§ 10 ff. ERVV. 16

e) Die Nutzung der De-Mail durch Bürger und Unternehmen (IIINr. 2d)

Bei Anträgen und Anzeigen **an die Behörde** kann die Schriftform nach III Nr. 2d durch Versendung eines elektronischen Dokuments an die Behörde mit der Versandart **De-Mail** nach § 5 V des De-Mail-G ersetzt werden. Der jetzige III Nr. 2d übernimmt inhaltlich unverändert die Regelung des vormaligen II 4 Nr. 2.Nach der Wertung des Gesetzgebers erfüllt diese Versandart grundsätzlich alle Schriftformfunktionen. Die Authentifizierung erfolgt hier über die Versandart „absenderbestätigt“, die eine vorherige sichere Anmeldung durch den Verwender gem. § 4 I De-Mail-G erfordert. Im Ergebnis kommt auch in diesem Fall eine qualifizierte elektronische Signatur zum Einsatz; im Unterschied zu II 2 verwendet hier aber der De-Mail-Anbieter die Signatur, nicht der Erklärende. 17

2. Erklärungen von Seiten einer Behörde

a) Die Nutzung eines qualifizierten elektronischen Siegels durch Behörden (III Nr. 3a)

Zusätzlich zur qualifizierten elektronischen Signatur gestattet II Nr. 3 für Behörden die Nutzung eines **qualifizierten elektronischen Siegels** als schriftformersetzende Variante. Das qualifizierte elektronische Siegel steht gleichberechtigt neben der qualifizierten elektronischen Signatur, was der Behörde ein Wahlrecht zwischen beiden Wegen einräumt. Im Unterschied zur qualifizierten elektronischen Signatur ist das qualifizierte elektronische Siegel nicht personenbezogen, sondern behördenbezogen. Damit werden 18 weniger Zertifikate und voraussichtlich weniger technische Infrastruktur benötigt. Andererseits muss die Behörde jeweils sicherstellen, dass nur berechtigte Personen das Siegel nutzen und die siegelnde Person zum Kreis der Berechtigten gehört (BT-Drs. 20/8299, 17).

19 Den **Begriff** des qualifizierten elektronischen Siegels definiert § 3a selbst nicht, sondern setzt diesen vielmehr voraus. Die Gesetzesbegründung nimmt insoweit Bezug auf Art. 3 Nr. 25 VO (EU) Nr. 910/2024, wonach elektronische Siegel Daten in elektronischer Form sind, die anderen Daten in elektronischer Form beigefügt oder logisch mit ihnen verbunden werden, um deren Ursprung und Unversehrtheit sicherzustellen. Damit es sich um ein qualifiziertes elektronisches Siegel handelt, muss das elektronische Siegel zudem von einer qualifizierten elektronischen Siegelerstellungseinheit erstellt worden sein und auf einem qualifizierten Zertifikat für elektronische Siegel beruhen (Art. 3 Nr. 27 VO (EU) Nr. 910/2014). Ein diesen Anforderungen genügendes Siegel bestätigt dann die Herkunft, Echtheit und Unverfälschtheit des mit ihm versehenen Dokument, wobei die Erfüllung der genannten Kriterien vermutet wird (Art. 35 II VO (EU) Nr. 910/2014). Die Ausgabe des Siegels soll für die Behörden des Bundes zukünftig über einen zentralen Siegeldienst erfolgen (§ 9a OZG iVm § 2 I 1, 2a EGovG).

20 Trotz der hier erfolgten Gleichstellung des qualifizierten elektronischen Siegels mit der qualifizierten elektronischen Signatur besitzt das mit einem solchen Behördensiegel versehene Dokument nicht die **Beweiskraft** einer mit der Signatur versehenen öffentlichen Urkunde. § 371 III 2 ZPO beschränkt die entsprechende Anwendung der Echtheitsvermutung gem. § 437 ZPO weiter auf solche öffentlichen elektronischen Dokumente, die mit einer qualifizierten elektronischen Signatur versehen sind (anders der Vorschlag des Bundesrates, BR-Drs. 369/23 S. 3 ff.).

21 Zu beachten ist, dass die schriftformersetzende Funktion nur dann und nur solange gewahrt wird, wie das grundsätzlich der Schriftform bedürfende Dokument mit dem elektronischen Siegel der Behörde **verbunden** ist. Kommt es zu einer Trennung von Dokument und Siegel, geht die schriftformersetzende Funktion verloren.

22 Das qualifizierte elektronische Siegel kann die Behörde darüber hinaus – wie in der Vergangenheit auch bereits möglich – überall dort einsetzen, wo kein Schriftformerfordernis besteht. Der Vorteil besteht hier in der erhöhten **Fälschungssicherheit** behördlicher Erklärungen in elektronischer Form (BT-Drs. 20/8299 S. 18).

b) Die Nutzung von De-Mail durch Behörden (III Nr. 3b)

23 Bei elektronischen Dokumenten, insbesondere elektronischen Verwaltungsakten **von der Behörde** kann die Schriftform ebenfalls durch Versendung einer **De-Mail**-Nachricht nach § 5 V De-Mail-G ersetzt werden, wenn bei der Nachricht die Bestätigung des akkreditierten Diensteanbieters die erlassende Behörde als Nutzer des De-Mail-Kontos erkennen lässt. Die Authentifizierung erfolgt hier wie im Fall des III Nr. 2d (→ Rn. 11h)

3. Öffnungsklausel (II 1)

Insgesamt handelt es sich bei den II und III nicht um eine abschließende Regelung. Vielmehr kann die Schriftform auch durch **sonstige sichere Verfahren** ersetzt werden, wenn eine Rechtsvorschrift dies bestimmt. Das folgt aus dem Einschub in II 1, „soweit durch Rechtsvorschrift nichts anderes bestimmt ist", der im Wege des Erst-recht-Schlusses auch für III gilt (BT-Drs. 20/8299 S. 18). Entscheidend ist, dass dabei die Authentifizierung des Absenders der Daten, die Integrität des elektronisch übermittelten Datensatzes und die Barrierefreiheit gewährleistet sind. Der IT-Planungsrat gibt insoweit Empfehlungen zu geeigneten Verfahren ab. 24

4. Beweiskraft elektronischer Dokumente

Parallel zur seinerzeitigen Änderung des § 3a wurde zum 1.7.2014 auch der § 371a ZPO über die **Beweiskraft** elektronischer Dokumente neu gefasst (BGBl. 2013 I 3786). Der neu eingefügte II stellt die mittels De-Mail-Konto versandte elektronische Nachricht, die eine natürliche Person von einem ihr allein zugeordneten De-Mail-Konto versandt hat, der Beweiskraft von mit einer qualifizierten elektronischen Signatur versehener privater elektronischer Dokumente gem. § 371a I ZPO gleich. Der Anschein der Echtheit kann insoweit nur durch Tatsachen erschüttert werden, die ernstliche Zweifel daran begründen, dass die Erklärung vom Signaturschlüssel-Inhaber abgegeben wurde. Der geänderte § 371a III (vormals II) bestimmt nunmehr, dass auf elektronische Dokumente, die von einer öffentlichen Behörde innerhalb ihrer Amtsbefugnisse oder von einer mit öffentlichem Glauben versehenen Person innerhalb ihres Geschäftskreises in der vorgeschriebenen Form erstellt wurden (öffentliche elektronische Dokumente), die Vorschriften über die Beweiskraft öffentlicher Urkunden entsprechende Anwendung finden (§§ 415, 417f ZPO). Wurde das Dokument zusätzlich mit einer qualifizierten elektronischen Signatur versehen, gilt § 437 ZPO entsprechend. Gleichgestellt ist auch hier wiederum die Versendung einer De-Mail-Nachricht nach § 5 V De-Mail-G (→ Rn. 11d). 25

V. Technische Inkompatibilität (IV)

Im § 3a IV sind die Fälle der **technischen Inkompatibilität** geregelt, und zwar getrennt nach dem Empfänger des nicht bearbeitbaren übermittelten elektronischen Dokuments. Ist Empfänger die Behörde, so teilt diese dem Absender die fehlende Bearbeitbarkeit des Dokuments unter Angabe der für sie geltenden technischen Rahmenbedingungen unverzüglich mit (S. 1). Ist Empfänger dagegen ein Unternehmen oder eine Privatperson und macht diese geltend, sie könne das von der Behörde übermittelte elektronische Dokument nicht bearbeiten, hat die Behörde es ihm erneut in einer geeigneten elektronischen Form oder als Schriftstück zu übermitteln (S. 2). **Nicht bearbeitbar** ist ein elektronisches Dokument dann, wenn es nicht geöffnet 26 werden kann oder wenn es ganz oder teilweise nicht lesbar ist. Bloße Umsetzungsfehler (zB fehlende Trema bei Umlauten), welche die Lesbarkeit allenfalls geringfügig erschweren, den Sinn aber nicht entstellen, reichen insoweit nicht aus (Rechtsgedanke des § 42).

27 Eine **Pflicht zur unverzüglichen Mitteilung** besteht folglich nur dann, wenn der Empfänger des elektronischen Dokuments eine Behörde ist. Unverzüglich ist die Mitteilung, wenn sie ohne schuldhaftes Zögern erfolgt (§ 121 I 1 BGB). Adressat der Mitteilung ist der Absender des Dokuments. Die gleichzeitige Pflicht der Behörde zur Angabe der für sie geltenden technischen Rahmenbedingungen beinhaltet die Befugnis der Behörde zur einseitigen Festlegung der von ihr akzeptierten Standards (zB Dateiformate).

28 Da für Unternehmen und Privatpersonen als Empfänger **keine Pflicht zur unverzüglichen Mitteilung** besteht, kann auch nicht vermutet werden, dass mangels entsprechender Mitteilung das Dokument bearbeitbar ist.

29 Nicht festgelegt ist die Rechtsfolge bei Nichtbearbeitbarkeit des elektronischen Dokuments. Regelmäßig fehlt es in diesen Fällen am Zugang (§ 41 II). Die Rechtsfolgen sind insoweit identisch, unabhängig davon, ob Empfänger eine Behörde, ein Unternehmen oder eine Privatperson ist.

VI. Schutz des Erklärenden (V)

30 Hierbei handelt es sich um eine Ordnungsvorschrift zum Schutz des Erklärenden, unabhängig davon, ob die abzugebende Erklärung schriftformbedürftig ist oder nicht. Sie trägt dem Umstand Rechnung, dass Formulare in der Regel nicht vollständig auf dem Bildschirm abgebildet werden und auch inhaltlich komplex sein können. Die Vorschrift richtet sich an die Behörden und verpflichtet diese, bereits bei der Konzeption digitaler Prozesse zu beachten, dass der Erklärende den Überblick über die Inhalte seiner Erklärungen behält, die Erklärung insgesamt vor der Absendung auf Vollständigkeit und Richtigkeit **überprüfen** kann und im Nachgang mittels einer Kopie einen **Nachweis** führen kann. Kopie meint dabei nicht die klassische Kopie in Papierform, sondern eine Kopie ohne Systembruch mittels Eröffnung der Möglichkeit zum Abruf und/oder zum Speichern.

31 Zu beachten ist, dass V keine Voraussetzungen an eine elektronische Erklärung normiert. Es handelt sich mithin nicht um **Wirksamkeitserfordernisse.** Auch bei Nichtbeachtung der Anforderungen des V ist eine Erklärung wirksam, wenn sie nur die Anforderungen der I bis IV erfüllt.

Abschnitt 2. Amtshilfe

§ 4 Amtshilfepflicht

(1) Jede Behörde leistet anderen Behörden auf Ersuchen ergänzende Hilfe (Amtshilfe).

(2) Amtshilfe liegt nicht vor, wenn
1. Behörden einander innerhalb eines bestehenden Weisungsverhältnisses Hilfe leisten;
2. die Hilfeleistung in Handlungen besteht, die der ersuchten Behörde als eigene Aufgabe obliegen.

I. Bedeutung

Die §§ 4–8 regeln in Konkretisierung des Art. 35 GG die Amtshilfe im **Anwendungsbereich** des VwVfG. Im § 4 wird zunächst der Begriff der Amtshilfe definiert (§ 4 I) und mit Blick auf bestimmte andere Arten der Hilfeleistung zwischen Behörden negativ abgegrenzt (§ 4 II). Keine Anwendung finden die Regelungen auf die Hilfeleistung im Verhältnis zu ausländischen Behörden innerhalb der EU (bzw. des EWR); hier gelten die besonderen Regelungen der §§ 8a–8e. 1

II. Anwendungsbereich

Der **Anwendungsbereich** der §§ 4–8 bestimmt sich anhand der §§ 1 f. Danach sind die Regelungen zur Amtshilfe anwendbar zwischen den Behörden des Bundes und, soweit § 1 diese erfasst, der Länder (→ § 1 Rn. 17 ff.). 2

Nicht anwendbar sind die §§ 4–8 3
- zwischen den Behörden eines Landes untereinander. Sie richtet sich nach dem jeweiligen VwVfG des Landes;
- zwischen Behörden des Bundes und eines Landes oder zwischen Behörden verschiedener Länder. Für das Recht auf Amtshilfe gilt das Recht der ersuchenden Behörde, für die Pflicht zur Amtshilfeleistung das Recht der ersuchten Behörde;
- zwischen Behörden und Gerichten sowie zwischen Gerichten untereinander (im letzten Fall spricht man von Rechtshilfe). Hier bestehen teilweise ausdrückliche Regelungen (zB § 14 VwGO). Im Übrigen ist auf Art. 35 GG und die hierzu entwickelten Grundsätze zurückzugreifen (Leisner in Sodan GG Art. 35 Rn. 1 ff.);
- zwischen Behörden und Verfassungsorganen. Insoweit gilt Art. 35 GG und die in §§ 4 ff. enthaltenen Rechtsgrundsätze analog;
- zwischen deutschen Behörden und Gerichten einerseits und ausländischen Behörden und Gerichten sowie den EG-Verwaltungsorganen andererseits (s. dazu aber die neu eingefügten §§ 8a–8e);
- zwischen einheitlicher Stelle und zuständigen Behörden gem. §§ 71a ff.

Auf **Verwaltungshandeln in Privatrechtsform** sind die §§ 4 ff. zwar nicht unmittelbar, aber nach hM analog anwendbar. Darüber hinaus finden die Bestimmungen zur Amtshilfe allgemein Anwendung im Bereich des VwVfG, dh auf alle Arten öffentlich-rechtlicher Verwaltungstätigkeit der Behörden. Ihre Geltung ist nicht beschränkt auf Verwaltungsverfahren iSv § 9. 4

III. Begriff der Amtshilfe

1. Legaldefinition der Amtshilfe

5 In § 4 I definiert das Gesetz die Amtshilfe als ergänzende Hilfeleistung auf Ersuchen einer Behörde durch eine andere Behörde **(Legaldefinition).** Amtshilfe erfordert mithin die Beteiligung von zwei verschiedenen Behörden.

6 Amtshilfe liegt nach der gesetzlichen Definition nur vor, wenn die ersuchte Behörde lediglich **ergänzende Hilfe** leistet (zu möglichen Gründen BVerwG NJW 2018, 716, 718 Rn. 17). Die Grenze der zulässigen Amtshilfe wird überschritten, wo die ersuchte Behörde die Aufgaben der ersuchenden maßgeblich erfüllt oder gar vollständig übernimmt (BVerfG BeckRS 2011, 53034 = NVwZ 2011, 1254). Am Merkmal der lediglich ergänzenden Hilfe fehlt es darüber hinaus in den Fällen der **Organleihe** (dh, dass das Organ eines Rechtsträgers ermächtigt und beauftragt wird, einen Aufgabenbereich eines anderen Rechtsträgers wahrzunehmen, weil dieser auf der betreffenden Verwaltungsebene aus Zweckmäßigkeitsgründen keine personellen und sächlichen Mittel zur Aufgabenerfüllung vorhält. Das entliehene Organ wird als Organ des Entleihers tätig, dessen Weisungen es grundsätzlich unterworfen ist und dem die von diesem Organ getroffenen Maßnahmen und Entscheidungen zugerechnet werden; vgl. BGHZ 176, 256 = NVwZ 2009, 199), der **Mandatierung** (dh der Beauftragung eines Verwaltungssubjekts mit der Wahrnehmung von Aufgaben eines anderen, eigentlich zuständigen Verwaltungssubjekts im Einzelfall; vgl. Kluth in WBSK II § 83 Rn. 75 ff.) und der **Delegation** (dh der Übertragung der Zuständigkeit von einer höheren Behörde an eine nachgeordnete Behörde zur selbständigen Wahrnehmung der Aufgabe im eigenen Namen; vgl. Kluth in WBSK II § 83 Rn. 67 ff.). Bei der **Vollzugs- und Vollstreckungshilfe** ist entscheidend, wem die Aufgabe zugewiesen ist (→ Rn. 11; KR/Tegethoff Rn. 19 f.).

7 Voraussetzung für Amtshilfe ist stets das **Ersuchen** einer Behörde. Das Ersuchen ist mangels Regelung **kein VA.** Ihr Ersuchen hat die ersuchende Behörde an die ersuchte Behörde zu richten. Das Ersuchen ist grundsätzlich formfrei; die Entscheidung steht im Ermessen der ersuchenden Behörde. Die ersuchte Behörde kann eine Begründung verlangen, soweit dies zur Prüfung der Voraussetzungen und Grenzen der Amtshilfe gem. § 5 erforderlich ist. Das Ersuchen muss vor der Hilfeleistung erfolgen, es kann nicht nachgeholt werden. Fehlt ein solches Ersuchen, handelt es sich um sog. Spontanhilfe.

2. Pflicht zur Amtshilfe

8 Nach der Formulierung des § 4 I leistet die ersuchte Behörde der ersuchenden Behörde Hilfe. Die ersuchende Behörde hat einen **öffentlich-rechtlichen Anspruch auf Hilfeleistung.** Die ersuchte Behörde ist zur Hilfeleistung verpflichtet (→ Rn. 12).

3. Nichtvorliegen von Amtshilfe

Keine Amtshilfe liegt zunächst vor, soweit Behörden einander innerhalb eines bestehenden **Weisungsverhältnisses** Hilfe leisten (§ 4 II Nr. 1). Denn hier bedarf es keiner Amtshilfe. Das Wort „einander" verdeutlicht, dass bei Bestehen eines hierarchischen Verhältnisses neben der übergeordneten auch die nachgeordnete Behörde einen Anspruch auf Hilfeleistung gegen die jeweils andere Behörde hat (hM, vgl. KR/Ramsauer § 4 Rn. 15; aA Ziekow § 4 Rn. 10). 9

Um Amtshilfe handelt es sich darüber hinaus nicht, wenn die Hilfeleistung in Handlungen besteht, die der ersuchten Behörde als **eigene Aufgabe** obliegen (§ 4 II Nr. 2; BVerwG BeckRS 2014, 52604 Rn. 8 = NJW 2014, 2808 (2809). Umgekehrt ist Amtshilfe die Erfüllung fremder Aufgaben. Ist die Behörde kraft öffentlichen Rechts (G, RVO, Satzung, VV) zum Handeln oder im Rahmen des E zur Entscheidung hierüber verpflichtet, liegt eine eigene Aufgabe vor und Amtshilfe scheidet aus. Amtshilfe scheidet zudem dort aus, wo das vorrangige Fachrecht einen Informationsanspruch verneint (BVerwG BeckRS 2021, 32520 Rn. 54 = NVwZ-RR 2022, 44). 10

4. Vollzugs- und Vollstreckungshilfe

Vollzugs- und Vollstreckungshilfe bezeichnet die Aufgabe der Vollzugspolizei, auf Ersuchen anderer Behörden zur Durchsetzung der von diesen getroffenen Maßnahmen unmittelbaren Zwang anzuwenden (vgl. §§ 25 ff. MEPolG und die einschlägigen Landesgesetze). Ob die Vollzugs- und Vollstreckungshilfe generell oder im Einzelfall Amtshilfe ist, hängt davon ab, ob die ersuchende Behörde eigene Vollstreckungszuständigkeiten besitzt. Ist das der Fall, nimmt die ersuchte Behörde eine eigene Aufgabe der ersuchenden Behörde wahr mit der Folge, dass Amtshilfe vorliegt; ist das nicht der Fall, nimmt die ersuchte Behörde eine ihr eigene Aufgabe wahr, so dass für Amtshilfe kein Raum ist (OVG Berlin-Brandenburg BeckRS 2023, 16411 Rn. 12 = NVwZ-RR 2023, 870). 11

IV. Rechtsschutz

Die ersuchende Behörde kann ihren **Anspruch auf Hilfeleistung** gegenüber der ersuchten Behörde gerichtlich durchsetzen. Zu beachten ist, dass der Rechtsweg sich nach dem Recht der ersuchten Behörde beurteilt (BVerwG NVwZ 1986, 467). 12

Der Bürger hat dagegen **kein subjektiv öffentliches Recht** auf Amtshilfe. Auch hat er keinen Anspruch auf Anhörung vor Stellen eines Amtshilfeersuchens. Die Vorschriften der §§ 4–8 dienen allein dem Allgemeininteresse an der effektiven Wahrnehmung von Verwaltungsaufgaben durch die Behörde. 13

§ 5 Voraussetzungen und Grenzen der Amtshilfe

(1) Eine Behörde kann um Amtshilfe insbesondere dann ersuchen, wenn sie
1. aus rechtlichen Gründen die Amtshandlung nicht selbst vornehmen kann;
2. aus tatsächlichen Gründen, besonders weil die zur Vornahme der Amtshandlung erforderlichen Dienstkräfte oder Einrichtungen fehlen, die Amtshandlung nicht selbst vornehmen kann;
3. zur Durchführung ihrer Aufgaben auf die Kenntnis von Tatsachen angewiesen ist, die ihr unbekannt sind und die sie selbst nicht ermitteln kann;
4. zur Durchführung ihrer Aufgaben Urkunden oder sonstige Beweismittel benötigt, die sich im Besitz der ersuchten Behörde befinden;
5. die Amtshandlung nur mit wesentlich größerem Aufwand vornehmen könnte als die ersuchte Behörde.

(2) [1] Die ersuchte Behörde darf Hilfe nicht leisten, wenn
1. sie hierzu aus rechtlichen Gründen nicht in der Lage ist;
2. durch die Hilfeleistung dem Wohl des Bundes oder eines Landes erhebliche Nachteile bereitet würden.

[2] Die ersuchte Behörde ist insbesondere zur Vorlage von Urkunden oder Akten sowie zur Erteilung von Auskünften nicht verpflichtet, wenn die Vorgänge nach einem Gesetz oder ihrem Wesen nach geheim gehalten werden müssen.

(3) Die ersuchte Behörde braucht Hilfe nicht zu leisten, wenn
1. eine andere Behörde die Hilfe wesentlich einfacher oder mit wesentlich geringerem Aufwand leisten kann;
2. sie die Hilfe nur mit unverhältnismäßig großem Aufwand leisten könnte;
3. sie unter Berücksichtigung der Aufgaben der ersuchenden Behörde durch die Hilfeleistung die Erfüllung ihrer eigenen Aufgaben ernstlich gefährden würde.

(4) Die ersuchte Behörde darf die Hilfe nicht deshalb verweigern, weil sie das Ersuchen aus anderen als den in Absatz 3 genannten Gründen oder weil sie die mit der Amtshilfe zu verwirklichende Maßnahme für unzweckmäßig hält.

(5) [1] Hält die ersuchte Behörde sich zur Hilfe nicht für verpflichtet, so teilt sie der ersuchenden Behörde ihre Auffassung mit. [2] Besteht diese auf der Amtshilfe, so entscheidet über die Verpflichtung zur Amtshilfe die gemeinsame fachlich zuständige Aufsichtsbehörde oder, sofern eine solche nicht besteht, die für die ersuchte Behörde fachlich zuständige Aufsichtsbehörde.

Übersicht

	Rn.
I. Bedeutung	1
II. Anspruch auf Amtshilfe (I)	2
1. Die gesetzlichen Fälle von Amtshilfeersuchen	4
a) Nr. 1: Rechtliche Gründe	4
b) Nr. 2: Tatsächliche Gründe	5
c) Nr. 3: Fehlende Kenntnis von Tatsachen	6
d) Nr. 4: Fehlender Besitz notwendiger Beweismittel	7
e) Nr. 5: Wesentlich größerer Aufwand	8
2. Weitere Fälle von Amtshilfeersuchen	9

	Rn.
III. Verbot der Amtshilfe (II)	10
1. Rechtliche Gründe	11
2. Erhebliche Nachteile für das Wohl des Bundes oder eines Landes	13
3. Pflicht zur Geheimhaltung	14
IV. Weigerungsmöglichkeit (III)	16
1. Hilfeleistung durch eine andere Behörde wesentlich einfacher oder mit wesentlich geringerem Aufwand möglich	17
2. Hilfeleistung nur mit unverhältnismäßigem Aufwand möglich	18
3. Hilfeleistung nur mit ernstlicher Gefährdung der Erfüllung eigener Aufgaben möglich	19
4. Ungeschriebener Weigerungsgrund der offensichtlichen Rechtswidrigkeit	20
V. Grenze der Weigerungsmöglichkeit (IV)	21
VI. Verfahren bei Streit über die Pflicht zur Amtshilfe (V)	22
VII. Rechtsschutz	23

I. Bedeutung

Die Vorschrift normiert die **Voraussetzungen und Grenzen der Amtshilfe** im Anwendungsbereich des VwVfG, dh zwischen Bundesbehörden (→ § 4 Rn. 3 ff.) bei Fehlen spezialgesetzlicher Regelungen. Sie konkretisiert damit Art. 35 I GG, der lediglich allgemein eine Pflicht aller Behörden zur gegenseitigen Amtshilfe statuiert. § 5 I enthält eine beispielhafte Aufzählung möglicher Fälle von Amtshilfe, § 5 II regelt, wann die ersuchte Behörde keine Amtshilfe leisten darf, § 5 III die Fälle, wann sie keine Amtshilfe zu leisten braucht. Nach § 5 IV enthält der vorangehende § 5 III eine abschließende Regelung. Schließlich bestimmt § 5 V das Verfahren und die Zuständigkeit zur Entscheidung über die Verpflichtung der ersuchten Behörde zur Amtshilfe. 1

II. Anspruch auf Amtshilfe (I)

Eine Behörde kann eine andere Behörde um Amtshilfe ersuchen, wenn einer der in § 5 I genannten oder ein vergleichbarer Sachverhalt vorliegt, kein Verbotsgrund nach § 5 II und kein Weigerungsgrund nach § 5 III vorliegt. Sind diese Voraussetzungen erfüllt, steht es im Ermessen der Behörde, ob sie die andere Behörde um Amtshilfe ersucht. Sie hat insoweit ein Entschließungs- („Ob“) wie auch ein Auswahlermessen („Wie und gegenüber wem“). Kommt sie zu der Entscheidung, die andere Behörde um Amtshilfe zu bitten, hat die ersuchende Behörde einen **Rechtsanspruch auf Amtshilfe** gegenüber der ersuchten Behörde. Umgekehrt ist die ersuchte Behörde zur Amtshilfe gegenüber der ersuchenden Behörde verpflichtet. 2

Da die §§ 4–8 keine besondere Form vorschreiben, ist das Ersuchen um Amtshilfe **formfrei.** Da das Ersuchen kein VA ist (→ § 4 Rn. 7), bedarf es 3 grundsätzlich auch keiner näheren Begründung. Zwar muss die ersuchte Behörde die Rechtmäßigkeit des Ersuchens prüfen können, einschließlich möglicher Verbots- oder Weigerungsgründe. Hierzu genügt allerdings die (stillschweigende) Bereitschaft der ersuchenden Behörde, bei Bedenken der ersuchten Behörde eine nähere Begründung nachzureichen.

1. Die gesetzlichen Fälle von Amtshilfeersuchen

§ 5 I beschreibt beispielhaft fünf Fälle, in denen ein Amtshilfeersuchen in Betracht kommt. Die Aufzählung ist nicht abschließend („insbesondere").

a) Nr. 1: Rechtliche Gründe

4 Ein Amtshilfeersuchen ist nach Nr. 1 möglich, wenn eine Behörde aus rechtlichen Gründen die Amtshandlung nicht selbst vornehmen kann. Ein solches **rechtliches Unvermögen** liegt vor, wenn die ersuchte Behörde zwar zuständig ist, aber einzelne Verfahrenshandlungen ihr nicht möglich sind. Hierzu zählen vor allem die Fälle der sachlichen und/oder örtlichen Unzuständigkeit der ersuchenden Behörde in Bezug auf einzelne Handlungen im Verfahren.

b) Nr. 2: Tatsächliche Gründe

5 Ähnlich ist ein Ersuchen um Amtshilfe nach Nr. 2 zulässig, soweit eine Behörde aus **tatsächlichen Gründen** die Amtshandlung nicht selbst vornehmen kann. Als solche tatsächlichen Gründe benennt die Vorschrift ausdrücklich den Fall, dass die zur Vornahme der Amtshandlung erforderlichen Dienstkräfte oder Einrichtungen fehlen. Ob ein Vertretenmüssen des Grundes ein Amtshilfeersuchen ausschließt, ist umstritten (bejahend KR/Ramsauer § 5 Rn. 9a; verneinend Ziekow § 5 Rn. 6). Im Ergebnis kommt es auf die konkreten Umstände des Einzelfalles an. Dabei ist zu bedenken, dass Amtshilfe einerseits auch wiederholte und sogar generelle Ersuchen umfasst, andererseits nicht zu einer Delegation, Mandatierung oder Organleihe führen darf (so auch SBS/Schmitz § 5 Rn. 7 f.).

c) Nr. 3: Fehlende Kenntnis von Tatsachen

6 Amtshilfe ist nach Nr. 3 möglich, wo eine Behörde zur Durchführung ihrer Aufgaben auf die **Kenntnis von Tatsachen** angewiesen ist, die ihr unbekannt sind und die sie selbst nicht ermitteln kann. Es handelt sich um einen Auffangtatbestand, der zur Anwendung kommt, wenn kein Fall der Nrn. 1, 2, 4 oder 5 vorliegt. Die Tatsachen können bei der ersuchten Behörde vorhanden (zB Datensätze) oder auch von ihr zu ermitteln sein. Nicht hierher gehören die Fälle der Erstellung von Gutachten oder der Erteilung von Rechtsauskünften; denn insoweit geht es nicht um Tatsachen.

d) Nr. 4: Fehlender Besitz notwendiger Beweismittel

7 Nach Nr. 4 umfasst Amtshilfe auch das **Zurverfügungstellen von** im Besitz der ersuchten Behörde befindlichen **Urkunden oder sonstigen Beweismitteln,** sofern die Behörde sie zur Durchführung ihrer Aufgaben benötigt. Beweismittel sind insbesondere Urkunden, Akten und Gutachten. Die Beweismittel müssen nach dem eindeutigen Wortlaut im Zeitpunkt des Hilfeersuchens bereits existieren. Die Vorschrift wird im Übrigen weit ausgelegt. So wird ein Beweismittel bereits dann benötigt, wenn seine Verwendung zumindest möglich erscheint. Weiß die ersuchende Behörde nicht, welche Akten sich im Besitz der ersuchten Behörde befinden, und kann sie dies auch nicht wissen, ist ein thematisch klar umgrenztes Globalersuchen statthaft (BVerwG BeckRS 2019, 21242 Rn. 19 = NVwZ 2020, 151). Auch reicht es aus, wenn die ersuchende Behörde davon ausgehen durfte, dass sich relevante Akten im Besitz der ersuchten Behörde befinden. Das Anfordern eines Beweismittels kann zudem bereits vor Verfahrenseröffnung und insbesondere zur Entscheidung darüber erfolgen.

e) Nr. 5: Wesentlich größerer Aufwand

8 Schließlich sieht Nr. 5 Amtshilfe vor, wenn die ersuchende Behörde die Amtshandlung nur mit **wesentlich größerem Aufwand** vornehmen könnte als die ersuchte Behörde. Der Begriff Aufwand ist weit zu verstehen und umfasst die Kriterien Einfachheit, Schnelligkeit und Kosten. Abzustellen ist dabei auf den Teilakt, für den die Erforderlichkeit einer Amtshilfe festgestellt werden soll (OVG Münster BeckRS 2011, 53034 = NVwZ 2011, 1254; zur Zulässigkeit eines „Globalersuchens" s. BVerwG BeckRS 2019, 21242 Rn. 19).

2. Weitere Fälle von Amtshilfeersuchen

9 Ausweislich des Wortlauts in § 5 I („insbesondere") ist die Beschreibung der Fallgruppen von Amtshilfeersuchen nicht abschließend. Für **weitere Fälle der Amtshilfe** müssen dabei vergleichbar hohe Anforderungen an die Notwendigkeit der Amtshilfe erfüllt werden. Mögliche Kriterien sind Einfachheit, Schnelligkeit und Kosten, aber auch Zweckmäßigkeit.

III. Verbot der Amtshilfe (II)

10 In § 5 II ist normiert, wann die ersuchte Behörde keine Amtshilfe leisten darf. Die Regelung ist abschließend (zum Fall der offensichtlichen Rechtswidrigkeit → Rn. 20). Maßstab für das Vorliegen eines **Verbotsgrundes** ist stets das Recht der ersuchten Behörde. Liegt ein Verbotsgrund vor, muss die ersuchte Behörde die Amtshilfe ablehnen.

1. Rechtliche Gründe

11 Die ersuchte Behörde darf nach § 5 II 1 Nr. 1 keine Amtshilfe leisten, wenn sie hierzu aus **rechtlichen Gründen** nicht in der Lage ist. Hauptanwendungsfälle sind fehlende örtliche oder sachliche Zuständigkeit oder fehlende Kompetenz der ersuchten Behörde hinsichtlich der Amtshandlung. Ein Amtshilfeersuchen erweitert weder die Zuständigkeit noch begründet es neue Kompetenzen der ersuchten Behörde.

12 Wo die Amtshilfe einen Eingriff in die **Rechte Dritter** bedeutet, ist zu beachten, dass es hierzu stets einer gesetzlichen Grundlage bedarf. Die rechtliche Unzulässigkeit betrifft nicht nur die Gewährung der Amtshilfe, sondern führt auch bereits zur Rechtwidrigkeit des Ersuchens. Das Amtshilfeersuchen selbst kann keine Grundlage bilden, denn die Amtshilfe begründet keine Kompetenzen auf Seiten der ersuchten Behörde.

2. Erhebliche Nachteile für das Wohl des Bundes oder eines Landes

13 Amtshilfe scheidet nach § 5 II 1 Nr. 2 aus, wenn durch sie dem **Bundes- oder Landeswohl erhebliche Nachteile** bereitet würden. Der Verbotsgrund ist inhaltsgleich mit § 29 II 1 (→ Rn. 32) sowie §§ 99 I 2 VwGO (aA Ziekow § 5 Rn. 17), 119 I SGG, 86 II FGO, 96 StPO, 68 I BBG, § 37 IV BeamtStG und anderen gleichlautenden Normen. Erhebliche Nachteile für das Wohl des Bundes oder eines Landes können in der Regel nur aus einer Beeinträchtigung oder Gefährdung des Bestandes oder der Funktionsfähigkeit des Staates und seiner (wesentlichen) Einrichtungen resultieren (BVerwG 75, 1 (13 f.) = NJW 1987, 202; OVG Lüneburg NVwZ-RR 2005, 819). Keine Sonderstellung kann für **fiskalische Nachteile** gelten: auch hier muss zur Erheblichkeit die Beeinträchtigung des Bundes- oder Landeswohls hinzutreten. Ausweislich des Wortlauts sind auch aus der ersuchten Amtshandlung erwachsende künftige erhebliche Nachteile erfasst. Allerdings reicht die bloße Möglichkeit eines erheblichen Nachteils nicht aus, sondern es bedarf der hinreichenden Wahrscheinlichkeit eines solchen Nachteils. Der Begriff der erheblichen Nachteile ist ein **unbestimmter Rechtsbegriff** ohne Beurteilungsspielraum und unterliegt damit der vollen gerichtlichen Nachprüfbarkeit.

3. Pflicht zur Geheimhaltung

14 Nach S. 2 ist die ersuchte Behörde insbesondere zur Vorlage von Urkunden oder Akten sowie zur Auskunftserteilung nicht verpflichtet, wenn die Vorgänge kraft Gesetzes oder ihrem Wesen nach geheim gehalten werden müssen. **Gesetzliche Geheimhaltungspflichten** resultieren zB allgemein aus § 30 VwVfG, im Übrigen aus dem Arztgeheimnis (§ 203 I Nr. 1 StGB), dem Bankgeheimnis (§ 9 KWG), dem Postgeheimnis (§ 39 PostG), dem Sozialgeheimnis (§§ 35 SGB I, 68 ff. SGB X) und dem Steuergeheimnis (§ 30 AO), ferner aus dem Beamtenstatus (§ 61 I 2 BBG). Die allgemeine Geheimhaltungspflicht des § 30 ist subsidiär im Verhältnis zu spezialgesetzlichen Rege-

lungen in der DSGVO, im BDSG, BVerfSchG und MADG und gewährt in keinem Fall einen weitergehenden Schutz.

Informationen, die keinen gesetzlichen Geheimhaltungspflichten unterliegen, können ihrem Wesen nach geheimhaltungsbedürftig sein. Eine solche **wesensmäßige Geheimhaltungspflicht** ist im Einzelfall objektiv mittels einer Güter- und Interessenabwägung festzustellen. Es handelt sich um einen unbestimmten Rechtsbegriff, der voll gerichtlich überprüfbar ist. Die Geheimhaltungspflicht kann sich insb. ergeben aus der Schutzwürdigkeit der Privat- und Intimsphäre. Die Abwägung hat zu erfolgen zwischen den Geheimhaltungsinteressen einerseits und den das Amtshilfeersuchen tragenden Aspekten andererseits. Zu beachten ist, dass auch im Wege der Amtshilfe der ersuchenden Behörde offenbarte Geheimnisse aufgrund der allgemeinen Pflicht von Amtsträgern zur Amtsverschwiegenheit (§§ 67 I BBG, 37 I BeamtStG) innerhalb der Behörde verbleiben. 15

IV. Weigerungsmöglichkeit (III)

Neben den zwingenden Gründen für die Versagung der Amtshilfe in § 5 II kennt und regelt die Norm in § 5 III die Fälle, in welchen die ersuchte Behörde keine Amtshilfe zu leisten braucht. Die Aufzählung ist abschließend (zum Fall der offensichtlichen Rechtswidrigkeit → Rn. 20). Liegt ein Weigerungsgrund vor, steht die Entscheidung über die Ablehnung der Amtshilfe im pflichtgemäßen **Ermessen** der Behörde. 16

1. Hilfeleistung durch eine andere Behörde wesentlich einfacher oder mit wesentlich geringerem Aufwand möglich

Die ersuchte Behörde ist nach Nr. 1 nicht zur Amtshilfe verpflichtet, wenn eine andere Behörde die Hilfe **wesentlich einfacher oder mit wesentlich geringerem Aufwand** leisten kann. Andere Behörde kann weder die ersuchende Behörde noch gar ein privater Dritter sein. Als Weigerungsgründe kommen finanzielle, personelle und sachliche Gründe in Betracht. 17

2. Hilfeleistung nur mit unverhältnismäßigem Aufwand möglich

Eine Pflicht zur Amtshilfe besteht nach Nr. 2 nicht, wenn die ersuchte Behörde sie nur mit **unverhältnismäßig hohem Aufwand** leisten könnte. Der Aufwand ist nach hM unverhältnismäßig, wenn ein (erhebliches) Missverhältnis zwischen dem Aufwand der Hilfeleistung gegenüber dem Aufwand für die Erledigung eigener Aufgaben besteht (BT-Drs. 7/910, 40; SBS/Schmitz § 5 Rn. 35; aA KR/Ramsauer § 5 Rn. 31, der auch die Bedeutung der Endentscheidung einbezieht). 18

3. Hilfeleistung nur mit ernstlicher Gefährdung der Erfüllung eigener Aufgaben möglich

19 Keine Amtshilfepflicht existiert gem. Nr. 3, wenn die ersuchte Behörde unter Berücksichtigung der Aufgaben der ersuchenden Behörde durch die Hilfeleistung die Erfüllung ihrer eigenen Aufgaben ernstlich gefährden würde. Eine **ernstliche Gefährdung** liegt vor, wenn die Erfüllung dringender und wichtiger eigener Angelegenheiten der ersuchten Behörde nicht nur kurzfristig und nicht nur geringfügig beeinträchtigt ist oder gar unterbleiben müsste. Ist die Erfüllung eigener Aufgaben sichergestellt und wendet sich die Behörde nur gegen den Aufwand der Amtshilfe, ist Nr. 3 nicht anwendbar; es verbleibt vielmehr bei Nr. 2 (→ Rn. 18).

4. Ungeschriebener Weigerungsgrund der offensichtlichen Rechtswidrigkeit

20 Über die gesetzliche Regelung in § 5 III hinaus kann die ersuchte Behörde die Amtshilfe verweigern, wenn die Maßnahme, für welche Amtshilfe geleistet werden soll, **offensichtlich rechtswidrig** ist (KR/Ramsauer § 5 Rn. 28; SBS/Schmitz § 5 Rn. 14; aA Ziekow § 5 Rn. 11, der diese Fallgestaltung dem § 5 II zuordnet, mit der Folge, dass die ersuchte Behörde verpflichtet ist, dem Amtshilfeersuchen nicht nachzukommen).

V. Grenze der Weigerungsmöglichkeit (IV)

21 § 5 IV begrenzt die Weigerungsmöglichkeiten dahin gehend, dass die ersuchte Behörde die Hilfe nicht **aus anderen** als den in § 5 III genannten **Gründen** oder wegen **Unzweckmäßigkeit** der mit der Amtshilfe zu verwirklichenden Maßnahme verweigern darf. Es handelt sich primär um eine Klarstellung, denn § 5 III ist bereits vom Wortlaut her abschließend. Eigenständige Bedeutung besitzt die Vorschrift allenfalls insoweit, als die Zweckmäßigkeit der (Haupt-) Maßnahme ebenfalls irrelevant ist. Diesbezügliche Zweckmäßigkeitserwägungen müssen folglich auch im Rahmen der Ermessensentscheidung der ersuchten Behörde gem. § 5 III außer Betracht bleiben. In der Literatur wird teilweise eine Ausnahme der Grenze des IV bei offensichtlicher Rechtswidrigkeit des Verwaltungshandelns der ersuchenden Behörde gefordert (KR/Ramsauer § 5 Rn. 15, 28; SBS/Schmitz § 5 Rn. 17; offengelassen in BVerwG BeckRS 2019, 21242 Rn. 34 = NvwZ 2020, 151).

VI. Verfahren bei Streit über die Pflicht zur Amtshilfe (V)

22 Für die Fälle, in denen sich die ersuchte Behörde für nicht zur Amtshilfe verpflichtet erachtet, sieht § 5 V ein spezielles Entscheidungsverfahren vor. Danach muss die ersuchte Behörde ihre Auffassung der ersuchenden Behörde mitteilen. Besteht die ersuchende Behörde weiter auf der Amtshilfe, entscheidet über die Verpflichtung der ersuchten Behörde die gemeinsame fachlich

zuständige Aufsichtsbehörde oder, sofern eine solche nicht besteht, die für die ersuchte Behörde fachlich zuständige Aufsichtsbehörde. Dieses Streitverfahren ist zwingend. Die **fachlich zuständige Aufsichtsbehörde** bestimmt sich anhand des Geschäftsbereichs, innerhalb dessen eine übergeordnete Behörde tätig werden kann. Ausreichend ist insoweit, wenn sich die fachliche Zuständigkeit der Aufsichtsbehörde auf die Rechtsaufsicht beschränkt, das Bestehen einer Fachaufsicht ist nicht erforderlich (VG Minden NVwZ 1989, 90). Ihre Entscheidung ist grundsätzlich **kein VA,** es sei denn, ersuchende und ersuchte Behörde gehören unterschiedlichen Rechtsträgern an oder sie besitzen eine rechtlich geschützte Rechtsposition.

VII. Rechtsschutz

Das obligatorische Streitentscheidungsverfahren gem. § 5 V schließt den verwaltungsgerichtlichen Rechtsschutz nicht aus, ist aber Voraussetzung für eine gerichtliche Durchsetzung des Amtshilfeanspruchs. Wurde das Verfahren nach § 5 V nicht durchgeführt, fehlt es am Rechtsschutzbedürfnis für die Klage. Da das Amtshilfeersuchen kein VA ist (vgl. → § 4 Rn. 7), ist statthafte Klageart für die ersuchende Behörde die **allgemeine Leistungsklage.** Die auch bei der allgemeinen Leistungsklage zu fordernde Klagebefugnis (§ 42 II VwGO analog) fehlt, wenn ersuchende und ersuchte Behörde demselben Rechtsträger angehören, denn insoweit würde es sich um eine Streitigkeit im Innenverhältnis handeln mit der Folge, dass die Behörden nicht die Verletzung in eigenen subjektiven Rechten geltend machen könnten. Die Klagebefugnis ist demgegenüber zu bejahen, wenn die beteiligten Behörden zu verschiedenen Rechtsträgern hören. 23

Ausnahmsweise ist die **Anfechtungsklage** richtige Klageart, wenn die ersuchte Behörde sich gegen die Anweisung der Aufsichtsbehörde gem. § 5 V wendet und es sich bei der Anweisung um einen VA handelt (zu den Voraussetzungen → Rn. 22). 24

§ 6 Auswahl der Behörde

Kommen für die Amtshilfe mehrere Behörden in Betracht, so soll nach Möglichkeit eine Behörde der untersten Verwaltungsstufe des Verwaltungszweigs ersucht werden, dem die ersuchende Behörde angehört.

I. Bedeutung

Die Vorschrift ergänzt § 5 und regelt die **Auswahlentscheidung** für den Fall, dass mehrere Behörden für ein Amtshilfeersuchen in Betracht kommen, von denen eine (oder mehrere) dem Verwaltungszweig der ersuchenden Behörde angehört. Das in § 5 der ersuchenden Behörde grundsätzlich eingeräumte Ermessen wird in § 6 dahin eingeschränkt, dass das Ersuchen grundsätzlich („soll") an die Behörde der untersten Verwaltungsstufe des Verwal- 1 tungszweiges der ersuchenden Behörde zu richten ist. Verstößt die Auswahlentscheidung der ersuchenden Behörde gegen § 6, bleibt dies ohne Folgen, sofern nicht gleichzeitig ein Verstoß gegen § 5 III (→ § 5 Rn. 16 ff.) vorliegt.

II. Auswahlentscheidung

2 Eine Behörde gehört dann der **untersten Verwaltungsstufe** eines Verwaltungszweiges an, wenn sie derselben Fachverwaltung wie die ersuchende Behörde angehört (Ressortprinzip).

1. Auswahlkriterien

3 **Kriterien** für die Auswahlentscheidung benennt die Vorschrift nicht. In der amtlichen Begründung (BT-Drs. 7/910, 40) findet sich das Motiv der Verfahrensökonomie, welches wiederum Zweckmäßigkeits- und finanzielle Erwägungen beinhaltet (→ Rn. 4).

2. Eingeschränktes Ermessen

4 Die ersuchende Behörde soll nach Möglichkeit eine Behörde der untersten Verwaltungsstufe des Verwaltungszweiges um Amtshilfe bitten. Der Begriff „soll" bezeichnet ein **eingeschränktes Ermessen** dahin, dass diese Behörde grundsätzlich zu ersuchen ist, soweit nicht besondere Umstände eine abweichende Entscheidung rechtfertigen. Der Zusatz „nach Möglichkeit" erweitert das eingeschränkte Ermessen allerdings wiederum. Denn diese Formulierung ermöglicht der ersuchenden Behörde ausdrücklich die Berücksichtigung der konkreten Umstände des Einzelfalles (ebenso KR/Ramsauer § 6 Rn. 4; SBS/Schmitz § 6 Rn. 6).

III. Rechtsfolgen einer fehlerhaften Auswahlentscheidung

5 Die **Verletzung des Auswahlgrundsatzes** gem. § 6 bleibt nach ganz hM folgenlos. Insbesondere gibt eine fehlerhafte Auswahlentscheidung seitens der ersuchenden Behörde der ersuchten Behörde nicht das Recht, das an sie adressierte Amtshilfeersuchen abzulehnen. Ebenso wenig ist die ersuchte Behörde berechtigt, das an sie gerichtete Amtshilfeersuchen ohne vorherige Zustimmung der ersuchenden Behörde an eine andere Behörde, insbesondere an einen nachgeordnete Behörde, weiterzuleiten (KR/Ramsauer § 6 Rn. 5; s. auch BeckOK VwVfG/Funke-Kaiser § 6 Rn. 13).

§ 7 Durchführung der Amtshilfe

(1) Die Zulässigkeit der Maßnahme, die durch die Amtshilfe verwirklicht werden soll, richtet sich nach dem für die ersuchende Behörde, die Durchführung der Amtshilfe nach dem für die ersuchte Behörde geltenden Recht.

(2) [1]Die ersuchende Behörde trägt gegenüber der ersuchten Behörde die Verantwortung für die Rechtmäßigkeit der zu treffenden Maßnahme. [2]Die ersuchte Behörde ist für die Durchführung der Amtshilfe verantwortlich.

I. Bedeutung

Der § 7 bestimmt das bei der Durchführung der Amtshilfe **anzuwendende Recht** (§ 7 I) und grenzt daran anknüpfend die **Verantwortungsbereiche** der beteiligten Behörden voneinander ab (§ 7 II). Für beide Regelungen gilt das Prinzip, das die Amtshilfe weder das Recht und die Befugnisse der ersuchenden Behörde noch der ersuchten Behörde erweitert. 1

Die Vorschrift findet Anwendung unmittelbar auf die Amtshilfe unter **Bundesbehörden.** Die VwVfGe der Länder enthalten inhaltsgleiche Bestimmungen, welche die Amtshilfe unter den Behörden des jeweiligen Landes normieren. Aufgrund dieser inhaltlichen Übereinstimmung finden diese Regeln darüber hinaus auf die – nicht geregelte – Amtshilfe zwischen einer Bundes- und einer Landesbehörde sowie zwischen den Behörden verschiedener Länder Anwendung. 2

II. Maßgebliches Recht (I)

Die Vorschrift trennt in § 7 I hinsichtlich des **maßgeblichen Rechts** zwischen dem für die Zulässigkeit der Maßnahme geltenden Recht und dem für die Amtshilfe geltenden Recht: 3

1. Für die Maßnahme geltendes Recht

Die Zulässigkeit der Maßnahme, die durch die Amtshilfe verwirklicht werden soll **(Hauptmaßnahme),** richtet sich nach dem Recht der ersuchenden Behörde. Die Amtshilfe dient lediglich der Vorbereitung der von der ersuchenden Behörde zu erlassenden Hauptmaßnahme. Aus der Kompetenz der Erlassbehörde für die Hauptmaßnahme folgt insoweit gleichzeitig das Recht zum Ersuchen um Amtshilfe. Die Berechtigung des Ersuchens im Einzelfall beurteilt sich anhand des § 5. 4

2. Für die Durchführung der Amtshilfe geltendes Recht

Die **Rechtmäßigkeit der Durchführung der Amtshilfe** richtet sich nach dem für die ersuchte Behörde geltenden Recht (OVG Bautzen BeckRS 2012, 45477 Rn. 23). Die Durchführung der Amtshilfe erfolgt durch die ersuchte Behörde im Rahmen ihrer Zuständigkeiten und Kompetenzen. Beide Kriterien sind anhand des für die ersuchte Behörde geltenden Rechts zu beurteilen. Das Amtshilfeersuchen erweitert dabei weder die Zuständigkeiten noch die Kompetenzen der ersuchten Behörde. 5

III. Verantwortungsteilung (II)

1. Verantwortungsteilung im Innenverhältnis

6 Der § 7 II unterscheidet – ähnlich wie § 7 I – zwischen der Verantwortung für die (Haupt-) Maßnahme und der Verantwortung für die Durchführung der Amtshilfe: Die ersuchende Behörde trägt gegenüber der ersuchten Behörde die Verantwortung für die Rechtmäßigkeit der zu treffenden (Haupt-) Maßnahme, insbesondere auch für die Rechtmäßigkeit des Ersuchens. Der ersuchten Behörde obliegt die Verantwortung für die Durchführung der Amtshilfe, dh die Art und Weise ihrer Erledigung, einschließlich des Ergebnisses. Die Regelung in § 7 II betrifft allein das **Innenverhältnis** der beteiligten Behörden. Denn die Amtshilfeleistung der ersuchten Behörde hat keine Außenwirkung. Zur Frage etwaiger Schadenersatzansprüche im Verhältnis der Behörden untereinander → Rn. 8 f.

2. Verantwortung im Außenverhältnis

7 In § 7 II nicht unmittelbar geregelt ist die Verantwortung im **Außenverhältnis,** dh insbesondere die Haftung der beteiligten Behörden gegenüber dem Bürger. Ansprüche des Bürgers richten sich regelmäßig gegen den Rechtsträger der ihm gegenüber handelnden Behörde. Als gegenüber dem Bürger handelnde Behörde kommt im Rahmen der Amtshilfe sowohl die ersuchende Behörde in Betracht, indem sie zum Abschluss des Verfahrens die (Haupt-) Maßnahme trifft, darüber hinaus aber auch die ersuchte Behörde, wenn sie im Rahmen der Amtshilfe unmittelbar gegenüber dem Bürger eine Maßnahme trifft. Entscheidend ist jeweils, ob die Behörde mit ihrem Handeln in die Rechtsposition des Bürgers eingreift.

3. (Sekundär-) Rechtsschutz

a) Schadenersatz für den Bürger

8 Da die Regelung des § 7 II nicht unmittelbar das Außenverhältnis zwischen Behörde und Bürger betrifft, stellt die Vorschrift auch keine Anspruchsgrundlage für den Bürger dar. Hier ist vielmehr auf das **allgemeine Staatshaftungsrecht** zurückzugreifen, insbesondere auf Ansprüche wegen Amtspflichtverletzung gem. Art. 34 GG iVm § 839 BGB. Für Schadenersatzansprüche des Bürgers gegen die Behörde ist regelmäßig der Zivilrechtsweg eröffnet (§ 40 II VwGO).

b) Schadenersatz der Behörden untereinander

9 § 7 II betrifft unmittelbar das Innenverhältnis zwischen den an der Amtshilfe beteiligten Behörden. Wo die Verantwortung (hier: Haftung) im Außenverhältnis von derjenigen im Innenverhältnis abweicht, stellt sich die Frage nach einem **Schadenersatz der Behörden untereinander.** Umstritten ist, ob als Anspruchsgrundlage der § 7 II (so Ziekow § 7 Rn. 8) dienen kann oder

Art. 104a V GG oder §§ 662, 276, 278 BGB (direkt oder analog, so KR/Ramsauer § 7 Rn. 15; SBS/Schmitz § 7 Rn. 11) und § 254 BGB (BeckOK VwVfG/Funke-Kaiser § 7 Rn. 14) herangezogen werden müssen (offen gelassen von OVG Hamburg NordÖR 2000, 242, 244). Für Schadenersatzansprüche der Behörden untereinander ist regelmäßig der Rechtsweg zu den Verwaltungsgerichten eröffnet (§ 40 I VwGO).

§ 8 Kosten der Amtshilfe

(1) [1] Die ersuchende Behörde hat der ersuchten Behörde für die Amtshilfe keine Verwaltungsgebühr zu entrichten. [2] Auslagen hat sie der ersuchten Behörde auf Anforderung zu erstatten, wenn sie im Einzelfall 35 Euro übersteigen. [3] Leisten Behörden desselben Rechtsträgers einander Amtshilfe, so werden die Auslagen nicht erstattet.

(2) Nimmt die ersuchte Behörde zur Durchführung der Amtshilfe eine kostenpflichtige Amtshandlung vor, so stehen ihr die von einem Dritten hierfür geschuldeten Kosten (Verwaltungsgebühren, Benutzungsgebühren und Auslagen) zu.

I. Bedeutung

Die Vorschrift regelt die Frage der **Kostenerstattung** der ersuchenden Be- 1
hörde gegenüber der ersuchten Behörde im Fall der Amtshilfe. Sie betrifft nur das Innenverhältnis der an der Amtshilfe beteiligten Behörden. Eine Erstattungspflicht ist nicht bereits gem. Art. 35 GG ausgeschlossen. Vielmehr wurde vor Inkrafttreten des VwVfG eine Erstattungspflicht überwiegend bejaht. Fehlen spezialgesetzliche Regelungen (zB § 64 II 1 SGB X), kommt § 8 zwingend zur Anwendung. Keine Anwendung findet die Vorschrift auf die Kostenerstattung zwischen Behörde und Bürger; hier gelten die jeweiligen Kostengesetze.

II. Eingeschränkte Erstattungspflicht (I)

1. Keine Erstattung von Verwaltungsgebühren

§ 8 I 1 schließt die Erstattung von **Verwaltungsgebühren** für die Amtshilfe 2
aus. Verwaltungsgebühren sind die öffentlich-rechtlich festgesetzten Entgelte für die Vornahme bestimmter Amtshandlungen. Der Begriff ist eng auszulegen. Die Erstattungspflicht erfasst nur die baren Auslagen, dh die im Einzelnen nachweisbaren Baraufwendungen (OVG Lüneburg BeckRS 2012, 47558; SBS/Schmitz § 8 Rn. 9; Knack/Henneke/Schliesky § 8 Rn. 10). Erforderlich ist eine nachvollziehbare Ermittlung der tatsächlichen Auslagen. Eine pauschalierte Abrechnung ist grundsätzlich ausgeschlossen, es sei denn, die Behörden haben dies zur Erleichterung des Abrechnungsverkehrs untereinander vereinbart (Knack/Henneke/Schliesky § 8 Rn. 7). Wie die Unterschei-

dung in § 8 II 1 und 2 sowie die Regelung in § 8 II zeigen, sind Auslagen und Benutzungsgebühren keine Verwaltungsgebühren.

2. Eingeschränkte Auslagenerstattung

3 **Auslagen** hat die ersuchende Behörde gem. § 8 I 2 **zu erstatten,** wenn die ersuchte Behörde diese anfordert und sie im Einzelfall 35 Euro übersteigen. Auslagen sind die bei der Amtshilfe entstehenden, den allgemeinen Verwaltungsaufwand übersteigenden Kosten (zB Porto-, Reise-, Telefonkosten, aber auch Überstundenzuschläge, Zeugenentschädigungen). Die Bagatellgrenze von 35 Euro muss im Einzelfall überschritten sein. **Einzelfall** meint dabei das jeweilige Amtshilfeersuchen, nicht die einzelne Amtshandlung. Die Erstattung laufender Personal- und Sachkosten ist ausgeschlossen (BVerwG BeckRS 2018, 19424 Rn. 26 ff. = NVwZ-RR 2018, 850; VGH München BeckRS 2019, 41612 Rn. 29). Bei mehreren Amtshilfeersuchen sind die Auslagen für jedes Ersuchen getrennt zu berechnen, auch wenn diese dieselbe Angelegenheit betreffen (BVerwG BayVBl 1985, 433). Ist eine exakte Berechnung nicht oder nur mit einem unverhältnismäßigen Aufwand möglich, können die Kosten pauschaliert geltend gemacht werden (BVerwG NVwZ-RR 2018, 850, 852 Rn. 18). Eine prinzipiell mögliche **Verjährung** des Erstattungsanspruchs ist ausgeschlossen, da das aus dem Amtshilfeverhältnis der beteiligten Behörden resultierende besondere Pflichten- und Vertrauensverhältnis deren Geltendmachung ausschließt (OVG Koblenz BeckRS 2010, 56851). Insofern kann es dahinstehen, ob die Verjährung hier nach 3 oder nach 30 Jahren eintritt (offen gelassen von BGH Urt. v. 24.7.2008 – 7 A 2/07; für eine weiterhin 30-jährige Verjährungsfrist Kirchhof, FS Selmer, 2004, 725 ff.)

3a § 8 I 2 regelt allein die Erstattung von Auslagen im Verhältnis zwischen ersuchender Behörde und ersuchter Behörde (Innenverhältnis). Ob und in welcher Höhe diese Auslagen von der ersuchenden Behörde dem Bürger in Rechnung gestellt werden können (Außenverhältnis), bestimmt sich dagegen nach Maßgabe der jeweiligen Kostengesetze (BGH VersR 2007, 1707). Eine mögliche Verjährung des Anspruchs auf Auslagenerstattung im Innenverhältnis (→ Rn. 3) lässt den Kostenerstattungsanspruch im **Außenverhältnis** unberührt. Insbesondere hat der Bürger keinen Anspruch gegen die (ersuchende) Behörde auf Geltendmachung der Verjährungseinrede (OVG Koblenz BeckRS 2010, 56851)

4 Einen **Ausschluss** der Auslagenerstattung bestimmt § 8 I 3 für den Fall, dass Behörden desselben Rechtsträgers einander Amtshilfe leisten. Entscheidend ist die jeweilige Rechtspersönlichkeit des Trägers der Behörde. Keine Behörden desselben Rechtsträgers sind zB Behörden bundesunmittelbarer Körperschaften, Anstalten oder Stiftungen untereinander sowie im Verhältnis zu unmittelbaren Bundesbehörden (entsprechend auf Landesebene im Anwendungsbereich des VwVfG → § 1 Rn. 17).

3. Keine Einnahmenerstattung (II)

Betrifft die Amtshilfe eine kostenpflichtige Amtshandlung der ersuchten Behörde, so kann sie diese Kosten selbst erheben und die so erzielten **Einnahmen** stehen ihr zu. Der Begriff der Kosten ist hier weit gefasst, er beinhaltet Verwaltungsgebühren, Benutzungsgebühren und Auslagen. 5

Abschnitt 3. Europäische Verwaltungszusammenarbeit

§ 8a Grundsätze der Hilfeleistung

(1) Jede Behörde leistet Behörden anderer Mitgliedstaaten der Europäischen Union auf Ersuchen Hilfe, soweit dies nach Maßgabe von Rechtsakten der Europäischen Gemeinschaft geboten ist.

(2) [1] Behörden anderer Mitgliedstaaten der Europäischen Union können um Hilfe ersucht werden, soweit dies nach Maßgabe von Rechtsakten der Europäischen Gemeinschaft zugelassen ist. [2] Um Hilfe ist zu ersuchen, soweit dies nach Maßgabe von Rechtsakten der Europäischen Gemeinschaft geboten ist.

(3) Die §§ 5, 7 und 8 Absatz 2 sind entsprechend anzuwenden, soweit Rechtsakte der Europäischen Gemeinschaft nicht entgegenstehen.

I. Bedeutung

Die §§ 8a bis e wurden durch das G zur Umsetzung der DLR im Gewerberecht und in weiteren Rechtsvorschriften vom 17.7.2009 (BGBl. I 2091) mit Wirkung vom 28.12.2009 neu in das Gesetz eingefügt. Der im ursprünglichen Regierungsentwurf noch auf den Anwendungsbereich der Richtlinie beschränkte Ansatz (BT-Drs. 16/12784) wurde im Laufe des Gesetzgebungsverfahrens zu einer allgemeinen Regelung (BT-Drs. 16/13399). Die §§ 8a ff. betreffen die **horizontale Kooperation** zwischen den Behörden verschiedener Mitgliedstaaten, nicht hingegen die vertikale Kooperation zwischen den EU-Institutionen und den Behörden einzelner Mitgliedstaaten. 1

Die Vorschrift des § 8a dient im Anwendungsbereich der DLR der Umsetzung der Art. 21 und 28 ff. DLR, ihr § 8a III konkretisiert darüber hinaus den bei der Transformation von EU-Richtlinien den Mitgliedstaaten zustehenden Umsetzungsspielraum. Der Anwendungsbereich der §§ 8a ff. umfasst in zeitlicher Hinsicht die unmittelbar anwendbaren Rechtsakte der **EU** und in räumlicher Hinsicht auch die **EWR-Staaten,** soweit die EU-Rechtsakt auch dort gilt (§ 8e). Er bestimmt sich im Übrigen nach den allgemeinen Regelungen des § 1. 2

II. Begriff der Hilfeleistung

3 Während die DLR den im deutschen Recht etablierten Begriff der Amtshilfe übernommen hat, wählt der deutsche Gesetzgeber hier für die Zusammenarbeit von Behörden verschiedener Mitgliedstaaten den neuen Terminus der **Hilfeleistung,** um sie von der rein nationalen Zusammenarbeit zwischen deutschen Behörden zu unterscheiden. Der weit zu verstehende Begriff der Hilfeleistung umfasst alle Maßnahmen, die einer effektiven Zusammenarbeit und gegenseitigen Unterstützung der Behörden verschiedener Mitgliedstaaten dienen (zB Übermittlung von Informationen über die Zuverlässigkeit, Gewährung des Registerzugangs, Unterrichtung über Schwierigkeiten im Zusammenhang mit Kontrollen, Überprüfungen und Untersuchungen; vgl. BT-Dr. 13/13399, S. 12 f.). Hilfeleistung umfasst auch **Vollstreckungshilfe** (obwohl in der DLR nicht vorgesehen, vgl. BeckOK VwVfG/Riedel § 8a Rn. 21 mwN; BVerfGE 63, 343 = NJW 1983, 2757).

III. Hilfeleistung durch deutsche Behörden (I)

1. Ersuchte und ersuchende Behörde

4 Nach § 8a I leistet jede deutsche Behörde den Behörden anderer EU-Mitgliedstaaten auf entsprechendes Ersuchen hin Hilfe, soweit dies nach Maßgabe von EU-Rechtsakten geboten ist. Ersuchende Stelle ist insoweit also eine ausländische Behörde eines anderen EU-Mitgliedstaates, ersuchte Stelle eine deutsche Behörde. Ob es sich bei der **ersuchten Stelle** in Deutschland um eine Behörde handelt, bestimmt sich nach deutschem Recht und hier nach dem Behörden-Begriff in § 1 IV. Das europäische Effektivitätsgebot kann im Einzelfall eine erweiternde Auslegung des Behörden-Begriffs erfordern (s. EuGH 1997 I-4025 Rn. 27 = NZA 1997, 1041). § 8a begründet grundsätzlich keine Hilfeleistungspflicht für Gerichte und Justizbehörden, denn hier handelt es sich regelmäßig um Rechtshilfe. Bei der **ersuchenden Stelle** muss es sich um Behörden anderer EU-Mitgliedstaaten handeln; ausreichend ist, dass es sich um eine innerstaatliche Stelle handelt, die als Organ einem Mitgliedstaat zuzurechnen ist. Die Regelung gilt nach dem eindeutigen Wortlaut allein für die Hilfeleistung zwischen Behörden verschiedener Mitgliedstaaten (sog. horizontale Kooperation), nicht auch für die Hilfeleistung zwischen EU-Institutionen und nationalen (deutschen) Behörden (sog. vertikale Kooperation).

2. Ersuchen

5 § 8a I setzt ein **Ersuchen** der Behörde eines anderen EU-Mitgliedstaates voraus. Adressat dieses Ersuchens ist grundsätzlich unmittelbar die deutsche Behörde, soweit nicht spezielle Verbindungsstellen vorgesehen sind (so zB in Art. 28 II DLR die „Verbindungsstellen", in Art. 3 II VO (EG) Nr. 1798/2003 das „zentrale Verbindungsbüro", in Art. 6 III VO (EG) Nr. 1290/2005

die „Koordinierungsstelle“). Das Ersuchen um Hilfeleistung iSv § 8a ist – anders als das Amtshilfeersuchen – nicht formfrei, sondern unterliegt den Anforderungen gem. § 8b.

3. Leisten der gebotenen Hilfe

Die Vorschrift **verpflichtet** die deutsche Behörde zur Hilfeleistung (zum Begriff → Rn. 3), soweit dies nach Maßgabe von EU-Rechtsakten geboten ist. Es muss sich also zwingend um eine Hilfeleistung im Rahmen des mitgliedstaatlichen Vollzugs von EU-Recht handeln. Die Formulierung dient der Vermeidung nationaler Doppelregelungen, die nur europäisches Recht wiederholen oder hierauf Bezug nehmen. EU-Rechtsakte sind neben den Gründungsverträgen auch die (sekundärrechtlichen) Rechtsakte der EU-Organe, einschließlich etwaiger Durchführungsbestimmungen der Kommission (BT-Dr. 16/13399, 12; zB die VO (EG) 2004/2006 v. 27.10.2004, ABl. L 255, 22 – vgl. den 104. Erwägungsgrund der DLR). Die im Wort „soweit“ zum Ausdruck kommende Einschränkung der Verpflichtung zur Hilfeleistung erfordert, dass die Pflicht sich aus dem Gemeinschaftsrecht ergibt und den allgemeinen Rechtsgrundsätzen des Gemeinschaftsrechts entspricht. 6

Besteht nach EU-Recht eine Pflicht der deutschen Behörde zur Hilfeleistung, muss die Behörde dem Ersuchen entsprechen. Sie hat insoweit kein Entschließungsermessen. Dessen ungeachtet kann der Behörde aber ein **Auswahlermessen** zustehen, wie sie die Hilfe im Einzelfall leistet, sofern das Gemeinschaftsrecht hier einen solchen Spielraum lässt. 7

IV. Hilfeersuchen von deutschen Behörden (II)

In § 8a II ist der Fall geregelt, dass ersuchende Stelle eine **deutsche Behörde** und ersuchte Stelle die Behörde eines anderen EU-Mitgliedstaates ist. Im Wesentlichen kann auf die Ausführungen zu § 8a I verwiesen werden (→ Rn. 4). Ist ein Hilfeersuchen nach dem jeweiligen Rechtsakt der EU nur zugelassen, steht das Stellen des Hilfeersuchens im Ermessen der deutschen Behörde (S. 1). Ist die Behörde dagegen nach EU-Recht zum Hilfeersuchen verpflichtet, handelt es sich um eine gebundene Entscheidung (zB Art. 35 DLR). 8

V. Entsprechende Anwendung der §§ 5, 7 und 8 II (III)

§ 8a III erklärt bestimmte Vorschriften des Amtshilferechts für entsprechend anwendbar, soweit das EU-Recht nicht entgegensteht. Die betreffenden Normen der §§ 5, 7 und 8 II haben insoweit **Ergänzungs- und Konkretisierungsfunktion** und sind im Lichte des Unionsrechts zu interpretieren. Im Einzelnen: 9

Entsprechende Anwendung findet zunächst der § 5 insgesamt. Der dortige § 5 I betrifft allein Ersuchen inländischer Behörden und nennt mögliche Anwendungsfälle. Die Bestimmung regelt im Weiteren, unter welchen Vo- 10 raussetzungen die ersuchte Behörde die Hilfeleistung verweigern muss (§ 5 II), verweigern kann (§ 5 III) und nicht verweigern darf (§ 5 IV). Im Rahmen der entsprechenden Anwendung von § 5 III und IV ist zu beachten, dass das jeweils umzusetzende EU-Recht einer – nach nationalem Recht sonst möglichen – Verweigerung der Hilfeleistung entgegenstehen kann (BT-Dr. 16/13399, 13). Die Konfliktregel in § 5 V gilt auch für Hilfeleistungsverfahren. Soweit das EU-Recht eigene, europäische Konfliktlösungen vorsieht (zB Art. 28 II DLR – die sog. Verbindungsstellen, und Art. 28 VIII DLR – die Kommission), ergänzt § 5 V diese Verfahren und ist ihnen im Interesse der Fehlerkontrolle und der Einheitlichkeit des Verwaltungsvollzugs vorgelagert (BT-Dr. 16/13399, 13). Mit der entsprechenden Anwendung des § 7 werden die dortigen Regelungen zum maßgeblichen Recht und zur Abgrenzung der Verantwortungsbereiche für den Bereich der Hilfeleistung übernommen. Die Voraussetzungen für das Hilfeersuchen beurteilen sich nach dem Recht des Mitgliedstaates, dessen Behörde das Ersuchen stellt; diese Behörde ist auch für die Rechtmäßigkeit der zu treffenden Maßnahme verantwortlich. Die Durchführung der Hilfeleistung richtet sich nach dem Recht des Mitgliedstaates der Behörde, die Adressat des Ersuchens ist: sie ist für die Durchführung der Hilfeleistung verantwortlich. Schließlich gilt über die entsprechende Anwendung des § 8 II die dortige Kostentragungspflicht auch für die Hilfeleistung. Handelt es sich bei der Hilfeleistung der ersuchten Behörde um eine kostenpflichtige Amtshandlung, so stehen ihr die hierfür von einem Dritten geschuldeten Kosten zu.

VI. Rechtsschutz

11 Hinsichtlich des **Rechtsschutzes** ist gem. § 8a III iVm dem in § 8 niedergelegten **Trennungsprinzip** zu differenzieren: Wendet sich der Bürger gegen das Hilfeleistungsersuchen, bestimmt sich der Rechtsschutz und die Rechtmäßigkeit der Maßnahme nach dem das Recht des Mitgliedstaates der ersuchenden Behörde. Will der Bürger sich gegen die Durchführung der Hilfeleistung selbst wehren, beurteilen sich der Rechtsschutz und die Rechtmäßigkeit der Maßnahme nach dem Recht des Mitgliedstaates der ersuchten Behörde. Das verfassungsrechtliche Gebot effektiven Rechtsschutzes verlangt insoweit eine einschränkende Auslegung der §§ 44a und 46 VwGO (vgl. Schliesky, Die Europäisierung der Amtshilfe, 2008, 32 ff.)

§ 8b Form und Behandlung der Ersuchen

(1) [1]Ersuchen sind in deutscher Sprache an Behörden anderer Mitgliedstaaten der Europäischen Union zu richten; soweit erforderlich, ist eine Übersetzung beizufügen. [2]Die Ersuchen sind gemäß den gemeinschaftsrechtlichen Vorgaben und unter Angabe des maßgeblichen Rechtsakts zu begründen.

(2) [1]Ersuchen von Behörden anderer Mitgliedstaaten der Europäischen Union dürfen nur erledigt werden, wenn sich ihr Inhalt in deutscher Sprache aus den

Akten ergibt. [2]Soweit erforderlich, soll bei Ersuchen in einer anderen Sprache von der ersuchenden Behörde eine Übersetzung verlangt werden.

(3) Ersuchen von Behörden anderer Mitgliedstaaten der Europäischen Union können abgelehnt werden, wenn sie nicht ordnungsgemäß und unter Angabe des maßgeblichen Rechtsakts begründet sind und die erforderliche Begründung nach Aufforderung nicht nachgereicht wird.

(4) [1]Einrichtungen und Hilfsmittel der Kommission zur Behandlung von Ersuchen sollen genutzt werden. [2]Informationen sollen elektronisch übermittelt werden.

I. Bedeutung

Die Vorschrift wurde zusammen mit den §§ 8a und 8c bis 8e durch das G zur Umsetzung der DRL im Gewerberecht und in weiteren Rechtsvorschriften vom 17.7.2009 (BGBl. I 2091) mit Wirkung vom 28.12.2009 neu in das Gesetz eingefügt. Sie statuiert bestimmte **Formerfordernisse** für Hilfeersuchen deutscher Behörden an Behörden anderer Mitgliedstaaten (§ 8b I) sowie Ersuchen von Behörden anderer Mitgliedstaaten an deutsche Behörden (§ 8b II), regelt die Möglichkeit der **Ablehnung** eines ausländischen Hilfeersuchens bei Formfehlern (§ 8b III) und schreibt die grundsätzliche **Nutzung von Einrichtungen und Hilfsmitteln der EU-Kommission** zur Behandlung von Hilfeleistungsersuchen sowie die elektronische Übermittlung von Informationen vor (§ 8b IV). Die Vorschrift dient im Anwendungsbereich der Dienstleistungsrichtlinie deren Umsetzung, ist aber nicht auf sie beschränkt, sondern besitzt allgemeine Geltung. 1

II. Ersuchen an Behörden anderer Mitgliedstaaten (I)

§ 8b I betrifft Hilfeersuchen (→ § 8a Rn. 3) deutscher Behörden (→ § 8a Rn. 4) an Behörden anderer EU-Mitgliedstaaten (→ § 8a Rn. 5). Ersuchen sind stets in **deutscher Sprache** an die Behörden anderer EU-Mitgliedstaaten zu richten; eine **Übersetzung** ist beizufügen, soweit dies erforderlich ist (§ 8b I 1). **Erforderlich** ist eine Übersetzung, wenn die deutsche Behörde ein Ersuchen an einen fremdsprachigen Mitgliedstaat richtet und die Übersetzung nicht automatisch über das Binnenmarktinformationssystem erfolgt. Entgegen dem insoweit missverständlichen Wortlaut ist in Anbetracht von gegenwärtig 28 Mitgliedstaaten und 23 Amtssprachen die Beifügung einer Übersetzung regelmäßig erforderlich. Der Umfang der zu übersetzenden Dokumente bestimmt sich anhand des konkreten Hilfeersuchens im Einzelfall. Entscheidend ist, dass die ersuchte Behörde das Ersuchen sachgerecht bearbeiten kann, aber auch, dass das Ersuchen für Aufsichtsbehörden und Gerichte verständlich und das Verwaltungsverfahren damit nachvollziehbar und überprüfbar ist (BT-Drs. 16/13399, 13 unter Hinweis auf den auch für die grenzüberschreitende Verwaltungszusammenarbeit geltenden § 23). Allgemein ist hinsichtlich des Informationsaustausches zwischen der ersuchenden deutschen Behörde und der ersuchten Behörde des anderen EU-Mitglied- 2 staates sowie im Rahmen der zwecks Durchführung der Hilfeleistung von der ausländischen Behörde übermittelten Unterlagen zu verlangen, dass alle **wesentlichen Verfahrensschritte** auch in deutscher Sprache aktenkundig gemacht werden (BT-Drs. 16/13399, 13).

3 Ergänzend bestimmt § 8b I 2, dass das Ersuchen gemäß den gemeinschaftsrechtlichen Vorgaben und unter Angabe des maßgeblichen Rechtsakts zu **begründen** ist (zur Parallelregelung für Ersuchen von Behörden anderer EU-Mitgliedstaaten § 8b III → Rn. 7). Maßgeblich ist mithin der jeweilige europäische Rechtsakt. Da die Vorschrift Hilfeersuchen seitens deutscher Behörden betrifft, kann als Maßstab ergänzend § 39 analog herangezogen werden (so auch BeckOK VwVfG/Riedel § 8b Rn. 3).

III. Ersuchen von Behörden anderer Mitgliedstaaten

4 § 8b II und III formulieren **Formerfordernisse** für Hilfeersuchen von Behörden anderer EU-Mitgliedstaaten an deutsche Behörden. Abhängig vom jeweiligen Formerfordernis wird deren Verletzung unterschiedlich bewertet und sanktioniert: Ein Verstoß gegen die Übersetzungspflicht führt zu einem Verbot der Erledigung des Ersuchens, ein Verstoß gegen die Begründungspflicht eröffnet der Behörde die Möglichkeit der Ablehnung der Ersuchens.

1. Übersetzungspflicht (II)

5 Nach § 8b II 1 dürfen Ersuchen von Behörden anderer EU-Mitgliedstaaten nur erledigt werden, wenn sich ihr Inhalt in deutscher Sprache aus den Akten ergibt. Wurde das Ersuchen nicht in deutscher Sprache gestellt, ist eine **Übersetzung** danach zwingend erforderlich. Die Regelung ist eine Folge des § 23 I, wonach die Amtssprache deutsch ist. Sie soll neben einer sachgerechten Bearbeitung des Ersuchens durch die ersuchte Behörde auch die Nachvollziehbarkeit und Überprüfbarkeit für Aufsichtsbehörden und Gerichte sicherstellen. Die Gesetzesbegründung stellt insoweit klar, dass der Sachbearbeiter bei hinreichender Verständlichkeit des Ersuchens auch schon vor der Übersetzung mit der Bearbeitung beginnen kann (BT-Drs. 16/13399, 13). Die Übersetzung ist in der Regel von der ersuchenden Behörde zu fordern (§ 8b II 2 – „soll"); Ausnahmen bestehen dort, wo das **Binnenmarktinformationssystem** automatisch eine Übersetzung erzeugt oder die ersuchte Behörde selbst über hinreichende personelle oder sachliche Mittel zur Anfertigung einer Übersetzung verfügt (BT-Drs. 16/13399, 13; → Rn. 8).

6 Kommt die ersuchende Behörde ihrer Übersetzungspflicht nicht nach und erfolgt die Übersetzung nicht durch das Binnenmarktinformationssystem oder – ausnahmsweise – durch die ersuchte Behörde, führt dies nach dem eindeutigen Wortlaut der Vorschrift zu einem **Verbot der Erledigung** des Ersuchens.

2. Begründungspflicht (III)

7 Die Ersuchen von Behörden anderer EU-Mitgliedstaaten müssen ordnungsgemäß und unter Angabe des maßgeblichen Rechtsakts **begründet** sein (§ 8b III). Erfüllt die Begründung nicht die gesetzlichen Anforderungen, hat die ersuchte Behörde die ersuchende Behörde zunächst aufzufordern, die erforderliche Begründung nachzuholen. Liegt keine ordnungsgemäße Begründung vor und holt die ersuchende Behörde diese auch trotz Aufforderung nicht nach, kann die ersuchte Behörde das Ersuchen ablehnen. Die Entscheidung steht insoweit im pflichtgemäßen Ermessen der ersuchten Behörde, wobei unnötige Verzögerungen im Rahmen der Verwaltungszusammenarbeit zu vermeiden sind (BT-Drs. 16/13399, 14).

IV. Pflicht zur Nutzung elektronischer Einrichtungen und Hilfsmittel (IV)

8 Nach § 8b IV 1 sollen bei der Behandlung von Hilfeersuchen die Einrichtungen und Hilfsmittel der Kommission genutzt werden. Die Vorschrift gilt insbesondere für das im Jahre 2007 eingeführte sog. **Binnenmarktinformationssystem** (Internal Market Information System – IMI), ein für die grenzüberschreitende Verwaltungszusammenarbeit in der EU entwickeltes Instrument.

9 In § 8b IV 2 ist verankert, dass Informationen grundsätzlich **elektronisch übermittelt** werden sollen. Ausnahmen gelten für solche Informationsinhalte und -formate, die einer elektronischen Übermittlung nicht, nur eingeschränkt oder nur mit unverhältnismäßigem Aufwand zugänglich sind (zB wegen technischer Unmöglichkeit oder der besonderen Sensibilität der Daten, s. BT-Drs. 16/13399, 14).

§ 8c Kosten der Hilfeleistung

Ersuchende Behörden anderer Mitgliedstaaten der Europäischen Union haben Verwaltungsgebühren oder Auslagen nur zu erstatten, soweit dies nach Maßgabe von Rechtsakten der Europäischen Gemeinschaft verlangt werden kann.

1 Der Regelungsgegenstand bezieht sich auf Kostenerstattungsansprüche, die eine ersuchte deutsche Behörde gegenüber einer ersuchenden Behörde (→ § 8a Rn. 4) eines anderen europäischen Mitgliedstaates im Rahmen der Amtshilfe geltend machen kann (zu dem Begriff Behörde → § 1 Rn. 27). § 8c ist für die Frage der Kostenerstattung für eine grenzüberschreitende europarechtliche Amtshilfe **lex specialis** gegenüber dem insoweit zurücktretenden § 8 (Schmitz/Prell NVwZ 2009, 1121).

2 Ob für Gebühren und Auslagen (→ § 8 Rn. 2) einer ersuchten deutschen Behörde ein Anspruch auf Kostenerstattung entsteht, ergibt sich ausschließlich aus den Rechtsakten der Europäischen Union als Rechtsnachfolger der EG.

Zu den Rechtsakten zählen die sekundären Unionsrechtsakte (Art. 288 AEUV) und die auf die Kommission delegierten Rechtsakte ohne Gesetzescharakter (Art. 290 AEUV), die als tertiäre Rechtsakte verstanden werden. Die EU ist an die Stelle der EG getreten, deren Rechtsnachfolgerin sie zudem ist (Art. 1 III 3 EUV).

3 Grundsätzlich ist das EU-Recht vom Prinzip der Gegenseitigkeit und der daraus folgenden **Kostenfreiheit** für Verwaltungsleistungen geprägt, die sich auf längere Sicht, so die Annahme, ausgleichen werden (SBS/Schmitz § 8c Rn. 2; KR/Ramsauer § 8c Rn. 2). Ausnahmen gelten bei Auslagen für **Sachverständigengutachten,** die in der Regel erstattungsfähig sind (BeckOK VwVfG/Riedel/Dittrich § 8c Rn. 1.1 „durchweg").

3a Ob die in § 8 II genannte Benutzungsgebühr von der Regelung in § 8c erfasst wird hängt davon ab, wie im Falle einer Kollision von sekundärem oder tertiärem Europarecht mit nationalem Recht zu verfahren ist. Etwaiges kollidierendes nationales Recht müsste zurücktreten und bliebe nach dem **Grundsatz des Anwendungsvorrangs** unanwendbar (EuGH Urt. v. 15.7.1964, C-6/64, Celex-Nr. 61964CJ0006, 1251 (1270); NJW 1978 1741 (1741); BVerfG NJW 1987, 577 (581)). Das würde selbst dann gelten, wenn die Interpretation der europäischen Rechtsgrundlage ergibt, dass eine Benutzungsgebühr erfasst wäre. Maßgeblich bleibt daher Wortlaut und Interpretation der jeweiligen europarechtlichen Regelung. Eine Auslegung deutschen Rechts dürfte sich kaum als zielführend erweisen (BeckOK VwVfG/Riedel § 8c Rn. 6 „klarer Wortlaut, der Benutzungsgebühren ausschließt"; SBS/Schmitz § 8c Rn. 3 „Benutzungsgebühren sind Auslagen").

§ 8d Mitteilungen von Amts wegen

(1) [1] Die zuständige Behörde teilt den Behörden anderer Mitgliedstaaten der Europäischen Union und der Kommission Angaben über Sachverhalte und Personen mit, soweit dies nach Maßgabe von Rechtsakten der Europäischen Gemeinschaft geboten ist. [2] Dabei sollen die hierzu eingerichteten Informationsnetze genutzt werden.

(2) Übermittelt eine Behörde Angaben nach Absatz 1 an die Behörde eines anderen Mitgliedstaats der Europäischen Union, unterrichtet sie den Betroffenen über die Tatsache der Übermittlung, soweit Rechtsakte der Europäischen Gemeinschaft dies vorsehen; dabei ist auf die Art der Angaben sowie auf die Zweckbestimmung und die Rechtsgrundlage der Übermittlung hinzuweisen.

I. Bedeutung

1 Gegenstand der Regelung ist die **Mitteilungsverpflichtung** deutscher Behörden (BeckOK VwVfG/Riedel § 8d Rn. 1.1 „Informationskooperation") gegenüber Behörden anderer europäischer Mitgliedstaaten und der Kommission über Angaben zu Sachverhalten und Personen. Voraussetzung für die Verpflichtung der zuständigen Behörde zur Mitteilung ist aber, dass eine

sekundär- oder tertiärrechtliche Rechtsgrundlage geschaffen wurde (I). Zu diesem Zweck sollen speziell eingerichtete Informationsnetze genutzt werden (II). Von der Informationsübertragung Betroffene sind datenschutzrechtlich über diesen Vorgang zu unterrichten (II). Die Vorschrift beruht auf dem sog **Vorwarnmechanismus** des Art. 29 III und Art. 32 I, 33 DLRL (BeckOK VwVfG/Riedel/Dittrich § 8d Rn. 1; KR/Ramsauer § 8d Rn. 1). Voraussetzung für die Anwendbarkeit nach der DLRL sind tatsächliche **Anhaltspunkte für ernste Gefahren** bzw. schwere Schäden, die Personen oder der Umwelt aufgrund einer **Dienstleistungstätigkeit** drohen können (HK-VerwR/Kastner § 8d Rn. 3). Die Vorschrift ist beschränkt auf die Weitergabe von spezifischen Informationen, die kraft rechtlicher Bestimmung ermittelt und übermittelt werden, ein Ersuchen ist insofern nicht vorgesehen. Daher handelt es sich auch nicht um eine Amtshilfe (BeckOK VwVfG/Riedel/Dittrich § 8d Rn. 3).

II. Informationsübermittlung (I)

2 Die zuständige Behörde darf nur dann Informationen über Sachverhalte und Personen weitergeben, wenn eine europäische Rechtsgrundlage vorhanden ist. Informationsempfänger sind die Behörden anderer Mitgliedstaaten sowie die Kommission; nicht hingegen **weitere Organe** wie der Rat, das Europäische Parlament oder sonstige europäische Einrichtungen (BeckOK VwVfG/Riedel § 8d Rn. 6). Nach § 8d I 2 sollen die deutschen Behörden die eingerichteten Informationsnetze nutzen, wie zB das **Binnenmarktinformationssystem** (BeckOK VwVfG/Riedel § 8d Rn. 9; KR/Ramsauer § 8d Rn. 8).

2a Für die Informationsübermittlung bedarf es eines Rechtsaktes nach Maßgabe der EU. Verbindliche Rechtsakte können sich unmittelbar aus dem primären und dem sekundären Recht ergeben. Darüber hinaus sind weitere Verpflichtungen aus tertiärem Recht nach Art. 290 AEUV ableitbar. Sämtliche auf europäischem Recht beruhende Verpflichtungen gehen etwaigem, kollidierendem deutschen Recht vor. Die EU ist Rechtsnachfolger der EG und tritt überdies an ihre Stelle. Nicht erfasst sind jedoch Entscheidungen, die vor Inkrafttreten des Vertrages von Lissabon von der damaligen EG erlassen wurden oder auf anderen völkerrechtlichen Verträgen beruhen (BeckOK VwVfG/Riedel/Dittrich § 8d Rn. 8).

III. Unterrichtung gegenüber dem Betroffenen (II)

3 Angaben nach § 8d I 1 werden nur übermittelt, sofern Rechtsakte der Europäischen Union, die an die Stelle der EG getreten ist, eine Rechtsgrundlage hierfür vorsehen (KR/Ramsauer § 8d Rn. 9). In diesen Fällen unterrichtet die übermittelnde Behörde den Betroffenen über Art der Angaben sowie über die Zweckbestimmung und die Rechtsgrundlage der Übermittlung (II). Die Regelung beruht auf Art. 33 I 1 DLRL, der eine Unterrichtung bei der

Übertragung sensibler Informationen verlangt (BT-Drs. 16/13399, 18). Unabhängig von dem Gebot der richtlinienkonformen Auslegung ist eine sachliche Überschreitung gezogener europarechtlicher Grenzen für die Informationsübermittlung am Maßstab europäischen Datenschutzrechts und sodann an deutschem Datenschutzrecht zu messen. (BeckOK VwVfG/Riedel/Dittrich § 8d Rn. 10–13; HK-VerwR/Kastner § 8d Rn. 4).

§ 8e Anwendbarkeit

[1] Die Regelungen dieses Abschnitts sind mit Inkrafttreten des jeweiligen Rechtsaktes der Europäischen Gemeinschaft, wenn dieser unmittelbare Wirkung entfaltet, im Übrigen mit Ablauf der jeweiligen Umsetzungsfrist anzuwenden. [2] Sie gelten auch im Verhältnis zu den anderen Vertragsstaaten des Abkommens über den Europäischen Wirtschaftsraum, soweit Rechtsakte der Europäischen Gemeinschaft auch auf diese Staaten anzuwenden sind.

I. Bedeutung

1 In § 8e wird geregelt, ab welchem Zeitpunkt die Bestimmungen dieses Abschnitts gelten. Der Hintergrund für die Regelung ergibt sich aus **unterschiedlichen Wirkungen** der Rechtsakte der EU (zB Art. 288 AEUV). Es handelt sich hierbei um eine dynamische Verweisung (SBS/Schmitz § 8e Rn. 1; KR/Ramsauer § 8e Rn. 1). In § 8e S. 2 wird in räumlicher Hinsicht die Geltung der Regelungen auf die 31 Vertragsstaaten des Abkommens über den **Europäischen Wirtschaftsraum** (EWR) erstreckt (KR/Ramsauer § 8e Rn. 1). Bemerkenswert ist, dass die Anordnung von einem Rechtsakt der Europäischen Union ausgeht. Von der Qualität des Rechtsakts ist abhängig, zu welchem Zeitpunkt die Vorschriften über die Verwaltungszusammenarbeit anwendbar sind. Für Rechtsakte, die unmittelbare Wirkung entfalten (zB Verordnungen), gelten sie mit Inkrafttreten des jeweiligen Rechtsakts. Solche Rechtsakte sind hinreichend bestimmt; eine zusätzliche Konkretisierung ist nicht erforderlich. Soweit Rechtsakte dagegen der Umsetzung bedürfen (zB Richtlinien), gelten die Vorschriften erst mit Ablauf der jeweiligen Umsetzungsfrist (Schmitz/Prell NVwZ 2009, 1121 (1123)).

II. Unmittelbare Wirkung der Rechtsakte (S. 1 Alt. 1)

2 Soweit ein Rechtsakt der EU eine unmittelbare Wirkung entfaltet, sind Regelungen dieses Abschnitts sofort anwendbar.

Kategorien möglicher Rechtsetzungsakte der EU enthalten Art. 288–292 AEUV. Nach Art. 288 II AEUV entfaltet hier vor allem die **Verordnung** als Rechtsakt unmittelbare Wirkung und bedarf keiner gesonderten innerstaatlichen Umsetzung. Entsprechendes gilt für Einzelfälle regelnde **Beschlüsse** nach Art. 288 IV AEUV. Rechtsakte des sekundären Rechts sind Richtlinien, Verordnungen und Beschlüsse. Empfehlungen und Stellungnahmen nach

Art. 288 V AEUV entfalten keine normative Wirkung. Neben das sekundäre Recht tritt nach Art. 290 AEUV zusätzlich das **tertiäre Recht,** das durch die Kommission gesetzt werden kann, die aufgrund einer Delegation „Rechtsakte ohne Gesetzescharakter" erlassen kann. Damit ist sie im Rahmen der Übertragung befugt, von allen in Art. 288 AEUV bereitgestellten Handlungsformen Gebrauch zu machen. Die Kommission erlässt insoweit zB eine delegierte Verordnung oder eine Richtlinie als Rechtsakt. Darüber hinaus ist die Kommission nach Art. 291 AEUV berechtigt, zur Durchführungssteuerung Einzelfallentscheidungen im Wege des Beschlusses zu treffen (GHN/Nettesheim AEUV Art. 290 Rn. 32). Es spielt daher keine Rolle, ob Rat und Parlament oder die Kommission zulässigerweise die Verordnung, den Beschluss oder eine Richtlinie erlassen haben (BeckOK VwVfG/RiedelBeckOK VwVfG/Riedel § 8e Rn. 4).

Das primäre Recht (nicht nur die Verträge, sondern auch das ungeschriebene Primärrecht, zB in Gestalt der Rechtsprechung des Gerichtshofs der EU) ist als Normkategorie hierarchisch dem sekundären Rechtsakt vorangestellt und geht grds. dem nationalen Recht in der Anwendung vor. Seit der EuGH-Entscheidung zu van Gend en Loos, ist der Grundsatz der unmittelbaren Wirkung europäischen Rechts „Allgemeingut". Sind die aus dem primären EU-Recht folgenden Verpflichtungen eindeutig, klar bzw. uneingeschränkt und erfordern keine zusätzlichen Maßnahmen auf nationaler oder EU-Ebene, ist eine unmittelbare Anwendung des EU-Rechts geboten (tendenziell aA SBS/Schmitz § 8e Rn. 3; KR/Ramsauer § 8e Rn. 1). 3

III. Umsetzungsbedürftige Rechtsakte (S. 1 Alt. 2)

In der Praxis sind zumeist **europäische Richtlinien** anzutreffen, die keine im Sinne von § 8e S. 1 Alt. 1 unmittelbare Wirkung zeitigen. Die europäische Richtlinie bedarf zur Entfaltung innerstaatlicher Wirksamkeit grundsätzlich eines Umsetzungsakts des nationalen Gesetzgebers. Trotz des klaren Wortlauts entfalten Richtlinien bereits vor deren Umsetzung eine Vorwirkung. Schon vor Fristablauf besteht für die Mitgliedstaaten die Pflicht, den Erlass von Vorschriften zu unterlassen, die geeignet sind, das in der Richtlinie vorgeschriebene Ziel ernstlich in Frage zu stellen (EuGH EuZW 1998, 167 (168); GHN/Nettesheim AEUV Art. 288 Rn. 118). Daraus folgt, dass in diesem Zeitabschnitt Behörden wechselseitig verpflichtet sind, Hilfe zu leisten (BeckOK VwVfG/Riedel § 8e Rn. 7). Der Zeitpunkt für das Inkrafttreten einer Verordnung oder einer Richtlinie bestimmt sich nach Art. 297 I 3 AEUV. Rechtsakte, die im Amtsblatt der Europäischen Union veröffentlicht werden müssen (hier vor allem Verordnungen), treten danach zu dem in dem jeweiligen Rechtsakt festgelegten Zeitpunkt in Kraft. Ist in dem Rechtsakt kein Zeitpunkt bestimmt, tritt er am zwanzigsten Tag nach der Veröffentlichung im Amtsblatt in Kraft (Art. 297 II 2 AEUV). Wird die Richtlinie nach **Ablauf der Umsetzungsfrist** nicht in das innerstaatliche Recht überführt, entfaltet sie nach der Rspr. des EuGH grundsätzlich eine unmittelbare Wir- 4 kung (EuGH NJW 2007, 2029 (2029); NJW 2004, 3547 (3547); NJW 1992, 165 (165)).

IV. Erstreckung auf EWR-Staaten (S. 2)

5 Die Regeln über die europäische Verwaltungszusammenarbeit gelten nach S. 2 auch in den Vertragsstaaten des Abkommens über den **Europäischen Wirtschaftsraum** (EWR). Vertragsstaaten sind neben den Mitgliedstaaten der EU zusätzlich **Island, Liechtenstein und Norwegen,** die ihrerseits die Dienstleistungsrichtlinie in den EWR-Vertrag integriert haben (BeckOK VwVfG/Riedel § 8e Rn. 8). Die Behörden dieser Staaten werden wie die Behörden der Mitgliedstaaten der EU behandelt (HK-VerwR/Kastner § 8e Rn. 6). Deutsche Behörden sind verpflichtet, Hilfe zugunsten von Behörden in EWR-Staaten zu leisten und vice versa (BeckOK VwVfG/Riedel § 8e Rn. 10; KR/Ramsauer § 8e Rn. 6 f.).

Teil II. Allgemeine Vorschriften über das Verwaltungsverfahren

Abschnitt 1. Verfahrensgrundsätze

§ 9 Begriff des Verwaltungsverfahrens

Das Verwaltungsverfahren im Sinne dieses Gesetzes ist die nach außen wirkende Tätigkeit der Behörden, die auf die Prüfung der Voraussetzungen, die Vorbereitung und den Erlass eines Verwaltungsaktes oder auf den Abschluss eines öffentlich-rechtlichen Vertrags gerichtet ist; es schließt den Erlass des Verwaltungsaktes oder den Abschluss des öffentlich-rechtlichen Vertrags ein.

Übersicht

	Rn.
I. Bedeutung	1
II. Rechtswirkung des Verwaltungsverfahrens	2
III. Der Begriff des Verwaltungsverfahrens	3
1. Nach außen wirkende Tätigkeit	5
2. Erlass eines VA oder Abschluss eines öffentlich-rechtlichen Vertrags	8
3. Informalität des Handelns in der Verwaltung	12
IV. Zeitlicher Rahmen des Verwaltungsverfahrens	14
1. Beginn des Verwaltungsverfahrens	14
2. Beendigung des Verwaltungsverfahrens	17
3. Beendigung in sonstiger Weise	20
V. Der Gegenstand des Verwaltungsverfahrens	21
1. Einzelverfahren und öffentlich-rechtlicher Vertrag	21
2. Teilregelungen, vorläufige Regelungen, vorzeitiger Beginn	22
3. Mehrheit von Verwaltungsverfahren	23
VI. Mehrheit von Beteiligten	27

I. Bedeutung

1 Im Zentrum der Verfahrensgrundsätze und der allgemeinen Vorschriften des Teils II steht der Begriff des Verwaltungsverfahrens, der in § 9 aufgrund seiner überragenden Bedeutung für das Verwaltungsrecht als Legaldefinition gefasst wurde. Geregelt wird das Verfahren der Bundesbehörden (→ § 1 Rn. 1). Das Verwaltungsverfahren ist in der Verwaltung die **bedeutendste Handlungsform.** Es ist die nach außen, auf den Erlass eines **Verwaltungsaktes** oder den Abschluss eines **öffentlich-rechtlichen Vertrags** gerichtete Tätigkeit einer Behörde. Das Verwaltungsverfahren ist ein Rechtsbegriff, dessen Inhalte an zwei Handlungsformen gebunden sind, die jeweils auf Außenwirkung gerichtet sind. Der Rechtsbegriff ist auf Verfahren im Sinne des VwVfG beschränkt. Handlungsformen der Verwaltung außerhalb dieses sachlichen Anwendungsbereichs, wie zB die schlichthoheitliche Tätigkeit oder informelles Handeln werden vom Begriff des Verwaltungsverfahrens nicht erfasst. Der Begriff der öffentlich-rechtlichen Verwaltungstätigkeit nach § 1 (§ 1) geht über den Begriff des Verwaltungsverfahrens hinaus (BeckOK VwVfG/Gerstner-Heck § 9 Rn. 1).

1a Unter **Verfahrensfehlern** werden herkömmlich solche Verstöße gegen Rechtsvorschriften verstanden, die den Ablauf des Verwaltungsverfahrens (§ 9) betreffen; hierzu gehören etwa Regelungen über den Beginn des Verfahrens, die Beteiligung anderer Behörden und der Öffentlichkeit sowie sonstige Verfahrensschritte, wie etwa die Durchführung einer UVP oder Vorprüfung (BVerwG NVwZ-Beilage 2018, 10 Rn. 19). Nicht dazu gehört grundsätzlich der durch materiell-rechtliche Vorgaben gesteuerte Prozess der Willens- und Entscheidungsbildung, der sich im Fachplanungsrecht regelmäßig auf der Grundlage von Fachgutachten vollzieht (BVerwG NVwZ-Beilage 2018, 10 Rn. 19; BVerwG BeckRS 2018, 9818 Rn. 3). Dieses Begriffsverständnis des Verfahrensfehlers liegt erkennbar auch der Regelungsstruktur des § 4 UmwRG zugrunde, der hinsichtlich der Rechtsfolgen zwischen absoluten (Abs. 1) und relativen (Abs. 1a) Verfahrensfehlern unterscheidet (vgl. BT-Drs. 18/5927 S. 9) (BVerwG BeckRS 2017, 147003, Rn. 19).

II. Rechtswirkung des Verwaltungsverfahrens

2 Sobald eine Behörde eine Aufgabe wahrnimmt, die in eine nach § 9 definierte Tätigkeit mündet, wird ein Verwaltungsrechtsverhältnis begründet, das bestimmte Rechte und Pflichten für die an diesem Rechtsverhältnis Beteiligten schafft. Es entstehen Rechte, wie zB auf rechtliches Gehör (§ 28) und jenes auf Akteneinsicht (§ 29). Mit dem in seiner Form und der Verfahrensführung gebundenen Prozessrechtsverhältnis ist es rechtlich nicht zu vergleichen (Ziekow § 9 Rn. 2).

III. Der Begriff des Verwaltungsverfahrens

3 § 9 enthält die **Legaldefinition** des Verwaltungsverfahrens. Der Begriff des Verwaltungsverfahrens ist enger als der in § 1 genannte **Begriff der Verwaltungstätigkeit,** der sämtliche Handlungsformen umschließt, eben auch jene, die nicht auf den Erlass eines VA oder den Abschluss eines öffentlich-rechtlichen Vertrags gerichtet sind. Ein Verwaltungsverfahren iSd § 9 liegt tatsächlich nur dann vor, wenn die Tätigkeit der Behörde nach außen wirkt und auf den Erlass eines Verwaltungsaktes oder den Abschluss eines öffentlich-rechtlichen Vertrags abzielt. Dem Begriff des Verwaltungsverfahrens iSd § 9 unterfallen daher nicht Rechtssetzungsakte, wie der Erlass von Verordnungen und Satzungen. Des Weiteren nicht die Erarbeitung und der Erlass von Verwaltungsvorschriften, Organisationsmaßnahmen, sog schlichthoheitliches Handeln (HK-VerwR/Schwarz § 9 Rn. 27) und sämtliche rein

privatrechtlich zu beurteilende Sachverhalte, die auf eine zivilrechtlich zu beurteilende Vergabe im Rahmen des Vergaberechts zulaufen (BeckOK VwVfG/Gerstner-Heck § 9 Rn. 2). Vergabeentscheidungen sind mitunter an Zuwendungs- bzw. Förderbescheide gekoppelt, die bei Verstößen gegen die Vergabeverfahren im Rahmen eines Verwaltungsverfahrens widerrufen werden können (Troidl NVwZ 2015, 549 (549)).

Für Verwaltungsverfahren iSd § 9 gelten die in den §§ 10–62 getroffenen 4 Regelungen, dh, der Anwendungsbereich dieser Verfahrensregelungen ist beschränkt auf die dem Bürger gegenüber rechtserheblichen öffentlich-rechtlichen Tätigkeiten der Behörde, die auf den Erlass eines Verwaltungsaktes oder den Abschluss eines öffentlich-rechtlichen Vertrags gerichtet sind (KR/Ramsauer § 9 Rn. 1). Die in §§ 10 bis 62 enthaltenen allgemeinen Regelungen für Verwaltungsverfahren – für die gem. § 10 der Grundsatz der Nichtförmlichkeit gilt – werden durch besondere Bestimmungen modifiziert; für das **förmliche Verwaltungsverfahren** nach den §§ 63–71, für das **Planfeststellungsverfahren** nach den §§ 72–78 und für das **Rechtsbehelfsverfahren** nach den §§ 79 und 80 sowie für das **Verfahren über eine einheitliche Stelle** nach § 71a–e (KR/Ramsauer § 9 Rn. 4). Ein selbständiges Verfahren wird mit der einheitlichen Stelle aber nicht begründet.

1. Nach außen wirkende Tätigkeit

Der Begriff des Verwaltungsverfahrens erfasst die nach außen wirkende Tätig- 5 keit einer Behörde. Die nach außen gerichtete Tätigkeit ist nicht unbedingt ein wesensimmanentes Merkmal der mannigfaltigen Handlungsformen behördlicher Tätigkeit (Ziekow § 9 Rn. 5). Zur Bestimmung der nach außen wirkenden Tätigkeit bedarf es der Feststellung des konkreten Einzelfalls (Ziekow § 9 Rn. 5), die im Rahmen einer lediglich **internen Willensbildung** einer Behörde oder bei der Beratung einer Enquete-Kommission nicht gegeben ist (Ziekow § 9 Rn. 5). Entscheidend ist, dass ein Handeln eine Außenwirkung entfaltet, ob mittel- oder unmittelbar, sofort oder später, ist unerheblich (SBS/Schmitz § 9 Rn. 114; Ziekow § 9 Rn. 6). Dabei kommt es auch nicht darauf an, ob die Außenwirkung einen **regulativen Gehalt** besitzt. Es ist ausreichend, wenn sich die konkrete Tätigkeit auf die Position eines Beteiligten oder Drittbetroffenen auswirken kann (KR/Ramsauer § 9 Rn. 10 f.), was der Fall ist, wenn Entscheidungen der Behörde im Verwaltungsverfahren getroffen werden. Nach außen wirken zB die Eröffnung eines Verwaltungsverfahrens, die Durchführung einer Anhörung, eine Beweisaufnahme, ein Erörterungstermin und die Gewährung von Akteneinsicht (BeckOK VwVfG/Gerstner-Heck § 9 Rn. 6).

Keinerlei Außenwirkung entfalten Maßnahmen einer rein **verwaltungs-** 6 **internen Willensbildung** wie zB Besprechungen, bei denen deshalb die verfahrensrechtlichen Vorschriften der §§ 10 ff. nicht zur Anwendung gelangen (KR/Ramsauer § 9 Rn. 12). Die Verwaltungsakteigenschaft fehlt regelmäßig vorangehenden behördlichen Maßnahmen, so zB wenn ein Gesetz bzw. eine Satzung für eine Regelung mehrere aufeinander folgende Akte vorsieht, von denen nur der letzte Akt den Betroffenen bekannt gegeben wird (VG Saarlouis NVwZ-RR 2008, 670).

7 Des Weiteren fehlt die Außenwirkung zB bei internen Besprechungen mit Vorgesetzten und Mitarbeitern, bei Entscheidungsentwürfen und bei Vorbereitungshandlungen in Erwartung eines Verwaltungsverfahrens (BeckOK VwVfG/Gerstner-Heck § 9 Rn. 7). Ein Schreiben, mit dem eine bloße informatorische Mitteilung gemacht wird, enthält nicht zwingend eine verbindliche Regelung (VG Kassel NVwZ-RR 2000, 557 (558)).

7a Die einem Beamten mitgeteilte Feststellung, er werde für dienstunfähig gehalten und es sei deshalb eine Versetzung in den Ruhestand beabsichtigt, ist ein unselbstständiger Teil des Zwangspensionierungsverfahrens ohne Verwaltungsaktcharakter. Die Feststellung ist nicht auf unmittelbare Rechtswirkungen nach außen gerichtet, sondern lediglich darauf, den beabsichtigten Verwaltungsakt der Versetzung in den Ruhestand vorzubereiten (OVG Berlin-Brandenburg NVwZ-RR 2015, 111; BeckRS 2014, 58610).

7b Eine Aufgabenbeschreibung und Dienstpostenbewertung ergehen nicht in einem auf Erlass eines Verwaltungsaktes gerichteten Verfahren, sondern dienen verwaltungsintern im Rahmen der Organisationsgewalt des Dienstherrn zur Erfüllung einer diesem obliegenden objektiv-rechtlichen Verpflichtung (BVerwG NVwZ-RR 2017, 424 (432)).

2. Erlass eines VA oder Abschluss eines öffentlich-rechtlichen Vertrags

8 Das Ziel des Verwaltungsverfahrens ist auf den Erlass eines VA oder auf den Abschluss eines öffentlich-rechtlichen Vertrags gerichtet. Ob das Ziel des Verwaltungsverfahrens erreicht wird, ist ohne Bedeutung (Ziekow § 9 Rn. 7). Folglich unterfallen dem Verwaltungsverfahren jedenfalls nicht solche Maßnahmen, die ein anderes Ziel als den Erlass eines VA oder den Abschluss eines öffentlich-rechtlichen Vertrags zum Inhalt haben. Ergibt sich die Rechtsfolge für ein Projekt bereits unmittelbar aus dem Gesetz (§ 34 II BNatSchG), ist eine behördliche Entscheidung nicht erforderlich, so dass ein Verwaltungsverfahren nicht vorliegt (BVerwG NVwZ 2015, 1532 (1534)).

9 Ein auf Antrag eingeleitetes Verwaltungsverfahren beginnt mit dem Eingang dieses Antrags bei der Behörde, ein von Amts wegen eingeleitetes Verfahren, sobald die Behörde Maßnahmen ergreift, die auf den Erlass eines Verwaltungsaktes oder den Abschluss eines öffentlich-rechtlichen Vertrags gerichtet sind. Ab diesem Zeitpunkt haben die Beteiligten die in den §§ 10 ff. geregelten Rechte und Pflichten, ohne dass es einer **förmlichen Einleitungsentscheidung** der Behörde oder einer Mitteilung an den Antragsteller oder an sonstige Betroffene bedarf. Das Verwaltungsverfahren kann im Übrigen außer durch Sachentscheidung auch durch Einstellung enden (BeckOK VwVfG/Gerstner-Heck § 9 Rn. 18).

10 Die in einem konkreten Verfahren erteilte Weisung einer höheren Behörde an die für den Erlass des Verwaltungsaktes oder den Abschluss des öffentlich-rechtlichen Vertrages zuständigen Behörde ist Teil des Verwaltungsverfahrens iSd § 9 (BeckOK VwVfG/Gerstner-Heck § 9 Rn. 9). Abstrakte Wei-

sungen, Verfahrensanweisungen genereller Art sind **Verwaltungsinterna.** Das Gleiche gilt grundsätzlich auch für Weisungen vor Beginn eines Verwaltungsverfahrens einschließlich der Weisung, ein Verfahren zu beginnen (KR/Ramsauer § 9 Rn. 12; SBS/Schmitz § 9 Rn. 130). Die Planungs- und Linienführungsbestimmung des Bundesministers für Verkehr nach § 16 I FStrG ist kein Verwaltungsakt, sondern ein im verwaltungsgerichtlichen Verfahren als solcher nicht anfechtbarer behördeninterner Vorgang. Inhaltlich geht die Planungs- und Linienführungsbestimmung in die ihr nachfolgende Planfeststellung ein; mit ihr unterliegt sie der verwaltungsrechtlichen Prüfung (BVerwG NJW 1981, 2592 (2592)). Nicht dem Verwaltungsverfahren iSd § 9 unterliegen verfahrenslenkende Weisungen des Bundes gegenüber den Ländern im Rahmen der verfassungsrechtlich verankerten Bundesauftragsverwaltung (BVerfG NVwZ 1990, 955 (957); Schmitt/Wohlrab NVwZ 2015, 193 (195)).

Der Erlass von Rechtsverordnungen oder Satzungen sowie der Abschluss 11
privatrechtlicher Verträge und das schlicht-hoheitliche Handeln sind keine Maßnahmen des Verwaltungsverfahrens. Eine Entscheidung, das Bauleitplanverfahren **einstweilen ruhen** zu lassen, wird nicht im Rahmen von Verwaltungs-, sondern in einem Verfahren getroffen, das nicht auf den Erlass eines Verwaltungsaktes, sondern einer Satzung (vorhabenbezogener Bebauungsplan) bzw. eines Bauleitplanes (Flächennutzungsplanes) gerichtet ist, so dass die Annahme eines VA nach § 9 ausscheidet (OVG Lüneburg ZfBR 2009, 274 (276)).

3. Informalität des Handelns in der Verwaltung

Informelle Absprachen und Verständigungen (Beratung, Auskunft, Agree- 12
ment, Letter of Intent, Absprachen, Verständigung etc.) vor, während und nach Abschluss eines Verwaltungsverfahrens sind verbreitet und mitunter gesetzgeberisch gewollt (vgl. etwa § 25 I 2, II 1 und III). Die Vielfalt möglicher Zusammenhänge und Erscheinungsformen lassen eine allgemeine Charakterisierung nicht zu. Informelle Vorverhandlungen sind in der Regel im Vorfeld des eigentlichen Verwaltungsverfahrens angesiedelt; eine Außenwirkung besteht nicht, vielmehr ist der Zweck häufig darauf gerichtet, die Möglichkeit einer Genehmigungserteilung für ein bestimmtes Vorhaben **vorbereitend** zu erörtern (§ 25 I 1). Kennzeichnend für die Informalität des Handelns ist, dass eine **rechtliche Verbindlichkeit vermieden werden soll, gerade sie ist nicht beabsichtigt** (HK-VerwR/Schwarz § 9 Rn. 29). Insoweit fallen derartige Absprachen auch nicht unter § 9. Entsprechendes gilt für informelles Verwaltungshandeln durch nicht bindende Verständigung sowie dem Ergebnis einer Mediation (KR/Ramsauer § 9 Rn. 12a; BeckOK VwVfG/Gerstner-Heck § 9 Rn. 8). Wird die Mediation hingegen mit dem Abschluss eines öffentlich-rechtlichen Vertrags beendet, gilt unmittelbar § 9. Informelle Absprachen sind von rechtsstaatlichen Bindungen des Verwaltungshandelns jedenfalls dann nicht freigestellt, wenn mit einer Absprache die primär vorgesehene und rechtlich richtige verfahrensrechtliche Lösung unterlaufen wird (KR/Ramsauer § 9 Rn. 12a; SBS/Schmitz § 9 Rn. 172 ff.;

BeckOK VwVfG/Gerstner-Heck § 9 Rn. 8) und damit ein Umgehungstatbestand vorliegt.

13 Die **Informalität als Handlungsform** ist dem VwVfG nicht unbekannt: nach § 25 II 1 erörtert die Behörde, soweit erforderlich, bereits vor Stellung eines Antrags und damit vor Beginn eines Verwaltungsverfahrens mit dem zukünftigen Antragsteller, welche Nachweise und Unterlagen von ihm zu erbringen sind und in welcher Weise das Verfahren beschleunigt werden kann. Nach § 25 I 2 erteilt die Behörde gegenüber den Beteiligten Auskunft über die ihnen zustehenden Rechte und obliegenden Pflichten. Auch die mit dem PlVereinhG in § 25 III eingeführte „frühe Öffentlichkeitsbeteiligung" ist der möglichen Antragstellung eines Betreibers vorangestellt, so dass sie außerhalb eines Verwaltungsverfahrens stattfindet (Schmitz/Prell NVwZ 2013, 745 (746)).

IV. Zeitlicher Rahmen des Verwaltungsverfahrens

1. Beginn des Verwaltungsverfahrens

14 Zwei Vorschriften enthalten Regelungen zum Beginn des Verwaltungsverfahrens. Der Regelungsgehalt des § 22 („Beginn des Verfahrens") erschöpft sich in der rechtlichen Befugnis der Behörde, ein Verfahren zu eröffnen. Die Behörde entscheidet nach pflichtgemäßem Ermessen, ob und wann sie ein Verwaltungsverfahren durchführt, es sei denn, sie eröffnet das Verwaltungsverfahren von Amts wegen oder auf Antrag (§ 22). Der Zeitpunkt der Eröffnung des Verfahrens wird damit in zeitlicher Hinsicht lediglich **mittelbar** bestimmbar. Zur objektiv-rechtlichen **exakten Bestimmung** des Zeitpunkts eines Verfahrensbeginns ist vielmehr auf § 9 abzustellen. Auf die Kenntnis der Beteiligten von den Umständen kommt es insofern nicht an. Mit dem Beginn des Verwaltungsverfahrens entsteht zwischen der Behörde und den am Verfahren Beteiligten (§ 13) ein Verfahrensrechtsverhältnis. Ab diesem Zeitpunkt haben die Verfahrensbeteiligten die in den §§ 10 ff. näher geregelten Rechte (zB Recht auf Akteneinsicht (§ 29), Anspruch auf rechtliches Gehör (§ 28)) sowie Pflichten (zB Mitwirkungspflichten, wie zB die Bestellung eines Empfangsbevollmächtigten (§ 15)).

15 Entscheidend für den Beginn eines Verwaltungsverfahrens ist die **Aufnahme einer nach außen gerichteten Tätigkeit** durch die Behörde (Knack/Henneke/Ritgen § 9 Rn. 11). Konkludentes Handeln reicht aus. Einer förmlichen Einleitungsentscheidung, mit der die Aufnahme fixiert wird, bedarf es nicht (BeckOK VwVfG/Gerstner-Heck § 9 Rn. 11; Ziekow § 9 Rn. 15); auch dann nicht, wenn das Verfahren von Amts wegen eingeleitet wird (BeckOK VwVfG/Gerstner-Heck § 9 Rn. 12). Die Tätigkeit der Behörde muss (noch) nicht nach außen erkennbar sein. Kenntnis des Betroffenen ist nicht erforderlich (Ziekow § 9 Rn. 15; SBS/Schmitz § 9 Rn. 118). Auch einer Mitteilung an den potentiellen Adressaten des Verwaltungsaktes oder potentiellen Vertragspartner bedarf es nicht (KR/Ramsauer § 9 Rn. 28).

Stellt der Bürger einen Antrag über eine **einheitliche Stelle** (§ 71c III), beginnt das Verfahren in dem Zeitpunkt, in dem der Bürger den Antrag bei der einheitlichen Stelle einreicht. Eine förmliche Eröffnungsentscheidung der Behörde ist nicht erforderlich. Das Verwaltungsrechtsverfahren wird selbst dann eröffnet, wenn die Behörde untätig bleibt oder sie die Eröffnung des Verfahrens ablehnt (KR/Ramsauer § 13 Rn. 18; SBS/Schmitz § 13 Rn. 16; BeckOK VwVfG/Gerstner-Heck § 9 Rn. 13). Auf den ersten Blick objektiv **unsubstantiierte oder querulatorische** Eingaben und Anträge lassen ein Verwaltungsverfahren nicht entstehen (BeckOK VwVfG/Gerstner-Heck § 9 Rn. 13; SBS/Schmitz § 13 Rn. 16). 16

2. Beendigung des Verwaltungsverfahrens

§ 9 trifft keine Bestimmung, zu welchem Zeitpunkt das Verwaltungsverfahren endet. Mit Erlass des beabsichtigten Verwaltungsaktes oder mit einem wirksamen öffentlich-rechtlichen Vertrag wird das Verfahren abgeschlossen, wie Hs. 2 klarstellt. Ob die Sachentscheidung materiell wirksam ist, ist für die Beendigung des Verfahrens bedeutungslos. Das Verfahren endet im **Zeitpunkt einer wirksamen Bekanntgabe** nach § 43 I 1 (SBS/Schmitz § 9 Rn. 195; Ziekow § 9 Rn. 16), auch mit Bekanntgabe eines nichtigen VA (BeckOK VwVfG/Gerstner-Heck § 9 Rn. 17). Ein neues Verfahren entsteht durch Rücknahme oder Widerruf des ursprünglichen VA; es sei denn, das ursprüngliche Verfahren wird mit dem Ziel der Heilung des Fehlers fortgesetzt (Ziekow § 9 Rn. 17). 17

Das Verwaltungsverfahren endet ferner, wenn über das Begehren **unanfechtbar** entschieden worden ist (BVerwG NVwZ 1995, 1131 (1132)). Setzt sich der Bürger gegen einen ihn belastenden Verwaltungsakt zur Wehr, bildet das **Widerspruchsverfahren** eine Einheit mit dem Ausgangsverfahren und wird mit dem Erlass eines Widerspruchsbescheids abgeschlossen (BVerwG NVwZ 1987, 224 (225)). Das Verwaltungsverfahren ist auch insoweit mit der Bekanntgabe des Verwaltungsaktes in der Gestalt des Widerspruchsbescheides beendet (BeckOK VwVfG/Gerstner-Heck § 9 Rn. 15; KR/Ramsauer § 9 Rn. 34). 18

Beim Abschluss eines **öffentlich-rechtlichen Vertrags** ist das Verwaltungsverfahren mit dessen Wirksamwerden beendet (BeckOK VwVfG/Gerstner-Heck § 9 Rn. 16; KR/Ramsauer § 9 Rn. 36). Einwendungen, die nicht die Wirksamkeit des Vertrags als solches berühren, können vorliegen, hindern aber nicht die Beendigung des Verwaltungsverfahrens. Wird die **Nichtigkeit eines Vertrags** offenbar, wird das ursprüngliche Verfahren fortgesetzt (SBS/Schmitz § 9 Rn. 198); bleibt die Nichtigkeit von den Beteiligten hingegen unerkannt, ist das Verwaltungsverfahren gleichwohl mit Abschluss des (unerkannt) nichtigen Vertrags beendet. Hierzu müssen alle **formellen Abschlussanforderungen** erfüllt sein, insbesondere die auf den Abschluss des Vertrags gerichteten übereinstimmenden Willenserklärungen der Vertragspartner und etwaige weitere nach § 58 erforderliche Zustimmungserfordernisse (BeckOK VwVfG/Gerstner-Heck § 9 Rn. 16; HK-VerwR/Schwarz § 9 Rn. 75). 19

3. Beendigung in sonstiger Weise

20 Das Verwaltungsverfahren kann in sonstiger Weise durch Einstellung der Tätigkeit beendet werden, so durch **Einstellung der Tätigkeit** bei einem Verfahren von Amts wegen (BeckOK VwVfG/Gerstner-Heck § 9 Rn. 18) oder durch **Erledigung der Hauptsache** (Ziekow § 9 Rn. 18; HK-VerwR/Schwarz § 9 Rn. 73). Zustimmung der Beteiligten oder eine an sie gerichtete Mitteilung ist nicht erforderlich. Die Verfahrenseinstellung kann formlos erfolgen. Nimmt der Antragsteller einen ursprünglich gestellten Antrag zurück, ist das Verfahren einzustellen. Kommt ein öffentlich-rechtlicher Vertrag in Ermangelung eines Konsenses nicht zustande, endet das Verfahren ebenfalls.

V. Der Gegenstand des Verwaltungsverfahrens

1. Einzelverfahren und öffentlich-rechtlicher Vertrag

21 Der Gegenstand des Verwaltungsverfahrens ist die konkrete zu regelnde Verwaltungsrechtssache, bestehend aus **Sachverhalt und regulativem Gehalt.** Der Gegenstand im Verwaltungsverfahren entspricht dem Streitgegenstand im Prozessrecht. Im Verfahren auf Erlass eines VA wird der Gegenstand des Verfahrens durch den gestellten Antrag, im Verfahren von Amts wegen durch den Regelungswillen der Behörde bestimmt. Soll das Verfahren mit einem öffentlich-rechtlichen Vertrag abschließen, wird der Verfahrensgegenstand durch das Vertragsangebot formuliert (BeckOK VwVfG/Gerstner-Heck § 9 Rn. 26; KR/Ramsauer § 9 Rn. 24).

21a Ergeht ein **Regionalplan als Satzung** wird ein Verwaltungsverfahren damit nicht begründet, sondern ein auf Normerlass ausgerichtetes Verfahren zur Regionalplanung. § 9 ist unabwendbar. Eine Analogie (hierzu BVerwG NVwZ 2018, 1150 Rn. 15) scheidet aus, weil es an einer planwidrigen Regelungslücke fehlt. Der Gesetzgeber hat bislang keinen Bedarf für eine entsprechende Regelung im ROG für Massenverfahren erkannt und bewusst von einer Regelung hierzu abgesehen (BVerwG 2020, 1684 (1685) Rn. 7).

21b Die Bestimmung des § 162 Abs. 2 S. 2 VwGO ist auf Anwaltskosten aus einem Verwaltungsverfahren iSv § 9 VwVfG nicht entsprechend anwendbar (AGH Nordrhein-Westfalen BeckRS 2022, 5869 mwN).

2. Teilregelungen, vorläufige Regelungen, vorzeitiger Beginn

22 Bei investiven Großprojekten im Anlagenzulassungsrecht sind, ausgehend vom atomrechtlichen Genehmigungsverfahren (§ 7 AtG), zur Bewältigung der zahlreichen Schritte in der Praxis Verfahrensstufungen im Verwaltungsrecht entstanden, die im Planfeststellungsverfahren zu Verfahren und zu einer einheitlichen Entscheidung verbunden werden. Das **gestufte Genehmigungsverfahren** ermöglicht die Bewältigung komplexer und umfangreicher Genehmigungssachverhalte in Teilschritten (BVerwG NVwZ 1993, 578 (579); BeckOK VwVfG/Gerstner-Heck § 9 Rn. 27 ff.; KR/Ramsauer § 9

Rn. 15 ff.). Entsprechendes gilt für Vorbescheide und Teilgenehmigungen (BeckOK VwVfG/Gerstner-Heck § 9 Rn. 28), die zwar in sich geschlossene Eignungsfeststellungen treffen können, aber nicht von dem durch einen Antrag auf Genehmigung gekennzeichneten Verfahrensgegenstand isoliert zu betrachten sind (BVerwG NJW 1984, 1473 (1474)). Insbesondere im Umweltrecht ist die Rechtsfigur der **Zulassung eines vorzeitigen Beginns** verbreitet. Nach § 17 WHG kann ein Vorhabenträger vorzeitig mit der Gewässerbenutzung beginnen, obwohl die endgültige Entscheidung über die Erlaubnis bzw. Bewilligung noch aussteht (BeckOK UmweltR/Guckelberger WHG § 17 Vorbemerkung). Ähnliches gilt für die Errichtung einer Deponie nach § 37 KrWG. In einem Planfeststellungs- oder Plangenehmigungsverfahren kann die zuständige Behörde unter dem **Vorbehalt des Widerrufs** (eigenständiges Verfahren) Errichtungsmaßnahmen und weitere Prüfungen zulassen (§ 37 I KrWG), so dass bereits vor Feststellung des Plans oder der Erteilung der Plangenehmigung mit der Errichtung einer Deponie begonnen werden darf. Mit der Entscheidung über den vorzeitigen Beginn wird weder über Teile der Anlage entschieden noch ein „vorläufiges positives Gesamturteil" gefällt (BVerwG NVwZ 1991, 994 (995); BeckOK UmweltR/Klages KrWG § 37 Rn. 1). Die Zulassung der Deponie durch die Planfeststellung bzw. die Plangenehmigung wird durch die vorzeitige Zulassung in keiner Weise rechtlich präjudiziert (BVerwG NVwZ 1991, 994 (995); BeckOK UmweltR/Klages KrWG § 37 Rn. 1).

3. Mehrheit von Verwaltungsverfahren

Umfangreiche Lebenssachverhalte sind mitunter verschiedenen gesetzlichen Genehmigungs- und/oder Zulassungserfordernissen zugeordnet. Soweit nicht spezialgesetzliche Vorschriften eine Konzentrationswirkung aufgrund einer Planfeststellung (§ 75 I Hs. 2) anordnen und damit verschiedene Verfahren bündeln, verbleibt es grundsätzlich bei rechtlich voneinander unabhängigen Verwaltungsverfahren und damit bei der **Parallelität von Verwaltungsverfahren** (BVerwG NVwZ 1989, 1163 (1165); KR/Ramsauer § 9 Rn. 44; BeckOK VwVfG/Gerstner-Heck § 9 Rn. 36). Insbesondere bei **Fracking-Vorhaben** wird deutlich, dass die bergrechtliche Bertriebsplanzulassung das Wasserrecht nicht verdrängt, dieses vielmehr separat zu prüfen ist (Ramsauer/Wendt NVwZ 2014, 1401 (1404); Gaßner/Buchholz ZUR 2013, 143 (143)). **23**

Das **Verteilungsverfahren im Ausländerecht** beginnt nicht erst, wenn die die Verteilung veranlassende Behörde mit dem Fall befasst wird, sondern bereits dann, wenn die Ausländerbehörde die Entscheidung über den Antrag auf einen Aufenthaltstitel bzw. eine Duldung zurückstellt und prüft, ob sie die Anhörung zur Verteilung nach § 15a AufenthG einleitet (OVG Bremen BeckRS 2023, 27500 Rn. 19). **23a**

Soweit eine Behörde für mehrere gesetzliche Genehmigungserfordernisse die originäre Zuständigkeit besitzt, ist sie befugt, diese Verfahren im Rahmen einer Zuständigkeitskonzentration nach § 10 zu einem Verfahren zu verbinden (Ziekow § 9 Rn. 24). Eine Behörde kann im Rahmen des **Verfahren-** **24**

sermessens nach § 10 entscheiden, ob sie wegen eines zusätzlichen Verfahrensgegenstandes ein laufendes Verwaltungsverfahren erweitert und als ein einheitliches Verwaltungsverfahren im Sinne der Verfahrenshäufung fortführt oder, ob und wann sie ein gesondertes Verwaltungsverfahren über den neuen Verfahrensgegenstand einleitet bzw. abtrennt. In solchen Fällen kommt es darauf an, ob und inwieweit ein hinreichender Zusammenhang zwischen den verbundenen Verfahren gegeben ist (OVG Lüneburg BeckRS 2024, 2645 Rn. 29, 30).

25 **Mehrstufige Verfahren** sind gekennzeichnet durch eine interne Mitwirkung einer anderen Behörde bei der Entscheidung über einen VA. Mangels einer unmittelbaren Außenwirkung verbleibt es im Falle der bloß internen Mitwirkung bei einem einheitlichen Verwaltungsverfahren (KR/Ramsauer § 9 Rn. 11a; BeckOK VwVfG/Gerstner-Heck § 9 Rn. 37).

26 Bei dem Verfahren über eine **einheitliche Stelle** (§ 71a–e) werden die Verfahren zwar durch die einheitliche Stelle koordiniert, rechtlich aber nicht gebündelt; sie bleiben rechtlich getrennt. Beginn und Ende des jeweiligen Verfahrens sind separat festzustellen.

VI. Mehrheit von Beteiligten

27 Das Verwaltungsverfahren ist entweder zwei- oder mehrpolig ausgestaltet. Komplexe Anlagenzulassungsverfahren mit Einwendungen, Widersprüchen potentiell Drittbetroffener behandeln trotz einer großen Zahl von Beteiligten lediglich einen **Verfahrensgegenstand.** Gleichwohl können solche Verfahren nach § 10 getrennt oder ggf. verbunden werden. Eine Verfahrenstrennung kann eine Hinzuziehung nach § 13 II auslösen (BeckOK VwVfG/Gerstner-Heck § 9 Rn. 41; Ziekow § 9 Rn. 26).

§ 10 Nichtförmlichkeit des Verwaltungsverfahrens

[1] Das Verwaltungsverfahren ist an bestimmte Formen nicht gebunden, soweit keine besonderen Rechtsvorschriften für die Form des Verfahrens bestehen. [2] Es ist einfach, zweckmäßig und zügig durchzuführen.

I. Bedeutung

1 In § 10 wird der allgemeine, das Verwaltungsverfahrensrecht des Bundes wie auch der Länder aufgrund gleichlautender Vorschriften beherrschende Grundsatz fixiert, dass das Verwaltungsverfahren nicht an bestimmte Formen gebunden ist und die Behörden verpflichtet sind, das Verfahren einfach, zweckmäßig und zügig durchzuführen (KR/Ramsauer § 10 Rn. 1). Die der Nichtförmlichkeit des Verfahrens zugeordneten Rechtsgrundsätze sind **unmittelbar geltendes Recht,** keineswegs nur Ausdruck symbolischer Gesetzgebung (Ziekow § 10 Rn. 1). Der Grundsatz des nichtförmlichen Verwaltungshandelns befreit die Behörde nicht von gesetzlichen Bindungen, viel-

mehr bleibt sie an die Zulässigkeitsvoraussetzungen, Verfahrensgrundsätze und das materielle Recht gebunden (SBS/Schmitz § 10 Rn. 7). Der Behörde wird hingegen ein weitgehendes **Verfahrensermessen** eingeräumt, das ihr in den Grenzen des § 9 unter Wahrung rechtsstaatlicher Anforderungen die Entscheidung eröffnet, wie sie das Verwaltungsverfahren durchführt (KR/Ramsauer § 10 Rn. 6). Die Verwaltung erhält somit die zur optimalen Durchführung des Verwaltungsverfahrens **notwendige Flexibilität** (KR/Ramsauer § 10 Rn. 1). In S. 2 werden die Grundsätze der Verfahrensökonomie und Wirtschaftlichkeit hervorgehoben, die allgemein für Verwaltungsverfahren leitend sind (BeckOK VwVfG/Gerstner-Heck § 10 Rn. 1).

Die Vorschrift räumt der Behörde ein Ermessen ein, wie sie das Verwal- **1a** tungsverfahren durchführt – begrenzt durch die Handlungsdirektiven des § 10 S. 2, dass das Verfahren einfach, zweckmäßig und zügig durchzuführen ist (MSU/Sennekamp § 10 Rn. 11). Dieses Ermessen kann durch Rechtsvorschriften gelenkt werden. Zu diesen Rechtsvorschriften zählen auch Satzungen, die sich allerdings ihrerseits an § 10 S. 2 messen lassen müssen (VGH Mannheim BeckRS 2019, 11239 Rn. 32; VGH Mannheim BeckRS 2017, 109711).

Von dem Grundsatz der Nichtförmlichkeit gibt es **drei Ausnahmen:** das **2** förmliche Verfahren (§§ 63 bis 71), das Planfeststellungsverfahren (§§ 72 bis 78) und eher in formal-systematischer als materieller Hinsicht das Verfahren über eine einheitliche Stelle (§§ 71a bis 71e). Soweit diese besonderen Verfahren keine entgegenstehenden Regelungen enthalten, gilt § 10 (SBS/Schmitz § 10 Rn. 10). § 10 ist insofern **subsidiär** (Knack/Henneke/Ritgen § 10 Rn. 10). Die Regelungen gelten entsprechend für die außerhalb des Verwaltungsverfahrens stehenden Handlungsformen der Verwaltung (KR/Ramsauer § 10 Rn. 5; BeckOK VwVfG/Gerstner-Heck § 10 Rn. 8).

II. Grundsatz der Nichtförmlichkeit (S. 1)

Der Grundsatz der Nichtförmlichkeit eröffnet der Behörde ein weites, gleich- **3** wohl nicht schrankenlos auszuübendes **Ermessen bei der Verfahrensgestaltung** (KR/Ramsauer § 10 Rn. 6 ff.; SBS/Schmitz § 10 Rn. 16). Das Ermessen kann durch Rechtsvorschriften gelenkt werden, wozu auch Satzungen zählen (VGH Mannheim BeckRS 2019, 11239 Rz. 32). Die Zielsetzung des Ermessens wird durch den gesetzgeberischen Zweck der jeweiligen Verfahrensnorm bestimmt, die insofern Einfluss auf die konkret-praktische Ausgestaltung des Verfahrens nimmt (SBS/Schmitz § 10 Rn. 17). Es ist in das pflichtgemäße Ermessen der Behörde gestellt, ob sie von Amts wegen ein Verfahren einleitet, welche Personen sie zu einem Verfahren nach § 13 I Nr. 4 iVm II hinzuzieht und auf welche Weise der Sachverhalt ermittelt wird (Vernehmung von Zeugen, Einholung eines Sachverständigengutachtens, Auskünfte anderer Behörden sowie Beiziehung von Akten). Im Ermessen der Behörde steht weiter, auf welche Art und Weise Akteneinsicht (§ 29) gewährt wird, wie Beteiligte angehört (§ 28) und welche Fristen dabei gesetzt werden (KR/Ramsauer § 10 Rn. 6a; BeckOK VwVfG/Gerstner-Heck § 10 Rn. 9).

4 Begrenzt wird die Nichtförmlichkeit durch allgemeine Grundsätze des Verwaltungsrechts, insbesondere durch das **Verhältnismäßigkeitsprinzip und das Willkürverbot** (KR/Ramsauer § 10 Rn. 6b; SBS/Schmitz § 10 Rn. 17). Es besteht allerdings auch keine Verpflichtung, den Grundsatz der Nichtförmlichkeit ohne jedwede Ausnahme anzuwenden. Komplexe Verfahren, spezifische Rechte Dritter oder Beteiligter können es erfordern, ein grundsätzlich nicht formales Verfahren mit Blick auf schutzwürdige Rechte Dritter bestimmten Förmlichkeiten zu unterstellen, zB einen mündlichen Erörterungstermin durchzuführen (KR/Ramsauer § 10 Rn. 8, SBS/Schmitz § 10 Rn. 12).

5 Eine grundsätzliche, insbesondere gesetzliche Pflicht, **Protokolle** etwa von Besprechungen und Sitzungen anzufertigen, besteht nicht (analog § 68 IV), es sei denn, die Anfertigung einer Niederschrift ist spezialgesetzlich vorgeschrieben (BeckOK VwVfG/Gerstner-Heck § 10 Rn. 13). Davon bleibt die Verpflichtung der Behörde unberührt, die Akten des Verfahrens vollständig und nachvollziehbar zu führen (→ § 29 Rn. 12), woraus die Anfertigung schriftlicher Notizen oder von Vermerken zumindest über verfahrenserhebliche Vorgänge abzuleiten ist. Das Unterlassen ordnungsgemäßer Aktenführung, auch elektronischer Nachweisführung kann Beweisnachteile zur Folge haben (BeckOK VwVfG/Gerstner-Heck § 10 Rn. 13; KR/Ramsauer § 10 Rn. 12).

III. Einfachheit, Zweckmäßigkeit und Zügigkeit (S. 2)

1. Zweckmäßigkeit und Einfachheit des Verfahrens

6 Die in S. 2 verankerte **Trias der Verfahrensführung** verfolgt das Interesse des Bürgers an einer ressourcenschonenden und schnell arbeitenden Verwaltung, die auf einfachem Weg, in einem effizient und ökonomisch geführten Verfahren eine zweckmäßige Lösung für das individuelle Begehren nach Maßgabe der Gesetze zu leisten hat. Einfachheit, Zweckmäßigkeit und Zügigkeit bilden den Grundsatz der verwaltungsrechtlichen **Verfahrensökonomie** (OVG Berlin-Brandenburg NJOZ 2012, 629 (630)). Mit der Zweckmäßigkeit soll der schnellen gegenüber der langsamen Alternative und der kostensparenden gegenüber der teureren Variante der Vorzug gegeben werden. Allerdings obsiegt die Kostenminimierung nicht bei jedem Abwägungsvorgang (KR/Ramsauer § 10 Rn. 4). **Begrenzungen** ergeben sich aus Rechtsstaatsprinzip und Grundrechten. Zur Feststellung des Sachverhalts können aufwendige, kostspielige Prüfungen und Begutachtungen erforderlich werden, die erst eine notwendige Feststellung von Tatsachen erlauben und somit erst die Voraussetzungen für eine sachadäquate und rechtlich richtige Entscheidung ermöglichen. Allerdings ist auch insoweit das rechte Maß zu finden. Zeitliche und finanzielle Belastung der Beteiligten sowie Dritter sind so gering wie möglich zu halten (BeckOK VwVfG/Gerstner-Heck § 10 Rn. 15).

Aus der Zweckmäßigkeit folgt das **Gebot der Effizienz.** Es besagt, dass eine optimale Zweck-Mittel Relation anzustreben ist, die dem Gang des Verfahrens zugrunde zu legen ist. Das **Effizienzgebot** erweist sich als ein Gebot der Ökonomie, eines vor allem wirtschaftlichen Einsatzes begrenzter Ressourcen einer Behörde (KR/Ramsauer § 10 Rn. 16a). Materiellrechtliche Auswirkungen hat das Gebot in der Regel bisher nicht; entsprechende wissenschaftliche Untersuchungen stehen noch aus (KR/Ramsauer § 10 Rn. 16b). Soweit sich aus dem Fachrecht keine Besonderheiten ergeben, ist der Erlass von Teilregelungen unter Berücksichtigung des Grundsatzes der Zweckmäßigkeit des Verfahrens auch ohne besondere Ermächtigung in der Regel zulässig, da er als Minus von der Ermächtigung zum Erlass des „vollständigen" Verwaltungsakts umfasst ist (BVerwG BeckRS 2016, 45853; Erichsen/Ehlers AllgVerwR/Pünder § 14 Rn. 47; SBS/Stelkens § 35 Rn. 252; KR/Ramsauer § 10 Rn. 15; Knack/Henneke/Ritgen § 9 Rn. 70). 7

Der Grundsatz der Nichtförmlichkeit des Verfahrens in Verbindung mit dem Untersuchungsgrundsatz (§ 24 I) kann als **Rechtsgrundlage** herangezogen werden, wenn ein behördliches Interesse an einer möglichst umfassenden, den Erfordernissen des einzelnen konkreten Falls angepassten Aufklärung des Sachverhalts besteht und ein spezifisches Verfahren insoweit gesetzlich nicht vorgesehen ist (BVerwG NVwZ 2014, 1586 (1589)). 7a

Wird in einer Behörde oder im Rahmen der **Gerichtsverwaltung** die Nutzung eines **EDV-Systems** zum Zwecke der Verwaltungsvereinfachung für Anträge auf Urlaub und Ähnlichem eingeführt, wird von der Verwaltung abverlangt, ressourcenökonomisch und effizient zu handeln. Der Gesetzgeber hat sich mit den Zielvorgaben des § 10 S. 2 für verfahrensrechtliche Optimierungsgebote in der Verwaltung entschieden. Im Einklang hiermit steht, dass für den Massenvorgang der Urlaubsbewilligung ein elektronisch basiertes **Zeiterfassungssystem** (hier: ZEUS) eingerichtet wird, das den Urlaubsbewilligungsprozess und die Übersicht über die Urlaubszeiten für die Aufrechterhaltung des Dienstbetriebes praktikabel sein lässt, insbesondere auch für alle Beteiligten die Nachvollziehbarkeit ermöglicht, in welchem Stadium sich Urlaubsanträge befinden. Die Mitwirkung an einem System – soweit nicht unzumutbar – folgt entweder aufgrund einer **dienstlichen Weisung** (OVG Berlin-Brandenburg BeckRS 2020, 31561 Rn. 16) oder – allgemeiner – aus der dem Beamtenverhältnis innewohnenden **Treue- und Gehorsamspflicht,** der auch – jedenfalls soweit nicht die richterliche Tätigkeit betroffen ist – **Richter** unterworfen sind (VG Potsdam BeckRS 2020, 254234 Rn. 34, 35) 7b

Allerdings sind die Behörden auch ohne eine besondere gesetzliche Ermächtigung nach allgemeinen Rechtsgrundsätzen befugt, im Rahmen ihrer Verfahrensherrschaft **Vorgaben zur Benutzung eines amtlichen Vordrucks oder Formulars** zu machen (BVerwG NJW 1977, 772). Die Missachtung solcher Formularvorgaben führt jedoch, sofern der Antrag alle notwendigen Angaben enthält, nicht zur Unzulässigkeit oder Unwirksamkeit des Antrags, weil es sich um einen Verstoß gegen reine Ordnungsvorschriften ohne gesetzliche Grundlage handelt (BGH BeckRS 2020, 33164 Rn. 35 mwN; Ritter RDi 2021, 212 (213)). 7c

7d Bei Verwendung elektronischer Formulare mit Unterschriftsfeldern begründet ein **vorgeschriebenes Unterschriftsfeld** kein gesetzliches Schriftformerfordernis. Während bei einer Formularerklärung in Papierform eine eigenhändige Unterschrift durch den Ausfüllenden leicht anzubringen ist, erfordert eine elektronische Erklärung eine qualifizierte elektronische Signatur oder die Nutzung eines De-Mail-Postfachs mit absenderauthentifizierter De-Mail (Ritter RDi 2021, 212 (213). Die Wirksamkeit eines Antrags ist nur dann von der Wahrung der Schriftform abhängig, wenn dies durch eine spezielle Rechtsvorschrift angeordnet wird. Das von einer Behörde vorgeschriebene Verwenden von elektronischen Unterschriftsfeldern in behördlichen Formularen hat nicht zur Folge, dass mit dieser Voraussetzung ein Schriftformerfordernis statuiert wird, wie § 13 EGovG klar hervorhebt (BGH BeckRS 2020, 33164 Rn. 41 Ls.).

7e Eine Behörde hat auch aus § 22 S. 2 Nr. 2 keinen generellen Anspruch auf die Übermittlung der Postanschrift des Antragstellers nach IFG und dem sich daraus ergebenden Erfordernis der Datenverarbeitung. Besondere, von dem Grundsatz der Nichtförmlichkeit des Verfahrens nach § 10 S. 1 abweichende Bestimmungen über die **Form des Antrags** enthält § 22 S. 2 Nr. 2 nicht (OVG NRW BeckRS 2022, 13700 Rn. 84, 85).

7f Die Rechtsgrundlage für den Anspruch eines **Ausländers** auf Ausstellung einer **deklaratorischen Bescheinigung** über den Umstand, dass ein Verteilungsverfahren anhängig ist, ergibt sich aus § 10 des jeweiligen Landesrechts. Der Ausländer hat ein **subjektives öffentliches Recht** auf eine ermessensfehlerfreie Behandlung. Bei der Ausgestaltung von Verteilungsverfahren nach § 15a AufenthG ist das Ermessen dahingehend auf Null reduziert, dass dem Betroffenen die **Anhängigkeit dieses Verfahrens** schriftlich bescheinigt werden muss. Die **Bescheinigung** ist kein Verwaltungsakt, sondern eine informatorische Verfahrenshandlung mit Realaktscharakter innerhalb des auf den Erlass eines Verteilungsbescheides gerichteten Verwaltungsverfahrens (OVG Bremen BeckRS 2023, 27500 Rn. 13, 17)

2. Zügigkeit des Verfahrens

8 Das Prinzip der Zügigkeit des Verfahrens wurzelt in einem formalen Aspekt des Rechtsstaatsprinzips (Ziekow § 10 Rn. 6; Knack/Henneke/Ritgen § 10 Rn. 22; KR/Ramsauer § 10 Rn. 17 f.; SBS/Schmitz § 10 Rn. 25). Ohne eine **Entscheidung in zureichender Zeit** wird der rechtliche Erfolg einer Entscheidung entwertet. Die Behörde muss über gestellte Anträge möglichst rasch entscheiden. Das Zügigkeitsgebot gilt auch für ein von der Behörde von Amts wegen eingeleitetes und/oder durchgeführtes Verfahren (OVG Magdeburg BeckRS 2013, 51859), das in einer dem Verfahrensgegenstand **angemessenen Frist** zum Abschluss zu bringen ist. Der antragstellende Bürger hat einen Anspruch darauf, in zureichender Zeit Klarheit über zu erwartende Belastungen oder Vergünstigungen zu erhalten (KR/Ramsauer § 10 Rn. 20). Allgemeine Arbeitsüberlastung der Behörde, Ausfälle infolge von Urlaub, Erkrankung usw rechtfertigen keine Verzögerung (BeckOK VwVfG/Gerstner-Heck § 10 Rn. 17; KR/Ramsauer § 10 Rn. 19a). Der Gesetzgeber hat

der Verfahrensdauer rechtliche Relevanz im Rahmen des Verfahrensermessens beigemessen. Die in § 75 VwGO genannte Frist von drei Monaten vermittelt einen Anhaltspunkt für die Angemessenheit der Bearbeitungsfrist (OVG Hamburg BeckRS 2016, 54002 Rn. 15).

8a Aus der Verpflichtung zur Zügigkeit des Verfahrens folgt mittelbar auch die Anwendung des **Prioritätsprinzips,** auch im Verhältnis von immissionsschutzrechtlichem Vorbescheid und Genehmigung. Die Immissionsschutzbehörde hat auf Antrag jedes Verwaltungsverfahren zügig durchzuführen (§ 10 S. 2) und darf **gleichliegende Verfahren** nicht ohne sachlichen Grund unterschiedlich behandeln (Art. 3 I GG), so dass sie einen **früher eingegangenen Antrag** grundsätzlich auch früher zu bearbeiten hat (BVerwG NVwZ 2019, 1601 Rn. 28). Diese Pflicht ist auch für die materiell-rechtliche Frage von Bedeutung, welcher Anlage der Vorrang zukommt. Sie ist ein **Ordnungsprinzip** (Rolshoven NVwZ 2006, 516 (522)), von dem die Behörde nur mit hinreichenden Gründen abweichen darf. Fehlen solche Gründe, gebührt dem früheren Vorhaben der Vorrang. Diese Sichtweise entspricht – soweit ersichtlich – der ganz herrschenden Praxis (zusammenfassend Maslaton Windenergieanlagen/Sittig-Behm, 2. Aufl. 2018, Kap. 2 Rn. 194 ff.). Es schafft für die Beteiligten Rechts- und Planungssicherheit und erweist sich Ansätzen überlegen, die eine Ermessensentscheidung für notwendig halten (in diese Richtung OVG Greifswald NJOZ 2009, 626; OVG Weimar ZNER 2012, 443 (444)), für die aber weder eine Rechtsgrundlage noch inhaltliche Maßstäbe ersichtlich sind (BVerwG NVwZ 2020, 1434 Rn 19, 20).

9 Ein subjektives Recht auf fehlerfreie Ausübung des Verfahrensermessens sowie auf die Einhaltung der Grundsätze der Zügigkeit, Zweckmäßigkeit und Einfachheit besteht nicht, jedenfalls nicht unmittelbar (SBS/Schmitz § 10 Rn. 21; BeckOK VwVfG/Gerstner-Heck § 10 Rn. 18; aA Ziekow § 10 Rn. 7); es sei denn, es liegt eine Ermessensreduzierung oder eine Selbstbindung der Verwaltung vor. Gegen umfassende behördlich unbegründete Säumnis kann die **Untätigkeitsklage** (§ 75 VwGO: Regelfrist behördlicher Bearbeitung **drei Monate**) erhoben werden (OVG Lüneburg NVwZ-RR 2014, 670 (670)). Auch die **Genehmigungsfiktion** nach §§ 71a, 42a I sichert die Zügigkeit des Verwaltungsverfahrens.

10 Eine rechtliche Kontrolle des Verwaltungsverfahrens findet nach § 44a VwGO nur im Rahmen der Kontrolle der Endentscheidung statt (OVG Bautzen BeckRS 2023, 1948 Rn. 66), SBS/Schmitz § 10 Rn. 22; BeckOK VwVfG/Gerstner-Heck § 10 Rn. 18). Darüber hinaus können Schadensersatzansprüche wegen Amtspflichtverletzung entstehen (KR/Ramsauer § 10 Rn. 22). Hat sich die Rechts- oder Sachlage nach Einleitung des Verwaltungsverfahrens zu Ungunsten oder zu Gunsten des Bürgers geändert, ist dies im Rahmen des der Behörde eingeräumten Ermessens zu berücksichtigen (BeckOK VwVfG/Gerstner-Heck § 10 Rn. 18).

Ein **Verstoß** gegen das in § 10 Satz 2 normierte Gebot der Zügigkeit des Verfahrens führt für sich genommen nicht zur Rechtswidrigkeit eines Verwaltungsakts (OVG Bautzen BeckRS 2023, 1948 Rn. 66)

§ 11 Beteiligungsfähigkeit

Fähig, am Verfahren beteiligt zu sein, sind

1. natürliche und juristische Personen,

2. Vereinigungen, soweit ihnen ein Recht zustehen kann,

3. Behörden.

I. Bedeutung

1 § 11 regelt die Voraussetzung der Beteiligung von Personen, Personenmehrheiten und Behörden an einem Verwaltungsverfahren. Die Wirksamkeit einer Verfahrenshandlung setzt die Beteiligungsfähigkeit (§ 11), die Verhandlungsfähigkeit (§ 12) und die Verfahrensführungsbefugnis (§ 42 II VwGO analog) voraus (KR/Ramsauer § 11 Rn. 1). Der Begriff der Beteiligungsfähigkeit hat zum Inhalt, als Rechtssubjekt an einem Verwaltungsverfahren nach § 13 als Beteiligter überhaupt wirksam **aktiv oder passiv teilnehmen** zu können (KR/Ramsauer § 11 Rn. 2; Ziekow § 11 Rn. 1). Fehlt die Beteiligungsfähigkeit, ist die Behörde rechtlich gehindert, eine Sachentscheidung zu treffen. Die Beteiligungsfähigkeit ist daher eine **Sachentscheidungsvoraussetzung** (SBS/Schmitz § 11 Rn. 7).

2 Die Fähigkeit als Beteiligter an einem Verfahren teilnehmen zu können, ist eine **von Amts wegen** festzustellende Voraussetzung für die jeweilige Sachentscheidung (SBS/Schmitz § 11 Rn. 5; Ziekow § 11 Rn. 1). Mit der Feststellung der Beteiligungsfähigkeit ist noch keine Aussage über die gesondert zu prüfende Handlungsfähigkeit (§ 12) getroffen. Die Vorschrift gilt unmittelbar im Anwendungsbereich nach §§ 1 und 2, darüber hinaus als **allgemeiner Rechtsgedanke** in lückenhaft geregelten Verwaltungsverfahren, sofern das Bundes- oder Landesrecht nicht unmittelbar zur Anwendung gelangt (KR/Ramsauer § 11 Rn. 3b; Ziekow § 11 Rn. 2). Die in § 11 geregelte Beteiligungsfähigkeit entspricht im Wesentlichen der Beteiligungsfähigkeit im Verwaltungsprozess (§ 61 VwGO).

II. Rechtswirkung der Beteiligungsfähigkeit

3 Verfahrenshandlungen eines Beteiligungsunfähigen oder gegenüber einem Beteiligungsunfähigen sind von Anfang an **unwirksam.** Das Verfahren ist einzustellen, sofern eine rückwirkende Heilung nicht in Betracht kommt (SBS/Schmitz § 11 Rn. 8). Die fehlende Beteiligungsfähigkeit kann auch nicht durch die Bestellung eines Vertreters oder Bevollmächtigten behoben werden. Die Bestellung eines Vertreters oder Bevollmächtigten setzt zwingend die Beteiligungsfähigkeit des Vertretenen voraus. Ohne Beteiligungsfähigkeit kann eine Übertragung der Vertretung als verfahrensrechtliche Handlung nicht wirksam erfolgen.

4 Im **Streit um die Beteiligungsfähigkeit eines „Beteiligten“** ist auch ein Beteiligungsunfähiger bis zur rechtskräftigen Entscheidung der Streitfrage als beteiligungsfähig zu behandeln. Er kann deshalb die für die Klärung dieser

Frage notwendigen aktiven und passiven Verfahrenshandlungen (einschließlich der Klageerhebung) vornehmen (BeckOK VwVfG/Gerstner-Heck § 11 Rn. 5; KR/Ramsauer § 11 Rn. 17; SBS/Schmitz § 11 Rn. 10).

III. Beteiligungsfähige Rechtssubjekte

1. Natürliche Personen (Nr. 1 Alt. 1)

Natürliche Personen sind ausnahmslos beteiligungsfähig. Der Begriff der natürlichen Person entspricht der des BGB. Auf die bürgerlich-rechtliche Geschäftsfähigkeit kommt es bei § 11 nicht an. Unerheblich ist auch, ob eine Betreuung bestellt wurde (§§ 1896 ff. BGB). Das Leben der natürlichen Person beginnt mit der **Vollendung der Geburt** (§ 1 BGB) und endet mit dem Tod. Die Leibesfrucht ist per definitionem (noch) keine Person im rechtlichen Sinne. Rechte oder Pflichten der Leibesfrucht bestehen indes nur insoweit, wie sie von der Rechtsordnung anerkannt werden (Ziekow § 11 Rn. 4). Eine **Erbengemeinschaft** bestehend aus natürlichen Personen besitzt keine eigene Rechtspersönlichkeit und ist grundsätzlich weder rechts- noch parteifähig (BGH NJW 2002, 3389 (3390)). Folglich ist die Erbengemeinschaft auch nicht fähig, am Verwaltungsverfahren beteiligt zu sein. Zielt das Verwaltungsverfahren jedoch auf ein Handeln der Erbengemeinschaft, das sich beispielsweise als Verwaltung des Nachlasses (§ 2038 BGB) darstellt, so ist sie insoweit gemäß § 11 Nr. 2 beteiligungsfähig und ein VA an die Erbengemeinschaft zu richten (OVG Lüneburg BeckRS 2012, 56413). Ein erzeugtes, aber noch nicht geborenes Kind (Leibesfrucht) ist nicht fähig, am verwaltungsgerichtlichen Verfahren auf Einstellung des Betriebs eines Endlagers für radioaktive Abfälle beteiligt zu sein; der Schutz wird über die Mutter als Beteiligte vermittelt (BVerwG NVwZ 1995, 1002 (1003); NJW 1992, 1524; aA KR/Ramsauer § 11 Rn. 4 Fn. 4). **Tiere,** obgleich keine Sachen (§ 90a BGB), sind von der Beteiligungsfähigkeit ausgenommen (VG Hamburg „Seehunde in der Nordsee“ NVwZ 1988, 1058 (1058)). 5

Organe und Organwalter sind nach Nr. 1 (und nicht nach Nr. 2) zu beteiligen, sofern besondere, organschaftliche Funktionen (aA Ziekow § 11 Rn. 4 mwN) wahrgenommen werden. Es handelt sich hierbei um Personen, die ein öffentliches Amt (Bürgermeister, Gerichtspräsidenten) bekleiden, aus dem sie mit dieser Funktion verbundene besondere Rechte geltend machen, dabei im Verfahren aber nicht als Behörde auftreten (KR/Ramsauer § 11 Rn. 4; BeckOK VwVfG/Gerstner-Heck § 11 Rn. 8). Soweit sie **nicht als Behörde** auftreten, bleiben sie in ihrer organschaftlichen Funktion natürliche Person (Gerichtspräsident als Vorsitzender des Präsidiums des Gerichts im Verhältnis zu den übrigen Präsidiumsmitgliedern, VGH Mannheim NVwZ-RR 2000, 657 (657)). Geht es hingegen um die dem Organ gesetzlich zugewiesenen Kompetenzen, ist die Frage der Beteiligungsfähigkeit nach Nr. 2 zu beantworten (KR/Ramsauer § 11 Rn. 4). 6

2. Juristische Personen (Nr. 1 Alt. 2)

7 Für juristische Personen des **privaten,** auch europäischenRechts (eV, eG, AG, SE, SCE, KGaA, GmbH, Stiftungen des Privatrechts, VVaG) und des **öffentlichen** Rechts (Körperschaften, Anstalten und Stiftungen) ergibt sich die Beteiligungsfähigkeit unmittelbar aus § 11 Nr. 1 Alt. 2. Körperschaftlich verfasst sind neben Bund, Ländern und Kommunen auch die Kirchen mit ihren Kirchengemeinden und weitere nach Art. 140 GG, Art. 137 V WRV als Körperschaften des öffentlichen Rechts anerkannte Religionsgemeinschaften (BeckOK VwVfG/Gerstner-Heck § 11 Rn. 9; KR/Ramsauer § 11 Rn. 5).

8 Ferner werden dem Begriff der juristischen Person die **handelsrechtlichen Personengesellschaften** zugeordnet, deren Struktur der juristischen Person angenähert ist, wie die offene Handelsgesellschaft (§ 124 HBG), die Kommanditgesellschaft, (§ 161 II iVm § 124 HGB)(VGH Mannheim NJW 2017, 3734 Rn. 22) und deren Mischformen (zB GmbH & Co. KG), die zwar nicht rechtsfähig sind, aber gemäß § 124, 161 HGB Träger von Rechten und Pflichten sein können. Entsprechendes gilt für die Reederei (§ 493 HGB) (SBS/Schmitz § 11 Rn. 14).

9 Eine **in Europa gegründete Kapitalgesellschaft,** die nach dem Recht des Mitgliedstaats, in dessen Hoheitsgebiet sie ihren satzungsmäßigen Sitz hat, wirksam gegründet worden ist, ist in Deutschland als solche anzuerkennen (EuGH NJW 2002, 3614 (3614); BGH NJW 2011, 3372 (3372); NJW 2003, 1461 (1461)) und damit beteiligungsfähig. Zur Beurteilung der Beteiligungsfähigkeit ausländischer Gesellschaften ist nach Art. 7 EGBGB auf das Gesellschaftsrecht des Heimatstaates abzustellen (KR/Ramsauer § 11 Rn. 5). **Politische Parteien** sind berechtigt in eigenem Namen zu klagen und verklagt zu werden (§ 3 S. 1 PartG); sie sind deshalb nach Nr. 1 beteiligungsfähig (BeckOK VwVfG/Gerstner-Heck § 11 Rn. 10). Kreis- und Ortsverbände politischer Parteien und der nichtrechtsfähige Verein sind nach Nr. 2 beteiligungsfähig (BVerwG DÖV 1984, 940; KR/Ramsauer § 11 Rn. 6). Gewerkschaften und sonstige Tarifvertragsparteien sind gewohnheitsrechtlich den juristischen Personen iSv Nr. 1 gleichgestellt (KR/Ramsauer § 11 Rn. 6).

10 Die Beteiligungsfähigkeit der juristischen Person endet grundsätzlich noch nicht mit der Auflösung, sondern erst im Zeitpunkt des Erlöschens der juristischen Person (zB durch Löschung in einem Register) oder durch Beendigung kraft gesetzlicher Bestimmung oder durch Abschluss einer Liquidation und dem vollständigen Entfallen sämtlicher Rechte und Pflichten (KR/Ramsauer § 11 Rn. 8). Eine GmbH bleibt bis zum Abschluss des Abwicklungsverfahrens erhalten (§ 74 I GmbHG). Folglich ist eine GmbH in Liquidation beteiligungsfähig (OVG Bautzen BeckRS 2013, 51593). Im Einzelfall kann eine GmbH auch dann noch als beteiligungsfähig gelten, wenn sie im Handelsregister gelöscht wurde (VGH Mannheim BeckRS 2014, 58485).

3. Beteiligungsfähige Vereinigungen (Nr. 2)

11 Vereinigungen, gleich ob öffentlich-rechtlich oder privat organisiert, sind nach Nr. 2 nur dann beteiligungsfähig, wenn ihnen ein Recht zustehen kann. Die Regelung entspricht § 61 Nr. 2 VwGO. Unter dem Begriff der Vereinigung, der die Dualität zwischen rechtsfähigen und nichtrechtsfähigen Rechtssubjekten zu überwinden sucht (SBS/Schmitz § 11 Rn. 16), sind **Personenmehrheiten** sowie Organe und Organteile zu verstehen, denen ein **Mindestmaß an Organisation** zu eigen ist (OVG Lüneburg NJW 1992, 192 (193); SBS/Schmitz § 11 Rn. 17). Charakteristisch ist, dass die Vereinigung für ein bestimmtes Gebiet zum Träger von Rechten und Pflichten gemacht worden ist (OVG Frankfurt/O. NVwZ-RR 2002, 479 (482); OVG Bautzen NVwZ 1998, 656).

12 Die Beteiligungsfähigkeit der Vereinigung hängt davon ab, ob ihr ein Recht zustehen kann. Gemeint ist damit, ob es ein öffentliches materielles Recht geben kann, das den Gegenstand in dem konkreten Verwaltungsverfahren bildet. Ob das Recht besteht, ist eine Frage, die im Rahmen der Begründetheit eines Verfahrens zu ermitteln und dann zu beantworten ist. Die gesetzliche Formulierung („Recht zustehen kann") macht deutlich, dass Rechte, die objektiv unter keinem denkbaren Gesichtspunkt zur Darlegung der Beteiligtenfähigkeit bestehen können, bereits die Beteiligungsfähigkeit ausschließen. Für die Bejahung der Beteiligtenfähigkeit ist es in der Praxis ausreichend, wenn die **bloße Möglichkeit des Bestehens eines Rechts** gegeben ist (KR/Ramsauer § 11 Rn. 12; Ziekow § 11 Rn. 8).

13 Die Beteiligungsfähigkeit einer Vereinigung setzt nicht voraus, dass diese eine feste, auf Dauer angelegte Organisation aufweist, dh über eine körperschaftliche Struktur verfügt. Zumindest eine gewisse organisatorische und zeitlich den Moment überdauernde **strukturelle Verfestigung** ist erforderlich, um die Vereinigung von einer zufälligen zusammenkommende Menschenmenge oder den Teilnehmern einer Demonstration abzugrenzen (SBS/Schmitz § 11 Rn. 18). Dies gilt auch für **Bürgerinitiativen;** diese können nur dann als beteiligungsfähig anerkannt werden, wenn sie in zeitlicher, organisatorischer und struktureller Hinsicht strukturbildende Mindestvoraussetzungen erfüllen (BeckOK VwVfG/Gerstner-Heck § 11 Rn. 15; SBS/Schmitz § 11 Rn. 17 f.).

13a Die **Beteiligungsfähigkeit der BGB-Gesellschaft,** einer Gesamthandsgemeinschaft (§ 719 BGB) wurde nach Nr. 2 beurteilt (OVG Bautzen NJW 2002, 1361 (1362); VGH Mannheim NVwZ-RR 1991, 60 (60)). Vor dem Hintergrund der Änderungen im BGB-Gesellschaftsrecht ergibt sich die Beteiligtenfähigkeit auch weiterhin aus Nr. 2. Der Begriff der rechtsfähigen BGB-Gesellschaft als Personengesellschaft ersetzt gem. Art. 35 MoPeG auch in der InsO durchgängig den bisherigen Begriff der „Gesellschaft ohne Rechtspersönlichkeit". Rechtsfähigkeit wird allgemein als die Fähigkeit verstanden, Träger von Rechten und Pflichten zu sein. Die Rechtsfähigkeit kann nur einem Rechtssubjekt zustehen. Das gilt sowohl für die nicht rechtsfähige als auch für die rechtsfähige Gesellschaft nach § 705 BGB. In Anlehnung an § 14 Abs. 1 kommt der rechtsfähigen GbR nunmehr ebenso wie einer natürlichen Person oder einer juristischen Person die Rechtssubjektivität zu, so dass beiden Erscheinungsformen ein Recht zustehen kann (BeckOK BGB/Schöne, 68. Ed. 1.1.2024, BGB nF § 705 Rn. 42, 42.1). Damit folgt die Beteiligtenfähigkeit der rechtsfähigen und der nicht rechtsfähigen BGB Gesellschaft aus § 11 Nr. 2. Aus der Beteiligungsfähigkeit nach Nr. 2 folgt des Weiteren, dass die Vereinigung als solche und unter ihrem Namen am Verwaltungsverfahren teilnimmt; sie ist Beteiligte iSd § 13, nicht hingegen ihre einzelnen Mitglieder (BeckOK VwVfG/Gerstner-Heck § 11 Rn. 14). Auch eine **Erbengemeinschaft** kann insoweit als beteiligungsfähige Vereinigung anerkannt werden (→ Rn. 5).

14 Aufgrund dieser Voraussetzungen sind folgende Vereinigungen beteiligungsfähig: nicht rechtsfähige Vereine (BVerwG NVwZ 2004, 887 (887)); Religions- und Weltanschauungsgemeinschaften, soweit sie nicht juristische Personen nach Nr. 1 sind; Betriebs- und Personalräte (BVerwG NVwZ 1993, 174 (174)); sog Vorgesellschaften wie eine GmbH in Gründung (VG Neustadt GewArch 1986, 200 (200)); nicht rechtsfähige Kreis- und Ortsverbände politischer Parteien (BVerwGE 32, 333 (334); OVG Saarlouis NVwZ-RR 1999, 218 (219)); Wählervereinigungen (VG Bremen BeckRS 2007 24963); eine als nicht rechtsfähige Genossenschaft organisierte Wassergemeinschaft (BVerwG NVwZ-RR 1998, 90 (90)); Hochschulorgane (Senat) außerhalb von Organstreitigkeiten (OVG Hamburg NVwZ-RR 1994, 587 (587)) sowie die Fakultät oder der Fachbereich (BVerwG NVwZ 1985, 654 (654)) und die nicht als rechtsfähige Körperschaft organisierte Hochschule selbst (OVG Hamburg NVwZ 1995, 1135 (1135)).

4. Behörden (Nr. 3)

15 Nach Nr. 3 sind alle Behörden fähig, am Verfahren beteiligt zu sein. Der **Begriff der Behörde** ist in § 1 IV geregelt (→ § 1 Rn. 27 ff.). Die Vorschrift weicht insoweit von § 61 Nr. 3 VwGO ab, der den Zusatz enthält „sofern das Landesrecht dies bestimmt". Eine Einschränkung der Beteiligtenfähigkeit ist damit nicht verbunden.

IV. Folgen fehlender Beteiligungsfähigkeit

16 Die Beteiligungsfähigkeit ist in jedem Stadium des Verwaltungsverfahrens eine von Amts wegen festzustellende **Sachentscheidungsvoraussetzung** (KR/Ramsauer § 11 Rn. 19; Ziekow § 11 Rn. 11; Knack/Henneke/Ritgen § 11 Rn. 38). Ein von einem Beteiligungsunfähigen gestellter Antrag ist als unzulässig zu bescheiden (KR/Ramsauer § 11 Rn. 19). Fehlt die Beteiligungsfähigkeit desjenigen, an den die Behörde einen Verwaltungsakt richten will, muss das Verfahren eingestellt werden (SBS/Schmitz § 11 Rn. 9). **Rückwirkende Heilung** bis zum Abschluss des Verwaltungsverfahrens ist möglich (KR/Ramsauer § 11 Rn. 16; SBS/Schmitz § 11 Rn. 8; BeckOK VwVfG/Gerstner-Heck § 11 Rn. 20). Ein gegenüber einem Beteiligungsunfähigen erlassener Verwaltungsakt ist **nichtig,** ebenso ein mit einem Betei-

ligungsunfähigen geschlossener öffentlich-rechtlicher Vertrag (KR/Ramsauer § 11 Rn. 20; SBS/Schmitz § 11 Rn. 9; Ziekow § 11 Rn. 12).

§ 12 Handlungsfähigkeit

(1) Fähig zur Vornahme von Verfahrenshandlungen sind
1. natürliche Personen, die nach bürgerlichem Recht geschäftsfähig sind,
2. natürliche Personen, die nach bürgerlichem Recht in der Geschäftsfähigkeit beschränkt sind, soweit sie für den Gegenstand des Verfahrens durch Vorschriften des bürgerlichen Rechts als geschäftsfähig oder durch Vorschriften des öffentlichen Rechts als handlungsfähig anerkannt sind,
3. juristische Personen und Vereinigungen (§ 11 Nr. 2) durch ihre gesetzlichen Vertreter oder durch besonders Beauftragte,
4. Behörden durch ihre Leiter, deren Vertreter oder Beauftragte.

(2) Betrifft ein Einwilligungsvorbehalt nach § 1825 des Bürgerlichen Gesetzbuchs den Gegenstand des Verfahrens, so ist ein geschäftsfähiger Betreuter nur insoweit zur Vornahme von Verfahrenshandlungen fähig, als er nach den Vorschriften des bürgerlichen Rechts ohne Einwilligung des Betreuers handeln kann oder durch Vorschriften des öffentlichen Rechts als handlungsfähig anerkannt ist.

(3) Die §§ 53 und 55 der Zivilprozessordnung gelten entsprechend.

I. Bedeutung

Neben der Beteiligungsfähigkeit nach § 11 ist die Handlungsfähigkeit eines Beteiligten stets Voraussetzung für die Durchführung des Verwaltungsverfahrens. Die Handlungsfähigkeit ist von der Behörde in jeder Lage des Verfahrens **von Amts wegen** zu prüfen. Ist ihr Vorliegen streitig, so ist sie bis zur Beendigung des Streites hierüber als gegeben zu unterstellen. Handlungsunfähigkeit kann auch partiell vorliegen. Die Handlungsfähigkeit entspricht der Prozessfähigkeit nach § 62 VwGO (KR/Ramsauer § 12 Rn. 2) und der Geschäftsfähigkeit nach dem BGB. 1

In § 12 wird geregelt, ob ein Beteiligungsfähiger selbständig eine Verfahrenshandlung rechtswirksam vornehmen kann. Mit der Anerkennung der Beteiligtenfähigkeit ist noch **keine Aussage** darüber getroffen, ob das Rechtssubjekt rechtlich befugt ist, eine **Verfahrenshandlung** selbstständig vorzunehmen oder ob es hierzu eines gesetzlichen Vertreters bedarf. Die Handlungsfähigkeit ist nicht nur Voraussetzung für die Wirksamkeit der aktiven Vornahme einer Verfahrenshandlung, sondern auch für die von einer Behörde gegenüber einem Beteiligungsfähigen vorgenommene (passive) Verfahrenshandlung (BVerwG NJW 1994, 2633 (2634); BFH NVwZ-RR 1988, 470 (470)). Verfahrenshandlungen eines Handlungsunfähigen oder gegenüber einem solchen sind **nichtig,** ebenso sind Verträge, die ein Handlungsunfähiger geschlossen hat, nichtig (KR/Ramsauer § 12 Rn. 28). Gleichermaßen gilt, dass die Bekanntgabe oder Zustellung von VA an Handlungsunfähige unwirksam sind (OVG Schleswig NVwZ-RR 1994, 484 (485); KR/Rams- 2 auer Rn. 28; Knack/Henneke/Ritgen § 12 Rn. 54). Der Mangel der Handlungsfähigkeit kann nachträglich durch eine ausdrücklich oder konkludent erteilte Genehmigung geheilt werden (OVG Schleswig NVwZ-RR 1994, 484 (485)) oder durch den Eintritt der Handlungsfähigkeit in der Person des Beteiligungsfähigen. Wenn allerdings im verwaltungsgerichtlichen Verfahren durchgängig die Verfahrenshandlungsunfähigkeit geltend gemacht wird, liegt allein in der Durchführung des gerichtlichen Verfahrens noch keine konkludente Genehmigung.

II. Handlungsfähige Beteiligte

1. Natürliche und geschäftsfähige Personen (I Nr. 1)

3 Der Handlungsfähigkeit natürlicher Personen im Verwaltungsverfahren (ebenso § 62 VwGO) liegt begrifflich die **Geschäftsfähigkeit** nach dem BGB zugrunde (BVerwG NJW 1994, 2633 (2634)). Unbeschränkt Geschäftsfähige sind grundsätzlich uneingeschränkt handlungsfähig. Nach I Nr. 1 sind handlungsfähig natürliche Personen, die nach bürgerlichem Recht **geschäftsfähig** sind. Geschäftsfähig ist, wer volljährig ist. Die Volljährigkeit tritt nach § 2 BGB mit Vollendung des 18. Lebensjahres ein. Sie beginnt am 18. Geburtstag um 0 Uhr, § 187 II 2 BGB (SBS/Schmitz § 12 Rn. 7). Bei **Ausländern** richtet sich die Feststellung der Volljährigkeit nach dem Recht des Heimatlandes (Art. 7 I EGBGB). Den Regelungen des § 12 I Nr. 1 und 2 liegt das Konzept eines umfassenden Schutzes Minderjähriger zugrunde (OVG Münster NVwZ-RR 2006, 574 (575)), so dass bei einem lediglich bekannten Geburtsjahr ohne bekannten Tag und Monat der Geburt, von dem spätest möglichen Geburtsdatum in dem jeweiligen Jahr auszugehen ist (BVerwG NJW 1985, 576 (577); SBS/Schmitz § 12 Rn. 7; Ziekow § 12 Rn. 2).

4 Schwere Depressionen, krankhafte Wahnvorstellungen, generell schwere psychische Erkrankungen können bei einer voll geschäftsfähigen Person eine **partielle Handlungsfähigkeit** begründen (VGH Mannheim, VBlBW 1992, 474 (474); VGH Kassel NJW 1990, 403 (403); KR/Ramsauer § 12 Rn. 5). Ggf. kann eine Anhörung zur Aufklärung des Zustands eines Beteiligungsfähigen erforderlich werden, ohne dass damit weitere Verfahrenshandlungen verbunden werden.

4a Geschäfts- und Handlungsfähigkeit eines Volljährigen ist die Regel, während die Geschäfts- und Handlungsunfähigkeit (§ 104 Nr. 2 BGB, § 12 VwVfG) die Ausnahme bilden. Die **materielle Beweislast** für diese Ausnahme trifft denjenigen, der Rechte daraus herleitet. Dieser im bürgerlichen Recht geltende Grundsatz der materiellen Beweislast gilt auch im Verwaltungsrecht (BVerwG NJW 1994, 2633 (2634)).

2. Partielle Geschäftsfähigkeit (I Nr. 2)

5 Das VwVfG verwirklicht in Konkordanz mit dem BGB einen weitreichenden Schutz Minderjähriger. Der Wirksamkeit einer Verfahrenshandlung steht

grundsätzlich die beschränkte Geschäftsfähigkeit entgegen. Allerdings sind in Teilbereichen im BGB und im Verwaltungsrecht **Ausnahmetatbestände** festgelegt, die eine partielle Handlungsfähigkeit als ausreichend ansehen.

Lediglich partiell handlungsfähig sind beschränkt Geschäftsfähige (mindestens 7 Jahre, § 107 BGB). Ihre Handlungsfähigkeit ist auf bestimmte Bereiche beschränkt, wie zB der selbständige Betrieb eines Erwerbsgeschäfts oder das Eingehen eines Arbeits- oder Dienstverhältnisses (§ 112, 113 BGB), für die insoweit die partielle Handlungsfähigkeit gegeben ist (BVerwG DVBl 1996, 1143 (1143)). Die Abgabe einer Willenserklärung mit der der Minderjährige einen lediglich rechtlichen Vorteil erlangt, lässt ausnahmsweise die Einwilligung des gesetzlichen Vertreters nach § 107 BGB entfallen. Mit dieser eng begrenzten Ausnahmevorschrift des Minderjährigenschutzes wird eine Handlungsfähigkeit noch nicht begründet (BVerwG NJW 1985, 576 (577), Ziekow § 12 Rn. 4).

Bei fehlender oder beschränkter Handlungsfähigkeit, wie sie bei Minder- 5a jährigen im Zeitpunkt der Bekanntgabe vorliegt, ist der Verwaltungsakt den gesetzlichen Vertretern, idR den Eltern, bekannt zu geben (VG Karlsruhe BeckRS 2017, 146855 Rn. 9).

Der Begriff der Geschäftsfähigkeit ist **rechtlicher Orientierungspunkt** 6 für die Wirksamkeit von Verfahrenshandlungen, ohne dass im öffentlichen Recht der Begriff der Geschäftsfähigkeit übernommen wurde. Die Altersgrenzen können variieren und folgen der für die jeweiligen Sachbereiche alterskonformen und notwendigen **Einsichtsfähigkeit.** Mit dem Inkrafttreten des **Asylverfahrensbeschleunigungsgesetzes** vom 20.10.2015 (BGBl I 2015, 1722) wurde die bis dahin für Ausländer bestehende partielle Handlungsfähigkeit von 16 Jahren aufgehoben. Nach § 12 AsylG ist im Einklang mit den Vorschriften des BGB grds. nur ein **volljähriger Ausländer** handlungsfähig. Aufgrund der zahlreichen Verfahren verbleibt es nach der Überleitungsvorschrift des § 87 I Nr. 1 und 2 AsylG allerdings bei dem bis zum 20.10.2015 geltenden Recht der **partiellen Handlungsfähigkeit** (§ 80 Abs. 1 AufenthG aF, § 12 AsylVfG aF) für bereits in dieser Zeit begonnene Asylverfahren und Folgeanträge (→ § 14 Rn. 7). Weitere Vorschriften, die eine partiell beschränkte Handlungsfähigkeit verleihen, ergeben sich zB aus § 16 III WPflG (Musterung: 17 Jahre und 6 Monate); gleiches Alter bei dem Antrag auf Verweigerung des Kriegsdienstes nach § 2 IV KDVG; § 36 SGB I (Handlungsfähigkeit zur Beantragung von Sozialleistungen: 15 Jahre); Entscheidung über Teilnahme am Religionsunterricht ab 14 Jahren – sog Religionsmündigkeit (KR/Ramsauer § 12 Rn. 8a).

3. Juristische Personen und Vereinigungen (I Nr. 3)

Juristische Personen und nach § 11 Nr. 2 VwVfG beteiligungsfähige Ver- 7 einigungen bedürfen zur wirksamen rechtlichen Artikulation und zur wirksamen Entgegennahme von Erklärungen und Verfahrenshandlungen eines zuständigen **Organs,** dh eines **gesetzlichen Vertreters** oder eines **besonderen Beauftragten.** Die Bestimmung des gesetzlichen Vertreters oder sonstigen Ermächtigten ergibt sich dabei aus dem materiellen Recht oder bei

Vereinigungen aus einer Satzung (OVG Bautzen BeckRS 2016, 46344 Rn. 6; BeckOK VwVfG/Gerstner-Heck § 12 Rn. 18). Es gelten im Verwaltungsrecht die zivilrechtlichen Grundsätze zur Vertretungsbefugnis (SBS/Schmitz § 12 Rn. 15). Eine ausdrückliche Erklärung, für den Vertretenen zu handeln, ist für die aus der Vertretung folgende Bindungswirkung nicht erforderlich (VGH Mannheim NVwZ-RR 2005, 273 (273)).

8 Handlungsfähig sind darüber hinaus auch **Beauftragte,** sofern die Beauftragung rechtlich wirksam erfolgt ist. Besondere Beauftragte sind Bedienstete zB einer juristischen Person, während der Auftrag an einen Außenstehenden eine **Bevollmächtigung** nach § 14 I darstellt (SBS/Schmitz § 12 Rn. 16; KR/Ramsauer § 12 Rn. 13).

4. Behörden (I Nr. 4)

9 Behörden müssen sich – im Wege einer **organschaftlichen Vertretung** – durch den Leiter der Behörde, dessen Vertreter oder eine dazu beauftragte Person vertreten lassen (KR/Ramsauer § 12 Rn. 13). Die Festlegung der jeweiligen Personen ergibt sich in der Regel aus gesetzlichen Bestimmungen und dem Verwaltungsorganisationsrecht, zB Organisationsplänen der Behörde. Bei einer zuständigen Oberfinanzdirektion ist nicht nur ihr Leiter zur Einleitung des Disziplinarverfahrens befugt, sondern auch der als nach der **behördlichen Organisationsregelung** hierfür zuständige und in seinem Auftrag handelnde Beamte (BVerwG BeckRS 2016, 43172). Einer gesonderten Beauftragung bedarf es bei ihnen nicht; es kann daher auch **keine Vollmacht** verlangt werden (SBS/Schmitz § 12 Rn. 18), selbst bei einer behördlichen besonderen Beauftragung für den Einzelfall bedarf es keiner gesonderten Bevollmächtigung, was bewährter Verwaltungspraxis und dem Grundsatz der einfachen und zweckmäßigen Durchführung des Verwaltungsverfahrens (§ 10) entspricht (SBS/Schmitz § 12 Rn. 18). Die Handlungsfähigkeit ist von der Frage zu trennen, ob die Beauftragten und Mitarbeiter einer Behörde als Beteiligte Zeuge oder ggf. als Sachverständige vernommen werden können (BVerwG NJW 1988, 2491 (2491) und NJW 1981, 1748: sämtliche Bedienstete einer Behörde sind als Beteiligte zu vernehmen; aA VGH Mannheim NJW 1988, 3282: nur Behördenleiter und dessen Stellvertreter sind Beteiligte, Mitarbeiter sind hingegen Zeugen oder Sachverständige).

5. Handlungsfähigkeit betreuter Personen (II)

10 § 12 II betrifft die Handlungsfähigkeit betreuter Personen. Voraussetzung ist, dass bei einer Person eine psychische Krankheit oder eine körperliche, geistige oder seelische Behinderung vorliegt, die zur Besorgung eigener Angelegenheiten nicht befähigt. Hat das Betreuungsgericht (§ 23 I GVG) einen Einwilligungsvorbehalt gemäß § 1903 BGB angeordnet und ist ein Verfahren anhängig, das sich inhaltlich auf diesen Gegenstand bezieht, ist der Betreute nach § 12 II mit ex-tunc-Wirkung zur Vornahme solcher Verfahrenshandlungen (aktiv und passiv) nur insoweit fähig, als er nach den Vorschriften des bürgerlichen Rechts ohne Einwilligung des Betreuers handeln kann (zB nach

§§ 112,113 BGB) oder durch Vorschriften des öffentlichen Rechts als handlungsfähig anerkannt ist. Der Betreute wird einem beschränkt Geschäftsfähigen gleichgestellt; für Verfahrenshandlungen bedarf es – von Ausnahmen abgesehen – stets der **Zustimmung** des Betreuers (KR/Ramsauer § 12 Rn. 15 f.).

Die Betreuerbestellung nimmt dem Betroffenen nicht seine bürgerlich-rechtliche Geschäftsfähigkeit. Der Betreute ist daher iSv § 12 grundsätzlich handlungsfähig. Der Betreuer ist allerdings ermächtigt, den Betreuten gerichtlich und außergerichtlich zu vertreten (§ 69 I Nr. 2 FGG, § 12 III iVm § 53 ZPO, § 1902 BGB). Der Betreuer ist daher befugt, das Verwaltungsverfahren jederzeit an sich zu ziehen. Der Betreute verliert dann mit **Wirkung ex nunc** die Handlungsfähigkeit (BeckOK VwVfG/Gerstner-Heck § 12 Rn. 14; SBS/Schmitz § 12 Rn. 22). 11

6. Sonderregelungen für Pflegschaft und Ausländer (III)

III ordnet die entsprechende Geltung zivilprozessualer Vorschriften für die Handlungsfähigkeit im Falle der Pflegschaft (§ 53 ZPO) sowie für Ausländer (§ 55 ZPO) an (KR/Ramsauer § 12 Rn. 17a; Ziekow § 12 Rn. 9). Der von einer Pflegschaft Betroffene wird im Verwaltungsverfahren trotz bestehender Geschäftsfähigkeit durch den Pfleger im Fall der Abwesenheitspflegschaft (§ 1911 BGB) wegen unbekannten Aufenthalts sowie bei einer Pflegschaft für einen unbekannten Betroffenen (§ 1913 BGB) vertreten. § 12 III iVm § 55 ZPO verbessert die Rechtsstellung minderjähriger Ausländer, die hinsichtlich der Handlungsfähigkeit deutschen Minderjährigen gleichgestellt werden (SBS/Schmitz § 12 Rn. 26). 12

§ 13 Beteiligte

(1) Beteiligte sind

1. Antragsteller und Antragsgegner,

2. diejenigen, an die die Behörde den Verwaltungsakt richten will oder gerichtet hat,

3. diejenigen, mit denen die Behörde einen öffentlich-rechtlichen Vertrag schließen will oder geschlossen hat,

4. diejenigen, die nach Absatz 2 von der Behörde zu dem Verfahren hinzugezogen worden sind.

(2) [1] Die Behörde kann von Amts wegen oder auf Antrag diejenigen, deren rechtliche Interessen durch den Ausgang des Verfahrens berührt werden können, als Beteiligte hinzuziehen. [2] Hat der Ausgang des Verfahrens rechtsgestaltende Wirkung für einen Dritten, so ist dieser auf Antrag als Beteiligter zu dem Verfahren hinzuzuziehen; soweit er der Behörde bekannt ist, hat diese ihn von der Einleitung des Verfahrens zu benachrichtigen.

(3) Wer anzuhören ist, ohne dass die Voraussetzungen des Absatzes 1 vorliegen, wird dadurch nicht Beteiligter.

Übersicht

	Rn.
I. Bedeutung und Begriff des Beteiligten	1
II. Beteiligte kraft Gesetzes	4
1. Antragsteller und Antragsgegner (I Nr. 1)	4
2. Adressat eines Verwaltungsaktes (I Nr. 2)	9
3. Vertragspartner (I Nr. 3)	11
4. Rechtsbehelfe gegen Entscheidungen der Behörde	12
III. Der hinzugezogene Beteiligte aufgrund behördlicher Entscheidung (I Nr. 4, II)	13
1. Allgemeines	13
2. Die einfache Hinzuziehung (II 1)	20
3. Die notwendige Hinzuziehung (II 2)	23
IV. Anzuhörende Nichtbeteiligte (III)	26
V. Beteiligte aufgrund spezialgesetzlicher Regelung	27
VI. Rechtsnachfolge in Verwaltungsverfahren	28

I. Bedeutung und Begriff des Beteiligten

1 Der Begriff des Beteiligten ist ein **Rechtsbegriff.** Nur der Beteiligte im Rechtssinne ist befugt, am Verfahren teilzunehmen und spezifische Verfahrensrechte geltend zu machen, wie das Recht auf Anhörung und Akteneinsicht (§§ 28, 29) sowie weitere in §§ 14, 15, 16, 20, 26 genannte Rechte. Die Beteiligung an einem Verwaltungsverfahren entsteht entweder **kraft Gesetzes** oder durch die **Entscheidung einer Behörde,** eine oder mehrere Personen an einem Verfahren hinzuziehen. Der rechtliche Begriff des Beteiligten im Verwaltungsverfahren ist ein Oberbegriff für sämtliche Verfahren im Verwaltungsrecht (SBS/Schmitz § 13 Rn. 3); er entspricht dem Begriff des Beteiligten im Verwaltungsprozess nach § 63 VwGO (KR/Ramsauer § 13 Rn. 7).

2 Die Position eines Beteiligten kann auf verschiedenen Wegen erlangt werden. Wer bei der Behörde einen Antrag auf Eröffnung eines Verfahrens stellt, mit der Behörde Vertragsverhandlungen aufnimmt oder gegen wen ein Verwaltungsverfahren eröffnet wird, erhält kraft Gesetzes die Stellung eines Beteiligten (geborene Beteiligte). Je nach Ausgang eines Verfahrens können Rechte Dritter berührt werden, die die Behörde nach pflichtgemäßem Ermessen zu dem Verfahren hinzuziehen kann (gekorene Beteiligte).

3 Die Beteiligung an dem Verfahren setzt in der Person des Beteiligten das Vorliegen der **Beteiligungs- und Handlungsfähigkeit** (§§ 11, 12) voraus. Eine zunächst fehlende Beteiligungsfähigkeit kann während eines laufenden Verfahrens erlangt werden (zB Eintragung der juristischen Person in das Register) und dann mit rückwirkender Kraft für das gesamte Verfahren gelten. Liegt die Beteiligteneigenschaft vor, ist das Fehlen der Handlungsunfähigkeit (§ 12) unschädlich, die durch einen gesetzlichen Vertreter überbrückt wird, der mit Wirkung für und gegen den handlungsunfähigen Beteiligten Rechte im Verwaltungsverfahren geltend machen kann.

II. Beteiligte kraft Gesetzes

1. Antragsteller und Antragsgegner (I Nr. 1)

4 Beteiligte kraft Gesetzes sind nach § 13 I Nr. 1 der Antragsteller und der Antragsgegner. Antragsteller ist derjenige, der in eigener Sache mit dem Ziel, den Erlass eines Verwaltungsaktes zu erreichen, bei einer Behörde einen Antrag stellt oder durch einen Vertreter stellen lässt. Antragsteller ist auch, wer einen Antrag durch einen Bevollmächtigten (§ 14) oder gesetzlichen Vertreter (§ 12) gegenüber der Behörde stellt (KR/Ramsauer § 13 Rn. 17; BeckOK VwVfG/Gerstner-Heck § 13 Rn. 7). Gesetzliche Vertreter und Bevollmächtigte sind weder Beteiligte noch haben sie eigenständige Verfahrensrechte, die vom Verwaltungsverhältnis des Vertretenen abhängig wären (BVerwG NJW 1981, 2270 (2270)). Beantragt der Ehepartner die Bewilligung von Beihilfeleistungen für einen Beamten bleibt der Beamte jedenfalls von ihrem Rechtsgedanken her anwendbaren zivilrechtlichen Grundsätzen über das Handeln unter fremdem Namen gleichwohl Ast. iSd § 13 I Nr. 1 (BVerwG 2017, 367 (368)).

5 Die **Erörterung allgemeiner Angelegenheiten** ohne Bezug zu einem eigenen Recht, enthält nicht den mit einem Antrag beabsichtigten Eintritt eines rechtlichen Erfolgs und stellt somit keinen rechtlich relevanten Antrag dar. Anzeigen, Hinweise, Diskussionen, Erörterungen von Ereignissen sind ebenfalls keine Anträge, sofern nicht in ihrem Kern ein individuelles, lediglich allgemein eingekleidetes Begehren verankert ist, das auf eine **Rechtsfolge** gerichtet ist (KR/Ramsauer § 13 Rn. 17; SBS/Schmitz § 13 Rn. 13).

6 Maßgeblich für die Entstehung der Beteiligtenstellung ist der Antrag (KR/Ramsauer § 13 Rn. 18). Es kommt für die zeitliche Feststellung der Beteiligtenstellung auf den **Zeitpunkt des Eingangs des Antrags** bei der Behörde an. Für die Frage der Beteiligteneigenschaft ist die Zulässigkeit und Begründetheit des Antrags unerheblich (KR/Ramsauer § 13 Rn. 17). Auch ein unzulässiger Antrag erzeugt zunächst den Beteiligtenstatus. Das Verwaltungsrechtsverhältnis und damit die Stellung als Beteiligter entsteht auch dann, wenn die Behörde untätig bleibt, das Verfahren erst später eröffnet wird oder die Behörde die Eröffnung des Verfahrens ablehnt (BVerwGE 9, 219 = NJW 1960, 213 (213); BeckOK VwVfG/Gerstner-Heck § 13 Rn. 8; KR/Ramsauer § 13 Rn. 18; SBS/Schmitz § 13 Rn. 16).

6a Eine gesetzlich vorgesehene Verfahrensbeteiligung erfüllt keinen Selbstzweck. Sie hat, wie das Verfahren insgesamt, grundsätzlich dienende Funktion gegenüber dem Verfahrensziel. Demjenigen, dem eine materielle Rechtsposition zusteht, bietet die Beteiligung daher **Schutz allein im Hinblick auf die bestmögliche Verwirklichung dieser materiellen Position** bei der das Verfahren abschließenden Entscheidung. Verfahrensbeteiligungen, denen keine materiellen Rechte korrespondieren, sind im Regelfall ausschließlich dem objektiv-rechtlichen Ziel einer breiteren Beurteilungsgrundlage und damit einer besseren Entscheidungsfindung verpflichtet (VG Berlin BeckRS 2022, 13598 Rn. 13).

7 Wird ein **Verwaltungsakt mit Drittwirkung** begehrt, ist Antragsgegner derjenige, in dessen Rechte ein vom Antragsteller beantragter Verwaltungsakt eingreift oder dessen rechtliche Position durch Feststellung oder Modifikation der Rechtslage verändert werden soll oder gegen den ein ordnungsbehördliches Einschreiten beantragt wird (BeckOK VwVfG/Gerstner-Heck § 13 Rn. 9; KR/Ramsauer § 13 Rn. 19; SBS/Schmitz § 13 Rn. 19). Antragsgegner im Sinne von § 13 I Nr. 1 ist nicht die Behörde, der als solcher kein Beteiligtenstatus zukommt, sondern vielmehr der „Dritte" gegenüber dem der Antragsteller bestimmte Rechte gewahrt oder durchgesetzt sehen möchte (SBS/Schmitz § 13 Rn. 19). Die Beteiligtenstellung wird allerdings nicht allein dadurch begründet, dass ein Antrag auf Hinzuziehung zu dem Verwaltungsverfahren gestellt wird (SBS/Schmitz § 13 Rn. 38).

8 Den **Status eines Beteiligten** erlangt der Antragsgegner in dem Zeitpunkt, in dem die Behörde mündlich oder schriftlich, formlos, auch konkludent die Verfahrenseinleitung durch Mitteilung bekannt gibt (KR/Ramsauer § 13 Rn. 19a; SBS/Schmitz § 13 Rn. 20).

2. Adressat eines Verwaltungsaktes (I Nr. 2)

9 Während § 13 I Nr. 1 eine Regelung für Verfahren trifft, die auf Antrag eingeleitet werden, regelt § 13 I Nr. 2 jene Fälle, bei denen die Behörde ein Verfahren von Amts wegen einleitet. Beteiligter ist nach I Nr. 2 derjenige, an den die Behörde den Verwaltungsakt richten will oder gerichtet hat **(Amtsverfahren).** Beteiligter ist folglich der **unmittelbar Betroffene,** der Adressat des geplanten oder eines bereits erlassenen Verwaltungsaktes. Ein Drittbetroffener, der von dem geplanten VA lediglich mittelbar in seinen Rechten berührt wird, kann entweder nach I Nr. 4 oder nach II als Beteiligter hinzugezogen werden (BeckOK VwVfG/Gerstner-Heck § 13 Rn. 10). Beteiligter eines Einbürgerungsverfahrens und Adressat einer Einbürgerungsurkunde ist auch, wer die Einbürgerung unter Verwendung falscher Personalien beantragt (VGH Mannheim ZAR 2014, 205). Eine dem verbotenen Verein nicht eingegliederte selbstständige Organisation ist schon deshalb nicht antragsbefugt, weil sie sich mit ihrem Rechtsbehelf gegen einen Verwaltungsakt wendet, der ihre Rechtsstellung nicht unmittelbar betrifft (BVerwG NVwZ 2018, 1485 (1487)).

10 Der Zeitpunkt für die Entstehung der Stellung als Beteiligter ergibt sich mittelbar aus dem Wortlaut „richten will" in Nr. 2. Erkennbar zielt das Gesetz darauf ab, mit der **internen Willensbildung** und ab einer bestimmten Verfestigung des behördlichen Willens den Status des Beteiligten zu verknüpfen. Hat die Behörde ein Verfahren so weit vorbereitet, dass zum ersten Mal – auch neben anderen Handlungsvarianten – die Entscheidung ernsthaft erwogen wird, einen VA zu erlassen, entsteht die Stellung als Beteiligter. Die Beteiligtenstellung beginnt daher in dem Moment, in dem zum ersten Mal der Erlass eines VA unbeschadet anderer Handlungsvarianten erwogen wird. Einer **Mitteilung** oder ähnlicher kundtuender Maßnahmen bedarf es dazu nicht (KR/Ramsauer § 13 Rn. 21a; SBS/Schmitz § 13 Rn. 22). Die Beteiligtenstellung greift in zeitlicher Hinsicht allerdings über den **Zeitpunkt des**

Verfahrensabschlusses hinaus. Mit der Formulierung „oder gerichtet hat" wird hervorgehoben, dass der Status als Beteiligter und die mit der Beteiligung verbundenen Rechte auch nach Abschluss des Verfahrens erhalten bleiben.

3. Vertragspartner (I Nr. 3)

Beteiligter ist nach I Nr. 3 auch derjenige, mit dem die Behörde einen **öffentlich-rechtlichen Vertrag** schließen will oder geschlossen hat. Auch hier ist der Zeitpunkt der Entstehung des Status als Beteiligter offen und von den Vorgaben des Sachverhalts abhängig. Bloße interne Überlegungen sind noch nicht ausreichend. Der Status kann zu einem frühest möglichen Zeitpunkt dann entstehen, wenn die Behörde konkrete manifeste Vorbereitungen trifft, die auf das Ziel eines Vertragsabschlusses gerichtet sind. Beteiligte sind diejenigen, mit denen die Behörde objektiv erkennbar beabsichtigt, über einen **Vertragsabschluss zu verhandeln** und die durch den öffentlich-rechtlichen Vertrag als Vertragspartner unmittelbar begünstigt oder belastet werden sollen (SBS/Schmitz § 13 Rn. 24). Nach dem Wortlaut ist ein Vertragsangebot von Seiten des Bürgers alleine noch nicht ausreichend, um die Beteiligtenstellung zu begründen (KR/Ramsauer § 13 Rn. 22; SBS/Schmitz § 13 Rn. 24); es sei denn, es schließt sich an das **Vertragsangebot des Bürgers** eine Mitteilung der Behörde an, die den Schluss zulässt, auch die Behörde ziehe generell einen Vertragsabschluss in Erwägung. Insofern kann – je nach den Umständen des Einzelfalls – auch die Ablehnung des Angebots und die Erörterung eines neuen erstmals behördenseitig vorgelegten Angebots den Status eines Beteiligten entstehen lassen. 11

4. Rechtsbehelfe gegen Entscheidungen der Behörde

Die Beteiligten nach I Nr. 1–3 können die stattgebende oder ablehnende Entscheidung über die Hinzuziehung nach § 44a S. 1 VwGO nur gemeinsam mit der Endentscheidung in der Sache angreifen. Voraussetzung für die Kopplungswirkung des § 44a VwGO und der Aufspaltung des Rechtsschutzes ist, dass im späteren Verfahren hinreichend effektiver Rechtsschutz erlangt werden kann (BVerfG NJW 1991, 415 (416)). Art. 19 IV GG gewährleistet den Anspruch auf eine tatsächlich wirksame gerichtliche Kontrolle der jeweils belastenden Verwaltungsentscheidung (OVG Lüneburg NVwZ-RR 2013, 988 (989); BVerwG NVwZ-RR 1997, 663 (664)). 12

Verlangt ein Beteiligter bei einem Verfahren nach dem WpÜG von der Bundesanstalt für Finanzdienstleistungsaufsicht Akteneinsicht nach §§ 29, 13 I, so ist gegen die ablehnende Verfügung der Bundesanstalt gem. § 48 IV WpÜG der ordentliche Rechtsweg eröffnet. Wird parallel dazu ein Anspruch auf Informationszugang (§ 1 I 1 IFG) verfolgt, so handelt es sich – trotz des Ziels des Beteiligten – um **verschiedene prozessuale Ansprüche.** Eine rechtswegüberschreitende Entscheidungskompetenz gem. § 17 II 1 GVG des für den Anspruch nach § 1 I 1 IFG zuständigen Gerichts auch für das Akteneinsichtsrecht nach §§ 29, 13 I besteht daher nicht (BGHZ 199, 124 = NZG 2014, 110 (111); OLG Frankfurt a. M. NZG 2015, 230 (230)). 12a

III. Der hinzugezogene Beteiligte aufgrund behördlicher Entscheidung (I Nr. 4, II)

1. Allgemeines

13 Neben den Personen, die kraft Gesetzes den Status des Beteiligten erhalten, werden andere Personen dann zu Beteiligten, wenn sie nach I Nr. 4 von der Behörde hinzugezogen werden. Zum Verfahren kann von der Behörde derjenige hinzugezogen werden, dessen **rechtliche Interessen** durch den Ausgang des Verfahrens berührt werden können. Die Vorschrift dient der Verfahrensökonomie, indem eine behördliche Entscheidung unter Betrachtung und Abwägung ggf. widerstreitender Grundrechte einheitlich ergehen kann. Die Hinzuziehung eines Beteiligten entspricht in ihrer verfahrensrechtlichen Zweckbestimmung der Beiladung nach § 63 Nr. 3, § 65 VwGO.

14 Die Hinzuziehung kann von Amts wegen oder auf Antrag erfolgen (II). Sie ermöglicht der Behörde, weitere Personen in das Verfahren einzubeziehen, die nicht schon kraft Gesetzes zu beteiligen sind, aber gleichwohl ein **schützenswertes Interesse an der verfahrensrechtlichen Wahrung** ihrer individuellen materiellen Rechte haben, für deren Wahrnehmung zB rechtliches Gehör (§ 28) und Akteneinsicht (§ 29) zu gewähren ist. Greift ein VA in die Rechte eines Dritten ein, der Lizenzinhaber ist, sollte auch der Lizenzinhaber als Beteiligter zu dem Verwaltungsverfahren hinzugezogen und angehört werden (OVG Lüneburg BeckRS 2015, 41106; SBS/Schmitz § 13 Rn. 41). Eine Anhörung der übrigen Beteiligten nach § 28 vor einer Entscheidung über die Hinzuziehung nach II ist zwar nicht erforderlich, rechtlich jedenfalls unschädlich.

15 Die Entscheidung über eine **Hinzuziehung erfolgt durch VA,** der an eine Form nicht gebunden ist (VGH Kassel NVwZ 2000, 828 (828)), obgleich sich in der Praxis eine schriftliche Begründung empfehlen dürfte (SBS/Schmitz § 13 Rn. 30). Die **Bekanntgabe** der Hinzuziehungsentscheidung begründet die Beteiligteneigenschaft; sie hat folglich konstitutive Wirkung, die in ihrer sachlichen Wirkung auf das gesamte Verfahren erstreckt wird, auch wenn die Hinzuziehung erst zu einem späten Verfahrensstadium erfolgt. Die Hinzuziehung ist bis zum Abschluss des Verwaltungsverfahrens zulässig. Die Entscheidung kann je nach Sachlage durch VA aufgehoben werden, wenn die ursprünglich tragenden Erwägungen der Hinzuziehungsentscheidung während des Verfahrens in Fortfall geraten. Hierauf hat der Hinzugezogene, wegen der mit der Hinzuziehung unter Umständen verbundenen Belastungen, einen Anspruch (BVerwG NVwZ 2000, 1179 (1179)). Erlässt die Behörde allerdings gegen den von ihr Hinzugezogenen nachträglich in derselben Sache einen belastenden VA, und wird der Hinzugezogene zum Beteiligten kraft Gesetzes iSd I Nr. 2, erledigt sich aufgrund des gesetzlichen Vorrangs der **fakultative Hinzuziehungsbescheid** (BVerwG NVwZ 2000, 1179 (1180)). Die Beteiligtenstellung endet mit Erlass einer das Verfahren abschließenden Entscheidung, ggf. mit dem VA in der Gestalt des Widerspruchbescheides.

16 Die Wiederaufnahme eines abgeschlossenen Verwaltungsverfahrens (§ 51) und die Verfahren auf Rücknahme oder Widerruf eines VA (§§ 48 ff.) sind jeweils neue Verwaltungsverfahren, für die insoweit erneut eine Entscheidung über eine etwaige Hinzuziehung zu treffen ist. Mangels eines neuen Verfahrens wirkt die Hinzuziehung bei Fortführung des Verfahrens durch Wiedereinsetzung allerdings fort (§ 32; KR/Ramsauer § 13 Rn. 24a).

17 Die Hinzuziehung ist mit der **Beiladung** im verwaltungsgerichtlichen Verfahren (§ 65 VwGO) vergleichbar. Die Voraussetzungen und Rechtsfolgen sind allerdings nicht völlig kongruent (§ 65 IV 3 VwGO). Eine analoge Anwendung der §§ 65, 66 VwGO mit dem Ziel, bestehende Lücken im behördlichen Verwaltungsverfahren zu schließen, sollte methodisch mit Umsicht begründet werden (SBS/Schmitz § 13 Rn. 29).

18 Die Entscheidung über eine Hinzuziehung verletzt die anderen Beteiligten **nicht** in ihren Rechten, sondern garantiert eine am Rechtsstaatsprinzip und am grundgesetzlichen Anspruch orientiertes Mindestmaß rechtzeitiger Verfahrensbeteiligung (KR/Ramsauer § 13 Rn. 3). Etwaige Verzögerungen aufgrund einer Hinzuziehung sind daher nicht belastende Folge, sondern eine schlichte Reflexion des Grundrechtsverständnisses, das dem Verwaltungsverfahren aufgrund der überragenden Bedeutung des Verfassungsrechts immanent ist. Dritte, die in der Hinzuziehung eine Belastung erkennen, können mit den üblichen Rechtsbehelfen **(Widerspruch, Anfechtungsklage)** die Entscheidung überprüfen lassen. Der Angriff gegen die behördliche Entscheidung über die positive Hinzuziehung scheitert nicht an § 44a VwGO.

19 Der von der Behörde zu einem Verfahren nach § 13 I Nr. 4 Hinzugezogene kann die Aufhebung der Hinzuziehung verlangen, wenn deren Voraussetzungen offensichtlich nicht (mehr) vorliegen (BVerwG NVwZ 2000, 1179 (1179)). Der rechtswidrig Hinzugezogene bleibt richtigerweise Nichtbeteiligter (BVerwG NVwZ 2000, 1179, (1180); KR/Ramsauer § 13 Rn. 37). Die konkrete und fehlerhafte Beeinträchtigung durch die angreifbare Entscheidung liegt in der Festlegung einer formalen verfahrensrechtlichen Position und nicht in einer objektiven Berührung materieller Rechte. Im Übrigen gebietet es Art. 19 IV GG, den **gesonderten Rechtsbehelf** in verfassungskonformer Auslegung von § 44a S. 2 VwGO als statthaft anzusehen, weil der Rechtsschutz gegen die Endentscheidung, auf den der Hinzugezogene sonst verwiesen wäre, nicht ausreichend wäre, um die geltend gemachte Rechtsverletzung – die zu Unrecht erfolgte oder aufrecht erhaltene Hinzuziehung als Beteiligter des Verwaltungsverfahrens – effektiv abzuwehren (BVerwG NVwZ 2000, 1179, (1180); NVwZ-RR 2000, 760 (760)). § 44a VwGO steht somit einem gegen die Hinzuziehung gerichteten Rechtsbehelf nicht entgegen (zurückhaltend: SBS/Schmitz § 13 Rn. 38).

2. Die einfache Hinzuziehung (II 1)

20 Die einfache Hinzuziehung nach II 1 setzt voraus, dass durch den Ausgang des Verfahrens **rechtliche Interessen** des Hinzuziehenden berührt werden können. Rechtliche Interessen werden durch öffentliche oder private Rechtsnormen beeinflusst (OVG Münster NVwZ-RR 2004, 399 (400, 401)), die

zumindest auch dem Schutz des Hinzuziehenden zu dienen bestimmt sind. Rein ideelle, ökonomische oder kulturelle Interessen ohne rechtliche Verankerung bleiben unbeachtlich (KR/Ramsauer § 13 Rn. 35, Ziekow § 13 Rn. 11).

20a Die rechtlichen Interessen werden berührt, wenn die konkrete Möglichkeit besteht, dass sich die Rechtsposition des Dritten durch die Entscheidung der Behörde verbessert oder verschlechtert (Ziekow § 13 Rn. 11). Ab welcher **Intensität** eine hinreichende **Berührung rechtlicher Interessen** zu konstatieren ist, bleibt eine Frage des Einzelfalls, wobei noch nicht jegliche Möglichkeit einer Berührung schon ausreichend ist (ähnlich Ziekow § 13 Rn. 11). Bloße wirtschaftliche, finanzielle, ideelle oder soziale Interessen, die nicht durch eine Rechtsnorm geschützt sind und sich lediglich reflexhaft auswirken, begründen kein rechtliches Interesse (SBS/Schmitz § 13 Rn. 32).

20b Verfahrensbeteiligungen dienen nicht einem allgemeinen politischen Artikulationsinteresse, sondern sollen Schutz allein im Hinblick auf die bestmögliche Verwirklichung einer materiellrechtlichen Rechtsposition gewähren (BVerwG NVwZ-RR 1998, 22). Mangels einer Eigenschaft als Beteiligter sind Weinüberwachungsbehörden nicht verpflichtet, dem Hersteller und dem Vertreiber eines Getränks Gelegenheit zur Stellungnahme bei einer Probenuntersuchung zu geben (BVerwG NVwZ 2003, 354 (355)).

21 Die Entscheidung über die einfache Hinzuziehung ist in das pflichtgemäße Ermessen der Behörde gestellt. Gründe, die die Hinzuziehung beeinflussen können, sind in der **Verfahrensökonomie, der Zweckmäßigkeit und Einfachheit** sowie anderer tragender Grundsätze des VwVfG zu finden. Die gesetzliche Vorgabe, ein Lizenzverfahren in sechs Wochen abzuschließen, kann der einfachen Hinzuziehung im Rahmen der Ermessensausübung wirksam entgegenstehen (VG Köln NJOZ 2001, 1501 (1503)).

22 Der Dritte hat allerdings kein unmittelbar subjektiv öffentliches Recht auf eine positive Hinzuziehung, sondern nur einen Anspruch auf eine **fehlerfreie Ermessensentscheidung,** die uU auf Null reduziert sein kann, vor allem vor dem Hintergrund vergleichbarer, gleichgelagerter Sachverhalte und Entscheidungen der Behörde (KR/Ramsauer § 13 Rn. 34). Gegen die ablehnende Entscheidung einer beantragten Hinzuziehung ist **Widerspruch und Anfechtungsklage** zulässig. Die Ablehnung der Hinzuziehung ist eine verfahrensrechtliche Entscheidung, die von § 44a VwGO gerade nicht erfasst wird, da die Einbeziehung in das Verfahren scheitert und der Dritte Nichtbeteiligter bleibt (KR/Ramsauer § 13 Rn. 32; SBS/Schmitz § 13 Rn. 39).

3. Die notwendige Hinzuziehung (II 2)

23 Nach § 13 II 2 Hs. 1 hat die Behörde einen Dritten, für den der Ausgang des Verfahrens rechtsgestaltende Wirkung hat, auf dessen Antrag hinzuzuziehen (notwendige Hinzuziehung). Die notwendige Hinzuziehung setzt voraus, dass der Ausgang des Verfahrens **rechtsgestaltende Wirkung** zeitigt. Eine solche Wirkung, die in die Rechte eines Dritten ergreifen kann, zeigt sich, wenn durch den Ausgang des Verfahrens zugleich und unmittelbar Rechte des Dritten begründet, geändert oder aufgehoben werden (KR/Ramsauer § 13

Rn. 39). Da der Ausgang eines Verwaltungsverfahrens nicht prognostizierbar ist, genügt die Möglichkeit einer Rechtsbeeinträchtigung, dh die Gefahr, dass die rechtsgestaltende Wirkung bei einem bestimmten Verfahrensausgang eintritt (KR/Ramsauer § 13 Rn. 39; SBS/Schmitz § 13 Rn. 42). Die von der Bundesnetzagentur im förmlichen **Beschlusskammerverfahren** getroffene Entscheidung, von einem Vergabeverfahren abzusehen, begründet nicht die Notwendigkeit einer notwendigen Beiladung, da insoweit Rechte nicht unmittelbar begründet, aufgehoben oder abgeändert werden (BVerwG BeckRS 2014, 55367 Rn. 6).

Die an einen Nachbarn zu richtende Ausnahmegenehmigung zum Fällen eines auf dem Grundstück des Nachbarn stehenden Baums hat **keine rechtsgestaltende Wirkung** für Dritte (OVG Bautzen BeckRS 2023, 18372 Rn. 6). 23a

Im Regelfall ergeben sich derartige Konstellationen bei **VA mit Drittwirkung,** die den Antragsteller begünstigen und zB einen Nachbarn rechtlich beeinträchtigen (VG Cottbus BeckRS 2022, 28030 Rn. 11,12). Eine analoge Anwendung der notwendigen Beteiligung ist geboten bei feststellenden, befehlenden oder verbietenden VA, die in ihrer das materielle Recht des Dritten belastenden Wirkung mit der rechtsgestaltenden Wirkung vergleichbar sind (KR/Ramsauer § 13 Rn. 40; SBS/Schmitz § 13 Rn. 42; BeckOK VwVfG/Gerstner-Heck § 13 Rn. 21) und die Versagung einer analogen Anwendung dem Rechtsstaatsprinzip zuwiderliefe. 24

Die Behörde hat einen Dritten, für den der Ausgang des Verfahrens rechtsgestaltende Wirkung haben kann, nach II 2 Hs. 2 von der Einleitung des Verfahrens zu benachrichtigen. Die Hinzuziehung erfolgt durch Verwaltungsakt der federführenden Behörde, der erst mit seiner Bekanntgabe an den Hinzugezogenen wirksam wird (KR/Ramsauer § 13 Rn. 30). Notwendig hinzuzuziehen sind die gem. § 73 IV zu **Einwendungen im Planfeststellungsverfahren** Berechtigte, wenn von einer Planfeststellung abgesehen und diese durch eine Plangenehmigung oder eine andere Entscheidung, die zugleich als Genehmigung des Vorhabens anzusehen ist, ersetzt wird. 25

Der Anspruch der Kirchen auf Hinzuziehung in Verfahren zur Bewilligung von Ausnahmen von dem in § 9 I ArbZG geregelten grundsätzlichen Beschäftigungsverbot während Sonntagen und gesetzlichen Feiertagen folgt aus § 13 II 2 (BVerwG NVwZ 2020, 1366 (1368) Rn 20; OVG Bautzen LKV 2019, 376 (378)). Der Anspruch auf Hinzuziehung zu Verwaltungsverfahren betreffend die Bewilligung der Beschäftigung von Arbeitnehmern an Sonn- und Feiertagen in Callcentern ist nicht auf Rechtssetzungsverfahren zu kommunalen Satzungen oder Rechtsverordnungen beschränkt, sondern besteht gleichfalls bei einer sonntagsarbeitregelnden Einzelbewilligung (OVG Bautzen LKV 2019, 376). 25a

IV. Anzuhörende Nichtbeteiligte (III)

In § 13 III wird eine wichtige Verhältnisbestimmung zwischen einer in der Praxis häufig notwendigen Anhörung und einer rechtlich umfangreicheren 26

Stellung als Beteiligter getroffen. Aus der für eine Vielzahl von Verwaltungsverfahren gesetzlich vorgeschriebenen Anhörung von Personen, Vereinigungen oder anderen Behörden folgt nicht ipso iure der Beteiligtenstatus im Verwaltungsverfahren. Auch aus der Anhörung als solcher ist eine Stellung als Beteiligter nicht abzuleiten. In Zweifelsfällen ist bei Auslegung dieser Gesetze darauf abzustellen, weshalb das Gesetz die Anhörung vorsieht. Sofern die Behörde mit der Anhörung ein klareres Bild für die der Entscheidung zugrundeliegenden Tatsachen gewinnen möchte, handelt es sich um eine bloße Anhörung nach III (KR/Ramsauer § 13 Rn. 54). Dient die Anhörung dagegen (auch) dazu, Art und Umfang etwaiger individueller Rechtspositionen des Anzuhörenden zu bestimmen, liegt die Notwendigkeit einer Beteiligung auf der Hand (BeckOK VwVfG/Gerstner-Heck § 13 Rn. 27: „partielle" Beteiligung). Handlungen der Behörde vor Beginn eines Verwaltungsverfahrens, mögen sie auch gesetzlich vorgesehen sein, begründen keine Beteiligteneigenschaft. Die **frühe Öffentlichkeitsbeteiligung** nach § 25 III, wonach der Vorhabenträger die betroffene Öffentlichkeit frühzeitig über die Ziele und die voraussichtlichen Auswirkungen des Vorhabens zu unterrichten hat, begründet ebenfalls nicht den Status der Dritten (SBS/Schmitz § 13 Rn. 48).

V. Beteiligte aufgrund spezialgesetzlicher Regelung

27 Über die in § 13 getroffenen Regelungen hinaus, hat der Gesetzgeber durch spezielle Rechtsvorschriften bestimmten Personengruppen besondere, von § 13 abweichende Beteiligungsrechte zugewiesen (vgl. zB § 10 Nr. 2 FlurbG; BeckOK VwVfG/Gerstner-Heck § 13 Rn. 28 ff.). Die insoweit eingeräumten Rechte und Pflichten im Verwaltungsverfahren beruhen auf einer lex specialis, die die Anwendbarkeit des allgemeineren § 13 ausschließt (BeckOK VwVfG/Gerstner-Heck § 13 Rn. 28; SBS/Schmitz § 13 Rn. 10). **Spezielle Beteiligungsregelungen** finden sich für das **Planfeststellungsverfahren** in § 73 IV und VI (BeckOK VwVfG/Gerstner-Heck § 13 Rn. 29). Die Einbeziehung von Einwendungsberechtigten in das Planfeststellungsverfahren macht diese zu Beteiligten, ohne dass es dazu einer Hinzuziehung durch die Behörde bedarf und im Übrigen auch unabhängig davon, ob die Einwendungsberechtigten in ihren Rechten wirklich betroffen sind (BVerwG NVwZ-RR 1997, 663 (664); KR/Ramsauer § Rn. 13). Die Rechte der insofern Beteiligten beschränken sich allerdings auf fachspezifische Rechte (§§ 73 IV, 74). Die Einwender werden insoweit auch im verwaltungsprozessualen Sinne zu Beteiligten (§ 44a VwGO).

VI. Rechtsnachfolge in Verwaltungsverfahren

28 Die Rechtsnachfolge der Beteiligten ist im VwVfG nicht geregelt (anders dagegen in §§ 239 ff., 265 f. ZPO, § 173 VwGO). Maßgeblich ist demzufolge die allgemeine, dem Sachzusammenhang zugrundeliegende materielle Rechtslage. Höchstpersönliche Rechte und Pflichten sind grundsätzlich nicht

übertragbar; eine Rechtsnachfolge findet insofern nicht statt, es sei denn, Ausnahmetatbestände bestimmen Gegenteiliges (SBS/Schmitz § 13 Rn. 50). Das **Verfahren ist einzustellen;** es kann nicht ohne weiteres mit dem Rechtsnachfolger fortgesetzt werden (BVerwG NVwZ 2001, 1282 (1282)). Ggf. liegen persönliche Befähigungen und sonstige **subjektive Genehmigungsvoraussetzungen** in der Person des Rechtsnachfolgers vor und sind nachweisbar. Andere Pflichten sind übertragbar und binden den Rechtsnachfolger, der sich ein etwaiges Verschulden des Rechtsvorgängers wie eigenes Verschulden zurechnen lassen muss (OVG Greifswald NVwZ-RR 2001, 541 (541)).

Rechtlich ausgeschlossen ist die **rechtgeschäftliche Übertragung** der 29
subjektiven Verhaltensverantwortlichkeit auf eine andere Person im Ordnungsrecht, mit dem Ziel, sich der Ordnungspflichtigkeit zu entledigen. Mangelt es an den subjektiv zurechenbaren und nachweisbaren besonderen Qualifikationen kann die Rechtsnachfolge, auch bei Vorliegen eines materiellrechtlichen Tatbestandes der Rechtsnachfolge, nicht zu einer Übertragung führen. Eine Übertragung würde zB bei einem Genehmigungsverfahren voraussetzen, dass der Rechtsnachfolger die erforderlichen subjektiven Voraussetzungen in seiner Person nachweisbar erfüllt (Ziekow § 13 Rn. 20; KR/Ramsauer § 13 Rn. 58).

§ 14 Bevollmächtigte und Beistände

(1) [1] Ein Beteiligter kann sich durch einen Bevollmächtigten vertreten lassen. [2] Die Vollmacht ermächtigt zu allen das Verwaltungsverfahren betreffenden Verfahrenshandlungen, sofern sich aus ihrem Inhalt nicht etwas anderes ergibt. [3] Der Bevollmächtigte hat auf Verlangen seine Vollmacht schriftlich nachzuweisen. [4] Ein Widerruf der Vollmacht wird der Behörde gegenüber erst wirksam, wenn er ihr zugeht.

(2) Die Vollmacht wird weder durch den Tod des Vollmachtgebers noch durch eine Veränderung in seiner Handlungsfähigkeit oder seiner gesetzlichen Vertretung aufgehoben; der Bevollmächtigte hat jedoch, wenn er für den Rechtsnachfolger im Verwaltungsverfahren auftritt, dessen Vollmacht auf Verlangen schriftlich beizubringen.

(3) [1] Ist für das Verfahren ein Bevollmächtigter bestellt, so soll sich die Behörde an ihn wenden. [2] Sie kann sich an den Beteiligten selbst wenden, soweit er zur Mitwirkung verpflichtet ist. [3] Wendet sich die Behörde an den Beteiligten, so soll der Bevollmächtigte verständigt werden. [4] Vorschriften über die Zustellung an Bevollmächtigte bleiben unberührt.

(4) [1] Ein Beteiligter kann zu Verhandlungen und Besprechungen mit einem Beistand erscheinen. [2] Das von dem Beistand Vorgetragene gilt als von dem Beteiligten vorgebracht, soweit dieser nicht unverzüglich widerspricht.

(5) Bevollmächtigte und Beistände sind zurückzuweisen, wenn sie entgegen § 3 des Rechtsdienstleistungsgesetzes Rechtsdienstleistungen erbringen.

(6) [1] Bevollmächtigte und Beistände können vom Vortrag zurückgewiesen werden, wenn sie hierzu ungeeignet sind; vom mündlichen Vortrag können sie nur

zurückgewiesen werden, wenn sie zum sachgemäßen Vortrag nicht fähig sind. [2]Nicht zurückgewiesen werden können Personen, die nach § 67 Abs. 2 Satz 1 und 2 Nr. 3 bis 7 der Verwaltungsgerichtsordnung zur Vertretung im verwaltungsgerichtlichen Verfahren befugt sind.

(7) [1]Die Zurückweisung nach den Absätzen 5 und 6 ist auch dem Beteiligten, dessen Bevollmächtigter oder Beistand zurückgewiesen wird, mitzuteilen. [2]Verfahrenshandlungen des zurückgewiesenen Bevollmächtigten oder Beistands, die dieser nach der Zurückweisung vornimmt, sind unwirksam.

Übersicht

	Rn.
I. Bedeutung	1
II. Sachlicher Anwendungsbereich	3
III. Bevollmächtigung (I 1)	4
1. Rechtsgeschäftliche Begründung der Vollmacht	4
2. Erteilung und Wirksamkeit der Vollmacht	9
3. Form und Widerruf der Vollmacht (I 3 und 4)	19
IV. Fortbestand der Vollmacht (II)	24
V. Behördliche Pflichten gegenüber dem Bevollmächtigten (III)	25
VI. Beistände (IV)	31
VII. Zurückweisung von Bevollmächtigten und Beiständen (V–VII)	33
1. Erbringung von Rechtsdienstleistungen (V)	33
2. Ungeeignetheit zum Sachvortrag (VI)	37
3. Entscheidung über die Zurückweisung (VII)	40

I. Bedeutung

1 Den Regelungsgegenstand von § 14 bilden Umfang, Inhalt und Grenzen einer Vertretung des Beteiligten durch **gewillkürte Bevollmächtigte** im Verwaltungsverfahren. Jeder Beteiligte hat das aus dem Rechtsstaatsprinzip abgeleitete Recht auf ein faires Verfahren und damit auf „Waffengleichheit" (BVerfG NJW 1975, 103 (103)). Das Recht auf Bestellung eines Bevollmächtigten wurzelt zudem im Anspruch auf rechtliches Gehör und ist zugleich Bestandteil des allgemeinen Persönlichkeitsrechts nach Art. 2 I GG (SBS/Schmitz § 14 Rn. 1); ein **Zwang** zur Bestellung eines Bevollmächtigten ist hingegen nicht existent (SBS/Schmitz § 14 Rn. 6).

2 Ein Beteiligter kann sich zu jeder Zeit und in jeder Lage des Verfahrens zumindest durch einen von ihm bestimmten Bevollmächtigten vertreten und sich durch einen Beistand unterstützen lassen (Ziekow § 14 Rn. 1). Ein Vertretungszwang besteht indes nicht. Während das **Innenverhältnis** zwischen Beteiligten und Bevollmächtigten auf zivilrechtlichen Grundlagen einer rechtsgeschäftlich erteilten Vollmacht nach §§ 164 ff. BGB beruht, wird das **Außenverhältnis im Verwaltungsverfahren** durch § 14 mit spezifischen Unwirksamkeitsregelungen ausgestaltet, sofern die Behörde ungeeignete Bevollmächtigte (§ 14 VII 2) zurückgewiesen hat. Nur dieses wird in § 14 geregelt. Der Rückgriff auf eine **Analogie** zur Begründung der Vollmacht

bezüglich der Vornahme von Verfahrenshandlungen im Verwaltungsverfahren bedarf es daher nicht (aA BeckOK VwVfG/Birk § 14 Rn. 7).

II. Sachlicher Anwendungsbereich

Die Norm gilt für Verwaltungsverfahren im Sinne des VwVfG, auch für Widerspruchsverfahren Keine Anwendung findet § 14 nach § 2 II und III Nr. 2 insbesondere auf Verwaltungsverfahren mit einem das Verfahren prägenden höchstpersönlichen Charakter, wie es zB bei Prüfungs-, Leistungs- und Eignungsverfahren der Fall ist. Die Berechtigung des Beteiligten einen Bevollmächtigten zu bestellen, ist als allgemeiner Rechtsgrundsatz anerkannt. Nicht zu verwechseln ist der Begriff des Bevollmächtigten mit dem Begriff des „Vertreters" im Sinne des VwVfG (Arg. §§ 12, 16). Die Vollmacht ermächtigt in Bezug auf das Verwaltungsverfahren (§ 9) zu allen Verfahrenshandlungen, dh im Rahmen des § 14 gleichermaßen zur **aktiven Abgabe** sowie zur **passiven Entgegennahme** von Verfahrenshandlungen (BeckOK VwVfG/Birk § 14 Rn. 2; KR/Ramsauer § 14 Rn. 7). 3

Der Begriff „Verfahrenshandlungen" ist weit auszulegen. Es rechnen hierzu nicht allein alle das Verfahren selbst betreffenden aktiven Handlungen (zB Antragstellung, Akteneinsicht), sondern auch alle Handlungen, die zugleich Rechtswirkungen auf den Gegenstand des Verfahrens haben (zB Aufrechnung, Vergleich), auch passive, wie die Entgegennahme von behördlichen Erklärungen (OVG Magdeburg BeckRS 2017, 116098 Rn. 19). 3a

III. Bevollmächtigung (I 1)

1. Rechtsgeschäftliche Begründung der Vollmacht

Die **Erteilung** der Vollmacht ist in § 14 nicht geregelt. Maßgeblich sind insoweit die Vorschriften des BGB. Wirksamkeitserfordernis ist das Vorliegen einer Vollmacht und die Abgabe einer Erklärung durch den Bevollmächtigten (§ 164 I BGB). Die Bevollmächtigung ist als abstraktes Rechtsgeschäft von dem in der Praxis in der Regel zugrundeliegenden entgeltlichen Geschäftsbesorgungsverhältnis (§ 675 BGB) zu trennen. Die Frage der Typenwahl des Kausalgeschäfts dürfte für die im Verwaltungsverfahren zu erörternden Fragen unerheblich sein, nicht zuletzt wegen des **abstrakten Charakters** der Vollmacht. Die Vollmacht wird entweder gegenüber dem zu Bevollmächtigenden oder gegenüber dem Dritten (in der Regel die Behörde) erklärt, dem gegenüber die Vertretung stattfinden soll (§ 167 I BGB). Ferner muss der rechtsgeschäftlich Bevollmächtigte eine **Erklärung** abgeben, bei der es nach § 164 I 2 BGB keinen Unterschied macht, ob die Erklärung ausdrücklich im Namen des Vertretenen erfolgt oder ob die Umstände ergeben, dass sie in dessen Namen erfolgen soll. Dem entsprechend kann sich, auch wenn ein Antragsformular keinen ausdrücklichen Hinweis darauf enthält, dass der gegenüber der Behörde Auftretende als Bevollmächtigter handeln will, aus anderen Umständen, insbesondere aus einer dem Antrag beigefügten Voll- 4 macht ergeben, dass ein Vertretungsverhältnis vorliegt (OVG Bautzen BeckRS 2023, 23267 Rn. 12; OVG Magdeburg BeckRS 2016, 42558 Rn. 33). Allein aber aus der Vorlage einer Vollmacht lässt sich der Wille zur Abgabe einer Erklärung mit Bezug zu einer Verfahrenshandlung, wie es bei der Einlegung des Rechtsbehelfs, zB eines Widerspruchs, zu dem die Vollmacht ermächtigt, nicht ableiten. Die Vorlage der Vollmacht ersetzt folglich nicht die Vornahme der entsprechenden Verfahrenshandlung (OVG Magdeburg BeckRS 2017, 116098 Rn. 19).

5 Ein Vertreter kann zivilrechtlich nach § 164 I BGB nur derjenige sein, dessen Vollmacht auch **zivilrechtlich wirksam** erteilt wurde. Ein etwaiger Mangel der Vollmachtserteilung setzt sich im Außenverhältnis fort. Eine fehlende oder inhaltlich beschränkte Vollmacht hindert die Begründung rechtlicher Erklärungen mit Wirkung für und gegen den Vertretenen (OVG Hamburg NVwZ 1985, 350). §§ 177 ff. BGB sind im Übrigen entsprechend anwendbar. Dagegen ist die entgegen § 3 Rechtsdienstleistungsgesetz erteilte Vollmacht wirksam, verpflichtet die Behörde allerdings zur Zurückweisung des so Bevollmächtigten (§ 14 V).

6 Personen, die in der Geschäftsfähigkeit beschränkt sind (§ 12 I Nr. 1) bedürfen zur rechtswirksamen Bestellung eines Bevollmächtigten der Einwilligung des gesetzlichen Vertreters (§§ 106, 107 BGB). Ein lediglich rechtlicher Vorteil ist in der Willenserklärung zur Bevollmächtigung in der Regel nicht erkennbar, so dass eine Einwilligung des gesetzlichen Vertreters nicht obsolet ist (§ 107 BGB). Eine gleichwohl erklärte Vollmachtserteilung ist unwirksam (§ 111 BGB).

7 Im Asylverfahren ist der Ausländer nach dem Inkrafttreten des **Asylverfahrensbeschleunigungsgesetzes** zum 20.10.2015 grds. nur handlungsfähig, wenn er volljährig ist. Nur soweit es sich um Asylanträge und Folgeanträge handelt, die vor dem 20.10.2015 gestellt wurden, gilt nach § 87 I Nr. 1 und 2 AsylG das frühere Recht und damit auch, dass der Ausländer mit dem vollendeten 16. Lebensjahr befugt ist, eine Vollmacht zu erteilen (→ § 12 Rn. 6). Entsprechendes gilt nach § 80 I Aufenthaltsgesetz, wonach ein Ausländer nur handlungsfähig ist, wenn er volljährig ist. Umfangreiche Übergangsregelungen enthält § 104 Aufenthaltsgesetz. Die Regelung zur Bevollmächtigung eines Vertreters in § 14 schließt die Befugnis der Ausländerbehörde bei Besonderheiten im Einzelfall nicht aus, vorübergehend eine vollmachtlose und zeitlich begrenzte Vertretung des Ausländers zuzulassen (OVG Lüneburg BeckRS 2007, 26711).

8 Eine **wirksame Bevollmächtigung** setzt eine ausdrückliche Erteilung nicht voraus (BVerwG NJW- RR 1995, 73 (75)). Es gilt auch derjenige als Bevollmächtigter, der wie ein Bevollmächtigter auftritt, wenn der von ihm durch sein Auftreten erzeugte Rechtsschein der Bevollmächtigung dem oder den Vertretenen zurechenbar ist. Dies kann durch eine **Duldungs- oder Anscheinsvollmacht** erfolgen. Eine Duldungsvollmacht ist gegeben, wenn der Vertretene es wissentlich geschehen lässt, dass ein anderer für ihn wie ein Vertreter auftritt und der Geschäftsgegner dieses Dulden nach Treu und Glauben dahin versteht und auch verstehen darf, dass der als Vertreter Handelnde bevollmächtigt ist (OVG Münster NVwZ-RR 2004, 72 (72)). Die

Grundsätze der Duldungs- und Anscheinsvollmacht gelten auch im Verwaltungsverfahren (BVerwG DVBl 1994, 810 (812)).

Wird bei der Nutzung eines fremden Namens bei dem Geschäftspartner bzw. der Behörde der Anschein erweckt, es solle mit dem Namensträger ein Geschäft abgeschlossen werden, und wird dabei eine falsche Vorstellung über die Identität des Handelnden hervorgerufen **(Handeln unter fremden Namen),** so finden nach der Rspr. des BGH die Regeln über die Stellvertretung und die zu den §§ 164 ff. BGB entwickelten Grundsätze Anwendung, und zwar auch dann, wenn dem Handelnden ein Vertretungswille fehlt (BVerwG LKV 2017, 367 Rn. 14, 15). Eine rechtsgeschäftliche Erklärung, die unter solchen Voraussetzungen unter dem Namen eines anderen abgegeben worden ist, verpflichtet danach den Namensträger regelmäßig nur dann, wenn sie in Ausübung einer bestehenden Vertretungsmacht erfolgt (BVerwG NJW 2018, 568 (569 Rn. 15); BGH NJW 2011, 2421 (2422)). 8a

Die **Kollusion,** dh das rechtsmissbräuchliche Zusammenwirken zwischen Vertreter und Drittem, „dem Gegenüber", mit dem Ziel der Schädigung des Vertretenen, wird auch im Verwaltungsrecht als Verstoß gegen die guten Sitten der Nichtigkeitsfolge des § 138 I BGB angesehen (BVerwG NJW 2018, 568 (570) BGH NJW-RR 2004, 247 (248)).

2. Erteilung und Wirksamkeit der Vollmacht

§ 14 I räumt jedem Beteiligten (§ 13) das Recht ein, sich durch einen Bevollmächtigten vertreten zu lassen, der in seiner Person die Voraussetzungen für die Handlungsfähigkeit (§ 12) erfüllt, die rechtliche Befugnis zur Erbringung von Rechtsdienstleistungen (§ 14 V) aufweist sowie über die Fähigkeit verfügt, in sachlicher Hinsicht die Eignung zum Vortrag aufzuweisen (§ 14 VI). Bei dem Bevollmächtigten muss es sich grds. um eine **natürliche Person** handeln (BVerwG NJW 1985, 339 (340); SBS/Schmitz § 14 Rn. 10). § 12 I Nr. 3 und 4 entkräften diese Voraussetzung nicht, da die Handlungsfähigkeit den jeweiligen Vertretern, Leitern oder Beauftragten der juristischen Personen, Vereinigungen und Behörden zugewiesen ist. Allerdings enthalten die Regelungen über die Handlungsfähigkeit und die Bevollmächtigten auch kein Verbot der Erhebung eines Widerspruchs durch eine juristische Person (VG Braunschweig NJOZ 2005, 2448 (2450); Ziekow § 14 Rn. 3), so zB bei der Beauftragung einer Beratungsgesellschaft in der **Rechtsform einer juristischen Person.** 9

Die grundsätzlich nach BGB im Innenverhältnis rechtsgeschäftlich einschränkbare Vollmacht ermächtigt zu **allen Verfahrenshandlungen** im Verwaltungsverfahren (§ 9). Der Begriff der Verfahrenshandlungen ist weit auszulegen (SBS/Schmitz § 14 Rn. 11). Zu den Verfahrenshandlungen zählen nicht nur aktive Maßnahmen, die der Bevollmächtigte ergreift, sondern auch – passiv – behördliche Maßnahmen, die gegenüber dem Bevollmächtigten ergehen. Zur Entgegennahme auch solcher Verfahrenshandlungen ist der Bevollmächtigte berechtigt, wie dem Wortlaut nach § 14 III 1 entnehmbar ist (KR/Ramsauer § 14 Rn. 7). 10

11 Durch die Vollmacht wird die Befugnis des Vollmachtgebers als Beteiligter des Verfahrens nicht beschränkt. Er hat es in der Hand, Umfang und zeitliche Dauer der Bevollmächtigung zu bestimmen und ggf. zu beschränken. Dem **Vollmachtgeber** verbleibt unabhängig von der erteilten Vollmacht jederzeit die rechtliche Befugnis, Erklärungen abzugeben und entgegenzunehmen (Arg. § 14 III 3). Werden Erklärungen gegenüber dem Bevollmächtigten abgegeben, wirken sie unmittelbar für und gegen den Vertretenen (§ 164 I BGB).

12 Ein etwaiges Verschulden des Bevollmächtigten ist dem Vollmachtgeber im Verwaltungsverfahren zurechnen (Arg. § 32 I 2).

13 Ein Bevollmächtigter handelt im Auftrag und im Namen des Beteiligten. Etwaige **Rechtsfolgen** treffen ausschließlich den Beteiligten. Eigene Rechte des Bevollmächtigten werden nicht anerkannt. Rechtsanwälte haben aufgrund ihrer Stellung als Organ der Rechtspflege und damit als Nichtbeteiligte eines Verfahrens kein eigenes **Recht auf Akteneinsicht** in Verwaltungsverfahren (BVerwG NJW 1981, 2270). Eine analoge Anwendung des § 29 durch Ausdehnung des Begriffs des Verfahrensbeteiligten auf den Rechtsanwalt als Organ der Rechtspflege ist nach dem eindeutigen Wortlaut der gesetzlichen Vorschrift nicht möglich (BVerwG NJW 1981, 2270). Das Recht des Rechtsanwalts gem. § 3 II BRAO als Vertreter in Rechtsangelegenheiten aller Art vor Gerichten und Behörden aufzutreten, ist **abhängig** von dem Recht des Vertretenen (BVerwG NJW 1974, 715 (716)).

14 Ein Rechtsanwalt wird auch dann nicht in eigenen Rechten verletzt, wenn ihm im Rahmen des Anhörungsverfahrens nach § 12 I AsylG zwar Gelegenheit zur Befragung des durch ihn vertretenen Asylsuchenden gegeben, ihm aber nicht gestattet wird, dies gerade zu einem von ihm bestimmten Zeitpunkt zu tun (BVerwG NVwZ 1991, 487 (488)).

15 Außerhalb eines konkreten Verwaltungsverfahrens kommt die im Ermessen der Behörde stehende Gewährung der **Einsicht** in allgemeine Weisungen, die diese Behörde in ihrem Sachgebiet für die Sachbearbeiter erlassen hat, nur in Betracht, wenn der Anspruchsteller ein **„berechtigtes Interesse"** geltend macht. Ein solches Interesse ergibt sich nicht schon daraus, dass der Anspruchsteller Rechtsanwalt ist und in dem Sachgebiet beratend und vertretend tätig wird (zum Vereinsrecht: BVerwG NJW 1985, 1234; zum Sozialrecht: BVerwG NJW 1984, 2590).

16 Die Erteilung einer **Untervollmacht** durch den Bevollmächtigten ist rechtlich wirksam, sofern er zur Erteilung einer Untervollmacht ermächtigt wurde. Mehrere Bevollmächtigte vertreten im Zweifel jeder einzeln den Beteiligten, sofern nicht eine gemeinschaftliche Vertretung gewollt ist (§ 84 ZPO). In der Regel genügt es, wenn die Behörde mit einem von ihnen verhandelt und sich an ihn wendet (BVerwG NJW 1984, 2115 (2115)).

17 Liegen **widersprüchliche Handlungen** des Vertretenen und des Bevollmächtigten vor, hat die zeitlich zuletzt vorgenommene Verfahrenshandlung Vorrang (SBS/Schmitz § 14 Rn. 7). Bestehen Zweifel an dem wirklich Gewollten, so muss die Behörde aufgrund ihrer Untersuchungspflicht (§ 24) ermitteln, welche Erklärung mit ggf. welchem Inhalt gelten soll.

18 Eine für das **Verwaltungsverfahren erteilte Vollmacht,** aus der sich nicht klar ergibt, ob sie für einen sich möglicherweise anschließenden Rechts-

streit gelten soll, bezieht sich jedenfalls dann nicht auf die Klageerhebung, wenn sonstige Umstände dagegensprechen (BSG NJW 1992, 196 (197)). Sofern die Vertretungsbefugnis im Verwaltungsverfahren auf ein anschließendes gerichtliches Verfahren erstreckt werden soll, bedarf es hierzu einer ausdrücklichen Erteilung (SBS/Schmitz § 14 Rn. 12).

3. Form und Widerruf der Vollmacht (I 3 und 4)

Die **Wirksamkeit der Vollmacht** ist an eine bestimmte Form nicht gebunden (anders § 67 III VwGO), es sei denn, speziellere Normen verlangen eine formgebundene Erteilung (zB § 123 FlurbG die Schriftform, § 110 II BauGB eine öffentliche Beglaubigung). § 14 I 3 bestimmt lediglich, dass der Bevollmächtigte auf behördliches Verlangen die Vollmacht schriftlich nachzuweisen hat. Die Bevollmächtigung kann daher – wie im Zivilrecht als Grundsatz geltend – grundsätzlich **formfrei,** also mündlich oder auch konkludent erteilt werden (VGH Mannheim NVwZ-RR 1993, 432 (433)). Ebenfalls ist die Anscheins- und Duldungsvollmacht als Rechtsgrundlage für die Entstehung einer Vollmacht im Anwendungsbereich des VwVfG als allgemeiner Rechtsgrundsatz anerkannt (BVerwG NVwZ-RR 1995, 72 (73); VGH Kassel NJW 1987, 3216). 19

Die **Vorlage der Vollmacht** gem. § 14 I 3 ist nicht Voraussetzung der Vertretungsbefugnis, sondern dient lediglich dem Nachweis einer Vollmacht; die Vollmacht kann deshalb auch durch konkludentes Handeln erteilt werden (VGH Mannheim NVwZ-RR 1993, 432 (433)). Allein der Umstand, dass eine schriftliche Vollmacht von einem Bevollmächtigten nicht vorgelegt wird, berechtigt nicht, eine Verfahrenshandlung als unzulässig zu beurteilen. Dies verbietet der **Grundsatz des rechtlichen Gehörs.** Im Hinblick auf die zulässige Möglichkeit der Nachreichung einer (ordnungsgemäßen) Vollmacht muss dem Bevollmächtigten deshalb zu erkennen gegeben werden, dass eine (ausreichende) Vollmacht bisher nicht vorgelegt wurde (VGH Mannheim NVwZ-RR 1993, 432 (433); NJW 1985, 2963 (2963)). Daraus ergibt sich, dass auch der **vollmachtlose Vertreter** von der Behörde einstweilen zuzulassen ist (SBS/Schmitz § 14 Rn. 15); etwaige Verfahrenshandlungen des vollmachtlosen Vertreters stehen unter der aufschiebenden Bedingung (§ 158 I BGB) der nachträglichen Zustimmung nach §§ 177 I, 184 I BGB des Beteiligten. Eine Regelung, nach der die Vertretungsbefugnis durch schriftliche Vollmacht nachzuweisen ist, begründet keine **Wirksamkeitsvoraussetzung** für die erteilte Vertretungsmacht, sondern beschränkt sich auf eine Nachweisregelung (BVerwG NVwZ-RR 2015, 20 (21)). 20

Tritt in einem Widerspruchsverfahren ein Rechtsanwalt auf, kann die Behörde den schriftlichen Nachweis der Vollmacht nur bei Vorliegen **berechtigter Zweifel** hinsichtlich des Bestehens der Vertretungsmacht verlangen (VG Potsdam NVwZ-RR 2001, 285 (286)). 21

Im Einzelnen wird es von dem Gegenstand des Verfahrens abhängen, so dass aus Gründen des Schutzes auf informationelle Selbstbestimmung Daten nur nach **Vorlage einer Vollmacht** herausgegeben werden. So ist der Standesbeamte berechtigt, im Verfahren auf Erteilung von Personenstands- 22 urkunden (§ 61 PStG) von einem Notar, der als Bevollmächtigter eines Beteiligten auftritt, zum Nachweis seiner Bevollmächtigung die Vorlage einer Vollmachtsurkunde zu verlangen (OLG Hamm DNotZ 1993, 71 (71)).

23 Der **Widerruf der Vollmacht** ist im **Innenverhältnis** durch den Beteiligten jederzeit möglich (§ 168 BGB). Allerdings ist die Wirkung des Widerrufs im Verwaltungsverfahren und damit im Außenverhältnis an den Zugang der Widerrufserklärung an die Behörde gekoppelt. Kommt es dazu nicht, obliegt es dem Bevollmächtigten, zB einem Rechtsanwalt, die schutzwürdigen Interessen des Vollmachtgebers auch nach Kündigung im Innenverhältnis wahrzunehmen, solange er im **Außenverhältnis** noch bevollmächtigt ist. Versäumt ein Rechtsanwalt im verwaltungsgerichtlichen Verfahren schuldhaft die Klagefrist, ist das dem Mandanten nach § 173 VwGO iVm § 85 II ZPO stets zuzurechnen, auch wenn im Innenverhältnis die Vollmacht bereits erloschen ist (OVG Berlin-Brandenburg NVwZ-RR 2016, 936 Rn. 3). Aus Gründen der Rechtssicherheit setzt die Wirksamkeit des Widerrufs erst mit Zugang der Widerrufserklärung bei der Behörde ein. Das Innenverhältnis bleibt hiervon unberührt. An die Form des Widerrufs gegenüber der Behörde hat der Gesetzgeber keine Anforderungen gestellt. Eine schriftliche, mündliche, sogar eine konkludente Erklärung gegenüber der Behörde ist ausreichend (SBS/Schmitz § 14 Rn. 17). Der Verzicht des Bevollmächtigten oder eine Niederlegung des Mandats ist gesetzlich nicht geregelt, gleichwohl zulässig (BVerwG NVwZ 1985, 337; OVG Hamburg NVwZ 1985, 350; SBS/Schmitz § 14 Rn. 17).

IV. Fortbestand der Vollmacht (II)

24 Die Vollmacht wird weder durch den Tod des Vollmachtgebers noch durch eine Veränderung in seiner Handlungsfähigkeit oder seiner gesetzlichen Vertretung aufgehoben (§ 14 II; entsprechende Regelung in § 86 Hs. 1 ZPO). Ein im Lauf des Widerspruchsverfahrens verstorbener Widerspruchsführer kann Inhaltsadressat eines Widerspruchsbescheides sein, wenn er zum Zeitpunkt seines Todes vertreten war, die **Vollmacht über den Tod** hinaus wirksam war und der Widerspruchsbescheid dem Bevollmächtigten zugestellt wird (OVG Bautzen BeckRS 2023, 4243 Ls. 2). Stirbt der Bevollmächtigte hingegen oder verliert er seine Handlungsfähigkeit, endet die Vollmacht (Arg. e contr.; SBS/Schmitz § 14 Rn. 19). Der für den **Rechtsnachfolger des Beteiligten** auftretende Bevollmächtigte hat nach II auf behördliches Verlangen die Vollmacht schriftlich beizubringen.

V. Behördliche Pflichten gegenüber dem Bevollmächtigten (III)

25 Ist für das Verfahren ein Bevollmächtigter bestellt, so ist die Behörde nicht verpflichtet, sich ausschließlich an den Bevollmächtigten zu wenden; die Behörde „soll" – so der gesetzliche Wortlaut – sich an ihn wenden. Zwar ist § 14 III 1 nur als **Soll-Vorschrift** ausgestaltet, diese eröffnet der Behörde

aber nicht die Möglichkeit, nach Belieben darüber zu befinden, ob sie sich im Einzelfall an den Bevollmächtigten wendet oder direkt mit dem Beteiligten Kontakt aufnimmt.

Durch die Fassung als Soll-Vorschrift ist der Behörde nur ein eng begrenzter Raum für die **Ausübung von Ermessen** eingeräumt; nur wenn ein **wichtiger Grund** der vorgeschriebenen Handlung entgegensteht, also in atypischen Fällen, darf sie anders verfahren als im Gesetz vorgesehen ist (VGH Mannheim NVwZ-RR 1993, 432 (433); VG Berlin NVwZ 1984, 601 (601); BVerwGE 20, 117 f.). § 14 III 1 VwVfG verbietet grundsätzlich die unmittelbare Kontaktaufnahme der Verwaltungsbehörde mit einem Verfahrensbeteiligten unter Umgehung von dessen Verfahrensbevollmächtigten (VG Berlin NVwZ 1984, 601 (601)). Die Behörde hat sich im Interesse einer zügigen Verfahrensabwicklung (§ 10) an den Bevollmächtigten zu wenden, dh die Kommunikation vollständig und ausschließlich mit ihm zu führen (E-Mail, Fax, Schreiben etc). 26

In Ausnahmefällen, vor allem bei **atypischen Sachverhalten** (VGH Mannheim NVwZ-RR 1993, 432 (433)), kann sich die Behörde in zulässiger Weise, aber vom Regelfall abweichend, auch unmittelbar an den Beteiligten wenden. Und zwar nicht nur dann, wenn er zur Mitwirkung verpflichtet ist (SBS/Schmitz § 14 Rn. 23), sondern auch in anderen Fällen (§ 14 III 2 und 3), in denen die Behörde allerdings den Bevollmächtigten zu verständigen hat. Aufgrund der heute weit verbreiteten Kommunikation via E-Mail dürfte die zeitgleiche Verständigung keine nennenswerten Schwierigkeiten aufwerfen. Unanwendbar ist § 14 III im Falle eines **Realaktes,** so bei der Ankündigung der Abschiebung, die die Ausländerbehörde einem vollziehbar ausreisepflichtigen Ausländer zuvor angedroht hat (OVG Hamburg NordÖR 2009, 133 (133)). 27

Die Benachrichtigungspflicht dient neben dem öffentlichen Interesse an einer zweckmäßigen Verfahrensgestaltung dem subjektiven Interesse und dem **Schutz der Verfahrensbeteiligten,** nicht jedoch dem Schutz des Bevollmächtigten (BVerwG NJW 1985, 339 (340)). § 14 III gewährt dem Bevollmächtigen kein subjektives Recht auf Einhaltung der dort geregelten Verpflichtung der Behörde (BVerwG NJW 1985, 339 (340)). Durch die Soll-Vorschrift wird gewährleistet, dass der Bevollmächtigte im Regelfall den jeweiligen Verfahrensstand kennt und daher das Verfahren im Interesse des Beteiligten selbständig und sachgerecht durchführen kann (so, unter ausdrücklicher Aufgabe der bisherigen Rechtsprechung, VGH Kassel NVwZ 2000, 207 (208); BVerwG NJW 1985, 339 (340)). 28

Die Vorschriften über die **Zustellungen** werden durch § 14 nicht berührt (III 4). Es verbleibt bei den bestehenden besonderen bundes- und landesrechtlichen Vorschriften (KR/Ramsauer § 14 Rn. 31). 29

Abweichend vom Vorstehenden ist die Behörde aufgrund lex specialis befugt, einen VA unmittelbar gegenüber dem Beteiligten bekanntzugeben (§ 41 I 2). Die Bestellung eines Bevollmächtigten hindert die Behörde auch nicht, den VA gegenüber dem **Adressaten** bekanntzugeben und damit die Klagefrist nach § 74 I 2 VwGO in Gang zu setzen (VGH Mannheim NVwZ-RR 2006, 154 (155); BFH NVwZ-RR 2005, 765 (766); OVG Münster NVwZ-RR 2003, 386 (387); BVerwG NVwZ 1998, 1292 (1293)). 30

VI. Beistände (IV)

31 Der Beistand hat im Verwaltungsverfahren eine andere funktionale Stellung als der Bevollmächtige; er **unterstützt und begleitet,** vertritt aber den Beteiligten nicht (KR/Ramsauer § 14 Rn. 32; Knack/Henneke/Ritgen § 14 Rn. 49). Der Beistand wird daher **nicht wie der Bevollmächtigte für** den Beteiligten, sondern lediglich **neben** ihm tätig (SBS/Schmitz § 14 Rn. 26). Eine analoge Übertragung der Vorschriften über den Bevollmächtigten auf den Beistand ist nicht möglich. Der Handlungsrahmen eines Beistands ist im Wesentlichen durch § 14 IV 1 auf Verhandlungen und Besprechungen beschränkt (BeckOK VwVfG/Birk § 14 Rn. 23).

32 Es wäre aber eine zu eng am **Wortlaut** haftende Interpretation, wenn Beistände keinerlei rechtliche Legitimation besäßen, auch in **schriftlicher** oder elektronischer (§ 3a I) **Form,** dem Beteiligten beizustehen. Zwar wird die Auffassung vertreten, der Beistand sei nicht befugt, sich schriftlich zu äußern (BeckOK VwVfG/Birk § 14 Rn. 24), doch ist dies mit Blick auf die Verfügbarkeit und der umfassenden Möglichkeiten der elektronischen Kommunikation sowie der Bezugnahme auf insbesondere schriftlich zu erläuternde Tatsachen zu restriktiv. Aus § 14 IV 1 (arg. e contr.) und aus dem in § 14 VII verwandten Begriff der umfassend zu verstehenden Verfahrenshandlung, die uneingeschränkt auch der Beistand vornehmen kann, ergibt sich, dass auch ein Beistand im Rahmen seiner rechtlich begrenzten Funktion **schriftlich vortragen** und Verfahrenshandlungen vornehmen kann (KR/Ramsauer § 14 Rn. 33; Ziekow § 14 Rn. 12; SBS/Schmitz § 14 Rn. 26).

32a Nach § 3 III BRAO hat jedermann im Rahmen der gesetzlichen Vorschriften das Recht, sich in Rechtsangelegenheiten aller Art durch einen Rechtsanwalt seiner Wahl beraten und vor Gerichten, Schiedsgerichten oder Behörden vertreten zu lassen. Das Recht des Rechtsanwalts, als Vertreter in Rechtsangelegenheiten aller Art vor Gerichten, Schiedsgerichten oder Behörden aufzutreten (§ 3 II BRAO), ist allerdings abhängig von dem Recht des Vertretenen, sich vertreten zu lassen. Nur soweit ein Vertretungsrecht des zu Vertretenen besteht, ist ein Auftrittsrecht des Rechtsanwalts gegeben (BVerwG BeckRS 2020, 3126 Rn. 22). § 14 IV 1 regelt zwar, dass ein Beteiligter zu Verhandlungen und Besprechungen mit einem Beistand erscheinen kann. Voraussetzung für die Anwendung des § 14 IV ist aber, dass die Verhandlung oder Besprechung im Rahmen eines Verwaltungsverfahrens im Sinne von § 9 durchgeführt wird, die ihrerseits auf den Erlass eines Verwaltungsakts oder auf den Abschluss eines öffentlich-rechtlichen Vertrages gerichtet sind. Eine **dienstliche Beurteilung** ist kein Verwaltungsakt, demzufolge kann sich aus § 14 IV auch kein Anspruch eines Beamten auf **Hinzuziehung eines Beistands** zur Eröffnung und Besprechung einer dienstlichen Beurteilung nach § 50 III 1 BLV ergeben (BVerwG BeckRS 2020, 3126 Rn. 23).

VII. Zurückweisung von Bevollmächtigten und Beiständen (V–VII)

1. Erbringung von Rechtsdienstleistungen (V)

Bevollmächtigte und Beistände sind zurückzuweisen, wenn sie entgegen § 3 des RDG Rechtsdienstleistungen erbringen. Danach ist die selbständige Erbringung **außergerichtlicher Rechtsdienstleistungen** nur in dem Umfang zulässig, in dem sie durch das RDG oder aufgrund anderer Gesetze erlaubt wird. Das RDG regelt nach § 1 RDG die Befugnis, außergerichtliche Rechtsdienstleistungen zu erbringen und es dient dazu, Rechtsuchende, den Rechtsverkehr und die Rechtsordnung vor unqualifizierten Rechtsdienstleistungen zu schützen (Römermann NJW 2008, 1249 (1253)). 33

Neben den im RDG genannten Personen, die befugt sind, Rechtsdienstleistungen zu erbringen, sind zur Besorgung von Rechtsangelegenheiten ua befugt: Rechtsanwälte (§ 3 BRAO), Patentanwälte (§ 3 PatAnwO) und Steuerberater (§ 119 SteuerberG). Gleichwohl wird vertreten, dass sich für Steuerberater eine Vertretungsbefugnis in verwaltungsrechtlichen Widerspruchsverfahren über Steuer- und Monopolsachen hinaus nicht ableiten lasse (Wedekind/Klein DStR 2010, 1250 (1256)).

Rechtslehrer an einer staatlichen oder staatlich anerkannten Hochschule (Sitz der Hochschule in den EU-Mitgliedstaaten, in den Staaten des EWR-Abkommens oder in der Schweiz) sind nach § 67 II 1 Alt. 2 VwGO zur Prozessvertretung und damit als Bevollmächtigte und als Beistand handlungsbefugt. Rechtslehrer an einer deutschen Hochschule sind **Professoren** mit der **Befähigung zum Richteramt.** Hochschulen im Sinne des HRG (§ 1 HRG in Verbindung mit den Landeshochschulgesetzen) sind **Universitäten und Fachhochschulen** (aA KR/Ramsauer § 14 Rn. 35c „keine Fachhochschullehrer"). Vertretungsbefugt sind Rechtslehrer an einer Universität oder an einer Fachhochschule, emeritierte Professoren, außerordentliche Professoren, Honorarprofessoren, Assistenzprofessoren und Privatdozenten; nicht vertretungsbefugt sind dagegen wissenschaftliche Oberräte (OVG Hamburg NVwZ-RR 2000, 647 (647)), Lehrbeauftragte sowie wissenschaftliche Assistenten (BVerwG NJW 1970, 2314 (2314); BeckOK VwGO/Hartung VwGO § 67 Rn. 21b; KS VwGO § 67 Rn. 9). 34

Eine Bevollmächtigung durch den Beteiligten wird nicht allein deshalb nichtig, weil ein Verstoß gegen das RDG gem. § 134 BGB vorliegt. Die Nichtigkeitsfolge des § 134 BGB erfasst lediglich den in der Regel einer Bevollmächtigung zugrundeliegenden **kausalen Geschäftsbesorgungsvertrag** zwischen Beteiligten und Bevollmächtigten (BVerwG VIZ 2002, 290 (292)). Die Wirksamkeit der erteilten Vollmacht und damit die Wirksamkeit der Genehmigung eines vollmachtlosen Handelns werden hingegen durch die **Nichtigkeit** des zugrunde liegenden **Geschäftsbesorgungsvertrages** nicht berührt. Für das Verwaltungsverfahren ergibt sich dies bereits aus § 14 V und VII. 35

Nach § 14 V sind Bevollmächtigte zurückzuweisen, wenn sie geschäftsmäßig **fremde Angelegenheiten** besorgen, ohne dazu befugt zu sein. Nach 36

§ 14 VII 2 sind solche Verfahrenshandlungen des zurückgewiesenen Bevollmächtigten unwirksam, die dieser nach der Zurückweisung vornimmt. Daraus folgt im Umkehrschluss, dass solche Verfahrenshandlungen, die der Bevollmächtigte vor einer Zurückweisung vornimmt oder vorgenommen hat, wirksam bleiben, auch wenn der Bevollmächtigte ohne die dazu erforderliche Befugnis geschäftsmäßig fremde Rechtsangelegenheiten besorgt hat (BVerwG VIZ 2002, 290 (292)).

2. Ungeeignetheit zum Sachvortrag (VI)

37 Die Behörde kann Bevollmächtigte und Beistände vom Vortrag zurückweisen, wenn sie hierzu **ungeeignet** sind und dennoch eine Zurückweisungsentscheidung treffen. Zudem erfolgt eine Zurückweisung, wenn während der mündlichen Erörterung der Sach- und Rechtslage, also bei einem mündlichen Vortrag, die **Fähigkeit** zum mündlichen sachgerechten Vortrag erkennbar fehlt. Es werden somit zwei Gegebenheiten umschrieben, die jeweils eine Zurückweisung rechtfertigen und auch jeweils gesondert voneinander zu würdigen sind (SBS/Schmitz § 14 Rn. 39; KR/Ramsauer § 14 Rn. 37 f.).

38 **Fehlt die Eignung zum schriftlichen Vortrag,** so kann nach pflichtgemäßer Ermessensausübung der Bevollmächtigte und der Beistand zurückgewiesen werden. Die fehlende Eignung zum Vortrag zeigt eine Person, die sich **objektiv unverständlich** äußert (unlesbare oder verschlüsselte Schriften) oder deren Vortrag Ausführungen enthält, deren Sinn unter keinerlei gebotener Betrachtungsweise erschlossen werden kann, so dass trotz des Versuchs weiterer gebotener behördlicher Aufklärung, das Gewollte für das Verwaltungsverfahren unerkennbar bleibt. Unbeholfenheit, Weitschweifigkeit, Emotionalität (SBS/Schmitz § 14 Rn. 39; KR/Ramsauer § 14 Rn. 38), auch aufdringliche oder provokant wirkende Lässigkeit sind keine zureichenden Gründe für eine richtigerweise nur als ultima ratio in Betracht zu ziehende Zurückweisung (SBS/Schmitz § 14 Rn. 39).

39 Zurückzuweisen sind Bevollmächtigte und Beistände allerdings, wenn sie entgegen bestehender **Vertretungsverbote** im Verwaltungsverfahren auftreten (BVerwG NJW 1988, 1994). Die Reichweite des kommunalen Vertretungsverbots erstreckt sich nicht auf einen Rechtsanwalt, der mit einem Ratsmitglied in einer Bürogemeinschaft (BVerwG NJW 1981, 1599) oder als Sozius (BVerfG NJW 1982, 2177 (2178)) verbunden ist.

3. Entscheidung über die Zurückweisung (VII)

40 Die Entscheidung über die Zurückweisung steht im Ermessen der Behörde. Aus dem Verhältnismäßigkeitsprinzip folgt, dass vor einer Zurückweisung die Behörde den ernsthaften Versuch zu unternehmen hat, den Dialog in eine geeignete Bahn zu überführen. Erst wenn dies ohne Erfolg bleibt, kann eine Entscheidung über eine Zurückweisung erfolgen (SBS/Schmitz § 14 Rn. 39). Die Zurückweisung, die auch dem Beteiligten mitzuteilen ist (VII), ist ein **belastender VA** (SBS/Schmitz § 14 Rn. 41; KR/Ramsauer § 14 Rn. 42), gegen den Widerspruch und Anfechtungsklage zulässig sind. Für den Betei-

ligten ist § 44a VwGO zu berücksichtigen. Die Zurückweisung wird mit der erstmalig erfolgten Mitteilung wirksam. Der Bevollmächtigte bzw. der Beistand verliert ab diesem Zeitpunkt die Befugnis, **wirksame Handlungen** für den Beteiligten vorzunehmen (BeckOK VwVfG/Birk § 14 Rn. 36).

§ 15 Bestellung eines Empfangsbevollmächtigten

[1] Ein Beteiligter ohne Wohnsitz oder gewöhnlichen Aufenthalt, Sitz oder Geschäftsleitung im Inland hat der Behörde auf Verlangen innerhalb einer angemessenen Frist einen Empfangsbevollmächtigten im Inland zu benennen. [2] Unterlässt er dies, gilt ein an ihn gerichtetes Schriftstück am siebenten Tage nach der Aufgabe zur Post und ein elektronisch übermitteltes Dokument am dritten *[ab 1.1.2025: vierten]* Tage nach der Absendung als zugegangen. [3] Dies gilt nicht, wenn feststeht, dass das Dokument den Empfänger nicht oder zu einem späteren Zeitpunkt erreicht hat. [4] Auf die Rechtsfolgen der Unterlassung ist der Beteiligte hinzuweisen.

I. Bedeutung

1 Im Interesse einer zügigen und zugleich einfachen Abwicklung eines Verwaltungsverfahrens (OVG Koblenz NJW 1993, 2457 (2457)), ist es in das pflichtgemäße Ermessen der Behörde gestellt, von einem **nicht im Inland** wohnenden Beteiligten, die **Bestellung eines Bevollmächtigen** zu verlangen, der Schriftstücke wie auch Dokumente elektronisch und in nicht elektronischer Form mit Wirkung für und gegen den Beteiligten entgegennimmt (Empfangs- bzw. Zustellungsbevollmächtigter). Für inländische Obdachlose als Beteiligte des Verwaltungsverfahrens gilt die Norm daher nicht (SBS/Schmitz § 15 Rn. 7). Die Regelung dient auch der **Verwirklichung des rechtlichen Gehörs** (BayVerfGH NJW 1982, 2660 (2660)).

2 Mit der wirksamen Bestellung wird der Bevollmächtigte ermächtigt, sämtliche Ladungen, Schriftstücke, Mitteilungen und Dokumente als **Vertreter** entgegenzunehmen, so dass die mit Zustellung und Bekanntgabe (§ 41) verbundenen Rechtsfolgen, insbesondere **Fristen** mit Wirkung für und gegen den Beteiligten gesetzt werden (Ziekow § 15 Rn. 1). Insofern unterscheiden sich § 15 und § 16. Die Funktion des § 15 besteht in der Sicherstellung einer **passiven Empfangszuständigkeit** mit Wirkung für und gegen den Beteiligten im Inland, während dem vom Familiengericht (Vormundschaftsgericht, § 23b GVG) bestellten Vertreter nach § 16 **aktive und passive Befugnisse und Pflichten** obliegen.

3 § 15 gilt **subsidiär,** speziellere Normen greifen im Verwaltungsprozess (§ 56 III VwGO). Vorrangig sind ferner zB § 10 AsylG und § 51b BImSchG sowie Zustellungen nach völkerrechtlichen Verträgen, wie dem HZÜ (SBS/Schmitz § 15 Rn. 4).

II. Bestellung eines Empfangsbevollmächtigten

4 Die Behörde kann von dem Beteiligten (§ 13) die Bestellung eines Empfangsbevollmächtigten in angemessener Frist und nach pflichtgemäßer Ermessensausübung (§ 40) verlangen. Voraussetzung ist, dass der Beteiligte keinen Wohnsitz (§ 7 BGB) oder gewöhnlichen Aufenthalt, Sitz oder Geschäftsleitung im Inland hat. **Wohnsitz** ist der Ort der ständigen Niederlassung im Sinne des § 7 BGB. Bei mehrfachem Wohnsitz und/oder Geschäftsniederlassungen schließt bereits eine Wohnung oder eine Niederlassung im Geltungsbereich des Gesetzes die Anwendbarkeit des § 15 aus (SBS/Schmitz § 15 Rn. 6).

5 Der Begriff **„gewöhnlicher Aufenthalt"** wird nicht im VwVfG definiert, aber in § 9 AO und in § 30 III 2 SGB I, auf die ergänzend zurückgegriffen wird, und wonach der gewöhnliche Aufenthalt dort zu verorten ist, wo eine Person sich unter Umständen aufhält und erkennbar ist, dass sie an diesem Ort oder in diesem Gebiet nicht nur vorübergehend verweilt. Als gewöhnlicher Aufenthalt im Geltungsbereich dieses Gesetzes ist stets und von Beginn an ein zeitlich zusammenhängender Aufenthalt von **mehr als sechs Monaten Dauer** anzusehen; kurzfristige Unterbrechungen bleiben unberücksichtigt. Der gewöhnliche Aufenthalt wird allerdings rechtlich dann nicht begründet, wenn der Aufenthalt ausschließlich zu Besuchs-, Erholungs-, Kur- oder ähnlichen privaten Zwecken genommen wird und nicht länger als ein Jahr dauert.

6 Der **Begriff des Sitzes** erstreckt sich nach dem ergänzend heranzuziehenden § 11 AO auf eine Körperschaft, Personenvereinigung oder Vermögensmasse, die ihren Sitz an dem Ort, der durch Gesetz, Gesellschaftsvertrag, Satzung, Stiftungsgeschäft oder dergleichen bestimmt ist. Fehlt es an einer derartigen Bestimmung, so ist auf § 17 II ZPO zurückzugreifen und als Sitz der Ort anzunehmen, an dem die **(Haupt-) Verwaltung** geführt wird (SBS/Schmitz § 15 Rn. 6).

7 Die Behörde hat dem Beteiligten eine **angemessene Frist** zu setzen, binnen derer ein Empfangsbevollmächtigter im Inland zu benennen ist. Die Angemessenheit der Frist ist von den Umständen des Einzelfalls abhängig (SBS/Schmitz § 15 Rn. 8); von Postlaufzeiten, Erreichbarkeit und wie es dem Beteiligten aus dem (weit oder nah entfernten Ausland) möglich ist, einen geeigneten Bevollmächtigten im Inland zu finden. Auch hier gilt, dass mit der Verfügbarkeit des Internets ein geeigneter Bevollmächtigter auch aus dem Ausland im Regelfall ohne große Schwierigkeiten identifizierbar ist. Ausnahmen, die einen Zugang zum Internet erheblich erschweren oder ausschließen, insbesondere in entlegenen Ländern und Gebieten wird es jedoch geben. Maßgeblich sind die **Umstände des Einzelfalles.** Die **Frist** kann **nachträglich verlängert** werden (§ 31 VII 1 und 2).

8 Die Behörde handelt **regelmäßig ermessensfehlerfrei,** wenn sie einen Beteiligten, bei dem die Voraussetzungen des § 15 vorliegen, auffordert, einen Empfangsbevollmächtigten im Inland zu bestellen (OVG Koblenz NJW 1993, 2457 (2458)). Grenzen der Zumutbarkeit, die sich aus arbeits- und zeitaufwendigen Verfahren für die Behörde ergeben, sind dabei beachtlich

(OVG Koblenz NJW 1993, 2457 (2458)). Die Aufforderung an einen Beteiligten, einen Empfangsbevollmächtigten zu benennen, kommt regelmäßig auch dann nicht in Betracht, wenn der Beteiligte einen **Bevollmächtigten nach § 14** im Inland bestellt hat. Eine gleichwohl ergehende Aufforderung an den Bevollmächtigten ist dann regelmäßig ermessensfehlerhaft (BeckOK VwVfG/Birk § 15 Rn. 2; SBS/Schmitz § 15 Rn. 7; KR/Ramsauer § 15 Rn. 4).

Die Aufforderung zur Bestellung eines Empfangsbevollmächtigten ist ein 9
VA, der **isoliert anfechtbar** ist. § 44a VwGO schließt diese Anfechtung nicht aus, mit der in der Regel eine eigenständige, insbesondere finanzielle Belastung einhergeht (KR/Ramsauer § 15 Rn. 2a; Ziekow § 15 Rn. 4; aA BeckOK VwVfG/Birk § 15 Rn. 5).

III. Rechtswirkung einer unterlassenen Bestellung

Unterlässt es der Beteiligte, einen Empfangsbevollmächtigten zu bestellen, tritt 10
als Rechtsfolge die **Fiktion des Zugangs,** wonach ein an ihn gerichtetes Schriftstück am siebenten Tage nach der Aufgabe zur Post und ein elektronisch übermitteltes Dokument am dritten Tage nach der Absendung als zugegangen gilt (OLG Düsseldorf BeckRS 2016, 119587gilt auch im Vergaberecht). Nach Art. 1 § 18 I PostModG (BGBl. 2024 I Nr. 236) wurden die Zustellungslaufzeiten erweitert. Im Jahresdurchschnitt müssen nun 95 % der Briefsendungen am dritten Tag und 99 % am vierten auf den Einlieferungstag folgenden Werktag zugestellt werden. Folglich wurde nach Art. 2 Nr. 2 PostModG in § 15 S. 2 die Wörter „am dritten Tage" durch die Wörter „am vierten Tage" ersetzt (Inkrafttreten zum 1.1.2025 nach Art. 43 II PostModG).

Voraussetzung für das Eingreifen der Fiktion des Zugangs ist allerdings, dass 11
das Aufforderungsschreiben der Behörde dem Beteiligten **nachweisbar zugegangen** (§§ 41, 43) und der Beteiligte über die **Rechtsfolgen einer unterlassenen Bestellung** informiert wurde (§ 15 S. 4). Die Behörde trifft die **Beweislast** des Zugangs. Wird über die Rechtsfolge der Zugangsfiktion nicht aufgeklärt, ist für die Anwendung des § 15 S. 2 kein Raum (Ziekow § 15 Rn. 5). Gelingt die Zustellung des Aufforderungsschreibens zur Bestellung des Empfangsbevollmächtigten im Ausland nicht, hat die Behörde das Vormundschaftsgericht zu ersuchen, einen geeigneten Vertreter nach § 16 I zu bestellen.

Legt der Empfangsbevollmächtigte sein **Mandat nieder,** muss die Behörde 12
das Ermessen ausüben, ob unter den obwaltenden Umständen das Verfahren nach § 15 erneut durchzuführen ist, das Verfahren ggf. einzustellen oder erstmals nach § 16 das Familiengericht (Vormundschaftsgericht) um Bestellung eines Vertreters zu ersuchen ist. Widerruft lediglich der Beteiligte die Empfangsvollmacht ohne zugleich eine erneute Bestellung anzuzeigen und geht die Erklärung der Behörde zu (§ 14 IV 4; Arg. a maiore ad minus), treten die Rechtsfolgen nach § 15 S. 3 unmittelbar ein (SBS/Schmitz § 15 Rn. 14).

13 Der Beteiligte kann allerdings die **widerlegbare Vermutung** der **Zugangsfiktion** entkräften, indem durch Tatsachen nachgewiesen wird, dass das Dokument (Mitteilung, Ladung, Bekanntgabe etc) den Empfänger nicht oder zu einem späteren Zeitpunkt (der dann maßgeblich ist) erreicht hat. Die Gefahr allerdings, dass das Schriftstück nach der Absendung verloren geht und die Schwierigkeiten des **Nachweises der negativen Tatsache** (Nichterreichung des Dokuments) gehen zu Lasten des Beteiligten.

§ 16 Bestellung eines Vertreters von Amts wegen

(1) Ist ein Vertreter nicht vorhanden, so hat das Betreuungsgericht, für einen minderjährigen Beteiligten das Familiengericht auf Ersuchen der Behörde einen geeigneten Vertreter zu bestellen

1. für einen Beteiligten, dessen Person unbekannt ist;

2. für einen abwesenden Beteiligten, dessen Aufenthalt unbekannt ist oder der an der Besorgung seiner Angelegenheiten verhindert ist;

3. für einen Beteiligten ohne Aufenthalt im Inland, wenn er der Aufforderung der Behörde, einen Vertreter zu bestellen, innerhalb der ihm gesetzten Frist nicht nachgekommen ist;

4. für einen Beteiligten, der infolge einer psychischen Krankheit oder körperlichen, geistigen oder seelischen Behinderung nicht in der Lage ist, in dem Verwaltungsverfahren selbst tätig zu werden;

5. bei herrenlosen Sachen, auf die sich das Verfahren bezieht, zur Wahrung der sich in Bezug auf die Sache ergebenden Rechte und Pflichten.

(2) Für die Bestellung des Vertreters ist in den Fällen des Absatzes 1 Nr. 4 das Gericht zuständig, in dessen Bezirk der Beteiligte seinen gewöhnlichen Aufenthalt hat; im Übrigen ist das Gericht zuständig, in dessen Bezirk die ersuchende Behörde ihren Sitz hat.

(3) [1] Der Vertreter hat gegen den Rechtsträger der Behörde, die um seine Bestellung ersucht hat, Anspruch auf eine angemessene Vergütung und auf die Erstattung seiner baren Auslagen. [2] Die Behörde kann von dem Vertretenen Ersatz ihrer Aufwendungen verlangen. [3] Sie bestimmt die Vergütung und stellt die Auslagen und Aufwendungen fest.

(4) Im Übrigen gelten für die Bestellung und für das Amt des Vertreters in den Fällen des Absatzes 1 Nr. 4 die Vorschriften über die Betreuung, in den übrigen Fällen die Vorschriften über die Pflegschaft entsprechend.

I. Bedeutung

1 Ein Vertreter kann nach § 16 von Amts wegen bestellt werden, sofern ein Beteiligter aus tatsächlichen oder rechtlichen Gründen nicht oder in nicht zureichendem Maße in der Lage ist, seine Angelegenheiten selbst wahrzunehmen und ein Vertreter nicht vorhanden ist. Die Vorschrift dient zuvörderst dem Schutz von nicht vertretenen Beteiligten, die im Inland oder im Ausland nicht auffindbar, nicht anwesend oder ernsthaft erkrankt sind oder deren

Wahrung von Rechten und Pflichten bei herrenlosen Sachen erforderlich ist. Zugleich wird mit der Vorschrift die Behörde in die Lage versetzt, ein Verfahren auch dann einfach und zweckmäßig durchzuführen (§ 10) und mit einer Entscheidung zu beenden (§ 9), wenn ein Beteiligter als Adressat in den enumerativ genannten Fällen nach § 16 I Nr. 1–5 nicht als Beteiligter zur Verfügung steht. Im Rahmen der pflichtgemäßen Ausübung des Ermessens ist von der Behörde zu erwarten, dass eine Entscheidung nach § 16 dann zurückgestellt wird, wenn mit vertretbarem Aufwand an Zeit, Mühe und Kosten, unter Umständen einem „Zuwarten", die Umstände zu beheben sind (KR/Ramsauer § 16 Rn. 9).

Ist bereits ein Vertreter oder Bevollmächtigter vorhanden, bleibt § 16 un- 2
anwendbar. Vertretung im Sinne von § 16 umfasst **rechtsgeschäftlich** bestellte (§ 14) und **gesetzliche Vertretung,** Pflegschaft nach § 1911, 1913 BGB oder ein Betreuungsverhältnis nach §§ 1896 BGB ff. iVm § 1902 BGB. Letztlich ist der Rechtsgrund für die Eigenschaft als Vertreter unerheblich, sofern nur eine Vertretung (aktiv und passiv) im Rechtssinne und nicht nur eine mindere Position als **Beistand** oder als **passiver Empfangsbevollmächtigter** gegeben ist. Ist eine Vertretung vorhanden, bleibt der Vertretene berechtigt, sich an dem Verfahren aktiv zu beteiligen, sofern in seiner Person die Voraussetzungen der uneingeschränkten Handlungsfähigkeit (§ 12) gegeben sind.

§ 16 ist weder analog noch als Ausdruck eines allgemeinen Rechtsgedan- 3
kens auf **Regelungslücken** außerhalb des VwVfG und der auf § 16 verweisenden Vorschriften anwendbar (BVerwG NVwZ-RR 2009, 46 (47); Ziekow § 16 Rn. 1). Im Falle der Prozessunfähigkeit ist die Bestellung eines gesetzlichen Vertreters über § 16 I Nr. 4 iVm § 3 BDG nur im behördlichen, aber nicht im gerichtlichen Disziplinarverfahren möglich (LG Mainz NJOZ 2008, 1904 (1905)). Eine **analoge Anwendung** ist zutreffend, wenn eine Gebietskörperschaft nur noch de jure nicht aber mehr de facto existiert, weil sie über keine Einwohner und auch keine handlungsfähigen Organe mehr verfügt (LG Görlitz LKV 1994, 72).

II. Voraussetzungen der Bestellung eines Vertreters (I)

Die Bestellung eines Vertreters setzt in formeller Hinsicht ein in das Ermessen 4
der Behörde gestelltes Ersuchen gegenüber dem Vormundschaftsgericht voraus, das materiell zumindest auf einem der im Katalog des § 16 I genannten Gründe beruht. In der Regel sind vor Bestellung eines Vertreters nach § 16 **Sachverhaltsermittlungen** geboten. Das Vormundschaftsgericht hat einen „geeigneten" Vertreter zu bestellen (zu den Voraussetzungen bei der Vollmacht s. § 14). **Geeignet** ist eine Person insbesondere dann, wenn aufgrund von Kenntnissen und Fähigkeiten zu erwarten steht, dass die Rechte des Beteiligten angemessen wahrgenommen werden (BeckOK VwVfG/Birk § 16 Rn. 4).

1. Unbekannter Beteiligter (Nr. 1)

5 Ein Beteiligter ist unbekannt, wenn die Behörde trotz gebotener Ermittlungen keine positive Kenntnis davon hat, welche Person als Beteiligter in Frage kommt. Die Bestellung eines Vertreters ist bei einer **Personenmehrheit** für diejenigen Personen geboten, die unbekannt sind, auch wenn ein anderer Teil der Personengruppe bekannt und ggf. bereits vertreten ist (SBS/Schmitz § 16 Rn. 15; KR/Ramsauer § 16 Rn. 13).

2. Unbekannter Aufenthalt (Nr. 2)

6 Auf der Grundlage von Nr. 2 ergeben sich zwei Fallkonstellationen zur Bestellung eines Vertreters. Ist ein **namentlich bekannter** Beteiligter abwesend und lediglich dessen Aufenthaltsort unbekannt, so ist nach erfolgloser Ermittlung der näheren Umstände die Bestellung eines Vertreters zulässig. Solange die – im Unterschied zu Nr. 1 eindeutig identifizierte – Person erreichbar und damit eine Beteiligung gewährleistet ist (zB bei Obdachlosigkeit mit Verbleib im Stadtgebiet), ist die negative Tatbestandsvoraussetzung des unbekannten Wohn- oder Aufenthaltsorts nicht erfüllt (BeckOK VwVfG/Birk § 16 Rn. 7).

7 Im zweiten Fall der Regelung in Nr. 2 ist ein Beteiligter, dessen Bekanntheit gegeben sein muss, aus **objektiven Gründen** an der Besorgung seiner Angelegenheiten gehindert. Es müssen allerdings Gründe von erheblichem Gewicht sein, die zudem in zeitlicher Hinsicht nicht nur als vorübergehend zu charakterisieren sind. Rein subjektive Gründe, wie etwa die Unwilligkeit an dem Verfahren beteiligt zu sein, sind unbeachtlich (SBS/Schmitz § 16 Rn. 17). Schwere Krankheiten werden als Ursache in Nr. 4 berücksichtigt und sind demzufolge bei Nr. 2 nicht zu berücksichtigen (BeckOK VwVfG/Birk § 16 Rn. 8; KR/Ramsauer § 16 Rn. 20)

3. Fehlender Aufenthalt im Inland (Nr. 3)

8 Ein fehlender Aufenthalt im Inland rechtfertigt nach I Nr. 3 die amtliche Bestellung eines Vertreters, sofern der Beteiligte im Ausland einer fristgebundenen Aufforderung der Behörde zur Bestellung eines Vertreters nicht nachgekommen ist. Die Regelung in Nr. 3 ist in systematischer Hinsicht eine weitere Variante des **„abwesenden Beteiligten“** und damit ein Unterfall des Regelungsgehalts nach Nr. 2 (Ziekow § 16 Rn. 4). Der nicht nur aufgrund von Urlaub und ähnlichen Gründen lediglich zeitlich vorübergehende Auslandsaufenthalt ist damit als Hinderungsgrund anerkannt. Eine Emigration ist nicht erforderlich (Ziekow § 16 Rn. 5), es reicht aus, wenn die Dauer der Abwesenheit die Dauer des Verwaltungsverfahrens übersteigt. Die heute weitverbreiteten Möglichkeiten **elektronischer Kommunikation** und die Verpflichtung zur Einführung des E-Governments erleichtern die Kommunikation erheblich, so dass die bloße physische Abwesenheit im Inland jedenfalls dann eine Vertreterbestellung nicht zu rechtfertigen vermag, wenn eine Kommunikation via **E-Mail** aus dem Ausland problemlos möglich ist und das

persönliche Erscheinen des Beteiligten nicht erforderlich ist (ähnlich BeckOK VwVfG/Birk § 16 Rn. 10).

Bevor das Vormundschaftsgericht ersucht wird, ist der Beteiligte aufzufordern, einen Vertreter zu bestellen. Erst wenn der Beteiligte dieser **Aufforderung** nicht in angemessener Zeit nachgekommen ist, ist die Behörde befugt, sich an das Vormundschaftsgericht zu wenden. Die Behörde muss den Nachweis des Zugangs einer Aufforderung gegenüber der namentlich und mit Wohn- und Aufenthaltsort bekannten Person erbringen. Die **Aufforderung** kann formlos, also auch mündlich erfolgen, idealerweise aber schriftlich (KR/Ramsauer § 16 Rn. 18). Die Bemessung der Frist muss den Umständen des Einzelfalls angemessen sein (SBS/Schmitz § 16 Rn. 20; KR/Ramsauer § 16 Rn. 18), was einem Zeitraum von ca. **4 Wochen** entspricht (BeckOK VwVfG/Birk § 16 Rn. 11). 9

Soweit die Behörde den Beteiligten im Ausland **erfolglos** um eine Bestellung eines Empfangsbevollmächtigten nach § 15 aufgefordert hat, kann sie – den Umständen des Einzelfalls entsprechend – nach § 16 I Nr. 3 vorgehen. § 15 und § 16 I Nr. 3 erfassen unterschiedlich zu gewichtende Sachverhalte und erfordern je nach Lage des Sachverhalts eine unterschiedliche Intensität der Beteiligung, so dass für eine umfassendere, jedoch erforderlich werdende Beteiligung die bloße **passive Empfangsvollmacht** unzureichend und weitergehende **aktive Beteiligungsrechte** erforderlich sind, die einer Vertretung nach § 16 bedürfen. § 15 und § 16 Abs. Nr. 3 stehen daher zueinander in einem Verhältnis nicht ausschließlicher Alternativität, die je nach Lage der Dinge die Wahl der einen oder der anderen Reglung ermöglicht (SBS/Schmitz § 16 Rn. 21). Im Interesse der Gewährung rechtlichen Gehörs kann die Behörde sogar verpflichtet sein, eine **aktive Beteiligung** einzufordern, die über § 15 allein nicht möglich ist und eine Vertretung nach § 16 I Nr. 3 erforderlich macht. Die Behörde kann auch nach Bestellung eines Empfangsbevollmächtigten nach erneuter Beurteilung der Sach- und Rechtslage und nach Ausübung des Ermessens durchaus nach § 16 I Nr. 3 vorgehen (SBS/Schmitz § 16 Rn. 21). 10

4. Krankheit und Behinderung (Nr. 4)

Liegt bei einem Beteiligten eine Erkrankung oder Behinderung vor, muss von der Behörde ggf. ermittelt und festgestellt werden, ob und inwieweit der Beteiligte nicht in der Lage ist, in dem Verwaltungsverfahren selbst tätig zu werden. Da auch eine Vollmachtserteilung eine Verfahrenshandlung nach § 14 ist, kommt eine Vertretung von Amts wegen nicht in Betracht, wenn der psychisch Kranke oder Behinderte noch in der Lage ist, wirksam eine Vollmacht zu erteilen (BeckOK VwVfG/Birk § 16 Rn. 16; SBS/Schmitz § 16 Rn. 23; KR/Ramsauer § 16 Rn. 21). Das Gebrechen bzw. die Behinderung muss zur Folge haben, dass der Beteiligte **nicht in der Lage** ist, im Verwaltungsverfahren selbst tätig zu werden. Auch diese Ursächlichkeit ist von der Behörde zu prüfen (SBS/Schmitz § 16 Rn. 24). In **Disziplinarverfahren** ist im Falle der Prozessunfähigkeit die Bestellung eines gesetzlichen Vertreters über § 16 I Nr. 4 iVm mit § 3 BDG nur im behördlichen, nicht 11 hingegen im gerichtlichen Disziplinarverfahren möglich (LG Mainz NJOZ 2008, 1904 (1905)).

5. Herrenlose Sache (Nr. 5)

12 Die Herrenlosigkeit einer Sache kann sich auf bewegliche (§§ 958 BGB ff.) und unbewegliche (§ 928 BGB) Sachen, also **körperliche Gegenstände** (§ 90 BGB) beziehen. Unerheblich für das Tatbestandsmerkmal der Herrenlosigkeit ist, ob das Eigentum aufgegeben wurde (Dereliktion) oder zu keiner Zeit Eigentum bestanden hat (Ziekow § 16 Rn. 7; KR/Ramsauer § 16 Rn. 22). Das Verwaltungsverfahren muss sich auf die herrenlose Sache beziehen und die Vertreterbestellung muss der Wahrung der sich in Bezug auf die Sache ergebenden Rechte und Pflichten dienen, was zuvor von der Behörde festzustellen ist.

III. Betreuungsgericht und Familiengericht (II)

13 Das **Betreuungsgericht** (Amtsgericht, § 23c GVG) bzw. das **Familiengericht** bei Minderjährigkeit des Beteiligten (Amtsgericht, § 23b I 1 GVG) ist ermächtigt, einen Vertreter aufgrund der Voraussetzungen von § 16 I und aufgrund eines formellen Ersuchens der zuständigen Behörde durch Beschluss zu bestellen (§ 26 FamFG). Die Auswahl des Vertreters steht in der Entscheidungsbefugnis des zuständigen Gerichts, das einen geeigneten Vertreter zu bestellen hat. Der Beteiligte, der vertreten werden soll und der Vertreter sind befugt, gegen den Beschluss der Bestellung Beschwerde zu erheben. Gegen eine ablehnende Entscheidung des Vormundschaftsgerichts ist die Beschwerde (§ 59 II FamFG) beim Landgericht der richtige Rechtsbehelf (BeckOK VwVfG/Birk § 16 Rn. 21). Entfallen nachträglich die Voraussetzungen für eine Bestellung ist von Amts wegen – nicht erst auf Antrag der Behörde – der Beschluss zur Aufhebung der Bestellung zu fassen. Steht zur Überzeugung der Behörde fest, dass eine materielle Voraussetzung nach § 16 I gegeben ist und hat die Behörde das zuständige Gericht um Bestellung ersucht, liegt bis zur Beschlussfassung des Gerichts ein grundsätzliches Verfahrenshindernis vor, das die Behörde hindert, das Verfahren weiter zu betreiben (KR/Ramsauer § 16 Rn. 24; Ziekow § 16 Rn. 8; Knack/Henneke/Ritgen § 16 Rn. 5).

IV. Anspruch auf angemessene Vergütung (III)

14 § 16 III 1 gibt dem Vertreter gegenüber dem Rechtsträger der Behörde, die um seine Bestellung ersucht hat, einen Anspruch auf eine angemessene Vergütung und auf die Erstattung seiner baren Auslagen. Eigenständige, selbst gleichlautende Vergütungsregelungen sind vorrangig, wie zB § 119 Abs. 3 FlurbG (BVerwG BeckRS 2017, 124502 Rn. 18). Auch wenn ein lex specialis, wie § 119 Abs. 3 FlurbG, eine abschließende Vergütungsregelung enthält, schließt dieser Umstand es nicht aus, dass sich die festsetzungsberechtigte

Behörde zur Ausfüllung des unbestimmten Rechtsbegriffs der angemessenen Vergütung an anderen gesetzlichen Regelungen orientiert, soweit sie **vergleichbare Sachverhalte** betreffen (BVerwG BeckRS 2017, 124502 Rn. 22. Der durch § 16 III 1 begründete, gegen die Behörde gerichtete Anspruch des Vertreters auf angemessene Vergütung und Erstattung seiner baren Auslagen, ist eine Sonderregelung gegenüber dem zivilrechtlichen Auftragsrecht (§§ 662 ff. BGB) und seinem Wortlaut und Zweck entsprechend auszulegen. Kriterien für die Kriterien für die Bestimmung der **Angemessenheit der Vergütung** sind die für die Führung der Vertretungsgeschäfte nutzbaren Fachkenntnisse des Vertreters sowie Umfang und Schwierigkeit der Tätigkeit (BVerwG BeckRS 2017, 124502 Rn. 15, 20). Abweichend vom zivilrechtlichen Auftragsrecht gewährt III dem Vertreter einen Vergütungsanspruch sowie einen Anspruch auf Erstattung seiner **baren Auslagen** gegen die Behörde. Der Anspruch des Vertreters wird beschränkt auf Auslagenersatz auf die üblichen Nebenkosten einer Geschäftsbesorgung (BVerwGE 120, 344 (348)).

Abweichend vom zivilrechtlichen Auftragsrecht gewährt das Gesetz dem 15
Vertreter einen **Vergütungsanspruch** sowie einen Anspruch auf Erstattung seiner baren Auslagen gegen die Behörde, weil die Bestellung des gesetzlichen Vertreters im öffentlichen Interesse liegt und seine Ansprüche auf Vergütung und Auslagenersatz nicht von dem Vertretenen befriedigt werden können (BVerwG VIZ 2004, 399 (400)). Dabei beschränkt sich der Anspruch des Vertreters auf Auslagenersatz auf die üblichen **Nebenkosten** einer Geschäftsbesorgung. Wie der **enge Begriff der „baren“ Auslagen** erkennen lässt, geht der Umfang der erstattungsfähigen Auslagen jedenfalls nicht über die notwendigen Auslagen iSd § 85 hinaus (BVerwG VIZ 2004, 399 (400)). Er erfasst im Regelfall **Post- und Schreibgebühren, Reisekosten und Tagegelder** (BVerwG VIZ 2004, 399 (400)). Aufwendungen, die auf eine Inanspruchnahme des Vertreters durch Dritte zurückgehen, fallen nicht darunter. Als **Orientierung** für die Höhe der Vergütung bietet sich angesichts der vergleichbaren Sachlage die Heranziehung des Gesetzes über die Vergütung von Vormündern und Betreuern vom 21.4.2005 (BGBl. I 1073 (1073)) an (BeckOK VwVfG/Birk § 16 Rn. 22). Abzustellen ist bei der Angemessenheit auf den Umfang und die Schwierigkeit der Tätigkeit (SBS/Schmitz § 16 Rn. 31).

Die Behörde ihrerseits kann nach § 16 III 2 von dem Vertretenen Ersatz 16
ihrer Aufwendungen verlangen. Ob sie von der Ermächtigung Gebrauch macht, steht in ihrem pflichtgemäßen Ermessen (§ 40). Einen entstehenden Ausfall etwa hat die Behörde zu tragen, sofern sie entsprechend der kostenrechtlichen Vorschriften den Ausfall auf einen Dritten abwälzen kann (Ziekow § 16 Rn. 10).

Dem Anspruch des gesetzlichen Vertreters auf **angemessene Vergütung** 17
und Erstattung seiner baren Auslagen entspricht spiegelbildlich der Regressanspruch der Behörde gegen den Vertretenen nach § 16 III 2. Der in dieser Vorschrift verwendete Begriff der Aufwendungen ist infolgedessen auf die von der Behörde geschuldete und gezahlte Vergütung des Vertreters und dessen behördlich erstattete bare Auslagen begrenzt. In diesem Umfang ist die

Behörde befugt, ihre Aufwendungen durch Leistungsbescheid gegen den Vertretenen festzusetzen (III 3). Hiernach obliegt der Behörde neben der Bestimmung der Vergütung die **Feststellung der Auslagen und Aufwendungen.** Sie stellt damit den Betrag fest, den der Vertretene von den im Rahmen der behördlichen Rechtspflicht übernommenen Kosten des gesetzlichen Vertreters zuzüglich eigener Auslagen der Behörde zu erstatten hat (BVerwG VIZ 2004, 399 (400)).

18 Jedenfalls wird nach § 16 III dem gesetzlichen Vertreter, der auf Antrag eines Dritten bestellt worden ist, kein Anspruch auf Festsetzung einer angemessenen Vergütung und Erstattung seiner baren Auslagen gegen die Bestellungsbehörde eingeräumt (BVerwG NVwZ-RR 2009, 46 (46)). Eine **analoge Anwendung des § 16 III** für den Fall der Bestellung eines gesetzlichen Vertreters auf Antrag eines Dritten kommt nicht in Betracht. Es fehlt an einer planwidrigen Regelungslücke (BVerwG NVwZ-RR 2009, 46 (46)).

V. Verweisung auf das Betreuungs- und Pflegschaftsrecht (IV)

19 Für die in I Nr. 4 genannten Sachverhalte wird auf die entsprechend anwendbaren Vorschriften über die Betreuung (§§ 1896 BGB ff.) und in den übrigen Fällen (§ 16 I Nr. 1–2, 3 und 5) auf die Vorschriften über die Pflegschaft (§§ 1909 ff. BGB) verwiesen. Bei den in I Nr. 4 geregelten Fällen ist jeder, der vom zuständigen Gericht (Betreuungs- oder Familiengericht) ausgewählt wurde (§ 1898 I BGB), zur Übernahme der Betreuung verpflichtet. In den übrigen Fällen **ist jeder ausgewählte Deutsche** verpflichtet, als Vertreter tätig zu werden (§§ 1785, 1915 I BGB). Eine Verpflichtung für Ausländer besteht daher nicht (BeckOK VwVfG/Birk § 16 Rn. 26). Die Vertretung endet mit der Beendigung des Verwaltungsverfahrens (§ 1918 III BGB); sie endet ferner, wenn das Gericht die Bestellung aufhebt (§§ 1908b, 1908d, 1919, 1921 BGB; SBS/Schmitz § 16 Rn. 32; BeckOK VwVfG/Birk § 16 Rn. 26).

§ 17 Vertreter bei gleichförmigen Eingaben

(1) [1] Bei Anträgen und Eingaben, die in einem Verwaltungsverfahren von mehr als 50 Personen auf Unterschriftslisten unterzeichnet oder in Form vervielfältigter gleich lautender Texte eingereicht worden sind (gleichförmige Eingaben), gilt für das Verfahren derjenige Unterzeichner als Vertreter der übrigen Unterzeichner, der darin mit seinem Namen, seinem Beruf und seiner Anschrift als Vertreter bezeichnet ist, soweit er nicht von ihnen als Bevollmächtigter bestellt worden ist. [2] Vertreter kann nur eine natürliche Person sein.

(2) [1] Die Behörde kann gleichförmige Eingaben, die die Angaben nach Absatz 1 Satz 1 nicht deutlich sichtbar auf jeder mit einer Unterschrift versehenen Seite enthalten oder dem Erfordernis des Absatzes 1 Satz 2 nicht entsprechen, unberücksichtigt lassen. [2] Will die Behörde so verfahren, so hat sie dies durch ortsübliche Bekanntmachung mitzuteilen. [3] Die Behörde kann ferner gleichförmige

Eingaben insoweit unberücksichtigt lassen, als Unterzeichner ihren Namen oder ihre Anschrift nicht oder unleserlich angegeben haben.

(3) [1] Die Vertretungsmacht erlischt, sobald der Vertreter oder der Vertretene dies der Behörde schriftlich erklärt; der Vertreter kann eine solche Erklärung nur hinsichtlich aller Vertretenen abgeben. [2] Gibt der Vertretene eine solche Erklärung ab, so soll er der Behörde zugleich mitteilen, ob er seine Eingabe aufrechterhält und ob er einen Bevollmächtigten bestellt hat.

(4) [1] Endet die Vertretungsmacht des Vertreters, so kann die Behörde die nicht mehr Vertretenen auffordern, innerhalb einer angemessenen Frist einen gemeinsamen Vertreter zu bestellen. [2] Sind mehr als 50 Personen aufzufordern, so kann die Behörde die Aufforderung ortsüblich bekannt machen. [3] Wird der Aufforderung nicht fristgemäß entsprochen, so kann die Behörde von Amts wegen einen gemeinsamen Vertreter bestellen.

I. Bedeutung

1 Die Regelungen nach §§ 17–19 erfassen die Besonderheiten der Vertretung in sog Massenverfahren (SBS/Schmitz § 17 Rn. 1; Ziekow § 17 Rn. 1; BeckOK VwVfG/Birk § 17 Vorbem.), die eine **verfahrensrechtliche Kommunikation** mit zahlreichen, in **Bürgerinitiativen** oder ähnlichen lockeren Organisationen zusammengeschlossenen Individuen nach Möglichkeit **zweckmäßig** und **einfach** ermöglichen soll. Im Mittelpunkt der §§ 17–19 steht die sachgerechte Vertretung zahlreicher Personen, die in der Regel ein **gleichförmiges Anliegen** eint, und die Sicherstellung einer verfahrensrechtlich adäquaten Kommunikation über Fragestellungen und Einwendungen. Die **Praktikabilität** und die Zweckmäßigkeit der in §§ 17–19 getroffenen Regelungen begegnet Zweifeln (SBS/Schmitz § 17 Rn. 12; KR/Ramsauer § 17 Rn. 2 „mit Ausnahme der Regelungen über die öffentliche Bekanntmachung"). Die Regelungen gelten im förmlichen Verwaltungsverfahren (§ 63 ff.), im **Planfeststellungsverfahren** (§§ 72 II, 72 ff.) und im Widerspruchsverfahren (§§ 79, 68 ff. VwGO). Die Anwendbarkeit von § 17 kann allerdings bei der Auslegung von Regionalplänen nach Landesrecht ausgeschlossen sein. Eine analoge Anwendung von § 17 auf **administrative Normsetzungsverfahren** kommt mangels einer erforderlichen planwidrigen Regelungslücke nicht in Betracht (OVG Berlin-Brandenburg BeckRS 2019, 18436 Rn. 39. Demgemäß dürfte auch eine entsprechende Anwendung von § 3 II 5 BauGB ausscheiden (OVG Berlin-Brandenburg BeckRS 2019, 18436 Rn. 39).

1a 17 I 1 stellt auf Verwaltungsverfahren (§ 9) ab und erfasst damit das auf Normerlass – der Regionalplan ergeht zB in Brandenburg als Satzung – ausgerichtete **Verfahren der Regionalplanung** nicht. Auch eine Norm des Bundes- oder Landesrechts, die § 17 für das Verfahren der Regionalplanung für anwendbar erklärt, existiert nicht. Eine analoge Anwendung der Vorschrift scheidet aus, weil es hierfür bereits an einer **planwidrigen Regelungslücke.** Die Problematik so genannter Massenverfahren ist dem Gesetzgeber hinlänglich bekannt. Er hat hierauf jedoch im Raumordnungsgesetz bisher nicht reagiert. Selbst mit der umfassenden Novelle des Raumordnungsgesetzes durch das Gesetz vom 23.5.2017 (BGBl. I 1245) hat er keine Regelung zu Masseneinwendungen getroffen. Vor diesem Hintergrund kann davon ausgegangen werden, dass der Gesetzgeber bislang keinen Bedarf für eine entsprechende Regelung erkannt und davon bewusst abgesehen hat. Ein an § 17 ausgerichteter Hinweis auf formelle Anforderungen an gleichförmige Einwendungen von mehr als 50 Personen ist daher eine unzulässige Beschränkung, weil er Personen davon abhalten kann, sich einer den entsprechenden Formerfordernissen nicht genügenden Einwendung anzuschließen (BVerwG NVwZ 2020, 1684 (1685); BVerwG BeckRS 2020, 16724 Rn. 7; OVG Berlin-Brandenburg BeckRS 2020, 25286 Rn. 50)

II. Gemeinsamer Vertreter (I)

2 Der **sachliche Anwendungsbereich** der Norm ist eröffnet, wenn zumindest **51 Personen** („mehr als 50 Personen") gleichlautende Anträge oder Eingaben auf Unterschriftenlisten oder in Form vervielfältigter Texte bei einer Behörde zu einem Verwaltungsverfahren eingereicht haben (sog „Massenverfahren"). Ist in dem so bezeichneten Personenkreis nicht zugleich ein Bevollmächtigter bestellt worden, so gilt derjenige als Vertreter, der darin mit **Namen, Beruf** und **Anschrift** als Vertreter bezeichnet wurde.

1. Personenkreis („mehr als 50 Personen")

3 Entscheidungserheblich für die Zählung der Personen ist die **Anzahl der Unterschriften,** nicht die Anzahl der Einwendungen oder Eingaben (KR/Ramsauer § 17 Rn. 11). In diesem frühen Stadium des Verfahrens folgt aus der mit der Bestimmung verknüpften gesetzlichen Intention einer **Entlastung der Behörde** und einer **Vereinfachung** des Verfahrens, dass lediglich das Ergebnis der **Addition** der Unterschriften für die Anwendbarkeit erheblich ist, weitere verwaltungsverfahrensrechtliche Voraussetzungen, es sei denn, sie wären offensichtlich, an dieser Stelle nicht geprüft und zu diesem Zeitpunkt zu entscheiden sind. Die vom Gesetzgeber beabsichtigte Entlastung der Behörde, die auf eine „Auseinandersetzung" (KR/Ramsauer § 17 Rn. 1) verzichtet, würde unterlaufen, stünden schon zu diesem frühen Zeitpunkt verfahrensrechtliche Fragen zur Prüfung an.

4 Erheblich ist, ob der durch Addition zu bestimmende Personenkreis mehr als 50 Personen beträgt. Mitzuzählen sind alle **individualisierbaren Personen,** deren Existenz nicht von vornherein **unmöglich** ist (Phantasienamen, Personen der Zeitgeschichte oder prominente, offenkundig verstorbene Personen); ferner auch **unleserliche Unterschriften** bei Unterschriftenlisten. Haben gesetzliche Vertreter, zB Eltern für ihr Kind, unterzeichnet, so ist das Kind mitzuzählen (str. aA SBS/Schmitz § 17 Rn. 15; wie hier KR/Ramsauer § 17 Rn. 11) wie auch die Unterschriften eines **Handlungsunfähigen** (§ 12) und solcher Personen, deren Identität ohne weitere Sachprüfung nicht feststellbar ist, mitzuzählen sind (SBS/Schmitz § 17 Rn. 15, 23; KR/Ramsauer

§ 17 Rn. 12; Ziekow § 17 Rn. 4; BeckOK VwVfG/Birk § 17 Rn. 7). Es kommt auch nicht darauf an, ob die Personen **Beteiligte** (§ 13) sind (differenzierend Ziekow § 17 Rn. 4; wie hier KR/Ramsauer § 17 Rn. 11; SBS/Schmitz § 17 Rn. 10; BeckOK VwVfG/Birk § 17 Rn. 6) oder in eigenen Rechten bzw. Interessen betroffen sind (KR/Ramsauer § 17 Rn. 3).

2. Gleichförmige Eingaben

Voraussetzung für die Anwendbarkeit der Norm ist, dass gleichförmige Eingaben in einem bereits anhängigen Verwaltungsverfahren iSv § 9 vorliegen (SBS/Schmitz § 17 Rn. 14). Die Behörde hat zu prüfen, ob die Eingaben formal auf Unterschriftenlisten und/oder in Form vervielfältigter, gleich lautender Texte eingereicht worden sind (gleichförmige Eingaben). **Schriftlichkeit** ist erforderlich; mündliche Eingaben bleiben unbeachtlich (Ziekow § 17 Rn. 4). Unterschriftenlisten dürften keine Schwierigkeiten aufwerfen. Gleichförmigkeit liegt dann nicht mehr vor, wenn der verfasste Text nicht mehr **inhaltlich gleichlautend** ist, sondern **individualisierbare, unterscheidungsfähige** Ergänzungen, Auslassungen und Veränderungen enthält, die eine Ähnlichkeit wiedergeben, aber nicht mehr der **Similiarität** als gesetzlichem Erfordernis entsprechen. Zu beachten ist allerdings, dass in der Praxis **partielle Übereinstimmung** der Eingaben und damit gleichlautende Eingaben vorliegen, während gleichzeitig individuelle Texte der jeweiligen Eingabe hinzugefügt worden sind. Die **Schnittmenge partiell gleichlautender Texte** eröffnet insoweit den Anwendungsbereich des § 17. Es kommt auf **inhaltliche Identität** an. Wo die Grenze genau zu ziehen ist, obliegt der Prüfung des Einzelfalls. Das Medium der gleichlautend verfassten Texte spielt keine Rolle (Kopie, Abschrift etc). 5

Der Begriff „gleichlautende und vervielfältigte Texte" beruht auf einem nicht mehr zeitgemäßen **Technikverständnis,** in dem die Reproduktion, die Kopie im Mittelpunkt steht, während die elektronische Kommunikation die moderne und zeitgemäße Form darstellt, insbesondere die Kommunikation per E-Mail. Es werden in Zukunft voraussichtlich die einheitlichen Stellen nach §§ 71a ff. sein, die elektronisch übermittelte Eingaben entgegennehmen, die – da § 17 I Schriftform voraussetzt – mangels **qualifizierter Signatur** nach § 3a II nicht die Voraussetzungen erfüllen dürften. *De lege ferenda* sollte bei § 17 I eine einfache elektronische Übermittlung ohne Nachweis der qualifizierten Signatur ausreichend sein, da es auf den konkreten Nachweis einer feststellbaren Identität bei § 17 I nicht ankommt. 6

Ob aus dem Tatbestandsmerkmal „in einem Verwaltungsverfahren" zu folgern ist, dass das Verwaltungsverfahren zeitlich **vor** der Einreichung der Eingaben begonnen hat (SBS/Schmitz § 17 Rn. 14) oder durch die Anträge der mehr als 50 Personen eingeleitet werden darf (dafür BeckOK VwVfG/Birk § 17 Rn. 3), ist streitig. Teleologisch kommt § 17 die Aufgabe zu, der Behörde in einem Massenverfahren die Auseinandersetzung mit Antragstellern bzw. Einwendern zu erleichtern, was in der Regel bedeutet, dass ein Antragsgegenstand vorliegt, der seinerseits einen Anlass für ein Massenverfahren darstellt. 7

3. Benennung eines gemeinsamen Vertreters/Bevollmächtigten (I)

8 Nach I gilt derjenige als Vertreter der übrigen Unterzeichner, der Angaben zu Name, Beruf und Anschrift geleistet hat, sofern er nicht rechtsgeschäftlich als Bevollmächtigter bestellt worden ist. Werden hingegen die in § 17 I erforderlichen Angaben nicht gemacht, kann die Behörde die Eingaben **unberücksichtigt** lassen (§ 17 II 2 und 3), was ortsüblich bekanntzumachen ist.

9 Eine **unmittelbare Verpflichtung** des Personenkreises zur Bestellung eines Bevollmächtigten kann aus § 17 nicht abgeleitet werden (KR/Ramsauer § 17 Rn. 5). Es steht aber den Personen frei, einen der Unterzeichner **rechtsgeschäftlich** als Bevollmächtigten zu bestellen, so dass § 14 anwendbar ist. Es spricht auch nichts dagegen, dass einzelne Unterzeichner sich persönlich von einem weiteren Bevollmächtigten vertreten lassen (KR/Ramsauer § 17 Rn. 13).

10 Voraussetzung ist, dass die als Vertreter (der „übrigen" Unterzeichner) nach I 2 bezeichnete Person auch Unterzeichner der gleichförmigen Eingabe ist. Angaben zum Namen, zum Beruf und die Anschrift sind erforderlich, wenngleich zur Feststellung der Identität die Angabe von Name und Anschrift in der Regel ausreicht, so dass die **Information zur Berufsbezeichnung verzichtbar** ist, wenn eine Verwechslungsgefahr ausgeschlossen ist (KR/Ramsauer § 17 Rn. 16, 19; SBS/Schmitz § 17 Rn. 17; BeckOK VwVfG/Birk § 17 Rn. 8). Bei dem Vertreter muss es sich um eine **natürliche Person** handeln (§ 17 I 2).

11 Die so bezeichnete Person hat kraft Gesetzes die erforderliche Vertretungsmacht („gilt als befugt") und ist ermächtigt mit Wirkung für und gegen den Kreis der Unterzeichner Erklärungen abzugeben und entgegenzunehmen. Der Vertreter ist an Weisungen nicht gebunden (zum Umfang der Vertretungsmacht s. § 19). Mit der Formulierung „gilt als befugt" wird mittels einer **gesetzlichen Fiktion** die tatsächlich erforderliche Vertretungsmacht der so bezeichneten Person fingiert, ohne dass es auf etwaige zivilrechtliche Mängel der Bestellung der **abstrakten Vollmacht** ankommt. Ein Streit über den **zureichenden Umfang** bezüglich der Vollmacht soll ausgeschlossen bleiben und das Verfahren der Vertretung im Massenverfahren nicht beeinträchtigen. Es kann sich daher nur um eine **unwiderlegbare Vermutung** handeln (so auch KR/Ramsauer § 17 Rn. 6; offen gelassen BeckOK VwVfG/Birk § 17 Rn. 9.1). Die Beendigung des Vertretungsverhältnisses ist jederzeit durch Erklärung des Vertreters und des Vertretenen nach III möglich.

III. Nichtberücksichtigung gleichförmiger Eingaben aus formalen Gründen (II)

12 Die Behörde kann nach pflichtgemäßem Ermessen jene gleichförmigen Eingaben vollständig unberücksichtigt lassen, die nicht die Angaben nach I 1 deutlich sichtbar auf jeder mit einer Unterschrift versehenen Seite enthalten. Unter Angaben iSd § 17 I sind Name, Beruf und Anschrift des Vertreters zu

verstehen. Falls keiner der Unterzeichner als Vertreter bezeichnet wurde, fehlt eine Angabe.

Die Angaben über den Vertreter müssen auf jeder der Seiten wiedergegeben werden, die die Unterschriften der Unterzeichner tragen. Damit wird zunächst ein **Indiz** dafür begründet, dass die Unterzeichner mit der Benennung einer konkreten Person als Vertreter **einverstanden** sind (KR/Ramsauer § 17 Rn. 19). Etwaige **Zweifel** an der Wirksamkeit der Benennung dieses Vertreters werden kraft gesetzlicher Fiktion (§ 17 I 1) und des Umfangs der Vertretungsmacht nach § 19 **neutralisiert.** Fehlen jene formalen Voraussetzungen, bleiben die Unterzeichner nicht nur unvertreten, sondern ihr materielles Anliegen kann **unberücksichtigt** bleiben (KR/Ramsauer § 17 Rn. 18). Sofern die als Vertreter benannte Person nicht als natürliche Person (I 2) handelt, kann die Behörde die Eingabe ebenfalls unberücksichtigt lassen (II 1); was nichts anderes bedeutet, als dass sie berechtigt ist, die Eingabe nicht zu bearbeiten (Ziekow § 17 Rn. 6). 13

Ob die Behörde die gleichförmige Eingabe **zurückweist,** liegt in ihrem Ermessen, das pragmatischen und verfahrensökonomischen Erwägungen zu folgen hat (KR/Ramsauer § 17 Rn. 20b). Sofern die Behörde individuell Betroffene aufgrund des Wohnorts, also aufgrund des Kontextes der Eingabe leicht identifizieren kann, werden formal fehlerbehaftete Einwendungen kaum unberücksichtigt bleiben können. Insoweit wird das **Ermessen** regelmäßig zugunsten derjenigen **Drittbetroffenen** auszuüben sein, deren räumliche Nähe und damit deren **Grundrechtsberührung** aufgrund eines Vorhabens für die Behörde unmittelbar greifbar sind. 14

Sofern die Behörde die gleichförmige Eingabe unberücksichtigt lassen will, muss sie dies durch eine **ortsübliche Bekanntmachung** mitteilen (§ 17 II 2; zur Ortsüblichkeit der Bekanntgabe vgl. § 41). In der Mitteilung ist die Zurückweisung anzukündigen, der Mangel der Eingabe zu bezeichnen und eine **Frist** einzuräumen, binnen derer die Korrektur des Fehlers erfolgen kann (Ziekow § 17 Rn. 6). Eine Nichtberücksichtigung der gleichförmigen Eingabe kommt hinsichtlich jener Personen in Betracht, deren Namen oder Anschriften nicht oder **objektiv unleserlich** angegeben sind (II 3). 15

IV. Erlöschen der Vertretungsmacht (III)

Sowohl der Vertreter als auch der Vertretene sind jederzeit nach § 17 III berechtigt, das Vertretungsverhältnis zu beenden. Die Beendigung der Vertretung setzt den **Zugang** einer **einfachen schriftlichen Erklärung** bei der Behörde voraus. Auf **gesonderte Vertretungsverhältnisse** einzelner Einwender und Antragsteller hat diese Regelung keinen Einfluss. Auch wird das Verwaltungsrechtsverhältnis zwischen den ursprünglich Vertretenen durch die Beendigung nicht sofort aufgelöst (IV). Auch ist es unerheblich, ob durch die Beendigung des Vertretungsverhältnisses die Anzahl der Unterzeichner auf unter **50 Personen** fällt (Ziekow § 17 Rn. 8). Das Vertretungsverhältnis **erlischt** mit Eingang der Erklärung bei der Behörde (Ziekow § 17 Rn. 8). Rechtsgeschäftliche Erklärungen zwischen den Unterzeichnern und ihrem 16

Vertreter haben in zivilrechtlicher Hinsicht eine Wirkung auf das kausale, der Vertretung zugrundeliegende Rechtsverhältnis nicht aber eine rechtliche Wirkung auf die gesetzliche, kraft einer Fiktion fortbestehende Vertretung, an deren Beendigung insoweit die Erklärung gegenüber der Behörde geknüpft ist.

17 Erklärt der Vertreter die **Beendigung der Vertretungsmacht,** so erlischt die Vertretungsmacht gegenüber allen Vertretenen; eine stattdessen fortdauernde Vertretung Einzelner ist ausgeschlossen, um die Verfahrensvereinfachung nicht zu gefährden (KR/Ramsauer § 17 Rn. 22). Da der Vertreter auch Unterzeichner ist, hat er kraft einer „Sollvorschrift" gegenüber der Behörde zu erklären, ob er seine Eingabe aufrecht erhält und ob er einen Bevollmächtigten bestellt. Die Behörde hat keine Möglichkeit, diese Erklärung zu erzwingen (KR/Ramsauer § 17 Rn. 22; BeckOK VwVfG/Birk § 17 Rn. 12). Die Behörde wird das Verfahren im Übrigen unmittelbar mit den Unterzeichnern fortführen und nach § 17 IV die Bestellung eines neuen Vertreters herbeiführen, und zwar entweder durch die aufgeforderte Erklärung der Unterzeichner oder von Amts wegen selbst. Im Übrigen gilt III auch für den von Amts wegen bestellten Vertreter nach § 17 IV (Ziekow § 17 Rn. 8).

V. Erneute Bestellung eines Vertreters (IV)

18 Endet die Vertretungsmacht des Vertreters nach III oder aus sonstigen Gründen, zB aufgrund des Todes des Vertreters, so kann die Behörde die nicht mehr Vertretenen **auffordern,** innerhalb einer angemessenen Frist erneut einen gemeinsamen Vertreter zu bestellen. Hierbei kann sie selber Vorschläge unterbreiten, um den Fortgang des Verfahrens zu beschleunigen, was in der Praxis allerdings kaum auf Zuspruch der den Behörden gegenüber in der Regel kritisch eingestellten Gruppen stoßen dürfte.

19 Die **Angemessenheit der Frist** bestimmt sich nach den Umständen des Einzelfalls (Abstimmung innerhalb der Unterzeichner, Auswahl des Vertreters, Ferienzeiten etc), sollte aber im Regelfall mit **vier Wochen** ausreichend bemessen sein. Sofern mehr als 50 Personen aufzufordern sind, **kann** die Behörde die Einzelunterrichtung der Unterzeichner durch eine öffentliche Bekanntmachung ersetzen (IV 2). Der neue Vertreter muss nicht zwingend aus dem Kreis der Unterzeichner stammen (str.). Nach erfolglosem Ablauf der Aufforderungsfrist kann die Behörde von Amts wegen durch **VA** (KR/Ramsauer § 17 Rn. 26) einen **gemeinsamen Vertreter** bestellen. Die Bestellung ist – entgegen § 44a VwGO – **anfechtbar** (KR/Ramsauer § 17 Rn. 26; aA BeckOK VwVfG/Birk § 17 Rn. 14).

§ 18 Vertreter für Beteiligte bei gleichem Interesse

(1) [1]Sind an einem Verwaltungsverfahren mehr als 50 Personen im gleichen Interesse beteiligt, ohne vertreten zu sein, so kann die Behörde sie auffordern, innerhalb einer angemessenen Frist einen gemeinsamen Vertreter zu bestellen,

wenn sonst die ordnungsmäßige Durchführung des Verwaltungsverfahrens beeinträchtigt wäre. [2] Kommen sie der Aufforderung nicht fristgemäß nach, so kann die Behörde von Amts wegen einen gemeinsamen Vertreter bestellen. [3] Vertreter kann nur eine natürliche Person sein.

(2) [1] Die Vertretungsmacht erlischt, sobald der Vertreter oder der Vertretene dies der Behörde schriftlich erklärt; der Vertreter kann eine solche Erklärung nur hinsichtlich aller Vertretenen abgeben. [2] Gibt der Vertretene eine solche Erklärung ab, so soll er der Behörde zugleich mitteilen, ob er seine Eingabe aufrechterhält und ob er einen Bevollmächtigten bestellt hat.

I. Bedeutung

Regelungsgegenstand in § 18 ist die **Vertretung** von mehr als 50 Personen in sog **Massenverfahren,** die geringfügig von der Regelung in § 17 abweicht (Vertretene müssen Beteiligte sein), ansonsten aber eine vergleichbare normative Struktur aufweist. Auch hier erfolgt das Verfahren **zweiphasig.** Nach erfolgloser behördlicher Aufforderung zur rechtsgeschäftlichen Bestellung durch die Beteiligten, kann die Behörde von Amts wegen einen Vertreter bestellen. Die Vorschrift findet Anwendung auf Verwaltungsverfahren iSv § 9, im förmlichen Verfahren sowie im Widerspruchs- und Planfeststellungsverfahren. 1

Die Anwendbarkeit der Norm setzt voraus, dass mindestens 51 Personen **ohne Vertreter** im gleichen Interesse an einem Verwaltungsverfahren beteiligt sind. In personeller Hinsicht verlangt die Norm das Vorliegen der **Beteiligteneigenschaft** (§ 13), zumindest den **Status als Einwender** (§ 73 IV) oder den Status als von der Behörde zum Erörterungstermin geladener **Betroffener** in einem Planfeststellungsverfahren (KR/Ramsauer § 18 Rn. 2; SBS/Schmitz § 18 Rn. 3). Einwender sind nach 73 IV weder Beteiligte (BVerwG NVwZ-RR 1997, 663 (664)) noch sind sie Nichtbeteiligte nach 44a S. 2 VwGO, so dass sie nach § 13 II hinzuziehen sind, was konkludent über die Maßnahme nach § 18 I geschehen kann (BeckOK VwVfG/Birk § 18 Rn. 1.1; SBS/Schmitz § 18 Rn. 3: Entscheidungen nach § 13 II und § 18 können uno actu erfolgen). 2

II. Bestellung eines gemeinsamen Vertreters (I)

Sofern ein Beteiligter in dem Verwaltungsverfahren einen Bevollmächtigten bestellt hat, ist auf ihn § 18 unanwendbar. Wird in quantitativer Hinsicht die Zahl von 51 Personen damit unterschritten, bleibt § 18 ebenfalls unanwendbar (KR/Ramsauer § 18 Rn. 12). Die **gesetzliche Vertretung** einer ansonsten nicht handlungsfähigen Person ermöglicht grundsätzlich die rechtliche Handlungsfähigkeit als Beteiligter, eine Vertretung iSv § 18 wird davon aber noch nicht erfasst. Vielmehr ermöglicht die gesetzliche Vertretung erst die Anwendbarkeit von § 18. 3

Mindestens 51 Personen, die Beteiligte an einem Verwaltungsverfahren sind, müssen ein **gleiches Interesse** bekunden, wobei eine **Interesseniden-** 4

tität nicht zwingend ist, eine weitgehende **Konvergenz** des Ziels ist ausreichend. Eine zu kleinteilige Beurteilung würde dem Zweck des § 18 nicht gerecht. Im Gegensatz zu § 17 kommt es nicht auf Unterschriften etc an. Die Behörde hat insofern einen weiten Einschätzungsspielraum zur Beurteilung und Feststellung eines gleichen Interesses, das als „kleinster gemeinsamer Nenner" sich in der Regel in der **gemeinsam getragenen Überzeugung** offenbart, ein konkretes, zumeist industrielles Vorhaben zu verhindern. Möglich wäre auch das Erstreiten **protektiver Maßnahmen,** wie zB Maßnahmen des Lärmschutzes (SBS/Schmitz § 18 Rn. 3).

5 Die Bestellung eines gemeinsamen Vertreters ist ferner nur dann zulässig, wenn ohne Bestellung die **ordnungsgemäße Durchführung** des Verwaltungsverfahrens beeinträchtigt wäre. Es bedarf somit einer **positiven behördlichen Feststellung,** dass eine konkrete Beeinträchtigung des Verwaltungsverfahrens gegeben ist. Maßgeblich ist dabei, in welcher **Intensität** die Grundsätze der Einfachheit, Zweckmäßigkeit und Zügigkeit (§ 10 S. 2) im Verwaltungsverfahren schon beeinträchtigt sind und in welchem Umfang eine **Erleichterung** durch die Bestellung eines Vertreters prognostiziert werden kann. Im Rahmen der Prüfung ist sodann zu berücksichtigen, dass das verfassungsrechtlich begründete **Recht des Bürgers** zur Wahrung seiner Rechte in eigener Person (KR/Ramsauer § 18 Rn. 8) beschnitten wird. Der Eingriff durch die Bestellung eines gemeinsamen Vertreters wird nur gerechtfertigt durch eine erhebliche, **wesentliche Beeinträchtigung** der Behörde. Sind die Grenzen der **Arbeitskapazität der Behörde** noch nicht erreicht, ist dies ein Indiz dafür, dass noch keine erhebliche Beeinträchtigung durch das Verwaltungsverfahren gegeben ist (KR/Ramsauer § 18 Rn. 8 unter Bezugnahme auf die amtliche Begründung). Die Bestellung eines gemeinsamen Vertreters ist in diesem Fall unzulässig.

6 Liegen sämtliche Voraussetzungen der Norm vor, so bleibt die Aufforderung an die Beteiligten zur Bestellung des gemeinsamen Vertreters gleichwohl in das Ermessen der Behörde gestellt; eine **Rechtspflicht zur Aufforderung** einer gemeinsamen Bestellung existiert nicht (KR/Ramsauer § 18 Rn. 11; BeckOK VwVfG/Birk § 18 Rn. 11). Die **Fristsetzung** ist von den **Umständen des Einzelfalls** abhängig und dürfte in der Regel mit 4 Wochen ausreichend bemessen sein. Die Aufforderung ist eine nach § 44a VwGO nicht isoliert anfechtbare Verfahrenshandlung (SBS/Schmitz § 18 Rn. 7; KR/Ramsauer § 18 Rn. 10; BeckOK VwVfG/Birk § 18 Rn. 10).

7 Bestellen die zu Vertretenen nicht innerhalb der ihnen eingeräumten Frist einen gemeinsamen Vertreter, so kann die Behörde ihr Ermessen dahingehend ausüben, von Amts wegen einen gemeinsamen Vertreter zu bestellen. Auch insoweit existiert **keine Rechtspflicht** zur Bestellung eines gemeinsamen Vertreters von Amts wegen (BeckOK VwVfG/Birk § 18 Rn. 11).

III. Erlöschen der Vertretungsmacht (II)

8 In II ist das Erlöschen der Vertretungsmacht geregelt. Die Vorschrift stimmt **wörtlich** mit § 17 III überein (→ § 17 Rn. 16). Liegen die Voraussetzungen

nach § 18 I weiter vor, kann die Behörde erneut die Beteiligten auffordern, einen gemeinsamen Vertreter zu bestellen und nach erfolgloser Fristsetzung eine Bestellung von Amts wegen vornehmen (SBS/Schmitz § 18 Rn. 10; KR/Ramsauer § 18 Rn. 14).

§ 19 Gemeinsame Vorschriften für Vertreter bei gleichförmigen Eingaben und bei gleichem Interesse

(1) [1] Der Vertreter hat die Interessen der Vertretenen sorgfältig wahrzunehmen. [2] Er kann alle das Verwaltungsverfahren betreffenden Verfahrenshandlungen vornehmen. [3] An Weisungen ist er nicht gebunden.

(2) § 14 Abs. 5 bis 7 gilt entsprechend.

(3) [1] Der von der Behörde bestellte Vertreter hat gegen deren Rechtsträger Anspruch auf angemessene Vergütung und auf Erstattung seiner baren Auslagen. [2] Die Behörde kann von den Vertretenen zu gleichen Anteilen Ersatz ihrer Aufwendungen verlangen. [3] Sie bestimmt die Vergütung und stellt die Auslagen und Aufwendungen fest.

I. Bedeutung

Der Überschrift ist zu entnehmen, dass die Norm Rechte und Pflichten der Vertreter iSv § 17 und § 18 regelt. Aufgrund der uneingeschränkten uneinschränkbaren **Vertretungsbefugnis,** die durch eine vollständige **Weisungsfreiheit** flankiert wird, besteht die Möglichkeit, dass eine weitgehende Entkopplung vom Willen der Vertretenen eintreten kann. Ausgeglichen wird das Risiko einer „Entmündigung" (KR/Ramsauer § 19 Rn. 2) der Vertretenen durch das jederzeitige Recht der Beendigung des Vertretungsverhältnisses durch die Vertretenen nach § 17 III und § 18 II. 1

II. Rechte und Pflichten des Vertreters (I)

Die gesetzliche Formulierung in § 19 I, wonach der Vertreter die Interessen der Vertretenen sorgfältig wahrzunehmen hat, ist lediglich deklaratorischer Natur (Ziekow § 19 Rn. 2) und wiederholt (überflüssigerweise) bestehende privatrechtliche Haftungsbestimmungen, insbesondere die aus § 276 II BGB. Es wird mit der Bestimmung folglich keine spezialgesetzliche öffentlich-rechtliche Regelung geschaffen. Zu trennen ist das zivilrechtlich zu beurteilende Grundverhältnis und die öffentlich-rechtliche Ausgestaltung des Außenverhältnisses. Maßgeblich für die Begründung einer Haftung zwischen dem Vertretenen und dem Vertreter ist das **zivilrechtliche Kausalverhältnis,** das der (abstrakten) Vertretung zugrunde liegt. In der Praxis handelt es sich dabei in der Regel um einen entgeltlichen Geschäftsbesorgungsvertrag (§§ 675, 670, 612, 632 BGB). Ob die Bestellung durch die Behörde oder durch die Vertretenen erfolgt, ist für diese Frage des zugrundeliegenden **privatrechtlichen Schuldverhältnisses** belanglos (SBS/Schmitz § 19 Rn. 3). Ein Amtshaf- 2 tungsanspruch wird aufgrund der bestehenden zivilrechtlichen Sonderverbindung zwischen den Vertretenen und dem Vertreter durch sorgfaltswidriges Verhalten nicht ausgelöst.

3 Der Vertreter kann sämtliche das Verwaltungsverfahren betreffenden Verfahrenshandlungen vornehmen (I 2); er hat damit **alle Befugnisse,** insbesondere kann er Anträge stellen, Verfahren einleiten, abändern und das Verfahren beenden (SBS/Schmitz § 19 Rn. 6). Entsprechendes gilt für den Tatsachenvortrag, Erledigungserklärungen sowie für den Vergleich. Die Grenze bilden höchstpersönliche Erklärungen, die nur der Beteiligte abgeben kann und die eine Stellvertretung nicht zulassen.

4 Die Vertretenen haben während der Dauer der Vertretung kein eigenes Antragsrecht (KR/Ramsauer § 19 Rn. 5; SBS/Schmitz § 19 Rn. 6; Ziekow § 19 Rn. 3) und kein **Recht auf Akteneinsicht** (§ 29 I 3). Das Fehlen des Akteneinsichtsrechts wird mit der fehlenden Weisungsbefugnis nach § 19 II begründet (Ziekow § 19 Rn. 3). Die Behörde bleibt aber befugt, sich im Rahmen der Mitwirkungspflicht der Beteiligten nach § 26 II auch unmittelbar an den oder die Vertretenen zu wenden. (SBS/Schmitz § 19 Rn. 6).

5 Den das Verwaltungsverfahren **abschließenden VA** kann die Behörde nicht gegenüber dem Vertreter bekanntgeben (str.). Nach § 41 I 2 ist die Bekanntgabe des VA gegenüber Bevollmächtigten zulässig, während die Bekanntgabe gegenüber dem Vertreter nach §§ 17–19 unzulässig ist (SBS/Schmitz § 19 Rn. 7; Ziekow § 19 Rn. 4; aA KR/Ramsauer § 19 Rn. 4a; BeckOK VwVfG/Birk § 19 Rn. 4). Die Interpretation ist nicht überzeugend. Der Begriff des Bevollmächtigten kann nicht von dem Begriff des Vertreters abweichen. Beide Begriffe besitzen ihren Ursprung in § 164 ff. BGB. Auch wenn in der **Praxis** die öffentliche Bekanntmachung in Massenverfahren ohnehin die Regel sein dürfte, ist es mit Blick auf § 19 I 2, wonach der Vertreter alle das Verwaltungsverfahren betreffende Verfahrenshandlungen aktiv und passiv vornehmen kann, kaum nachvollziehbar zu begründen, aus welchem Grund die passive Empfangszuständigkeit des Vertreters hier nicht gegeben sein solle.

6 Die Vertretungsmacht des Vertreters ist auf das Verwaltungsverfahren beschränkt; daher ist er nicht berechtigt, mit Wirkung für die Vertretenen auf der Grundlage von § 19 **Widerspruch oder Klage** zu erheben, es sei denn, die rechtsgeschäftliche Vollmachtbestellung erfasst auch die Erhebung von Rechtsbehelfen.

7 Der Vertreter ist an Weisungen nicht gebunden (S. 3). Die **Weisungsfreiheit** des Vertreters schließt nicht aus, dass der Vertreter sich vor Stellung von Anträgen bei den Vertretenen informiert und entsprechende Absprachen für das weitere Vorgehen im Verwaltungsverfahren trifft (SBS/Schmitz § 19 Rn. 8). Die Weisungsfreiheit soll eine Vielzahl unterschiedlicher, auch widersprüchlicher Weisungen durch die Vertretenen überbrücken, die die Handlungsfähigkeit des Vertreters im Massenverfahren in Frage stellen oder sogar ausschließen könnte (Ziekow § 19 Rn. 3). Ein Vertreter nach §§ 17 ff. kann von der Behörde wie ein Bevollmächtigter oder Beistand **zurückgewiesen** werden, was sich aus II ergibt, der auf § 14 V-VII verweist (BeckOK VwVfG/Birk § 19 Rn. 9).

III. Anspruch auf Vergütung und Erstattung barer Auslagen (III)

III entspricht weitgehend § 16 III (→ § 16 Rn. 14 ff.). Lediglich der von der Behörde bestellte Vertreter kann gegen die Behörde einen Anspruch auf Vergütung und Erstattung barer Auslagen geltend machen. Der Anspruch nach I entsteht regelmäßig aus einem **zivilrechtlichen Auftrags- bzw. Geschäftsbesorgungsverhältnis.** Unberührt bleiben etwaige weitere zivilrechtliche Ansprüche des Vertreters gegen die Vertretenen, die insoweit nicht durch § 19 ausgeschlossen werden (BeckOK VwVfG/Birk § 19 Rn. 10.1). 8

Ob ein Vergütungsanspruch besteht, richtet sich nach BGB. **Honorarvereinbarungen** sind zulässig, müssen aber ausdrücklich und gesondert erfolgen. Anders als § 16 III erlangt die Behörde nach § 19 III 2 einen Aufwendungsersatzanspruch gegen die Vertretenen zu gleichen Anteilen (BeckOK VwVfG/Birk § 19 Rn. 11). Die Behörde kann daher nach III 2 von den Vertretenen in der Regel zu gleichen Anteilen Ersatz ihrer Aufwendungen verlangen. 9

§ 20 Ausgeschlossene Personen

(1) [1] In einem Verwaltungsverfahren darf für eine Behörde nicht tätig werden,
1. wer selbst Beteiligter ist;
2. wer Angehöriger eines Beteiligten ist;
3. wer einen Beteiligten kraft Gesetzes oder Vollmacht allgemein oder in diesem Verwaltungsverfahren vertritt;
4. wer Angehöriger einer Person ist, die einen Beteiligten in diesem Verfahren vertritt;
5. wer bei einem Beteiligten gegen Entgelt beschäftigt ist oder bei ihm als Mitglied des Vorstands, des Aufsichtsrates oder eines gleichartigen Organs tätig ist; dies gilt nicht für den, dessen Anstellungskörperschaft Beteiligte ist;
6. wer außerhalb seiner amtlichen Eigenschaft in der Angelegenheit ein Gutachten abgegeben hat oder sonst tätig geworden ist.

[2] Dem Beteiligten steht gleich, wer durch die Tätigkeit oder durch die Entscheidung einen unmittelbaren Vorteil oder Nachteil erlangen kann. [3] Dies gilt nicht, wenn der Vor- oder Nachteil nur darauf beruht, dass jemand einer Berufs- oder Bevölkerungsgruppe angehört, deren gemeinsame Interessen durch die Angelegenheit berührt werden.

(2) Absatz 1 gilt nicht für Wahlen zu einer ehrenamtlichen Tätigkeit und für die Abberufung von ehrenamtlich Tätigen.

(3) Wer nach Absatz 1 ausgeschlossen ist, darf bei Gefahr im Verzug unaufschiebbare Maßnahmen treffen.

(4) [1] Hält sich ein Mitglied eines Ausschusses (§ 88) für ausgeschlossen oder bestehen Zweifel, ob die Voraussetzungen des Absatzes 1 gegeben sind, ist dies dem Vorsitzenden des Ausschusses mitzuteilen. [2] Der Ausschuss entscheidet über den Ausschluss. [3] Der Betroffene darf an dieser Entscheidung nicht mitwirken.

[4] Das ausgeschlossene Mitglied darf bei der weiteren Beratung und Beschlussfassung nicht zugegen sein.

(5) [1] Angehörige im Sinne des Absatzes 1 Nr. 2 und 4 sind:

1. der Verlobte,
2. der Ehegatte,
2a. der Lebenspartner,
3. Verwandte und Verschwägerte gerader Linie,
4. Geschwister,
5. Kinder der Geschwister,
6. Ehegatten der Geschwister und Geschwister der Ehegatten,
6a. Lebenspartner der Geschwister und Geschwister der Lebenspartner,
7. Geschwister der Eltern,
8. Personen, die durch ein auf längere Dauer angelegtes Pflegeverhältnis mit häuslicher Gemeinschaft wie Eltern und Kind miteinander verbunden sind (Pflegeeltern und Pflegekinder).

[2] Angehörige sind die in Satz 1 aufgeführten Personen auch dann, wenn

1. in den Fällen der Nummern 2, 3 und 6 die die Beziehung begründende Ehe nicht mehr besteht;
1a. in den Fällen der Nummern 2a, 3 und 6a die die Beziehung begründende Lebenspartnerschaft nicht mehr besteht;
2. in den Fällen der Nummern 3 bis 7 die Verwandtschaft oder Schwägerschaft durch Annahme als Kind erloschen ist;
3. im Falle der Nummer 8 die häusliche Gemeinschaft nicht mehr besteht, sofern die Personen weiterhin wie Eltern und Kind miteinander verbunden sind.

Übersicht

Rn.
I. Bedeutung ... 1
II. Sachlicher Anwendungsbereich ... 5
1. Verwaltungsverfahren (§ 9) ... 5
2. Andere Verfahren ... 8
III. Persönlicher Anwendungsbereich (I) ... 9
IV. Ausschlussgründe (I 1 Nr. 1–6) ... 13
1. Beteiligte und Angehörige (Nr. 1 und 2) ... 13
2. Gesetzliche und rechtsgeschäftliche Vertretung (Nr. 3) ... 15
3. Angehöriger eines Vertreters (Nr. 4) ... 16
4. Beschäftigte, Vorstände und Mitglieder von Organen (Nr. 5) ... 17
5. Privater Gutachter und außerdienstliche Betätigung (Nr. 6) ... 22
V. Unmittelbarer Vor- oder Nachteil (I 2) ... 24
VI. Gruppenvorteil (I 3) ... 26
VII. Wahlen zu einer ehrenamtlichen Tätigkeit (II) ... 27
VIII. Unaufschiebbare Maßnahmen bei Gefahr im Verzug (III) ... 28
IX. Befangenheitsbesorgnis eines Ausschussmitglieds (IV) ... 30
X. Begriff des Angehörigen (V) ... 31
XI. Rechtsfolgen ... 32

I. Bedeutung

Gegenstand der in §§ 20, 21 enthaltenen Regelungen ist der Ausschluss von Personen wegen Befangenheit (§ 20) und wegen der Besorgnis der Befangenheit (§ 21) in einem Verwaltungsverfahren nach § 9. Liegen die Voraussetzungen nach § 20 vor, ist die betreffende Person kraft einer **unwiderlegbaren Vermutung** einer Interessenkollision und damit kraft Gesetzes von weiteren Tätigkeiten im Verwaltungsverfahren ausgeschlossen (Ziekow § 20 Rn. 1; KR/Ramsauer § 20 Rn. 1). Einer besonderen Entscheidung nebst Begründung (anders nach § 21) bedarf es nicht (KR/Ramsauer § 20 Rn. 1; Ziekow § 20 Rn. 1). Die Wirkung des Ausschlusses setzt in dem Zeitpunkt ein, in dem der jeweilige Ausschlussgrund vorliegt. 1

§ 20 vermittelt kein formelles Ablehnungsrecht. Die Entscheidung über die Mitwirkung eines Amtswalters kann als vorbereitende Verfahrenshandlung nur mit der Entscheidung selbst angefochten werden gem. § 44a VwGO. Einen Anspruch auf **Feststellung eines Mitwirkungsverbots** gibt es insoweit nicht (OVG Münster BeckRS 2022, 23658 Rn 10 mwN). 1a

Der Zweck der Vorschriften zur Befangenheit (§§ 20, 21) liegt in der Gewährleistung einer sachlichen und unvoreingenommenen Aufgabenerfüllung sowie in der Sicherstellung der Unbefangenheit im Gesetzesvollzug begründet. Schon der **„böse Schein“** möglicher Parteilichkeit, Anzeichen von „Vetternwirtschaft“ und von sonstigen Interessenwidersprüchen sollen vermieden werden (VG Magdeburg BeckRS 2023, 41808 Rn. 12; OVG Koblenz NVwZ-RR 2004, 134 (134); BVerwG NZA-RR 2003, 205 (208); BVerwG NVwZ 2003, 619 (620)). Den Vorschriften liegt ein verallgemeinerungsfähiger Gedanke des Verwaltungsverfahrensrechtes zugrunde. Die mit der Sache befasste Behörde hat die ihr übertragene Aufgabe in unparteiischer Weise wahrzunehmen. Dies ergibt sich auch aus dem rechtsstaatlichen Grundsatz fairer Verfahrensgestaltung, der in seinem Anwendungsbereich nicht auf das gerichtliche Verfahren beschränkt ist. Beratung und Information werden auch im Planfeststellungsrecht nicht ausgeschlossen. Die gebotene Unparteilichkeit wird missachtet, wenn ein Beteiligter „mit am Entscheidungstisch sitzt“ (BVerwG NVwZ 1987, 578 (582)). 2

Ob **tatsächlich eine Befangenheit** vorliegt, ist unerheblich. Das Verbot der Mitwirkung befangener Personen kann weder einseitig noch einvernehmlich abbedungen oder sonst außer Betracht gelassen werden (SBS/Schmitz § 20 Rn. 1; BVerwG NVwZ 1984, 718 (718)). Die Mitwirkung eines ausgeschlossenen oder auszuschließenden Bediensteten kann nicht isoliert, sondern nach § 44a VwGO nur zusammen mit der Sachentscheidung überprüft werden (BVerwG BeckRS 2021, 44554 Rn. 76 mwN; BeckOK VwVfG/Heßhaus § 20 Vorbem.). 2a

Allerdings ist die **Ehe und die Lebenspartnerschaft zwischen einem Beamten und dessen Vorgesetzten** nicht von vornherein dazu angetan, eine unparteiische und faire Amtsführung als Eignungsvoraussetzung für ein angestrebtes Amt zu verneinen (BVerfG NVwZ 2016, 59 (61)). Mit Blick auf Art. 33 II GG genügt es nicht, eine Eignung allein mit der vagen, nicht näher 2b begründeten Annahme zu verneinen, im angestrebten Amt könnten wegen der familiären Beziehung zu einem Dritten (hier: Ehefrau des Bewerbers und Präsidentin eines unterstellten VG) die Voraussetzungen von Ausschluss- und Befangenheitsvorschriften erfüllt sein. Das gilt umso mehr, wenn die fraglichen Tätigkeiten nur vertretungsweise ausgeübt werden und ihnen durch Vertretungsregelungen Rechnung getragen werden kann (BVerfG NVwZ 2016, 59).

3 Entscheidungen, die von nicht sachadäquaten Motiven innerer oder äußerer Parteilichkeit getragen werden, untergraben das Vertrauen in das Rechtsstaatsprinzip und vergiften das Prinzip der Gesetzmäßigkeit der Verwaltung; zugleich wird die Akzeptanz der Demokratie geschwächt. Es handelt sich folglich bei §§ 20, 21 um **Schutzvorschriften,** die die Lauterkeit der Verwaltung vor dem bösen Schein der Voreingenommenheit schützen. Der Grundsatz der Unbefangenheit wird durch die fehlende gleichwohl gebotene Distanz zum Verfahrensgegenstand ausgehöhlt (BVerwG NZA-RR 2003, 205 (208); SBS/Schmitz § 20 Rn. 1; KR/Ramsauer § 20 Rn. 6).

3a § 20 wird bei einer **Beschlussfassung des Gemeinderats** in Angelegenheiten der kommunalen Selbstverwaltung durch die spezielleren Bestimmungen der Kommunalgesetze verdrängt (BGH BeckRS 2020, 9287 Rn 27).

3b **Gleichstellungsbeauftragte** in Behörden sind weisungsfrei und nur als verselbstständigtes unabhängiges Organ Teil der Verwaltung. Die Rechtsstellung der Gleichstellungsbeauftragten ist rein verfahrensbezogen. Sie verfügt – anders als die Personalvertretung – zwar über die Rechte der Mitwirkung, Beteiligung oder Unterrichtung, nicht aber über solche der **Mitentscheidung** oder Zustimmung. Schon deshalb kann sie nicht Richter in eigener Sache sein. In Ermangelung der erforderlichen eigenständigen Kollisionsregelung obliegt es danach allein der Entscheidung der Gleichstellungsbeauftragten, ob sie sich an den §§ 20 ff. orientiert (VG Berlin BeckRS 2020, 12448 Rn. 30).

4 Das Prinzip der **Unbefangenheit** ist dem Rechtsstaatsprinzip zugeordnet, es folgt ferner aus dem Gleichheitsgrundsatz (Art. 3 GG) und erweist sich damit als ein fundamentales und zugleich tragendes Prinzip im Verwaltungsverfahren, das durch das Beamtenrecht ergänzt wird (§§ 65, 69 BBG). Aber nicht nur dort: behördliche wie gerichtliche Verfahren beruhen auf den Prinzipien der Objektivität, Neutralität und Fairness. Niemandem, so lautete der Grundsatz bereits im römischen Recht, solle es gestattet sein, in eigener Sache zu entscheiden (*nemo iudex in causa sua,* vgl. Digesten 2.1.10). Die neutrale, unparteiische Amtsführung gehörte bereits unter der Weimarer Reichsverfassung zu den hergebrachten Grundsätzen des Berufsbeamtentums (BayVerfGH NVwZ 2015, 434 (435); BVerfG NVwZ 2008, 873 (875)) und hieraus wurde die Pflicht abgeleitet, alles zu vermeiden, was geeignet wäre, auch nur den Anschein zu erwecken, dass eine Behörde nicht nach objektiven Maßstäben entscheidet. Das Prinzip der Unbefangenheit gilt im Übrigen auch als gemeinsames Gut **europäischen Rechts** (KR/Ramsauer § 20 Rn. 6a; EuGH NVwZ 1992, 358; zu Inhalt und Bedeutung des europäischen Rechts auf eine gute Verwaltung vgl. etwa Galetta EuR 2007, 57 ff.).

II. Sachlicher Anwendungsbereich

1. Verwaltungsverfahren (§ 9)

5 Die Vorschriften über die Befangenheit nach §§ 20, 21 gelten unmittelbar nur im Anwendungsbereich des VwVfG und finden nach § 1 I-III keine Anwendung, sofern speziellere Normen vorgehen (vgl. zu den Ausnahmen ferner SBS/Schmitz § 20 Rn. 2; zur Problematik bei Allgemeinverfügungen vgl. Scholz/Schröder NVwZ 2021, 1734). Im **Prüfungsrecht** (§ 2 III 3 Nr. 3) kommt ein Ausschluss nach § 21 in Betracht, wenn der Prüfer objektiv vorliegende eigene Fehler nicht korrigiert und/oder sich vorschnell auf ein bestimmtes Prüfungsergebnis festlegt (BVerwG NJW 2000, 1055 (1055)).

6 Die Befangenheit einer Behörde, die sog **institutionalisierte Befangenheit** (vgl. → § 21 Rn. 3), wird im Zusammenhang mit einem spezifischen Eigeninteresse einer Behörde problematisiert, das dem behördlichen Aufgabenspektrum zugrunde liegt und die spezifische Aufgabe einer Behörde einseitig prägt. Die in der Regel durch Gründungsgesetz statuierte (mitunter von der Öffentlichkeit als einseitige Interessenvertretung wahrgenommene) Funktionalität einer Behörde ist gewollt und demokratisch legitimiert. Institutionelle Befangenheit ist folglich kein im Anwendungsbereich der §§ 20, 21 einzuordnender Aspekt, sondern vielmehr eine Frage, die im demokratisch legitimierten Gesetzgebungsverfahren zu beantworten ist, sofern sich die Bindungswirkung der Gesetzmäßigkeit der Verwaltung in der Praxis als Schwachstelle herausstellen sollte (KR/Ramsauer § 20 Rn. 9; Ziekow § 20 Rn. 5; MSU/Steinkühler § 20 Rn. 113 ff. mwN). Insoweit sind die Vorschriften der Befangenheit nicht der richtige Ort, um die Frage zu klären, ob die Zuweisung von Aufgaben an verschiedene Behörden rechtspolitisch wünschenswert wäre (BVerwG NVwZ 2016, 1641 (1644) Rn. 36 mwN).

7 Auch nach der Rspr. folgt aus der Identität zwischen Anhörungs- und Planfeststellungsbehörde nicht eine institutionelle Befangenheit. **Allein die Konzentration der Zuständigkeiten** für die Durchführung des Anhörungsverfahrens und der Aufstellung des Planfeststellungsbeschlusses begründet noch keine personelle Befangenheit (OVG Bautzen NVwZ RR-2006, 767). Die §§ 20 und 21 regeln nur den Ausschluss und die persönliche Befangenheit von einzelnen Mitarbeitern; eine **institutionelle Befangenheit** einer Behörde kennt die Rechtsordnung nicht (OVG Münster BeckRS 2022, 23658 Rn. 11; BVwerG NVwZ 2016 1641 (1644) Rn. 29; BVerwG BeckRS 2006, 23080 Rn. 5; BVerwG ZOV 2006, 187 (187)). Dass eine Behörde im Rahmen ihrer gesetzlichen Zuständigkeit auch in eigenen Angelegenheiten entscheidet, ist nicht zu beanstanden, weil der Schutz der subjektiven Rechte eines betroffenen Bürgers durch die von der Rechtsordnung vorgesehenen Rechtsbehelfe sichergestellt ist (BVerwG NVwZ 2016 1641 (1644) Rn. 29; BeckRS 2016, 50850 Rn. 29). Die Funktionalität der Verwaltung wird in diesen Fällen nicht beeinträchtigt, sofern in einer rechtsstaatlichen Anforderungen genügenden Weise behördenintern für eine **organisatorische und personelle Trennung** beider Aufgabenbereiche gesorgt ist. Eine Behörde

mit Doppelzuständigkeit hat als Teil der öffentlichen Verwaltung in beiden ihr übertragenen Funktionen dem Gemeinwohl zu dienen, ist an Recht und Gesetz gebunden und untersteht exekutiver Aufsicht (BVerwG NVwZ 2016, 1641 (1644) Rn. 36). Wenn eine institutionelle Befangenheit in den Fällen der Konzentration mehrerer Verwaltungszuständigkeiten bei einer einzigen Landesbehörde nicht besteht, kann allein die Tatsache der Zuständigkeitskonzentration auch keine personelle Befangenheit begründen (OVG Bautzen NJOZ 2006, 3764 (3771); Stüer/Hönig DÖV 2004, 642 (644)).

7a Auch im Prüfungsrecht wird eine **„institutionelle Befangenheit"** einer Behörde abgelehnt (BVerwG BeckRS 2016, 43797). Wenn derselbe Amtsträger institutionell zum Erstprüfer und zugleich zur Ausgangs- und Widerspruchsbehörde für **prüfungsrechtliche Entscheidungen** gem. einer Studienordnung bestimmt wird, ist dagegen nichts einzuwenden. Es kann fachlich sogar **zweckmäßig** sein, um ein sog. Überdenkungsverfahren sicherzustellen (OVG Bautzen BeckRS 2020, 18371 mwN)

2. Andere Verfahren

8 Die §§ 20 f. gelten ausdrücklich für Verwaltungsverfahren, werden aber als Ausdruck eines **allgemeinen Rechtsgedankens** auch auf anderes Verwaltungshandeln sinngemäß übertragen (BVerwG LKV 2003, 276; BVerwG NVwZ 2000, 1414 (1418); BeckOK VwVfG/Heßhaus § 20 Rn. 9; KR/Ramsauer § 20 Rn. 7a). § 20 gilt sinnentsprechend zB im **Vergaberecht** (OLG Brandenburg NJW 2000, 149 (149); Otting NJW 2000, 484 (485)), im informellen Verfahren, bei verwaltungsprivatrechtlichem Handeln (BeckOK VwVfG/Heßhaus § 20 Rn. 12) sowie für das schlichthoheitliche Handeln (KR/Ramsauer § 20 Rn. 7a).

III. Persönlicher Anwendungsbereich (I)

9 § 20 I enthält einen abschließenden Katalog (KR/Ramsauer § 20 Rn. 14; Ziekow § 20 Rn. 7; MSU/Steinkühler § 20 Rn. 53) von Tatbeständen, die ein gesetzliches Mitwirkungsverbot statuieren. Daher liegt schon tatbestandsmäßig keine Befangenheit nach § 20 bei einer **amtlichen Vorbefassung** vor, wie zB bei der Mitwirkung in der Vorinstanz (BVerwG NVwZ-RR 2009, 662 (663); OLG Karlsruhe BeckRS 2007, 15120) oder bei Unterzeichnung des Ausgangsbescheids und dessen Rücknahme (BVerwG NVwZ-RR 2015, 753 (754)). Besonderheiten gelten im Wehrbeschwerdeverfahren, wonach ein Vorgesetzter stets von der Entscheidung über eine Beschwerde gegen eine eigene Maßnahme ausgeschlossen ist (BVerwG NVwZ 1987, 324 (325) im Anschluss an BVerwGE 63, (84)). Treten Fälle auf, die nicht vom Wortlaut des § 20 erfasst sind, ist nach § 21 vorzugehen (Ziekow § 20 Rn. 7).

10 § 20 beschränkt den Kreis der ausgeschlossenen Personen nicht nur auf die der Behörde organisationsrechtlich zugeordneten Amtswalter. Der Kreis der für eine Behörde tätig werdenden Personen ist weit zu ziehen (Ziekow § 20 Rn. 4). Es kommt darauf an, ob die handelnde Person mit Wissen und Wollen

für die Behörde in dem konkreten Verwaltungsverfahren tätig wird. Daher erstreckt sich der Anwendungsbereich auch auf **Hilfstätigkeiten** im Zusammenhang mit der Entscheidungsvorbereitung, sofern die konkrete Handlung eine Bedeutung für die Entscheidung selbst haben kann (SBS/Schmitz § 20 Rn. 13, 21 ff.).

In der Regel weisen die konkreten **Handlungen der Hilfskräfte** keinen 11
Entscheidungsbezug auf. Hilfskräfte wie etwa Schreibkräfte, Boten etc werden von § 20 nicht erfasst (Ziekow § 20 Rn. 3). Ob zB Dolmetscher, Protokollführer und Sachverständige entscheidungsbezogene Tätigkeiten ausüben, ist von den Umständen des Einzelfalls abhängig. Werden sie von der Behörde hinzugezogen, ist es relevant, ob die Personen bei der für die Behörde ausgeübten Tätigkeit eine konkrete Möglichkeit (SBS/Schmitz § 20 Rn. 25) erlangen, praktisch erheblichen (und nicht nur gemutmaßten) Einfluss auf das Verfahren und den Inhalt einer Entscheidung nehmen zu können (SBS/Schmitz § 20 Rn. 25). In der Regel sind diese Personen an der Vorbereitung einer Tatsachengrundlage beteiligt, die eine Entscheidung durch die ausschließlich entscheidungsbefugten Bediensteten erst ermöglicht. In der Praxis dürfte ein erheblicher Entscheidungsbezug regelmäßig zu verneinen sein. Ein Gutachter des Gutachterausschusses zur Bewertung von Grundstückswerten kann daher nicht unter Berufung auf § 406 ZPO als befangen abgelehnt werden; der Ausschluss von Gutachtern richtet sich allein nach § 192 III 1 BauGB bzw. nach § 20 I (VG Mainz NJOZ 2009, 2023 (2028)). Ähnliches gilt für eine Beteiligung von Wirtschaftsbeteiligten. Eine **Beteiligung von Fachverbänden** im Schaustellergewerbe bei der Zulassung von Jahrmarktgeschäften und **Weihnachtsmärkten** zielt nicht auf eine Tätigkeit „für" die Behörde ab, sondern dient der Einbeziehung der Interessenvertretung der betroffenen Berufsgruppe. Die Verbände erhalten Gelegenheit zum Vorbringen eigener Sachargumente. Das bloße Einbringung und Geltendmachung der Sichtweise einer bestimmten Berufs- oder Bevölkerungsgruppe in den behördlichen Entscheidungsprozess wird vom sachlichen Anwendungsbereich der §§ 20, 21 nicht erfasst (OVG Bremen NVwZ-RR 2019, 1041 (1044)).

Die **Zuziehung eines Sachverständigen** nach § 20 S. 1 AtG stellt eine 12
gem. § 44a S. 1 VwGO nicht selbständig anfechtbare Verfahrenshandlung und keinen vollstreckbaren VA mit Doppelwirkung dar, denn Zutritts-, Unterstützungs- und Auskunftsrechte nach § 16 GPSG und § 19 II AtG werden dem Sachverständigen nicht als originär eigene hoheitliche Befugnisse verliehen, sondern stehen ausschließlich der staatlichen Aufsichtsbehörde zu. Aufgrund einer privatrechtlichen Beauftragung wird ein zugezogener Sachverständiger lediglich in den Kreis der für die Behörde tätigen Personen einbezogen, die diese behördlichen Befugnisse kraft Gesetzes wahrnehmen können (VGH Kassel NVwZ-RR 1997, 75 (76)).

Ob für die Beurteilung des Ausschlusses oder der Befangenheit von Sach- 12a
verständigen die §§ 20 und 21 direkt oder entsprechend anzuwenden sind (so OVG Bautzen BeckRS 2022, 17423 Rn. 40 mwN) ist für die materielle Beurteilung ohne Belang. Die Behörde muss im Rahmen ihres Auswahlermessens sicherstellen, dass **keine Bedenken gegen die Unparteilichkeit der Sachverständigen** bestehen, wofür die §§ 20 und 21 jedenfalls direkt

oder entsprechend herangezogen werden können (OVG Bautzen BeckRS 2022, 17423 Rn. 40).

IV. Ausschlussgründe (I 1 Nr. 1–6)

1. Beteiligte und Angehörige (Nr. 1 und 2)

13 In einem Verwaltungsverfahren darf für eine Behörde nicht tätig werden, wer selbst Beteiligter ist. Sämtliche Amtsträger, die in dem konkreten Verwaltungsverfahren zugleich als Beteiligte (§ 13) zu qualifizieren sind, unterliegen einem Mitwirkungsverbot nach Maßgabe des abschließenden Katalogs des § 20 I (Ziekow § 20 Rn. 7). Das typischerweise vorliegende persönliche Interesse am Ausgang eines Verwaltungsverfahrens führt zu einer unauflösbaren Kollision privater und dienstlicher Interessen. Beteiligten gleichgestellt sind Einwender und Betroffene in Planfeststellungsverfahren (SBS/Schmitz § 20 Rn. 29; KR/Ramsauer § 20 Rn. 15), soweit sie durch das Verwaltungsverfahren Vor- oder Nachteile erlangen können (I 2).

13a Das **Personalvertretungsrecht** gilt als ein Teil des Rechts des öffentlichen Dienstes und damit als Verwaltungsrecht (BVerwG NZA-RR 2016, 166 (167); GmS-OBG, BVerwG NJW 1987, 2571). Hinzu kommt, dass die Beteiligung der Personalvertretung – abhängig von dem Gegenstand der Beteiligung – typischerweise die Wahrnehmung des Amtsauftrags und damit die Ausübung von Staatsgewalt gegenüber dem Bürger berühren kann (BVerwG NZA-RR 2016, 166 (167); BVerfG NVwZ 1996, 574). Aufgrund dessen ist ein **Personalratsbeschluss** über die Besetzung einer Beförderungsstelle, an dem ein Personalratsmitglied mitgewirkt hat, das sich selbst um die Stelle beworben hatte, aber nicht ausgewählt wurde, nach § 20 I 1 Nr. 1 nichtig (BVerwG NZA-RR 2016, 166).

14 Nach Nr. 2 ist von der Mitwirkung im Verfahren ausgeschlossen, wer Angehöriger eines Beteiligten ist. Der Begriff des **Angehörigen** wird in V abschließend legal definiert (KR/Ramsauer § 20 Rn. 18), der mit G vom 20.11.2015 um das Verlöbnis zwischen Lebenspartnern erweitert wurde (→ § 20 Rn. 31). Auch insoweit ist eine Kollision privater und dienstlicher Interessen greifbar, die zu einem Vorteil eines Angehörigen führen kann, weil dienstliche Belange unberücksichtigt bleiben.

14a Ein **Bezirkschornsteinfeger** nimmt eine Doppelstellung ein, er nimmt zahlreiche öffentliche Aufgaben wahr und handelt insoweit als Behörde; er ist damit nicht ein Beteiligter. Eine Behörde ist kein Beteiligter im Sinne von § 13, sondern Trägerin des Verwaltungsverfahrens (OVG Münster BeckRS 2022, 23658 Rn. 10 mwN).

2. Gesetzliche und rechtsgeschäftliche Vertretung (Nr. 3)

15 Wer einen **Beteiligten kraft Gesetzes oder Vollmacht** allgemein oder in einem konkreten Verwaltungsverfahren vertritt, darf in einem konkreten Verwaltungsverfahren nicht tätig werden (Nr. 3). Eine gesetzliche oder rechtsgeschäftlich begründete Vertretung begründet den Ausschluss jedweder Be-

teiligung. Eines konkreten Sachzusammenhangs bedarf es nicht, auch eine allgemeine Vertretung begründet ein Mitwirkungsverbot. Die rechtliche Begründung gesetzlicher Vertretungsmacht oder rechtsgeschäftlich bestellter Vollmacht im Einzelnen ist unerheblich (BeckOK VwVfG/Heßhaus § 20 Rn. 22; SBS/Schmitz § 20 Rn. 33). Die Vertretung kann demnach auf Gesetz beruhen oder rechtsgeschäftlich übertragen sein, wie es bei Eltern, dem Vormund oder Pfleger, Vorstandsmitgliedern und Organen juristischer Personen sowie persönlich haftenden Gesellschaftern der OHG und der KG – also nicht der Kommanditist –, kraft gerichtlicher Bestellung (§ 16) oder aufgrund gesetzlicher Fiktion (§§ 17, 18) der Fall ist. Nur der Empfangsbevollmächtigte (vgl. § 15) ist hiervon nicht betroffen; er ist zur aktiven Vertretung nicht befugt (SBS/Schmitz § 20 Rn. 33; KR/Ramsauer § 20 Rn. 19).

3. Angehöriger eines Vertreters (Nr. 4)

Nach Nr. 4 ist von der Mitwirkung im Verwaltungsverfahren ausgeschlossen, 16
wer **Angehöriger einer Person** ist, **die einen Beteiligten** in dem konkreten Verwaltungsverfahren aufgrund – allgemein oder besonders erteilter – Vertretungsmacht **vertritt.** Ausreichend für die Anwendbarkeit des Ausschlussgrundes ist (noch) nicht die lediglich abstrakte Bevollmächtigung, die Ausschlusswirkung setzt vielmehr die konkrete Wahrnehmung des Vertretungsverhältnisses voraus (Ziekow § 20 Rn. 10; SBS/Schmitz § 20 Rn. 34). Der Begriff des Angehörigen ergibt sich aus der Definition in § 20 V. Die in der Regel zivilrechtlich zu beurteilende rechtsgeschäftliche oder gesetzliche Rechtsgrundlage für die Vertretungsbefugnis ist auch hier unerheblich (BeckOK VwVfG/Heßhaus § 20 Rn. 25). Analog gilt die Norm im Prozessrecht (BeckOK VwVfG/Heßhaus § 20 Rn. 25). Der Sachverhalt eines Eheverhältnisses zwischen einem Richter und einem Prozessbevollmächtigten ist nach § 41 ZPO iVm § 173 VwGO nicht geregelt. Die **Gesetzeslücke** wird durch eine analoge Heranziehung von § 20 I 1 Nr. 4 geschlossen (LSG Schleswig-Holstein NJW 1998, 2925 (2925)).

4. Beschäftigte, Vorstände und Mitglieder von Organen (Nr. 5)

In einem Verwaltungsverfahren ist ferner ausgeschlossen, wer bei einem Be- 17
teiligten **gegen Entgelt** beschäftigt ist oder bei ihm als **Mitglied des Vorstands,** des **Aufsichtsrates** oder eines gleichartigen Organs tätig ist. Eine Ausnahme von dem Mitwirkungsverbot besteht für den, dessen Anstellungskörperschaft nach § 20 I 1 beteiligt ist. Diese Vorschrift erfasst weisungsgebundene Arbeitsverhältnisse und Dienstverhältnisse (Ziekow § 20 Rn. 11).

Ob und inwieweit der Begriff der „Beschäftigung“ auf Werkverträge und 18
entgeltliche Geschäftsbesorgungsverhältnisse ausgedehnt werden kann, ist fraglich (BeckOK VwVfG/Heßhaus § 20 Rn. 28). Maßgeblich sind Umfang und Intensität der Abhängigkeit im Einzelfall, die durchaus auch im Werkvertragsrecht bestehen kann. Maßgeblich ist die Definition der Selbständigkeit, wonach selbständig ist, wer im Wesentlichen frei seine Tätigkeit gestalten und seine Arbeitszeit bestimmen kann (§ 84 I 2 HGB). Bleibt die Freiheit der

Gestaltung der Tätigkeit und die **Freiheit in der Arbeitszeitbestimmung** erkennbar und besteht kein Anlass, dass das „freie Auftragsverhältnis zu einer der abhängigen Tätigkeit vergleichbaren Unselbstständigkeit führen" (OLG Stuttgart NVwZ-RR 2001, 29 (32)) kann, ist für eine analoge Anwendung kein Raum (Ziekow § 20 Rn. 11).

19 Ein Interessenkonflikt ist im Rahmen des § 20 beachtlich, wenn das entgeltliche Rechtsverhältnis zwischen dem Beteiligten und seinem Vertragspartner zum Zeitpunkt des Verwaltungsverfahrens existiert. Besteht es nicht mehr, greift § 20 nicht; es verbleibt dann bei § 21. Leitende Organe (zB Vorstand, Aufsichtsrat, Geschäftsführer) einer AG, einer GmbH und anderen gesellschaftsrechtlichen Zusammenschlüssen sind zwar auch entgeltlich Beschäftigte (Dienstvertrag eines Geschäftsführers), aber nicht ausnahmslos, da Aufsichtsratsmitglieder idR eine Aufwandsentschädigung erhalten und jedenfalls ihrer Tätigkeit kein Dienstvertrag zugrunde liegt. Die Entgeltlichkeit liegt dann nicht vor, wenn lediglich Auslagen erstattet werden. Ggf. muss aber geprüft werden, ob mit einer pauschalen Auslagenerstattung nicht ein verdecktes Entgelt bezogen wird (MSU/Steinkühler § 20 Rn. 99). Der Verbotstatbestand des § 20 I 1 Nr. 5 Hs. 1 gilt allerdings auch für die Personen, die bei einem Beteiligten als Mitglied des Aufsichtsrats tätig sind. Nach der **ständigen Rspr. des BVerwG,** der sich der BGH angeschlossen hat, kommt es nicht darauf an, ob der Amtsträger dem Aufsichtsrat einer verfahrensbeteiligten Gesellschaft in privatem Interesse oder in amtlicher Eigenschaft angehört (BGH NVwZ 2002, 509 (510); BVerwG, NVwZ 1988, 527 (530); BVerwG NVwZ 1984, 718 (718)). Der für die Auslegung vor allem maßgebliche Gesichtspunkt ist, dass Ausschluss- und Befangenheitsregelungen grundsätzlich nicht nur Bedeutung haben, wenn eine Interessenkollision wirklich vorliegt, sondern darauf abzielen, dass schon der „böse Schein" möglicher Parteilichkeit vermieden wird (BGH NVwZ 2002, 509 (510); BVerwGE 69, 256 (266)).

20 Nimmt ein Amtswalter eine Funktion in einer Gesellschaft in **leitender Position** ein, führt dieser Konflikt zum Ausschluss vom Verfahren (BGH NVwZ 2002, 509 (510); BVerwGE 69, 256 (265)). Das Betätigungsverbot gilt für **Minister, Staatssekretäre und leitende Ministerialbeamte** gleichermaßen und uneingeschränkt, wenn sie im Vorstand oder im Aufsichtsrat bzw. einem vergleichbaren Organ tätig sind (SBS/Schmitz § 20 Rn. 36).

21 Der Ausschlussgrund des § 20 I 1 Nr. 5 entfällt, sobald der Amtsträger seine Organtätigkeit aufgegeben hat. Von § 20 I 1 werden nur Tätigkeiten für eine Behörde erfasst, die aufgrund **einschlägiger Verfahrensvorschriften** dem Verwaltungsverfahren selbst zuzurechnen sind. Endet die Tätigkeit, bleibt die Frage offen, ob eine Besorgnis der Befangenheit nach § 21 gegeben ist (BeckOK VwVfG/Heßhaus § 20 Rn. 32). Im Planfeststellungsverfahren zum Flughafen München II wirkten auch ein Minister und ein hoher Ministerialbeamter mit, die zugleich als Aufsichtsräte der Flughafen München GmbH fungierten (v. Komorowski NVwZ 2002, 1455 (1456); BVerwG NVwZ 1987, 578 (578)).

5. Privater Gutachter und außerdienstliche Betätigung (Nr. 6)

Die **private Vorbefassung** in der konkreten Angelegenheit des Verwaltungsverfahrens rechtfertigt ein Mitwirkungs- und Betätigungsverbot. Eine Interessenkollision besteht, wenn jemand bezogen auf den Gegenstand des Verwaltungsverfahrens als Gutachter oder auf sonstige Weise tätig geworden ist. In der Angelegenheit ist eine Person durch Gutachten oder sonst tätig geworden, wenn das Gutachten oder die sonstige Tätigkeit in einem engen inneren Zusammenhang mit dem konkreten Fall gestanden hat, auf den sich nunmehr die Tätigkeit im Verwaltungsverfahren bezieht. Gutachten zu einer Sach- oder Rechtsfrage, die nicht diesen engen Bezug zu demselben Lebenssachverhalt aufweisen, reichen nicht aus (BVerwG NVwZ 2012, 307 (308); KR/Ramsauer § 20 Rn. 30). Auch Gutachten in parallel gelagerten Fällen können nach den konkreten Umständen – insbesondere bei einer materiellen Vergleichbarkeit der zu begutachtenden Fragen – erfasst werden (BVerwG NVwZ 2012, 307 (308); SBS/Schmitz § 20 Rn. 39). 22

Die Erstattung eines Gutachtens ist eine von vielen anderen Möglichkeiten, die einen Ausschluss rechtfertigen. Eine **zeitliche Begrenzung** fehlt im Gesetzestext. Eine Notwendigkeit, mittels einer teleologischen Reduktion auf einen Zeitraum von zB 5 Jahren zu gelangen, nach dessen Ablauf der Ausschlussgrund nicht mehr greift, ist nicht erkennbar. Auch weit zurückliegende private Befassungen rechtfertigen daher das – de lege lata – zeitlich unbefristete Mitwirkungsverbot (VG Karlsruhe NVwZ 1996, 616 (620) unter Hinweis auf amtl. Begründung; BVerwG NVwZ 1987, 578 (578); BeckOK VwVfG/Heßhaus § 20 Rn. 36; MSU/Steinkühler § 20 Rn. 111 mwN aus der Entstehungsgeschichte). 22a

Voraussetzung ist ferner, dass die Tätigkeit einen Bezug zur nach den Umständen des Einzelfalls konkret zu bestimmenden Angelegenheit des Verwaltungsverfahrens aufweist. Der Bezug muss in sachlicher Hinsicht umfänglich gegeben sein; liegt er nicht oder nur teilweise vor, kommt ein Ausschluss nach § 21 in Betracht (BeckOK VwVfG/Heßhaus § 20 Rn. 37). 23

V. Unmittelbarer Vor- oder Nachteil (I 2)

In § 20 I 2 wird dem Beteiligten gleichgestellt, wer durch die Tätigkeit oder durch die Entscheidung einen unmittelbaren Vorteil oder Nachteil erlangen kann. Wer am Ausgang des Verfahrens ein eigenes Interesse hat und damit den „bösen Schein" möglicher Parteilichkeit hervorruft (BVerwG NVwZ 1988, 913 (916)), ist von dem Verfahren ausgeschlossen. Ob die Interessenkollision tatsächlich besteht, ist unerheblich (VGH Mannheim NVwZ-RR 1997, 181 (183); NVwZ-RR 1993, 504 (505)). Wer aufgrund persönlicher Beziehungen zu dem Gegenstand der Beratung oder Entscheidung ein individuelles Sonderinteresse hat, das zu einer Interessenkollision führen kann und die Besorgnis rechtfertigt, dass der Betreffende nicht mehr uneigennützig handelt, darf an der anstehenden Entscheidung nicht mitwirken (VGH Mannheim NVwZ-RR 1997, 181 (183); NVwZ-RR 1993, 504 (505)). Erfasst 24 werden **individualisierbare immaterielle und materielle Vor- oder Nachteile** (VGH Mannheim NVwZ-RR 1993, 504 (505)). Dabei ist erforderlich, aber auch ausreichend, dass der Eintritt des Sondervorteils oder -nachteils aufgrund der Entscheidung konkret möglich, dh hinreichend wahrscheinlich ist. Auch reflexartige Vorteile, wie der im Verfahren mögliche Einblick in Geschäftsgeheimnisse eines Konkurrenten, reichen aus (KR/Ramsauer § 20 Rn. 34). Allerdings wird ein Bebauungsplan bundesrechtlich nicht deshalb nichtig, weil Ratsbeschlüsse, die im Verfahren zu seiner Aufstellung vor dem Satzungsbeschluss (§ 10 BBauG/BauGB) gefasst worden sind und infolge der Mitwirkung befangener Gemeinderäte rechtswidrig sind (BVerwG NVwZ 1988, 913 (916)).

25 Das **Merkmal der Unmittelbarkeit eines Vorteils oder Nachteils** setzt nicht voraus, dass die fragliche Entscheidung tatsächlich eintritt. Auf eine direkte Kausalität kommt es nicht an (st. Rspr. VGH Mannheim NVwZ-RR 1993, 504 (505), NVwZ-RR 1993, 97 (98)). Der „böse Schein" möglicher Parteilichkeit, der aus der Sicht des von einer Verwaltungsentscheidung Betroffenen zu beurteilen ist, reicht aus. Ein Mitwirkungsverbot nach § 20 I Nr. 1 S. 2 liegt nicht vor bei der Entgegennahme und Beglaubigung sog **Unterstützungsunterschriften** für einen Wahlvorschlag durch den ehrenamtlichen Bürgermeister (BVerwG NVwZ 2003, 619 (619)).

VI. Gruppenvorteil (I 3)

26 Nach § 20 I 3 greift das Mitwirkungsverbot nicht ein, wenn der Vor- oder Nachteil nur darauf beruht, dass jemand einer **Berufs- oder Bevölkerungsgruppe** angehört, deren gemeinsame Interessen durch die Angelegenheit berührt werden. Der sog Gruppenvorteil wird vom sachlichen Anwendungsbereich ausgenommen. Relevant für einen Ausschluss ist lediglich das individuelle Sonderinteresse (VGH Mannheim NVwZ-RR 1993, 504 (505)), nicht aber das kollektive Interesse einer Gruppe (SBS/Schmitz § 20 Rn. 46; KR/Ramsauer § 20 Rn. 38 mwN).

26a Dass der Vorsitzende eines Zivilsenats selbst Halter eines Dieselfahrzeugs der Abgasnorm Euro 5 ist, er das ihm vom Hersteller angebotene Aufspielen eines Software-Updates nach Beratung mit dem Anwalt eines Verkehrsclubs wegen zu besorgender negativer Folgen abgelehnt hat und er aktuell eine Inanspruchnahme des Herstellers prüft, rechtfertigt weder die Selbstablehnung des Richters wegen Besorgnis der Befangenheit noch ein Befangenheitsgesuch desselben Herstellers als Beklagter in einem vor dem Senat geführten Rechtsstreit, in dem der Käufer eines vom sogenannten Abgasskandal betroffenen Fahrzeugs Ansprüche gegen Verkäufer und Hersteller geltend macht (OLG Düsseldorf BeckRS 2019, 31659)

VII. Wahlen zu einer ehrenamtlichen Tätigkeit (II)

Die Ausschlussgründe nach § 20 I finden keine Anwendung auf **Wahlen** zu einer ehrenamtlichen Tätigkeit und für die **Abberufung** von ehrenamtlich Tätigen (§ 20 II; vgl. §§ 82 ff.). Folglich können Personen tätig werden, die in ihrer Person die Ausschlussgründe nach § 20 I aufweisen. Das Stimmrecht für die Person selbst ist folglich zulässig (Ziekow § 20 Rn. 19). Die Ausnahmevorschrift erfasst über ihren Wortlaut hinausgehend nicht nur Wahl und als actus contrarius die Abberufung, sondern auch **annexe Maßnahmen,** die in einem engen sachlichen Zusammenhang stehen, wie zB Vorbereitung und Beschlussfassung über die Durchführung der Wahl (Ziekow § 20 Rn. 19, BeckOK VwVfG/Heßhaus § 20 Rn. 46; SBS/Schmitz § 20 Rn. 48; aA KR/Ramsauer § 20 Rn. 46). 27

VIII. Unaufschiebbare Maßnahmen bei Gefahr im Verzug (III)

Nach § 20 III kann selbst ein mutmaßlich befangener Amtswalter ausnahmsweise Maßnahmen treffen, wenn Gefahr in Verzug gegeben ist (Notkompetenz). Die Vorschrift ist auch im Fall des § 21 entsprechend anwendbar (KR/Ramsauer § 20 Rn. 47; SBS/Schmitz § 20 Rn. 51). Die Norm ist das Ergebnis einer **Güterabwägung,** die bei Gefahr im Verzug unaufschiebbare Maßnahmen im Interesse des Rechtsgüterschutzes höher gewichtet als ein aus dem Mitwirkungsverbot folgendes Unterlassen bei schadensstiftendem Kausalverlauf. 28

Gefahr im Verzug ist gegeben, wenn ohne die erforderliche Handlung ein nicht unerheblicher Schaden bei den betroffenen Rechtsgütern eintreten würde und ein Abwarten bis zum Tätigwerden einer nicht ausgeschlossenen Person den Eintritt eines erheblichen Nachteils bedeuten könnte (BeckOK VwVfG/Heßhaus § 20 Rn. 47; Ziekow § 20 Rn. 20). Der Umfang zulässiger Handlungen ist einer **weiteren Güterabwägung** folgend auf unaufschiebbare Maßnahmen begrenzt, und damit auf grundsätzlich vorläufige (Sicherungs-) Maßnahmen zur Verhinderung weitergehender Nachteile (KR/Ramsauer § 20 Rn. 49; BeckOK VwVfG/Heßhaus § 20 Rn. 48). 29

IX. Befangenheitsbesorgnis eines Ausschussmitglieds (IV)

Hält sich ein Mitglied eines Ausschusses (§ 88) für ausgeschlossen oder bestehen Zweifel anderer Mitglieder, ob die Voraussetzungen nach § 20 I vorliegen, so ist dies nach § 20 IV 1 dem Vorsitzenden des Ausschusses mitzuteilen. Der Regelungsmechanismus setzt eine **aktive Mitwirkung** voraus; ein Ausschluss kraft Gesetzes findet hier (anders als in den Fallgruppen nach § 20 I) gerade nicht statt. Der Ausschuss entscheidet nach Eingang über den Ausschluss (§ 20 I 2). Eine **Selbstablehnung** des Betroffenen enthebt den Ausschuss nicht von einer Beschlussfassung (KR/Ramsauer § 20 Rn. 50). 30

Der Betroffene unterliegt bei Beratung und der darauffolgenden Beschlussfassung einem Anwesenheitsverbot (Ziekow § 20 Rn. 21; SBS/Schmitz § 20 Rn. 53; BeckOK VwVfG/Heßhaus § 20 Rn. 51), um eine unbefangene Erörterung zu ermöglichen.

30a Steht die Besorgnis der Befangenheit des Mitglieds eines Ausschusses im Sinne von § 88 im Raum, so entscheidet gemäß § 21 II in Verbindung mit § 20 IV anstatt der Behördenleitung **der Ausschuss** über den Ausschluss des betroffenen Mitglieds. Dem Ausschuss steht bei seiner Entscheidung über den Ausschluss eines Mitglieds kein Beurteilungs- oder Ermessensspielraum zu; seine Entscheidung ist gerichtlich voll überprüfbar (BVerfG NVwZ-RR 2023, 121 Ls., Rn. 28 mwN).

30b Für die Behandlung eines gegen **Mitglieder der Vergabekammer** gerichteten Ablehnungsgesuchs sind nicht § 54 VwGO iVm §§ 41 ff. ZPO analog, sondern stattdessen (unmittelbar) §§ 20 IV, 21 I und II, 71 I und III anzuwenden. Dies gilt insbesondere auch für den Fall, dass die Vergabekammer aufgrund des Ablehnungsgesuchs beschlussunfähig wird und eine bestehende behördliche Vertretungskette erschöpft ist (OLG Rostock BeckRS 2021, 3593; OLG Naumburg, BeckRS 2011, 4404).

X. Begriff des Angehörigen (V)

31 § 20 V enthält eine **verwaltungsverfahrensrechtliche Legaldefinition** des Begriffs „Angehöriger“. Die Aufzählung der einzelnen Tatbestände ist abschließend (KR/Ramsauer § 20 Rn. 54; BeckOK VwVfG/Heßhaus § 20 Rn. 52). Personen, die eine **Lebenspartnerschaft** (§ 1 I LPartG) begründet haben, gelten wechselseitig als Familienangehörige (§ 11 I LPartG) und sind daher in den Kreis der Angehörigen einzubeziehen. Aus dem Versprechen, eine Lebenspartnerschaft zu begründen, dem **Verlöbnis** (§ 1 IV LPartG), folgt seit dem 26.11.2015 durch das Gesetz zur Bereinigung des Rechts der Lebenspartner (BGBl. I 2015, 2010), dass auch der Verlobte Lebenspartner dem Begriff des Angehörigen nach V Nr. 1 unterfällt. Die **nichteheliche Lebensgemeinschaft** wird von § 20 tatbestandlich nicht erfasst. Die im Wortlaut der Norm nicht berücksichtigte nichteheliche Lebensgemeinschaft kann jedoch dem Verlöbnis nach V Nr. 1 gleichgestellt werden (KR/Ramsauer § 20 Rn. 54; SBS/Schmitz § 20 Rn. 56; aA MSU/Steinkühler § 20 Rn. 71; BeckOK VwVfG/Heßhaus § 20 Rn. 53). Für tatbestandlich nicht berücksichtigte verwandtschaftliche Konstellationen kommt § 21 in Betracht (BVerwG NZA-RR 2003, 205 (208)). Grundlage für die Beurteilung der einzelnen verwandtschaftlichen Beziehungen sind insbesondere nach § 1297 BGB (Verlöbnis), §§ 1303 ff. BGB (Eingehung der Ehe), § 1589 BGB (Verwandtschaft), § 1590 BGB (Schwägerschaft), § 1741 BGB (Annahme als Kind), § 1755 BGB (Erlöschen von Verwandtschaftsverhältnissen). Maßgeblich sind die zivilrechtlichen Begriffsbestimmungen (KR/Ramsauer § 20 Rn. 54a ff.; SBS/Schmitz § 20 Rn. 55 ff.). Die Regelung zu Angehörigen nach S. 2 betrifft Nachwirkungen früherer familienrechtlicher Beziehungen.

XI. Rechtsfolgen

Ergeht eine Entscheidung, obgleich eine durch § 20 ausgeschlossene Person mitgewirkt hat, ist die Entscheidung mit einem **Fehler behaftet** und daher **rechtswidrig,** aber in der Regel nicht nach § 44 III 2 nichtig. Liegt hingegen ein besonders schwerwiegender Fehler vor, welcher bei verständiger Würdigung aller Umstände evident ist, kann auch die Rechtsfolge der **Nichtigkeit** eingreifen. Dies wird insbesondere in den Fällen der Selbstbegünstigung und Entscheidung in unmittelbar eigener Sache angenommen (Ziekow § 20 Rn. 24; SBS/Schmitz § 20 Rn. 69). 32

Die Behörde muss den Versuch unternehmen, eine Heilung, ggf. Wieder- 33
holung der Handlung durch **unbefangene Amtswalter** herbeizuführen und die fehlerhaften Handlungen aufzuheben (KR/Ramsauer § 20 Rn. 67; Knack/Henneke/Ritgen § 20 Rn. 110). Vor Erlass eines VA hat sie etwaige abgeschlossene Verfahrensabschnitte durch unbefangene Bedienstete von dem Stigma der Parteilichkeit mittels einer Neuvornahme oder Bestätigung zu befreien. Es ist nicht erforderlich, dass ein eingeleitetes Verfahren abgebrochen und neu durchgeführt wird (Ziekow § 20 Rn. 24; KR/Ramsauer § 20 Rn. 67). Nach Erlass der Entscheidung ist eine **Heilung** durch die Ausgangsbehörde wegen § 45 II nicht mehr möglich, wohl aber durch die Widerspruchsbehörde (KR/Ramsauer § 20 Rn. 68). Auch bei einer Allgemeinverfügung ist nach deren Erlass eine Heilung nicht möglich, allenfalls durch spätere Aufhebung (Scholz/Schröder NVwZ 2021, 1734 (1738). Sofern ein Bediensteter einen **öffentlich-rechtlichen Vertrag** mit sich selbst schließt, ist dieser nach § 59 II Nr. 1 iVm § 44 I nichtig. Im Übrigen ergibt sich eine Nichtigkeit, wenn die Voraussetzungen von § 59 I iVm § 134 BGB oder von § 59 II, insbesondere von Nr. 2 im Falle von **Kollusion** vorliegen (SBS/Schmitz § 20 Rn. 70).

Ist ein befangener Amtsträger in einem Ausgangsverfahren beteiligt, bleibt 34
dieser Mangel dann unbeachtlich, wenn die Widerspruchsbehörde die verfahrensfehlerhaft zustande gekommene Ausgangsentscheidung nach einer **Neubewertung des Sachverhalts** im Ergebnis bestätigt und der mögliche Einfluss des befangenen Amtsträgers auf diese Widerspruchsentscheidung ausgeräumt ist (VG Neustadt BeckRS 2020, 1209 Rn. 30; OVG Sachsen-Anhalt BeckRS 2017, 140774)

§ 21 Besorgnis der Befangenheit

(1) [1] Liegt ein Grund vor, der geeignet ist, Misstrauen gegen eine unparteiische Amtsausübung zu rechtfertigen, oder wird von einem Beteiligten das Vorliegen eines solchen Grundes behauptet, so hat, wer in einem Verwaltungsverfahren für eine Behörde tätig werden soll, den Leiter der Behörde oder den von diesem Beauftragten zu unterrichten und sich auf dessen Anordnung der Mitwirkung zu enthalten. [2] Betrifft die Besorgnis der Befangenheit den Leiter der Behörde, so

trifft diese Anordnung die Aufsichtsbehörde, sofern sich der Behördenleiter nicht selbst einer Mitwirkung enthält.

(2) Für Mitglieder eines Ausschusses (§ 88) gilt § 20 Abs. 4 entsprechend.

Übersicht

	Rn.
I. Bedeutung	1
II. Besorgnis der Befangenheit	5
1. Allgemeines	5
2. Prüfungs- und Beurteilungswesen	7
3. Sachverständige	12
III. Behördliches Verfahren (I, II)	14
IV. Rechtsfolge	17
V. Rechtsschutz	18

I. Bedeutung

1 Funktional ist § 21 ein **Auffangtatbestand** (KR/Ramsauer § 21 Rn. 1; BeckOK VwVfG/Heßhaus § 21 Rn. 2), der das Prinzip der Unbefangenheit der Verwaltung über den Anwendungsbereich des § 20 hinaus schützt und gemeinsam mit § 20 ein zweistufiges Sicherungssystem im Verwaltungsverfahrensrecht verankert. § 21 steht zu § 20 im Verhältnis der Subsidiarität und tritt aufgrund der kraft Gesetzes unwiderlegbaren Vermutungswirkung des § 20 zurück. § 21 enthält – im Gegensatz zu § 20 – keine unwiderlegbare Vermutung der Befangenheit, es bedarf vielmehr eines objektiv-konkreten Nachweises der Befangenheit eines Bediensteten. Ein förmliches Ablehnungsrecht ist in der Norm nicht enthalten (anders dagegen im förmlichen Verfahren bei der Ablehnung von Sachverständigen, vgl. § 65 I 2 iVm § 406 ZPO und vor Ausschüssen § 71 II). Die Vorschrift räumt damit dem Beteiligten zwar das Recht ein, Befangenheitsgründe im Rahmen eines verwaltungsinternen Verfahrens geltend zu machen, vermittelt aber kein eigenes Recht, einen Amtswalter ablehnen zu können (OVG Münster LMRR 2014, 9 (9)).

2 Die Beteiligten und der Bedienstete haben die Möglichkeit, die Behördenleitung zu unterrichten, die sodann in einem behördeninternen Verfahren (SBS/Schmitz § 21 Rn. 5) eine Entscheidung zu treffen hat. Eine **institutionelle Befangenheit,** die sich auf eine Behörde als Ganzes bezieht und damit ihren demokratisch legitimierten gesetzlichen Auftrag diskreditiert, ist der Rechtsordnung fremd (→ § 20 Rn. 7). Die Voreingenommenheit ist ein rein subjektives Kriterium, das nicht einer abstrakten Rechtsform, sondern nur einer natürlichen Person anhaften kann (SBS/Schmitz § 21 Rn. 2).

3 Zur Vermeidung eigener Nachteile obliegt es den Beteiligten, einen Ablehnungsgrund unverzüglich (ohne schuldhaftes Zögern, § 121 BGB) vor der Verwaltungsentscheidung geltend zu machen. Aus diesem in § 71 III nicht aber in § 21 explizit enthaltenen Grundsatz folgt die **Unzulässigkeit einer nachträglichen Ablehnung** wegen Befangenheit, wenn sich jemand auf eine Verhandlung einlässt, ohne einen ihm bekannten Ablehnungsgrund

geltend zu machen. Unterlässt ein Beteiligter eines Ausschuss- oder Prüfungsverfahrens die Befangenheitsrüge, verwirkt er wegen unzulässiger Rechtsausübung in der Regel das Recht, den Verfahrensmangel später gegen die in der Hauptsache ergangene Entscheidung geltend zu machen (OVG Koblenz LSK 2000, 080715; SBS/Schmitz § 21 Rn. 6). Der sachliche Anwendungsbereich von § 21 ist mit dem von § 20 identisch, auch § 21 ist Ausdruck eines allgemeinen Rechtsgedankens (BVerwG NVwZ 1987, 578 (582); SBS/Schmitz § 21 Rn. 8), dessen Anwendbarkeit im Wege einer **teleologischen Extension** über Verwaltungsverfahren hinaus sämtliche Handlungen der öffentlichen Verwaltung **ohne Rücksicht** auf die rechtliche Handlungsform erfasst. In ihm kommt das Gebot der Unbefangenheit von allen Personen, die für eine Behörde in einem Verwaltungsverfahren entscheidungsbezogene Tätigkeiten ausüben zum Ausdruck. Auf den formellen Status der Personen kommt es hierbei nicht an (OVG Magdeburg BeckRS 2021, 40663).

Das Mitwirkungsverbot tritt nicht schon mit der Geltendmachung einer Rüge oder mit der Selbstablehnung des Bediensteten in Kraft (BVerwG NVwZ 1985, 576 (576)), sondern wird erst mit der Entscheidung des Behördenleiters oder der Aufsichtsbehörde feststellend konkretisiert (§ 21 I). 4

II. Besorgnis der Befangenheit

1. Allgemeines

Die Besorgnis der Befangenheit bedeutet, dass ein Grund vorliegen muss, der geeignet ist, Misstrauen gegen eine unparteiliche Amtsausübung eines Amtsträgers zu rechtfertigen. Diese Voraussetzung liegt vor, wenn aufgrund **objektiv feststellbarer Tatsachen** die subjektiv vernünftigerweise mögliche Besorgnis nicht auszuschließen ist, dass ein bestimmter Amtsträger in der Sache nicht unparteiisch, unvoreingenommen oder unbefangen entscheiden werde (BVerwG NVwZ 2016 1641 (1644) Rn. 26; OVG Bautzen LKV 2006, 373 (376); VGH Mannheim NVwZ-RR 1999, 282 (291); BVerwG NVwZ 1988, 913 (916); NVwZ 1988, 66 (66)). Die rein **subjektive Besorgnis,** für die bei Würdigung der Tatsachen vernünftigerweise kein Grund ersichtlich ist, reicht nicht aus (BGH BeckRS 2023, 13485 Rn. 25; OVG Bautzen BeckRS 2019, 28992 Rn. 27; BVerwG NVwZ 2016 1641 (1644) Rn. 26). 5

Die „Besorgnis der Befangenheit" verlangt einen gegenständlichen, **vernünftigen Grund,** der die Beteiligten von ihrem Standpunkt aus befürchten lassen kann, dass der Amtsträger nicht unparteiisch sachlich, insbesondere nicht mit der gebotenen Distanz, Unbefangenheit und Objektivität entscheiden, sondern sich von persönlichen Vorurteilen oder sonstigen sachfremden Erwägungen leiten lassen könnte (VGH Mannheim BeckRS 2014, 54948 Rn. 6). 5a

Gründe für eine Befangenheit sind je nach den **Umständen des Einzelfalles** naturgemäß verschieden. Die Besorgnis muss in der Person des Bediensteten begründet sein (KR/Ramsauer § 21 Rn. 14). Der „böse Schein" reicht 5b insoweit aus (OVG Bautzen LKV 2006, 373 (376); BVerwGE 107, 363 (368); OVG Lüneburg NVwZ 1996, 606 (609)). Allerdings ist hier der „böse Schein“ in tatsächlicher Hinsicht konkretisierungsbedürftig. Notwendig sind greifbare **äußere Anhaltspunkte,** lediglich subjektive Ahnungen oder Empfindungen reichen als innere Zustände ohne tatsächlichen Bezug ebenso wenig aus wie allgemeine Gründe, zB Staats- und Religionszugehörigkeit, Herkunft, Berufsstand, Ausbildung etc (Ziekow § 21 Rn. 3; KR/Ramsauer § 21 Rn. 14, 16) eine hinreichende Besorgnis rechtfertigen. Die Behauptung, ein Prüfer habe den Kandidaten mit einem schrägen, gar abwertenden Blick bedacht, reicht nicht aus, zumal die Wahrnehmung eines Blickes nur schwer von individuellen Empfindungen zu trennen ist (VG Berlin BeckRS 2021, 7699 Rn 20). Ist auf Seiten der Rechtsanwaltskammer ein Rechtsanwalt an der Zulassung als **Syndikusrechtsanwalt** beteiligt, der die Kanzleiadresse mit dem Antragsteller teilt, so handelt es sich nicht um einen unbefangenen Amtswalter; auf eine tatsächliche Befangenheit kommt es hier, wie auch sonst nicht an (AGH Baden-Württemberg, NJW-RR 2019, 53 (55).

5c Häufigere **Besprechungen** zwischen Baugenehmigungsbehörden, weiteren Fachbehörden, Bauherren und gegebenenfalls Sachverständigen sind vor allem bei Großprojekten üblich und sind grundsätzlich nicht als Ausdruck einer Besorgnis der Befangenheit zu verstehen (VGH Mannheim ZfBR 2020, 77). Die **Terminfestlegung** mit dem Vorhabenträger für den Erörterungstermin ohne den Termin mit einem klagenden Dritten abzustimmen, begründet ebenfalls noch keine Besorgnis der Befangenheit (OVG Bautzen BeckRS 2019, 28992 Rn. 27 mwN). Für eine Besorgnis der Befangenheit nicht ausreichend ist regelmäßig, wenn ein Amtsträger allgemein **bestimmte Rechtsauffassungen** vertritt oder im Verfahren äußert, es sei denn, es liegen zusätzliche Gründe vor, die zu Zweifeln an der Unparteilichkeit des Amtsträgers Anlass geben, wie bei stark unsachlichen, diskriminierenden Äußerungen. Dies gilt auch, soweit es um die Auslegung von Verfahrensvorschriften geht. Deshalb lässt sich allein aus der **fehlerhaften Anwendung einer verfahrensrechtlichen Norm** nicht die Annahme der fehlenden Unparteilichkeit des mit der Planfeststellung befassten Amtsträgers herleiten (OVG Magdeburg BeckRS 2017, 131944 Rn. 66). Die Grenze, die den bösen Schein zu rechtfertigen vermag, wird überschritten, wenn der (Bau-)Antragsteller gewissermaßen **„mit am Entscheidungstisch“** sitzt (VGH Mannheim ZfBR 2020, 77).

5d Auch im Disziplinarrecht ist § 21 anwendbar. Es liegt in der Natur der Sache, dass eine **Leiterin des Personalreferats** regelmäßig mit dienstrechtlichen Konflikten befasst ist und je nach der Schwere des Konflikts auch Vorhaltungen oder gar emotional behafteten Vorwürfen ausgesetzt sein kann. Da das Führen personeller Auseinandersetzungen zum dienstlichen Alltag der Leiterin eines Personalreferats gehört, kann allein aus dem **Umstand des Eingebundenseins des Personalreferats** in dienstliche Konflikte mit der Beklagten eine Besorgnis der Befangenheit der Ermittlungsführerin nicht abgeleitet werden (OVG Lüneburg BeckRS 2022, 48363 Rn. 18).

Der Umstand, dass ein **Präsident einer Behörde** als deren Leiter in dienstliche Vorgänge eingebunden ist, die später zum Gegenstand eines Disziplinarverfahrens gemacht werden, liegt in der **behördlichen Hierarchie** begründet und begründet für sich genommen keine Besorgnis der Befangenheit (OVG Lüneburg BeckRS 2022, 48363 Rn. 20).

Steht die Besorgnis der Befangenheit des **Mitglieds eines Ausschusses** im Sinne von § 88 im Raum, so entscheidet gem. § 21 II iVm § 20 IV 2 anstatt der Behördenleitung der Ausschuss über den Ausschluss des betroffenen Mitglieds. Dem Ausschuss steht bei seiner Entscheidung über den Ausschluss eines Mitglieds kein Beurteilungs- oder Ermessensspielraum zu; seine Entscheidung ist **gerichtlich voll überprüfbar.** Die Beurteilung der Rechtmäßigkeit des Verfahrens sowie der getroffenen Endentscheidung hängt somit letztlich nicht von der Anordnung des Behördenleiters bzw. dem Beschluss des Ausschusses ab, sondern davon, ob tatsächlich eine (begründete) Besorgnis der Befangenheit bestand. Eine tatsächliche Befangenheit ist hierfür nicht erforderlich. Es genügt bereits der „böse Schein" (BVerfG BeckRS 2022, 35026 Ls.; OVG Lüneburg BeckRS 2022, 16962 Rn. 29). 5e

Sobald ein Ausschuss – **Berufungskommission an einer Hochschule** – Kenntnis von objektiven Umständen erhält, die potentiell geeignet erscheinen, eine Besorgnis der Befangenheit zu begründen, hat er über die Frage eines Ausschlusses des Betroffenen zu beraten und zu entscheiden. Im Rahmen dessen hat er zu prüfen, ob die Besorgnis der Befangenheit tatsächlich begründet ist (OVG Lüneburg BeckRS 2022, 16962 Rn. 29). 5f

Allein die Zugehörigkeit zu ein und derselben Dienststelle kann die Besorgnis der Befangenheit noch nicht begründen. Auch gelegentliche private Kontakte sind unschädlich. Für **akademische Berufungsverfahren** gilt, dass nicht jede Form von wissenschaftlicher Zusammenarbeit oder jede (frühere) berufliche oder akademische Verbundenheit eines Mitglieds der Berufungskommission mit einem Bewerber gleichsam automatisch die Annahme der Befangenheit begründet, weil ein gewisser wissenschaftlicher oder beruflicher Kontakt im wissenschaftlichen und universitären Bereich üblich ist. Etwas anderes kann aber dann gelten, wenn sich aus dem beruflichen bzw. fachlichen Zusammenwirken eine besondere kollegiale Nähe, ein **besonderes kollegiales Näheverhältnis** entwickelt hat (OVG Lüneburg BeckRS 2022, 16962 Rn. 30; OVG Lüneburg BeckRS 2021, 17023 Rn. 32). 5g

Ein solches besonderes Näheverhältnis ergibt sich beispielsweise aus der Zusammenarbeit in einem Graduiertenkolleg als einem von Wissenschaftlern getragenen und durch öffentliche Mittel gesondert geförderten Gebilde, in dem Forschung und darauf bezogene Nachwuchsförderung eine Einheit bilden (OVG Lüneburg BeckRS 2021, 17023 Rn. 33 mwN). 5h

Eine persönliche Abneigung oder gar Feindschaft kann nach den Umständen des Einzelfalls eine Besorgnis der Befangenheit rechtfertigen, sofern sie sich in nachprüfbaren Tatsachen manifestiert hat. Entscheidend sind letztlich immer die Umstände des konkreten Einzelfalls, dh, es ist danach zu fragen, ob in der Person des betreffenden Kommissionsmitglieds individuelle Gründe vorliegen, die seine Mitwirkung hinsichtlich eines Bewerbers angreifbar machen (OVG Lüneburg BeckRS 2021, 17023 Rn. 32 mwN). Daraus folgt, dass eine **rein subjektive Besorgnis,** für die bei Würdigung der Tatsachen vernünftigerweise kein Grund ersichtlich ist, nicht ausreichend ist (VG Karlsruhe 5i

BeckRS 2022, 19322; OVG Mecklenburg-Vorpommern BeckRS 2010, 50631 Rn. 43).

5j Verspricht ein Personalreferent, eine Stelle „für einen Bewerber“ auszuschreiben und verantwortet danach das diesbezügliche Auswahlverfahren, kann dieses regelmäßig nicht als ergebnisoffen bzw. neutral bewertet werden, so dass § 21 hier eingreift (VGH Mannheim BeckRS 2020, 23601 LS).

6 Die **Selbstablehnung eines Bediensteten** begründet noch nicht das Mitwirkungsverbot; entscheidend sind die tatsächliche Würdigung der Gründe und die Entscheidung durch den Behördenleiter (BVerwG NVwZ 1985, 574 (576)). Die Ablehnung des Leiters eines Erörterungstermins wegen Befangenheit zwingt nicht dazu, die Erörterungsverhandlung zu unterbrechen, bis eine Entscheidung des Behördenleiters erfolgt ist (VGH Mannheim NVwZ-RR 1989, 354 (354)). Misstrauen rechtfertigende Umstände sind ua: unsachliche Äußerungen zur Sach- und Rechtslage (Ziekow § 21 Rn. 4, KR/Ramsauer § 21 Rn. 17b), ein schweres persönliches Zerwürfnis mit dem Behördenleiter (VGH Kassel DÖV 1970, 645 (645)) sowie verwandtschaftliche Beziehungen, die dem Angehörigenbegriff nach § 20 V nicht unterfallen (BVerwG NZA-RR 2003, 205 (208)). In einer subjektiv als ärgerlich empfundenen objektiv sogar überlangen Verfahrensdauer allein ist ohne das Hinzutreten eines „bösen Scheins“ noch kein Grund für eine Befangenheit gegeben (OVG Münster NJW 1993, 2259 (2259)). Die **dienstliche Vorbefassung** eines Amtsträgers in der gleichen oder einer parallel gelagerten Sache, begründet keine Befangenheit (→ § 20 Rn. 9). Allein der Umstand, dass ein Amtswalter bei einer anderen Behörde bereits mit dem gleichen Vorgang dienstlich betraut war, zieht nicht die erforderliche dienstliche Distanz in Zweifel (OVG Bautzen LKV 2006, 373 (373)).

6a Gegen durch Duldungsverfügung aufgegebene Feuerstättenschau durch einen **Schornsteinfeger,** der in dienstlichen Angelegenheiten in keiner Weise eine politische Anschauung erkennen oder sich gar von dieser zu bestimmen Handlungen leiten lassen, kann nicht die Besorgnis der Befangenheit mit der Begründung erhoben werden, der Schornsteinfeger sei wegen einer acht Jahre **zurückliegenden Straftat** mit **extremistischem Hintergrund** verurteilt worden. Der Schornsteinfeger wird als Beliehener eigenverantwortlich hoheitlich tätig und erlässt Verwaltungsakte (VG Leipzig BeckRS 2024, 1612 Rn. 11). Die Begehung einer Straftat und eine vier Jahre zurückliegenden Verurteilung begründet noch nicht die Besorgnis der Befangenheit des betroffenen Amtsträgers, auch wenn der am Verfahren beteiligte Bürger diametralen politischen Überzeugungen anhängt. Die Besorgnis der Befangenheit verlangt einen gegenständlichen, vernünftigen Grund, der die Beteiligten befürchten lassen kann, dass der Amtsträger nicht unparteiisch, insbesondere nicht mit der gebotenen Distanz, Unbefangenheit und Objektivität entscheiden, sondern sich von persönlichen Vorurteilen oder sonstigen sachfremden Erwägungen leiten lassen könnte. Erforderlich ist damit das Vorliegen objektiver Tatsachen, die bei rationalen Erwägungen geeignet erscheinen, Zweifel an der unparteiischen Tätigkeit zu wecken. Subjektive Befürchtungen, die nicht mit objektiven Tatsachen verbunden werden können, reichen noch nicht aus (VG Leipzig BeckRS 2024, 1612 Rn. 13).

2. Prüfungs- und Beurteilungswesen

7 Im Prüfungs- und Bewertungsverfahren ist § 21 anwendbar (§ 2 III Nr. 2 und VGH Mannheim BeckRS 2012, 55147; VGH Mannheim DVBl 1988, 1122 (1122); BVerwG NVwZ 1985, 576 (576)), auch bei Ordnungsmaßnahmen bei Schulkonferenzen (OVG Lüneburg NordÖR 2023, 359). Der Grundsatz des fairen (Prüfungs-) Verfahrens verlangt im Prüfungs- und Beurteilungswesen, dass Inhalt und Ablauf streng sachbezogen und objektiv verlaufen (BVerfG NJW 1991, 2005 (2006); BVerwG NJW 1983, 2154). Unsachliches, voreingenommenes Verhalten des Prüfers ist geeignet, einen Verfahrensfehler zu begründen (SBS/Schmitz § 21 Rn. 14). Der Umstand allein, dass ein Prüfer erneut eine Prüfungsleistung beurteilen muss, weil seine erste Beurteilung durch gerichtliche Entscheidung als fehlerhaft beanstandet worden ist, rechtfertigt noch nicht den Schluss, er sei nunmehr voreingenommen (BVerwG NJW 1983, 2154), → Rn. 5b.

7a Begründete Besorgnis der Befangenheit besteht im Prüfungsrecht dann, wenn ein Grund vorliegt, der geeignet ist, Misstrauen gegen eine unparteiische Amtsausübung zu rechtfertigen. In Prüfungsverfahren bedeutet dies, dass aus der Sicht eines vernünftigen Prüflings, die nicht auf Mutmaßungen, sondern auf Tatsachen sich gründende Befürchtung gerechtfertigt erscheint, der Prüfer werde die Prüfungsleistung nicht mit der gebotenen Distanz und sachlichen Neutralität beurteilen, sondern sich von seiner ablehnenden inneren Einstellung und von seinen persönlichen Vorbehalten ihm gegenüber leiten lassen. Das Spezifikum der „Befangenheit" liegt dabei darin, dass der Prüfer nicht mehr offen ist für eine (nur) an der wirklichen Leistung des Prüflings orientierten Bewertung, sondern dass er von vornherein – etwa aufgrund persönlicher Vorurteile – und ohne hinreichende Ermittlung der Fähigkeiten des Prüflings auf eine bestimmte (negative) Bewertung festgelegt ist (VGH Mannheim BeckRS 2012, 55147).

8 Die Besorgnis der Befangenheit des Prüfers ist gegeben, wenn während der noch andauernden Prüfung der Vorsitzende zu erkennen gibt, die Prüfung könne eigentlich sofort beendet werden, weil sich am Ergebnis auch bei ihrer Fortsetzung nichts ändern werde (VGH Mannheim NVwZ 2002, 235 (235)). Ein Ausschluss nach § 21 kommt zudem in Betracht, wenn der Prüfer **objektiv vorliegende eigene Fehler** nicht korrigiert und/oder sich vorschnell auf ein bestimmtes Prüfungsergebnis festlegt (MSU/Steinkühler § 21 Rn. 40 ff.).

9 Der Prüfling muss die mögliche Befangenheit eines Prüfers auch dann unverzüglich, spätestens im Widerspruch, rügen, wenn ihm dessen Mitwirkung erst nach Abschluss des Prüfungsverfahrens bekannt wurde. Die zum ersten Mal in einer Klage vorgebrachte Rüge ist verspätet. An den **Erfolg einer Befangenheitsrüge** sind allerdings Voraussetzungen geknüpft (zur Beweislast → § 24 Rn. 39). Eine Befangenheitsrüge hat nur dann Erfolg, wenn der Prüfling vollen Beweis sowohl für die objektiv vorliegende Befangenheit des Prüfers als auch für ihren Einfluss auf das Prüfungsergebnis führt (OVG Koblenz LSK 2000, 080715; BVerwG DVBl 1999, 1594 (1597)).

10 Eine erneute Bewertung einer Arbeit durch einen bereits mit der Arbeit **vorbefassten Korrektor** begründet ohne Hinzutreten weiterer Tatsachen noch nicht die Besorgnis einer Befangenheit (BVerwG NVwZ-RR 1997, 606 (609); aA VGH Mannheim NVwZ 1991, 1205 (1207); zu der teils widersprüchlichen Judikatur vgl. KR/Ramsauer § 21 Rn. 18 Fn. 35). Der wissenschaftliche Meinungsstreit in einem Prüfergremium über Teilaspekte rechtfertigt ebenfalls noch nicht die Annahme der Befangenheit (VGH Mannheim DVBl 1988, 1122 (1123)). Die **Jägerprüfung** unterliegt nicht den nach der Rechtsprechung des BVerfG (BVerfGE 84, 34 = NJW 1991, 2005 (2005)) für berufsbezogene Prüfungen entwickelten strengen Maßstäben gerichtlicher Kontrolldichte (zur Frage der Besorgnis der Befangenheit von Jagdpächtern als Prüfer bei Jägerprüfungen VGH Mannheim NVwZ-RR 1999, 291 (291) – hier verneint).

10a Auf **dienstliche Beurteilungen** ist § 21 nicht anwendbar (VGH München BeckRS 2016, 44302; BVerwG NVwZ 1988, 66 (66) mwN). Es genügt nicht schon die Besorgnis der Befangenheit eines Beurteilers, sondern erst dessen tatsächliche Voreingenommenheit, die nicht aus der subjektiven Sicht des zu beurteilenden Beamten, sondern aus Sicht eines objektiven Dritten festzustellen ist (OVG Lüneburg NVwZ-RR 2013, 472 (473); BVerwG NVwZ 1998, 1302 (1302)). Eine tatsächliche Voreingenommenheit eines Beurteilers liegt vor, wenn dieser nicht willens oder nicht in der Lage ist, den Beamten sachlich und gerecht zu beurteilen (BVerwG NVwZ 1998, 1302 (1302)). Grundsätzlich können weder eine **kritische Einschätzung** der Arbeitsweise und des dienstlichen Verhaltens des beurteilten Beamten durch den beurteilenden Vorgesetzten noch das Bestehen dienstlich veranlasster Spannungen einen Anlass geben, eine Voreingenommenheit des Vorgesetzten anzunehmen (VGH München BeckRS 2016, 44302).

11 Der **Begriff der tatsächlichen Voreingenommenheit** eines Beurteilers unterscheidet sich von dem der Besorgnis seiner Befangenheit dadurch, dass seine mangelnde Objektivität und Unvoreingenommenheit gegenüber dem zu beurteilenden Beamten nicht aus dessen subjektiver Sicht, sondern aus der **Sicht eines objektiven Dritten** festzustellen ist. Entsprechend können grundsätzlich weder eine kritische Einschätzung der Arbeitsweise und des sonstigen dienstlichen Verhaltens des beurteilten Beamten durch den beurteilenden Vorgesetzten noch das Bestehen dienstlich veranlasster Spannungen bereits Anlass geben, eine Voreingenommenheit des Vorgesetzten anzunehmen. Auch durch gelegentlich erregte oder sonst emotional gefärbte Reaktionen wird grundsätzlich noch nicht die Erwartung in Frage gestellt, der Vorgesetzte wolle und könne seine Pflichten einschließlich derjenigen zur sachlichen und gerechten dienstlichen Beurteilung erfüllen. Dies gilt auch für einzelne unangemessene, saloppe, ungeschickte oder missglückte Formulierungen in einer Beurteilung (BVerwG NVwZ 1998, 1302 (1303)).

3. Sachverständige

12 Von der Behörde zugezogene Sachverständige sind häufig Ziel von Befangenheitsanträgen, insbesondere im Anlagenzulassungsrecht. Bei einem Sachver-

ständigen muss in Entsprechung zu § 21 die Besorgnis begründet sein, dass dieser sein Gutachten nicht **unparteiisch, objektiv und nur der wissenschaftlichen Wahrheit** verpflichtet erstatten wird. Maßgebend ist hierbei die Sicht des Betroffenen, betrachtet freilich mit den Augen eines verständigen Dritten. Auf die Sicht der Behörde und die Frage, ob der Sachverständige tatsächlich befangen ist, kommt es nicht an (OVG Lüneburg NVwZ 1996, 606 (609)).

Rechtsgutachten sind keine Sachverständigengutachten soweit sie nicht der **12a** Feststellung von Gewohnheitsrecht oder ausländischem Recht dienen. Darüber hinaus lässt allein das Vertreten einer abweichenden Rechtsauffassung ohne Hinzutreten weiterer Umstände nicht den Schluss auf eine Befangenheit zu (VGH Mannheim BeckRS 2015, 45203).

Private Gutachter, deren Stellungnahme eine Behörde in einem nicht förmlichen Verwaltungsverfahren verwertet hat, können nicht – insbesondere nicht in einem anschließenden Gerichtsverfahren – als befangen abgelehnt werden (VGH Mannheim NVwZ-RR 2003, 412 (415)). Handelt es sich um eine Sachverständigenorganisation, zB in der Rechtsform eines eV, bedarf es einer Überprüfung der inneren „Verfassung" (Satzung) sowie der Überprüfung, ob organisatorisch/institutionell Vorkehrungen gegen das Mitwirken nicht unabhängiger Personen bzw. gegen ein Vordringen vorgefasster Meinung getroffen wurde (VG Karlsruhe NVwZ 1996, 616 (620)).

Auch eine **Mehrfachbefassung eines Sachverständigen** ist als solche **13** noch nicht geeignet, eine Befangenheit zu begründen; besondere prozessuale Anforderungen im Rechtsbehelfsverfahren erfordern die konkrete Benennung der Person des Sachverständigen, der wegen eines Besorgnisses der Befangenheit hätte entbunden werden müssen (BVerwG NVwZ 2007, 833 (837)).

III. Behördliches Verfahren (I, II)

Sofern ein Bediensteter die Besorgnis hat, es lägen Gründe vor, die eine **14** unparteiische Amtsführung nicht mehr zuließen, hat er diese Umstände dem Behördenleiter zu **offenbaren.** Entsprechendes gilt, wenn dem Bediensteten eine derartige Mitteilung von einem Beteiligten zugeht. Der Bedienstete ist verpflichtet, die Bedenken dem Behördenleiter oder einem hierzu Beauftragten mitzuteilen (§ 21 I). Über eine eigene Zuständigkeit zur Beurteilung der verfahrensrechtlichen Erheblichkeit verfügt der Bedienstete nach dem Wortlaut der Norm nicht (BeckOK VwVfG/Heßhaus § 21 Rn. 7: keine „Vorprüfungskompetenz"). Die begründete Besorgnis der Befangenheit bewirkt nicht automatisch einen Ausschluss von dem Verfahren (KR/Ramsauer § 21 Rn. 19). Der Behördenleiter entscheidet. Die Aufsichtsbehörde des Behördenleiters ist auch dann nicht einzubeziehen, wenn Befangenheitsgründe im Erörterungstermin nicht nur gegen den Verhandlungsleiter sondern auch gegen den Behördenleiter erhoben werden (BVerwG NVwZ 2016, 1641 (1644) Rn. 31).

Die Entbindung von einer Amtsausübung wegen Befangenheit ist für den **15** betroffenen Beamten **kein Verwaltungsakt** (BVerwG NVwZ 1994, 785

(785)). Bis zur Entscheidung des Behördenleiters kann der Bedienstete das Verfahren fortführen, ohne dass es zwingend zu unterbrechen wäre (VGH Mannheim NVwZ-RR 1989 354 (355) – Erörterungstermin –). Liegen Gründe vor, die den „bösen Schein" und damit eine Befangenheit rechtfertigen, ist ein Ermessensspielraum des Behördenleiters nicht gegeben und eine entsprechende Anordnung auf Enthaltung der Mitwirkung zu erlassen. Im Übrigen hat der Behördenleiter mehrere Möglichkeiten zur Auswahl, bei der ermessenslenkende Erwägungen ihren Raum finden können und Umstände des Einzelfalls entscheidend sind (MSU/Steinkühler § 21 Rn. 55, 57). Wenn ein **Ausschuss nach § 88** in einem Verwaltungsverfahren tätig wird, gelten die Erwägungen nach § 20 IV entsprechend (§ 21 II).

16 Ist der **Behördenleiter** einer Besorgnis der Befangenheit ausgesetzt, bestehen nach § 21 I 2 zwei Möglichkeiten. Entweder der Behördenleiter enthält sich in dem konkreten Verfahren weiterer Mitwirkung oder er hat die zuständige Aufsichtsbehörde zu unterrichten, die dann nach Prüfung eine Entscheidung zu treffen hat (BeckOK VwVfG/Heßhaus § 21 Rn. 12; KR/Ramsauer § 21 Rn. 22; SBS/Schmitz § 21 Rn. 23). Ist ein Behördenleiter (Senator für Umwelt, Bau und Verkehr) sowohl für die Aufgabe des Vorhabenträgers als auch der Planfeststellungs- und Anhörungsbehörde verantwortlich, rechtfertigt dieser Umstand auch dann keine Befangenheit, wenn der Behördenleiter sich gegenüber der Presse für die Umsetzung des konkreten Vorhabens ausgesprochen hat (BVerwG NVwZ 2012, 557 (560)).

IV. Rechtsfolge

17 Die Mitwirkung eines befangenen Bediensteten führt zu einer verfahrensfehlerhaften, rechtswidrigen Amtshandlung. Aus welchem Grund die Mitwirkung eines befangenen Bediensteten erfolgt ist, sei es, weil zB eine unbeachtet gebliebene Anordnung auf Enthaltung der Mitwirkung erlassen wurde, sei es, weil Beteiligte die Befangenheit nicht gelten gemacht haben, ist unerheblich (Ziekow § 21 Rn. 8). Der Verstoß hat nicht die Nichtigkeit eines von der Behörde erlassenen Verwaltungsaktes zur Folge (§ 44 III Nr. 2). Die Heilung eines Verstoßes gegen § 21 richtet sich nach § 46 (BeckOK VwVfG/Heßhaus § 21 Rn. 17; KR/Ramsauer § 21 Rn. 29). Dabei ist erheblich, ob ohne den Verfahrensfehler die angegriffene Entscheidung anders ausgefallen wäre (BVerwGE 75, 214 (228); MSU/Steinkühler § 21 Rn. 59).

V. Rechtsschutz

18 Die Entbindung von einer Amtsausübung wegen Befangenheit ist für den betroffenen Beamten kein Verwaltungsakt (BVerwG NVwZ 1994, 785 (785)), es handelt sich vielmehr um eine **verwaltungsinterne Anordnung** hinsichtlich der Art und Weise der Amtsführung, die den Betroffenen regelmäßig nicht in seinen eigenen Rechten berührt, so dass eine Leistungsklage in der Regel an der fehlenden Klagebefugnis scheitern dürfte (Ziekow § 21

Rn. 9). Der Vorwurf ehrenrührigen Verhaltens kann aus dem Tatbestand des § 21 nicht abgeleitet werden (BVerwG NVwZ 1994, 785 (786)). Bei vermeintlichen Rechtsverstößen steht dem Amtsträger das **Remonstrationsrecht** zu (BeckOK VwVfG/Heßhaus § 21 Rn. 18). Allein der Ausspruch der Besorgnis der Befangenheit enthält nicht auch zugleich eine Regelung zur dienstrechtlichen Position des Betroffenen, so dass eine Verletzung subjektiver Rechte ausgeschlossen ist (BVerwG NVwZ 1994, 785, (786)).

Beteiligte können gegen die Entscheidung über die Mitwirkung eines ver- **19**
meintlich befangenen Amtsträgers grundsätzlich keinen eigenständigen Rechtsschutz erlangen. Nach § 44a S. 1 VwGO sind Verfahrenshandlungen nur gemeinsam mit der Sachentscheidung angreifbar; das gilt auch, wenn im Fachrecht (hier: Wehrrecht) eine Zwischenentscheidung über die Frage der Befangenheit vorgesehen ist (BVerwG BeckRS 2019, 11492 Rn. 17). Isolierte Rechtsschutzmöglichkeiten gegen die Mitwirkung des Amtsträgers sind nach § 44a S. 1 VwGO ausgeschlossen. Da die Entscheidung über die weitere Mitwirkung als auch das bloße Tätigsein keine Vollstreckungsmaßnahmen sind, folgt auch aus § 44a S. 2 VwGO keine Eröffnung des Rechtsweges (BeckOK VwVfG/Heßhaus § 21 Rn. 19). Die Besorgnis der Befangenheit von am Baugenehmigungsverfahren beteiligten Amtsträgern vermag nur dann zu einer Verletzung **Drittbetroffener in eigenen Rechten** führen, wenn und soweit die Baugenehmigung (auch) gegen zu ihren Gunsten drittschützendes materielles Recht verstößt (VGH Mannheim ZfBR 2020, 77).

§ 22 Beginn des Verfahrens

[1] Die Behörde entscheidet nach pflichtgemäßem Ermessen, ob und wann sie ein Verwaltungsverfahren durchführt. [2] Dies gilt nicht, wenn die Behörde auf Grund von Rechtsvorschriften
1. von Amts wegen oder auf Antrag tätig werden muss;
2. nur auf Antrag tätig werden darf und ein Antrag nicht vorliegt.

Übersicht

	Rn.
I. Bedeutung	1
II. Einleitung des Verfahrens von Amts wegen (S. 1)	5
III. Verpflichtung zur Einleitung von Amts wegen (S. 2 Nr. 1 Alt. 1)	7
IV. Das Antragsverfahren (S. 2 Nr. 1 Alt. 2)	8
1. Voraussetzungen	8
2. Grundsatz der Dispositionsfreiheit	12
3. Form	15
4. Rechtliche Funktion des Antrags	18
5. Wirkungen des Antrags	19
6. Zugang	20
7. Begründetheit des Antrages	21
8. Rücknahme	22

I. Bedeutung

1 § 22 regelt, unter welchen Voraussetzungen eine Behörde befugt ist, ein Verwaltungsverfahren zu eröffnen. Im Mittelpunkt steht dabei weder der Gegenstand des Verwaltungsverfahrens (§ 9) noch wie eine Behörde von Amts wegen den Sachverhalt zu ermitteln hat (§ 24), sondern die Feststellung, unter welchen Voraussetzungen die Behörde ein Verwaltungsverfahren eröffnen kann oder sogar dazu verpflichtet ist. Eine Behörde braucht jedenfalls dann kein Verwaltungsverfahren nach § 9 durchzuführen, wenn evident ist, dass am Ende eines Verfahrens kein VA oder ein öffentlich-rechtlicher Vertrag stehen wird (VG Frankfurt a. M. NJOZ 2004, 3547 (3549)).

2 Dem Regelungsgehalt des § 22 liegt eine **zweistufige Konstruktion** zugrunde, die darauf beruht, ob eine durch Ermessen gebundene Behörde über den Beginn eines Verfahrens frei zu entscheiden befugt ist (S. 1) oder sogar kraft gesetzlicher Bestimmungen verpflichtet ist, ein Verfahren zu eröffnen (S. 2). Soweit nichts anderes bestimmt ist, entscheidet eine Behörde nach § 22 S. 1 von Amts wegen, ob und zu welchem Zeitpunkt ein Verfahren durchgeführt wird (**Offizialprinzip oder Grundsatz der Amtswegigkeit,** so KR/Ramsauer § 22 Rn. 2). Die Entscheidung erfolgt autonom, ohne dass ein Antrag oder die Anregung eines Beteiligten notwendig wäre. Die Behördenentscheidung über den Verfahrensbeginn gem. § 22 S. 1 ergeht nach pflichtgemäßem Ermessen **(Opportunitätsprinzip).** Diese Grundsätze werden begrenzt und sind damit **nachrangig,** sofern eine gesetzliche Verpflichtung der Behörde zum Tätigwerden besteht, sei es aufgrund eines ihr zugegangenen Antrags oder sei es aufgrund einer gesetzlichen Bestimmung, die die Aufnahme eines Verfahrens gebietet **(Legalitätsprinzip).** Schließlich ist die Behörde im Rahmen eines Antragsverfahrens gehindert, ein Verfahren einzuleiten, sofern ein Antrag nicht vorliegt **(Dispositionsmaxime).**

3 Als rein verfahrensrechtliche Norm ersetzt § 22 nicht die aufgrund des Gesetzesvorbehalts erforderliche materiellrechtliche Ermächtigungsnorm (VG Frankfurt a. M. NJOZ 2004, 3547 (3549); SBS/Schmitz § 22 Rn. 3), die dem jeweiligen Fachverfahren ihre konkrete verfahrensrechtliche Typizität verleiht.

4 Die Überschrift „Beginn des Verfahrens“ wird im Zusammenhang mit § 9 verständlich, da § 22 nur die Grundsätze für die zunächst interne und nicht unmittelbar nach außen dringende Einleitung eines Verfahrens regelt, während die Feststellung des **exakten Zeitpunkts** für den Beginn eines Verfahrens aus § 9 abzuleiten ist (SBS/Schmitz § 22 Rn. 4; BeckOK VwVfG/Heßhaus § 22 Rn. 1). Mit der nach außen tretenden Entscheidung, ein Verwaltungsverfahren einzuleiten, beginnt das Verfahren. Eine nichtförmliche Information an Beteiligte reicht hierzu schon aus (BeckOK VwVfG/Heßhaus § 22 Rn. 7).

II. Einleitung des Verfahrens von Amts wegen (S. 1)

Das in § 22 S. 1 enthaltene **Offizialprinzip,** dass das Tätigwerden von Amts wegen erfasst, wird ergänzt durch das ebenfalls in S. 1 enthaltene **Opportunitätsprinzip,** das die Entscheidung über die Einleitung eines Verwaltungsverfahrens in das pflichtgemäße Ermessen der Behörde stellt. Das eingeräumte Ermessen erlaubt der Behörde, zu entscheiden, ob ein Verwaltungsverfahren eingeleitet oder davon, und zu welchem Zeitpunkt, Abstand genommen wird. Ein **subjektiv-öffentliches Recht** auf Einleitung eines Verwaltungsverfahrens gewährt die Norm nicht. Ob ein solches Recht besteht, ist dem jeweiligen Fachrecht zu entnehmen. Eine **Ermessensreduzierung auf Null** (→ § 40 Rn. 23) kommt dann in Betracht, wenn jede andere Entscheidung als die einer Verfahrenseinleitung ermessensfehlerhaft und damit rechtswidrig wäre (SBS/Schmitz § 22 Rn. 11; BeckOK VwVfG/Heßhaus § 22 Rn. 10). Das Entschließungsermessen folgt den allgemeinen Regeln für die Ausübung behördlichen Ermessens, einschließlich der **Ermessensfehlerlehre** (→ § 40 Rn. 24). 5

Im Gegensatz zum Prozessrecht wird in § 22 keine Regelung zu den rechtlichen Folgen der Verfahrenseröffnung getroffen. Der prozessuale Grundsatz der Zuständigkeitskonzentration bzw. Sperrwirkung für weitere Verfahren (§ 17 I 2 GVG, § 90 I VwGO) oder die Regelungen über **Prozesszinsen** (§ 291 BGB), die von der Rechtshängigkeit eines geltend gemachten Anspruchs abhängig sind, können nicht ohne weiteres auf das Verwaltungsverfahren übertragen werden (verneinend für Prozesszinsen: vgl. BVerwGE 48, 138, für Zuständigkeitskonzentration analoge Anwendbarkeit; KR/Ramsauer § 22 Rn. 22). 6

III. Verpflichtung zur Einleitung von Amts wegen (S. 2 Nr. 1 Alt. 1)

Nach § 22 S. 2 Nr. 1 Alt. 1 ist die Behörde verpflichtet tätig zu werden, wenn Rechtsvorschriften dies vorsehen. Grundlage für die Verpflichtung der Behörde ist das Legalitätsprinzip, das hier das Opportunitätsprinzip verdrängt. **Rechtsvorschriften** im Sinne von S. 2 sind Gesetze, Rechtsverordnungen und Satzungen, nicht hingegen nur verwaltungsintern wirkende Verwaltungsvorschriften, die allerdings aufgrund der Selbstbindung zu einer Ermessensreduzierung und in ihrer Wirkung einer gesetzesgebundenen Entscheidung gleichkommen (KR/Ramsauer § 22 Rn. 25; BeckOK VwVfG/Heßhaus § 22 Rn. 12). 7

Die Behörde muss auf einen Antrag hin tätig werden (vgl. § 22 S. 1 Nr. 1), hat jedes Verwaltungsverfahren zügig durchzuführen (§ 10 S. 2) und darf gleichliegende Verfahren nicht ohne sachlichen Grund unterschiedlich behandeln (Art. 3 I GG), so dass sie einen früher eingegangenen Antrag grundsätzlich auch früher zu bearbeiten hat (BVerwG Urt. v. 15.5.2019 – 7 C 27.17, BVerwGE 165, 340 Rn. 28). Diese Pflicht ist auch für die materiell-rechtliche Frage von Bedeutung. Sie ist ein Ordnungsprinzip (Rolshoven 7a

NVwZ 2006, 516 (522)), von dem die Behörde nur mit hinreichenden Gründen abweichen darf. Fehlen solche Gründe, gebührt dem früheren Vorhaben der Vorrang (BVerwG NVwZ 2020, 1434 Rn. 20 (mAnm Maslaton); BVerwG BeckRS 2020, 19671 Rn. 20).

IV. Das Antragsverfahren (S. 2 Nr. 1 Alt. 2)

1. Voraussetzungen

8 Der gegenüber einer Behörde gestellte Antrag ist eine **zwingende Voraussetzung** für die Verfahrenseröffnung (Ziekow § 22 Rn. 4). Die Behörde wird durch den Antrag verpflichtet, das Verfahren auch tatsächlich zu betreiben (OVG Münster NVwZ-RR 2006, 597 (599)). Entscheidend ist dabei, dass das Begehren des Antragstellers auf einen VA oder den Abschluss eines öffentlich-rechtlichen Vertrags abzielt (§ 9). Kein VA ist die Weigerung der höheren Behörde oder der Aufsichtsbehörde gegenüber dem Bürger, gegen eine ihrer Aufsicht unterstehenden Behörde oder Körperschaft im Aufsichtsweg einzuschreiten (VG Frankfurt a. M. NJOZ 2004, 3547 (3549)).

8a Ein Erfordernis, sich mit einem Antrag auf Informationszugang an die Behördenleitung zu wenden, gibt es nicht. Solch ein Antrag kann auch an einen einzelnen Mitarbeiter der Behörde gerichtet sein, und zwar auch per E-Mail (OVG Magdeburg GRUR-RS 2023, 7031 Rn. 12). Weder aus den Vorschriften des Informationsfreiheitsgesetzes noch aus allgemeinen Verfahrensvorschriften ergibt sich die generelle Pflicht eines IFG-Antragstellers, bei **Antragstellung seine Postanschrift** anzugeben.

9 Der Antrag ist eine **empfangsbedürftige verwaltungsrechtliche Willenserklärung** (OVG Münster NVwZ-RR 2011, 391 (391)), auf den die Vorschriften des **BGB** über Willenserklärungen grundsätzlich entsprechend anzuwenden sind (KR/Ramsauer § 22 Rn. 29; Ziekow § 22 Rn. 7; BeckOK VwVfG/Heßhaus § 22 Rn. 16; Kluth NVwZ 1990, 608 (610)). Erklärungen gegenüber einer Behörde sind im Rahmen des nach **§ 133 BGB** Vertretbaren möglichst so auszulegen, dass der Erklärende sein Rechtsschutzziel erreichen kann (BVerwG NVwZ 2014, 676). **Unklare Anträge** sind daher nach § 133 BGB entsprechend auszulegen und unter Berücksichtigung ggf. vorrangiger Normen im Verwaltungsverfahren (VG Frankfurt a. M. EnWZ 2022, 430 (432)) Nach der Auslegungsregel des § 133 BGB, die auch auf öffentlich-rechtliche Erklärungen Anwendung findet, ist bei der Auslegung einer Willenserklärung der **wirkliche Wille** zu erforschen und nicht an dem buchstäblichen Sinn des Ausdrucks zu haften. Es kommt darauf an, wie die Erklärung aus der Sicht des Empfängers bei objektiver Betrachtung zu verstehen ist. Maßgebend ist der geäußerte Wille des Erklärenden, wie er sich dem Empfänger nach dem Wortlaut der Erklärung und den sonstigen Umständen darstellt, die der Empfänger bei Zugang der Erklärung erkennen kann. Dieser hat in den Blick zu nehmen, welchen Zweck der Erklärende verfolgt (stRspr BVerwG NVwZ 2014, 676 Rn. 15; BVerwGE 138, 1 = NVwZ 2011, 501 Rn. 36).

Es gilt der **Grundsatz der Meistbegünstigung.** Dies gilt insbesondere für die Ermittlung des Inhalts von Erklärungen Privater gegenüber Behörden. Diese dürfen bei der Auslegung die erkennbare Interessenlage des Erklärenden nicht außer Acht lassen. Legt der Private erkennbar einen Rechtsbehelf ein, darf die Behörde der Erklärung keinen Inhalt geben, der die Rechtsverfolgung erschwert oder gar ausschließt, wenn nach den erkennbaren Umständen auch eine günstigere Auslegung möglich ist (BVerwG NVwZ 2019, 1217 (1218); NVwZ 2014, 676 Rn. 16). In Zweifelsfällen sollte beim Erklärenden nachgefragt werden. Die Auslegung verlässt dabei den Rahmen des nach § 133 BGB Vertretbaren, wenn sie der Erklärung einen Inhalt – sei er auch förderlich – beimisst, für den es nach dem geäußerten Willen des Erklärenden und den sonstigen Umständen aus der Sicht eines objektiven Empfängers keinen Anhalt gibt (BVerwG NVwZ 2019, 1217 (1218)). Der Antrag ist grundsätzlich **bedingungsfeindlich** (BVerwG NVwZ 1989, 476); zulässig ist aber – wie im Prozessrecht – die Stellung von Hilfsanträgen (BeckOK VwVfG/Heßhaus § 22 Rn. 28). Im Zweifel, insbesondere bei sich widersprechenden Anträgen und anderen für die Behörde erkennbaren Irrtümern und erheblichen Unklarheiten, hat die Behörde aufgrund von § 25 nachzufragen und den Antragsteller aufzufordern, die Anträge zu erläutern oder präziser zu stellen. 9a

Unklarheiten oder Unbestimmtheiten, die auch im Rahmen der behördlichen Aufklärungs- und Beratungspflicht der Behörde nach § 25 nicht beseitigt werden können, zeigen die Grenzen der behördlichen **Informations- und Hinweispflichten** auf und fallen in die Verantwortung des Antragstellers. Sie sind Folge der Dispositionsfreiheit, die selbst dann beachtlich bleibt, wenn Irriges oder Unverständliches trotz ergangener Hinweise aufrechterhalten wird. 10

Besonderheiten sind bei von Behörden eingerichteten **elektronischen Portalen** zu vermerken. Die Antragstellung ist in der Regel gebunden an das Klicken auf eine Bestätigung. Vom Ablauf der elektronischen Antragstellung genügt das bloße Einstellen von Daten auf dem Portal nicht, sondern kommt es für die Annahme eines äußeren Erklärungstatbestands – auch als Abschluss des Hochladens der Daten – final auf das Einleiten des Antragsverfahrens durch die vorgesehene Mitteilung vermittels Betätigung der Schaltfläche „Einreichen" an (VG Frankfurt a. M. EnWZ 2022, 430 Rn. 18). 10a

Mitunter kann auch das **Sachbescheidungsinteresse** (§ 42 II VwGO analog) fehlen (KR/Ramsauer § 22 Rn. 69; Ziekow § 22 Rn. 13). Ist erkennbar, dass das begehrte Recht dem Antragsteller tatsächlich oder rechtlich nicht zustehen kann, fehlt das Sachbescheidungsinteresse, so zB wenn für die Verwirklichung eines landschaftsschutzrechtlichen Vorhabens auch eine Baugenehmigung benötigt und diese objektiv unter keinen Umständen erteilt werden kann (VG Potsdam NVwZ 2003, 123 (124)). 11

2. Grundsatz der Dispositionsfreiheit

Die Regelungen in § 22 S. 2 Nr. 1 Alt. 2 und Nr. 2 beruhen auf der Grundlage der Dispositionsfreiheit des jeweiligen Antragstellers, in dessen Willens- 12 freiheit es gestellt ist, ob und in welchem Umfang er eine rechtliche Regelung mittels eines Antrags von der Behörde begehrt. Fehlt ein Antrag, darf die Behörde ein Verwaltungsverfahren nicht **ohne oder gegen die Willensbekundung** des Betroffenen durchführen. Ohne Antrag des Betroffenen darf nach § 22 S. 2 Nr. 2 eine Genehmigung nicht erteilt werden (OVG Koblenz NVwZ 1986, 576 (578)). Eine **Pflicht** zur Stellung eines verfahrensrechtlichen Antrages gibt es grundsätzlich nicht (KR/Ramsauer § 22 Rn. 28; SBS/Schmitz § 22 Rn. 26). Der Bürger kann nicht von der Behörde (ohne fachgesetzliche Grundlage, zB § 176 BauGB) zu einem Antrag gezwungen werden (VGH Kassel NVwZ-RR 1994, 342 (343); OVG Münster DÖV 1987, 601). Der behördlichen Entscheidung, ein Planfeststellungs- oder Plangenehmigungsverfahren einzuleiten und die hierfür erforderlichen Unterlagen einzureichen, fehlt die erforderliche Rechtsgrundlage und ist damit grundrechtswidrig (OVG Lüneburg NVwZ-RR 1993, 7 (8); BVerwG NJW 1990, 2402). Hiervon ist die Pflicht zur Stellung eines materiellen Antrags im Sinne einer Zustimmung zu unterscheiden. Besteht insoweit keine Pflicht zu einer Antragstellung bzw. Zustimmung, darf dem Bürger auch nicht gegen seinen Willen ein **mitwirkungsbedürftiger VA** aufgedrängt werden (→ § 35 Rn. 29; VGH Kassel NVwZ-RR 1994, 342 (343); OVG Koblenz NVwZ 1986, 576 f.).

13 Dieses Aufdrängungsverbot (SBS/Schmitz § 22 Rn. 28) schließt das Verbot an die Behörde ein, nur für das Genehmigungsverfahren relevante Fragen durch Ordnungsverfügung zu regeln (OVG Münster NJW 1983, 2834 (2834)). Ignoriert die Behörde diese **Sperrwirkung** (KR/Ramsauer § 22 Rn. 20; SBS/Schmitz § 22 Rn. 24; Ziekow § 22 Rn. 15), entsteht ein Verfahrensmangel, dessen Heilung lediglich durch eine nachträgliche Antragstellung möglich ist (§ 45 I Nr. 1). Wird ein Antrag gestellt, hat die Behörde hinsichtlich der Eröffnung eines Verfahrens keinen Entscheidungsspielraum. Es besteht ein **subjektiv-öffentliches Recht** auf Durchführung des Verfahrens, das mit **korrespondierenden Mitwirkungslasten** des Antragstellers untrennbar in seinem Fortgang verbunden ist (OVG Münster NVwZ-RR 2006, 597 (599)).

14 Etwas anderes gilt ausnahmsweise nur dann, wenn kraft Gesetzes eine Pflicht des Bürgers zur Durchführung einer genehmigungsbedürftigen Maßnahme oder zur Verwirklichung eines genehmigungspflichtigen Vorhabens besteht, wie zB bei dem Baugebot nach § 176 I BauGB (KR/Ramsauer § 22 Rn. 22, BVerwG NJW 1990, 2402).

3. Form

15 Eine bestimmte Form ist für die Stellung des Antrags aufgrund des **Grundsatzes der Nichtförmlichkeit** (§ 10) des Verfahrens nicht vorgeschrieben (KR/Ramsauer § 22 Rn. 51). Der Antrag kann elektronisch, schriftlich, mündlich, konkludent, zur Niederschrift bei der Behörde, sogar telefonisch (VG Freiburg BeckRS 2014, 58472 Rn. 12; VG Wiesbaden NVwZ 1988, 90 (91)) oder per E-Mail gestellt werden (SBS/Schmitz § 22 Rn. 33; Ziekow

§ 22 Rn. 9). Anträge sind grundsätzlich in deutscher Sprache zu stellen (→ § 23 Rn. 5).

Besonderheiten ergeben sich bei **Formblättern,** die für zahlreiche Verfahren aus Gründen der Verfahrensbeschleunigung zunehmend im Internet als PDF-Dokumente zur Verwendung bereitgehalten werden. Entsprechendes gilt auch für Online-Portale (→ Rn. 10a). Obgleich eine gesetzliche Formgebundenheit nicht vorliegt, sind die Behörden insbesondere in Massenverfahren aus Gründen der Verfahrensvereinfachung und -beschleunigung sowie aus fiskalischen Motiven berechtigt, die Berücksichtigung kostenlos zur Verfügung gestellter Formulare durch die Antragsteller einzufordern (BVerwG NJW 1977, 772 (772)). Besondere **Hinweis- und Informationspflichten** ergeben sich dann, wenn der Antragsteller den Antrag bei einer **einheitlichen Stelle** (§§ 71a ff.) einreicht. Werden in kurzer zeitlicher Folge konkurrierende Anträge gestellt, ist die Behörde nach dem als allgemeinen Rechtsgrundsatz im BGB fixierten **Prioritätsprinzip** (vgl. § 185 II 2 BGB) berechtigt, die Anträge nach dem Zeitpunkt des Eingangs zu bearbeiten (BVerwG NJW 1990, 1376 (1377)). 16

Fordert das Gesetz, dass der Antrag **schriftlich** einzureichen ist, gilt § 126 BGB. Der Antrag ist eigenhändig zu unterschreiben oder durch notariell beglaubigtes Handzeichen zu unterzeichnen. Entspricht ein Antrag nicht einer gesetzlichen Formvorschrift, ist er gleichwohl von der Behörde entgegenzunehmen, die im Rahmen ihrer **Belehrungs- und Aufklärungspflicht** nach § 25 auf die Stellung eines formwirksamen Antrages hinzuwirken hat (BeckOK VwVfG/Heßhaus § 22 Rn. 22, 23). Auch ein unvollständiger, formunwirksamer Antrag berechtigt die Behörde nicht, ohne weitere Erörterung des Verfahrensgegenstands den Antrag ohne Gelegenheit der Vervollständigung abzuweisen (SBS/Schmitz § Rn. 44; KR/Ramsauer § Rn. 57; BVerwG NVwZ-RR 1990, 204). 17

4. Rechtliche Funktion des Antrags

Mit dem im VwVfG nicht definierten Antrag wird Gegenstand und Ziel des Verfahrens nach § 9 fixiert (KR/Ramsauer § 22 Rn. 31, Ziekow § 22 Rn. 5). Zu differenzieren ist dabei zwischen zwei mit dem Antrag verbundenen Rechtsverhältnissen. Üblicherweise wird zwischen dem Verfahrens- und dem materiellrechtlichen Teil des gestellten Antrags unterschieden (SBS/Schmitz § 22 Rn. 19; KR/Ramsauer § 22 Rn. 29; BeckOK VwVfG/Heßhaus § 22 Rn. 17), so dass der Antrag eine **Doppelnatur** aufweist (Ziekow § 22 Rn. 6; KR/Ramsauer § 22 Rn. 29). In verfahrensrechtlicher Hinsicht werden Sachentscheidungsvoraussetzungen, also die Frage nach der **verfahrensrechtlichen Zuständigkeit** geprüft, während auf der **materiellrechtlichen Ebene** das konkrete Begehren des Antragstellers gewürdigt wird, dessen Voraussetzungen dem Fachrecht zu entnehmen sind (OVG Münster NVwZ 2002, 229 (230)). Einigkeit besteht darüber, dass in einem gestellten verfahrensrechtlichen Antrag in aller Regel zugleich die konkludente Einwilligung in den beantragten VA zu sehen ist (VGH Kassel NVwZ-RR 1994, 342 (343)). 18

18a Die Beschränkung auf die Antragstellung über ein **elektronisches Portal** ist grundsätzlich möglich. Die Prüfung der materiellen Anspruchsvoraussetzungen hat jedoch regelmäßig im Rahmen des auf Antrag einzuleitenden Verwaltungsverfahrens im Sinne des § 9 zu erfolgen. Gerade in Zweifelsfällen dient das Verwaltungsverfahren der geordneten Herbeiführung einer rechtsbehelfsfähigen Entscheidung über die materiellrechtliche Anspruchsberechtigung (VG Bremen BeckRS 2023, 26956 Rn. 45).

18b Mit der Antragstellung beginnt das Verwaltungsverfahren. Ab Anhängigkeit des Verfahrens sind weitere Anträge mit identischem Verfahrensgegenstand unzulässig. § 18 SGB X (wortgleich zu § 22) entfaltet insoweit eine **Sperrwirkung.** (LSG Bayern BeckRS 2019, 19480 Rn. 27)

5. Wirkungen des Antrags

19 Liegt der Antrag der Behörde vor, erlangt der Antragsteller kraft Gesetzes den Status als Beteiligter nach § 13 I Nr. 1. Mit dem Zugang des Antrags bei der Behörde wird die Behörde verpflichtet, ein Verwaltungsverfahren zu eröffnen. Das Verfahren beginnt daher in dem Zeitpunkt, in dem der Antrag der Behörde zugegangen ist, einer weiteren Entscheidung der Behörde über die Initialisierung des Verfahrens nach § 9 bedarf es daher nicht (BeckOK VwVfG/Heßhaus § 22 Rn. 7; aA SBS/Schmitz § 22 Rn. 55). Insbesondere ergeben sich Pflichten der Behörde zur **Beratung und zur Information,** die eine **Beschleunigung** und effiziente Steuerung des Verfahrens ermöglichen sollen. Dabei hat die Behörde bereits im Zeitpunkt **vor Antragstellung** mit dem zukünftigen Antragsteller zu erörtern, welche Nachweise und Unterlagen von ihm zu erbringen sind und in welcher Weise das Verfahren beschleunigt werden kann (§ 25 I 1, hierzu LG Frankfurt (Oder) BeckRS 2021, 43980 Rn. 33). Soweit es der Verfahrensbeschleunigung dient, soll sie dem Antragsteller nach Eingang des Antrags unverzüglich Auskunft über die voraussichtliche Verfahrensdauer und über die Vollständigkeit der Antragsunterlagen geben (§ 25 I 2). Die Verpflichtungen erlöschen nicht allein dadurch, dass sie nicht genutzt werden. Aus § 25 ergibt sich eine umfassende Verpflichtung der Behörden, das Verfahren effizient zu betreiben.

6. Zugang

20 Der Zeitpunkt des Zugangs eines Antrages ergibt sich aus § 130 I 1, III BGB (Kluth NVwZ 1990, 608 (610)). Entscheidend ist nicht der Zeitpunkt des Eingangs einer Erklärung, sondern zu welchem Zeitpunkt der Antrag so in den Machtbereich der Behörde gelangt, dass unter Zugrundelegung normaler Umstände mit seiner Kenntnisnahme gerechnet werden kann (LSG Hessen NJOZ 2006, 4011 (4012)). Fristgebundene Erklärungen gehen am Tag des Zugangs zu; die Behörde hat ggf. entsprechenden Zugang sicherzustellen, kann sich insoweit nicht auf **Dienst- und Öffnungszeiten** berufen. Daher geht ein entsprechender Antrag im Regelfall bis einschließlich 24:00 Uhr rechtzeitig bei der Behörde ein (BeckOK VwVfG/Heßhaus § 22 Rn. 19). Entsprechendes gilt auch für die elektronische Kommunikation. Geht ein

Antrag per Telefax bei der Behörde ein, erbringt der „OK-Vermerk" allein keinen Beweis des ersten Anscheins für den Zugang der Sendung (LSG Hessen NJOZ 2006, 4011 (4012); BAG NZA 2003, 158 (159); BeckOK VwVfG/Heßhaus § 22 Rn. 19.2). Sind trotz Prüfung keine **Übermittlungsfehler** erkennbar, ist Wiedereinsetzung in den vorigen Stand möglich (BGH NJW 2006, 1518 (1518)).

7. Begründetheit des Antrages

Die Begründung eines Antrags ist – sofern gesetzlich nicht gesondert geregelt – keine Wirksamkeitsvoraussetzung für den Antrag. Die Voraussetzungen für den Erlass eines mitwirkungspflichtigen VA ergeben sich nicht unmittelbar aus einer separaten und insofern fakultativen Begründung, sondern aus den Entscheidungsvoraussetzungen des **materiellen Fachrechts** (KR/Ramsauer § 22 Rn. 62; BeckOK VwVfG/Heßhaus § 22 Rn. 35). 21

8. Rücknahme

Es steht in der Disposition des Antragstellers, Anträge bis zum Erlass der begehrten Rechtsfolge (in der Regel Erlass des VA) abzuändern oder die **Rücknahme** zu erklären. Die Rücknahme eines Antrages als actus contrarius (BVerwG NJW 1988, 275 (275)) unterliegt grds. denselben Anforderungen, insbesondere mit Blick auf die Schriftform, wie der originäre Antrag selbst (BeckOK VwVfG/Heßhaus § 22 Rn. 37; KR/Ramsauer § 22 Rn. 81). Die zulässige Rücknahme wirkt **ex nunc** auf das Verwaltungsverfahren ein und hindert eine Sachentscheidung, macht aber bis zu diesem Zeitpunkt vorgenommene Verfahrenshandlungen nicht rückgängig (OVG Bremen BeckRS 2020, 376 Rn. 17; SBS/Schmitz § 22 Rn. 69; BeckOK VwVfG/Heßhaus § 22 Rn. 37). Im Regelfall endet mit der Rücknahme das Verfahren (KR/Ramsauer § 22 Rn. 89). Die **Rücknahme der Rücknahme** ist daher nicht Fortsetzung eines bestehenden, sondern Antrag auf Einleitung eines neuen Verfahrens (KR/Ramsauer § 22 Rn. 88; BeckOK VwVfG/Heßhaus § 22 Rn. 38). Allenfalls kann eine Rücknahme der Rücknahme bis zu dem Zeitpunkt noch wirksam erklärt werden, in dem die erste Rücknahmeerklärung zugegangen ist (Kluth NVwZ 1990, 608 (613)). Ist sie der Behörde noch nicht zugegangen, ist der **Widerruf** der ersten Rücknahme zulässig (§ 130 I 2 BGB). 22

Strittig ist, ob nach Erlass des beantragten Verwaltungsaktes, aber vor dessen Bestandskraft noch eine Rücknahme des Antrags möglich ist. Wenn und soweit durch die Antragsrücknahme keine **irreversiblen Tatsachen oder Rechtsfolgen** gesetzt werden, ist eine Rücknahme möglich (BVerwG NVwZ 1989, 860 (861); BeckOK VwVfG/Heßhaus § 22 Rn. 37.1; Ziekow § 22 Rn 10; KR/Ramsauer § 22 Rn 85; aA SBS/Schmitz § 22 Rn. 70 ff.). Ein ergangener und noch nicht bestandskräftig gewordener VA wird – jedenfalls in den reinen Antragsverfahren – durch Antragsrücknahme **wirkungslos** (OLG Düsseldorf NZBau 2004, 64; aA SBS/Schmitz § 22 Rn. 71). Allerdings kommt es auf die Rechtswirkung des bekanntgegebenen VA an, der nach Bekanntgabe jedenfalls im **Beamtenrecht** nicht durch Rücknahme des 23

Antrags in Fortfall gerät. Ein Beamter kann einen Antrag auf Bewilligung langfristigen Urlaubs ohne Dienstbezüge nach Bekanntgabe des stattgebenden Bescheides nicht mehr einseitig mit der Rechtsfolge zurücknehmen, dass dadurch die antragsgemäße Urlaubsbewilligung nachträglich rechtswidrig wurde. Die Bewilligung von Urlaub ohne Dienstbezüge verändert die sich gegenüberstehenden Rechte und Pflichten des Beamten und des Dienstherrn aus dem Beamtenverhältnis, daher ist die **Zustimmung der Behörde** erforderlich (BVerwG NVwZ 1998, 401 (401)).

§ 23 Amtssprache

(1) Die Amtssprache ist deutsch.

(2) [1] Werden bei einer Behörde in einer fremden Sprache Anträge gestellt oder Eingaben, Belege, Urkunden oder sonstige Dokumente vorgelegt, soll die Behörde unverzüglich die Vorlage einer Übersetzung verlangen. [2] In begründeten Fällen kann die Vorlage einer beglaubigten oder von einem öffentlich bestellten oder beeidigten Dolmetscher oder Übersetzer angefertigten Übersetzung verlangt werden. [3] Wird die verlangte Übersetzung nicht unverzüglich vorgelegt, so kann die Behörde auf Kosten des Beteiligten selbst eine Übersetzung beschaffen. [4] Hat die Behörde Dolmetscher oder Übersetzer herangezogen, erhalten diese in entsprechender Anwendung des Justizvergütungs- und -entschädigungsgesetzes eine Vergütung.

(3) Soll durch eine Anzeige, einen Antrag oder die Abgabe einer Willenserklärung eine Frist in Lauf gesetzt werden, innerhalb deren die Behörde in einer bestimmten Weise tätig werden muss, und gehen diese in einer fremden Sprache ein, so beginnt der Lauf der Frist erst mit dem Zeitpunkt, in dem der Behörde eine Übersetzung vorliegt.

(4) [1] Soll durch eine Anzeige, einen Antrag oder eine Willenserklärung, die in fremder Sprache eingehen, zugunsten eines Beteiligten eine Frist gegenüber der Behörde gewahrt, ein öffentlich-rechtlicher Anspruch geltend gemacht oder eine Leistung begehrt werden, so gelten die Anzeige, der Antrag oder die Willenserklärung als zum Zeitpunkt des Eingangs bei der Behörde abgegeben, wenn auf Verlangen der Behörde innerhalb einer von dieser zu setzenden angemessenen Frist eine Übersetzung vorgelegt wird. [2] Andernfalls ist der Zeitpunkt des Eingangs der Übersetzung maßgebend, soweit sich nicht aus zwischenstaatlichen Vereinbarungen etwas anderes ergibt. [3] Auf diese Rechtsfolge ist bei der Fristsetzung hinzuweisen.

Übersicht

		Rn.
I.	Bedeutung	1
II.	Festlegung der Amtssprache (I)	5
	1. Voraussetzungen	5
	2. Rechtsfolgen	11
III.	Anträge in fremder Sprache und deren Übersetzung (II)	15
IV.	Fristbeginn und Fristwahrung für Behörde und Beteiligte (§ 23 III–IV)	19

I. Bedeutung

1 In Anlehnung an § 184 GVG (§ 55 VwGO) wird für den sachlichen Anwendungsbereich des VwVfG – auch für Prüfungen nach § 2 II Nr. 3 – in § 23 I die deutsche Sprache als Amtssprache bestimmt (KR/Ramsauer § 23 Rn. 1). Eine Ausnahme gilt jedoch dann, wenn die Sprache selbst Gegenstand der Prüfung ist (BeckOK VwVfG/Heßhaus § 23 Rn. 6; BeckOK VwGO/Kimmel VwGO § 55 Rn. 25). Deutsch gehört zum westlichen **Zweig der germanischen Sprachen** und wird in Deutschland sowie in Österreich, der deutschen Schweiz, Liechtenstein, Luxemburg, Ostbelgien, Südtirol und von Minderheiten in mitteleuropäischen Ländern gesprochen. Obgleich die deutsche Sprache zu der meistgesprochenen Muttersprache in der Europäischen Union und zu den **zehn wichtigsten Sprachen** der Welt zählt, weicht sie gegenüber einer Vielzahl von Anglizismen zurück.

1a Aus der Europäischen Charta der Regional- und Minderheitensprachen (die Charta wurde für die Bundesrepublik Deutschland ratifiziert durch G v. 9.7.1998 (BGBl. II 1413) und sie trat gem. Bek. v. 30.12.1989 (BGBl. 1999 II 59) am 1.1.1999 in Kraft)) kann nur in seltenen Fällen ein Anspruch auf Abfassung eines Bescheids in **niederdeutscher Sprache** abgeleitet werden. Das Niederdeutsche ist nach den Erklärungen Deutschlands zur Charta eine anerkannte Regionalsprache, aber in Deutschland nur unter den sehr engen Voraussetzungen des dortigen Art. 10 (nur innerhalb der Verwaltungsbezirke, in denen die Zahl der Einwohner, die diese Sprachen gebrauchen, dies im Rahmen des Zumutbaren rechtfertigen) als Sprache zuzulassen und mangels Inkraftsetzung in NRW und zahlreichen westlich, östlich und südlich gelegenen Bundesländern nicht anwendbar. Im bundesrechtlich geregelten (Sozial-)Verwaltungsverfahren besteht neben der gesetzlichen Vorgabe der (hoch)deutschen Amtssprache kein Anspruch auf Verwendung der nieder- bzw. plattdeutschen Regionalsprache (LSG Nordrhein-Westfalen BeckRS 2022, 47023 Rn. 29; Knospe NZS 2023, 679)

1b Die in § 23 I getroffene Bestimmung hat vor allem eine klarstellende Funktion; sie gilt nicht ausnahmslos. Menschen mit **Migrationshintergrund** und zugleich fehlenden oder unzureichenden Kenntnissen der deutschen Sprache wird nicht die Möglichkeit genommen, sich in ihrer jeweils **eigenen Sprache** an Behörden zu wenden; nur bedarf es in der Regel einer Übersetzung. Über die Verpflichtung der **Kostentragung** ist dem Grunde nach eine Entscheidung in § 23 II getroffen worden, während § 23 III und IV Sonderregelungen für die Berechnung des Laufs von Fristen treffen, wenn in einer anderen als der deutschen Sprache mit und ohne Übersetzung mit der Behörde kommuniziert wird.

2 Die Festlegung auf die deutsche Sprache als das prioritäre Medium einer effektiven Kommunikation verschließt folglich nicht den Zugang zu einer anderen Sprache, deren originäre Begriffe in die deutsche Sprache zu übersetzen sind oder die durch Rezeption in die deutsche Sprache übernommen werden (zB E-Government, Big Data, Corporate Governance Kodex, Jobcenter, Design, Compliance, Controlling, Outsourcing). Die fortschreitende Eu-

ropäisierung und die mit der **Internationalisierung/Globalisierung** vordringende englische Sprache durchzieht, verdrängt und ersetzt bisweilen (zB in Luft- und Raumfahrt, IT, Medien, Finanz- und Börsenwesen) die deutsche Sprache, die insoweit keine, zumindest gleich passende **originäre Begriffe als Äquivalent** bereithält (Hilpold EuR 2010, 695 (709) „klare Dominanz des Englischen"). In rechtlicher Hinsicht ist dieser eher als evolutionär zu bezeichnende Prozess nicht zu ändern. Entsprechendes gilt auch für die Rechtssprache, die fortwährend Anglizismen in Wirtschafts- und Medienrecht, aber nicht nur dort inkorporiert (v. Münch NJW 2002, 1995 (1998)). Dem Deutschen Bundestag liegt nach diversen durch Diskontinuität gescheiterten Entwürfen seit 2023 das Justizstandort-Stärkungsgesetz vor. Die Pläne, die die Einrichtung sogenannter Commercial Courts – Spruchkammern für zivilrechtliche Wirtschaftsstreitigkeiten – und die Einführung der Gerichtssprache Englisch in der Zivilgerichtsbarkeit vorsehen, wurden von den neun eingeladenen Sachverständigen im Rechtsausschuss des Deutschen Bundestags grundsätzlich begrüßt (hierzu etwa Reichert/Groh NZG 2023, 1007; Raeschke-Kessler NJW 2023, 3558; Wolff SchiedsVZ 2023, 209).

2a Der **Begriff der deutschen Sprache** (§ 23 I) ist kein rechtlich definierter Begriff, also kein statischer Rechtsbegriff, sondern die **Deskription** eines vom Strom der Zeit abhängigen Kommunikationsmediums, dessen Inhalt, Veränderung und Umfang im Wesentlichen sprachwissenschaftlich zu bestimmen ist. Die deutsche Sprache, die naturgemäß zeitgebundenen Veränderungen als „lebendige" Sprache unterworfen ist, kann auch artifizielle Modifikationen aufnehmen, solange und soweit die Sprache und die von ihr transportierten Inhalte von dem Empfänger verstanden werden. Zur Bestimmung des üblichen Sprachgebrauchs zieht die Rechtsprechung neben dem Duden, dem Brockhaus auch die Einschätzung der Gesellschaft für deutsche Sprache (BVerfG NJOZ 2010, 1433) heran. Die Verwendung von Sonderzeichen (Genderstern und andere Formungen der Genderlinguistik) in amtlichen Mitteilungen verstößt nicht gegen das Gebot der Verständlichkeit. Im Rahmen des einstweiligen Rechtsschutzes kann einer Behörde (Schule) die Verwendung einer **genderneutralen Sprache** (hierzu etwa Allgayer NJW 2022, 452) nicht untersagt werden (VG Berlin BeckRS 2023, 5183 Rn. 32).

2b In Behörden in Bayern ist die Gendersprache mit Sonderzeichen zur Geschlechterumschreibung ab dem 19.3.2024 unzulässig (Bayerische Staatsregierung: Bericht aus der Kabinettsitzung vom 19.3.2024).

3 Gleichwohl gilt § 23 uneingeschränkt auch für Anträge etc von Bürgern der EU. Europarechtlich ist ein von Diskriminierung freier Gebrauch der eigenen Sprache in einem Verfahren geboten (Art. 18 AEUV), nicht aber der Ausschluss der Sprache anderer Mitgliedstaaten (BeckOK VwVfG/Heßhaus § 23 Rn. 2; KR/Ramsauer § 23 Rn. 4b; Ziekow § 23 Rn. 10).

4 § 23 I ist zugleich Ausdruck des **ungeschriebenen verfassungsrechtlichen Rangs** der deutschen Sprache (KR/Ramsauer § 23 Rn. 4a; Ziekow § 23 Rn. 1; Aden ZRP 2009, 53 (54)). Sonderregelungen bestehen für die **Sorben** in Sachsen und Brandenburg (vgl. § 9 I des Gesetzes über die Rechte der Sorben im Freistaat Sachsen v. 31.3.1999, SächsGVBl. 161), wie sich ua auch aus § 184 S. 2 GVG ergibt.

II. Festlegung der Amtssprache (I)

1. Voraussetzungen

5 Der Begriff der Amtssprache in § 23 I bedeutet, dass in sämtlichen amtlichen Mitteilungen, Entscheidungen und sonstigen behördlichen Maßnahmen **ausschließlich die deutsche Sprache** zu verwenden ist. Grundsätzlich sind auch sämtliche Verfahrenshandlungen gegenüber der Behörde nur in Deutsch wirksam, was insbesondere für Fristen von praktischer Relevanz ist (KR/Ramsauer § 23 Rn. 5; BVerwG NVwZ 1991, 61). Mit der Festlegung auf die in Deutschland vorherrschende deutsche Sprache, wird die Effizienz des Veraltungsverfahrens gesichert (BeckOK VwVfG/Heßhaus § 23 Rn. 3). Das Verfahren wird nicht allein deshalb **unfair und rechtsstaatlich zweifelhaft,** weil die verwaltungsverfahrensrechtliche Kommunikation gesetzlich auf die deutsche Sprache festgelegt ist (zutreffend BeckOK VwVfG/Heßhaus § 23 Rn. 3.1). Beschilderungen und **Hinweise** an Straßen und Autobahnen müssen nicht mehrsprachig sein, da deutsch die Staatsprache ist (OVG Lüneburg 2019, 2951 (2954)). Wird die Verwaltung privatrechtlich tätig, ist auf die Umstände des Einzelfalls abzustellen. Für die Vertretungen des Bundes im **Ausland** gilt das VwVfG ohnehin nicht (§ 2 III Nr. 3). Behörden sind im Übrigen nicht gehindert, Informationsschriften und Merkblätter in anderen Sprachen vorzuhalten (SBS/Schmitz § 23 Rn. 38).

6 Jeder Beteiligte hat Anspruch darauf, dass vor, mit und von den Behörden in deutscher Sprache schriftlich und mündlich verhandelt und entschieden wird. **Zeugenaussagen in einer fremden Sprache** sind in einer mündlichen Verhandlung zu übersetzen. Niederschriften über fremdsprachige Aussagen sind in deutscher Sprache zu führen (SBS/Schmitz VwVfG § Rn. 28). Von der Behörde herangezogene Urkunden sind zu übersetzen und die **Akten in deutscher Sprache** „selbstverständlich" vollständig, nachvollziehbar und einer gerichtlichen Überprüfung zugänglich zu führen (OVG Greifswald NJW 2008, 3016 (3018)), es sei denn, sie sind von Beteiligten selbst vorgelegt worden, die dann selbst für eine zutreffende Übersetzung zu sorgen haben (II). Unterschriften in einer fremden Schrift, zB in arabischen Schriftzeichen, sind hingegen zulässig (VGH München NJW 1978, 510 (511)).

7 Die Bestimmung der deutschen Sprache bedeutet für die Kommunikation, dass im **Schriftverkehr das Hochdeutsche** zu verwenden ist, während im mündlichen Verkehr der Gebrauch von **Dialekten** solange zulässig bleibt, wie die Beteiligten die Mundart verstehen (KR/Ramsauer § 23 Rn. 5). Der Grundsatz der Verwendung der deutschen Sprache gilt nicht absolut, sondern steht zur Disposition der Beteiligten, wenn Mitarbeiter einer Behörde die ausländische Sprache im Umgang mit Ausländern beherrschen (Knack/Henneke/Ritgen § 23 Rn. 21).

8 Sofern Verfahrenshandlungen gegenüber der Behörde nicht in deutscher Sprache vorgenommen werden, folgt daraus nicht deren Wirkungslosigkeit und Unbeachtlichkeit, mithin die Unzulässigkeit, wie im Einzelnen §§ 23 II–IV zu entnehmen ist; anders nach hM bei dem zwingenden § 184 GVG, der

keine Verfügungsbefugnis über die Sprache zulässt (SBS/Schmitz § 23 Rn. 29 mwN).

9 Die Wirkung eines in fremder Sprache eingereichten Schriftstückes ist im Verfahren abhängig von der Vorlage einer Übersetzung. **Maßgeblicher Bezugspunkt** für die Bearbeitung und Bescheidung eines Antrages, insbesondere für Fristen, ist bei in fremder Sprache verfassten Eingaben, Belegen oder Urkunden allein der Eingang der Übersetzung in das Deutsche (BVerwG NVwZ-RR 1991, 109 (110)).

10 Die Behörde kann im **Rahmen des Ermessens** – falls der primär zur Vorlage der Übersetzung verpflichtete Beteiligte nicht selbst die Übersetzung vorlegt – verpflichtet sein, in einer ausländischen Sprache formulierte Verfahrenshandlungen zu übersetzen, während auf der anderen Seite es den Beteiligten in ihrem eigenen Interesse obliegt, zB fristwahrende oder etwaige eine Frist in Lauf setzende Übersetzungen der Behörde vorzulegen (II-IV).

2. Rechtsfolgen

11 Den der deutschen Sprache unkundigen Ausländer treffen **Mitwirkungslasten,** die nicht deshalb entfallen, weil er der deutschen Sprache nicht mächtig ist. Grundsätzlich hat ein Ausländer keinen Anspruch darauf, dass ihm eine Rechtsbehelfsbelehrung in seiner Heimatsprache erteilt wird (BVerwG NJW 2019, 247 (248); BVerfG NJW 1976, 1021; BVerwG NJW 1978, 1988)).

11a Der Hinweis in der Rechtsbehelfsbelehrung des Bundesamtes für Migration und Flüchtlinge, dass die Klage „in deutscher Sprache abgefasst" sein muss, macht diese nicht unrichtig im Sinne des § 58 II VwGO (BVerwG NJW 2019, 247). Eine fehlende oder unrichtige Übersetzung der Rechtsbehelfsbelehrung in eine Sprache, die der Kläger nicht versteht oder deren Kenntnis nicht vernünftigerweise vorausgesetzt werden kann, macht diese nicht unrichtig (BVerwG NJW 2019, 247). Im Asylrecht ist nach § 31 I 4 Hs. 1 AsylG der Entscheidungsformel und der Rechtsbehelfsbelehrung eine Übersetzung in einer Sprache beizufügen, deren Kenntnis vernünftigerweise vorausgesetzt werden kann. Nach Ansicht des BVerwG verlangt diese Norm vor dem Hintergrund des Entwurfs eines Gesetzes zur Umsetzung aufenthalts- und asylrechtlicher Richtlinien der Europäischen Union (BT-Drs. 16/5065, 217) gerade nicht, dass die nach § 58 VwGO maßgebliche Rechtsbehelfsbelehrung des Bundesamtes für Migration und Flüchtlinge in einer Sprache zu ergehen hat, deren Kenntnis durch den Asylantragsteller vernünftigerweise vorausgesetzt werden kann (BVerwG NJW 2019, 247 (249)). Nach Maßgabe der Entstehungsgeschichte wie auch dem maßgeblichen Unionsrecht ergibt sich, dass eine „Unterrichtung" über „mögliche Rechtsbehelfe" in einer Sprache erfolgen soll, von deren Kenntnis ausgegangen werden kann, nicht aber die Rechtsbehelfsbelehrung selbst in einer solchen Sprache zu verfassen ist (BVerwG NJW 2019, 247 (249)). Der Zusatz, dass die Klage in deutscher Sprache „abgefasst" sein muss, macht die Rechtsbehelfsbelehrung weder fehlerhaft noch irreführend (BVerwG NJW 2019, 247). Für den Fristlauf ist es daher unerheblich, ob der Kl. überhaupt eine Übersetzung der Rechtsbehelfsbelehrung erhalten hat (BVerwG NJW 2019, 247 (248)).

12 **Unzureichende Sprachkenntnisse** entheben den Ausländer nicht jeglicher Sorgfaltspflicht in der Wahrnehmung seiner Rechte. Er hat, mit Rücksicht auf das im Wiedereinsetzungsrecht geltende Beschleunigungsgebot, zumutbare Anstrengungen zu unternehmen, um zu einem raschen „Wegfall des Hindernisses" iSd § 60 II VwGO beizutragen. Wird einem Ausländer ein Bescheid zugestellt, dessen Rechtsmittelbelehrung ihm unverständlich ist, kann er aber zumindest seine Bedeutung jedenfalls soweit erfassen, dass es sich um ein amtliches Schriftstück handeln könnte, das eine ihn belastende Verfügung enthält, so können im Rahmen seiner Sorgfaltspflicht **zumutbare Anstrengungen** verlangt werden, sich innerhalb angemessener Frist Gewissheit über den genauen Inhalt des Schriftstücks zu verschaffen (OVG Münster BeckRS 2004, 18937 Rn. 9). Unterlässt der Ausländer zumutbare Anstrengungen kann dies die **Versagung einer Wiedereinsetzung** in den vorigen Stand auch dann rechtfertigen, wenn einem der deutschen Sprache nicht hinreichend mächtigen Ausländer ein Bescheid **ohne** eine ihm **verständliche Rechtsmittelbelehrung** zugestellt worden ist (BVerfG NVwZ 1992, 262 (263)). Dabei ist auch zu berücksichtigen, dass es dem Asylbewerber möglich ist, sich an die Ausländerbehörde zu wenden und dort um Aufklärung zu bitten (BVerfG NVwZ 1992, 262 (263)).

13 Ein Ausländer muss die ihm zumutbaren Anstrengungen unternehmen, um die Bedeutung eines amtlichen Schriftstückes erfassen zu können (OVG Lüneburg NVwZ 1999 1013 (1014)). Einem handlungsfähigen, der deutschen Sprache nicht mächtigen Ausländer, der nicht in der Lage ist, eine Erklärung in ihrer Tragweite zu erfassen (hier: Baulasterklärung), ist es nicht gestattet, sich nachträglich zB durch **Anfechtung** von dieser Erklärung zu lösen (OVG Lüneburg NVwZ 1999 1013 (1014); BVerwG InfAuslR 1994, 128 (129)). Es ist nicht **Aufgabe der Behörde** oder eines weiteren Dritten, für die zutreffende Übersetzung zu sorgen (OVG Lüneburg NVwZ 1999 1013 (1014)). Daher scheitert auch eine Anfechtung der Baulasterklärung entsprechend § 119 I BGB.

14 Die allein in deutscher Sprache ordnungsgemäß erteilte Rechtsmittelbelehrung iSv § 58 VwGO setzt die **Rechtsmittelfrist** auch gegenüber Ausländern in Lauf, die der deutschen Sprache unkundig sind (BSG NJW 1987, 2184; BVerwG NJW 1978, 1988).

III. Anträge in fremder Sprache und deren Übersetzung (II)

15 Werden einer Behörde in einer fremden Sprache Anträge oder sonstige Eingaben eingereicht, soll die Behörde nach § 23 II 1 **unverzüglich,** ohne schuldhaftes Zögern (§ 121 I BGB), eine Übersetzung von dem Beteiligten verlangen. Hiervon kann abgesehen werden, wenn dem Bediensteten aufgrund besonderer Sprachkenntnisse der Inhalt verständlich ist (Ziekow § 23 Rn. 5; KR/Ramsauer § 23 Rn. 7). Die Eingabe einer Sache in einer fremden Sprache erweist sich folglich als zulässig und verbindet diese Eingabe mit der

Mitwirkungslast, für die erforderliche Übersetzung zu sorgen (SBS/Schmitz VwVfG § 23 Rn. 33). Im Einzelfall kann die Behörde nach § 23 II 2 die Vorlage einer beglaubigten Übersetzung durch einen öffentlich bestellten und beeidigten Dolmetscher oder Übersetzer verlangen oder durch Selbstvornahme auf Kosten des Pflichtigen anfertigen lassen (II 3).

16 Die Entscheidung darüber liegt aber jedenfalls im **pflichtgemäßen Ermessen** der Behörde. Sie kann auf eine Übersetzung verzichten, wenn der Inhalt der Urkunde zwischen den Beteiligten unumstritten ist, oder von Amts wegen eine teilweise oder völlige Übersetzung der Urkunde einholen. Bei dieser Ermessensentscheidung sind die Behörden an Grundrechte gebunden und müssen daher auch den Grundsatz der Rechtsschutzgleichheit beachten (BVerfG NJW 1997, 2040 (2041)).

17 Diese Regelung des Gesetzes lässt erkennen, dass Grundlage für die weitere Bearbeitung und Bescheidung des von einem Ausländer gestellten Antrags prinzipiell die von dem **Antragsteller vorgelegte Übersetzung** seines Antrags ins Deutsche zu sein hat (BVerwG NVwZ-RR 1991 109 (110)). Demgemäß verkörpert die Vorlage einer deutschen Übersetzung das Vorbringen des Ausländers; diesen vorgelegten deutschen Text hat die Behörde ihrer Überzeugungsbildung zugrunde zu legen, es sei denn, der Ausländer weist darauf hin, die vorgelegte Übersetzung gebe seine damaligen fremdsprachlichen Angaben nicht zuverlässig und unverfälscht wieder oder solche Bedenken lassen sich anhand objektiver Anhaltspunkte erkennen (BVerwG NVwZ-RR 1991, 109 (110)).

18 Werden **externe Dolmetscher** oder Übersetzer beauftragt, bemisst sich die vom Beteiligten zu tragende **Vergütung** in entsprechender Anwendung des Justizvergütungs- und -entschädigungsgesetzes (S. 4). Verzichtet die Behörde ermessensfehlerfrei darauf, eine Übersetzung anfertigen zu lassen, kann sie die fremdsprachliche Urkunde unberücksichtigt lassen (BGH NJW-RR 2001, 850). Die Beiziehung eines Sprachmittlers kann spezialgesetzlich (zB § 17 I AsylG) für die mündlichen Kommunikation zwischen Behörde und Beteiligten oder aus Gründen der **Fairness** des Verwaltungsverfahrens oder der **Gewährung rechtlichen Gehörs** (BeckOK VwVfG/Heßhaus § 23 Rn. 16) ausnahmsweise (OVG Lüneburg NVwZ 1999, 1013 (1014)) geboten sein. Es gibt keinen Grundsatz des Inhalts, dass die Behörde stets für einen Dolmetscher zu sorgen hat. Aus dem Rechtsgedanken des § 23 II ist vielmehr als Regel abzuleiten, dass der Ausländer selbst für einen Dolmetscher zu sorgen hat (OVG Lüneburg NVwZ 1999 1013 (1014)).

IV. Fristbeginn und Fristwahrung für Behörde und Beteiligte (§ 23 III–IV)

19 In § 23 III und IV wird geregelt, unter welchen Voraussetzungen eine Frist in Gang gesetzt wird, wenn ein in ausländischer Sprache verfasster Antrag oder Ähnliches bei der Behörde eingeht. Nach § 23 III wird die Frist erst in Gang gesetzt, wenn der Behörde die Übersetzung in die deutsche Sprache zugeht. In § 23 IV 1 wird erleichternd bestimmt, dass es für die Fristwahrung

auf den **Zeitpunkt des Eingangs** des fremdsprachigen Antrags ankommt, wenn der Behörde innerhalb einer von ihr gesetzten Frist eine Übersetzung zugeht (KR/Ramsauer § 23 Rn. 13). Erweist sich die von der Behörde gesetzte Frist als unangemessen kurz, kann sie auf Antrag verlängert werden. Die Vorlage einer Übersetzung außerhalb der gesetzten Frist, lässt die Wirkung der gesetzlichen Fiktion („gelten als abgegeben") entfallen, sofern nicht die Frist ihrerseits objektiv zu kurz bemessen war. Das setzt allerdings voraus, dass die Behörde auf die Rechtsfolge bereits bei Setzung der Frist hingewiesen hat (IV 3). Im Übrigen kommt unter den Voraussetzungen des § 32 auch eine **Wiedereinsetzung in den vorigen Stand** in Betracht (KR/Ramsauer § 23 Rn. 14; BeckOK VwVfG/Heßhaus § 23 Rn. 19).

Bestehen allerdings **zwischenstaatliche Vereinbarungen** über die Ver- 20
wendung bestimmter Sprachen, gilt nach § 23 IV 2 die Fiktion nach § 23 IV 1, ohne dass es auf den Zeitpunkt des Zugangs einer Übersetzung ankommt (SBS/Schmitz § 23 Rn. 69). Es handelt sich hierbei um völkerrechtliche Vereinbarungen, welche vor allem die Gleichwertigkeit der dort erfassten Sprachen im Verwaltungsverfahren regeln (BeckOK VwVfG/Heßhaus § 23 Rn. 20).

§ 24 Untersuchungsgrundsatz

(1) [1] Die Behörde ermittelt den Sachverhalt von Amts wegen. [2] Sie bestimmt Art und Umfang der Ermittlungen; an das Vorbringen und an die Beweisanträge der Beteiligten ist sie nicht gebunden. [3] Setzt die Behörde automatische Einrichtungen zum Erlass von Verwaltungsakten ein, muss sie für den Einzelfall bedeutsame tatsächliche Angaben des Beteiligten berücksichtigen, die im automatischen Verfahren nicht ermittelt würden.

(2) Die Behörde hat alle für den Einzelfall bedeutsamen, auch die für die Beteiligten günstigen Umstände zu berücksichtigen.

(3) Die Behörde darf die Entgegennahme von Erklärungen oder Anträgen, die in ihren Zuständigkeitsbereich fallen, nicht deshalb verweigern, weil sie die Erklärung oder den Antrag in der Sache für unzulässig oder unbegründet hält.

Übersicht

	Rn.
I. Bedeutung	1
II. Untersuchungsgrundsatz (I)	5
1. Verfassungsrecht	5
2. Begriff	6
3. Grundlagen der Sachverhaltsermittlung	7
4. Umfang der Sachverhaltsermittlung	10
5. Hinzuziehung von Dritten	16
6. Ermittlungs- und Verwertungsverbote	19
7. Mitwirkung Beteiligter	22
8. Vortrag der Beteiligten	27
9. Amtsermittlung im automatischen Verfahren	28a

	Rn.
III. Die freie Beweiswürdigung	29
1. Grundlagen	29
2. Intensität der Überzeugung (Beweismaß)	31
3. Beweislast im Verwaltungsverfahren	34
4. Umkehr der Beweislast	39
5. Beweisverwertungsverbot	46
IV. Rechtsfolgen bei unzureichender Ermittlung und Bewertung	51
V. Pflicht zur ordnungsgemäßen Aktenführung	54
VI. Berücksichtigungsgebot (II)	56
VII. Entgegennahme von Erklärungen und Anträgen (III)	57
1. Grundsatz	57
2. Zugangsvoraussetzung	61
VIII. Kosten der Amtsermittlung	63

I. Bedeutung

1 Die Behörde ist nach dem **Untersuchungsgrundsatz** (Inquisitionsmaxime oder Amtsermittlungsgrundsatz) zur Ermittlung des für die beabsichtigte Entscheidung im Verwaltungsverfahren (§ 9) maßgeblichen Sachverhalts von Amts wegen verpflichtet. In geringem Umfang obliegt auch den Beteiligten eine allein verfahrensrechtlich zu beurteilende **Mitwirkungslast** an der Informationsbeschaffung (§ 26 II). Die Behörde hat sich stets eine **eigene Überzeugung** von der Wahrheit bzw. der Richtigkeit eines Sachverhalts zu bilden (KR/Ramsauer § 24 Rn. 2). Die Regelung in § 24 I und II sind an die Bestimmungen der § 86 I und II VwGO angelehnt.

2 Art und Umfang der für die Sachverhaltsfeststellung erforderlichen Ermittlungen bestimmt ausschließlich die Behörde (I 2). Die Behörde ist nicht an Beweisanträge der Beteiligten gebunden (I 2). Die Beteiligten können folglich nur **Anregungen** geben (KR/Ramsauer § 24 Rn. 1). Die Behörde hat die bedeutsamen, und auch die für die Beteiligten günstigen Umstände zu berücksichtigen (II). Die Behörde ist ferner verpflichtet, Erklärungen und Anträge, die in ihre Zuständigkeit fallen, entgegenzunehmen (§ 24 III). Eine Zurückweisung von Anträgen und Erklärungen als unzulässig oder offensichtlich unbegründet ist – von wenigen Ausnahmen abgesehen – rechtswidrig.

3 Die Ergebnisse der Informationsbeschaffung und der daraus resultierenden Sachverhaltsermittlung nebst **originärer Bewertung** durch die Behörde sind aktenkundig zu machen. Eine etwaige Verletzung des Untersuchungsgrundsatzes kann seit jüngster Zeit eine **selbstständig durchsetzbare Verfahrensposition** aufgrund drittschützender Normen begründen (SBS/Kallerhoff/Fellenberg § 24 Rn. 7). Die damit einhergehende Schwächung der behördlichen Position ist gegenüber dem höherrangigen Schutzziel des Umweltschutzes zu verkraften (BVerwG NVwZ 2008, 1349 (1351); → § 72 Rn. 35 ff.).

4 §§ 24, 26 II enthalten **keine Ermächtigung,** die einen Eingriff in Rechtspositionen von Beteiligten oder Dritten, insbesondere die Erhebung von **Auslagen oder Gebühren** (Kosten) rechtfertigen (BeckOK VwVfG/Heßhaus § 24 Rn. 4; SBS/Kallerhoff/Fellenberg § 24 Rn. 9; KR/Ramsauer § 24

Rn. 2b). Die Vorschrift ist entsprechend auf schlicht-hoheitliches Handeln, das Verwaltungsprivatrecht und für fiskalisches Handeln anzuwenden (SBS/Kallerhoff/Fellenberg § 24 Rn. 13). Speziellere Regelungen des Bundes, insbesondere solcher, die inhaltsgleich oder § 24 entgegenstehen, sind vorrangig (§ 1).

II. Untersuchungsgrundsatz (I)

1. Verfassungsrecht

Art und Umfang der Sachverhaltsermittlung stehen nach § 24 I 2 im pflichtgemäßen Ermessen der zuständigen Behörde (OVG Berlin-Brandenburg NVwZ-RR 2010, 54; BeckOK VwVfG/Heßhaus § 24 Rn. 7), deren Aufgabe es ist, einen unvoreingenommenen, objektiv richtigen, von den Vorstellungen und Zwecken der Beteiligten freien, unbeeinflussten Sachverhalt festzustellen. Dem Untersuchungsgrundsatz liegt das **Rechtsstaatsprinzip,** insbesondere der Grundsatz der **Fairness des Verfahrens** (BVerfG NJW 2004, 1022 (1025)) und das Prinzip der **Gesetzmäßigkeit der Verwaltung** zugrunde (KR/Ramsauer § 24 Rn. 3; Ziekow § 24 Rn. 2). Der Untersuchungsgrundsatz als ein die Behörde an das Prinzip der Objektivität bindender Grundsatz, dient ferner dem Rechtsschutz der Betroffenen und der Verwirklichung grundrechtlich geschützter Rechtspositionen der Beteiligten (KR/Ramsauer § 24 Rn. 3). 5

2. Begriff

Begriff und Inhalt des Untersuchungsgrundsatzes unterscheiden sich von der vor allem im Zivilprozessrecht geltenden **Dispositionsmaxime** (Verfügungsgrundsatz). Mit der Dispositionsmaxime wird unterstrichen, wer die verfahrensrechtliche Befugnis besitzt, den **Verfahrensgegenstand** zu bestimmen, das Verfahren einzuleiten, es inhaltlich zu ändern und es zu beenden (KR/Ramsauer § 24 Rn. 1a, Ziekow § 24 Rn. 2; SBS/Kallerhoff/Fellenberg § 24 Rn. 12). In begrifflicher Hinsicht zeichnet sich der Inhalt des Untersuchungsgrundsatzes dadurch aus, dass die Behörde für die vollständige und objektiv **richtige Ermittlung** des Sachverhalts auf Grundlage der Gesetzmäßigkeit der Verwaltung die rechtliche Verantwortung trägt (KR/Ramsauer § 24 Rn. 6). Der Gegenstand des Verwaltungsverfahrens ist der Willkür der Beteiligten entzogen, insoweit ist die Regelung in § 24 I 2 nur eine folgerichtige Konsequenz. 6

3. Grundlagen der Sachverhaltsermittlung

In § 24 I 1 ist das Handlungsprinzip der Behörde formuliert, das sie im Rahmen des Verwaltungsverfahrens anzuwenden hat. Die Behörde hat den entscheidungserheblichen Sachverhalt, dh die Tatsachenlage **umfassend** von Amts wegen zu ermitteln; sie ist dabei an das Vorbringen der Beteiligten nicht gebunden, und zwar weder bei der Ermittlung der Tatsachenbasis noch bei 7 deren Bewertung. Art und Umfang der Sachverhaltsermittlung (S. 2) bestimmen sich nach den **Umständen des Einzelfalles** (BVerwG BeckRS 2019, 11420 Rn 4 mwN). § 24 Abs. 1 und 2 iVm § 26 Abs. 1 überlässt es bei der nach pflichtgemäßem Ermessen (OVG Berlin-Brandenburg NVwZ-RR 2010, 54) zu treffenden Entscheidung der Behörde in den vom Gegenstand des Verfahrens gezogenen Grenzen jedoch grundsätzlich, welche Mittel sie zur Erforschung des Sachverhalts anwendet (BVerwG NVwZ 1999, 535 (536); SBS/Kallerhoff/Fellenberg § 24 Rn. 26; KR/Ramsauer § 24 Rn. 6 mwN). Verallgemeinernde Aussagen über einen „strengeren" oder weniger strengen Maßstab, sind nicht möglich (BVerwG BeckRS 2019, 11420 Rn. 4 mwN).

8 In seltenen Fällen kann es erforderlich werden, regionales Gewohnheitsrecht (Observanzen) oder ausländisches Recht zu ermitteln (BVerwG NJW 1989, 3107; KR/Ramsauer § 24 Rn. 7a). In dem durch den Gegenstand des Verfahrens (§ 9) gezogenen Rahmen hat die Behörde nach **pflichtgemäßem Ermessen** den Sachverhalt aufzuklären (**Aufklärungsermessen,** KR/Ramsauer § 24 Rn. 7; BeckOK VwVfG/Heßhaus § 24 Rn. 11.1). Im pflichtgemäßen Verfahrensermessen der Behörde liegt es grundsätzlich auch, welche Mittel sie im Rahmen des Untersuchungsgrundsatzes in den durch den Gegenstand des Verfahrens gezogenen Grenzen im Interesse einer möglichst umfassenden, den Erfordernissen des einzelnen konkreten Falls **angepassten Aufklärung** des Sachverhalts anwendet (BVerwG NVwZ 2014, 1586 (1589); NVwZ 1999, 535 (536)). Art und Umfang der Sachverhaltsermittlung ist daher in das Ermessen der Behörde gestellt. Die Grenzen der Erforschung werden durch das **materielle Recht** bestimmt (BVerwG NJW 1999, 75 (77); SBS/Kallerhoff § 24 Rn. 26). Um Amtshilfe kann dabei nach § 5 I 1 Nr. 3 zur Sachverhaltsermittlung ersucht werden (BeckOK VwVfG/Heßhaus § 24 Rn. 6).

9 Nach Ermittlung der tatsächlichen Grundlagen, folgt in einem weiteren Schritt die **Würdigung der tatsächlichen Ergebnisse,** die ausschließlich Sache der Behörde ist (SBS/Kallerhoff § 24 Rn. 24); sie ist daher an Anträge der Beteiligten nicht gebunden (I 2). Ermittlung und Bewertung der Ergebnisse erfolgen im öffentlichen Interesse (Ziekow § 24 Rn. 4) und unterliegen gerichtlicher Kontrolle (Art. 19 IV GG).

4. Umfang der Sachverhaltsermittlung

10 Die Behörde bestimmt im Rahmen des **Ermessens** nach § 24 I 2 Art und Umfang der Ermittlungen. Zur Sachverhaltsermittlung kann sich die Behörde **sämtlicher Beweismittel** bedienen, wie sie – nicht abschließend – in § 26 I genannt sind (BVerwG NVwZ 1999, 535 (536); KR/Ramsauer § 24 Rn. 30 ff.; Ziekow § 24 Rn. 13). Die Behörde ist frei, wie sie die notwendigen Erkenntnisse gewinnt (OVG Berlin-Brandenburg BeckRS 2019, 23463 Rn. 4); sie kann Auskünfte einholen, Urkunden und Akten beziehen, die Augenscheinnahme durchführen sowie etwaige Zeugen und Sachverständige vernehmen und Beteiligte anhören (BeckOK VwVfG/Heßhaus § 24 Rn. 9).

11 Der konkret zu umreißende Gegenstand der jeweiligen Ermittlung ergibt sich aus den **Tatbestandsmerkmalen** des materiellen Rechts, die als entscheidungserhebliche Grundlagen die Subsumtion und damit das Zustandekommen eines VA oder den Abschluss eines öffentlich-rechtlichen Vertrags erlauben (KR/Ramsauer § 24 Rn. 12).

11a Selbst wenn die Herstellerin im Typgenehmigungsverfahren – erforderliche – Angaben zu den Einzelheiten der temperaturabhängigen Steuerung unterlassen haben sollte, wäre die Typgenehmigungsbehörde nach dem Amtsermittlungsgrundsatz gem. § 24 I 1 und 2 gehalten gewesen, diese zu erfragen, um sich in die Lage zu versetzen, die Zulässigkeit der Abschalteinrichtung zu prüfen (BGH BeckRS 2022, 10055).

11b Der Untersuchungsgegenstand und die Intensität können von den jeweils zuständigen Fachbehörden im Rahmen des Fachrechts äußerst weitgehende Untersuchungen und Prognosen verlangen. Im Einzelnen kann es für die behördlichen Untersuchungen nicht nur im Umwelt- und Technikrecht darauf ankommen, welche Ermittlungen und Untersuchungen der jeweilige Vorsorgemaßstab wie die **„allgemein anerkannten Regeln der Technik"**, der **„Stand der Technik"** oder der **„Stand von Wissenschaft und Technik"** verlangt. Die Inhalte der Vorsorgestandards und deren Verhältnis untereinander sind bereits seit geraumer Zeit geklärt (BVerfGE 49, 89 (135 f.) = NJW 1979, 359 (362)), aber nach wie vor aktuell (Scherer/Fruth CCZ, 2015, 9 (11 ff.); Seibel NJW 2013, 3000 (3003)). Äußerst weitgehende und schwierige Untersuchungen haben die Behörden zB im Atom- und Strahlenschutzrecht durchzuführen, in denen sie zu einem **dynamischen Grundrechtsschutz** verpflichtet sind. Die Exekutive wird dort zB bei §§ 7 II, 6 II AtG auf den Grundsatz der bestmöglichen Gefahrenabwehr und Risikovorsorge festgelegt. Die Behörden dürfen danach eine Genehmigung nur erteilen, wenn Gefahren und Risiken nach dem **Stand von Wissenschaft und Technik** „praktisch ausgeschlossen" erscheinen. Aus dem Grundsatz der bestmöglichen Gefahrenabwehr und Risikovorsorge folgt somit, dass die Behörden bei der Genehmigung von Anlagen im Atomrecht im Rahmen ihrer prognostischen Einschätzungen **alle wissenschaftlich und technisch vertretbaren Erkenntnisse** heranzuziehen haben. Vorsorge bedeutet daher, dass bei der Beurteilung von Schadenswahrscheinlichkeiten nicht allein auf das vorhandene ingenieurmäßige Erfahrungswissen zurückgegriffen werden darf, sondern Schutzmaßnahmen auch anhand **„bloß theoretischer" Überlegungen und Berechnungen** in Betracht gezogen werden müssen, um Risiken auf Grund noch bestehender Unsicherheiten oder Wissenslücken zuverlässig auszuschließen. Verbleiben hingegen **Unsicherheiten** bei der Risikoermittlung und -bewertung, ist nach Maßgabe des sich daraus ergebenden Besorgnispotenzials dem durch hinreichend konservative Annahmen Rechnung zu tragen (BVerwG NVwZ 2012, 750 (754)). Die Breite und Tiefe der anzustellenden, auch fachwissenschaftlichen Untersuchungen, belegt die **Akzessorietät** von Untersuchung und materiell-rechtlichen Entscheidungsvoraussetzungen.

11c Die Behörde kann bei der Erforschung des Sachverhalts, vor allem bei Prognoseentscheidungen, regelmäßig von typischen Lebenssachverhalten ausgehen **(Regelvermutung)** und braucht davon abweichenden Umständen, die ihr nicht bekannt sind und sich überdies nicht geradezu aufdrängen, nicht weiter nachzugehen (VGH Mannheim BeckRS 2006, 23997; VGH Kassel NVwZ-RR 1991, 357 (358)). Besonderheiten, die sich auf den ersten Blick ergeben, begründen allerdings eine Verpflichtung zur weiteren Sachverhaltsaufklärung (SBS/Kallerhoff/Fellenberg § 24 Rn. 26).

11d Aus der passiven Formulierung in § 46 III FeV, „Werden Tatsachen bekannt …", kann für das **Fahrerlaubnisentziehungsverfahren** geschlossen werden, dass es das Ziel der Aufklärung des Sachverhalts zu sein hat, die durch die bekannt gewordenen Tatsachen bedingten Eignungsbedenken zu klären, nicht aber aus Anlass solcher Bedenken den Betroffenen **„ins Blaue hinein"** unter einen gesundheitlichen Generalverdacht zu stellen und umfassend nach potentiell eignungsrelevanten ärztlichen Befunden auszuforschen, die dann als Anknüpfungstatsachen für weitere durch den Ausgangssachverhalt nicht gerechtfertigte Eignungsbedenken verwendet werden können. In der Umsetzung eines gemessen an diesem Maßstab **materiell-rechtlich überschießenden Aufklärungsbestrebens** der Behörde liegt zugleich ein nicht dem Zweck des § 24 I 2 entsprechender Fehlgebrauch des Verfahrensermessens, wenn die ergriffene Aufklärungsmaßnahme mit einem Verstoß gegen den Grundsatz der Fairness im Verwaltungsverfahren einhergeht (OVG Lüneburg BeckRS 2017, 127574 Rn. 6).

12 Die Grenzen der Sachverhaltsermittlung werden gezogen durch besondere, fachrechtliche Regelungen und allgemeine Verfahrensregeln, insbesondere durch die Grundsätze des fairen und **rechtsstaatlichen Verfahrens,** den Grundrechtsschutz und im Verfahren durch den Gleichheitssatz und das Verhältnismäßigkeitsprinzip (SBS/Kallerhoff/Fellenberg § 24 Rn. 30). Auf die Begrenzung der Sachverhaltsermittlung durch den Grundsatz der Verhältnismäßigkeit verweist auch § 27 I 2 („unverhältnismäßiger Aufwand"). Der **Verhältnismäßigkeitsgrundsatz** kann in besonderen Fallkonstellationen eine **Begrenzung** des Umfangs der Sachverhaltsermittlung erfordern (OVG Lüneburg NVwZ 2007, 963 (963); BVerwG NJW 1988, 1104 (1105); Ziekow § 24 Rn. 4). „Um jeden Preis" muss nicht ermittelt werden. Die Umstände des Einzelfalls bestimmen die Aufklärung des Sachverhalts (BVerwG NVwZ 2014, 1586 (1589)). Es ist daher nicht verfahrensfehlerhaft, wenn eine Planfeststellungsbehörde im Rahmen einer UVP-Prüfung einen ökologischen Fachbeitrag nicht beigezogen hat. Eine Verpflichtung, sich **alle (Vor-) Untersuchungen,** die ein vom Vorhabenträger beauftragtes Umweltbüro seiner Umweltverträglichkeitsuntersuchung zu Grunde legt, vorlegen zu lassen, lässt sich dem Untersuchungsgrundsatz nicht entnehmen (BVerwG NVwZ 2015, 85 (86)). Um im Rahmen eines Flurbereinigungsverfahrens die Bestellung eines gesetzlichen Vertreters zu vereinfachen und zeitaufwändige Recherchen zu vermeiden, hat sich der Umfang der behördlichen Ermittlungstätigkeit auf naheliegende, **alsbaldigen Erfolg** versprechende Aufklärungsbemühungen zu beschränken, dh insbesondere die Einsichtnahme in das Grundbuch, die Nachfrage bei den zuständigen Nachlassgerichten und ggf. Anfragen bei den Einwohnermeldebehörden (OVG Berlin-Brandenburg ZEV 2014, 330).

13 Die Verhältnismäßigkeit erweist sich als Grundlage des Grundsatzes der Verwaltungspraktikabilität (BVerwG NVwZ 1989, 1076 (1076)), der es er-

laubt, von der Verpflichtung zur **exakten, rechnerischen Genauigkeit** im Einzelfall zugunsten einer Pauschalierung abzuweichen (SBS/Kallerhoff/Fellenberg § 24 Rn. 38). Eine **Schätzung** ist jedenfalls dann unzulässig, wenn ein bestimmter, genau geführter Nachweis materiell-rechtliche Voraussetzung einer Norm ist (BFH BB 1986, 1697 f.; SBS/Kallerhoff/Fellenberg § 24 Rn. 38).

Begrenzungen der Aufklärungstiefe und des Detaillierungsgrades der Untersuchung ergeben sich aus dem Fachrecht (SBS/Kallerhoff/Fellenberg § 24 Rn. 26). Im Planungsrecht ist die Aufklärungstiefe begrenzt. So ist die Behörde im Bereich der Planungsalternativen berechtigt, den Sachverhalt nur so weit aufzuklären, wie dies für eine sachgerechte Entscheidung und eine zweckmäßige Gestaltung des Verfahrens erforderlich ist. Ein Abwägungsfehler liegt erst vor, wenn sich die nicht näher untersuchte Lösung der Behörde hätte aufdrängen müssen (BVerwG NVwZ 2009, 302 (317); BVerwG LKV 1999, 143 (144); BVerwG NVwZ 1996, 788 (790)). Der Hinweis im Planfeststellungsbeschluss, dass sich keine andere Alternative als die vom Vorhabenträger beantragte „als eindeutig vorzugswürdig“ erscheinende aufgedrängt habe, vermag eine nachvollziehbare Begründung der von der Planfeststellungsbehörde zu treffenden **Auswahlentscheidung** nicht zu ersetzen (VGH Mannheim NVwZ-RR 2015, 325). In der Sache muss die Behörde untersuchen und begründen, welche Gründe dafür sprechen, dass sich eine Auswahlentscheidung nicht aufdrängt. 14

In der Praxis sind für die Ermittlung und Bewertung von technischen Sachverhalten Verwaltungsvorschriften, wie zB **TA Lärm** oder **TA Luft** (vgl. BVerwG NVwZ 2008, 76; BVerwG NVwZ 2007, 1086), technische Regelwerke sowie **rechnerische Verfahren** (vgl. OVG Berlin/Brandenburg NJOZ 2010, 940) von hoher Relevanz und daher dem jeweiligen Verfahren zugrunde zu legen. 15

5. Hinzuziehung von Dritten

Die Behörde ist befugt, zur Ermittlung des Sachverhalts Dritte, zB auch andere Behörden, zur Informationsgewinnung heranzuziehen (Ziekow § 24 Rn. 6; KR/Ramsauer § 24 Rn. 26, 26a). Kostensparender als die Zuziehung von **Sachverständigen** kann die Inanspruchnahme der **Amtshilfe** (§ 5 I 1 Nr. 3) sein, wenn die Fachbehörde über besonderen Sachverstand oder zB wissenschaftliche Analysemethoden verfügt. Die verantwortliche Behörde hat das Ermittlungsergebnis der anderen Behörde auch dann zu bewerten, wenn in ihr der besondere Sachverstand nicht gegeben ist; sie ist verpflichtet, sich ein **eigenes Urteil** zu bilden (KR/Ramsauer § 24 Rn. 26). Die Sachverhaltsermittlung kann auch durch Hinzuziehung Dritter, insbesondere Sachverständiger erfolgen. Dritte mit besonderem Sachverstand hat die Behörde **zwingend** dann einzuschalten, wenn es ihr an der notwendigen Sachkunde fehlt (VHG München BayVerwBl 2015, 172 = BeckRS 2014, 46409 Rn. 17). Eine Pflicht zur Hinzuziehung besteht, wenn sie gesetzlich vorgeschrieben ist oder eine Entscheidung einer anderen Behörde „im Benehmen“ im Planfeststellungsrecht zu erfolgen hat (BVerwG NVwZ 2007 576 (578); BVerwG 16

DVBl 1996, 811 (812)). Eine ungeprüfte und ohne Bewertung vorgenommene Übernahme eines gutachtlichen Ergebnisses erweist sich schon als Aufklärungsfehler (BverwG NJW 1989, 1297 (1297); KR/Ramsauer § 24 Rn. 27).

16a Können die Voraussetzungen eines Anspruchs auf Erteilung einer Genehmigung nur durch ein (technisches) Sachverständigengutachten nachgewiesen werden, genügt die Behörde ihrer Pflicht aus §§ 24, 26 regelmäßig, wenn sie den Antragsteller zur **Vorlage eines Privatgutachtens** auffordert; sie ist weder über § 24 noch über § 26 verpflichtet, auf ihre Kosten ein solches Gutachten in Auftrag zu geben (OVG Magdeburg BeckRS 2016, 47610 Rn. 57). Auch die Ergänzung eines bereits vorgelegten Gutachtens kann verlangt werden, wenn es wegen einer Veränderung der Verhältnisse nicht (mehr) hinreichend aussagekräftig ist (OVG Magdeburg BeckRS 2016, 47610 Rn. 57 mwN).

17 Die Entscheidung darüber, ob nach Vorlage eines Gutachtens ein weiteres Gutachten **(Obergutachten)** eingeholt werden soll, steht im Rahmen der freien Beweiswürdigung im pflichtgemäßen Ermessen der Behörde. Das Ermessen wird nach ständiger Rspr. des BVerwG nur dann verfahrensfehlerhaft ausgeübt, wenn von der Einholung eines – weiteren – Gutachtens oder eines Obergutachtens abgesehen wird, obwohl die Notwendigkeit dieser weiteren Beweiserhebung sich hätte **aufdrängen** müssen. Die **Nichteinholung** eines weiteren Gutachtens ist **nur** dann **verfahrensfehlerhaft,** wenn das bereits vorliegende Gutachten auch für den nicht Sachkundigen erkennbare Mängel aufweist, insbesondere von unzutreffenden tatsächlichen Voraussetzungen ausgeht, unlösbare Widersprüche aufweist, wenn Anlass zu Zweifeln an der Sachkunde oder Unparteilichkeit des Sachverständigen besteht, wenn ein anderer Sachverständiger über bessere Forschungsmittel verfügt oder wenn es sich um besonders schwierige wissenschaftliche Fragen handelt, die umstritten sind oder zu denen einander widersprechende Gutachten vorliegen (st. Rspr. BVerwG BeckRS 2009 35995 Rn. 7; BVerwGE 71, 38 (45) mwN).

18 Die Behörde darf sich bei unterschiedlichen **wissenschaftlichen Meinungen** nicht auf eine „herrschende Meinung" verlassen, sondern muss – nach Maßgabe des „Besorgnispotentials" – **alle** vertretbaren wissenschaftlichen **Erkenntnisse** in Erwägung ziehen. Sie muss aber nicht ermitteln, ob zur herrschenden Meinung eine – auch noch so fernliegende – Gegenmeinung besteht, die theoretisch nicht widerlegbar ist (BVerwG NVwZ 2009, 358 (364); BVerwG 72, 300 (316)).

6. Ermittlungs- und Verwertungsverbote

19 Der Exekutive sind bei der Erforschung des Sachverhalts objektivrechtliche Grenzen gesetzt, die an den umfassenden Schutz der Würde des Menschen und das Rechtsstaatsprinzip anknüpfen. Das BVerfG versteht den Begriff der Menschenwürde in Art. 1 I 1 GG als tragendes Konstitutionsprinzip im System der Grundrechte (BVerfG NJW 2010, 505 (505); NJW 2010, 287 (288); NJW 2009, 3293 (3294); NJW 2007, 1933 (1935)). Mit ihm ist der soziale Wert- und Achtungsanspruch des Menschen verbunden, der es verbietet, den

Menschen zum bloßen Objekt zu machen oder ihn einer Behandlung auszusetzen, die seine **Subjektqualität** prinzipiell infrage stellt (BVerfG NJW 2009, 3089 (3090); BVerfG NJW 2004, 999 (1001)).

Obgleich die Behörde berechtigt ist, sämtliche erreichbaren Beweismittel und Erkenntnisquellen im Wege des Freibeweises zu nutzen, gilt diese Befugnis nicht schrankenlos. Nicht jeder Beweis darf erhoben oder verwertet werden (→ § 26 Rn. 16), wenn gesetzliche oder verfassungsrechtliche Rechtsgrundlagen unmittelbar oder mittelbar ein Beweiserhebungs- und Beweisverwertungsverbot begründen (§ 136a StPO, § 51 BZRG, § 153 V-VI GewO). Rechtswidrig sind **Beweiserhebungen,** die ohne hinreichende Ermächtigungsgrundlage in Grundrechte eingreifen oder die durch Befragungen erhoben werden, ohne dass auf bestehende Rechte zur Aussageverweigerung hingewiesen wird (KR/Ramsauer § 24 Rn. 29; SBS/Kallerhoff/Fellenberg § 24 Rn. 32). 20

Die **„verdeckte Online-Durchsuchung"** ist mangels einer Ermächtigungsgrundlage unzulässig. Sie kann insbesondere nicht auf § 102 StPO gestützt werden (BVerfG NJW 2010, 833 (852); BVerfG ZUM 2008, 301 (301); BGH NJW 2007, 930 (931)). Ein Verstoß führt zur Rechtswidrigkeit der behördlichen Entscheidung. Es kommt daher darauf an, mit welchen Mitteln und Methoden Erkenntnisse in einem Verwaltungsverfahren gewonnen wurden (BVerfG ZUM 2008, 301 (301); BeckOK VwVfG/Heßhaus § 24 Rn. 34; SBS/Kallerhoff/Fellenberg § 24 Rn. 32). Auch aus einer Gesamtschau der Ermittlungsvorgänge kann sich eine Verletzung des Rechts auf ein faires Verfahren ergeben, so bei einer heimlichen akustischen Überwachung eines Ehegattengesprächs, das durch ein Beweisverwertungsverbot zu kompensieren ist (BGH NJW 2009, 2463 (2465)). 21

7. Mitwirkung Beteiligter

Die Mitwirkung der Beteiligten ist im Einzelnen in § 26 geregelt. Weder können aus § 24 noch aus § 26 Mitwirkungspflichten der Beteiligten entnommen werden; vielmehr handelt es sich um Mitwirkungsobliegenheiten, genauer um verfahrensrechtliche Lasten (BeckOK VwVfG/Heßhaus § 24 Rn. 8; KR/Ramsauer § 24 Rn. 12a). 22

Eine **materiell-rechtliche Mitwirkungspflicht** besteht für die Beteiligten im Rahmen der Amtsermittlung nicht. Daher kann bei unterlassener Mitwirkung kein Verlust einer materiell-rechtlich bestehenden Position eintreten (KR/Ramsauer § 24 Rn. 12d). Unterlässt ein Beteiligter eine ihm zumutbare Mitwirkung, ist die Behörde nicht verpflichtet, von sich aus allen denkbaren Umständen nachzugehen (BFH NVwZ-RR 1990, 282 (283)). In einem Antragsverfahren auf Ausstellung eines **Staatsangehörigkeitsausweises** nach § 30 I Satz 1 StAG finden die Amtsermittlungspflichten von Behörde und Gericht in den Mitwirkungspflichten des Antragstellers nach § 26 II sowie aus § 86 I 1 Hs. 2 VwGO ihre Grenze (OVG Münster BeckRS 2019, 5659 Rn. 25). 23

Der Untersuchungsgrundsatz wird durch die **verfahrensrechtliche Mitwirkungslast** des Einbürgerungsbewerbers eingeschränkt. Ihn trifft im Hin- 23a blick auf die Klärung seiner Identität eine umfassende, bis zur **Grenze der objektiven Möglichkeit** und subjektiven Zumutbarkeit reichenden Initiativ- und Mitwirkungsobliegenheit (BVerwG NVwZ 2021, 494 (495). Er ist gehalten, eigenständig die Initiative zu ergreifen, um seine Identität nachzuweisen, und alles ihm Mögliche und Zumutbare zu unternehmen, um die hierfür erforderlichen Beweismittel beizubringen. Genügt er dieser Pflicht nicht oder nicht in dem geschuldeten Umfang, so ist dem im Rahmen der Beweiswürdigung nach § 24 beziehungsweise – im verwaltungsgerichtlichen Verfahren – nach § 108 I 1 VwGO Rechnung zu tragen. Erweisen sich von ihm eingereichte Beweismittel als gefälscht oder zwar als echt, aber als inhaltlich unrichtig, so ist auch dies im Rahmen der Beweiswürdigung mit Gewicht zu seinen Lasten zu berücksichtigen. Können verbleibende Zweifel an der Richtigkeit der angegebenen Personalien nicht ausgeräumt werden, so trägt der **Einbürgerungsbewerber** die diesbezügliche **Feststellungslast.** Dieses Modell einer gestuften Prüfung der Identität des Einbürgerungsbewerbers wird den Anforderungen höherrangigen Rechts, insbesondere aus Art. 3 I GG und aus Art. 34 GFK gerecht. Das Stufenmodell stellt sicher, dass die öffentlichen Interessen und die Beweisnot schutzberechtigter Flüchtlinge einem angemessenen Ausgleich zugeführt werden und diesen eine realistische Chance verbleibt, ihre Identität nachzuweisen (BVerwG NVwZ 2021, 494, (496) mwN).

23b Die Sachverhaltsermittlungspflicht kann ihrerseits zwar durch die verfahrensrechtliche **Mitwirkungslas**t der Betroffenen nach § 26 II 1 eingeschränkt sein, nach dem die Beteiligten bei der Ermittlung des Sachverhalts mitwirken sollen. Die Sachverhaltsermittlungspflicht findet dort ihre Grenzen, wo ein Beteiligter zu Fragen Aufklärung geben kann, dies aber unterlässt, obwohl ihm die Bedeutung für das Verfahren bewusst sein muss und die Aufklärung von ihm im Rahmen seiner Mitwirkung bei der Ermittlung des Sachverhalts gemäß § 26 II auch erwartet werden kann, weil sie ihm zumutbar ist. Dies gilt vor allem für solche Tatsachen, die für den Betroffenen günstig sind und die die Behörde nicht ohne Weiteres selbst feststellen. Die Mitwirkungslast des Betroffenen bezieht sich hingegen nicht auf einen Sachverhalt, der nicht in seinen Erkenntnisbereich und in seine Sphäre fällt. Mit diesen Vorgaben wäre es aber nicht zu vereinbaren, die Sachverhaltsermittlungspflicht des Beklagten hier aufgrund der verfahrensrechtlichen Mitwirkungslast der Kläger nach § 26 II 1 zu verneinen (OVG Hamburg BeckRS 2023, 5338 Rn. 21 mwN).

23c Die Versagung der Zulassung **als Rechtsanwalt** durch eine Rechtsanwaltskammer kann aber unzulässig sein, wenn die Rechtsanwaltskammer trotz der bestehenden Mitwirkungslast des Antragstellers ihre Möglichkeiten, den Sachverhalt von Amts wegen zu ermitteln, nicht nutzt (AGH Nordrhein-Westfalen NJW 2021, 1402 (1404)).

24 Die **Unterlassung jeglicher Mitwirkung** kann allerdings negative, den Beteiligten belastende Wirkungen zeitigen, wenn die aktive Mitwirkung Voraussetzung für eine konkrete, günstige Entscheidung ist (BVerwG NVwZ-RR 1997, 355 (356); KR/Ramsauer § 24 Rn. 12c).

Mitunter sind Unterlagen, die der Beteiligte nicht ausreichend beibringt, Grund für die Behörden zu weiteren Untersuchungen. Macht ein **Ausländer** geltend, dass sich sein **Gesundheitszustand** durch eine Abschiebung wesentlich verschlechtert **(Reiseunfähigkeit)** oder ergeben sich sonst konkrete Hinweise darauf, hat die Behörde den aufgeworfenen Tatsachenfragen nach § 24 I nachzugehen, wobei der Ausländer nach § 82 AufenthG zur Mitwirkung verpflichtet ist (VGH Mannheim NVwZ 2009, 63). Legt der Ausländer ärztliche Atteste oder Gutachten vor, die den Anforderungen an den Nachweis einer Reiseunfähigkeit nicht genügen (VGH Mannheim VBlBW 2003, 482 = BeckRS 2003, 23853), bleibt die Ausländerbehörde verpflichtet, den Sachverhalt selbst weiter aufzuklären, wenn und soweit sich aus den vorliegenden ärztlichen Äußerungen, dem Vortrag des Ausländers oder aus sonstigen Erkenntnisquellen **ausreichende Indizien** für eine Reiseunfähigkeit ergeben (OVG Magdeburg NVwZ-RR 2011, 838; VGH Mannheim NVwZ 2009, 63). Wird aufgrund unzureichender Mitwirkung des Antragstellers eine Sachentscheidung verhindert, ist die Behörde verfahrensrechtlich berechtigt, das Verfahren durch eine formelle Entscheidung **abzuschließen** (SBS/Kallerhoff/Fellenberg § 24 Rn. 29). Im Falle einer **Konkurrentenklage** kann eine Behörde von dem Bewerber bei offener Eignungsfähigkeit mit Blick auf den angestrebten Dienstposten eine ärztliche Bescheinigung verlangen. Es mag sein, dass allein eine **privatärztliche Bescheinigung** nicht genügt, um die gesundheitliche Eignung abschließend festzustellen; sie liefert aber jedenfalls einen ersten Anhaltspunkt (OVG Münster NVwZ-RR 2014, 970 (971)). 25

Problematisch ist die Rechtslage, wenn die **Mitwirkung** an **objektive Grenzen** der Zumutbarkeit stößt und aufgrund einer Beweisnot keine weiteren Dokumente etc vorgelegt werden können. **Unüberwindbare Grenzen** der Zumutbarkeit des Nachweises bestimmter Dokumente dürfen jedenfalls im Ausländerrecht nicht zur **Verweigerung eines Reiseausweises** führen. Beantragt ein nach § 51 Abs. 1 AuslG anerkannter Flüchtling einen Konventions-Reiseausweis und ergeben sich aufgrund neuer Tatsachen oder des Fehlens von geeigneten Dokumenten ernsthafte Zweifel an seiner Identität, so kann die Ausländerbehörde hierzu weitere Nachweise verlangen, soweit dies dem Flüchtling zumutbar ist. Unterbleibt in einem solchen Fall eine zumutbare Mitwirkung, so darf die Ausländerbehörde die Ausstellung des Reiseausweises ablehnen. Ist eine Klärung der Identität nicht möglich, darf der Reiseausweis nicht verweigert werden. In diesem Fall kann der Vermerk angebracht werden, dass die Personalien auf eigenen Angaben beruhen (BVerwG NVwZ 2004, 1250 (1252)). 26

8. Vortrag der Beteiligten

Aus der rechtlichen Dominanz des Untersuchungsgrundsatzes im Gefüge der Erforschungspflicht der Behörde folgt, dass die Behörde an das Vorbringen und an die Beweisanträge der Beteiligten nicht gebunden ist (I Hs. 2). Die Behörde darf gleichwohl den Vortrag der Beteiligten, Erklärungen und Beweisanträge nicht gänzlich unberücksichtigt lassen (KR/Ramsauer § 24 Rn. 34, 35; SBS/Kallerhoff/Fellenberg § 24 Rn. 43). Liegen zureichende 27

Anhaltspunkte für rechtserhebliche, **ermittlungsrelevante Umstände** vor, so muss die Behörde diesen Hinweisen nachgehen und sie würdigen. Bei der Auslegung eines Antrags hat die Behörde neben dem Wortlaut auch zu berücksichtigen, ob der Antragsteller mit seiner Erklärung nicht einen anderen Sinn verbunden hat, als es dem allgemeinen Sprachgebrauch entspricht, wenn Zweck des Antrags sowie erkennbare Begleitumstände dies nahelegen; das kann der Fall sein, wenn sich der Antrag bei einer strikt am Wortlaut haftenden Auslegung eindeutig und ohne weiteres erkennbar als sinnlos erwiese (BVerwG DVBl 2005, 1147 = BeckRS 2005, 26889). Ein erheblicher und substantiierter Beweisantrag darf nicht mit der Begründung abgelehnt werden, das bisherige Verfahren habe bereits zu der Überzeugung geführt, dass das Vorbringen nicht glaubhaft sei (SBS/Kallerhoff/Fellenberg § 24 Rn. 43). Unklares und mehrdeutiges im Vortrag ist am Maßstab von § 133 BGB zu würdigen.

27a Als besonderes Mittel der Sachaufklärung kann ein **Fachgespräch** als eine von mehreren Möglichkeiten zum Nachweis der Sachkunde bei der gewerbsmäßigen Hundeausbildung geführt werden. Es findet vor einer Kommission statt, deren Rolle sich auf die eines sachverständigen Beraters beschränkt und an deren Stellungnahme die Tierschutzbehörde bei der Entscheidung über die Erlaubniserteilung nicht gebunden ist. Es bedarf im Hinblick auf Art. 12 I GG keiner Verfahrensgestaltung in Form einer gesetzlichen Grundlage hinsichtlich der Leistungsanforderungen und Bewertungsmaßstäbe (OVG Bautzen BeckRS 2020, 41124 Rn. 46 mwN).

28 **Unsubstantiiertes Vorbringen,** fortwährende querulatorische Eingaben, widersprüchlicher Vortrag der Beteiligten zwingen die Behörde nicht zu weiteren Ermittlungen (SBS/Kallerhoff/Fellenberg § 24 Rn. 48); allerdings ist ein Antrag der Beteiligten noch nicht allein schon deshalb unzulässig, weil er neben dem sachlichen Begehren auch ungehörige, unsachliche und beleidigende Äußerungen enthält (BFH NJW 1993, 1352).

9. Amtsermittlung im automatischen Verfahren

28a Setzt eine Behörde automatische Einrichtungen zum Erlass von Verwaltungsakten ein, ist in § 24 I S. 3 geregelt, dass die Behörde für den Einzelfall bedeutsame tatsächliche Angaben des Beteiligten berücksichtigen muss, die im automatischen Verfahren nicht ermittelt würden (Zur Digitalisierung im Verwaltungsrecht und zu § 24 vgl etwa Siegel NVwZ 2023, 193 (196); Spilker NVwZ 2022, 680 (683), Guggenberger NVwZ 2019, 844). Damit wird klargestellt, dass der Erlass von VAen durch automatische Einrichtungen nach § 35a nicht ein Absenken der Ermittlung von Amts wegen zum Gegenstand hat, sondern die Behörde ebenfalls im automatischen Verfahren für die Amtsermittlung relevante Angaben der Beteiligten, zu berücksichtigen hat. Es handelt sich um einen Warnhinweis des Gesetzgebers, bereits bei der **Konfiguration von Systemen** sicherzustellen, dass individueller Vortrag, der noch vor Erlass des Verwaltungsakts berücksichtigt wird, durch diese Systeme nicht unmöglich gemacht wird (Ziekow NVwZ 2018 1169, 1172). Kritik entzündet sich an Sprache, Systematik und Anwendungsbereich der Norm

(Stegmüller NVwZ 2018, 353 (358), deren Inhalt wie folgt treffender beschrieben wird: „Ein Verwaltungsverfahren darf nicht durch vollautomatische Einrichtungen abgewickelt werden, wenn im Einzelfall entscheidungsrelevante tatsächliche Erkenntnisse vorliegen, die im vollautomatischen Programm noch nicht berücksichtigt sind".

Die Formulierung in § 24 I 3 wurde durch das Gesetz zur Modernisierung 28b des Besteuerungsverfahrens eingefügt (BT-Drs. 18/8434). Zur Gewährleistung einer möglichst einheitlichen Fortentwicklung der drei Verfahrensordnungen **AO, VwVfG und SGB X** wurden die neuen Instrumente „vollständig automatisierter Erlass von Verwaltungsakten" und „Bekanntgabe von elektronischen Verwaltungsakten durch Datenabruf" auch in das VwVfG eingeführt. Die neuen Regelungen im VwVfG stimmen weitestgehend mit denen in der AO überein (BT-Drs. 18/8434, S. 122).

Der Einsatz automatischer Einrichtungen beim Erlass von Verwaltungs- 28c akten dient der Verfahrensbeschleunigung und Kostenreduzierung, weil vor allem einfach strukturierte Verfahren mit geringerem Aufwand schnell erledigt werden können. **Individuelle Fallkonstellationen** können von einem automatisierten Prüfraster nur berücksichtigt werden, wenn sie bei der Einrichtung des jeweiligen Systems antizipiert werden können. Das birgt die Gefahr, dass bei unvorhergesehenen Fallgestaltungen **falsche Ergebnisse** erzielt werden. Der Untersuchungsgrundsatz gilt aber auch beim Einsatz automatischer Einrichtungen. Die Regelung stellt klar, dass für den Einzelfall **bedeutsame tatsächliche Angaben** des Betroffenen Berücksichtigung finden müssen. Zugleich stellt die Vorschrift die Effizienz des Einsatzes automatischer Einrichtungen dadurch sicher, dass nicht jedweder individuelle Vortrag zu einer Aussteuerung und Einzelfallprüfung führen muss. Bei individuellem Einzelvortrag muss demnach eine Aussteuerung und – je nach Relevanz für das Verfahren – eine weitere Bearbeitung außerhalb des automatisierten Verfahrens erfolgen oder es kann eine Rückführung in dieses erfolgen (BT-Drs. 18/8434, S. 122).

III. Die freie Beweiswürdigung

1. Grundlagen

Die Würdigung der tatsächlichen Erkenntnisse ist der gleichsam zweite 29 Schritt, der auf die Informationsbeschaffung im Rahmen der Sachverhaltsermittlung folgt. Die Behörde ist im Verwaltungsverfahren nicht an strenge Beweisregeln gebunden, sondern es gilt auch im Anwendungsbereich des § 24 der in § 69 lediglich für das förmliche Verfahren erwähnte **Grundsatz der freien Beweiswürdigung** (KR/Ramsauer § 24 Rn. 30). Für das Verwaltungsverfahren gelten die Erwägungen von Rechtsprechung und Literatur zu § 108 I 1 VwGO entsprechend (KR/Ramsauer § 24 Rn. 30; Ziekow § 24 Rn. 13). Die Beurteilung des tatsächlichen Sachverhalts erfolgt nach Würdigung und Abwägung sämtlicher Tatsachen. Im Rahmen der freien Beweiswürdigung ist die Behörde an die allgemeinen Denkgesetze und die Logik sowie an anerkannte Erfahrungssätze gebunden (KR/Ramsauer § 24 Rn. 31a). Einen Grundsatz, dass privatärztlichen Attesten nur Glauben geschenkt werden darf, wenn ihr Inhalt polizeiärztlich bestätigt worden ist, gibt es nicht (VG Berlin NJW 2001, 911).

30 Eine die Behörde rechtlich unmittelbar bindende Vorgreiflichkeit **(präjudizielle Wirkung)** von gerichtlichen Entscheidungen, insbesondere Strafurteilen besteht trotz ihrer hohen praktischen Bedeutung für die Praxis aber nicht, es sei denn, es ist gesetzlich anderweitiges bestimmt, wie zB bei § 35 III GewO und § 4 III 1 StVG (KR/Ramsauer § 24 Rn. 32). Steht der gerichtlich festgestellte Sachverhalt und die Beweiswürdigung außer Streit, kann sich die Behörde die Feststellungen einer gerichtlichen Entscheidung zu Eigen machen (KR/Ramsauer § 24 Rn. 32).

30a Eine Behörde darf die ihr übertragene Aufgabe der Stellung einer **Gefahrenprognose** nicht aus der Hand geben und hat deren tatsächliche Grundlagen selbständig im Rahmen des § 24 zu ermitteln. Das schließt aber nicht aus, dass sie bei der Erarbeitung der Prognosegrundlagen auch auf die Angaben der an einem Verwaltungsverfahren Beteiligten bzw. von einer bevorstehenden Verwaltungsmaßnahme Betroffenen zurückgreift und diese im Rahmen der ihr obliegenden **freien Beweiswürdigung** selbständig würdigt (BVerwG BeckRS 2020, 29277 Rn. 9).

2. Intensität der Überzeugung (Beweismaß)

31 Entscheidend für das erforderliche Maß an Überzeugung, dass die Behörde zu gewinnen hat, ist zunächst der allgemeine Grundsatz, dass keine unerfüllbaren Beweisanforderungen gestellt und **keine unumstößliche Gewissheit** verlangt werden darf (Ziekow § 24 Rn. 14). Die Behörde muss sich in tatsächlich zweifelhaften Fällen mit einem für das **praktische Leben brauchbaren Grad** von Gewissheit begnügen, der den Zweifeln Schweigen gebietet, auch wenn sie nicht völlig auszuschließen sind (OVG Münster BeckRS 2006 23230; BVerwG NVwZ 1985 658 (660)).

32 Die **Grenzen der freien Beweiswürdigung** sind nur dann verletzt, wenn die Behörde von einem unrichtigen oder unvollständigen Sachverhalt ausgeht, wenn sie insbesondere Umstände übergeht, deren Entscheidungserheblichkeit sich ihr hätten aufdrängen müssen oder wenn es aus sonstigen Gründen die Grenzen einer objektiv willkürfreien, die Natur- und Denkgesetze sowie die allgemeinen Erfahrungssätze beachtenden Würdigung überschritten hat. Sinn und Zweck der freien richterlichen Beweiswürdigung ist es, die Behörde nicht an starre Regeln zu binden, sondern ihr zu ermöglichen, den jeweiligen besonderen Umständen des Einzelfalles gerecht zu werden (BVerwG NVwZ 2005, 1087 (1089); BVerwG NVwZ 1995, 175 (175)).

33 Der Anspruch auf rechtliches Gehör und das Rechtsstaatsprinzip verbieten es, einem Beteiligten, der über den Inhalt eines Gesprächs allein durch eigenen Vortrag oder Vernehmung führen kann, dieses Beweismittel zu verwehren. Damit würde der Beteiligte in seiner **Beweisnot** belassen. Ein Beweisantrag auf Heranziehung des Beteiligten als Beweismittel ist nicht unzulässig (OLG Karlsruhe MDR 2009, 680; BAG NZA 2007, 885 (886)).

3. Beweislast im Verwaltungsverfahren

Das VwVfG enthält keine Regelungen über die Beweislast. Das vom **Untersuchungsgrundsatz** dominierte Verwaltungsrecht bezweckt eine andere funktionale Aufgaben- und Rollenverteilung als sie durch den **Beibringungsgrundsatz** (Verhandlungsmaxime) im Zivilprozessrecht hervorgerufen wird. Die im originären Interesse der Parteien bestehende Darlegungs- und Beweisführungslast (formelle Beweislast) der Beteiligten (SBS/Kallerhoff/Fellenberg § 24 Rn. 54) widerspricht der Verpflichtung zur Amtsermittlung sowie § 24 I, wonach die Beteiligten nicht berechtigt sind, Beweisanträge zu stellen. Im Gegensatz dazu ist das Zivilgericht grundsätzlich befugt, nur jene Tatsachen zu berücksichtigen, die von den Beteiligten („Parteien") vorgetragen und unter Beweis gestellt werden („da mihi factum, dabo tibi ius", § 138 ZPO; ArbG Herford BeckRS 2009, 61514). 34

Nach der stRspr des BVerwG ist ein **Beweisantrag unzulässig** und kann abgelehnt werden, wenn es sich um einen Ausforschungs- oder Beweisermittlungsantrag handelt. Dies ist der Fall, wenn Tatsachenbehauptungen unter Beweis gestellt werden, für deren Wahrheitsgehalt nicht wenigstens eine gewisse Wahrscheinlichkeit spricht, die mit anderen Worten ohne greifbare Anhaltspunkte willkürlich „aus der Luft gegriffen", „ins Blaue hinein", also „erkennbar ohne jede tatsächliche Grundlage" erhoben worden sind (stRspr zB BVerwG Beschl. v. 26.6.2017 – 6 B 54/16 Rn. 7 und v. 22.10.2014 – 8 B 99.13 Rn. 40 mwN). Welche Anforderungen vom Tatsachengericht an die Substanziierung des Beweisantrags gestellt werden dürfen, bestimmt sich zum einen danach, ob die zu beweisende Tatsache in den eigenen Erkenntnisbereich des Beteiligten fällt, und zum anderen nach der konkreten prozessualen Situation (OVG Berlin-Brandenburg BeckRS 2022, 6766 Rn. 1). 34a

Die Frage, ob die Behörde oder der Beteiligte die rechtlichen Folgen der Nichterweislichkeit einer Tatsache trägt, wird folglich nicht vom formellen Verfahrensrecht, sondern durch das materielle Fachrecht im Rahmen der materiellen Beweislast beantwortet (KR/Ramsauer § 24 Rn. 40). 35

Die Aufgabenverteilung hat unmittelbare Auswirkungen auf den Verlauf eines Zivilprozesses, insbesondere bei Ausbleiben eines Beweisantritts oder im Falle eines **„non-liquet"** (KR/Ramsauer § 24 Rn. 40). Die Beantwortung der Frage, wer im Verwaltungsverfahren das Risiko eines „non liquet" trägt, gehört ebenfalls zum materiellen Recht. Im Grundsatz trägt danach jeder Beteiligte den Rechtsnachteil für die Nichterweislichkeit der ihm günstigen Tatbestandsmerkmale (Günstigkeitsprinzip). Ein absolut geltendes **materielles Prinzip der Beweislastverteilung** gibt es aber im Verwaltungsrecht ebenso wenig wie im Zivilrecht (BVerwG ZUM 2010, 74 (79); BVerwG NVwZ 2008, 1371 (1375); BVerwG NVwZ 1989, 370 (372)). 36

Wenn und soweit eine Vorschrift des materiellen Rechts einem der Beteiligten auferlegt, die tatbestandlichen Voraussetzungen einer Rechtsfolge nachzuweisen, trifft ihn insoweit auch die **materielle Beweislast** (BeckOK VwVfG/Heßhaus § 24 Rn. 16). Die maßgeblichen Regelungen ergeben sich aus den jeweiligen Tatbestandmerkmalen, die im Einzelfall auf rechtshindern- 37 de, rechtsbegründende, rechtsvernichtende oder rechtshemmende Rechtsfolgen gerichtet sein können (Ziekow § 24 Rn. 15).

38 Im Einzelnen wird durch Auslegung der materiellrechtlichen Norm ermittelt, welche Verteilungsanordnung die in ihr enthaltene **ungeschriebene Beweislastnorm** trifft (BVerwG NVwZ 2008, 1371 (1375)). In der freiheitlichen Demokratie des Grundgesetzes bedarf der hoheitliche Eingriff in ein Grundrecht der Rechtfertigung; **nicht** ist umgekehrt die Ausübung von Grundrechten rechtfertigungsbedürftig (BVerwG ZUM 2010, 74 (79); BVerwG NVwZ 2008, 1371 (1375); BVerfG NJW 2007, 2167 (2169)). Beansprucht der Staat das Recht, in einen durch ein **negatorisches Grundrecht** geschützten Freiheitsbereich einzugreifen, trägt er die Beweislast für die gesetzlichen Voraussetzungen dieses Eingriffs nach Maßgabe der Grundsätze über die Beweislast im Anfechtungsrechtsstreit (BVerwG NVwZ 2008, 1371 (1375)). Im Beamtenrecht trägt der Beamte die materielle Beweislast für den Nachweis, dass ein eingetretener Körperschaden mit an Sicherheit grenzender Wahrscheinlichkeit auf einem Dienstunfall beruht (VGH München BayVerwBl 2015, 172 = BeckRS 2014, 46409, Rn. 14).

4. Umkehr der Beweislast

39 In seltenen Fällen kann es eine **Umkehr der Beweislast** geben (BVerwG NVwZ 2009, 1308 (1308); BVerwG ZOV 2009, 104 (104); VGH München DÖV 2009, 591 L). Eine **überlange Verfahrensdauer** begründet noch keine Umkehr der Beweislast. Hierzu liegt eine gefestigte Rechtsprechung des BVerwG vor, die besagt, dass allein eine überlange Dauer des Verwaltungsverfahrens noch nicht eine der gesetzlichen Regelung widersprechende Beweislastverteilung rechtfertigt (BVerwG NJW 2001, 841 (842) mwN). Vielmehr kann nur eine schuldhafte Beweisvereitelung von Seiten der Behörde zu einer Beweislastumkehr zu Gunsten des Beteiligten führen (BVerwG NJW 2001, 841 (842); BVerwG NVwZ 1988, 434 (436)).

40 Im **Prüfungsrecht** ist grundsätzlich der Kandidat der Prüfung beweisbelastet. Kann der Prüfungsfehler nicht nachgewiesen werden, geht dieser Umstand zu Lasten des Kandidaten. Der Prüfling trägt die Beweislast für die Behauptung, der Prüfer habe sich kein eigenes Bild von der gesamten Prüfungsleistung gemacht und diese nicht selbst bewertet (BVerfG NVwZ 1990, 65). Im Hinblick auf das Rechtsstaatsprinzip (Art. 20 III GG) und das Gebot der Gewährung wirksamen Rechtsschutzes (Art. 19 IV GG) wird eine Ausnahme im Falle schuldhafter Beweisvereitelung (§ 444 ZPO) durch die Prüfungsbehörde bejaht. Das Gericht prüft dann, ob eine zumindest fahrlässige Beweisvereitelung durch die Prüfungsbehörde stattgefunden hat (BVerwG NVwZ 1988, 434 (435)).

41 In der Rechtsprechung des BVerwG ist geklärt, dass auch im **Staatsangehörigkeitsrecht** die allgemeinen **Grundsätze der Beweislastverteilung** gelten und die Ungewissheit einer anspruchsbegründenden Tatsache zu Lasten des Beteiligten geht (OVG Münster NVwZ-RR 2009, 661; BVerwG NVwZ 2007, 224 (224)). Daraus folgt, dass der Einbürgerungsbewerber die Beweislast für das Bestehen der anspruchsbegründenden Voraussetzungen für

die Einbürgerung nach § 10 I 1 Nr. 4 StAG („wenn er seine bisherige Staatsangehörigkeit aufgibt oder verliert") trägt (OVG Münster NVwZ-RR 2009, 661).

Die **Denkmalschutzbehörde** trägt im Genehmigungsverfahren für den Abriss eines Baudenkmals die Beweislast bei unterlassener Glaubhaftmachung unzumutbarer Investitionen (OVG Saarlouis NVwZ-RR 2009, 461). 42

Im Rahmen des Verfahrens auf **Entzug der Fahrerlaubnis** hat die Behörde darzulegen und zu beweisen, ob eine „Gelegentlichkeit" der Einnahme von Cannabis vorliegt und Ungeeignetheit zum Führen von Kraftfahrzeugen gegeben ist. Von einem gelegentlichen Cannabiskonsum kann dann zweifelsfrei ausgegangen werden, wenn ein solches Verhalten von dem betroffenen Fahrerlaubnisinhaber selbst eingeräumt wird. Ist dies nicht der Fall, darf eine Fahrerlaubnis ohne weitere Aufklärung des Sachverhaltes nur dann entzogen werden, wenn die Behörde den gelegentlichen Konsum von Cannabis zweifelsfrei nachweisen kann (VGH Kassel NJW 2009, 1523 (1524)). 43

Zum **Nachweis fristwahrender Absendung** ist es nicht zwingend erforderlich, die Glaubhaftmachung durch Nachweis eines postalischen Belegs zu fordern; genügen kann auch eine **Versicherung des Absendenden an Eides Statt** über die Umstände der Aufgabe zur Post (BVerwG NVwZ 1996, 265, = NJW 1996, 409 (410)). 44

Im **Beamtenrecht** trägt der Dienstherr die materielle Beweislast für die in seinem Verantwortungsbereich liegenden Vorgänge, deren Kenntnis für die Beurteilung erforderlich ist, ob der Beamte ohne den schuldhaften Verstoß gegen Art. 33 II GG voraussichtlich befördert worden wäre (BVerwG NVwZ 2006, 212 (212)). 45

5. Beweisverwertungsverbot

Ausdrückliche Beweisverwertungsverbote sind im VwVfG nicht existent. Es gibt auch keinen Rechtssatz des Inhalts, dass im Fall einer rechtsfehlerhaften Beweiserhebung die Verwertung der gewonnenen Beweise stets unzulässig ist (BVerwG NVwZ 2009, 378 (380); OVG Lüneburg, NVwZ-RR 2009, 517 (518); BVerfG, NVwZ 2005, 1175 (1175)). Maßgebend sind die Umstände des Einzelfalls. Der gerichtlichen Verwertung von Daten aus strafrechtlichen Ermittlungsverfahren der Staatsanwaltschaft und des Polizeivollzugsdienstes, die sich in den **beigezogenen Verwaltungsvorgängen** befinden, steht kein Beweisverwertungsverbot entgegen (OVG Bautzen BeckRS 2016, 42991). In der Rechtsprechung des BGH zur **Wohnungsdurchsuchung** in strafrechtlichen Ermittlungsverfahren ist unter Berücksichtigung der Art des Verbotes, dem Gewicht des Verstoßes unter Abwägung der widerstreitenden Interessen anerkannt, dass eine bewusste Missachtung oder gleichgewichtig grobe Verkennung der Voraussetzungen des für Wohnungsdurchsuchungen bestehenden Richtervorbehalts die Annahme eines Verbots der Verwertung bei der Durchsuchung gewonnener Beweismittel rechtfertigen kann (BGH NJW 2007, 2269 (2271)). Im Wehrdisziplinarverfahren gilt im Wesentlichen nichts anderes (BVerwG NVwZ-RR 2009, 378 (380)). 46

47 Ob und unter welchen Umständen ein Beweisverwertungsverbot besteht, ist eine Frage, die nach dem **Schutzzweck der verletzten Verbotsvorschrift** bei der Ermittlung zu beantworten ist (OVG Lüneburg, NVwZ-RR 2009, 517 (518); OVG Hamburg NJW 2008, 96 (99)). **Verfassungsrechtlich** ergibt sich ein Beweisverwertungsverbot bei einem schwerwiegenden, bewussten oder willkürlichen Verstoß, bei dem die Eingriffsvoraussetzungen planmäßig oder systematisch außer Acht gelassen wurden (BVerfG NJW 2005, 1917 (1923)).

48 **Gesetzliche Ermittlungs- und Verwertungsverbote,** wie die in § 136a StPO bezeichneten verbotenen Vernehmungsmethoden, sind auch im Verwaltungsverfahren grundsätzlich beachtlich. Diese Methoden sind auch im Verwaltungsverfahren verboten. Ebenfalls beachtlich sind Beschränkungen datenschutzrechtlich personenbezogener Daten (BeckOK VwVfG/Heßhaus § 24 Rn. 32), deren Erhebung an bestimmte Voraussetzungen anknüpft (§ 13 II BDSG). Beachtlich sind getilgte und tilgungsreife Eintragungen im Bundeszentralregister (§ 51 BZRG) und Eintragungen im Gewerbezentralregister (§ 153 V, VI GewO). Eine im Bundeszentralregister getilgte oder zu tilgende Straftat kann allerdings gem. § 52 I Nr. 1 BZRG zum Nachteil von Personen verwertet werden, die darauf überprüft werden, ob sie zum Umgang mit Verschlusssachen der Geheimhaltungsgrade „VS-Vertraulich“ oder „Geheim“ ermächtigt werden sollen (BVerwG NVwZ 1995, 1101 (1101)). Eine andere Frage ist die, ob eine unter Verstoß des strafprozessualen Verwertungsverbots erlangte Tatsache zwangsläufig auch ein Verwertungsverbot im Verwaltungsverfahren begründet (verneinend VGH Mannheim NJOZ 2010, 2143 (2144)). Die Fahrerlaubnisbehörde ist daher berechtigt, in einem Fahrerlaubnisentziehungsverfahren auch das Ergebnis der Untersuchung einer Blutprobe zu berücksichtigen, die unter Verstoß gegen den Richtervorbehalt des § 81a II StPO entnommen wurde (VGH Mannheim NJOZ 2010, 2143 (2144)).

49 Auf rechtswidrige Weise erlangte Erkenntnisse dürfen im Verwaltungsverfahren grundsätzlich nicht zu Lasten des betroffenen Bürgers verwendet werden, sofern die Rechtswidrigkeit der Ermittlung auf einer Verletzung individueller Rechte und nicht bloß auf einem Verstoß gegen Normen beruht, die allein öffentliche Interessen schützen (OVG Lüneburg NVwZ-RR 2009, 517 (518); OVG Hamburg NJW 2008, 96 (96); KR/Ramsauer § 24 Rn. 29a, SBS/Kallerhoff/Fellenberg § 24 Rn. 32; Ziekow § 24 Rn. 20). Die als „fruit of the poisonous tree-doctrine“ bezeichnete **Fernwirkung eines Beweiserhebungsverbots** ist im Verwaltungsrecht grundsätzlich nicht übertragbar, auch nicht im Sozialrecht (SG Frankfurt BeckRS 2009, 50300); Ähnliches gilt mit Differenzierung im Steuer- und Abgabenrecht (BFH NJW 2007, 2281 (2281)). Ausnahmen werden im Verwaltungsverfahren für möglich gehalten, sofern der Schutzzweck der verletzten Verbotsnorm auch im Verwaltungsrecht ein Verwertungsverbot erfordert (KR/Ramsauer § 24 Rn. 29a; Ziekow § 24 Rn. 7). Wird ein Bürger durch rechtswidrige, insbesondere **strafbare Ermittlungsmethoden** einer Behörde in seinen Rechten verletzt, so verhindert das Rechtsstaatsprinzip grundsätzlich eine unmittelbare Verwertbarkeit der erlangten Erkenntnisse (BFH NJW 2007, 2281 (2281)). Ein absolutes

Verwertungsverbot besteht dann, wenn die betreffenden Informationen durch die **Verletzung des unantastbaren Kernbereichs** der privaten Lebensführung erlangt worden sind (OVG Lüneburg, NVwZ-RR 2009, 517 (518); OVG Hamburg NJW 2008, 96; BVerfG NJW 2004, 999 (1007)). Eine langfristige Observation einer Person im öffentlichen Raum durch eine private Detektei erlangt (noch) nicht die schwerwiegende Qualität, die einen verfassungswidrigen Eingriff in das allgemeine Persönlichkeitsrecht begründet (BVerfG NJW 2005, 1338 (1340)).

50 Nicht von einem Verwertungsverbot erfasst sind der Behörde zugegangene Erkenntnisse, die nicht unmittelbar von der Behörde erhoben wurden, ihr aber aus anderer Quelle zugehen. Sind diese Erkenntnisse gesetzwidrig gewonnen, ist die Frage, ob das ursprüngliche Verwertungsverbot sich auch auf die mittelbare Kenntnis erstreckt und dessen weitere Verwertung in einem Verwaltungsverfahren erstreckt. Die **„Fernwirkung"** eines Verwertungsverbots gilt im Verwaltungsverfahren nicht. Aus dem Prozessgrundrecht auf ein faires, rechtsstaatliches Verfahren ergibt sich nicht, dass die Verwertung fehlerhaft gewonnener Beweise stets unzulässig ist (BVerfG JuS 2006, 189 (190); BeckOK VwVfG/Heßhaus § 24 Rn. 36; SBS/Kallerhoff/Fellenberg § 24 Rn. 33).

IV. Rechtsfolgen bei unzureichender Ermittlung und Bewertung

51 Als Verfahrenshandlung kann eine **fehlerhafte Sachverhaltsermittlung** grundsätzlich nicht selbstständig angefochten werden (KR/Ramsauer § 24 Rn. 36; SBS/Kallerhoff/Fellenberg § 24 Rn. 58). Soweit die fehlerhafte Sachverhaltsermittlung nicht mehr nachholbar ist (§ 45), ist der VA rechtswidrig. Eine Nichtigkeit kann sich unter Voraussetzungen des § 44 I ergeben. Eine unzutreffende Sachverhaltsermittlung wirkt sich bei der Anfechtung von VA im Rahmen der gebundenen Verwaltung in der Regel nicht aus. Das Verwaltungsgericht ist nach § 86 VwGO befugt im Rahmen der Amtsermittlung selbst zu ermitteln und etwaige Defizite zu schließen (Ziekow § 24 Rn. 19). Entsprechendes gilt auch bei **Ermessensentscheidungen** im Falle einer Ermessensreduzierung auf Null anzuwenden, wobei allerdings die Annahme einer solchen Reduzierung nur in Ausnahmefällen möglich sein wird (BVerwG NJW 1988, 2058). Auf einen VA, der auf verfahrensfehlerhaft gewonnenen Erkenntnissen beruht, findet § 46 Anwendung.

52 Sofern das materielle Recht der Behörde Ermessen oder einen Prognose- bzw. Beurteilungsspielraum einräumt, ist das Verwaltungsgericht im Rahmen des § 86 VwGO gehindert, die erforderliche Bewertung der Behörde zu ersetzen (BeckOK VwVfG/Heßhaus § 24 Rn. 29). Das Gericht ist vielmehr auf eine Überprüfung der Entscheidung auf etwaige Ermessens- bzw. Beurteilungsfehler im Rahmen der §§ 113, 114 VwGO beschränkt.

53 Eine gerichtliche Aufhebung der Behördenentscheidung ist nach § 46 nur dann möglich, wenn der **Verfahrensfehler** sich auf die materielle Rechtsposition und damit die Sachentscheidung tatsächlich auswirkt (BVerwG NVwZ-RR 1994, 14 (15); Ziekow § 24 Rn. 20). Bleibt die Entscheidung

trotz eines Fehlers richtig oder wirkt sich eine fehlerhafte Entscheidung auf die Rechtsposition eines Beteiligten nicht aus, bleiben etwaige Ermittlungsfehler unbeachtlich.

V. Pflicht zur ordnungsgemäßen Aktenführung

54 Die Behörden sind auch ohne ausdrückliche gesetzliche oder innerdienstliche Anweisung zur vollständigen und ordnungsgemäßen Aktenführung (vor allem Aktenverständlichkeit, Aktenwahrheit, Aktenvollständigkeit und Aktenbeständigkeit) verpflichtet (VG Lüneburg NVwZ 1997, 205 (206); VGH Mannheim NVwZ-RR 1996, 27 (27); BVerfG NJW 1983, 2135 (2135)). Ohne eine ordnungsgemäße Dokumentation der Sachverhaltsermittlung, ist eine Überprüfung der Entscheidung durch Gerichte und Widerspruchsbehörden nicht gewährleistet (BVerwG BeckRS 2010 46208; BVerwG NVwZ 2008, 791 (791); Ziekow § 24 Rn. 8) und der Anspruch aus Art. 19 IV GG wird ohne Überprüfbarkeit des Gesetzesvollzugs unterlaufen. Unklarheiten bei der Aktenführung, insbesondere im Rahmen der Auslegung verwaltungsbehördlicher Entscheidungen gehen nach Art. 19 IV GG zulasten der Verwaltung (OVG Greifswald NVwZ 2002, 104 (105 f.)). Das Recht auf Akteneinsicht setzt eine ordnungsgemäße Aktenführung voraus. Eine unzureichende Aktenführung, die den Rechtsschutz sichert, kann nicht mit „Verwaltungsökonomie" gerechtfertigt werden (OVG Lüneburg BeckRS 2020, 45747 Rn. 14).

54a Eine Verletzung der aus dem Rechtsstaatsprinzip folgender Gebote **ordnungsgemäßer Aktenführung** rechtfertigt nicht, eine materiell-rechtlich falsche Entscheidung zu treffen. Wird das Original einer Postzustellungsurkunde nachträglich vorgelegt, ist dieses auch dann beachtlich, wenn sich in der vorgelegten elektronischen Akte kein Hinweis darauf findet, dass es sich um eine hybride Akte handelt und auch Papierdokumente Bestandteil der vollständigen Akten sind (VG Karlsruhe NVwZ-RR 2023, 465, hierzu Müller NVwZ 2023, 651). Diese Pflicht dient der Sicherung gesetzmäßigen Verwaltungshandelns und folgt aus der **Bindung der Verwaltung an Recht und Gesetz** und der aus dem Rechtsstaatsprinzip folgenden Pflicht zur Objektivität (BVerfG BeckRS 2016, 50709 Rn. 19; NJW 1983, 2135). Die Dokumentation soll den Geschehensablauf so, wie er sich ereignet hat, in jeder Hinsicht **nachprüfbar** festhalten. Sie soll hierbei nicht lediglich den Interessen der Beteiligten oder der entscheidenden Behörde dienen, sondern auch die Grundlage für die kontinuierliche Wahrnehmung der Rechts- und Fachaufsicht und für die parlamentarische Kontrolle des Verwaltungshandelns bilden. Damit wirkt die Pflicht zur wahrheitsgetreuen und vollständigen Aktenführung zugleich auch präventiv insofern auf das Verwaltungshandeln ein, als sie die **Motivation** zu allseits rechtmäßigem Verwaltungshandeln stärkt (BVerwG NVwZ 1988, 621 (622).

54b Der Pflicht zur Aktenführung entsprechend des Gebots der Aktenwahrheit, Aktenklarheit und Aktenvollständigkeit kommt zur **Gewährleistung eines effektiven Rechtsschutzes** auch eine subjektiv-rechtliche Komponente zu.

Durch den Einsatz geeigneter technischer Anwendungen und flankierender organisatorischer Regelungen ist sicherzustellen, dass auch eine elektronisch geführte Verwaltungsakte den genannten Anforderungen entspricht (VG Freiburg BeckRS 2022, 36899; VG Karlsruhe NVwZ-RR 2023,465 (466)).

Das Recht auf **informationelle Selbstbestimmung** gibt dem Einzelnen aber kein Recht, die Herausnahme seiner Daten zu verlangen, die zu den Behördenakten genommen wurden. Das gilt für den verfassungsrechtlich legitimierten Aufgabenbereich des Verfassungsschutzes ebenso wie für die in einer Kriminalakte gesammelten personenbezogenen Daten (BVerwG BeckRS 2010 46207; BVerwG BeckRS 2010 47831; BVerwG NJW 1990, 2765 (2765)). 55

Die Automatisierung von **Anhörungsvorgängen im Bußgeldverfahren** rechtfertigt keine Abstriche vom Grundsatz der Aktenvollständigkeit im Verwaltungsverfahren zur Anordnung einer Fahrtenbuchführungspflicht (→ Rn. 14) Ein Ausdruck des Anhörungsbogens dürfte schon deshalb zum Inhalt einer vollständigen Akte gehören, weil dem Adressaten auf dem Anhörungsbogen Belehrungen erteilt werden, deren Inhalt unter anderem für das weitere der Bußgeldbehörde obliegende Vorgehen bedeutsam sein kann (OVG Lüneburg BeckRS 2020, 45747 Rn. 14). 55a

VI. Berücksichtigungsgebot (II)

Vor dem Hintergrund des Rechtsstaatsprinzips nach Art. 20 III GG regelt § 24 II eine Selbstverständlichkeit (SBS/Kallerhoff/Fellenberg § 24 Rn. 62). Spätestens im Zeitpunkt der Entscheidung hat die Behörde alle für den Einzelfall bedeutsamen, auch die für die Beteiligten günstigen Umstände zu berücksichtigen (OVG Berlin/Brandenburg NJOZ 2010, 940 (941)). § 24 II ist angelehnt an § 160 II StPO. Bedeutsame Umstände sind solche, die **entscheidungserheblich** sind (Ziekow § 24 Rn. 21). Hierbei handelt es sich um eine deklaratorische Formulierung (BeckOK VwVfG/Heßhaus § 24 Rn. 37). Schon die Verpflichtung, alle Umstände zu berücksichtigen, schließt auch günstige Umstände ein (SBS/Kallerhoff/Fellenberg § 24 Rn. 63). Die Regelung verpflichtet zur vollständigen und dem Amtsermittlungsgrundsatz folgend zu einer neutralen Erforschung und Bewertung des Sachverhalts. Normiert ist damit zugleich ein aus Art. 3 GG folgendes Selektionsverbot (BeckOK VwVfG/Heßhaus § 24 Rn. 38; Ziekow § 24 Rn. 22). 56

Der Begriff der Vollständigkeit ist auf die **Erheblichkeit der Entscheidung** bezogen. Die Behörde kann auf die nähere Ermittlung zu bestimmten Umständen auch dann verzichten, wenn es nach ihrer Rechtsauffassung darauf nicht ankommt oder wenn sie diese im Einzelfall als gegeben unterstellen darf (BVerwG NVwZ 2021, 648, (650)). Die einer Behörde eingereichten Planunterlagen muss sie einer eigenständigen rechtlichen Prüfung zu unterziehen und gegebenenfalls eigene Ermittlungen anzustellen (BVerwG NVwZ 2021, 648, (650); BVerwG NVwZ 2015, 85 (86) mwN). Das bedeutet aber nicht, dass sich die Planfeststellungsbehörde sämtliche in den Antragsunterlagen des Vorhabenträgers erwähnten Dokumente vorlegen lassen muss. Eine **Plausibi-** 56a

litätskontrolle reicht insoweit aus. Kommt die Behörde indes zu dem Schluss, dass die Unterlagen unvollständig oder bestimmte Annahmen nicht ausreichend begründet seien, hat sie Nachermittlungen anzustellen (BVerwG NVwZ 2021, 648, (650)).

VII. Entgegennahme von Erklärungen und Anträgen (III)

1. Grundsatz

57 Die Regelung in § 24 III verpflichtet die Behörde, alle Erklärungen und Anträge, für die sie zuständig ist, entgegenzunehmen. Sachlich erfasst sind damit alle materiell- und verfahrensrechtlichen Anträge als auch jede sonstige Erklärung mit Bezug zu dem konkreten Verwaltungsverfahren der zuständigen Behörde. Auf die Zulässigkeit oder sonstige rechtliche Bewertungen kommt es bei der Entgegennahme nicht an. Die Verpflichtung zur **Entgegennahme** wurzelt in **Art. 17 GG** (SBS/Kallerhoff/Fellenberg § 24 Rn. 66); sie ist eine verfahrensrechtliche Nebenpflicht (SBS/Kallerhoff/Fellenberg § 24 Rn. 66), die zeitlich dem Beginn des Verfahrens nach § 9 vorgelagert ist (Ziekow § 24 Rn. 22). Die Norm ist ein notwendiges Korrelat zur umfassenden Ermittlungsbefugnis der Behörde und will eine verfahrensrechtliche Waffengleichheit insoweit herstellen, als der Behörde eine Auswahl durch Annahmeverweigerung bestimmter Erklärungen und Anträge untersagt wird (OVG Saarloius NVwZ-RR 2018, 176 (177) mwN). Die Pflicht der Behörde zur Entgegennahme von Postsendungen ist weit, das Recht zur Annahmeverweigerung ist eng auszulegen (OVG Saarloius NVwZ-RR 2018, 176).

58 Die Behörde hat zeitlich nach der Entgegennahme über den Antrag etc zu befinden. Die **Verweigerung der Entgegennahme** dürfte nur in höchst seltenen Fällen rechtlich zulässig sein. Im Zweifel ist eine Erklärung oder ein Antrag stets entgegenzunehmen, ggf. nach Entgegennahme und Prüfung als unzulässig zurückzuweisen oder bei falscher Adressierung oder sonstigen Fehlern an die richtige Behörde weiterzuleiten.

59 Die Behörde ist allerdings nicht verpflichtet, **unterfrankierte Briefsendungen** – zumal ohne Absenderangabe – anzunehmen, und zwar auch dann nicht, wenn es um das Einhalten einer Ausschlussfrist geht (OVG Hamburg NJW 1995, 3137). Sog querulatorische Eingaben geben ihren Inhalt in der Regel erst nach Öffnung eines Briefes preis, so dass schon rein tatsächlich die Bewertung der Eingabe erst nach Eingang erfolgen kann.

60 Offenkundig an die unzutreffende Behörde adressierte Erklärungen sind, je nach Verwaltungspraxis, weiterzuleiten, obgleich eine allgemeine Rechtspflicht hierzu fehlt (str., dafür: ua KR/Ramsauer § 24 Rn. 63 mwN; Ziekow § 24 Rn. 24; zurückhaltend: BeckOK VwVfG/Heßhaus § 24 Rn. 41). Bestehende fachspezifische **Weiterleitungspflichten** sind vereinzelt vorgesehen (zB § 6 II BDSG), aber nicht verallgemeinerungsfähig (KR/Ramsauer § 24 Rn. 63; BeckOK VwVfG/Heßhaus § 24 Rn. 41; SBS/Kallerhoff/Fellenberg § 24 Rn. 81). Im Zweifel ist eine Erklärung entgegenzunehmen. Ist die

Behörde lediglich sachlich oder örtlich unzuständig, ist die Entgegennahme zwingend (Ziekow § 24 Rn. 24).

2. Zugangsvoraussetzung

Die Verpflichtung zur Entgegennahme nach § 24 setzt voraus, dass die Behörde entsprechende Zugangsvoraussetzungen geschaffen hat. Das Verfahren über die **einheitliche Stelle** wird auf Verlangen in elektronischer Form abgewickelt (§ 71e S. 1). Die Behörde muss einen elektronischen Zugang vorhalten. Die Übermittlung **elektronischer Dokumente** ist zulässig, soweit der Empfänger einen Zugang eröffnet hat. Die Ersetzung der Schriftform durch die elektronische Form setzt nach § 3a II eine qualifizierte elektronische **Signatur** voraus. Ist das einem schriftlich zu unterzeichnenden Schriftstück gleichstehende elektronische Dokument entgegen § 55a I 3 VwGO nicht mit einer qualifizierten elektronischen Signatur versehen, entfaltet es keine Rechtswirkung; mit ihm wird insbesondere keine Frist gewahrt (VGH München Beck RS 2009, 30978; VGH Kassel NVwZ-RR 2006, 377 (377); OVG Koblenz NVwZ-RR 2006, 519 (519)). 61

Ergänzend ist für fristwahrende Anträge ein **Nachtbriefkasten** einzurichten (BVerfG NJW 1976, 747; BeckOK VwVfG/Heßhaus § 24 Rn. 43). Die Verpflichtung auch zur fristwahrenden Entgegennahme verbietet eine unnötige Erschwerung der Entgegennahme (SBS/Kallerhoff/Fellenberg § 24 Rn. 78). Eine Entgegennahme von mündlichen Anträgen kann in zeitlicher Hinsicht auf die **üblichen Öffnungszeiten** beschränkt werden (KR/Ramsauer § 24 Rn. 58). Eine Verpflichtung der Behörde, **Anträge zur Niederschrift** bei der Behörde unmittelbar zu stellen, besteht nur in gesetzlich vorgesehenen Fällen (zB §§ 64, 73 I und II 1 KDVG). 62

VIII. Kosten der Amtsermittlung

Die im Rahmen der **Amtsermittlung** anfallenden Kosten sind regelmäßig von der Behörde **selbst** zu tragen. Die Inanspruchnahme Dritter, insbesondere Beteiligter, kommt nur dann in Betracht, wenn hierfür eine spezielle Rechtsgrundlage zu einer Belastung mit Kosten ermächtigt, wie zB bei der Untersuchung des Bleigehalts bei Benzin (BVerwG NVwZ 1982, 440 (440); BVerwG NVwZ 2003, 345 – bakterielle Untersuchung von Rindfleisch). Für die im Wege des Sofortvollzugs durchgeführte Gefahrerforschungsmaßnahme ist die Kostentragungspflicht str. (Knack/Henneke/Ritgen § 24 Rn. 52). 63

Bei **europäischen Richtlinien** dürfen die Mitgliedstaaten für die von der Richtlinie erfassten Amtshandlungen weder auf die Erhebung einer Gebühr verzichten (Erhebungspflicht) noch neben der Gemeinschaftsgebühr zusätzliche nationale Gebühren erheben (Überschreitungsverbot) (BVerwG NVwZ-RR 2008, 387 (388)). 64

Sofern im Rahmen der Ermittlungen ein Gutachten mit Blick auf eine spätere Entscheidung angefordert wird, handelt es sich um eine **vorbereitende Maßnahme,** die der Sachverhaltsaufklärung (OVG Lüneburg NJW 2007, 65

454 (455), BVerwG DAR 1994, 372). Sofern es an einer gebührenrechtlichen Ermächtigung fehlt, ist die Rechtswidrigkeit der Gutachtenanforderung und der Gebührenerhebung mit der Klage gegen die abschließende Sachentscheidung (zB Entziehung der Fahrerlaubnis) geltend zu machen (OVG Lüneburg NJW 2007, 454 (455)). Veranlasst die zuständige Behörde eine **sicherheitstechnische Überprüfung** nach dem Gerätesicherheitsgesetz (jetzt: Geräte- und Produktsicherheitsgesetz: GPSG) durch eine hierfür gebildete sachverständige Stelle, kann sie die bei dieser angefallenen Kosten gem. § 8 VII GPSG gegen den Pflichtigen auch dann geltend machen, wenn sie selbst der sachverständigen Stelle nicht vergütungspflichtig ist (BVerwG NVwZ-RR 2008, 695).

§ 25 Beratung, Auskunft, frühe Öffentlichkeitsbeteiligung

(1) [1]Die Behörde soll die Abgabe von Erklärungen, die Stellung von Anträgen oder die Berichtigung von Erklärungen oder Anträgen anregen, wenn diese offensichtlich nur versehentlich oder aus Unkenntnis unterblieben oder unrichtig abgegeben oder gestellt worden sind. [2]Sie erteilt, soweit erforderlich, Auskunft über die den Beteiligten im Verwaltungsverfahren zustehenden Rechte und die ihnen obliegenden Pflichten.

(2) [1]Die Behörde erörtert, soweit erforderlich, bereits vor Stellung eines Antrags mit dem zukünftigen Antragsteller, welche Nachweise und Unterlagen von ihm zu erbringen sind und in welcher Weise das Verfahren beschleunigt werden kann. [2]Soweit es der Verfahrensbeschleunigung dient, soll sie dem Antragsteller nach Eingang des Antrags unverzüglich Auskunft über die voraussichtliche Verfahrensdauer und die Vollständigkeit der Antragsunterlagen geben.

(3) [1]Die Behörde wirkt darauf hin, dass der Träger bei der Planung von Vorhaben, die nicht nur unwesentliche Auswirkungen auf die Belange einer größeren Zahl von Dritten haben können, die betroffene Öffentlichkeit frühzeitig über die Ziele des Vorhabens, die Mittel, es zu verwirklichen, und die voraussichtlichen Auswirkungen des Vorhabens unterrichtet (frühe Öffentlichkeitsbeteiligung). [2]Die frühe Öffentlichkeitsbeteiligung soll möglichst bereits vor Stellung eines Antrags stattfinden. [3]Der betroffenen Öffentlichkeit soll Gelegenheit zur Äußerung und zur Erörterung gegeben werden. [4]Das Ergebnis der vor Antragstellung durchgeführten frühen Öffentlichkeitsbeteiligung soll der betroffenen Öffentlichkeit und der Behörde spätestens mit der Antragstellung, im Übrigen unverzüglich mitgeteilt werden. [5]Satz 1 gilt nicht, soweit die betroffene Öffentlichkeit bereits nach anderen Rechtsvorschriften vor der Antragstellung zu beteiligen ist. [6]Beteiligungsrechte nach anderen Rechtsvorschriften bleiben unberührt.

Übersicht

	Rn.
I. Bedeutung	1
1. Allgemeines	4
2. Verfassungsrecht	5
3. Zivilrechtliche Begründung von Auskunft, Beratung und Belehrung	7
4. Europarechtliche Grundlagen	9
5. Allgemeine Auskunfts- und Beratungspflicht	11
II. Beratungs- und Auskunftspflicht (I)	12
III. Beratung und Beschleunigung (II)	15
1. Erörterung vor Antragstellung (II 1)	15
2. Verfahrensdauer und Vollständigkeit (II 2)	19
IV. Frühe Öffentlichkeitsbeteiligung (III)	25
1. Ziel und Zweck	25
2. Voraussetzungen in sachlicher und zeitlicher Hinsicht	26
3. Durchführung	30
4. Mitteilung des Ergebnisses	33
5. Ergänzungen (III 5 und 6)	34

I. Bedeutung

1 Regelungsgegenstand der Norm sind im Rahmen des Anwendungsbereichs des VwVfG die **Fürsorge- und Betreuungspflichten** der Behörde (KR/Ramsauer § 25 Rn. 1) gegenüber Beteiligten im Zeitraum **vor** (II und III) und **während eines Verwaltungsverfahrens** (I) iSv § 9. Die Vorschrift gilt unmittelbar nur für die Beteiligten eines Verfahrens (§ 13) sowie der Einwender nach § 73 IV oder in anderen Planfeststellungsverfahren (KR/Ramsauer § 25 Rn. 3). Zahlreiche spezielle Vorschriften sind vorrangig, so zB aus dem UIG oder den Informationsfreiheitsgesetzen. Die in II getroffene Regelung war bereits Bestandteil des VwVfG (§ 71c aF) und damit Bestandteil der Beschleunigungsnovelle, die nach der Einführung durch die Vorschriften über die einheitliche Stelle in 2009 ersatzlos gestrichen wurde. Anerkannt wird damit das **informelle Verwaltungshandeln** (SBS/Kallerhoff/Fellenberg § 25 Rn. 3). Die in III neu geregelte frühe Öffentlichkeitsbeteiligung dient einer frühen Partizipation Dritter an dem konkreten Verwaltungsverfahren, mit dem Ziel einer Steigerung der Effizienz und einer höheren Akzeptanz. Eine gesetzliche Verpflichtung zur Durchführung der frühen Öffentlichkeitsbeteiligung besteht im Interesse einer Flexibilität möglicher Verfahren indes nicht (BT-Drs. 17/9666, 15).

2 Die **einheitliche Stelle** und die **zuständige Behörde** treffen umfassende Informationspflichten und Verpflichtungen zur Auskunft nach § 71a II iVm § 71b IV sowie § 71c II. Diese und andere Normen sind Teil einer Beschleunigungsgesetzgebung → § 72 Rn. 13a vor allem für Infrastrukturprojekte, die seit Ende der 1970er Jahre diskutiert werden (hierzu Groß ZUR 2021, 75; zum Ausbau der Legalplanung Groß ZUR 2024, 210 und zu der Beschleunigungsgesetzgebung im Fachrecht als „neues Deutschlandtempo", etwa Schütte/Langstädtler ZUR 2024, 3 (5)).

3 Analoge Anwendung findet § 25 bei schlicht-hoheitlichem Handeln und im Verwaltungsprivatrecht; nicht jedoch bei rein fiskalischem Handeln (KR/Ramsauer § 25 Rn. 4; BeckOK VwVfG/Herrmann § 25 Rn. 4; SBS/Kallerhoff/Fellenberg § 25 Rn. 13).

1. Allgemeines

4 Die Behörde ist nach § 25 I allgemein und nach II im Antragsverfahren zur Beratung, Auskunft und Information verpflichtet, die insbesondere (aber nicht nur) bei Genehmigungsverfahren für eine höhere Effizienz und Beschleunigung sorgen sollen. Insoweit dient die konkrete Erfüllung der Norm der **zügigen, effizienten und rationalen Abwicklung eines Verwaltungsverfahrens** (§ 10 S. 2). Der Bürger soll bei antragsgebundenen Vorhaben beraten werden, welche Nachweise zur Umsetzung eines grundrechtlich gesicherten Rechts von der Behörde benötigt werden. Erkennbar kommt es nicht darauf an, ob ein Verwaltungsverfahren besteht, noch ob ein solches je begonnen werden soll, da die Beratung auch zu einem Verzicht oder zu einer Modifikation eines genehmigten Vorhabens führen kann.

4a Mit dem III, der mit Wirkung vom 7.6.2013 durch PlVereinhG v. 31.5.2013 (BGBl. I 1388) neu eingefügt wurde, sollen vor dem Hintergrund der Diskussionen um „Stuttgart 21" die Öffentlichkeit noch **vor Antragstellung** des Vorhabenträgers und damit vor Beginn des Verwaltungsverfahrens beteiligt werden (SBS/Kallerhoff/Fellenberg § 25 Rn. 4 Fn. 8 und 9). Der Gesetzgeber erhofft sich durch frühzeitigen Informationsaustausch, insbesondere die **Planung von Großvorhaben** zu optimieren, Transparenz zu schaffen und die Akzeptanz von Genehmigungs- und Planfeststellungsentscheidungen zu fördern. Insbesondere Großvorhaben sollen zügiger und mit einer stärkeren Öffentlichkeitsbeteiligung realisiert werden (BT-Drs. 17/9666, 1, 14). Die Vorhabenträger sollen besser vorbereitete Planungen vorlegen. Damit können mögliche Konflikte bereits im Vorfeld erkannt und entschärft und das anschließende Verwaltungsverfahren entlastet werden (BT-Drs. 17/9666, 2, 14). Die frühe Öffentlichkeitsbeteiligung umfasst eine **frühzeitige Unterrichtung** über allgemeine Ziele des Vorhabens, die Mittel der Verwirklichung und die voraussichtlichen Auswirkungen, die Gelegenheit zur Äußerung, eine Erörterung und die Mitteilung der Ergebnisse an die Behörde (BT-Drs. 17/9666, 15).

2. Verfassungsrecht

5 Die Fürsorge- und Betreuungspflichten sind zwar einfachgesetzlich geregelt, werden aber (insoweit vorrangig) verfassungsrechtlich aus dem **Rechts- und Sozialstaatsgebot** nach Art. 20 III GG abgeleitet und europarechtlich mit dem Grundsatz einer guten Verwaltung nach Art. 41 GRCh begründet (SBS/Kallerhoff/Fellenberg § 25 Rn. 1, 11; KR/Ramsauer § 25 Rn. 2, 7). Die Behörden sind verpflichtet, einem Bürger eine konkrete Auskunft hinsichtlich der ihn betreffenden Umstände zu erteilen (VG Wiesbaden NVwZ 2008, 110).

Im Übrigen besteht ein konkurrierender **verfassungsunmittelbarer Auskunfts- und Informationsanspruch** in der Zeit **vor** und **nach** einem Verwaltungsverfahren. Das Grundrecht aus Art. 12 I GG gebietet es einer Behörde, bereits im Vorfeld eines Verwaltungsverfahrens und damit unabhängig von einer verwaltungsverfahrensrechtlichen Beteiligtenstellung einem potenziellen Verfahrensbeteiligten Informationen zur Verfügung zu stellen, welcher dieser bedarf, um sachgerecht die Frage prüfen und entscheiden zu können, ob und in welchem Umfang er sich um eine behördliche Genehmigung bewirbt (BVerwG NVwZ 2003, 1114 (1115)). Das Recht folgt unmittelbar aus der Verfassung; die aus dem Grundrecht der Berufsfreiheit des Art. 12 I GG (BVerwG NVwZ 2003, 1114 (1115) mwN; BVerfG NJW 1991, 2008 (2009)) sowie aus dem Prozessgrundrecht des Art. 19 IV GG (BVerfG NJW 1985, 1218 (1219)) ableitbaren **Vorwirkungen** namentlich auf das behördliche Verfahren und dessen Gestaltung rechtfertigen insoweit die Zuerkennung eines Auskunfts- und Informationsanspruchs auch für den Zeitraum eines Vor-Verwaltungsverfahrens (BVerwG NVwZ 2003, 1114 (1115)). So hat ein Steuerpflichtiger einen verfassungsunmittelbaren Auskunftsanspruch hinsichtlich der **Besteuerung eines Konkurrenten** unbeschadet des Steuergeheimnisses unter der Voraussetzung, dass er substanziiert und glaubhaft darlegt, einen durch Tatsachen belegten Wettbewerbsnachteil zu erleiden und gegen die Steuerbehörde mit Aussicht auf Erfolg ein subjektives öffentliches Recht auf steuerlichen Drittschutz geltend machen könnte (BFH NVwZ 2007, 854 (854)). 6

3. Zivilrechtliche Begründung von Auskunft, Beratung und Belehrung

Neben der verfassungsrechtlichen Begründung von Auskunfts- und Beratungspflichten werden mittelbar über die Rspr. zum **zivilrechtlichen Amtshaftungsrecht** Pflichten der Behörden zur Information und zur Beratung begründet, die rechtlich konkurrieren und mit dem sachlich aus § 25 folgenden Pflichtenprogramm weitgehend deckungsgleich sind. Diese zusätzlichen **Aufklärungs-, Beratungs- und Belehrungspflichten** ergeben sich aus dem Grundsatz, dass der Beamte nicht nur Vollstrecker staatlichen Willens, nicht nur Diener des Staates, sondern zugleich **„Helfer des Bürgers"** sein soll, und betreffen Fallkonstellationen, in denen sich die notwendige Hilfe oder eine andere gebotene Verhaltensweise situationsbedingt aufdrängen (BGH NJW 2019, 68 (69); BGH NZBau 2004, 103 (103)). 7

Es entspricht st. Rspr. des BGH (BGH NJW 2019, 68 (69); BGH NVwZ 2018, 1333 (1334); BGH NVwZ-RR 2006, 634 (634); BGH NVwZ 2004, 638 (639); BGH NVwZ 1996, 512 (512), Wöstmann in Staudinger (2013) BGB § 839 Rn. 158, 159), dass in besonderen Situationen der Beamte nicht **„sehenden Auges"** zulassen darf, dass der Bürger Schaden erleidet, den er, der Beamte, durch einen kurzen Hinweis, eine Belehrung mit wenigen Worten oder eine entsprechende Aufklärung über die Sach- und Rechtslage zu vermeiden in der Lage ist. 7a

7b Es entspricht darüber hinaus stRspr des BGH, dass besondere Lagen und Verhältnisse für den Beamten **zusätzliche (Fürsorge-)Pflichten** begründen können, zum Beispiel die Pflicht, einen Gesuchsteller über die zur Erreichung seiner Ziele notwendigen Maßnahmen **belehrend aufzuklären** oder in anderer Weise **helfend tätig** zu werden, wenn der Beamte erkennt oder erkennen muss, dass der Betroffene seine Lage in tatsächlicher oder rechtlicher Hinsicht nicht richtig zu beurteilen vermag (BGH NJW 2019, 68 (69)).

7c Nach der stRspr des BGH müssen Auskünfte, die ein Beamter erteilt, dem Stand seiner Erkenntnismöglichkeit entsprechend, sachgerecht, das heißt vollständig, richtig und unmissverständlich, sein, so dass der Empfänger der Auskunft entsprechend disponieren kann. Wenn **Rechts- und Fachkenntnisse** über den Gegenstand der Auskunft beim Empfänger nicht vorausgesetzt werden können, muss die Auskunft nach Form und Inhalt so klar und eindeutig sein, dass Missverständnisse und Zweifel, wie sie bei unerfahrenen Personen leicht entstehen können, möglichst ausgeschlossen sind (OLG Brandenburg BeckRS 2021, 43995 Rn. 12). Diese Amtspflicht besteht gegenüber **jedem Dritten,** in dessen Interesse oder auf dessen Antrag die Auskunft erteilt wird (BGH NJW 2019, 68; BGH NVwZ 2018, 1333, BGH NVwZ 1997, 1243).

7d Für die Frage, ob die Auskunft den zu stellenden Anforderungen genügt, kommt es entscheidend darauf an, wie sie vom Empfänger aufgefasst wird und werden kann und welche Vorstellungen zu erwecken sie geeignet ist (BGH NVwZ 2018, 1333 (1334); BGH NJW 1991, 3027 mwN). Dabei hängt der **Umfang der Auskunftspflicht** auch vom Inhalt der Frage ab, die der Auskunftssuchende an die Behörde richtet (BGH NVwZ 2018, 1333 (1334); BGH NJW 1991, 3027, und BGHRZ Nr. 2267 = BeckRS 1987, 31065729). Eine amtliche Auskunft ist selbst dann richtig, klar, unmissverständlich und vollständig zu erteilen, wenn **keine Pflicht zu ihrer Erteilung** besteht (BGH NVwZ 2018, 1333 (1334); BGH NJW 1993, 3204 (3205)) oder der Beamte fachlich dafür **nicht ausgebildet oder befugt** ist (BGH NVwZ 2018, 1333 (1334); OLG Köln BeckRS 2005, 04971).

7e Den Beamten trifft ferner eine Aufklärungs- oder Belehrungspflicht, die sich auch auf mit einiger Wahrscheinlichkeit bevorstehende **Änderungen der Rechtslage** bezieht (BGH NVwZ-RR 2006, 634 (634) mwN; BGH NJW 1960, 1244 (1245)), wenn er bei Wahrnehmung seiner dienstlichen Aufgaben erkennt oder erkennen muss, dass ein Bürger, der in einer besonderen Rechtsbeziehung zu einer Behörde steht, einem Schadensrisiko ausgesetzt ist, dem durch einen **kurzen Hinweis** zu begegnen ist (BGH NVwZ-RR 2006, 634 (634) mwN; NVwZ 2004, 639)).

8 Wird eine behördliche Auskunft erteilt, muss sie **vollständig, richtig und unmissverständlich** sein, so dass der Empfänger zuverlässig disponieren kann (st. Rspr. BGH NJW 2019, 68 (68); BGH NVwZ 2018, 1333 (1333); BGH NVwZ 2006, 245 (246); KR/Ramsauer § 25 Rn. 16, 19). Die Anforderungen gelten grundsätzlich auch für **Formulare, Hinweise, Musterschreiben und Informationen** im Internetangebot einer Behörde (VG Frankfurt a. M. LKRZ 2009, 274 L = BeckRS 2009, 32919; BVerwGE 95, 213 (227)).

4. Europarechtliche Grundlagen

Europarechtliche Auskunftspflichten ergeben sich aus Art. 24 IV AEUV, wonach sich jeder Unionsbürger schriftlich an jedes Organ (Art. 13 EUV) oder jede Einrichtung wenden kann, um von dort eine Auskunft zu erhalten. Darüber hinaus hat der Unionsbürger nach Art. 15 AEUV das Recht auf Zugang zu **allen Dokumenten der Unionsorgane** (vgl. Art. 42 GRCh). Schließlich hat die Umsetzung von Richtlinien der Union zu weiteren Auskunftsrechten/-pflichten der Behörden geführt, wie zB der **Umweltinformationsrichtlinie** (90/313/EWG über den freien Zugang zu Informationen über die Umwelt, ABl 1990 L 158/56), die in der Bundesrepublik Deutschland mit dem Umweltinformationsgesetz umgesetzt wurde. Eine besondere Form der Auskunft im Unionsrecht ist die verbindliche **Zollauskunft** nach Art. 12 Zollkodex (KR/Ramsauer § 25 Rn. 8; BeckOK VwVfG/Herrmann § 25 Rn. 2) sowie ein **Auskunftsanspruch** aufgrund **europäischen Datenschutzrechts** der Richtlinie 95/46/EG des Europäischen Parlaments und des Rates vom 24.10.1995 zum Schutz natürlicher Personen bei der Verarbeitung personenbezogener Daten und zum freien Datenverkehr (EuGH NJW 2010, 220). 9

Besondere europarechtlich begründete Auskunfts- und Informationspflichten sind in der **Dienstleistungsrichtlinie** (Art. 7 DL-RL) verankert, die den Hintergrund für die Regelungen über die **einheitliche Stelle** und die **zuständige Behörde** nach § 71a II zum Inhalt hat, die Inhalt, Umfang und Qualität der Beratung auch nach § 25 II über eine **richtlinienkonforme Auslegung** beeinflusst (BVerfG NZA 2010, 439 (439); BVerwG ZUR 2010, 139 (141); Grosche/Höft NJW 2009, 2416 (2416)). 10

5. Allgemeine Auskunfts- und Beratungspflicht

Eine allgemeine Auskunfts- und Beratungspflicht kann § 25 indes nicht entnommen werden (BVerwG NJW 1997, 71 (75); SBS/Kallerhoff/Fellenberg § 25 Rn. 6; Ziekow § 25 Rn. 4). Aus § 25 I folgt nicht die Aufgabe einer Behörde, im Sinne einer **umfassenden und optimalen Beratung** vorsorglich auch für andere Verwaltungsbereiche die Abgabe aller Erklärungen bzw. die Stellung aller Anträge anzuregen, die sich theoretisch später einmal als hilfreich erweisen können; die Vorschrift begründet auch keine allgemeine Belehrungspflicht (OLG Brandenburg BeckRS 2021, 43995 Rn. 11). 11

Der Anspruch nach § 25 I 1 zielt nicht auf eine **umfassende Beratungspflicht,** sondern ist auf die Anregung **sachgerechter Anträge** beschränkt, damit Beteiligte nicht aus Unkenntnis oder aus Versehen Rechtsnachteile erleiden. Die Behörde soll und darf eine unterbliebene, aber sachgerechte Antragstellung oder die Korrektur einer fehlerhaften Antragstellung von Amts wegen anregen. Um die Behörden nicht zu überfordern und die Erledigung der materiellen Verwaltungsaufgaben nicht zu gefährden, setzt die Verpflichtung ferner voraus, dass das Unterbleiben oder die Fehlerhaftigkeit der Antragstellung auf einem Versehen oder auf Unkenntnis beruht und dies für die 11a

Behörde auch offensichtlich ist (VGH München BeckRS 2022, 6547 Rn. 11).

11b Auf Informationen, die erkennbar in keinem zeitlichen oder sachlichen Zusammenhang mit einem Verwaltungsverfahren stehen, kann unter der Voraussetzung eines **berechtigten Interesses** lediglich ein Anspruch auf ermessensfehlerfreie Entscheidung geltend gemacht werden (BVerwG NVwZ 1998, 273 (275); BVerwG NJW 1997, 2694 (2694); KR/Ramsauer § 29 Rn. 22). Fehlt ein berechtigtes Interesse aufgrund mangelnder **Drittschutzwirkung** einer Norm, besteht auch kein Anspruch auf ermessensfehlerfreie Entscheidung (OLG Frankfurt a. M. BeckRS 2014, 22981, Rn. 26). Daher besteht auch kein allgemeiner Anspruch auf Veröffentlichung oder Herausgabe von Verwaltungsvorschriften außerhalb eines bestimmten Verwaltungsverfahrens, auch nicht für Rechtsanwälte (BVerwG NJW 1981, 535 (536); SBS/Kallerhoff/Fellenberg § 25 Rn. 4; aA KR/Ramsauer § 29 Rn. 22; differenzierend: BeckOK VwVfG/Herrmann § 25 Rn. 4.1).

II. Beratungs- und Auskunftspflicht (I)

12 Nach § 25 I 1 soll die Behörde die Abgabe von Erklärungen, die Stellung von Anträgen oder die Berichtigung von Erklärungen oder Anträgen anregen, wenn diese offensichtlich nur versehentlich oder aus Unkenntnis unterblieben oder unrichtig abgegeben bzw. gestellt worden sind. Die aus dem **Rechtsstaatsprinzip** in Verbindung mit dem **Sozialstaatsprinzip** folgende Betreuungs- und Fürsorgepflicht des Staates setzt für die Belehrungspflicht – anders als die Auskunftspflicht – keine **vorangehende Anfrage** voraus.

12a § 25 I 1 enthält eine Soll-Vorschrift, was bedeutet, dass im **Regelfall** eine **Verpflichtung zum Tätigwerden** besteht und die vorgesehenen Anregungen nur in besonders gelagerten Ausnahmefällen unterbleiben können (OVG Bautzen BeckRS 2018, 18105 Rn. 10; Ziekow § 25 Rn. 6 ff.; KR/Ramsauer § 25 Rn. 10 ff.). Erforderlich ist daher ein aktives Tätigwerden der Behörde, ohne dass es einer Anfrage oder eines entsprechenden Ansinnens der Beteiligten bedarf; allerdings muss hierzu ein Anlass bestehen. **„Offensichtlich"** ist ein Mangel oder Fehler bei der Abgabe von Erklärungen oder der Stellung von Anträgen auch dann, wenn er durch Nachdenken, logische Schlussfolgerung oder sich aufdrängende Erkundigung in Erfahrung gebracht werden kann (OVG Bautzen BeckRS 2018, 18105 Rn. 10).

12b Die offenstehende Beratung durch die Behörde kann sich im Einzelfall zu einer **Mitwirkungsobliegenheit** eines Beteiligten verdichten. Es ist für einen Beteiligten grundsätzlich zumutbar, eine Behörde aufzusuchen und sich dort über die Rechtsgrundlagen, die Gründe einer ablehnenden Entscheidung und die Erfolgsaussichten eines Widerspruchs beraten zu lassen, bevor ein Rechtsanwalt mit der Wahrnehmung der Angelegenheit beauftragt und aus öffentlichen Mitteln (Beratungshilfe) bezahlt wird (AG Eschweiler NJW-RR 2006, 1361 (1361)).

12c Eine **Hinweispflicht der Widerspruchsbehörde** im Falle der mit einer einfachen E-Mail erhobenen und formunwirksamen Widerspruchseinlegung außerhalb des Anwendungsbereichs des § 3a III 1 ist im Allgemeinen nicht anzuerkennen (VG Neustadt a. d. Weinstraße BeckRS 2023, 5617).

Die Aufklärung ist allerdings **keine umfassende Rechtsberatung** (OLG Zweibrücken NVwZ-RR 2001, 79 (80)). Wer einen Rechtsanwalt mit der Wahrnehmung seiner Interessen beauftragt hat, bedarf in geringerem Umfang einer Beratung und Belehrung (BVerwG NJW 1968, 1842 (1844)). Die Verpflichtung der Behörde, einen Antragsteller, der die ihm seinerseits obliegende Mitwirkungspflicht nicht erfüllt hat, vor den daraus resultierenden Risiken eines Rechtsverlustes oder sonstigen Nachteilen zu bewahren, besteht nicht (VGH Kassel NVwZ 1985, 915). 13

Die Verletzung der Hinweispflicht begründet einen **Verfahrensfehler,** der unter den Voraussetzungen des § 46 zur Aufhebung berechtigt. Schuldhafte Verletzungen der Hinweis- und Beratungspflichten sind geeignet einen Anspruch auf Amtshaftung nach § 839 BGB iVm Art. 34 GG zu begründen. Nach § 25 I 2 ist die Behörde verpflichtet, den Beteiligten Auskünfte über die ihnen im Verwaltungsverfahren zustehenden Rechte und die ihnen obliegenden Pflichten zu erteilen. 14

Die Behörde erteilt ferner nach § 25 I 2 soweit erforderlich, Auskunft über die den Beteiligten im Verwaltungsverfahren **zustehenden Rechte** und die ihnen obliegenden **Pflichten.** Hierzu gehört, dass die Behörde verpflichtet ist, in einem Bewerbungsverfahren bei einem Wochenmarkt einen Antragsteller über wesentliche, von der Behörde konkret abgestimmte Vorhaben sowie über den Stand des Verfahrens und über etwaige Rechtsschutzmöglichkeiten zu informieren (OVG Münster NVwZ-RR 2015, 561 (562)). 14a

Es verstößt gegen **Treu und Glauben,** wenn die Marktbehörde einem Bewerber nach einem mehr als ein Jahr dauernden Zulassungsverfahren, in dessen Verlauf mehrfach über die Bewerbung kommuniziert wurde, erstmals im Ablehnungsbescheid entgegen hält, auf dem Antrag habe die **Unterschrift gefehlt** obgleich der Antrag mit einem Firmenstempel versehen war. Die Behörde ist gesetzlich verpflichtet nach § 25 I 2 auf die fehlende Unterschrift hinzuweisen (OVG Bremen BeckRS 2019, 25695 Rn. 15). Die Behörde ist es aufgrund von Treu und Glauben verwehrt, nach Ablehnungsbescheid und nach Widerspruchsbescheid auf eine **Unvollständigkeit des Antrags** zu berufen, wenn staatliches Fehlverhalten bei der Anwendung von Rechtsvorschriften gegeben ist, das in dem Unterlassen einer Beratungspflicht nach § 25 I begründet liegt (OVG Münster BeckRS 2017, 127893 Rn. 4; BVerwG NVwZ 1994, 575 (577)). 14b

III. Beratung und Beschleunigung (II)

1. Erörterung vor Antragstellung (II 1)

Nach § 25 II 1 erörtert die Behörde vor Stellung eines Antrags mit dem zukünftigen Antragsteller, welche **Nachweise und Unterlagen** von ihm zu erbringen sind und in welcher Weise das Verfahren beschleunigt werden kann, sofern es erforderlich sein sollte. Ausreichend für die Anwendbarkeit ist 15 die **kundgetane Absicht, (irgend-) ein Verfahren** zu beantragen; die Norm gilt entsprechend auch für Anzeigeverfahren, aufsichtliche Verfahren und schlicht-hoheitliches Handeln einer Behörde (KR/Ramsauer § 25 Rn. 18).

15a Eine Erörterung vor Antragstellung kann nur dann bestehen, wenn ein Antragsverfahren eingeleitet oder – im Vorfeld – mit der erkennbaren Absicht einer Antragstellung an die Behörde herangetreten wird (KR/Ramsauer § 25 Rn. 18). Es entspricht nicht der Aufgabe einer Behörde, sich **vorsorglich Gedanken** darüber zu machen, welche Anträge für Personen oder Gesellschaften, die bereits in der Vergangenheit Anträge bei ihr gestellt haben oder die Rechtsstreitigkeiten mit ihr führten, dienlich wären (OVG Berlin-Brandenburg BeckRS 2016, 53370, Rn. 48).

15b Für die Interpretation ist im Rahmen einer richtlinienkonformen Auslegung (BVerwG ZUR 2010, 139 (141); BVerwG NVwZ 2008, 1122 (1123)) auf Art. 7 DL-RL zurückzugreifen. Insgesamt sind **keine hohen Voraussetzungen** an das Eingreifen einer behördlichen Informationspflicht zu richten (KR/Ramsauer § 25 Rn. 21a). Die Behörde kann auch über das Internetangebot und Merkblätter informieren. Inhalt und Umfang sind von dem jeweiligen Einzelfall abhängig (SBS/Kallerhoff/Fellenberg § 25 Rn. 24). Die Erörterungspflicht nach § 25 II bezieht sich allerdings nicht auf die **verbindliche Vorabklärung der Genehmigungsfähigkeit** eines konkreten Antrages, sondern nur auf die Erörterung bzw. Beratung, welche Nachweise und Unterlagen der Antragsteller beizubringen hat, um eine schnelle Abwicklung des Verfahrens zu ermöglichen (OVG Schleswig BeckRS 2018, 36434 Rn. 61; KR/Ramsauer § 25 Rn. 17, 17a).

16 Die Behörden sind bereits im Zeitpunkt vor Antragstellung verpflichtet, zu beraten und – ohne dabei die etwaige künftige Verfahrensherrschaft zu neutralisieren – partnerschaftlich mit dem Antragsteller an einer Strategie zur optimalen Abwicklung des Vorhabens **kooperativ, transparent und serviceorientiert** zusammenzuarbeiten (Bonk NVwZ 1997, 320 (328)). Durch behördliche Auskunft, Kooperation und Beratung soll der Antragsteller in die Lage versetzt werden, seine **Obliegenheit zur Mitwirkung** an ein Optimum heranzuführen, um das Beschleunigungspotenzial in vollem Umfang zu erschließen.

17 Die Behörde soll dem Antragsteller entgegenstehende Hindernisse seines Vorhabens vor dem das Verfahren einleitenden Antrag **informell** aufzeigen. Die Intensität der Beratung ist abhängig von der Größe des Vorhabens, der Komplexität des Genehmigungsverfahrens und der Dringlichkeit der begehrten Genehmigung. Die Mitteilung über die voraussichtliche Dauer des Verfahrens gibt dem Antragsteller zumindest eine perspektivische Planungssicherheit.

18 Das **Merkmal der Erforderlichkeit** dient als Filter, der es der Behörde ermöglicht, die Erteilung einer Auskunft über die Beschleunigungsmöglichkeiten von der Sachlage im Einzelfall abhängig zu machen. Die Auskunft ist jedenfalls dann nicht mehr erforderlich, wenn der Antragsteller bereits positive Kenntnis von den tatsächlichen und rechtlichen Möglichkeiten der Beschleunigung des konkreten Vorhabens in vollem Umfang hat oder – infolge eigenen Verschuldens oder des ihm zurechenbaren Verschuldens seiner Mitarbeiter – hätte haben können. Insbesondere kleinen und mittelständischen Unternehmen vermag mit einer an den Erfordernissen des Einzelfalls ausgerichteten behördlichen Beratung eine echte Hilfe gewährt werden, um zügig und mit höherer Effizienz entscheidungserhebliche Unterlagen vorzubereiten und zusammenzustellen (Schmitz/Wessendorf NVwZ 1996, 955 (959)). In der Praxis zeigt sich, dass Verfahrensverzögerungen vielfach aufgrund nicht zureichender oder fehlender Nachweise verursacht werden. Ein vom Antragsteller sachlich defizitär betriebenes Genehmigungsverfahren ist insbesondere ein Grund für Verzögerungen (Ziekow/Windoffer/Oertel DVBl 2006, 1469 (1474); Schmitz/Wessendorf NVwZ 1996, 955 (959)).

2. Verfahrensdauer und Vollständigkeit (II 2)

Soweit es der Verfahrensbeschleunigung dient, soll die Behörde dem Antragsteller nach Eingang des Antrags unverzüglich Auskunft über die voraussichtliche Verfahrensdauer und die Vollständigkeit der Antragsunterlagen geben. 19

Die Auskunft ist eine Prognosemitteilung über gegenwärtige und voraussichtlich künftige Tatsachen und Geschehensabläufe, die dem Antragsteller als „Richtschnur" für weitere Planungen dienen kann. Die Auskunft steht unter dem Vorbehalt einer gleichbleibenden Sach- und Rechtslage. Sofern sich die der Prognose zugrundeliegenden Tatsachen und Rechtsgrundlagen ändern, hat die Behörde – ohne Nachfrage – ihre Auskunft zu korrigieren. Hierbei sollte der Hinweis an die Antragsteller nicht fehlen, dass eine unzureichende Mitwirkung des Antragstellers bei der vollständigen Erstellung genehmigungsrelevanter Unterlagen (Ziekow/Windoffer/Oertel DVBl 2006, 1469 (1474)) in der Regel zu Verzögerungen führt, die selbst eine serviceorientierte Verwaltung nicht neutralisieren kann. 20

Soweit Auskünfte erteilt werden, sind sie **tatsächlich zutreffend, vollständig und rechtlich richtig** abzugeben (BGH NJW 1994, 2087 (2090); KR/Ramsauer § 25 Rn. 19; SBS/Kallerhoff/Fellenberg § 25 Rn. 19). Der Antragsteller kann und darf sich auf die behördliche Aussage verlassen. Um eine **Zusicherung** kann es sich dabei naturgemäß nicht handeln (§ 38), sondern es handelt sich der Sache nach lediglich um **Wissenserklärungen** und insbesondere nicht um einen Verwaltungsakt (KR/Ramsauer § 25 Rn. 22a). Auch sind präjudizielle Wirkungen mit der Beratung und mit der Auskunft nicht verbunden (Schmitz/Wessendorf NVwZ 1996, 955 (958)). 21

Die Erteilung der Auskunft durch die Behörde, ist an eine Form nicht gebunden; sie kann mündlich oder schriftlich, insbesondere per **E-Mail** oder in einer Kombination erteilt werden. Ebenso sind standardisierte Auskünfte und die Verwendung von **Formblättern** zulässig, sofern darauf aufbauende spezifische Fragen und detailliertere Auskünfte möglich bleiben (VG Frankfurt a. M. LKRZ 2009, 274). 22

Die **Erörterung** hat sich je nach **Art und Umfang des Vorhabens** auf diejenigen Nachweise und Unterlagen zu beziehen, die der Antragsteller für das Verfahren beizubringen hat. Die Auskunft ist insoweit unverbindlich, als dass sich durch Änderung der Sach- und Rechtslage, wie zB 23 aufgrund einer Vorhabenänderung, eine neue Beurteilung ergeben kann. Die Verbindlichkeit der behördlichen Auskunft über die zu erbringenden Unterlagen bleibt solange relevant, solange die Sach- und Rechtslage unverändert Bestand hat.

24 Die Behörde ist verpflichtet, dem Antragsteller, der den Antrag auf Genehmigung gestellt hat, unverzüglich (ohne schuldhaftes Zögern, § 121 BGB) mitzuteilen, ob die Angaben und ergänzenden Unterlagen vollständig sind und mit welcher **Verfahrensdauer** zu rechnen ist. Die Mitteilung ist keine Zusicherung, sondern eine verfahrensrechtlich schlichte Mitteilung ohne rechtliche Verbindlichkeit, die die Nachforderung weiterer Unterlagen nicht ausschließt (KR/Ramsauer § 25 Rn. 22a; Bonk NVwZ 1997, 320 (328)). Vergleichbare Pflichten ergeben sich aus §§ 71a, 71b und 71c. Mit dem Ende des Verwaltungsverfahrens endet dagegen die Betreuungspflicht, die im Vorverfahren nach §§ 79, 25 I und II neu entstehen kann (SBS/Kallerhoff/Fellenberg § 25 Rn. 33).

24a Gesetzliche Ausschlussfristen hindern eine Behörde im Hinblick auf § 24 nicht, die im Antragsverfahren eingereichten Unterlagen zu hinterfragen und auf ihre Schlüssigkeit zu überprüfen und zu diesem Zweck weitergehende – nicht der Ausschlussfrist unterfallende – Angaben und Unterlagen anzufordern (VG Frankfurt a. M. EnWZ 2020, 378 (383 mwN))

IV. Frühe Öffentlichkeitsbeteiligung (III)

1. Ziel und Zweck

25 Die im Rahmen des PlVereinhG (→ Rn. 4a) aufgenommene Regelung verfolgt mit einer Stärkung der Öffentlichkeitsbeteiligung den Zweck, bei Dritten und der betroffenen Öffentlichkeit für mehr Transparenz und Akzeptanz zu sorgen, wenn Großvorhaben im Infrastrukturbereich geplant sind (BT-Drs. 17/9666, 15; Ziekow NVwZ 2013, 754 (755); SBS/Kallerhoff/Fellenberg § 25 Rn. 64). Die frühe Öffentlichkeitsbeteiligung dient aufgrund des Ziels der Akzeptanz auch dem Rechtsfrieden, allerdings auch der Effizienz sowie in einem ersten Schritt dem vielfach erhobenen Wunsch nach weitergehender Partizipation bei der Frage, ob es für bestimmte Verfahren überhaupt einen Bedarf gibt (Burgi NVwZ 2012, 277 (279)). Eine größere Effizienz ergibt sich allein daraus, dass der Vorhabenträger zu einem früheren Zeitpunkt gezwungen wird, besser vorbereitete Planungen vorzulegen (BT-Drs. 17/9666, 14). Die Motivation für die Einfügung der frühen Öffentlichkeitsbeteiligung geht auf das Vorhaben „Stuttgart 21" zurück (BeckOK VwVfG/Herrmann § 25 Rn. 21). Generell liegt der Neuregelung in III die Annahme zugrunde, dass mit einer möglichst breiten und frühzeitigen Beteiligung erreicht werden kann, dass künftige Konflikte vermieden und bestehende Konflikte, wenn nicht schon neutralisiert, so doch zumindest erheblich minimiert werden. Auf diesem Wege sollen auch die sich an eine frühe Öffentlichkeitsbeteiligung anschließenden eigentlichen Genehmigungs- oder Planfeststellungsverfahren entlastet und die gerichtliche Anfechtung von Behördenentscheidungen redu-

ziert werden. Ob die gesetzgeberische Intention sich in der Praxis bewahrheiten wird, bleibt abzuwarten.

2. Voraussetzungen in sachlicher und zeitlicher Hinsicht

Der sachliche Anwendungsbereich ist eröffnet, wenn das vom Träger geplante Vorhaben nicht nur unwesentliche Auswirkungen auf die Belange einer größeren Zahl von Dritten haben könnte. Mehr als nur **unwesentlich** sind Auswirkungen, wenn sie zu einer für einen verständigen neutralen Beobachter wahrnehmbaren Veränderung des betroffenen Gesichtspunkts führen können (Ziekow NVwZ 2013, 754 (755)). Lediglich ein Indiz, keine Vermutung für die Unwesentlichkeit, mag sich daraus ergeben, dass im Einzelfall durch Plangenehmigung anstatt durch Planfeststellungsbeschluss zu entscheiden ist (Ziekow NVwZ 2013, 754 (755)). 26

Die frühe Öffentlichkeitsbeteiligung ist dem Beginn des Verwaltungsverfahrens vorgelagert (III 2); sie soll in zeitlicher Hinsicht vor der förmlichen Antragstellung durchgeführt werden (BT-Drs. 17/9666, 15). Es liegt daher auf der Hand, dass die frühe Öffentlichkeitsbeteiligung nicht den **Erörterungstermin im Planfeststellungsrecht** ersetzen soll (Schmitz/Prell NVwZ 2013, 745 (748)). Sie ist damit **nicht** Bestandteil des Verfahrens nach § 9. Die Regelung bietet für die Öffentlichkeitsbeteiligung lediglich einen Orientierungsrahmen, indem sie die wesentlichen Bestandteile dieser Öffentlichkeitsbeteiligung darstellt (BT-Drs. 17/9666, 14). Eine gesetzliche Verpflichtung zur Durchführung besteht derzeit nicht, ggf. wird eine solche später im Fachrecht ergänzt (BT-Drs. 17/9666, 15). 27

Die wesentlichen Schritte (→ Rn. 4a) sollten zwar von dem insoweit **organisationspflichtigen Vorhabenträger** (Ziekow NVwZ 2013, 754 (755)) im eigenen Interesse eingehalten werden, wenn auch die konkrete Ausgestaltung variabel und dem jeweiligen Einzelfall angepasst werden kann. Der Behörde ist es in Anbetracht der III zugrunde liegenden Rollenverteilung zwar nicht grundsätzlich verwehrt, statt des Vorhabenträgers die frühe Öffentlichkeitsbeteiligung zu organisieren, sie sollte davon aber nur mit größter Zurückhaltung Gebrauch machen und auf **Subsidiarität und Neutralität** gegenüber dem Vorhaben des Träges achten (Ziekow NVwZ 2013, 754 (757)). Da es keine Verpflichtung gibt, überhaupt eine frühe Öffentlichkeitsbeteiligung durchzuführen, besteht weder von Seiten der Behörde noch von Seiten der „betroffenen Öffentlichkeit" oder „Dritter" (III 1 und 3) ein **subjektiv öffentliches Recht** auf Durchführung. Eine Nachholung ist ausgeschlossen. 28

Auch wenn der Begriff der betroffenen Öffentlichkeit in § 2 UPVG erwähnt wird, ist weder im VwVfG noch an anderer Stelle eine verbindliche **Legaldefinition** vorhanden (Schmitz/Prell NVwZ 2013, 745 (747)). Betroffene Öffentlichkeit umfasst zumindest nach der Gesetzesbegründung sämtliche Personen, deren Belange durch das geplante Vorhaben oder das anschließende Verwaltungsverfahren berührt werden können (BT-Drs 17/9666, 17; BeckOK VwVfG/Herrmann § 25 Rn. 26). Nach III 3 soll der betroffenen Öffentlichkeit Gelegenheit zur Äußerung und Erörterung gegeben werden, 29 was in schriftlicher oder mündlicher Form sowie elektronisch, zB über im Internet verfügbar gehaltene Portale, der Fall sein kann. Die Durchführung eines Erörterungstermins ist jedenfalls nicht zwingend geboten (weitergehend BeckOK VwVfG/Herrmann § 25 Rn. 27). Das Ergebnis der vor Antragstellung durchgeführten frühen Öffentlichkeitsbeteiligung ist dann der betroffenen Öffentlichkeit und der Behörde spätestens im Zeitpunkt der Antragstellung durch den Vorhabenträger, im Übrigen **unverzüglich** (iSd § 121 BGB) mitzuteilen (III 4). Eine etwaige Unterlassung des Verfahrens oder Unterschreitung der Mindestinhalte bzw. Eckpunkte des Verfahrens führen daher nicht zu einer Verletzung von Rechten Dritter. Eine Auswirkung im Sinne einer Benachteiligung ist zu dem frühen Stadium des Verfahrens (noch) nicht erkennbar.

3. Durchführung

30 Es besteht immerhin eine Verpflichtung der zuständigen Behörden, in geeigneter Form (Tageszeitungen, Internet, vgl. § 27a) auf die Durchführung der frühen Öffentlichkeitsbeteiligung hinzuwirken. Die Verpflichtung kann objektiv nicht wahrgenommen werden, wenn die Behörde keine Kenntnis über ein Vorhaben eines potentiellen Antragstellers besitzt. Es dürfte allerdings realistisch sein, zu unterstellen, dass die Träger von öffentlichkeitswirksamen Vorhaben frühzeitig Kontakt mit der Verwaltung suchen, nicht zuletzt, um das Verfahrensmanagement zu erörtern. Das **„Hinwirken"** (hierzu Schmitz/Prell NVwZ 2013, 745 (747)) kann und wird in der Regel dazu führen, dass der Vorhabenträger sich zu der frühen Öffentlichkeitsbeteiligung entschließen wird; eine Rechtspflicht hierzu ist gesetzlich jedoch nicht vorgesehen (Schmitz/Prell NVwZ 2013, 745 (747)). Anordnende Maßnahmen zur Durchführung sind der Behörde verwehrt. Im Ergebnis dürfte jedenfalls ein unterlassenes oder inhaltlich unzureichendes Hinwirken zwar einen formellen Rechtsverstoß erzeugen, der sich rechtlich nach § 46 aber nicht auswirken dürfte (wie hier Ziekow NVwZ 2013, 754 (760)). Lediglich in faktischer Hinsicht könnte sich ergeben, dass eine geringere Akzeptanz in der Öffentlichkeit die Folge sein könnte (Schmitz/Prell NVwZ 2013, 745 (747)).

31 Ein geplantes Vorhaben soll so frühzeitig bekannt gemacht werden, dass der Vorhabenträger Einwände und Anregungen aus der Bevölkerung, von Trägern öffentlicher Belange und sonstiger Beteiligter im anschließenden Verwaltungsverfahren in seiner Planung noch vor der förmlichen Antrags- oder Planeinreichung berücksichtigen kann.

32 Die frühe Öffentlichkeitsbeteiligung ersetzt und ändert nicht bestehende Beteiligungsrechte, die nach Antragstellung erst entstehen. Sie führt daher nicht zu einer **Präklusion von Einwendungen** im ggf. anschließenden Planfeststellungsverfahren (BT-Drs. 17/9666, 15). Die partizipative Beteiligung ergänzt das bestehende Verfahren, schließt hingegen nicht aus, dass später rechtserhebliche Einwendungen zum ersten Mal gelten gemacht oder völlig andere Einwendungen erhoben werden, als in der frühen Öffentlichkeitsbeteiligung. Nicht auszuschließen ist, dass ursprünglich bestehende Befürchtungen neutralisiert werden oder Tatsachen hingegen hinzukommen,

die ursprünglich keine oder nur eine untergeordnete Rolle in der frühen Öffentlichkeitsbeteiligung gespielt haben.

4. Mitteilung des Ergebnisses

§ 25 III 4 sieht vor, dass das Ergebnis der frühen Öffentlichkeitsbeteiligung nicht nur der Behörde, sondern auch der betroffenen Öffentlichkeit mitgeteilt werden soll. Die Mitteilung als solche setzt voraus, dass die Ergebnisse des Beteiligungsverfahrens ordnungsgemäß dokumentiert werden (Ziekow NVwZ 2013, 754 (757)). Der Vorhabenträger hat die Behörde in geeigneter Form, dh schriftlich über die Ergebnisse zu unterrichten. 33

5. Ergänzungen (III 5 und 6)

In S. 5 wird hervorgehoben, dass eine nach anderen Rechtsvorschriften vorgeschriebene Öffentlichkeitsbeteiligung die Anwendung von S. 1 verdrängt, was sich bereits aus der gesetzlichen Bindung bestehender speziellerer Vorschriften und dem Grundsatz des lex specialis ergeben dürfte. Natürlich sollen Dopplungen im Verfahren vermieden werden. Eine klarstellende Regelung enthält ebenfalls S. 6. Danach bleiben Beteiligungsrechte nach anderen Rechtsvorschriften unberührt, was lediglich die Rechtsfolge aus der Konzeption der frühen Öffentlichkeitsbeteiligung herausstellt. 34

§ 26 Beweismittel

(1) [1] Die Behörde bedient sich der Beweismittel, die sie nach pflichtgemäßem Ermessen zur Ermittlung des Sachverhalts für erforderlich hält. [2] Sie kann insbesondere

1. **Auskünfte jeder Art einholen,**
2. **Beteiligte anhören, Zeugen und Sachverständige vernehmen oder die schriftliche oder elektronische Äußerung von Beteiligten, Sachverständigen und Zeugen einholen,**
3. **Urkunden und Akten beiziehen,**
4. **den Augenschein einnehmen.**

(2) [1] Die Beteiligten sollen bei der Ermittlung des Sachverhalts mitwirken. [2] Sie sollen insbesondere ihnen bekannte Tatsachen und Beweismittel angeben. [3] Eine weitergehende Pflicht, bei der Ermittlung des Sachverhalts mitzuwirken, insbesondere eine Pflicht zum persönlichen Erscheinen oder zur Aussage, besteht nur, soweit sie durch Rechtsvorschrift besonders vorgesehen ist.

(3) [1] Für Zeugen und Sachverständige besteht eine Pflicht zur Aussage oder zur Erstattung von Gutachten, wenn sie durch Rechtsvorschrift vorgesehen ist. [2] Falls die Behörde Zeugen und Sachverständige herangezogen hat, erhalten sie auf Antrag in entsprechender Anwendung des Justizvergütungs- und -entschädigungsgesetzes eine Entschädigung oder Vergütung.

Übersicht

	Rn.
I. Bedeutung	1
II. Die Beweiserhebung	2
III. Verfahren und Grenzen der Beweiserhebung	5
1. Verfahren	5
2. Grenzen der Beweiserhebung	10
3. Beweislastverteilung im Verwaltungsverfahren	16a
IV. Die einzelnen Beweismittel	17
1. Übersicht	17
2. Auskünfte	19
3. Mitwirkungspflicht der Beteiligten (I Nr. 2 und II)	21
4. Zeugen	24
5. Hinzuziehung als Sachverständiger	25
6. Beiziehung von Urkunden und Akten (I Nr. 3)	28
7. Augenscheinnahme	29
V. Rechte und Pflichten von Zeugen und Sachverständigen	31

I. Bedeutung

1 § 26 konkretisiert den in § 24 statuierten Untersuchungsgrundsatz, der im **Rechtsstaatsprinzip** wurzelt. Geregelt werden die im Rahmen der Sachverhaltsermittlung der Behörde zur Verfügung stehenden Beweismittel (ähnlich § 98 VwGO). Der Rechtsrahmen für die Mitwirkung der Beteiligten wird in § 26 II gezogen. Schließlich werden in § 26 III die Rechte und Pflichten von Sachverständigen bestimmt. Für das förmliche Verfahren ist § 65 lex specialis. Die Beweiserhebung ist Gegenstand der Sachverhaltsermittlung und einfach, zweckmäßig und zügig durchzuführen (§ 10 S. 2). Nicht wenige spezielle Mitwirkungs- und Beibringungspflichten der Beteiligten sind im Fachrecht anzutreffen (SBS/Kallerhoff/Fellenberg § 26 Rn. 2, 57 ff.).

II. Die Beweiserhebung

2 Die Beweiserhebung im Verwaltungsverfahren ist integraler Bestandteil der durch den Untersuchungsgrundsatz beherrschten Sachverhaltsermittlung; sie bildet im Gegensatz zum Prozessrecht keinen eigenständigen Verfahrensteil. Die Beweiserhebung im Verwaltungsverfahren hat eine unterschiedliche Funktion, die Unterschiede zum Prozessrecht aufdeckt. Der im Verwaltungsprozessrecht geltende **Grundsatz der Unmittelbarkeit** der Beweiserhebung gilt nicht im Verwaltungsverfahren (BVerwG NVwZ 2009, 597 (597); BVerwG NJW 2006, 2058 (2058); KR/Ramsauer § 26 Rn. 1a; BeckOK VwVfG/Herrmann § 26 Rn. 5). Im Verwaltungsverfahren haben die Beteiligten mit Ausnahme des förmlichen Verfahrens nach § 66 II keinen Anspruch auf Teilnahme an der Beweiserhebung (KR/Ramsauer § 26 Rn. 1b). Die **Beteiligtenöffentlichkeit** im Prozessrecht gilt nicht im Verwaltungsverfahren (BVerwG NJW 2006, 2058 (2058); KR/Ramsauer § 26 Rn. 1b; SBS/Kallerhoff/Fellenberg § 26 Rn. 13). Das **Recht auf Anwesenheit** bei

der Beweiserhebung ist für den Beteiligten nicht geboten; er wird nach Abschluss der Ermittlungen und vor Erlass des VA nach § 28 angehört. Im Übrigen unterliegt der VA gerichtlicher Nachprüfung (OVG Münster NVwZ 1987, 606 (607); BeckOK VwVfG/Herrmann § 26 Rn. 6).

§ 24 I und II iVm § 26 I überlässt es in den vom Gegenstand des Verfahrens gezogenen Grenzen jedoch grundsätzlich der nach pflichtgemäßem Ermessen zu treffenden Entscheidung der Behörde, welche Mittel sie zur Erforschung des Sachverhalts anwendet (BVerwG NVwZ 1999, 535 (536)). Nur wenn die Behörde sich aller Beweismittel bedienen darf, die sie **zur Ermittlung** des Sachverhalts für **erforderlich** hält, wird sie dem Untersuchungsgrundsatz des § 24 gerecht (SBS/Kallerhoff/Fellenberg § 26 Rn. 6). Die Behörden sind damit von **förmlichen Voraussetzungen** weitgehend befreit (KR/Ramsauer § 26 Rn. 5). Förmliche Beweisbeschlüsse, ebenso die Zurückweisung eines Antrags auf Beweiserhebung (§ 24 I 2) sind nicht erforderlich. 3

Voraussetzung für eine Beweiserhebung ist die **Beweisbedürftigkeit,** die vorliegt, wenn Zweifel oder Unsicherheit durch Tatsachen, also wahrnehmbare innerliche oder äußerliche Vorgänge, zu überwinden sind (BVerwG NVwZ 2009 109 (122); OVG Koblenz NVwZ-RR 1991, 221 (222); Ziekow § 26 Rn. 2). Die **Beweiserhebung** dient der Überzeugungstätigkeit der Behörde, sich von dem Vorliegen jener Tatsachen zu überzeugen, die für den Gegenstand des Verfahrens entscheidungserheblich sind. 4

III. Verfahren und Grenzen der Beweiserhebung

1. Verfahren

Ein spezielles Verfahren zur Durchführung der Beweiserhebung fehlt, ist aber auch nicht notwendig. Sofern Auskünfte eingeholt oder Zeugen vernommen werden sollen, sind bestehende **spezielle Auskunftsverweigerungsrechte** zu beachten (zB § 17 III HwO, § 25 IV GenTG, § 22 III GastG). Sofern derartige Regelungen fehlen, sind Zeugen und Dritte verfassungsrechtlich berechtigt, Auskünfte zu verweigern, sofern sie sich oder nahe Angehörige belasten müssten (VGH Mannheim NVwZ-RR 2003, 20 (23); BVerwG NVwZ 1984, 376 (377)). Die Beweiserhebung beruht in der Regel auf einer **Entscheidung der Behörde,** selten auf einem Beweisantrag eines Beteiligten (VGH Mannheim NVwZ-RR 2007, 574; BeckOK VwVfG/Herrmann § 26 Rn. 11). Bei der Auswahl der Beweismittel ist der Verhältnismäßigkeitsgrundsatz zu berücksichtigen (SBS/Kallerhoff/Fellenberg § 26 Rn. 8). 5

Ein allgemeines **Auskunftsverweigerungsrecht** wurde im VwVfG indes nicht normiert. Im Einzelfall ist von den Behörden eine Interessenabwägung zwischen dem öffentlichen Interesse an einer umfassenden Information und dem jeweiligen Schweigeinteresse vorzunehmen (SBS/Kallerhoff/Fellenberg § 26 Rn. 63; BeckOK VwVfG/Herrmann § 26 Rn. 12). 6

Soweit eine Pflicht zur Aussage im Verwaltungsverfahren nicht besteht, sind die Behörden jedenfalls nicht generell zu einer **Belehrung** über die Freiwil- 7 ligkeit verpflichtet. Das BVerwG hat offen gelassen, ob die Behörden in bestimmten Fällen Zeugen entsprechend zu belehren haben (BVerwG NVwZ-RR 1995, 113 (113)). Die **Kosten** der Beweiserhebung sind von der Behörde zu tragen, es sei denn, es bestehen **spezialgesetzliche Kostenregelungen,** die eine Ermächtigung zur Überwälzung der Auslagen, zB für Sachverständigengutachten vorsehen, wie es ua im Widerspruchsverfahren (§ 80 I) oder nach § 20 AtG vorgesehen ist.

8 Obgleich eine rechtliche Verpflichtung zur Anfertigung eines **Protokolls** über die Ergebnisse der Beweisaufnahme und der Beweisergebnisse nicht besteht, ist es grundsätzlich, nicht nur bei komplexen Sachverhalten, zur inneren behördlichen Entscheidungsvergewisserung und zur Nachprüfbarkeit im gerichtlichen Verfahren zweckmäßig und überdies auch erforderlich, die tragenden Ergebnisse der Würdigung in einem Protokoll festzuhalten; mitunter wird sogar eine Pflicht zur Protokollführung angenommen (VG Chemnitz LKV 2007, 44 (44); KR/Ramsauer § 26 Rn. 6). Maßnahmen der Beweiserhebung sind grundsätzlich nicht **selbständig anfechtbar** (§ 44a VwGO), es sei denn, sie enthalten für den Beteiligten oder einen Dritten eine selbständig erzwingbare Anordnung (OVG Lüneburg NVwZ 1990, 1194 (1195); vgl. auch BVerwGE 34, 250; KR/Ramsauer § 26 Rn. 7a).

9 Ersuchen über **Beweiserhebungen im Ausland** sind – von Ausnahmen zB in Belgien und Portugal abgesehen – über die zuständige oberste Landes- oder Bundesbehörde an das Auswärtige Amt weiterzuleiten (SBS/Kallerhoff/Fellenberg § 26 Rn. 18).

2. Grenzen der Beweiserhebung

10 Keines Beweises bedürfen (§ 291 ZPO entsprechend) offenkundige oder allgemeinkundige (BVerwG NJW 1998, 3498 (3498); OVG Münster NVwZ 1996, 1227) sowie behörden- bzw. amtskundige (OVG Saarlouis NVwZ 2006, 718 (719)) Tatsachen (KR/Ramsauer § 26 Rn. 10a).

11 **Offenkundige oder allgemeinkundige Tatsachen** liegen vor, wenn sie in der Öffentlichkeit als feststehend angesehen werden und auch von sachverständiger Seite nicht bezweifelt werden oder jedermann sich über sie ohne besondere Fachkunde aus zuverlässigen Quellen unterrichten kann (KR/Ramsauer § 26 Rn. 10b). Hierzu zählen allgemeine Erfahrungssätze (OVG Münster NVwZ 1993, 95 (98); BVerwG NVwZ 1986, 37 (37)), allgemein anerkannte technische Normen und allgemein anerkannte wissenschaftliche Erkenntnisse.

12 **Amts- oder behördenkundig** sind Tatsachen, die einem Amtsträger aus einer Amtstätigkeit bekannt sind und nicht erst einer Feststellung aus den Behördenakten bedürfen (KR/Ramsauer § Rn. 10c). Nur **aktenkundige Tatsachen** sind weder allgemeinkundig noch amtskundig. Sie müssen in das Verfahren eingeführt und – soweit strittig – belegt werden (SBS/Kallerhoff/Fellenberg § 26 Rn. 23). Eine Behörde kann sich des Weiteren auf **Erfahrungssätze** stützen und somit einen konkreten Beweis erübrigen oder erleichtern. Als **Erfahrungssatz** ist die allgemein abstrakte Erkenntnis über den Zustand und die Entwicklung von Lebensverhältnissen zu verstehen, die sich

auf die Beobachtungen von Einzelfällen gründet; der Erfahrungssatz kann auf der allgemeinen oder der besonderen Lebenserfahrung (zB Berufserfahrung) beruhen (SBS/Kallerhoff/Fellenberg § 26 Rn. 28). So gibt es etwa **keinen allgemeinen Erfahrungssatz** des Inhalts, dass bei einem Beamten von einem höheren Dienstalter auf einen höheren Leistungsstand und bessere Bewährungsvoraussetzungen geschlossen werden kann, um ein Beförderungsamt zu erreichen (BVerwG NVwZ 2005, 457 (457)).

Bei der prognostischen Bewertung der charakterlichen Eignung eines Bewerbers zur Übernahme in das Beamtenverhältnis stellen die **Verhaltensweisen im Vorbereitungsdienst** eine besonders geeignete Erkenntnisquelle dar, wohingegen die vorangegangene Dienstzeit als Soldat auf Zeit demgegenüber zurücktritt und nicht mehr ein wesentliches Beurteilungselement ist VGH München BeckRS 2017, 133325 Rn. 16). 12a

Technische Regelwerke, Verwaltungsvorschriften, DIN-, VDI- und andere Regelungen stellen **keine Rechtsquellen** dar, sondern können als Ausdruck der Erkenntnisse und Erfahrungen von Fachleuten die Bedeutung von allgemeinen Erfahrungssätzen und **antizipierten Sachverständigengutachten** haben (BVerwG NVwZ 2008, 675 (676)). Ob die Regelwerke in dieser Weise verwertbar sind, hängt maßgeblich davon ab, ob die **Zusammensetzung der Normungsgremien** und ihr Verfahren die Gewähr dafür bieten, dass der auf einem Fachgebiet vorhandene Sachverstand durch sie repräsentiert wird und nicht Interessengruppen einseitig die Normung steuern (BVerwG NVwZ 2008, 675 (676); BVerwGE 77, 285 (291)). 13

Welche Anforderungen an die **Pluralität** der Normungsgremien und die **Publizität** des Normungsverfahrens gestellt werden, kann nicht abstrakt bestimmt werden. Verallgemeinernd lässt sich insoweit nur die Aussage treffen, dass den Kriterien der **Repräsentanz und der Publizität** umso eher und umso mehr Bedeutung zukommt, je stärker die einschlägigen Fachkreise zugleich Interessengruppen sind und je stärker sich in den Regelwerken fachliche **Einschätzungen** und **Wertungen** verbinden (BVerfG NJW 1995, 3049 (3050)). Die Behörden haben diese Regelwerke anzuwenden, sofern nicht neue, bessere Erkenntnisse vorliegen, die begründete, ernstliche Zweifel an der Richtigkeit des konkreten Regelwerks ergeben, so dass die Behörden zu weiteren Ermittlungen verpflichtet sind (BVerwG NVwZ 2008, 76 (78); BVerwG NVwZ-RR 2000, 146 (147); BGH NJW 1998, 2814 (2815); OLG Hamm NJW-RR 1998, 668 (669)). 14

Gesetzliche Vermutungen können eine Beweiserhebung entfallen lassen. Die gesetzliche Vermutung kann widerlegbar sein (BVerwG NJW-RR 2006, 1018 (1019); BVerwG VIZ 2004, 173 (174); BVerwG VIZ 2002, 472 (473)). Die Anforderungen an die Widerlegbarkeit sind bei einer gesetzlichen **Regelvermutung** jedenfalls höher (OVG Koblenz NVwZ-RR 2010, 379 (380)). Gesetzliche Vermutungen sind teilweise auch **unwiderlegbar,** so zB bei der Gefährlichkeit von Kampfhunden (BVerwG NVwZ 2015 992 (994); NVwZ-RR 2005, 844 (845)). Teilweise wird auch nur aus der Intention des Gesetzgebers abgeleitet, wann von einer widerlegbaren Vermutung auszugehen ist (BVerwG NJW 1997, 207 (210); BeckOK VwVfG/Herrmann § 26 Rn. 9). 15

16 Rechtswidrig ist die Beweiserhebung in entsprechender Anwendung von §§ 136a und 163a IV StPO sowie dann, wenn Erhebungen Grundrechte verletzen oder gegen gesetzliche Bestimmungen verstoßen, die Grundrechte schützen. Grundrechtswidrig sind zB die automatisierte Erfassung von Autokennzeichen (BVerfG NJW 2008, 1505 (1514)), Sicherstellung und Beschlagnahme von E-Mails auf dem Mailserver des Providers (BVerfG NJW 2009, 2431 (2433)), die heimliche Infiltration eines informationstechnischen Systems mittels einer Online-Durchsuchung (BVerfG NJW 2008, 822 (825)) oder die Erstellung heimlicher Tonbandaufnahmen (BGH NJW 1988, 1016 (1016)). Eine Verpflichtung zur Belehrung (wie bei § 136 I 2 StPO) ist im Verwaltungsverfahren (zB im Führerschein-Entziehungsverfahren) unschädlich, da verwaltungsrechtlich keine Verpflichtung zur Belehrung besteht (VGH Mannheim NJW 2007, 2571 (2572); → § 24 Rn. 20).

3. Beweislastverteilung im Verwaltungsverfahren

16a Anhand der materiellen Beweislast wird im Verwaltungsverfahren (KR/Ramsauer § 24 Rn. 40) und im nachfolgenden Verwaltungsprozess die Frage beantwortet, zu wessen Lasten die Unaufklärbarkeit einer Hauptbeweistatsache geht, wenn sich aus dem Gesamtergebnis des Verfahrens (§ 108 I 1 VwGO), dh aufgrund umfassender Sachverhalts- und Beweiswürdigung, weder die volle Überzeugung vom Vorliegen noch vom Nichtvorliegen dieser Hauptbeweistatsache (zB gelegentlicher Konsum von Cannabis) hat gewinnen lassen (OVG Lüneburg BeckRS 2024, 2828 Rn. 23).

Soweit es sich um Tatsachen handelt, deren Aufklärung zur Vorbereitung einer Anordnung nach § 46 III iVm den §§ 11 bis 14 FeV anlassbezogen und verhältnismäßig ist, besteht im Verwaltungsverfahren gemäß § 26 II 2 und im Verwaltungsprozess nach § 173 1 VwGO iVm § 138 I ZPO eine **Mitwirkungsobliegenheit** des Betroffenen. → § 24 Rn. 23.

Hiernach hat er insbesondere über solche Tatsachen, deren Erheblichkeit sich ihm aufdrängen muss, auch unaufgefordert **substantiierte Angaben** zu machen. Kommt er dieser Mitwirkungsobliegenheit, die insbesondere besteht, soweit es sich um Umstände handelt, die ausschließlich oder überwiegend in seiner **eigenen Sphäre** liegen, nicht nach, kann das gemäß dem in § 444 ZPO zum Ausdruck kommenden allgemeinen Rechtsgedanken bei der Sachverhalts- und Beweiswürdigung zu seinen Ungunsten berücksichtigt werden. (OVG Lüneburg BeckRS 2024, 2828 Rn. 27).

16b Ein **Schweigerecht,** wie es aus dem **Straf- bzw. Bußgeldverfahren** bekannt ist, kann im Verwaltungsverfahren **nicht** geltend gemacht werden, auch nicht analog (OVG Lüneburg BeckRS 2024, 2828 Rn. 27). Kommt ein Fahrerlaubnisinhaber seiner Mitwirkungsobliegenheit nicht nach, kann er sich nicht erfolgreich darauf berufen, die Fahrerlaubnisbehörde oder das Verwaltungsgericht hätten auf andere Beweismittel ausweichen müssen, um dadurch jene Umstände aufzuklären, zu denen er keine zureichenden Angaben gemacht hat (OVG Lüneburg BeckRS 2024, 2828 Rn. 38 unter Hinweis auf die Aufgabe früherer entgegenstehender Rspr.).

Es bestehen erhebliche die Unterschiede zwischen dem **Strafrecht** und dem Gefahrenabwehrrecht. Ein Beschuldigter darf nicht durch eigene Angaben an den gegen ihn gerichteten Strafanspruchs mitwirken; diese Regelung ist auf das **Gefahrenabwehrrecht nicht übertragbar,** auch nicht analog. Die den Fahrerlaubnisinhaber treffende „Zumutung" der Obliegenheit, zum Schutz der Teilnehmer am öffentlichen Straßenverkehr auch durch substantiierte eigene Angaben an der Aufdeckung persönlicher Eignungsmängel mitzuwirken, nämlich weitaus weniger belastend, als der (verbotene) Zwang zu selbstbelastenden Aussagen in einem Strafverfahren (OVG Lüneburg BeckRS 2024, 2828 Rn. 33). 16c

Einen Kraftfahrer, der anlässlich einer Verkehrskontrolle dadurch aufgefallen ist, dass er ordnungswidrig unter dem Einfluss von Cannabis ein Kraftfahrzeug geführt hat, und der daraufhin einen **isolierten Probierkonsum** der Droge geltend macht, trifft im Fahrerlaubnisentziehungsverfahren die Obliegenheit, über diesen Konsum substantiierte Angaben zu machen (OVG Lüneburg BeckRS 2024, Ls.). 16d

IV. Die einzelnen Beweismittel

1. Übersicht

Wie sich aus dem Wortlaut des § 26 I 2 entnehmen lässt („insbesondere") ist die Aufzählung der an ZPO (§§ 371 ff.) und StPO (§ 245) angelehnten Regelung nicht abschließend. Die Behörden können sich somit bei der Ermittlung des Sachverhalts nach pflichtgemäßem Ermessen grundsätzlich aller **Erkenntnismittel** bedienen **(Grundsatz des Freibeweises),** die nach den Grundsätzen der Logik, nach allgemeiner Erfahrung und/oder wissenschaftlicher Erkenntnis geeignet sind oder sein können, ihre Überzeugung vom Vorhandensein oder Nichtvorhandensein bestimmter entscheidungserheblicher Tatsachen und von der Richtigkeit einer Beurteilung und Wertung von Tatsachen zu begründen (BVerwG NJW 2017, 2215 Rn. 40; VGH München BeckRS 2017, 133325 Rn. 9; KR/Ramsauer § 26 Rn. 9). Eine Beweisanordnung (§ 273 ZPO) oder ein Beweisbeschluss (§§ 358 f. ZPO) ist nicht vorhanden (SBS/Kallerhoff/Fellenberg § 26 Rn. 11). 17

Bei der Auswahl der Beweismittel ist der **Verhältnismäßigkeitsgrundsatz** zu beachten, so sind zB kostspielige Gutachten nur anzufordern, wenn der Sachverhalt durch das Gutachten nachgewiesen werden kann und das öffentliche Interesse an der Entscheidung diese Ermittlung erforderlich macht (OVG Lüneburg NVwZ 2007, 963 (963); SBS/Kallerhoff/Fellenberg § 26 Rn. 8). 18

2. Auskünfte

Nach § 26 I 2 Nr. 1 kann die Behörde Auskünfte jeder Art einholen. Auskünfte können schriftlich, mündlich oder fernmündlich eingeholt werden. Informationen können aus **Fachliteratur, Presse, Internet** und weiteren Medien als Gegenstand einer Auswertung in Betracht gezogen werden (KR/ 19

Ramsauer § 26 Rn. 9a). Behörden sind grundsätzlich einander zur **Auskunftserteilung** im Wege der Amtshilfe verpflichtet (vgl. § 4 ff.). Die Einholung von Informationen bei anderen Behörden ist nach § 26 I 2 Nr. 1 VwVfG ein wesentliches Mittel der Sachverhaltsaufklärung (OVG Lüneburg NVwZ-RR 2016, 822 Rn. 31; BVerwG NVwZ 2013, 521 Rn. 18). Ob die durch ihre Inanspruchnahme erlangten Informationen nach Gehalt, Dichte und Zuverlässigkeit eine Maßnahme (hier: Vereinsverbot) begründen können oder ob die Verbotsbehörde darüber hinaus weitere Ermittlungen anzustellen hat, ist eine Frage der Würdigung des Sachverhalts in jedem Einzelfall (OVG Lüneburg NVwZ-RR 2016, 822 Rn. 31).

20 **Eine Auskunftspflicht besteht für Privatpersonen** dann, wenn sie gesetzlich gesondert dazu verpflichtet sind (zB nach § 93 I AO). Die Behörde ist ferner berechtigt, Dritte um Auskunft zu bitten, selbst wenn der Beteiligte Angaben entgegen § 26 II 2 nicht nachkommt (OVG Münster NVwZ 1995, 186 (187); BeckOK VwVfG/Herrmann § 26 Rn. 20). Eine **amtliche Auskunft** darf mündlich nicht von einem Amtsträger erteilt werden, der bereits im Verwaltungsverfahren mitgewirkt hat. Der Amtsträger ist gegebenenfalls als Zeuge zu vernehmen (BVerwG NVwZ 1988, 1019).

3. Mitwirkungspflicht der Beteiligten (I Nr. 2 und II)

21 Die **Anhörung der Beteiligten** als Beweismittel iSd § 26 I Nr. 2 ist von der Anhörung als Ausdruck der **Gewährung rechtlichen Gehörs** im Sinne des § 28 zu unterscheiden. Auch wenn sie in der Praxis zusammenfallen können (§ 24, 25 AsylG), sind sie rechtlich voneinander zu trennen. Die Beteiligten sind als „Wissensträger" zumeist die wichtigsten Beweismittel im Verwaltungsverfahren (KR/Ramsauer § 26 Rn. 19). Eine rechtliche Verpflichtung zum **persönlichen Erscheinen** oder zur **Aussage** besteht nach § 26 II grundsätzlich nicht (KR/Ramsauer § 26 Rn. 21, Knack/Henneke/Ritgen § 26 Rn. 40); es sei denn, dass spezialgesetzliche Rechtsvorschriften Gegenteiliges bestimmen (§ 61 SGB I, § 82 I 1 AufenthG, hierzu: Kepert ZAR 2012, 20 (22)). Eine Offenbarungspflicht durch Willenserklärung kann sich zB im Ausländerrecht aus einer Übernahme im Wege der Selbstverpflichtung oder durch eine Nebenbestimmung nach § 36 ergeben. → § 25 Rn. 23, 23a. Die Übernahme einer Offenbarungspflicht durch Willenserklärung ist gesetzlich nicht vorgesehen, im Übrigen auch nicht durch § 26 II. Eine gesetzliche Rechtsgrundlage (Befugnisnorm) ist aber nach dem Grundsatz des Vorbehalts des Gesetzes nur für die einseitig hoheitliche Auferlegung von Pflichten durch die Verwaltung notwendig, nicht aber für deren Übernahme im Wege der Selbstverpflichtung des Betroffenen (BVerwG NVwZ 2013, 1336 (1338)). Eine Beeidigung der Aussage ist im Verwaltungsverfahren nicht vorgesehen. Eine Versicherung an Eides statt kann unter den Voraussetzungen nach § 27 abgenommen werden. Eine Falschaussage als solche begründet keine Straftat nach §§ 153 ff. StGB, ggf. aber einen strafrechtlich relevanten Betrugsvorwurf (KR/Ramsauer § 26 Rn. 22).

21a Die Sachverhaltsermittlungspflicht kann im Einzelfall durch die verfahrensrechtliche Mitwirkungslast der Betroffenen nach § 26 II 1 eingeschränkt sein, zB bei der finanziellen Belastbarkeit im Ausländerrecht (OVG Hamburg BeckRS 2023, 5338). Hat aber die Behörde bereits Kenntnis erworben oder liegen zureichende Tatsachen vor, die eine weitere Ermittlung zur Klärung des Sachverhalts nicht erfordern, dann besteht keine, auch keine gesteigerte Mitwirkungspflicht der Beteiligten zur Aufklärung des Sachverhalts (OVG Bautzen BeckRS 2019, 5409 Rn. 30 f.), → § 25 Rn. 23, 23a

Die Beteiligten haben zwar bei der Ermittlung des Sachverhalts mitzuwir- 21b
ken, insbesondere ihnen bekannte Tatsachen und Beweismittel anzugeben, eine **weitergehende Pflicht,** bei der Ermittlung des Sachverhalts mitzuwirken, besteht aber nur, soweit sie durch Rechtsvorschrift besonders vorgesehen ist. Können die Voraussetzungen eines Anspruchs auf Erteilung einer Genehmigung nur durch ein (technisches) Sachverständigengutachten nachgewiesen werden, genügt die Behörde ihrer Pflicht aus §§ 24, 26 VwVfG regelmäßig, wenn sie den Antragsteller zur **Vorlage eines Privatgutachtens** auffordert; sie ist weder über § 24 noch über § 26 verpflichtet, auf ihre Kosten ein solches Gutachten in Auftrag zu geben (OVG Magdeburg BeckRS 2016, 47610 Rn. 57; SBS/Kallerhoff/Fellenberg § 26 Rn. 50). Verletzt ein Unternehmen seine Mitwirkungspflichten im Kartellverwaltungsverfahren, können daraus im Rahmen der freien Beweiswürdigung für das Unternehmen nachteilige Schlüsse gezogen werden (BGH BeckRS 2015, 15821 Ls.).

Die gestufte Prüfung zur Klärung der Identität eines Einbürgerungsbewer- 21c
bers erfolgt anhand von Dokumenten, für die die **Mitwirkungspflicht** in besonderem Maße gilt. Den **Nachweis seiner Identität** hat ein Einbürgerungsbewerber zuvörderst und in der Regel durch Vorlage eines Passes, hilfsweise auch durch einen anerkannten Passersatz oder ein anderes amtliches Identitätsdokument mit Lichtbild zu führen. Ist er nicht im Besitz eines solchen amtlichen Identitätsdokuments und ist ihm dessen Erlangung objektiv nicht möglich oder subjektiv nicht zumutbar, so kann er seine Identität auch mittels **anderer geeigneter amtlicher Urkunden** nachweisen, bei deren Ausstellung Gegenstand der Überprüfung auch die Richtigkeit der Verbindung von Person und Name ist, sei es, dass diese mit einem Lichtbild versehen sind (zB Führerschein, Dienstausweis oder Wehrpass), sei es, dass sie ohne ein solches ausgestellt werden (zB Geburtsurkunden, Melde-, Tauf- oder Schulbescheinigungen). Dokumenten mit **biometrischen Merkmalen** kommt insoweit ein höherer Beweiswert zu als solchen ohne diese Merkmale (BVerwG NVwZ 2021, 494, Rn. 18).

Ist der Einbürgerungsbewerber auch nicht im Besitz solcher sonstigen 21d
amtlichen Dokumente und ist ihm deren Erlangung objektiv nicht möglich oder subjektiv nicht zumutbar, so kann sich der Ausländer zum Nachweis seiner Identität sonstiger nach § 26 I 1 und II zugelassener Beweismittel bedienen. Hierzu zählen insbesondere **nichtamtliche Urkunden** oder Dokumente, die geeignet sind, die Angaben zu seiner Person zu belegen, gegebenenfalls auch Zeugenaussagen. Eine **Versicherung an Eides** statt darf die Einbürgerungsbehörde nach § 27 I 1 hingegen **nicht** verlangen oder abnehmen, da eine solche im Einbürgerungsverfahren nicht vorgesehen ist.

Ist dem Einbürgerungsbewerber auch ein Rückgriff auf sonstige Beweis- 21e
mittel iSd § 26 I 1 und 2 objektiv nicht möglich oder subjektiv nicht zumut-

bar, so kann die Identität des Einbürgerungsbewerbers ausnahmsweise allein auf der Grundlage seines Vorbringens als nachgewiesen anzusehen sein, sofern die Angaben zur Person auf der Grundlage einer umfassenden **Würdigung der Umstände** des Einzelfalls und des gesamten Vorbringens des Einbürgerungsbewerbers zur Überzeugung der Einbürgerungsbehörde feststehen. Nur durch eine solche **abgestufte Zulassung** der Nachweisarten und umfassende Tatsachenwürdigung kann **erheblichen Missbrauchsgefahren** effektiv begegnet werden (BVerwG NVwZ 2021, 494, Rn. 19 mwN; BVerwG NVwZ 2012, 707 Rn. 16 mwN).

21f Im UVP-Verfahren kann die zuständige Behörde nach dem Willen des Gesetzgebers im Einvernehmen mit dem Vorhabenträger einem Beliehenen Zuständigkeiten als weiterer Behörde übertragen. Daneben kann die Planfeststellungsbehörde den Sachverhalt nach den allgemeinen verwaltungsverfahrensrechtlichen Regeln ermitteln und in diesem Rahmen auch schriftliche Äußerungen von Sachverständigen einholen (OVG Bautzen BeckRS 2022, 17423 Rn. 38).

22 Eine besondere **Rangfolge** zu den anderen Beweismitteln oder eine besondere Form, zB Belehrung oder Ermahnung zur Wahrheit, ist nicht erforderlich (SBS/Kallerhoff/Fellenberg § 26 Rn. 43). Die Anhörung kann mündlich oder fernmündlich (I 2 Nr. 2), schriftlich oder auch elektronisch (Nr. 2 Hs. 2) erfolgen. Das Ergebnis einer Anhörung ist **aktenkundig** zu machen (VG Chemnitz LKV 2007, 44 (44)).

23 Die Beteiligten „sollen" an der Sachverhaltsermittlung mitwirken (Bärlein/Pananis/Rehmsmeier NJW 2002, 1825 (1826)), insbesondere ihnen bekannte Tatsachen und Beweismittel angeben (II 2). Eine unterlassene, zumutbare Mitwirkung berechtigt aber die Behörde zu einer für den Betroffenen nachteiligen Beweiswürdigung, die aus seinem Verhalten nachteilige Schlüsse rechtfertigt (OVG Bautzen NVwZ-RR 2017, 551 Rn. 27 mwN; BFH NVwZ-RR 1990, 282 (283); BVerwG NVwZ 1987, 802 (804)), → Rn 16a. So kann etwa die **Weigerung des Flüchtlings,** in zumutbarer Weise daran mitzuwirken, dass ernsthafte Zweifel an seiner Identität beseitigt werden können, dazu führen, dass deshalb der ordre-public-Vorbehalt des Art. 28 GFK greift und die Ausstellung eines Reiseausweises verweigert werden darf (OVG Bautzen NVwZ-RR 2017, 551 Rn. 27 mwN; BVerwG NVwZ 2004, 1250).

23a Legt ein überdurchschnittlich an **Erkrankungen leidender Bewerber** im Ausschreibungsverfahren eine ärztliche Bescheinigung nicht vor, die belegt, dass er in Zukunft dienstfähig sei, kann er zu Recht aus dem Bewerbungsverfahren ausgeschlossen werden (OVG Münster NVwZ-RR 2014, 970 (971)). Der Schutz des Persönlichkeitsrechts kann im Beamtenrecht Einschränkungen unterworfen sein. Aufgrund von § 26 II und der beamtenrechtlichen Treuepflicht obliegt es einem Beamten im Rahmen eines Dienstunfallverfahrens seine behandelnden Ärzte gegenüber den Sachbearbeitern der Behörde von der **ärztlichen Schweigepflicht** zu befreien. Die Grenzen des grundsätzlich zu beachtenden Persönlichkeitsrechts des betroffenen Beamten wird dadurch gewahrt, dass nur solche medizinischen Feststellungen erfragt werden dürfen, die mit den gesundheitlichen Beeinträchtigungen zusammenhängen, die der Beamte auf den Dienstunfall zurückführt (OVG Münster BeckRS 2014, 55799).

Im Verfahren um eine **Amtsenthebung als Notar** aufgrund fragwürdiger Wirtschafsführung setzen im Rahmen der Ermittlungspflicht der Behörde die Mitwirkungsmöglichkeiten und Obliegenheiten des Notars ein. Die Ermittlungspflicht der Behörde aufgrund des im Verwaltungsverfahren geltenden Untersuchungsgrundsatzes endet, wo es ein Beteiligter in der Hand hat, notwendige Erklärungen abzugeben und Beweismittel vorzulegen, um eine seinem Interesse entsprechende Entscheidung herbeizuführen. Gelingt es einem Notar nicht – wie geboten – durch vollständige und richtige Auskünfte auch in der Krise die Integrität zu wahren, steht die Art seiner Wirtschaftsführung (§ 50 I Nr. 8 Alt. 2 BNotO) infrage (OLG Frankfurt a. M. BeckRS 2016, 112073 Rn. 37 mwN, Rn. 44; BGH DNotZ 2015, 233 (236); BGH DNotZ 2014, 548 (548)). Entsprechendes gilt für **Rechtsanwälte, Steuerberater und Wirtschaftsprüfer.** 23b

Lassen Indizien wie offene Forderungen, Titel und Vollstreckungshandlungen den Schluss auf einen **Vermögensverfall** des Rechtsanwalts zu, ist der Rechtsanwalt kraft seiner Mitwirkungslast gemäß § 32 Satz 1 BRAO, § 26 II bereits im Widerrufsverfahren gehalten darzulegen, ob und wie er die gegen ihn gerichteten Forderungen tilgen kann (stRspr BGH BeckRS 2020, 3846; BGH BeckRS 2017, 103904 Rn. 9; BGH BeckRS 2015, 14290). Ein Vermögensverfall liegt vor, wenn der Rechtsanwalt in ungeordnete, schlechte finanzielle Verhältnisse geraten ist, die er in absehbarer Zeit nicht ordnen kann, und außer Stande ist, seinen Verpflichtungen nachzukommen (BeckRS 2020, 38461 Rn. 14). Die nach § 32 Abs. 1 BRAO, § 26 II bestehende Mitwirkungspflicht des Rechtsanwalts bei der Ermittlung des Sachverhalts setzt sich im **Verfahren vor dem Anwaltsgerichtshof** fort (BGH BeckRS 2019, 9159 Rn. 11; BGH BeckRS 2017, 103904 Rn. 9). Von einem Vermögensverfall kann in diesem Fall nur dann nicht mehr ausgegangen werden, wenn der Rechtsanwalt sich in **Vergleichs- und Ratenzahlungsvereinbarungen** mit seinen Gläubigern zur **ratenweisen Tilgung** seiner Verbindlichkeiten verpflichtet hat, diesen Ratenzahlungen nachkommt und währenddessen keine (weiteren) Vollstreckungsmaßnahmen gegen ihn eingeleitet werden (BGH BeckRS 2017, 103904 Rn. 9; BGH BeckRS 2015, 14290). Im Verfahren auf Zulassung als Syndikusrechtsanwalt muss und darf die Rechtsanwaltskammer auf der Grundlage der BRAO die Auskünfte von dem Antragsteller verlangen, die sie zur gebotenen Aufklärung des Sachverhalts für erforderlich erachtet (AGH Nordrhein-Westfalen NJW 2021, 1402). 23c

4. Zeugen

Als Zeugen kommen natürliche Personen in Betracht, die nicht Beteiligte am Verwaltungsverfahren sind (KR/Ramsauer § 26 Rn. 24) und die kraft eigenen unmittelbaren Erlebens zu entscheidungserheblichen Tatsachen einen unmittelbaren Beitrag leisten können. Mitunter bedarf es einer Abgrenzung zwischen einem Zeugen und einem **sachverständigen Zeugen,** der auf- 24 grund besonderer Sachkunde seiner Befähigung entsprechende Wahrnehmungen machen kann (OVG Münster NVwZ-RR 2008, 214 (214); BVerwG NJW 1986, 2268 (2268)). Eine Verpflichtung zu Erscheinen und zur Aussage besteht nach § 26 III nur aufgrund gesetzlicher Normen (zB § 65). Ansonsten besteht **keine Aussagepflicht** nach § 26 III 1 (OVG Lüneburg BeckRS 2015, 41955). Obgleich eine Zeugenbelehrung nicht erforderlich ist, müssen die Behörden in besonderen Fällen aufgrund der nach § 25 bestehenden Betreuungs- und Fürsorgepflicht eine Belehrung vornehmen (BVerwG NVwZ-RR 1995, 113 (113)). Behördenmitarbeiter kommen als Zeugen in Betracht. Nur der Leiter der Behörde und dessen ständiger Vertreter sind als Beteiligte, alle sonstigen Bediensteten als Zeuge oder als Sachverständige zu vernehmen, und zwar unabhängig davon, ob sie bei Erlass der angefochtenen VA mitgewirkt haben (VGH Mannheim NJW 1988, 3282 (3283), teilweise Abweichung von BVerwG NJW 1988, 2491 (2491) und 1981, 1748 (1748)).

5. Hinzuziehung als Sachverständiger

25 Sachverständige sind natürliche und juristische Personen (KR/Ramsauer § 26 Rn. 31), die der Behörde fehlendes Fachwissen zur Beurteilung von **Tatsachen** vermitteln. Die Erstattung eines Rechtsgutachtens erfüllt nicht die Anforderungen an ein Sachverständigengutachten, sofern es nicht der Feststellung von Gewohnheitsrecht oder ausländischem Recht dient (VGH Mannheim BeckRS 2015, 45203). Die Auswahl von Sachverständigen steht im Ermessen der Behörde. Eine erste Orientierungshilfe für die Auswahl bietet § 36 GewO. Die privatrechtlich geregelte Zertifizierung von Sachverständigen durch akkreditierte Stellen führt nicht automatisch zu einem Anspruch auf öffentliche Bestellung (VG Hannover GewA 2008, 213 = BeckRS 2007, 27533; Kapoor/Klindt EuZW 2009, 134 (134)). Eine öffentliche Bestellung als Sachverständiger ist für eine Hinzuziehung aber auch nicht erforderlich.

26 Der hinzugezogene Sachverständige darf bei Vorbereitung und Abfassung seines schriftlichen Gutachtens **Hilfspersonen** nur insoweit zu seiner Unterstützung heranziehen, als seine persönliche Verantwortung für das Gutachten gewahrt bleibt (BVerwG NVwZ 1993, 771 (771); KR/Ramsauer § 26 Rn. 30).

27 Im verwaltungsgerichtlichen Verfahren kann ein Sachverständiger wegen **Befangenheit** erfolgreich abgelehnt werden, wenn er der Bescheid erteilenden Behörde angehört (BVerwG NJW 1999, 965). Die Bedenken gegen die Unvoreingenommenheit eines Sachverständigen kann nach § 44a VwGO nur mit dem gegen die Sachentscheidung zulässigen Rechtsbehelf geltend gemacht werden. Sofern die Beteiligten auf eigene Kosten ein **Privatgutachten,** bei dem es sich um Beteiligtenvortrag nicht aber um ein Sachverständigenbeweis handelt (KR/Ramsauer § 26 Rn. 28), erstellen lassen wollen und hierzu die Akten benötigt werden, ist die Behörde verpflichtet, die Akten herauszugeben (OVG Koblenz NJW 1997, 2342; BeckOK VwVfG/Herrmann § 26 Rn. 28; zur Erteilung eines Obergutachtens → § 24 Rn. 17).

6. Beiziehung von Urkunden und Akten (I Nr. 3)

28 Nach Nr. 3 ist die Behörde befugt, Urkunden und Akten beizuziehen. **Urkunden** sind schriftlich niedergelegte Äußerungen von Personen, die einen bestimmten Gedankeninhalt vermitteln, wobei es nicht darauf ankommt, ob die Urkunde einen Aussteller erkennen lässt oder im Rechtsverkehr sonst Bedeutung hat (KR/Ramsauer § 26 Rn. 33a). Urkunden können sowohl privater als auch amtlicher Herkunft sein. Auf das VwVfG kann der **strafrechtliche Urkundsbegriff** nicht übertragen werden (Ziekow § 26 Rn. 15). Für den Urkundenbegriff ist das Material der Urkunde bedeutungslos. Eine Unterschrift ist nicht erforderlich. Sogar eine **Fotokopie** kann eine Urkunde sein (VG Minden BeckRS 2006 26904; FG Berlin NJW 1977, 2232). Die Fotografie ist hingegen keine Urkunde (BGH NJW 1976, 294 (294)). Die **Beweiskraftregeln der §§ 415 ff. ZPO** für Urkunden sind geeignet, Anhaltspunkte für die Beweiswürdigung zu liefern (VG Mainz NVwZ 2000 228 (229); SBS/Kallerhoff/Fellenberg § 26 Rn. 88). **Akten** sind Urkunden und sonstige Unterlagen einschließlich elektronischer Dokumente, die unter einem bestimmten Ordnungsgesichtspunkt zusammengestellt sind (SBS/Kallerhoff/Fellenberg § 26 Rn. 89). **Beiziehung** ist die grundsätzlich formlose Anforderung der bei Beteiligten, anderen Behörden oder Dritten verfügbaren Urkunden und Akten, um sie zu Beweiszwecken in das Verfahren zu integrieren (BeckOK VwVfG/Herrmann § 26 Rn. 33; KR/Ramsauer § 26 Rn. 33).

7. Augenscheinnahme

29 Augenschein ist jede **unmittelbare Sinneswahrnehmung** über die Beschaffenheit von Personen und Gegenständen, wie etwa Lichtimmissionen, Geräusche, Gerüche und andere Vorgänge durch die Behörde (KR/Ramsauer § 26 Rn. 37). Nicht dem Beweismittel des Augenscheins zugänglich sind Gedanken, subjektive Empfindungen oder zB Urkunden; insoweit ist der Beweis mittels Zeugen oder Urkunden zu erheben. Die Augenscheinnahme kann mit **Messungen** und **technischen Hilfsmitteln** (zB Mikroskop) vollzogen werden. Bei komplizierten Vorgängen und dem Erfordernis besonderer Fachkunde, bedarf es der Hinzuziehung eines Sachverständigen (KR/Ramsauer § 26 Rn. 37a; BeckOK VwVfG/Herrmann § 26 Rn. 34).

30 § 26 II Nr. 4 ermächtigt die Behörde nicht zu Eingriffen in grundrechtlich geschützte Rechtspositionen, wie zB das Betreten von Grundstücken (KR/Ramsauer § 26 Rn. 38; BeckOK VwVfG/Herrmann § 26 Rn. 35). Voraussetzung für die **Durchsuchung einer Wohnung** ist nach Art. 13 GG grundsätzlich eine vorherige richterliche Anordnung (SBS/Kallerhoff/Fellenberg § 26 Rn. 93). Wie das BVerfG in Übereinstimmung mit dem BVerwG mehrfach entschieden hat, ist für eine Durchsuchung im Sinne des Art. 13 II GG das ziel- und zweckgerichtete Suchen staatlicher Organe nach Personen oder Sachen zur Ermittlung eines Sachverhalts kennzeichnend. Zweck der Durchsuchung ist es, etwas aufzuspüren, was der Inhaber der Wohnung von sich aus nicht herausgeben oder offenlegen will (BVerwG NJW 2006, 2504; BVerfG NJW 1987, 2500 (2501) mwN). Das bauaufsichtsbehördliche Betre-

ten einer Wohnung fällt in den Anwendungsbereich des Art. 13 GG. Insoweit gilt für das Betretungs- und Besichtigungsrecht der Bauaufsichtsbehörden nichts anderes als für die gesetzlichen Betretungs- und Besichtigungsrechte der Überwachungsbehörden auf den Gebieten des Apotheken-, Handwerks- und Lebensmittelrechts (BVerwG NJW 2006, 2505 mwN).

V. Rechte und Pflichten von Zeugen und Sachverständigen

31 Zeugen und Sachverständige sind zur **Aussage** oder zur **Erstattung von Gutachten** nur verpflichtet, wenn sie durch gesonderte Rechtsvorschrift vorgesehen ist (III). Eine grundsätzliche Verpflichtung für Zeugen und Gutachter kann § 26 III daher nicht entnommen werden. Auch speziell die Pflicht zur Erstattung eines Gutachtens ist der Norm nicht zu entnehmen (Ausnahme: § 65 I 1). Die von der Behörde herangezogenen Zeugen und Sachverständigen erhalten auf **Antrag** eine Entschädigung oder Vergütung in entsprechender Anwendung des **JVEG.** Beteiligte erhalten keine Vergütung; ihre etwaigen Kosten können allenfalls über § 80 geltend gemacht werden (BeckOK VwVfG/Herrmann § 26 Rn. 44).

§ 27 Versicherung an Eides statt

(1) [1] Die Behörde darf bei der Ermittlung des Sachverhalts eine Versicherung an Eides statt nur verlangen und abnehmen, wenn die Abnahme der Versicherung über den betreffenden Gegenstand und in dem betreffenden Verfahren durch Gesetz oder Rechtsverordnung vorgesehen und die Behörde durch Rechtsvorschrift für zuständig erklärt worden ist. [2] Eine Versicherung an Eides statt soll nur gefordert werden, wenn andere Mittel zur Erforschung der Wahrheit nicht vorhanden sind, zu keinem Ergebnis geführt haben oder einen unverhältnismäßigen Aufwand erfordern. [3] Von eidesunfähigen Personen im Sinne des § 393 der Zivilprozessordnung darf eine eidesstattliche Versicherung nicht verlangt werden.

(2) [1] Wird die Versicherung an Eides statt von einer Behörde zur Niederschrift aufgenommen, so sind zur Aufnahme nur der Behördenleiter, sein allgemeiner Vertreter sowie Angehörige des öffentlichen Dienstes befugt, welche die Befähigung zum Richteramt haben. [2] Andere Angehörige des öffentlichen Dienstes kann der Behördenleiter oder sein allgemeiner Vertreter hierzu allgemein oder im Einzelfall schriftlich ermächtigen.

(3) [1] Die Versicherung besteht darin, dass der Versichernde die Richtigkeit seiner Erklärung über den betreffenden Gegenstand bestätigt und erklärt: „Ich versichere an Eides statt, dass ich nach bestem Wissen die reine Wahrheit gesagt und nichts verschwiegen habe." [2] Bevollmächtigte und Beistände sind berechtigt, an der Aufnahme der Versicherung an Eides statt teilzunehmen.

(4) [1] Vor der Aufnahme der Versicherung an Eides statt ist der Versichernde über die Bedeutung der eidesstattlichen Versicherung und die strafrechtlichen Folgen einer unrichtigen oder unvollständigen eidesstattlichen Versicherung zu belehren. [2] Die Belehrung ist in der Niederschrift zu vermerken.

(5) [1]Die Niederschrift hat ferner die Namen der anwesenden Personen sowie den Ort und den Tag der Niederschrift zu enthalten. [2]Die Niederschrift ist demjenigen, der die eidesstattliche Versicherung abgibt, zur Genehmigung vorzulesen oder auf Verlangen zur Durchsicht vorzulegen. [3]Die erteilte Genehmigung ist zu vermerken und von dem Versichernden zu unterschreiben. [4]Die Niederschrift ist sodann von demjenigen, der die Versicherung an Eides statt aufgenommen hat, sowie von dem Schriftführer zu unterschreiben.

I. Bedeutung

Die Vorschrift über die eidesstattliche Versicherung regelt unter welchen Voraussetzungen eine Behörde (§ 1 IV) eine Erklärung mit **formell qualifizierter Bekräftigung der Richtigkeit** (Versicherung an Eides statt) verlangen und abnehmen kann. Das Beweismittel der Versicherung an Eides statt dient der **„Erforschung der Wahrheit"** (I 2) und ist damit systematisch im Untersuchungsgrundsatz verortet (§§ 24 I, 26 I). Die Abgabe einer falschen eidesstattlichen Versicherung gegenüber einer Behörde ist eine Straftat (§§ 156, 163 StGB). 1

II. Voraussetzungen für die Abnahme (I)

1. Systematische Einordnung

Eine Ermächtigung zur Abnahme einer solchen Erklärung enthält § 27 nicht. 2
Die Norm setzt ihrerseits eine spezialgesetzliche und qualifizierte Ermächtigung für eine spezielle Behörde (nur Gesetz oder Rechtsverordnung, keine Satzung) nach § 27 I 1 voraus und erweist sich als **ergänzungsbedürftiger Tatbestand** für jene Fälle, in denen der Gesetz- oder Verordnungsgeber im Rahmen des sachlichen Anwendungsbereichs des VwVfG (§ 1 I) die eidesstattliche Versicherung als Beweismittel eingeführt hat (SBS/Kallerhoff/Fellenberg § 27 Rn. 3 ff.), → § 26 Rn. 21d.

Die ohnehin geringe praktische Relevanz der Norm wird durch weitere 3
Voraussetzungen eingedämmt, die das Verlangen einer Behörde zur Abgabe im Rahmen des Ermessens einschränken. Eine Versicherung an Eides statt soll nach § 27 I 2 nur gefordert werden, wenn **Beweismittel nicht vorhanden** sind, zu **keinem Ergebnis** geführt haben oder einen **unverhältnismäßigen Aufwand** erforderten **(Grundsatz der Subsidiarität).** Dem Grundsatz der Subsidiarität folgend darf eine eidesstattliche Versicherung auch verlangt werden, wenn andere Mittel der Wahrheitsfindung vorhanden gleichwohl aber einen **unverhältnismäßigen Aufwand** verursachen würden, insbesondere hinsichtlich des Zeitaufwands und etwaiger Kosten (KR/Ramsauer § 27 Rn. 8). Eine freiwillige Abgabe der Versicherung entbindet die Behörde von den Voraussetzungen nach § 27 I; sie enthält keinen über eine bloße Tatsachenbehauptung hinausgehenden Beweiswert (SBS/Kallerhoff/Fellenberg § 27 Rn. 10; Ziekow § 27 Rn. 4). Eine **Missachtung der Subsidiarität** berührt weder die Wirksamkeit der Versicherung als taugliches Beweismittel

noch die Strafbarkeit einer derart zustande gekommenen falschen Versicherung (SBS/Kallerhoff/Fellenberg § 27 Rn. 13).

4 Andererseits ist allein die gezeigte Bereitschaft, eine eidesstattliche Versicherung gem. § 27 abzugeben, nicht ausreichend, um polizeiliche Beschränkungen des Reisepasses bei vorliegendem Steuerfluchtwillen aufzuheben; erforderlich ist dann vielmehr die mit der **Vorlage eines Vermögensverzeichnisses** verbundene Abgabe einer eidesstattlichen Versicherung nach § 284 AO (OVG Lüneburg NJW 2009, 1988 (1989)).

2. Beweiswert der Versicherung an Eides statt

5 Wird eine eidesstattliche Versicherung abgegeben, so kommt ihr ein erhöhter **Beweiswert** zu. Genügt eine eidesstattliche Versicherung eines Rechtsanwalts nicht, Beweis für die Einhaltung einer Frist zur vollen Überzeugung zu erbringen, so ist auf andere zu Gebote stehende Beweismittel zurückzugreifen, wie zB die Vernehmung der Person als Zeuge, die die eidesstattliche Versicherung abgegeben hat (BVerwG NJW 2008, 3588 (3588)). Eine Berufung darf nicht schon dann als **unzulässig** verworfen werden, wenn das Berufungsgericht den Inhalt der zur Einhaltung einer Berufungsbegründungsfrist abgegebenen eidesstattlichen Versicherung für **nicht glaubhaft** hält (BVerwG NJW 2008, 3588 (3588)). Entsprechendes gilt für das Verwaltungsverfahren.

3. Eidesunfähige Person (I 3)

6 Gesetzlich verboten nach § 27 I 3 ist das an eidesunfähige Personen iSd § 393 ZPO gerichtete behördliche Verlangen, eine eidesstattliche Versicherung abzugeben. Eidesunfähig sind nach § 393 ZPO Personen, die zurzeit der Vernehmung das **sechzehnte Lebensjahr** noch nicht vollendet oder wegen mangelnder Verstandesreife bzw. Verstandesschwäche von dem Wesen und der Bedeutung einer eidesstattlichen Versicherung keine genügende Vorstellung haben. Eine insoweit verbotswidrig abgenommene Versicherung an Eides statt berührt nicht die Wirksamkeit und die im Rahmen des Freibeweises berücksichtigungsfähige Erklärung als solche, sondern neutralisiert lediglich die formelle Wahrheitsbekräftigung der Versicherung an Eides statt (KR/Ramsauer § 27 Rn. 9; SBS/Kallerhoff/Fellenberg § 27 Rn. 14).

III. Versicherung an Eides statt zur Niederschrift (II)

7 Die Behörde ist befugt, unter den Voraussetzungen nach § 27 I und II die eidesstattliche Versicherung zu verlangen und aufzunehmen. In § 27 II 1 wird die **Aufnahme** der eidesstattlichen Versicherung geregelt, worunter der Vorgang einer schriftlichen Niederlegung zu verstehen ist (SBS/Kallerhoff/Fellenberg § 27 Rn. 11; KR/Ramsauer § 27 Rn. 10). Der Begriff der **„Abnahme“** (§ 27 I 1) bedeutet hingegen die Entgegennahme einer schriftlich, elektronisch oder zur Niederschrift erklärten eidesstattlichen Versicherung durch die Behörde.

Wenn eine Behörde die Versicherung an Eides statt aufnimmt, erlangt diese nur dann rechtliche Wirksamkeit, wenn die Voraussetzungen nach § 27 II erfüllt sind (KR/Ramsauer § 27 Rn. 10). Sofern die aufnehmende Behörde zB im Wege der Amtshilfe die Versicherung aufnimmt und an die um Amtshilfe ersuchende Behörde weiterleitet, müssen die Voraussetzungen bei beiden Behörden gleichermaßen gegeben sein. Unberührt bleibt die Befugnis, eine eidesstattliche Versicherung bei einem Notar (§ 22 II BNotO) oder auf sonstigem Wege abzugeben. 8

Die Befugnis zur Aufnahme der Versicherung an Eides statt ist grds. nur bestimmten Bediensteten vorbehalten. Neben dem **Behördenleiter** und seinem allgemeinen Vertreter sind zur Aufnahme einer eidesstattlichen Versicherung **Angehörige des öffentlichen Dienstes** befugt, die entweder die Befähigung zum Richteramt erlangt haben oder die Voraussetzungen des § 110 S. 1 DRiG erfüllen (§ 27 II 1). Andere Angehörige (Beamte oder Angestellte), die eine solche Qualifikation nicht erworben haben, kann der Behördenleiter oder sein allgemeiner Vertreter allgemein oder im Einzelfall zur Aufnahme einer Versicherung an Eides statt schriftlich ermächtigen (§ 27 II 2). Kommt eine Versicherung an Eides statt entgegen der Voraussetzungen nach § 72 II zustande, ist die Versicherung unwirksam, eine Strafbarkeit besteht nicht. Die unwirksame Versicherung kann als schlichte Erklärung gewürdigt werden (SBS/Kallerhoff/Fellenberg § 27 Rn. 20). Ein **Schriftführer** kann hinzugezogen werden (§ 27 V 4). 9

IV. Inhalt der Versicherung (III)

Die Richtigkeitsgewähr der Versicherung wird durch den formalisierten Wortlaut der Erklärung in § 27 III 1 und die daran anknüpfende Strafbarkeit erreicht. Gegenstand der Erklärung sind **Tatsachen;** nicht erfasst werden Werturteile und rechtliche Schlussfolgerungen. Eine eidesstattliche Versicherung, die gegenüber der einfachen Erklärung ein erhöhter Beweiswert auszeichnet, unterliegt der **freien Beweiswürdigung** durch die zuständige Behörde (KR/Ramsauer § 27 Rn. 16; SBS/Kallerhoff/Fellenberg § 27 Rn. 21). Eine gesetzliche Vermutung für die inhaltliche Richtigkeit der durch die eidesstattliche Versicherung bezeugten Tatsache existiert nicht (KR/Ramsauer § 27 Rn. 16). 10

V. Belehrungspflicht (IV)

Der Versichernde ist vor der Aufnahme der eidesstattlichen Versicherung über deren Bedeutung und die Folgen einer unrichtigen oder unvollständigen eidesstattlichen Versicherung zu belehren. Zweck der **Belehrung** besteht darin, vor **leichtfertigen Erklärungen** und etwaigen Folgen einer daraus folgenden **Strafbarkeit** zu warnen und zugleich die **Erforschung der Wahrheit** zu befördern. Die Verpflichtung zur Belehrung nach § 27 IV gilt 11 nur für den Fall, dass die Versicherung von einer Behörde zur Niederschrift aufgenommen wird.

12 Das Unterlassen oder eine **unrichtige Belehrung** lässt die Wirksamkeit der Versicherung an Eides statt entfallen und damit auch eine etwaige Strafbarkeit (Ziekow § 27 Rn. 7; SBS/Kallerhoff/Fellenberg § 27 Rn. 27; KR/Ramsauer § 27 Rn. 18a). Als **Torso** verbleibt dann eine einfache, dem **Freibeweis** weiterhin zugängliche Erklärung. Wird eine eidesstattliche Versicherung nicht zur Niederschrift einer Behörde aufgenommen, sondern durch eine eigene schriftliche Erklärung des Versichernden abgegeben, so gilt die Vorschrift des § 27 IV bezüglich der Pflicht zur Belehrung über die Bedeutung der eidesstattlichen Versicherung und die strafrechtlichen Folgen einer unrichtigen oder unvollständigen Versicherung nicht. Dies gilt auch dann, wenn zur Abgabe einer solchen Versicherung an Eides statt ein **Formular der Behörde** verwendet wird (OLG Düsseldorf NVwZ-RR 1991, 281 (282)).

VI. Formalien der Niederschrift (V)

13 Gegenstand der Regelung sind die **formalen Inhalte** der Niederschrift, die den Text der Aussage (II), den Vermerk über die Belehrung (IV 2) und die in § 27 V genannten Angaben zu enthalten hat (Kutsch NZV 2006, 237 (241)). Die Verweigerung einer Unterschrift durch eine unterzeichnungspflichtige Person, ist zu vermerken. **Verstöße** gegen die Formerfordernisse der Versicherung an Eides statt berühren nicht die Wirksamkeit der eidesstattlichen Versicherung als solche (KR/Ramsauer § 27 Rn. 20), sofern der Text der Versicherung richtig wiedergegeben ist. Entsprechendes gilt für den **Verlust der Niederschrift,** die lediglich den Nachweis erschwert, nicht aber die abgegebene Versicherung obsolet macht (Ziekow § 27 Rn. 9; KR/Ramsauer § 27 Rn. 20).

§ 27a Bekanntmachung im Internet

(1) [1] Ist durch Rechtsvorschrift eine öffentliche oder ortsübliche Bekanntmachung angeordnet, so ist diese dadurch zu bewirken, dass der Inhalt der Bekanntmachung auch auf einer Internetseite der Behörde oder ihres Verwaltungsträgers zugänglich gemacht wird. [2] Soweit durch Rechtsvorschrift nichts anderes bestimmt ist, ist für die Einhaltung einer vorgeschriebenen Frist die Zugänglichmachung im Internet nach Satz 1 maßgeblich.

(2) Absatz 1 gilt nicht, wenn eine Zugänglichmachung im Internet, insbesondere aus technischen Gründen, nicht möglich ist.

I. Überblick

1 Einige bewährte Regelungen des PlanSiG vor allem bei Planfeststellungsverfahren sind mit dem Fünften Gesetz zur Änderung verwaltungsverfahrens-

rechtlicher Vorschriften sowie zur Änderung des Sechsten Buches Sozialgesetzbuch (5. VwVfÄndG) (BGBl. 2023 I Nr. 344) mit überwiegender Wirkung **zum 0.1.2024** (Art. 6 I 5. VwVfÄndG) dauerhaft ins VwVfG übernommen worden, allerdings in leicht angepasster Form.

Die in den meisten Infrastrukturverfahren vorgesehene **Beteiligung der Öffentlichkeit** wird zukünftig auch **digital** angeboten werden können (Prell/Altmiks NVwZ 2024, 105 (106); Burgi/Nischwitz/Zimmermann NVwZ 2022, 1321 (1325)). Auch **Online-Konsultationen** sowie **Video- und Telefonkonferenzen,** die sich als effektive Alternative zu persönlichen Treffen und Verhandlungen erwiesen haben, sind nun im VwVfG verankert worden.

Zusätzlich wird die Möglichkeit geschaffen, dass bestimmte Schriftstücke, **2**
die bisher in Papierform eingereicht werden mussten, nun auch über spezielle elektronische Postfächer, wie das besondere **elektronische Anwaltspostfach,** eingereicht werden können, → § 3a Rn. 12. Für Behörden wird das qualifizierte **elektronische Siegel** als weitere Option für den elektronischen Schriftformersatz eingeführt, → § 3a Rn. 18 ff.

Das Ziel dieser Änderungen ist es, die digitalen Verfahren, die sich in der **3**
Praxis bewährt haben, fest im Verwaltungsrecht zu etablieren und die Möglichkeiten für **elektronische Kommunikation** und einer **fortschreitenden Digitalisierung** im Verwaltungshandeln weiter auszubauen (BT-Drs. 20/8299).

Im Gegensatz zur bisherigen, eher optionalen Regelung in § 27a („soll") **4**
muss der Inhalt einer nach § 27a I 1 öffentlichen oder ortsüblichen Bekanntmachung jetzt auch **zwingend auf einer Internetseite** der zuständigen Behörde oder ihres Verwaltungsträgers veröffentlicht werden („ist zu bewirken"). Diese Online-Veröffentlichung wird damit zu einer **notwendigen Bedingung** für die Gültigkeit der Bekanntmachung. Die zwingende Bekanntmachung kann zusätzlich zu den bereits bestehenden, fach- oder ortsbezogenen Anforderungen für eine wirksame Bekanntmachung treten.

Zu beachten ist, dass § 27a die öffentliche oder ortsübliche Bekannt- **5**
machung nicht festschreibt. Maßgeblich sind hierfür andere Rechtsvorschriften, die eine öffentliche oder ortsübliche Bekanntmachung anordnen, wie zB §§ 73 VI 5, 63 III 2

II. Bekanntmachung im Internet

1. Internetseite der Behörde oder ihres Verwaltungsträgers (I 1)

Nach § 27 I 1 wird eine ortsübliche Bekanntmachung dadurch bewirkt, dass **6**
der Inhalt der Bekanntmachung auch auf einer **Internetseite der Behörde** oder ihres Verwaltungsträgers zugänglich zu machen ist, sofern durch Rechtsvorschrift eine öffentliche oder ortsübliche Bekanntmachung angeordnet ist. Im Gegensatz zur Regelung des § 27a aF ist die Behörde, die aufgrund einer Rechtsvorschrift verpflichtet ist, ein Vorhaben bekanntzumachen, nun erst-

mals kraft **zwingenden Rechts** verpflichtet, den Inhalt der Bekanntmachung im Internet zu veröffentlichen.

7 Während der COVID-19-Pandemie hat die Bedeutung der digitalen Bekanntmachung nach § 2 PlanSiG stark zugenommen. Die nun eingeführte Pflicht zur Internetveröffentlichung baut auf dieser Entwicklung auf und soll einen wichtigen **Beitrag zur weiteren Digitalisierung** der Verwaltung leisten, insbesondere im Bereich der Bürgerbeteiligung (BT-Drs. 20/8299, 19).

8 Durch das Wort „auch" in § 27 I 1 wird klargestellt, dass zu der formellen Anforderung der im Internet zu erfolgenden Bekanntmachung zusätzlich auch örtlich in herkömmlicher Art und Weise, zB eine Auslegung der Unterlagen, zu erfolgen hat (Prell/Altmiks NVwZ 2024, 105 (106)).

9 § 27a I 1 lässt weiterhin zu, dass aufgrund örtlicher und fachlicher Regelungen eigenständig entschieden werden kann, inwiefern digitale Bekanntmachungen noch durch analoge Methoden, wie zum Beispiel Veröffentlichungen in Tageszeitungen, unterstützt werden sollen. Die bestehenden Vorschriften im **Orts- und Fachrecht** bleiben insofern unberührt. Eine umfassendere Regelung im VwVfG wäre auch nicht zulässig, da das VwVfG nur ergänzend zum Fachrecht gilt und der Bund keine Gesetzgebungskompetenz für das Ortsrecht hat (BT-Drs. 20/8299, 19).

10 Wenn in bestimmten Fällen eine Bekanntmachung laut den gesetzlichen oder örtlichen Bestimmungen schon in einem **digitalen Amtsblatt** oder auf einem Internetportal der Behörde oder ihres Trägers veröffentlicht werden muss, kann der I 2 zusätzlichen Nutzen bieten, indem er die Aufmerksamkeit darauf lenkt, ohne jedoch viel Mehraufwand zu verursachen. In solchen Situationen ist es möglich, direkt auf das digitale Amtsblatt der Behörde zu verlinken. Dabei wird die bewährte Formulierung aus dem bisherigen § 27a I 2 beibehalten, die die Bereitstellung auf einer Internetseite der Behörde oder ihres Trägers vorschreibt (BT-Drs. 20/8299, 19).

2. Fristberechnung (I 2)

11 § 27a I 2 sorgt für Klarheit in Fällen, in denen die Bekanntmachung zu einem bestimmten Zeitpunkt erforderlich ist, beispielsweise „mindestens eine Woche" vor einem Erörterungstermin, wie es § 73 VI 2 vorsieht. Oft gibt es spezifische rechtliche Anforderungen dazu, auf welches Medium für die Bekanntmachung zur Einhaltung von Fristen zurückgegriffen werden muss.

12 Das VwVfG legt zum Beispiel fest, dass für die Berechnung von Fristen bei öffentlichen Bekanntmachungen das **„amtliche Veröffentlichungsblatt"** maßgeblich ist (vgl. § 67 I 6, § 73 VI 5). Angesichts der fortschreitenden Digitalisierung amtlicher Veröffentlichungsblätter ist diese Regelung offen für Entwicklungen. I 2 bestätigt, dass bestehende rechtliche Vorgaben weiterhin gelten. Wenn es keine spezifische rechtliche Anweisung gibt, welches von mehreren Veröffentlichungsmedien für die Fristeinhaltung genutzt werden soll, legt I 2 fest, dass das in I 1 genannte Veröffentlichungsmedium entscheidend ist (BT-Drs. 20/8299, 19).

3. Unmöglichkeit der Zugänglichmachung im Internet (II)

Eine Ausnahme ist in § 27a II für Fälle normiert, in denen Probleme bestehen, die Bekanntmachung im Internet umzusetzen. Das können **technische Probleme** sein zum Beispiel, wenn die gesamte Verwaltung einer Stadt oder Gemeinde zB wegen eines Cyberangriffs vom Internet genommen werden muss. Die Vorschrift ist eine **Ausnahmeregelung** und daher grundsätzlich eng auszulegen. Eine unzureichende personelle Ausstattung oder eine über die Jahre aufgestaute technische Vernachlässigung stellen grundsätzlich keinen Fall der in § 27a II geregelten Unmöglichkeit dar (BT-Drs. 20/8299, 19). 13

Die Ausnahmeregelung sorgt dafür, dass eine Bekanntmachung immer noch gültig ist, auch wenn sie nicht im Internet veröffentlicht werden kann. Wenn die Internetveröffentlichung als zusätzliche Methode ausfällt, dann gilt die Bekanntmachung immer noch nach den bestehenden lokalen oder speziellen Vorschriften. Wenn es spezielle Regeln auf der Ebene von Bundesländern oder Kommunen gibt, die eine Bekanntmachung nur digital verlangen, dann müssen diese Ebenen auch regeln, wie in solchen Fällen vorgegangen wird (BT-Drs. 20/8299, 19). Dem Bund fehlt dazu die Kompetenz. 14

Sofern eine Behörde eine Bekanntmachung im Internet unterlässt, obgleich keine technischen Hinderungsgründe oder sonstigen Gründe („insbesondere“) entgegenstehen, leidet das Verfahren an einem **formellen Fehler,** der die **Anstoßwirkung,** → § 73 Rn. 13, der Bekanntmachung beeinträchtigt. Auf die Rspr. wonach ein Fehler oder ein Unterlassen nach § 27a aF („soll erfolgen“) ohne rechtliche Wirkung bleibt, kann zu der nunmehr geänderten Fassung, die eine rechtlich zwingende Bekanntmachung im Internet vorsieht, nicht zur Begründung eines Unterlassens abgestellt werden (BVerwG BeckRS 2021, 41134 Ls). 15

§ 27b Zugänglichmachung auszulegender Dokumente

(1) [1] Ist durch Rechtsvorschrift die Auslegung von Dokumenten zur Einsicht angeordnet, so ist sie dadurch zu bewirken, dass die Dokumente zugänglich gemacht werden

1. auf einer Internetseite der für die Auslegung zuständigen Behörde oder ihres Verwaltungsträgers und

2. auf mindestens eine andere Weise.

[2] Ist eine Veröffentlichung der auszulegenden Unterlagen im Internet, insbesondere aus technischen Gründen, nicht möglich, so wird die angeordnete Auslegung zur Einsicht durch die andere Zugangsmöglichkeit nach Satz 1 Nummer 2 bewirkt.

(2) In der Bekanntmachung der Auslegung sind anzugeben

1. der Zeitraum der Auslegung,

2. die Internetseite, auf der die Zugänglichmachung erfolgt, sowie

3. Art und Ort der anderen Zugangsmöglichkeit.

(3) Die Behörde kann verlangen, dass die Dokumente, die für die Auslegung einzureichen sind, in einem verkehrsüblichen elektronischen Format eingereicht werden.

(4) Sind in den auszulegenden Dokumenten Geheimnisse nach § 30 enthalten, so ist derjenige, der diese Dokumente einreichen muss, verpflichtet,
1. diese Geheimnisse zu kennzeichnen und
2. der Behörde zum Zwecke der Auslegung zusätzlich eine Darstellung vorzulegen, die den Inhalt der betreffenden Teile der Dokumente ohne Preisgabe der Geheimnisse beschreibt.

I. Überblick

1 Die Regelung des § 27b ergibt sich aus den Veränderungen durch das 5. VwVfÄndG und zu § 27a auf das hier verwiesen wird→ § 27a Rn. 1 (Durinke/Elgeti NVwZ 2024, 112; Prell/Altmiks NVwZ 2024, 105). Die neue Regelung zur Zugänglichmachung auszulegender Dokumente in § 27b knüpft wie auch § 27a an die optional geltende Vorschrift des § 27a VwVfG aF an (Prell/Altmiks NVwZ 2024, 105 (107).

II. Zugänglichmachung von Dokumenten (I 1)

2 § 27b I 1 bestimmt, dass in den Fällen, in denen durch Rechtsvorschrift die Auslegung von Dokumenten zur Einsicht angeordnet wird, sie dadurch zu bewirken ist, dass sie auf einer Internetseite der zuständigen Behörde oder ihres Verwaltungsträgers und auf mindestens eine andere Weise zugänglich zu machen sind.

3 § 27b I führt § 3 PlanSiG weiter (Durinke/Elgeti NVwZ 2024, 112 (114 – 116) und regelt, dass Dokumente, die durch eine Rechtsvorschrift ausgelegt werden müssen, auf der Internetseite der zuständigen Behörde oder deren Verwaltungsträger bereitgestellt werden und auf mindestens eine andere Weise zugänglich gemacht werden. Der Begriff „leicht zu erreichen" aus § 3 II 2 PlanSiG wurde nicht in § 27b I übernommen. Das Kriterium „leicht zu erreichen" hat oft Fragen aufgeworfen und ist schwer bestimmbar und könnte dazu führen, dass nur die örtlichen Gegebenheiten berücksichtigt werden. Das soll vermieden werden (BT-Drs. 20/8299, S. 20).

4 Der Fokus liegt dabei auf der Veröffentlichung dieser Dokumente im Internet. Die Dokumente müssen auf der Website der zuständigen Behörde oder deren Verwaltungsträger zugänglich gemacht werden; ein bloßer Link zu einer Seite des Vorhabenträgers ist nicht ausreichend. Eine weitere Möglichkeit der Zugänglichmachung besteht beispielsweise darin, die Unterlagen auf einem gesetzlich vorgeschriebenen Portal (§ 20 UVPG) bereitzustellen und dass hierauf über einen Link auf der Behördenseite zuzugreifen ist. Die Zugänglichmachung auf einem gesetzlich vorgeschriebenen Portal ist keine „andere Weise" der Zugänglichmachung nach I 1 Nr. 1 (BT-Drs. 20/8299, S. 20; krit. Brat BT-Drs. 20/8653, S. 4).

5 Für Personen, die das Internet **nicht nutzen** können, müssen die Dokumente zusätzlich auf mindestens eine andere Weise zugänglich gemacht werden (§ 27b I 1Nr. 2). Die zuständige Behörde entscheidet, welche andere Zugangsmöglichkeit im konkreten Fall angemessen ist und wie viele es davon

geben muss. Diese andere Möglichkeit kann zum Beispiel die herkömmliche oder **analoge Auslegung** der Dokumente zur Einsicht sein, besonders weil große Pläne auf Bildschirmen schwer lesbar sind. Diese analoge Auslegung muss jedoch nicht zwingend an allen betroffenen Orten erfolgen (BT-Drs. 20/8299, S. 20). Es wird kommt hier auf den Einzelfall an.

Die alternative Zugangsmöglichkeit muss nicht unbedingt analog sein; sie kann auch digital ohne Internetzugang erfolgen, wie etwa Leseterminals in öffentlichen Gebäuden vorhanden sind. Ein **gesetzlich vorgeschriebenes Portal** gilt dabei nicht als alternative Zugangsmöglichkeit. 6

Es kann ausreichen, nur eine **einzige alternative Zugangsmöglichkeit** bereitzustellen, zum Beispiel bei kleineren Projekten. Bei größeren Projekten wie Streckenvorhaben könnte jedoch mehr als eine alternative Zugangsmöglichkeit notwendig sein (BT-Drs. 20/8299, S. 20). 7

III. Ausnahme von der Auslegung im Internet (I 2)

§ 27b I 2 sieht zu der in I 1 angeordneten Zugänglichmachung im Internet eine **Ausnahme** für diejenigen Fälle vor, in denen schwerwiegende, konkrete und einzelfallbezogene Probleme bestehen, diese Anforderung umzusetzen. Das werden voraussichtlich insbesondere technische Szenarien sein, in denen zum Beispiel die gesamte Verwaltung einer Stadt oder Gemeinde vom Internet genommen werden muss. Die Vorschrift ist nur für **Ausnahmefälle** anwendbar. Eine unzureichende personelle Ausstattung stellt daher grundsätzlich keinen Fall der hier geregelten Unmöglichkeit dar (BT-Drs. 20/8299, S. 20). Zur gleichlautenden Norm: → § 27a Rn. 13. 8

IV. Anforderungen an die Bekanntmachung der Auslegung (II)

Nach § 27b II sind in der Bekanntmachung der Auslegung sind anzugeben: 1. der Zeitraum der Auslegung, 2.die Internetseite, auf der die Zugänglichmachung erfolgt, sowie 3. Art und Ort der anderen Zugangsmöglichkeit. Die Behörde wird verpflichtet eine **konkrete Internetseite** anzugeben, deren **Adresse** (URL- Uniform Resource Locator) nicht zu kompliziert sein sollte und die selbst bei einer aufwändigen Webarchitektur leicht zu finden ist. Auch dürfte es unter Umständen ratsam sein, sie auf der Hauptwebseite anzugeben, um den Zugang rasch zu ermöglichen. 9

V. Verkehrsübliches elektronisches Format (III)

Nach III kann die Behörde verlangen, dass die Dokumente, die für die Auslegung einzureichen sind, in einem verkehrsüblichen elektronischen Format eingereicht werden. Das dürfte heute nur noch in höchst seltenen Fällen überhaupt noch in der Praxis eine Schwierigkeit darstellen. Die zunehmende Digitalisierung könnte es in ihrer Dynamik dennoch erforderlich machen, für eine stärkere **Standardisierung,** zB durch Empfehlungen, zu sorgen, um 10 bestimmte Datenformate als besonders geeignet zu bezeichnen hinsichtlich strukturierter, eindeutig bezeichneter und digital durchsuchbarer Daten. Es sollte nicht den Behörden vor Ort vorbehalten sein, festzulegen, was ein „verkehrsübliches elektronisches Format" ist, um Unklarheiten und Aufwand bei den Behörden vor Ort und bei den antragstellenden Personen zu vermeiden (so der NKR BT-Drs. 20/8299, S. 27). Zweifelhaft bleibt, ob § 27b der richtige Ort für eine Standardisierung wäre, die aufgrund der Dynamik des technischen Fortschritts jedenfalls nicht statisch zu formulieren wäre.

VI. Berücksichtigung von Geheimnissen (IV)

11 Für die praktische Umsetzung von IV ist die Rolle der vollziehenden Behörden entscheidend. Diese müssen den Zweck der Auslegung im Blick behalten und prüfen, ob Inhaltsbeschreibungen zur Information der Öffentlichkeit ausreichen. Informationen, die über den Zweck der Auslegung hinausgehen, müssen nicht veröffentlicht werden, besonders wenn der Betroffene (zB der Vorhabenträger) Geheimnisse nach § 30 geltend macht (BT-Drs. 20/2008299, S. 21). Zum Anspruch auf Geheimhaltung → § 30 Rn. 5 und zur unbefugten Offenbarung → § 30 Rn. 21.

§ 27c Erörterung mit Verfahrensbeteiligten oder der Öffentlichkeit

(1) Ist durch Rechtsvorschrift eine Erörterung, insbesondere ein Erörterungstermin, eine mündliche Verhandlung oder eine Antragskonferenz angeordnet, kann sie ersetzt werden

1. durch eine Onlinekonsultation oder

2. mit Einwilligung der zur Teilnahme Berechtigten durch eine Video- oder Telefonkonferenz.

(2) [1] Bei einer Onlinekonsultation ist den zur Teilnahme Berechtigten innerhalb einer vorher bekannt zu machenden Frist Gelegenheit zu geben, sich schriftlich oder elektronisch zu äußern. [2] Die Frist soll mindestens eine Woche betragen. [3] Werden für die Onlinekonsultation Informationen zur Verfügung gestellt, so gilt § 27b Absatz 4 entsprechend.

(3) Sonstige Regelungen, die die Durchführung einer Erörterung nach Absatz 1 betreffen, bleiben unberührt.

I. Überblick

1 Die Regelung des § 27c wurde durch das 5. VwVfÄndG eingefügt (Durinke/Elgeti NVwZ 2024, 112; Prell/Altmiks NVwZ 2024, 105), → § 27a Rn. 1. § 27c baut auf den Bestimmungen des § 5 II, V PlanSiG auf (zu § 5 V vgl. OVG Lüneburg BeckRS 2022, 21418 Rn. 37 mwN; Thomas/Jäger NZBau 2020, (623)). Die Norm ermöglicht es, vorgeschriebene Erörterungen, wie Erörterungstermine, mündliche Verhandlungen oder Antragskonferenzen, durch digitale Formate zu ersetzen oder zu ergänzen. Digitale Formate sind

die Onlinekonsultation (§ 27c I Nr. 1) und die Video- oder Telefonkonferenz (§ 27c I Nr. 2) (Prell/Altmiks NVwZ 2024, 105 (108). Dies gilt nur für vorgeschriebene Austauschformate, nicht aber für solche, die im Ermessen der zuständigen Behörde liegen (BT-Drs. 20/ 2008299, S. 21).

II. Substitution des Erörterungstermins (I)

Nach § 27c I kann ein Erörterungstermin, eine mündliche Verhandlung oder eine Antragskonferenz ersetzt werden durch eine Onlinekonsultation oder mit Einwilligung der zur Teilnahme Berechtigten durch eine Video- oder Telefonkonferenz. 2

Erörterungstermine sind in Planfeststellungsverfahren sowie ua in folgenden Vorschriften vorgesehen: §§ 8 –13 AtVfV, § 69 XII Nr. 7 WindSeeG, 18 UVPG, 54 III Nr. 6 BBergG. 3

Die Ersetzung des Erörterungstermins durch eine Onlinekonsultation ist an keine weitere Voraussetzung gebunden (Durinke/Elgeti NVwZ 2024, 11 (117)). Sie steht im **pflichtgemäßen Ermessen** der Behörde, ein subjektiver Anspruch auf die Beibehaltung eines Erörterungstermins besteht nicht, ebenso wenig ein subjektiver Anspruch eines Beteiligten auf Durchführung einer Onlinekonferenz (Durinke/Elgeti NVwZ 2024, 112 (117)). 4

§ 27c baut auf den Bestimmungen des § 5 II und V PlanSiG auf (Durinke/Elgeti NVwZ 2024, 112, 114). Die Norm ermöglicht es, vorgeschriebene Erörterungen, wie Erörterungstermine, mündliche Verhandlungen oder Antragskonferenzen, durch **digitale Formate** zu ersetzen oder zu ergänzen. Dies gilt nur für vorgeschriebene Austauschformate, nicht aber für solche, die im Ermessen der zuständigen Behörde liegen. Die Behörde kann weiterhin nach eigenem Ermessen digitale Formate einsetzen. Wenn sie schon von einem Erörterungstermin ganz absehen kann, ist es erst recht zulässig, ein digitales Format vorzusehen, zB nach §§ 10 III NABEG, 43a EnWG. Das **Zustimmungserfordernis** für Video- oder Telefonkonferenzen bleibt bestehen, um die Rechte der Teilnehmer zu schützen. Die Evaluierung des PlanSiG hat gezeigt, dass **Videokonferenzen** besonders für kleinere Gruppen geeignet sind (BT-Drs. 20/ 2008299, S. 21). 5

Es begegnet auch mit Blick auf **Art. 20 III 3 GG** keinen Bedenken, dass der Gesetzgeber bei der Ausgestaltung der Online-Konsultation nach § 5 PlanSiG die Möglichkeit zur (nur) einmaligen Gegenreaktion auf die Reaktion des Vorhabenträgers zu einer Stellungnahme oder Einwendung eröffnet hat und anders als in einem Erörterungstermin ein mehrfacher Austausch der wechselseitigen Positionen daher regelmäßig nicht besteht (OVG Lüneburg BeckRS 2022, 21418 Ls). 6

III. Anforderungen an eine Onlinekonsultation (II)

§ 27c II 1 regelt die Onlinekonsultation. Zusätzliche Regelungen wie in § 5 IV PlanSiG sind nicht nötig, da hier klar festgelegt ist, dass die **Online-** 7

konsultation das analoge Format ersetzt. Was ausgetauscht wird und wer teilnehmen darf, ergibt sich aus den jeweiligen Regelungen, zB zur Durchführung eines Erörterungstermins. Dabei wird das Einwendungsverfahren nicht wiederholt: Einwendungen betreffen die Antragsunterlagen; die Äußerungen im Rahmen einer Onlinekonsultation beziehen sich dagegen bei Ersetzung eines Erörterungstermins nach § 73 VI 1 auf die gegen den Plan erhobenen Einwendungen, die rechtzeitig abgegebenen Stellungnahmen von Vereinigungen sowie die Stellungnahmen der Behörden zu dem Plan (BT-Drs. 20/2008299, S. 21). **Die Zulassung von weiteren** Äußerungen **und/oder deren Wiederholungen** sind nicht ausgeschlossen, sondern liegen im Ermessen der Behörde (BT-Drs. 20/2008299, S. 21; Durinke/Elgeti NVwZ 2024, 112 (118)).

8 Im II 2 wird deklaratorisch geregelt, dass **Betriebs- und Geschäftsgeheimnisse** auch dann zu berücksichtigen sind, wenn als Grundlage des digitalen Austausches Dokumente zugänglich gemacht werden, → § 30 Rn. 5.

IV. Sonstige Regelungen für die Erörterung (III)

9 In III wird klargestellt, dass die für eine **Videokonferenz** relevanten Regelungen des § 67 I S 3, II Nr. 1 und 4 und III sowie die Regelung in § 68 auch hier gelten (BT-Drs. 20/2008299, S. 21).

§ 28 Anhörung Beteiligter

(1) Bevor ein Verwaltungsakt erlassen wird, der in Rechte eines Beteiligten eingreift, ist diesem Gelegenheit zu geben, sich zu den für die Entscheidung erheblichen Tatsachen zu äußern.

(2) Von der Anhörung kann abgesehen werden, wenn sie nach den Umständen des Einzelfalls nicht geboten ist, insbesondere wenn

1. **eine sofortige Entscheidung wegen Gefahr im Verzug oder im öffentlichen Interesse notwendig erscheint;**
2. **durch die Anhörung die Einhaltung einer für die Entscheidung maßgeblichen Frist in Frage gestellt würde;**
3. **von den tatsächlichen Angaben eines Beteiligten, die dieser in einem Antrag oder einer Erklärung gemacht hat, nicht zu seinen Ungunsten abgewichen werden soll;**
4. **die Behörde eine Allgemeinverfügung oder gleichartige Verwaltungsakte in größerer Zahl oder Verwaltungsakte mit Hilfe automatischer Einrichtungen erlassen will;**
5. **Maßnahmen in der Verwaltungsvollstreckung getroffen werden sollen.**

(3) Eine Anhörung unterbleibt, wenn ihr ein zwingendes öffentliches Interesse entgegensteht.

Übersicht

	Rn.
I. Überblick	1
1. Fundamentalnorm	1
2. Verfassungsrechtliche Ableitung	2
3. Europarechtliche Begründung des Rechts auf Anhörung im Verwaltungsverfahren	3
4. Systematik	5
II. Anhörungspflicht (I)	6
1. Erlass eines VA und entsprechende Anwendbarkeit	6
2. Inhalt der Anhörung	14
3. Form der Anhörung	20
III. Ausnahmen von der Anhörungspflicht (II)	21
1. Allgemeines	21
2. Gefahr im Verzug/öffentliches Interesse (Nr. 1)	22
3. Fristwahrung (Nr. 2)	25
4. Keine Abweichung von Antrag (Nr. 3)	26
5. Massenentscheidungen (Nr. 4)	27
6. Verwaltungsvollstreckung (Nr. 5)	28
IV. Zwingendes öffentliches Interesse (III)	29
V. Rechtsfolgen der Verletzung der Anhörungspflicht	30

I. Überblick

1. Fundamentalnorm

Der auf Seneca zurückgehende Satz: „Wer etwas beschließt, ohne die andere Partei gehört zu haben, handelt nicht fair, selbst wenn er Faires beschlossen haben sollte" (Safferling NStZ 2004, 181 (182)) beschreibt zutreffend den nach § 28 geltenden Grundsatz des rechtlichen Gehörs im Verwaltungsverfahren. „Man höre auch den anderen an" („Audiatur et altera pars") gilt mit unterschiedlicher Begründung im gesamten, auch im europäischen Recht als eine **Fundamentalnorm** (nicht nur) des Verwaltungsrechts (KR/Ramsauer § 28 Rn. 11; zu Lücken im Europarecht, vgl. Kahl DVBl 2012, 602 ff.). Jede Behörde ist verpflichtet, vor Erlass eines belastenden VA, der in Rechte eines Beteiligten eingreift, diesem Gelegenheit zu geben, sich zu den für die Entscheidung erheblichen Tatsachen zu äußern (I). Die Anhörung dient dem Zweck, dass der Beteiligte über das Vorhaben der Verwaltung informiert wird und er vor Bekanntgabe des VA seine Interessen und Rechte wahren kann. **Überraschungsentscheidungen** sollen vermieden werden. Im Übrigen dient die Anhörung der **Aufklärung** des Sachverhalts und ermöglicht unter Berücksichtigung des Vorbingens des Beteiligten eine **richtige Entscheidung** in der Sache (SBS/Kallerhoff/Mayen § 28 Rn. 1; KR/Ramsauer § 28 Rn. 2). Unter bestimmten, eng gefassten Voraussetzungen kann die Anhörung entfallen (II und III). 1

2. Verfassungsrechtliche Ableitung

2 Das Rechtsstaatsprinzip in seiner Ausprägung als das Recht auf ein faires Verfahren sowie die Menschenwürde (Art. 1 I GG) bilden das verfassungsrechtliche Fundament für den Anspruch auf rechtliches Gehör im Verwaltungsverfahren (BVerwG NVwZ-RR 2006, 333 (334); MSU/Engel/Pfau § 28 Rn. 17 ff.). Das Recht auf ein faires Verfahren zählt zu den **wesentlichen Grundsätzen eines rechtsstaatlichen Verfahrens** (VGH Mannheim NJW 2010, 887=BeckRS 2009, 39656; BVerwG NVwZ 2001, 94 (95)). Auf das Verwaltungsverfahren findet der unmittelbar nur für das Gerichtsverfahren geltende Grundsatz nach Art. 103 I GG keine Anwendung (BVerwG NVwZ-RR 2006, 333 (334); BVerfG NJW 1970, 238 (240); BeckOK GG/Radtke/Hagemeier GG Art. 103 Rn. 3). Aber auch außerhalb des Anwendungsbereichs des Art. 103 I GG darf der Einzelne nicht zum bloßen **Objekt staatlicher Entscheidung** werden; ihm muss insbesondere die Möglichkeit gegeben werden, vor einer Entscheidung, die seine Rechte betrifft, zu Wort zu kommen, um Einfluss auf das Verfahren und dessen Ergebnis nehmen zu können. Dies setzt voraus, dass der Beteiligte von dem Sachverhalt und dem Verfahren, in welchem der Sachverhalt verwertet werden soll, überhaupt Kenntnis erhält (BVerwG NVwZ-RR 2006, 333 (333); BVerfG NJW 2004, 2887 (2887); BVerfG NJW 2000, 1709 (1710) mwN). Zum Recht auf rechtliches Gehör gehört auch die **Möglichkeit der Akteneinsicht** (BVerfG NVwZ 2010, 954 (955)). Die Anhörung im Verwaltungsverfahren dient in objektivrechtlicher Hinsicht auch einer umfassenden Sachverhaltsaufklärung, der Transparenz und einer Parteiöffentlichkeit (KR/Ramsauer § 28 Rn. 2; Ziekow § 28 Rn. 1).

3. Europarechtliche Begründung des Rechts auf Anhörung im Verwaltungsverfahren

3 Der EuGH versteht das Anhörungsrecht im Verwaltungsverfahren perspektivisch als eine die Behörde **bindende Pflicht.** Diese Pflicht zur **Wahrung der Verteidigungsrechte** ist grundsätzlich den Verwaltungen der Mitgliedstaaten auferlegt, wenn sie Maßnahmen treffen, die in den Geltungsbereich des Unionsrechts fallen (EuGH NVwZ 2019, 1664, (1668 Rn. 80); EuGH, NVwZ-RR 2014, 978 (979 Rn. 50). Diese Verpflichtung wurzelt in einen **allgemeinen Grundsatz des Unionsrechts** (BVerwG NVwZ-RR 2019, 738 (740 Rn. 25); BVerwG BeckRS 2018, 9650 (Rn. 24); BVerwG BeckRS 2018, 610 (Rn. 16 mwN)). Der Anspruch, in jedem Verfahren gehört zu werden, ist im Europarecht für alle **Gerichsverfahren** durch Art. 6 I EUV iVm Art. 47 und 48 GrCh verbürgt, die die Wahrung der Verteidigungsrechte sowie das Recht auf ein faires Verfahren im Rahmen jedes Gerichtsverfahrens gewährleisten. Darüber hinaus sichert Art. 41 II lit. a GrCh das **Recht auf eine gute Verwaltung.** Nach Art. 41 II der Charta umfasst das Recht auf eine gute Verwaltung insbesondere den Anspruch jeder Person, gehört zu werden, bevor ihr gegenüber eine für sie nachteilige individuelle Maßnahme getroffen wird (EuGH NVwZ-RR 2015, 233 (234); EuGH NVwZ-RR 2014, 978 (979)). Aus dem Wortlaut von Art. 41 II lit. a GrCh ergibt sich,

dass diese Norm **ausschließlich** für die Organe, Einrichtungen und sonstigen Stellen der **Union** gilt (EuGH NVwZ 2015, 233 (234); EuGH NVwZ-RR 2014, 978 (979)).

Daraus ergibt sich zunächst, dass ein Beteiligter in einem **nichtunionalen Verwaltungsverfahren** gegenüber einer Behörde eines Mitgliedstaats aus Art. 41 GrCh unmittelbar **kein** subjektives **Recht auf Anhörung** ableiten kann (wie hier Magiera in Meyer, Charta der Grundrechte der Europäischen Union, 4. Aufl., 2014, Rn. 9 mwN in Fn. 18.; SBS/Kallerhoff/Mayen § 28 Rn. 73, 73a mwN; kritisch, gleichwohl auf die – jetzt vorliegende – Rspr. des EuGH vertrauend, Jarass, Charta der Grundrechte der EU, 2. Aufl. 2013, Rn. 10; Ruffert in Calliess/Ruffert EU-GRCharta, 4. Aufl. 2011, Art. 41 Rn. 9 „verfassungspolitisch unbefriedigend"; aA KR/Ramsauer § 28 Rn. 11a und Einführung II Rn. 47; Galetta EuR 2007, 57, 80 mwN in Fn. 157; von der Groeben in Schwarze/Klatt GRC, 7. Aufl., 2015, Art. 41 Rn. 6 mwN in Fn. 22). Auf das Grundrecht der guten Verwaltung kann sich damit ein Grundrechtsträger nur dann berufen, wenn ein unionales Verwaltungsverfahren vorliegt, an dem jene dort benannten Unionsstellen beteiligt sind. Einer **Extension der Behördenzuständigkeit** über den Wortlaut hinaus auf Behörden der Mitgliedstaaten sofern sie primäres, sekundäres und tertiäres europäisches Recht anwenden, scheitert an dem einer Interpretation nicht zugänglichen Wortlaut. 3a

Der EuGH verortet das **Recht auf Anhörung** im Verwaltungsverfahren beim indirekten Vollzug des EU Rechts durch die Behörden der Mitgliedstaaten indes in dem **ungeschriebenen gleichwohl primärrechtlichen Grundsatz der Wahrung der Verteidigungsrechte,** der mit dem Anspruch darauf, in jedem Verfahren gehört zu werden, untrennbar verbunden ist (EuGH NVwZ 2019, 1664, (1668 Rn. 79); EuGH NVwZ-RR 2015, 233 (234 Rn. 30, 34); NVwZ-RR 2014, 978 (Rn. 42, 45); NVwZ 2013, 59 (60 Rn. 82 mwN)). Das Recht auf Anhörung dient dazu, dem Betroffenen seine Rechte unter bestmöglichen Bedingungen zu verteidigen; es ist **integraler Bestandteil** der Verteidigungsrechte (EuGH NVwZ 2019, 1664, (1668 Rn. 78, 79). 3b

Im Europarecht garantiert der Anspruch auf rechtliches Gehör in Verwaltungsverfahren der Mitgliedstaaten mit europäischem Bezug, dass jede Person die Möglichkeit hat, **sachdienlich und wirksam** ihren **Standpunkt** vorzutragen, bevor ihr gegenüber eine für ihre Interessen nachteilige Entscheidung erlassen wird (EuGH NVwZ-RR 2015, 233 (234); NVwZ-RR 2014, 978 (979)). Der Begriff des Standpunkts schließt auch ein **Rechtsgespräch** ein (zutreffend MSU/Engel/Pfau § 28 Rn. 27). 3c

Durch die Formulierungen des EuGH wird deutlich, dass der **Kreis der anhörungspflichtigen Vorgänge** weiter als der in § 28 I zu bestimmenden Sachverhalte gezogen ist (MSU/Engel/Pfau § 28 Rn. 27 und 33, 37). Es besteht also bei sämtlichen nachteiligen Entscheidungen eine Anhörungspflicht, auch dann, wenn eine Behörde eine begünstigende Entscheidung ablehnt (wie hier KR/Ramsauer § 28 Rn. 11a; → Rn. 12). 3d

Liegt ein **Sachverhalt mit europäischem Bezug** vor, so ergibt sich aus dem Anwendungsvorrang (EuGHE 1964, 1251 – Costa/ENEL) europäischen 3e

Rechts bei der eintretenden Kollision zwischen den primärrechtlich allgemeinen Grundsätzen und § 28 für die Anwendung des rechtlichen Gehörs im Verwaltungsverfahrens folgendes: Europäische Rechtsnormen haben Vorrang vor **inhaltsgleichen** oder **entgegenstehenden nationalen Rechtsvorschriften.** Der Anwendungsvorrang ist in **§ 1 I** inkorporiert. Liegt innerstaatlich unmittelbar anwendbares auch ungeschriebenes primäres EU-Recht vor, wird § 28 insoweit verdrängt. Die europarechtlichen allgemeinen Grundsätze sind Regelungen, die zu den „Rechtsvorschriften" iSv § 1 I VwVfG gehören (SBS/Stelkens, Europäisches Verwaltungsrecht, Europäisierung des Verwaltungsrechts und Internationales Verwaltungsrecht, Rn. 54, 208, 218). Fehlt es an einem europarechtlichen Zusammenhang, fehlt auch der Anwendungsvorrang, so dass es bei der unmittelbaren Anwendung des § 28 I verbleibt. Allerdings sind über den sachlichen Anwendungsbereich des § 28 Abs. 1 **hinausgehende Anhörungspflichten** unmittelbar aus dem ungeschriebenen allgemeinen Grundsatz der Verteidigungsrechte abzuleiten (zu Inhalt und Umfang der Anhörung → Rn. 3c).

3f Grundlage für das Recht auf Anhörung im Verwaltungsverfahren ist nach stRspr des EuGH die **Wahrung der Verteidigungsrechte** als ein tragender **Grundsatz des Unionsrechts,** mit dem der Anspruch darauf, in jedem Verfahren gehört zu werden, untrennbar verbunden ist (EuGH NVwZ-RR 2015, 233 (234); EuGH NVwZ-RR 2014, 978 (979)). Der EuGH hat die Bedeutung des Rechts auf Anhörung und seinen weiten Geltungsumfang in der Unionsrechtsordnung bekräftigt, indem er dargelegt hat, dass dieses Recht in **allen Verfahren** gelten muss, die zu einer beschwerenden Maßnahme führen können (EuGH NVwZ-RR 2014, 978 (979)).

3g Das europäisch begründete Recht auf Anhörung im Verwaltungsverfahren garantiert, dass der Adressat einer beschwerenden Entscheidung Gelegenheit erhalten muss, seinen Standpunkt vorzutragen, bevor die Entscheidung getroffen wird. Die Behörde soll so in die Lage versetzt werden, **alle maßgeblichen Gesichtspunkte** angemessen zu berücksichtigen. Zur Gewährleistung eines wirksamen Schutzes der betroffenen Person soll die Regel dieser insbesondere ermöglichen, einen Fehler zu berichtigen oder individuelle Umstände vorzutragen, die für oder gegen den Erlass bzw. für oder gegen einen bestimmten Inhalt der Entscheidung sprechen (EuGH NVwZ-RR 2015, 233 (234); EuGH NVwZ-RR 2014, 978 (979)).

3h Die Verwaltung ist daher verpflichtet, mit aller gebotenen Sorgfalt die entsprechenden Erklärungen der betroffenen Person zur Kenntnis zu nehmen. Dabei hat die Behörde **sorgfältig** und unparteiisch sämtliche **relevanten Umstände** des Einzelfalls zu untersuchen und in ihrer Entscheidung zu begründen (EuGH NVwZ 2015, 233 (234); EuGH BeckRS 2008, 71355 Rn. 50). Inhalt und Ausmaß der Anforderungen an die **Begründungspflicht** ist so beschaffen, dass eine Entscheidung so hinreichend spezifisch und konkret zu begründen ist, dass es dem Beteiligten ermöglicht wird, die Gründe für die Ablehnung seines Antrags zu verstehen (EuGH NVwZ-RR 2015, 233 (234); NVwZ 2013, 59 (60)).

3i Für die konkrete Anwendung in allen Verwaltungsverfahren, die in den Geltungsbereich des Unionsrechts fallen, ist zu beachten, dass die vom EuGH entwickelten Rechtsgrundsätze die Behörden jeden Mitgliedstaates **unmittelbar binden** und daher **unmittelbar** zur Anwendung gelangen. Das gilt in besonderem Maße, wenn anwendbare Regelungen in einem Verfahren nicht ausdrücklich vorgesehen sind und daher durch die Rspr. des EuGH zu ergänzen oder zu vervollständigen sind (EuGH NVwZ-RR 2015, 233 (234); NVwZ 2013, 59 (60); BeckRS 2008, 71355 (Rn. 50)). Daraus folgt für **deutsche Behörden,** dass in allen Fällen, in denen § 28 I keine Anwendung findet, aufgrund einer europarechtskonformen Auslegung und Anwendung der dem Primärrecht zugehörigen Grundsätze des EuGH Anhörungen durchzuführen sind.

Allerdings sind nach stRspr des EuGH Grundrechte, wie das Recht auf 3j
Beachtung der Verteidigungsrechte und damit das Recht auf Anhörung **nicht schrankenlos** gewährleistet, sondern können Beschränkungen unterworfen werden, sofern diese tatsächlich dem Gemeinwohl dienenden Zielen entsprechen, die mit der fraglichen Maßnahme verfolgt werden und keinen im Hinblick auf den verfolgten Zweck unverhältnismäßigen und untragbaren Eingriff darstellen, der die so gewährleisteten Rechte in ihrem Wesensgehalt antastet (EuGH NVwZ-RR 2015, 233 (234); BeckRS 2014, 81993 Rn. 33; EuZW 2013, 920 = BeckRS 2013, 81868 Rn. 84; EuZW 2010, 550 (553)).

Bei Vorliegen **terroristischer Gefahr** ist eine Anhörung unionsrechtlich 3k
grundsätzlich entbehrlich, vor allem vor Erlass einer Abschiebungsanordnung nach § 58a AufenthG (BVerwG BeckRS 2018, 610 (Rn. 16); BVerwG NVwZ 2017, 1531 (1533 Rn. 21)).

Das europäische Recht nimmt unmittelbar Einfluss auf die Interpretation 4
des nationalen Rechts und vermag aufgrund einer europarechtskonformen Auslegung (BVerwG NVwZ 2008, 1122 (1123)) den Regelungsgehalt auch des nationalen Rechts zu modifizieren, wie hier § 28. Es ist daher nur konsequent, die Verpflichtung zur Anhörung entgegen der hM nicht nur auf Eingriffe, sondern auch auf belastende VA zu erstrecken, mit denen eine beantragte **Begünstigung** abgelehnt wird (zutreffend KR/Ramsauer § 28 Rn. 11a mwN; MSU/Engel/Pfau § 28 Rn. 32: „Aufgabe des Gesetzgebers"; Knack/Henneke/Ritgen § 28 Rn. 26: „großzügige Herangehensweise").

4. Systematik

In systematischer Hinsicht stellt § 28 einen **subsidiären Auffangtatbestand** 5
dar, der für Fallgestaltungen ohne spezifische Anhörungsregelungen einen **Mindeststandard** für das Recht auf Anhörung zur Vermeidung von Überraschungsentscheidungen gewährleistet (SBS/Kallerhoff § 28 Rn. 7, 12; Ziekow § 28 Rn. 2). Der sachliche und räumliche Anwendungsbereich des § 28 ergibt sich aus § 1 und 2. Der Anwendungsvorrang des Europarechts ist in § 1 enthalten (→ Rn. 3e). Die Länder haben inhaltsgleiche Regelungen geschaffen. Speziellere, teils engere, teils weiterreichende Bestimmungen im Fachrecht verdrängen die Anwendbarkeit des § 28 (SBS/Kallerhoff/Mayen § 28 Rn. 9, 18 mwN). Im **Planfeststellungsverfahren** ersetzt das in § 73 vorgesehene Anhörungsverfahren die Beteiligtenanhörung nach § 28 I (BVerwG NVwZ-RR 1998, 90 (90)). Im Einzelfall kann eine teilweise oder vollständige

Ergänzung oder Verdrängung des § 28 bei (dritt)belastenden Verwaltungsentscheidungen in Betracht kommen, was dem jeweiligen Fachrecht zu entnehmen ist. Der Anspruch auf rechtliches Gehör mag mit Grund als das wichtigste Recht der Beteiligten im Verwaltungsverfahren bezeichnet werden (Ziekow § 28 Rn. 1; KR/Ramsauer § 28 Rn. 1).

II. Anhörungspflicht (I)

1. Erlass eines VA und entsprechende Anwendbarkeit

6 Die sachliche Anwendbarkeit des § 28 ist gegeben, wenn das Ziel des Verfahrens auf den Erlass eines VA gerichtet ist, der einen **Eingriff** zumindest in ein **subjektiv öffentliches Recht** des Beteiligten zur Folge hat. Ideelle, wirtschaftliche Interessen bleiben ungeschützt (Ziekow § 28 Rn. 3). Bloße **Umsatz- und Gewinnchancen** oder tatsächliche Gegebenheiten werden trotz ihrer ökonomischen Bedeutung für Unternehmen vom Grundgesetz eigentumsrechtlich nicht dem geschützten Bestand des einzelnen Unternehmens zugeordnet (BVerfG NJW 2002, 2621 (2625)).

6a Vor dem Erlass einer **Duldungsverfügung** gem. § 16a FStrG bedarf es grundsätzlich einer Anhörung des Adressaten (BVerwG NVwZ 2018 268). Die Duldungsverfügung hat Eingriffscharakter iSd § 28 I, so dass vor ihrem Erlass grundsätzlich eine Anhörung des belasteten Grundstückseigentümers bzw. Nutzungsberechtigten geboten ist (BVerwG NVwZ 2018 268 (269); BVerwG NVwZ 2013, 78 Rn. 9).

6b Vor dem Erlass einer **Allgemeinverfügung** ist eine Anhörung durchzuführen, wenn der Verwaltungsakt einzelne Bürger erkennbar in besonderer Weise betrifft und diese ohne Schwierigkeiten identifizierbar und kontaktierbar sind (VGH Mannheim BeckRS 2019, 32673 (Rn. 25)). → § 28 Rn. 27a.

7 Das Gebot zur Anhörung als spezifischer Ausdruck des Rechtsstaatsprinzips besteht über den Wortlaut des § 28 I („VA") in **Analogie** dann, wenn Verwaltungsentscheidungen **ohne Verwaltungsaktqualität** unmittelbar in geschützte Grundrechtsbereiche (zB Art. 2 II und 14 GG) eingreifen und vergleichbare Wirkungen zeitigen, wie es bei einem belastenden VA der Fall wäre, so zB bei dem Ausschluss eines Gemeinderatsmitglieds aus einer Fraktion (vgl. OVG Münster NVwZ 1993, 399; VGH München NVwZ 1989, 494 (495)) oder bei realen Eingriffen durch **schlichthoheitliches Handeln** (MSU/Engel/Pfau § 28 Rn. 35; KR/Ramsauer § 28 Rn. 4a; Hochhuth NVwZ 2003, 30 (30, 34).

8 Der Grundsatz, dass vor realen Eingriffen stets angehört werden müsse, gilt allerdings nicht uneingeschränkt. Eine (rechtmäßige) **Warnung** der Bundesregierung vor „Jugendreligionen" und „Jugendsekten" begründet noch keine Verpflichtung zur vorherigen Anhörung (BVerwG NJW 1989, 2272 (2277); aA KR/Ramsauer § 28 Rn. 4a). Entsprechendes gilt für behördliche Empfehlungen und Informationen (BVerfG NJW 2002, 2621 (2623)). Die Warnung durch eine **Pressemitteilung** vor gefährlichen bakteriellen Erregern (EHEC), die zu 53 Todesfällen in Deutschland geführt haben, enthält keinen

Verstoß der Anhörungspflicht; selbst wenn sie bestünde, hätte von ihr wegen Gefahr im Verzug (§ 28 II Nr. 2) abgesehen werden können (LG Braunschweig BeckRS 2014, 10257). Es besteht – mangels Verwaltungshandeln – bei dem Verfassungsschutzbericht einer Landesregierung keine Pflicht, in dem Bericht erwähnte Personen vor der Veröffentlichung anzuhören (VGH Kassel NVwZ 2003, 1000 (1001)). Mittelbar an Entscheidungen **aus ökonomischen Gründen Interessierte** sind ebenfalls nicht anzuhören. Überwachungsbehörden sind weder nach § 28 noch aufgrund des Grundsatzes des fairen Verfahrens verpflichtet, dem **Hersteller,** der nicht Beteiligter ist, Gelegenheit zur Stellungnahme zu geben, bevor die Behörde das Ergebnis einer Probenuntersuchung der beteiligten Entnahmestelle mitteilt (BVerwG NVwZ 2003, 354 (356)). Der im Internet veröffentlichte **Umweltinspektionsbericht** eröffnet nicht ein Anhörungserfordernis nach § 28 I, weil die Zugänglichmachung des Berichts nach § 52a V S. 3 BImSchG mangels Regelungscharakters keinen Verwaltungsakt darstellt (OVG Münster BeckRS 2015, 49972 Rn. 16; Kment/Pleiner ZUR 2015, 330 (335)).

Personen, gegen die sich ein **parlamentarisches Untersuchungsverfahren** nach Art. 44 GG richtet, werden durch die Untersuchung in ihren Grundrechten (Art. 2 I iVm Art. 1 I, 12 und 14 iVm Art. 19 III GG) beeinträchtigt und haben aufgrund des berührten Grundrechts iVm dem Rechtsstaatsprinzip (Art. 20 III GG) einen Anspruch auf rechtliches Gehör im Untersuchungsverfahren (OVG Münster NVwZ 1987, 606 (607)). 9

Auf **verwaltungsrechtliche Verträge** findet § 28 schon seinem Wortlaut zufolge keine Anwendung, auch dem Sinn nach nicht. Bei einem Vertrag steht der Konsens, damit das in den Vertragsverhandlungen begründete **Vertrauen** (vgl. nur § 311 II BGB) im Mittelpunkt des Vertragsschlusses, dem überraschende und unerwartet belastende Momente in vergleichbarem Maße, wie von § 28 I vorausgesetzt, **wesensfremd** sind (KR/Ramsauer § 28 Rn. 6, SBS/Kallerhoff/Mayen § 28 Rn. 27; Knack/Henneke/Ritgen § 28 Rn. 34). 10

Ob vor Erlass der Anordnung der sofortigen Vollziehung eine Anhörung erforderlich ist, wird von der Rspr. überwiegend und zu Recht verneint. Im Einklang mit der wohl hM besteht die Auffassung, dass vor Erlass einer Vollziehungsanordnung nach § 80 II Nr. 4 VwGO der Betroffene nicht gesondert angehört werden muss. Die **Anordnung des Sofortvollzugs** ist kein VA, setzt ihn vielmehr voraus und ist daher (nur) ein begründungspflichtiger, vorzeitiger Wirkungsmechanismus (OVG Lüneburg NVwZ-RR 2007, 348 (348); NVwZ-RR 2002, 822 (822) (st. Rspr.); VGH Mannheim NVwZ-RR 1995, 17 (17); OVG Schleswig DÖV 1993, 169; KR/Ramsauer § 28 Rn. 7; SBS/Kallerhoff/Mayern § 28 Rn. 26; Ziekow § 28 Rn. 3; BeckOK VwVfG/Herrmann § 28 Rn. 6; aA OVG Bremen NVwZ-RR 1999, 682; VGH Kassel NVwZ 1987, 510 (510)). Keine Anhörung im Sinne von § 28 I sind die **Mittel der Sachverhaltsaufklärung** nach § 13 III und § 26 I 2 Nr. 2. 11

Ein **Eingriff in Rechte** eines Beteiligten ist gegeben, wenn durch den VA die bisherige Rechtsstellung des Betroffenen zu seinem Nachteil verändert, ihm eine rechtliche Verpflichtung auferlegt, insbesondere von ihm ein Tun oder Unterlassen gefordert wird, das der Umwandlung eines **status quo** in 12 einen **status quo minus** gleicht. Ausgehend vom Wortlaut des § 28 I verneint die Rspr. eine Verpflichtung zur Anhörung bei Ablehnung einer Vergünstigung, da mit dem Erlass des begehrten begünstigenden VA erst eine zusätzliche Rechtsposition geschaffen würde (OVG Bautzen BeckRS 2015, 56432 Rn. 19). Bei Verwaltungsverfahren mit europarechtlichem Bezug kann aus der jüngeren Rspr. des EuGH etwas anderes abgeleitet werden (→ § 28 Rn. 3e). Die Ablehnung verringert daher nicht den status quo bestehender Rechte; dieser wird weder geringer noch größer (BVerwG NJW 1983, 2044 (2045); SBS/Kallerhoff/Mayen § 28 Rn. 30 mit Blick auf die Entstehungsgeschichte; aA KR/Ramsauer § 28 Rn. 25 ff.; Knack/Henneke/Ritgen § 28 Rn. 23). Die „ganz hM" in der Literatur (so KR/Ramsauer § 28 Rn. 26a) bewertet in extensiver Auslegung des Tatbestandsmerkmals des „Eingriffs" die **Ablehnung einer begehrten Begünstigung** als belastende Maßnahme, vor deren Erlass nach § 28 I anzuhören ist, nicht zuletzt unter Berücksichtigung einer europarechtskonformen Auslegung der guten Verwaltung (→ § 28 Rn. 3). Berichtet wird, dass in der Praxis Baurechtsbehörden überwiegend auch bei einer Ablehnung einer begehrten Begünstigung anhören (BeckOK VwVfG/Herrmann § 28 Rn. 13). Auch die nachträgliche Beifügung einer **Nebenbestimmung** zu einem begünstigenden VA ist ein Eingriff (KR/Ramsauer § 28 Rn. 26a), zu dem eine Anhörung zu erfolgen hat.

13 Wird durch die Gewährung der Akteneinsicht in **Grundrechte** Betroffener eingegriffen, sind diese in der Regel zuvor anzuhören (BVerfG BeckRS 2009 32753; BVerfG NJW 2007, 1052; BVerfG NStZ-RR 2005, 242 mwN).

2. Inhalt der Anhörung

14 Dem Beteiligten ist nach § 28 I Gelegenheit zu geben, sich zu den für die **Entscheidung erheblichen Tatsachen** und zum möglichen Ergebnis zu äußern. Dabei hat die Behörde den beabsichtigten VA nach **Art und Inhalt** so **konkret** zu umschreiben, dass für den Beteiligten hinreichend erkennbar ist, weshalb und wozu er sich äußern können soll und mit welcher eingreifenden Entscheidung er zu welchem ungefähren Zeitpunkt zu rechnen hat (BVerwG NVwZ 2023, 1326 (1328); OVG Lüneburg BeckRS 2021, 25454; BVerfG NVwZ 2003, 850 (855)).

14a Eine ordnungsgemäße Anhörung setzt voraus, dass der von der beabsichtigten Maßnahme Betroffene von der Absicht zum Erlass eines vorläufig konkretisierten, bestimmten Verwaltungsakts in Kenntnis gesetzt und ihm Gelegenheit zur Stellungnahme gegeben wird (BVerwG NVwZ 2023, 1326 (1329). Damit kommt (noch) nicht zum Ausdruck, dass eine konkrete Rechtsgrundlage für die beabsichtigte Entscheidung zu nennen sei (so OVG Lüneburg BeckRS 2021, 25454, Rn. 16 zum Sach- und Streitstand mwN), vielmehr sind die wesentlichen und rechtlichen Gründe mitzuteilen (BVerwG NVwZ 2023, 1326 (1329).In zeitlicher Hinsicht muss die Anhörung vor Erlass des VA erfolgen (VGH Mannheim NVwZ-RR 2000, 728). Die Anhörung muss sich an einen **individualisierten Adressaten** richten und die beabsichtigte behördliche Maßnahme konkret benennen (OVG Magdeburg BeckRS 2015, 47280; BVerwG DVBl 2014, 303 (305)). Damit ein Schreiben als Anhörung im Sinne von § 28 Abs. 1 VwVfG gewertet werden kann, muss ihm entnommen werden können, dass in einem konkreten Einzelfall der Erlass eines bestimmten Verwaltungsakts beabsichtigt sei (BVerwGE 142, 205 (207 Rn. 12) = NJW 2012, 2823 (2824 Rn. 12)). Mitzuteilen hat die Behörde auch die für die Entscheidung erheblichen Tatsachen, zu denen auch die (bisherigen) **Ermittlungsergebnisse** der Behörde gehören (OVG Magdeburg BeckRS 2015, 47280).

Vor allem bei Planänderungen im **Planfeststellungsverfahren** ist fraglich, ob es eine **zweite Anhörung** geben muss. Ist einem Betroffenen bereits Gelegenheit zur Stellungnahme gegeben worden, so ist seine erneute Anhörung dann erforderlich, wenn sich nach der Anhörung die für die Entscheidung erheblichen Tatsachen wesentlich geändert haben oder gravierende neue Gesichtspunkte zutage getreten sind. Ist das nicht der Fall, kann auf eine Anhörung verzichtet werden (BVerwG NVwZ 2018, 1642 (1643 Rn. 19). 14b

Eine Anhörung muss zudem auch nach **Zeit, Ort und sonstigen Umständen** angemessen und zumutbar sein. Das macht es erforderlich, bei der Ladung zu einer Anhörung nicht nur die **Uhrzeit,** zu der die Anhörung beginnen soll, sondern auch eine **bestimmte Räumlichkeit** anzugeben, damit der Betroffene ohne zusätzliche Nachfragen Zugang zur Anhörung finden und zeitlich angemessen disponieren kann (VG Potsdam BeckRS 2020, 37841 Rn. 49). 14c

Was eine **entscheidungserhebliche Tatsache** ist, entscheidet die Behörde (BVerwG NJW 1983, 2044 (2046)). Gegenstand der Anhörung sind dabei ua Auskünfte (§ 26 I 2 Nr. 1), das Ergebnis der Vernehmung von Sachverständigen und Zeugen nebst etwaigen Gutachten (§ 26 I 2 Nr. 2) sowie beigezogene Akten und Urkunden. Der Anspruch auf Anhörung erfasst nach hM auch die rechtliche Bewertung der Tatsachen durch die Behörde (KR/Ramsauer VwVfG § 28 Rn. 29; SBS/Kallerhoff/Mayen § 28 Rn. 39; BeckOK VwVfG/Herrmann § 28 Rn. 16.1). Die **rechtliche Würdigung der Ergebnisse** durch die Behörde ist von der Tatsachenbasis nicht zu trennen und reflektiert das tatsächlich festgestellte Ermittlungsergebnis in besonderer Weise, indem mit der konkreten Rechtsanwendung eine Selektion insoweit erheblicher und zudem unerheblicher Tatsachen vorgenommen wird (KR/Ramsauer § 28 Rn. 29). Daher muss sich die Anhörung auch auf die rechtliche Schlussfolgerung erstrecken. Tatsachen und rechtliche Subsumtion bilden insoweit eine untrennbare Einheit (zutreffend KR/Ramsauer § 28 Rn. 29). Der Anspruch auf Anhörung umfasst indes nicht einen Anspruch auf Erörterung der Tatsachen- und Rechtslage mit der Behörde in einem **Rechtsgespräch** (KR/Ramsauer § 28 Rn. 42; Knack/Henneke/Ritgen § 28 Rn. 58). 15

Eine **Einflussnahme auf das Ergebnis** muss den Beteiligten aufgrund der Anhörung in zeitlicher und sachlicher Hinsicht möglich sein. Daraus kann sich ergeben, dass die Behörde zuwarten muss, bis der Beteiligte für ihn günstige Tatsachen zusammengetragen hat oder sie benennen kann. Weder gibt es eine Mindestfrist noch darf das Verfahren unnötig verzögert werden. Die Behörde muss eine Frist bestimmen, die die Umstände des Einzelfalls hinreichend berücksichtigt (SBS/Kallerhoff/Mayen § 28 Rn. 44 f.). Die Be- 16 hörde muss im Zeitpunkt der Anhörung in der Lage sein, die Stellungnahme **ernsthaft** in Erwägung ziehen zu können (BVerfG NVwZ-RR 2002, 802 (803)); spätestens in der Begründung des VA muss sie darauf eingehen (OVG Münster NVwZ-RR 1989, 614 (616)). Insoweit wird in der Regel eine die Komplexität des Verfahrensgegenstands und die bisherige Dauer des Verfahrens zu berücksichtigende Fristsetzung für die Abgabe der Stellungnahme unerlässlich sein (BeckOK VwVfG/Herrmann § 28 Rn. 19), nicht zuletzt um die Anhörung als Verfahrensschritt zügig (§ 10 S. 2) und ohne Verfahrensverschleppung abzuschließen.

17 Läuft die Frist ab, ohne dass Stellung bezogen wird, hat die Behörde das Recht, ohne Stellungnahme zu entscheiden; eine **Präklusion** findet nicht statt (VGH Mannheim NVwZ 1987, 1087; KR/Ramsauer § 28 Rn. 37). Zu **kurz bemessene Fristen** sind auf **Antrag** zu verlängern und die Ablehnung der Fristverlängerung zeitlich vor Erlass des VA zu bescheiden (BVerwG NVwZ-RR 1998, 783 (784)). Die Versäumung der Frist ist regelmäßig nicht deswegen unverschuldet, weil der Antragsteller vor Fristablauf keine Gelegenheit zur Akteneinsicht hatte (BVerwG NJW 1988, 1280 (1280)). Muss sich der Beteiligte durch Sachverständige beraten lassen, ist eine Frist von **einer Woche** idR zu kurz (BSG NJW 1993, 1614 (1614)). Fristverlängerungen sind **unproblematisch** zulässig (§ 31), ebenso eine Wiedereinsetzung bei unverschuldeter Versäumnis (§ 32). Die bloße **Verspätung eines bevollmächtigten Rechtsanwalts** zu einem mündlichen Anhörungstermin kann die Pflicht der Behörde auslösen, auf dessen Eintreffen zu warten (BVerwG NJW 1979, 1619).

18 Die Anhörung kann aus verfahrensökonomischen Gründen mit der **Gewährung der Akteneinsicht** nach § 29 verbunden werden. Soweit die jeweilige geschützte Rechtsposition des Beteiligten zu seiner Disposition steht, ist ein einseitiger, auch konkludent erklärter **Verzicht der Beteiligten** auf die Anhörung zulässig und wirksam (KR/Ramsauer § 28 Rn. 14), die als Faktum von der Behörde zu bewerten ist.

19 Verfassungsrechtliche Besonderheiten ergeben sich aus der Anwendbarkeit von Präklusionsvorschriften, insbesondere im Umwelt- und Planungsrecht, deren unrichtige Handhabung zu einer Verletzung des Rechts auf Gewährung rechtlichen Gehörs führen kann. Sofern der Beteiligte ausreichend Gelegenheit hatte, sich zu allen für ihn wichtigen Punkten zur Sache zu äußern (BVerfG NJW 2000, 945 (946); BVerfG NJW 1985, 1150,1151 mwN), ist der Gesetzgeber nicht gehindert, durch **Präklusionsvorschriften** auf eine Beschleunigung hinzuwirken. Präklusionsvorschriften schränken das rechtliche Gehör ein und haben wegen der für die säumige Partei einschneidenden Folgen einen **strengen Ausnahmecharakter** (stRspr BVerfG NJW 2000, 945 (946); BVerfG NJW 1985, 1150 (1150)). Die Fachgerichte sind daher bei der Auslegung und Anwendung der Präklusionsvorschriften einer strengen verfassungsgerichtlichen Kontrolle unterworfen, die über eine bloße Willkürkontrolle hinausgeht (BVerfG NJW 1987, 2733). Das Recht auf rechtliches Gehör ist jedenfalls dann verletzt, wenn die Anwendung der einfachrechtlichen Präklusionsvorschrift **offenkundig** unrichtig ist (BVerfG NJW 1985, 1150 (1151)). Eine Präklusion ist insbesondere dann nicht mit dem Anspruch

auf Gewährung rechtlichen Gehörs vereinbar, wenn eine unzulängliche Verfahrensleitung oder eine Verletzung der Fürsorgepflicht die Verzögerung mit verursacht hat (BVerfG NJW 2000, 945 (946); BVerfG NJW 1990, 2373 (2374) mwN; zu Präklusionsfristen vgl. → § 31 Rn. 11; → § 73 Rn. 85).

3. Form der Anhörung

Eine Anhörung ist – mangels gesetzlicher Vorgaben – formfrei, möglich, so dass die Anhörung, **schriftlich, mündlich oder elektronisch** erfolgen kann (OVG Lüneburg BeckRS 2021, 18462 Rn. 6; OVG Lüneburg NJW 2010, 2601 (2602); OVG Weimar NVwZ-RR 1997, 287 (228); SBS/Kallerhoff/Mayen § 28 Rn. 44). Die Form der Anhörung obliegt der Ermessensentscheidung der Behörde. Ausreichend ist es, wenn dem Betroffenen die Gelegenheit gegeben wird, sich schriftlich – auch in elektronischer Form – zu äußern (Herrmann in BeckOk VwVfG § 28 Rn. 17). Einen Anspruch darauf, eine mündliche Anhörung durchzuführen, besteht grundsätzlich nicht, es sei denn, sie ist durch Rechtsvorschrift vorgeschrieben (BeckOK VwVfG/Herrmann § 28 Rn. 17). Über jede mündliche Anhörung ist ein **Aktenvermerk** zu fertigen (KR/Ramsauer § 28 Rn. 41; Knack/Henneke/Ritgen § 28 Rn. 66). 20

Die Anhörung muss aber so konkret sein, dass der Angehörte erkennen kann, weshalb und wozu er sich äußern soll, mit welcher Entscheidung er zu rechnen hat und dass er Gelegenheit zur Stellungnahme hat (BVerwG BeckRS 2022, 22965 Rn. 20; BVerwG PharmaR 2020, 562 (563)). 20a

Wird das Verfahren über eine Einheitliche Stelle abgewickelt, so führt diese nach § 71b I die Anhörung durch und leitet das Ergebnis unverzüglich an die zuständige Behörde weiter (→ § 71b Rn. 2). 20b

III. Ausnahmen von der Anhörungspflicht (II)

1. Allgemeines

Von der Anhörung kann abgesehen werden, wenn sie nach den Umständen des Einzelfalles nicht geboten ist, insbesondere wenn einer der in Nr. 1 bis 5 genannten Fälle vorliegt. Die Entscheidung nach § 28 II ist in das **pflichtgemäße Ermessen** der Behörde gestellt und sie gebietet ein gestuftes Vorgehen (BVerwG NVwZ 2022, 978 (980), → Rn. 27a Die Beurteilung durch die Behörde nach § 28 II unterliegt uneingeschränkter gerichtlicher Nachprüfung (BVerwG NJW 1989, 993 (994); SBS/Kallerhoff/Mayen § 28 Rn. 47). Die Aufzählung der Ausnahmen sind nicht abschließend („insbesondere“) (SBS/Kallerhoff/Mayen § 28 Rn. 48). Besondere Fallgestaltungen, die einen Verzicht auf eine Anhörung begründen können, bedürften aber eines erheblichen Gewichts. Das die Begründung des Verzichts auf die Anhörung tragende Ermessen unter Berücksichtigung des Verhältnismäßigkeitsgrundsatzes ist **aktenkundig** zu machen und im abschließenden VA nach § 39 zu begründen (OVG Münster NVwZ 1982 326; KR/Ramsauer § 28 Rn. 45; Ziekow § 28 Rn. 6). 21

2. Gefahr im Verzug/öffentliches Interesse (Nr. 1)

22 Von einer Anhörung kann abgesehen werden, wenn sie nach den Umständen des Einzelfalls nicht geboten ist, insbesondere, wenn eine **sofortige Entscheidung** wegen Gefahr im Verzug oder im öffentlichen Interesse notwendig erscheint (II Nr. 1). Gefahr im Verzug iSv II Nr. 1 ist anzunehmen, wenn durch eine vorherige Anhörung auch bei Gewährung kürzester Anhörungsfristen ein Zeitverlust einträte, der mit hoher Wahrscheinlichkeit zur Folge hätte, dass die behördliche Maßnahme zu spät käme, um ihren Zweck noch zu erreichen. Ob eine sofortige Entscheidung objektiv notwendig war oder die Behörde eine sofortige Entscheidung zumindest für notwendig halten durfte, ist vom Gericht aus ex-ante-Sicht zu beurteilen. Hierbei ist wegen der Bedeutung des Anhörungsrechts als tragenden Prinzips des rechtsstaatlichen Verfahrens ein strenger Maßstab anzulegen (BVerwG NVwZ 2023, 1326 (1329) mwN). Von einer Anhörung im Ermessenswege kann abgesehen werden und eine sofortige Entscheidung im öffentlichen Interesse ist zu treffen, wenn von einem Antragsteller eine terroristische Gefahr ausgeht, die sich jederzeit aktualisieren kann (BVerwG BeckRS 2023, 17640 Rn. 27). Eine **Universitätsverwaltung** ist zur Löschung einer PDF-Datei **„Mein Kampf"**, die auf der Webseite eines Professors eingestellt worden ist, auch wegen der erheblichen Rechtsfolgen der Urheberrechtsverletzung nach §§ 97 ff. UrhG ohne Anhörung berechtigt (OVG Berlin-Brandenburg NVwZ-RR 2015, 384 (385)).

23 Nach der st. Rspr. des BVerwG zum Vereinsrecht genügt es, dass die Verbotsbehörde aufgrund der ihr bekannt gewordenen Tatsachen eine **sofortige Entscheidung** für notwendig halten durfte (BVerwG BeckRS 2016, 42102 (Rn. 55); BVerwG NVwZ 2013, 521 (524 mwN)). Das hat das BVerwG namentlich in Fällen angenommen, in denen das Unterbleiben einer vorherigen Anhörung damit begründet wurde, dass eine Unterrichtung des betroffenen Vereins über den bevorstehenden Eingriff vermieden und ihm so keine Gelegenheit geboten werden sollte, sein Vermögen, verbotsrelevante Unterlagen oder dergleichen dem behördlichen Zugriff zu entziehen. Ein derartiges Bestreben, einer Verbotsverfügung **größtmögliche Wirksamkeit** zu verleihen, rechtfertigt in der Regel das Absehen von einer Anhörung (BVerwG BeckRS 2016, 42102 (Rn. 55); BVerwG NVwZ 2014, 1573 (1575); BVerwG NVwZ 2013, 521 (524) mwN). Für das Vorliegen der Voraussetzungen ist auf den Zeitpunkt der Behördenentscheidung („ex-ante") abzustellen.

23a Die zuständige Behörde kann vor **Erlass eines Vereinsverbots** nach II Nr. 1 von einer Anhörung der Betroffenen absehen, wenn Anhaltspunkte bestehen, dass sonst aufgrund des mit der Anhörung verbundenen „Ankündigungseffekts" Beweismittel und Vermögenswerte beiseite geschafft und dem behördlichen Zugriff entzogen werden (stRspr BVerwG BeckRS 2023, 41471Rn. 79; BVerwG NVwZ 2023, 423 (425) mwN; BVerfG NVwZ 2018, 1788; BVerwG BeckRS 2016, 42669 mwN). Die Entscheidung hierüber steht im behördlichen Ermessen, bedarf einer Abwägung aller dafür und dagegen sprechenden Gesichtspunkte sowie einer Begründung, die erkennen lässt, auf welchen Erwägungen das Absehen von der Anhörung beruht (BVerwG NVwZ 2023, 423 (426); BVerwG NVwZ-RR 2010, 562 Rn. 22 mwN).

Eine Anhörung kann ferner unterbleiben, wenn eine sofortige Entschei- 24
dung im öffentlichen Interesse notwendig erscheint. Es handelt sich um einen **restriktiv** zu handhabenden Lückenschließungs- und Auffangtatbestand (Ziekow § 28 Rn. 8), der vom Begriff des zwingenden öffentlichen Interesses in III zu unterscheiden ist, der graduell ein gewichtigeres, eben zwingendes öffentliches Interesse erfordert, das im Zeitpunkt der Entscheidung vorzuliegen hat (SBS/Kallerhoff/Mayen § 28 Rn. 52 f.; KR/Ramsauer § 28 Rn. 56).

3. Fristwahrung (Nr. 2)

Von der Anhörung kann nach II Nr. 2 abgesehen werden, wenn durch die 25
Anhörung die Einhaltung einer für die Entscheidung maßgeblichen Frist in Frage gestellt würde. Fristen sind Handlungsfristen, nach deren Ablauf zB Genehmigungsfiktionen (§ 15 III GewO) eintreten sowie Verjährungs- und Ausschlussfristen (KR/Ramsauer § 28 Rn. 62a; BeckOK VwVfG/Herrmann § 28 Rn. 30). Hinzutreten kann der Grundsatz der Genehmigungsfreiheit, insbesondere bei Tätigkeiten im freien Dienstleistungsverkehr gem. Art. 16 II lit. b DLR, der sich vorwiegend in gewerberechtlichen Normen zeigen dürfte (Krajewski NVwZ 2009, 929 (935)). Im Übrigen kann es sich auch um eine durch ein Gericht oder eine Behörde gesetzte Frist handeln (SBS/Kallerhoff/Mayen § 28 Rn. 54). Die Verpflichtung einer Behörde, **„unverzüglich“** tätig zu werden, rechtfertigt allerdings nicht ein Absehen von der Anhörung nach II Nr. 2 (VGH Kassel NVwZ 1986, 683 (683)). Entsprechendes gilt, sofern die Behörde die Gefahr der Fristversäumung selbst gesetzt hat (SBS/Kallerhoff/Mayen § 28 Rn. 54; Ziekow § 28 Rn. 9).

4. Keine Abweichung von Antrag (Nr. 3)

Von der Anhörung kann nach Nr. 3 abgesehen werden, wenn von den 26
tatsächlichen Angaben eines Beteiligten, die dieser in einem Antrag oder einer Erklärung gemacht hat, nicht zu seinen Ungunsten abgewichen werden soll. Sind die für die Entscheidung der Behörde erheblichen Tatsachen bereits durch den Beteiligten selbst dargelegt worden, wäre eine Anhörung eine bloße, überflüssige Formalie, die aus **Gründen der Verfahrensökonomie** (§ 10 S. 2) entbehrlich ist. Hat die Behörde über die vom Beteiligten erklärten Tatsachen weitere entscheidungserhebliche Tatsachen ermittelt, ist Nr. 3 unanwendbar (SBS/Kallerhoff/Mayen § 28 Rn. 55; Ziekow § 28 Rn. 10). Allein eine von der Behörde abweichende Rechtsansicht des Beteiligten auf der von ihm gelieferten Tatsachenbasis schließt die Anwendbarkeit von Nr. 3 nicht aus.

5. Massenentscheidungen (Nr. 4)

Beabsichtigt die Behörde eine **Allgemeinverfügung** (→ § 35 S. 2) oder 27
gleichartige **VA in größerer Zahl** (ab 50 Personen, SBS/Kallerhoff/Mayen

VwVfG § 28 Rn. 60; OVG Berlin-Brandenburg NZM 2007, 529 (530) – „Kürzung von Sozialleistungen in 3000 Fällen“) oder VA mit Hilfe automatischer Einrichtungen zu erlassen, kann sie nach pflichtgemäßem Ermessen von der Anhörung absehen; sie führt aber nichtgleichsam automatisch zur regelhaften Feststellung, dass eine Anhörung nicht geboten sei (BVerwG NVwZ 2022 978 (980). Die Vorschrift beruht auf der Verfahrensökonomie und gilt als verfassungsrechtlich unbedenklich (VGH München BayVBl 1988, 496 (497)). Voraussetzung ist bei dem Absehen von der Anhörung, dass Regelungen getroffen werden, die als nicht kontrovers gelten und nicht erheblich in Rechte eingreifen (Ziekow § 28 Rn. 11; SBS/Kallerhoff/Mayen § 28 Rn. 60). Schließlich ermöglicht auch der Erlass von VA mit Hilfe moderner Informationstechnologie ein Absehen von der Anhörung.

27a § 28 II VwVfG gebietet ein gestuftes Vorgehen. Zunächst ist auf der Tatbestandsseite – gerichtlich voll nachprüfbar – festzustellen, ob nach den Umständen des Einzelfalls die Anhörung nicht geboten ist. Das **Gebot der Einzelfallprüfung** findet dabei auch auf die Regelbeispiele des II Hs. 2 Anwendung (OVG Lüneburg NVwZ-RR 2023, 503 (504); BVerwG NVwZ 2022, 978 (980) mwN; BVerwG NVwZ 1984, 577). Allein der Umstand, dass eine **Allgemeinverfügung** erlassen werden soll, führt folglich nicht gleichsam automatisch zur regelhaften Feststellung, dass eine Anhörung nicht geboten ist. Allerdings kann bei den auf Typisierung angelegten Ausnahmen in II Nr. 4 dieses allgemeine Gebot modifiziert werden. Sind die tatbestandlichen Voraussetzungen, auch bei Vorliegen eines Regelbeispiels, gegeben, ist auf der zweiten Stufe das Ermessen auszuüben und darüber zu entscheiden, ob eine Anhörung, die von Rechts wegen nicht zwingend geboten ist, gleichwohl durchgeführt wird. Angesichts der hohen rechtsstaatlichen Bedeutung der Anhörung sind zum einen die Regelbeispiele **restriktiv** auszulegen, und zum anderen ist bei der Ermessensausübung der Verhältnismäßigkeitsgrundsatz strikt zu beachten (BVerwG NVwZ 2022, 978 (980) mwN; BVerwG NVwZ 1984, 577).

27b Vielmehr ist bei den Regelbeispielen des II Nr. 4 eine differenzierende Betrachtungsweise geboten. Die mögliche Schwere des Eingriffs durch die Allgemeinverfügung ist ebenfalls in der Einzelfallprüfung in Erwägung zu ziehen. Die **Beschränkung der Nutzungsmöglichkeiten** eines Grundstücks sind dabei grundsätzlich von beachtlichem Gewicht (BVerwG NVwZ 2022, 978 (981)).

6. Verwaltungsvollstreckung (Nr. 5)

28 Von der Anhörung kann schließlich nach Nr. 5 auch abgesehen werden, wenn Maßnahmen in der Verwaltungsvollstreckung getroffen werden sollen. Spezielle Rechtsvorschriften des Bundes- oder Landesverwaltungsvollstreckungsrechts gehen § 28 vor; Nr. 5 ist subsidiär (BeckOK VwVfG/Herrmann § 28 Rn. 40.1; KR/Ramsauer § 28 Rn. 70, SBS/Kallerhoff/Mayen § 28 Rn. 63). Nr. 5 setzt voraus, dass die Maßnahme „in der Verwaltungsvollstreckung“ inhaltlich auf einen VA gerichtet ist. Dies gilt auch im Falle einer **Zwangsgeldfestsetzung.** Denn regelmäßig kann davon ausgegangen

werden, dass der mit einer Anhörung verbundene Zeitverlust die Effektivität des Beugemittels beeinträchtigt. Eine Pflicht zur Begründung, warum die Behörde von der Anhörung absieht, besteht dabei nicht (OVG Münster BeckRS 2021, 26165 Rn. 6). Für unmittelbar vollstreckungsrechtliche Maßnahmen kommt es auf die Qualität eines VA an, da § 28 andernfalls keine Anwendung findet. Auf dem Gebiet der Verwaltungsvollstreckung liegt es in der Natur der Sache, dass eine vorherige Anhörung in vielen Fällen ihre **Effektivität** beeinträchtigen könnte (VGH Mannheim ZAR 2014, 430). Auf eine echte Vollstreckungsvereitelung kommt es aber nicht an (BVerwG NVwZ 1983, 742 (743); Ziekow § 28 Rn. 12). Die **Duldungsverfügung** zur Wegnahme und anderweitigen **Unterbringung von Pferden,** die entgegen tierschutzrechtlichen Bestimmungen gehalten werden, ist Verwaltungsvollstreckung nach § 28 II Nr. 5, so dass von einer Anhörung abgesehen werden kann (OVG Magdeburg LKV 2017, 326). In der Begründung des Entwurfs eines Verwaltungsverfahrensgesetzes (BT-Drs. 7/910, 52, Begründung zu § 24 Nr. 5) heißt es, bei Maßnahmen der Verwaltungsvollstreckung könne die vorherige Anhörung „namentlich" dann entfallen, wenn dies der Effektivität der Vollstreckung diene. Die Regelung in Nr. 5 gilt auch für die **Vollstreckung gesetzlicher Pflichten,** wonach – etwa aus Gründen der Effektivität – ein Verzicht auf Anhörung ebenso geboten sein kann wie bei der Vollstreckung eines VA (BVerwG NVwZ 1983, 742 (743)). Auf die Weigerung des Beteiligten einem bestandskräftigen VA Folge zu leisten, kann sich daher unmittelbar und ohne erneute Anhörung die Festsetzung eines Zwangsgelds anschließen (OVG Berlin-Brandenburg BeckRS 2014, 53068).

IV. Zwingendes öffentliches Interesse (III)

Eine Anhörung hat nach III zu unterbleiben, wenn ihr ein **zwingendes öffentliches Interesse** entgegensteht. Das unmittelbar gesetzlich eingreifende Anhörungsverbot, das im Gegensatz zu den Voraussetzungen nach II nicht an ein Ermessen gebunden ist, setzt voraus, dass besonders hochstehende und schützenswerte Interessen das Unterbleiben der Anhörung zwingend gebieten. In Betracht kommen etwa erhebliche Nachteile für das Wohl des Bundes oder eines Landes, Terrorgefahren, Sicherheits- oder Geheimhaltungsinteressen, aber auch die erhebliche Gefährdung der öffentlichen Sicherheit und Ordnung (SBS/Kallerhoff/Mayen § 28 Rn. 65). Das Vorliegen des zwingenden öffentlichen Interesses unterliegt **uneingeschränkter gerichtlicher Überprüfung** (Ziekow § 28 Rn. 13; KR/Ramsauer § 28 Rn. 75). 29

V. Rechtsfolgen der Verletzung der Anhörungspflicht

Wird die nach § 28 I geforderte Gelegenheit zur Äußerung entscheidungserheblicher Tatsachen fehlerhaft, dh, nicht, zeitlich zu spät oder unzureichend durch die Behörde gewährt, ist der VA mit einem Verfahrensfehler behaftet. 30

Nach § 45 I 1 Nr. 3 ist die Verletzung der Anhörungspflicht, die den VA nicht nach § 44 nichtig macht, dann unbeachtlich, wenn die Anhörung eines Beteiligten nachgeholt wird (BVerwG BeckRS 2023, 22126 Rn. 24).

30a Findet ein Vorverfahren nicht statt, kann der Mangel der Anhörung auch durch den **Austausch von Emails** geheilt werden (BVerwG BeckRS 2021, 7227 Rn. 21).

30b Die Heilung eines Anhörungsmangels gem. § 45 I Nr. 3, II setzt voraus, dass die Anhörung **nachträglich ordnungsgemäß** durchgeführt und ihre **Funktion** für den Entscheidungsprozess der Behörde uneingeschränkt erreicht wird (OVG Lüneburg BeckRS 2021, 18462 Rn. 8). Eine funktionsgerecht nachgeholte Anhörung setzt voraus, dass sich die Behörde nicht darauf beschränkt, die einmal getroffene Sachentscheidung zu verteidigen, sondern das Vorbringen des Betroffenen erkennbar zum Anlass nimmt, die Entscheidung kritisch zu überdenken (OVG Münster BeckRS 2020, 38283 Rn. 65). Äußerungen und Stellungnahmen von Beteiligten im gerichtlichen Verfahren erfüllen diese Voraussetzungen grundsätzlich nicht (OVG Bremen BeckRS 2022, 17605 Rn. 35; OVG Bautzen 2019, LKV 2019, 465; BVerwG NVwZ 2018, 268 (269 Nr. 10); BVerwG NJW 2012, 2823 (2825 Rn. 18); BVerwG NVwZ 2011, 119 (115 Rn. 37)), ausnahmsweise aber dann, wenn die Kommunikation im Gerichtsverfahren möglich ist und wenn die Behörde eindeutig zu erkennen gibt, dass sie im Hinblick auf das Vorbringen des Adressaten erneut prüft, ob sie an ihrer Verfügung festhält oder nicht, und ihm die Entscheidung mitteilt (OVG Koblenz BeckRS 2021, 2025 Rn. 9), → Rn. 30c

30c Im Verfahren des einstweiligen Rechtsschutzes ist die bloße Möglichkeit der Heilung nach § 45 II Nr. 3 regelmäßig durch ein Nachholen der Anhörung im Widerspruchsverfahren nicht ausreichend (so stRspr OVG Bremen NVwZ-RR 2023, 964 (972 mwN); OVG Bremen BeckRS 2022, 17605).

30d Eine unterbliebene oder nicht ordnungsgemäße Anhörung eines Beteiligten nach § 28 ist nicht ordnungsgemäß nachgeholt (§ 45 I Nr. 3, II), wenn das für die Nachprüfung von **Zweckmäßigkeitsüberlegungen** zuständige Organ der Gemeinde den Inhalt der Widerspruchsschrift, mit der sich der Beteiligte äußert, nicht zur Kenntnis nimmt und im Rahmen der Abhilfeentscheidung erwägt, während die höhere Widerspruchsbehörde auf die **Rechtsprüfung** beschränkt ist und Zweckmäßigkeitsüberlegungen nicht nachprüfen darf (BVerwG NVwZ-RR 1991, 337 (337)).

30e Eine verfahrensfehlerhafte Anhörung kann bis zum Abschluss der letzten Tatsacheninstanz eines verwaltungsgerichtlichen Verfahrens nach § 87 I 2, 94 VwGO nachgeholt und geheilt werden (SBS/Kallerhoff/Mayen § 28 Rn. 66; Guckelberger JuS 2011, 577 (582)). Der Verfahrensmangel wird durch den **Erlass eines Widerspruchsbescheides** geheilt, wenn in ihm das Vorbringen des Klägers (ergebnisoffen) gewürdigt wird (BVerwG NVwZ 2016, 1648 (1649 Rn. 25); BVerwG NVwZ 1983, 284 (284); OVG Münster DVBl 2010, 1243 = BeckRS 2010, 51250; BeckRS 2011, 51116).

30f Eine unterbliebene Anhörung führt im **Eilverfahren** nicht zur formellen Rechtswidrigkeit einer ordnungsbehördlichen Anordnung, wenn die Anhörung noch bis zum Abschluss eines anhängigen Hauptsacheverfahrens mit heilender Wirkung nachgeholt werden kann (OVG Lüneburg BeckRS 2019, 9791). Eine unterbliebene Anhörung ist auch durch **Austausch von Sachäußerungen** im Eilverfahren heilbar, sofern die Behörde solche Äußerungen zum Anlass einer Prüfung nimmt, ob die ergangene Verfügung aufrechterhalten werden kann (OVG Saarloius BeckRS 2018, 1727). Die Unterlassung einer Anhörung führt nach § 46 nur dann zur Aufhebung, wenn der VA auf einem wesentlichen Verfahrensfehler beruht, der dann vorliegt, wenn der Mangel einen durch das verwaltungsgerichtliche Verfahren nicht mehr korrigierbaren Einfluss auf die behördliche Entscheidung gehabt haben kann (OVG Münster BeckRS 2015, 43251). Die Frage lautet daher, ob die **konkrete Möglichkeit** einer **anderen Entscheidung** bestanden hat (SBS/Kallerhoff/Mayen § 28 Rn. 70; Guckelberger JuS 2011, 577 (581)). Ein wesentlicher Verfahrensmangel ist die unter Verletzung der nach dem Rechtsstaatsprinzip gebotenen Anhörungspflicht getroffene Versetzung oder Kommandierung eines Soldaten, die durch eine im Beschwerdeverfahren nachgeholte Anhörung nicht mehr heilbar ist (BVerwG NVwZ-RR 1998, 117). Kann sich hingegen der Verfahrensmangel nicht auf das Ergebnis ausgewirkt haben (§ 46), bleibt die einfache verfahrensfehlerhafte Anhörung **folgenlos** (BVerwG NJW 2009, 2905, (2907)).

Die Anforderungen an eine wirksame Nachholung gebieten es, dass Inhalt **30g** und Umfang der gebotenen Anhörung nach § 28 I erreicht werden. Auch im **gerichtlichen Verfahren** ist noch eine **Nachholung** möglich. Dabei sind aber bestimmte **Voraussetzungen** zu erfüllen. Eine unterbliebene Anhörung kann zB durch Austausch von Sachäußerungen in einem gerichtlichen (Eil-) Verfahren geheilt werden. Die Behörde muss dabei das nachholen, was sie bei Anhörung vor der belastenden Entscheidung hätte veranlassen müssen. Dazu muss sie erkennbar machen, der Beteiligte könne zu der beabsichtigten Verwaltungsentscheidung in tatsächlicher und rechtlicher Hinsicht Stellung nehmen. Außerdem muss sie das, was der Beteiligte daraufhin vorträgt, zum Anlass nehmen, die beabsichtigte Sachentscheidung gleichsam noch einmal auf den „Prüfstand" zu stellen, dh erwägen, ob sie auch bei Berücksichtigung der nunmehr vorgebrachten Fakten und rechtlichen Erwägungen vollständig erlassen werden kann und das Ergebnis der Überprüfung schließlich mitteilen. All das kann „heilend" nachgeholt werden (OVG Lüneburg NVwZ-RR 2002, 822 (882); SBS/Kallerhoff/Mayen § 28 Rn. 72).

Wird im Verwaltungsverfahren zur Entziehung einer Fahrerlaubnis auf die **30h** Anhörung rechtswidrig verzichtet und tritt keine Heilung ein, wirkt sich dieser Verfahrensfehler auf die **Kostenentscheidung im Widerspruchsverfahren** aus (OVG Saarlouis BeckRS 2019, 24382 Rn. 9–13).

§ 29 Akteneinsicht durch Beteiligte

(1) [1]Die Behörde hat den Beteiligten Einsicht in die das Verfahren betreffenden Akten zu gestatten, soweit deren Kenntnis zur Geltendmachung oder Verteidigung ihrer rechtlichen Interessen erforderlich ist. [2]Satz 1 gilt bis zum Abschluss des Verwaltungsverfahrens nicht für Entwürfe zu Entscheidungen sowie die Arbei-

ten zu ihrer unmittelbaren Vorbereitung. [3]Soweit nach den §§ 17 und 18 eine Vertretung stattfindet, haben nur die Vertreter Anspruch auf Akteneinsicht.

(2) Die Behörde ist zur Gestattung der Akteneinsicht nicht verpflichtet, soweit durch sie die ordnungsgemäße Erfüllung der Aufgaben der Behörde beeinträchtigt, das Bekanntwerden des Inhalts der Akten dem Wohl des Bundes oder eines Landes Nachteile bereiten würde oder soweit die Vorgänge nach einem Gesetz oder ihrem Wesen nach, namentlich wegen der berechtigten Interessen der Beteiligten oder dritter Personen, geheim gehalten werden müssen.

(3) [1]Die Akteneinsicht erfolgt bei der Behörde, die die Akten führt. [2]Im Einzelfall kann die Einsicht auch bei einer anderen Behörde oder bei einer diplomatischen oder berufskonsularischen Vertretung der Bundesrepublik Deutschland im Ausland erfolgen; weitere Ausnahmen kann die Behörde, die die Akten führt, gestatten.

Übersicht

Rn.
I. Überblick ... 1
II. Sachlicher Anwendungsbereich ... 5
1. Unmittelbare und analoge Anwendung ... 5
2. Verfassungsrechtlicher Anspruch auf Akteneinsicht außerhalb des Verwaltungsverfahrens ... 8
3. Verfassungsrechtliche Begrenzung des Anspruchs auf Akteneinsicht (Grundrechtskollision) ... 9
III. Anspruch auf Akteneinsicht (I) ... 12
1. Aktenführung ... 12
2. Begriff der Akte ... 14
3. Verpflichtete ... 17
4. Berechtigte ... 18
5. Rechtliches Interesse ... 19
6. Die Einsichtnahme ... 20
IV. Ausnahmen vom Anspruch auf Akteneinsicht (II) ... 21
1. Beeinträchtigung der Aufgabenerfüllung (II Var. 1) ... 22
2. Nachteile für Bund oder Land (II Var. 2) ... 23
3. Geheimhaltungsbedürftigkeit (II Var. 3) ... 26
a) Gesetzliche Geheimhaltungsbestimmungen ... 27
b) Privates Geheimhaltungsinteresse ... 28
V. Ort und Form der Akteneinsicht (III) ... 29
1. Ort der Akteneinsicht ... 29
2. Form der Akteneinsicht ... 30
VI. Folgen der Verletzung des Akteneinsichtsrechts und Rechtsbehelfe ... 32

I. Überblick

1 In § 29 I 1 wird den Beteiligten, hierzu→ § 13 Rn. 1, ein unmittelbarer Anspruch auf Akteneinsicht während eines laufenden Verwaltungsverfahrens eingeräumt, dem ein Ermessen der Behörde nicht entgegensteht. Gemäß § 29 I 1 gilt das Recht auf Akteneinsicht bis zum Abschluss des Verwal-

tungsverfahrens nicht für Entwürfe zu Entscheidungen sowie die Arbeiten zu ihrer unmittelbaren Vorbereitung. Erfasst sind damit Entscheidungsvorschläge einschließlich Beratungsprotokolle, soweit sie Entscheidungsvorschläge enthalten (BVerwG BeckRS 2022, 44984 Rn. 23). Gleichwohl ist die Behörde nach § 29 II berechtigt, die Akteneinsicht zu verweigern, wenn Rechte Dritter oder ein öffentliches Interesse an der Geheimhaltung bestehen. Der materielle Anspruch ist verfassungsrechtlich durch die Rechtsschutzgarantie des Art. 19 IV GG abgesichert (BVerfG NJW 2000, 1175 (1176)). Das Recht auf Akteneinsicht setzt allerdings voraus, dass überhaupt ein **Antrag auf Akteneinsicht** gestellt wurde (VGH Kassel BeckRS 2018, 30548). Akteneinsichtsrechte zielen ab auf eine im Ergebnis weitreichende Transparenz, öffentliche Kontrolle und Partizipation. Zahlreiche Gesetze, die über das verfahrensgebundene Akteneinsichtsrecht weitergehende Informationsrechte gewährleisten sowie die Vielzahl von Veröffentlichungen im Internet verringern das Bedürfnis für die Einsichtnahme nach § 29 I (MSU/Engel § 29 Rn. 132 ff.).

Das Recht auf Akteneinsicht ist ein wesentlicher Teil der im Rechtsstaat 2
unverzichtbaren Parteiöffentlichkeit des Verfahrens; es dient der **Selbstbestimmung des Bürgers** im Verwaltungsverfahren und stellt zur Wahrung wegen seiner personalen Würde sicher, nicht lediglich Objekt, sondern Subjekt des Verwaltungsverfahrens zu sein (VGH München NVwZ 1999, 889 (890); VGH München NVwZ 1990, 775 (777)). Die Akteneinsicht dient der Verwirklichung des rechtlichen Gehörs, der „Waffengleichheit" und der Verwirklichung eines **fairen Verfahrens** (BVerfG NVwZ 2010, 954 (955); BVerfG NJW 2004, 2887 (2887)). Darüber hinaus ist die Akteneinsicht in der Demokratie ein notwendiger Bestandteil der öffentlichen Kontrolle der Verwaltung und wesentliche Voraussetzung eines Vertrauensverhältnisses zwischen Bürger und Behörde (VGH München NVwZ 1999, 889 (890); BeckOK VwVfG/Herrmann § 29 Rn. 1; KR § 29 Rn. 3).

Im **Europarecht** ist das Akteneinsichtsrecht sowohl im Primär- als auch im 3
Sekundärrecht fixiert. Nach stRspr des EuGH gehören die Verteidigungsrechte, die den **Anspruch auf rechtliches Gehör und das Recht auf Akteneinsicht** umfassen, zu den Grundrechten, die Bestandteil der Unionsrechtsordnung **und** in der Charta verankert sind. Diese Rechte sind auch dann zu wahren, wenn die anwendbare Regelung solche Verfahrensrechte nicht ausdrücklich vorsieht (EuGH NVwZ 2019, 1664, (1668 Rn. 79); EuGH BeckRS 2014, 81993 (Rn. 32 mwN)). Als Ausdruck der **guten Verwaltung** wird das Recht auf Akteneinsicht in Art. 41 II der GrCh garantiert (KR § 29 Rn. 11), das allerdings **kein subjektives Recht** gegenüber den **Behörden in den Mitgliedstaaten** der EU gewährt (→ § 28 Rn. 3a f. mwN aus der Rspr. des EuGH). Im sekundären Unionsrecht konstituiert die **Transparenzverordnung** (EG Nr. 1049/2001) (abgedruckt in NJW 2001, 3172) ein Recht auf Zugang zu Dokumenten der Organe bzw. nach Art. 15 III AEUV der Einrichtungen und sonstigen Stellen der EU (EuGH NVwZ 2017, 1276; EuGH NVwZ 2008, 653 (654); KR § 29 Rn. 11a). **Schriftsätze der Mitgliedstaaten** im Rahmen eines Verfahrens vor dem EuGH werden von dem Anspruch auf Zugang erfasst (EuG NVwZ 2015, 801).

4 Unberührt von § 29 bleiben weitergehende Ansprüche auf Information und Einsicht aufgrund zunehmend ausdifferenzierter Gesetze (zu einem „Informationsfreiheitsgesetzbuch“, Rossi ZRP 2014, 201; KR § 29 Rn. 8, 45 ff.; BeckOK VwVfG/Herrmann § 29 Rn. 4.1), wie etwa dem allgemeinen **Informationsfreiheitsgesetz** – IFG – (hierzu: Schoch IFG Einleitung Rn. 121 ff.; Schoch ZGI 2023, 251 zu Betriebs- und Geschäftsgeheimnissen im Informationsfreiheitsrecht; VGH München DVBl 2009, 323; VG Berlin NVwZ 2009, 856; Schomerus/Tolkmitt NVwZ 2009, 568), dem **Umweltinformationsgesetz** – UIG – (hierzu: EuGH NVwZ 2012, 491; Sydow NVwZ 2008, 481), **Datenschutz-Grundverordnung** (BVerwG NJW 2023, 1079 – Anspruch auf Kopie der schriftlichen Prüfungsleistungen; EuGH NJW 2023, 973), dem **Verbraucherinformationsgesetz** – VIG – (MSU/Engel § 29 Rn. 105 ff.; Böhm/Lingenfelder/Voit NVwZ 2011, 198; Schoch NJW 2010, 2241) sowie dem **Geodatenzugangsgesetz** – GeoZG –, das der Umsetzung der INSPIRE-Richtlinie 2007/2/EG zur Schaffung einer Geodateninfrastruktur dient (MSU/Engel § 29 Rn. 112 ff.). Soweit Umweltinformationen betroffen sind, verdrängt das UIG als Spezialvorschrift das IFG (BPRS/Scheel IFG § 1 Rn. 133), tritt nach § 1 III IFG aber nicht hinter § 29 zurück. Ein lediglich auf „einschlägige Sachverständigengutachten“ **beschränktes Akteneinsichtsrecht** steht **anerkannten Naturschutzvereinen** iSv § 63 I BNatSchG in Planfeststellungsverfahren über Vorhaben zu, die mit Eingriffen in Natur und Landschaft im Sinne des § 14 BNatSchG verbunden sind (BeckOK VwVfG/Kämper § 72 Rn. 52).

4a In der **Steuerverwaltung** ist ein Akteneinsichtsrecht aus Praktikabilitätsgründen nicht eingeführt worden (OVG Schleswig NVwZ 2013, 810 (811)). Die Tatsache, dass in der **Abgabenordnung** eine ausdrückliche Regelung über die Gewährung von Akteneinsicht in Verwaltungsvorgänge aus abgeschlossenen oder laufenden Besteuerungsverfahren nicht enthalten ist, steht allerdings einem Anspruch auf Informationszugang nach dem **Informationszugangsgesetz** nicht entgegen (OVG Schleswig NVwZ 2013, 810 (813); BVerwG NZI 2012, 684 (685)).

4b Spezialgesetzliche Bestimmungen über das Akteneinsichtsrecht finden sich ua im **Soldatenrecht nach § 23a Abs. 1 WBO** (BVerwG BeckRS 2022, 44984 Rn. 26); BVerwG BeckRS 2015, 50621 Rn. 29, 30; BVerwG NVwZ-RR 2013, 885 (886)) und im **Kommunalrecht** (OVG Münster NVwZ-RR 2013, 730 (730) – Ratsmitglieder –). Ein Anspruch auf Überlassung der Akten in die Kanzlei eines Anwalts besteht im **Wehrbeschwerdeverfahren** nicht, die Entscheidung liegt vielmehr im Ermessen der Behörde. Da Personalakten nur bei der Bundeswehr eingesehen werden können, liegt es nahe, hiermit auch die Einsicht in die Verwaltungsakte zu verbinden. (BVerwG BeckRS 2015, 50621 Rn. 29, 30).

4c Die Gewährung von Akteneinsicht in einem anhängigen Verwaltungsverfahren und einem gerichtlichen Verfahren ist eine Verfahrenshandlung iSd § 44a S. 1 VwGO. Begehrt der unterlegene Bewerber bei einer **beamtenrechtlichen Beförderungskonkurrenz** Akteneinsicht in den Auswahlvorgang, um sein Vorgehen gegen die bereits erfolgten Ernennungen der Konkurrenten oder einen Schadensersatzanspruch wegen Nichtbeförderung besser begründen zu können, so ist die Verweigerung der Akteneinsicht durch die Behörde auch unter Berücksichtigung der besonderen Verfahrensgewährleistungen der Art. 19 IV 1 iVm Art. 33 II GG gem. § 44a S. 1 VwGO **nicht isoliert angreifbar** (BVerwG NVwZ 2017, 489 (490).

Im **kartellbehördlichen Bußgeldverfahren** richtet sich das Verfahrensrecht auf Akteneinsicht **nicht** nach § 29, sondern nach § 46 I OWiG iVm den Vorschriften der StPO (OLG Düsseldorf BeckRS 2019, 10053 (Rn. 37); BGH NJW 2014, 1194). Die durch das GWB-Digitalisierungsgesetz eingeführten Regelungen über den Zugang zu verfahrensbezogenen **Informationen der Kartellbehörden** in § 56 Abs. 3 bis 5 GWB gehen dem Informationsfreiheitsgesetz nach § 1 Abs. 3 IFG vor (OVG NRW ZGI 2024, 73 Ls. 1 = BeckRS 2024, 1659.). 4d

Einsicht in die Akten des Auswahlverfahren für den **Abschluss eines Gaskonzessionsvertrags** ergibt sich nicht aus § 29, denn es handelt sich bei der Konzessionsvergabe um kein Verwaltungsverfahren. Die Herrschaft der **Gemeinden** über ihr Wegenetz beruht auf ihrer Eigentümerposition, Wegenetzverträge sind daher privatrechtlicher Natur (OLG Dresden BeckRS 2018, 39313 (Rn. 25 mwN). Für den Anspruch des Altkonzessionärs auf Einsicht in die von der Gemeinde geführten Akten im Verfahren auf Abschluss eines neuen Konzessionsvertrages ist der Rechtsweg zu den Gerichten der ordentlichen Gerichtsbarkeit gegeben (BVerwG NVwZ 2017, 329 (330)). Der Anspruch auf Akteneinsicht ist insoweit bürgerlich-rechtliche Natur und als **akzessorischer Auskunftsanspruch** teilt er die privatrechtliche Natur der Ansprüche aus § 46 II bis IV EnWG (BVerwG NVwZ 2017, 329 (330)). 4e

II. Sachlicher Anwendungsbereich

1. Unmittelbare und analoge Anwendung

Das Akteneinsichtsrecht der Beteiligten nach § 29 ist zeitlich und sachlich gleichermaßen auf das anhängige Verwaltungsverfahren nach § 9 beschränkt (KR § 29 Rn. 4). Ist das Verfahren beendet, scheidet ein unmittelbarer Anspruch auf Einsicht aus (VG Karlsruhe GRUR-RS 2023, 35609 Rn. 55 – Tests für Medizinische Studiengänge). Verfahren, die nicht mit einem VA abgeschlossen werden, wie zB die Bescheidung einer Dienstaufsichtsbeschwerde, eröffnen keinen Anspruch nach § 29 I (OVG Berlin-Brandenburg NVwZ-RR 2011, 244 (245)). Der Verkauf bundeseigener Grundstücke auf der Grundlage eines Bieterverfahrens durch die Bundesanstalt für Immobilienaufgaben stellt keine öffentlich-rechtliche Verwaltungstätigkeit dar und schließt damit einen Anspruch auf Akteneinsicht zumindest nach § 29 I aus (BVerwG BeckRS 2015, 41921 Rn. 6). Mangels Beteiligtenstatus hat ein Aktionär einer Zielgesellschaft keinen Anspruch auf Einsicht in die Akten der BaFin, was einen Anspruch nach dem IFG nicht ausschließt (OLG Frankfurt a. M. NZG 2015, 230 (231 f.)). 5

Der Anspruch eines Beteiligten entsteht mit Beginn des auf den Erlass eines VA oder den Abschluss eines öffentlich-rechtlichen Vertrags gerichteten Ver- 5a waltungsverfahrens (§§ 9,22) und erlischt mit Abschluss des Verfahrens (SBS/Kallerhoff § 29 Rn. 1). Der Zeitpunkt des Verfahrensabschlusses wird mit Bekanntgabe des VA bzw. durch den Zeitpunkt des Vertragsschlusses markiert (OVG Münster NJW 2005, 2028 (1028); OLG Frankfurt a. M. NJW-RR 2004, 1194 (1194); SBS/Kallerhoff § 29 Rn. 38). **Vor Beginn** des Verfahrens und **nach dessen Ende** besteht der Akteneinsichtsanspruch nicht; er wird auch nicht dadurch aktiviert, dass zu dieser Zeit ein Antrag mit dem Hinweis gestellt wird, nun läge ein Verfahren vor, das ein Einsichtsrecht begründe (BVerwG NVwZ 1984, 445 (445,446)). Es bleibt dann nur ein Anspruch auf **ermessensfehlerfreie Entscheidung** über ein Akteneinsichtsgesuch (BeckOK VwVfG/Herrmann § 29 Rn. 7; SBS/Kallerhoff § 29 Rn. 38).

6 Ein über die Regelung des § 29 bzw. über den Regelungsbereich spezialgesetzlicher Normen hinausgehender Rechtsanspruch auf Akteneinsicht besteht grundsätzlich nicht (OVG Münster NJW 2005, 2028 (2030); BVerwG NJW 1985, 1234 (1235); BVerwG NJW 1984, 2590 (2590)). Der **verfahrensakzessorische Einsichtsanspruch** im **Planfeststellungsrecht** aus § 72 I Hs. 2 iVm § 29 I umfasst nicht die Akteneinsicht in die **nicht anonymisierte Stellungnahme** der Anhörungsbehörde nach § 73 IX, wenn die Einsichtnahme nur dazu dienen soll, anhand der **personenbezogenen Daten** von Einwendern geeignete Betroffene als Kläger gegen den zu erlassenden Planfeststellungsbeschluss zu identifizieren (BVerwG BeckRS 2019, 26733 Rn. 7 –10). Ein Recht auf Akteneinsicht nach den allgemeinen Grundsätzen des Verwaltungsverfahrens nach pflichtgemäßem Ermessen kann jedoch dann in Betracht kommen, wenn der Anspruchsteller ein **berechtigtes Interesse** hieran geltend macht (BVerwG BeckRS 2021, 3727 Rn. 23; VGH München NVwZ 1989, 266; BVerwG NJW 1984, 2590 (2590)). Das berechtigte Interesse setzt in der Regel voraus, dass zwischen dem Anspruchsteller und der Behörde eine **konkrete Rechtsbeziehung** besteht oder bestand, für die Akteneinsicht oder Auskunft begehrt wird (VGH Mannheim BeckRS 2009, 37826; BVerwGE 69, 278 (279 ff.); VGH Mannheim NJW 1996, 613 (613) mwN).

7 Ein **rechtliches Interesse** eines Beteiligten ist gegeben, wenn die Einsichtnahme dem Zwecke dient, die Voraussetzungen für ein rechtlich relevantes Verhalten nach dem Ergebnis der Einsichtnahme zu klären oder eine gesicherte Grundlage für die Verfolgung eines Anspruchs zu schaffen (BT-Drs. 7/910, 53). Liegt ein berechtigtes Interesse vor, hat die Behörde nach **pflichtgemäßem Ermessen** Akteneinsicht zu gewähren und dabei so viel an Informationen aus dem Akteninhalt zu geben, dass unter Berücksichtigung des Grundprinzips des rechtsstaatlichen, fairen Verfahrens eine beiderseits sachgerechte Interessenwahrung möglich ist. Das berechtigte Interesse ist glaubhaft zu machen. Die Kenntnis des Akteninhalts muss zudem **Voraussetzung** für eine wirksame Rechtsverfolgung sein (VGH München NVwZ 1999, 889 (890); OVG Münster NJW 1998, 3659 (3660)).

2. Verfassungsrechtlicher Anspruch auf Akteneinsicht außerhalb des Verwaltungsverfahrens

Ein verfassungsunmittelbarer Anspruch auf Akteneinsicht wurde erst in jüngerer Zeit anerkannt (BVerwG NJW 2003, 2696 (2697)). Das Grundrecht aus Art. 12 I GG kann es einer Behörde gebieten, bereits im Vorfeld eines Verwaltungsverfahrens und damit unabhängig von einer verwaltungsverfahrensrechtlichen Beteiligtenstellung einem potenziellen Verfahrensbeteiligten Informationen zur Verfügung zu stellen, welcher dieser bedarf, um sachgerecht die Frage zu prüfen und entscheiden zu können, ob und in welchem Umfang er sich im Rahmen des Wettbewerbs um eine behördliche Genehmigung (Konzession) bewirbt (BVerwG NVwZ 2003, 1114 (1114)). Zu den Grenzen des **verfassungsunmittelbaren Anspruchs auf Informationen** hat das BVerwG ausgeführt, „dass sich ein Anspruch der vorbezeichneten Art nur auf Informationen beziehen kann, über die eine Behörde befugtermaßen und in dem Sinne ausschließlich verfügt, dass der Anspruchsteller sie sich nicht mit zumutbaren Anstrengungen auf anderweitige Weise verschaffen kann“. Nicht erfasst werden „solche Informationen, deren Preisgabe die berechtigten Interessen anderer Bewerber in nicht vertretbarer Weise beeinträchtigen würde. Denn auch diese anderen Bewerber können sich – wie die Kl. – auf ihren Grundrechtsschutz und die staatliche Pflicht berufen, für eine den Grundrechtsschutz effektuierende Organisations- und Verfahrensgestaltung zu sorgen“ (BVerwG NVwZ 2003, 1114 (1116); BVerwG NJW 1989, 2960 (2960)). Ein verfassungsunmittelbarer Anspruch auf Akteneinsicht zu Forschungszwecken existiert hingegen nicht (BVerwG NJW 1986, 1277 (1277)). 8

Die zur Vorbereitung eines **Kartellschadensersatzprozesses** begehrte Akteneinsicht dient dem vom Gesetzgeber auch im Bereich von **§ 32b GWB** verfolgten Zweck der verbesserten Durchsetzung der Wettbewerbsregeln mit dem Mittel zivilrechtlicher Schadensersatzansprüche (BGH BeckRS 2015, 16152 Rn. 30). Das gilt in besonderem Maße im Fall einer Beendigung eines **Kartellverwaltungsverfahrens** nach § 32b GWB. Wer ein eigenes, gewichtiges und auf andere Weise nicht zu befriedigendes Interesse an der Einsicht in Akten der Kartellbehörde geltend macht, kann daher einen Anspruch auf ermessensfehlerfreie Entscheidung über ein außerhalb des Anwendungsbereichs von § 29 liegendes und im pflichtgemäßen Ermessen der Behörde stehendes Akteneinsichtsrecht in einem Kartellverfahren haben (BGH BeckRS 2015, 16152 (Ls.); BVerwG NJW 1990, 2761, (2762); zur Akteneinsicht in Österreich vgl. Oberster Gerichtshof als Kartellobergericht GRUR Int. 2015, 502 (505)). 8a

3. Verfassungsrechtliche Begrenzung des Anspruchs auf Akteneinsicht (Grundrechtskollision)

Das Grundrecht auf informationelle Selbstbestimmung (BVerfG NJW 2007, 753 (754); BVerfG NJW 1984, 419 (422)) gewährleistet die Befugnis des Einzelnen, über die Preisgabe und Verwendung seiner persönlichen Daten grundsätzlich selbst zu bestimmen (BVerfGE 65, 1 (43); 78, 77 (84); 80, 367 9

(373)). Das **Recht auf informationelle Selbstbestimmung** kann den Anspruch auf Akteneinsicht einschränken oder – je nach Sachlage – auch erweitern (BVerwG NVwZ 2008, 580 (582); SBS/Kallerhoff § 29 Rn. 12). Die Erteilung von Auskünften aus Verfahrensakten oder die Gewährung von Akteneinsicht stellt einen Eingriff in das Recht auf informationelle Selbstbestimmung solcher Personen dar, deren personenbezogene Daten auf diese Weise zugänglich gemacht werden (BVerfG BeckRS 2009, 32753; BVerfG NJW 2007, 1052; BVerfG NJW 2003, 501 (502)). Erforderlich ist eine Güterabwägung.

10 Die schutzwürdigen Interessen dieser Personen mit Blick auf Gesundheitszustand, Einkommen und weitere private, der Geheimhaltung unterliegende Verhältnisse (KR § 29 Rn. 38), können der Gewährung von Akteneinsicht entgegenstehen oder es erforderlich machen, den **Zugang zu den Daten** angemessen zu beschränken (BVerfG BeckRS 2009, 32753; BVerfG NJW 2007,1052). Wird durch die Gewährung der Akteneinsicht in Grundrechte Betroffener eingegriffen, sind diese in der Regel anzuhören (BVerfG BeckRS 2009, 32753; BVerfG NJW 2007, 1052; BVerfG NStZ-RR 2005, 242 mwN).

11 Auch kann der Schutz der Sozialdaten eines Informanten das Interesse auf Akteneinsicht übersteigen. Eine Preisgabe des Namens eines Behördeninformanten an den betreffenden Leistungsempfänger im Wege der Akteneinsicht oder Auskunftserteilung sind durch das **Sozialdatengeheimnis** (entsprechend der Rspr des BFH zum Steuergeheimnis) geschützt (BVerwG NJW 2004, 1543 (1544)).

III. Anspruch auf Akteneinsicht (I)

1. Aktenführung

12 Das Recht der Akteneinsicht wäre entwertet, würden die Behörden keine oder nur unvollständig Akten führen. Ein Anspruch auf Akteneinsicht – gleich ob nach § 29 oder aufgrund pflichtgemäßen Ermessens und berechtigtem Interesse – setzt stets voraus, dass die Behörde ihrer im Rechtsstaatsprinzip wurzelnden Verpflichtung zur **vollständigen** und **wahrheitsgemäßen Führung der Akten** nachkommt (VGH Mannheim NVwZ-RR 1996, 27 (28); BVerwG NVwZ 1988, 621 (622); MSU/Engel § 29 Rn. 35; KR § 29 Rn. 1a). Der den Behörden obliegende Gesetzesvollzug (Art. 20 III GG) ist nicht ohne eine Dokumentation der einzelnen Verwaltungsvorgänge denkbar, die das bisherige sachbezogene Geschehen sowie mögliche Erkenntnisquellen für das künftig in Frage kommende behördliche Handeln enthält; dies macht die Führung von Akten erforderlich, ohne dass dies eines ausdrücklichen Ausspruchs im Gesetz bedürfte (BVerwG NVwZ 1988, 621 (622); BVerfG, NJW 1983, 2135 (2135); VGH Mannheim NVwZ-RR 2015, 161 (166); OVG Greifswald NVwZ 2002, 104 (106)). Für Handeln von **Regierungen** gelten diese für Verwaltungshandeln von Behörden entwickelten Grundsätze ebenso. Das Handeln der Regierung, vor allem außerhalb von Gesetzgebungs-

verfahren kann Verwaltungstätigkeit sein (VGH Mannheim NVwZ-RR 2015, 161 (166)). Die Pflicht der Behörden zur vollständigen Aktenführung steht nicht nur einer Hintanhaltung von Informationen und Wertungen zB in Nebenakten, sondern auch deren Entfernung aus den Akten entgegen, wenn sie erst einmal rechtmäßig dort hingelangt sind (BVerfG NJW 1983, 2135 (2135)). Akten dürfen zulässigerweise vernichtet werden (zB § 113 BBG) oder sind zu archivieren (MSU/Engel § 29 Rn. 38). Nach der Übertragung in elektronische Dokumente sollen Papierdokumente vernichtet werden (§ 7 II EGovG).

Eine prima facie ordnungsgemäß geführte Akte hat grundsätzlich die (wi- 13
derlegbare) **Vermutung der Vollständigkeit** und **Richtigkei**t für sich, hingegen kann eine nicht ordnungsgemäße Aktenführung **die Beweislast** umkehren (OVG Greifswald NVwZ 2002, 104 (106)). **Welche Vorgänge** als wesentlich zu dokumentieren sind, ergibt sich für die entscheidungsbefugte Behörde aus dem jeweiligen zugrunde liegenden materiellen und formellen Recht. Bei **Auswahl- und Verwendungsentscheidungen** sind die wesentlichen der Entscheidung zugrunde liegenden **Auswahlerwägungen** so zu dokumentieren, dass eine gerichtliche Kontrolle der Entscheidung – insbesondere auch darauf, ob diese ermessens- und beurteilungsfehlerfrei ergangen ist – möglich ist (BVerwG NVwZ-RR 2009, 604 (606)).

2. Begriff der Akte

Der Gegenstand des auf Einsicht gerichteten Anspruchs ist auf „Akten“ 14
bezogen; aber nicht alle Akten, sondern nur die „das Verfahren betreffenden Akten“, also solche Akten, die im Laufe des Verfahrens angelegt bzw. entstanden sind. Die Einschränkung des Aktenbegriffs hat zur Folge, dass zB allgemeine Berichte, Verwaltungsvorschriften, Parallel- oder Musterfälle dem Einsichtsrecht nicht unterliegen (BVerwG NJW 1981, 535 (537); KR § 29 Rn. 12). Die Behörde kann aber nach pflichtgemäßem Ermessen Akteneinsicht gewähren. Insofern verbleibt dem Einsicht Begehrenden zumindest ein subjektives Recht auf fehlerfreie Ausübung des Ermessens, sofern nicht weitere konkurrierende Ansprüche gegeben sind.

Zu den **Akten** zählen sämtliche, das Verfahren konkretisierende Unterla- 15
gen, unabhängig von der jeweiligen **physikalischen Beschaffenheit** des Datenträgers (Siegel NVwZ 2023 193, 196 zur E-Akte)) oder deren Bezeichnung, wie zB Schriftsätze, Gutachten, Aktenvermerke, Randbemerkungen zu Schriftsätzen, Prüfungsaufgaben, Fotos, Karten, Filme, Ton- und Videobänder, Mikrofiches, Mikrofilme (KR § 29 Rn. 13a), **elektronisch gespeicherte Dokumente,** wie zB E-Mails, PDF-Dokumente, Disketten, CDs, DVDs, USB-Sticks, Festplatten, auch virtuelle im Internet gespeicherte Dateien etc. Abgestellt wird auf einen **materiellen Aktenbegriff** (SBS/Kallerhoff § 29 Rn. 7; KR § 29 Rn. 13), wonach alle Unterlagen erfasst werden, gleichgültig ob sie etwa in einem Ordner zusammengefasst sind oder auch auf andere Vorgänge verteilt sind. Hierzu gehören auch sog **„Hybrid-Akten“,** die teils elektronisch, teils papiergebunden geführt werden sowie „Dokumentenmappen“ (VG Karlsruhe NVwZ-RR 2023, 465; Berlit NVwZ 2015, 197 (198)).

Das Recht auf Akteneinsicht erstreckt sich auch auf beigezogene Akten anderer Behörden, auf **Gerichtsakten** (KR § 29 Rn. 12; SBS/Kallerhoff § 29 Rn. 10; BeckOK VwVfG/Herrmann § 29 Rn. 10), auf die **Handakten** (VG Göttingen BeckRS 2009, 32922) und selbstverständlich auch auf „Schattenakten" (Bohl NVwZ 2005, 133 (134)). Nur es besteht kein Anspruch eines Beteiligten auf erstmalige **Beiziehung von Akten** anderer Behörden (KR § 29 Rn. 14). Zu prüfen bleibt von der über die Akteneinsicht zu entscheidenden und insoweit ausschließlich zuständigen Behörde, ob zB Rechte Dritter, insbesondere auf informationelle Selbstbestimmung, berechtigte Geheimhaltungsinteressen oder Ähnliches eine Einsicht beschränken oder ausschließen. Entscheidungsentwürfe, Skizzen, Formulierungsentwürfe etc sind vom Einsichtsrecht ausgeschlossen (§ 29 I 2).

16 Bei **elektronisch geführten Akten** des Bundes nach § 6 EGovG sollen die Grundsätze ordnungsgemäßer Aktenführung eingehalten werden. Die Behörden des Bundes, die Akten elektronisch führen, gewähren Akteneinsicht dadurch, dass sie einen Aktenausdruck zur Verfügung stellen, die elektronischen Dokumente auf einem Bildschirm wiedergeben, elektronische Dokumente übermitteln oder den elektronischen Zugriff auf den Inhalt der Akten gestatten (§ 8 EGovG). Im Übrigen gibt es für das Recht auf Akteneinsicht in elektronisch geführte Akten keinen Unterschied (SBS/Kallerhoff § 29 Rn. 8; MSU/Engel § 29 Rn. 42).

3. Verpflichtete

17 Anspruchsverpflichtet und damit zuständig ist die jeweils das Verwaltungsverfahren betreibende **aktenführende Behörde,** dh diejenige Behörde, die die rechtliche Verfügungsbefugnis über die verfahrensrelevanten Informationen hat, unabhängig von dem konkreten Aufbewahrungsort der Akten, die auch dann das Verfahren betreffende Akten bleiben, wenn sie zwischenzeitlich an Aufsichtsbehörden, Gerichte oder Staatsanwaltschaften weitergeleitet wurden (OVG Münster NVwZ-RR 2004, 169 (169); SBS/Kallerhoff § 29 Rn. 9).

4. Berechtigte

18 Nur **Beteiligte** (§ 13) sind berechtigt, Akteneinsicht nach § 29 zu begehren. Soweit die Beteiligten einen Bevollmächtigen bestellt haben, sind auch die Bevollmächtigten befugt, Akteneinsicht zu nehmen; das den Beteiligten zustehende originäre Recht der Akteneinsicht wird dadurch nicht beeinträchtigt. In sog Massenverfahren ist das Akteneinsichtsrecht gem. § 29 I 3 auf die nach den §§ 17 und 18 bestellten **Bevollmächtigten** begrenzt. Nur in diesem Fall haben die Vertretenen keinen eigenen Anspruch auf Akteneinsicht neben ihrem Bevollmächtigten. Rechtsanwälte haben nur aufgrund ihrer Stellung als Organ der Rechtspflege grds **kein eigenes Recht** auf Akteneinsicht in Verwaltungsverfahren (BVerwG NJW 1984, 2590 (2590)). Entsprechendes gilt für **Vereine,** die in Sachen ihrer Mitglieder vertretend oder beratend tätig sind (BVerwG NJW 1985, 1234 (1234)). Personen, die nicht

Beteiligte sind, können nach pflichtgemäßem Ermessen Einsicht in analoger Anwendung nehmen, sofern Rechte Dritter nicht entgegenstehen; die Behörde kann im Einzelfall die Personen zu dem Verfahren hinzuziehen und sie dadurch zu Beteiligten machen (KR § 29 Rn. 21).

5. Rechtliches Interesse

§ 29 I 1 gewährt einen Anspruch auf Akteneinsicht nur, soweit die Kenntnis der Akten zur **Geltendmachung oder Verteidigung** der rechtlichen **Interessen** des Beteiligten erforderlich ist. Ein rechtliches Interesse ist vor allem dann gegeben, wenn die Einsichtnahme bezweckt, eine tatsächliche Unsicherheit über ein Rechtsverhältnis zu klären, ein rechtlich relevantes Verhalten nach dem Ergebnis der Einsichtnahme zu regeln oder eine gesicherte Grundlage für die Verfolgung eines Anspruchs zu erhalten (OLG Frankfurt a. M. NJW-RR 2004, 1194 (1195)). Das rechtliche Interesse setzt eine ausdrückliche oder sinngemäße Anerkennung einer geschützten zivilrechtlichen oder öffentlich-rechtlichen Rechtsposition in der Rechtsordnung voraus (SBS/Kallerhoff § 29 Rn. 47). Für die Gewährung der Akteneinsicht reicht es aus, dass das geltend gemachte rechtliche Interesse bei überschlägiger Prüfung nicht offensichtlich rechtsmissbräuchlich wahrgenommen wird und ohne die Akteneinsicht eine Beeinträchtigung rechtlicher Interessen möglich (nicht etwa sicher oder wahrscheinlich) erscheint (VGH Mannheim NJW 1984, 1911 (1912); SBS/Kallerhoff § 29 Rn. 48). Beschränkungen auf einen Teil der Akten ist möglich, wie dem Wortlaut nach § 29 I 1 entnehmbar ist („soweit"). 19

6. Die Einsichtnahme

Gelegenheit zum Studium der Akten und zur Anfertigung von Notizen und Auszügen aus ihnen, ist als das nicht mehr unterschreitbare Mindestmaß einer Einsichtnahme zu gewähren. Fotokopien können auf Kosten des Beteiligten erstellt werden. 20

IV. Ausnahmen vom Anspruch auf Akteneinsicht (II)

Die Behörde ist nach § 29 II in drei abschließend bestimmten und restriktiv zu handhabenden Ausnahmen berechtigt (KR § 29 Rn. 24), die Akteneinsicht teilweise („soweit") oder vollständig zu verweigern. Die Behörde hat nach pflichtgemäßer Ermessensausübung die **widerstreitenden Belange abzuwägen,** wobei Grundrechte Dritter an der Geheimhaltung, sei es aus persönlichen Gründen oder um Betriebs- und Geschäftsgeheimnisse zu schützen, besonderes Gewicht erlangen (VGH München NVwZ 1990, 775 (778)). 21

1. Beeinträchtigung der Aufgabenerfüllung (II Var. 1)

Soweit durch die Akteneinsicht die ordnungsgemäße Erfüllung der Aufgaben der Behörde beeinträchtigt würde, kann die Einsicht verweigert werden. Die 22

Funktionsfähigkeit der Behörde wird insoweit vor **übermäßiger Belastung** durch Akteneinsichtsverlangen geschützt (BT-Drs. 7/910, 53; KR § 29 Rn. 28). Zureichende Gründe liegen noch nicht in einer übermäßigen Benutzung der Diensträume, einer zusätzlichen Belastung des Personals oder eine in Kauf zu nehmende Verzögerung des Verfahrens begründet. Die Beeinträchtigung muss von schwerwiegendem, erheblichem Gewicht sein, so dass die **Funktionsfähigkeit** der Behörde in Frage gestellt wird (Ziekow § 29 Rn. 9). Auch die Beeinträchtigung des Verfahrensziels kann zB im Vollstreckungs- und Polizeirecht die Verweigerung rechtfertigen, damit Anlass und Zweck eines Verfahrens gegenüber den Beteiligten zunächst verborgen bleibt (BT-Drs. 7/910, 53; KR § 29 Rn. 30).

2. Nachteile für Bund oder Land (II Var. 2)

23 Soweit das Bekanntwerden des Inhalts der Akten dem Wohl des Bundes oder eines Landes Nachteile (→ § 5 Rn. 13; § 84 III) bereiten würde, ist die Behörde nicht zur Akteneinsicht verpflichtet. Diese Regelung entspricht § 99 I 2 VwGO. Das in § 99 II VwGO normierte **„in camera"-Verfahren** ist allerdings nicht auf das Verwaltungsverfahren übertragbar (BVerwG NVwZ 2004, 485 (486); BVerwG NVwZ 2004, 105 (106); SBS/Kallerhoff § 29 Rn. 63; Ohlenburg NVwZ 2005, 15 (18); dazu auch BVerwGE 127, 282). Für den Fall, dass sich die Behörde auf die Geheimhaltungsbedürftigkeit oder Vertraulichkeit von Akten oder Aktenbestandteilen beruft, ist nur dann die Vorlage einer Sperrerklärung erforderlich und ein Antrag nach § 99 II VwGO zulässig, wenn das Gericht der Hauptsache die Entscheidungserheblichkeit der begehrten Unterlagen – grundsätzlich in Form eines Beweisbeschlusses oder einer vergleichbaren Äußerung – festgestellt hat (VGH Kassel BeckRS 2013, 45086).

24 Geschützt ist das Wohl des Bundes oder eines Landes als Körperschaft vor existentiellen Beeinträchtigungen des Bestandes und der Funktionsfähigkeit seiner integralen Institutionen (Ziekow § 29 Rn. 11). Das Wohl des Bundes oder Landes umfasst vor allem die äußere oder innere Sicherheit, ferner die Beeinträchtigung des freundschaftlichen Verhältnisses zu anderen Staaten oder supranationalen Organisationen.

25 Das Wohl des Bundes oder eines Landes kann auch dann Nachteile erleiden, wenn und soweit das Bekanntwerden des Akteninhalts die Erfüllung der Aufgaben der Verfassungsschutzbehörden oder anderer Sicherheitsdienste erschweren oder Leben, Gesundheit oder Freiheit von Personen gefährden würde (BVerwG BeckRS 2009, 32666 Rn. 7; BVerwG NVwZ-RR 1997, 133 (135); dazu auch BVerwGE 117, 8). Sofern das Bekanntwerden eines zurückgehaltenen Dokuments dem Wohl des Bundes oder dem Land einen Nachteil bereitet, ist ihre Geheimhaltung ein **legitimes Anliegen** des Gemeinwohls (BVerwG BeckRS 2009, 32666 (Rn. 7). Fiskalische Interessen genügen in der Regel nur dann, wenn die Funktionsfähigkeit des Staates in Frage gestellt wird (SBS/Kallerhoff § 29 Rn. 63; BeckOK VwVfG/Herrmann § 29 Rn. 25). Ob die Voraussetzungen für die Annahme eines Nachteils gegeben sind, unterliegt **voller gerichtlicher Überprüfung** (VGH

München NVwZ 1990, 775 (775); KR § 29 Rn. 34). In ihrer Ablehnungsentscheidung hat die Behörde ihre Wertung der Umstände, die die Geheimhaltungsbedürftigkeit begründen, so einleuchtend darzulegen, dass sie unter Berücksichtigung rechtsstaatlicher Belange als triftig anerkannt werden können (BVerwG NVwZ 1983, 407).

3. Geheimhaltungsbedürftigkeit (II Var. 3)

Die Akteneinsicht kann verwehrt werden, wenn die Vorgänge geheimhaltungsbedürftig sind (identisch, aber lex specialis § 5 II Nr. 2; ähnlich § 99 I 2 VwGO). Die besondere Erwähnung berechtigter Interessen Beteiligter oder Dritter dienen („namentlich") lediglich der Klarstellung (KR § 29 Rn. 36; BeckOK VwVfG/Herrmann § 29 Rn. 27). Ergänzt wird die Regelung durch § 30, der einen eigenständigen Rechtsanspruch auf Wahrung der Geheimnisse eines Beteiligten gewährt. 26

a) Gesetzliche Geheimhaltungsbestimmungen

Das besondere Interesse an Geheimhaltung zeigt sich in spezialgesetzlichen Normen, die eine Akteneinsicht ausschließen, wie zB bei § 30 AO (Steuergeheimnis, OLG Celle NJW 1990, 1802 (1802)), § 16 BStatG (Geheimhaltung statistischer Angaben), § 139b I 3 GewO (Geheimhaltungsverpflichtung der Gewerbeaufsichtsbehörde), § 9 KWG (Verschwiegenheitspflicht der bei der Bundesanstalt beschäftigten Personen), § 39 PostG (Postgeheimnis) und §§ 67 ff. SGB X (Sozialdatenschutz, BVerwG NJW 2004, 1543 (1544)), § 5 BDSG (Datengeheimnis), auch sofern ein Auskunftsverbot besteht (BeckOK VwVfG/Herrmann § 29 Rn. 28; KR § 29 Rn. 37a). **Öffentliche Geheimhaltungsinteressen** erschließen sich aus dem Wesen eines Vorgangs, aus charakteristischen besonderen Umständen, die die staatliche Schutzverpflichtung gegenüber der Menschenwürde, von Leib und Leben, Persönlichkeitsrechten sowie berechtigte Vermögensinteressen oder sonstige schutzwürdige Interessen Dritter hervorheben (KR § 29 Rn. 37; BeckOK VwVfG/Herrmann § 29 Rn. 31). Geheimhaltungsinteressen stehen einer Akteneinsicht hingegen nicht entgegen, wenn es etwa um die **Personalakten eines Beamten** geht, die ein Mitbewerber um einen Beförderungsposten einsehen möchte und in denen auch Angaben bezüglich anderer Bewerber enthalten sind (BVerwG NJW 1976, 204 (205)). **Prüfungsakten** gehören ebenfalls nicht zu den ihrem Wesen nach geheim zu haltenden Unterlagen (BVerwG NVwZ 1994, 1209 (1212); NJW 1993, 681 (683); KR § 29 Rn. 37b). 27

b) Privates Geheimhaltungsinteresse

Private Geheimhaltungsinteressen sind zu berücksichtigen (KR § 29 Rn. 38; BeckOK VwVfG/Herrmann § 29 Rn. 32), zB bei Informationen über den Gesundheitszustand von Personen (hierzu BGH NJW 1989, 764) oder Krankenunterlagen (BVerfG NJW 2006, 1116 (1116)), die Verhältnisse geschiedener Eheleute (hierzu BFH DStR 1991, 1149), familiengerichtliche Akten betreffend der Entziehung der elterlichen Sorge (hierzu OLG Hamm 28

NJW-RR 2009, 420) sowie Einkommens- und Vermögensverhältnisse (hierzu BGH NJW 1984, 740). Die Geheimhaltung von **Betriebs- und Geschäftsgeheimnissen** ist in der Praxis von besonderer Bedeutung. Hierunter werden alle auf ein Unternehmen bezogene Tatsachen, Umstände und Vorgänge verstanden, die nicht offenkundig, sondern nur einem begrenzten Personenkreis zugänglich sind und an deren Nichtverbreitung der Rechtsträger ein berechtigtes Interesse hat. Betriebsgeheimnisse umfassen im Wesentlichen **technisches Wissen** im weitesten Sinne; **Geschäftsgeheimnisse** betreffen vornehmlich **kaufmännisches Wissen** (OVG Münster NVwZ 2009, 475 (476); EuGH NVwZ 2008, 651 (651); BVerfG NVwZ 2006, 1041 (10412), wozu auch Unterlagen über Kreditwürdigkeit, Kalkulationen, Erträge, Kundenbeziehungen, Bezugsquellen und Marktstrategien zählen (OVG Lüneburg NVwZ 2003, 629 (630).

V. Ort und Form der Akteneinsicht (III)

1. Ort der Akteneinsicht

29 Grundsätzlich erfolgt die Akteneinsicht in den Amtsräumen der Behörde, die die Akten führt (§ 29 III 1). Die Behörde kann nach pflichtgemäßem Ermessen Ausnahmen zulassen und die Akten an einen anderen Ort überstellen, zB in die Kanzlei eines Rechtsanwalts (VGH München NVwZ-RR 1998, 686 (687)) oder an eine geeignete andere Behörde, die dem Wohn- oder Aufenthaltsort des Beteiligten bzw. dem Sitz des Bevollmächtigten (§ 14) näher liegt (SBS/Kallerhoff § 29 Rn. 79).

29a Beantragt ein Rechtsanwalt, Akteneinsicht im Wege der Zusendung der Akten an seine **Kanzlei** zu gewähren, erfolgt die Versendung als zusätzliche Leistung der Behörde oder des Gerichts. Diese öffentliche Leistung wird im Interesse und auf Veranlassung des Rechtsanwalts erbracht, wobei der ihm selbst hierdurch gewährte Vorteil (Arbeitserleichterung) die **Erhebung einer Gebühr** rechtfertigt. Für die Übersendung von Verwaltungsakten ist Gebührenschuldner der **Rechtsanwalt selbst** und nicht sein Mandant, in dessen Namen und Vollmacht er tätig wird (VGH Mannheim BeckRS 2013, 58187). Das Einklagen einer bestimmten Form von Akteneinsicht bezogen auf ein laufendes und noch nicht abgeschlossenes Verwaltungsverfahren ist nicht zulässig. Nach der Vorschrift des § 44a VwGO können Rechtsbehelfe gegen behördliche Verfahrenshandlungen nur gleichzeitig mit den gegen die Sachentscheidung zulässigen Rechtsbehelfen geltend gemacht werden (VG Gießen NVwZ-RR 2011, 271 (271)).

29b Nach III 2 sind die Behörden ferner befugt, die Einsicht auch bei einer anderen Behörde im Wege der Amtshilfe oder bei einer diplomatischen oder berufskonsularischen Vertretung der Bundesrepublik Deutschland nach pflichtgemäßem Ermessen zu gewähren (Ziekow § 29 Rn. 16; KR § 29 Rn. 40). Obgleich die Behörde einen größtmöglichen Handlungsspielraum (SBS/Kallerhoff § 29 Rn. 83) bei der Zulassung von Ausnahmen hat, besteht unter Berücksichtigung des Schutzes und der Funktionsfähigkeit von Personalakten kein Anspruch auf Überlassung von **Personalakten** in die Kanzleiräume eines Rechtsanwalts (OVG Münster NJW 1980, 722 (722)). Die Ausübung des Rechts auf Akteneinsicht darf durch Entscheidungen der Behörde aber nicht unzumutbar erschwert werden (Ziekow § 29 Rn. 16).

2. Form der Akteneinsicht

Die Behörde bestimmt, in welcher Weise Einsicht in die Akten genommen werden kann, insbesondere bei elektronischen Akten (Bachmann/Pavlitschko MMR 2004, 370 (370)). Je nach Lage kann Aufsicht eines Behördenmitarbeiters erforderlich sein. Die Zeit für die Durchsicht der Akte und ggf. für die Anfertigung von Notizen ist ausreichend zu bemessen (BeckOK VwVfG/Herrmann § 29 Rn. 24). Die Herstellung von **Abschriften und Ablichtungen** von Akten und Aktenteilen gegen Kostenerstattung steht im Ermessen der Behörde (anders in § 25 V SGB X). Der Berechtigte hat grundsätzlich Anspruch auf Auszüge oder Überlassung von Kopien. Letzteres besonders dann, wenn umfängliche Daten oder komplizierte Sachverhalte zu prüfen oder Berechnungen anzustellen sind. Bei der Herstellung dieser Kopien müssen aber die Möglichkeiten des Auskunftsverpflichteten berücksichtigt werden. Er hat daher nach pflichtgemäßem Ermessen darüber zu entscheiden, ob er von bezeichneten Schriftstücken selbst Ablichtungen fertigt oder dem Einsichtnehmenden gestattet, sich Abschriften herzustellen (BVerwG BeckRS 2013, 54783 Rn. 7). Bei Einsichtnahmen in umfängliche Akten und Unterlagen kann – gegen Erstattung etwaiger Übersendungskosten – eine **Kopie des vollständigen Prüfberichts** an eine Rechtsanwaltskanzlei überlassen werden (AGH NRW NJW-RR 2013, 1329 (1329)). Eine mit § 100 II VwGO vergleichbare Regelung fehlt (VGH Kassel NVwZ-RR 2002, 784 (784)). Steht ein Münzfotokopierer zur Verfügung, so können die Beteiligten darauf verwiesen werden, Fotokopien selbst herzustellen (OVG Greifswald NordÖR 2005, 418; KR § 29 Rn. 41a). 30

Rechtsmissbräuchlich und verweigerungsfähig ist das ohne jede Konkretisierung und vorherige Prüfung auf Relevanz der Aktenbestandteile für die Rechtsverfolgung geäußerte Verlangen nach Ablichtung einer gesamten – umfänglichen – Akte (OVG Hamburg NVwZ-RR 1996, 304). Ein derartiges Ausfertigungs- bzw. Ablichtungsbegehren – gleichsam **„ins Blaue"** bzw. **„auf Verdacht"** –, bei dessen Geltendmachung der Betroffene selbst noch nicht weiß, ob er Unterlagen auch nach seiner Einschätzung für eine zweckentsprechende Rechtsverfolgung tatsächlich benötigen wird, geht über den Zweck des Akteneinsichtsrechts hinaus (OVG Hamburg NVwZ-RR 1996, 304; BVerwG NJW 1988, 1280 (1280)). 31

VI. Folgen der Verletzung des Akteneinsichtsrechts und Rechtsbehelfe

Die rechtswidrige Verweigerung der Akteneinsicht verursacht einen **Verfahrensfehler** (VGH München NVwZ 1990, 775 (776)). Sofern der Verstoß 32 gegen § 29 das Ergebnis des Verfahrens offensichtlich nicht beeinflusst, bleibt der Fehler gem. § 46 unbeachtlich. In der Regel führt der Verfahrensfehler nicht zur Aufhebung des später erlassenen VA. Eine Heilung ist nach § 45 I Nr. 3 in entsprechender Anwendung zulässig (BVerwG NVwZ 1984, 578 (579)). Die Heilung kann im Widerspruchsverfahren erfolgen, ist aber grundsätzlich bis zum Abschluss der letzten Tatsacheninstanz eines verwaltungsgerichtlichen Verfahrens möglich (§ 45 II).

33 Gleichwohl kann die rechtswidrige Weigerung der Akteneinsicht einen **zivilrechtlichen Amtshaftungsanspruch** auslösen (§ 839 BGB iVm Art. 34 GG). Verweigert die Behörde pflichtwidrig die Akteneinsicht und beauftragt der Betroffene daraufhin einen Rechtsanwalt, ist die Behörde zum Ersatz der aufgewendeten Rechtsanwaltskosten verpflichtet (LG Aachen NJW 1989, 531 (531); Bohl NVwZ 2005, 133 (134)). Auch die unberechtigte Offenbarung von Vorgängen, die der Geheimhaltung unterliegen, kann zu Schadensersatz- und Folgenbeseitigungsansprüchen des Betroffenen führen (VG Darmstadt NVwZ-RR 1999, 552 (553)).

34 Die Gewährung oder Ablehnung von Akteneinsicht im Rahmen eines Verwaltungsverfahrens ist nach § 44a S. 1 VwGO lediglich eine unselbständige Verfahrenshandlung (Hilfstätigkeit) und kein VA (VGH München NVwZ 1990, 775 (776)). Die Entscheidung der Behörde **vor Abschluss** des Verwaltungsverfahrens, Akteneinsicht zu verweigern, kann gem. § 44a S. 1 VwGO nicht selbständig mit einem Rechtsmittel angegriffen werden (OVG Hamburg NVwZ 2003, 1529 (1529); OVG Münster DÖV 1980, 222; BVerwG NJW 1979, 177). Die Versagung vorläufigen Rechtsschutzes gegen die Verwehrung von Akteneinsicht im sozialrechtlichen Verfahren durch die Verwaltung kann in entsprechender Anwendung des § 44a VwGO das Grundrecht auf effektiven Rechtsschutz gem. Art. 19 IV GG verletzen (BVerfG NJW 1991, 415 (415)).

35 § 44a VwGO steht der selbständigen prozessualen Geltendmachung eines Rechts auf Akteneinsicht gem. § 29 allerdings nicht entgegen, wenn diese **nach Erlass** der das Verwaltungsverfahren beendenden Sachentscheidung verlangt wird (VG Berlin NVwZ 1982, 576 (577); Ziekow § 29 Rn. 17). Nach § 44a S. 2 VwGO sind Rechtsbehelfe gegen behördliche Verfahrenshandlungen isoliert zulässig, wenn behördliche Verfahrenshandlungen vollstreckt werden können oder gegen einen Nichtbeteiligten ergehen. Nicht am Verfahren Beteiligte können den **begründungspflichtigen, die Akteneinsicht verweigernden VA** (§ 39) unmittelbar mit einem Rechtsbehelf angreifen (VGH München NVwZ 1989, 266). Nicht am Verfahren beteiligte Dritte können Einsicht begehren, wenn zB zu befürchten ist, dass durch die Einsichtsgewährung schutzwürdige Geheimhaltungsinteressen verletzt werden (OVG Münster DVBl 1999, 1379; BVerfG NJW 1988, 403) oder bei einer drohenden Verkürzung eines Aufenthaltstitels (VG Frankfurt a. M. NVwZ 2008, 1390 (1390)) sowie zur Vorbereitung einer zivilrechtlichen Klage (OVG Münster NVwZ 1989, 266).

§ 30 Geheimhaltung

Die Beteiligten haben Anspruch darauf, dass ihre Geheimnisse, insbesondere die zum persönlichen Lebensbereich gehörenden Geheimnisse sowie die Betriebs- und Geschäftsgeheimnisse, von der Behörde nicht unbefugt offenbart werden.

Übersicht

	Rn.
I. Bedeutung	1
II. Anspruch auf Geheimhaltung	5
III. Unbefugte und befugte Offenbarung	14
1. Formen der Offenbarung	14
2. Befugte Offenbarung	17
IV. Rechtsfolgen der unbefugten Offenbarung	21

I. Bedeutung

1 Die Beteiligten haben ein subjektiv öffentliches und unmittelbar durchsetzbares Recht auf Wahrung ihrer vor allem nach Art. 1, 2, 12 und 14 GG geschützten Geheimnisse (Geheimhaltungsanspruch mit Offenbarungsvorbehalt, BVerfG BeckRS 2006, 22998 Rn. 34; BVerwG NJW 1986, 2329 (2330); SBS/Kallerhoff/Mayen § 30 Rn. 7 f.; MSU/Engel/Pfau § 30 Rn. 10). Dies gilt unabhängig davon, zu welchem Lebensbereich die Geheimnisse im Einzelnen gehören („insbesondere"). Das Recht auf **informationelle Selbstbestimmung** sowie das Recht auf **betrieblichen und geschäftlichen Geheimnisschutz** genießen dabei besondere Beachtung (KR/Ramsauer § 30 Rn. 1a; BeckOK VwVfG/Herrmann § 30 Rn. 1). Dem Recht auf Geheimhaltung entspricht die Verpflichtung der Behörden, die Geheimnisse der Beteiligten zu wahren und sie vor unbefugter Einsichtnahme durch bestmögliche Sicherheitsvorkehrungen zu schützen. Der Schutzumfang wird ergänzt durch das GeschGehG, dem allerdings nach § 1 II GeschGehG öffentlich-rechtliche Vorschriften zur Geheimhaltung, Erlangung, Nutzung oder Offenlegung von Geschäftsgeheimnissen vorgehen.

2 Der Gesetzgeber hat einen Offenbarungsvorbehalt („nicht unbefugt offenbart werden") formuliert, wonach im Einzelfall die Behörde aufgrund einer überragenden Befugnisnorm berechtigt ist, **ausnahmsweise** ein Geheimnis zu offenbaren (SBS/Kallerhoff/Mayen § 30 Rn. 1 f.). Das § 30 zugrundeliegende Rechtsverhältnis wird aus dem Rechtsstaatsprinzip, dem Anspruch auf informationelle Selbstbestimmung und aus dem allgemeinen Persönlichkeitsrecht abgeleitet.

3 Im europäischen Verwaltungsverfahrensrecht wurde die Geheimhaltung bisher dem ungeschriebenen Grundsatz des fairen Verfahrens zugerechnet. Der EuGH hat den Schutz von Geschäftsgeheimnissen als einen **allgemeinen Grundsatz** anerkannt (EuGH NVwZ 2008, 651 (653)). Seit dem Inkrafttreten des Vertrags von Lissabon zum 1.12.2009 ist durch Art. 6 I EUV iVm Art. 41 II lit. b der EU-Grundrechte-Charta die Geheimhaltung Bestandteil

des europäischen Verwaltungsverfahrensrechts, wonach das Recht auf gute Verwaltung insbesondere das Recht jeder Person auf Zugang zu den sie betreffenden Akten unter Wahrung des berechtigten Interesses der Vertraulichkeit sowie des Berufs- und Geschäftsgeheimnisses umfasst. Berufs- und Geschäftsgeheimnisse sind ferner über Art. 339 AEUV sowie Art. 15–17 GrCh geschützt (MSU/Engel/Pfau § 30 Rn. 11). Angesichts des außerordentlich schweren Schadens, der entstehen kann, wenn bestimmte sensible Informationen zu Unrecht an einen Wettbewerber weitergeleitet werden, muss die Möglichkeit gegeben werden, sich – für die Verwaltung bindend – auf die Vertraulichkeit oder das Geschäftsgeheimnis vor Weitergabe zu berufen (EuGH NVwZ 2008, 651 (652)).

4 Die Vorschrift gilt über Verwaltungsverfahren iSv § 9 hinaus auch ohne Bezug zu einem Verwaltungsverfahren aufgrund der Grundrechtsbindung der Verwaltung in analoger Anwendung, so zB für Satzungen (Ziekow § 30 Rn. 2; KR/Ramsauer § 30 Rn. 5). Der Grundsatz ist daher auch auf das **Verwaltungsprivatrecht** anzuwenden (KR/Ramsauer § 30 Rn. 5; BeckOK VwVfG/Herrmann § 30 Rn. 7). Zahlreiche inhaltsgleiche oder entgegenstehende Bestimmungen des Bundes und solche der Länder sind nach § 1 I vorrangig (zB § 139b I 3 GewO, §§ 30 und 30a AO, § 7 IV AtG, § 5 BDSG, § 10 II und III BImSchG, zu weiteren Normen vgl. SBS/Kallerhoff/Mayen § 30 Rn. 4).

4a Im **energiewirtschaftsrechtlichen Verwaltungsverfahren** findet § 30 uneingeschränkt Anwendung (§ 71 EnWG) (BVerwG BeckRS 2019, 34770 Rn. 9; BGH BeckRS 2018, 36764 (Rn. 24, 26); OLG Düsseldorf BeckRS 2018 29267 (Rn. 37–38)). § 31 Abs. 1 Anreizregulierungsverordnung (ARegV) ist eine Befugnisnorm iSd § 30, die eine Veröffentlichung auch für den Fall anordnet, dass die zu veröffentlichenden Daten in Gänze oder teilweise als **Betriebs- und Geschäftsgeheimnis eines Netzbetreibers** zu bewerten sind (OLG Koblenz BeckRS 2018, 45414, Rn. 34–93)). Nicht alle Daten sind im Energierecht als Geschäftsgeheimnisse anerkannt (OLG Düsseldorf BeckRS 2018 29267 Rn. 37–38; OLG Düsseldorf BeckRS 2018, 16143; BGH BeckRS 2014, 4688, die von der Bundesnetzagentur zu wahren sind.

4b Die von der Regulierungsbehörde getroffenen energiewirtschaftsrechtlichen Entscheidungen sind nur unter Wahrung der Vertraulichkeit sensibler Informationen zugänglich zu machen (BVerwG BeckRS 2019, 34770 Rn. 9). Der Schutzbedürftigkeit der Betriebs- und Geschäftsgeheimnisse, insbesondere der Produktionsgeheimnisse und der Kosten- und Preisstruktur, der Netzbetreiber im Energiesektor entfällt nicht allen aufgrund Zeitablaufs (fünf Jahre) (BVerwG BeckRS 2019, 34770 Rn. 14–15). Die Pflicht zur Veröffentlichung der kalenderjährlichen Erlösobergrenzen bedeutet nicht, dass die ihnen zugrunde liegenden sensiblen Informationen nicht schutzbedürftig sind (BVerwG BeckRS 2019, 34770).

4c Mitunter handelt sich bei den zu veröffentlichenden Daten („Überkreuzparameter“) nicht um Betriebs- und Geschäftsgeheimnisse der Netzbetreiber, da ihre Veröffentlichung bei objektiver Betrachtung nicht geeignet ist, ihre Wettbewerbsposition nachteilig zu beeinflussen (OLG Düsseldorf BeckRS 2018, 16143 (Rn. 41)).

II. Anspruch auf Geheimhaltung

In § 30 sind nicht sämtliche Geheimnisse tatbestandlich angeführt, sondern beispielhaft („insbesondere“) nur jene von hoher, praktischer Evidenz. Der Begriff der Geheimnisse im Sinne von § 30 erfasstsämtliche zB auf ein Unternehmen bezogenen Tatsachen, Umstände und Vorgänge, die nicht offenkundig, sondern nur einem begrenzten Personenkreis zugänglich sind und an deren Nichtverbreitung der Rechtsträger ein berechtigtes Interesse hat. Betriebsgeheimnisse umfassen im Wesentlichen technisches Wissen im weitesten Sinne; Geschäftsgeheimnisse betreffen vornehmlich kaufmännisches Wissen. Zu derartigen Geheimnissen werden etwa Umsätze, Ertragslagen, Geschäftsbücher, Kundenlisten, Bezugsquellen, Konditionen, Marktstrategien, Unterlagen zur Kreditwürdigkeit, Kalkulationsunterlagen, Patentanmeldungen und sonstige Entwicklungs- und Forschungsprojekte gezählt, durch welche die wirtschaftlichen Verhältnisse eines Betriebs maßgeblich bestimmt werden können (VG Köln BeckRS 2023, 18922 Rn. 20; BVerfG MMR 2006, 375 (376)); KR/Ramsauer § 30 Rn. 8; SBS/Kallerhoff § 30 Rn. 5 ff.; BeckOK VwVfG/Herrmann § 30 Rn. 8). 5

Der Begriff entspricht dem strafrechtlichen Geheimnisbegriff gem. § 203 II StGB; er umfasst auch „geheim zu haltende Vorgänge“ im Sinne von § 5 II Nr. 2 und § 29 II. Geheimnisse des persönlichen und intimen Lebensbereiches im Sinne des § 30 sind zB die gesundheitlichen, familiären und wirtschaftlichen Verhältnisse einer Person (Ziekow § 30 Rn. 5). Ob ein Geheimnis tatbestandlich gegeben ist, unterliegt **uneingeschränkter gerichtlicher Kontrolle;** ein Beurteilungsspielraum steht der Behörde nicht zu (SBS/Kallerhoff/Mayen § 30 Rn. 15; KR/Ramsauer § 30 Rn. 8).

Aus dem Begriff des Geheimnisses und seinem verfassungsrechtlich im Rechtsstaatsprinzip und in den Grundrechten verankerten Schutzumfang folgt nicht nur eine den Wortlaut des Verwaltungsverfahrens verlassende entsprechende Anwendbarkeit, sondern auch eine die Begrifflichkeit des **Beteiligten** nach § 13 übersteigende Auslegung (BeckOK VwVfG/Herrmann § 30 Rn. 5; MSU/Engel/Pfau § 30 Rn. 28). 6

Beteiligte im Sinne des § 30 sind auch solche, die an einem bereits durchgeführten Verwaltungsverfahren oder einem sonstigen einzelfallbezogenen Behördenverfahren, das nicht auf den Erlass eines VA oder den Abschluss eines öffentlich-rechtlichen Vertrags gerichtet ist, beteiligt sind oder waren (OVG Münster MMR 2000, 117 (118)). Ohne **verfassungskonforme Auslegung** griffe der durch § 30 bezweckte Schutz zu kurz. Nach Beendigung eines Verfahrens verliert der Beteiligte den formellen Status und wird damit zum Nichtbeteiligten, dessen Schutz nach § 30 erlöschen würde (KR/Ramsauer § 30 Rn. 2; SBS/Kallerhoff/Mayen § 30 Rn. 5). Der Schutzbereich des § 30 wird darüber hinaus – entsprechend § 29 II – auf Geheimnisse Dritter wie zB Familienangehörige der Beteiligten, Zeugen, Sachverständige, Informanten, aber auch Bevollmächtigte und Vertreter der Beteiligten erstreckt, von denen die Behörde im Zusammenhang mit dem Verwaltungsverfahren Kenntnis erlangt hat (BeckOK VwVfG/Herrmann § 30 Rn. 5; Knack/Henneke/Ritgen § 30 Rn. 11). 7

8 Zur Wahrung des Geheimnisses ist **jede Behörde** verpflichtet, die von dem Geheimnis Kenntnis erlangt hat, ohne dass es auf die Anwendbarkeit des VwVfG ankommt (str., wie hier KR/Ramsauer § 30 Rn. 4). Mitunter sind besondere Schutzmechanismen notwendig. Soweit sensible Gesundheitsdaten in die Personalakte aufgenommen werden dürfen, hat der Arbeitnehmer Anspruch darauf, dass dies unter Berücksichtigung seiner Interessen geschieht. Die zur Personalakte genommenen Gesundheitsdaten sind vor unbefugter zufälliger Kenntnisnahme durch Einschränkung des Kreises der Informationsberechtigten zu schützen (BAG NJW 2007, 794 (794)).

9 Auch der **postmortale Schutz** wird erfasst. Das leibliche Kind hat keinen Anspruch auf Einsicht der im vertraulichen Teil der **Todesbescheinigung** genannten Erkrankungen und Todesursachen ihres Vaters, dessen gesundheitliche Konstitution es geerbt haben kann (OVG Lüneburg NJW 1997, 2468 (2469)). Die einer Behörde freiwillig mitgeteilte **Note des zweiten juristischen Staatsexamens** ist nicht mehr vom Begriff des Geheimnisses umfasst. Wird ein Geheimnis bewusst und zielgerichtet an einen anderen Personenkreis weitergegeben, fehlt es schon an dem für den Geheimnisbegriff konstitutiven Geheimhaltungswillen (OLG Hamm NJW 2001, 1957 (1958)).

10 Eine behördlich angefertigte **Videoaufzeichnung** ist ein Eingriff in das allgemeine Persönlichkeitsrecht aus Art. 2 II in Verbindung mit Art. 1 I GG in seiner Ausprägung als **Recht auf informationelle Selbstbestimmung.** Dieses Recht umfasst die Befugnis des Einzelnen, grundsätzlich selbst zu entscheiden, wann und innerhalb welcher Grenzen persönliche Lebenssachverhalte offenbart werden, und daher grundsätzlich selbst über die Preisgabe und Verwendung persönlicher Daten zu bestimmen (BVerfG BeckRS 2009, 37; BVerfGE 65, 1 (42 f.)). Auch **juristische Personen** können Träger des Rechts auf informationelle Selbstbestimmung als Teilbereich des allgemeinen Persönlichkeitsrechts sein (OVG Lüneburg NJW 2009, 2697 (2697); aA Bär BayVBl 1994, 427 (430)) sowie **Personengesellschaften,** wie zB eine GmbH & Co Betriebs-KG (VG Wiesbaden NVwZ-RR 2008, 617 (617)).

11 Die Weitergabe **nicht anonymisierter Einwendungen** gegen ein Vorhaben im Planfeststellungsverfahren an einen privaten Vorhabenträger ist zulässig (BVerwG NVwZ-RR 2000, 760 (760); vgl. → § 29 Rn. 26).

12 Als **Betriebs- und Geschäftsgeheimnisse** nach § 30 werden alle auf ein Unternehmen bezogene Tatsachen, Umstände und Vorgänge verstanden, die nicht offenkundig, sondern nur einem begrenzten Personenkreis zugänglich sind und an deren Nichtverbreitung der Rechtsträger ein berechtigtes Interesse hat. **Betriebsgeheimnisse** umfassen im Wesentlichen **technisches Wissen** im weitesten Sinne; **Geschäftsgeheimnisse** betreffen vornehmlich **kaufmännisches Wissen.** Zu derartigen Geheimnissen werden etwa Umsätze, Ertragslagen, Geschäftsbücher, Kundenlisten, Bezugsquellen, Konditionen, Marktstrategien, Unterlagen zur Kreditwürdigkeit, Kalkulationsunterlagen, Patentanmeldungen und sonstige Entwicklungs- und Forschungsprojekte gezählt, durch welche die wirtschaftlichen Verhältnisse eines Betriebs maßgeblich bestimmt werden können (OLG Düsseldorf BeckRS 2018, 29432 (Rn. 39) mwN; BVerwG NVwZ 2010, 189 (192) mwN; BVerwG, NVwZ 2009, 1113 (1114); BVerfG NVwZ 2006, 1041 (1042) mwN).

Die europarechtlich motivierte Veröffentlichung von Daten als Empfänger von **Agrarsubventionen** auf einer von der Bundesanstalt für Landwirtschaft und Ernährung betriebenen **Internetseite** verletzt nicht Betriebs- und Geschäftsgeheimnisse (VGH Mannheim BeckRS 2009, 34947; OVG Münster GewA 2009, 357=BeckRS 2009, 33232). 13

III. Unbefugte und befugte Offenbarung

1. Formen der Offenbarung

Die Bekanntgabe des Geheimnisses an einen Dritten ist eine Offenbarung, 14 wobei es lediglich auf die **objektive Qualität** der Handlung (Unterlassen, positives Tun, konkludentes Handeln) ankommt, während die Subjektivität des Handelns (vorsätzlich, fahrlässig oder unbewusst) mit Blick auf das Schutzgut irrelevant bleibt (SBS/Kallerhoff/Mayen § 30 Rn. 15; Ziekow § 30 Rn. 6; KR/Ramsauer § 30 Rn. 11).

Eine Offenbarung liegt auch vor, wenn eine Behörde durch sog **beredtes** 15 **Schweigen** (positives Tun) eine behauptete Tatsache konkludent bestätigt (BeckOK VwVfG/Herrmann § 30 Rn. 12). Ferner setzt die unbefugte Offenbarung voraus, dass der Dritte zumindest noch keine sichere Kenntnis von dem Geheimnis hatte (SBS/Kallerhoff/Mayen § 30 Rn. 14). Unerheblich ist, wem gegenüber offenbart wird (Privatperson, Presse, auch Behörden im Wege der Amtshilfe, vgl. Heckel NVwZ 1994, 224 (225)).

Die behördliche Pflicht zur Geheimhaltung nach § 30 entfällt über das 16 verzichtbare subjektiv öffentliche Recht nur dann, wenn die Behörde zur Offenbarung berechtigt ist. Die **Berechtigung** kann sich aufgrund einer Zustimmung des Betroffenen, gesetzlicher Befugnis oder aufgrund einer Güterabwägung ergeben, wobei das Geheimhaltungsinteresse hinter anderen, höherrangigen Interessen zurücktritt (BeckOK VwVfG/Herrmann § 30 Rn. 14).

2. Befugte Offenbarung

Der durch § 30 normierte Geheimnisschutz ist ein **„Geheimhaltungs-** 17 **anspruch mit Offenbarungsvorbehalt".** Dies bedeutet: Grundsätzlich **vorrangig** ist der Geheimhaltungsanspruch, nicht die Offenbarungsbefugnis. Dies bedeutet ferner: Nicht das den Geheimnisschutz für sich beanspruchende Unternehmen, sondern umgekehrt die Behörde muss das für sich reklamierte Offenbarungsrecht darlegen, das die grundsätzlich vorrangige Geheimhaltungsverpflichtung beseitigt (OVG Münster MMR 2000, 117 (118)).

Erteilt der Betroffene durch Einwilligungserklärung (vorherige Zustim- 18 mung) – auch konkludent – in eindeutiger Weise seine Zustimmung und ist er berechtigt, allein über das Geheimnis zu verfügen, liegt kein unbefugtes Offenbaren vor, da der Geheimnisschutz nach § 30 ein verzichtbares subjektiv öffentliches Recht darstellt (BVerfGE 27, 344 (351 f.)). Auch einer **nachträglichen Zustimmung** begegnet keinerlei Bedenken. Das **bloße Schweigen** ist keine rechtserhebliche Willenserklärung noch wird im Verwaltungsrecht an das Schweigen die gesetzliche Fiktion einer Zustimmung zur Offenbarung von Geheimnissen geknüpft; es bleibt daher – wie auch sonst – unbeachtlich.

19 Eine **befugte Offenbarung** durch die Behörde setzt eine spezialgesetzliche Regelung voraus, die zur Offenbarung von Geheimnissen im konkreten Einzelfall ermächtigt (zB § 31 AO, § 47 BAföG, § 87 AufenthG, § 139 VII GewO, § 99 VwGO). Den Vorschriften über die Amtshilfe steht bei einer **Rasterfahndung** durch das Landeskriminalamt nicht die Vorschrift des § 30 über die Geheimhaltung persönlicher Daten entgegen VGH Kassel NVwZ 2003, 755; BVerfG NJW 2000, 55 (55); aA KR/Ramsauer § 30 Rn. 14; Ziekow § 30 Rn. 7; SBS/Kallerhoff/Mayen § 30 Rn. 23; BeckOK VwVfG/Herrmann § 30 Rn. 17).

20 In seltenen Fällen mag eine Berechtigung zur Offenbarung aus einer Interessen- und **Güterabwägung** abgeleitet werden, die den Grundsatz der Verhältnismäßigkeit berücksichtigt und dabei das Interesse an der geheim zu haltenden Tatsache mit seinem spezifischen grundrechtlichen Gewicht gegen ein objektiv höher zu gewichtendes Rechtsgut der Allgemeinheit abwägt. Das individuelle Rechtsgut müsste zurücktreten, wenn die Offenbarung faktisch der einzig mögliche Weg zur Verwirklichung einer überragenden im öffentlichen Interesse liegenden Verwaltungsaufgabe ist (SBS/Kallerhoff/Mayen § 30 Rn. 20; KR/Ramsauer § 30 Rn. 16; BeckOK VwVfG/Herrmann § 30 Rn. 20), deren Verzicht erheblich schwerer als die Preisgabe eines Geheimnisses wiegen würde. Konflikte über eine berechtigte Weigerung der Vorlage von Geschäftsgeheimnissen entstehen auch im **Verwaltungsprozess nach § 99 VwGO** (OVG Münster NVwZ 2009, 1510 (1510); OVG Koblenz NVwZ 2009, 477 (477); OVG Münster NVwZ 2009, 475 (475)). Im Einzelnen ist das Verhältnis des Schutzes von Betriebs- und Geschäftsgeheimnissen einerseits und der Sicherung effektiven Rechtsschutzes andererseits nach § 99 II VwGO abzuwägen (BVerwG NVwZ 2009, 1114 (1116); BVerwG NVwZ 2009, 1113 (1114); BVerwG NVwZ 2006, 1041 (1041)).

IV. Rechtsfolgen der unbefugten Offenbarung

21 Der über den Wortlaut des § 30 hinausgreifende personale und sachliche Anwendungsbereich erfordert mit Blick auf die Fehlerfolgen eine differenzierende Betrachtung. Zu unterscheiden sind neben zeitlichen Aspekten die unbefugte Offenbarung innerhalb und außerhalb eines Verwaltungsverfahrens sowie etwaige straf- und zivilrechtliche Sanktions- und Ausgleichmöglichkeiten. Eine durch die Behörde drohende Offenbarung eines geschützten Geheimnisses kann mit Antrag auf Erlass einer **einstweiligen Anordnung** gerichtet auf Unterlassung vorläufig abgewehrt werden. Der allgemeine Abwehranspruch (KR/Ramsauer § 30 Rn. 19) wird weder innerhalb noch außerhalb eines Verwaltungsverfahrens durch § 44a VwGO beschränkt (KR/Ramsauer § 30 Rn. 19; SBS/Kallerhoff/Mayen § 30 Rn. 27).

22 Die Verletzung des Geheimhaltungsanspruchs enthält eine selbständige rechtliche Beeinträchtigung, die in der Regel vom Ausgang des Verwaltungs-

verfahrens unabhängig ist (BVerwG NVwZ-RR 2000, 760 (760); KR/Ramsauer § 30 Rn. 19). Unbefugt herausgegebene Unterlagen können mit einem **Folgenbeseitigungsanspruch** zurückgefordert werden (BeckOK VwVfG/Herrmann § 30 Rn. 21).

Eine Verletzung der Geheimhaltung nach § 30 führt nicht ipso iure zur Rechtswidrigkeit der behördlichen Entscheidung. Ein Verstoß gegen § 30 bei einem das Verwaltungsverfahren abschließenden VA verursacht dann einen **rechtswidrigen und aufhebbaren VA** nach § 46, wenn der VA auf der Verletzung der Geheimhaltung beruht (KR/Ramsauer § 30 Rn. 18), was nur dann gegeben ist, wenn die rechtswidrig erlangte Kenntnis von einem Geheimnis das konkrete Ergebnis der im VA enthaltenen Entscheidung beeinflusst hat (KR/Ramsauer § 30 Rn. 18; SBS/Kallerhoff/Mayen § 30 Rn. 27). Ein schwerer Fehler, der nach § 44 zur **Nichtigkeit** führt, dürfte in der Praxis höchst selten anzutreffen sein. Unabhängig davon stellt sich die Frage, ob bei dem Amtsträger die erforderliche Unvoreingenommenheit einer Besorgnis der Befangenheit gewichen ist (KR/Ramsauer § 30 Rn. 18). 23

Strafrechtliche Folgen unbefugter Offenbarung ergeben sich aus §§ 203 II, 204, 353a ff. StGB (Bohnert NStZ 2004, 301 (303); KR/Ramsauer § 30 Rn. 20). **Disziplinarrechtliche** Folgen können für den jeweils handelnden Bediensteten in Betracht kommen (BeckOK VwVfG/Herrmann § 30 Rn. 23). Ein Schadensersatzanspruch wegen Amtspflichtverletzung nach Art. 34 GG iVm § 839 BGB sowie ggf. ein Anspruch auf Schmerzensgeldanspruch sind auf dem Zivilrechtsweg zu verfolgen (Ziekow § 30 Rn. 10; KR/Ramsauer § 30 Rn. 20; SBS/Kallerhoff/Mayen § 30 Rn. 29). 24

Abschnitt 2. Fristen, Termine, Wiedereinsetzung

§ 31 Fristen und Termine

(1) Für die Berechnung von Fristen und für die Bestimmung von Terminen gelten die §§ 187 bis 193 des Bürgerlichen Gesetzbuchs entsprechend, soweit nicht durch die Absätze 2 bis 5 etwas anderes bestimmt ist.

(2) Der Lauf einer Frist, die von einer Behörde gesetzt wird, beginnt mit dem Tag, der auf die Bekanntgabe der Frist folgt, außer wenn dem Betroffenen etwas anderes mitgeteilt wird.

(3) [1] Fällt das Ende einer Frist auf einen Sonntag, einen gesetzlichen Feiertag oder einen Sonnabend, so endet die Frist mit dem Ablauf des nächstfolgenden Werktags. [2] Dies gilt nicht, wenn dem Betroffenen unter Hinweis auf diese Vorschrift ein bestimmter Tag als Ende der Frist mitgeteilt worden ist.

(4) Hat eine Behörde Leistungen nur für einen bestimmten Zeitraum zu erbringen, so endet dieser Zeitraum auch dann mit dem Ablauf seines letzten Tages, wenn dieser auf einen Sonntag, einen gesetzlichen Feiertag oder einen Sonnabend fällt.

(5) Der von einer Behörde gesetzte Termin ist auch dann einzuhalten, wenn er auf einen Sonntag, gesetzlichen Feiertag oder Sonnabend fällt.

(6) Ist eine Frist nach Stunden bestimmt, so werden Sonntage, gesetzliche Feiertage oder Sonnabende mitgerechnet.

(7) [1] Fristen, die von einer Behörde gesetzt sind, können verlängert werden. [2] Sind solche Fristen bereits abgelaufen, so können sie rückwirkend verlängert werden, insbesondere wenn es unbillig wäre, die durch den Fristablauf eingetretenen Rechtsfolgen bestehen zu lassen. [3] Die Behörde kann die Verlängerung der Frist nach § 36 mit einer Nebenbestimmung verbinden.

Übersicht

	Rn.
I. Bedeutung	1
II. Fristen und Termine	3
1. Allgemeines zu Fristen und Terminen	3
2. Typologie der Fristen	8
3. Ausschluss- und Verfahrensfristen und Präklusion	9
4. Berechnung von Fristen und Bestimmung von Terminen (I)	13
5. Fristwahrung bei zuständiger Behörde und einheitlicher Stelle	17
6. Beginn einer behördlich gesetzten Frist (II)	19
7. Bestimmung der Frist bei Feiertagen (III)	20
8. Fristende bei behördlicher Leistung (IV)	23
9. Behördlich gesetzte Termine (V)	24
10. Fristberechnung nach Stunden (VI)	25
11. Fristverlängerung (VII)	26

I. Bedeutung

1 Regelungsgegenstand in § 31 sind Fristen und Termine, die von allgemeiner, über das Verwaltungsverfahren (§ 9) hinausragender Bedeutung und generell in **allen Bereichen der öffentlichen Verwaltung** anwendbar sind (KR/Ramsauer § 31 Rn. 3, 3a). In Übereinstimmung mit der Rechtsprechung sind für die Berechnung von Fristen und der Bestimmung von Terminen die §§ 187–193 BGB als **Ausdruck allgemeiner Rechtsgrundsätze** auch im Verwaltungs- und Verfassungsrecht anzuwenden, soweit dem keine Sonderregeln oder besondere Interessenlagen entgegenstehen; entsprechendes gilt gem. § 31 I (BVerfG ZUR 2007, 587 (587); BVerfG NJW 2001, 669; BVerwG NVwZ-RR 1997, 178 (179)).

2 In § 31 wird nur die **Berechnung,** nicht aber die **Befugnis** zur Setzung von Fristen geregelt (KR/Ramsauer § 31 Rn. 1). Ein Gesetz ist aufgrund des Gesetzesvorbehalts erforderlich, wenn mit Fristablauf eine **materiell-rechtliche Wirkung** eintritt, wie es bei einer Ausschlussfrist oder einer materiellen Präklusion der Fall ist. Im Bereich des Verwaltungsprivatrechts gelten die §§ 187–193 unmittelbar, ohne dass ein Rückgriff auf § 31 notwendig wäre (KR/Ramsauer § 31 Rn. 1). § 31 wird ergänzt durch die Regelungen in § 32 (Wiedereinsetzung in den vorigen Stand), § 53 (Hemmung der Verjährung durch Verwaltungsakt) und § 96 III (Übergangsregelung). Nach

überwiegender Meinung ist auf **Widerspruchsverfahren** (§§ 79, 68 ff. VwGO) § 31 ebenfalls anwendbar (SBS/Kallerhoff/Stamm § 31 Rn. 60; BeckOK VwVfG/Michler § 31 Rn. 6 mwN zum Meinungsstand; KR/Ramsauer § 31 Rn. 3a).

Die Fristsetzung oder die Weigerung einer Fristverlängerung ist nach § 44a VwGO **nicht selbständig angreifbar** (KR/Ramsauer § 31 Rn. 42 ff.).

II. Fristen und Termine

1. Allgemeines zu Fristen und Terminen

Eine Definition für den **Begriff der Frist** fehlt im Verwaltungsrecht. Der 3
Verzicht des Gesetzgebers auf eine Definition ist nicht weiter tragisch. Im öffentlichen Recht gelten die im Privatrecht gebräuchlichen Definitionen nach §§ 186 ff. BGB unmittelbar (BVerfG ZUR 2007, 587 (587); BVerwG NVwZ-RR 1997, 178 (179)).

Die **Frist** wird definiert als ein begrenzter, bestimmter oder zumindest 4
bestimmbarer Zeitraum, der für die Vornahme von bestimmten Handlungen oder Willenserklärungen offen steht (VGH Kassel NVwZ-RR 2000, 544 (545); BeckOK VwVfG/Michler § 31 Rn. 8; KR/Ramsauer § 31 Rn. 4). Die Bestimmbarkeit des Zeitraums reicht aus („innerhalb einer Woche"). Der Qualifizierung eines Zeitraums als „Frist" steht nicht entgegen, dass das Ende des Zeitraums durch einen kalendarisch genau bestimmten Tag („bis zum 31.12.") bezeichnet ist (VGH Kassel NVwZ-RR 2000, 544 (545)).

Ohne zumindest eine **mittelbare Berechenbarkeit** und damit eine Be- 5
stimmbarkeit des zeitlichen Anfangs- oder Endpunkts zu ermöglichen, handelt es sich bei in der Praxis mitunter anzutreffenden Umschreibungen, wie zB „umgehend" (OVG Koblenz NJW 1993 2457 (2457)), „unverzüglich" (§ 121 BGB, hierzu OVG Greifswald NVwZ-RR 1997, 762) oder „alsbald" (OVG Koblenz NJW 1993, 2457 (2457)) nicht um Fristen im Rechtssinne (KR/Ramsauer § 31 Rn. 4).

Liegt hingegen ein **berechenbarer Endzeitpunkt** vor, handelt es sich um 6
eine Frist („spätestens innerhalb 24 Stunden"). Eine von der Behörde gesetzte Frist muss angemessen (KR/Ramsauer § 31 Rn. 43a, 44) und eindeutig sein. Das ergibt sich aus dem aus Art. 2 I iVm Art. 20 III GG abgeleiteten Gebot einer rechtsstaatlichen fairen Verfahrensgestaltung und dem sich ebenfalls daraus ergebenden Grundsatz von Treu und Glauben. Gerade in Fristfragen muss für den Bürger klar erkennbar sein, was er zu tun hat, um einem Rechtsverlust entgegenzutreten. **Unklarheiten** bei der Festlegung behördlicher Fristen gehen zu Lasten der Behörde (BVerwG NVwZ 1994, 575 (575); BVerfG NJW 1986, 244 (244); BeckOK VwVfG/Michler § 31 Rn. 15).

Ein **Termin** wird definiert als ein im Voraus bestimmter rechtserheblicher 7
Zeitpunkt, an dem ein rechtliches oder tatsächliches Ereignis eintreten soll (VGH Kassel NVwZ-RR 2000, 544 (545); BeckOK VwVfG/Michler § 31 Rn. 24; KR/Ramsauer § 31 Rn. 4).

2. Typologie der Fristen

8 Für die Berechnung von Fristen bleibt es unerheblich, ob es sich typologisch um eine **gesetzliche,** durch Rechtsnorm (Gesetz, Verordnung, Satzung; nicht jedoch Verwaltungsvorschrift) oder **behördlich** festgelegte, materiell-rechtliche oder verfahrensrechtliche, zwingend einzuhaltende bzw. zur Disposition der Behörde stehende Frist (II und VII) handelt (BeckOK VwVfG/Michler § 31 Rn. 11; KR/Ramsauer § 31 Rn. 5 ff.). Die Regelungen in § 31 II und VII gelten nur für behördliche Fristen.

3. Ausschluss- und Verfahrensfristen und Präklusion

9 **Verfahrensfristen** betreffen den formalen Ablauf des Verwaltungsverfahrens und wirken sich auf die materiell-rechtliche Position der Beteiligten nicht aus. Einer gesetzlichen Ermächtigung bedarf es hierfür nicht; die Behörde ist aufgrund der Verfahrensherrschaft befugt, Verfahrensfristen zu setzen (BVerwG NVwZ 1994, 575 (576); BeckOK VwVfG/Michler § 31 Rn. 17; KR/Ramsauer § 31 Rn. 7). Eine verfahrensrechtliche Frist hat auf die materielle Rechtsposition des Beteiligten keine Auswirkungen (MSU/Mattes § 31 Rn. 21).

10 **Materiellrechtliche Ausschlussfristen** (BVerwG NVwZ-RR 2009, 307 (308)), deren Nichteinhaltung zum Verlust einer materiellrechtlichen Rechtsposition führen, bedürfen grundsätzlich einer gesetzlichen Grundlage. Ein Parlamentsgesetz ist verfassungsrechtlich nicht erforderlich, sofern die Ermächtigungsgrundlage für die Ausschlussfrist den Anforderungen des Art. 80 I GG entspricht (BVerwG BeckRS 2015, 45526 Rn. 22 ff. = NVwZ 2015, 1078 (Ls.); BVerwG NVwZ 1994, 575 (576)). Lediglich im Bereich nicht gesetzlich geregelter staatlicher Leistungsgewährung ist anerkannt, dass eine materielle Ausschlussfrist auch ohne Verstoß gegen Art. 3 I GG durch Verwaltungspraxis begründet werden kann (stRspr VGH Mannheim NVwZ 1995, 278 (279)). Bei der Versäumung von Ausschlussfristen kommt – da eine Wiedereinsetzung in den vorigen Stand ausgeschlossen ist – eine so genannte **Nachsichtgewährung** in Betracht (vgl. → § 32 Rn. 34).

11 In der Praxis von erheblicher Bedeutung sind die im Umwelt- und Planungsrecht anzutreffenden **Präklusionsfristen.** Die Versäumung einer Präklusionsfrist hat nicht nur verfahrensrechtliche Bedeutung, sondern wird als materielle Verwirkungspräklusion verstanden, die auch für eine Gemeinde gilt (VGH Mannheim NVwZ-RR 2006, 136 (137)). Der darin enthaltene Ausschluss neuer Einwendungen und damit eines neuen Vorbringens im nachfolgenden gerichtlichen Verfahren ist grundsätzlich verfassungsrechtlich unbedenklich, und zwar sowohl im Hinblick auf das Gebot effektiven Rechtsschutzes aus Art. 19 IV 1 GG als auch im Hinblick auf die Eigentumsgarantie des Art. 14 I 1 GG (st. Rspr. BVerwG NVwZ 2006, 85 (86) mwN). Ob eine **materiell-rechtliche Ausschlussfrist** im Einzelfall vorliegt, bei deren Versäumung eine Wiedereinsetzung in den vorigen Stand ausgeschlossen (§ 32 V) bleibt, muss ausdrücklich oder in ähnlich eindeutiger Weise aus der Rechtsvorschrift oder dem Regelungszusammenhang hervorgehen (OVG Münster,

NVwZ 1984, 387 (387)). Dabei muss deutlich werden, dass der Sinn der Regelung mit der Fristbeachtung steht und fällt (OVG Münster NVwZ 1992, 183 (184)).

Bei **unverschuldeter Fristversäumnis,** etwa bei fehlerhafter Behördeninformation, kann trotz der weitreichenden Präklusionswirkung Wiedereinsetzung in den vorigen Stand nach § 32 gewährt werden (BVerwG NVwZ 1997, 489 (490)). Allerdings ist nicht schon **jede Einwendungsfrist als Ausschlussfrist** mit der Folge zu qualifizieren, dass der Betroffene mit Einwendungen, die er nicht fristgerecht vorgebracht hat, auch für das gerichtliche Verfahren ausgeschlossen ist und eine klagefähige Rechtsposition verliert (BVerwG NVwZ 2007, 825 (826)). 12

4. Berechnung von Fristen und Bestimmung von Terminen (I)

Fehlt es an einer spezialgesetzlichen Ermächtigung, ist die Behörde nach pflichtgemäßem Ermessensgebrauch befugt, eine Frist zu setzen (Ziekow § 31 Rn. 4). Für die Berechnung der Frist gelten nach § 31 I grundsätzlich die Bestimmungen der §§ 187–193 BGB soweit nicht in § 31 II-V etwas anderes bestimmt ist. 13

Die **zivilrechtliche Rspr.** zu Regelungen im BGB kann auch für das Verwaltungsrecht herangezogen werden. Für den Fristbeginn ist auf § 187 BGB abzustellen. Obwohl die Regelungen auf den ersten Blick eindeutig erscheinen, enthält das VwVfG mit § 41 II 1 (hierzu OVG Münster NVwZ 2001, 1171 (1171)), § 41 IV 3, § 69 II 5 und § 73 III 1 (hierzu GmS-OGB BVerwGE 40, 363 = NJW 1972, 2035) Vorschriften, bei denen die Berechnung der Fristen bzw. von Folgefristen diskussionswürdig sind (BeckOK VwVfG/Michler § 31 Rn. 31.1 ff.). 14

Wird eine fristgebundene Erklärung oder ein Antrag bei der **unzuständigen Stelle** eingereicht, hat das grundsätzlich keine fristwahrende Wirkung (OVG Lüneburg NVwZ 2004, 116 (117); BVerwG VIZ 1996, 270 (271)), kann aber uU nach § 32 eine Wiedereinsetzung in den vorigen Stand begründen. 15

Fehlerhafte Fristberechnungen gehen zu Lasten der Behörde. Trifft neben dem Beteiligten auch die Behörde für die Versäumung einer Antragsfrist ein Verschulden, so gebietet es der Grundsatz des fairen Verfahrens, eine Wiedereinsetzung in den vorigen Stand zu gewähren (OVG Münster NVwZ-RR 2005, 449 (449)). 16

5. Fristwahrung bei zuständiger Behörde und einheitlicher Stelle

Für die Berechnung der Frist kommt es darauf an, ob die schriftliche Erklärung, der Antrag etc in die Verfügungsgewalt der zuständigen Behörde gelangt ist. Neben der zuständigen Behörde ist ferner auch die **einheitliche Stelle** zur Entgegennahme von Schriftstücken aller Art zuständig (§ 71b I). Der Zugang der Erklärung bei der zuständigen Stelle wird mittels einer Fiktion erreicht. Nach § 71b II 1 gelten alle **Erklärungen am dritten Tag** nach Zugang bei der einheitlichen Stelle bei der zuständigen Behörde als 17 eingegangen. Fristen werden mit Eingang bei der einheitlichen Stelle gewahrt (§ 71b II 2). Den mit einem Gegenbeweis angreifbaren Nachweis erbringt in der Regel der **Posteingangsvermerk** der Behörde (KR/Ramsauer § 31 Rn. 26).

18 Ein Rechtsbehelf ist rechtzeitig eingelegt, wenn die Rechtsbehelfsschrift am **letzten Tage der Frist** in das Postfach des Gerichts bzw. der Behörde gelegt wird, selbst dann, wenn das Postfach erst am folgenden Tage geleert wird. Das folgt aus der Rechtsprechung über die Pflicht der Gerichte und Behörden zur Anbringung von Nachtbriefkästen (BVerwG NJW 1964, 788). Bestreitet ein Steuerberater, den Steuerbescheid eines Mandanten erhalten zu haben, ist die Zugangsvermutung des § 122 II Nr. 1 AO 1977 auch dann widerlegt, wenn er kein Fristenkontrollbuch führt, sofern nicht weitere Indizien für den Zugang des Bescheides sprechen (BFH NVwZ 2005, 1461 (1462)).

6. Beginn einer behördlich gesetzten Frist (II)

19 Nach § 31 II beginnt der Lauf einer Frist, die von einer Behörde gesetzt wird, mit dem Tag, der auf die Bekanntgabe folgt, es sei denn, dem Betroffenen ist etwas anderes mitgeteilt worden (OVG Berlin-Brandenburg NVwZ-RR 2011, 97 (99)). **Behördliche Fristen** können in Verwaltungsvorschriften enthalten sein, beginnen dann aber erst zu laufen, wenn sie dem Betroffenen bekannt gegeben bzw. mitgeteilt wurden (BVerwG NVwZ 1994, 575 (576)). Bei förmlicher Zustellung gelten die Vorschriften des VwZG, im Übrigen die Vorschriften über die Bekanntgabe eines VA. Im immissionschutzrechtlichen Verfahren kann die Bekanntgabe auch durch **öffentliche Bekanntmachung** nach § 21a Abs. 1 Satz 1 der 9. BImSchV erfolgen. Die erfolgte öffentliche Bekanntmachung setzt auch den Lauf der Widerspruchsfrist in Gang (VGH Mannheim BeckRS 2019, 3918 (Rn. 8)).

7. Bestimmung der Frist bei Feiertagen (III)

20 In § 31 III 1 wird der Fall (sog „Montagsregelung") geregelt, dass das Ende einer gesetzlichen oder behördlich gesetzten Frist (nicht aber bei Terminen, KR/Ramsauer § 30 Rn. 29) auf einen Samstag, Sonntag oder gesetzliche Feiertag fallen würde. In diesen Fällen verlängert sich die Frist kraft Gesetzes bis zum Ablauf des nachfolgenden Montags bzw. bis zum Ablauf des auf den Feiertag folgenden Werktags (OVG Lüneburg NVwZ-RR 2006, 258).

21 Die **Bekanntgabefiktion** nach § 41 II verdrängt die **„Montagsregelung".** Auch wenn der dritte Tag nach Aufgabe eines Briefes zur Post gem. § 41 II auf einen der in § 31 III 1 genannten Tage fällt, gilt dieser und nicht der nächste Werktag als Tag der Bekanntgabe (OVG Lüneburg NVwZ-RR 2007, 78; VGH München NJW 1991, 1250 (1250)).

22 Allerdings kann die Behörde nach pflichtgemäßer Ermessensausübung in bestimmten Ausnahmefällen von der grundsätzlichen Regelung in § 31 III 1 abweichen und nach § 31 III 2 einen Tag **exakt als Fristende** bestimmen,

der, falls es ein Samstag, Sonntag oder ein gesetzlicher Feiertag sein sollte, mit seinem Ablauf wirksam das Ende der gesetzten Frist markiert.

8. Fristende bei behördlicher Leistung (IV)

In § 31 IV wird abgrenzend zur „Montagsregelung" hervorgehoben, dass die „Montagsregelung" in § 31 III dann nicht gilt, wenn die Behörde Leistungen für einen bestimmten Zeitraum zu erbringen hat. Der Zeitraum endet auch dann mit dem Ablauf seines letzten Tages, wenn dieser auf einen Sonntag, einen gesetzlichen Feiertag oder einen Sonnabend fällt. Der in der Praxis anzutreffende Sachverhalt betrifft Geldzahlungen, zB im Rahmen von Sozialleistungen (§ 26 IV SGB X; KR/Ramsauer § 31 Rn. 33; BeckOK VwVfG/Michler § 31 Rn. 50). 23

9. Behördlich gesetzte Termine (V)

Die Vorschrift stellt klar, dass ein Termin nicht mit einer Frist gleichgesetzt werden kann; für Termine gilt die Rechtsfolge des § 31 III 1 nicht. Hat eine Behörde einen Termin gesetzt, ist dieser auch dann einzuhalten, wenn er auf einen **Sonntag, gesetzlichen Feiertag oder Sonnabend** fällt (KR/Ramsauer § 31 Rn. 34). Die Vorschrift findet nur bei einer einseitigen Terminsetzung Anwendung, nicht auch bei einer konsensualen Vereinbarung eines Termins in einem öffentlich-rechtlichen Vertrag, wie zB bei der Widerrufsfrist in einem Prozessvergleich (VGH Kassel NVwZ-RR 2000, 544 (545); BeckOK VwVfG/Michler § 31 Rn. 52). 24

10. Fristberechnung nach Stunden (VI)

Wird eine Frist nach pflichtgemäßem Ermessensgebrauch in dringenden Fällen nach Stunden bestimmt, so werden nach § 31 VI Sonntage, gesetzliche Feiertage oder Sonnabende mitgerechnet (anders § 57 II VwGO iVm § 222 III ZPO), an denen die Frist abläuft (KR/Ramsauer § 30 Rn. 36). § 31 VI ist lex specialis zu III 1. 25

11. Fristverlängerung (VII)

Behördlich gesetzte Fristen können nach Ausübung pflichtgemäßen Ermessens verlängert werden. Eine **rückwirkende Verlängerung** ist insbesondere möglich, wenn es unbillig wäre, die durch den Fristablauf eingetretenen Rechtsfolgen bestehen zu lassen. Die Behörde kann die Verlängerung der Frist nach § 36 mit einer Nebenbestimmung verbinden. Die Entscheidung über eine Verlängerung der Frist ist ein VA (Ziekow § 31 Rn. 17). 26

Sachlich anwendbar ist die Norm nur auf **behördlich gesetzte Fristen,** nicht aber für gesetzliche Fristen, für die eine Verlängerung ohne spezielle gesetzliche Ermächtigung nicht möglich ist. Die Vergleichbarkeit einer behördlich gesetzten Frist mit einem von einer Behörde gesetzten Termin ermöglicht die entsprechende Anwendbarkeit von VII auf Termine.

Ob eine Frist – sei es auf Antrag, sei es von Amts wegen – verlängert wird, steht im **Ermessen** der Behörde. Billigkeitserwägungen und ähnliche Gründe („insbesondere") nach § 31 VII steuern – auf der Rechtsfolgenseite – die Entscheidung der Behörde über die Dauer einer Verlängerung, (BVerwG NVwZ 1994, 575 (576), KR/Ramsauer § 31 Rn. 39, 40).

27 Eine rückwirkende Verlängerung ist auch nach Fristablauf noch möglich (VII 2). Die Behörde hat bei **Fristverlängerungen** in der Regel **zu Gunsten der Beteiligten** zu entscheiden; ein Verbot, günstige Rechtsfolgen unanwendbar zu lassen, existiert nicht (BVerwG NVwZ 2002, 873; OVG Münster NVwZ-RR 1999, 30; BVerwG NVwZ 1994, 575 (576)).

28 Besonderheiten bestehen im **Prüfungsrecht:** Bei einer von der Prüfungsbehörde gesetzten Meldefrist handelt es sich um eine behördliche Frist nach § 31 VII und nicht um eine Ausschlussfrist. Eine Meldefrist von nur drei Stunden ist unangemessen, rechtswidrig und verpflichtet die Prüfungsbehörde einen Antrag auf **rückwirkende Fristverlängerung** positiv zu bescheiden. Werden die Zwecke, denen eine von der Behörde für eine Prüfung gesetzte Meldefrist dient, durch eine verspätete Meldung zu einer Prüfung, von der die Berufsqualifikation abhängt, nicht oder allenfalls geringfügig betroffen, so besteht regelmäßig eine Ermessensschrumpfung der Behörde dahin, dass sie die Frist rückwirkend verlängern muss (OVG Münster NVwZ-RR 1999, 30). Die Nichtigkeit einer Fristverlängerung ergibt sich nicht schon daraus, dass die Behörde keinen kalendermäßig bestimmten Endzeitpunkt festlegt hat, wenn der Regelungsgehalt nach dem Empfängerhorizont und den Begleitumständen erkennbar ist (BVerwG NJW 2006, 1017).

29 **Gesetzliche Folgen** werden durch Fristverlängerungen nicht neutralisiert. Eine abgelaufene Aufenthaltserlaubnis kann nicht mit Rückwirkung für eine Zeit verlängert werden, in der sich der Ausländer unerlaubt im Bundesgebiet aufgehalten hat; § 31 VII findet keine Anwendung (BVerwG NVwZ 1983, 476 (476)).

§ 32 Wiedereinsetzung in den vorigen Stand

(1) [1] War jemand ohne Verschulden verhindert, eine gesetzliche Frist einzuhalten, so ist ihm auf Antrag Wiedereinsetzung in den vorigen Stand zu gewähren. [2] Das Verschulden eines Vertreters ist dem Vertretenen zuzurechnen.

(2) [1] Der Antrag ist innerhalb von zwei Wochen nach Wegfall des Hindernisses zu stellen. [2] Die Tatsachen zur Begründung des Antrags sind bei der Antragstellung oder im Verfahren über den Antrag glaubhaft zu machen. [3] Innerhalb der Antragsfrist ist die versäumte Handlung nachzuholen. [4] Ist dies geschehen, so kann Wiedereinsetzung auch ohne Antrag gewährt werden.

(3) Nach einem Jahr seit dem Ende der versäumten Frist kann die Wiedereinsetzung nicht mehr beantragt oder die versäumte Handlung nicht mehr nachgeholt werden, außer wenn dies vor Ablauf der Jahresfrist infolge höherer Gewalt unmöglich war.

(4) Über den Antrag auf Wiedereinsetzung entscheidet die Behörde, die über die versäumte Handlung zu befinden hat.

(5) Die Wiedereinsetzung ist unzulässig, wenn sich aus einer Rechtsvorschrift ergibt, dass sie ausgeschlossen ist.

Übersicht

	Rn.
I. Überblick	1
II. Materielle Voraussetzungen der Wiedereinsetzung	4
1. Säumnis einer gesetzlichen Frist	4
2. Verschulden	8
3. Verschulden des Vertreters	15
III. Formelle Voraussetzungen für die Wiedereinsetzung (II)	20
IV. Ausschlussfrist (III)	26
V. Behördenentscheidung (IV)	29
VI. Unzulässigkeit der Wiedereinsetzung (V)	31
VII. Nachsichtgewährung	33

I. Überblick

1 Regelungsgegenstand in § 32 ist die Wiedereinsetzung in den vorigen Stand, die – neben den formellen Anforderungen – den Nachweis einer unverschuldeten Säumnis einer **gesetzlichen Frist** voraussetzt. Wird auf begründeten Antrag eines Beteiligten eine Wiedereinsetzung in den vorigen Stand gewährt, bleibt die tatsächlich nicht eingehaltene gesetzliche Frist unbeachtlich; der Beteiligte nimmt an dem Verwaltungsverfahren teil, als ob die gesetzliche Frist gewahrt worden sei (Ziekow § 32 Rn. 1; KR/Ramsauer § 32 Rn. 4).

2 Das Rechtsinstitut der Wiedereinsetzung in den vorigen Stand wird verfassungsrechtlich aus dem Recht auf ein **faires Verfahren** abgeleitet (BVerwG BeckRS 2009, 31217 Rn. 3; BVerfG NJW 2007, 204 (205)), das für ein rechtsstaatliches Gerichtsverfahren grundlegende Bedeutung hat (BVerfG NJW 2004, 2887 (2887)). Es gilt in gleichem Maße auch im **Europarecht** (EGMR NJW 2009, 3565 (3565); EuGH EuZW 2009, 422 (422); KR/Ramsauer § 32 Rn. 3). Insbesondere dürfen die Anforderungen an eine Wiedereinsetzung in den vorigen Stand **nicht überspannt** werden (BVerfG NJW 2008, 2167 (2168); NJW 2004, 2887 (2887) mwN). Beruht eine Fristversäumung auf Fehlern des Gerichts oder einer Behörde, sind die Anforderungen an eine Wiedereinsetzung mit **besonderer Fairness** zu handhaben (BVerfG NJW 2008, 2167 (2168)). Auch wenn die Entscheidungen des BVerfG zu gerichtlichen Verfahren ergangen sind, entfaltet das Fairnessgebot seine Wirkung auch im **Verwaltungsverfahren,** so dass § 32 gleichermaßen zu berücksichtigen ist (OVG Münster NVwZ-RR 2005, 450 (450); BVerwG NVwZ 1994, 575 (575)), wenngleich geringfügige Unterschiede zwischen gerichtlichen und verwaltungsverfahrensrechtlichen Voraussetzungen verbleiben.

3 Der sachliche Anwendungsbereich von § 31 erstreckt sich auf **Verwaltungsverfahren,** nicht aber auf das Widerspruchsverfahren (§ 79) und das gerichtliche Verfahren (§§ 60, 70 II VwGO). Werden gesetzliche Fristen versäumt, ohne dass der Säumnis ein Verwaltungsverfahren zugrunde liegt, findet

§ 32 als **Ausdruck eines allgemeinen Rechtsgedankens** entsprechende Anwendung (Ziekow § 32 Rn. 2; SBS/Kallerhoff/Stamm § 32 Rn. 8).

II. Materielle Voraussetzungen der Wiedereinsetzung

1. Säumnis einer gesetzlichen Frist

4 Voraussetzung ist zunächst das Vorliegen der Säumnis einer **wirksam** gesetzten gesetzlichen Frist. Fehlt es bereits an einer wirksam gesetzten Frist, zB aufgrund fehlender Bekanntgabe eines Bescheides (OVG Schleswig NVwZ 2002, 358 (359); BVerwG NJW 2000, 683 (684)), bleibt § 32 unanwendbar (SBS/Kallerhoff/Stamm § 32 Rn. 7); sofern nicht eine Zustellungsfiktion gegeben ist (BVerfG NJW 2008, 429 (429)).

5 **Gesetzliche Fristen** im Sinne von § 32 sind allein solche, die kraft Gesetzes, durch Rechtsverordnung oder Satzung ohne besondere behördliche Festsetzung allein aufgrund eines bestimmten Ereignisses zu laufen beginnen und deren Dauer gesetzlich bestimmt ist (BeckOK VwVfG/Michler § 32 Rn. 5). Für Fristen in **Verwaltungsvorschriften,** die für Behörden verbindlich sind, gilt § 32 analog (str. wie hier KR/Ramsauer § 32 Rn. 7; SBS/Kallerhoff/Stamm § 32 Rn. 8; BeckOK VwVfG/Michler § 32 Rn. 6; aA VG Frankfurt a. M. BeckRS 2012, 49700 aber „Rechtsgedanken des § 32 in Ermessenserwägung"). **Behördlich gesetzte Fristen** greifen nicht; sie sind ggf. zu verlängern. Ob § 32 auch auf **Termine** Anwendung findet, ist trotz des Wortlauts strittig (befürwortend KR/Ramsauer § 32 Rn. 8; ablehnend SBS/Kallerhoff/Stamm § 32 Rn. 8), im Ergebnis aber ohne relevanten Unterschied, da das über § 32 zu erreichende Ergebnis ebenfalls durch einfache behördliche Verlängerung eines Termins erreicht werden kann.

5a Unter **materiell-rechtlichen Ausschlussfristen** sind nach der Rechtsprechung des Bundesverwaltungsgerichts vom materiellen Recht gesetzte Fristen zu verstehen, deren Nichteinhaltung den Verlust einer materiell-rechtlichen Rechtsposition zur Folge hat. Sie bedürfen daher einer gesetzlichen Grundlage (VGH Mannheim BeckRS 2020, 16543 Rn. 24). Sie sind für Behörden und Beteiligte gleichermaßen verbindlich. Nach Ablauf der Frist kann der Anspruch nicht mehr geltend gemacht werden, sofern das einschlägige Recht keine Ausnahme vorsieht. Ausschlussfristen sind für Behörden und Beteiligte gleichermaßen verbindlich und stehen nicht zur Disposition von Verwaltung oder Gerichten (VGH Mannheim BeckRS 2020, 16543 Rn. 22).

5b Ob eine materiell-rechtliche Ausschlussfrist vorliegt, ist **im Zweifel durch Auslegung** zu ermitteln (OVG Lüneburg BeckRS 2020, 10076 Rn. 8). Für die Auslegung reicht es aus, wenn nach dem Sinn und Zweck der gesetzlichen Regelung ein verspäteter Antragsteller materiellrechtlich endgültig seine Anspruchsberechtigung verlieren soll. Das Fachrecht muss jedoch einen hinreichenden Anhalt für die Annahme bieten, der Gesetzgeber habe dem öffentlichen Interesse an der Einhaltung der Frist gegenüber dem Interesse des Bürgers an deren nachträglicher Wiedereröffnung auch bei unverschuldeter

Fristversäumnis schlechthin den Vorrang eingeräumt und deswegen die Wiedereinsetzung generell versagt (BVerwG BeckRS 2020, 22249 Rn. 14).

Gegen die Versäumung der Ausschlussfrist gibt es gemäß § 32 V keine Wiedereinsetzung, da dies mit dem Zweck der materiell-rechtlichen Ausschlussfrist unvereinbar wäre. In Betracht kommt lediglich eine ausnahmsweise **Nachsichtgewährung** → Rn. 33a, die das BVerwG unter engen Voraussetzungen u. a. dann zulässt, wenn die Versäumung der materiell-rechtlichen Ausschlussfrist auf Umständen „höherer Gewalt" beruht (VGH München BeckRS 2022, 3156 Rn. 17); BVerwG BeckRS 2016, 111173 Rn. 19). **5c**

Bei der Frist um die **Bewerbung eines Studienplatzes** handelt es sich um eine Ausschlussfrist, bei der eine Verlängerung ebenso wenig möglich ist wie eine Wiedereinsetzung in den vorigen Stand, auch eine Nachsichtgewährung scheidet aus (VG Gelsenkirchen BeckRS 2021, 29533 Rn. 9,11). **5d**

Maßgeblich ist weiter, dass die gesetzliche Frist tatsächlich versäumt wurde. Die Frist ist versäumt, wenn der Beteiligte die geforderte Handlung objektiv nicht innerhalb des durch die Frist offenstehenden Zeitraums vollständig bewirkt hat (Ziekow § 32 Rn. 6). **6**

Ein Hinderungsgrund im Sinne von § 32 I ist ein die Fristwahrung des Betroffenen vereitelndes oder unzumutbar erschwerendes Ereignis, wozu neben objektiven Umständen der Außenwelt auch subjektive Gründe wie z. B. eine Krankheit oder eine Unkenntnis über den Beginn oder die Dauer der Frist gehören, die allein in der Person des Säumigen liegen (VGH München BeckRS 2014, 57798 (Rn. 36)). Der **Hinderungsgrund** muss zumindest mitursächlich für die Fristversäumung im Sinne einer adäquaten Kausalität gewesen sein (KR/Ramsauer § 32 Rn. 17). Fallen die Hinderungsgründe vor der Zwei-Wochen-Frist nach § 32 II 1 fort, so dass dem Beteiligten **weniger als 2 Wochen Zeit** für einen Wiedereinsetzungsantrag verbleiben, ist nach hM während des Fristlaufs eine Wiedereinsetzung nur möglich, wenn die verbleibende Frist unangemessen kurz ist, um die Handlung vorzunehmen (BVerwG NVwZ-RR 1999, 472 (473); BVerwG NJW 1976, 74 (74); VGH München NJW 1982, 2660 (2661); SBS/Kallerhoff/Stamm § 32 Rn. 14). Nach anderer, überzeugenderer Auffassung ist eine zweiwöchige Überlegungsfrist nach Wegfall des Hinderungsgrundes garantiert (Ziekow § 32 Rn. 6; KR/Ramsauer § 32 Rn. 18). **7**

2. Verschulden

Eine Wiedereinsetzung setzt voraus, dass ein unverschuldetes Hindernis die Versäumung der Frist verursacht hat, für die Versäumung also die eigentliche Ursache gesetzt hat (BVerwG NVwZ-RR 1999, 538 (538)). **8**

Der Nachweis der **Aufgabe eines gewöhnlichen Briefes** bei der Post begründet keinen Beweis, auch nicht des ersten Anscheins, für den Zugang des Schreibens beim Empfänger (OVG Lüneburg BeckRS 2020, 10076 Rn. 4). **8a**

Verzögerungen der Briefbeförderung durch die Post dürfen allerdings dem Absender nicht als Verschulden angerechnet werden. Im Verantwortungsbereich des Absenders liegt es allein, das zu befördernde Schriftstück den **8b**

postalischen Bestimmungen entsprechend – also insbesondere ausreichend frankiert und richtig adressiert – und so rechtzeitig zur Post zu geben, dass es nach den organisatorischen und betrieblichen Vorkehrungen der Post bei regelmäßigem Betriebsablauf den Empfänger fristgerecht erreicht (VGH Mannheim BeckRS 2020, 16543; stRspr BVerfG BeckRS 2017, 106848 Rn. 43). Es verletzt keine Sorgfaltspflichten, wenn sich der Absender nicht beim Empfänger nach dem **Eingang des Briefes** erkundigt oder es unterlässt, rechtzeitig auf dem Postweg versandte Schriftsätze zusätzlich auch per Telefax an das Gericht oder die Behörde zu übersenden (VGH Mannheim BeckRS 2020, 16543 Rn. 43 mwN).

8c Verzögerungen bei den **Postlaufzeiten,** auch solche durch Streiks, sind dem Bürger nicht als Verschulden zuzurechnen (BVerfG NJW 1979, 641 (641); vgl. auch BVerfGE 44, 302); allerdings nur, sofern nicht der Beschwerdeführer selbst eine zurechenbare Ursache für die Verspätung oder das Unterbleiben der Postauslieferung gesetzt hat (BVerfG NJW 1992, 38 (38); MSU/Mattes § 32 Rn. 27 ff.)

8d Die Beweispflicht für fehlendes Verschulden trägt der Antragsteller (KR/Ramsauer § 32 Rn. 22); Unaufklärbarkeit geht – trotz Beweislastverteilung – allerdings nicht zu seinen Lasten (BAG NZA 1990, 538 (538)). Ein Verschulden in diesem Sinne liegt vor, wenn die oder der Betroffene die gebotene und nach den Umständen zumutbare Sorgfalt nicht eingehalten haben. Auch leichte Fahrlässigkeit schließt die Wiedereinsetzung aus (KR/Ramsauer § 30 Rn. 20).

9 Ein **verfahrensrelevantes Verschulden** liegt vor, wenn der Betroffene hinsichtlich der Wahrung der Frist diejenige Sorgfalt außer Acht lässt, die für einen gewissenhaften, seine Rechte und Pflichten sachgerecht wahrnehmenden Beteiligten geboten und ihm nach den Umständen zumutbar ist (OVG Münster NVwZ-RR 2005, 450 (450); BVerwG NJW 1997, 2966 (2969)). Fahrlässigkeit als Verschuldensform auf Seiten des Beteiligten schließt die Wiedereinsetzung aus; eine Mitschuld an dem Ursachenzusammenhang reicht idR aus (Ziekow § 32 Rn. 7).

10 Das **Kriterium der Zumutbarkeit** räumt die Möglichkeit ein, den vom Gesetz nicht geregelten Fall eines Verschuldens auch der Behörde zu berücksichtigen. (OVG Münster NVwZ-RR 2005, 450 (450); BVerfGE NJW 1988, 2787). Die **Anforderungen an die Sorgfaltspflicht** dürfen angesichts der Bedeutung der Wiedereinsetzung für den verfassungsrechtlich gewährleisteten Rechtsschutz der Betroffenen freilich nicht überspannt werden. Trifft auch die Behörde für die Versäumung einer Frist eine Mitverantwortung, weil sie zB beim Betroffenen einen Rechtsirrtum verursacht hat, ist Wiedereinsetzung zu gewähren (OVG Münster NVwZ-RR 2005, 4509). Als unverschuldet ist eine Fristversäumnis auch dann anzusehen, wenn der Antragsteller zunächst einen von ihm zu vertretenden Fehler begangen hat, dann aber ein **zusätzlicher Fehler des Gerichts** hinzugekommen ist, auf dem letztlich die Fristversäumnis beruht (OVG Berlin-Brandenburg NVwZ-RR 2010, 376; BVerwG NVwZ 2007, 3797).

11 **Mangelnde Rechtskenntnis** entschuldigt eine Fristversäumnis grundsätzlich nicht. Auch ein Irrtum über die Erfolgsaussicht eines Antrags bzw. eines

Rechtsbehelfs vermögen eine Fristversäumung nicht zu entschuldigen (OVG Lüneburg BeckRS 2024, 4835 Rn. 11; BVerwG NVwZ-RR 1999, 538 (538); BVerwG NJW 1997, 2966 (2970)).

Wird **Erkrankung** als Grund für die Wiedereinsetzung geltend gemacht und mit ärztlicher Bescheinigung einer Arbeitsunfähigkeit ohne spezifische Angabe der Erkrankung begründet, muss glaubhaft gemacht werden, dass die Krankheit in verfahrensrelevanter Form Einfluss auf die Entschluss-, Urteils- und Handlungsfähigkeit genommen hat (BVerfG NJW-RR 2007, 1717 (1717)). 12

Fehlende deutsche Sprachkenntnisse sind in der Regel kein zureichender Grund für eine Wiedereinsetzung. Ein **Ausländer,** der die deutsche Sprache nicht versteht, verletzt regelmäßig die ihm zuzumutende Sorgfalt, wenn er sich bei Eingang eines erkennbar amtlichen Schreibens nicht umgehend und intensiv darum bemüht, dessen Inhalt zu erkunden (OVG Lüneburg BeckRS 2005, 20740; OVG Lüneburg, NVwZ 1999 1013 (1014); BVerfG NVwZ 1992, 1080 (1081)). Wiedereinsetzung kommt nur dann in Frage, wenn der Ausländer bei seinem Bemühen um Übersetzung und Rechtshilfe ausnahmsweise auf **unüberwindliche Schwierigkeiten** stößt (VGH München NJW 1977, 1213). 13

Unverschuldete Fristversäumnis erfordert, dass dem Betroffenen nach den gesamten Umständen kein Vorwurf daraus zu machen ist, dass er die Frist versäumt hat, ihm also die Einhaltung der Frist nicht zumutbar war (BVerwG NJW 1990, 3103 (3103)). Etwaige Sprachschwierigkeiten sind bei der Entscheidung angemessen zu berücksichtigen (BVerwG Buchholz 310 § 60 VwGO Nr. 123). Danach handelt schuldhaft, wer bei Gericht eine Klageschrift in einer fremden Sprache einreicht (BVerwG NJW 1990, 3103 (3103) mwN). 14

3. Verschulden des Vertreters

Ein Verschulden von Hilfspersonen des Bevollmächtigten ist weder dem Bevollmächtigten noch dem Vollmachtgeber wie eigenes Verschulden zuzurechnen. Liegt ein **Organisationsverschulden** (mangelnde Sorgfalt bei Auswahl, Überwachung, fehlende Kontrolle etc) vor, ist ein Verschulden des Bevollmächtigten zu bejahen (Ziekow § 32 Rn. 13). Fehlt es allerdings an einer wirksamen Bevollmächtigung, zB aufgrund rechtsgeschäftlich unwirksamer Erklärung, unterbleibt die Zurechnung (KR/Ramsauer § 32 Rn. 33). 15

Dem **Rechtsanwalt** obliegt eine gesteigerte Aufmerksamkeit bei fristgebundenen Anträgen. Dies schließt es nicht aus, dass der Bevollmächtigte dabei anfallende einfache Tätigkeiten seinem entsprechend angewiesenen und überprüften Büropersonal überlässt (BVerfG NJW 2009, 214; BGH NJW 2000, 364 (365)). Der Bevollmächtigte ist verpflichtet, neben der normalen und regelmäßigen Überwachung, unter anderem durch eine geeignete Büroorganisation und allgemeine Anweisungen, eine wirksame End- oder Ausgangskontrolle für fristwahrende Schriftsätze zu gewährleisten (BVerfG NJW 2001, 1567 (1568)). Wird eine Frist versäumt, weil ein Rechtsanwalt am letzten Tag der Frist den fristwahrenden Schriftsatz infolge des Gebrauchs 16 einer **veralteten Telefonbuch-CD** nicht an die aktuelle Telefax-Nummer des Gerichts faxt oder faxen lässt, liegt ein Anwaltsverschulden vor (OVG Saarlouis NJW 2008, 456 (456)). Ein Rechtsanwalt muss für eine Büroorganisation sorgen, die eine Überprüfung der per Telekopie übermittelten fristgebundenen Schriftsätze auch auf Verwendung einer **zutreffenden Empfängernummer** gewährleistet (BVerwG NJW 2008, 932 (932)).

17 **„Google Maps"** ist keine zuverlässige Quelle für die Ermittlung von Telefaxnummern (BGH MMR 2010, 375 (375)). Die ordnungsgemäße Kontrolle der Vollständigkeit von fristgebundenen Erklärungen, Anträgen etc hat der Bevollmächtigte durch entsprechende allgemeine Anweisungen an das Büropersonal sicherzustellen. (BVerfG NJW 2009, 214). Ein Rechtsanwalt darf einfache Tätigkeiten, die keine juristische Schulung verlangen, seinem geschulten und zuverlässigen Büropersonal zur selbstständigen Erledigung übertragen. Für die Übermittlung fristwahrender Schriftsätze per Telefax erfordert es einer wirksamen Ausgangskontrolle. Fristen aus dem Fristenkalender dürfen erst gelöscht werden, wenn durch Überprüfung des Sendeprotokolls feststeht, dass der Schriftsatz vollständig gesendet worden ist (BVerfG NJW 2007, 2839 mwN).

18 Bei der Behandlung von Fristsachen muss die dem **Büropersonal erteilte Weisung** umso klarer und präziser sein, je komplizierter und fehlerträchtiger die Prozesssituation ist (BGH NJW-RR 2001, 209). Zu der Frage des Verschuldens eines **beauftragten Rechtsanwalts** hat sich eine umfangreiche, überwiegend prozessrechtliche Judikatur herausgebildet (hierzu Born NJW 2009, 2179; Born NJW 2007, 2088; zur Finanzgerichtsbarkeit vgl. Klemm NVwZ 1989, 102). Zahlreiche Fragen haben die Überwachung von Büropersonal, das Organisationsverschulden, die Fristenkontrolle und den Betrieb von Telefaxgeräten zum Gegenstand (weitere Beispiele vgl. KR/Ramsauer § 32 Rn. 34 ff.; SBS/Kallerhoff/Stamm § 32 Rn. 28 ff.).

19 Die **Grundsätze der Rspr. zum Organisationsverschulden gelten für einen Amtsträger im Wesentlichen entsprechend.** Der mit der Prozessführung betraute **Beamte einer Behörde** mit der Befähigung zum Richteramt unterliegt der gleichen Sorgfaltspflicht wie ein Rechtsanwalt; an ihn sind bezüglich der Einhaltung von Rechtsmittelfristen keine strengeren, aber auch keine geringeren Anforderungen zu stellen (OVG Saarlouis NVwZ-RR 2005, 448 (448); Herrmann KommJur 2008, 167 (169); KR/Ramsauer § 32 Rn. 39).

III. Formelle Voraussetzungen für die Wiedereinsetzung (II)

20 In der Regel erfolgt die Wiedereinsetzung aufgrund eines Antrags, der auch dann keinem **Formzwang** unterliegt, wenn die versäumte Handlung formgebunden war (hM SBS/Kallerhoff/Stamm § 32 Rn. 33; KR/Ramsauer § 32 Rn. 41, Klemm NVwZ 1989, 102 (107)). Der Antragsteller hat ein **subjektiv öffentliches Recht** auf Wiedereinsetzung, wenn die Voraussetzungen gegeben sind; ein Ermessen ist der Behörde hier nicht eingeräumt.

Der Antrag ist innerhalb einer **Frist von zwei Wochen** nach Wegfall des Hindernisses zu stellen und zu begründen. Die Frist beginnt zu laufen, ohne dass dem Betroffenen die Umstände und der Wegfall des Hindernisses bekannt sein müssen. Das Fehlen subjektiver Kenntnis hindert den Beginn der Zwei-Wochen-Frist nicht. Allerdings ist Wiedereinsetzung in den vorigen Stand wegen unverschuldeter Versäumung der Wiedereinsetzungsfrist möglich **(„Wiedereinsetzung in die Wiedereinsetzung“);** es handelt sich bei § 32 II um eine gesetzliche Frist iSd Wiedereinsetzungsvorschriften (BVerwG NJW 1997, 2966 (3967); BVerwG DVBl 1986, 287; BeckOK VwVfG/Michler § 31 Rn. 22). 21

Ferner muss die versäumte Handlung innerhalb der Zwei-Wochen-Frist nachgeholt werden. Es besteht allerdings kein Erfordernis, innerhalb der Frist von zwei Wochen nach § 32 II 2 auch die Tatsachen zur Begründung des Wiedereinsetzungsantrages glaubhaft zu machen („oder im Verfahren … glaubhaft zu machen“). Wird die Handlung nicht in der zwei Wochen Frist vorgenommen, ist der Antrag bereits unzulässig. Unschädlich ist, wenn die Handlung vor dem Lauf der Frist vorgenommen wurde. (KR/Ramsauer § 32 Rn. 43 f.). 22

Die Begründung ist **glaubhaft** gemacht, wenn eine überwiegende Wahrscheinlichkeit für ihre Richtigkeit spricht; Glaubhaftmachung bedeutet weniger als das Erbringen des vollen Beweises (BVerwG NVwZ-RR 1997, 133 (134); Ziekow § 32 Rn. 17; OVG Schleswig NVwZ-RR 1992, 387 (387)). Mittel der Glaubhaftmachung sind die in § 26 II genannten Beweismittel und die Versicherung an Eides statt (§ 27) sowie alle weiteren Mittel (uU auch eine schlichte Erklärung, KR/Ramsauer § 32 Rn. 53a), die den **Tatsachenvortrag** so **einleuchtend** unterlegen, dass er als **triftig** anerkannt werden kann (BVerwG NVwZ-RR 1997, 135 (137)). 23

Insgesamt gilt, dass die Anforderungen an die Glaubhaftmachung umso höher sind, je unwahrscheinlicher der Tatsachenverlauf nach der **allgemeinen Lebenserfahrung** ist (KR/Ramsauer § 32 Rn. 53a). Eine Glaubhaftmachung ist nur dann entbehrlich, wenn die Wiedereinsetzungsgründe offenkundig oder gerichtsbekannt sind (OVG Münster NJW 1996, 2809). Im Zweifel ist Wiedereinsetzung zu gewähren, sofern ein Verschulden des Betroffenen ausgeschlossen werden kann und die übrigen Umstände nicht restlos aufgeklärt werden können (BeckOK VwVfG/Michler § 32 Rn. 29; KR/Ramsauer § 32 Rn. 53; SBS/Kallerhoff/Stamm § 32 Rn. 40). 24

Offen ist, ob die Behörde von Amts wegen bei Vorliegen sämtlicher Voraussetzungen nach § 31 II 4 über eine Wiedereinsetzung zwingend – ohne Ermessen – zu entscheiden hat (so zutr. VGH Kassel NVwZ-RR 1993, 432 (434, 436); KR/Ramsauer § 32 Rn. 50; Klemm NVwZ 1989, 102 (108)); ob ihr ein Entschließungsermessen eingeräumt ist (SBS/Kallerhoff/Stamm § 32 Rn. 38). 25

IV. Ausschlussfrist (III)

26 Der Antrag auf Wiedereinsetzung (III) kann nur innerhalb eines Jahres gestellt werden; ebenso ist nach Ablauf der Jahresfrist eine Nachholung der versäumten Handlung zulässig. Die Jahresfrist ist eine **materielle Ausschlussfrist** (BVerwG NJW 1997, 2966 (2968 f.); NJW 1980, 1480 (1481)). Nach Ablauf der Frist kann der Anspruch – ohne dass es auf die Ursache der Fristversäumnis ankommt – nicht mehr geltend gemacht werden, sofern und soweit das einschlägige Recht keine Wiedereinsetzung, Nachsichtgewährung oder sonstige Ausnahme gestattet. Eine Wiedereinsetzung in die Ausschlussfrist ist nicht möglich (BVerwG BeckRS 2020, 22249 (Rn. 16); OVG Münster BeckRS 2018, 31303 (Rn. 22); BVerwG BeckRS 2015, 45526 (Rn. 44); BVerwG NJW 1997, 2966 (2968)). Bei der Versäumung materiell-rechtlicher Ausschlussfristen kann eine Wiedereinsetzung in den vorigen Stand oder eine sonstige Nachsicht nur gewährt werden, wenn und soweit das einschlägige materielle Recht sie nicht versagt. Auf ein Verschulden kommt es bei der Versäumung der Jahresfrist – aufgrund des Charakters einer materiellen Ausschlussfrist nicht an (Ziekow § 32 Rn. 19). Eine Ausnahme gilt nach § 32 III nur dann, wenn Antragstellung bzw. Nachholung der versäumten Handlung vor Ablauf der Jahresfrist **infolge höherer Gewalt** unmöglich war (BeckOK VwVfG/Michler § 32 Rn. 39; KR/Ramsauer § 32 Rn. 57).

27 Der **Begriff der „höheren Gewalt“** ist enger zu verstehen als der in den Wiedereinsetzungsvorschriften gebrauchte Begriff „ohne Verschulden“. Er entspricht inhaltlich „Naturereignissen oder anderen unabwendbaren Zufällen“ iSd § 233 I ZPO aF. Unter „höherer Gewalt“ wird hingegen ein Ereignis verstanden, das unter den gegebenen Umständen auch durch die größte nach den Umständen des konkreten Falls vernünftigerweise von dem Betroffenen unter Anlegung subjektiver Maßstäbe – namentlich unter Berücksichtigung seiner Lage, Bildung und Erfahrung – zu erwartende und zumutbare Sorgfalt nicht abgewendet werden konnte (BGH EnWZ 2021, 411 (413); BVerwG BeckRS 2020, 22249 Rn. 18 mwN); OVG Münster BeckRS 2018, 31303 (Rn. 29); BVerwG NVwZ 2014, 1237 (1240); BVerfG NJW 2008, 429 (429)).

28 Wird ein an einen in einer Justizvollzugsanstalt Einsitzenden gerichteter Bescheid des Bundesamts für Migration und Flüchtlinge von der **Poststelle** der Justizvollzugsanstalt nicht angenommen und mit dem Vermerk „Unbekannt“ wieder im **Original zurückgesandt,** liegt ein Fall höherer Gewalt iSd § 60 III VwGO vor, der die Wiedereinsetzung in den vorigen Stand wegen Versäumung der Klagefrist auf Grund des Eintritts der Zustellungsfiktion nach § 10 II AsylG gebietet (BVerfG NJW 2008, 429 (429)). Der **Verlust von Briefsendungen** im Bereich der Deutschen Post AG ist heutzutage allerdings weder unvorhersehbar noch ungewöhnlich (anormal) und daher bereits im Allgemeinen **kein Fall höherer Gewalt** mehr (VG Saarlouis BeckRS 2010, 48880).

V. Behördenentscheidung (IV)

29 Über den Antrag auf Wiedereinsetzung und über die Wiedereinsetzung von Amts wegen entscheidet die Behörde, die über die versäumte Handlung zu befinden hat (IV), was im Regelfall die in der Hauptsache zuständige Behörde ist. Die Entscheidung kann auch konkludent erfolgen (KR/Ramsauer § 32 Rn. 60). Der Bescheid über die Wiedereinsetzung – ebenso wie ihre Ablehnung – ist ein **Verwaltungsakt** (KR/Ramsauer § 32 Rn. 59; SBS/Kallerhoff/Stamm § 32 Rn. 45). Die Ablehnung der Wiedereinsetzung kann nicht mit einem Rechtsbehelf isoliert (§ 44a VwGO) sondern nur zusammen mit der Sachentscheidung angegriffen werden (KR/Ramsauer § 32 Rn. 63; SBS/Kallerhoff/Stamm § 32 Rn. 45 f.).

30 Wird eine Wiedereinsetzung – konkludent oder ausdrücklich – gewährt, ist die verspätete Handlung als fristgerecht vorgenommen anzusehen. Trotz fehlender Bindungswirkung (und damit mangelnder Präjudizialität) der behördlichen Entscheidung für ein späteres gerichtliches Verfahren ist es naheliegend, dass ein verspäteter Widerspruch im gerichtlichen Verfahren nicht mehr beachtlich ist, wenn die Widerspruchsbehörde in der Sache über den Widerspruch entschieden hat (BVerwG NVwZ-RR 1990, 86 (87)).

VI. Unzulässigkeit der Wiedereinsetzung (V)

31 Ergibt sich aus einer Rechtsvorschrift, dass eine Wiedereinsetzung ausgeschlossen ist, muss sie – da unzulässig – unterbleiben (V). Es handelt sich um eine Ausschlussfrist, bei der eine Wiedereinsetzung ausgeschlossen ist. Ein Ausschluss kommt aber auch ohne eine die Wiedereinsetzung dem Wortlaut nach ausschließende Rechtsvorschrift in Betracht, wenn dem Sinn und Zweck der gesetzlichen Regelung ein verspäteter Antragsteller materiell-rechtlich endgültig seine Anspruchsberechtigung verlieren soll (BVerwG NJW 1997, 2966 (2968)). Qualitativ hat der Ausschluss in einer Rechtsnorm zu erfolgen; hierzu zählen **Verwaltungsvorschriften** nicht (BVerwG NVwZ 1994, 575 (576)).

32 Die Vorschriften über die materielle Präklusion verspäteter Einwendungen im Genehmigungsverfahren von Vorhabenträgern des **Umwelt- und Planungsrechts** schließen eine Wiedereinsetzung in den vorigen Stand nicht aus (OVG Magdeburg BeckRS 2015, 51139 Rn. 42–44; BVerwG NVwZ-RR 1999, 162 (163)).

VII. Nachsichtgewährung

33 Bei der Versäumung von Ausschlussfristen kommt grundsätzlich – da eine Wiedereinsetzung in den vorigen Stand ausgeschlossen ist – eine so genannte **Nachsichtgewährung** in Betracht (BVerwG BeckRS 2016, 41468 (Rn. 15)). Danach kann die verspätete Handlung gleichwohl dann als frist-

wahrend anzusehen sein, wenn die **Fristversäumung auf höherer Gewalt** (BVerwG NJW 1986, 207 (208)) oder auf **staatlichem Fehlverhalten** (BVerwG VIZ 1996, 390 (392)) beruht, bzw. der Berufung auf die Einhaltung der Frist Treu und Glauben entgegenstehen (hierzu BVerwGE 24, 154).

33a Eine „Nachsichtgewährung" auf der Grundlage von Treu und Glauben (§ 242 BGB) bei Fristüberschreitung der Sechs-Monatsfrist nach § 51 I Nr. 7 AufenthG kann allenfalls zum **Ausgleich besonderer Härten** nach geringfügiger Fristüberschreitung oder in einem Fall höherer Gewalt bei außergewöhnlichen Ereignissen, die nach den Umständen des Falles auch durch die äußerste, dem Betroffenen zuzumutende Sorgfalt weder abgewehrt noch in ihren schädlichen Folgen verhindert werden könnten, in Betracht kommen (OVG Weimar ZAR 2022, 133; VGH München BeckRS 2007, 28896 Rn. 43).

33b Die höchstrichterliche Rechtsprechung zur Gewährung von Wiedereinsetzung in den vorigen Stand bei **Postlaufverzögerungen** betrifft keine materielle Ausschlussfrist und ist deshalb nicht einschlägig. Ggf. kann bei dem Verlust der Nachweise auf dem Postweg ein Fall höherer Gewalt vorliegen (vgl. BVerwG Buchholz 310 § 92 VwGO Nr. 17 = BeckRS 2003, 20757; offengelassen in BVerwG NVwZ 2014, 1237 (1240)). Nachsicht zu gewähren, weil die versäumte materiell-rechtliche Ausschlussfrist auf Umständen „höherer Gewalt" beruht, kommt jedenfalls nicht schon wegen einer **Postlaufverzögerung von zwei** auf den Einlieferungstag folgenden **Werktagen** in Betracht (BVerwG NVwZ 2014, 1237 (1240) mwN).

33c Es entspricht allgemeiner Rechtsauffassung, dass sich Behörden nach dem Rechtsgedanken der §§ 242, 162 BGB nicht auf die Versäumung einer die Rechtsverfolgung hindernden oder die Anspruchsberechtigung vernichtenden **Ausschlussfrist** berufen dürfen, wenn die Wahrung der Frist infolge von Umständen unmöglich wurde, die in ihrem **eigenen Verantwortungsbereich** wurzeln (VGH Mannheim BeckRS 2018, 3875 Rn. 25; VGH München BeckRS 2011, 55433 Rn. 25 mwN; BVerwG NJW 1997, 2966 (2969); BGH NVwZ 1985, 938 (939)).

Ein Fall der **unzulässigen Rechtsausübung** liegt vor, wenn nach Maßgabe der besonderen Umstände des Einzelfalls die Fristversäumnis maßgeblich auf das Verhalten der Behörde zurückgeht, ohne dass den Betroffenen in diesem Zusammenhang ein Verschulden trifft (VGH Mannheim BeckRS 2018, 3875 Rn. 25 mwN). In diesen Fällen ist entsprechend dem Rechtsgedanken des § 162 BGB entweder die Antragstellung zu dem Zeitpunkt zu fingieren, zu dem der Antrag ohne die zur Verfristung führenden Umstände rechtzeitig gestellt worden wäre, so dass die Ausschlussfrist in einem solchen Fall als gewahrt anzusehen ist oder gemäß § 32 Wiedereinsetzung in den vorigen Stand bzw. sogenannte Nachsicht oder rückwirkende Verlängerung der Frist gemäß § 31 VII von Amts wegen ohne Antrag zu gewähren (VGH München BeckRS 2011, 55433 Rn. 25 mwN) wäre.

34 Nach der Rechtsprechung des BVerfG (BVerfG NJW 1989, 1983 (1984)) sind ferner materiell-rechtliche Ausschlussfristen bzw. Stichtage am Maßstab von Art. 3 I GG zu messen. Es ist zu prüfen, ob der Gesetzgeber dem ihm zukommenden Gestaltungsraum in sachgerechter Weise genutzt hat, ob er die für die zeitliche Anknüpfung in Betracht kommenden Faktoren hinreichend gewürdigt hat und ob sich die gefundene Lösung im Hinblick auf den gegebenen Sachverhalt und das System der Gesamtregelung rechtfertigen lässt oder als willkürlich erscheint (OVG Magdeburg LKV 2007, 283 (285)).

Das BVerfG hat die Nachsichtgewährung in der Rspr. des BVerwG als **verfassungsrechtlich unbedenklich** eingestuft, insbesondere ist die Versäumung einer Ausschlussfrist ausnahmsweise unbeachtlich, wenn sie auf staatliches Fehlverhalten bei der Anwendung von Rechtsvorschriften zurückgeht, ohne deren korrekte Beachtung der Betroffene seine Rechte nicht wahren kann, und wenn durch die Berücksichtigung der verspäteten Anmeldung der Zweck dieser Vorschrift nicht verfehlt würde (BVerfG NJW 2000, 1481 (1482); BVerwG NJW 1996, 2745). 35

Abschnitt 3. Amtliche Beglaubigung

§ 33 Beglaubigung von Dokumenten

(1) [1]Jede Behörde ist befugt, Abschriften von Urkunden, die sie selbst ausgestellt hat, zu beglaubigen. [2]Darüber hinaus sind die von der Bundesregierung durch Rechtsverordnung bestimmten Behörden im Sinne des § 1 Abs. 1 Nr. 1 und die nach Landesrecht zuständigen Behörden befugt, Abschriften zu beglaubigen, wenn die Urschrift von einer Behörde ausgestellt ist oder die Abschrift zur Vorlage bei einer Behörde benötigt wird, sofern nicht durch Rechtsvorschrift die Erteilung beglaubigter Abschriften aus amtlichen Registern und Archiven anderen Behörden ausschließlich vorbehalten ist; die Rechtsverordnung bedarf nicht der Zustimmung des Bundesrates.

(2) Abschriften dürfen nicht beglaubigt werden, wenn Umstände zu der Annahme berechtigen, dass der ursprüngliche Inhalt des Schriftstücks, dessen Abschrift beglaubigt werden soll, geändert worden ist, insbesondere wenn dieses Schriftstück Lücken, Durchstreichungen, Einschaltungen, Änderungen, unleserliche Wörter, Zahlen oder Zeichen, Spuren der Beseitigung von Wörtern, Zahlen und Zeichen enthält oder wenn der Zusammenhang eines aus mehreren Blättern bestehenden Schriftstücks aufgehoben ist.

(3) [1]Eine Abschrift wird beglaubigt durch einen Beglaubigungsvermerk, der unter die Abschrift zu setzen ist. [2]Der Vermerk muss enthalten

1. die genaue Bezeichnung des Schriftstücks, dessen Abschrift beglaubigt wird,
2. die Feststellung, dass die beglaubigte Abschrift mit dem vorgelegten Schriftstück übereinstimmt,
3. den Hinweis, dass die beglaubigte Abschrift nur zur Vorlage bei der angegebenen Behörde erteilt wird, wenn die Urschrift nicht von einer Behörde ausgestellt worden ist,
4. den Ort und den Tag der Beglaubigung, die Unterschrift des für die Beglaubigung zuständigen Bediensteten und das Dienstsiegel.

(4) Die Absätze 1 bis 3 gelten entsprechend für die Beglaubigung von

1. Ablichtungen, Lichtdrucken und ähnlichen in technischen Verfahren hergestellten Vervielfältigungen,
2. auf fototechnischem Wege von Schriftstücken hergestellten Negativen, die bei einer Behörde aufbewahrt werden,
3. Ausdrucken elektronischer Dokumente,
4. elektronischen Dokumenten,
   a) die zur Abbildung eines Schriftstücks hergestellt wurden,
   b) die ein anderes technisches Format als das Ausgangsdokument, das verbunden ist mit einer qualifizierten elektronischen Signatur oder einem qualifizierten elektronischen Siegel einer Behörde, erhalten haben.

(5) [1] Der Beglaubigungsvermerk muss zusätzlich zu den Angaben nach Absatz 3 Satz 2 bei der Beglaubigung
1. des Ausdrucks eines elektronischen Dokuments, das mit einer qualifizierten elektronischen Signatur oder einem qualifizierten elektronischen Siegel einer Behörde verbunden ist, die Feststellungen enthalten,
   a) wen die Signaturprüfung als Inhaber der Signatur ausweist oder welche Behörde die Signaturprüfung als Inhaber des Siegels ausweist,
   b) welchen Zeitpunkt die Signaturprüfung für die Anbringung der Signatur oder des Siegels ausweist und
   c) welche Zertifikate mit welchen Daten dieser Signatur oder diesem Siegel zu Grunde lagen;
2. eines elektronischen Dokuments den Namen des für die Beglaubigung zuständigen Bediensteten und die Bezeichnung der Behörde, die die Beglaubigung vornimmt, enthalten; die Unterschrift des für die Beglaubigung zuständigen Bediensteten und das Dienstsiegel nach Absatz 3 Satz 2 Nummer 4 werden durch eine dauerhaft überprüfbare qualifizierte elektronische Signatur oder durch ein dauerhaft überprüfbares qualifiziertes elektronisches Siegel der Behörde ersetzt.

[2] Wird ein elektronisches Dokument, das ein anderes technisches Format erhalten hat als das Ausgangsdokument, das mit einer qualifizierten elektronischen Signatur oder mit einem qualifizierten elektronischen Siegel einer Behörde verbunden ist, nach Satz 1 Nummer 2 beglaubigt, so muss der Beglaubigungsvermerk zusätzlich die Feststellungen nach Satz 1 Nummer 1 für das Ausgangsdokument enthalten.

(6) Die nach Absatz 4 hergestellten Dokumente stehen, sofern sie beglaubigt sind, beglaubigten Abschriften gleich.

(7) Jede Behörde soll von Urkunden, die sie selbst ausgestellt hat, auf Verlangen ein elektronisches Dokument nach Absatz 4 Nummer 4 Buchstabe a oder eine elektronische Abschrift fertigen und beglaubigen.

I. Bedeutung

1 Der Regelungsgehalt in Abschnitt 3 des zweiten Teils des VwVfG erschöpft sich in der amtlichen Beglaubigung von **Dokumenten,** einschließlich **elektronischer Dokumente** (§ 33) und **Unterschriften** (§ 34). Die Behörden sollen Urkunden, die sie selbst ausgestellt haben, auf Verlangen in elektro-

nischer Form übermitteln oder davon Abschriften fertigen und beglaubigen (VII).

Von der **amtlichen Beglaubigung** ist die **öffentliche Beglaubigung** nach § 129 BGB (die Erklärung wird schriftlich abgefasst und die Unterschrift des Erklärenden von einem Notar beglaubigt) sowie die **öffentliche Beurkundung** nach § 128 BGB (Antrag und Annahme des Antrags werden von einem Notar beurkundet) zu unterscheiden. 2

Im Mittelpunkt von § 33 steht die amtliche Beglaubigung von Abschriften von Urkunden. Die Ausführung der Beglaubigung wird durch einen Beglaubigungsvermerk vollzogen, mit dem die Feststellung getroffen wird, dass der Inhalt der Abschrift mit der Urkunde in formaler Hinsicht übereinstimmt. Die materielle **Richtigkeit** der Urkunde nimmt an der Beglaubigung nicht teil; der Vermerk stellt **die Echtheit** des beglaubigten Dokuments fest. Die **Beweiskraft** amtlicher Beglaubigungen beschränkt sich nach § 65 S. 2 BeurkG auf den in dem Beglaubigungsvermerk genannten Verwendungszweck. In sachlicher Hinsicht erstreckt sich der Regelungsgehalt des § 33 nicht auf den internen Dienstbetrieb der Behörde (BT-Drs. 7/910, 55; Ziekow § 33 Rn. 1). 3

II. Die Beglaubigung im Verwaltungsverfahren

Nach § 33 I 1 sind die Bundesbehörden (Landesbehörden entspr. VwVfG der Länder) befugt, Abschriften von selbst ausgestellten Urkunden und den in § 33 IV und VI gleichgestellten Dokumenten zu beglaubigen **(Eigenurkunden),** was selbstverständlich ist (KR/Ramsauer § 33 Rn. 16; BeckOK VwVfG/Müller § 33 Rn. 4). Die Beglaubigung von Urkunden fremder Behörden (Fremdurkunden) ist nur aufgrund einer Rechtsverordnung durch Behörden des Landes oder des Bundes zulässig (§ 33 I 2). Unzulässig ist darüber hinaus die Beglaubigung von Fremdurkunden aus Archiven und Registern, wenn aufgrund einer Rechtsvorschrift ausschließlich bestimmten Behörden die Befugnis zur Beglaubigung erteilt wurde (§ 33 I 2 letzter Hs.). Sind Behörden für Beglaubigungen in einem Land zuständig, sind die Beglaubigungen im gesamten Bundesgebiet zu akzeptieren (Schröder DÖV 2009, 280 (282)). Ein Rechtsanwalt kann nicht selbst eine Bescheinigung einer Behörde beglaubigen (OLG Düsseldorf BeckRS 2011, 01615). 4

Begrifflich zählen zu den Urkunden (vgl. → § 26 Rn. 28) auch schriftlich abgefasste Verträge nach §§ 54 ff., an denen die Behörde beteiligt ist (KR/Ramsauer § 33 Rn. 9; → § 57 Rn. 9). Einem **gesetzlichen Beglaubigungsverbot** unterliegen hingegen Schriftstücke (§ 33 II), die durch ihr manipuliertes Erscheinungsbild die Annahme einer nachträglichen Verfälschung rechtfertigen. Die Aufzählung der Umstände, die eine nachträgliche Fälschung nahelegen, sind gesetzlich nicht abschließend („insbesondere“) festgelegt; entscheidend sind konkrete Anhaltspunkte und der Gesamteindruck. Das Unterlassen weiterer Aufklärungsmaßnahmen, insbesondere Beweiserhebungen, sind nach Feststellung einer Manipulation nicht mehr erforderlich und damit ermessenskonform (KR/Ramsauer § 33 Rn. 20). Eine anwaltliche 5

Beglaubigung reicht nicht aus, um im Hochschulzulassungsverfahren den Nachweis von Abschlusszeugnissen in beglaubigter Form anzutreten (OVG Lüneburg NVwZ-RR 2016, 103 (104, Rn. 16)). Auf **zivilprozessuale Beglaubigungsbefugnisse** (§§ 169 II 2, 317 V 2 ZPO) kann eine **Beglaubigungsbefugnis** nicht gestützt werden; dem Rechtsanwalt wird damit keine allgemeine öffentliche Beglaubigungsfunktion oder Beurkundungsfunktion verliehen, sondern er wird nur zur Beglaubigung aus Anlass der Zustellung von Abschriften im Verfahren nach der ZPO befugt (OVG Lüneburg NVwZ-RR 2016, 103 (104, Rn. 16 mwN)).

6 In § 33 III werden **Form und Inhalt** der Beglaubigung geregelt. Danach muss unter die Abschrift ein **Beglaubigungsvermerk** gesetzt werden. Besteht die Abschrift aus mehreren Blättern, so ist jedes einzelne Blatt mit einem Beglaubigungsvermerk zu versehen. Außerdem sind die Blätter fest zu verbinden und die Verbindungsstellen zu siegeln (KR/Ramsauer § 30 Rn. 23). Ein Muster für einen Beglaubigungsvermerk hat das Bundesministerium des Innern durch Rundschreiben vom 1.10.2004 empfohlen (GMBl. 2005, 4).

7 Entspricht ein Beglaubigungsvermerk nicht den nach § 33 III genannten Voraussetzungen (genaue Bezeichnung des Schriftstücks, Feststellung der Übereinstimmung, Hinweis auf Ausstellungszweck sowie Ort, Tag und Unterschrift des Bediensteten nebst Dienstsiegel), ist die **Beglaubigung unwirksam** (SBS/Kallerhoff § 33 Rn. 31; KR/Ramsauer § 33 Rn. 26). Lediglich eine erneute, dann aber wirksame Vornahme kann die vorangehende unwirksame Beglaubigung ersetzen. Für den Beglaubigungsvermerk beim Ausdruck eines elektronischen Dokuments gelten die in 33 IV Nr. 4 und V genannten weiteren Anforderungen, die für die Beglaubigung erforderlich sind (Schmitz/Schlatmann NVwZ 2002, 1281 (1289)).

7a Die Regelung in VII stellt einen weiteren Baustein zur durchgehenden **Einführung elektronischer Verfahrensabläufe** dar. Der Antragsteller kann verlangen, dass die Behörde eine Fertigung und Beglaubigung elektronischer Dokumente und Abschriften vornimmt. Dies bezieht sich allerdings nur auf die von der Behörde selbst ausgestellten Urkunden (BeckOK VwVfG/Müller § 33 Rn. 27). Ist die Behörde in tatsächlicher Hinsicht nicht gehindert, die nach VII gewünschte Beglaubigung vorzunehmen, sind Versagungsgründe nicht ersichtlich (Prell NVwZ 2013, 1514 (1520); KR/Ramsauer § 33 Rn. 34; BeckOK VwVfG/Müller § 33 Rn. 29). Der Bürger kann jetzt verlangen, dass eine Behörde ein von ihr ausgestelltes Papierdokument in ein elektronisches Dokument nach IV Nr. 4a umwandelt und gem. V 1 Nr. 2 beglaubigt (BeckOK VwVfG/Müller § 33 Rn. 30).

7b Eines **Dienstsiegels** bedarf es auf dem Vollstreckungsauftrag nicht. Das Dienstsiegel dient neben der Unterschrift als Authentizitätsmerkmal eines Dokumentes. Sowohl Unterschrift wie auch Dienstsiegel wird im vorliegenden Fall durch die **qualifizierte elektronische Signatur** ersetzt. Es wäre reine Förmelei, den Vollstreckungsauftrag zunächst als elektronisches Dokument einzureichen und zugleich zu verlangen, auf analogem Wege ein inhaltsgleiches, unterschriebenes Dokument und mit Dienstsiegel versehenes Dokument dem Vollstreckungsorgan vorzulegen(AG Berlin-Schöneberg BeckRS 2022, 30622 (Rn. 14 und 15)).

III. Ermessen, Rechtsschutz und Fehler

Die Erstellung einer Beglaubigung hat zwar feststellenden Charakter; es fehlt aber an einer Regelung, so dass die Beurkundung nicht als VA, sondern nur als eine **Wissenskundgebung** (vgl. → § 35 Rn. 41) einzustufen ist (SBS/Kallerhoff/Stamm § 33 Rn. 4; Ziekow § 33 Rn. 3; differenzierend KR/Ramsauer § 33 Rn. 12). Die **Ablehnung** eines Antrags auf Beglaubigung ist ein VA, der einer uneingeschränkten gerichtlichen Überprüfung unterliegt. 8

Ein **Rechtsanspruch** auf **Ausstellung einer amtlichen Beglaubigung** besteht indes nicht. § 33 begründet eine gesetzliche Ermächtigung zur Ausstellung von Beglaubigungen, ohne dass einem näher bestimmten Personenkreis ein spezifisches Recht auf Beglaubigung eingeräumt ist (VG Berlin BeckRS 2022, 9759 Rn. 18- Demilitarisierungsbescheinigung). Die Behörde entscheidet im Rahmen ihrer Befugnis („befugt") nach **pflichtgemäßem Ermessen,** ob ein Schriftstück zu beglaubigen ist. Während eines laufenden Verwaltungsverfahrens ist die zuständige Behörde im Regelfall aufgrund einer Ermessensreduzierung auf Null verpflichtet, eine beantragte Beurkundung vorzunehmen (SBS/Kallerhoff/Stamm § 33 Rn. 19; Ziekow § 33 Rn. 8). 9

Unterlaufen der Behörde „handwerkliche" Fehler bei der Erfüllung der formalisierten Anforderungen an den Beglaubigungsvermerk nach § 33 III, hat das die **Unwirksamkeit** der Beglaubigung zur Folge. 10

In dem Land Berlin genügt für eine wirksame beglaubigte Abschrift eines Urteils die Verwendung des **kleinen Landessiegels** als Farbdruckstempel, hergestellt in dunklem Flachdruck, nebst eines maschinellen Beglaubigungsvermerks (KG BeckRS 2022, 25007 (Rn. 16 und 17)). 10a

Werden lediglich einfache **Abschriften** anstelle einer beglaubigten bzw. eines Originals zugestellt, fehlt es an einer **wirksamen Zustellung** dann nicht, wenn an der **Authentizität und Amtlichkeit** des zugestellten Schriftstückes keine Zweifel bestehen (KG BeckRS 2022, 25007 (Rn. 18); BGH BeckRS 2019, 3278 (Rn. 18)). 10b

Wird entgegen des gesetzlichen Beglaubigungsverbots nach § 31 II ein Dokument beglaubigt, besteht Einigkeit in der Bewertung, dass die Fehlerkategorien von Nichtigkeit und Rechtswidrigkeit mangels VA-Qualität zur Beurteilung nicht geeignet sind. Stattdessen beschränkt der gesetzliche Verstoß die Beweiskraft der so entstandenen Urkunde, die obschon mit diesem Malus behaftet gleichwohl einer **freien Beweiswürdigung** zugänglich bleibt (Ziekow § 33 Rn. 8; SBS/Kallerhoff/Stamm § 33 Rn. 9 ff.). 11

§ 34 Beglaubigung von Unterschriften

(1) [1] Die von der Bundesregierung durch Rechtsverordnung bestimmten Behörden im Sinne des § 1 Abs. 1 Nr. 1 und die nach Landesrecht zuständigen Behörden sind befugt, Unterschriften zu beglaubigen, wenn das unterzeichnete Schriftstück zur Vorlage bei einer Behörde oder bei einer sonstigen Stelle, der auf Grund

einer Rechtsvorschrift das unterzeichnete Schriftstück vorzulegen ist, benötigt wird. [2] Dies gilt nicht für
1. Unterschriften ohne zugehörigen Text,
2. Unterschriften, die der öffentlichen Beglaubigung (§ 129 des Bürgerlichen Gesetzbuchs) bedürfen.

(2) Eine Unterschrift soll nur beglaubigt werden, wenn sie in Gegenwart des beglaubigenden Bediensteten vollzogen oder anerkannt wird.

(3) [1] Der Beglaubigungsvermerk ist unmittelbar bei der Unterschrift, die beglaubigt werden soll, anzubringen. [2] Er muss enthalten
1. die Bestätigung, dass die Unterschrift echt ist,
2. die genaue Bezeichnung desjenigen, dessen Unterschrift beglaubigt wird, sowie die Angabe, ob sich der für die Beglaubigung zuständige Bedienstete Gewissheit über diese Person verschafft hat und ob die Unterschrift in seiner Gegenwart vollzogen oder anerkannt worden ist,
3. den Hinweis, dass die Beglaubigung nur zur Vorlage bei der angegebenen Behörde oder Stelle bestimmt ist,
4. den Ort und den Tag der Beglaubigung, die Unterschrift des für die Beglaubigung zuständigen Bediensteten und das Dienstsiegel.

(4) Die Absätze 1 bis 3 gelten für die Beglaubigung von Handzeichen entsprechend.

(5) Die Rechtsverordnungen nach Absatz 1 und 4 bedürfen nicht der Zustimmung des Bundesrates.

I. Bedeutung

1 Die amtliche Beglaubigung von Urkunden und weiteren Dokumenten in § 33 wird in § 34 um die Befugnis zur amtlichen Beglaubigung von Unterschriften und sie ersetzende Handzeichen ergänzt. Regelungsgegenstand in § 34 ist die Beglaubigung von Unterschriften und Handzeichen in Schriftstücken, die zur Vorlage bei Behörden und diesen insoweit gleichgestellten Stellen bestimmt sind. Begriff, Struktur und Funktionalität der Beglaubigung sind mit den in § 33 verwandten Merkmalen identisch. Behördeninterne Beglaubigungen unterfallen nicht dem Anwendungsbereich des § 34.

II. Beglaubigung von Unterschriften (I)

2 Den Gegenstand der Beglaubigung bildet primär **die Unterschrift auf einem Schriftstück.** Eine Unterschrift ist die eigenhändige Unterzeichnung mit Vor- und Zunamen.

2a Für die Unterschrift genügt ein **Schriftzug,** der individuellen Charakter aufweist und einem Dritten, der den Namen des Unterzeichnenden kennt, ermöglicht, diesen Namen aus dem Schriftbild noch herauszulesen, der Unterzeichnende also **erkennbar** bleibt. Die Unterschrift muss zwar nicht unbedingt **lesbar** sein, mindestens einzelne Buchstaben müssen aber – wenn auch nur andeutungsweise – zu erkennen sein, weil es sonst an dem Merkmal einer Schrift fehlt (BGH NZI 2011, 59 (60); BGH NJW 2005, 3775 (3775)).

Anzulegen ist ein großzügiger Maßstab, wenn im Übrigen an der Autorenschaft und der Absicht, eine volle Unterschrift zu leisten, keine Zweifel bestehen (BGH NJW 2005, 3775 (3775)). Dagegen stellt ein Schriftzug, der als bewusste und gewollte Namensabkürzung erscheint (Handzeichen, Paraphe), keine formgültige Unterschrift dar (BGH NZI 2011, 59 (60); BGH NJW 1997, 3380 (3381)).

Die Unterzeichnung muss nicht insgesamt lesbar sein; die Lesbarkeit einzelner Buchstaben ist bereits ausreichend (BeckOK VwVfG/Müller § 34 Rn. 2). Überhaupt sollten die **Anforderungen** nicht allzu streng sein. Verfassungsrechtlich ist es nicht zu beanstanden, wenn zur Gültigkeit einer Unterschrift auf die Vorstellungen des allgemeinen Rechtsverkehrs über die **Identifizierbarkeit von Unterschriften** abgestellt wird (BVerfG NJW 1998, 1853; BGH NJW-RR 1999, 697). Ist eine Person des Schreibens unkundig, so wird die Unterschrift durch ein Handzeichen (Abdruck der Hand, Kreuze, Striche, etc.) substituiert. Die Prüfung des Beglaubigenden erstreckt sich allerdings nicht auf die Tatsache der unzureichenden Schreibfähigkeit; ausreichend ist es, wenn zureichende Anhaltspunkte für eine Schreibunkundigkeit bestehen (BeckOK VwVfG/Müller § 34 Rn. 8; aA SBS/Kallerhoff/Stamm § 34 Rn. 19). 2b

Eine öffentliche Beglaubigung erfordert nach § 129 I BGB die Beglaubigung der Unterschrift durch einen Notar; die Beglaubigung wird nach § 129 II BGB durch eine notarielle Beurkundung der Erklärung ersetzt, und ein ordnungsgemäß protokollierter gerichtlicher Vergleich ersetzt nach § 127a BGB die öffentliche Beglaubigung. Beglaubigungen durch eine andere Behörde nach § 1 I iVm § 34 ersetzen die öffentliche Beglaubigung hingegen nicht. Dies wird durch das Beglaubigungsverbot in § 34 I 2 Nr. 2 VwVfG klargestellt (OVG Magdeburg NVwZ-RR 2024, 133 mwN). 3

Der Umstand, dass versäumt wurde, in der Erklärung die **konkrete Form der Bestätigung** der Echtheit der Unterschrift – durch Ankreuzen des dafür vorgesehenen Kästchens – anzugeben, steht der Formwirksamkeit der Verpflichtungserklärung nicht entgegen (OVG Magdeburg NVwZ-RR 2024, 134). 3a

Zur Beglaubigung befugt sind Bundes- oder Landesbehörden, die durch Rechtsverordnung dazu ermächtigt wurden. Zur Verhinderung von Missbrauch dürfen Unterschriften ohne zugehörigen Text (Blankounterschriften) oder Unterschriften, die der notariellen Beglaubigung nach § 129 bedürfen, nicht beglaubigt werden (Ziekow § 34 Rn. 3). Verstöße gegen diese errichteten Verbote zum Schutz des Rechtsverkehrs haben die Unwirksamkeit der so erstellten Beglaubigungen zur Folge (BeckOK VwVfG/Müller § 34 Rn. 3). Mit dem Verbot der Beglaubigung in den Fällen des § 129 BGB wird die **Subsidiarität** der amtlichen Beglaubigung hervorgehoben (SBS/Kallerhoff/Stamm § 34 Rn. 13). 3b

III. Verfahren, Anwesenheitsgebot und Form (II und III)

4 Eine Beglaubigung der Unterschrift soll zur Vermeidung von Rechtsmissbrauch nur erfolgen, wenn sie in Anwesenheit des beglaubigenden Bediensteten vollzogen oder anerkannt wird (KR/Ramsauer § 34 Rn. 7). Ein Verstoß gegen die Sollvorschrift führt rechtlich zur **Unwirksamkeit der Beglaubigung** (KR/Ramsauer § 34 Rn. 10), die aber, sofern weiter in der Praxis verwandt, den widerlegbaren Anschein der Richtigkeit und Vollständigkeit vermittelt. Ein etwaiger Konflikt wird regelmäßig auf der Beweisebene zu lösen sein.

5 Die in § 34 III getroffene Regelung entspricht im Wesentlichen der Regelung in § 33 III, auf die verwiesen wird. Das Bundesministerium des Innern hat auch hier eine Musterempfehlung für eine Beglaubigung verkündet (GMBl. 2005, 4). Auch hier folgt aus einem Verstoß gegen die Formalia des Beglaubigungsvermerks die **Nichtigkeit der Beglaubigung** (BeckOK VwVfG/Müller § 34 Rn. 7).

Teil III. Verwaltungsakt

Abschnitt 1. Zustandekommen des Verwaltungsaktes

§ 35 Begriff des Verwaltungsaktes

[1]Verwaltungsakt ist jede Verfügung, Entscheidung oder andere hoheitliche Maßnahme, die eine Behörde zur Regelung eines Einzelfalls auf dem Gebiet des öffentlichen Rechts trifft und die auf unmittelbare Rechtswirkung nach außen gerichtet ist. [2]Allgemeinverfügung ist ein Verwaltungsakt, der sich an einen nach allgemeinen Merkmalen bestimmten oder bestimmbaren Personenkreis richtet oder die öffentlich-rechtliche Eigenschaft einer Sache oder ihre Benutzung durch die Allgemeinheit betrifft.

Übersicht

Rn.

I. Bedeutung ... 1
II. Unions- und verfassungsrechtlicher Rahmen ... 4
III. Funktionen des VA ... 10
IV. Der VA als eine öffentlich-rechtliche Handlungsform der Verwaltung ... 15
1. Vielfalt der öffentlich-rechtlichen Handlungsformen ... 15
2. Feststellung des Vorliegens eines VA ... 17
a) Gesetzliche Vorgabe der Handlungsform (formelle Betrachtung) ... 18
b) Objektiver Maßstab ... 20
c) Grundsatz der Formfreiheit ... 23
3. Kategorien von VAen ... 24
4. VAe mit Drittwirkung, Doppelwirkung und Doppelnatur . 27
V. Merkmale des VA (S. 1) ... 29
1. Verfügung, Entscheidung oder andere hoheitliche Maßnahme ... 29
2. einer Behörde ... 31
3. auf dem Gebiet des öffentlichen Rechts ... 32
4. zur Regelung ... 34
5. eines Einzelfalls ... 43
6. mit Außenwirkung ... 45
VI. Formeller und fiktiver VA ... 54
VII. Allgemeinverfügung (S. 2) ... 56
VIII. Rechtsschutz ... 61
1. Anfechtungs- und Verpflichtungsklage ... 62
2. Besonderheiten bei Anfechtungswiderspruch und Anfechtungsklage ... 64
a) Vorläufiger Rechtsschutz ... 64
b) Eingeschränkte Überprüfbarkeit eines VA nach dessen Vollzug ... 65

Rn.
c) Auf bestimmte Rechtsbeziehungen beschränkte VA-Qualität ... 66
3. Allgemeinverfügung ... 69

I. Bedeutung

1 Die Vorschrift enthält in § 35 S. 1 eine **Legaldefinition** des VA-Begriffs als der zentralen Handlungsform der Verwaltung. In S. 2 wird die Allgemeinverfügung definiert und damit gleichzeitig klargestellt, dass es sich auch hier um einen VA handelt. Die Regelung ist von zentraler Bedeutung für das Verwaltungsverfahrensrecht. Wird eine Behörde zur Prüfung der Voraussetzungen, zur Vorbereitung oder zum Erlass eines VA nach außen tätig, liegt ein Verwaltungsverfahren iS dieses Gesetzes vor (§ 9) und die Vorschriften des II. Teils (§§ 10 ff.) und des III. Teils des Gesetzes (§§ 36 ff.) finden Anwendung.

2 Im **Prozessrecht** setzt die Statthaftigkeit verschiedener Klagearten voraus, dass es um einen VA geht, sei es um die Aufhebung (Anfechtungsklage) oder um den Erlass (Verpflichtungsklage) eines VA (§ 42 I VwGO) oder auch um die nachträgliche Feststellung der Rechtswidrigkeit eines erledigten VA oder des erledigten Anspruchs auf Erlass eines VA (Fortsetzungsfeststellungsklage, § 113 I 4 VwGO).

3 Die hier im (Bundes-) Gesetz enthaltene Definition gilt identisch im Landesrecht, sei es durch Übernahme der Norm in die LandesVwVfGe oder durch Verweis der LandesVwVfG auf dieses Gesetz. Darüber hinaus findet die Definition überall dort **Anwendung,** wo im Bundes- (oder Landes-) Recht der Begriff des VA verwendet wird, ohne dass dort eine eigene Definition existiert. Das gilt auch für Rechtsvorschriften, die vor Erlass des VwVfG in Kraft getreten sind. Unerheblich ist auch, ob das sonstige Recht die Bezeichnung als VA verwendet oder stattdessen von Anordnung, Bescheid, Bewilligung, Dispens, Erlaubnis, Genehmigung, Konzession, Verfügung, Zulassung usw spricht (vgl. § 15 I GewO).

II. Unions- und verfassungsrechtlicher Rahmen

4 Der VA ist als Handlungsform der Verwaltung mit Unions- und Verfassungsrecht vereinbar (näher KR/Ramsauer § 35 Rn. 28 ff.). Das Unionsrecht kennt mit dem **Beschluss** gem. Art. 288 IV AEUV (bis 30.11.2009: Entscheidung gem. Art. 249 IV EGV aF) eine dem VA ähnliche Handlungsform. Das gilt jedenfalls für den Fall, dass der Beschluss eine Einzelfallentscheidung darstellt und sich an bestimmte Adressaten (einzelne Mitgliedstaaten, Unternehmen oder Einzelpersonen) richtet und nur für diese verbindlich ist (zB Beschlüsse zur Zulässigkeit von Unternehmenszusammenschlüssen gem. Art. 8 EG-FusionskontrollVO (Nr. 139/2004 v. 20.1.2004, ABl. EG v. 29.1.2004 L 24, 1 ff. – noch mit alter Terminologie; Beschlüsse zu staatlichen Beihilfen gem. Art. 108 AEUV; ferner auch die Verhängung von Geldbußen

gem. Art. 126 AEUV; keine Einzelfallentscheidung sind dagegen Beschlüsse im Rahmen der Gemeinsamen Außen- und Sicherheitspolitik gem. Art. 22, 25 EUV). Aus europäischer Sicht gerät daneben zunehmend der **transnationale VA** in den Blick. Hierunter versteht man einen VA, der in einem Staat erlassen wird und in einem anderen Staat anerkannt wird (werden muss, zB Bildungsabschlüsse, Fahrerlaubnisse), oder um einen solchen, bei dessen Erlass die Behörden mehrerer Staaten beteiligt sind, oder auch um einen solchen, den die Behörden eines Staates mit Wirkung in einem anderen Staat erlassen können.

In verfassungsrechtlicher Sicht begegnet die Handlungsform des VA keinen **5**
Bedenken. Insbesondere sind die Wirksamkeit auch des rechtswidrigen VA und die dem VA beiliegende Titel- und Vollstreckungsfunktion (→ Rn. 13) mit dem **Rechtsstaatsprinzip** gem. Art. 20 III GG vereinbar. Ihre Rechtfertigung wird aus dem Gebot des effektiven Gesetzesvollzugs und demjenigen der Rechtssicherheit hergeleitet.

Bis heute nicht abschließend geklärt ist, ob die Verwaltung für den Erlass **6**
eines VA eine **Ermächtigungsgrundlage** benötigt und welche Anforderungen an sie zu stellen sind. Ob eine Ermächtigungsgrundlage besteht oder nicht, berührt dabei nicht die Qualifizierung einer Maßnahme als VA. Ist eine Ermächtigungsgrundlage erforderlich und fehlt sie, führt dies lediglich zur Rechtswidrigkeit (vgl. § 43 II) oder ggf. zur Nichtigkeit des VA (s. dazu die detaillierten Regelungen in §§ 43 III iVm 44). Der aus dem Rechtsstaatsprinzip in Art. 20 III GG abgeleitete Grundsatz der Gesetzmäßigkeit der Verwaltung besagt in seiner Ausprägung im Vorbehalt des Gesetzes, dass staatliche Maßnahmen der **Eingriffsverwaltung** stets einer gesetzlichen Grundlage bedürfen, solche der **Leistungsverwaltung** dann, wenn die Einwirkung bzw. die Auswirkung für den Grundrechtsgebrauch wesentlich ist (sog. Wesentlichkeitstheorie, s. BVerfGE 49, 85; BVerwGE 47, 194, 198). Ist danach eine Ermächtigungsgrundlage erforderlich, ist sie regelmäßig im materiellen Recht zu finden, nur ausnahmsweise im Verfahrensrecht (zB § 49a I 2 VwVfG). Die Grundlage muss eine **Befugnisnorm** sein, welche Voraussetzungen und Handlungsmöglichkeiten der Behörde regelt; eine Aufgabennorm, die lediglich Gegenstandsbereiche staatlichen Handelns umschreibt, genügt nicht. Keine Ermächtigungsgrundlage ist damit die Vorschrift des § 35 selbst. Ausreichend ist, wenn sich die Ermächtigung durch Auslegung oder konkludent ermitteln lässt (instruktiv OVG Lüneburg GewArch 2010, 74 (75) – zur Rechtsgrundlage für die Abberufung eines IHK-Hauptgeschäftsführers). Die Ermächtigungsgrundlage muss über die Ermächtigung zum Handeln selbst auch die Ermächtigung zum Handeln durch VA umfassen. Eine Ermächtigung (auch) zum Handeln durch VA fehlt regelmäßig bei Ansprüchen aus öffentlich-rechtlichen Verträgen (§§ 54 ff.), es sei denn, der öffentlich-rechtliche Vertrag oder das Gesetz gestattet der Behörde ausdrücklich Regelungen durch VA (BVerwGE 89, 345, 348 f.; 59, 60, 63). Einer Handlungsermächtigung bedarf es ausnahmsweise nicht im Beamtenrecht (BVerwGE 71, 357).

Umstritten ist, ob insbesondere im **Subventionsrecht** eine Ermächti- **7**
gungsgrundlage für die Rückforderung von Leistungen erforderlich ist (verneinend KR/Ramsauer § 35 Rn. 21, 23a unter Verweis auf die sog. Kehr-

seitentheorie; aA Vögler NVwZ 2007, 294 ff.; unklar OVG Berlin-Brandenburg NVwZ 2006, 104). Soweit das Subventionsverhältnis zwischen Verwaltung und Bürger – wie in vielen Fällen – privatrechtlich ausgestaltet ist, ist regelmäßig auch der Rückforderungsanspruch privater Natur, erfährt allerdings Einschränkungen nach den Grundsätzen des Verwaltungsprivatrechts (BGH NVwZ 2007, 246). Die Wahrnehmung von Aufgaben der öffentlichen Verwaltung in den Formen des Privatrechts hat zur Folge, dass die Normen des Privatrechts durch Bestimmungen des öffentlichen Rechts ergänzt, überlagert und modifiziert werden (BGH NVwZ 2007, 246, (248)) Die Nichterfüllung einer in einem Subventionsvertrag zur Sicherung der Zweckbindung vereinbarten Pflicht hat zwar grundsätzlich zur Folge, dass der Zuschuss wegen Verfehlung des Subventionszwecks zurückzuzahlen ist (vgl. BVerwGE 105, 55 (58) = NJW 1998, 2233; BGHZ 155, 166 (176) = NJW 2003, 2451). Die Geltendmachung des vertraglichen Anspruchs ist indes nach den Grundsätzen über den Widerruf eines die Subvention gewährenden VA nach § 49 (insb. § 49 III) ausgeschlossen, wenn der Empfänger zwar gegen eine zur Sicherung ihres Zwecks eingegangene vertragliche Verpflichtung verstoßen hat, die Pflichtverletzung aber unter Berücksichtigung des für die Subvention geltenden gesetzlichen Rahmens, des Vermerks zum Haushaltstitel und der einschlägigen Verwaltungsrichtlinien nicht dazu geführt hat, dass der mit dem Einsatz der öffentlichen Mittel verfolgte Zweck verfehlt worden ist. Die Zweckverfehlung ist dabei anhand der vertraglichen Vereinbarungen und der gesetzlichen Grundlagen zu beurteilen. Die Behörde kann die Voraussetzungen der Subventionsgewährung auch dann nicht privatautonom gestalten, wenn sie die Subvention aus Haushaltsmitteln nicht durch einen VA, sondern zivilrechtlich gewährt (BGH NVwZ 2007, 248; zustimmend Stober/Eisenmenger, Öff. WiR/BT, 18. Aufl., § 57 VIII.6; offen gelassen bei BVerwG NJW 2006, 536 (538)). Ist der Zweck der Subvention erreicht worden, kann der Anspruch auf Rückforderung daher nicht mit der Nichteinhaltung vertraglicher Vereinbarungen begründet werden. Für den Sonderfall, dass eine von der Verwaltung privatrechtlich gewährte Subvention wegen **Unionsrechtswidrigkeit** zurückgefordert werden muss, steht der deutschen Behörde nach Auffassung des OVG Berlin-Brandenburg ein **gewohnheitsrechtlich anerkannter öffentlich-rechtlicher Erstattungsanspruch** zu (OVG Berlin-Brandenburg NVwZ 2006, 104). Begründet wird dies mit der öffentlich-rechtlichen Natur der Kommissionsentscheidung, als deren Folge auch das Rückforderungsverhältnis zum Subventionsempfänger öffentlich-rechtlich sei. Die Kommission stelle in ihrer Negativentscheidung fest, dass und in welcher Höhe die gewährte Beihilfe gemeinschaftswidrig sei, wer Empfänger der Beihilfe war, dass der Mitgliedstaat sie von diesem gemäß den innerstaatlichen Verfahren – sofort vollstreckbar – zurückzufordern habe und welche Zinsen der Beihilfeempfänger ab wann zahlen müsse. Die allein an den Mitgliedstaat gerichtete Entscheidung gehe in ihren Rechtswirkungen über eine bloße Verpflichtung oder Ermächtigung des Mitgliedstaates hinaus und gestalte das Rückforderungsverhältnis zum Subventionsempfänger unmittelbar (ablehnend Hildebrandt/Castillon NVwZ 2006, 298).

Ein **feststellender VA** bedarf nach ganz hM einer Ermächtigungsgrundlage nur, wenn er für den Bürger eine Belastung bedeutet (BVerwGE 114, 226 (227)). Feststellende VAe sind solche, die das Bestehen oder Nichtbestehen eines Rechtsverhältnisses oder die Nichtigkeit eines VA verbindlich klären. 8

Maßnahmen während eines Verwaltungsverfahrens haben grundsätzlich keine VA-Qualität. Etwas anderes gilt nur, soweit sie eine eigenständige, unmittelbare und für den Bürger bindende Regelung enthalten (sog. selbständige Verfahrensakte). 9

III. Funktionen des VA

Der VA vereint als Handlungsform mehrere Funktionen: Zu nennen ist zunächst die **Verfahrensfunktion,** wonach der VA als Verfahrensgegenstand zur Geltung der §§ 9–53 des Gesetzes führt und insbesondere die zahlreichen dort verankerten Verfahrensrechte und -garantien zur Anwendung kommen (zB Anspruch auf rechtliches Gehör gem. § 28, auf Akteneinsicht gem. § 29). Der VA schließt das Verwaltungsverfahren in formeller Hinsicht ab. Hierher gehört auch die zusätzliche Rechtsschutzmöglichkeit des Widerspruchs gem. §§ 68 ff. VwGO sowie die grundsätzliche Anordnung des Suspensiveffekts gem. § 80 I VwGO für den Fall von Widerspruch und Anfechtungsklage gegen einen VA. 10

Die **Konkretisierungsfunktion** besagt, dass der VA die allgemein formulierten, abstrakt-generellen Rechtsnormen auf den Einzelfall anwendet und damit die Rechts- (und Pflichten-) stellung des Bürgers konkretisiert. Der VA ist zugleich das Ergebnis der Sachverhaltsermittlung, der anschließenden rechtlichen Bewertung des festgestellten Sachverhalts anhand der im Gesetz formulierten Tatbestandsvoraussetzungen (Subsumtion) und der Festlegung der sich daraus im konkreten Einzelfall ergebenden Rechtsfolge durch die Behörde. 11

Er besitzt **Regelungsfunktion** dergestalt, dass die Behörde die Rechtsbeziehungen zum Bürger einseitig verbindlich für den Einzelfall regelt. In materiell-rechtlicher Hinsicht ist der VA damit die von der Behörde selbst geschaffene und für den Bürger verbindliche Rechtsgrundlage ihres Handelns. Die **Wirksamkeitsfunktion** besagt, dass VAe fehlerunabhängig, dh auch im Falle ihrer Rechtswidrigkeit, rechtswirksam und vom Bürger zu befolgen sind. 12

Aufgrund der **Vollstreckungsfunktion** (= Titelfunktion) ist der VA selbst bereits Vollstreckungstitel und wird von der ihn erlassenden Behörde vollstreckt. Die Vollstreckung setzt zudem weder zwingend die Bestandskraft des VA noch dessen Rechtmäßigkeit voraus. Die Verwaltungsvollstreckungsgesetze des Bundes und der Länder gestatten der Verwaltung die Vollstreckung der von ihr selbst erlassenen VAe ohne weitere zusätzliche Voraussetzungen (§§ 3, 6 VwVG). Insbesondere bedarf es keines zusätzlichen vollstreckbaren Titels durch ein (Verwaltungs- oder ordentliches) Gericht. Voraussetzungen der Vollstreckungsanordnung bei Geldforderungen sind das Vorliegen eines Leis- 13 tungsbescheides, die Fälligkeit der Leistung und die Einhaltung der Wochenfrist (§ 3 II VwVG). Voraussetzung der Vollstreckung von Handlungen, Duldungen oder Unterlassungen ist die Unanfechtbarkeit oder die Anordnung des sofortigen Vollzugs des zu vollstreckenden VA. Das Vollstreckungsverfahren selbst ist dann mehraktig und besteht in der Regel aus der Androhung, der Festsetzung und der Anwendung des Zwangsmittels (§§ 13 ff. VwVG). Neben dem zu vollstreckenden (Grund-)VA sind auch die Vollstreckungsschritte der Androhung und der Festsetzung weitere selbständige VAe. Diese Qualifizierung ist deshalb wichtig, weil dem Vollstreckungsschuldner damit auch gegen die Androhung und die Festsetzung die allgemein gegen VAe eröffneten Rechtsbehelfe zur Verfügung stehen.

14 Schließlich hat der VA eine verfahrensprozessuale bzw. **Rechtsschutzfunktion.** Im VwVfG selbst wird dies deutlich zB an der Vorschrift des § 80, die mit ihrer Regelung zur Erstattungsfähigkeit von Kosten im Vorverfahren im Ergebnis nur die Fälle einer späteren (möglichen) Anfechtungs- oder Verpflichtungsklage betrifft, maW die Konstellationen, in denen es um die Aufhebung oder den Erlass eines VA geht. Außerhalb des VwVfG finden sich speziell VA-bezogene Regelungen insbesondere in der VwGO. Begehrt ein Kläger vor dem Verwaltungsgericht die Aufhebung oder den Erlass eines VA, stellt ihm die VwGO hierfür mit der Anfechtungs- und Verpflichtungsklage zwei spezielle Klagearten zur Verfügung (§ 42 I VwGO). Für die Zulässigkeit beider Klagearten bestehen spezielle Voraussetzungen. Zu nennen sind hier: das Vorliegen einer besonderen Klagebefugnis gem. § 42 II VwGO, das vor Klageerhebung grundsätzlich durchzuführende Vorverfahren gem. §§ 68 ff. VwGO mit der Monatsfrist gem. § 70 VwGO und die Einhaltung der Klagefrist gem. § 74 VwGO. Für die Begründetheit von Anfechtungs- und Verpflichtungsklage formuliert § 113 VwGO ebenfalls spezielle Anforderungen (für die Anfechtungsklage in § 113 I VwGO, für die Verpflichtungsklage in § 113 V VwGO). Auch beim vorläufigen Rechtsschutz hat jedenfalls die Situation des Anfechtungswiderspruchs bzw. der Anfechtungsklage in §§ 80 ff. VwGO eine besondere Ausgestaltung erfahren.

IV. Der VA als eine öffentlich-rechtliche Handlungsform der Verwaltung

1. Vielfalt der öffentlich-rechtlichen Handlungsformen

15 Der Verwaltung stehen heute zur Erledigung ihrer vielfältigen Aufgaben unterschiedlichste öffentlich-rechtliche Handlungsformen zur Verfügung. Zu unterscheiden sind hier zunächst die generellen und die individuellen Handlungsformen. **Generelle Handlungsformen** sind die von der Verwaltung erlassenen Rechtsnormen in Gestalt von Rechtsverordnungen (vgl. dazu Art. 80 I GG) oder Satzungen (zB der Bebauungsplan gem. § 10 I BauGB), aber auch die sog. Rechtsnormen sui generis (zB der Flächennutzungsplan gem. §§ 5 ff. BauGB). Bei den **individuellen Handlungsformen** ist zwischen solchen mit unmittelbaren Rechtswirkungen und solchen ohne unmit-

telbare Rechtswirkungen zu unterscheiden. Zur ersten Gruppe zählt neben dem VA (§§ 9, 35) vor allem der öffentlich-rechtliche Vertrag (§§ 9, 54 ff.), aber auch inneradministrative Rechtsakte und öffentlich-rechtliche Willenserklärungen; zur zweiten Gruppe zählen Realakte, Warnungen und Wissenserklärungen, darüber hinaus neue Handlungsformen wie Beratung und Information. Die generellen Handlungsformen und die erste Gruppe der individuellen Handlungsformen werden auch als **formales Verwaltungshandeln** bezeichnet. Es handelt sich hier um auf die Herbeiführung von Rechtsfolgen gerichtete Rechtshandlungen. In Abgrenzung dazu wird die zweite Gruppe der individuellen Handlungsformen als **informales Verwaltungshandeln** bezeichnet. Sie sind nicht auf die Herbeiführung einer Rechtsfolge gerichtet.

Der VA ist zwar bis heute die zentrale, von der Verwaltung in den **16** allermeisten Fällen praktizierte Handlungsform. Das System der öffentlich-rechtlichen Handlungsformen ist aber weder abschließend normiert noch starr, sondern flexibel und dynamisch. **Neue Handlungsformen** können hinzutreten, bereits existierende Handlungsformen können sich verändern. Des Weiteren steht der Verwaltung nicht für jede Handlung zwingend nur eine Form zur Verfügung. Wo das Gesetz nichts anderes bestimmt, kann die Verwaltung vielmehr zwischen den verschiedenen Handlungsformen wählen (so ausdrücklich § 54 S. 2). In diesem Zusammenhang ist auch zu beachten, dass die Gesetze selbst teilweise missverständliche Bezeichnungen der einzelnen Handlungsformen verwenden. Während ein Bebauungsplan als Satzung ergeht (§ 10 I BauGB), zielt das Planfeststellungsverfahren gem. §§ 72 ff. auf den Erlass eines VA in Gestalt der Allgemeinverfügung (vgl. KR/Ramsauer § 74 Rn. 15).

2. Feststellung des Vorliegens eines VA

Jedes Handeln der Verwaltung muss einer bestimmten Handlungsform zu- **17** geordnet werden können und tatsächlich zugeordnet werden. Denn die Anforderungen an die formelle und materielle Rechtmäßigkeit sind je nach Handlungsform unterschiedlich. Die rechtliche Beurteilung und insbesondere die gerichtliche Überprüfung einer konkreten Verwaltungshandlung erfordert mithin ihre vorherige rechtliche Einordnung. Diese Einordnung bestimmt nicht nur den Maßstab der Rechtmäßigkeitsprüfung, sondern hat auch Auswirkungen auf die Art und das Verfahren des Rechtsschutzes. Ist Streitgegenstand ein VA, kommen als Klagearten primär die Anfechtungs- oder Verpflichtungsklage (§ 42 I VwGO) mit ihren besonderen Zulässigkeitsvoraussetzungen (zB § 42 II VwGO) in Betracht, wobei in der Regel vor Erhebung der Klage ein Vorverfahren durchzuführen ist (§ 68 VwGO).

a) Gesetzliche Vorgabe der Handlungsform (formelle Betrachtung)

Unproblematisch ist die **Zuordnung einer Handlung** der Verwaltung zu **18** einer bestimmten Handlungsform dort, wo das **Gesetz** diese Zuordnung selbst – ausdrücklich oder konkludent – vornimmt (so zB ausdrücklich in § 9 I BauGB: Bebauungsplan ergeht als Satzung; konkludent in § 10 II BBG:

Beamtenernennung durch VA; § 16 S. 1 StAG: Einbürgerung durch VA). Bei der Herleitung und Annahme einer konkludenten gesetzlichen Festlegung auf einen VA als ausschließliche Handlungsform ist zu beachten, dass nach § 54 S. 2 die Behörde regelmäßig mit demjenigen, an die sie sonst den VA richten würde, einen öffentlich-rechtlichen Vertrag schließen kann. Bedient sich die Verwaltung einer anderen als der gesetzlich vorgegebenen Handlungsform(en), führt allein dieser Verstoß zur Rechtswidrigkeit der Entscheidung.

19 Bestehen bei Vorliegen einer gesetzlichen Festlegung der Handlungsform Zweifel, ob die von der Verwaltung im konkreten Fall gewählte Handlungsform mit dem gesetzlichen Formgebot (oder -verbot) übereinstimmt, bedient sich die Literatur der **Vermutung,** dass die Verwaltung dort durch VA handelt, wo eine Regelung durch VA vorgeschrieben ist, und dort nicht durch VA handelt, wo eine Regelung durch VA gesetzlich nicht gewollt ist (KR/Ramsauer § 35 Rn. 56).

b) Objektiver Maßstab

20 Trotz der Legaldefinition des VA in § 35 bereitet die Feststellung, dass es sich bei einer konkreten Handlung der Verwaltung um einen VA handelt, mitunter Schwierigkeiten. Der Grund liegt in der begrifflichen Unschärfe der einzelnen Definitionsmerkmale. Ob tatsächlich ein VA vorliegt, ist durch Auslegung zu ermitteln (§§ 133, 157 BGB; OVG Hamburg BeckRS 2023, 33351 Rn. 23; OVG Bautzen BeckRS 2021, 27262 Rn. 10; OVG Münster BeckRS 2019, 5629 Rn. 4; BVerwG BeckRS 2014, 57133 Rn. 18). Anknüpfend an den **objektiven Erklärungsgehalt** der Handlung ist zu fragen, wie ein verständiger Empfänger unter Berücksichtigung aller ihm bekannten oder zumindest erkennbaren Umstände nach Treu und Glauben die Maßnahme verstehen durfte (**Empfängerhorizont;** BVerwGE 123, 292, (297) = NVwZ 2005, 949; BGH NVwZ-RR 2008, 154, (155); VGH Kassel BeckRS 2015, 47464 Rn. 27 ff.; VGH Mannheim LSK 2010, 80159 = NJW 2010, 1098 (Ls) = DVBl. 2010, 196). Unbeachtlich sind dabei sowohl der innere Wille der Verwaltung, wenn er in der Handlung selbst nicht zum Ausdruck kommt, wie auch das Verständnis des Empfängers, wenn es hierfür an objektiven Anhaltspunkten fehlt.

21 Im Rahmen der Auslegung kommt der **Bezeichnung** der Handlung keine Aussagekraft zu. Wie bereits oben (→ Rn. 3) ausgeführt, kommt es für die Qualifizierung einer Handlung als VA nicht darauf an, ob die Verwaltung ihre Handlung als VA oder als Anordnung, Bescheid, Bewilligung, Dispens, Erlaubnis, Genehmigung, Konzession, Verfügung, Zulassung bezeichnet. Auch eine Handlung ohne jede Formbezeichnung kann ein VA sein (zB ein in Briefform abgefasstes Schreiben – VG Köln NWVBl. 2001, 313). Umgekehrt liegt aber jedenfalls immer dann ein VA vor, wenn die Verwaltung ihrer Handlung den äußeren Anschein eines VA beilegt (zB durch ausdrückliche Bezeichnung als VA, durch Beifügung einer Rechtsbehelfsbelehrung usw; OVG Lüneburg BeckRS 2019, 31619 Rn. 21). In diesen Fällen spricht man von einem **formellen VA** (KR/Ramsauer § 35 Rn. 3; SBS/U. Stelkens § 35

Rn. 16) oder **formalen VA** (BeckOK VwVfG/von Alemann/Scheffczyk § 35 Rn. 35 f.) oder **Schein-VA** (VGH Mannheim BeckRS 2017, 118079). Wählt die Verwaltung rein äußerlich die Form des VA, wird die Handlung als VA behandelt (hM, VGH Mannheim BeckRS 2022, 1035 Rn. 33; VGH Mannheim BeckRS 2016, 54407 Rn. 13; BeckOK VwVfG/von Alemann/ Scheffczyk § 35 Rn. 36; Ziekow § 35 Rn. 9; differenzierend KR/Ramsauer § 35 Rn. 52; aA SBS/U. Stelkens § 35 Rn. 17). Ob die Behörde diese Handlungsform wählen durfte, ist allein eine Frage der Rechtsmäßigkeit.

Kann die Handlung auch durch Auslegung nicht als VA eingeordnet 22
werden und liegt auch kein formeller VA vor, scheidet die Annahme eines VA aus. Die Handlung kann dann nur einer der anderen öffentlich-rechtlichen Handlungsformen der Verwaltung zugeordnet werden (→ Rn. 10). Die Bezeichnung als **Nicht-VA** (Ziekow § 35 Rn. 10) macht die Zuordnung nicht entbehrlich, kennzeichnet aber die Nichtanwendbarkeit der §§ 9 ff. des Gesetzes.

c) Grundsatz der Formfreiheit

Die Form einer Handlung lässt grundsätzlich keinen Rückschluss auf das 23
Vorliegen eines VA zu. Denn der VA ist grundsätzlich formfrei; er kann mündlich, schriftlich, elektronisch oder in anderer Weise erlassen werden (→ § 37 Rn. 12 ff.). Etwas anderes gilt nur dort, wo das Gesetz ausnahmsweise eine bestimmte Form vorschreibt (zB Schriftform für die Baugenehmigung).

3. Kategorien von VAen

Als zentrale Handlungsform der Verwaltung kommt der VA in den verschie- 24
denen Rechtsmaterien in höchst unterschiedlicher Ausgestaltung vor. Die wichtigsten Kategorisierungen seien nachfolgend skizziert, wobei anzumerken ist, dass sie sich nicht gegenseitig ausschließen (zu weiteren Differenzierungen vgl. WBSK I/Stober § 46 – passim – mwN): Im VwVfG selbst angelegt ist die Unterscheidung in **begünstigende** und **belastende** VAe (zB in §§ 48 und 49, die in ihren II und III jeweils Sonderregelungen für die Rücknahme bzw. den Widerruf begünstigender VAe enthalten). Der begünstigende VA begründet oder bestätigt ein Recht oder einen rechtlich erheblichen Vorteil des Bürgers oder beseitigt eine vormals bestehende Belastung. Der belastende VA verpflichtet den Bürger zu einem bestimmten Tun, Dulden oder Unterlassen, beschränkt oder entzieht bestehende Rechtspositionen oder trifft für den Bürger nachteilige Feststellungen. Das Fachrecht kennt zudem die Unterscheidung in **vorläufige** und – damit notwendig als Gegenbegriff – **endgültige** VAe (zB den Vorbehalt einer späteren endgültigen Entscheidung, vgl. BVerwG NVwZ 2010, 643 = BeckRS 2010, 45411; BVerwGE 67, 99; ferner § 11 I GastG: die vorläufige Gestattung der Gewerbeausübung auf Widerruf bis zur Erteilung der Erlaubnis). Hiervon wiederum abzugrenzen sind die sog. **vorsorglichen** VAe, die zwar eine endgültige Regelung enthalten, aber unter dem Vorbehalt stehen, dass eine ihrer rechtlichen Voraussetzungen noch von

einer anderen Behörde festgestellt werden muss (BVerwE 81, 84 (94) = JZ 1989, 843 m. ablehnender Anm. Püttner).

25 Einem vollständig anderen Ansatz folgt die Unterscheidung in **personenbezogene** und **sachbezogene** (anlagenbezogene) VAe. Personenbezogene VAe knüpfen an die Rechtsstellung einer Person an oder gestatten bzw. verbieten ein bestimmtes Verhalten (zB die Gewerbeerlaubnisse gem. §§ 30 ff. GewO). Sachbezogene VAe haben zwar ebenfalls natürliche oder juristische Personen als Adressaten, ihre Regelung bezieht sich jedoch auf eine Sache oder Anlage (zB die Baugenehmigung auf die bauliche Anlage iSd jeweiligen LandesBauO, die Konzessionsgenehmigung auf eine Anlage iSd BImSchG). Von den sachbezogenen VAen sind die sog. **dinglichen VAe** zu unterscheiden, welche die Eigenschaften von Sachen rechtlich qualifizieren oder gestalten (zB im Straßenrecht die Widmung gem. § 2 I FStrG).

26 Schließlich lassen sich **befehlende, feststellende** und **rechtsgestaltende** VAe unterscheiden. Befehlende VAe sprechen gegenüber dem Betroffenen Ge- oder Verbote aus oder verpflichten ihn zu einem bestimmten Tun, Dulden oder Unterlassen. Feststellende VAe stellen die Rechtslage verbindlich fest (zB das Bestehen oder Nichtbestehen eines Rechts oder einer rechtserheblichen Eigenschaft). Rechtsgestaltende VAe verändern demgegenüber die Rechtslage, indem sie ein konkretes Rechtsverhältnis begründen, ändern oder aufheben (zB Beamtenernennung, Einbürgerung). Ein Unterfall des rechtsgestaltenden VA ist der sog. **privatrechtsgestaltende VA,** der seine Wirkung im Zivilrecht entfaltet (zB Ausübung des gemeindlichen Vorkaufsrechts gem. §§ 24 ff., insb. § 28 II 1 BauGB).

4. VAe mit Drittwirkung, Doppelwirkung und Doppelnatur

27 Die vorstehend vorgenommene Kategorisierung ermöglicht nicht stets eine eindeutige Zuordnung. Es gibt Konstellationen, wo die Wirkung eines VA teilweise begünstigend und teilweise belastend ist. Ist der VA für ein und denselben Beteiligten sowohl begünstigend wie belastend, verwendet die Literatur die Bezeichnung als **VA mit Doppelwirkung** (vgl. WBSK I/Stober § 45 Rn. 65). Ist der VA dagegen für eine Person begünstigend und für eine andere belastend (zB ist die Zurückstellung eines Baugesuchs gem. § 15 I BauGB für die Gemeinde ein begünstigender und für den Bauherrn ein belastender VA, vgl. VGH Mannheim NVwZ-RR 2003, 333), spricht man von einem **VA mit Drittwirkung.** Die Terminologie ist hier jedoch nicht einheitlich (vgl. § 80 I VwGO, der insoweit von VAen „mit Doppelwirkung" spricht; zu den Folgen beim Rechtsschutz s. VGH Mannheim NVwZ-RR 2003, 333).

28 Umstritten ist, ob eine Handlung gleichzeitig mehrere Handlungsformen erfüllen kann (zB gegenüber einem Beteiligten als VA und gegenüber einem anderen Beteiligten als Satzung). Die Rechtsprechung verwendet hier den Begriff des **VA mit Doppelnatur,** weil Maßnahmen, die eine Aufsichtsbehörde im Zusammenhang mit der Normsetzung einer Selbstverwaltungskörperschaft trifft, nur dieser, nicht aber Dritten gegenüber VAe sind (OVG Magdeburg BeckRS 2016, 115331 Rn. 14). Sowohl die Entscheidung über

die Genehmigung einer Satzung als auch der Erlass einer Satzung im Wege der Ersatzvornahme stellen sich Dritten gegenüber nur als Teil des Normsetzungsprozesses dar und entfalten ihnen gegenüber keine unmittelbare Rechtswirkung. Andererseits ist der Satzungserlass mittels Ersatzvornahme im Verhältnis zur Gemeinde ein VA (BVerwG NVwZ-RR 1993, 513 (514); OVG Bremen NVwZ-RR 2001, 378 (380)).

V. Merkmale des VA (S. 1)

1. Verfügung, Entscheidung oder andere hoheitliche Maßnahme

29 Wie sich aus dem Gesetzeswortlaut ergibt, stellt hoheitliche Maßnahme den Oberbegriff dar, Verfügung und Entscheidung sind bloße Unterfälle. **Maßnahme** ist jede einseitige behördliche Handlung mit Erklärungsgehalt. Das Merkmal **hoheitlich** hat nach ganz hM keine eigenständige Bedeutung, sondern ist mit dem Merkmal „auf dem Gebiet des öffentlichen Rechts" identisch (statt vieler KR/Ramsauer § 35 Rn. 59; aA Ziekow § 35 Rn. 23, der hieraus das Kriterium der Einseitigkeit ableitet). Einseitig ist auch der **mitwirkungsbedürftige VA,** den die Behörde nur auf Antrag oder mit Zustimmung des Bürgers erlassen kann, denn die Ausgestaltung der Entscheidung obliegt allein der zuständigen Behörde. Fehlt es an der Einseitigkeit, handelt es sich um einen (öffentlich-rechtlichen) Vertrag. Die Abgrenzung im Einzelfall ist schwierig, da auch beim Vertrag der Gestaltungsspielraum der Behörde und – spiegelbildlich – die Einfluss- und Mitwirkungsmöglichkeiten des Bürgers gering sind. Die Zuordnung ist letztlich anhand der konkreten Umstände des Falles vorzunehmen. Keine hoheitliche Maßnahme und damit kein Zahlungsbescheid ist der Einbuchungsbeleg zur Lkw-Maut, der lediglich dem Nachweis der ordnungsgemäßen Entrichtung der Maut dient (BVerwGE 137, 325 = BeckRS 2010, 55828).

30 Die bloße **Untätigkeit** oder das **Schweigen** der Behörde ist grundsätzlich mangels Erklärungsgehalt keine Maßnahme. Eine **Ausnahme** bilden die Fälle, wo das Gesetz bei Nichtstun bzw. Nichtentscheidung der Behörde regelmäßig nach Ablauf einer Frist die **Fiktion** eines (genehmigenden) VA vorsieht (zB §§ 6a GewO, 10 I 2 HwO). In bloßem behördlichen Schweigen ist regelmäßig keine Duldung(-sverfügung) zu sehen.

2. einer Behörde

31 Die hoheitliche Maßnahme muss von einer Behörde getroffen werden. Behörde ist jede Stelle, die Aufgaben der öffentlichen Verwaltung wahrnimmt (→ § 1 Rn. 27 ff.). Es muss (ausdrücklich oder konkludent) erkennbar sein, dass die Behörde in Ausübung hoheitlicher Befugnisse handeln will; unerheblich ist, ob ihr diese Befugnisse tatsächlich zustehen. Wird der VA von einer unwirksam gegründeten Behörde erlassen, ist er deshalb zwar rechtswidrig, aber dennoch wirksam und verbindlich (BVerwG NVwZ 2003, 995, (996)). Gleiches gilt, wenn die Bestellung des den VA erlassenden Organs unwirksam ist (vgl. BVerwGE 108, 169 = NJW 1999, 2292). Ausreichend ist auch, wenn

der Erlass des VA der nach außen in Erscheinung tretenden Behörde zuzurechnen ist, auch wenn er tatsächlich von einem Privaten als Geschäftsbesorger verfasst wurde (BVerwG BeckRS 2015, 55680 Rn. 13). Zur Behördeneigenschaft von Staatsanwaltschaften in Abhängigkeit von der jeweiligen Staatsfunktion s. BVerwG BeckRS 2019, 8734 Rn. 16, zu derjenigen von jagdlichen Hegegemeinschaften s. OVG Koblenz BeckRS 2020, 25621 Rn. 15.

3. auf dem Gebiet des öffentlichen Rechts

32 Die hoheitliche Maßnahme der Behörde muss **auf dem Gebiet des öffentlichen Rechts** ergehen. Der Begriff entspricht dem der öffentlich-rechtlichen Verwaltungstätigkeit in § 1 (→ § 1 Rn. 6 ff.). Entscheidend ist, dass die Rechtsgrundlage des VA dem öffentlichen Recht zugehörig ist. Entstammt die Rechtsgrundlage der Maßnahme dem Privatrecht, handelt es sich grundsätzlich nicht um einen VA (zB die Aufrechnung – BVerwG NJW 2009, 1099 f.; Ausnahme: der sog. formelle VA → Rn. 54). Seine Rechtswirkungen kann der VA im öffentlichen wie im privaten Recht entfalten. Auch der privatrechtsgestaltende VA ist ein VA iSd Gesetzes (zB die Ausübung des gemeindlichen Vorkaufsrecht – BVerwG BeckRS 2009, 42532).

33 Mitunter bestehen Rechtsverhältnisse auch aus einem vorgelagerten öffentlich-rechtlichen Teil und einem nachgelagerten privatrechtlichen Teil. Der öffentlich-rechtliche Anteil betrifft regelmäßig die Entscheidung über das „ob" der Begründung des Rechtsverhältnisses (= erste Stufe), der zivilrechtliche Anteil regelt dann ggf. das „wie" der Ausgestaltung des Rechtsverhältnisses (= zweite Stufe). Anknüpfend an die Unterscheidung nach Stufen wurde die sog. **Zwei-Stufen-Theorie** entwickelt. Nach dieser Theorie entscheidet bei Streitigkeiten auf der ersten Stufe das Verwaltungsgericht, bei Streitigkeiten auf der zweiten Stufe dagegen das Zivilgericht. Die Zwei-Stufen-Theorie führt insbesondere dort zu sachgerechten Ergebnissen, wo die Verwaltung Auswahlentscheidungen zu treffen hat. Hauptanwendungsfälle sind das Subventionsrecht (näher BeckOK VwVfG/von Alemann/Scheffczyk § 35 Rn. 208 ff.) und die Zulassung zu öffentlichen Einrichtungen (mit privatrechtlich ausgestalteten Nutzungsverhältnissen; BVerwGE 91, 135). Keine Anwendung findet die Zwei-Stufen-Theorie dagegen im Vergaberecht. Das Verfahren der Vergabe eines öffentlichen Auftrags ist seiner Struktur nach gerade nicht zweistufig; die Entscheidung über die Auswahl zwischen mehreren Bietern erfolgt im Regelfall unmittelbar mit dem Abschluss eines privatrechtlichen Vertrages mit dem erfolgreichen Bieter durch Zuschlag (vgl. § 28 Nr. 2 I VOB/A; BVerwG NJW 2007, 2275 = NVwZ 2007, 820).

4. zur Regelung

34 Eine Regelung liegt vor, wenn die Maßnahme **objektiv** und **unmittelbar** auf die **Herbeiführung einer Rechtsfolge** gegenüber dem Betroffenen gerichtet ist. Das ist der Fall, wenn dessen Rechtsposition verbindlich verändert wird, sei es durch die positive oder negative Begründung, Änderung,

Aufhebung oder verbindliche Feststellung von Rechten oder Pflichten. Die Regelung wird sich häufig in einem einmaligen Ge- oder Verbot oder einer einmaligen rechtsgestaltende Wirkung erschöpfen, sie kann aber auch auf Dauer angelegt sein und ein vom VA abhängiges Rechtsverhältnis gestalten (sog. VA mit **Dauerwirkung**). Auch **ablehnende negative Entscheidungen** enthalten eine Regelung. Ob die Erklärung einer Behörde eine Regelung enthält und welchen Inhalt diese hat, ist anhand der für die Auslegung von Willenserklärungen geltenden Maßstäbe der §§ 133, 157 BGB nach ihrem objektiven Erklärungswert zu beurteilen (BVerwG BeckRS 2021, 45328 Rn. 23; OVG Münster BeckRS 2021, 21322 Rn. 6).

Für einen **feststellenden VA** ist kennzeichnend, dass er sich mit seinem 35
verfügenden Teil darauf beschränkt, das Ergebnis eines behördlichen Subsumtionsvorgangs verbindlich festzuschreiben (BVerwG NVwZ 2010, 133; 2004, 349 (350)). Seine Regelung liegt in der bindenden Wirkung der Feststellung oder Verneinung (BVerwG NVwZ 2010, 133, 134; – E 77, 268 (271) = NJW 1988, 87). Ist eine Erklärung der Verwaltung darauf gerichtet, die im Verhältnis von Staat und Bürger (oder dem Staat gegenüberstehenden sonstigen Rechtssubjekten) bestehenden Unsicherheiten zu beseitigen, indem sie die generelle und abstrakte Regelung des Gesetzes verbindlich konkretisiert und/oder individualisiert, so legt die Verwaltung fest, was im Einzelfall rechtens sein soll, und trifft damit eine Regelung mit Außenwirkung im Sinne des § 35 Satz 1 VwVfG (vgl. BVerwGE 58, 37 (38 f.)). Eine Maßnahme ist nach ihrem Erklärungsgehalt beim feststellenden VA dann auf das Setzen einer Rechtsfolge gerichtet, wenn Rechte des Einzelnen mit bindender Wirkung festgestellt oder verneint werden. Ist der VA auf die Beseitigung bestehender Unsicherheiten im Verhältnis von Staat und Bürger (oder dem Staat gegenüberstehenden sonstigen Rechtssubjekten) gerichtet, indem er ein abstrakt-generell formuliertes Gesetzes verbindlich im Einzelfall konkretisiert und/oder individualisiert, liegt hierin die erforderliche Regelung mit Außenwirkung (BVerwG NVwZ 2010, 133, 134; OVG Münster BeckRS 2016, 53079 Rn. 3 ff. – zur Problematik der – nicht erforderlichen – Zulassung zur Bachelor-Prüfung). Um feststellende VAe handelt es sich häufig auch bei Eintragungen in **öffentliche Register** (zB ins Baulastverzeichnis – OVG Hamburg BeckRS 2021, 38371 Rn. 32; OVG Lüneburg NVwZ 1999, 1013; in die Denkmalliste; in die Handwerksrolle – BVerwGE 95, 363, 36) ebenso bei der Entscheidung über die Zulassungspflicht eines Arzneimittels; keine feststellenden VAe sind dagegen zB Eintragungen im Verkehrszentralregister – VG Braunschweig NVwZ 2002, 484; ins Melderegister abhängig von der landesrechtlichen Ausgestaltung im MeldeG – bejaht für Bayern: VGH München NVwZ 1998, 1318; für Hessen: OVG Kassel NVwZ-RR 1991, 357; abgelehnt für NRW: OVG Münster NVwZ-RR 1999, 503). Keine VA-Qualität besitzen einzelne Feststellungen, die im Rahmen der Begründung eines VA getroffen werden. Ihre Richtigkeit lässt sich nicht unabhängig von der Rechtmäßigkeit des VA insgesamt angreifen und überprüfen (OVG Lüneburg BeckRS 2020 Rn. 7).

Nicht unmittelbar auf die Herbeiführung einer Rechtsfolge und damit 36
keine Regelung und kein VA sind **Realakte** (sog. schlichtes oder tatsächliches

Verwaltungshandeln, VGH Kassel BeckRS 2019, 28159 Rn. 6) sowie rechtserhebliche öffentlich-rechtliche Willenserklärungen und die Zusicherung gem. § 38. Anders ist die Situation, wo dem Realakt eine gesetzlich vorgeprägte und damit im Ergebnis die Merkmale eines VAs aufweisende Entscheidung einer Behörde vorausgeht (zB des Bundesbeauftragten hinsichtlich der rechtlichen Voraussetzungen für eine Herausgabe personenbezogener Unterlagen, vgl. VG Berlin NVwZ-RR 2010, 343; zur Abgrenzung instruktiv VGH Kassel BeckRS 2019, 28159 Rn. 6).

37 Hinsichtlich von **Vorbereitungs- bzw. Verfahrenshandlungen** (zB Entscheidung einer Gemeinde über den Antrag auf Erlass eines vorhabenbezogenen B-Plans gem. § 12 BauGB) ist mit Blick auf § 44a VwGO zu differenzieren: Neben Vorbereitungs- und Verfahrenshandlungen, die keine Regelung (oder keine Außenwirkung) besitzen (dazu VGH München BeckRS 2016, 40044 Rn. 20 – Eintragung und Löschung einer Auskunftssperre; OVG Hamburg BeckRS 2023, 33351 Rn. 24 – Information des unterlegenen Bieters im Vergabeverfahren vor Zuschlagserteilung; BVerwG BeckRS 2019, 34850 Rn. 10 – Verlängerung der Überstellungsfrist nach Art. 29 II 2 Dublin III-VO), gibt es auch solche, die alle Merkmale eines VAs nach § 35 S. 1 VwVfG einschließlich der Regelung (und der Außenwirkung) erfüllen (sog. Verfahrens-VA). Beide Arten von Vorbereitungs- und Verfahrenshandlungen sind Verfahrenshandlungen im Sinne von § 44a S. 1 VwGO (vgl. SBS/U. Stelkens § 35 Rn. 148; s. auch BVerwGE 115, 373 (377 ff.)). Als Folge hieraus unterliegen Verfahrens-VAe – ebenso wie sonstige Verfahrenshandlungen – grundsätzlich nur einer Inzidentprüfung im Rahmen des Rechtsbehelfs gegen die abschließende Sachentscheidung unterliegen (Ziekow § 35 Rn. 31, 37; OVG Lüneburg BeckRS 2019, 15257 – zum Sonderfall der bloßen Schuldnererklärung). Ausnahmsweise können Verfahrens-VAe dann selbständig angefochten werden, wenn die reine Inzidentprüfung mit Systematik und Normzweck der fachgesetzlichen Regelungen nicht zu vereinbaren ist mit der Folge, dass es sich um ein sog. **gestuftes Verfahren** handelt (BVerwG NVwZ 2009, 1558 (1560 f.) – zu §§ 55, 61, 132 TKG). § 44a S. 1 VwGO findet hier keine Anwendung. Das ist insbesondere dort der Fall, wo der Gesetzgeber für Verfahrensentscheidungen die Rechtsform des VAs ausdrücklich angeordnet sowie die Modalitäten ihres Zustandekommens und ihrer rechtlichen Überprüfung besonders geregelt hat (BVerwG NVwZ 2009, 1558 (1560 f.)). Gleiches gilt, wo die Verfahrensentscheidung eigene materiell-rechtliche Wirkungen entfaltet und sich nicht in der reinen Förderung des endgültigen Sachentscheidung erschöpft (BVerwG NVwZ 2009, 1558 (1560 f.)).

38 **Teilakte** haben VA-Qualität, wenn die Behörde in ihnen einzelne Rechtsfragen der späteren Endentscheidung auch für sich bindend regelt (sog. Vorbescheid) oder vorab Teile einer Anlage genehmigt (sog. Teilgenehmigung).

38a Bei **Ergänzungsbescheiden** ist zu differenzieren: Soweit es sich inhaltlich um eine neue und damit erstmals anfechtbare Regelung handelt, sind sie ein VA. Denn in diesem Umfang liegt eine neue Sachentscheidung vor. Soweit sie hingegen lediglich den Inhalt eines früheren Bescheides nachrichtlich wiederholen, fehlt es an der VA-Qualität. Wiederholend ist eine Verfügung bei Wiederholung einer schon vorliegenden (uU bereits unanfechtbaren) Entscheidung oder Maßnahme, ebenso der Hinweis auf eine solche Entscheidung oder Maßnahme. Insoweit fehlt es an einer neuen Sachentscheidung. Das (Nicht-)Vorliegen einer neuen Sachentscheidung ist durch Auslegung zu ermitteln (OVG Münster BeckRS 2020, 36242 Rn. 47; → Rn. 34).

Nicht erforderlich ist die Endgültigkeit der Regelung, so dass auch ein **vorläufiger VA** möglich ist (BVerwG NVwZ 2010, 643 = BeckRS 2010, 45411 – zum Vorbehalt einer späteren endgültigen Entscheidung; BVerwGE 67, 99; s. auch zB § 11 GastG). Die Vorläufigkeit zeigt sich insoweit im Vorbehalt der späteren endgültigen Entscheidung, in der die Behörde nur aus den im Vorbehalt genannten Gründen von der vorläufigen Entscheidung abweichen darf. Nicht vorläufig, sondern endgültig ist ein VA, der unter Widerrufsvorbehalt steht (§ 36 II Nr. 3). Der Widerrufsvorbehalt ist hier – anders als beim vorläufigen VA (→ Rn. 24) – regelmäßig umfassend. 39

Die Entscheidungen zur Frage des Regelungscharakters einer Maßnahme sind zahlreich. Folgende Beispiele seien genannt (umfassend die Auflistung bei KR/Ramsauer § 35 Rn. 91 ff. mwN): Der VA-Charakter wird bejaht bei **Androhung eines Zwangsmittels, Duldungsverfügungen, Festsetzung eines Zwangsmittels, regelnden polizeilichen Standardmaßnahmen** (zB Anhalten, Befragung, Platzverweis, Vorladung). 40

Der VA-Charakter wird verneint bei Anrechnung (einer Zahlung auf eine Schuld), Aufforderung zu einer medizinisch-technischen Untersuchung gem. § 3 II StVZO, zur Vorlage eines amtsärztlichen Attests (anders im Fall des § 44 VI BBG), zur Vorlage von Urkunden (VGH Mannheim BeckRS 2018, 8254 Rn. 25), Aufrechnungserklärungen (s. dazu BVerwG NJW 2009, 1099), Auskünften (zB des Fehlens von rechtlichen Bedenken gegen ein bestimmtes Verhaltens oder der fehlenden Absicht, rechtsverbindliche Maßnahmen zu ergreifen, s. BVerwG NVwZ 2017, 1786, 1787 Rn. 12), Auszahlungen (zB von Städtebauförderungsmitteln, s. OVG Weimar BeckRS 2010, 46609), Bestätigung der Schlussabnahme einer Feuerungsanlage (OVG Berlin-Brandenburg BeckRS 2017, 132329 Rn. 4), der Bewertung der Schwere einzelner Körperschäden und dadurch bedingter Körperfunktionsstörungen gem. § 16 II ContStiftG (OVG Münster BeckRS 2020, 3777 Rn 40), bloßen rechtlichen Einschätzungen (BVerwG BeckRS 2023 8156 Rn. 15 – zur Abgrenzung gegenüber einer Ablehnung), Eintragungen ins Melderegister, ins Verkehrszentralregister, dienstliche Beurteilungen von Beamten (OVG Koblenz BeckRS 2018, 18370 Rn. 6), Empfehlungen, Ersatzvornahme, Informationen, gemeindlichem Einvernehmen (gem. § 36 BauBG, BVerwG NVwZ 2008, 1347, 1348; s. auch BVerwG NVwZ 2003, 1396), Erteilung der Genehmigungsurkunden (gem. § 15 II 1 PBefG, VGH Mannheim BeckRS 2016, 54500 Rn. 19), Gutachten (OVG Bautzen BeckRS 2019, 30377 Rn. 6), Ladung zur Musterung, Mitteilungen (zB Besoldungsmitteilungen – BVerwG BeckRS 2017, 105178 Rn. 34, Fälligkeitsmitteilungen, Mitteilung der (Polizei-)Dienstunfähigkeit –- OVG Münster BeckRS 2020, 30313 Rn. 15), schulischen Bewertungen einzelner mündlicher oder schriftlicher Leistungen, Übersendung von Abschlagsrechnungen (OVG Bautzen BeckRS 2021, 27262 Rn. 10), vollziehenden polizeilichen Standardmaßnah- 41 men (zB Durchsuchung, Identitätsfeststellung, Ingewahrsamnahme, – str., ob daneben gleichzeitig eine Duldungsverfügung vorliegt, s. KR/Ramsauer § 35 Rn. 115 mwN), Warnungen. Teilweise werden diese Handlungen der Verwaltung ohne VA-Qualität auch unter dem Oberbegriff der behördlichen Wissenserklärung zusammengefasst (BeckOK VwVfG/von Alemann/Scheffczyk § 35 Rn. 157 ff.), was allerdings mit Blick auf deren nicht lediglich deskriptiven und deklaratorischen Inhalt unscharf erscheint.

42 Zu differenzieren ist bei **Absichtserklärungen** (grundsätzlich kein VA, Ausn.: Prüfungsankündigung des Landesrechnungshofs gegenüber einer landesunmittelbaren juristischen Person des öffentlichen Rechts, OVG Berlin-Brandenburg BeckRS 2022, 15153 Rn. 18; Mitteilung der beabsichtigen Handwerksrolleneintragung, VGH Mannheim NVwZ-RR 1992, 473; aA BVerwGE 95, 364), Akteneinsichtsentscheidungen (VA bei selbständiger Bedeutung neben dem Verwaltungsverfahren, BVerwGE 50, 259 – str.), Bescheinigungen, Eintragungen ins Straßenbestandsverzeichnis, Feststellungen, Negativattesten, verwaltungsbehördlichen Steuerbescheinigungen, wiederholenden Verfügungen (s. aber auch OVG Schleswig NVwZ 2010, 200), Zweitbescheiden (zur Abgrenzung von wiederholenden Verfügungen und Zweitbescheiden BVerwG BeckRS 2009, 30636, Rn. 14; NVwZ 2002, 482; OVG Hamburg BeckRS 2020, 13057 Rn. 29; OVG Münster BeckRS 2013, 51215), Zusagen. Bei der Anordnung einer Telefonüberwachung bejaht die Rechtsprechung den VA-Charakter bei Maßnahmen gem. § 3 I G 10 (BVerwGE 87, 23, 25 = NJW 1991, 581; aA SBS/U. Stelkens § 35 Rn. 22 mwN), und verneint ihn bei Anordnungen gem. § 5 G-10 (BVerwG NJW 2008, 2135 (2136 f.)).

42a Im Schul- und Hochschulrecht kommt **schulischen Abschlüssen sowie Hochschulabschlüssen, Versetzungsentscheidungen** und – streitig – **Prüfungs- und Zeugnisgesamtnoten** (bejaht für fächerübergreifende Leistungsnachweise von VGH Mannheim BeckRS 2015, 47761 Rn. 31; zu den Fällen fehlender Regelung bei Noten → Rn. 53) sowie **besonders wichtigen Einzelnoten** (BVerwG NVwZ-RR 1994, 582; OVG Münster NVwZ-RR 2001, 384) VA-Qualität zu, während diese bei der **Benotung** einzelner Aufsichtsarbeiten einer Ersten Juristischen Staatsprüfung (BVerwG BeckRS 2012, 53132 Rn. 14 = NJW 2012, 2901; Bewertung einer Magisterarbeit (OVG Münster BeckRS 2014, 58158 = DVBl. 2015, 52) wie auch der Zweiten Juristischen Staatsprüfung (OVG Berlin-Brandenburg BeckRS 2020, 10018 Rn. 9) regelmäßig verneint wird. Ebenfalls fehlt es bei der Angabe von Fehlstunden in einem Zeugnis an der Regelungswirkung (OVG Hamburg BeckRS 2019, 10694 Rn. 21). Als Folge der mit den Bachelor- und Masterstudiengängen eingeführten Modularisierung ist die Prüfungsentscheidung zu jeder einzelnen Teilprüfung in den Modulen als VA zu qualifizieren, wenn das Bestehen aller geforderten Modulprüfungen Voraussetzung für das Bestehen der Bachelor-/Masterprüfung ist, die Modulprüfungen unmittelbar im Wege von Leistungspunkten in die Bachelor-/Masterprüfung einfließen und auch im Bachelor-/Masterzeugnis nachgewiesen (OVG Lüneburg BeckRS 2019, 4273 Rn. 7 ff.; OVG Münster BeckRS 2011, 48872) werden können. Letztlich ist die VA-Qualität anhand der jeweiligen Prüfungsordnung durch

Auslegung zu ermitteln (BVerwG BeckRS 2012, 53132 Rn. 14 = NJW 2012, 2901). Ebenfalls als VA zu qualifizieren ist der Ausschluss eines Schülers von einer mehrtägigen Klassenfahrt (OVG Magdeburg NVwZ-RR 2019, 954, 955 Rn. 4 f.). Zur Berücksichtigungsfähigkeit von Leistungsbewertungen durch außerschulische Einrichtungen bei der Bildung von Zeugnisnoten s. OVG Lüneburg BeckRS 2017, 100124.

Im **Ausländerrecht** besitzt VA-Qualität die Anordnung der die Verteilung **42b** veranlassenden Stelle nach § 15a IV 1 AufenthG; nicht hingegen bereits die durch das BAMF erfolgenden Benennung der für einen Ausländer zuständigen Aufnahmeeinrichtung gegenüber der nach Landesrecht zuständigen Stelle (OVG Münster BeckRS 2014, 56196).

Besonderheiten bestehen bei den sog. **Anzeigeverfahren.** Hierzu gehören **42c** die Anzeige, Anmelde- und Genehmigungsfreistellungsverfahren, insbesondere im Bau- und Immissionsschutzrecht, im Gewerberecht, aber zunehmend auch in anderen Fachgesetzen. Trotz häufig identischer Begriffe ist der Regelungscharakter des behördlichen Tätigwerdens für die Verfahren gesondert zu prüfen (instruktiv SBS/U. Stelkens § 35 Rn. 155 ff.).

5. eines Einzelfalls

Die Maßnahme betrifft einen Einzelfall, wenn mit ihr ein bestimmter Fall für **43** oder gegen eine **bestimmte Person** geregelt wird **(konkret-individuell).** Das Kriterium dient der Abgrenzung des VA gegenüber der Rechtsnorm (abstrakt-generell). Wie die Legaldefinition der Allgemeinverfügung in S. 2 zeigt, ist auch eine **konkret-generelle** Regelung typischerweise ein VA (zur Abgrenzung → Rn. 56).

Auch eine **abstrakt-individuelle** Regelung, die eine unbestimmte Viel- **44** zahl von Fällen betrifft, aber nur eine bestimmte Person als Adressat aufweist, ist ein VA. Erfasst werden hier insbesondere solche Fallgestaltungen, bei denen einer Person ein bestimmtes Verhalten für jeden Fall des Eintritts eines näher bezeichneten Sachverhalts aufgegeben wird.

6. mit Außenwirkung

Das Vorliegen eines VA erfordert schließlich, dass die Maßnahme auf unmit- **45** telbare Rechtswirkung nach außen gerichtet ist. Eine **Außenwirkung** liegt vor, wenn die Maßnahme an eine außerhalb der Verwaltung stehende Person adressiert ist. Ausreichend ist nach dem Wortlaut der Vorschrift, dass die Maßnahme nach außen gerichtet ist (**intendierte** Außenwirkung). Nicht erforderlich ist, dass sie tatsächlich die objektiv intendierten Rechtswirkungen auf außenstehende Personen auslöst. **Unmittelbar** ist die Außenwirkung, wenn die Maßnahme ohne weitere zusätzliche Handlungen ihre Wirkung gegenüber dem Betroffenen entfaltet.

Hinsichtlich von **Organisationsakten** ist zunächst festzustellen, dass sie in **46** Gestalt einer RVO oder Satzung, eines VA (einschließlich der Allgemeinverfügung) oder eines internen Aktes ergehen können. Ihre Einordnung im Einzelfall hängt primär von ihrer Form und ihren Rechtwirkungen ab. Handelt die Verwaltung eindeutig in einer bestimmten Form, richtet sich danach die Rechtsnatur. Ist die von der Verwaltung gewählte Form nicht eindeutig, kommt sowohl ein VA wie ein verwaltungsinterner Akt in Betracht. In der Regel wird Organisationsakten der Verwaltung Außenwirkung und damit VA-Qualität zuerkannt, so insbesondere der Errichtung, Änderung (zB Umwandlung von einem Schultyp in einen anderen, OVG Hamburg NJW 1980, 2146), Aufhebung Auflösung und Abwicklung öffentlicher Einrichtungen (zB Friedhöfe, Schulen; wie hier KR/Ramsauer § 35 Rn. 149; aA BVerwGE 90, 220; kritisch auch BeckOK VwVfG/von Alemann/Scheffczyk § 35 Rn. 191). Als VA einzustufen sind auch die Einrichtung, Verlegung oder Aufhebung einer Bushaltestelle (VGH Kassel NJW 1986, 2781; aA VGH München BayVBl. 1979, 341), die Zuteilung oder Änderung einer Hausnummer (OVG Münster NJW 1987, 2695) sowie von Straßennamen. Ebenfalls um VAe handelt es sich bei Organisationsakten auf kommunaler Ebene wie der Errichtung oder Auflösung einer Gemeinde, ihrer Namensgebung oder -änderung (VGH München DVBl. 1981, 223) sowie bei kommunalen Gebietsreformen (BVerwGE 18, 154). Kein VA ist dagegen die Einrichtung, Verlegung oder Auflösung von Behörden (wie hier KR/Ramsauer § 35 Rn. 151; aA für die Einrichtung von Behörden BVerwG BayVBl. 1972, 161), ebenso wenig behördeninterne Umorganisationen oder Zuständigkeitsänderungen (VGH München BayVBl. 1975, 115).

47 **Organschaftliche Maßnahmen** sind mangels Außenwirkung grundsätzlich kein VA (zB Sitzungsausschluss – aA wohl BeckOK VwVfG/von Alemann/Scheffczyk § 35 Rn. 243.1). Ausnahmen bestehen dort, wo zwei Organe als selbständige Träger von Rechten und Pflichten betroffen sind (VGH Kassel NVwZ-RR 1996, 409 – Beanstandung eines Ratsbeschlusses durch den Bürgermeister) oder eine Maßnahme nicht nur die Organwalterstellung einer Person, sondern (auch) deren persönliche Rechtsstellung betrifft (zB Hausverbot). Das betrifft insbesondere auch die Fälle, wo die Organwaltertätigkeit einer Person beendet wird (OVG Lüneburg GewArch 2010, 74 (75) – Abberufung eines IHK-Hauptgeschäftsführers).

48 Bei **Maßnahmen zwischen mehreren Behörden** ist zu differenzieren: Ist Voraussetzung für den Erlass eines VA durch eine Behörde das **Benehmen,** das **Einvernehmen** oder die **Zustimmung** einer anderen Behörde, handelt es sich insoweit regelmäßig um eine Verfahrenshandlung mit der Folge, dass derartigen Handlungen die Außenwirkung und damit die VA-Qualität fehlt. Das gilt etwa für das gemeindliche Einvernehmen gem. § 36 I 1–3 BauGB (vgl. SBS/U. Stelkens § 35 Rn. 171, der die Außenwirkung allgemein dann verneint, wenn in neueren Gesetzen der Begriff des Einvernehmens verwendet wird) sowie gem. den LandesBauOen bei Verstoß eines Vorhabens gegen örtliche Bauvorschriften(zB § 84 NBauO), ebenso die Zustimmung der höheren Verwaltungsbehörde gem. § 36 I 4 BauGB (BVerwGE 74, 19 (21) = NVwZ 1986, 917), die Zustimmung der Denkmalschutzbehörde (OVG Bautzen SächsVBl. 2006, 140 (142)); zahlreiche weitere Beispiele finden sich bei SBS/U. Stelkens § 35 Rn. 171 Fn. 889). Keine Außenwirkung im Verhältnis zu Anliegern oder sonstigen Verkehrsteilnehmern hat auch die Anordnung der Straßenverkehrsbehörde gegenüber dem

Träger der Straßenbaulaust, ein Verkehrszeichen aufzustellen oder eine Verkehrseinrichtung anzubringen (OVG Koblenz BeckRS 2014, 51004 = NVwZ-RR 2014, 582). Darüber hinaus gilt allgemein, dass Maßnahmen zwischen Behörden desselben Rechtsträgers keine Außenwirkung haben. Die Außenwirkung wird hingegen bejaht bei der Zurückstellungsentscheidung gem. § 15 BauGB (VGH Mannheim NVwZ-RR 2003, 333) und bei der Ersetzung des Einvernehmens durch die nach Landesrecht zuständige Behörde gem. § 36 II 3 BauGB (VGH Kassel NVwZ-RR 2009, 750; OVG Lüneburg NJOZ 2008, 2298; zur Entscheidung der höheren Verwaltungsbehörde gem. § 37 I BauGB s. VGH Kassel NVwZ 2001, 823).

Bei **sonstigen bindenden Mitwirkungshandlungen** einer anderen Behörde ist die Abgrenzung problematisch. Rechtsdogmatisch handelt es sich hier um einen **mehrstufigen VA.** Die Frage der Außenwirkung der Mitwirkungshandlung beurteilt sich anhand der die Mitwirkung vorsehenden Vorschrift. Die Literatur verneint im Zweifel die Außenwirkung (Knack/Hennecke/Hennecke § 35 Rn. 5; ihm folgend SBS/U. Stelkens Rn. 169). Die Außenwirkung ist aber dann gegeben, wenn die Handlung der anderen Behörde gegenüber der entscheidenden Behörde und gegenüber dem Betroffenen Bindungswirkung entfaltet (BVerwGE 46, 356). Bei **Maßnahmen der Fach- und Rechtsaufsicht** ist zu differenzieren: Gehören Aufsichtsbehörde und beaufsichtigte Behörde zum selben Rechtsträger, fehlt es in ihrem Verhältnis an der Außenwirkung. Gehören die Behörden zu unterschiedlichen Rechtsträgern, kann eine Aufsichtsmaßnahme ein VA sein, wenn sie auf die Rechtsstellung der beaufsichtigten Behörde einwirkt (näher Franz JuS 2004, 937 (941 f.)). Im Bereich der **Auftragsverwaltung** wird die VA-Qualität aufsichtsbehördlicher Maßnahmen grundsätzlich abgelehnt, von der Rechtsprechung aber ausnahmsweise dort bejaht, wo ihre Rechtswirkungen auf den gesetzlich geschützten Bereich gemeindlicher Selbstverwaltung übergreifen (BVerwG NVwZ 1995, 910) oder Ermessensentscheidungen betroffen sind (VGH München NVwZ-RR 1990, 243). Keine VA-Qualität haben auch Entscheidungen und Maßnahmen im Zusammenhang mit der Amtshilfegewährung (§ 4). Soweit danach Maßnahmen zwischen mehreren Behörden Außenwirkung haben und folglich VAe iSd § 35 S. 1 sind, ist zu beachten, dass sich die VA-Eigenschaft regelmäßig auf das Verhältnis zwischen den beteiligten Behörden bezieht. 49

Hiervon streng zu trennen ist die Frage, ob die Maßnahme **im Verhältnis zum betroffenen Bürger** einen VA darstellt. Insoweit wird die VA-Qualität der Maßnahme regelmäßig verneint mit der Folge, dass der Bürger gegen diese Maßnahme keine Rechtsschutzmöglichkeit besitzt, sondern nur gegen die spätere, das Verwaltungsverfahren abschließende und regelmäßig an ihn adressierte Entscheidung (→ Rn. 61 ff.). Kein VA im Verhältnis zum Bauherrn sind das gemeindliche Einvernehmen gem. § 36 I 1–3 BauGB, die Ersetzung des gemeindlichen Einvernehmens gem. § 36 II 3 BauGB oder die Zustimmung der höheren Verwaltungsbehörde gem. § 36 I 4 BauGB). Außenwirkung gegenüber dem Bürger besitzt dagegen die Erteilung einer **Baugenehmigung** durch die Behörde zugunsten einer Stelle innerhalb derselben Körperschaft oder gegenüber ihrem eigenen Rechtsträger (OVG Magdeburg 50

BeckRS 2004, 18865 Rn. 27), ebenso die ASL-Erlaubnis gem. § 25 I LuftVG (OVG Berlin-Brandenburg BeckRS 2023, 39698 Rn. 16). Eine beschränkte teilweise Außenwirkung besitzt die Standortbescheinigung nach § 5 BEMFV (VGH München BeckRS 2023, 34291Rn. 9; BeckRS 2021, 44442 Rn. 29 f.)

51 Weitgehend geklärt ist heute auch die Einordnung von Handlungen in sog. **Sonder-(status-)verhältnissen** (zB im Beamten-, Richter-, Schul-, Soldaten-, Wehrpflicht- und Zivildienstverhältnis). Als Orientierung wird dabei bis heute die – verfassungsrechtlich überholte – Unterscheidung von Grund- und Betriebsverhältnis herangezogen (KR/Ramsauer § 35 Rn. 134; SBS/U. Stelkens § 35 Rn. 198). Maßnahmen im Grundverhältnis betreffen jeweils (zumindest auch) die persönliche Rechtsstellung einer Person (des Adressaten oder eines Dritten, zB Verweigerung der Aussagegenehmigung gem. § 54 StPO, BVerwG NJW 1983, 638) und sind VAe (OVG Bautzen BeckRS 2023, 5302 Rn. 24 – zur Bestellung als Prüfer im Staatsexamen). Maßnahmen im Betriebsverhältnis betreffen dagegen die Person allein als Amtsträger und Teil der Verwaltung und sind keine VAe.

52 Im **Beamtenrecht** besitzen VA-Qualität mithin Abordnung, Beförderung, Beihilfeentscheidungen, Berufung auf einen höheren Dienstposten und Abberufung davon (anders bei der bloßen Beschäftigung auf einem höheren Dienstposten, BVerwG BeckRS 2008, 40565), Besoldungs- und Dienstalterfestsetzung, Ernennung, Entlassung, Gewährung und Versagung von (Erholungs- oder Sonder-) Urlaub, (Negativ-)Mitteilung über Auswahlentscheidung an nicht berücksichtigte Bewerber (BVerwG NJW 2005, 771; VGH Kassel BeckRS 2018, 18139 Rn. 19 ff.; OVG Berlin-Brandenburg BeckRS 2018, 111 Rn. 6; anders – kein VA – hingegen die (Positiv-)Mitteilung an den berücksichtigen Bewerber, VGH Mannheim BeckRS 2018, 3879 Rn. 7), schriftliche Missbilligung außerhalb eines Disziplinarverfahrens (OVG Lüneburg BeckRS 2013, 46201 = NVwZ-RR 2013, 652), Verbot des Besuchs bestimmter außerdienstlicher Veranstaltungen, Versetzung (nicht hingegen das Einverständnis des aufnehmenden Dienstherrn bei einer dienstherrenübergreifenden Versetzung, s. BVerwGE 122, 58 (60 ff.) = NVwZ-RR 2005, 343; zum Sonderfall der Versetzung eines Beamten zu einem Stellenpool s. BVerwG NVwZ-RR 2009, 211), Weisung, an einem Lehrgang mit anschließender berufsqualifzierender Prüfung teilzunehmen (BverwG BeckRS 2023, 23171 Rn. 10), Weisung, sich auf eine Stelle zu bewerben (BVerwGE 132, 40). Keine VAe sind die Anordnung einer ärztlichen Untersuchung gegenüber Beamten (BVerwG BeckRS 2012, 53130 Rn. 15 = NVwZ 2012, 1483; VGH München BeckRS 2019, 2286 Rn. 9), die Anordnung der Teilnahme an einer Qualifizierungsmaßnahme (OVG Koblenz NVwZ-RR 2019, 478, 479 Rn. 6 f.; OVG Münster BeckRS 2013, 46259), die Aufforderung zur Dienstaufnahme (OVG Koblenz BeckRS 2018, 14370 Rn. 59), dienstliche Beurteilungen (aber bereits mangels Regelung → Rn. 41), der Entzug der Verschlusssachenermächtigung, die Umsetzung auf einen und die Zuweisung eines anderen Dienstpostens (OVG Berlin-Brandenburg BeckRS 2019, 6735 Rn. 20; BVerwG BeckRS 2016, 41838 Rn. 18) sowie bei Richtern die Anordnung zum Tragen einer Robe.

Im **Schulrecht** liegt ein VA gegenüber einem Schüler vor bei dessen Aufnahme, Entlassung (als Ordnungsmaßnahme), Überweisung (an eine andere Schule), Versetzung (in die nächsthöhere Klasse oder – als Straf- oder Ordnungsmaßnahme – in eine Parallelklasse), Zuweisung von einer Spezialklasse in eine Regelklasse (OVG Berlin-Brandenburg BeckRS 2022, 1722 Rn. 5), Ausschluss von einer Klassenfahrt (OVG Magdeburg BeckRS 2019, 8114 Rn. 4) oder der Feststellung des (Nicht)Vorliegens von Ausnahmen der Maskenpflicht (VGH Mannheim BeckRS 2021, 36858 Rn. 14) sowie bei der Anordnung von Disziplinarmaßnahmen. Ebenfalls VAe sind die landesweite Zulassung eines Schulbuchs und die Einführung bestimmter Schulbücher an einer einzelnen Schule. Nicht um VAe handelt sich dagegen bei internen Ordnungsmaßnahmen wie zB Auferlegung von Reinigungsarbeiten für selbst verursachte Unordnung oder Verschmutzungen, Ausschluss von einer freiwilligen Schulveranstaltung (OVG Lüneburg BeckRS 2020, 18042 Rn. 8 mit weiteren Beispielen), (zeitweiliger) Ausschluss eines störenden Schülers vom Unterricht, Eintrag ins Klassenbuch (OVG Berlin-Brandenburg BeckRS 2023, 36280 Rn. 2), Festlegung der Sitzordnung (VG Braunschweig NVwZ-RR 1989, 549), Festlegung von Haus- und Klassenarbeiten, hitzefrei. Kein VA ist die Weisung gegenüber einem Lehrer, die von ihm vorgenommene Bewertung einer Prüfungsleistung schulaufsichtlich überprüfen zu lassen (OVG Hamburg BeckRS 2014, 53497), ebenso wenig die Einrichtung von Klassen und die Zuteilung von Schülerinnen und Schülern zu bestimmten Klassen (OVG Lüneburg BeckRS 2017, 130888). Problematisch ist die Einordnung von Befreiungen, insbesondere gegen den Willen des Schülers (OVG Bautzen BeckRS 2024, 2857 Rn. 13). Ähnliche Maßstäbe gelten im **Hochschulrecht;** hier haben VA-Qualität neben der Begründung, Änderung oder Beendigung der Hochschulzugehörigkeit insbesondere Prüfungsentscheidungen und -zulassungen, einschließlich studienbegleitender, für die Zulassung bei zur Abschlussprüfung erforderlichen Leistungskontrollen (VGH Kassel NVwZ 1989, 890), sowie die Zulassung zu Veranstaltungen, wenn diese einem besonderen Zulassungsverfahren unterliegen. Ebenfalls VAe sind die Untersagung der Labornutzung gegenüber einem Professor sowie die Übertragung bisher von ihm durchgeführter Praktika (OVG Münster BeckRS 2013, 47757). Keine VAe sind Entscheidungen über die Mittelzuteilung oder die Einräumung bzw. Entziehung der Verfügungsbefugnis (OVG Koblenz BeckRS 2020, 7138 Rn. 82 – zu drittmittelfinanzierten Forschungsprojekten), curriculare Bestimmungen zu Lehrinhalten, die Festlegung von Klausurterminen und von Prüfungsinhalten. Der VA-Charakter wurde ebenfalls verneint für den das wissenschaftliche Fehlverhalten eines Beschäftigten feststellenden Abschlussbericht einer Hochschul-Untersuchungskommission (OVG Berlin-Brandenburg BeckRS 2012, 50174 = NVwZ 2012, 1491). 53

Im **Ausländerrecht** ist die Ausschreibung zur Festnahme in den Fahndungshilfsmitteln der Polizei kein VA (OVG Lüneburg BeckRS 2015, 41218; Ausschreibung im Schengener Informationssystem (SIS) und die Ausschreibung im polizeilichen Informationssystem (INPOL) VG Koblenz BeckRS 2007, 26608). 53a

VI. Formeller und fiktiver VA

54 Ein VA kann auch dann vorliegen, wenn die Voraussetzungen der Legaldefinition des S. 1 nicht erfüllt sind. Es ist allgemein anerkannt, dass es sich bei der Maßnahme einer Behörde, wenn sie vom Empfängerhorizont gesehen in der äußeren Form eines VA ergeht (zB mit der Bezeichnung als Bescheid oder Verfügung, mit Rechtsbehelfsbelehrung), um einen VA handelt, unabhängig davon, ob die Behörde zu einer Regelung durch VA befugt war oder nicht (sog. **formeller VA** oder **formaler VA;** → Rn. 21). Die Frage der VA-Befugnis betrifft mithin nicht die rechtliche Qualifizierung der Maßnahme, sondern ist eine Frage ihrer Rechtmäßigkeit.

55 Wo ein Gesetz ausnahmsweise ausdrücklich bestimmt, dass ein VA (idR eine Genehmigung) als erteilt gilt, wenn die Behörde nicht binnen einer bestimmten Frist (meist drei Monate) entschieden hat, kommt ein VA auch ohne Zutun der Behörde zustande (sog. **fiktiver** oder **fingierter VA**). Solche Regelungen enthalten zB §§ 6a GewO, 10 I 2 HwO, 81 III u. IV AufenthG, 36 II 2 BauGB (s. dazu BVerwG NVwZ 1997, 700 und 900; VGH München NVwZ-RR 2000, 84), 15 II 2 BImSchG, 12 V 2 GenTG, 8 Va S. 1 TierSchG.

VII. Allgemeinverfügung (S. 2)

56 Die **Allgemeinverfügung** iSv § 35 S. 2 ist ein Unterfall des VA und wird im Gesetz legaldefiniert. Das Gesetz unterscheidet zwischen personen- (Alt. 1) und sachbezogenen Allgemeinverfügungen und bei den sachbezogenen zwischen eigenschafts- (Alt. 2) und benutzungsbezogenen (Alt. 3).

57 Die **personenbezogene Allgemeinverfügung** ist ein VA, der sich an einen nach allgemeinen Merkmalen bestimmten oder bestimmbaren Personenkreis richtet. Bei diesem weiten Personenkreis besteht der Unterschied zur Rechtsnorm darin, dass nur ein (oder auch mehrere) konkreter Sachverhalt geregelt wird. Sie unterscheidet sich vom VA gem. S. 1 dadurch, dass die Allgemeinverfügung an eine Mehrheit von Personen adressiert ist, während der VA gem. S. 1 regelmäßig nur an eine Person ergeht. Sie unterscheidet sich vom Rechtssatz durch die Regelung eines konkreten Sachverhalts (uU auch mehrerer konkreter Sachverhalte) und durch den beschränkten Adressatenkreis (OVG Lüneburg BeckRS 2023, 9231 Rn. 51). Um eine personenbezogene Allgemeinverfügung handelt es sich auch bei einer versammlungsbeschränkenden Anordnung, wenn diese sich vor dem Hintergrund eines konkreten Ereignisses an alle Personen richtet, die sich zu einem bestimmten Zeitpunkt oder in einem bestimmten Zeitraum an einem bestimmten Ort versammeln wollen (VGH München BeckRS 2023, 24456 Rn. 36 ff.).

58 Die **eigenschaftsbezogene** (sachbezogene) **Allgemeinverfügung** regelt die öffentlich-rechtliche Eigenschaft einer Sache (zB Veränderungssperre, BVerwG BeckRS 2022, 12385 Rn. 18). Allein die Regelung des konkreten Sachverhalts in Form der öffentlich-rechtlichen Eigenschaft der betroffenen

Sache (zB Widmung oder Umbenennung von Straßen, Einstufung oder Umstufung von Straßen) rechtfertigt die Einordnung als VA (VGH München BeckRS 2023, 8762 Rn. 21, 29 – zum Erfordernis einer förmlichen Widmung als Voraussetzung für ein Entstehen von Beitragspflichten). Der adressierte Personenkreis kann völlig unbestimmt sein, denn Rechte und Pflichten für Einzelne folgen aus der Eigenschaftsregelung allenfalls mittelbar.

Die **benutzungsbezogene Allgemeinverfügung** betrifft die Benutzung einer Sache durch die Allgemeinheit. Das Gesetz verwendet nur allgemein den Begriff der Sache, so dass die Benutzungsregelung sich sowohl auf eine öffentliche wie eine nicht-öffentliche Sache beziehen kann. Die Regelung muss primär die Sachnutzung betreffen. Allgemeinverfügung in diesem Sinne sind vor allem Fahrbahnmarkierungen, Verkehrseinrichtungen (zB Ampeln) und Verkehrszeichen (BVerwGE 138, 21 = BeckRS 2010, 56021; SBS/U. Stelkens § 35 Rn. 330 ff.; zur Ausweisung von Umweltzonen OVG Lüneburg BeckRS 2011, 52138; zu den besonderen Anforderungen hinsichtlich der Erkennbarkeit, insb. zum Sichtbarkeitsgrundsatz und zur Bekanntgabe BVerwG NJW 2008, 2867), nicht aber bloße Hinweisschilder (OVG Magdeburg BeckRS 2012, 53362), Polleranlagen (OLG Naumburg BeckRS 2012, 15455) oder Bodenwellen etc. Weiter gehören hierher die sog. Anstalts- und Benutzungsordnungen (BeckOK VwVfG/von Alemann/Scheffczyk § 35 Rn. 267). Problematisch und von den Umständen des Einzelfalls abhängig ist häufig die Einordnung von Hausordnungen als Allgemeinverfügung, Verwaltungsvorschrift, Satzung oder Rechtsverordnung (VGH Mannheim BeckRS 2021, 17064 Rn. 32, der im konkreten Fall eine Rechtsform sui generis annimmt). 59

Auf die Allgemeinverfügung finden grundsätzlich die auch sonst für VAe geltenden Regelungen des Gesetzes Anwendung, soweit nicht etwas anderes bestimmt ist. Abweichende Regelungen für Allgemeinverfügungen sehen zB die Möglichkeit zum Absehen von der **Anhörung** in § 28 II Nr. 4 und zur öffentlichen **Bekanntgabe** in § 41 III 2 sowie die Entbehrlichkeit einer **Begründung** bei öffentlicher Bekanntgabe in § 39 II Nr. 5 vor. 60

VIII. Rechtsschutz

Ist Verfahrens- oder Streitgegenstand ein VA, hat dies weitreichende Auswirkungen auf die Art und Weise des **Rechtsschutzes** (→ Rn. 10). Begehrt der Bürger die Aufhebung oder den Erlass eines VA, so finden sich sowohl im VwVfG wie in der VwGO insoweit spezielle Regelungen: Im VwVfG betrifft dies die Vorschrift des § 80, die mit ihrer Regelung zur Erstattungsfähigkeit von Kosten im Vorverfahren im Ergebnis nur die Fälle einer späteren (möglichen) Anfechtungs- oder Verpflichtungsklage betrifft. 61

1. Anfechtungs- und Verpflichtungsklage

Außerhalb des VwVfG finden sich speziell VA-bezogene Regelungen insbesondere in der VwGO. Begehrt ein Kläger vor dem Verwaltungsgericht die 62

Aufhebung oder den Erlass eines VA, stellt ihm die VwGO hierfür mit der **Anfechtungs- und der Verpflichtungsklage** zwei besondere Klagearten zur Verfügung (§ 42 I VwGO). Für die **Zulässigkeit** beider Klagearten bestehen spezielle Voraussetzungen: Dies betrifft zum einen das Erfordernis einer besonderen, über das allgemeine Rechtsschutzbedürfnis hinausgehenden **Klagebefugnis** gem. § 42 II VwGO, zum anderen das vor Klageerhebung grundsätzlich durchzuführende **Vorverfahren** gem. §§ 68 ff. VwGO mit der Monatsfrist gem. § 70 VwGO und schließlich die Einhaltung der **Klagefrist** gem. § 74 VwGO (wiederum 1 Monat). Bei der jeweils 1 Monat betragenden Widerspruchs- und Klagefrist ist zu beachten, dass es sich in beiden Fällen um Rechtsbehelfsfristen handelt, die nur zu laufen beginnen, wenn die **Belehrung über den Rechtsbehelf** den Anforderungen des § 58 I VwGO vollinhaltlich genügt. Ist die Belehrung dagegen unterblieben oder fehlerhaft, beträgt die Rechtsbehelfsfrist 1 Jahr ab der Zustellung, Eröffnung oder Verkündung der Entscheidung (§ 58 II VwGO mit weiteren Ausnahmen; zum Beginn der Jahresfrist bei Verkehrszeichen BVerwGE 138, 21 = BeckRS 2010, 56021). Für die **Begründetheit** von Anfechtungs- und Verpflichtungsklage formuliert § 113 VwGO ebenfalls spezielle Anforderungen (in § 113 I VwGO für die Anfechtungsklage, in § 113 V VwGO für die Verpflichtungsklage). Im Rahmen der Prüfung der **formellen Rechtmäßigkeit** des angegriffenen oder begehrten VA kommt neben dem Erfordernis der **Zuständigkeit** der handelnden Behörde immer auch der Einhaltung der **Verfahrens**- (zB der Anhörung gem. § 28) und – trotz der grundsätzlichen Formfreiheit beim VA – der **Form**vorschriften (zB der allgemeinen Begründungspflicht gem. § 39 und der speziellen Begründungspflicht hinsichtlich des besonderen Interesses an der sofortigen Vollziehung des VA gem. § 80 III 1 VwGO) besondere Bedeutung zu. Bei § 28 wie bei § 39 sind insoweit auch stets die Ausnahmen in den II (und bei § 28: III) sowie die Möglichkeit der Nachholung gem. § 45 zu beachten. Bei der **materiellen Rechtmäßigkeit** geht es in der Anfechtungssituation um die Prüfung der Rechtmäßigkeit des angegriffenen VA, in der Verpflichtungssituation um die Prüfung des Bestehens eines Anspruchs auf Erlass des begehrten VA. In beiden Fällen muss der Kläger zusätzlich durch den rechtswidrigen VA in seinen Rechten verletzt sein (§ 113 I 1 VwGO). Die „bloße" objektive Rechtswidrigkeit des VA reicht nicht aus.

63 Darüber hinaus enthält § 113 VwGO eine Sonderregelung für die Situation, dass sich der VA vor der Entscheidung des Gerichts durch Zurücknahme oder anders erledigt hat und der Kläger gleichwohl ein berechtigtes Interesse an der Feststellung hat, dass der VA rechtswidrig war (in § 113 I 4 VwGO für den Sonderfall der **Fortsetzungsfeststellungsklage**).

63a Ausnahmsweise ist für den Fall, dass die Behörde bestreitet, einen VA erlassen zu haben, **Feststellungsklage** gem. § 43 VwGO zu erheben mit dem Begehren festzustellen, dass im konkreten Fall tatsächlich ein VA vorliegt (VGH Kassel BeckRS 2015, 47464 Rn. 20 f.).

2. Besonderheiten bei Anfechtungswiderspruch und Anfechtungsklage

a) Vorläufiger Rechtsschutz

Für die Anfechtungssituation hat auch der **vorläufige Rechtsschutz** in §§ 80 ff. VwGO eine besondere Ausgestaltung erfahren, insbesondere hinsichtlich des einem Rechtsbehelf hier grundsätzlich zukommenden **Suspensiveffekts.** 64

b) Eingeschränkte Überprüfbarkeit eines VA nach dessen Vollzug

Ebenfalls in der Anfechtungssituation bedarf die Entscheidung über die Erhebung eines Rechtsbehelfs vor dem Hintergrund der Rechtsprechung zur **eingeschränkten Überprüfbarkeit des VA nach dessen Vollzug** einer sorgfältigen Prüfung. Dies betrifft die Fälle, in denen ein rechtswidriger Grund-VA vor Eintritt der Bestandskraft vollzogen wird, der Betroffene wegen des zwischenzeitlichen Vollzugs auf die Einlegung eines Rechtsbehelfs verzichtet und die Verwaltung nach zwischenzeitlich eingetretener Bestandskraft des Grund-VA die Vollziehungskosten mittels Kostenbescheid beim Betroffenen erhebt. Hier stellt sich die Frage, ob der Betroffene die **Rechtswidrigkeit des Grund-VA** im Rechtsbehelf gegen den Kostenbescheid geltend machen kann. Unstreitig ist, dass ein (Grund-)VA schon vor Eintritt der Bestandskraft vollzogen werden kann und dass die Rechtmäßigkeit des Grund-VA nicht Voraussetzung für die Erhebung der Vollziehungskosten gegenüber dem Betroffenen ist. Bei dieser Ausgangslage hält das BVerwG eine Rechtmäßigkeitsprüfung des Grund-VA im Rahmen des gegen den Kostenbescheid angestrengten Anfechtungsverfahrens dennoch für ausgeschlossen (BVerwG NVwZ 2009, 122). Der Betroffene begibt sich danach seiner Rechtsschutzmöglichkeiten, wenn er auf die Einlegung des Rechtsbehelfs verzichtet (oder den Rechtsbehelf zurücknimmt) mit der Folge, dass er sich gegenüber dem resultierenden Rechtsverlust nicht auf das Gebot effektiven Rechtsschutzes berufen kann (BVerwG NVwZ 2009, 122 mAnm Enders NVwZ 2009, 958; s. auch Labrenz NVwZ 2010, 22, der für diese Fälle eine spezifische Rechtsbehelfsbelehrung vorschlägt, deren regelmäßiges Fehlen zur Jahresfrist gem. § 58 II VwGO führt). 65

c) Auf bestimmte Rechtsbeziehungen beschränkte VA-Qualität

Die Feststellung des Vorliegens eines (belastenden) VA berechtigt in der Regel zur Anfechtung und führt beim Widerspruch bzw. bei der Anfechtungsklage zum Vorliegen der Widerspruchs- bzw. Klagebefugnis gem. § 42 II VwGO in der Person des Adressaten des VA (sog. Adressatentheorie). Besonderheiten ergeben sich hier jedoch mit Blick auf folgende Konstellationen: 66

Handelt es sich um einen **VA mit Doppelnatur** → Rn. 28), ist die Maßnahme der Aufsichtsbehörde im Zusammenhang mit der Normsetzung einer Selbstverwaltungskörperschaft nur gegenüber dieser ein VA, nicht aber gegenüber Dritten (zB die Entscheidung über die Genehmigung einer Satzung oder 67 der Erlass einer Satzung im Wege der Ersatzvornahme; vgl. BVerwG NVwZ-RR 1993, 513 (514); OVG Bremen NVwZ-RR 2001, 378 (380); s. auch WBSK I/Stober § 45 Rn. 66 ff.). Nur die Selbstverwaltungskörperschaft ist insoweit widerspruchs- und klagebefugt, nicht aber der Dritte.

68 Besitzen organschaftliche Maßnahme (→ Rn. 47) oder Maßnahmen zwischen mehreren Behörden (→ Rn. 48) im konkreten Einzelfall VA-Qualität, gilt dies regelmäßig nur in Bezug auf das Organ bzw. die Behörde, die auch Adressat des VA ist. Dagegen fehlt die VA-Eigenschaft der Maßnahme regelmäßig **im Verhältnis zum betroffenen Bürger.** Als Folge hieraus besitzt der Bürger gegen derartige Maßnahme keine Rechtsschutzmöglichkeit, sondern nur gegen die spätere, das Verwaltungsverfahren abschließende und regelmäßig auch an ihn adressierte Entscheidung (kein VA im Verhältnis zum Bauherrn sind die Ersetzung des gemeindlichen Einvernehmens gem. § 36 II 3 BauGB – VGH Kassel NVwZ-RR 2009, 750; die Zustimmung der höheren Verwaltungsbehörde gem. § 36 I 4 BauGB; die Beanstandung von Ratsbeschlüssen – VGH Kassel NVwZ-RR 1996, 409). Erst recht fehlt es an der VA-Qualität im Verhältnis zum Bürger bei solchen Maßnahmen innerhalb des Verwaltungsverfahrens, die schon gegenüber der anderen Behörde kein VA sind (zB das gemeindliche Einvernehmen gem. § 36 I 1–3 BauGB; s. aber zur Möglichkeit von Amtshaftungsansprüchen bei einer pflichtwidrigen Versagung des Einvernehmens BGH NVwZ 2006, 117).

3. Allgemeinverfügung

69 **Allgemeinverfügungen** können (und müssen) aufgrund ihrer Rechtsnatur als VAe mit Widerspruch und **Anfechtungsklage** angegriffen werden. Ist die Allgemeinverfügung teilbar, treten die Wirkungen und Folgen von Widerspruch und Anfechtung insoweit nur im Verhältnis von Widerspruchsführer bzw. Kläger und Behörde ein (sog. **relative Wirkung;** OVG Lüneburg NVwZ-RR 2005, 93). Das gilt insbesondere für den Suspensiveffekt gem. § 80 I VwGO. Eine Ausnahme bilden solche Allgemeinverfügungen, die ihrem Wesen nach nicht teilbar sind (zB Verkehrsschilder); da sie nur allgemein gelten können, kann auch ihre Wirksamkeit nur allgemein (und nur für die Zukunft) entfallen (sog. absolute Wirkung; KR/Ramsauer § 35 Rn. 161). Im Rahmen der Widerspruchs- und Klagebefugnis gem. § 42 II VwGO reicht es aus, dass der Widerspruchsführer bzw. Kläger mit der Allgemeinverfügung bereits konfrontiert war; eine qualifizierte (dh regelmäßige und nachhaltige) Betroffenheit ist nicht erforderlich (BVerwG DÖV 2004, 166). Die Widerspruchs- und Klagefrist beträgt hier regelmäßig ein Jahr (§ 58 II VwGO, zB bei Verkehrsschildern ab der Aufstellung, VGH Kassel NJW 1999, 2057 – auch zur Ausnahme bei Zweckänderung).

70 Begehrt ein Bürger mittels **Verpflichtungsklage** den Erlass eines VA in Form einer Allgemeinverfügung (zB Anspruch auf ein Verbot des LKW-Durchgangsverkehrs im innerstädtischen Bereich BVerwG NVwZ 2007, 695 und 1425), kann die Klage nur Erfolg haben, wenn der Klageanspruch nur durch Erlass einer Allgemeinverfügung befriedigt werden kann. Das ist nur dann der Fall, wenn der VA unteilbar ist (→ Rn. 56).

§ 35a Vollständig automatisierter Erlass eines Verwaltungsaktes

Ein Verwaltungsakt kann vollständig durch automatische Einrichtungen erlassen werden, sofern dies durch Rechtsvorschrift zugelassen ist und weder ein Ermessen noch ein Beurteilungsspielraum besteht.

I. Bedeutung

1 Der zum 1.1.2017 eingefügte § 35a trägt dem Umstand Rechnung, dass die Digitalisierung den **vollständig automatisierten Erlass** von Verwaltungsakten technisch möglich macht und der Gesetzgeber dies für rechtlich vertretbar erachtet. Die Vorschrift stellt klar, dass es sich auch hierbei um Verwaltungsakte handelt und die Vorschriften über Verwaltungsakte anwendbar sind. Denn im Unterschied zum VA-Verständnis in § 35 fehlt es beim Einsatz vollautomatischer Systeme an der Willensbetätigung eines Menschen im jeweiligen Einzelfall, diese wird vielmehr bei der Programmierung des Systems gleichsam vorweggenommen. Das Erfordernis der besonderen Zulassung durch Rechtsvorschrift soll sicherstellen, dass nur geeignete Verfahren für eine vollständig automatisierte Bearbeitung zugelassen werden. Es dient der Wahrung der Einheitlichkeit des Verwaltungsverfahrens und der Sicherung der Verfahrensrechte der Beteiligten im Rahmen der Automatisierung (Beirat Verwaltungsverfahrensrecht beim BMI, NVwZ 2015, 1114). Selbst bei fortschreitender Technik kommt der vollautomatische Erlass von Verwaltungsakten aber nur dort in Betracht, wo das anzuwendende materielle Recht nach Subsumtion des jeweiligen Sachverhalts eine Entscheidung ohne Ausübung von Ermessen und keine Beurteilungsspielräume vorsieht. Die Ausübung von Ermessen oder die Ausfüllung eines Beurteilungsspielraums setzen zwingend eine menschliche Willensbetätigung voraus (**Begrenzungsfunktion;** BT-Drs. 18/8434, S. 122).

II. Voraussetzungen

1. Vollständiger Erlass durch automatisierte Einrichtungen

2 § 35a regelt allein den vollständig durch **automatisierte Einrichtungen** erlassenen VA. Die Norm erfasst mithin nicht den lediglich „mit Hilfe automatischer Einrichtungen" erlassenen VA iSv §§ 28 II Nr. 4, 37 V, 39 II Nr. 3. Eine vollständig automatisierte Einrichtung liegt vor, wenn nach Eingabe bestimmter Rohdaten die Einrichtung selbständige Rechenoperationen durchführt, aus denen am Ende ein VA entsteht. Die Komplexität der Einrichtung und der technische Aufwand sind dabei nicht entscheidend. Am Erfordernis selbständiger Rechenoperationen fehlt es bei der bloßen Verwendung von Textbausteinen oder dem Erstellen von Fotokopien (SBS/U. Stelkens § 35a Rn. 17). Die allgemeine Formulierung erfasst neben bereits bestehenden technischen Lösungen (zB Rechenzentren, Arbeitsplatz-PCs) auch zukünftige Entwicklungen.

3 Fraglich ist, ob ein vollständig automatisierter Erlass die **elektronische Erstellung** und die elektronische Bekanntgabe erfordert oder auch bei Erfüllung nur eines Erlass-Merkmals vorliegt. Denn das Resultat eines vollständig automatisierten Erlassvorgangs kann ein schriftlicher (ausgedruckter), elektronischer oder in sonstiger Weise erstellter VA sein (§ 37 II). Schon die lediglich vollautomatisierte Erstellung des VA fällt in den Anwendungsbereich des § 35a, ohne dass es darauf ankommt, ob der VA auch elektronisch bekannt gegeben wurde. Nur so kann die Norm ihre Begrenzungsfunktion (Rn. 1) wirksam entfalten. Die bloße elektronische Übermittlung eines nicht vollautomatisiert erstellten VA reicht in keinem Fall aus.

2. Zulassung durch Rechtsvorschrift

4 Die Einführung vollständig durch automatisierte Einrichtungen erlassener VAe ist nur zulässig, wo dies **durch Rechtsvorschrift zugelassen** ist. Dieser Gesetzesvorbehalt soll die Sicherstellung der Verfahrensrechte der Beteiligten gewährleisten (näher Beirat Verwaltungsverfahrensrecht beim BMI, NVwZ 2015, 1114). Umstritten ist, ob insoweit neben Gesetzen und Rechtsverordnungen auch Satzungen ausreichen können (bejahend KR/Ramsauer § 35a Rn. 12; differenzierend BeckOK VwVfG/Prell § 35a Rn. 11). Bislang haben nicht alle Länder in ihren VwVfGen die Regelung übernommen. Soweit keine fachspezifischen Normen zum Einsatz kommen (zB § 10a RBStV), wird argumentiert, die grundsätzliche Zulässigkeit der automatischen Bescheiderstellung ergebe sich aus dem Rechtsgedanken des § 37 V 1 VwVfG des jeweiligen Landes, der insoweit keine Zulassung durch Rechtsvorschrift verlangt (VGH München BeckRS 2021, 1724 Rn. 9; VGH Mannheim BeckRS 2020, 34556 Rn. 13).

3. Weder Ermessen noch Beurteilungsspielraum

5 Ausgeschlossen ist der vollständig automatisierte VA-Erlass dort, wo der Behörde ein **Ermessen** oder ein **Beurteilungsspielraum** eingeräumt ist. Der Anwendungsbereich des § 35a ist damit von vornherein auf den Bereich der sog. gebundenen Entscheidungen beschränkt. Denn im Unterschied zu gebundenen Entscheidungen bedarf es in den Fällen des Ermessens und des Beurteilungsspielraums einer individuellen menschlichen Willensbetätigung in Gestalt eines Abwägungsvorgangs, der einer Automatisierung nicht zugänglich ist. Andererseits ließe sich für den Sonderfall der **Ermessenreduzierung auf null** – zumindest theoretisch – die Zulässigkeit eines vollständig durch automatisierte Einrichtungen erlassenen VA argumentieren. Dagegen spricht jedoch, dass die Feststellung des Vorliegens einer solchen Ermessensreduzierung auf null ihrerseits regelmäßig eine individuelle menschliche Willensbetätigung erfordern wird.

6 Besonders hinzuweisen ist in diesem Zusammenhang noch auf folgende Aspekte: Der Gesetzgeber kann sich als **Fachgesetzgeber** aufgrund der Subsidiarität des VwVfG theoretisch dort über diese Automatisierungsbeschränkung hinwegsetzen. Für die Verwaltung ist zu beachten, dass selbst dort, wo der Erlass eines VA als gebundene Entscheidung vollständig automatisiert

erfolgen kann, dessen Aufhebung in Gestalt der **Rücknahme** gem. § 48 oder des **Widerrufs** gem. § 49 als Ermessensentscheidung regelmäßig nicht automatisiert erfolgen darf.

§ 36 Nebenbestimmungen zum Verwaltungsakt

(1) Ein Verwaltungsakt, auf den ein Anspruch besteht, darf mit einer Nebenbestimmung nur versehen werden, wenn sie durch Rechtsvorschrift zugelassen ist oder wenn sie sicherstellen soll, dass die gesetzlichen Voraussetzungen des Verwaltungsaktes erfüllt werden.

(2) Unbeschadet des Absatzes 1 darf ein Verwaltungsakt nach pflichtgemäßem Ermessen erlassen werden mit

1. einer Bestimmung, nach der eine Vergünstigung oder Belastung zu einem bestimmten Zeitpunkt beginnt, endet oder für einen bestimmten Zeitraum gilt (Befristung);

2. einer Bestimmung, nach der der Eintritt oder der Wegfall einer Vergünstigung oder einer Belastung von dem ungewissen Eintritt eines zukünftigen Ereignisses abhängt (Bedingung);

3. einem Vorbehalt des Widerrufs

oder verbunden werden mit

4. einer Bestimmung, durch die dem Begünstigten ein Tun, Dulden oder Unterlassen vorgeschrieben wird (Auflage);

5. einem Vorbehalt der nachträglichen Aufnahme, Änderung oder Ergänzung einer Auflage.

(3) Eine Nebenbestimmung darf dem Zweck des Verwaltungsaktes nicht zuwiderlaufen.

Übersicht

	Rn.
I. Bedeutung	1
II. Begriff und Abgrenzung	2
III. Arten von Nebenbestimmungen	6
1. Befristung	7
2. Bedingung	11
3. Widerrufsvorbehalt	13
4. Auflage	16
5. Auflagenvorbehalt	19
IV. Zulässigkeit von Nebenbestimmungen	20
1. Ermächtigungsgrundlage	20
2. Systematik	22
3. Bestehen eines Anspruchs auf den VA (I)	23
a) Zulassung durch Rechtsvorschrift	25
b) Sicherstellung der Erfüllung der gesetzlichen Voraussetzungen	27
c) Ermessensentscheidung	29
4. VA im pflichtgemäßen Ermessen (II)	30
5. Verbot zweckwidriger Nebenbestimmungen (III)	31
V. Rechtsschutz	32

I. Bedeutung

1 Die Vorschrift regelt die Zulässigkeit von **Nebenbestimmungen** zum VA. Während § 36 I die Voraussetzungen für Nebenbestimmungen zu solchen VAen normiert, auf die ein Anspruch besteht, betrifft § 36 II die übrigen Fälle und enthält zudem **Legaldefinitionen** der häufigsten Arten von Nebenbestimmungen. § 36 gilt unmittelbar nur im Anwendungsbereich des Gesetzes und nur für VAe iSv § 35 (einschließlich formeller und fiktiver VAe; vgl. → § 35 Rn. 54 f.). Fachgesetzliche Regelungen gehen aufgrund ihrer Spezialität vor. Dabei können Fachgesetze besondere Anforderungen statuieren, aber auch Nebenbestimmungen (ganz oder teilweise) ausschließen oder sie auch über § 36 hinauszulassen, insbesondere auch ihre nachträgliche Beifügung. Als Ausdruck allgemeiner Rechtsgrundsätze ist § 36 darüber hinaus überall dort anwendbar, wo ausdrückliche Regelungen fehlen oder unvollständig sind und die dortigen Bestimmungen nicht abschließend sind.

II. Begriff und Abgrenzung

2 Der Begriff der **Nebenbestimmung** ist in § 36 selbst nicht definiert, sondern nur die wichtigsten Arten von Nebenbestimmungen. Allerdings ergibt sich aus dem Gesetz, dass eine Nebenbestimmung nur im Zusammenhang mit einem VA ergehen kann (sog. **Akzessorietät**) und den Inhalt des VA selbst nicht berührt. Da der VA mit der Nebenbestimmung zu versehen ist, kann diese auch zeitlich grundsätzlich nur mit dem VA zusammen ergehen, mithin nicht nachträglich hinzugefügt werden (Ausnahme: beim Auflagenvorbehalt, → Rn. 19, und dort, wo das Fachrecht die nachträgliche Beifügung ausdrücklich gestattet, zB §§ 33a I 3, 33d I 2, 33i I 2, 34 I 2, 34a I 2, 34b III, 34c I 2, 34d I 2, 34e I 2 GewO für die dort genannten Arten von Nebenbestimmungen). Als Folge der Akzessorietät teilt die Nebenbestimmung das Schicksal des VA (gilt nicht umgekehrt!). Die Nebenbestimmung stellt eine Zusatzregelung zum VA dar. An einem solchen Zusatz fehlt es, wo das Gesetz selbst dem VA Rechtswirkungen beilegt oder zwingend den Erlass eines VA nur in einer Ausgestaltung zulässt, die normalerweise eine Nebenbestimmung darstellen würde (zB § 75 IV; §§ 18 I BImSchG, 49 II GewO). Ebenfalls keine Nebenbestimmung ist eine **Inhaltsbestimmung,** die den Gegenstand und/oder die Grenzen des VA festschreibt (OVG Magdeburg BeckRS 2023, 9899 Rn. 6; OVG Berlin-Brandenburg BeckRS 2021, 12251 Rn. 21).

3 **Keine Nebenbestimmung** iSv § 36 ist entgegen ihrer missverständlichen Bezeichnung die **modifizierende Auflage,** denn sie verändert den Inhalt des VA. Hierzu zählen die Konstellationen, wo der VA (idR eine Genehmigung) mit einem anderen als dem beantragten Inhalt erlassen wird. Im Ergebnis liegen hierin die Ablehnung des beantragten und der Erlass eines so nicht beantragten VA. Als Konsequenz dieser inhaltlichen Änderung des VA kann nur der VA insgesamt angefochten werden. Ebenfalls keine Nebenbestimmung ist eine **selbständige Auflage,** welche die Verwaltung kraft ausdrück-

licher gesetzlicher Ermächtigung ohne einen (Grund-)VA erlassen kann (zB § 15 I VersG, der die Möglichkeit zum Erlass von Auflagen für im Übrigen genehmigungsfreie öffentliche Versammlungen unter freiem Himmel und Aufzüge; dazu OVG Bautzen NVwZ-RR 2002, 435).

Ergeht ein VA als einstweilige Regelung und unter dem Vorbehalt des ihn 4
bestätigenden endgültigen VA, spricht man von einem **vorläufigen VA.** Solche vorläufigen Entscheidungen sind teilweise gesetzlich vorgesehen (zB §§ 8a II BImSchG, 11 I 1 GastG, 37 I KrWG, 17 I WHG), im Übrigen nur zulässig, wenn sie keine belastende Wirkung entfalten (KR/Ramsauer §§ 9 Rn. 18, 36 Rn. 18). Bereits aus seiner Natur folgt der Interim-Charakter des vorläufigen VA mit der Folge, dass er mit Erlass der Endentscheidung automatisch in Wegfall kommt.

Aus dem Erfordernis einer in der Nebenbestimmung enthaltenen Zusatz- 5
regelung folgt, dass **Erläuterungen** und **Hinweise** mangels Regelungsgehalt keine Nebenbestimmungen sein können. Das gilt insbesondere auch für Hinweise auf die ohnehin bestehende Rechtslage sowie für Hinweise auf die sich aus dem VA ergebenden Rechtsfolgen, namentlich die durch ihn begründeten Rechte und Pflichten des Adressaten, und zwar auch dann, wenn diese Hinweise notwendig sind (zur Abgrenzung von Nebenbestimmungen gegenüber Erläuterungen und Hinweisen s. OVG Münster NVwZ-RR 2006, 86 (87)).

III. Arten von Nebenbestimmungen

§ 36 II enthält ua **Legaldefinitionen** zu fünf Arten von Nebenbestimmun- 6
gen. Die Aufzählung ist zwar nach allgemeiner Auffassung nicht abschließend, allerdings lassen sich bislang in der Praxis nahezu alle Nebenbestimmungen, sofern es sich denn tatsächlich um solche handelt, einer der Ziffern 1 bis 5 zuordnen (aA BeckOK VwVfG/Tiedemann § 36 Rn. 74 ff., der zusätzlich die Zweckbestimmung, den Vorbehalt nachträglicher Befristung oder Bedingung, die Sicherheitsleistung sowie Erlaubnis- und Freigabevorbehalte identifiziert; s. auch BVerwG NVwZ 2010, 643 = BeckRS 2010, 45411 zum vorläufigen VA und zum Vorbehalt späterer endgültiger Entscheidung). Die Zuordnung erfolgt durch Auslegung, wobei der von der Verwaltung gewählten Bezeichnung nur indizielle Wirkung zukommt. Entscheidend ist der objektive Sinngehalt der Regelung (OVG Münster BeckRS 2016, 45649 Rn. 30). Verbleiben mehrere Zuordnungsmöglichkeiten, ist die den Bürger am wenigsten belastende Nebenbestimmungsart anzunehmen (KR/Ramsauer § 36 Rn. 14). Das Ausländerrecht kennt zudem den Begriff der Nebenbestimmungen im weiteren Sinne, die keine Nebenbestimmungen iSv § 36 darstellen (OVG Münster BeckRS 2020, 17904 Rn. 3; VGH Mannheim BeckRS 2018, 18491 Rn. 24; Bünte/Knödler NVwZ 2010, 1328 ff.).

1. Befristung

7 Eine **Befristung** ist gem. § 36 II Nr. 1 eine Bestimmung, nach der eine Vergünstigung oder Belastung zu einem bestimmten Zeitpunkt beginnt, endet oder für einen bestimmten Zeitraum gilt. Es sind also entweder der **Anfangs-** oder der **Endzeitpunkt** oder beide Zeitpunkte festgelegt. Nicht erforderlich ist die Angabe eines konkreten kalendarischen Datums, ausreichend ist vielmehr die Bestimmbarkeit des Zeitpunkts anhand feststehender Kriterien (zB ein datumsmäßig wechselnder Feiertag) oder eines **sicher eintretenden zukünftigen Ereignisses;** ist das Ereignis unsicher, handelt es sich um eine Bedingung (→ Rn. 11 f.).

8 Das Instrument der Befristung versetzt die Verwaltung in die Lage, eine zeitlich begrenzte Regelung zu treffen. Insbesondere kann sie einen VA trotz Unsicherheit über die weitere **Entwicklung der Sach- oder Rechtslage** erlassen, indem sie seine Wirksamkeit von vornherein beschränkt und sich so die Möglichkeit offenhält, auf Veränderungen zu reagieren. Nach Eintritt des Endzeitpunkts kann die Behörde den VA mit identischem Inhalt erneut befristet oder unbefristet erlassen, einen inhaltlich abweichenden VA erlassen oder auch vom Erlass eines weiteren VA absehen. Erlässt die Behörde mehrfach hintereinander einen VA mit identischem Inhalt, spricht man von einem **Ketten-VA.**

9 Die **nachträgliche Verlängerung** des Endzeitpunkts während des Fristlaufs mittels Erlass eines neuen VA ist möglich, die **nachträgliche Verkürzung** und ebenso die **nachträgliche Beifügung** einer Bedingung dagegen nur im Fall einer spezialgesetzlichen Ermächtigung oder unter den Voraussetzungen der §§ 48 ff.

10 Streng zu trennen sind die **Wirksamkeit** des VA und die Rechtswirkungen der Befristung. Auch ein mit einer Befristung versehener VA wird nach den allgemeinen Regeln mit der Bekanntgabe an den Betroffenen diesem gegenüber wirksam (**äußere Rechtswirksamkeit,** § 43 I). Hiervon zu unterscheiden ist die Frage, ab welchem (Anfangs-) Zeitpunkt bzw. bis zu welchem (End-) Zeitpunkt der VA die Rechtslage mittels der in ihm enthaltenen Regelung konstitutiv gestaltet **(innere Rechtswirksamkeit).**

2. Bedingung

11 Um eine **Bedingung** handelt es sich gem. § 36 II Nr. 2 bei einer Bestimmung, nach der der Eintritt oder der Wegfall einer Vergünstigung oder einer Belastung von dem ungewissen Eintritt eines zukünftigen Ereignisses abhängt. Ein solches Ereignis kann allein ein tatsächlicher, sinnlich wahrnehmbarer und dem Beweise zugänglicher Vorgang sein, nicht hingegen rein gedankliche Vorstellungen oder einer Wertung bedürfende Feststellungen (BVerwG BeckRS 2019, 4500 Rn. 17; OVG Münster BeckRS 2023, 35097 Rn. 25; BeckRS 2020, 15883 Rn. 43, 59 – auch zur Möglichkeit einer Umdeutung). Eine rechtliche Bewertung scheidet aus (BVerwG BeckRS 2017, 124194 Rn. 5). Entscheidend und der wesentliche Unterschied zur Befristung ist die Ungewissheit des Ereigniseintritts. Das Ereignis kann die Wirkungen des VA

erst eintreten (aufschiebende Bedingung oder Suspensivbedingung) oder wieder wegfallen lassen (auflösende Bedingung oder Resolutivbedingung; vgl. zB OVG Greifswald NJOZ 2004, 4379). Eine Bedingung liegt auch vor, wenn der Eintritt des Ereignisses vom Willen eines Beteiligten abhängt (sog. Potestativbedingung).

Hinsichtlich der **Wirksamkeit** des VA und der Rechtswirkungen der Bedingung gilt das zur Befristung Gesagte entsprechend (→ Rn. 10). Verhindert ein Beteiligter treuwidrig den Bedingungseintritt oder führt er ihn treuwidrig herbei, gilt § 162 BGB entsprechend (BVerwGE 156, 159; aA SBS/U. Stelkens § 36 Rn. 77 für den Fall, dass die Bedingung aufgrund von § 36 I Alt. 2 erlassen wurde; BeckOK VwVfG/Tiedemann § 36 Rn. 49, der dem Betroffenen nur Schadenersatz aus Amtshaftung zubilligen will). 12

3. Widerrufsvorbehalt

Eine Nebenbestimmung stellt gem. § 36 II Nr. 3 auch der **Vorbehalt des Widerrufs** dar. Die Vorschrift erfasst allein die Fälle, in denen erst die Aufnahme des Vorbehalts im VA es der Behörde ermöglicht, den VA nachträglich durch entsprechende Erklärung zu beseitigen (sog. **konstitutiver Widerrufsvorbehalt;** vgl. § 49 II Nr. 1 Alt. 2). Sie gilt nicht für Fälle, in denen die Behörde kraft Gesetzes zu einem Widerruf befugt ist (deklaratorischer Widerrufsvorbehalt, vgl. § 49 II Nr. 1 Alt. 1), selbst wenn die Behörde hierauf im VA hinweist. Modifiziert die Behörde die gesetzlichen Voraussetzungen des Widerrufs, wird aus einem eigentlich deklaratorischen ein konstitutiver Widerrufsvorbehalt (BVerwGE 95, 224). Soll der Widerrufsvorbehalt dem VA nachträglich beigefügt werden, liegt hierin eine zumindest teilweise Aufhebung des ursprünglichen VA, deren Zulässigkeit anhand der §§ 48 f. zu beurteilen ist (VGH Mannheim NVwZ-RR 2008, 751). 13

Das rechtsstaatliche **Bestimmtheitsgebot** erfordert, dass der Widerrufsvorbehalt als solcher für den Adressaten eindeutig erkennbar sein muss. Mögliche Widerrufsgründe müssen dagegen nicht konkret im Einzelnen ausformuliert sein. Hat die Behörde sie konkret benannt, ist der Widerruf nur noch aus diesen Gründen möglich. Im Übrigen hat sich der Widerruf an dem zu widerrufenden VA zu orientieren und ist auf ihn beschränkt. Bestehen Zweifel an der Bestimmtheit des Widerrufsvorbehalts und handelt es sich um einen VA, der eine einmalige oder laufende Geldleistung oder teilbare Sachleistung gewährt oder hierfür Voraussetzung ist, lässt sich die Möglichkeit zum Widerruf unabhängig von der Wirksamkeit des Widerrufsvorbehalts uU aus § 49 III Nr. 1 begründen. Denn dort ist ein Widerruf des VA gestattet, wenn die Leistung nicht für den im VA bestimmten Zweck verwendet wird. 14

Der Widerruf selbst ist ein VA und erfolgt gem. § 49 II Nr. 1 Alt. 2 grundsätzlich nur für die Zukunft (zum Widerruf auch für die Vergangenheit s. § 49 III). Die Zulässigkeit des Widerrufs setzt nicht voraus, dass der Widerrufsvorbehalt selbst seinerzeit dem Haupt-VA rechtmäßig beigefügt wurde. Es reicht aus, wenn der Haupt-VA mit dem Vorbehalt bestandskräftig geworden ist. Eine etwaige Rechtswidrigkeit des Vorbehalts ist allerdings im Rahmen der Ermessensausübung gem. § 49 II VwVfG zu berücksichtigen (BVerwG 15

NVwZ 1987, 498; KR/Ramsauer § 49 Rn. 28; aA Knack/Hennecke/Meyer § 49 Rn. 43).

4. Auflage

16 Eine **Auflage** ist gem. § 36 II Nr. 4 eine Bestimmung, durch die dem Begünstigten ein Tun, Dulden oder Unterlassen vorgeschrieben wird (BVerwG NVwZ 1982, 191; zum Begriff des Begünstigten s. auch BVerwG BeckRS 2007, 27685). Die Auflage ist nach dem Wortlaut nur bei einem begünstigenden VA zulässig. Sie tritt zu dem begünstigenden Haupt-VA als zusätzlicher, selbständiger und für sich durchsetzbarer (Auflagen-)**VA** hinzu (OVG Schleswig BeckRS 2021, 28795 Rn. 74), der aber in seinem Bestand vom Bestand des Haupt-VA abhängt (sog. Akzessorietät). Umgekehrt ist der Bestand der Auflagen-VA nicht Wirksamkeitsvoraussetzung des Haupt-VA.

17 Um keine Auflage im Sinne dieser Vorschrift handelt es sich bei der **modifizierenden Auflage,** denn sie verändert den Inhalt des Haupt-VA mit der Folge, dass es ihr an der erforderlichen Selbständigkeit fehlt (→ Rn. 3; BVerwG NVwZ-RR 1994, 9).

18 Die Selbständigkeit der Auflage und ihre daraus resultierende isolierte Anfechtbarkeit (→ Rn. 32) unterscheidet sie von den anderen Nebenbestimmungen und erfordert in der Praxis insbesondere eine **Abgrenzung gegenüber der Bedingung.** Als Faustformel gilt, dass die Auflage zwingt, aber nicht suspendiert, die Bedingung suspendiert, aber nicht zwingt (WBSK I/Stober § 47 Rn. 13). Die Erfüllung bzw. Nichterfüllung der Auflage berührt mithin nicht die Wirksamkeit des Haupt-VA, der Eintritt bzw. Nichteintritt der Bedingung führt dagegen zur Wirksamkeit bzw. Unwirksamkeit des – einheitlichen – VA. Entscheidend ist der objektive Sinngehalt der Regelung: Soll die Nichtbeachtung bzw. der Nichteintritt der Nebenbestimmung den (Haupt)VA unwirksam machen, liegt eine Bedingung vor, sonst eine Auflage. Im Zweifel handelt es sich um eine Auflage, da sie den Betroffenen weniger stark belastet (BVerwG DVBl. 1988, 299).

5. Auflagenvorbehalt

19 Als Auflagenvorbehalt beschreibt § 36 II Nr. 5 einen Vorbehalt der nachträglichen Aufnahme, Änderung oder Ergänzung einer Auflage. Die Behörde behält sich in diesem Fall die Möglichkeit der nachträglichen Änderung des VA vor. Der Auflagenvorbehalt versetzt die Behörde in die Lage, eine bereits im VA enthaltene Auflage zu ändern oder zu ergänzen, aber auch, eine neue und zusätzliche Auflage zu erlassen. Die Aufnahme des Vorbehalts im VA hindert den Vertrauensschutz des Betroffenen und beschränkt von vornherein die Bestandskraft. Bezüglich der Anforderungen an die Bestimmtheit des Auflagenvorbehalts gilt das zum Widerrufsvorbehalt Gesagte entsprechend (→ Rn. 13 ff.). Macht die Behörde später von dem Auflagenvorbehalt Gebrauch, liegt hierin – rechtstechnisch – (ein Teil-) Widerruf des VA.

IV. Zulässigkeit von Nebenbestimmungen

1. Ermächtigungsgrundlage

Ob § 36 eine eigenständige **Ermächtigungsgrundlage** bildet (BeckOK VwVfG/Tiedemann § 36 Rn. 7; wohl Ziekow § 36 Rn. 16) oder die Vorschrift das Bestehen einer Ermächtigungsgrundlage voraussetzt (so wohl KR/Ramsauer § 36 Rn. 47), ist umstritten. Im Ergebnis besteht jedoch weitestgehend Einigkeit, dass im Geltungsbereich vom Vorbehalt des Gesetzes die Ermächtigungsgrundlage zum Erlass eines VA als „minus" auch den Erlass eines VA mit Nebenbestimmungen umfasst. Enthält diese Ermächtigungsgrundlage eigene Regelungen zu Nebenbestimmungen, gehen diese aufgrund ihrer Spezialität vor. Ob § 36 ggf. ergänzend anwendbar oder die fachgesetzliche Regelung abschließend ist, ist durch Auslegung zu ermitteln. Dabei ist zu beachten, dass den Fachgesetzen teilweise ein abweichendes Begriffsverständnis eigen ist (BVerwG BayVBl. 2000, 537 zu § 59 V BBesG). Außerhalb des Gesetzesvorbehalts (dh im Bereich der Leistungsverwaltung) steht jeder VA grundsätzlich im Ermessen der Behörde. Die pflichtgemäße Ermessensausübung umfasst auch die Entscheidung, ob ein VA mit einer Nebenbestimmung zu versehen ist. 20

In **zeitlicher** Hinsicht kann die Nebenbestimmung grundsätzlich nur zusammen mit dem Haupt-VA ergehen (systematische Ausnahme: der Auflagenvorbehalt). Allein wo die Fachgesetze die nachträgliche Beifügung einer Nebenbestimmung ausdrücklich gestatten, ist sie zulässig. 21

2. Systematik

Die Vorschrift differenziert hinsichtlich der Zulässigkeit und der Voraussetzungen für die Beifügung von Nebenbestimmungen danach, ob ein Anspruch auf den (Haupt-)VA besteht (§ 36 I) oder nicht (§ 36 II). In keinem Fall darf eine Nebenbestimmung dem Zweck des VA zuwiderlaufen (§ 36 III). 22

3. Bestehen eines Anspruchs auf den VA (I)

Besteht ein Anspruch auf den VA, darf dieser nur mit einer Nebenbestimmung versehen werden, wenn sie durch Rechtsvorschrift zugelassen ist (§ 36 I Alt. 1) oder wenn sie sicherstellen soll, dass die gesetzlichen Voraussetzungen des VA erfüllt werden (§ 36 I Alt. 2). Die Regelung in § 36 I erfasst nur VAe, auf die ein Anspruch besteht. Dies sind zunächst **gebundene VAe,** aber auch Ermessensentscheidungen im Fall einer **Ermessensreduzierung auf Null** (→ § 40 Rn. 23) sowie sonstige Ermessensentscheidungen (vgl. den Wortlaut des § 36 II: „Unbeschadet des Abs. 1"; KR/Ramsauer § 36 Rn. 44). 23

Die Behörde muss die Voraussetzungen und Anforderungen des § 36 I stets und zwingend beachten, so auch in den Fällen, wo der Betroffene darauf verzichtet (OVG Lüneburg NJW 1978, 2260) oder einer von der Behörde beabsichtigten Nebenbestimmung zustimmt (KR/Ramsauer § 36 Rn. 43). 24

a) Zulassung durch Rechtsvorschrift

25 In der Alt. 1 ist die Beifügung einer Nebenbestimmung zu einem gebundenen VA möglich, wenn dies **durch Rechtsvorschrift zugelassen** ist (zB §§ 7 II, 12 II AufenthG, §§ 33a I 3, 33c I 3, 33d I 2, 33i I 2, 34 I 2, 34a I 2, 34b III, 34c I 2, 34d I 2 GewO; §§ 8 II, 9 I 2 HwO; §§ 8a II, 12 BImSchG). Die Regelung ist rein deklaratorisch, denn im Anwendungsbereich des Gesetzes folgt der Vorrang spezialgesetzlicher Rechtsvorschriften des Bundes bereits aus § 1 I u. II 1 (→ § 1 Rn. 22 ff.). Rechtsvorschriften sind Rechtsakte der EU, Parlamentsgesetze, Rechtsverordnungen und idR Satzungen, aber auch sonstige untergesetzliche Normen mit unmittelbarer Rechts- und Bindungswirkung im Außenverhältnis von Behörden und Bürgern (OVG Berlin-Brandenburg BeckRS 2016, 113816 Rn. 38). Keine Rechtsvorschriften iSv § 36 I sind dagegen Verwaltungsvorschriften (BVerwG BeckRS 2018, 27511 Rn. 14).

26 Mit welchen **Arten von Nebenbestimmungen** ein VA nach § 36 I versehen werden kann, bestimmt die Vorschrift nicht. Im Ergebnis handelt es sich um die in § 36 II näher beschriebenen Nebenbestimmungen, denn für die – theoretisch denkbare – Gestattung weiterer Arten von Nebenbestimmungen besteht tatsächlich keine Notwendigkeit.

b) Sicherstellung der Erfüllung der gesetzlichen Voraussetzungen

27 Nach der Alt. 2 kann ein gebundener VA mit einer Nebenbestimmung versehen werden, wenn dadurch die Erfüllung der gesetzlichen Voraussetzungen des VA sichergestellt werden soll. Fehlt eine entsprechende spezialgesetzliche Regelung im Fachrecht, wirkt die Vorschrift konstitutiv. Sie ermöglicht der Behörde eine abschließende Sachentscheidung, obwohl die gesetzlichen Voraussetzungen zum Erlass des VA im Entscheidungszeitpunkt noch nicht erfüllt sind. Vom Sinn und Zweck ist die Norm eine **Ausnahmebestimmung** und auf Konstellationen beschränkt, wo im öffentlichen Interesse aufgrund besonderer Umstände eine frühzeitige Entscheidung geboten ist. Das kann nur der Fall sein, soweit die fehlenden Feststellungen oder tatsächlichen Voraussetzungen nicht innerhalb angemessener Zeit getroffen werden können (KR/Ramsauer § 36 Rn. 42). Dabei muss eine hinreichende Gewissheit des Eintritts der Anspruchsvoraussetzungen bestehen (OVG Berlin-Brandenburg BeckRS 2023, 20685 Rn. 28). Nicht anwendbar ist die Alt. 2, wenn die Voraussetzungen für den Erlass des VA erfüllt sind und lediglich sichergestellt werden soll, dass die Voraussetzungen auch in Zukunft erfüllt bleiben (BVerwG BeckRS 2016, 41457 Rn. 17 ff.).

28 Generell nicht mit Nebenbestimmungen können versehen werden **aufsichtsbehördliche Genehmigungen** von VOen oder Satzungen (OVG Koblenz NVwZ 1995, 1227), privatrechtsgestaltende VAe (BGH NJW 1981, 980 – für die baurechtliche Teilungsgenehmigung) und **Statusentscheidungen** (BVerwG NJW 1999, 1798 (1799) – für die Approbation).

c) Ermessensentscheidung

Die Beifügung einer Nebenbestimmung zu einem gebundenen VA steht im **Ermessen** der Behörde („darf"). Das Ermessen umfasst das „Ob" der Aufnahme einer Nebenbestimmung – an Stelle der sonst ggf. auszusprechenden Ablehnung des VA – wie auch das „Wie" iSd richtigen Art von Nebenbestimmung. Die Behörde muss sich bei der Ermessensausübung am Zweck der gesetzlichen Ermächtigung orientieren und darf die Anordnung von Nebenbestimmungen nicht auf sonstige, hiermit nicht in Zusammenhang stehende Überlegungen und Belange stützen (VGH München BeckRS 2010, 51882 = NVwZ-RR 2010, 830). Die pflichtgemäße Ausübung des Ermessens hat zudem unter Berücksichtigung des Grundsatzes der Verhältnismäßigkeit zu erfolgen (OVG Koblenz BeckRS 2014, 49920). Zu beachten ist, dass die prinzipielle Möglichkeit der Beifügung von Nebenbestimmungen die Behörde nicht von ihren Aufklärungs-, Untersuchungs- und Prüfungspflichten entbindet oder hier auch nur Erleichterungen gestattet. 29

4. VA im pflichtgemäßen Ermessen (II)

Wenn kein Anspruch auf den VA besteht, darf er nach pflichtgemäßem Ermessen mit einer Nebenbestimmung erlassen werden (§ 36 II). Die Vorschrift erfasst alle VAe, für die der Behörde hinsichtlich ihres Erlasses („Ob") oder ihres Inhalts („Wie") Ermessen eingeräumt ist und ergänzt insoweit die Regelung des § 36 I („Unbeschadet …"). Die so beschriebenen Grenzen sind für die Behörde zwingend; sie können auch nicht durch ein Einverständnis des Betroffenen (in Gestalt der Unterwerfung) erweitert werden. Im Rahmen der **Verhältnismäßigkeit** ist darüber hinaus stets zu prüfen, ob ggf. ein milderes Mittel zur Verfügung steht und damit eine den Adressaten weniger belastende Nebenbestimmung ausreicht (OVG Bautzen BeckRS 2013, 56088 Rn. 35). 30

5. Verbot zweckwidriger Nebenbestimmungen (III)

Nach § 36 III darf eine Nebenbestimmung nicht dem **Zweck des VA** zuwiderlaufen. Maßstab für die Nebenbestimmung ist danach der Zweck des VA, nicht der Zweck der Ermächtigungsgrundlage. Nicht ausreichend ist auch die Verfolgung sonstiger legitimer Zwecke der Verwaltung. Positiv formuliert muss die Nebenbestimmung dem Zweck des VA dienen (BVerwG BayVBl. 1986, 89; OVG Berlin-Brandenburg BeckRS 2023, 23556 Rn. 11; OVG Lüneburg BeckRS 2017, 101357 Rn. 30). 31

V. Rechtsschutz

Als **Rechtbehelfe** gegen Nebenbestimmungen kommen zunächst der Widerspruch und sodann Anfechtungs- oder Verpflichtungsklage in Betracht. Der maßgebliche Zeitpunkt für die Beurteilung der Rechtmäßigkeit des VA einschl. Nebenbestimmung richtet sich primär nach dem materiellen Fach- 32 recht (BVerwG BeckRS 2019, 14723 Rn. 17 f. – zum Passrecht). Umstritten ist insoweit, ob die Rechtsbehelfe isoliert gegen die Nebenbestimmung erhoben werden können oder ob sie sich gegen den VA insgesamt, dh auch gegen den Haupt-VA, richten müssen. Im ersten Fall wäre das alleinige Ziel die Aufhebung der Nebenbestimmung und richtige Klageart wäre dann die Anfechtungsklage; im zweiten Fall wäre das Ziel der Aufhebung des ursprünglichen VA einschließlich der Nebenbestimmung und der Erlass eines neuen VA ohne Nebenbestimmung. Die Rechtsprechung ist nicht einheitlich.

33 Nach der **älteren Auffassung** bestimmt sich der Rechtsschutz nach der **Art der Nebenbestimmung.** Mit Ausnahme der Auflage sind alle Nebenbestimmungen unselbständige Bestandteile des Haupt-VA und können nur gemeinsam mit diesem im Wege der Verpflichtungsklage angegriffen werden; allein die Auflage kann aufgrund ihrer Selbständigkeit isoliert mit der Anfechtungsklage angegriffen werden (OVG Berlin NVwZ 2001, 1059; OVG Hamburg BeckRS 2019, 10074 Rn. 11). Da die modifizierende Auflage den Inhalt des Haupt-VA ändert und deshalb unselbständig ist, ist sie im Ergebnis keine Auflage und es verbleibt auch insoweit bei der Verpflichtungsklage.

34 Demgegenüber geht eine **neuere Auffassung** dahin, dass sämtliche Arten von Nebenbestimmungen mit der **isolierten Anfechtungsklage** angegriffen werden können (BVerwG BeckRS 2022, 28356; BeckRS 2022, 28357 = NVwZ 2022, 1798 mit. abl. Anm. Funke; -E 112, 221 = NVwZ 2001, 429; OVG Magdeburg BeckRS 2023, 9899 Rn. 14). Begründet wird dies mit dem Wortlaut des § 113 VwGO, der auch eine teilweise Aufhebung eines VA gestatte („soweit"). Eine solche Teilaufhebung kommt unabhängig davon in Betracht, ob der Haupt-VA auch ohne die Nebenbestimmung sinnvoll und rechtmäßig wäre (BVerwG BeckRS 2022, 28356 = NVwZ 2022, 1801; anders noch BVerwG BeckRS 2019, 37695 Rn. 18). Problematisch ist diese Auffassung unter zwei Aspekten: Zum einen kann sich der dem Widerspruch bzw. der Anfechtungsklage grundsätzlich gem. § 80 I VwGO zukommenden Suspensiveffekt bei isolierter Anfechtbarkeit nur auf die angegriffene Nebenbestimmung beziehen. Das hätte zur Folge, dass der Betroffene zunächst und allein von dem (begünstigenden) Haupt-VA Gebrauch machen kann. Zum anderen ist der Maßstab unklar, wann der Haupt-VA auch ohne die Nebenbestimmung sinnvoll und rechtmäßig ist. Bei Ermessensentscheidungen werden sich die Erwägungen zum Haupt-VA und zur Nebenbestimmung regelmäßig ergänzen, so dass die Möglichkeit der Teilaufhebung zur absoluten Ausnahme gerät.

35 Aus den genannten Erwägungen gebührt der **klassischen Auffassung** der Vorzug. Letztlich hat sich die neuere Auffassung auch nicht durchgesetzt, sondern ist vereinzelt geblieben (eine vermittelnde Auffassung vertritt BeckOK VwVfG/Tiedemann § 35 Rn. 87 ff., der zwischen konstitutiven und additiven Nebenbestimmungen unterscheidet).

§ 37 Bestimmtheit und Form des Verwaltungsaktes; Rechtsbehelfsbelehrung

(1) Ein Verwaltungsakt muss inhaltlich hinreichend bestimmt sein.

(2) [1] Ein Verwaltungsakt kann schriftlich, elektronisch, mündlich oder in anderer Weise erlassen werden. [2] Ein mündlicher Verwaltungsakt ist schriftlich oder elektronisch zu bestätigen, wenn hieran ein berechtigtes Interesse besteht und der Betroffene dies unverzüglich verlangt. [3] Ein elektronischer Verwaltungsakt ist unter denselben Voraussetzungen schriftlich zu bestätigen; § 3a Absatz 2 und 3 findet insoweit keine Anwendung.

(3) [1] Ein schriftlicher oder elektronischer Verwaltungsakt muss die erlassende Behörde erkennen lassen und die Unterschrift oder die Namenswiedergabe des Behördenleiters, seines Vertreters oder seines Beauftragten enthalten. [2] Wird für einen Verwaltungsakt, für den durch Rechtsvorschrift die Schriftform angeordnet ist, die elektronische Form verwendet, muss auch das der Signatur zugrunde liegende qualifizierte Zertifikat oder ein zugehöriges qualifiziertes Attributzertifikat die erlassende Behörde erkennen lassen. [3] Im Fall des § 3a Absatz 3 Nummer 3 Buchstabe b muss die Bestätigung nach § 5 Absatz 5 des De-Mail-Gesetzes die erlassende Behörde als Nutzer des De-Mail-Kontos erkennen lassen.

(4) Für einen Verwaltungsakt kann für die nach § 3a Absatz 2 erforderliche Signatur oder für das nach § 3a Absatz 3 Nummer 3 Buchstabe a erforderliche Siegel durch Rechtsvorschrift die dauerhafte Überprüfbarkeit vorgeschrieben werden.

(5) [1] Bei einem schriftlichen Verwaltungsakt, der mit Hilfe automatischer Einrichtungen erlassen wird, können abweichend von Absatz 3 Unterschrift und Namenswiedergabe fehlen. [2] Zur Inhaltsangabe können Schlüsselzeichen verwendet werden, wenn derjenige, für den der Verwaltungsakt bestimmt ist oder der von ihm betroffen wird, auf Grund der dazu gegebenen Erläuterungen den Inhalt des Verwaltungsaktes eindeutig erkennen kann.

(6) [1] Einem schriftlichen oder elektronischen Verwaltungsakt, der der Anfechtung unterliegt, ist eine Erklärung beizufügen, durch die der Beteiligte über den Rechtsbehelf, der gegen den Verwaltungsakt gegeben ist, über die Behörde oder das Gericht, bei denen der Rechtsbehelf einzulegen ist, den Sitz und über die einzuhaltende Frist belehrt wird (Rechtsbehelfsbelehrung). [2] Die Rechtsbehelfsbelehrung ist auch der schriftlichen oder elektronischen Bestätigung eines Verwaltungsaktes und der Bescheinigung nach § 42a Absatz 3 beizufügen.

Übersicht

	Rn.
I. Bedeutung	1
II. Bestimmtheitsgebot (I)	2
1. Allgemeines	2
2. Einzelaspekte	4
a) Handlungsform	4
b) Adressat	5
c) Inhalt	9
3. Rechtsfolgen beim Verstoß gegen das Bestimmtheitsgebot	10

	Rn.
III. Form	12
1. Grundsatz der Formfreiheit (II 1)	12
2. Schriftliche oder elektronische Bestätigung (II 2 u. 3)	14
3. Formerfordernisse beim schriftlichen oder elektronischen VA (III)	18
4. Bestätigung nach De-Mail-Gesetz (III 3)	22
5. Zusätzliche Formerfordernisse beim elektronischen VA (IV)	23
6. Besondere Formerfordernisse beim automatisierten VA (V)	24
7. Rechtsbehelfsbelehrungspflicht beim elektronischen VA und der elektronischen Bestätigung eines VA (VI)	25
8. Prozessuales/Rechtsschutz	26

I. Bedeutung

1 Der § 37 I statuiert das Erfordernis **hinreichender Bestimmtheit,** der § 37 II bis V Mindestanforderungen hinsichtlich der Form des VA; der mit Wirkung zum 1.6.2013 eingefügte VI erstreckt das Erfordernis der Rechtsbehelfsbelehrung auf den elektronischen VA, die elektronische Bestätigung sowie die Bescheinigung nach § 42a III. Zum 1.1.2024 wurden die II bis IV an die Neufassung des § 3a angepasst (BGBl. 2023 I 344). Die Vorschrift konkretisiert die verfassungsrechtlichen Vorgaben des aus dem Rechtsstaatsprinzip sich ergebenden Grundsatzes von der Gesetzmäßigkeit der Verwaltung hinsichtlich Rechtsklarheit und -sicherheit und dient zudem Beweis- und Warnzwecken. Sie ist zugleich Ausdruck eines allgemeinen Rechtsgedankens des Verfahrensrechts und findet damit auch auf Konstellationen außerhalb des Anwendungsbereichs des VwVfG entsprechende Anwendung. Auf der Ebene des Unionsrechts ist das Bestimmtheitserfordernis Teil des Grundsatzes der Rechtssicherheit (BVerwG BeckRS 2014, 45318; OVG Münster BeckRS 2014, 52477).

II. Bestimmtheitsgebot (I)

1. Allgemeines

2 Nach § 37 I muss ein VA **hinreichend bestimmt** sein. Der VA ist hinreichend bestimmt, wenn der Inhalt der Regelung klar und für den Adressaten so eindeutig erkennbar ist, dass er sein Verhalten danach einrichten kann (OVG Münster BeckRS 2019, 25489). Die Anforderungen lassen sich dabei nicht abstrakt umschreiben, sondern orientieren sich am materiellen Recht (insbesondere der Ermächtigungsgrundlage), der Art des VA und dem mit ihm verfolgten Zweck (BVerwG BeckRS 2020, 37198 Rn. 19). Zudem ist zu beachten, dass einem VA regelmäßig auch die Funktion eines Vollstreckungstitels zukommt und er darüber hinaus Grundlage und Voraussetzung weiterer Maßnahmen sein kann (BVerwG BeckRS 2019, 18325 Rn. 14; BeckRS 2018, 16832 Rn. 38).

Ausreichend ist, wenn sich der Inhalt des VA durch **Auslegung** ermitteln lässt (§§ 133, 157 BGB analog; OVG Koblenz BeckRS 2024, 4186 Rn. 75). Anknüpfungspunkte können insbesondere die Begründung des VA oder ihm beigefügte Unterlagen sein (BVerwG BeckRS 2024, 2909 Rn. 9; OVG Lüneburg BeckRS 2023, 11632 Rn. 13). In Betracht kommen auch außerhalb des VA liegende Umstände, wenn sie den Beteiligten bekannt oder für sie ohne weiteres erkennbar sind (zB Pläne, technische Regelwerke und sonstige Unterlagen, die den Beteiligten vorliegen oder allgemein zugänglich sind; BVerwGE 104, 301 (318) = NVwZ 1999, 178; ebenso Schriftwechsel; OVG Magdeburg BeckRS 2022, 14715 Rn. 17). Die Grenze ist dort erreicht, wo der VA die sich aus seiner Funktion als Titel und Grundlage der Vollstreckung ergebenden Anforderungen an die Verständlichkeit „aus sich heraus" nicht mehr erfüllt. Ein Bestimmtheitsdefizit im VA kann mit dem Widerspruchsbescheid geheilt werden (BVerwG NJW 1988, 506). Abzustellen ist auf den **objektiven Erklärungsgehalt** des VA. Entscheidend ist mithin, wie ein neutraler, mit den Umständen vertrauter Dritter den Inhalt des VA verstehen durfte. Unklarheiten gehen insoweit zu Lasten der Behörde (VGH München BeckRS 2022, 9237 Rn. 6; BeckRS 2021, 1692 Rn. 13 – zu den Anforderungen bei möglicher Verletzung von Nachbarrechten). 3

2. Einzelaspekte

a) Handlungsform

Das Bestimmtheitsgebot gilt zunächst hinsichtlich der **Handlungsform.** Es muss klar erkennbar sein, dass die Behörde im konkreten Fall eine einseitig hoheitliche, verbindliche und unmittelbare Regelung trifft. Zweckmäßig ist eine klare Bezeichnung (zB als Anordnung, Bescheid, Entscheidung, Verfügung). Allerdings kann auch ein als Brief abgefasstes Schreiben ein VA sein, sofern ein entsprechender Regelungsgehalt eindeutig feststellbar ist (BVerwGE 41, 306). Ist der Regelungscharakter zweifelhaft oder nicht feststellbar, scheidet jedenfalls die Annahme eines VA als Handlungsform aus. 4

b) Adressat

Auch der **Adressat** des VA muss hinreichend bestimmt sein. Bestimmbarkeit durch Auslegung genügt (OVG Münster NVwZ-RR 2006, 521 – zu dem Sonderfall, dass sich der Nichtadressat in Übereinstimmung mit der Behörde, aber im Widerspruch zum objektiv erklärten Inhalt des VA, für den Adressaten hält). Eine Verwechselungsmöglichkeit muss ausgeschlossen sein. Richtet sich ein VA an mehrere Personen, muss dies nicht nur inhaltlich eindeutig erkennbar sein, sondern auch in der Adressierung: die Personen sind sämtlich einzeln und namentlich aufzuführen. Bei Eheleuten ist die Nichtnennung beider Partner unschädlich (BFG NJW 1997, 151), gleiches dürfte für eingetragene Lebenspartnerschaften iSd LPartG gelten, nicht jedoch für sonstige Lebensgefährten oder Familienangehörige (KR/Ramsauer § 37 Rn. 10a; aA SBS/U. Stelkens § 37 Rn. 15). Zu den Rechtsfolgen, wenn sich die Rechtsbehelfsbelehrung nicht an alle Adressaten richtet, → Rn. 26. 5

6 Eine **Gesellschaft bürgerlichen Rechts** (GbR) kann heute unter ihrem eigenen Namen am Rechtsverkehr teilnehmen und damit ebenfalls grundsätzlich Adressat eines VA sein (Ausn.: die reine Innen-GbR, bei der weiterhin nur die Gesellschafter Adressaten sein können). Handels- und Personengesellschaften sind unter ihrer Firma zu adressieren.

7 Bei **sonstigen Personenmehrheiten** wie Bauherren, Erben- oder Wohnungseigentümergemeinschaften ist inzwischen anerkannt, dass auch sie unter ihrer Sammelbezeichnung als Adressat eines VA angesprochen werden können (OVG Schleswig BeckRS 2012, 53827 Rn. 32 f.).

7a Ist Adressat eine **juristische Person,** bestehen grundsätzlich keine Besonderheiten. Bei Vorliegen einer Konzernstruktur kann die Behörde den VA anstelle der mehreren Tochtergesellschaften auch an die Muttergesellschaft adressieren mit dem Inhalt, die Muttergesellschaft solle mittels ihrer gesellschaftsrechtlichen Einwirkungsmöglichkeiten das rechtswidrige Handeln ihrer Tochtergesellschaften unterbinden (OVG Schleswig BeckRS 2011, 49253 = NordÖR 2011, 146).

8 Hiervon zu unterscheiden sind die Fälle, wo **formeller Adressat** (Empfänger oder Inhaltsadressat) und **materieller Adressat** (Verpflichteter oder Bekanntgabeadressat) eines VA verschiedene Personen sind. Das betrifft insbesondere die Fälle, wo der Betroffene einen Verfahrens- oder Prozessbevollmächtigten bestellt hat. Hier muss aus dem VA klar die Person des materiellen Adressaten zu entnehmen sein (OVG Saarlouis BeckRS 2017, 102501 Rn. 25). Denn allein gegen ihn sind zB Vollstreckungsmaßnahmen zu richten. Eine ungenaue Bezeichnung des formellen Adressaten ist unschädlich, sofern dieser durch Auslegung bestimmt werden kann. Ist das nicht möglich, begründet dies die Nichtigkeit des VA (§ 44 I; OVG Lüneburg BeckRS 2018, 20931 Rn. 29).

c) Inhalt

9 Schließlich muss der **Inhalt** der durch VA getroffenen Regelung **eindeutig, klar und vollständig** sein. Notwendig ist regelmäßig eine möglichst präzise Bezeichnung von Gegenstand, Art und Umfang der Regelung (OVG Münster BeckRS 2015, 48036 Rn. 5 f.). Ausreichend ist, dass sich der Inhalt durch Auslegung unter Zugrundelegung des Empfängerhorizonts ermitteln lässt (OVG Münster BeckRS 2015, 48036). Die Anforderungen orientieren sich an den Erfordernissen der jeweiligen Entscheidung (zur Bestimmtheit bei Regelungen über seltene Ereignisse OVG Münster BeckRS 2015, 43991 mwN) und den Besonderheiten des jeweils anzuwendenden und mit dem VA umzusetzenden materiellen Rechts (BVerwG BeckRS 2020, 37198 Rn. 13; OVG Münster BeckRS 2019, 6603 Rn. 19; OVG Greifswald BeckRS 2015, 40712). Ein sachbezogener VA muss die betreffende Sache konkret bezeichnen. Die reine Wiederholung des Inhalts der Norm stellt keine Konkretisierung dar (VGH Mannheim BeckRS 2015, 53702). Allerdings ist die Verwendung generalisierender Begriffe anstelle umfangreicher Aufzählungen zulässig, insbesondere dann, wenn diese durch Beispiele konkretisiert werden (OVG Bautzen BeckRS 2018, 43298 Rn. 8). Ein vollstreckbarer VA muss

einen vollstreckungsfähigen Inhalt haben (OVG Lüneburg BeckRS 2023, 7270 Rn. 7; BVerwG BeckRS 2022, 6771 Rn. 6 – zu den Anforderungen an Zwangsmittelandrohungen); ein Leistungsbescheid muss den Leistungszweck angeben. Nicht erforderlich ist die Bezeichnung einer konkreten Maßnahme bereits im regelnden Teil des VA (OVG Magdeburg BeckRS 2015, 46647). Ein VA mit Drittwirkung muss Ausführungen enthalten, dass Nachbarrechte nicht beeinträchtigt werden (VGH München BeckRS 2022, 9237 Rn. 6; OVG Münster BeckRS 2013, 48665 = BauR 2013, 1239). Besondere Bestimmtheitsanforderungen gelten für das Nachschieben von Ermessenserwägungen (BVerwG BeckRS 2013, 56766 Rn. 35 ff. = NVwZ 2014, 151).

3. Rechtsfolgen beim Verstoß gegen das Bestimmtheitsgebot

Ein nicht hinreichend bestimmter VA ist (materiell) **rechtswidrig** und nicht vollstreckungsfähig (VGH Mannheim BeckRS 2013, 46518 = NVwZ-RR 2013, 451). Eine darüber hinaus gehende Nichtigkeit tritt nur unter den Voraussetzungen des § 44 ein, wobei regelmäßig nur § 44 I in Betracht kommt, dh der Fehler besonders schwerwiegend und offensichtlich sein muss (zB bei vollständiger Unverständlichkeit und Undurchführbarkeit des VA – OVG Koblenz NVwZ 1990, 399; bei auch durch Auslegung nicht ermittelbarem Adressaten, – VGH Mannheim NVwZ 1990, 1096 (2270)). Da das Bestimmtheitserfordernis des § 37 die materielle Rechtmäßigkeit des VA betrifft, scheidet eine Heilung nach § 45 von vornherein aus (SBS/U. Stelkens § 45 Rn. 151; aA OVG Koblenz NVwZ 1990, 399; KR/Ramsauer § 37 Rn. 17). Davon unberührt besteht die Möglichkeit der Behebung des Fehlers im Widerspruchsbescheid. 10

Die Rechtsprechung hat zudem anerkannt, dass die zunächst fehlende Bestimmtheit eines VA **nachträglich herbeigeführt** werden kann. Danach sind nachträgliche Klarstellungen zum Regelungsgehalt eines VA durch Interpretationserklärungen der Behörde noch im gerichtlichen Verfahren möglich, ebenso durch rechtliche Ergänzungen des Gerichts in den Gründen seiner Entscheidung (BVerwG NVwZ-RR 2006, 589; BVerwGE 123, 261 = NVwZ 2005, 933 (938): KR/Ramsauer § 37 Rn. 17b). Noch im gerichtlichen Verfahren sind Klarstellungen auch dann möglich, wenn für den VA das Schriftformerfordernis gilt; denn eine in der Verhandlung erfolgende Erklärung zu Protokoll wahrt die Schriftform (BVerwG NVwZ-RR 2006, 589; NVwZ 2003, 997). 11

III. Form

1. Grundsatz der Formfreiheit (II 1)

Wenn nach § 37 II 1 ein VA schriftlich, elektronisch, mündlich oder in anderer Weise erlassen werden kann, wiederholt das Gesetz nur einen bereits vor seinem Inkrafttreten geltenden allgemeinen **Grundsatz der Formfreiheit** (BVerwG BeckRS 2017, 139150 Rn. 10 – zur Bekanntgabe von Klausurbewertungen in einem Internetportal). Die Vorschrift korrespondiert mit 12 der in § 10 statuierten Nichtförmlichkeit des Verwaltungsverfahrens. Die Variante mündlich beinhaltet den fernmündlichen Erlass. Die Formfreiheit umfasst auch den konkludenten VA. Stets erforderlich ist, dass das Verhalten der Behörde nach seinem objektiven Erklärungsgehalt aus Sicht des Adressaten bei verständiger Würdigung als hoheitliche Regelung des Einzelfalls verstanden werden muss (BVerwG BeckRS 2018, 13882 Rn. 19). Bei bloßem Schweigen oder Nichtstun der Behörde liegt regelmäßig kein VA vor (Ausnahme: das Gesetz fingiert ausdrücklich einen VA).

13 **Ausnahmen** vom Grundsatz der Formfreiheit aus Gründen der Rechtssicherheit finden sich in zahlreichen Gesetzen: für VAe im förmlichen Verfahren in § 69 II 1; für Planfeststellungsbeschlüsse in § 74 I 2 iVm § 69 II 1; für Anlagengenehmigungen in § 10 VII BImSchG; für Baugenehmigungen in zB § 70 I 3 NBauO. Bestehen Zweifel am Geltungsbereich einer Schriftformklausel, verbleibt es beim Grundsatz der Formfreiheit.

2. Schriftliche oder elektronische Bestätigung (II 2 u. 3)

14 Bei Vorliegen eines berechtigten Interesses und unverzüglichen Verlangens des Betroffenen ist ein mündlicher (oder fernmündlicher) VA **schriftlich oder elektronisch zu bestätigen** (§ 37 II 2) bzw. ein elektronischer VA **schriftlich zu bestätigen** (§ 37 II 3). Eine Erstreckung des Bestätigungsanspruchs auf in anderer Weise erlassene VAe ist abzulehnen (vgl. BT-Drs. 7/910, 58; aA KR/Ramsauer § 37 Rn. 22; SBS/U. Stelkens § 37 Rn. 32).

15 Das Bestätigungsverlangen erfordert ein **berechtigtes Interesse** des Betroffenen, welches rechtlicher, wirtschaftlicher oder ideeller Art sein kann. Das Interesse kann sich aus der Notwendigkeit des Nachweises des VA-Erlasses ergeben, oder auch aus dem Wunsch nach einer rechtlichen Überprüfung des VA. Das berechtigte Interesse ist für den vom VA Betroffenen in der Regel zu bejahen.

16 Weitere Voraussetzung ist ein **unverzügliches Bestätigungsverlangen** des Betroffenen. Die Bestätigung erfolgt mithin nicht von Amts wegen, sondern nur auf Antrag hin. Unverzüglich ist ein ohne schuldhaftes Zögern (§ 121 I BGB) geltend gemachtes Verlangen.

17 Sind die Voraussetzungen des § 37 II erfüllt, ist die Behörde **verpflichtet,** den VA in der vom Gesetz vorgesehenen Form zu bestätigen („ist … zu bestätigen“). Fehlt ein berechtigtes Interesse oder ist das Verlangen nicht unverzüglich gestellt, liegt die Bestätigung im Ermessen der Behörde. Die Bestätigung selbst ist mangels Regelung kein VA. Um einen VA handelt es sich dagegen bei der Ablehnung der Bestätigung. Ebenfalls ein (neuer) VA ist die Bestätigung mit vom ursprünglich mündlichen VA abweichenden Inhalt.

3. Formerfordernisse beim schriftlichen oder elektronischen VA (III)

18 Nach § 37 III muss ein schriftlicher oder elektronischer VA die **Erlassbehörde** erkennen lassen und die **Unterschrift oder Namenswiedergabe** des Behördenleiters, seines Vertreters oder seines Beauftragten enthalten (§ 37 III 1; OVG Magdeburg BeckRS 2013, 59616 = NVwZ-RR 2013, 131). Ergeht

ein elektronischer VA anstelle eines VA, für den durch Rechtsvorschrift die Schriftform angeordnet ist, muss zusätzlich das der Signatur zugrunde liegende qualifizierte Zertifikat oder ein zugehöriges qualifiziertes Attributezertifikat die Erlassbehörde erkennen lassen (§ 37 III 2).

Zunächst muss immer die den VA **erlassende Behörde** erkennbar sein. 19
Dies umfasst die amtliche Bezeichnung und den Ort der Behörde. Es gilt das bei der Bestimmtheit zur Auslegung Gesagte entsprechend (→ Rn. 3). Ausreichend ist die Erkennbarkeit aus der Kopfzeile, dem Text, einem Siegel oder Stempel. Nicht ausreichend ist die Erkennbarkeit anhand des Poststempels oder des Briefumschlags, denn insoweit handelt es sich nicht mehr um Teile des VA (weiter zT Ziekow § 37 Rn. 15, der auch Angaben auf dem Briefumschlag ausreichen lassen will).

Des Weiteren müssen schriftliche und elektronische VAe die Unterschrift 20
oder Namenswiedergabe des Behördenleiters, seines Vertreters oder seines Beauftragten enthalten. Die **Unterschrift** erfordert eine eigenhändige Unterzeichnung des VA; Individualisierbarkeit reicht aus, Lesbarkeit ist nicht notwendig. An Stelle der Unterschrift reicht auch die **Namenswiedergabe** einer der genannten Personen aus. Sie kann maschinen- oder handschriftlich erfolgen und wird typischerweise mit dem Zusatz „gez." kenntlich gemacht (zu den Anforderungen VGH Kassel BeckRS 2012, 46291 = NJW 2012, 1243). Unbeachtlich ist eine Verletzung interner Zeichnungsregelungen und führt mangels Außenwirkung nicht zur formellen Rechtswidrigkeit des VA (OVG Berlin-Brandenburg BeckRS 2022, 15153 Rn. 31), ebenso die verfahrensfehlerhafte Beteiligung anderer Stellen an der Entscheidungsfindung (BVerwG BeckRS 2021, 23256 Rn. 47).

Ausweislich des § 3a II kann eine durch Rechtsvorschrift angeordnete 21
Schriftform grundsätzlich durch die elektronische Form ersetzt werden, sofern das elektronische Dokument mit einer qualifizierten elektronischen Signatur versehen wird. In Ergänzung dieser Vorschrift überträgt § 37 III 2 das Erfordernis des Erkennenlassens der Erlassbehörde beim schriftlichen VA (§ 37 III 1) auf den elektronischen VA und bestimmt, dass das der Signatur zugrunde liegende **Zertifikat** oder ein zugehöriges **qualifiziertes Attributezertifikat** die erlassende Behörde erkennen lassen muss. In ein solches Attributezertifikat lassen sich berufsbezogene und sonstige Angaben und Eigenschaften zu Personen eintragen und ändern. Der Vorteil gegenüber Eintragungen in der Signatur zugrunde liegenden Zertifikat liegt in der einfacheren Abänderbarkeit.

4. Bestätigung nach De-Mail-Gesetz (III 3)

Werden elektronische Dokumente, einschließlich elektronischer VAe, als De- 22
Mail-Nachricht nach § 5 V De-Mail-Gesetz versendet, muss die entsprechende Bestätigung die erlassende Behörde als Nutzer des De-Mail-Kontos erkennen lassen. Der S. 3 wurde mittels Art. 3 des EVerfFG v. 25.7.2013 (BGBl. I 2749) mit Wirkung zum 1.8.2013 einfügt und zum 1.1.2024 als Folgeänderung zum geänderten § 3a angepasst (BT-Drs. 20/8299 S. 22). Die Ergänzung stellt sicher, dass auch bei einem elektronischen VA, der nicht selbst mit einer

qualifizierten elektronischen Signatur versehen ist, sondern bei dem die Schriftform durch Versendung nach § 5 V DE-Mail-G ersetzt wird, die Erlassbehörde auch aus der Signatur des Diensteanbieters für den Empfänger erkennbar ist. Die Regelung ist bei sog. Gateway-Lösungen erforderlich, bei denen nicht die Behörde selbst, sondern die Gebietskörperschaft (zB die Bundesrepublik Deutschland) Kontoinhaber ist und die erlassende Behörde andernfalls für den Empfänger und ggf. weitere Verwender nicht ausreichend erkennbar wäre (BT-Drs. 557/12, 77).

5. Zusätzliche Formerfordernisse beim elektronischen VA (IV)

23 In § 37 IV ist für den **elektronischen VA** die Möglichkeit eröffnet, durch Rechtsvorschrift die **dauerhafte Überprüfbarkeit** der erforderlichen qualifizierten Signatur bzw. des behördlichen Siegels vorzuschreiben. Das Gesetz selbst ordnet eine solche dauerhafte Überprüfbarkeit an dieser Stelle nicht an, sondern überlässt dies den Fachgesetzen. Die Überprüfbarkeit beurteilt sich nach dem aktuellen Stand der Technik (Ziekow § 37 Rn. 17). Sie ist dauerhaft gesichert, wenn sie für einen Zeitraum von noch 30 Jahren nach dem Ende der Gültigkeit des Zertifikats gewährleistet ist (KR/Ramsauer § 37 Rn. 37a).

6. Besondere Formerfordernisse beim automatisierten VA (V)

24 Bei mit Hilfe automatisierter Einrichtungen erlassenen schriftlichen VAen (sog. **automatisierte VAe**) erklärt § 37 V Unterschrift und Namenswiedergabe für entbehrlich (S. 1). Zudem können zur Inhaltsangabe Schlüsselzeichen verwendet werden, wenn aufgrund der dazu gegebenen Erläuterungen der Inhalt des VA eindeutig zu erkennen ist (S. 2). Die Regelung trägt den Erfordernissen der modernen Datenverarbeitung Rechnung. Nach dem eindeutigen Wortlaut werden allein automatisiert erlassene VAe erfasst, nicht hingegen bloß automatisierte Reproduktionen von nicht ihrerseits automatisiert erlassenen VAen (ebenso KR/Ramsauer § 37 Rn. 39; aA Ziekow § 37 Rn. 18). Automatisiert ist der Erlass, wenn er ganz oder teilweise programmgesteuert erfolgt (BVerwG BeckRS 2022, 11837 Rn. 7 – für den per Datenverarbeitungsanlage erstellten Kostenansatz nach § 19 GKG). Die Erstellung eines VA am PC reicht nicht aus, ebenso wenig die Verwendung von Textbausteinen. Ein automatisierter VA verliert die Privilegierungen des § 37 V, wenn er durch hand- oder maschinenschriftliche Änderungen oder Ergänzungen aus Empfängersicht seine Prägung als „mit Hilfe automatisierter Einrichtungen erlassen(er)" VA verliert.

7. Rechtsbehelfsbelehrungspflicht beim elektronischen VA und der elektronischen Bestätigung eines VA (VI)

25 Der mit dem PlVereinhG vom 31.5.2013 (BGBl. I 1388) mit Wirkung zum 7.6.2013 neu angefügte VI führt eine allgemeine **Rechtsbehelfsbelehrungspflicht** in das VwVfG ein. Die Vorläuferbestimmung des § 59 VwGO aF erfasste nur Bundesbehörden und wurde aufgehoben. Die Regelung in S. 1

orientiert sich an § 58 I und § 59 aF VwGO. Die Belehrungspflicht gilt für alle schriftlichen oder elektronischen VAe, die der Anfechtung unterliegen, also nicht ausschließlich begünstigend sind. Erfasst sind damit sowohl belastende VAe ohne Antrag, als auch VAe, mit denen ein Antrag abgelehnt wird (BR-Drs. 171/12, 329, ebenso VAe mit Drittwirkung). Ob über den Wortlaut hinaus zur Vermeidung von Regelungslücken auch VAe in sonstiger Form (zB Textform gem. § 126b BGB) erfasst sind, erscheint bedenklich (so aber KR/Ramsauer § 37 Rn. 45). Die Belehrung erfolgt mit der Bekanntgabe gegenüber dem Betroffenen (§ 41 I).

Hinsichtlich der Rechtsbehelfsbelehrung ist weiter zu beachten, dass beim 25a schriftlichen VA die Belehrung den Hinweis enthalten muss, dass der **Widerspruch auch im Wege der elektronischen Kommunikation** eingelegt werden kann, soweit die Behörde den Zugang zur Übermittlung elektronischer Dokumente gem. § 3a VwVfG eröffnet hat (OVG Koblenz NVwZ-RR 2012, 457), beim elektronischen Verwaltungsakt die Belehrung immer diesen Hinweis aufweisen muss. Fehlt der Hinweis, ist die Belehrung unrichtig, und setzt die Jahresfrist gem. § 58 II VwGO in Gang.

Die Rechtsbehelfsbelehrung muss sich zudem an alle potentiell wider- 25b spruchs- bzw. klagebefugten Adressaten richten, bei **VAen mit Drittwirkung** also (auch) an die Dritten. Dabei ist es unschädlich, wenn die Rechtsbehelfsbelehrung keinerlei Belehrung über ihren Adressanten enthält, sie ist dann grundsätzlich weder unterblieben iSd § 58 II VwGO noch unrichtig erteilt. Bezieht sich die Rechtsbehelfsbelehrung dagegen ausdrücklich nur auf einen konkreten Adressaten (zB auf die im Adressfeld des VA genannte Person), ist sie gegenüber potentiell Drittbetroffenen unterblieben, soweit sich nicht aus den Gesamtumständen ausnahmsweise etwas anderes ergibt (OVG Münster BeckRS 2015, 58517 = NVwZ-RR 2015, 172). Für die Dritten gilt damit die Jahresfrist des § 58 II 1 VwGO.

Die Belehrungspflicht gilt nach Satz 2 auch bei der schriftlichen oder elek- 25c tronischen Bestätigung eines VAs sowie für die Bescheinigung nach § 42a III, mit welcher der Eintritt einer **Genehmigungsfiktion** auf Verlangen bestätigt wird. Damit wird sichergestellt, dass auch betroffene Dritte Rechtsbehelfe gegen eine zugunsten eines Antragstellers geltende Genehmigungsfiktion nur innerhalb einer bestimmten Rechtsbehelfsfrist einlegen können (BR-Drs. 171/12, 30). Bei der Genehmigungsfiktion wird weder dem Antragsteller noch einem Dritten ein Verwaltungsakt bekannt gegeben, sondern der Erlass und die Bekanntgabe der Genehmigung nur fingiert. Es fehlt deshalb für den Beginn einer Rechtsbehelfsfrist an dem formalen Anknüpfungspunkt der Bekanntgabe. Die Bescheinigung nach § 42a III ermöglicht Dritten die tatsächliche Kenntnisnahme vom Eintritt der Genehmigungsfiktion und von ihrem Inhalt. Die Bescheinigung ersetzt insoweit die Funktion der fehlenden Bekanntgabe an den Dritten, ihre Erteilung ist der erforderliche Anknüpfungspunkt zur Bestimmung einer Rechtsbehelfsfrist. Die Frist beginnt für den Dritten mit dem Zugang der Bescheinigung. Die Bescheinigung selbst kann Verwaltungsakteigenschaft erhalten, wenn sie über die bloße Mitteilung hinaus etwa zusätzlich mit Regelungen ergänzt wird. In diesen Fällen ergibt sich die Rechtsbehelfsbelehrungspflicht dann unmittelbar aus Satz 1 der neuen Regelung.

8. Prozessuales/Rechtsschutz

26 Bei einem **VA mit Drittwirkung** (→ Rn. 9) ist hinsichtlich des Bestimmtheitserfordernisses gem. I zu beachten, dass ein Dritter (regelmäßig ein Nachbar) sich auf die fehlende Bestimmtheit des VA nur dann und nur insoweit berufen kann, wie dies zu einer Verletzung seiner eigenen materiellen Rechte führt; eine Verletzung der Rechte anderer Dritter reicht nicht aus (OVG Koblenz BeckRS 2019, 9332 Rn 26). Hinsichtlich der Rechtsbehelfsbelehrung ist zu bedenken, dass diese die Monatsfrist für den Dritten nur in Gang setzt, wenn sie auch an den Dritten adressiert ist (→ Rn. 25b); fehlt es hieran, gilt die Jahresfrist gem. § 58 II 1 VwGO.

26a Fehlt die nach § 37 III erforderliche **Unterschrift,** begründet dies die Rechtswidrigkeit des VA, aber nicht dessen Nichtigkeit (OVG Saarlouis BeckRS 2017, 101114 Rn. 10 f.).

27 Die **Rechtsbehelfsbelehrung** nach VI ist nicht Bestandteil der Entscheidung. Dies hat der Gesetzgeber durch die Ergänzung der Überschrift klargestellt (BR-Drs. 17/9666, 18). Das Fehlen oder die Unrichtigkeit der Belehrung führt somit nicht zur Rechtswidrigkeit des VAs. Die Rechtsfolgen bestimmen sich vielmehr gem. § 58 II VwGO, dh, es gilt in solchen Fehlern regelmäßig die Jahresfrist für die Einlegung des Rechtsbehelfs.

28 In den Fällen des VI 2 Alt. 3 beginnt die **Rechtsbehelfsfrist** für den Dritten mit dem Zugang der Bescheinigung nach § 42a III. Die Bescheinigung selbst ist grundsätzlich kein VA. Um einen (neuen) VA handelt es sich uU aber dann, wenn zusätzlich zur Mitteilung weitere Regelungen beigefügt werden. In einem solchen Fall folgt sich die Rechtsbehelfsbelehrungspflicht aber unmittelbar aus § 37 VI 1 (BR/Drs. 171/12, 30).

§ 38 Zusicherung

(1) [1] Eine von der zuständigen Behörde erteilte Zusage, einen bestimmten Verwaltungsakt später zu erlassen oder zu unterlassen (Zusicherung), bedarf zu ihrer Wirksamkeit der schriftlichen Form. [2] Ist vor dem Erlass des zugesicherten Verwaltungsaktes die Anhörung Beteiligter oder die Mitwirkung einer anderen Behörde oder eines Ausschusses auf Grund einer Rechtsvorschrift erforderlich, so darf die Zusicherung erst nach Anhörung der Beteiligten oder nach Mitwirkung dieser Behörde oder des Ausschusses gegeben werden.

(2) Auf die Unwirksamkeit der Zusicherung finden, unbeschadet des Absatzes 1 Satz 1, § 44, auf die Heilung von Mängeln bei der Anhörung Beteiligter und der Mitwirkung anderer Behörden oder Ausschüsse § 45 Abs. 1 Nr. 3 bis 5 sowie Abs. 2, auf die Rücknahme § 48, auf den Widerruf, unbeschadet des Absatzes 3, § 49 entsprechende Anwendung.

(3) Ändert sich nach Abgabe der Zusicherung die Sach- oder Rechtslage derart, dass die Behörde bei Kenntnis der nachträglich eingetretenen Änderung die Zusicherung nicht gegeben hätte oder aus rechtlichen Gründen nicht hätte geben dürfen, ist die Behörde an die Zusicherung nicht mehr gebunden.

I. Bedeutung

1 Die Vorschrift enthält in § 38 I eine **Legaldefinition** der Zusicherung, erstreckt Anhörungs- und Mitwirkungserfordernisse auf die Zusicherung und statuiert ein Schriftformerfordernis. Der § 38 II erklärt die Bestimmungen über die Nichtigkeit von VAen in § 44, die Heilung von Anhörungs- und Mitwirkungsmängeln in § 45 sowie zur Aufhebung von VAen in §§ 48 f. für entsprechend anwendbar. Schließlich formuliert § 38 III die Regel „clausula rebus sic stantibus“. § 38 regelt nicht die Zulässigkeit und auch nicht insgesamt die formellen und materiellen Voraussetzungen für die Erteilung einer Zusicherung.

2 Die Zusicherung ist ein Unterfall der **Zusage.** Der § 38 ist insoweit nicht auf sonstige Zusagen anwendbar, auch nicht analog (str., wie hier Ziekow § 38 Rn. 1; aA KR/Ramsauer § 38 Rn. 5 f. bei „vergleichbarer Interessenlage“).

II. Begriff und Rechtsnatur

3 Die **Zusicherung** ist nach der Legaldefinition des § 38 I 1 die von der zuständigen Behörde erteilte **Zusage,** einen bestimmten VA später zu erlassen oder zu unterlassen. Sie ist danach ein Unterfall der Zusage. Die Zusage ihrerseits ist allgemein das Versprechen eines bestimmten zukünftigen Verhaltens der Behörde, unabhängig von der rechtlichen Qualität. Kennzeichen der Zusicherung ist mithin die verbindliche Festlegung der Behörde in Bezug auf einen in der Zukunft zu erlassenden (oder zu unterlassenden) VA (bejaht für die Zusage der Verhinderung eines Hausabrisses – OVG Weimar ThürVBl. 2008, 105; abgelehnt zB für das Rufangebot an Bewerber um Professorenstelle – BVerwG NVwZ 1998, 971). Bezieht sich die Zusage nicht auf einen zukünftigen VA, handelt es sich um **keine Zusicherung** mit der Folge, dass § 38 auf solche Zusagen nicht anwendbar ist (zB Teilgenehmigungen und Vorbescheide im BauR und im ImmissionsschutzR – BVerwG NVwZ 1985, 341; BVerwGE 92, 189 = NVwZ 1993, 578; die Erklärung einer staatlichen Behörde gegenüber einer Gemeinde, mit ihr einen öffentlich-rechtlichen Vertrag abzuschließen – VGH Mannheim NVwZ 2000, 1304; die Zusage zur Aufstellung eines Sackgassenschildes, OVG Magdeburg BeckRS 2012, 53362).

4 Die **Verbindlichkeit** der Festlegung ist durch Auslegung anhand des objektiven Erklärungswerts (aus Empfängersicht unter Berücksichtigung aller Umstände) festzustellen (§§ 133, 157 BGB). Dabei muss der behördliche Wille zur materiell-rechtlichen Bindung gegenüber dem Adressaten unzweifelhaft zum Ausdruck kommen (BVerwG BeckRS 2022, 20728 Rn. 36; OVG Bautzen BeckRS 2021, 36460 Rn. 35; OVG Münster BeckRS 2015, 40923 Rn. 68; zu den besonderen Anforderungen an eine Zusicherung in einem Beförderungsauswahlverfahren s. OVG Hamburg BeckRS 2021, 28076 Rn. 21). Fehlt es an der Verbindlichkeit, liegt jedenfalls keine Zusicherung

vor (nicht ausreichend, wenn die Behörde etwas „für möglich" hält, vgl. BVerwG BeckRS 2008, 40984). In der Regel wird die Erklärung der Behörde dann lediglich als Auskunft oder einfache Erklärung einzuordnen sein. Gegenstand der Zusicherung muss ein zukünftiger, **bestimmter VA** sein. Ein solcher zukünftiger VA kann auch eine Allgemeinverfügung iSv § 35 S. 2 sein (zB ein Verkehrszeichen – BVerwGE 97, 323 (328)). Die Behörde kann die Zusicherung zudem an Bedingungen knüpfen und mit Vorbehalten versehen (KR/Ramsauer § 38 Rn. 20a).

5 Umstritten ist die **Rechtsnatur** der Zusicherung. Die wohl hM sieht in der Zusicherung einen VA, wobei für sie teilweise besondere, sich aus ihren in die Zukunft gerichteten Wirkungen und dem Wesen der Regelung ergebende Grundsätze gelten sollen (BVerwG NVwZ 1987, 46; 1986, 1011 (1012); OVG Münster BeckRS 2013, 57624; instruktiv SBS/U. Stelkens § 38 Rn. 29 ff.; KR/Ramsauer § 38 Rn. 8). Wo keine besonderen Grundsätze gelten, kommen die allgemeinen Regelungen zu VAen zur Anwendung, so dass eine Zusicherung nach hM auch mit Nebenbestimmungen gem. § 36 versehen und gem. §§ 48 und 49 zurückgenommen bzw. widerrufen werden kann (so ausdrücklich § 108a II SHLVwG; dazu OVG Schleswig BeckRS 2011, 49255). Da aber tatsächlich der VA und damit die Regelung erst in der Zukunft erfolgen soll, fehlt der Zusicherung ein entscheidendes VA-Merkmal (wie hier Ziekow § 38 Rn. 4; WBSK I/Stober § 53 Rn. 8 ff., die in der Zusicherung eine eigenständige Rechtsfigur sehen). Wäre die Zusicherung ein VA, hätte es zudem nicht der Bestimmungen des § 38 I 2 und II bedurft. Dass der Zusicherung die Regelung fehlt, unterscheidet sie auch von Vorbescheiden, Teilgenehmigungen und vorläufigen VAen. In diesem Fall unterliegt die Ausgestaltung der Zusicherung sowie deren Aufhebung nicht den strengen Anforderungen der §§ 36, 48 und 49, ist aber selbstverständlich ebenfalls möglich.

III. Besondere Wirksamkeitsvoraussetzungen (I)

1. Zuständigkeit der Behörde

6 Nach der Legaldefinition in § 38 I 1 muss die Zusicherung von der zuständigen Behörde erteilt werden (BVerwG BeckRS 2018, 15079 Rn. 40). Die **Zuständigkeit der Behörde** bestimmt sich nach dem jeweiligen Organisationsrecht. Erforderlich, aber auch ausreichend, ist nach dem eindeutigen Wortlaut die Zuständigkeit der Behörde. Auf die Zuständigkeit des handelnden Amtswalters innerhalb der Behörde kommt es dagegen nicht an. Die Behördenzuständigkeit ist eine besondere Wirksamkeitsvoraussetzung, wie sich aus § 38 II ergibt. Denn dort ist geregelt, dass der § 44 „unbeschadet des Abs. 1 S. 1" auf die Zusicherung Anwendung findet. Daraus wird deutlich, dass eine Zusicherung seitens einer unzuständigen Behörde unabhängig von der Regelung des § 44 unwirksam und nichtig ist.

2. Schriftformerfordernis

Eine Zusicherung bedarf zu ihrer Wirksamkeit gem. § 38 I 1 der **schriftlichen Form.** Die Anforderungen an die Schriftform sind in § 37 III näher bestimmt. Einfache Schriftform reicht aus, selbst dann, wenn der zugesicherte zukünftige VA einer strengeren Form bedarf. Fehlende Schriftform kann nicht durch eine Interessenabwägung im Rahmen von Treu und Glauben überwunden werden (OVG Berlin-Brandenburg BeckRS 2021, 3266 Rn. 6; OVG Magdeburg BeckRS 2020, 12746 Rn. 42). Eine Zusicherung per einfacher E-Mail (OVG Magdeburg BeckRS 2019, 35874 Rn. 13) oder mündliche Zusicherung ist nicht wirksam (zur Wirksamkeit einer konkludenten Zusicherung s. bejahend OVG Berlin DVBl. 2003, 1333 f.; KR/Ramsauer § 38 Rn. 23 mwN; wohl ablehnend Ziekow § 38 Rn. 7). Die Ersetzung der Schriftform durch die elektronische Form ist unter den Voraussetzungen des § 3a II auch bei der Zusicherung möglich. In diesem Fall bedarf es einer qualifizierten elektronischen Signatur. 7

IV. Rechtmäßigkeitsvoraussetzungen

1. Ermächtigungsgrundlage

§ 38 ist selbst **keine Ermächtigungsgrundlage** zur Abgabe einer Zusicherung. Existiert eine Rechtsgrundlage für den Erlass des zukünftigen zuzusichernden VA, umfasst sie auch die Ermächtigung für die Zusicherung. Soweit nicht ausnahmsweise etwas anderes bestimmt ist, steht die Erteilung der Zusicherung im **pflichtgemäßen Ermessen** der Behörde, selbst dann, wenn der zuzusichernde VA eine gebundene Entscheidung ist. 8

Steht die Zusicherung im pflichtgemäßen Ermessen der Behörde, hat der Bürger umgekehrt nur einen **Anspruch** auf ermessensfehlerfreie Entscheidung, nicht dagegen auf Abgabe der Zusicherung. Ein Anspruch auf eine Zusicherung kann folglich nur bei einer Ermessensreduzierung auf Null bestehen. Das Vorliegen eines berechtigtes Interesses dürfte insoweit nicht ausreichen (SBS/U. Stelkens § 38 Rn. 112; anders KR/Ramsauer § 38 Rn. 24). Unabhängig davon wird ein Anspruch zT angenommen, wenn die materiellen Voraussetzungen für den zuzusichernden VA erfüllt sind (so KR/Ramsauer § 38 Rn. 24). 9

2. Verfahrensbeteiligung

Nach § 38 I 2 darf die Zusicherung erst nach **Anhörung der Beteiligten** oder der **Mitwirkung anderer Behörden** gegeben werden, wenn durch Rechtsvorschrift eine solche Beteiligung vor dem Erlass des zugesicherten VA erforderlich ist. Die Bindungswirkung der Zusicherung erfordert diese Sicherung bestehender Verfahrensrechte durch die Anordnung ihrer Geltung bereits im Verfahren auf Abgabe der Zusicherung. Beteiligte sind die in § 13 I aufgeführten „geborenen" Beteiligten, aber auch die nach § 13 II hinzuzuziehenden Beteiligten. Kommt eine Beteiligung nach § 13 II in Betracht, ist 10 über die Hinzuziehung vor Abgabe der Zusicherung zu entscheiden. Die Mitwirkung anderer Behörden kann – je nach Ausgestaltung in der Rechtsvorschrift – mittels Anhörung, Benehmen, Beratung, Einvernehmen oder Zustimmung erfolgen. Die Vorschrift ordnet lediglich die zeitliche Vorverlegung der Beteiligung an, begründet aber selbst keine Beteiligungsrechte. Die Beteiligungsrechte müssen vielmehr bereits aufgrund von anderen Rechtsvorschriften (zB § 28 I) bestehen. Eine Verletzung der Beteiligungsrechte macht die Zusicherung rechtswidrig.

V. Folgen bei fehlerhafter Zusicherung (II)

11 Die Rechtsfolgen einer fehlerhaften Zusicherung sind in II näher festgelegt. Nach der gesetzlichen Wertung kommt (auch) einer rechtswidrigen Zusicherung grundsätzlich Bindungswirkung zu, es sei denn, die Zusicherung ist infolge eines Nichtigkeitsgrund gem. § 44 oder wegen Unzuständigkeit der Behörde oder Nichteinhaltung der Schriftform unwirksam. Fehler hinsichtlich der Verfahrensbeteiligung nach § 38 I 2 können über den Verweis auf § 45 I Nr. 3 bis 5 und II geheilt werden. Hinsichtlich der Aufhebbarkeit einer Zusicherung findet auf die Rücknahme der § 48 und auf den Widerruf, unbeschadet des III, der § 49 entsprechende Anwendung. Über diese auf den ersten Blick sehr präzise Regelung hinaus finden nach allgemeiner Auffassung auch § 45 I Nr. 1 und 2 sowie III und die §§ 46, 47, 50 und 51 entsprechende Anwendung (KR/Ramsauer § 38 Rn. 32 mwN). Neben dem Verweis auf die §§ 48 f. bleibt kein Raum für eine Anfechtung der Zusicherung seitens der Behörde.

VI. Ende der Bindungswirkung (III)

12 Aufgrund des § 38 III ist die Behörde an ihre Zusicherung nicht mehr gebunden, wenn sich nach deren Abgabe die Sach- oder Rechtslage derart ändert, dass die Behörde bei Kenntnis der nachträglichen Änderung die Zusicherung nicht gegeben hätte oder aus rechtlichen Gründen nicht hätte geben dürfen. Es handelt sich hier um eine Ausformung des allgemeinen Grundsatzes vom **Wegfall der Geschäftsgrundlage** (clausula rebus sic stantibus), die aufgrund Spezialität die Anwendbarkeit von § 49 II Nr. 3 und 4 ausschließt. Das Vorliegen einer **nachträglichen Änderung der Sach- oder Rechtslage** bestimmt sich anhand objektiver Kriterien. Keine Änderung in diesem Sinne liegt bei einem bloßen Irrtum der Behörde, der Zugrundelegung eines unzutreffenden Sachverhalts, einer fehlerhaften Rechtsanwendung, einer Änderung der politischen Zielsetzung oder einer Änderung der Rechtsprechung vor. Weiter ist in der 1. Alt. erforderlich, dass die Behörde bei entsprechender **Kenntnis** die Zusicherung nicht gegeben hätte. Die Änderung muss sich also auf einen tatsächlichen oder rechtlichen Umstand beziehen, der Grundlage und (zumindest mit-) bestimmend für die seinerzeitige Zusicherung war. Stand die Änderung bereits fest oder war sie zumindest

vorhersehbar und gibt die Behörde gleichwohl die Zusicherung, muss die Behörde sich hieran festhalten lassen. Für die 2. Alt., dass die Behörde infolge der Änderung der Sach- oder Rechtslage die Zusicherung aus **rechtlichen Gründen** nicht hätte geben dürfen, ist dagegen der hypothetische Behördenwille irrelevant.

In der Rechtsfolge entfällt die Bindungswirkung der Zusicherung bei Vor- 13
liegen eines der in § 38 III genannten Fälle **kraft Gesetzes** mit der objektiven Änderung der Sach- oder Rechtslage, einer Aufhebungsentscheidung bedarf es nicht (OVG Hamburg NordÖR 2023, 255, 258). Gemäß den allgemeinen Grundsätzen vom Wegfall der Geschäftsgrundlage kommt auch im Rahmen des § 38 III eine **Anpassung** der Zusicherung entsprechend der geänderten Sach- oder Rechtslage in Betracht. Umstritten ist, ob der Bürger bei einem Wegfall der Bindungswirkung einen **Entschädigungsanspruch** gegen die Behörde hat, welche seinerzeit die Zusicherung gegeben hat. § 38 selbst trifft hierzu keine Regelung. Während eine Auffassung einen Ausgleichsanspruch in entsprechender Anwendung der §§ 48 III und 49 V annimmt, soweit das Vertrauen des Betroffenen schutzwürdig ist (KR/Ramsauer § 38 Rn. 45; Baumeister DÖV 1997, 229 (232 f.)), scheidet nach anderer Ansicht ein solcher Anspruch aus, da es im Unterschied zu § 48 III in den Fällen des § 38 an einem vermeidbaren Fehler der Behörde fehlt und die Regelung in § 38 II („unbeschadet des Absatzes 3") den hier allein in Betracht kommenden Widerrufstatbeständen des § 49 II 1 Nr. 3 und 4 vorgeht und somit auch die Entschädigungsregelung des § 49 V sperrt (SBS/U. Stelkens § 38 Rn. 108; Guckelberger DÖV 2004, 357 (363)).

Ist die Zusicherung ein VA (hM, → Rn. 5), kann die Behörde sie zudem 13a
mittels **Nebenbestimmungen** gem. § 36 zB befristen (zum Sonderfall einer treuwidrigen Berufung der Behörde auf die abgelaufene Geltungsdauer einer Zusicherung VGH Mannheim BeckRS 2013, 51297) sowie nach §§ 48 oder 49 unter den dort genannten Voraussetzungen aufheben (zur konkludenten Rücknahme OVG Münster BeckRS 2013, 57624). Das gilt erst recht für die Gegenmeinung (→ Rn. 5).

VII. Rechtsschutz

Der Rechtsschutz ist abhängig von der rechtlichen Einordnung der Zusiche- 14
rung als VA oder als schlichtes Verwaltungshandeln (→ Rn. 5): Ist die Zusicherung ein **VA,** kann der Einzelne einen Anspruch auf Zusicherung im Wege des Widerspruchs gegen die Ablehnung und anschließend mit der Verpflichtungsklage verfolgen. In Ermangelung spezialgesetzlicher Regelungen hat der Betroffene insoweit in der Regel nur einen Anspruch auf ermessensfehlerfreie Entscheidung (→ Rn. 9). Wird die Zusicherung **nicht als VA** eingeordnet, ist richtige Klageart die allgemeine Leistungsklage. Eines Vorverfahrens bedarf es insoweit nicht. Ist die Zusicherung kein VA, wird man in der Konsequenz hier nicht fordern können, dass der Betroffene zusätzlich zur Leistungsklage gegen die erfolgte Ablehnung der Zusicherung klagen muss.

Das würde voraussetzen, dass die Ablehnung ihrerseits ein VA ist (dazu SBS/U. Stelkens § 38 Rn. 117 ff.).

15 Wurde eine Zusicherung erteilt und kommt die Behörde in der Folgezeit der Zusicherung nicht nach, kann der Betroffene seinen so begründeten Anspruch auf Erfüllung der Zusicherung klageweise geltend machen. Ist die Zusicherung auf den späteren Erlass eines VA gerichtet und unterbleibt der Erlass, ist richtige Klageart die **Verpflichtungsklage;** ist die Zusicherung auf das Unterlassen eines VA gerichtet und erlässt die Behörde ihn dennoch, steht dem Betroffenen die **Anfechtungsklage** offen. Rechtsgrundlage des Anspruchs ist jeweils die Zusicherung. Stand der Erlass oder das Unterlassen des zugesicherten VA ursprünglich im Ermessen der Behörde, hat sich dieses Ermessen mit der Zusicherung auf Null reduziert.

16 Erfolgt die Zusicherung der begehrten Behördenentscheidung erstmals im (stattgebenden) Widerspruchsbescheid und ersetzt die Behörde diesen Widerspruchsbescheid in der Folgezeit durch einen ablehnenden Widerspruchsbescheid, der die Zusicherung wieder aufhebt, ist richtige Klageart die **Anfechtungsklage** gegen den ablehnenden Widerspruchsbescheid, ohne dass es eines weiteren Widerspruchsverfahrens bedarf (BVerwG NVwZ 2009, 924 = BeckRS 2009, 33760).

§ 39 Begründung des Verwaltungsaktes

(1) [1] Ein schriftlicher oder elektronischer sowie ein schriftlich oder elektronisch bestätigter Verwaltungsakt ist mit einer Begründung zu versehen. [2] In der Begründung sind die wesentlichen tatsächlichen und rechtlichen Gründe mitzuteilen, die die Behörde zu ihrer Entscheidung bewogen haben. [3] Die Begründung von Ermessensentscheidungen soll auch die Gesichtspunkte erkennen lassen, von denen die Behörde bei der Ausübung ihres Ermessens ausgegangen ist.

(2) Einer Begründung bedarf es nicht,

1. **soweit die Behörde einem Antrag entspricht oder einer Erklärung folgt und der Verwaltungsakt nicht in Rechte eines anderen eingreift;**
2. **soweit demjenigen, für den der Verwaltungsakt bestimmt ist oder der von ihm betroffen wird, die Auffassung der Behörde über die Sach- und Rechtslage bereits bekannt oder auch ohne Begründung für ihn ohne weiteres erkennbar ist;**
3. **wenn die Behörde gleichartige Verwaltungsakte in größerer Zahl oder Verwaltungsakte mit Hilfe automatischer Einrichtungen erlässt und die Begründung nach den Umständen des Einzelfalls nicht geboten ist;**
4. **wenn sich dies aus einer Rechtsvorschrift ergibt;**
5. **wenn eine Allgemeinverfügung öffentlich bekannt gegeben wird.**

Übersicht

	Rn.
I. Bedeutung	1
II. Grundsatz der Begründungspflicht (I)	4
1. Geltung	4
2. Inhalt und Umfang	5
3. Form	8
III. Ausnahmen von der Begründungspflicht (II)	9
1. Antrags- oder erklärungsgemäßer VA	10
2. Kenntnis oder Erkennbarkeit der behördlichen Auffassung	12
3. Gleichartige oder automatisierte VAe	14
4. Besondere Rechtsvorschriften	15
5. Öffentlich bekannt gegebene Allgemeinverfügungen	16
IV. Rechtsfolgen von Begründungsmängeln	17

I. Bedeutung

§ 39 I statuiert den Grundsatz einer **Begründungspflicht** für schriftliche 1
und elektronische sowie schriftlich oder elektronisch bestätigte VAe und formuliert zudem inhaltliche Mindestanforderungen. Der § 39 II enthält Ausnahmen von der Begründungspflicht, ist abschließend und nicht analogiefähig. Ist eine Begründung erforderlich, ist ihr Vorhandensein und die Erfüllung der gesetzlichen Mindestanforderungen, insbesondere die Übereinstimmung der Begründung mit den tatsächlich entscheidungsrelevanten Tatsachen, ein Aspekt der **formellen Rechtmäßigkeit** des VA.

Sondergesetzliche Normen gehen dem § 39 aus Gründen der Spezialität 2
vor (so ausdrücklich § 39 II Nr. 4). Wo spezielle Vorschriften lediglich eine allgemeine Begründungspflicht ohne nähere Angaben zu Inhalt und Umfang vorsehen, kann auf die Grundsätze des § 39 I zurückgegriffen werden; die Ausnahmetatbestände des § 39 II sind hingegen nicht übertragbar (KR/Ramsauer § 39 Rn. 13a). Ob die Regelungen des § 39 als Ausdruck allgemeiner Rechtsgrundsätze auch auf außerhalb des VwVfG (und der entsprechenden Landesgesetze) Anwendung finden, ist umstritten (bejahend SBS/U. Stelkens § 39 Rn. 17; ablehnend Ziekow § 39 Rn. 2; differenzierend KR/Ramsauer § 39 Rn. 10). Zu bejahen ist die Anwendbarkeit des § 39 zudem für **Zusicherungen,** obwohl es sich – nach der hier vertretenen Auffassung – nicht um VAe handelt (→ § 38 Rn. 5; ebenso Ziekow § 38 Rn. 4).

Die Vorschrift dient der **Selbstkontrolle der Verwaltung** ebenso wie 3
dem **Rechtsschutz des Bürgers** (BVerwG NVwZ 1993, 677). Sie konkretisiert sowohl die Anforderungen des Rechtsstaatsprinzips (Art. 20 III GG) wie der Rechtsschutzgarantie (Art. 19 IV GG; vgl. auch BVerwG NVwZ 1993, 667 (678)) an VAe. Ein generelles Begründungserfordernis auch für Rechtsnormen, insb. für untergesetzliche Normen, lässt sich hieraus allerdings nicht folgern (BVerwG BeckRS 2018, 40210 Rn. 25; OVG Bautzen BeckRS 2020, 33094 Rn. 28).

II. Grundsatz der Begründungspflicht (I)

1. Geltung

4 Die Begründungspflicht gilt nach § 39 I 1 für **schriftliche und elektronische** sowie **schriftlich oder elektronisch bestätigte** VAe. Nicht der Begründungspflicht unterliegen mündliche (und fernmündliche) VA, es sei denn, sie werden auf Verlangen des Betroffenen schriftlich oder elektronisch bestätigt (vgl. § 37 I 2). Die Begründungspflicht des § 39 I 1 ist umfassend: sie gilt im Grundsatz für belastende wie für begünstigende VAe (s. aber § 39 II Nr. 1), für die Hauptregelung eines VA ebenso wie für Nebenbestimmungen, für die das Verwaltungsverfahren abschließende Sachentscheidung wie für Entscheidungen mit VA-Charakter während des laufenden Verwaltungsverfahrens (KR/Ramsauer § 39 Rn. 8) und auch für Zusicherungen gem. § 38 (Ziekow § 38 Rn. 4).

2. Inhalt und Umfang

5 Ausweislich des § 39 I 2 sind in der Begründung die wesentlichen tatsächlichen und rechtlichen Gründe mitteilen, welche die Behörde zu ihrer Entscheidung bewogen haben (BVerwG BeckRS 2023, 4189 Rn. 24). Die Grundsätze der Klarheit, Wahrheit und Vollständigkeit sind zu beachten (VGH Kassel BeckRS 2015, 47466 Rn. 43). Vom **Inhalt** erfasst die Begründungspflicht sowohl die tatsächlichen wie die rechtlichen Gründe. Für begünstigende VAe erscheint mindestens die Mitteilung des der Entscheidung zugrunde gelegten Sachverhalts und die Angabe der Rechtsgrundlage erforderlich. Für belastende VAe ist eine Darlegung der von der Behörde zu Grunde gelegten Sach- und Rechtslage zu fordern, die den Adressaten in die Lage versetzt, die Richtigkeit der sachlichen Grundlagen der Entscheidung und die Stimmigkeit der rechtlichen Folgerungen überprüfen zu können (VGH Kassel NVwZ-RR 2006, 776; s. auch VGH Kassel NVwZ-RR 2008, 221). Wenn die Behörde dem Vorbringen des Betroffenen nicht folgt, muss sie die Gründe hierfür darlegen. Wenn die Behörde naheliegende oder sich aufdrängende Erwägungen nicht anstellt oder entsprechende Folgerungen nicht zieht, muss sie die sie leitenden Überlegungen offenlegen. **Wesentlich** sind die Gründe, welche die Entscheidung der Behörde tatsächlich tragen (BVerwG BeckRS 2023, 4189 Rn. 27). Der **Umfang** der Begründungspflicht bestimmt sich nach dem jeweiligen Rechtsgebiet und den Umständen des Einzelfalls (BVerwG BeckRS 2015, 41450 Rn. 8; zu den Anforderungen bei der Inanspruchnahme aus einer ausländerrechtlichen Verpflichtungserklärung gem. § 68 AufenthG s. OVG Lüneburg BeckRS 2022, 3437 Rn. 24). Je einfacher und nachvollziehbarer sich der von der Behörde geprüfte Sachverhalt einschließlich der ihn bestimmenden Ursachenzusammenhänge darstellt, desto geringer sind die Begründungsanforderungen. Umgekehrt ist die Behörde bei komplexen Sachverhalten, die durch eine Vielzahl relevanter Umstände und komplizierte ermittlungsbedürftige bzw. umstrittene Kausalitäts-

beziehungen gekennzeichnet sind, verpflichtet, im Detail darzustellen, aufgrund welcher Erwägungen eine bestimmte Sachlage Grundlage der Entscheidung wurde (OVG Lüneburg BeckRS 2023, 10848 Rn. 18). Dazu zählen zB Erwägungen zur Glaubwürdigkeit oder Ausführungen zu einer durchgeführten Beweisaufnahme und zur anschließenden Beweiswürdigung. Die Behörde ist dabei nicht zur Darlegung aller für Prüfung der Rechtmäßigkeit des VA erforderlichen Einzelheiten verpflichtet (OVG Bautzen BeckRS 2018, 10906 Rn. 27). Wo spezielle fachgesetzliche Vorschriften (Mindest-)Begründungselemente enthalten, ist jeweils zu prüfen, ob und in welchem Umfang diese durch § 39 I 2 ergänzt werden (OVG LSA BeckRS 2010, 48131 = ZfBR 2010, 379 – zu § 24 III 2 BauGB; s. auch OVG Münster BeckRS 2016, 49167 Rn. 16). Soweit Geheimhaltungs- und Datenschutzvorschriften der Preisgabe von Informationen in der Begründung entgegenstehen, muss die Begründung gleichwohl erkennen lassen, dass solche Daten existieren und dass sie für die Entscheidung der Behörde relevant waren (OVG Magdeburg BeckRS 2023, 17071 Rn. 30; VGH Kassel BeckRS 2015, 47466 Rn. 45; BeckOK VwVfG/Schemmer § 39 Rn. 87; BVerwG BeckRS 2015, 44904 Rn. 30 – zur Zulässigkeit der Schwärzung von Teilen der Entscheidungsgründe in einzelnen Ausfertigungen eines VA).

Handelt es sich um eine **Ermessensentscheidung,** soll die Begründung nach § 39 I 3 auch die Gesichtspunkte erkennen lassen, von denen die Behörde bei ihrer Ermessensausübung ausgegangen ist. Erforderlich sind Darlegungen zum Abwägungsvorgang wie zum -ergebnis. Für den Abwägungsvorgang sind die von der Behörde für maßgeblich erachteten Aspekte sowie die Gründe ihrer vorrangigen bzw. nachrangigen Berücksichtigung mitzuteilen. Für das Abwägungsergebnis sind bei mehreren Alternativen die für die Wahl der konkret getroffenen Entscheidung bestimmenden Gesichtspunkte zu begründen (OVG Münster BeckRS 2018, 18876 Rn. 23 – zur eingeschränkten Begründungspflicht bei Einschreiten gegen einen rechtswidrigen Zustand). Der § 39 I 3 ist eine Soll-Vorschrift, was bedeutet, dass die tragenden Ermessenserwägungen grundsätzlich mitzuteilen sind und diese Mitteilung nur ausnahmsweise aufgrund besonderer Umstände des Einzelfalles unterbleiben kann. Wo ein Gesetz der Behörde zwar Ermessen einräumt, aber gleichzeitig für den Regelfall eine bestimmte Entscheidung vorsieht (sog. **intendiertes Ermessen**), reicht der Hinweis auf das Gesetz, die dort als Regel vorgesehene Entscheidung und das Fehlen besonderer, eine abweichende Entscheidung rechtfertigender Gesichtspunkte aus, wenn die Behörde im Sinne der Regel entscheidet. Weicht die Behörde mit ihrer Entscheidung vom Regelfall ab, bedarf die Abweichung der näheren Begründung. Die Regelung des § 39 I 3 ist nach hM entsprechend anwendbar auf Entscheidungen mit **Beurteilungs-** und **Planungsspielraum** (KR/Ramsauer § 39 Rn. 28). So muss etwa bei Prüfungsentscheidungen die Begründung „ihrem Inhalt nach so beschaffen sein, dass das Recht des Prüflings, Einwände gegen die Abschlussnote wirksam vorzubringen, ebenso gewährleistet ist wie das Recht auf gerichtliche Kontrolle des Prüfungsverfahrens unter Beachtung des Beurteilungsspielraums der Prüfer. Daher müssen die maßgeblichen Gründe, die den Prüfer zu der abschließenden Bewertung veranlasst haben, zwar nicht 6 in den Einzelheiten, aber doch in den für das Ergebnis ausschlaggebenden Punkten erkennbar sein" (BVerwGE 91, 226 = NVwZ 1993, 677; VG Braunschweig BeckRS 2014, 58272; BeckRS 2012, 59422; zu beamtenrechtlichen Auswahlentscheidungen s. OVG Lüneburg NVwZ-RR 2008, 552). Bei der Entscheidung über die Besetzung eines (Beförderungs-) Dienstpostens sind dem erfolglosen (Beförderungs-) Bewerber bereits in der Begründung des ablehnenden schriftlichen VAs von der Behörde die wesentlichen Auswahlerwägungen mitzuteilen, warum gerade dem Adressaten des ablehnenden Bescheides der oder die Ausgewählte vorgezogen wurde (OVG Lüneburg NVwZ-RR 2010, 447 (Ls) = BeckRS 2010, 46861). Zu den unterschiedlichen Dokumentationpflichten bei dotierungsgleichen Versetzungsentscheidungen und Konkurrentenentscheidungen um höherwertige Dienstposten s. BVerwG BeckRS 2020, 8104 Rn. 18, zur – ausnahmsweisen – Relevanz von Organisationsgrundentscheidungen im Beamtenrecht s. BVerwG BeckRS 2022, 44498 Rn. 27; BeckRS 2022, 8170 Rn. 25.

6a Ein nachträglicher Austausch wesentlicher Ermessenserwägungen ist (sog. **Nachschieben**) ist nur ausnahmsweise zulässig, wenn die Gründe schon bei Erlass des VA vorlagen, dieser nicht in seinem Wesen verändert und der Adressat nicht in seiner Rechtsverteidigung beeinträchtigt wird (BVerwGE 141, 253 Rn. 11). Bei VAen mit Dauerwirkung ist zu differenzieren: während eine Auswechselung der wesentlichen Erwägungen für die Vergangenheit ausgeschlossen ist, kann sie für die Zukunft statthaft sein, um insbesondere einer Änderung der Sach- und Rechtslage Rechnung zu tragen (BVerwG Beck RS 2013, 56767 Rn. 32 f.). Auch für die Änderung des VA einschließlich seiner Begründung gilt das Bestimmtheitserfordernis des § 37 I.

7 Dass die Begründung **nicht widersprüchlich** sein darf, versteht sich von selbst; ist sie es dennoch im Einzelfall, folgt hieraus nicht die formelle, sondern die materielle Rechtswidrigkeit des VA.

3. Form

8 Die **Form** der Begründung folgt der Form des (verfügenden Teils des) VA bzw. der Form der Bestätigung des VA. **Standardisierte Begründungen** (Formularbegründungen, Textbausteine) sind zulässig, solange der Bezug zum konkreten Einzelfall erkennbar ist. Ebenso ist die Verwendung von **Schlüsselzeichen** bei einem mittels automatischer Einrichtungen erlassenen schriftlichen VA in der Begründung zulässig, wenn entsprechende Erläuterungen dem VA beigegeben sind, aufgrund derer sich der Inhalt der Begründung eindeutig erkennen lässt (vgl. § 37 V 2). Unschädlich ist auch die **Bezugnahme** auf Dokumente (Pläne, Zeichnungen etc.) außerhalb des VA, wenn sie für den Betroffenen ohne weiteres zugänglich sind und seine Kenntnisnahme ohne den Einsatz zusätzlicher technischer Hilfsmittel möglich ist (BVerwG NVwZ 1987, 504). Eine Verweisung auf elektronische Dokumente scheidet damit regelmäßig aus, denn die Wahrnehmung ihres Inhalts ist ohne den Einsatz technischer Hilfsmittel ausgeschlossen.

III. Ausnahmen von der Begründungspflicht (II)

§ 39 II normiert fünf **Ausnahmen von der Begründungspflicht.** Die Aufzählung ist abschließend, als Ausnahmeregelung eng auszulegen und nicht analogiefähig. Einer Begründung bedarf damit auch eine **Eilentscheidung** (zB bei „Gefahr im Verzug"), allerdings reicht in diesem Fall eine Begründung in Kurzform. Ein **Verzicht** des Betroffenen befreit ebenfalls nicht von der Begründungspflicht. 9

1. Antrags- oder erklärungsgemäßer VA

Eine Begründung ist gem. § 39 II Nr. 1 entbehrlich, soweit die Behörde einem Antrag entspricht oder einer Erklärung folgt und der VA nicht in Rechte Dritter eingreift. Erfasst werden für den Betroffenen **begünstigende VAe,** einschließlich feststellenden VAen. In diesen Fällen fehlt regelmäßig ein Interesse des Betroffenen an einer Begründung. Zwingend erforderlich ist ein Antrag oder eine Erklärung. **Antrag** meint einen Antrag gem. §§ 22 und 64. **Erklärung** ist jede Äußerung verfahrensbestimmender Art, dh mit Bezug auf den Gegenstand des Verwaltungsverfahrens. Als Ausnahmebestimmung findet die Regelung keine Anwendung auf von Amts wegen erlassene VAe. Die Pflicht zur Begründung entfällt darüber hinaus nur, wenn der VA nicht in **Rechte anderer** eingreift. Rechte Dritter sind typischerweise bei **VAen mit Doppel- oder mit Drittwirkung** betroffen. Ob ein Eingriff vorliegt, beurteilt sich nach denselben Kriterien wie bei § 38 I. Nur mittelbare Auswirkungen wirtschaftlicher Art sind unbeachtlich. Liegt ein Eingriff in Drittrechte vor, ist der VA gegenüber dem Dritten zu begründen (KR/Ramsauer § 39 Rn. 38), auch gegenüber dem Antragsteller nur dann, wenn der Eingriff in die Rechte des Dritten gleichzeitig die Rechtsposition des Begünstigten betrifft (SBS/U. Stelkens § 39 Rn. 85). Streitig ist, ob die Zustimmung oder der Verzicht des Dritten die Begründungspflicht entfallen lässt (so SBS/U. Stelkens § 39 Rn. 86; aA KR/Ramsauer § 39 Rn. 34). 10

Die Begründungspflicht entfällt in dem **Umfang,** in welchem der VA dem Antrag entspricht oder der Erklärung folgt und nicht in Rechte Dritter eingreift („soweit"). Entspricht die Behörde dem Begehren des Betroffenen mithin nur teilweise oder berührt der VA zumindest teilweise nicht die Rechte Dritter, entfällt nur für diesen Teil die Begründungspflicht. Eine solche teilweise Ausnahme setzt voraus, dass der VA insoweit teilbar ist, d. h. die einzelnen Teile klar voneinander abgrenzbar und für sich betrachtet Geltung beanspruchen können (wie hier KR/Ramsauer § 39 Rn. 32; aA wohl Ziekow § 39 Rn. 9). 11

2. Kenntnis oder Erkennbarkeit der behördlichen Auffassung

Einer Begründung bedarf es nach § 39 II Nr. 2 nicht, soweit dem Adressaten oder dem Betroffenen die Auffassung der Behörde über die Sach- und Rechtslage bereits bekannt oder auch ohne Begründung für ihn ohne weiteres 12 erkennbar ist. **Kenntnis** bedeutet positive Kenntnis, wobei eine Parallelwertung in der Laiensphäre genügt. Der Grund für die Kenntnis ist unerheblich, die Kenntnis muss nicht von der Behörde erlangt sein. Die Begründungspflicht entfällt nicht, wenn die Behörde den Adressaten oder Betroffenen vor Erlass des VA mündlich oder telefonisch von ihrer Auffassung über die Sach- und Rechtslage informiert, erst recht nicht, wenn sie ihm eine solche Information nur anbietet (OVG Münster BeckRS 2013, 56093). Dies wäre eine unzulässige Umgehung des Gesetzes und würde ansonsten die Begründungspflicht zur Disposition der Behörde stellen (KR/Ramsauer § 39 Rn. 41). **Erkennbarkeit** verlangt Offenkundigkeit, dh, die entscheidungsrelevanten Gesichtspunkte müssen ohne weiteres offenbar und verständlich sein. Letztlich kommt dies nur für einfach gelagerte Fälle in Betracht. Die Kenntnis und Erkennbarkeit müssen die Sach- und Rechtslage und die diesbezügliche Auffassung der Behörde umfassen, bei Ermessensentscheidungen auch die für die Behörde maßgeblichen Ermessenserwägungen.

13 Ähnlich wie bei Nr. 1 entfällt auch hier die Begründungspflicht in dem **Umfang,** in dem die Sach- und Rechtslage bekannt oder erkennbar ist („soweit"). Bei mehreren Adressaten und/oder Betroffenen kann die Begründungspflicht gegenüber allen oder auch nur einzelnen von ihnen entfallen.

3. Gleichartige oder automatisierte VAe

14 § 39 II Nr. 3 erklärt eine Begründung für entbehrlich, wenn die Behörde gleichartige VAe in größerer Zahl oder VAe mit Hilfe automatisierter Einrichtungen erlässt und die Begründung nach den Umständen nicht geboten ist. Der Begriff der **gleichartigen VAe in größerer Zahl** entspricht dem des § 28 II Nr. 4, derjenige der **mit Hilfe automatisierter Einrichtungen erlassenen VAe** dem des § 37 V. Als zusätzliche Voraussetzung darf die **Begründung nach den Umständen des Einzelfalles nicht geboten** sein. Insoweit ist zu berücksichtigen, dass Betroffene regelmäßig ein berechtigtes Interesse an einer Begründung haben. Umstände, die dieses Interesse entfallen lassen, formulieren bereits die Nrn. 1 und 2. Die dortigen Regelungen können als Orientierung dienen. Im Ergebnis werden sich weitere Ausnahmen nur in seltenen Fällen begründen lassen (vgl. BVerwGE 84, 375 (388 f.)).

4. Besondere Rechtsvorschriften

15 Eine Begründung ist gem. § 39 II Nr. 4 nicht erforderlich, wenn sich dies aus einer **Rechtsvorschrift** ergibt. Die Vorschrift wiederholt den Vorrang spezialgesetzlicher Regelungen aus § 1 I, ist jedoch insofern umfassender, als dass hier über das Bundesrecht hinaus auch die Rechtsvorschriften der Länder (einschließlich Satzungen) mit erfasst werden. Die Begründungspflicht kann ausdrücklich (zB §§ 77 II AufenthG, 50 IV AsylG, § 74 II 2 BauO NRW), aber auch nach Sinn und Zweck einer Regelung (insbesondere aufgrund von **Geheimhaltungsinteressen,** zB §§ 29 II, 30), darüber hinaus ganz oder teilweise ausgeschlossen sein. Ein Ausschluss der Begründungspflicht kann sich ferner aus den Grundrechten ergeben (zB aus dem Recht auf informationelle

Selbstbestimmung aus Art. 1 I, 2 I GG). Die Behörde muss in diesen Fällen die Geheimhaltungsbedürftigkeit geltend machen und begründen, ohne dass Rückschlüsse auf die geheimzuhaltenden Tatsachen möglich sein dürfen. Bei nur teilweiser Geheimhaltungsbedürftigkeit besteht für den hiervon nicht erfassten Teil des VA Begründungspflicht.

5. Öffentlich bekannt gegebene Allgemeinverfügungen

Schließlich bedarf eine Allgemeinverfügung, die öffentlich bekannt gegeben 16 wird, nach § 39 II Nr. 5 keiner Begründung. Der Begriff der **Allgemeinverfügung** ist identisch mit dem des § 35 S. 2. Die Begründungspflicht entfällt nicht generell bei Allgemeinverfügungen, sondern nur bei solchen, die **öffentlich bekannt gemacht** werden gem. § 41 IV 1. Nimmt man bei Vorliegen eines berechtigten Interesses trotz der Regelung des § 39 II Nr. 5 eine Pflicht der Behörde zur individuellen Beifügung einer Begründung an (so KR/Ramsauer § 39 Rn. 55), erscheint es folgerichtig, eine Begründungspflicht gegenüber allen Beteiligten anzunehmen (Ziekow § 39 Rn. 14).

IV. Rechtsfolgen von Begründungsmängeln

Das vollständige Fehlen einer nach § 39 erforderlichen Begründung oder 17 wesentliche **Mängel** der Begründung führen zur **Rechtswidrigkeit** des VA. Der VA ist damit trotz des Begründungsfehlers wirksam, wenn er nicht ausnahmsweise nichtig ist. Ob und ggf. welche Folgen ein Begründungsfehler hat, beurteilt sich anhand der §§ 45 f.:

Zunächst ist zu prüfen, ob eine fehlende oder mangelhafte Begründung 18 gem. § 46 **unbeachtlich** ist, da es sich insoweit um einen Formfehler handelt. Ein Form- und damit auch ein Begründungsfehler begründen dann keinen Anspruch auf Aufhebung des VA, wenn die Verletzung die Entscheidung in der Sache offensichtlich nicht beeinflusst hat. Das ist in der Regel bei gebundenen Entscheidungen der Fall, bei Ermessenentscheidungen nur dann, wenn eine Ermessensreduzierung auf Null vorliegt.

Im Übrigen kann ein Begründungsmangel gem. § 45 I Nr. 2 **geheilt** 19 werden, und zwar bis zum Abschluss der letzten Tatsacheninstanz eines verwaltungsgerichtlichen Verfahrens (§ 45 II).

Stützt sich die Behörde ausweislich der Begründung bei ihrer Entscheidung 20 auf einen **unzutreffenden Sachverhalt** oder nennt die Begründung **unzutreffende Rechtsvorschriften,** liegt hierin kein Verstoß gegen die Begründungspflicht gem. § 39; denn jedenfalls lässt sich der Begründung entnehmen, auf welchen tatsächlichen und rechtlichen Erwägungen die Entscheidung der Behörde beruht (BVerwG NVwZ 1993, 572). Auf die objektive Richtigkeit kommt es insoweit nicht an (BVerwG BeckRS 2023, 4189 Rn. 24; BeckRS 2019, 21806 Rn. 17; OVG Lüneburg BeckRS 2022, 32657 Rn. 9). Allerdings führt eine unrichtige Begründung häufig zur Rechtswidrigkeit des VA und hat insoweit Indizwirkung.

§ 40 Ermessen

Ist die Behörde ermächtigt, nach ihrem Ermessen zu handeln, hat sie ihr Ermessen entsprechend dem Zweck der Ermächtigung auszuüben und die gesetzlichen Grenzen des Ermessens einzuhalten.

Übersicht

	Rn.
I. Bedeutung	1
II. Ermessen	4
1. Begriff des Ermessens	4
2. Arten des Ermessens	5
III. Ermächtigung zum Handeln nach Ermessen	8
IV. Maßstab der Ermessensausübung	11
1. Zweck der Ermächtigung	12
2. Einhaltung der gesetzlichen Grenzen	14
a) Art. 3 I GG	15
b) Selbstbindung der Verwaltung	16
aa) Ermessenslenkende VV	17
bb) Verwaltungspraxis	19
c) Sonstige gesetzliche Grenzen	20a
3. Ermessensausübung	21
V. Ermessensreduzierung	23
VI. Ermessensfehler	24
1. Ermessensnichtgebrauch und Ermessensunterschreitung	25
2. Ermessensfehlgebrauch	28
3. Ermessensüberschreitung	29
4. Rechtsfolgen bei Ermessensfehlern	30
VII. Rechtsschutz	32
VIII. Sonstige Handlungsspielräume der Verwaltung	36
1. Unbestimmter Rechtsbegriff	37
2. Beurteilungsspielraum	39
a) Prüfungsentscheidungen	42
b) Beamtenrechtliche Beurteilungen	44
c) Wertungen von weisungsfreien Gremien und Ausschüssen	45
d) Verwaltungspolitische Entscheidungen	46
e) Prognose- und Risikoentscheidungen	47
3. Planungsermessen	49
4. Normatives Ermessen	52
5. Rechtsschutz	53
a) Unbestimmte Rechtsbegriffe	54
b) Beurteilungsspielraum	55
c) Planungsermessen	60

I. Bedeutung

1 Die Vorschrift bestimmt, wie eine zum Handeln nach ihrem **Ermessen** ermächtigte Behörde dieses Ermessen auszuüben hat, nämlich entsprechend dem Zweck der Ermächtigung und unter Einhaltung der gesetzlichen Gren-

zen des Ermessens. § 40 ermächtigt die Verwaltung nicht selbst zum Handeln nach Ermessen, sondern setzt eine solche Ermächtigung voraus. Nach allgemeiner Auffassung betrifft das Ermessen stets die **Rechtsfolgenseite.** Es eröffnet der Behörde mithin bei Vorliegen der tatbestandlichen Voraussetzungen einer Norm in Bezug auf die daran anzuknüpfende Rechtsfolge mehrere – rechtmäßige – Handlungsalternativen. Die Ausübung des Ermessens steht dabei nicht im Belieben der Behörde („freies Ermessen"), sondern hat sich am Ermächtigungszweck zu orientieren und die gesetzlichen Grenzen einzuhalten. Im Verwaltungsprozessrecht findet die Vorschrift ihre Entsprechung in § 144 VwGO.

Der **Anwendungsbereich** des § 40 betrifft unmittelbar nur das Zustande- 2
kommen von VAen auf der Grundlage einer gesetzlichen Ermächtigung. Die Vorschrift gilt darüber hinaus auch für den Erlass von VAen ohne gesetzliche Ermächtigung (ebenso KR/Ramsauer § 40 Rn. 5; aA Ziekow § 40 Rn. 3 und wohl auch SBS/Sachs § 40 Rn. 31, der allerdings der Ermessensverwaltung entsprechende Rechtsbindungen annimmt), ebenso für sonstige materielle oder auch nur formelle Ermessensentscheidungen von Behörden (zB §§ 10, 28 II) sowie für Entscheidungen auf der Grundlage unmittelbar anwendbaren EU-Rechts (VGH München BeckRS 2023, 37971Rn. 11 – zur Ausübung des behördlichen Selbsteintrittsrechts nach Art. 17 I Dublin III-VO). Darüber hinaus ist § 40 Ausdruck eines allgemeinen Rechtsgedankens, der das öffentlich-rechtliche Handeln der Verwaltung insgesamt bestimmt. Ausgenommen sind die Bereiche der Leistungsverwaltung, insbesondere das Subventionsrecht, soweit es an einer gesetzlichen Grundlage fehlt, nicht aber das privatrechtliche Verwaltungshandeln (Ziekow § 40 Rn. 3; KR/Ramsauer § 40 Rn. 6a; offengelassen SBS/Sachs § 40 Rn. 50). Abzugrenzen ist das behördliche Ermessen vom Beurteilungsspielraum, vom normativen Ermessen und von der planbezogenen Abwägung (auch Planungsermessen genannt).

Verfassungsrechtlich ist die Einräumung von Ermessen an die Behörde 3
insbesondere an der **Rechtsschutzgarantie** des Art. 19 IV GG und an den aus dem Rechtsstaatsprinzip gem. Art. 20 III GG abzuleitenden Grundsätzen der **Gesetzmäßigkeit der Verwaltung** und der **Bestimmtheit** zu messen (zu den Anforderungen hinsichtlich der Bestimmtheit s. BVerfGE 105, 279 (304) = NJW 2002, 2626). Da die Verwaltungsgerichte behördliche Ermessensentscheidungen gem. § 114 VwGO nur eingeschränkt überprüfen können, begründet die Einräumung von Ermessen und dessen Ausübung im Rahmen des § 40 einen nicht justiziablen Entscheidungsspielraum der Behörde. Notwendig ist damit eine Abwägung zwischen dem Recht des Bürgers auf einen effektiven und möglichst umfassenden Rechtsschutz einerseits und dem Erfordernis einer effektiven und leistungsfähigen Verwaltung. Nach allgemeiner Auffassung verletzt die Einräumung von Ermessen im Ergebnis nicht die Rechtsschutzgarantie aus Art. 19 IV GG (KR/Ramsauer § 40 Rn. 9 ff.). Im Verhältnis von Gesetzgeber und Verwaltung erfordert Art. 20 III GG die gesetzliche Festlegung eines hinreichenden Rahmens bei der Einräumung eines Ermessenspielraums. Die Anforderungen sind umso höher, je stärkere Eingriffe in (Grund-) Rechte des Bürgers die Ermächtigung

an die Verwaltung gestattet. Allerdings ist auch zu bedenken, dass die Verwaltung auch bei Ermessen stets an die Verfassung gebunden ist. Die Einräumung von Ermessen begegnet auch insoweit regelmäßig keinen Bedenken (Ziekow § 40 Rn. 9 f.).

II. Ermessen

1. Begriff des Ermessens

4 Mit dem **Begriff des Ermessens** bezeichnet man die Eröffnung eines **Handlungsspielraums** der Verwaltung auf der **Rechtsfolgenseite** einer Norm. Liegen die tatbestandlichen Voraussetzungen einer Norm vor, eröffnet ein eingeräumtes Ermessen in Bezug auf die daran anzuknüpfende Rechtsfolge mehrere – rechtmäßige – Handlungsalternativen. Der Gegenbegriff zum Ermessen ist die **gebundene Entscheidung,** bei welcher die – einzig mögliche – Rechtsfolge in der Norm konkret benannt ist. Die Ausübung des Ermessens steht nicht im Belieben der Behörde („freies Ermessen"), sondern hat sich am Ermächtigungszweck zu orientieren und die gesetzlichen Grenzen einzuhalten („pflichtgemäßes Ermessen" – BVerwGE 69, 161 (169)).

2. Arten des Ermessens

5 Ist die Behörde zum Handeln nach Ermessen berechtigt, bleibt zu klären, welche Art(en) von Ermessen ihr eingeräumt ist. Klassisch wird zwischen Entschließungs- und Auswahlermessen unterschieden. Das **Entschließungsermessen** eröffnet der Behörde Ermessen dahin, „ob" (und ggf. „wann") sie einen VA erlässt. Die Behörde hat in diesen Fällen auch die Möglichkeit, keinen VA zu erlassen. Beim **Auswahlermessen** muss die Behörde entscheiden, welche von mehreren möglichen Maßnahmen sie wählt („wie") und ggf. gegen welchen von mehreren möglichen Adressaten („gegen wen") sie die Maßnahme richtet (OVG Magdeburg NVwZ-RR 2008, 615).

6 Im Bemühen um begriffliche Ausdifferenzierung wird teilweise noch ein **Rahmenausfüllungsermessen** unterschieden (Ziekow § 40 Rn. 1), das dann angenommen wird, wenn das Gesetz bestimmte Unter- und Obergrenzen festsetzt (VGH Kassel NVwZ-RR 2005, 304). Tatsächlich handelt es sich hier um Einschränkungen des Auswahlermessens.

7 Fest rechtsdogmatisch etabliert ist inzwischen das vom BVerwG entwickelte sog. **Regulierungsermessen** (BVerwGE 130, 39, 48 = NVwZ 2008, 705; NVwZ 2008, 1359 (1361)). Zur Entscheidung der Bundesnetzagentur über die von ihr im Rahmen des § 13 TKG zu treffenden Maßnahmen führt das Gericht aus: „*Diese Normstruktur schließt es aus, die durch zahlreiche unbestimmte Rechtsbegriffe gesteuerte Abwägung von einer sich etwa daran erst anschließenden Ermessensbetätigung zu trennen und Erstere der vollen gerichtlichen Kontrolle zu unterwerfen. Vielmehr ist die Abwägung ein untrennbarer Bestandteil des Regulierungsermessens selbst, das der Bundesnetzagentur bei zweckentsprechender Auslegung des Gesetzes insoweit eingeräumt ist. Der Senat übersieht dabei nicht, dass die Konkretisierung unbestimmter Rechtsbegriffe grundsätzlich Sache der Gerichte ist, die*

die Rechtsanwendung der Verwaltungsbehörden uneingeschränkt zu überprüfen haben. Doch kann ein gesetzlich vorgegebenes Entscheidungsprogramm wegen hoher Komplexität oder besonderer Dynamik der geregelten Materie so vage und seine Konkretisierung im Nachvollzug der Verwaltungsentscheidung so schwierig sein, dass die gerichtliche Kontrolle an die Funktionsgrenzen der Rechtsprechung stößt (BVerfGE 84, 34, 39f. = NJW 1991, 2005). Die Pflicht zur gerichtlichen Überprüfung reicht nicht weiter als die materiell-rechtliche Bindung der Exekutive. Sie endet dort, wo das materielle Recht der Verwaltungsbehörde in verfassungsrechtlich unbedenklicher Weise Entscheidungen abverlangt, ohne dafür hinreichend bestimmte Entscheidungsprogramme vorzugeben (BVerfGE 88, 40, 56, 61 = NVwZ 1999, 666; E 103, 142, 156 = NJW 2001, 1121). Vor diesem Hintergrund hat das BVerwG dem Gesetz u. a. dann eine Entscheidungsprärogative für die Exekutive entnommen, wenn der von ihr zu treffenden Entscheidung in hohem Maße wertende Elemente anhaften und das Gesetz für sie deshalb ein besonderes Verwaltungsorgan für zuständig erklärt, das mit besonderer fachlicher Legitimation in einem besonderen Verfahren entscheidet, zumal wenn es sich um ein Kollegialorgan handelt, das mögliche Auffassungsunterschiede bereits in sich zum Ausgleich bringt und die zu treffende Entscheidung damit zugleich versachlicht (BVerwGE 129, 27 = NJW 2007, 2790).“ Zuletzt bestätigt wurde die Existenz des Regulierungsermessens in BVerwG NVwZ 2014, 942 Rn. 43ff. Zu Recht wird insoweit kritisiert, diese von der Rechtsprechung sich selbst auferlegte Begrenzung ihrer Kontrollbefugnis verwässere ohne Not den Unterschied zwischen dem klassischen Verwaltungsermessen einerseits und dem Planungsrecht andererseits und sei mit dem Gebot effektiven Rechtsschutzes nicht vereinbar (Gärditz NVwZ 2009, 1005; Attendorn MMR 2009, 238).

III. Ermächtigung zum Handeln nach Ermessen

§ 40 erfordert zunächst eine Ermächtigung an die Behörde, nach ihrem **8**
Ermessen zu handeln. Die Vorschrift selbst stellt keine Ermächtigung dar, sondern setzt eine solche voraus. Ob eine Ermächtigungsgrundlage Ermessen einräumt, ist ihr häufig aufgrund der Formulierung direkt zu entnehmen, im Übrigen durch Auslegung zu ermitteln (§ 133 BGB). Ermessen besteht zunächst dort, wo das Gesetz selbst den Begriff **„Ermessen“** verwendet (zB § 36 II). Regelmäßig liegt Ermessen zudem bei der Verwendung von Begriffen wie „kann“ (sog. **„Kann-Vorschriften“**), „darf“, aber auch „ist befugt“ oder „ist berechtigt“ vor. In Ausnahmefällen kann die Auslegung umgekehrt ergeben, dass die Norm trotz ihrer Ausgestaltung als „kann“-Vorschrift kein Ermessen eröffnet. Insbesondere Grundrechte erfordern gelegentlich die Umdeutung in eine zwingende Regelung (zB bei § 35 II GewO aufgrund der Berufsfreiheit in Art. 12 I GG; § 35 II BauGB aufgrund der Baufreiheit in Art. 14 I GG; umstritten für § 36 II 3 BauGB: Ermessen wird bejaht von OVG Lüneburg NVwZ-RR 2009, 866 (869); aA OVG Koblenz NVwZ-RR 2000, 85).

Darüber hinaus existieren Regelungen, deren mögliche Rechtsfolgen mit **9**
dem Begriff „soll“ verbunden sind. Derartige **„Soll-Vorschriften“** stehen

zwischen dem „kann" und dem „muss". In der Konsequenz bedeutet dies ein Regel-Ausnahme-Verhältnis derart, dass die in der Norm genannte Rechtsfolge in der Regel eintritt und nur in atypischen Ausnahmefällen eine Abweichung statthaft ist (zB § 8 II AufenthG).

10 Ein ähnliches Regel-Ausnahme-Verhältnis besteht in den Fällen, wo nach dem Willen des Gesetzgebers und entgegen dem Wortlaut der Vorschrift in der Regel das Ermessens in bestimmter Weise auszuüben ist (sog. **intendiertes Ermessen;** zB § 49 III, dass bei Zweckverfehlung grundsätzlich aufzuheben ist – BVerwGE 105, 55 (57); § 135 V 1 BauGB, dass bei Vorliegen einer unbilligen Härte grundsätzlich von der Erhebung des Erschließungsbeitrages abzusehen ist – BVerwG NVwZ 1987, 601). Entscheidet die Behörde bei intendiertem Ermessen im Sinne des gesetzgeberischen Regelfalls, muss sie ihre Entscheidung insoweit nicht besonders begründen, insbesondere keine Ermessensgesichtspunkte darlegen und gewichten (BVerwGE 105, 55 (57)).

IV. Maßstab der Ermessensausübung

11 Ein ihr eingeräumtes Ermessen hat die Behörde entsprechend dem Zweck der Ermächtigung und unter Einhaltung der gesetzlichen Grenzen auszuüben. Die Behörde ist in ihrer Ermessensausübung nicht völlig frei, sondern hat sich bei ihrer Entscheidung am Normzweck sowie den gesetzlichen und insbesondere den grundgesetzlichen Vorgaben zu orientieren (sog. **pflichtgemäßes Ermessen**). Dem folgt auch § 114 VwGO, der – entgegen seiner missverständlichen Formulierung – die verwaltungsgerichtliche Nachprüfung von Ermessensentscheidungen darauf beschränkt, ob „die gesetzlichen Grenzen des Ermessens überschritten sind oder von dem Ermessen in einer dem Zweck der Ermächtigung nicht entsprechenden Weise Gebrauch gemacht (worden) ist". Innerhalb dieses so umschriebenen Rahmens besitzt die Behörde einen eigenen Handlungsspielraum.

1. Zweck der Ermächtigung

12 Die Behörde hat ihr Ermessen zunächst entsprechend dem **Zweck der Ermächtigung** auszuüben. Da der Zweck zumeist nicht ausdrücklich in der Norm selbst formuliert ist, muss er durch Auslegung zumeist anhand des Gesetzes oder auch anhand weiterer Gesetze, anhand der Verfassung (insbesondere der Grundrechte) und ggf. anhand europäischer oder völkerrechtlicher Regelungen ermittelt werden. So geht es zB im Polizei- und Ordnungsrecht um möglichst effektive Gefahrenabwehr bei größtmöglicher Schonung der Rechte und Rechtsgüter der Bürger, im Gewerberecht um den Schutz der Gewerbefreiheit des Gewerbetreibenden bei gleichzeitigem Schutz der Allgemeinheit und der Beschäftigten (zum Sondernutzungserlaubnisrecht OVG Münster BeckRS 2014, 53257 = NVwZ-RR 2014, 710). Übt die Behörde das Ermessen nicht entsprechend dem Zweck der Ermächtigung, liegt ein Ermessensfehlgebrauch vor.

Im **Subventionsrecht** ist der Zweck der Ermächtigung dort von zentraler Bedeutung, wo das Gesetz die Gewährung einer Subvention in das Ermessen der Verwaltung stellt. Ein gesetzlich begründeter Subventionsanspruch ist nicht deshalb gegenstandslos, weil die erforderlichen Haushaltsmittel fehlen. Der (Haushalts-) Gesetzgeber ist verpflichtet, die zur Erfüllung gesetzlicher Ansprüche erforderlichen Mittel im Haushaltsplan einzustellen; ggf. muss der Anspruch über- und außerplanmäßig erfüllt werden (vgl. Art. 110 GG, § 37 BHO). Adressat der Subventionsermächtigung ist die Verwaltung, nicht der Gesetzgeber. Zwar darf die Verwaltung bei ihrer Ermessensausübung auch Haushaltsbelange berücksichtigen, ohne dass sie aber im Außenverhältnis zum Subventionsbewerber an die Vorgaben des Haushaltsplans gebunden ist. Der bloße Verweis auf fehlende Haushaltsmittel stellt deshalb nur dann eine hinlänglich begründete Ermessensausübung dar, wenn dies dem Zweck der im materiellen Subventionsgesetz enthaltenen Ermächtigung entspricht (§ 40 VwVfG). Etwas anderes gilt nur in dem Fall, dass das materielle Gesetz den Subventionsanspruch seinerseits unter einen Haushaltsvorbehalt stellt. Hierzu hat das BVerwG ausgeführt: „In solchen Fällen bedarf der sorgfältigen Prüfung, wie weit dieser Haushaltsvorbehalt reicht. Regelmäßig will der Gesetzgeber des materiellen Subventionsgesetzes dem Haushaltsgesetzgeber damit lediglich die Befugnis einräumen, den finanziellen Rahmen der Förderung zu konkretisieren, ihre näheren Modalitäten insbesondere in zeitlicher Hinsicht festzulegen und die Förderung so mit den anderen öffentlichen Ausgaben zu koordinieren. Der Befugnis, über eine Beendigung, also das „Ob" der Förderung überhaupt zu entscheiden, will er sich regelmäßig nicht begeben; eine solche „Blankovollmacht" an den Haushaltsgesetzgeber wäre – bei Bundesgesetzen schon wegen des besonders geregelten Gesetzgebungsverfahrens (Art. 110 III GG) und mit Blick auf die Mitwirkungsrechte des Bundesrates – auch verfassungsrechtlich problematisch" (BVerwG NVwZ 2008, 1355 (1356)). 13

2. Einhaltung der gesetzlichen Grenzen

Darüber hinaus hat die Behörde ihr Ermessen unter Einhaltung der gesetzlichen Grenzen auszuüben. **Ermessensgrenzen** können sich vor allem ergeben aus Art. 3 I GG sowie aus dem Grundsatz der Selbstbindung der Verwaltung. 14

a) Art. 3 I GG

Die Behörde hat bei der Ausübung ihres Ermessens insbesondere den allgemeinen **Gleichheitsgrundsatz** in Art. 3 I GG zu beachten (s. zur Bindung der Verwaltung an die Grundrechte auch Art. 1 III GG). Wesentlich gleiche Sachverhalte sind danach gleich zu behandeln, soweit nicht sachliche Gründe eine unterschiedliche Behandlung rechtfertigen. Der Gleichheitsgrundsatz gilt allgemein und damit auch im Bereich der Ermessensverwaltung. Er kann isoliert in Bezug auf gleichgelagerte Sachverhalte oder im Zusammenhang mit Ermessensrichtlinien über die Selbstbindung der Verwaltung eine gesetzliche 15

Grenze der Ermessensausübung im Sinne der Notwendigkeit einer Gleichbehandlung bilden. Dennoch darf die Behörde auch anlassbezogen vorgehen und sich auf die Regelung von Einzelfällen beschränken, sofern sie hierfür sachliche Gründe anzuführen vermag (zB fehlende personelle und/oder sachliche Mittel, VGH Mannheim BeckRS 2016, 122618 Rn. 65).

b) Selbstbindung der Verwaltung

16 Grenzen des Ermessens können aus einer **Selbstbindung der Verwaltung** resultieren. Die Selbstbindung kann aus ermessenslenkenden Verwaltungsvorschriften (VVen) oder aus einer längeren Verwaltungspraxis resultieren.

17 **aa) Ermessenslenkende VV. Ermessenslenkende VVen** (häufig auch als Durchführungsvorschrift, Erlass oder Richtlinie bezeichnet) werden mit dem Ziel einer einheitlichen und gleichmäßigen Handhabung des Ermessens erlassen. Sie werden regelmäßig von einer übergeordneten Behörde formuliert und richten sich an nachgeordnete Behörden, deren zukünftige Entscheidungspraxis sie vorwegnehmen (antizipierte Verwaltungspraxis; OVG Münster BeckRS 2019, 11889 Rn. 22 f. – zum Sonderfall des Erfordernisses eines Ratsbeschlusses). Sie geben damit für den Regelfall eine bestimmte Entscheidung vor. Trotz Bestehens derartiger VVen können die nachgeordneten Behörden aber bei Vorliegen hinreichender Gründe im Einzelfall eine von den Vorgaben abweichende Entscheidung treffen (OVG Münster BeckRS 2017, 112144 Rn. 18).

18 Zu ihrer Wirksamkeit bedürfen ermessenslenkende VVen nur der Bekanntgabe an die nachgeordneten Behörden. Einer Veröffentlichung bedarf es hingegen nicht, sie unterbleibt auch in der Regel (BVerwG NVwZ 2005, 602, 604). Von der Wirksamkeit zu unterscheiden ist die Frage der Außenwirkung derartiger VVen. Ermessenslenkende VVen besitzen keine unmittelbare Außenwirkung. Wo derartige VVen existieren, entfalten sie jedoch ab dem Zeitpunkt ihres Erlasses über Art. 3 I GG eine **mittelbare Außenwirkung,** selbst dann, wenn sie bislang noch in keinem Fall zur Anwendung gekommen sind. Neue oder geänderte VVen bedürfen also nicht einer längeren Anwendung, um wirksam zu werden. Ein Hauptanwendungsfall von ermessenslenkenden VVen ist das Subventionsrecht.

19 **bb) Verwaltungspraxis.** Eine Selbstbindung der Verwaltung kann darüber hinaus eintreten durch eine ständige **Verwaltungspraxis** seitens der zuständigen Behörde. Die Feststellung einer solchen Verwaltungspraxis setzt voraus, dass die Behörde gleichgelagerte Sachverhalte regelmäßig in gleicher Weise entscheidet. In diesem Fall folgt aus Art. 3 I GG die grundsätzliche Pflicht der Behörde zur Fortsetzung der von ihr begründeten Verwaltungspraxis. Dies schließt nicht aus, dass die Behörde in besonders gelagerten Fällen ausnahmsweise von ihrer Verwaltungspraxis abweicht. Die Behörde muss sich vielmehr stets die Möglichkeit offenhalten, im Rahmen der Ermessensausübung den besonderen Umständen des Einzelfalles Rechnung zu tragen (BVerwG BeckRS 2009, 38079 Rn. 26). Auch bleibt es der Behörde unbenommen,

ihre bisherige Verwaltungspraxis aus sachlichen Gründen für die Zukunft zu ändern.

Bei einem **Widerspruch** zwischen ermessensleitenden VVen und Verwaltungspraxis, hat die Verwaltungspraxis Vorrang. Denn die VVen sollen eine spätere Praxis im Interesse einer einheitlichen Handhabung des Ermessens nur vorwegnehmen. Bildet sich in der nachfolgenden Verwaltungspraxis eine abweichende Übung heraus, ist die beabsichtigte Antizipation fehlgeschlagen mit der Folge, dass den VVen keine weitere Wirkung zukommt. 20

c) Sonstige gesetzliche Grenzen

Eine weitere gesetzliche Grenze des Ermessens bildet das geltende Recht. 20a
Rechtsstaatsgebot und Demokratieprinzip verpflichten die Verwaltung zur Anwendung des im Zeitpunkt der Entscheidung geltenden Rechts. Eine **geplante Rechtsänderung** muss die Behörde bei ihrer Ermessensausübung nur dann berücksichtigen, wenn die Änderung mit hinreichender Sicherheit zu einem bestimmten, absehbaren Zeitpunkt zu erwarten ist. In diesem Fall besteht aber keine Pflicht zur Voranwendung der beabsichtigten Rechtsänderung, sondern lediglich eine Verpflichtung zu ihrer Vorberücksichtigung im Rahmen der Ermessenserwägungen (BVerwG BeckRS 2013, 57309 Rn. 41; zur Begrifflichkeit Kloepfer, 94 f., 166; Guckelberger, 162). Dies gilt auch dann, wenn die beabsichtigte Rechtsänderung unionsrechtlichen Vorgaben Rechnung tragen soll. Sogar in dem Fall, dass das (noch) geltende nationale Recht gegen Unionsrecht verstößt, folgt aus dem Anwendungsvorrang des Unionsrechts nur, dass die geltende gesetzliche Regelung insoweit nicht angewendet werden darf. Eine Pflicht, der behördlichen Entscheidung stattdessen den Entwurf einer künftigen Regelung zugrunde zu legen, ergibt sich daraus nicht (BVerwG BeckRS 2013, 57309 Rn. 42).

3. Ermessensausübung

Innerhalb des vorstehend umschriebenen Rahmens hat die Behörde ihr **Ermessen auszuüben.** Sie hat insbesondere zu entscheiden, ob und ggf. welche von mehreren möglichen Maßnahmen zu treffen ist und gegen wen sich die Maßnahme richten soll. Ausgehend vom Zweck der Ermächtigung muss die Behörde die beteiligten Interessen und Rechtsgüter identifizieren, gewichten und gegeneinander abwägen. Hierzu wird sie sich regelmäßig an den Kriterien Effektivität (Wirksamkeit), Ortsnähe, Sachnähe, Schnelligkeit, Sicherheit, Verursachungsbeitrag, wirtschaftliche Leistungsfähigkeit und Zumutbarkeit orientieren. Neben diesen allgemeinen Zweckmäßigkeitskriterien sind inzwischen weitere Kriterien anerkannt, insbesondere positive und/oder negative Nebenfolgen, aber auch Gerechtigkeitsüberlegungen (BVerwG BeckRS 2023, 4189 Rn. 70 ff.; SBS/Sachs Rn. 15). 21

In diesem Zusammenhang gewinnt die im Ermessen begründete Möglichkeit der Ausrichtung von Verwaltungsentscheidungen an wissenschaftlichen und technischen Entwicklungen zunehmend an Bedeutung. Derartige Entwicklungen können über das Ermessen bei Verwaltungsentscheidungen Be- 21a rücksichtigung finden, wenn eine Behörde die Wahl zwischen mehreren Entscheidungen hat, die in gleicher Weise rechtmäßig sind. Zur Beantwortung der Frage, welche Entwicklungen der Verwirklichung der gesetzlichen Zielvorstellungen der Legislative optimal oder bestmöglich dienen, können die **Sustainable Development Goal**s der UN überall dort einen wichtigen Beitrag leisten, wo die Motive des Gesetzgebers dies zulassen, mit anderen Worten der „Zweck der Ermächtigung" iSv § 40 erreicht wird. Welche SDGs im Einzelfall Relevanz entfalten können, ist abhängig vom jeweiligen Sachgebiet und der konkret zu treffenden Regelung. Im Bau-, Energie- und Verkehrssektor formuliert zB das SDG 7 „Bezahlbare und saubere Energie", das SDG 12 „Nachhaltige/r Konsum und Produktion" und das SDG 13 „Maßnahmen zum Klimaschutz" Zielvorgaben, im Vergaberecht bereichsbezogen das Unterziel 12.6 „Nachhaltigkeit bei der öffentlichen Beschaffung". Des Weiteren statuiert die Deutsche Nachhaltigkeitsstrategie für verschiedenste Handlungsfelder Politikziele. Diese politischen Vorgaben müssen und können über das Ermessen von der Ebene der politisch unverbindlichen Absichtserklärung auf die Ebene des Verwaltungshandelns und hier der konkreten verwaltungsbehördlichen Einzelfallentscheidung heruntergebrochen werden und zum maßgeblichen Kriterium im Rahmen der Auswahl zwischen mehreren rechtmäßigen Ermessensalternativen werden. SDGs bieten damit einen Ansatz für ein modernes, zukunftsorientiertes und nachhaltiges Verwaltungshandeln.

22 Von der Ermessensausübung zu trennen ist das stets zu beachtende Rechtmäßigkeitserfordernis der **Verhältnismäßigkeit** der Maßnahme. Der Verhältnismäßigkeitsgrundsatz erfordert die Geeignetheit, Erforderlichkeit und Angemessenheit einer Maßnahme. Seine Anwendung kann uU eine Ermessensreduzierung auf Null begründen (→ Rn. 23).

V. Ermessensreduzierung

23 Ermächtigt eine Norm die Behörde zum Handeln nach Ermessen, eröffnet dies der Verwaltung regelmäßig mehrere Entscheidungsalternativen, zwischen denen sie unter sachlichen Gesichtspunkten eine Auswahl treffen muss. Es kann jedoch die Situation eintreten, dass aufgrund der konkreten Umstände des Einzelfalles nur noch eine Entscheidung in Betracht kommt und rechtmäßig ist. Hier spricht man von einer **Ermessensreduzierung auf Null.** Da eine Ermessensreduzierung auf Null das Ermessen faktisch ausschließt, handelt es sich um einen seltenen Ausnahmefall, der nur bei Vorliegen besonderer Umstände angenommen werden kann. Solche Umstände können sich zB aus Art. 3 I GG, aus dem rechtsstaatlichen Verhältnismäßigkeitsgrundsatz oder aus einer Zusicherung (BVerwGE 76, 243 (246)) ergeben.

VI. Ermessensfehler

Eine Behörde kann das ihr eingeräumte Ermessen fehlerhaft ausüben. In Anlehnung an die Formulierung in § 40 kommt als Ermessensfehler in Betracht, dass die Behörde das Ermessen gar nicht oder nicht entsprechend dem Ermächtigungszweck ausübt oder die gesetzlichen Grenzen des Ermessens unter- oder überschreitet. Die genannten vier Arten von Ermessensfehlern lassen sich nicht scharf voneinander trennen: so ist ein Ermessensnichtgebrauch die stärkste Form der Ermessensunterschreitung und alle Fehlerarten können unter dem Oberbegriff des Ermessensfehlgebrauch zusammengefasst werden. Die nachfolgende Zuordnung orientiert sich an der gängigen Unterscheidung von Ermessensnichtgebrauch (einschließlich Ermessensunterschreitung), -fehlgebrauch und -überschreitung. 24

1. Ermessensnichtgebrauch und Ermessensunterschreitung

Ein **Ermessensnichtgebrauch** liegt vor, wenn die Behörde von dem ihr eingeräumten Ermessen keinen Gebrauch macht. Gründe können zB sein, dass die Behörde das ihr zustehende Ermessen nicht erkennt und von einer gebundenen Entscheidung ausgeht, dass die Behörde eine Ermessensreduzierung auf Null annimmt oder dass sie eine Selbstbindung annimmt, obwohl eine atypische Fallgestaltung eine Abweichung von den ermessenslenkenden VVen oder der Entscheidungspraxis rechtfertigen würde. 25

Eine **Ermessensunterschreitung** ist gegeben, wenn die Behörde den vollständigen Umfang des Ermessens verkennt, also nicht sämtliche ihr zustehenden Möglichkeiten bei der Entscheidung erfasst und/oder berücksichtigt. 26

Handelt die den VA erlassende Behörde auf **Weisung** der ihr übergeordneten Behörde, kommt es darauf an, ob die übergeordnete Behörde das Ermessen ordnungsgemäß ausgeübt hat oder nicht. 27

2. Ermessensfehlgebrauch

Ein **Ermessensfehlgebrauch** liegt vor, wenn die Behörde ihr Ermessen nicht einer dem Zweck der Ermächtigung entsprechenden Weise ausübt, aber die gesetzlichen Ermessensgrenzen einhält. Das ist zB der Fall, wenn die Behörde nicht alle wesentlichen Gesichtspunkte in ihre Entscheidung einbezieht (sog. Ermessensdefizit) oder auch andere, zweckwidrige Gesichtspunkte zu Grundlage ihrer Entscheidung macht (sog. sachfremde Erwägungen). Ein **Ermessensdefizit** liegt insbesondere vor, wenn die Behörde den Sachverhalt nicht vollständig oder nicht ordnungsgemäß ermittelt hat und deshalb nicht alle für ihre Entscheidung relevanten Tatsachen kennt oder nicht vorliegende Tatsachen fälschlich annimmt (OVG Münster BeckRS 2021, 28442 Rn. 22 – zu den Anforderungen an eine Protective Lane gem. § 45 I StVO). Wesentlich ist ein Gesichtspunkt, wenn er Einfluss auf die Entscheidung haben kann, weil er die Kriterien der Ermessensausübung be- 28 stimmt. **Sachfremde Erwägungen** sind tatsächliche oder rechtliche Umstände, die nach dem Zweck der Ermessensnorm für die Entscheidung ohne Bedeutung sind. Zweckwidrig sind allgemein parteipolitische oder weltanschauliche Gesichtspunkte (BVerwGE 26, 135, 140), aber auch die Nichtberücksichtigung eines Beamtenbewerbers wegen möglicher Beihilfeansprüche (OVG Greifswald NordÖR 2001, 364 (367)). Nicht sachfremd und damit zulässig ist die Einbeziehung fiskalischer Interessen in die Ermessensentscheidung (BVerwGE 105, 55).

3. Ermessensüberschreitung

29 Eine **Ermessensüberschreitung** begeht die Behörde, wenn die von ihr gewählte Rechtsfolge über den gesetzlichen Rahmen des Ermessens hinausgeht. Beispiele sind die Beifügung einer nicht zulässigen Nebenbestimmung zu einem VA (VGH München BayVBl. 1973, 440) oder die Festsetzung einer Gebühr oberhalb des vom Gesetz gezogenen Rahmens (Ziekow § 40 Rn. 44).

4. Rechtsfolgen bei Ermessensfehlern

30 Ein ermessensfehlerhafter VA ist grundsätzlich **rechtswidrig,** bei Vorliegen eines besonders schwerwiegenden und offensichtlichen Fehlers ausnahmsweise nichtig (§ 44). Stets erforderlich ist die Relevanz des Ermessensfehlers für die von der Verwaltung getroffene Entscheidung. Teilweise wird vertreten, dass in den Fällen, wo die Behörde den VA ausweislich der Begründung parallel auf mehrere gleichwertige, voneinander unabhängige Überlegungen stützt, ein Ermessensfehler in nur einem Teil nicht zur Rechtswidrigkeit des VA insgesamt führt (so KR/Ramsauer § 40 Rn. 94).

31 Liegt ein Ermessensfehler vor, ist zu prüfen, ob eine **Heilung** in Betracht kommt. Da das Verfahren auf Erlass des VA und ein anschließendes Widerspruchsverfahren eine Einheit bilden, kann ein Ermessensfehler im Widerspruchsverfahren durch die Ausgangsbehörde wie auch durch die Widerspruchsbehörde geheilt werden (BVerwGE 67, 177 (180)). Darüber hinaus kann die Behörde ihre Ermessenserwägungen auch noch im verwaltungsgerichtlichen Verfahren ergänzen (vgl. § 114 S. 2); keine bloße Ergänzung ist dagegen die vollständige Nachholung oder die Auswechslung der die Ermessensentscheidung tragenden Gründe (BVerwG BeckRS 2009, 33685; BVerwGE 106, 351 (365); hierauf Bezug nehmend BVerfG NVwZ 2007, 1178 = ZBR 2008, 169).

VII. Rechtsschutz

32 Ist der Behörde bei ihrer Entscheidung Ermessen eingeräumt, muss sie dieses Ermessen entsprechend dem Gesetzeszweck, mit anderen Worten ordnungs- bzw. pflichtgemäß, ausüben; dessen ungeachtet sind regelmäßig mehrere Entscheidungsalternativen rechtmäßig. Korrespondierend zu der Verpflichtung der Behörde zur zweckentsprechenden Ermessensausübung besteht auf Seiten

des Bürgers der **Anspruch auf pflichtgemäße Ermessensausübung,** sofern sich nach der Schutznormtheorie ergibt, dass die Ermächtigung auch dem Schutz der Interessen der einzelnen Bürger zu dienen bestimmt ist. Wo dies der Fall ist, richtet sich der Anspruch des Bürgers grundsätzlich auf ermessensfehlerfreie Entscheidung der Behörde (zu möglichen Ermessensfehlern → Rn. 24 ff.). Der Umfang der verwaltungsgerichtlichen Kontrolle beschränkt sich auf die Überprüfung, ob die Behörde sich mit allen vom Bürger geltend gemachten Gesichtspunkten auseinandergesetzt und von der Richtigkeit der für ihre Entscheidung wesentlichen Behauptungen eine eigene Überzeugung verschafft hat, den Sachverhalt hinreichend aufgeklärt und anschließend unter allen sachlichen und rechtlichen Gesichtspunkten gewürdigt und darauf gestützt entschieden hat (BVerwGE 99, 336). Dies bedeutet regelmäßig keinen Anspruch auf eine bestimmte Entscheidung in der Sache. Dem entspricht die Regelung in § 114 VwGO, der – entgegen dem missverständlichen Wortlaut – in S. 1 Hs. 2 für Ermessensentscheidungen einen von der Regelung für die allgemeine Verpflichtungsklage abweichenden, insgesamt einschränkenden Prüfungsumfang formuliert (s. auch § 113 V 2 VwGO).

Ein Anspruch des Bürgers auf eine bestimmte Sachentscheidung besteht bei **33** Ermessensnormen nur in dem Ausnahmefall einer **Ermessensreduzierung auf Null** (→ Rn. 23). Ist trotz grundsätzlich bestehenden Ermessens ausnahmsweise nur eine Entscheidung in der Sache rechtmäßig, verdichtet sich der Anspruch auf pflichtgemäße Ermessensausübung zu einem Anspruch auf Erlass der einzig rechtmäßigen Entscheidung. Prozessual ist die Sache in diesen Fällen spruchreif iSv § 113 V 1 Hs. 2 VwGO. Da in diesen Fällen faktisch kein Ermessen besteht, kommt die grundsätzliche Einschränkung des Prüfungsumfangs bei Ermessensentscheidungen in § 114 VwGO hier nicht zum Tragen.

Der Bürger kann einen Anspruch auf eine konkrete Sachentscheidung **34** regelmäßig nicht aus **ermessenslenkenden VVen** herleiten, denn sie haben keine unmittelbare Außenwirkung (→ Rn. 17 ff.). Allerdings können sie über Art. 3 I GG **mittelbare Außenwirkung** dergestalt entfalten, dass die Behörde bei gleichgelagerten Sachverhalten von ihnen nicht ohne besonderen Grund abweichen darf. Stützt der Bürger sein Begehren auf eine ständige bisherige Verwaltungspraxis und lässt sich diese nicht aus einschlägigen VVen begründen, sondern ist zwischen den Parteien streitig, muss das Verwaltungsgericht bei hinreichend substantiiertem Klägervortrag den Sachverhalt insoweit von Amts wegen ermitteln (§ 86 I VwGO; BVerwG NVwZ 2008, 230).

Soweit eine Sachentscheidung (zB die Genehmigung einer baulichen An- **35** lage oder deren Nutzung) subjektiv-öffentliche Rechte eines **Nachbarn** verletzt, ist bei der Ermessensausübung auch dessen Rechtsanspruch auf fehlerfreie Ermessensausübung einzubeziehen. Im Rahmen des § 40 VwVfG kann sich hier ein Anspruch des Nachbarn auf Einschreiten der Behörde ergeben, wenn jede andere Entscheidung als die, zu seinen Gunsten einzuschreiten, ermessensfehlerhaft wäre (OVG Hamburg NordÖR 2010, 29). Zur Nachholung und Ergänzung von Ermessenserwägungen im Widerspruchs- und im gerichtlichen Verfahren → Rn. 31).

VIII. Sonstige Handlungsspielräume der Verwaltung

36 Neben dem Ermessen kennt das Verwaltungsrecht verschiedene andere Möglichkeiten, um der Verwaltung **Handlungsspielräume** zu eröffnen. Diese Spielräume können sich auf der Tatbestands- oder der Rechtsfolgenseite befinden. Auf Tatbestandsseite stehen der unbestimmte Rechtsbegriff und der Beurteilungsspielraum, auf der Rechtsfolgenseite das Ermessen (kritisch zu dieser „klassischen" Zuordnung KR/Ramsauer § 40 Rn. 99). Das Planungsermessen ist entgegen der insoweit missverständlichen Bezeichnung kein (Unter-) Fall des Ermessens, sondern entzieht sich als eigenständige Kategorie der klassischen Zuordnung zur Tatbestands- oder Rechtsfolgenebene. Das normative Ermessen unterscheidet sich von allen anderen Handlungsspielräumen dadurch, dass es den Gesetzgeber betrifft.

1. Unbestimmter Rechtsbegriff

37 Ein **unbestimmter Rechtsbegriff** bezeichnet ein Tatbestandsmerkmal einer Norm, das isoliert betrachtet keinen eindeutigen Inhalt aufweist, sondern der Auslegung durch die Verwaltung und die Gerichte bedarf. Der Gesetzgeber bedient sich häufig unbestimmter Rechtsbegriffe, insbesondere in Generalklauseln (zB „besondere Härte", „Gefahr", „gute Sitten", „nicht wesentlich störender Gewerbebetrieb", „öffentliche Ordnung" und „öffentliche Sicherheit" im Polizei- und Ordnungsrecht, „städtebauliche Belange", „(Un-) Zuverlässigkeit" gem. § 35 GewO), aber auch sonst überall dort, wo eine gewisse begriffliche Offenheit im Interesse einer flexiblen und dynamischen Handhabung des Rechts angezeigt ist (zB Bedürfnis, Beeinträchtigung, Eignung, Stand der Technik, wichtiger Grund). Die Verwendung unbestimmter Rechtsbegriffe ist verfassungsrechtlich unbedenklich (BVerfGE 78, 214 (226); BVerwGE 72, 73 (77)). Das behördliche Verständnis und die behördliche Auslegung unbestimmter Rechtsbegriffe sind vollinhaltlich gerichtlich überprüfbar (BVerfGE 84, 34 (37) = NJW 1991, 2005 (2006)). In eng begrenzten Ausnahmefällen können unbestimmte Rechtsbegriffe allerdings „wegen hoher Komplexität oder besonderer Dynamik der geregelten Materie so vage und ihre Konkretisierung im Nachvollzug der Verwaltungsentscheidung so schwierig" sein, dass die gerichtliche Kontrolle an ihre Funktionsgrenzen stößt (BVerfG NJW 1991, 2005 (2006)). Bei derartigen Konstellationen erwägt die Rechtsprechung, der Behörde einen begrenzten, nicht justiziablen Entscheidungsfreiraum zuzuerkennen (BVerfGE 83, 130 (148) = NJW 1991, 2010).

37a Unbestimmte Rechtsbegriffe ermöglichen zudem die Einbeziehung von **Sustainable Development Goals.** So lässt sich zB für den gewerberechtlichen Begriff der Unzuverlässigkeit neben den anerkannten Fallgruppen die Verantwortlichkeit von Gewerbetreibenden über ihren eigenen Betrieb hinaus auch auf Geschäftspartner und Zulieferer erstrecken. Im Ergebnis würde hier eine Re-Internalisierung externerer Kosten erfolgen, die in der modernen arbeitsteiligen Industriegesellschaft mittels Outsourcing an Dritte ausgelagert wurden. Die mit einer solchen Auslagerung regelmäßig einhergehende Verschiebung von Verantwortlichkeiten auf Dritte würde so wieder dem Auftraggeber zugerechnet. Das SDG 8 „Menschenwürdige Arbeit und Wirtschaftswachstum“ wie auch das SDG 12 „Nachhaltige/r Konsum und Produktion“ zielen auf eine umweltgerechte Produktionskette und menschenwürdige Arbeitsbedingungen. Ein modernes Verständnis unbestimmter Rechtsbegriffe führt so zu einer Umsetzung politischer Zielvorgaben in konkretes Verwaltungshandeln (zur Parallelproblematik beim Ermessen → Rn. 21a).

Um eine einheitliche Rechtsanwendung zu sichern, erfolgt die Konkreti- 38
sierung unbestimmter Rechtsbegriff behördenintern häufig durch sog. **norminterpretierende VVen.** Diese VVen haben keine Außenwirkung. Die Gerichte müssen sie nicht beachten, sind aber auch nicht gehindert, sich inhaltlich anzuschließen (BVerwGE 107, 338 (340)).

2. Beurteilungsspielraum

Auch beim **Beurteilungsspielraum** wird der Verwaltung hinsichtlich ein- 39
zelner Tatbestandsmerkmale ein Entscheidungsspielraum für die Beurteilung und Wertung eröffnet. Das ist insbesondere der Fall, wenn der Gesetzgeber eine im Gesetz geregelte Rechtsfolge an eine höchstpersönliche Qualifizierung geknüpft und zugleich die für die Entscheidung zuständige Behörde ermächtigt hat, diese höchstpersönliche Qualifizierung mit allgemein verbindlicher Wirkung vorzunehmen, sowie dort, wo das Gesetz zu erkennen gibt, dass sich ein Gremium fachlicher Experten über eine bestimmte Frage zu einer ausgeglichenen Mehrheitsentscheidung durchringen und zugleich „letztverbindlich“ – also nur in Grenzen gerichtlich kontrollierbar – entscheiden soll (sog. Einschätzungsprärogative, vgl. BVerwGE 72, 53). Die ausnahmsweise Zubilligung eines Beurteilungsspielraums bedarf mit Blick auf Art. 19 IV GG einer besonderen Rechtfertigung (BVerfGE 64, 261 (279); BVerwGE 111, 22 f.), die vor allem in der besonderen Komplexität der Entscheidung zu suchen ist (bejaht für die Marktdefinition und -analyse gem. §§ 10 f. TKG – BVerwG NVwZ 2009, 653 (655); abgelehnt zB für Entscheidungen nach § 56 FFG – BVerwG BeckRS 2009, 42331). Das Gebot der Einräumung eines Beurteilungsspielraums kann sich dabei auch aus dem Unionsrecht ergeben, insbesondere dort, wo die „gemeinschaftsrechtlich vorgegebene multipolare Koordination, die mittels schrittweiser Ausfüllung eines vorgegebenen Rahmens auf die Erreichung einer möglichst optimalen Gesamtwirkung abzielt, … ein planerisches Moment ein(schließt), welches die Anerkennung des Beurteilungsspielraums geboten erscheinen lässt (BVerwG NVwZ 2009, 653 (655) unter Bezugnahme auf BVerwGE 131, 41 = NVwZ 2008, 1359).

Der Verwaltung eingeräumte Beurteilungsspielräume können von ihr durch 40
sog. **normkonkretisierende VVen** näher ausgestaltet werden. Erst durch den Erlass derartiger VVen enthalten Gesetzesnormen häufig einen vollziehbaren Inhalt. Aus diesem Grund haben normkonkretisierende VVen auch **unmittelbare Außenwirkung** und für den Bürger wie für die Gerichte verbindlich (BVerwG NVwZ 2001, 1165; s. auch OVG Schleswig NVwZ

2010, 200). Dessen ungeachtet können die Gerichte bei atypischen Fallgestaltungen von ihnen abweichen (BVerwG NVwZ 2000, 440). Sie sind zudem nicht länger verbindlich, wenn sie durch neue gesicherte Erkenntnisse in Wissenschaft und Technik überholt sind (BVerwGE 55, 250 (261)). Die Rechtsprechung erkennt solche normkonkretisierenden VVen bislang nur im Umwelt- und Technikrecht an (BVerwGE 107, 338 (341)). Zu nennen sind die TA-Luft, die TA-Lärm, die TA-Abfall und die TA-Siedlungsabfall. Für die Beurteilung nachteiliger oder gefährlicher Einwirkungen kommt es allerdings nicht allein auf die Richtwerte der einschlägigen TA an; vielmehr sind auch die gegebene Situation, die Immissionsquelle und der Immissionsort zu berücksichtigen. Ob eine Einwirkung das zumutbare Maß überschreitet, beurteilt sich anhand eines objektivierten Maßstabs unter Zugrundelegung des Empfindens eines verständigen Durchschnittsmenschen (vgl. BVerwG BeckRS 2009, 34163; GewArch 2003, 300 (301)). Zur Bedeutung der TA Lärm im Rahmen planungsrechtlicher Abwägungsentscheidungen → Rn. 51.

41 Im Unterschied zu den unbestimmten Rechtsbegriffen ist die behördliche Ausfüllung von Beurteilungsspielräumen nur **eingeschränkt gerichtlich überprüfbar.** Bei Vorliegen eines Beurteilungsspielraums beschränkt sich die gerichtliche Überprüfung auf die Einhaltung der **Verfahrensvorschriften,** die Zugrundelegung eines **zutreffenden Sachverhalts,** die Einhaltung allgemein anerkannter – pädagogischer – **Bewertungsmaßstäbe** (insbesondere bei Prüfungsentscheidungen) und das Fehlen **sachfremder Erwägungen** (BVerwG BeckRS 2009, 32300). Die Rechtsprechung hat Beurteilungsspielräume bislang in folgenden Fällen anerkannt:

a) Prüfungsentscheidungen

42 Ein Beurteilungsspielraum ist anerkannt für **Prüfungsentscheidungen,** sowohl für Eignungs- wie für Leistungsprüfungen (zB Abitur, Berufszulassungsprüfungen, Diplom- und Examensprüfungen, handwerkliche Gesellen- und Meisterprüfungen – OVG Schleswig NVwZ-RR 1995, 393, Jägerprüfungen – BVerwG DVBl. 1992, 1043 f., Laufbahnprüfungen BVerwGE 98, 324 (330), Promotions- und Habilitationsprüfungen – BVerwGE 95, 237 (242 ff.)), und für **prüfungsähnliche Entscheidungen** (zB Versetzung – BVerwGE 8, 272 (273 ff.), Sonderschulbedürftigkeit – OVG Lüneburg OVGE 24, 327 ff.). Ob der Beurteilungsspielraum im Einzelfall beachtet wurde, kann nur anhand der Umstände des konkreten Falles beurteilt werden (zB OVG Lüneburg Beschl. v. 10.12.2009 – 5 ME 182/09 – zur Verwendung einer mit einem Punkteschema versehenen Lösungsskizze bei der Bewertung einer schriftlichen Prüfungsarbeit).

43 Von der eingeschränkten gerichtlichen Überprüfbarkeit ausgenommen ist die „allgemeine“ Bewertung von objektiv-wissenschaftlichen Prüfungsleistungen (insbesondere Fragen) darauf, ob sie richtig, vertretbar oder falsch sind (BVerfGE 84, 34 (59); BVerwG NVwZ 2004, 1375 (1377)).

b) Beamtenrechtliche Beurteilungen

Beamtenrechtliche Eignungs- und Leistungsprüfungen eröffnen der Verwaltung ebenfalls einen Beurteilungsspielraum (zB dienstliche Beurteilungen – BVerfG NVwZ 2002, 1368; BVerwG DÖV 1993, 1051, Dienstpostenbewertung – BVerwGE 36, 218, Eignung für die Laufbahnbefähigung – BVerwG NVwZ 1990, 161, Feststellung der Verfassungstreue – BVerwG NJW 1981, 2683, Übernahme in das Beamtenverhältnis auf Lebenszeit – BVerwGE 92, 147 149). Soweit Richtlinien über die Erstellung dienstlicher Beurteilungen existieren, sind die Beurteilenden an diese Richtlinien gebunden (Art. 3 I GG; BVerwG BeckRS 2009, 32300). Bei (Verwendungs- und) Beförderungsentscheidungen bestehen zudem besondere Anforderungen hinsichtlich der Kompatibilität der Beurteilungen und der Dokumentation der wesentlichen Auswahlerwägungen (BVerwG BeckRS 2009, 33685; BVerwGE 128, 329 (340); s. ferner auch BVerfG NVwZ 2007, 1178). 44

c) Wertungen von weisungsfreien Gremien und Ausschüssen

Darüber hinaus besteht ein Beurteilungsspielraum bei **Wertungen von weisungsfreien Gremien und Ausschüssen.** Hier handelt es sich um höchstpersönliche Akte wertender Erkenntnis von Seiten besonders fachkompetenter Gremienmitglieder (zB Eignung von Schulbüchern für den Schulgebrauch – BVerwG BayVBl. 1990, 440; Entscheidungen der Bundesprüfstelle für jugendgefährdende Medien nach § 18 JuSchG – BVerwGE 91, 211 (217, 223); Entscheidungen der Weinprüfungskommission nach §§ 19 WeinG, 21 WeinV – BVerwG NJW 2007, 2790 ff. = GewArch 2008, 46 ff. unter ausdrücklicher Aufgabe der früheren Rechtsprechung; zahlreiche weitere Beispiele bei KR/Ramsauer § 40 Rn. 102). 45

d) Verwaltungspolitische Entscheidungen

Ein Beurteilungsspielraum existiert ferner bei **verwaltungspolitischen Entscheidungen** (zB Bau und Ausbau von Straßen, Errichtung und Ausbau von Hochschulen – KR/Ramsauer § 40 Rn. 106; aA BVerfGE 33, 333; Festlegung militärischer Tiefflüge gem. § 30 I 3 LuftVG – BVerwGE 97, 203 (209)). Inhalt und Umfang des Beurteilungsspielraums und damit umgekehrt der gerichtlichen Kontrolle variieren je nach Materie, betroffenen Rechtsgütern und möglichen Gefahren. 46

e) Prognose- und Risikoentscheidungen

Prognoseentscheidungen sind auf der Grundlage von Tatsachen und Erfahrungssätzen auf den ungewissen Eintritt oder Nichteintritt zukünftiger Ereignisse abstellende Entscheidungen (zB nachteilige Auswirkungen auf internationale Beziehungen gem. § 3 I IFG – BVerwG BeckRS 2009, 40431). **Risikoentscheidungen** sind Entscheidungen auf der Grundlage unsicherer Tatsachen und/oder nicht feststehender Erfahrungssätze und Kriterien ergehende Entscheidungen. In beiden Fällen handelt es sich nicht um eigen- 47 ständige Arten von Entscheidungsspielräumen. Denn die allermeisten Verwaltungsentscheidungen besitzen ein prognostisches Element (zB der unbestimmte Rechtsbegriff der Zuverlässigkeit in § 35 I GewO). Ist der eingeräumte Handlungsspielraum nur eingeschränkt gerichtlich überprüfbar, liegt regelmäßig ein Beurteilungsspielraum vor (ausnahmsweise auch ein Planungsermessen, vgl. KR/Ramsauer § 40 Rn. 25). Die Risikoentscheidung wiederum ist ein Unterfall der Prognoseentscheidung.

48 Prognoseentscheidungen stützen sich teilweise (lediglich) auf die allgemeine Lebenserfahrung. Teilweise beruhen sie aber auch auf der Anwendung statistischer Methoden, die Aussagen über die Wahrscheinlichkeit zukünftiger Entwicklungen ermöglichen. Ausgehend von gegenwärtigen Gegebenheiten (sog. Prognosebasis) wird das Ergebnis der Prognose dabei mit Hilfe mathematischer Verfahren gewonnen und in einem Zahlenwert ausgedrückt. In diesen Fällen ist die gerichtliche Überprüfbarkeit darauf beschränkt, ob zutreffende Ausgangswerte zugrunde gelegt wurden, ob sich die Prognose methodisch auf ein angemessenes Prognoseverfahren stützen lässt und ob dieses Verfahren konsequent verfolgt wurde (BVerfGE 106, 62 (152 f.); BVerwGE 120, 227 (232 f.)). Erweist sich die Prognose hiernach als rechtmäßig, so wird sie nicht als Folge einer später abweichenden tatsächlichen Entwicklung nachträglich rechtswidrig. Für den Entscheidungsträger kann die andere tatsächliche Entwicklung allerdings Anlass zur Überprüfung seiner Entscheidung sein (BVerfGE 50, 290 (335); 56, 110 (121)). Dies gilt für Prognoseentscheidungen des Gesetzgebers und der Verwaltung im Rahmen der Normsetzung wie der Normanwendung. Die gerichtliche Nachprüfung einer Prognoseentscheidung der Verwaltung als Verordnungsgeber setzt die Feststellbarkeit der vom Verordnungsgeber seiner Prognose zugrunde gelegten tatsächlichen Annahmen voraus (vgl. BVerfGE 106, 62 (152 f.)). Fehlt eine Begründung, müssen die Entstehungsgeschichte und die maßgebenden Gesichtspunkte nachträglich rekonstruiert werden. Begründungslücken oder Fehler des Ableitungszusammenhanges können den Schluss nahelegen, dass die Anforderungen an eine rechtmäßige Prognose verletzt wurden. Nachträgliche Erwägungen sind insoweit irrelevant (BVerwG BeckRS 2009, 42323; ferner BVerfGE 85, 36 (57) – für Normen in Zahlenform). War der Verordnungsgeber ein Kollegialorgan, muss Gegenstand der gerichtlichen Beweisaufnahme stets die Willensbildung in diesem Kollegialorgan sein. Erwägungen in einem Fachministerium, auch dem federführenden, die sich die Landesregierung nicht zu Eigen gemacht hat oder die gar erst nachträglich angestellt wurden, reichen insoweit nicht aus und sind unerheblich (BVerwG BeckRS 2009, 42323).

3. Planungsermessen

49 Das **Planungsermessen** eröffnet der Verwaltung einen eigenständigen Handlungsspielraum im Bereich von planerischen Entscheidungen. Es ist überall dort anzutreffen, wo der Gesetzgeber der Verwaltung eine planerische Gestaltungsfreiheit einräumt, um ihr die Berücksichtigung und Bewertung der hier regelmäßig zahlreichen und teilweise konfligierenden Belange und

Interessen einzeln und untereinander zu ermöglichen (s. auch BVerwG ZUR 2007, 369 – kein Raum für eine fachplanerische Abwägung bei atomrechtlicher Planfeststellung gem. § 9b AtG; BVerwG NVwZ 2007, 700 ff. – kein planerischer Gestaltungsspielraum bei Entscheidung über Zulassung des Rahmenbetriebsplans gem. § 52 IIa BBergG). Die Ausübung des Planungsermessens gliedert sich in einen ersten Schritt der Planrechtfertigung und einen zweiten Schritt der Wertung. Da die Ausübung eines fachplanerischen Ermessens ihre Rechtfertigung nicht in sich trägt, bedarf es zunächst hinsichtlich der von der planerischen Ermessensausübung ausgehenden Einwirkungen auf Rechte Dritter der Rechtfertigung (BVerwGE 114, 373 = NVwZ 2002, 350; OVG Hamburg NVwZ-RR 2006, 97 (99)). Die **Planrechtfertigung** als Zulassungsvoraussetzung dient insoweit der Prüfung, ob das konkrete Vorhaben vernünftigerweise geboten ist (BVerwG NVwZ 2005, 940).

Den wertenden Prozess bei der Planung bezeichnet man als **Abwägung.** 50
Die eingeschränkte gerichtliche Überprüfbarkeit hat sich an der vom BVerwG (BVerwGE 34, 301 (309)) entwickelten **Abwägungsfehlerlehre** zu orientieren, die zwischen Abwägungsausfall, -defizit, -fehleinschätzung und -disproportionalität einerseits und zwischen Fehlern im Abwägungsvorgang und -ergebnis andererseits differenziert (BVerwGE 131, 100 = NVwZ 2008, 899 ff.). Ein Abwägungsausfall liegt vor, wenn keine echte Abwägung stattgefunden hat. Mit anderen Worten: Der Planungsträger hat von der ihm eingeräumten planerischen Gestaltungsfreiheit keinen Gebrauch gemacht. Von einem Abwägungsdefizit spricht man, wenn nicht alle relevanten Belange in die Abwägung eingestellt wurden, sei es, weil einzelne Belange überhaupt nicht ermittelt wurden, sei es, weil einzelne Belange trotz Ermittlung unberücksichtigt blieben. Bei einer Abwägungsfehleinschätzung wurde ein einzelner Belang in seiner Bedeutung verkannt. Anhaltspunkte für die Bedeutung einzelner Belange können sich ua aus den sog. Optimierungsgeboten ergeben (zB § 50 BImSchG, § 2 BNatSchG). Ebenfalls als Abwägungsfehleinschätzung wird bezeichnet, wenn planfremde Belange oder Ziele Berücksichtigung finden. Abwägungsdisproportionalität bezeichnet den Fall, dass der Ausgleich zwischen den einzelnen, widerstreitenden Belangen unangemessen (unverhältnismäßig) ist.

Im **Baurecht** finden sich Regelungen zur Abwägung zB in §§ 1 VII, 2 III 51
BauGB und zu den Folgen von Abwägungsfehlern in §§ 214 ff. BauGB. Daneben kommt auch im Baurecht der 16. BImSchV und der TA-Lärm (→ Rn. 40) bei der Abwägung im Zusammenhang mit der Aufstellung von Bauleitplänen erhebliche Bedeutung zu: Die 16. BImSchV mit ihren normativen Lärmgrenzwerten findet Anwendung, wo die Bauleitpläne den Neubau oder die wesentliche Änderung von Verkehrswegen zum Gegenstand haben. Im Übrigen ist die Zumutbarkeit von Verkehrsgeräuschen, auf welche die 16. BImSchV nicht unmittelbar anwendbar ist, anhand einer umfassenden Würdigung aller Umstände des Einzelfalls und insbesondere der speziellen Schutzwürdigkeit des jeweiligen Baugebiets zu bestimmen (BVerwG BauR 2004, 975). Die TA-Lärm kann insoweit als Orientierungshilfe zur Bestimmung der Zumutbarkeit von Verkehrsgeräuschen herangezogen werden, soweit der zu beurteilende Verkehrslärm seiner Art nach zu den von der TA-Lärm erfassten

Geräuschimmissionen gehört. Dem steht nicht entgegen, dass die TA-Lärm sich nicht unmittelbar an die planende Gemeinde richtet, sondern dazu bestimmt ist, auf der Ebene der Anlagenzulassung gem. BImSchG die Anforderungen bei der Beurteilung von Lärmimmissionen zu konkretisieren (BVerwG BauR 2004, 975). Soweit die TA-Lärm auf die 16. BImSchV verweist, setzen die dort normativ festgelegten Lärmgrenzwerte der bauleitplanerischen Abwägung (§ 1 VII BauGB) jedoch keine strikten rechtlichen Grenzen. Welche Lärmbelastungen einem bestimmten Gebietstyp unterhalb der Grenze zu Gesundheitsgefahren zugemutet werden darf, richtet sich vielmehr nach den Umständen des Einzelfalls. Auch dort, wo die TA-Lärm auf die 16. BImSchV verweist, bleiben die dort festgelegten Immissionswerte bloße Orientierungshilfen im Rahmen einer gerechten Abwägung. In der Bauleitplanung darf von den in der 16. BImSchV festgelegten Immissionswerten abgewichen werden, die nicht den Neubau oder die wesentliche Erweiterung einer Straße zum Inhalt hat (BVerwG NVwZ 2008, 426; vgl. auch BVerwG ZfBR 2007, 466 – zu den Orientierungswerten der DIN 18005 im Städtebaurecht). **Sonstige technische Regelwerke** besitzen für den Planungsträger häufig keine verbindliche Wirkung (BVerwG ZfBR 2007, 466 (467) – zur DIN 18005).

4. Normatives Ermessen

52 Das normative Ermessen bezeichnet den Gestaltungsspielraum des Normgebers. Es ist regelmäßig dem Gesetzgeber (der Legislative) eröffnet, steht aber auch der Verwaltung zu, sofern sie als Verordnungs- oder Satzungsgeber tätig wird. Das normative Ermessen ist kein Ermessen iSd VwVfG, denn es ist nicht Ausdruck einer Ermächtigung an eine Behörde, im Rahmen eines Verwaltungsverfahrens nach ihrem Ermessen zu handeln. § 40 findet hier keine Anwendung.

5. Rechtsschutz

53 Hinsichtlich des Rechtsschutzes stellt sich die Frage nach dem Umfang der gerichtlichen Überprüfbarkeit. Hier ist zu unterscheiden:

a) Unbestimmte Rechtsbegriffe

54 Unbestimmte Rechtsbegriffe und ihre Auslegung unterliegen nach allg. Auffassung der vollständigen verwaltungsgerichtlichen Überprüfung. Ein irgendwie gearteter Entscheidungsspielraum der Behörde besteht nicht.

b) Beurteilungsspielraum

55 Ist ein Beurteilungsspielraum eröffnet, hat sich die verwaltungsgerichtliche Nachprüfung insgesamt darauf zu beschränken, ob die Verwaltung den anzuwendenden Begriff oder den gesetzlichen Rahmen, in dem er sich bewegen kann, verkannt, ob er einen unrichtigen Sachverhalt zugrunde gelegt, all-

gemeine Wertmaßstäbe nicht beachtet oder sachfremde Erwägungen angestellt hat.

Im Rahmen von **Prüfungsentscheidungen** hat der Grundsatz der Chancengleichheit aus Art. 3 I GG besondere Bedeutung. Er erfordert zB, dass für eine Wiederholungsbewertung regelmäßig dieselben Prüfer heranzuziehen sind wie für die Ausgangsbewertung (vgl. BVerwGE 98, 324 (331 f.) = Buchholz 232 § 18 BBG Nr. 3), 56

Bei **beamtenrechtlichen Beurteilungen** ist zudem zu prüfen, ob der Dienstherr Richtlinien über die Erstellung dienstlicher Beurteilungen erlassen hat (zB hinsichtlich des anzuwendenden Verfahrens oder der anzulegenden Maßstäbe) Wo Richtlinien existieren, sind die Beurteilenden an diese Richtlinien gebunden (Art. 3 I GG). Ein Gericht muss in diesem Zusammenhang kontrollieren, ob die Richtlinien eingehalten sind, ob sie im Rahmen der gesetzlichen Ermächtigung verbleiben und ob sie auch sonst mit den gesetzlichen Vorschriften in Einklang stehen (BVerwG BeckRS 2009, 32300; BVerwGE 124, 356 = Buchholz 232.1 § 41a BLV Nr. 1 mwN). 57

Fehler bei der Ausübung des Beurteilungsspielraums können – ebenso wie Ermessensfehler (→ Rn. 32 ff.) im Widerspruchsverfahren durch die Ausgangsbehörde wie auch durch die Widerspruchsbehörde geheilt werden. So können Beurteilungserwägungen im Vorverfahren wie im gerichtlichen Verfahren ergänzt und präzisiert werden; unzulässig ist auch hier die vollständige Nachholung oder die Auswechslung der die Beurteilung tragenden Gründe (BVerwG BeckRS 2009, 33685; zum Meinungsstand hinsichtlich der entsprechenden Anwendbarkeit des § 114 VwGO s. NK-VwGO/Wolf VwGO § 114 Rn. 39 mwN). 58

Auch aus dem Gesichtspunkt des **Unionsrechts** begegnet die Einräumung von Beurteilungsspielräumen keinen Bedenken. Im Gegenteil: Die EU anerkennt die Charta der Grundrechte der EU vom 7.12.2000 und erachtet sie als rechtlich gleichrangig zu den Verträgen (Art. 6 I EUV). Die EU beabsichtigt darüber hinaus, der am 4.11.1950 in Rom unterzeichneten Europäischen Konvention zum Schutze der Menschenrechte und Grundfreiheiten beizutreten (vgl. Art. 6 II EUV; sehr kritisch zur Möglichkeit eines EU-Beitritts zur EMRK allerdings EuGH Gutachten 2/13 vom 18.12.2014). Die in der EMRK niedergelegten Grundrechte sind – unabhängig von einem Beitritt – als allgemeine Grundsätze Teil des Unionsrechts (Art. 6 IV EUV). Art. 47 der Charta der Grundrechte und Art. 6, 13 EMRK gewährleisten einen Anspruch jedes Unionsbürgers auf effektiven Rechtsschutz. Alle Entscheidungen, die die Behörden der Mitgliedstaaten treffen, müssen mit einem gerichtlichen Rechtsbehelf anfechtbar sein, der es erlaubt, die Vereinbarkeit mit dem Unionsrecht zu überprüfen. Das ist jedenfalls in den Fällen gewährleistet, wo sich der Beurteilungsspielraum im Kern bereits aus dem Unionsrecht, insbesondere aus dem sekundären Recht der Verordnungen und Richtlinien gem. Art. 288 AEUV, selbst ergibt. Da sich die Unionsgrundrechte vor allem auf die gemeinsamen Verfassungsüberlieferungen der Mitgliedstaaten gründen, kann ein Unionsgrundrecht auf effektiven Rechtsschutz nicht weiterreichen als das deutsche Grundrecht auf effektiven Rechtsschutz nach Art. 19 IV GG (BVerwG NJW 2007, 2790 (2793) = GewArch 2008, 46 (48)). 59

c) Planungsermessen

60 Im Bereich des Planungsermessens ist die gerichtliche Kontrolle auf die Prüfung des Vorliegens von Abwägungsfehlern beschränkt, wobei regelmäßig hinzutreten muss, dass Mängel im Abwägungsvorgang sich auch auf das Ergebnis auswirken. Im Übrigen ist zu beachten, dass insbesondere das Fachrecht zT umfängliche Heilungsmöglichkeiten vorsieht, die dem Ziel der Planerhaltung Rechnung tragen.

§ 41 Bekanntgabe des Verwaltungsaktes

(1) [1] Ein Verwaltungsakt ist demjenigen Beteiligten bekannt zu geben, für den er bestimmt ist oder der von ihm betroffen wird. [2] Ist ein Bevollmächtigter bestellt, so kann die Bekanntgabe ihm gegenüber vorgenommen werden.

(2) [1] Ein schriftlicher Verwaltungsakt, der im Inland durch die Post übermittelt wird, gilt am dritten *[ab 1.1.2025: vierten]* Tag nach der Aufgabe zur Post als bekannt gegeben. [2] Ein Verwaltungsakt, der im Inland oder in das Ausland elektronisch übermittelt wird, gilt am dritten *[ab 1.1.2025: vierten]* Tag nach der Absendung als bekannt gegeben. [3] Dies gilt nicht, wenn der Verwaltungsakt nicht oder zu einem späteren Zeitpunkt zugegangen ist; im Zweifel hat die Behörde den Zugang des Verwaltungsaktes und den Zeitpunkt des Zugangs nachzuweisen.

(2a) [1] Mit Einwilligung des Beteiligten kann ein elektronischer Verwaltungsakt dadurch bekannt gegeben werden, dass er vom Beteiligten oder von seinem Bevollmächtigten über öffentlich zugängliche Netze abgerufen wird. [2] Die Behörde hat zu gewährleisten, dass der Abruf nur nach Authentifizierung der berechtigten Person möglich ist und der elektronische Verwaltungsakt von ihr gespeichert werden kann. [3] Der Verwaltungsakt gilt am Tag nach dem Abruf als bekannt gegeben. [4] Wird der Verwaltungsakt nicht innerhalb von zehn Tagen nach Absendung einer Benachrichtigung über die Bereitstellung abgerufen, wird diese beendet. [5] In diesem Fall ist die Bekanntgabe nicht bewirkt; die Möglichkeit einer erneuten Bereitstellung zum Abruf oder der Bekanntgabe auf andere Weise bleibt unberührt.

(3) [1] Ein Verwaltungsakt darf öffentlich bekannt gegeben werden, wenn dies durch Rechtsvorschrift zugelassen ist. [2] Eine Allgemeinverfügung darf auch dann öffentlich bekannt gegeben werden, wenn eine Bekanntgabe an die Beteiligten untunlich ist.

(4) [1] Die öffentliche Bekanntgabe eines schriftlichen oder elektronischen Verwaltungsaktes wird dadurch bewirkt, dass sein verfügender Teil ortsüblich bekannt gemacht wird. [2] In der ortsüblichen Bekanntmachung ist anzugeben, wo der Verwaltungsakt und seine Begründung eingesehen werden können. [3] Der Verwaltungsakt gilt zwei Wochen nach der ortsüblichen Bekanntmachung als bekannt gegeben. [4] In einer Allgemeinverfügung kann ein hiervon abweichender Tag, jedoch frühestens der auf die Bekanntmachung folgende Tag bestimmt werden.

(5) Vorschriften über die Bekanntgabe eines Verwaltungsaktes mittels Zustellung bleiben unberührt.

I. Bedeutung

§ 41 regelt die **Bekanntgabe** des VA. Der Begriff der Bekanntgabe wird in der Vorschrift nicht definiert oder umschrieben, sondern vom Gesetz vorausgesetzt. Die Bekanntgabe ist von zentraler Bedeutung für den VA, denn sie bestimmt den Zeitpunkt des Wirksamwerdens des VA gegenüber dem/den Adressaten und Betroffenen (§ 43 I 1), den Inhalt des VA (§ 43 I 2) und den Beginn der Widerspruchsfrist (§ 70 I VwGO) oder – wenn ein Vorverfahren entbehrlich ist – den Beginn der Klagefrist (§ 74 I VwGO). 1

Der § 41 I regelt zunächst für den Fall der **individuellen Bekanntgabe** eines VA, wem gegenüber diese zu erfolgen hat bzw. erfolgen kann; § 41 II statuiert ergänzend für die individuelle Bekanntgabe eines schriftlichen VA eine widerlegbare Zugangsvermutung und enthält eine Beweislastregelung für Streitfälle. Der zum 1.1.2017 eingefügte § 41 IIa normiert Voraussetzungen und Grenzen der Bekanntgabe elektronischer VAe (Art. 20 StVfModG v. 18.7.2016, BGBl. I S. 1679). In § 41 III sind die allgemeinen Voraussetzungen für eine **öffentliche Bekanntgabe** normiert, in § 41 IV diejenigen für die öffentliche Bekanntgabe von schriftlichen oder elektronischen VAen, wiederum verknüpft mit einer Zugangsfiktion. Nach § 41 V bleiben die Vorschriften über die Bekanntgabe eines VA mittels **Zustellung** von den Regelungen des § 41 unberührt. Die öffentliche Bekanntgabe stellt die geringsten, die individuelle Bekanntgaben schon strengere, die Zustellung die strengsten formellen Anforderungen. Das Fachrecht kann eine bestimmte Art der Bekanntgabe vorsehen. Dann muss die Behörde mindestens die geforderte oder eine strengere Bekanntgabeart wählen (BVerwG Buchholz 402.240 § 45 AuslG 1990 Nr. 11); sie darf sich in keinem Fall für eine einfachere Bekanntgabeart entscheiden. Soweit das Fachrecht keine bestimmte Art der Bekanntgabe vorschreibt, steht die Form der Bekanntgabe im **Ermessen** der Behörde (BT-Dr. 7/910, 62). Bei Vorliegen besonderer Gründe kommt auch eine Kombination verschiedener Bekanntgabearten in Betracht (OVG Münster NWVBl. 1997, 462 (463)) 2

Die Vorschrift des § 41 findet **entsprechende Anwendung** auf die Zusicherung (§ 38) und die Anordnung der sofortigen Vollziehbarkeit (§ 80 II Nr. 4 VwGO). Auf verfahrensleitende Maßnahmen ist die Vorschrift grundsätzlich nicht anwendbar, es sei denn, es handelt sich ausnahmsweise um selbständig anfechtbare Maßnahmen (BVerwGE 71, 72; VGH München BeckRS 2022, 31533 Rn. 28; OVG Hamburg BeckRS 2021, 30637 Rn. 31; aA OVG Weimar BeckRS 2021, 45359 Rn. 37). 3

II. Individuelle Bekanntgabe (I, II u. IIa)

1. Begriff der Bekanntgabe

Der § 41 I, II u. IIa regelt die **individuelle Bekanntgabe** des VA, ohne dass der Begriff der Bekanntgabe definiert wird. Bekanntgabe ist die mit **Willen** 4

und Wissen der zuständigen Behörde erfolgende Eröffnung des VA gegenüber einem Beteiligten; Beteiligter kann der Adressat oder ein vom VA Betroffener sein. Betroffener ist vor allem der jeweilige Inhaber der von einem dinglichen Verwaltungsakt erfassten Sache (VGH Mannheim BeckRS 2019, 19944 Rn. 29). Ist ein Bevollmächtigter bestellt, kann die Behörde die Bekanntgabe auch ihm gegenüber vornehmen. In der Regel geschieht die Eröffnung durch die zuständige, den VA erlassende Behörde. Sie kann aber auch durch eine andere Behörde erfolgen (zB im Wege der Weiterleitung) und ist gleichwohl wirksam, wenn sie mit dem Willen und Wissen der Erlassbehörde geschieht. Mangels eines entsprechenden Willens der Behörde ist ein bloßes Bekanntwerden durch Zufall oder durch eine private Mitteilung keine Bekanntgabe, ebenso wenig eine lediglich private Mitteilung oder eine informatorische (Vorab-) Übermittlung (OVG Münster BeckRS 2014, 58517 = NVwZ-RR 2015, 172).

2. Zugangserfordernis

5 Die Eröffnung des VA verlangt **Zugang** iSv § 130 BGB analog. Zugang erfordert, dass der VA derart in den Herrschaftsbereich des Beteiligten gelangt ist, dass nach der Verkehrsauffassung bei gewöhnlichem Verlauf und unter normalen Verhältnissen mit der Kenntnisnahme durch ihn zu rechnen ist. Zugang verlangt somit nicht tatsächliche Kenntnisnahme. Mangels Zugangs fehlt es an einer wirksamen Bekanntgabe zB im Fall einer fehlerhaften Adressierung (OVG Schleswig NordÖR 2001, 353 (354)).

3. Empfänger: Beteiligte und Bevollmächtigte

6 Die Bekanntgabe hat gegenüber demjenigen (denjenigen) zu erfolgen, für den (die) der VA bestimmt ist oder der (die) von ihm betroffen ist (sind) (VGH Mannheim BeckRS 2013, 59832 – zur Wirksamkeit trotz Verwendung falscher Personalien). Ist ein **Bevollmächtigter** bestellt, kann die Behörde die Bekanntgabe ihm gegenüber vornehmen. Die Bestellung eines Bevollmächtigten kann ausdrücklich, konkludent sowie im Wege der Duldungs- oder Anscheinsvollmacht geschehen. Eine Vertretungsanzeige begründet insoweit keine Empfangsvollmacht (BVerwG BeckRS 2017, 102215 Rn. 9). Vertritt ein Bevollmächtigter mehrere Beteiligte, bedarf es für eine wirksame Bekanntgabe nicht der Übermittlung einer je eigenen Ausfertigung des VA an alle Beteiligten (OVG Schleswig BeckRS 2012, 53827 Rn. 31). Eine gemeinsame Antragstellung (zB Ehegatten, Lebenspartner, Miteigentümer) lässt nicht den Rückschluss auf eine gegenseitige Bevollmächtigung zu. Im Zweifel ist nicht von einer wirksamen Bevollmächtigung auszugehen. Dem Bevollmächtigten steht der entsprechend ermächtigte **Empfangsbote** gleich (OVG Lüneburg BeckRS 2009, 36632).

7 Die Entscheidung, ob die Bekanntgabe an einen Beteiligten oder seinen Bevollmächtigten erfolgt, steht im pflichtgemäßen **Ermessen** der Behörde (OVG Magdeburg BeckRS 2018, 13072 Rn. 10). § 41 I 2 ist insoweit lex specialis zu § 14 III. Eine überraschende Adressierung an den Beteiligten oder

ein Wechsel vom Bevollmächtigen zum Beteiligten ohne Grund wird in der Regel ermessensfehlerhaft sein, führt aber nicht zur Unwirksamkeit der Bekanntgabe (OVG Münster NVwZ-RR 1997, 77).

4. Zeitpunkt der Bekanntgabe

Der Zeitpunkt der Bekanntgabe des VA richtet sich nach der Form. Die Bekanntgabe eines mündlichen oder in anderer Weise erlassenen VA erfolgt mit dessen Vernehmung oder Wahrnehmung durch den Beteiligten (oder Bevollmächtigten). Abgabe und Zugang fallen hier zeitlich zusammen. Die Bekanntgabe eines schriftlichen oder elektronischen VA geschieht grundsätzlich zu dem Zeitpunkt, zu welchem nach der Verkehrsauffassung bei gewöhnlichem Verlauf und unter normalen Umständen mit der Kenntnisnahme durch den Beteiligten (oder seinen Bevollmächtigten) zu rechnen ist. Tatsächliche Kenntnisnahme ist nicht erforderlich. 8

Eine **Ausnahme** von diesem Grundsatz statuiert § 41 II. Nach § 41 II 1 gilt ein schriftlicher VA bei der Übermittlung durch die Post (oder einen lizensierten privaten Postdienstleister, OG Bautzen BeckRS 2015, 41317 Rn. 10) im Inland am dritten Tage nach seiner Aufgabe zur Post als bekannt gegeben, ein elektronischer VA – unabhängig vom Sitz des Empfängers im In- oder Ausland – am dritten Tage nach seiner Absendung als bekannt gegeben. Mit Wirkung vom 1.1.2025 verlängert sich der Zeitpunkt des Eintritts der Bekanntgabefiktion von drei auf vier Tage (s. Art. 2 PostModG, BGBl. 2024 I Nr. 236). Ein tatsächlich früherer Zugang ist irrelevant. Die Berechnung des Zugangszeitpunkts knüpft für den schriftlichen VA an die Aufgabe zur Post und für den elektronischen VA an dessen Absendung an. Da der Aufgabe- bzw. Absendezeitpunkt nicht ebenfalls vermutet wird, setzt § 41 II 1 die Feststellbarkeit und Beweisbarkeit dieses Zeitpunkts voraus (BVerwG BeckRS 2023, 41785 Rn. 22). Da Herstellung, Datierung und Aufgabe bzw. Absendung häufig zeitlich auseinanderfallen, trifft die Behörde insoweit eine entsprechende Dokumentationspflicht (zB in einem Postausgangsbuch, OVG Bautzen BeckRS 2016, 43209 Rn. 5, oder mittels eines sog. Ab-Vermerks, OVG Berlin-Brandenburg BeckRS 2015, 48605). Der VA gilt am dritten Tage nach seiner Aufgabe bzw. Absendung als bekannt gegeben, unabhängig davon, ob der dritte Tag ein Samstag, ein Sonntag oder ein Feiertag ist (OVG Münster NVwZ-RR 1997, 77; KR/Ramsauer/Tegethoff § 41 Rn. 40; Ziekow § 41 Rn. 13; aA SBS/U. Stelkens § 41 Rn. 133 unter Hinweis auf die abweichende Rechtsauffassung des BFH). Die Zugangsfiktion ist von der melderechtlichen Situation unabhängig; sie kommt mithin nur zur Anwendung, wenn der schriftliche VA an die Adresse gerichtet ist, wo der Adressat tatsächlich seinen räumlichen Lebensmittelpunkt hat (OVG Bautzen BeckRS 2015, 54886 Rn. 9). 8a

Der Zugangszeitpunkt wird lediglich **widerlegbar vermutet.** Die Regelung gilt ausweislich des § 41 II 3 nicht, wenn feststeht, dass der VA nicht oder zu einem späteren Zeitpunkt zugegangen ist (BVerwG BeckRS 2023, 41785 Rn. 23 – zu dem Fall, dass behördliche Post als unzustellbar zurückkommt; VGH München BeckRS 2024, 4497 Rn. 13). Ein **bloßes Bestrei-** 9

ten des Zugangs oder des Zugangszeitpunkts reicht insoweit aus. Andernfalls müsste der (potentielle) Empfänger das Vorhandensein einer negativen Tatsache (Nicht-Erhalt des VA) nachweisen (BVerwG BeckRS 2023, 41785 Rn. 24; OVG Hamburg BeckRS 2021,30280 Rn. 10; OVG Greifswald BeckRS 2020, 51903 Rn. 14; aA OVG Weimar BeckRS 2021, 45359 Rn. 37; OVG Bautzen BeckRS 2021, 32506 Rn. 19, BeckRS 2021, 1830 Rn. 9). Ist der Adressat eine Behörde, begründet dies eine Darlegungsobliegenheit hinsichtlich konkreter Indizien für den fehlenden Zugang, zB durch auszugsweise Vorlage der Eingangsdokumentation (BVerwG BeckRS 2022, 35946 Rn. 16). Nach der gesetzlichen Wertung hat aber im Zweifel die Behörde den Zugang des VA und den Zugangszeitpunkt nachzuweisen (§ 41 II 3 Hs. 2; BVerwG BeckRS 2023, 41785 Rn. 24; BeckRS 2016, 49940 Rn. 18 ff. – zu § 122 AO und dem Sonderfall, dass ein Dritter den Zugang bestreitet; a. A. OVG Berlin-Brandenburg BeckRS 2014, 58829; OVG Bautzen BeckRS 2018, 13643 Rn. 6; KR/Ramsauer/Tegethoff § 41 Rn. 42 ff.; Ziekow § 41 Rn. 12, die den substantiierten Vortrag eines atypischen Geschehensablaufs verlangen). Etwas anderes kann nur dann gelten, wenn das Bestreiten des Zugangs angesichts besonderer Umstände als reine Schutzbehauptung bewertet werden muss (BVerwG BeckRS 2023, 41785 Rn. 25; OVG Hamburg BeckRS 2021, 30280 Rn. 12; VGH Kassel BeckRS 2019, 15470 Rn. 8).

9a Seit dem 1.1.2017 können durch den neu eingefügten IIa **elektronische VAe** auch mittels Abruf über **öffentlich zugängliche Netze** bekannt gegeben werden. Voraussetzung ist die Einwilligung des Beteiligten; einer zusätzlichen Zugangseröffnung iSv § 3a bedarf es hierfür nicht. Die Behörde muss insoweit sicherstellen, dass der Abruf nur nach Authentifizierung der berechtigten Person möglich ist und der elektronische VA von ihr gespeichert werden kann. Das für die Authentifizierung geeignete Identifizierungsmittel ergibt sich aus der Handreichung des IT-Planungsrates, die für konkrete Verwaltungsdienstleistungen bestimmte Vertrauensniveaus festschreibt. Der VA gilt dann am Tag nach dem tatsächlichen Abruf als bekannt gegeben. Zum Nachweis muss der erstmalige Abruf des elektronischen VA auf Seiten der Behörde protokolliert werden. Erfolgt der Abruf nicht binnen 10 Tagen nach Absendung einer Benachrichtigung über die Bereitstellung, wird diese beendet mit der Folge, dass die Bekanntgabe nicht bewirkt wurde. Die Behörde kann in diesem Fall erneut die Bekanntgabe per Abruf versuchen oder die Bekanntgabe auf andere Weise, zB per Post oder elektronische Übermittlung, vornehmen. Erfolgt der Abruf nach Ablauf der 10-Tage-Bereitstellungsfrist, aber vor dem tatsächlichen Ende der Bereitstellung, bewirkt dies noch die Bekanntgabe. Die Bekanntgabe eines elektronischen VA über ein internetgestütztes Informations- und Kommunikationssystem ist im Anwendungsbereich der VwVfGe der Länder auch dort zulässig, wo das Landesrecht bislang keine dem § 41 IIa vergleichbare Regelung enthält (OVG Bremen BeckRS 2023, 10635 Rn. 22).

III. Öffentliche Bekanntgabe (§ 41 III u. IV)

1. Begriff der öffentlichen Bekanntgabe

Die **öffentliche Bekanntgabe** eines schriftlichen oder elektronischen VA erfolgt durch die ortsübliche Bekanntmachung des verfügenden Teils des VA (§ 41 IV 1). Die öffentliche Bekanntgabe ist aber nicht beschränkt auf schriftliche oder elektronische VAe, sondern prinzipiell bei allen Formen von VAen möglich. Allerdings finden sich zahlreiche Beschränkungen (zB für die Allgemeinverfügung in § 41 III 2). Ein VA kann auch teilweise öffentlich und teilweise individuell bekannt gegeben werden. Bei **Verkehrszeichen** erfolgt die Bekanntgabe in dem Moment, wenn sich der Verkehrsteilnehmer erstmals der Regelung des Verkehrszeichens gegenübersieht. Ausreichend ist insoweit die Wahrnehmbarkeit des Verkehrszeichens unter Anlegung des Sorgfaltsmaßstabs gem. § 1 StVO (BVerwG BeckRS 2010, 56020 Rn. 13; OVG Münster BeckRS 2015, 40605). Ab diesem Zeitpunkt beginnt (mangels Rechtsbehelfsbelehrung) die einjährige Rechtsbehelfsfrist zu laufen (BVerwGE 138, 21 Rn. 17 = BeckRS 2010, 56021). 10

2. Zulässigkeit der öffentlichen Bekanntgabe

Da bei der öffentlichen Bekanntgabe eines VA die tatsächliche Kenntnisnahme durch die Betroffenen nicht gewährleistet und für die Wirksamkeit des VA auch nicht notwendig ist, formuliert § 41 III insoweit allgemein einschränkende Zulässigkeitsvoraussetzungen: Entweder muss die öffentliche Bekanntgabe eines VA **durch Rechtsvorschrift zugelassen** sein (zB §§ 69 II 3, 74 V 1; §§ 39 I, 45 IV StVO – dazu BVerwG BeckRS 2016, 45907 Rn. 16 – differenzierend zu den Anforderungen an den Sichtbarkeitsgrundsatz beim Aufstellen von Verkehrszeichen; OVG Berlin-Brandenburg BeckRS 2018, 2044 Rn. 21 ff.; § 50 BauGB; § 10 VIII 1 BImSchG). Rechtsvorschriften sind insoweit förmliche wie materielle Gesetze, insbesondere auch Rechtsverordnungen (BVerwG BeckRS 2022, 40068 Rn. 4). Oder im Fall der Allgemeinverfügung muss die (individuelle) Bekanntgabe an die Beteiligten **untunlich** sein. Untunlich ist die individuelle Bekanntgabe, wenn sie tatsächlich nicht oder nur mit erheblichen Schwierigkeiten möglich ist oder wenn eine besondere Eilbedürftigkeit vorliegt. Eine größere Zahl von Beteiligten führt nicht zur Untunlichkeit. Zum Zeitpunkt der Bekanntgabe bei der Aufstellung von Verkehrszeichen s. BVerfG NJW 2009, 622 = BeckRS 2009, 39130 mwN. Ist die öffentliche Bekanntgabe nicht zulässig, hängt die Wirksamkeit des VA gegenüber jedem Betroffenen von der individuellen Bekanntgabe ab oder gilt aufgrund vollständiger Kenntnisnahme als bekannt (BVerwG BeckRS 2021, 5123 Rn. 19). 11

3. Verfahren und Form

Für die öffentliche Bekanntgabe schriftlicher oder elektronischer VAe bestimmt § 41 IV, dass der verfügende Teil **ortsüblich bekannt gemacht** 12 werden muss. Das Verfahren und die Form der ortsüblichen Bekanntmachung bestimmt sich bei Fehlen fachgesetzlicher Regelungen nach dem einschlägigen Landesrecht, den kommunalen Bekanntmachungssatzungen oder nach den Gepflogenheiten am Sitz der Behörde (KR/Ramsauer/Tegethoff § 41 Rn. 50). Die ortsübliche Bekanntmachung ist streng zu unterscheiden von der öffentlichen Bekanntmachung iSv § 63 III 2. Die Anforderungen bei der ortsüblichen Bekanntmachung sind deutlich geringer, da hier nur der verfügende Teil bekannt gemacht werden muss, nicht der gesamte VA mit Begründung und Rechtsbehelfsbelehrung.

13 In der ortsüblichen Bekanntmachung ist auch anzugeben, wo und wann der VA nebst Begründung eingesehen werden kann. Die **Möglichkeit der Einsichtnahme** während der Dienststunden der Behörde reicht grundsätzlich aus, wenn die Einsichtnahme während dieser Zeiten zumutbar ist. Fehlen die notwendigen Angaben zur Einsichtsmöglichkeit, ist die Bekanntgabe und damit der VA nicht wirksam.

4. Zeitpunkt der Bekanntgabe

14 Nach § 41 IV 3 gilt der VA zwei Wochen nach der ortsüblichen Bekanntmachung als bekannt gegeben. Für die Fristberechnung gilt § 31. Bei der Bekanntgabe durch Aushang muss der (verfügende Teil des) VA während der gesamten Frist ausgehängt gewesen sein; bei einer Veröffentlichung in Zeitungen ist der **letzte Bekanntmachungsakt** entscheidend, ebenso bei einer Kombination verschiedener Bekanntgabearten. Handelt es sich um eine Allgemeinverfügung, kann ein abweichender Tag bestimmt werden, jedoch frühestens der auf die Bekanntmachung folgende Tag (§ 41 IV 4).

IV. Bekanntgabe mittels Zustellung (§ 41 V)

15 Von § 41 unberührt bleiben die Vorschriften über die **Bekanntgabe eines VA mittels Zustellung** (§ 41 V). Zustellung meint hier die förmliche Zustellung nach den Verwaltungszustellungsgesetzen des Bundes und der Länder. Die Zustellung ist eine eigene dritte Form der Bekanntgabe von VAen (näher OVG Bautzen BeckRS 2023, 23267 Rn. 10). Die Zustellung ist die Bekanntgabe eines schriftlichen oder elektronischen Dokuments durch einen Erbringer von Postdienstleistungen (Post) oder durch die Behörde (§ 2 VwZG). Die Zustellung durch die Post erfolgt mit Zustellungsurkunde (§ 3 VwZG) oder mittels Einschreiben (bei Übergabe) oder mittels Einschreiben mit Rückschein (§ 4 VwZG). Die Zustellung durch die Behörde erfolgt gegen Empfangsbekenntnis, auch bei elektronischen Dokumenten (§ 5 VwZG). Die elektronische Zustellung kann zudem auch De-Mail-Postfach erfolgen (näher § 5a VwZG, eingefügt durch De-Mail-Gesetz, BGBl. 2011 I 666). Eine öffentliche Zustellung (§ 10 VwZG) oder eine Zustellung im Ausland (§ 9 VwZG) ist ebenfalls möglich. Hinzuweisen ist in diesem Zusammenhang auf die Möglichkeit der Heilung von Zustellungsmängeln: Lässt sich die formgerechte Zustellung eines Dokuments nicht nachweisen oder ist es unter Ver-

letzung zwingender Zustellungsvorschriften zugegangen, gilt es als in dem Zeitpunkt zugestellt, in dem es dem Empfangsberechtigten tatsächlich zugegangen ist, im Fall des § 5 V in dem Zeitpunkt, in dem der Empfänger das Empfangsbekenntnis zurückgesendet hat (§ 8 VwZG).

§ 42 Offenbare Unrichtigkeiten im Verwaltungsakt

[1] Die Behörde kann Schreibfehler, Rechenfehler und ähnliche offenbare Unrichtigkeiten in einem Verwaltungsakt jederzeit berichtigen. [2] Bei berechtigtem Interesse des Beteiligten ist zu berichtigen. [3] Die Behörde ist berechtigt, die Vorlage des Dokuments zu verlangen, das berichtigt werden soll.

I. Bedeutung

§ 42 ermächtigt die Behörde zur jederzeitigen Berichtigung offenbarer Unrichtigkeiten in einem VA, ohne dass es einer Aufhebung nach §§ 48 f. und des erneuten Erlasses ohne die Unrichtigkeit bedarf. Die Vorschrift dient der **Erhaltung** des VA und damit dem Interesse der Verwaltung an einer einfachen Korrekturmöglichkeit in den Fällen, wo ein Vertrauensschutz des Bürgers nicht besteht. Sie ist als Ausdruck eines allgemeinen Rechtsgedankens (aus der Zeit vor Erlass des Gesetzes BVerwGE 40, 212 (216)) auf die Zusicherung gem. § 38 und auch außerhalb des VwVfG analog anwendbar. 1

II. Offenbare Unrichtigkeit

Der zu berichtigende VA muss **offenbar unrichtig** sein. Das Gesetz selbst nennt beispielhaft Schreib- und Rechenfehler, definiert den Begriff der offenbaren Unrichtigkeit aber im Übrigen nicht. Trotz der ausdrücklichen Erwähnung von Schreib- und Rechenfehlern ist § 42 nicht auf schriftliche VAe beschränkt, sondern findet **formunabhängig** auf alle VAe Anwendung (ebenso Ziekow § 42 Rn. 2; iE ebenso KR/Ramsauer § 42 Rn. 4, der allerdings für andere als schriftliche VAe nur eine entsprechende Anwendung bejaht). Des Weiteren ist unerheblich, ob sich die offenbare Unrichtigkeit im verfügenden Teil, in der Begründung, in einer Nebenbestimmung oder im Adressfeld des VA findet. 2

Eine **Unrichtigkeit** liegt vor, wenn die Behörde in dem VA etwas anderes ausgesagt hat als sie es wollte. Das ist auch der Fall, wenn die Behörde etwas nicht in den VA aufgenommen hat, was sie aber aufnehmen wollte. Keine Unrichtigkeit i. S. des § 42 sind dagegen Fehler bei der Sachverhaltsfeststellung, der Tatsachenwürdigung, der Rechtsanwendung oder ein falscher Adressat (VGH München BeckRS 2017, 111548 Rn. 7 f.). Eine Unrichtigkeit begründet nicht die Fehlerhaftigkeit des VA, führt also nicht zu dessen Rechtswidrigkeit oder gar Nichtigkeit. Dies hat seinen Grund darin, dass bei einer bloßen Unrichtigkeit der VA von vornherein mit dem gewollten Inhalt wirksam wird. 3

4 **Offenbar** ist die Unrichtigkeit, wenn sie offensichtlich ist oder zumindest den Beteiligten ohne weiteres auffällt (BVerwG NVwZ 1986, 198; VGH Mannheim BeckRS 2018, 8254 Rn. 33; BFH NVwZ 2010, 207 zur Parallelvorschrift des § 129 AO 77). Ob eine Unrichtigkeit offenbar ist, beurteilt sich primär anhand des VA selbst; außerhalb des VA liegende Umstände können einbezogen werden, wenn sie den Beteiligten bekannt oder für den Erlass des VA von Bedeutung sind (BVerwG NVwZ 1986, 198; OVG Bautzen BeckRS 2022, 25687 Rn. 6).

III. Verfahren

5 Die Behörde kann offenbare Unrichtigkeiten in einem VA jederzeit berichtigen. **Zuständige Behörde** ist die Behörde, die im Zeitpunkt der Berichtigung (auch) für den Erlass des VA zuständig ist. Ein zwischen Erlass und Berichtigung eingetretener Zuständigkeitswechsel führt also dazu, dass die Berichtigung von einer anderen als der Erlassbehörde vorzunehmen ist.

6 Da § 42 keine besonderen Verfahrensanforderungen statuiert, kann die Berichtigung **jederzeit** und ohne Einhaltung besonderer Verfahrens- oder Formvorschriften geschehen. Sie kann **von Amts wegen** oder auf **Antrag** erfolgen.

7 Die Entscheidung über die Berichtigung steht grundsätzlich im **pflichtgemäßen Ermessen** der Behörde („kann"). Etwas anderes gilt dann, wenn ein Beteiligter ein berechtigtes Interesse an der Berichtigung hat: in diesem Fall ist der VA von der Behörde zu berichtigen (S. 2), so dass der Beteiligte einen **Anspruch auf Berichtigung** hat. Ein **berechtigtes Interesse** besteht, wo die Berichtigung die formelle Rechtsposition des Beteiligten verbessert oder ihm die Durchsetzung eines Rechts erleichtert (zB zwecks Nutzung des VA im Rechtsverkehr; KR/Ramsauer § 42 Rn. 16).

8 Die (positive) Entscheidung über die Berichtigung und die Berichtigung selbst sind mangels Regelung **kein VA.** Umstritten ist dies bei einer Ablehnung der Berichtigung (im Einzelnen → Rn. 11).

9 Nach S. 3 hat die Behörde das Recht, die Vorlage des zu berichtigenden Dokuments zu verlangen. Die Regelung will der Behörde ermöglichen, auf dem VA einen sog. Berichtigungsvermerk anzubringen. Ein solcher Vermerk ist rein deklaratorisch. Für die Wirksamkeit der Berichtigung ist er ohne Bedeutung. Ein entsprechendes Aufforderungsverlangen kann die Behörde im Wege des Verwaltungszwangs durchsetzen.

IV. Rechtsschutz

10 Für die Frage des **Rechtsschutzes** ist zu differenzieren zwischen dem Rechtsschutz gegen eine Berichtigung und dem Rechtsschutz gegen die Ablehnung einer Berichtigung. Einem Beteiligten ist **kein Rechtsschutz gegen eine positive Entscheidung** über die Berichtigung oder die Berichtigung selbst eröffnet. Widerspruch und Anfechtungsklage scheiden aus, da es

sich insoweit nicht um einen VA handelt, denn es fehlt am Merkmal der Regelung. Eine Unterlassungsklage scheidet mangels Rechtsschutzbedürfnis aus, denn mit der Berichtigung wird der VA lediglich in seiner äußeren Form dem Inhalt angepasst, mit welchem er auch tatsächlich bereits wirksam geworden ist.

Umstritten ist der **Rechtsschutz gegen eine Ablehnung** der Berichtigung. Er hängt ab von der Einordnung der Ablehnung als VA, die wiederum eine Regelung voraussetzt (bejahend SBS/Sachs § 42 Rn. 43; ablehnend KR/Ramsauer § 42 Rn. 19). 11

§ 42a Genehmigungsfiktion

(1) [1] Eine beantragte Genehmigung gilt nach Ablauf einer für die Entscheidung festgelegten Frist als erteilt (Genehmigungsfiktion), wenn dies durch Rechtsvorschrift angeordnet und der Antrag hinreichend bestimmt ist. [2] Die Vorschriften über die Bestandskraft von Verwaltungsakten und über das Rechtsbehelfsverfahren gelten entsprechend.

(2) [1] Die Frist nach Absatz 1 Satz 1 beträgt drei Monate, soweit durch Rechtsvorschrift nichts Abweichendes bestimmt ist. [2] Die Frist beginnt mit Eingang der vollständigen Unterlagen. [3] Sie kann einmal angemessen verlängert werden, wenn dies wegen der Schwierigkeit der Angelegenheit gerechtfertigt ist. [4] Die Fristverlängerung ist zu begründen und rechtzeitig mitzuteilen.

(3) Auf Verlangen ist demjenigen, dem der Verwaltungsakt nach § 41 Abs. 1 hätte bekannt gegeben werden müssen, der Eintritt der Genehmigungsfiktion schriftlich zu bescheinigen.

I. Bedeutung

Der § 42a beruht auf dem Vierten Gesetz zur Änderung verwaltungsverfahrensrechtlicher Vorschriften (4. VwVfÄndG) vom 11.12.2008 (BGBl. I 2418), in Kraft getreten am 18.12.2008. Das 4. VwVfÄndG dient primär der Umsetzung der Richtlinie 2006/123/EG des Europäischen Parlaments und des Rates vom 12.12.2006 über Dienstleistungen im Binnenmarkt (ABl. EG Nr. L 376, 36). Mit dem 4. VwVfÄndG hat der Bundesgesetzgeber sich für eine Umsetzung der Dienstleistungsrichtlinie im VwVfG, für eine Gleichbehandlung von grenzüberschreitenden und inländischen Sachverhalten sowie eine prinzipielle Anwendbarkeit der Regelungen auf **alle Verwaltungsverfahren** (nicht nur solche betreffend Dienstleistungen iSv Art. 2 DLR) entschieden. Der neue § 42a dient im Anwendungsbereich der DLR der Umsetzung des Art. 13 IV DLR. 1

Die Vorschrift formuliert erstmals im VwVfG allgemein Grundsätze zur **Genehmigungsfiktion** (§ 42a I u. II 2). Sie statuiert eine Regelfrist von drei Monaten (§ 42a II 1) und benennt Voraussetzungen und Anforderungen an eine Fristverlängerung (§ 42a II 3 und 4). Schließlich gibt sie dem von der Fiktion Begünstigten einen Anspruch auf eine schriftliche Bescheinigung des 2

Eintritts der Genehmigungsfiktion (§ 42a III). Dagegen bestimmt § 42a nicht, bei welchen Genehmigungsverfahren eine Genehmigungsfiktion gelten soll. Dies bleibt dem Fachrecht vorbehalten. Im Übrigen enthält die Vorschrift aber ein vollständiges Regelungskonzept, so dass das Fachrecht lediglich noch sachgebietsspezifische Besonderheiten normieren muss (zur analogen Anwendbarkeit der Norm s. KR/Ramsauer § 42a Rn. 8).

II. Genehmigungsfiktion (I)

1. Begriff

3 Das Gesetz definiert zunächst in § 42a I den Begriff der Genehmigungsfiktion dahin, dass eine beantragte Genehmigung nach Ablauf einer für die Entscheidung festgesetzten Frist als erteilt gilt. Die Genehmigungsfiktion gilt allein für begünstigende VAe (BR-Drs. 580/08, 23; zum Verhältnis der Genehmigungsfiktion zum Anspruch auf zügige Entscheidung gem. § 10 s. BVerwG NVwZ 2010, 643 (645) = BeckRS 2010, 45411).

2. Voraussetzungen

4 Die Genehmigungsfiktion tritt nur ein, wenn dies durch Rechtsvorschrift angeordnet ist und der Antrag auf Genehmigung hinreichend bestimmt ist.

a) Anordnung durch Rechtsvorschrift

5 Ob und in welchen Fällen der Eintritt der Genehmigungsfiktion durch Rechtsvorschrift bestimmt ist, besagt § 42a nicht. Die Festlegung des Anwendungsbereichs der Genehmigungsfiktion bleibt dem Fachrecht vorbehalten. Im Anwendungsbereich der DLR ist der Gesetzgeber zur Anordnung der Genehmigungsfiktion verpflichtet, soweit nicht zwingende Gründe des Allgemeininteresses eine andere Regelung rechtfertigen (Art. 4 VIII DLR). Ein solcher zwingender Allgemeinwohlgrund ist zB die Pflicht zur Gewährleistung der öffentlichen Sicherheit und Ordnung (BR-Drs. 580/08, 23). Fachgesetzliche Genehmigungsfiktionen enthalten inzwischen zB §§ 6a GewO, 10 I 2 HwO.

6 Für von der DLR ausgenommene Dienstleistungsarten und Materien außerhalb des Dienstleistungssektors obliegt die Entscheidung über die Anordnung einer Genehmigungsfiktion und damit über die Anwendbarkeit des § 42a dem Gesetzgeber.

b) Hinreichend bestimmter Antrag

7 Darüber hinaus setzt der Eintritt der Genehmigungsfiktion die hinreichende Bestimmtheit des Antrags sowie dessen Vollständigkeit und Entscheidungsreife voraus. Hiervon zu unterscheiden ist die Wirksamkeit der Antragstellung. Hierfür ist es ausreichend, wenn der Antrag hinreichend bestimmt ist, ohne dass es auf die Vollständigkeit ankommt (OVG Lüneburg BeckRS 2019, 8759 Rn. 25).

3. Rechtsfolgen

In § 42a I 2 ist bestimmt, dass die Vorschriften über die **Bestandskraft** von VAen und über das **Rechtsbehelfsverfahren** entsprechend gelten. Die Regelung ist notwendig, da der genehmigende VA hier lediglich fingiert wird. 8

Die Genehmigungsfiktion ist ein Unterfall des fiktiven oder fingierten VAs (→ § 35 Rn. 55, OVG Münster BeckRS 2014, 47749) und hat die gleiche Wirkung, wie wenn er ordnungsgemäß zustande gekommen und bekannt gegeben worden wäre. Die entsprechende Anwendbarkeit der Vorschriften über die **Bestandskraft** stellt klar, dass die Fiktion **nicht** die **Rechtmäßigkeit** umfasst. Folglich gelten die Bestimmungen über Nichtigkeit, Rücknahme, Widerruf oder Erledigung eines VAes entsprechend. Zur Vermeidung von Wertungswidersprüchen gelten im Anwendungsbereich des § 42a folgende **Besonderheiten bei Rücknahme und Widerruf:** Rücknahme und Widerruf der fingierten Genehmigung lassen sich nicht allein mit dem Fehlen einer Sachentscheidung rechtfertigen, da dies dem Sinn und Zweck der Fiktion zuwiderlaufen würde. Bei der Ausübung des Ermessens ist das schutzwürdige Interesse des Begünstigten am Fortbestand der fingierten Genehmigung besonders zu berücksichtigen. Das Verhältnismäßigkeitsprinzip kann an Stelle der Aufhebung die nachträgliche Beifügung von einschränkenden Nebenbestimmungen zur fingierten Genehmigung rechtfertigen. Auch die fingierte Genehmigung kann nachträglich und nur soweit mit Nebenbestimmungen versehen werden, wie dies bei einem entsprechenden VA nach materiellem Recht nachträglich zulässig wäre. 9

Die entsprechende Anwendung der Vorschriften über das **Rechtsbehelfsverfahren** bei fingierten Genehmigungen hat zur Folge, dass diese – ebenso wie ein ordnungsgemäß zustande gekommener und bekannt gegebener VA – mit Widerspruch und Anfechtungsklage angefochten werden können. 10

III. Drei-Monats-Frist (II)

1. Fristdauer

Nach § 42a II 1 beträgt die Frist bis zum Eintritt der Genehmigungsfiktion drei Monate, soweit nicht durch Rechtsvorschrift etwas anderes bestimmt ist (OVG Berlin-Brandenburg BeckRS 2011, 49402 zur 1-Monats-Frist für den Eintritt der Baugenehmigungsfiktion im vereinfachten Baugenehmigungsverfahren). Die **Regelentscheidungsfrist** beträgt damit drei Monate. Das Fachrecht muss hier grundsätzlich keine Festlegung treffen, sondern nur dann, wenn es eine abweichende – längere oder kürzere – Frist bestimmen will. Zu den abweichenden Fristregelungen zählen auch die aufgrund fachgesetzlicher Normen erlassenen behördlichen Fristenpläne, wenn sie verbindlich angeordnet und vorab öffentlich bekannt gemacht wurden (BR-Drs. 589/08, 24). 11

Die der Behörde tatsächlich zur Verfügung stehende **Bearbeitungszeit** ist regelmäßig nicht identisch mit der Fristdauer, sondern aufgrund der Zugangsfiktionen in §§ 41 II und 71b VI 1 deutlich verkürzt: bei einem schriftlichen 12

VA und dessen Übermittlung durch Aufgabe zur Post im Inland um 3 Tage (§ 41 II) und bei einer Übermittlung durch Aufgabe zur Post ins Ausland um 1 Monat (§ 71b VI 1). Relevant ist diese Verkürzung der Bearbeitungsfristen aufgrund der Zugangsfiktionen insbesondere bei ablehnenden Entscheidungen, die entsprechend früher abgesandt werden müssen. Dieser Umstand ist bei der Frage, ob die Regelentscheidungsfrist von drei Monaten im jeweiligen Genehmigungsverfahren angemessen ist oder der Gesetzgeber im Fachrecht eine abweichende Fristdauer bestimmen muss, zu berücksichtigen (BR-Drs. 580/08, 24). Das Fachrecht muss sicherstellen, dass die Behörde die Möglichkeit hat, den Antrag sorgfältig zu prüfen und ggf. ihre ablehnende Entscheidung rechtzeitig vor Eintritt der Genehmigungsfiktion bekannt zu geben. Außerhalb des Anwendungsbereichs der DLR stellt sich das Problem nicht, da die Behörde insoweit über § 15 die Bestellung eines Empfangsbevollmächtigten im Inland verlangen kann.

2. Fristbeginn und -verlängerung

13 Die **Frist beginnt** grundsätzlich mit Eingang der vollständigen Unterlagen bei der zuständigen Behörde, soweit das Fachrecht keine andere Regelung trifft (OVG Bautzen BeckRS 2020, 27395 Rn. 21 zu § 69 IV 1 SächsBO). Bedient sich der Antragsteller einer einheitlichen Stelle, beginnt die Frist am dritten Tag nach Eingang bei der einheitlichen Stelle (§ 71b II).

14 Die **Frist** kann einmalig angemessen **verlängert** werden. Voraussetzung ist, dass die Schwierigkeit der Angelegenheit die Fristverlängerung rechtfertigt. Die Regelung ist insoweit abschließend, so dass andere Gründe eine Fristverlängerung nicht rechtfertigen. Die Fristverlängerung ist nur einmalig gestattet. Damit wird sichergestellt, dass der Normzweck weder durch ungerechtfertigtes noch durch wiederholtes Hinausschieben der Entscheidungsfrist vereitelt wird (BR-Drs. 580/08, 25).

IV. Schriftliche Bescheinigung (III)

15 Ergänzend bestimmt § 42a III, dass die Behörde demjenigen, dem gegenüber der VA hätte bekannt gegeben werden müssen, den Eintritt der Genehmigungsfiktion **schriftlich zu bescheinigen** hat. Zwar gelten die Vorschriften über die Bestandskraft von VAen und über das Rechtsbehelfsverfahren entsprechend (§ 42a I 2). Jedoch besitzt weder der Begünstigte noch etwaige Drittbetroffene oder andere Beteiligte ein Dokument zum Nachweis der fingierten Genehmigung. Die Vorschrift gewährt deshalb dem Begünstigten und allen, denen der entsprechende VA bekannt zu geben wäre, einen Anspruch gegen die Behörde auf schriftliche Bescheinigung des Eintritts der Genehmigungsfiktion.

16 Der Empfang der Bescheinigung stellt zugleich den spätesten Zeitpunkt der Kenntnisnahme von der Genehmigungsfiktion dar, so dass ab dann die Fristen für die Einlegung des **Widerspruchs** bzw. die Erhebung einer **Anfechtungsklage** zu laufen beginnen (BR-Drs. 580/08, 25). Im Interesse der Rechts-

sicherheit und zum Ausschluss einer ansonsten nahezu unbegrenzten Anfechtungsmöglichkeit des fiktiven VA kann die Behörde zudem auch ohne entsprechenden Antrag von Amts wegen eine solche Bescheinigung ausstellen (OVG Magdeburg BeckRS 2024, 4686 Rn. 21), hierzu uU sogar verpflichtet sein (BGH BeckRS 2017, 109434 Rn. 43).

Abschnitt 2. Bestandskraft des Verwaltungsaktes

§ 43 Wirksamkeit des Verwaltungsaktes

(1) [1] Ein Verwaltungsakt wird gegenüber demjenigen, für den er bestimmt ist oder der von ihm betroffen wird, in dem Zeitpunkt wirksam, in dem er ihm bekannt gegeben wird. [2] Der Verwaltungsakt wird mit dem Inhalt wirksam, mit dem er bekannt gegeben wird.

(2) Ein Verwaltungsakt bleibt wirksam, solange und soweit er nicht zurückgenommen, widerrufen, anderweitig aufgehoben oder durch Zeitablauf oder auf andere Weise erledigt ist.

(3) Ein nichtiger Verwaltungsakt ist unwirksam.

Übersicht

	Rn.
I. Bedeutung	1
II. Wirksamkeit des VA	3
1. Begriff	3
2. Unmittelbare Folgen der Wirksamkeit	6
a) Bindungswirkung	6
b) Tatbestandswirkung	9
c) Feststellungswirkung	11
3. Mittelbare Folgen der Wirksamkeit	12
a) Vollziehbarkeit	12
b) Bestandskraft	13
III. Beginn der Wirksamkeit (I)	16
IV. Dauer der Wirksamkeit (II)	20
1. Aufhebung	21
2. Erledigung	23
V. Unwirksamkeit des nichtigen VA (III)	26

I. Bedeutung

Die Vorschrift regelt in § 43 I den Beginn und in § 43 II die **Dauer der Wirksamkeit** des VA gegenüber dem Adressaten und sonstigen Betroffenen. Die Wirksamkeit beginnt mit der Bekanntgabe des VA und dauert an, solange er nicht aufgehoben oder erledigt ist. In § 43 III wird klargestellt, dass ein nichtiger VA unwirksam ist. Der Begriff der Wirksamkeit selbst wird nicht definiert, sondern vom Gesetz vorausgesetzt. 1

2 Vom Anwendungsbereich des § 43 streng **zu trennen** sind teilweise fachgesetzlich normierte Pflichten zur Bekanntgabe des Ergebnisses von Verfahrenshandlungen (zB hinsichtlich des Ergebnisses einer UVP-Vorprüfung s. BVerwG NVwZ 2008, 1349 (1353)). Trotz fehlender VA-Qualität findet § 43 entsprechende Anwendung auf dienstliche Beurteilungen von Beamten (OVG Koblenz BeckRS 2018, 18370; OVG Münster BeckRS 2016, 42637) und auf Mahnungen im Rahmen der Verwaltungsvollstreckung (OVG Bautzen BeckRS 2016, 43208).

II. Wirksamkeit des VA

1. Begriff

3 Das Gesetz definiert den Begriff der Wirksamkeit nicht. Nach allgemeiner Auffassung ist zwischen äußerer und innerer Wirksamkeit zu unterscheiden. Die **äußere Wirksamkeit** knüpft an die Bekanntgabe des VA an, sei es gegenüber dem Adressaten oder dem Betroffenen (VGH Mannheim BeckRS 2013, 59832 – zur Wirksamkeit trotz Verwendung falscher Personalien); mit der Bekanntgabe wird der VA wirksam, dh rechtlich existent, und zwar gegenüber jedem Einzelnen individuell im Zeitpunkt der Bekanntgabe. Bei mehreren Adressaten und/oder Betroffenen und unterschiedlicher Bekanntgabe wird ein und derselbe VA also individuell gegenüber jedem zu einem anderen Zeitpunkt wirksam (BVerfG BeckRS 2009, 39130 = NJW 2009, 3642; BVerwG BeckRS 2010, 56020 Rn. 13; OVG Münster BeckRS 2015, 40605 – bei Verkehrszeichen ist deren Wahrnehmbarkeit ausreichend). Damit beginnen auch die Rechtsbehelfsfristen für jeden individuell zu laufen (OVG Lüneburg BeckRS 2023, 657 Rn. 21).

4 Bei **VA mit Doppelwirkung** kann der individuelle Beginn der Rechtsbehelfsfristen dazu führen, dass bei einer unterbliebenen oder fehlerhaften Bekanntmachung gegenüber dem Dritten die Rechtsbehelfsfrist für ihn nicht zu laufen beginnt. Aus diesem Grund ist anerkannt, dass der Begünstigte eines VA mit Doppelwirkung einen Anspruch auf Bekanntgabe auch gegenüber dem Dritten hat (VGH Mannheim NVwZ 1994, 507; KR/Ramsauer/Tegethoff § 41 Rn. 33).

5 Die **innere Wirksamkeit** bezeichnet den Eintritt der Rechtswirkungen und -folgen des VA, die sich aus dem Gesetz oder aus dem VA selbst ergeben können. Voraussetzung für den Eintritt der inneren Wirksamkeit ist das Vorliegen der äußeren Wirksamkeit. Äußere und innere Wirksamkeit werden zumeist zeitgleich eintreten, sie können aber auch zeitlich auseinanderfallen (zB bei einer aufschiebenden Bedingung oder Befristung des VA; bei einem Hilfs-VA im Verhältnis zum Haupt-VA – VGH München BayVBl. 2005, 304 (306)). Die Wirksamkeit ist zu unterscheiden von der Bestandskraft und von der Vollziehbarkeit eines VA. Letztere setzen die Wirksamkeit des VA voraus.

2. Unmittelbare Folgen der Wirksamkeit

a) Bindungswirkung

Die **Bindungswirkung** bedeutet, dass der VA für die ihn erlassende Behörde 6
und ihren Rechtsträger einerseits und denjenigen, dem gegenüber der VA bekannt gegeben wurde, andererseits verbindlich ist (BVerwGE 60, 117). Sie tritt mit der Bekanntgabe und damit zeitgleich mit der äußeren Wirksamkeit ein. Umgekehrt gibt es keine Bindungswirkung ohne äußere Wirksamkeit. Bindungswirkung tritt also bereits vor und **unabhängig von der Bestandskraft** des VA ein.

Der Umfang der Bindungswirkung des VA knüpft **personell** zunächst an 7
die Person (Adressat oder sonst Beteiligte) an, der gegenüber er bekannt gegeben wurde. Ihr Umfang beschränkt sich **sachlich** auf den Entscheidungssatz (Tenor) des VA. Nicht umfasst ist die Begründung, die allerdings zur Auslegung des Entscheidungssatzes herangezogen werden kann.

Der Eintritt der Bindungswirkung hat für die Erlassbehörde zur **Folge,** dass 8
sie den VA nur noch unter den Voraussetzungen der §§ 48 ff. selbst aufheben kann und ab seinem Erlass auch keine hiervon abweichenden oder hierzu im Widerspruch stehenden Entscheidungen treffen darf. **Keine Bindungswirkung** besteht dagegen für die Widerspruchsbehörde im Widerspruchsverfahren und für das Verwaltungsgericht im Prozess.

b) Tatbestandswirkung

Die **Tatbestandswirkung** bezeichnet die außerhalb der Beziehung von 9
Erlassbehörde und Adressatem eintretende Wirkung des VA gegenüber allen anderen Behörden, Gerichten und Privatpersonen, die seine Existenz bei ihren Maßnahmen und Entscheidungen als gegeben hinzunehmen haben (BVerwG BeckRS 2016, 43425 Rn. 4; VGH München BeckRS 2021, 2822 Rn. 29). Die Reichweite der Tatbestandswirkung wird durch den Regelungsgehalt des VA bestimmt (§§ 133, 157 BGB analog; näher VGH Mannheim BeckRS 2018, 18120 Rn. 24).Tatbestandswirkung entfalten rechtmäßige wie rechtswidrige VAe; eine Rechtmäßigkeitsprüfung findet insoweit nicht statt. Sie bezieht sich – wie die Bindungswirkung – nur auf den Entscheidungssatz des VA. Die Tatbestandswirkung verbietet der Erlassbehörde nicht die Aufhebung des VA gem. §§ 48 ff., auch dann nicht, wenn der VA durch rechtskräftiges Urteil bestätigt wurde (BVerwGE 82, 272).

Umstritten ist die Tatbestandswirkung im Bereich der öffentlich-recht- 10
lichen Schadenersatz- (aus § 839 BGB iVm Art. 34 GG) und Entschädigungsansprüche (aus Aufopferung oder Enteignung) hinsichtlich der Frage, ob sie eine Legalisierungswirkung im Hinblick auf die Beurteilung der Rechtswidrigkeit von VAen hat (bejahend BVerwG DVBl. 1983, 628; KR/Ramsauer § 43 Rn. 22; aA BGHZ 117, 159; instruktiv Beaucamp DVBl. 2004, 352).

c) Feststellungswirkung

11 Ausnahmsweise kommt nicht nur dem Entscheidungssatz eines VA, sondern auch den zugrunde liegenden, vorgelagerten tatsächlichen Feststellungen eine **Feststellungwirkung** zu. Erforderlich ist insoweit eine ausdrückliche gesetzliche Regelung, die Inhalt und Umfang der Feststellungswirkung normiert (zB § 42 AsylG; § 1 III BVFG).

3. Mittelbare Folgen der Wirksamkeit

a) Vollziehbarkeit

12 Eine weitere Folge der Wirksamkeit des VA ist dessen **Vollziehbarkeit.** Es handelt sich um eine mittelbare Folge, weil die Vollziehung regelmäßig zusätzlicher behördlicher Handlungen bedarf (zB der zusätzlichen Anordnung der sofortigen Vollziehung gem. § 80 II Nr. 4 VwGO) oder weitere Voraussetzungen erfüllt sein müssen (zB Vorliegen eines Ausschlusstatbestands gem. § 80 II Nr. 1–3 VwGO; Ablauf der Wochenfrist seit Bekanntgabe des Leistungsbescheids bei Vollstreckung von Geldforderungen gem. § 3 VwVG; Unanfechtbarkeit, Anordnung des sofortigen Vollzugs oder Fehlen der aufschiebenden Wirkung eines Rechtsmittels bei der Anwendung von Verwaltungszwang gem. § 6 VwVG; vorherige Androhung eines Zwangsmittels unter Fristsetzung gem. § 13 I VwVG).

b) Bestandskraft

13 Ein wirksamer VA erwächst in den meisten Fällen in **Bestandskraft.** Man unterscheidet hier – ähnlich wie bei der Rechtskraft gerichtlicher Entscheidungen – zwischen der formellen und der materiellen Bestandskraft:

14 **Formelle Bestandskraft** tritt ein, wenn der VA nicht mehr mit ordentlichen Rechtsbehelfen (Widerspruch, Anfechtungs- oder Verpflichtungsklage) angegriffen werden kann, sei es, weil die Rechtsbehelfe erfolglos ausgeschöpft wurden, sei es, weil die Rechtsbehelfsfristen der §§ 70 und 74 VwGO (oder ggf. anderer Prozessordnungen) abgelaufen sind.

15 Von **materieller Bestandskraft** spricht man, wenn Behörde und Beteiligte derart an den VA gebunden sind, dass er nur noch nach spezialgesetzlichen Normen oder gem. §§ 48 ff. aufgehoben werden kann. Die materielle Bestandskraft beschränkt sich grundsätzlich auf den Entscheidungssatz (das zur Bindungswirkung Gesagte gilt entsprechend → Rn. 6 ff.).

III. Beginn der Wirksamkeit (I)

16 Der **Beginn der Wirksamkeit** eines VA bestimmt sich gem. § 43 I 1 gegenüber einem jeden Beteiligten individuell anhand des **Zeitpunkts der Bekanntgabe.** Die Bekanntgabe markiert mithin den Beginn der Wirksamkeit eines VA. Dabei muss die Bekanntgabe ihrerseits wirksam sein iSv § 41, dh sie muss mit Willen und Wissen der Behörde geschehen. Ein nicht vom Willen der Behörde getragenes bloßes Bekanntwerden reicht nicht aus. Die Bekannt-

gabe kann auch wegen eines Zugangsmangels auf Empfängerseite unwirksam sein, so zB bei Bekanntgabe an einen geschäftsunfähigen Beteiligten (BVerwG ZBR 1994, 251), einen beschränkt geschäftsfähigen Beteiligten oder an einen unter Betreuung stehenden Beteiligten (OVG Bautzen BeckRS 2023, 15428 Rn. 10). Im Anwendungsbereich der gesetzlichen Bekanntgabefiktionen (zB § 41 II u. IV 3) beginnt die Wirksamkeit in dem Zeitpunkt, in welchem die Bekanntgabe fingiert wird. Voraussetzung ist, dass der VA an die Adresse gerichtet wurde, unter welcher der Betroffene seinen tatsächlichen Lebensmittelpunkt hat (OVG Bautzen BeckRS 2016, 54886 Rn. 10 – zur Unbeachtlichkeit der melderechtlichen Situation). Die Erhebung von Widerspruch und/oder Anfechtungsklage lassen die Wirksamkeit des VA unberührt (VGH Mannheim BeckRS 2016, 116718 Rn. 139).

Bei **mehreren Beteiligten** ist der VA jedem gegenüber bekannt zu geben. 17
Der Beginn der Wirksamkeit richtet sich jeweils individuell nach dem Zeitpunkt der Bekanntgabe gegenüber jedem einzelnen Beteiligten. Erfolgt die Bekanntgabe zu unterschiedlichen Zeitpunkten, ist auch der Wirksamkeitsbeginn unterschiedlich. Erfolgt die Bekanntgabe gegenüber einzelnen Beteiligten, jedoch gegenüber anderen Beteiligten nicht, ist der VA auch nur gegenüber denen wirksam, denen er bekannt gemacht wurde, gegenüber den anderen Beteiligten mangels Bekanntgabe hingegen nicht. Schreibt das Gesetz die Bekanntgabe durch **Zustellung** vor und genügt die Bekanntgabe dieser Form nicht, so wird der VA nicht wirksam (KR/Ramsauer § 43 Rn. 35; SBS/Sachs § 43 Rn. 176; aA BVerwG NVwZ 1992, 565 (566); Ziekow § 43 Rn. 12).

Mängel in der Bekanntgabe sind mit Wirkung ex nunc **heilbar.** Hiervon 18
zu trennen ist die Frage, ob und unter welchen Voraussetzungen ein Beteiligter sein Recht auf Geltendmachung des Fehlens oder des Mangels der Bekanntgabe verliert. Bei sicherer **tatsächlicher Kenntniserlangung** muss sich der Beteiligte nach ganz hM so behandeln lassen, als sei der VA in diesem Zeitpunkt an ihn bekannt gegeben worden mit der Folge, dass regelmäßig die **Jahresfrist** für den Widerspruch zu laufen beginnt (§§ 70 I, 58 II VwGO). Vor Ablauf der Jahresfrist kann sich die Unzulässigkeit des Widerspruchs allein aus **Verwirkung** ergeben, was allerdings nur in seltenen Ausnahmefällen bei Vorliegen besonderer Umstände der Fall sein wird (BVerwGE 44, 294 (301 ff.)).

Der VA wird nach § 43 I 2 mit dem **Inhalt** wirksam, mit welchem er dem 19
Beteiligten bekannt gegeben wird. Während es für die Bekanntgabe des VA grundsätzlich auf einen entsprechenden Willen der Behörde ankommt, bestimmt sich der Inhalt des VA danach, wie der Beteiligte ihn verstanden hat und verstehen durfte (**Erklärungstheorie,** §§ 133, 157 BGB analog). Was nicht erklärt wird, kann auch nicht Inhalt des VA werden. Inhaltliche Unklarkeiten gehen zu Lasten der Behörde (BVerwGE 60, 223 (228 f.)).

Die Vorschrift des § 43 gilt auch für **Allgemeinverfügungen** gem. § 35 19a
S 2, soweit keine Spezialvorschriften bestehen. Eine Allgemeinverfügung wird damit gegenüber demjenigen, für den sie bestimmt ist oder der von ihr betroffen wird, in dem Zeitpunkt wirksam, in welchem sie ihm bekanntgegeben wird. Sonderregelungen enthalten zB die §§ 39 I, 45 IV StVO,

wonach die (öffentliche) Bekanntgabe von Verkehrszeichen durch ihr Aufstellen erfolgt (BVerwG BeckRS 2016, 45907 Rn. 10 – zu den unterschiedlichen Anforderungen des Sichtbarkeitsgrundsatzes bei Verkehrszeichen des fließenden und des ruhenden Verkehrs).

IV. Dauer der Wirksamkeit (II)

20 Hinsichtlich der **Dauer der Wirksamkeit** eines VA bestimmt § 43 II, dass er wirksam bleibt, solange und soweit er nicht aufgehoben oder erledigt ist. Wie sich im Umkehrschluss aus § 43 III ergibt, gilt die Regelung für rechtmäßige wie rechtswidrige VAe, nicht aber für nichtige VAe.

1. Aufhebung

21 Die Wirksamkeit des VA kann durch Rücknahme, Widerruf oder anderweitige Aufhebung enden. Fehlen spezialgesetzliche Normen (zB § 14 BBG; § 19 DRiG), richten sich **Rücknahme** und **Widerruf** nach den §§ 48 ff., sie sind unter den dort genannten Voraussetzungen ganz oder teilweise, mit Wirkung für die Zukunft und – eingeschränkt – die Vergangenheit möglich. Eine ausdrückliche Bezeichnung als Rücknahme oder Widerruf ist nicht erforderlich (BVerwGE 129, 66 = DVBl. 2007, 1121 – zum Fall eines sog. Änderungsbescheids). Rücknahme und Widerruf sind ihrerseits ebenfalls VAe (actus contrarius), auch sie unterliegen den Regelungen über die Bekanntgabe (§ 41) und Wirksamkeit (§ 43) von VAen sowie über den Suspensiveffekt (§ 80 VwGO).

22 Die **anderweitige Aufhebung** umfasst Fallgestaltungen wie den Wegfall des Regelungsobjekts, die inhaltliche Überholung, den einseitigen Verzicht bzw. die Antragsrücknahme und das Gegenstandsloswerden auf Grund geänderter Sach- oder Rechtslage (s. BVerwG NVwZ 2012, 1547 (1548) Rn. 19 ff.), ebenso die Aufhebung eines VA durch die Widerspruchsbehörde (§§ 72 f. VwGO) oder das Verwaltungsgericht (§ 113 I 1 VwGO). Die Gestaltungswirkung des Urteils tritt mit dessen Rechtskraft ein, es sei denn, der Rechtsbehelf hatte bereits aufschiebende Wirkung. Der verwaltungsgerichtlichen Aufhebung gleichgestellt ist die Feststellung der Rechtswidrigkeit des VA durch das Gericht in den Fällen des § 113 I 4 VwGO (BVerwG NVwZ 2002, 853). Im Fall einer **teilweisen Aufhebung** bleibt der VA im Übrigen wirksam („soweit"). Die Wirksamkeit des VA bleibt bei einer nachträglichen Änderung der Sach- oder Rechtslage grundsätzlich unberührt, berechtigt die Behörde aber zum Widerruf (§ 49 II Nr. 4).

2. Erledigung

23 Daneben kann die Wirksamkeit eines VA durch Zeitablauf oder Erledigung auf andere Weise enden. **Erledigung durch Zeitablauf** ist möglich bei einem auflösend befristeten VA (§ 36 II Nr. 1; OVG Münster BeckRS 2022, 29274 Rn. 3 – zur fehlenden Erledigung eines annullierten Schengen-Visums bei Ablauf des Gültigkeitszeitraums). **Erledigung auf andere Weise** ist nur

in Ausnahmefällen gerechtfertigt (BVerwG BeckRS 2015, 40278 Rn. 3 = NVwZ-RR 2015, 254); sie darf grundsätzlich nicht von einer Entscheidung der Behörde abhängen, da sonst die Aufhebungsvoraussetzungen der §§ 48 und 49 umgangen werden könnten (BVerwGE 143, 87 = BeckRS 2012, 53675 Rn. 19). Erledigung auf andere Weise tritt ein, wenn der VA gegenstandslos wird, so beim Verzicht des Begünstigten auf eine Genehmigung (OVG Bautzen BeckRS 2023, 9809 Rn. 20 – endgültige Nutzungsaufgabe zuvor erteilter baurechtlicher Gestattung; OVG Lüneburg BeckRS 2021, 4687 Rn. 18; VGH München BeckRS 2014, 58918 Rn. 26 = NVwZ-RR 2015, 247 – konkludenter Verzicht durch Einreichung eines Änderungsantrags; VGH Mannheim BeckRS 2014, 55278 = NVwZ 2014, 1597 – kein Verzicht bei Nutzungsunterbrechung oder Gewerbeabmeldung; ebenso OVG Münster BeckRS 2013, 58414; OVG Koblenz BeckRS 2013, 48579; BVerwG BeckRS 2016, 113781 Rn. 14 – kein wirksamer Verzicht nach bereits eingeleitetem Widerrufsverfahren; ferner OVG Lüneburg BeckRS 2017, 126868 – Wegfall des Ausgangsbescheids bei Änderungsgenehmigung), Entfall des Genehmigungsgegenstands (OVG Hamburg BeckRS 2017, 134188 Rn. 35; BVerfG BeckRS 2014, 58320 Rn. 26 = NJW 2015, 394 – zum Recht auf Weiterführen einer früher erworbenen Fachanwaltsbezeichnung nach Wiederzulassung zur Anwaltschaft), Entfall des Regelungszwecks (BVerwGE 139, 337 Rn. 14 f. = BeckRS 2011, 52368 – Verlust eines Aufenthaltstitels durch Einbürgerung; OVG Lüneburg BeckRS 2023, 35560 Rn. 7 – zur doppelten Regelungswirkung einer bauaufsichtlichen Beseitigungsverfügung) bzw. der Steuerungsfunktion des VA (OVG Hamburg BeckRS 2011, 55154 – Einführung eines anderen rechtlichen Systems der Studiengebühren), Ersetzung eines vorläufigen VA durch einen endgültigen VA (OVG Magdeburg BeckRS 2017, 105561 Rn. 87), inhaltliche Überholung (OVG Berlin-Brandenburg BeckRS 2018, 30155 Rn. 28), Tod des Berechtigten (oder Verpflichteten) eines höchstpersönlichen VA. Unter Umständen kommt schließlich eine Änderung der Sach- und Rechtslage in Betracht, auch wenn eine solche Änderung die Wirksamkeit des VA grundsätzlich unberührt lässt (§ 51 I Nr. 1; OVG Berlin-Brandenburg BeckRS 2018, 30155 Rn. 29; OVG Saarlouis BeckRS 2016, 56049). Keine Erledigung tritt ein bei einem nachträglichen behördlichen Zuständigkeitswechsel (OVG Lüneburg BeckRS 2017, 108243 Rn. 13). Ein auflösend bedingter VA endet durch Eintritt eines ungewissen Ereignisses und nicht durch Zeitablauf, stellt also eine Erledigung auf andere Weise dar (aA KR/Ramsauer § 43 Rn. 40c). Eine Vollziehung oder Vollstreckung des VA führt nicht automatisch und in jedem Fall zu seiner Erledigung, und zwar selbst dann nicht, wenn hiermit irreversible Tatsachen geschaffen werden (BVerwG NVwZ 2009, 122).

Keine Erledigung tritt insbesondere dann ein, wenn der VA als Rechtsgrund bestehen bleibt (VGH Kassel BeckRS 2012, 57696), wenn die Behörde lediglich von der angedrohten Vollstreckung absieht (VGH Mannheim BeckRS 2010, 45907), wenn er die Grundlage für einen anschließenden Kostenbescheid darstellt (sog. Titelfunktion; BVerwG BeckRS 2015, 45627 Rn. 4; NVwZ 2009, 120 (121) mAnm Enders NVwZ 2009, 958, der zu 24

Recht darauf hinweist, dass eine Erledigung durch Vollzug damit praktisch ausgeschlossen wird) oder wenn und solange die Möglichkeit einer Rückgängigmachung des VA oder einer Folgenbeseitigung nicht ausgeschlossen ist (KR/Ramsauer § 43 Rn. 41b f.). Eine Erledigung tritt erst und nur dann ein, wenn der VA nicht mehr geeignet ist, rechtliche Wirkungen zu erzeugen oder wenn die Steuerungsfunktion, die ihm ursprünglich innewohnte, nachträglich entfallen ist (BVerwG Buchholz 316 § 43 VwVfG Nr. 11; BVerwG Buchholz 316 § 43 VwVfG Nr. 10 = NVwZ 1998, 729). Erst recht liegt keine Erledigung vor, wenn der Begünstigte von einer ihm erteilten Genehmigung teilweise keinen Gebrauch macht, solange der Genehmigungsgegenstand im Kern unverändert bleibt (OVG Lüneburg GewArch 2010, 83).

25 Nicht abschließend geklärt ist bislang, ob in dem Fall, dass ein rechtswidriger Grund-VA vor Eintritt der Bestandskraft vollzogen wird, der Betroffene wegen des zwischenzeitlichen Vollzugs auf die Einlegung eines Rechtsbehelfs verzichtet und die Verwaltung nach zwischenzeitlich eingetretener Bestandskraft des Grund-VA die Vollziehungskosten mittels Kostenbescheid beim Betroffenen erhebt, der Betroffene die **Rechtswidrigkeit des Grund-VA** im Rechtsbehelf gegen den Kostenbescheid geltend machen kann. Es entspricht zunächst allg. Auffassung, dass ein (Grund-)VA schon vor Eintritt der Bestandskraft vollzogen werden kann und dass die Rechtmäßigkeit des Grund-VA nicht Voraussetzung für die Erhebung der Vollziehungskosten gegenüber dem Betroffenen ist. Bei dieser Ausgangslage hält das BVerwG eine Rechtmäßigkeitsprüfung des Grund-VA im Rahmen des gegen den Kostenbescheid angestrengten Anfechtungsverfahrens dennoch für ausgeschlossen. Der Betroffene begibt sich danach seiner Rechtsschutzmöglichkeiten, wenn er auf die Einlegung des Rechtsbehelfs verzichtet (oder den Rechtsbehelf zurücknimmt) mit der Folge, dass er sich gegenüber dem resultierenden Rechtsverlust nicht auf das Gebot effektiven Rechtsschutzes berufen kann (BVerwG NVwZ 2009, 122 mAnm Enders NVwZ 2009, 958; s. auch Labrenz NVwZ 2010, 22, der für diese Fälle eine spezifische Rechtsbehelfsbelehrung vorschlägt, deren regelmäßiges Fehlen zur Jahresfrist gem. § 58 II VwGO führt).

V. Unwirksamkeit des nichtigen VA (III)

26 Der § 43 III besagt, dass ein **nichtiger VA** unwirksam ist. Die Vorschrift dient der Klarstellung, weil auch ein nichtiger VA die Merkmale der Legaldefinition des § 35 erfüllt. Wann die Nichtigkeit eines VA vorliegt, ergibt sich aus § 44.

27 Ein nichtiger VA entfaltet **keinerlei Rechtswirkungen.** Ihm kommt weder eine äußere noch eine innere Wirksamkeit zu (KR/Ramsauer § 43 Rn. 47). Er darf und muss von niemandem befolgt oder beachtet werden (KR/Ramsauer § 43 Rn. 46). Auch kann und darf er nicht vollzogen oder vollstreckt werden. Darüber hinaus erwächst er weder in Bestandskraft noch begründet er irgendeinen Vertrauensschutz (BVerwG DVBl. 1980, 1009).

Nach § 44 V kann die Behörde die Nichtigkeit eines VA jederzeit **von Amts wegen** feststellen; auf **Antrag** hat sie die Nichtigkeit eines VA festzustellen, wenn der Antragsteller ein berechtigtes Interesse an der Feststellung hat (zum Rechtsschutz → § 44 Rn. 29). 28

§ 44 Nichtigkeit des Verwaltungsaktes

(1) Ein Verwaltungsakt ist nichtig, soweit er an einem besonders schwerwiegenden Fehler leidet und dies bei verständiger Würdigung aller in Betracht kommenden Umstände offensichtlich ist.

(2) Ohne Rücksicht auf das Vorliegen der Voraussetzungen des Absatzes 1 ist ein Verwaltungsakt nichtig,

1. der schriftlich oder elektronisch erlassen worden ist, die erlassende Behörde aber nicht erkennen lässt;
2. der nach einer Rechtsvorschrift nur durch die Aushändigung einer Urkunde erlassen werden kann, aber dieser Form nicht genügt;
3. den eine Behörde außerhalb ihrer durch § 3 Abs. 1 Nr. 1 begründeten Zuständigkeit erlassen hat, ohne dazu ermächtigt zu sein;
4. den aus tatsächlichen Gründen niemand ausführen kann;
5. der die Begehung einer rechtswidrigen Tat verlangt, die einen Straf- oder Bußgeldtatbestand verwirklicht;
6. der gegen die guten Sitten verstößt.

(3) Ein Verwaltungsakt ist nicht schon deshalb nichtig, weil

1. Vorschriften über die örtliche Zuständigkeit nicht eingehalten worden sind, außer wenn ein Fall des Absatzes 2 Nr. 3 vorliegt;
2. eine nach § 20 Abs. 1 Satz 1 Nr. 2 bis 6 ausgeschlossene Person mitgewirkt hat;
3. ein durch Rechtsvorschrift zur Mitwirkung berufener Ausschuss den für den Erlass des Verwaltungsaktes vorgeschriebenen Beschluss nicht gefasst hat oder nicht beschlussfähig war;
4. die nach einer Rechtsvorschrift erforderliche Mitwirkung einer anderen Behörde unterblieben ist.

(4) Betrifft die Nichtigkeit nur einen Teil des Verwaltungsaktes, so ist er im Ganzen nichtig, wenn der nichtige Teil so wesentlich ist, dass die Behörde den Verwaltungsakt ohne den nichtigen Teil nicht erlassen hätte.

(5) Die Behörde kann die Nichtigkeit jederzeit von Amts wegen feststellen; auf Antrag ist sie festzustellen, wenn der Antragsteller hieran ein berechtigtes Interesse hat.

Übersicht

	Rn.
I. Bedeutung	1
II. Nichtigkeit infolge eines besonders schwerwiegenden und offensichtlichen Fehlers (I)	5
1. Besonders schwerwiegender Fehler	6
2. Offensichtlichkeit	8

	Rn.
3. Verstoß gegen Unionsrecht	9
4. Einzelfälle	11
III. Absolute Nichtigkeitsgründe (II)	12
1. Nichterkennbarkeit der erlassenden Behörde (Nr. 1)	13
2. Nichtaushändigung der erforderlichen Urkunde (Nr. 2)	14
3. Verstoß gegen die örtliche Zuständigkeit iSv § 3 I Nr. 1 (Nr. 3)	15
4. Tatsächliche objektive Unmöglichkeit (Nr. 4)	16
5. Rechtswidrige Tat (Nr. 5)	17
6. Sittenwidrigkeit des VA (Nr. 6)	18
IV. Negativkatalog (III)	19
1. Fehlende örtliche Zuständigkeit (Nr. 1)	20
2. Mitwirkung ausgeschlossener Personen (Nr. 2)	21
3. Fehlende Mitwirkung eines Ausschusses (Nr. 3)	22
4. Fehlende Mitwirkung einer anderen Behörde (Nr. 4)	23
V. Teilnichtigkeit (IV)	24
VI. Feststellung der Nichtigkeit (V)	25
VII. Rechtsschutz	29

I. Bedeutung

1 Der § 44 regelt die **Nichtigkeit** von VAen. Sie ergänzt und konkretisiert den § 43 III, der lediglich die Unwirksamkeit eines nichtigen VA und damit die Rechtsfolge der Nichtigkeit bestimmt. Umgekehrt ist ein VA, der nicht nichtig ist, wirksam mit der Folge, dass sowohl rechtmäßige wie rechtswidrige VAe wirksam sind. Nach der gesetzlichen Wertung ist die Nichtigkeit zwar ein Unterfall der Rechtswidrigkeit, der dadurch gekennzeichnet ist, dass der VA an einem besonders schwerwiegenden Fehler leidet. Im Gegensatz zu den Fällen „einfacher" Rechtswidrigkeit führt aber die Nichtigkeit zur Unwirksamkeit des VA. Abhängig von Grund und Schwere knüpft das Gesetz unterschiedliche Rechtsfolgen an die Feststellung der Rechtswidrigkeit. Dies betrifft nicht nur die Wirksamkeit bzw. Unwirksamkeit des VA. Beim nichtigen VA finden vielmehr auch die Vorschriften über die Heilung von Fehlern (§ 45), die Unbeachtlichkeit von Fehlern (§ 46) und schließlich die Umdeutung von VAen (§ 47) keine Anwendung. Die Nichtigkeit und damit die Unwirksamkeit des VA beurteilen sich rein objektiv. Auf die Vorstellungen und Erwartungen des Betroffenen kommt es nicht an. Weder das Vertrauen in die Rechtsbeständigkeit des VA noch der gute Glaube sind geschützt.

2 Die Nichtigkeit eines VA berührt nicht seine Rechtsnatur. Auch der nichtige VA erfüllt die Merkmale des VA iSv § 35. Hierin unterscheidet sich der nichtige VA vom sog. Nicht-VA. Der **Nicht-VA** erweckt lediglich den (Rechts-) Schein, ein VA zu sein, ihm fehlen aber ein oder mehrere Merkmale des VA-Begriffs (abweichend wohl KR/Ramsauer § 44 Rn. 2 unter Verweis auf KR/Ramsauer § 43 Rn. 49 f., der den Rechtsschein beim nichtigen VA bejaht, beim Nicht-VA dagegen grundsätzlich ablehnt). Liegt aber kein VA vor, sondern eben nur ein Nicht-VA, findet § 44 **keine Anwendung.**

Die Vorschrift enthält von ihrer **Systematik** im § 44 I die Generalklausel, dass ein VA nichtig ist, wenn er an einem besonders schwerwiegenden Fehler leidet und dies bei verständiger Würdigung aller in Betracht kommenden Umstände offensichtlich ist. In § 44 II findet sich eine abschließende Aufzählung absoluter Nichtigkeitsgründe, bei deren Vorliegen es keiner Wertung i. S. d. § 44 I mehr bedarf, in § 44 III eine ebenfalls abschließende Aufzählung von Mängeln, die in keinem Fall zur Nichtigkeit führen und bei denen es ebenfalls zu keiner Wertung iSv § 44 I mehr kommt. Der § 44 IV regelt, unter welchen Voraussetzungen die Teilnichtigkeit eines VA den gesamten VA erfasst. Schließlich sieht § 44 V zum Verfahren vor, dass die Behörde die Nichtigkeit jederzeit von Amts wegen feststellen kann bzw. auf Antrag und bei berechtigtem Interesse des Antragstellers feststellen muss. Die Prüfung der Nichtigkeit des VA erfolgt im Rahmen des § 44 in der **Reihenfolge** § 44 II, dann § 44 III und schließlich § 44 I. 3

Dem § 44 gehen **spezialgesetzliche Nichtigkeitsbestimmungen** vor (zB § 13 BBG; § 18 DRiG). Darüber hinaus ist § 44 nicht anwendbar auf Rechtsnormen und öffentlich-rechtliche Verträge (s. insoweit aber § 59). 4

II. Nichtigkeit infolge eines besonders schwerwiegenden und offensichtlichen Fehlers (I)

Nach der **Generalklausel** des § 44 I ist ein VA nichtig, soweit er an einem besonders schwerwiegenden Fehler leidet und dies bei verständiger Würdigung aller in Betracht kommenden Umstände offensichtlich ist. Die verwendeten unbestimmten Rechtsbegriffe werden im Gesetz nicht definiert. Allerdings verdeutlicht die Generalklausel, dass bei weitem nicht jeder Fehler zur Nichtigkeit führt. Die besondere Schwere des Fehlers und die Offensichtlichkeit begründen nur gemeinsam (kumulativ) die Nichtigkeit des VA. Fehlt eine der genannten Voraussetzungen (und liegt auch kein Fall des § 44 II vor), ist der fehlerhafte VA lediglich rechtswidrig. 5

In der Praxis ist das Vorliegen eines besonders schwerwiegenden und noch dazu offensichtlichen Fehlers die **Ausnahme.** Selbst Grundrechtsverletzungen und Verstöße gegen das Rechtsstaatsprinzip (Bindung der Verwaltung an Gesetz und Recht) begründen in den meisten Fällen lediglich die Rechtswidrigkeit des VA, führen aber nicht zu dessen Nichtigkeit (BVerwGE 124, 26 = NJW 2005, 3510 – zu Art. 12 I GG; s. auch BVerfGE 111, 147 = NJW 2004, 2814 und VG Köln BeckRS 2005, 27834 – zu Art. 8 I GG; OVG Lüneburg BeckRS 2012, 59298 – zu Art. 20 III GG).

1. Besonders schwerwiegender Fehler

Ein **besonders schwerwiegender Fehler** liegt vor, wenn er mit der Rechtsordnung unter keinen Umständen vereinbar ist (BVerwGE 23, 237 (238)). Eine derartige Unvereinbarkeit besteht, wenn der Fehler in einem so krassen Widerspruch zu tragenden Verfassungsprinzipien oder zur Rechtsordnung und den ihr zugrunde liegenden Wertvorstellungen der Rechtsgemeinschaft 6 steht, dass seine Existenz und die von ihm ausgelösten Rechtwirkungen unerträglich wären (BVerwG BeckRS 2014, 56980 Rn. 16 = NVwZ 2014, 1679 – keine Nichtigkeit einer unter Verwendung einer anderen Identität erschlichenen Einbürgerung; NVwZ 2000, 1040 (1041); BGH NVwZ-RR 2008, 154 (155); OVG Berlin-Brandenburg BeckRS 2016, 53617 Rn. 22). Bei der Beurteilung sind das im Grundsatz der Gesetzmäßigkeit der Verwaltung verankerte öffentliche Interesse an der Rechtmäßigkeit staatlichen Handelns und das öffentliche Interesse an Rechtssicherheit und dem Erhalt des VA zu berücksichtigen. Nicht entscheidend ist der Rang der, zunächst nur den Fehler begründenden, verletzten Rechtsvorschrift (KR/Ramsauer § 44 Rn. 8).

7 Als Orientierung können die in § 44 II u. III zum Ausdruck kommenden **Wertungen des Gesetzgebers** herangezogen werden: ein Fehler ist dann besonders schwerwiegend, wenn er einem der in § 44 II genannten Fälle in Umfang und Intensität vergleichbar ist, er ist nicht besonders schwerwiegend, wenn er nur einem der in § 44 III beschriebenen Fälle vergleichbar ist.

2. Offensichtlichkeit

8 Der besonders schwerwiegende Fehler muss zusätzlich bei verständiger Würdigung aller in Betracht kommenden Umstände **offensichtlich** sein. Fehlt es an der Offensichtlichkeit, führt auch der besonders schwerwiegende Fehler nur zur Rechtswidrigkeit des VA. Offensichtlichkeit liegt vor, wenn der besonders schwere Fehler für einen unvoreingenommenen, mit den in Betracht kommenden Umständen vertrauten, verständigen Beobachter ohne weiteres ersichtlich ist (BVerwGE 75, 62 (65)). Ausreichend ist eine **Parallelwertung** in der Laiensphäre, besondere Rechts- oder Fachkenntnisse sind nicht erforderlich. Sie muss ergeben, dass der VA zweifelsfrei rechtswidrig ist und nicht ernsthaft als verbindlich betrachtet werden kann (BVerwG NVwZ 2000, 1039 (1040); BGH NVwZ-RR 2008, 154 (155)).

3. Verstoß gegen Unionsrecht

9 Das Recht der EU enthält keine dem § 44 vergleichbare allgemeine Regelung. Im Rahmen des **direkten Vollzugs von Unionsrecht** anerkennt der EuGH in seiner Rechtsprechung aber die Möglichkeit der ausnahmsweisen Nichtigkeit einer Einzelfallentscheidung (vgl. EuGH EuZW 94, 436 (438); NVwZ 1999, 59 – zur Möglichkeit der Nichtigerklärung gem. Art. 264 AEUV (vormals Art. 231 EGV)).

10 Bei der Durchführung von Unionsrechts durch die Behörden der Mitgliedstaaten (sog. **indirekter Vollzug**) kommen – soweit das EU-Recht keine speziellen und damit vorrangigen Regelungen enthält – die formellen und materiellen Bestimmungen des nationalen Rechts zur Anwendung (vgl. EuGH NVwZ 2006, 1277; BVerwG NVwZ 2000, 1039 f.). Ob ein auf nationales Recht gestützter VA infolge des Vorrangs des Unionsrechts nichtig ist, beurteilt sich ebenfalls nach § 44 I (BGH NVwZ-RR 2008, 154 (155); BVerwG NVwZ 2000, 1039 f.). Ein Verstoß gegen EU-Recht stellt nicht

allein wegen des Rangs oder der Bedeutung der verletzten Bestimmung einen besonders schwerwiegenden Fehler iS dieser Vorschrift dar (vgl. BVerwG BeckRS 2018, 8947 Rn. 6; NVwZ 2000, 1039 f.). Dem Grundsatz der Effektivität des Unionsrechts wird durch die Möglichkeit der Anfechtung hinreichend Rechnung getragen (vgl. BGH NVwZ-RR 2008, 154 (155); SBS/Sachs § 44 Rn. 109).

4. Einzelfälle

In den nachstehend aufgeführten Fällen kann ein Fehler im Einzelfall zur 11
Nichtigkeit führen. Voraussetzung ist aber stets, dass die Prüfung im konkreten Fall die besondere Schwere und die Offensichtlichkeit des Fehlers ergibt (zum Maßstab der Wertung → Rn. 7):

Fehlende Zuständigkeit: Die Nichtigkeit begründende Zuständigkeitsfehler können aus dem Fehlen der sachlichen Zuständigkeit (ablehnend OVG Münster BeckRS 2012, 48183) sowie dem Fehlen der Verbandskompetenz resultieren, darüber hinaus aus absoluter Unzuständigkeit. Das Fehlen der örtlichen Zuständigkeit reicht grundsätzlich nicht aus (s. § 44 III Nr. 1 → Rn. 15, aber auch § 44 II Nr. 3 → Rn. 11), ebenso wenig das Fehlen der funktionellen oder instanziellen Zuständigkeit (näher BeckOK VwVfG/Schemmer § 44 Rn. 20 ff.; BGH NVwZ-RR 2008, 154 (155) – zum Handeln eines behördenintern unzuständigen Organs).

Verfahrensfehler: Vorbehaltlich der speziellen Regelungen in § 44 II u. III ist hier nur in eng begrenzten Fallkonstellationen eine Nichtigkeit denkbar, so zB bei durch strafbares Verhalten erzwungene VAe (KR/Ramsauer § 44 Rn. 18). Auch eine unterbliebene oder fehlerhafte Mitwirkungshandlung beim mitwirkungsbedürftigen VA, die Mitwirkung ausgeschlossener Personen, die fehlende Vertretungsmacht oder das Fehlen der aufsichtsbehördlichen Genehmigung führen regelmäßig nicht zur Nichtigkeit.

Formfehler: Die Nichteinhaltung einer gesetzlich vorgesehenen Form führt in der Regel zur Nichtigkeit des VA. Denn aus den gesetzlichen Wertungen in den §§ 38 I 1, 44 II Nr. 2, 46 ergibt sich der besondere Stellenwert derartiger Formerfordernisse, insbesondere des Schriftformerfordernisses. Auch die fehlende Bestimmtheit führt zur Nichtigkeit des VA, wenn er hierdurch völlig unverständlich und undurchführbar wird (OVG Koblenz NVwZ 1990, 399; s. aber auch VGH München NVwZ-RR 2009, 268 (269), wonach ein zu unbestimmter VA „(zumindest) rechtswidrig" ist). Nichtigkeit tritt ferner auch zB bei grobem Formenmissbrauch oder Willkür ein (vgl. KR/Ramsauer § 44 Rn. 24).

Inhaltliche Fehler: Nichtig ist ein VA, der den Regelungsgegenstand nicht hinreichend genau bezeichnet (VGH München BeckRS 2017, 111613 Rn. 26 f. – zu den Erfordernissen der genauen Bezeichnung der Freischankfläche einer Gaststätte). Ebenfalls nichtig ist ein VA, der inhaltlich widersprüchlich ist. Darüber hinaus kann ein VA nichtig sein, der auf eine rechtlich unmögliche Rechtsfolge gerichtet ist oder schlechthin und absolut ungeeignet erscheint zur Erreichung des angestrebten Ziels. Das Fehlen einer gesetzlichen Grundlage macht den VA dagegen nur rechtswidrig (sog. gesetzloser VA;

BVerwG 1, 67 = NJW 1954, 734; OVG Lüneburg BeckRS 2015, 55095 Rn. 26), solange der VA nicht willkürlich ist (BVerwGE 35, 343 = NJW 1970, 2075). Ebenfalls nur zur Rechtswidrigkeit führt die unrichtige Anwendung der in Frage kommenden Rechtsvorschriften (BVerwG NJW 1998, 1061 (1062) – auch zur unterschiedlichen Beurteilung der Nichtigkeit bei VAen einerseits und Vereinbarungen und Zusagen andererseits). Zu den Folgen eines Verstoßes gegen Unionsrecht → Rn. 9 ff.

Verstoß gegen das Bestimmtheitsgebot: Hierzu zählt insbesondere die fehlerhafte Bezeichnung des Inhaltsadressaten. Als konstitutiver Bestandteil eines jeden VA kann eine unrichtige Angabe des Inhaltsadressaten dessen Nichtigkeit begründen. Insbesondere bei einer Personenmehrheit oder einer juristischen Person muss klar sein, wer Inhalts- und wer Bekanntgabeadressat ist (→ § 37 Rn. 8). Ausreichend ist insoweit, wenn der Inhaltsadressat im Wege der Auslegung hinreichend sicher bestimmt werden kann. Fehler machen den VA insoweit jedoch nur dann nichtig, wenn der Inhaltsadressat nicht (mehr) existiert (OVG Lüneburg BeckRS 2018, 20931 Rn. 28 ff.). Gleiches gilt für Ungenauigkeiten in amtlichen Verzeichnissen, die durch Auslegung überwunden werden können (OVG Bautzen BeckRS 2016, 45644 Rn. 18 f.).

III. Absolute Nichtigkeitsgründe (II)

12 In § 44 II benennt das Gesetz insgesamt sechs Gründe, bei deren Vorliegen der VA unabhängig von den Voraussetzungen des § 44 II nichtig ist. Es handelt sich hier um **absolute Nichtigkeitsgründe,** dh, es bedarf keiner wertenden Feststellungen zur besonderen Schwere des Fehlers oder zu dessen Offensichtlichkeit. Die Aufzählung ist abschließend.

1. Nichterkennbarkeit der erlassenden Behörde (Nr. 1)

13 Nach § 44 II Nr. 1 ist ein schriftlich oder elektronisch erlassener VA nichtig, der die **erlassende Behörde nicht erkennen lässt.** Das Erfordernis der Erkennbarkeit der Erlassbehörde ist bereits in § 37 III 1 formuliert (zu den Anforderungen → § 37 Rn. 18). Die Vorschrift ist nicht (analog) auf den Fall des Fehlens der Unterschrift oder der Namenswiedergabe des Behördenleiters anwendbar.

2. Nichtaushändigung der erforderlichen Urkunde (Nr. 2)

14 § 44 II Nr. 2 bestimmt, dass ein VA nichtig ist, der nach einer Rechtsvorschrift nur durch die **Aushändigung einer Urkunde** erlassen werden kann, aber dieser Form nicht genügt. Die Aushändigung der Urkunde muss konstitutive Wirkung haben (zB Einbürgerung oder Entlassung aus der Staatsangehörigkeit gem. §§ 16 S. 1, 23, 26 III StAG; BVerwG BeckRS 2014, 56980 Rn. 15; Ernennung von Beamten und Richtern gem. § 10 II 1 BBG, 10 II 1 BeamtStG, § 17 I DRiG).

3. Verstoß gegen die örtliche Zuständigkeit iSv § 3 I Nr. 1 (Nr. 3)

15 Nach § 44 II Nr. 3 ist der von einer Behörde außerhalb ihrer durch § 3 I Nr. 1 begründeten **örtlichen Zuständigkeit** erlassene VA nichtig, wenn die Behörde dazu nicht ermächtigt ist. Die in Bezug genommene Zuständigkeitsnorm betrifft allein die örtliche Zuständigkeit in Angelegenheiten, die sich auf das unbewegliche Vermögen oder ein ortsgebundenes Recht oder Rechtsverhältnis beziehen (OVG Münser BeckRS 2018, 25378 Rn. 10 ff.). Zusätzlich darf die danach unzuständige Behörde **nicht zum Handeln ermächtigt** sein. Eine Handlungsermächtigung kann sich aus dem Gesichtspunkt der Eil- oder Notzuständigkeit ergeben. Die Vorschrift wird analog angewendet auf spezialgesetzliche, inhaltsgleiche Regelungen. Verstöße gegen die weiteren, die örtliche Zuständigkeit begründenden Fälle des § 3 und erst recht gegen sonstige Arten von Zuständigkeiten (zB die funktionale, instanzielle oder sachliche Zuständigkeit) sind dagegen kein Nichtigkeitsgrund gem. § 44 II Nr. 1, sondern können allenfalls über § 44 I zur Nichtigkeit des VA führen (→ Rn. 11; OVG Hamburg BeckRS 2018, 24532 Rn. 39; VGH Mannheim BeckRS 2018, 3826 Rn. 71).

4. Tatsächliche objektive Unmöglichkeit (Nr. 4)

16 Des Weiteren ist ein VA nichtig, den aus tatsächlichen Gründen niemand ausführen kann (§ 44 II Nr. 4). Gemeint sind Fälle der **tatsächlichen objektiven Unmöglichkeit.** Die Klausel gilt auch für VAe, die zwar technisch ausführbar sind, deren Ausführung aber nur mit einem unverhältnismäßig hohen Aufwand möglich wäre (OVG Magdeburg BeckRS 2023, 29293 Rn. 9). Ungenauigkeiten in der Tenorierung sind unschädlich, wenn sie durch Heranziehung der Begründung ausgeräumt werden können (OVG Magdeburg BeckRS 2017, 105625 Rn. 13). Nicht erfasst sind die Fälle des Unvermögens (= subjektive Unmöglichkeit für den aus dem VA Verpflichteten) und der rechtlichen Unmöglichkeit; ob sie im Einzelfall zur Nichtigkeit führen, beurteilt sich nach § 44 I.

5. Rechtswidrige Tat (Nr. 5)

17 Ein VA ist nach § 44 II Nr. 5 nichtig, wenn er die Begehung einer rechtswidrigen Tat verlangt, die einen Straf- oder Bußgeldtatbestand verwirklicht. Der VA muss sich auf eine **rechtswidrige Tat** beziehen, so dass – wie im Strafrecht auch – die Tatbestandsmäßigkeit und Rechtswidrigkeit der Tat gegeben sein müssen, ein Verschulden hingegen nicht erforderlich ist. Ist die geforderte Handlung lediglich dem Adressaten rechtlich nicht möglich (rechtliche Unvermögen) oder allgemein rechtlich nicht möglich (rechtliche Unmöglichkeit), ohne gleichzeitig strafbewehrt zu sein, ist § 44 II Nr. 5 nicht anwendbar, ggf. aber § 44 II Nr. 4 oder § 44 I. Der VA muss die Begehung der rechtswidrigen Tat **verlangen,** den Adressaten also zu einem bestimmten Tun (oder Unterlassen) verpflichten, ein bloßes Gestatten reicht insoweit

nicht aus (weitergehend KR/Ramsauer § 44 Rn. 44, der die Vorschrift auf offensichtlich rechtswidrige Erlaubnisse erstreckt).

6. Sittenwidrigkeit des VA (Nr. 6)

18 Schließlich ist ein gegen die guten Sitten verstoßender VA nichtig (§ 44 II Nr. 6). In Anlehnung an § 138 BGB ist ein VA **sittenwidrig,** wenn er das Anstandsgefühl aller billig und gerecht Denkenden verletzt. Die Sittenwidrigkeit kann sich aus dem Zweck oder Inhalt des VA ergeben, aber auch aus dem im VA dem Bürger erlaubten oder gebotenen Handeln (BVerwGE 84, 314; OVG Magdeburg BeckRS 2012, 48312). Sittenwidrig sind auch willkürliche VAe und solche, die in grober Weise gegen das Koppelungsverbot verstoßen (KR/Ramsauer § 44 Rn. 50). Eine bloße Sittenwidrigkeit des Motivs der Behörde oder des vom Betroffenen eingesetzten Mittels (zB Bestechung, Drohung, Täuschung) reicht nicht aus.

IV. Negativkatalog (III)

19 Der § 44 III enthält einen **Negativkatalog** von Fehlern, deren Vorliegen nach der Wertung des Gesetzgebers keine Nichtigkeit des VA begründen. Auch hier kommt es – wie in § 44 II – auf die besondere Schwere des Fehlers oder die Offensichtlichkeit nicht an. Wie sich aus der einleitenden Formulierung („nicht schon deshalb nichtig") ergibt, ist bei einem Hinzutreten weiterer Umstände die Nichtigkeit aber sehr wohl möglich, und zwar sowohl nach § 44 II wie nach § 44 I. Im Übrigen können die Katalogtatbestände des § 44 III auch als Anhaltspunkte und Vergleichsmaßstab zur Feststellung der besonderen Schwere eines Fehlers und uU auch seiner Offensichtlichkeit im Rahmen von § 44 I dienen.

1. Fehlende örtliche Zuständigkeit (Nr. 1)

20 Nach § 44 III Nr. 1 ist ein VA nicht deshalb nichtig, weil Vorschriften über die **örtliche Zuständigkeit** nicht eingehalten worden sind, außer wenn ein Fall des § 44 II Nr. 3 vorliegt. Abgesehen von § 44 II Nr. 3 gilt die Regelung für alle Fälle der örtlichen Zuständigkeit, einschließlich der Verbandszuständigkeit (KR/Ramsauer § 44 Rn. 52). Unter den weiteren Voraussetzungen des § 46 ist die Verletzung von Vorschriften über die örtliche Zuständigkeit zudem unbeachtlich und damit folgenlos.

2. Mitwirkung ausgeschlossener Personen (Nr. 2)

21 Ebenso führt die **Mitwirkung einer** nach § 20 I 1 Nr. 2–6 **ausgeschlossenen Person** nicht zur Nichtigkeit des VA (§ 44 III Nr. 2). Mitwirkung bedeutet die gewollte tatsächliche Einflussnahme auf das Verfahren und die Entscheidung und umfasst auch Handlungen von Aufsichtsbehörden (BVerwGE 69, 256 (267 f.)). Die Regelung gilt entsprechend für die Fälle der

§§ 21, 65 I und 71 III. Die Mitwirkung einer nach § 20 I 1 Nr. 1 ausgeschlossenen Person ist hier nicht erfasst; sie beurteilt sich nach § 44 I.

3. Fehlende Mitwirkung eines Ausschusses (Nr. 3)

Kein Nichtigkeitsgrund ist gem. § 44 III Nr. 3 gegeben, wenn ein durch Rechtsvorschrift zur Mitwirkung berufener Ausschuss den für den Erlass des VA vorgeschriebenen Beschluss nicht gefasst hat oder nicht beschlussfähig war. Ein **Ausschuss** ist keine Behörde (andernfalls beurteilt sich die Unbeachtlichkeit nach § 44 III Nr. 4). Kein Ausschuss ist der Personalrat, allerdings findet die Vorschrift hier entsprechende Anwendung (BVerwGE 68, 193; aA BVerwGE 66, 291 (294)). Die Mitwirkung muss durch Rechtsvorschrift angeordnet sein, eine nur behördeninterne Anordnung reicht nicht aus. Erfasst wird jedes Mitwirkungserfordernis (Anhörung, Genehmigung, Zustimmung) zu jedem Zeitpunkt des Verfahrens. Die Beschlussfähigkeit und Beschlussfassung sind für Ausschüsse in §§ 90 f. geregelt. Eine unterbliebene Mitwirkung ist gem. § 45 I Nr. 5 nachholbar und unter den Voraussetzungen des § 46 unbeachtlich und folgenlos (OVG Lüneburg BeckRS 2018, 473 Rn. 23 – zum Sonderfall, dass ein Verwaltungsausschuss kompetenzwidrig entscheidet). 22

4. Fehlende Mitwirkung einer anderen Behörde (Nr. 4)

Schließlich begründet das Unterbleiben der nach einer Rechtsvorschrift erforderliche **Mitwirkung** einer anderen Behörde nicht die Nichtigkeit des VA (§ 44 III Nr. 4). Die Regelung erfasst die sog. **mehrstufigen VAe** und ist parallel zu Nr. 3 ausgestaltet: auch hier muss die Mitwirkung aufgrund einer Rechtsvorschrift erforderlich sein, unabhängig von ihrer Art und dem Zeitpunkt. Das Unterbleiben der Mitwirkung kann in der Nichtbeteiligung oder der Nichtvornahme der Mitwirkungshandlung der anderen Behörde liegen. Auch hier ist die unterbliebene Mitwirkung nachholbar (§ 45 I Nr. 5) und ggf. unbeachtlich (§ 46). 23

V. Teilnichtigkeit (IV)

Der § 44 IV statuiert den Grundsatz der **Teilnichtigkeit** eines VA und sieht eine Gesamtnichtigkeit nur ausnahmsweise vor. Denn der VA ist nur dann im Ganzen nichtig, wenn der nichtige Teil so wesentlich ist, dass die Behörde den VA ohne den nichtigen Teil nicht erlassen hätte. Die **Teilbarkeit** des VA ist gegeben, wenn der nichtige Teil für den nicht nichtigen Teil unwesentlich ist. Das ist der Fall, wenn der nicht nichtige Teil für sich betrachtet eine eigenständige Regelung enthält und vom Sinn und Zweck durch den in Wegfall kommenden nichtigen Teil nicht verfälscht wird. Hinzukommen muss die Feststellung, dass die Behörde den VA auch ohne den nichtigen Teil erlassen hätte. Entscheidend ist eine objektive Betrachtungsweise, nicht hingegen der subjektive Behördenwille (OVG Berlin NVwZ 1997, 1005). Ins- 24 besondere in den Fällen, wo die Behörde zum Erlass des Rest-VA verpflichtet wäre, ist ein entsprechender Erlasswille festzustellen.

VI. Feststellung der Nichtigkeit (V)

25 Nach § 44 V kann die Behörde die Nichtigkeit des VA jederzeit **von Amts wegen** feststellen. Sie ist darüber hinaus auf **Antrag** und bei Vorliegen eines berechtigten Interesses des Antragstellers zur Feststellung verpflichtet.

26 **Zuständig** für die Feststellung der Nichtigkeit eines VA ist die Behörde, die zum Zeitpunkt der Feststellung auch für den Erlass des VA zuständig wäre. Dies kann, muss aber nicht die Behörde sein, die den VA seinerzeit erlassen hat. Im Vorverfahren wird bei Nichtabhilfe der Ausgangsbehörde die Widerspruchsbehörde zuständig.

27 Die Feststellung ist rein **deklaratorisch.** Die Nichtigkeit tritt in den Fällen des § 44 kraft Gesetzes ein. Von ihrer Rechtsnatur ist die Feststellung dennoch ein (feststellender) VA, der seinerseits in Bestandkraft erwachsen kann (BVerwGE 84, 314 = NVwZ 1990, 668; BSG NVwZ 1989, 902; jetzt auch für die Nichtigkeitsfeststellung der Finanzbehörden gem. § 125 V AO: BFH BeckRS 2014, 96190 Rn. 34 ff. = NVwZ 2015, 163). Die Feststellung steht grundsätzlich im pflichtgemäßen Ermessen der Behörde. Sie muss insbesondere prüfen, ob statt der Nichtigkeitsfeststellung eine – uU einfachere – Aufhebung gem. §§ 48 f. in Betracht kommt; das ist bei Zweifeln an der Nichtigkeit zu bejahen, wenn im konkreten Fall Erstattungsansprüche nach § 48 III bzw. § 49 V ausgeschlossen sind (KR/Ramsauer § 44 Rn. 70).

28 Auf Antrag und bei Vorliegen eines berechtigten Interesses ist die Behörde zur Feststellung der Nichtigkeit des VA verpflichtet. Der **Antrag** ist nicht fristgebunden, er kann auch noch nach Ablauf etwaiger Rechtsbehelfsfristen gestellt werden. Antragsberechtigt ist neben dem Adressaten und sonstigen Verfahrensbeteiligten auch ein Dritter, sofern er durch den VA belastet ist und ein berechtigtes Interesse an der Feststellung hat. Ein **berechtigtes Interesse** kann rechtlicher, wirtschaftlicher, ideeller oder anderer Art sein. Ein berechtigtes Interesse besteht nicht (mehr), wenn sich der VA erledigt hat und weder eine Wiederholungsgefahr noch Schadenersatzansprüche in Betracht kommen (KR/Ramsauer § 44 Rn. 68), ebenso wenig, wenn ein VG über die Wirksamkeit des VA entschieden hat (Ziekow § 44 Rn. 23). Auf entsprechenden Antrag und bei Bejahung des berechtigten Interesses muss die Behörde die Feststellung treffen. Anders als in S. 1 handelt es sich bei S. 2 insoweit um eine gebundene Entscheidung.

VII. Rechtsschutz

29 Da die Feststellung der Nichtigkeit durch die Behörde gem. § 44 V einen VA darstellt, kann der Antragsteller seinen Anspruch auf Feststellung gerichtlich im Wege der **Verpflichtungsklage** verfolgen. Daneben besteht für den Bürger die Möglichkeit der **Feststellungsklage** gem. § 43 I 2. Alt. VwGO,

gerichtet auf Feststellung der Nichtigkeit des VA durch das Verwaltungsgericht. Das für die Feststellungsklage erforderliche berechtigte Interesse an der baldigen Feststellung entfällt nicht durch die Möglichkeit eines Antrags nach § 44 V und die anschließende Möglichkeit der Verpflichtungsklage.

Als dritte Rechtsschutzmöglichkeit kann der Adressat oder Drittbetroffene **Widerspruch** und im Anschluss ggf. **Anfechtungsklage** gegen den nichtigen VA erheben. Denn die Nichtigkeit ist lediglich ein Unterfall der Rechtswidrigkeit eines VA. 30

§ 45 Heilung von Verfahrens- und Formfehlern

(1) Eine Verletzung von Verfahrens- oder Formvorschriften, die nicht den Verwaltungsakt nach § 44 nichtig macht, ist unbeachtlich, wenn

1. der für den Erlass des Verwaltungsaktes erforderliche Antrag nachträglich gestellt wird;

2. die erforderliche Begründung nachträglich gegeben wird;

3. die erforderliche Anhörung eines Beteiligten nachgeholt wird;

4. der Beschluss eines Ausschusses, dessen Mitwirkung für den Erlass des Verwaltungsaktes erforderlich ist, nachträglich gefasst wird;

5. die erforderliche Mitwirkung einer anderen Behörde nachgeholt wird.

(2) Handlungen nach Absatz 1 können bis zum Abschluss der letzten Tatsacheninstanz eines verwaltungsgerichtlichen Verfahrens nachgeholt werden.

(3) [1] Fehlt einem Verwaltungsakt die erforderliche Begründung oder ist die erforderliche Anhörung eines Beteiligten vor Erlass des Verwaltungsaktes unterblieben und ist dadurch die rechtzeitige Anfechtung des Verwaltungsaktes versäumt worden, so gilt die Versäumung der Rechtsbehelfsfrist als nicht verschuldet. [2] Das für die Wiedereinsetzungsfrist nach § 32 Abs. 2 maßgebende Ereignis tritt im Zeitpunkt der Nachholung der unterlassenen Verfahrenshandlung ein.

Übersicht

	Rn.
I. Bedeutung	1
II. Heilbarkeit und Heilung einzelner Verfahrens- und Formfehler (I)	3
1. Nachträgliche Stellung des erforderlichen Antrags (Nr. 1)	3
2. Nachträgliche Begründung (Nr. 2)	4
3. Nachholung der Anhörung (Nr. 3)	7
4. Nachholung der Mitwirkung eines Ausschusses (Nr. 4)	10
5. Nachholung der Mitwirkung einer anderen Behörde (Nr. 5)	11
6. Entsprechende Anwendung des I auf andere Verfahrenserfordernisse	12
7. Rechtsfolge der Nachholung: Heilung	15
III. Zeitliche Begrenzung der Heilungsmöglichkeit (II)	18
IV. Nichtverschuldens-Fiktion (III)	20
V. Rechtsschutz/Prozessuales	23

I. Bedeutung

1 Die Vorschrift erklärt bestimmte **Verfahrens- und Formfehler** für **unbeachtlich** (§ 45 I), wenn sie bis zum Abschluss der letzten Tatsacheninstanz eines verwaltungsgerichtlichen Verfahrens nachgeholt werden (§ 45 II). Die Regelung dient der Verfahrensökonomie, da im Interesse des Fortbestandes einer materiell rechtmäßigen Entscheidung ein lediglich die formelle Rechtswidrigkeit begründender Verfahrens- oder Formfehler durch Nachholung geheilt werden kann. Die Heilung ist nicht beschränkt auf die in § 45 I explizit genannten Fehlerarten (BVerwG BeckRS 2019, 13513 Rn. 27; OVG Münster BeckRS 2019, 11895 Rn. 17 – Heilung von Verstößen gegen Befangenheitsvorschriften). Allerdings heilt die Nachholung eines unterbliebenen Antrags nur den hierin liegenden Verfahrensfehler (→ Rn. 12 ff.); dient der Antrag darüber hinaus der Wahrung einer materiellen Antragsfrist und ist diese verstrichen, erfolgt insoweit keine Heilung. Für jeweils einen Form- und einen Verfahrensfehler sieht § 45 III Erleichterungen im Zusammenhang mit der Wiedereinsetzung in den vorigen Stand vor, indem er bestimmt, dass die Versäumung der Rechtsbehelfsfrist bei feststehender Ursächlichkeit des Fehlers als nicht verschuldet gilt.

2 **Nicht anwendbar** ist § 45 bei Verfahrens- und Formfehlern, die gem. § 44 zur Nichtigkeit des VA führen, ebenso wenig bei VAen, die gem. § 43 nicht wirksam sind. Keine Anwendung findet § 45 zudem auf Verstöße gegen die ebenfalls zur formellen Rechtmäßigkeit gehörende Zuständigkeit (VGH Mannheim BeckRS 2018, 3826 Rn. 72). § 45 und § 46 können prinzipiell parallel zur Anwendung kommen, wobei allerdings ein geheilter Verfahrens- oder Formmangel nicht mehr existiert (ex tunc), so dass er auch nicht mehr unbeachtlich iSv § 46 sein kann. Die Regelung ist außerhalb des Geltungsbereichs des VwVfG entsprechend anwendbar auf Verfahrensregeln mit gleicher Zielsetzung und Interessenlage (BVerwG NVwZ 1984, 578 f.).

2a Im Rahmen der Ausführung von **Unionsrecht** durch nationale Behörden findet § 45 immer dann Anwendung, wenn es an eigenen unionrechtlichen Heilungsmöglichkeiten fehlt. Dies folgtaus dem Grundsatz der Verfahrensautonomie (Art. 291 I AEUV) iVm dem Äquivalenz- und dem Effektivitätsgrundsatz (OVG Münster BeckRS 2023, 8426 Rn. 46).

II. Heilbarkeit und Heilung einzelner Verfahrens- und Formfehler (I)

1. Nachträgliche Stellung des erforderlichen Antrags (Nr. 1)

3 Nach § 45 I Nr. 1 kann der für den Erlass des VA erforderliche **Antrag nachträglich** gestellt werden. Das Fehlen des Antrags begründet idR zunächst die Rechtswidrigkeit des VA. Die nachträgliche Stellung des erforderlichen Antrags lässt die Rechtswidrigkeit entfallen. Die Antragstellung kann auch konkludent erfolgen (zB durch Klageerhebung oder auch noch mit der Klagebegründung, vgl. OVG Münster BeckRS 2006, 24333). Begründet das

Fehlen des Antrags ausnahmsweise die Nichtigkeit des VA (→ § 44 Rn. 11), ist § 45 I Nr. 1 nicht anwendbar; eine Heilung scheidet insoweit aus. Die Vorschrift gilt analog für die Fälle, dass ein Antrag ohne die erforderliche Genehmigung (zB bei fehlender Geschäfts- bzw. Handlungsfähigkeit durch den gesetzlichen Vertreter oder durch das Vormundschaftsgericht) gestellt wurde. Auch die Genehmigung des Antrags kann nachträglich erfolgen; sie wird entbehrlich bei zwischenzeitlich eingetretener Geschäfts- oder Handlungsfähigkeit.

2. Nachträgliche Begründung (Nr. 2)

Die erforderliche **Begründung** eines VA kann gem. § 45 I Nr. 2 **nachträglich** gegeben werden. Wann eine Begründung erforderlich ist, richtet sich nach § 39. § 45 I Nr. 2 gestattet die nachträgliche Begründung unter den Voraussetzungen, dass (1) die nachgeschobenen Gründe bereits bei Erlass des VA vorlagen, (2) der VA nicht in seinem Wesen verändert wird und (3) der Betroffene hierdurch nicht in seiner Rechtsverteidigung beeinträchtigt wird (VGH München Beck 2019, 2280 Rn. 42). Die Vorschrift erlaubt die vollständige Nachholung wie auch die (teilweise) Ergänzung der Begründung. Erfasst werden nur solche Gründe, die für die Behörde beim Erlass des VA tatsächlich entscheidend waren (OVG Lüneburg NVwZ-RR 2010, 447 (Ls) = BeckRS 2010, 46861 – zur nachträglichen Bekanntgabe dokumentierter materieller Auswahlerwägungen bei Verwendungs- und Beförderungsentscheidungen). Auch das teilweise oder vollständige Fehlen von Ermessenserwägungen in der Begründung eines VA ist grundsätzlich heilbar, im Falle eines Ermessensausfalls oder eines massiven Ermessensdefizits aber nur bis zum Abschluss des Widerspruchsverfahrens (VGH München BeckRS 2019, 2280 Rn. 42). 4

Hiervon zu trennen und nicht von § 45 I Nr. 2 erfasst ist dagegen das **Auswechseln der Begründung** (einschließlich materieller Auswahlerwägungen) und das Nachschieben von neuen Gründen. Dies betrifft auch das Nachholen materieller Auswahlerwägungen und das Nachschieben einer fehlenden Dokumentation der Auswahlerwägungen (BVerwGE 133, 13 = NVwZ-RR 2009, 604; BeckRS 2009, 33685; OVG Lüneburg NVwZ-RR 2008, 552 = BeckRS 2008, 32261). Ein solches Auswechseln oder Nachschieben von Gründen ist nach ganz hM nicht gem. § 45 I Nr. 2 zulässig (OVG Lüneburg BeckRS 2024, 1166 Rn. 29; VGH München BeckRS 2019, 2280 Rn. 42 ff.; instruktiv Lindner/Jahr Jus 2013, 673; aA wohl BVerwG Buchholz 316 § 45 VwVfG Nr. 25; OVG Münster BeckRS 2020, 5982 Rn. 7 – zu Prüfungsentscheidungen). Für Ermessenserwägungen ist diese Möglichkeit in § 114 S. 2 VwGO ausdrücklich vorgesehen, der von der hM auch auf die Fälle des Beurteilungsspielraums wie auch des Planungsermessens und die dazu in der Begründung anzustellenden Erwägungen erstreckt wird (KS VwGO § 114 Rn. 13). Das Auswechseln der Begründung und das Nachschieben von Gründen sind ihrerseits von der **Ersetzung des VA** durch einen neuen VA abzugrenzen. Eine Ersetzung liegt bei der Änderung des 5

Inhalts oder des Wesens des VA vor. Auch sie ist jederzeit möglich (BVerwGE 85, 166; zu den prozessualen Konsequenzen BVerwGE 92, 145).

6 Ebenfalls nicht unter § 45 I Nr. 2 fallen **Klarstellungen** und **Präzisierungen** der Begründung seitens der Behörde. Sie sind jederzeit möglich, ohne dass es hierzu einer besonderen Regelung bedarf.

3. Nachholung der Anhörung (Nr. 3)

7 Die erforderliche **Anhörung** eines Beteiligten kann gem. § 45 I Nr. 3 ebenfalls nachgeholt werden. Die Vorschrift nimmt Bezug auf die Bestimmung zur Anhörung Beteiligter in § 28, der auch die Erforderlichkeit der Anhörung regelt. Nachholung kommt sowohl bei einer unterbliebenen wie bei einer nicht ordnungsgemäßen Anhörung in Betracht. Zuständig für die Nachholung ist grundsätzlich die Erlassbehörde, im Widerspruchsverfahren nach der Abhilfeentscheidung auch die Widerspruchsbehörde, bei Ermessensentscheidungen allerdings nur insoweit, als die Widerspruchsbehörde auch zur Prüfung der Zweckmäßigkeit berufen ist (BVerwGE 66, 111 (115); aA wohl BVerwGE 66, 184 (187 ff.)).

8 Die bloße **Erhebung des Widerspruchs** ist noch keine wirksame Nachholung. Erforderlich ist die Sicherstellung der vollwertigen Gewährung des Anhörungsrechts aus § 28 (SBS/Sachs § 45 Rn. 80 mwN), so dass Heilung erst mit der Entscheidung über den Widerspruch eintritt (OVG Münster BeckRS 2018, 19879 Rn. 21; KR/Ramsauer § 45 Rn. 27). Zu beachten ist, dass die Anhörung nachträglich ordnungsgemäß durchgeführt und ihre Funktion für den Entscheidungsprozess der Behörde uneingeschränkt erreicht worden sein muss (BVerwGE 137, 199 Rn. 37 = BeckRS 2010, 53145; VGH Kassel BeckRS 2015, 47466 Rn. 38 ff.). Erforderlich ist danach, dass der Beteiligte – nachträglich – eine vollwertige Gelegenheit zur Stellungnahme erhält und die Behörde die vorgebrachten Argumente zum Anlass nimmt, die ohne vorherige Anhörung getroffene Entscheidung kritisch zu überdenken (OVG Bautzen BeckRS 2019, 9339 Rn. 13; KR/Ramsauer § 45 Rn. 26). Erforderlich ist damit regelmäßig eine erneute Befassung der Erlassbehörde mit der Sache unter Berücksichtigung der im Rahmen der nachträglichen Anhörung vorgebrachten Argumente (BVerwG BeckRS 2021, 16102 Rn. 19; OVG Koblenz BeckRS 2023, 8852 Rn. 39; VGH Mannheim BeckRS 2022, 20816 Rn. 29). Ausgeschlossen ist die Heilung, wenn die nachgeholte Verfahrenshandlung ihre rechtsstaatlich gebotene Funktion nicht mehr erfüllen kann, maW die mit dem Fehler verbundenen Nachteile noch vollständig beseitigt werden können; dies ist regelmäßig ausgeschlossen, wenn der VA sich infolge Zeitablaufs erledigt hat (BVerwG BeckRS 2012, 51345 Rn. 18 = NJW 2012, 2823 (2825)) oder bereits vollzogen wurde (VGH Kassel BeckRS 2015, 47466 Rn. 40).

8a Keine wirksame Nachholung ist auch die **Erhebung der Klage** zum VG oder die Anhörung durch das Gericht. Gleiches gilt für Äußerungen und Stellungnahmen der Beteiligten im gerichtlichen Verfahren, insbesondere im Eilverfahren (OVG Bremen BeckRS 2022, 17605 Rn. 35). Dessen ungeachtet kann die Behörde einen Anhörungsmangel außerhalb des gerichtlichen

Verfahrens beheben (OVG Brandenburg BeckRS 2022, 47 Rn. 3). Die Regelung in § 45 II, wonach Handlungen nach § 45 I nur bis zum Abschluss der letzten Tatsacheninstanz eines verwaltungsgerichtlichen Verfahrens nachgeholt werden können, statuiert nur eine zeitliche Grenze, bedeutet aber nicht, dass das VG zur Nachholung berechtigt ist. Äußerungen und Stellungnahmen von Beteiligten im gerichtlichen Verfahren stellen keine nachträgliche Anhörung iSd § 45 dar (BVerwG BeckRS 2017, 122514 Rn. 10).

Die Vorschrift wird **analog** angewendet auf die Zuziehung Betroffener 9
gem. § 13, die von Amts wegen erfolgende Bestellung eines Vertreters gem. § 16, die Akteneinsicht gem. § 29, die mündliche Verhandlung im förmlichen Verfahren gem. § 67, den Erörterungstermin in Planfeststellungsverfahren gem. § 73 VI. Keine entsprechende Anwendung findet § 45 I Nr. 3 hingegen auf den Ausschluss von Personen gem. § 20 f.

4. Nachholung der Mitwirkung eines Ausschusses (Nr. 4)

Nach § 45 I Nr. 4 kann der Beschluss eines **Ausschusses,** dessen Mitwir- 10
kung für den Erlass des VA erforderlich ist, nachträglich gefasst werden. Ausschüsse in diesem Sinn sind ua Verwaltungsausschuss und Rat der Gemeinde (OVG Lüneburg BeckRS 2013, 46796) sowie Prüfungsausschüsse (OVG Magdeburg BeckRS 2017, 131968; zur – bislang ungeklärten – Qualifizierung des Glücksspielausschusses zuletzt OVG Lüneburg BeckRS 2018, 1264 Rn. 20). Die Regelung steht im Zusammenhang mit § 44 III Nr. 3, wonach ein unterbliebener oder fehlerhafter Beschluss eines zur Mitwirkung berufenen Ausschusses nicht zur Nichtigkeit des VA führt (→ § 44 Rn. 22). Hat der Ausschuss dagegen eigene Entscheidungsbefugnis, ist § 45 I Nr. 4 nicht anwendbar (OVG Münster BeckRS 2014, 52058). Die Vorschrift findet entsprechende Anwendung, wenn der Ausschuss anstelle der Mitwirkungshandlung die endgültige Sachentscheidung trifft und diese in der Folgezeit vom hierfür zuständigen Organ bestätigt wird (OVG Lüneburg BeckRS 2018, 437 Rn. 24, das den Anwendungsbereich sogar auch auf Nicht-VAe erstreckt).

5. Nachholung der Mitwirkung einer anderen Behörde (Nr. 5)

Die erforderliche Mitwirkung einer **anderen Behörde** kann gem. § 45 I 11
Nr. 5 ebenfalls nachgeholt werden. Die Vorschrift steht im Zusammenhang mit § 44 III Nr. 4, wonach die unterbliebene Mitwirkung einer anderen Behörde nicht zur Nichtigkeit des VA führt (→ § 44 Rn. 23). Die Heilungsmöglichkeit gilt – wie in § 4 III Nr. 4 ausdrücklich bestimmt – nur für die Fälle, in denen die Mitwirkung aufgrund Rechtsvorschrift erforderlich ist (instruktiv OVG Lüneburg BeckRS 2020, 24257 Rn. 6). Nach dem Äquivalenzprinzip gilt die Regelung auch im Fall der Geltendmachung einer Verletzung von Unionsrecht (OVG Münster BeckRS 2023, 8426 Rn. 46). Nicht erfasst sind sonstige, verwaltungsinterne Beteiligungspflichten, deren Verletzung für die Rechtmäßigkeit des VA ohne Bedeutung sind. Keine Anwendung findet die Regelung zudem in Fällen, wo die eigentlich als Ausgangs-

behörde sachlich zuständige Behörde als Widerspruchsbehörde auftritt und den Widerspruchsbescheid erlässt (VGH Mannheim BeckRS 2018, 3826).

6. Entsprechende Anwendung des I auf andere Verfahrenserfordernisse

12 Die Nachholung einer erforderlichen UVP-Vorprüfung des Einzelfalls ist in § 45 I 1 VwVfG nicht genannt. Die Vorschrift ist über die in § 45 I 1 Nrn. 1–5 genannten Fälle auf **andere Verfahrenserfordernisse** (zB eine erforderliche UVP-Vorprüfung – BVerwG ZUR 2009, 25, oder eine FFH-Verträglichkeitsprüfung – BeckRS 2012, 47303 = ZUR 2012, 372 (379)) entsprechend anwendbar, allerdings nach einhelliger Auffassung der Literatur nur bei einer Nachholung der Verfahrenshandlung bis zum Abschluss des Widerspruchsverfahrens (KR/Ramsauer § 45 Rn. 9; SBS/Sachs § 45 Rn. 135 ff.). Die Rechtsprechung lehnt diese Beschränkung ab; auch andere als die in Absatz 1 ausdrücklich genannten Verfahrenshandlungen können danach bis zum Abschluss der Tatsacheninstanz des verwaltungsgerichtlichen Verfahrens nachgeholt werden (BVerwG BeckRS 2018, 36258 Rn. 42). Ausgeschlossen ist hingegen die Nachholung von Mitwirkungshandlungen Beteiligter (BVerwG BeckRS 2016, 55174 Rn. 22).

13 Besonderheiten können sich allerdings aus der **Eigenart** der jeweiligen Verfahrenshandlung ergeben, wenn sich nämlich als Folge der Nachholung weitere (unterbliebene) Verfahrensschritte anschließen, die ihrerseits jedenfalls im gerichtlichen Verfahren nicht mehr nachgeholt werden können (näher BVerwG ZUR 2009, 25).

14 Unterbleibt die Bekanntgabe des Ergebnisses der UVP-Vorprüfung oder erfolgt diese erst nach Erlass des die Anlage genehmigenden VA, hat dies keine Auswirkung auf die **Wirksamkeit** der Genehmigung. Denn ein solcher Anspruch ist ggf. außerhalb des Genehmigungsverfahrens zu erfüllen (BVerwG NVwZ 2008, 1349 (1353)).

7. Rechtsfolge der Nachholung: Heilung

15 Wird die durch ihr Unterlassen zu einer Verletzung von Verfahrens- oder Formvorschriften führende Handlung gem. § 45 I Nr. 1–5 nachgeholt, ist die Verletzung unbeachtlich. Es tritt eine **Heilung** des Verfahrens- oder Formfehlers ein.

16 In zeitlicher Hinsicht ist eine Heilung nach § 45 möglich ab dem Zeitpunkt der **Bekanntgabe** des VA. Vor der Bekanntgabe sind eine Nachholung unterbliebener Verfahrenshandlungen und ein Nachbessern der Form jederzeit und ohne Weiteres möglich. Ab der Bekanntgabe aber nur noch bei Vorliegen eines der in § 45 I aufgeführten Fehler und auch nur unter den dort genannten Voraussetzungen. Eine Heilung außerhalb der Regelung des § 45 ist ausgeschlossen, in Betracht kommt lediglich eine Unbeachtlichkeit nach § 46. Die Möglichkeit der Heilung endet spätestens mit Eintritt der **Bestandskraft** des VA (Ausnahme: § 45 III). Sie endet ggf. früher mit der Erledigung des VA.

Umstritten ist, ob die Heilung rückwirkend (ex tunc; SBS/Sachs § 45 Rn. 21) oder nur mit Wirkung für die Zukunft (ex nunc; KR/Ramsauer § 45 Rn. 14) eintritt. Letztlich handelt es sich hier um einen akademischen Streit, denn auch die Befürworter einer ex-tunc-Wirkung bejahen die prozessuale und insbesondere **kostenmäßige Relevanz** der vor Nachholung der zur Heilung führenden Handlung bestehenden Rechtswidrigkeit (SBS/Sachs § 45 Rn. 22). 17

III. Zeitliche Begrenzung der Heilungsmöglichkeit (II)

Der § 45 II statuiert eine zeitliche Grenze, bis zu welcher die Heilung von Verfahrens- und Formfehler möglich ist. Danach können Handlungen nach § 45 I bis zum **Abschluss der letzten Tatsacheninstanz eines verwaltungsgerichtlichen Verfahrens** nachgeholt werden (zu früheren Gesetzesfassungen, zur Entwicklung und zur verfassungsrechtlichen Kritik KR/Ramsauer § 45 Rn. 33 ff.). Die Möglichkeit der Heilung, insbes. das Nachschieben von ergänzenden Ermessenerwägungen, begegnet auch in den Bundesländern keinen Bedenken, die das Widerspruchsverfahren grundsätzlich oder teilweise abgeschafft haben (BVerwG BeckRS 2010, 672 = NVwZ-RR 2010, 550; zB § 80 NdsJG). 18

Äußerste zeitliche Grenze für die Nachholung der unterbliebenen Handlung ist der Abschluss der letzten Tatsacheninstanz eines verwaltungsgerichtlichen Verfahrens. Mit dem **verwaltungsgerichtlichen Verfahren** ist das Hauptsacheverfahren gemeint. Ohne Bedeutung sind mithin die Verfahren des einstweiligen Rechtsschutzes (§§ 80 V, 123 VwGO), einschließlich etwaiger Beschwerdeverfahren (§ 146 VwGO). Allerdings gilt der Rechtsgedanke des § 45 II auch hier mit der Folge, dass zB die nachträgliche Ergänzung der Gründe des Sofortvollzugs gem. § 80 III VwGO grundsätzlich im Laufe des vorläufigen Rechtsschutzverfahrens nachgeholt werden kann (OVG Koblenz Beck RS 2012, 51183). **Letzte Tatsacheninstanz** ist das Berufungsverfahren, welches mit der Verkündung bzw. Zustellung der Entscheidung endet. Eine Heilung noch in der Revisionsinstanz ist damit ausgeschlossen. 19

IV. Nichtverschuldens-Fiktion (III)

Bei Vorliegen eines **Begründungs- oder Anhörungsfehlers** sieht § 45 III Erleichterungen im Zusammenhang mit der Wiedereinsetzung in den vorigen Stand vor, indem er bestimmt, dass die Versäumung der Rechtsbehelfsfrist bei feststehender Ursächlichkeit des Fehlers als nicht verschuldet gilt (S. 1) und das für die Wiedereinsetzung maßgebliche Ereignis im Zeitpunkt der Nachholung der Verfahrenshandlung eintritt (S. 2). 20

Die **Nichtverschuldensfiktion** gilt nicht bei allen, auch nicht bei allen nach § 45 I heilbaren Verfahrens- und Formfehlern, sondern nur bei einem Begründungs- oder Anhörungsfehler. Es gilt das zu § 45 I Nr. 2 und 3 Gesagte entsprechend; dem Fehlen der Begründung steht deren Unvollstän- 21 digkeit, dem Unterbleiben der Anhörung steht deren fehlende Ordnungsgemäßheit gleich. Aufgrund dieses Fehlers muss die rechtzeitige Anfechtung des VA versäumt worden sein. Der Fehler muss **kausal** für die Versäumung der Rechtsbehelfsfrist sein. Diese Kausalität hat der Betroffene glaubhaft darzulegen. Die Fiktion des § 45 III hilft ihm insoweit nicht, sie erfasst nur das fehlende Verschulden. Von ihrem Wortlaut betrifft die Norm zudem nur den **Anfechtungswiderspruch und Anfechtungsklage,** gilt aber darüber hinaus auch für **Verpflichtungswiderspruch und Verpflichtungsklage.** Rechtsbehelfsfristen sind insb. die Widerspruchs- (§§ 70 II iVm 60 VwGO) und die Klagefrist (§ 74 VwGO) von jeweils einem Monat. Der Verweis auf § 32 II läuft faktisch leer, da diese Vorschrift gem. § 79 subsidiär ist.

22 **Keine Anwendung** findet § 45 III bei Zustellungsmängeln, denn insoweit wird die jeweilige Rechtsbehelfsfrist nicht in Gang gesetzt (§ 57 VwGO), und bei Versäumung der infolge unterbliebener Rechtsbehelfsbelehrung geltenden Jahresfrist, denn hier kommt als Wiedereinsetzungsgrund nur höhere Gewalt in Betracht (§ 58 II 1 VwGO).

V. Rechtsschutz/Prozessuales

23 Die nachträgliche Heilung von Verfahrens- und Formfehlern kann nach § 45 II bis zum Abschluss der letzten Tatsacheninstanz eines verwaltungsgerichtlichen Verfahrens erfolgen. Für den Kläger stellt sich in diesem Fall die Frage, wie er sich in diesem Fall verhält, um hier nicht die Kosten des Rechtsstreits tragen zu müssen. Hat der Kläger die erhobene Klage auf einen Verfahrens- oder Formfehler iSv § 45 I gestützt und erfolgt die Nachholung und damit die Heilung des ansonsten gem. § 46 beachtlichen Fehlers dann während des verwaltungsgerichtlichen Verfahrens, kann der Kläger die Klage (bzw. in der Berufungsinstanz: das Rechtsmittel) entweder gem. § 92 I VwGO zurücknehmen oder den Rechtsstreit in der Hauptsache für erledigt erklären. Die Entscheidung kann Auswirkungen auf die **Kostenverteilung** haben. Die **Klagerücknahme** führt zu der grundsätzlichen Kostenfolge, dass der Kläger die Kosten zu tragen hat (§ 155 II VwGO). Ob sich in diesem Fall eine vollständige Kostentragungspflicht der Beklagtenseite (des Rechtsträgers der Behörde oder der Behörde selbst) aus § 155 IV begründen lässt, erscheint demgegenüber zweifelhaft (so aber KR/Ramsauer § 45 Rn. 38 unter Verweis auf KS VwGO § 155 Rn. 11). Denn § 155 IV bezieht sich nach seinem Wortlaut auf zusätzliche, ausscheidbare Kosten (KS VwGO § 155 Rn. 19). Bei der **Erledigungserklärung** ist zu unterscheiden: die einseitige Erledigungserklärung durch den Kläger ist als Antrag auf Feststellung der Erledigung des Rechtsstreits anzusehen, so dass bei tatsächlicher Erledigung der Beklagte die Kosten gem. § 154 I VwGO trägt (hM, vgl. BVerwG NVwZ 1989, 863; Ziekow § 45 Rn. 20; aA KS VwGO § 161 Rn. 31); beidseitige oder übereinstimmende Erledigungserklärungen führen zu einer Kostenentscheidung nach billigem Ermessen unter Berücksichtigung des bisherigen Sach- und Streitstandes (§ 161 II 1 VwGO). Eines Rückgriffs auf § 155 IV VwGO bedarf es insoweit nicht (aA KR/Ramsauer § 45 Rn. 38).

24 Im Rahmen des § 45 III muss der Betroffene darlegen und **glaubhaft machen,** dass der Begründungs- oder Anhörungsfehler kausal für die Fristversäumung ist. Es reicht aus, wenn nach dem Vortrag des Betroffenen nicht auszuschließen ist, dass er bei Kenntnis der Begründung oder im Fall der ordnungsmäßen Anhörung den Rechtsbehelf ergriffen hätte.

§ 46 Folgen von Verfahrens- und Formfehlern

Die Aufhebung eines Verwaltungsaktes, der nicht nach § 44 nichtig ist, kann nicht allein deshalb beansprucht werden, weil er unter Verletzung von Vorschriften über das Verfahren, die Form oder die örtliche Zuständigkeit zustande gekommen ist, wenn offensichtlich ist, dass die Verletzung die Entscheidung in der Sache nicht beeinflusst hat.

I. Bedeutung

1 Der § 46 schließt den Anspruch des Einzelnen auf Aufhebung eines VA aus, wenn dessen Rechtswidrigkeit allein auf einer Verletzung von Vorschriften über das Verfahren, die Form oder die örtliche Zuständigkeit beruht und diese Rechtsverletzung die **Sachentscheidung offensichtlich nicht beeinflusst** hat. Die Vorschrift behebt nicht die Rechtswidrigkeit des VA, sondern erklärt diese lediglich für folgenlos. Entscheidend ist, dass der Verfahrens- oder Formfehler die Entscheidung in der Sache offensichtlich nicht beeinflusst hat. In ihrer jetzigen Fassung ist die Norm nicht mehr beschränkt auf die Fälle der gebundenen Entscheidung oder der Ermessensreduzierung auf Null (anders in der Ursprungsfassung: „wenn keine andere Entscheidung in der Sache hätte getroffen werden können" – BGBl. 1976 I 1253; geändert durch GenBeschlG v. 12.9.1996, BGBl. I 1354). Die Regelung ist verfassungskonform (zur Ursprungsfassung s. BVerfGE 70, 143 (147)), wobei strenge Anforderungen an das Merkmal der Offensichtlichkeit zu stellen sind (KR/Ramsauer § 46 Rn. 5). Die Vorschrift gilt auch für vorbereitende Maßnahmen der Behördenentscheidung, die nicht selbständig anfechtbar sind und ist uU sogar analog anwendbar auf die Verpflichtungssituation (BVerwG BeckRS 2016, 118394 Rn. 28 f.).

1a Im Rahmen der Ausführung von **Unionsrecht** durch nationale Behörden kommt § 46 immer dann zur Anwendung, wenn es an entsprechenden eigenen unionrechtlichen Regelungen fehlt. Dies folgt aus dem Grundsatz der Verfahrensautonomie (Art. 291 I AEUV) iVm dem Äquivalenz- und dem Effektivitätsgrundsatz (OVG Münster BeckRS 2023, 8426 Rn. 46; s. auch BVerwG BeckRS 2021, 16102 Rn. 25 –zum möglichen Konflikt zwischen § 46 und dem Effektivitätsgrundsatz).

2 **Nicht anwendbar** ist § 46 auf die Verletzung von VVen. Im Übrigen gehen etwaige Spezialregelungen vor (zB § 4 I 1 UmwRG, vgl. BVerwGE 141, 282 Rn. 34 BeckRS 2012, 48062; OVG Lüneburg BeckRS 2012, 53186 = ZUR 2012, 562)

2a Die Vorschrift begegnete ursprünglich erheblichen unionsrechtlichen Bedenken, insbes. bei Verfahren mit **Umweltverträglichkeitsprüfung.** Allerdings wird der Rechtsprechung des EuGH im sog. Altrip-Urteil (EuGH BeckRS 2013, 82129) inzwischen durch die Neufassung des § 4 UmwRG hinreichend Rechnung getragen (BVerwG BeckRS 2020, 20357 Rn. 5; BeckRS 2016, 45459 Rn. 41; OVG Berlin-Brandenburg BeckRS 2018, 37556 rn. Rn. 16). Danach gilt § 46 zwar bei relativen Verfahrensfehlern (anders als bei absoluten Verfahrensfehlern); lässt sich jedoch nicht aufklären, ob der relative Verfahrensfehler die Sachentscheidung beeinflusst hat, wird nunmehr insoweit die Kausalität vermutet (§ 4 Ia UmwRG; OVG Schleswig BeckRS 2023, 17578 Rn. 83).

II. Voraussetzungen

1. Keine Nichtigkeit gem. § 44

3 Die Vorschrift findet nur Anwendung, wenn der betroffene VA **nicht** bereits nach § 44 **nichtig** ist. Die Nichtigkeit kann sich insoweit aus § 44 I oder II ergeben. Liegt dagegen ein Fall des § 44 III vor, führt dieser nach der gesetzlichen Wertung gerade nicht zur Nichtigkeit und § 46 ist anwendbar. Darüber hinaus ist § 46 **neben § 45** anwendbar, was insbesondere dann in Betracht kommt, wenn die Verfahrenshandlung nicht oder nicht rechtzeitig nachgeholt wird. Wurde die Verfahrenshandlung dagegen rechtzeitig nachgeholt und ist der Fehler damit gem. § 45 geheilt, bleibt für § 46 kein Raum mehr.

2. Formeller Fehler der genannten Art

4 Die Vorschrift erfasst allein die Verletzung von Verfahrens- und Formvorschriften sowie solchen über die örtliche Zuständigkeit. Sie ist auf alle Verfahrens- und Formfehler anwendbar, da insoweit keine Einschränkungen bestehen (OVG Bautzen NVWZ 2007, 847). Es handelt sich um eine **abschließende Aufzählung,** sonstige formelle Fehler (zB in der sachlichen Zuständigkeit) können nicht nach § 46 unbeachtlich sein, ebenso wenig materielle Fehler. Eine analoge Anwendung der Norm scheidet aus.

a) Verfahrensfehler

5 Verfahrensfehler sind alle Verstöße gegen das Verfahren betreffende Vorschriften. Als **Verfahrensvorschriften** kommen Bestimmungen im VwVfG selbst, in den LandesVwVfGen sowie in Fachgesetzen in Betracht. Regelungen in VVen reichen nicht aus, ein Verstoß gegen sie fällt nicht in den Anwendungsbereich des § 46. In zeitlicher Hinsicht sind alle das Verfahren regelnden Vorschriften vom Beginn des Verwaltungsverfahrens bis zu seiner Beendigung (idR bis zum Erlass des VA) erfasst.

6 Nicht anwendbar ist § 46 nach allg. Auffassung bei **absoluten Verfahrensfehlern,** dh der Verletzung absoluter Verfahrensrechte. Absolute Verfahrens-

rechte enthalten die Vorschriften, die einzelnen Beteiligten eine vom allgemeinen Verfahren und seinem Ausgang unabhängige, selbständige und selbständig durchsetzbare Rechtsposition einräumen. Anerkannt sind das Mitwirkungsrecht anerkannter Naturschutzverbände gem. § 63 BNatSchG (BVerwGE 105, 348 (353) – noch zur Vorläuferbestimmung in § 29 BNatSchG aF; einschränkend BVerwG DVBl. 2002, 990 (991 f.)), das Mitwirkungsrecht beim gemeindlichen Einvernehmen gem. § 36 BauGB (BVerwG BRS 46 Nr. 142) und das Mitwirkungsrecht beim Einvernehmen der zuständigen Landesbehörde gem. § 14 III WaStrG (BVerwG DVBl. 2002, 1473 (1478)), das formelle Beteiligungsrecht der Gemeinden in luftverkehrsrechtlichen Genehmigungsverfahren (BVerwG Buchholz 442.40 zu § 8 LuftVG Nr. 2) sowie die selbständige Rügemöglichkeit von Verfahrensfehlern der Umweltverträglichkeitsprüfung gem. § 4 III iVm § 4 I 1 u. 2 UmwRG (OVG Münster BeckRS 2015, 43312; aA EuGH BeckRS 2015, 81352 Rn. 62, 104 – allerdings unter Verkennung der Nichtanwendbarkeit des § 46 bei absoluten Verfahrensfehlern; → Rn. 2a). Eine im Rahmen der Umweltverträglichkeitsprüfung (nur teilweise) unterbliebene Öffentlichkeitsbeteiligung stellt dagegen nur einen relativen Verfahrensfehler dar mit der Folge, dass insoweit § 46 anwendbar ist (BVerwG BeckRS 2017, 111835 Rn. 32).

Keine Anwendung findet § 46 bei Fehlen einer materiell erforderlichen Mitwirkungshandlung des Bürgers (zB eines notwendigen Antrags; VGH Kassel NVwZ-RR 1994, 344) oder einer anderen Behörde (zB einer aufsichtsbehördlichen Genehmigung; BGHZ 91, 172 = NJW 1984, 2577). Umstritten ist die Anwendbarkeit der Vorschrift in den Fällen der Verletzung der Regelungen über die notwendige Beteiligung und die notwendige Hinzuziehung gem. § 13 II (s. näher KR/Ramsauer § 46 Rn. 19 mwN). 7

b) Formfehler

Die Vorschrift gilt des Weiteren für **Formfehler,** soweit diese nicht zur Nichtigkeit des VA gem. § 44 (insb. II Nr. 2 → Rn. 14) führen. Erfasst sind auch Fehler in der Begründung des VA (BVerwGE 78, 113 = NVwZ 1988, 829; OVG Bautzen NVwZ 2007, 847); das gilt auch für die Bundesländer, in denen das Widerspruchsverfahren grundsätzlich oder teilweise abgeschafft wurde (BVerwG BeckRS 2010, 49436 = NVwZ-RR 2010, 550). 8

c) Verstöße gegen die örtliche Zuständigkeit

Nach Alt. 3 des § 46 können auch Verstöße gegen die örtliche Zuständigkeit unbeachtlich sein. Im Ergebnis erfasst die Regelung nur Verstöße gegen die örtliche Zuständigkeit iSv § 44 III Nr. 1, da die anderen Fälle örtlicher Unzuständigkeit zur Nichtigkeit führen. Auf sonstige Zuständigkeitsfehler (zB Verstöße gegen die sachliche oder die Verbandszuständigkeit) ist die Vorschrift nicht anwendbar mit der Folge, dass es sich insoweit stets um beachtliche, die Rechtswidrigkeit und den Anspruch auf Aufhebung begründende Verfahrensfehler handelt (VGH Mannheim BeckRS 2013, 59836; BeckRS 2013, 46517). 9

3. Offensichtlich fehlender Einfluss der Verletzung auf die Sachentscheidung

10 Der Fehler darf die Entscheidung in der Sache **nicht beeinflusst haben.** Die nunmehr geltende Formulierung stellt klar, dass § 46 auf sämtliche VAe anwendbar ist, nicht nur auf gebundene Entscheidungen und solche Ermessensentscheidungen, bei denen eine Ermessensreduzierung auf Null vorliegt (enger VGH Kassel BeckRS 2015, 47466 Rn. 41). Der fehlende Einfluss lässt sich also nicht länger allein mit der Alternativlosigkeit der Entscheidung begründen, sondern auch mit der fehlenden Kausalität des Fehlers für die Entscheidung (OVG Münster BeckRS 2022, 37060 Rn. 63). Der fehlende Einfluss muss zweifelsfrei feststehen (BVerwG BeckRS 2023, 28723 Rn. 26; BeckRS 2012, 51345 Rn. 20). Mit Blick auf Ermessensentscheidungen lässt sich aber regelmäßig nicht mit Sicherheit ausschließen, dass die Behörde im Fall eines ordnungsgemäßen Verfahrensablaufs nicht zu einer abweichenden Sachentscheidung gekommen wäre (OVG Bremen BeckRS 2022, 17605 Rn. 36; OVG Lüneburg BeckRS 2018, 1264 Rn. 21). Das hat zur Folge, dass die in § 46 genannten Fehler bei Ermessensentscheidungen grundsätzlich relevant sind. Gleiches gilt für Beurteilungs- und Planungsentscheidungen (OVG Berlin-Brandenburg BeckRS 2018, 20874 Rn. 6).

10a Liegt der Verfahrensfehler in der **fehlerhaften Besetzung eines Ausschusses oder sonstigen Gremiums,** ist zu unterscheiden: Hat eine ausgeschlossene Person teilgenommen, ist anhand des protokollierten Beratungsverlaufs und Abstimmungsergebnisses zu prüfen, ob und welchen Einfluss die ausgeschlossene Person ausgeübt hat (BVerfG BeckRS 2022, 35026 Rn. 33; BVerwG BeckRS 2018, 21384 Rn. 32, das allerdings bereits die Möglichkeit der Beeinflussung ausreichen lässt); handelt es sich dagegen um eine unzulässige Nichtteilnahme einer hierzu verpflichteten Person, ist der Besetzungsfehler regelmäßig kausal und damit beachtlich (OVG Münster BeckRS 2014, 52058). Die Mitwirkung eines befangenen Amtsträgers ist unbeachtlich, wenn die Widerspruchsbehörde die Entscheidung der Ausgangsbehörde nach einer Neubewertung bestätigt und feststeht, dass der befangene Amtsträger keinen Einfluss auf die Widerspruchsentscheidung hatte (OVG Magdeburg BeckRS 2017, 140774Rn. 16).

11 Der fehlende Einfluss des Fehlers auf die Sachentscheidung muss zudem **offensichtlich** sein. Hier ist ein objektiver Maßstab anzulegen. Offensichtlichkeit liegt vor, wenn die fehlende Kausalität für einen unvoreingenommenen, mit den Umständen vertrauten und verständigen Beobachter zum Zeitpunkt der Entscheidung ohne weiteres und ohne jeden vernünftigen Zweifel erkennbar ist (BVerwG BeckRS 2014, 45729 Rn. 24 = DVBl. 2014, 303; KR/Ramsauer § 46 Rn. 34 f.). Das ist der Fall, wenn ausgeschlossen werden kann, dass ohne den Verfahrensfehler eine andere Entscheidung getroffen worden wäre (OVG Lüneburg BeckRS 2022, 10779 Rn. 58). Auf den hypothetischen Behördenwillen kommt es dagegen nicht an.

III. Rechtsfolgen

Liegen die Voraussetzungen des § 46 vor, kann der Betroffene allein deshalb nicht die Aufhebung der Entscheidung begehren. Dessen ungeachtet ist und bleibt der **VA rechtswidrig.** Ein auf das Vorliegen eines Fehlers iSv § 46 gestützter **Rechtsbehelf** wäre aber trotz der Rechtwidrigkeit des VA **unbegründet.** Begründet wird dies von der hM mit der fehlenden Rechtsverletzung des Klägers (vgl. § 113 VI 1, letzter Hs. VwGO; BVerwGE 65, 287 (289 f.)), teilweise wird auch ein bloßer Ausschluss des Aufhebungsanspruchs angenommen (Schöbener Verw. 2000, 447 (479 ff.)). Beseitigt § 46 nicht die Rechtswidrigkeit des VA, stellt sich die weitere Frage nach der Geltendmachung von Schadenersatzansprüchen wegen Amtspflichtverletzung gem. § 839 BGB iVm Art. 34 GG. Allerdings erscheint die Möglichkeit der Erhebung von Sekundäransprüchen problematisch, wenn der Primäranspruch – wie hier – gesetzlich ausgeschlossen ist (ablehnend daher KR/Ramsauer § 46 Rn. 43; aA wohl Ziekow § 46 Rn. 15). 12

Umstritten ist auch, ob § 46 in seinem Anwendungsbereich die Möglichkeit einer **Rücknahme** des fehlerhaften VA durch die Behörde gem. § 48 sperrt (so KR/Ramsauer § 46 Rn. 42) oder die Rücknahme im Ermessen der Behörde steht, solange sie den VA nicht wegen Alternativlosigkeit sofort wieder erlassen müsste (so Ziekow § 46 Rn. 16). Die erste Auffassung argumentiert mit der Rechtssicherheit, die zweite Auffassung verweist auf das Fehlen eines ausdrücklichen Ausschlusses der Rücknahmemöglichkeit im Gesetz. 13

IV. Prozessuales

In dem Fall, dass eine örtlich unzuständige Behörde gehandelt hat, ist deren Rechtsträger bzw. diese Behörde selbst im Verwaltungsprozess auch **richtiger Beklagter.** Diese Behörde bestimmt mit ihrem Sitz auch die örtliche Zuständigkeit des Verwaltungsgerichts iSv § 52 VwGO. 14

Die Vorschrift zielt erkennbar auf die Situation von **Anfechtungswiderspruch** und **-klage.** Konsequenterweise muss sie auch für die Fortsetzungsfeststellungsklage gelten (BVerwG BeckRS 2012, 51345 Rn. 19; OVG Münster BeckRS 2015, 47743; BeckOK VwVfG/Schemmer § 46 Rn. 9). Ihre Anwendbarkeit auch im Falle von **Verpflichtungswiderspruch** und **-klage** ist umstritten (dafür OVG Münster NJW 1981, 936; KR/Ramsauer § 46 Rn. 40; ablehnend Ziekow § 46 Rn. 14); im Ergebnis herrscht jedoch Einigkeit, dass eine zunächst ergangene Ablehnungsentscheidung auch dann, wenn ihre Rechtswidrigkeit keinen Aufhebungsanspruch gem. § 46 begründen würde, der Spruchreife der Verpflichtungsklage nicht entgegensteht. 15

§ 47 Umdeutung eines fehlerhaften Verwaltungsaktes

(1) Ein fehlerhafter Verwaltungsakt kann in einen anderen Verwaltungsakt umgedeutet werden, wenn er auf das gleiche Ziel gerichtet ist, von der erlassenden Behörde in der geschehenen Verfahrensweise und Form rechtmäßig hätte erlassen werden können und wenn die Voraussetzungen für dessen Erlass erfüllt sind.

(2) [1]Absatz 1 gilt nicht, wenn der Verwaltungsakt, in den der fehlerhafte Verwaltungsakt umzudeuten wäre, der erkennbaren Absicht der erlassenden Behörde widerspräche oder seine Rechtsfolgen für den Betroffenen ungünstiger wären als die des fehlerhaften Verwaltungsaktes. [2]Eine Umdeutung ist ferner unzulässig, wenn der fehlerhafte Verwaltungsakt nicht zurückgenommen werden dürfte.

(3) Eine Entscheidung, die nur als gesetzlich gebundene Entscheidung ergehen kann, kann nicht in eine Ermessensentscheidung umgedeutet werden.

(4) § 28 ist entsprechend anzuwenden.

I. Bedeutung

1 § 47 regelt die Voraussetzungen und das Verfahren zur Umdeutung eines fehlerhaften VA (Konversion). Die Umdeutung ermöglicht eine **Änderung des Regelungsgehalts** des fehlerhaften VA bei **gleichbleibendem Regelungsziel und Aufrechterhaltung** des VA im Übrigen. Hierin liegt der Unterschied zum Nachschieben von Gründen (→ § 45 Rn. 4 ff.), bei welchem der Regelungsgehalt unverändert bleibt. Die Umdeutung ist nach ganz hM ein Erkenntnisakt, aber kein Entscheidungsakt und damit kein VA (KR/Ramsauer § 47 Rn. 8; aA Knack/Hennecke/Meyer § 47 Rn. 27). Somit erfolgt auch keine Ersetzung des fehlerhaften VA durch einen rechtmäßigen VA.

II. Voraussetzungen (I)

1. Fehlerhafter VA

2 Gegenstand der Umdeutung kann nur ein **fehlerhafter VA** sein. Der Umdeutung zugänglich ist damit jeder **VA,** dh auch der Widerspruchsbescheid. Allgemein anerkannt ist die Möglichkeit der Umdeutung darüber hinaus auch bei der Zusicherung gem. § 38 (unabhängig vom Streit um die Einordnung der Zusicherung als VA). Die Umdeutung öffentlich-rechtlicher Willenserklärungen beurteilt sich mangels VA-Qualität nicht nach § 47, sondern nach § 140 BGB, diejeniger nichtiger öffentlich-rechtlicher Verträge nach § 62 S. 2 iVm § 140 BGB. **Fehlerhaft** ist ein VA, wenn er rechtswidrig oder nichtig ist. Das Gesetz macht keine weiteren Unterschiede und differenziert weder nach der Art noch der Schwere des Fehlers. Erfasst werden alle Fälle der formellen und/oder materiellen Rechtswidrigkeit und der Nichtigkeit. Unbeachtlich ist auch, ob der fehlerhafte VA wirksam, aber aufhebbar, oder unwirksam ist. Nicht fehlerhafte und damit rechtmäßige VAe sind einer Um-

deutung nicht zugänglich. Die nachträgliche „Optimierung" eines rechtmäßigen VA ist ausgeschlossen.

3 Das Resultat der Umdeutung ist ein **anderer VA,** ein aufgrund und mit der Änderung des **Regelungsgehalts** bei gleichbleibendem **Regelungsziel** nunmehr rechtmäßiger VA. Die Vorschrift gestattet also allein die Umdeutung eines VA in einen anderen VA. Eine Anwendung des § 47 scheidet damit aus, wenn mit der „Umdeutung" eine Änderung des Regelungsziels (zB bei Änderung eines Leistungsantrags in einen Widerspruch – OVG Münster NVwZ 1990, 676 f.) und/oder der Rechtsqualität verbunden ist (zB bei Änderung eines VA in eine Rechtsnorm – BVerwGE 18, 1 (4 ff.)).

2. Gleiches Ziel

4 Der andere VA, in welchen der fehlerhafte VA umgedeutet werden soll, muss **auf das gleiche Ziel gerichtet** sein. Die Gleichartigkeit ist gegeben, wenn der Zweck und die Wirkungen des fehlerhaften VA und des anderen VA im Wesentlichen identisch sind. Der andere VA darf insoweit nicht über den ursprünglichen, fehlerhaften VA hinausgehen, er darf aber hinter diesem zurückbleiben (ebenso KR/Ramsauer § 47 Rn. 14; aA wohl Ziekow § 47 Rn. 5).

5 Die **Rechtsprechung** hat die Gleichartigkeit bejaht zB bei der Umdeutung der Aberkennung einer im EU-Ausland erworbenen Fahrerlaubnis in die Feststellung, dass diese Fahrerlaubnis den Inhaber nicht zur Führung von Kfz im Bundesgebiet berechtigt (BVerwG BeckRS 2009, 33459), ebenso bei der Umdeutung des (rechtswidrigen) Widerrufs einer Zugangs- und Entgeltgenehmigungspflicht hinsichtlich der Teilnehmeranschlussleitung aus reiner Glasfaser nach § 13 I TKG aF in eine sog. Erlöschensfeststellung (BVerwG ZUM-RD 2007, 344 (388)), bei der Umdeutung einer Fahrerlaubnisentziehung in einen die Nichtberechtigung zum Führen eins Kfz feststellenden VA (VGH Mannheim BeckRS 2008, 39227 = NJOZ 2009, 167), bei der Umdeutung eines Widerrufs in eine Rücknahme (BVerwG BeckRS 2018, 28295), bei der Umdeutung eines Bewilligungsbescheids mit auflösender Bedingung in einen solchen unter dem Vorbehalt einer späteren endgültigen Entscheidung (BVerwG 2017, 124194 Rn. 12 f.) und bei der Umdeutung einer Drittstaatenentscheidung in eine Unzulässigkeitsentscheidung nach § 29 I Nr. 2 AsylG (VGH Kassel BeckRS 2021, 32036 Rn. 15; BVerwG BeckRS 2020, 12434 Rn. 29). Die Rechtsprechung hat die Gleichartigkeit verneint zB für die Umdeutung einer Gebühr in einen Beitrag oder eine Steuer (BVerwG NVwZ 1982, 620 (621)) und auch für die Umdeutung einer Versetzung in eine Umsetzung, ebenso für die Umdeutung eines Heranziehungsbescheids betr Mehrkostenvergütung gem. § 16 S 1 NStrG in einen Erstattungsbescheid gem. § 18 IV NStrG (OVG Lüneburg BeckRS 2019, 32853 Rn. 33), und für die Umdeutung eines fehlerhaften „Dublin-Bescheids" iSv §§ 29 I Nr. 1 iVm 34a AsylG in einen Bescheid wegen zuerkanntem internationalem Schutz im Drittstaat iSv §§ 29 I Nr. 2 iVm 35 AsylG (OVG Münster BeckRS 2020, 3905 Rn. 10; OVG Weimar BeckRS 2020, 3063 Rn. 10). Zu den Anforderungen für die Umdeutung einer frist-

losen Entlassung eines Beamten auf Probe in eine fristgerechte s. VGH Mannheim NVwZ 1990, 789.

3. Gleiche Zuständigkeit, gleiches Verfahren, gleiche Form

6 Der andere VA müsste ebenfalls von der Behörde, die den fehlerhaften VA erlassen hat, in der geschehenen Verfahrensweise und Form rechtmäßig erlassen werden können. Ausreichend ist, wenn die **gleiche Zuständigkeit** der Behörde im Zeitpunkt der Umdeutung gegeben sein muss (KR/Ramsauer § 47 Rn. 19; aA Ziekow § 47 Rn. 8, der auf den Zeitpunkt des Erlasses des fehlerhaften VA abstellt). Außer bei der Ausgangsbehörde, die den fehlerhaften VA erlassen kann, kann somit die Zuständigkeit auch bei der Widerspruchsbehörde liegen, unter Umständen auch bei der Aufsichtsbehörde (bei Bestehen eines sog. Selbsteintrittsrechts). Die Erfordernisse des **gleichen Verfahrens** und der **gleichen Form** sollen verhindern, dass notwendige Verfahrensschritte und schutzwürdige Verfahrensrechte sowie Formvorschriften, die sonst beim Erlass des anderen VA einzuhalten wären, im Falle der Umdeutung nicht beachtet werden müssen. Soweit allerdings Verfahrens- und Formmängel durch Nachholung gem. § 45 heilbar sind, gilt dies auch im Rahmen der Umdeutung. Anders verhält es sich bei nach § 46 unbeachtlichen Verfahrens- und Formfehlern. Da die bloße Unbeachtlichkeit den Fehler und damit die Rechtswidrigkeit des (anderen) VA nicht beseitigt, scheidet eine Umdeutung aus. Denn § 47 bezweckt nicht die Umdeutung eines fehlerhaften in einen anderen fehlerhaften VA (ebenso KR/Ramsauer § 47 Rn. 20; aA Ziekow § 47 Rn. 8).

4. Erfüllen der Voraussetzungen

7 Schließlich müssen die Voraussetzungen für den Erlass des anderen VA, in welchen der fehlerhafte VA umgedeutet werden soll, erfüllt sein. Damit ist klargestellt, dass selbstverständlich der andere VA auch materiell rechtmäßig sein muss. Die **materielle Rechtmäßigkeit** des anderen VA muss im Zeitpunkt der Umdeutung gegeben sein.

5. Rechtsfolgen

7a Die Entscheidung über die Umdeutung liegt im **Ermessen** der Behörde („kann"). Im Einzelfall kann es sachgerecht sein, an Stelle einer Umdeutung den ursprünglichen VA aufzuheben und einen neuen VA zu erlassen, zB bei Bedenken hinsichtlich des Vorliegens der Voraussetzungen des § 47 (BVerwG BeckRS 2017, 102211 Rn. 19).

III. Ausschluss der Umdeutung (II)

8 § 47 II formuliert verschiedene **Ausschlussgründe,** bei deren Vorliegen eine Umdeutung ausgeschlossen ist.

1. Widerspruch zur erkennbaren Absicht der Behörde

Eine Umdeutung ist nach § 47 II 1 Alt. 1 ausgeschlossen, wenn der andere VA, in welchen der fehlerhafte VA umzudeuten wäre, der erkennbaren **Absicht der erlassenden Behörde** widerspräche. Es gilt ein objektiver Maßstab, dh, entscheidend sind die für einen neutralen Beobachter aus dem VA einschließlich seiner Begründung sowie dem Verwaltungsverfahren erkennbaren Zielsetzungen der Behörde. 9

2. Ungünstigere Rechtsfolgen für den Betroffenen

Ebenso ist eine Umdeutung ausgeschlossen, wenn die Rechtsfolgen des anderen VA, in den der fehlerhafte VA umzudeuten wäre, für den Betroffenen ungünstiger wären als die des fehlerhaften VA (§ 47 II 1 Alt. 2). **Ungünstiger** ist der andere VA, wenn er den Betroffenen erstmalig oder zusätzlich beschwert, aber auch, wenn er weitere Personen, die bislang nicht betroffen waren, erstmalig beschwert. Die Beschwer kann sich insoweit aus der Regelung und der Rechtsfolge unmittelbar oder mittelbar ergeben, sie kann rechtlicher oder wirtschaftlicher Art sein. Unbeachtlich ist, wenn der andere VA neben der neuen oder zusätzlichen Beschwer für den Betroffenen auch Vorteile enthält. Eine Aufrechnung oder Abwägung findet insoweit nicht statt. 10

Keine ungünstigere Rechtsfolge stellt es dar, wenn der Betroffene als Folge der Umdeutung die Möglichkeit verliert, den fehlerhaften VA mittels Widerspruch und Klage erfolgreich anzugreifen (VG München BayVBl. 1990, 405: KR/Ramsauer § 47 Rn. 26a). 11

3. Ausschluss der Rücknahme des fehlerhaften VA

Eine Umdeutung ist nach § 47 II 2 ausgeschlossen, wenn der fehlerhafte VA nicht zurückgenommen werden dürfte. Die Vorschrift dient dem **Bestands- und Vertrauensschutz.** Die Rücknahme eines VA scheidet insbesondere aus, wenn Gesichtspunkte des Vertrauensschutzes entgegenstehen (§ 48 II) oder die Jahresfrist abgelaufen ist (§ 48 IV). Soweit die genannten Schutzbestimmungen jedoch nicht eingreifen (§ 50) und die Rücknahme gleichwohl zulässig ist, ist auch die Umdeutung möglich. 12

IV. Keine Umdeutung von gebundenen in Ermessensentscheidungen (III)

Nach § 47 III kann ein als gebundene Entscheidung ergangener fehlerhafter VA nicht in eine Ermessensentscheidung umgedeutet werden (OVG Berlin-Brandenburg BeckRS 2013, 53045; OVG Koblenz BeckRS 2010, 49728 = NVwZ-RR 2010, 752). Die Regelung soll verhindern, dass die bei Ermessensentscheidungen notwendige **ordnungsgemäße Ausübung des Ermessens** im Fall der Umdeutung eines fehlerhaften VA unterbleibt. Eine Ausnahme gilt nur in den Fällen einer Ermessensreduzierung auf Null, da hier letztlich kein Ermessen besteht. 13

14 Über den Wortlaut hinaus schränkt die Vorschrift auch die Umdeutung einer Ermessensentscheidung in eine andere Ermessensentscheidung ein; sie ist nur zulässig, wenn sämtliche für den Erlass des anderen VA anzustellenden Ermessenserwägungen bereits im Verfahren auf Erlass des fehlerhaften, umzudeutenden VA ebenfalls schon berücksichtigt wurden. Darüber hinaus werden den Ermessensentscheidungen teilweise die Entscheidungen mit **Beurteilungsspielraum** gleichgestellt (KR/Ramsauer § 47 Rn. 28, 30; Knack/Hennecke/Meyer § 47 Rn. 22).

V. Anhörung (IV)

15 Die Anordnung der entsprechenden Anwendung des § 28 in § 47 IV statuiert die grundsätzliche **Pflicht zur Anhörung** über die beabsichtige Umdeutung. Die Anhörung bezieht sich allein auf die Umdeutung, d. h. auf deren Zulässigkeit und Voraussetzungen. Sie kann ggf. gem. § 45 I Nr. 3 nachgeholt werden.

VI. Prozessuales

16 Wie bereits dargestellt, kann die Zuständigkeit für die Umdeutung außer bei der **Behörde,** die den fehlerhaften VA erlassen hat, auch bei der **Widerspruchsbehörde** und uU sogar bei der Aufsichtsbehörde liegen. Darüber hinaus ist auch eine Umdeutung seitens der **Verwaltungsgerichte** möglich, und zwar sogar noch im Revisionsverfahren (BVerwG BeckRS 2018, 28295 Rn. 24; instruktiv BVerwG BeckRS 2017, 102211). Beabsichtigt das Gericht die Umdeutung des fehlerhaften VA, muss sie aus dem Gesichtspunkt des rechtlichen Gehörs den Beteiligten zuvor Gelegenheit zur Stellungnahme geben (§ 47 IV gilt insoweit nicht, da er nicht das gerichtliche Verfahren erfasst).

§ 48 Rücknahme eines rechtswidrigen Verwaltungsaktes

(1) [1] Ein rechtswidriger Verwaltungsakt kann, auch nachdem er unanfechtbar geworden ist, ganz oder teilweise mit Wirkung für die Zukunft oder für die Vergangenheit zurückgenommen werden. [2] Ein Verwaltungsakt, der ein Recht oder einen rechtlich erheblichen Vorteil begründet oder bestätigt hat (begünstigender Verwaltungsakt), darf nur unter den Einschränkungen der Absätze 2 bis 4 zurückgenommen werden.

(2) [1] Ein rechtswidriger Verwaltungsakt, der eine einmalige oder laufende Geldleistung oder teilbare Sachleistung gewährt oder hierfür Voraussetzung ist, darf nicht zurückgenommen werden, soweit der Begünstigte auf den Bestand des Verwaltungsaktes vertraut hat und sein Vertrauen unter Abwägung mit dem öffentlichen Interesse an einer Rücknahme schutzwürdig ist. [2] Das Vertrauen ist in der Regel schutzwürdig, wenn der Begünstigte gewährte Leistungen verbraucht oder eine Vermögensdisposition getroffen hat, die er nicht mehr oder nur unter un-

zumutbaren Nachteilen rückgängig machen kann. [3] Auf Vertrauen kann sich der Begünstigte nicht berufen, wenn er

1. den Verwaltungsakt durch arglistige Täuschung, Drohung oder Bestechung erwirkt hat;
2. den Verwaltungsakt durch Angaben erwirkt hat, die in wesentlicher Beziehung unrichtig oder unvollständig waren;
3. die Rechtswidrigkeit des Verwaltungsaktes kannte oder infolge grober Fahrlässigkeit nicht kannte.

[4] In den Fällen des Satzes 3 wird der Verwaltungsakt in der Regel mit Wirkung für die Vergangenheit zurückgenommen.

(3) [1] Wird ein rechtswidriger Verwaltungsakt, der nicht unter Absatz 2 fällt, zurückgenommen, so hat die Behörde dem Betroffenen auf Antrag den Vermögensnachteil auszugleichen, den dieser dadurch erleidet, dass er auf den Bestand des Verwaltungsaktes vertraut hat, soweit sein Vertrauen unter Abwägung mit dem öffentlichen Interesse schutzwürdig ist. [2] Absatz 2 Satz 3 ist anzuwenden. [3] Der Vermögensnachteil ist jedoch nicht über den Betrag des Interesses hinaus zu ersetzen, das der Betroffene an dem Bestand des Verwaltungsaktes hat. [4] Der auszugleichende Vermögensnachteil wird durch die Behörde festgesetzt. [5] Der Anspruch kann nur innerhalb eines Jahres geltend gemacht werden; die Frist beginnt, sobald die Behörde den Betroffenen auf sie hingewiesen hat.

(4) [1] Erhält die Behörde von Tatsachen Kenntnis, welche die Rücknahme eines rechtswidrigen Verwaltungsaktes rechtfertigen, so ist die Rücknahme nur innerhalb eines Jahres seit dem Zeitpunkt der Kenntnisnahme zulässig. [2] Dies gilt nicht im Falle des Absatzes 2 Satz 3 Nr. 1.

(5) Über die Rücknahme entscheidet nach Unanfechtbarkeit des Verwaltungsaktes die nach § 3 zuständige Behörde; dies gilt auch dann, wenn der zurückzunehmende Verwaltungsakt von einer anderen Behörde erlassen worden ist.

Übersicht

	Rn.
I. Bedeutung	1
II. Rücknahme rechtswidriger VAe (I)	4
1. Allgemeines	4
2. Rechtswidriger VA	6
3. Unanfechtbarkeit	7
4. Rücknahmeermessen	8
a) Anwendbarkeit und Umfang des Ermessens	8
b) Gänzliche oder teilweise Rücknahme	12
c) Rücknahme mit Wirkung für die Zukunft oder die Vergangenheit	13
d) Rücknahmeentscheidung oder Abhilfeentscheidung	15
5. Sonderfall: Statusrechtlicher VA	18
III. Rücknahme rechtswidriger, geld- oder sachleistungsgewährender VAe (II)	19
1. Geld- oder sachleistungsgewährender VA	20
a) Leistungsgewährender VA	20
b) Geldleistungen	21

Rn.
c) Teilbare Sachleistungen ... 22
d) VAe als Voraussetzung für die Leistungsgewährung ... 23
2. Vertrauensschutz ... 25
a) Vertrauen des Begünstigten auf den Bestand des VA (S. 1) ... 26
b) Schutzwürdigkeit des Vertrauens ... 28
aa) Regelfälle des schutzwürdigen Vertrauens (S. 2) ... 29
bb) Ausschluss des Vertrauensschutzes (S. 3) ... 32
cc) Regelfall der Rücknahme für die Vergangenheit (S. 4) ... 37
3. Abwägung ... 38
IV. Rücknahme sonstiger begünstigender VAe (III) ... 39
1. Nicht unter § 48 II fallender rechtswidriger VA ... 40
2. Vermögensnachteil ... 41
3. Schutzwürdigkeit des Vertrauens ... 42
4. Art und Umfang des ersatzfähigen Schadens ... 43
5. Verfahren, Entscheidung und Verjährung ... 44
V. Jahresfrist (IV) ... 46
1. Rechtswidriger VA ... 47
2. Kenntnis der die Rücknahme rechtfertigenden Tatsachen . 49
3. Fristbeginn und -berechnung ... 51
VI. Örtliche Zuständigkeit für die Rücknahme (V) ... 52
VII. Rücknahme bei Unionsrechtswidrigkeit ... 54
VIII. Rechtsschutz ... 58

I. Bedeutung

1 §§ 48 ff. regeln die **Aufhebbarkeit** von VAen durch die Behörde: § 48 betrifft den rechtswidrigen VA, dessen Aufhebung das Gesetz als Rücknahme, § 49 den rechtmäßigen VA, dessen Aufhebung das Gesetz als Widerruf bezeichnet. Die Aufhebbarkeit ist unabhängig von der Anfechtbarkeit und damit von der Bestandskraft des VA möglich. Die Vorschrift dient der Realisierung des Grundsatzes der Gesetzmäßigkeit der Verwaltung aus Art. 20 III GG (BVerwG LKV 2007, 182 (183)). Sie erfasst den belastenden VA ebenso wie den begünstigenden VA. Den bei der Rücknahme eines begünstigenden VA zugunsten des Adressaten zu berücksichtigenden Grundsätzen des Vertrauensschutzes und der Rechtssicherheit tragen die einschränkenden Regelungen des § 48 I 2 iVm II-IV Rechnung. Die Rücknahme ist als actus contrarius ebenfalls ein VA und unterliegt seinerseits den Vorschriften des Gesetzes.

2 § 48 ist gegenüber fachgesetzlichen Bestimmungen **subsidiär,** die sich auf Bundesebene (§ 1 I u. II S. 1; zB §§ 18 I AMG, 73 II u. IIa AsylG – BVerwG BeckRS 2014, 47957; ZAR 2007, 370; NVwZ 2007, 1330, §§ 17 II AtG, 59 S. 3 BBG – BVerwG BeckRS 2014, 51971 = NVwZ-RR 2014, 653; NVwZ 2008, 193, 194 (noch zu § 47 I 2 BBG aF), §§ 19 I DRiG, 8 I FahrlG – VG Chemnitz GewArch 2010, 81, §§ 15 I GastG, 33d IV GewO, 1 StVG und 46 FeV – VGH Mannheim BeckRS 2014, 59758, § 45 WaffG) oder auf Unionsebene finden (zB Art. 73 VO (EG) Nr. 796/2004 – OVG Lüneburg BeckRS 2015, 45890; VGH Mannheim BeckRS 2014, 52253 Rn. 37 f.; Art. 14 VO

(EWG) Nr. 3887/92 – BVerwG BeckRS 2005, 26305). Trifft das Spezialgesetz keine abschließende Regelung, ist eine ergänzende Anwendung des § 48 möglich. Die Norm findet auch Anwendung auf Planfeststellungsbeschlüsse (BVerwG BeckRS 2020, 31032 Rn. 24).

Ist der VA mit einem **Widerspruch** angegriffen worden und will die 3 (Ausgangs-) Behörde den VA aufheben, kann sie grundsätzlich wahlweise (1.) vor Erlass des Widerspruchsbescheids durch die Widerspruchsbehörde im Rahmen des Widerspruchsverfahrens dem Widerspruch gem. § 72 VwGO abhelfen oder (2.) den VA in einem eigenständigen Verfahren außerhalb des Widerspruchsverfahrens gem. § 48 zurücknehmen (→ Rn. 15 ff.; vgl. BVerwG BeckRS 2009, 35508; VGH Mannheim BeckRS 2018, 35357 Rn. 34, der aus dem Gesichtspunkt der Rechtsstaatlichkeit einen sachlichen Grund verlangt, wenn die Behörde anstelle der Abhilfeentscheidung eine Aufhebung des VA gem. §§ 49 f. wählt; OVG Münster BeckRS 2013, 51564 = NVwZ-RR 2013, 745 – zur parallelen Anwendbarkeit von § 48 bei einem Teil-Widerspruch).

II. Rücknahme rechtswidriger VAe (I)

1. Allgemeines

§ 48 I 1 ermächtigt die Verwaltung zur Rücknahme rechtswidriger VAe, 4 ganz oder teilweise, mit Wirkung für die Zukunft oder die Vergangenheit sowie unabhängig von ihrer Anfechtbarkeit. Während sich die Rücknahme rechtswidriger belastender VAe ausschließlich nach § 48 I 1 richtet, fordert § 48 I 2 für die Rücknehmbarkeit begünstigender VAe ergänzend die Prüfung des Vorliegens der weiteren einschränkenden Voraussetzungen der § 48 II–IV (zum Sonderfall der Nichtanwendbarkeit bei einem gegenüber einem Träger öffentlicher Verwaltung erlassenen VA s. BVerwGE 126, 7 = LKV 2006, 558 (560); BVerwG BeckRS 2019, 13513 Rn. 8). Ein begünstigender VA ist nach der Legaldefinition des S. 2 ein VA, der ein Recht oder einen rechtlich erheblichen Vorteil begründet oder bestätigt hat; neben Rechten sind damit auch rechtlich geschützte Interessen hier ausdrücklich einbezogen. Der eine Zahlungs- oder Sachleistungspflicht begründende belastende VA wird auch in dem Fall nicht zu einem (teilweise) begünstigenden VA, dass die Behörde die Belastung zu niedrig festgesetzt hat (BVerwGE 67, 134 = NVwZ 1983, 613). Betrifft die Rücknahme einen VA mit belastenden und begünstigenden Elementen und sind diese klar trennbar, ist das Vorliegen der Voraussetzungen einer Rücknahme aufgrund der Unterschiedlichkeit für jeden Teil gesondert zu prüfen. Sind die belastenden und begünstigenden Elemente nicht trennbar, beurteilt sich die Rücknehmbarkeit des VA insgesamt nach den für einen begünstigenden VA geltenden Maßstäben. Zudem kann die Rücknahme ausdrücklich oder **konkludent** erfolgen (VGH Kassel BeckRS 2015, 47464 Rn. 38).

Unabhängig vom begünstigenden oder belastenden Charakter des VA steht 5 die Rücknahme im pflichtgemäßen **Ermessen** der Behörde. Die über

§ 48 I 2 zusätzlich geltenden Regelungen in § 48 II-IV konkretisieren insoweit den Ermessensrahmen für den begünstigenden VA, indem sie eine zusätzliche Abwägung vorsehen; sie gelten allerdings nicht, wenn der begünstigende VA von einem Dritten erfolgreich angefochten wurde (§ 50).

2. Rechtswidriger VA

6 Gegenstand der Rücknahme muss ein **rechtswidriger VA** sein. Der VA ist definiert in § 35. Erfasst sind zunächst die von der Behörde erlassenen, das Verwaltungsverfahren abschließenden VAe. Darüber hinaus gilt die Vorschrift für Abhilfe- (§ 72 VwGO) und Widerspruchsbescheide (§ 73 VwGO). Insoweit kann die Behörde jeweils nur die von ihr erlassenen VAe zurücknehmen, die Ausgangsbehörde mithin den Ausgangs- und den Abhilfebescheid, die Widerspruchsbehörde den Widerspruchsbescheid (BVerwG NVwZ 2002, 1252 (1253)). Erfasst werden auch fiktive VAe, bei denen etwa eine Genehmigung als erteilt gilt (BVerwGE 48, 87 (90); OVG Schleswig NordÖR 2005, 65). Allgemein anerkannt ist auch die Anwendbarkeit des § 48 auf Zusicherungen (§ 38; zur – streitigen – Rechtsnatur → § 38 Rn. 3 ff.) sowie Planfeststellungsbeschlüsse (BVerwG BeckRS 2017, 139800). Ob auch Nebenbestimmungen eines VA selbständig gem. § 48 zurückgenommen werden können, richtet sich nach deren – umstrittener – rechtlicher Einordnung (→ § 36 Rn. 32 ff.; bejahend OVG Lüneburg BeckRS 2018, 9124 Rn. 3). **Rechtswidrig** ist ein VA, wenn er fehlerhaft ist, sei es in formeller oder in materieller Hinsicht. Die Rechtswidrigkeit muss auf der unrichtigen Anwendung bestehender Rechtssätze beruhen, ein Verstoß nur gegen VVen erhält die notwendige Außenwirkung nur über den Gleichheitsgrundsatz des Art. 3 I GG (OVG Münster BeckRS 2023, 28878 Rn. 35)und das Vertrauensschutzgebot des Art. 20 III GG (VGH Kassel BeckRS 2016, 49691 Rn. 13). Dabei ist zu beachten, dass die Verwaltungspraxis grundsätzlich von den VV abweichen darf und diesen vorgeht (BVerwGE 143, 50 Rn. 31 f. = BeckRS 2012, 52897). Die Rechtswidrigkeit des VA muss in der Regel im Zeitpunkt seines Erlasses gegeben sein, sofern nicht das Fachrecht etwas anderes bestimmt (BVerwG 2018, 31131 Rn. 12). Eine später eintretende Rechtswidrigkeit berechtigt regelmäßig nicht zur Rücknahme gem. § 48. Eine Ausnahme gilt für einen VA, der auf eine laufende Geldleistung gerichtet oder hierfür Voraussetzung ist. War ein solcher VA bei seinem Erlass rechtmäßig, kann er aufgrund einer rechtserheblichen, nach seinem Erlass eingetretenen Änderung der Sachlage rechtswidrig werden mit der Folge, dass § 48 Anwendung findet (BVerwG BeckRS 2009, 38079 Rn. 15; VerfG Bbg BeckRS 2013, 52861). Steht die Rechtmäßigkeit des VA aufgrund eines rechtskräftigen Urteils fest, scheitert ein späterer Rücknahmeanspruch grundsätzlich an der Rechtskraftwirkung des Urteils (VGH Mannheim BeckRS 2012, 55842). Auch ein nichtiger VA ist fehlerhaft und rechtswidrig, jedoch bedarf es hier nicht der Aufhebung, denn ein nichtiger VA ist kraft Gesetzes unwirksam.

3. Unanfechtbarkeit

Ein rechtswidriger VA kann auch noch zurückgenommen werden, nachdem er **unanfechtbar** geworden ist. Der Eintritt der Unanfechtbarkeit hat mithin keinen Einfluss auf die Rücknehmbarkeit. Die Aufnahme der Regelung im Gesetz hat mithin nur Klarstellungsfunktion. Unanfechtbar ist ein VA, wenn er nicht mehr mit einem Rechtsbehelf (Widerspruch oder Klage) angegriffen werden kann. 7

4. Rücknahmeermessen

a) Anwendbarkeit und Umfang des Ermessens

Liegen die tatbestandlichen Voraussetzungen für die Rücknahme eines rechts- 8
widrigen VA vor, formuliert § 48 I 1 in Bezug auf die Rechtsfolgenseite, dass ein solcher VA zurückgenommen werden kann. Die Entscheidung über das „ob" und das „wie" bzw. „wieweit" steht damit grundsätzlich im – pflichtgemäßen – **Ermessen** der Behörde. Dieses Ermessen besteht unabhängig davon, ob es sich bei dem rechtswidrigen VA um einen belastenden oder begünstigenden VA handelt. Zu beachten ist, dass sich die Ermessenserwägungen auf die Rücknahmeentscheidung beziehen müssen, nicht aber auf ein etwaiges Ermessen im Rahmen des Erlasses des rechtswidrigen VA (OVG Lüneburg BeckRS 2014, 55188 Rn. 7). Für den rechtwidrigen begünstigenden VA stellen allerdings die § 48 II–IV einen Rahmen für die Ermessensausübung dar. Im Fall des § 48 II 4 erfasst das intendierte Ermessen sowohl das Entschließungsermessen (ob überhaupt zurückgenommen werden soll) wie das Auswahlermessen (Rücknahme auch für die Vergangenheit; s. VGH Mannheim BeckRS 2018, 1128 Rn. 34). Auch wenn § 48 neben der Regelung des IV keine Ausschlussfrist kennt, kann die Behörde verpflichtet sein, den Zeitablauf zu berücksichtigen (→ Rn. 46).

Eine **Pflicht zur Rücknahme** eines rechtswidrigen VA trifft die Behörde 9
nicht. Insbesondere führt nach der gesetzlichen Wertung die Rechtswidrigkeit des VA nicht etwa zu einer Ermessensreduzierung auf Null. Das Prinzip der Gesetzmäßigkeit der Verwaltung in Gestalt des Vorrangs des Gesetzes und dasjenige der Rechtssicherheit iSd Bestandskraft von VAen sind danach gleichrangig, soweit nicht ausnahmsweise das Fachrecht etwas anderes bestimmt (BVerwG BeckRS 2020, 41653 Rn. 43; BeckRS 2015, 50280 Rn. 29; zur Unionsrechtskonformität vgl. EuGH NVwZ 2006, 1277 = EuZW 2006, 696; zum Sonderfall der Rücknahme eines von einer Behörde an einen anderen Träger öffentlicher Gewalt adressierten rechtswidrigen VA vgl. BVerwG BeckRS 2019, 13513 Rn. 8; zur ermessensverdichtenden Funktion von § 2 V VZOG BVerwG BeckRS 2013, 51247 Rn. 14; zur Verdichtung des Korrekturermessens bei späterer höchstgerichtlicher Klärung VGH München BeckRS 2023, 18849 Rn. 24). Auch ein intendiertes Ermessen liegt regelmäßig nicht vor (aA zumindest für Zuwendungsbescheide OVG Münster BeckRS 2019, 19363 Rn. 13). Eine Ermessensreduzierung auf Null kommt nur dann in Betracht, wenn die Aufrechterhaltung des VA schlechthin

unerträglich wäre (allgemein zu den anerkannten Fallgruppen BVerwG BeckRS 2021, 24811 Rn. 29; OVG Münster BeckRS 2022, 24699 Rn. 39; wegen Verstoßes gegen die hergebrachten Grundsätze des Berufsbeamtentums BVerwG BeckRS 2019, 11140 Rn. 29; aA OVG Münster BeckRS 2015, 44195, welches uU bereits das Fehlen anerkennenswerter Interessen des Klägers ausreichen lässt). Das Festhalten an dem VA ist insbesondere dann schlechthin unerträglich, wenn die Behörde durch eine unterschiedliche Rücknahmepraxis in gleichen oder ähnlich gelagerten Fällen gegen den allgemeinen Gleichheitssatz verstößt oder wenn besondere Umstände die Berufung der Behörde auf die Unanfechtbarkeit als einen Verstoß gegen die guten Sitten oder Treu und Glauben erscheinen lassen oder wenn der VA offensichtlich rechtswidrig ist. Eine solche offensichtliche Rechtswidrigkeit in diesem Sinne ist anzunehmen, wenn an dem Verstoß der streitigen Maßnahme gegen formelles oder materielles, nationales oder europäisches Recht vernünftigerweise kein Zweifel besteht und sich deshalb die Rechtswidrigkeit aufdrängt (BVerwG NVwZ 2007, 709 (710 f.) – anders als bei § 44 bedarf es hier keines besonders schwerwiegenden Fehlers; zur Rücknahmepflicht auch bei offensichtlicher Unionsrechtswidrigkeit s. auch EuGH NVwZ 2006, 1277 = EuZW 2006, 696). Maßgeblicher Zeitpunkt für die Beurteilung der Rechtswidrigkeit des VA ist regelmäßig der Zeitpunkt des Erlasses des VA. Eine abweichende Rechtsauffassung einer erst nach Erlass des VA zuständig gewordenen Behörde macht den VA nicht rechtswidrig (OVG Lüneburg BeckRS 2019, 8140 Rn. 4). Folglich fehlt es an der die Rücknahme eines rechtswidrigen VAs möglicherweise gebietenden Offensichtlichkeit, wenn die Evidenz des Rechtsfehlers erst nachträglich ersichtlich wird (BVerwG NVwZ 2007, 709 (710)). Daneben kann das Fachrecht eine bestimmte Richtung der zu treffenden Entscheidung mit der Folge eines im Regelfall die Rücknahme des VA intendierenden Ermessens enthalten (BVerwG NVwZ 2007, 709 (710); E 121, 226 (231 ff.)).

10 Ob für den Fall, dass noch keine **Unanfechtbarkeit** des VA eingetreten ist, eine Ermessensreduzierung auf Null anzunehmen ist, ist umstritten (bejahend BVerwGE 115, 302 = NJW 2002, 1137; kritisch KR/Ramsauer § 48 Rn. 80).

11 Im Rahmen ihres **Entschließungsermessens** hat die Behörde insbesondere zwischen der für den Fortbestand des VA sprechenden Rechtssicherheit und der für die Aufhebung sprechenden Einzelfallgerechtigkeit abzuwägen.

b) Gänzliche oder teilweise Rücknahme

12 Die Behörde kann den rechtswidrigen VA ganz oder teilweise zurücknehmen. Eine **teilweise Rücknahme** stellt zB die nachträgliche Beifügung von Nebenbestimmungen seitens der Behörde dar.

c) Rücknahme mit Wirkung für die Zukunft oder die Vergangenheit

13 Die Rücknahme ist **mit Wirkung für die Zukunft oder die Vergangenheit** möglich. Die Behörde hat insoweit die Wahlmöglichkeit, beide Varianten schließen sich nicht aus, sondern ergänzen sich und umschreiben ins-

gesamt den behördlichen Ermessensspielraum in zeitlicher Hinsicht. Ohne Einfluss ist grundsätzlich, ob die Rücknahme einen belastenden oder einen begünstigenden VA betrifft. Ausnahmsweise und allein für die Fälle der Rücknahme eines begünstigenden VA, in denen sich der Begünstigte wegen § 48 II 3 nicht auf Vertrauensschutz berufen kann, bestimmt § 48 II 4, dass der VA in der Regel mit Wirkung für die Vergangenheit zurückgenommen wird. Insoweit liegt ein Fall des sog. intendierten Ermessens vor (→ Rn. 8, → § 40 Rn. 10; OVG Magdeburg BeckRS 2019, 22648 Rn. 78). Intendiertes Ermessen kann sich weiter aus dem Fachrecht oder dem Unionsrecht ergeben.

Dass ein rechtswidriger begünstigender VA (auch) mit Wirkung für die Vergangenheit zurückgenommen wird, ist Voraussetzung für die Geltendmachung von **Erstattungs- und Verzinsungsansprüchen** gem. § 49a. **14**

d) Rücknahmeentscheidung oder Abhilfeentscheidung

Wie bereits erwähnt (→ Rn. 3), kann der Behörde im Einzelfall neben einer Rücknahme des rechtswidrigen VA in einem selbständigen Verfahren gem. § 48 auch alternativ die Möglichkeit eröffnet sein, als (Ausgangs-) Behörde im Rahmen eines Widerspruchsverfahrens den angefochtenen VA mittels einer **Abhilfeentscheidung** gem. § 72 VwGO zu beseitigen. Eine solche Abhilfe setzt einen Widerspruch des VA-Betroffenen voraus und ist dann so lange möglich, wie die Widerspruchsbehörde noch keinen Widerspruchsbescheid erlassen hat (BVerwGE 118, 84 (88 f.) = NVwZ-RR 2003, 871 – streitig). Die Wahl zwischen der Rücknahme gem. § 48 und der Abhilfe gem. § 72 VwGO hat die Behörde nach pflichtgemäßem Ermessen zu treffen. Bei ihrer Entscheidung darf sie zB berücksichtigen, ob der Widerspruch von Anfang an begründet ist oder ob sie ihm aus anderen, etwa aus nachträglich entstandenen Gründen stattgeben will. Bei einer Rücknahme nach § 48 VwVfG entfällt die Prüfung der Zulässigkeit und Begründetheit des Widerspruchs; die Rücknahme ist auch noch nach Eintritt der Unanfechtbarkeit des Bescheids möglich. Anders als bei der Abhilfe verfügt die Behörde bei der Rücknahme über ein Ermessen, in welchem Umfang sie den VA zurücknimmt. Zu beachten ist, dass die Behörde sich nicht allein deshalb für die Rücknahme entscheidet, um der in § 72 VwGO vorgeschriebenen Kostenentscheidung auszuweichen (BVerwG BeckRS 2022, 7253Rn. 7). Umgekehrt hat der Bürger bei einem noch nicht bestandskräftigen belastenden VA nicht die Wahlmöglichkeit zwischen einem Widerspruch und einem Antrag auf Rücknahme; auch ein Antrag auf Rücknahme ist in diesem Fall als Widerspruch auszulegen (OVG Schleswig BeckRS 2023, 8460 Rn. 22). **15**

Grundsätzlich muss die behördliche Entscheidung klar erkennen lassen, ob es sich um eine Abhilfeentscheidung oder eine Rücknahmeentscheidung handelt (vgl. BVerwGE 101, 64 (72) = NVwZ 1997, 272). **Unklarheiten** sind nach den Auslegungsgrundsätzen für behördliche Willenserklärungen zu beurteilen. Grundsätzlich hat die Behörde deutlich zu machen, was sie gewollt hat. Im Zweifel ist von einer Abhilfeentscheidung im Widerspruchsverfahren auszugehen (NK-VwGO/Geis VwGO § 72 Rn. 41; KS VwGO § 72 Rn. 8). **16**

17 Unterschiede bestehen schließlich hinsichtlich der **Kosten:** Liegt eine Abhilfeentscheidung vor, ist die Behörde kraft Gesetzes auch zur Entscheidung über die Kosten des Widerspruchsverfahrens verpflichtet (§ 72 und § 73 III 3 VwGO). Die Kostenentscheidung kann der Betroffene ggf. mit der Verpflichtungsklage erzwingen. Bei einer Rücknahmeentscheidung iSd § 48 muss die Behörde demgegenüber keine Kostenentscheidung treffen; § 80 I 1 findet keine Anwendung. Denn die Rücknahmeentscheidung ergeht außerhalb des Widerspruchsverfahrens. Trifft die Behörde allerdings trotz erkannter Erfolgsaussicht des Widerspruchs allein deshalb keine Abhilfeentscheidung, um den in diesem Fall entstehenden Kostenanspruch des Widerspruchsführers auszuschließen, führt der hierin liegende Formenmissbrauch nach den Grundsätzen von Treu und Glauben zur Unbeachtlichkeit der Formwahl (Rechtsgedanke aus § 162 I BGB; vgl. BVerwG BeckRS 2022, 7253 Rn. 7; NJW 2009, 2969 f.; E 102, 194 (199) = NVwZ 1997, 800). In der Konsequenz ist der Betroffene so zu stellen, als wäre die Abhilfeentscheidung ergangen (vgl. BVerwG NJW 2009, 2969 f.).

5. Sonderfall: Statusrechtlicher VA

18 Das BVerfG und ihm folgend das BVerwG haben für den Sonderfall des **statusrechtlichen VA** (hier: die Einbürgerung) das zusätzliche Erfordernis der **zeitnahen Rücknahmeentscheidung** aufgestellt (BVerfGE 116, 24; BVerwG DÖV 2009, 42; StAZ 2008, 179). Der Begriff „zeitnah“ bezieht sich hier auf den Zeitraum zwischen der Einbürgerung und ihrer Rücknahme, nicht auf die – regelmäßig einjährige – Entschließungsfrist der Behörde ab Kenntniserlangung von der die Rücknahme begründenden Umstände iSv § 48 IV. Nach dieser Rechtsprechung gestattet der Grundsatz vom Vorbehalt des Gesetzes die Anwendung des § 48 I nur für den Fall der zeitnahen Rücknahme einer Einbürgerung. Nur dann enthält die Vorschrift ein für den Betroffenen berechenbares rechtsstaatliches Abwägungsprogramm und ist unter dem Aspekt der Gewaltenteilung unbedenklich (BVerfGE 116, 24 (52)). Das Erfordernis der zeitlichen Nähe gilt selbst dort, wo der Eingebürgerte über die Voraussetzungen der Einbürgerung erwiesenermaßen getäuscht hat. Als zeitnah erachtet das BVerwG einen Zeitraum von fünf Jahren. Er berücksichtigt „das … Bedürfnis nach einer grundrechtsspezifisch geordneten und konkret vorhersehbaren zeitlichen Begrenzung der Rücknehmbarkeit von Einbürgerungen unter Berücksichtigung der Funktion der Staatsangehörigkeit als verlässlicher Grundlage gleichberechtigter Zugehörigkeit ebenso wie das Prinzip der Gesetzmäßigkeit, das als bedeutsamer Teil des Rechtsstaatsprinzips Verfassungsrang hat, das öffentliche Interesse an der Wiederherstellung eines Zustandes der Rechtmäßigkeit, der durch den Erlass und die Fortgeltung eines rechtswidrigen VAs verletzt wird, und den Gedanken, dass eine Rechtsordnung, die sich ernst nimmt, nicht Prämien auf die Missachtung ihrer selbst setzen darf, will sie nicht Anreize zur Rechtsverletzung schaffen, rechtstreues Verhalten diskriminieren und damit die Voraussetzungen ihrer eigenen Wirksamkeit untergraben“ (BVerwG DÖV 2009, 42; unter Hinweis auf BVerfGE 116, 24 (49)).

III. Rücknahme rechtswidriger, geld- oder sachleistungsgewährender VAe (II)

§ 48 II schränkt die Rücknehmbarkeit solcher rechtswidriger begünstigender VAe, die eine **einmalige oder laufende Geldleistung** oder eine **teilbare Sachleistung** gewähren oder **hierfür Voraussetzung** sind, ein, indem er für diese Fälle zusätzliche (Tatbestands-) Voraussetzungen formuliert. Die Vorschrift dient dem verfassungsrechtlich im Rechtsstaatsprinzip (Art. 20 III GG) verankerten Vertrauensschutz des Begünstigten. Nach hM gilt § 48 II allein dann, wenn Begünstigter ein Bürger ist, nicht hingegen, wenn Begünstigter ein anderer Träger öffentlicher Verwaltung ist (BVerwGE 60, 208 (211); aA KR/Ramsauer § 48 Rn. 85). Der § 48 II (und die weiteren § 48 III u. IV) gelten nicht, wenn der begünstigende VA von einem Dritten erfolgreich angefochten wurde (§ 50). Von der Systematik her statuiert S. 1 ein Rücknahmeverbot, wenn der Begünstigte auf den Bestand des VA vertraut hat und dieses Vertrauen unter Abwägung mit dem öffentlichen Interesse an der Rücknahme schutzwürdig ist. In S. 2 umschreibt das Gesetz Kriterien, wann das Vertrauen des Begünstigten in der Regel schutzwürdig ist, der S. 3 enthält dagegen die Fälle, in denen sich der Begünstigte nicht auf Vertrauen berufen kann. Schließlich sieht S. 3 in Abweichung von § 48 I 1 vor, dass in den Fällen des S. 3 der VA in der Regel mit Wirkung für die Vergangenheit zurückzunehmen ist. 19

1. Geld- oder sachleistungsgewährender VA

a) Leistungsgewährender VA

Die Regelung in § 48 II gilt nur für (rechtwidrige) leistungsgewährende VAe, wobei der VA entweder selbst die Leistung gewähren oder Voraussetzung der Leistungsgewährung sein muss. Ein leistungsgewährender VA liegt vor, wenn der VA selbst die Leistung bewirkt oder für die Leistungsbewirkung kausal ist. Leistung kann hier nur eine öffentliche Leistung sein (keine Leistung idS ist die Zustimmung der Behörde zu einer Leistung Privater, auch wenn diese Zustimmung Voraussetzung für das Rechtsgeschäft ist – OVG Berlin DVBl. 1992, 285). Die Leistung kann in der Gewährung eines Rechts oder eines rechtlichen Vorteils liegen, aber auch im Verzicht der Behörde auf die Geltendmachung ihr zustehender Rechte. 20

b) Geldleistungen

Geldleistungen sind im Regelfall Leistungen, die die Behörde mittels Geldzahlung erbringt, darüber hinaus aber auch Leistungen, die in einem Verzicht der Behörde auf die Geltendmachung eines ihr zustehenden Zahlungsanspruchs bestehen. Die Geldleistungen können einmalig oder laufend, dh regelmäßig, gewährt werden. 21

c) Teilbare Sachleistungen

22 Sachleistungen sind solche Leistungen, die in der dauerhaften oder zeitweisen Überlassung von Gütern an den Begünstigten bestehen und den Staat nur finanziell belasten. Sachleistungen sind nach allg. Auffassung teilbar, wenn sie in sachlicher (Menge, Zahl) und/oder zeitlicher Hinsicht teilbar sind. Über den Wortlaut hinaus findet die Vorschrift aber auch dann Anwendung, wenn eine einzelne, nicht teilbare Sachleistung gewährt wird (zB einzelne Bekleidungsgegenstände im Wege der Sozialhilfe; vgl. KR/Ramsauer § 48 Rn. 89, der aus diesem Grund die Teilbarkeit der Sachleistung iS einer Vertretbarkeit der Sachleistung entsprechend § 91 BGB interpretiert; ohne Begründung, aber im Ergebnis ebenso wohl Ziekow § 48 Rn. 18).

d) VAe als Voraussetzung für die Leistungsgewährung

23 Die Einschränkungen der Rücknehmbarkeit rechtswidriger VAe in § 48 II gelten nach S. 1 ausdrücklich auch für solche VAe, die allein oder zusammen mit weiteren Voraussetzungen die **Grundlage für die spätere Gewährung von Geld- oder teilbaren Sachleistungen** bilden (zB Feststellung der Besoldungsstufe gem. § 28 II BBesG; umstritten ist die Einweisung des Beamten in eine Planstelle: bejahend Ziekow § 48 Rn. 20, ablehnend KR/Ramsauer § 48 Rn. 91).

24 Auch **feststellende VAe** können die Voraussetzung für eine spätere Leistungsgewährung begründen (zB Messbescheide, Einheitswertfestsetzungen). Da die Leistung auch in einer Verschonung bestehen kann, erfasst die Regelung auch VAe, die Voraussetzung einer späteren Verschonung sind (BVerwGE 104, 289 (300 f.)).

2. Vertrauensschutz

25 Hat der von dem geld- oder sachleistungsgewährenden VA Begünstige auf dessen Bestand **vertraut** und ist dieses **Vertrauen schutzwürdig,** schließt dies eine Rücknahme des VA aus. Generell nicht auf Vertrauensschutz berufen können sich jedoch Träger öffentlicher Verwaltung als Zuwendungsempfänger (OVG Lüneburg BeckRS 2013, 48959 = NVwZ-RR 2013, 584).

a) Vertrauen des Begünstigten auf den Bestand des VA (S. 1)

26 In subjektiver Hinsicht muss der Begünstigte nach § 48 II 1 zunächst auf den Bestand des VA **vertraut** haben. Insoweit ist zu unterscheiden zwischen der Vertrauensbildung und der Vertrauensbetätigung. Zunächst muss sich in der Person des Begünstigten ein Vertrauen auf den Bestand des VA gebildet haben (Vertrauensbildung). Da es sich hierbei um einen rein inneren Vorgang handelt, der einer Überprüfung nicht zugänglich ist, wird allgemein zusätzlich – unter Verwendung verschiedener Bezeichnungen – gefordert, dass sich das Vertrauen des Begünstigten in irgendeiner Weise objektiv manifestiert haben muss (Vertrauensbetätigung). Im Ergebnis wird damit zwar der in S. 2 umschriebene Regelfall schutzwürdigen Vertrauens, nämlich der Verbrauch der

Leistung oder die Vermögensdisposition, zur generellen Voraussetzung für die Gewährung von Vertrauensschutz. Andererseits ist zu bedenken, dass es für die Annahme von Vertrauen nicht ausreichen kann, wenn der Begünstigte lediglich vorträgt, er habe vertraut; dies wird jeder Begünstigte tunlichst so vortragen. Erhebt man den Regelfall zum Grundsatz, kann hier allerdings nicht weiter differenziert werden hinsichtlich der Seriosität der Vermögensdisposition (so aber Ziekow § 48 Rn. 23).

Umgekehrt ist ein Vertrauen des Begünstigten jedenfalls dann **ausgeschlossen,** wenn er den VA selbst mit Rechtsbehelfen angefochten hat. Ist die Leistung bereits erbracht, ist der Vertrauensschutz höher zu bewerten als in dem Fall, dass die Leistung erst noch zukünftig zu erbringen ist. 27

b) Schutzwürdigkeit des Vertrauens

In objektiver Hinsicht muss das Vertrauen des Begünstigten unter **Abwägung** mit dem **öffentlichen Interesse** an der Rücknahme schutzwürdig sein. Bevor die hier vorgesehene Abwägung stattfindet, ist zunächst zu fragen, ob ein Fall iSv S. 2 vorliegt, so dass das Vertrauen in der Regel schutzwürdig ist, oder ob ein Fall iSv S. 3 vorliegt, so dass sich der Begünstige nicht auf Vertrauen berufen kann. 28

aa) Regelfälle des schutzwürdigen Vertrauens (S. 2). Nach § 48 II 2 ist das Vertrauen des Begünstigten in der Regel schutzwürdig, wenn er die gewährten Leistungen verbraucht oder eine nicht oder nur unter unzumutbaren Nachteilen rückgängig zu machende Vermögensdisposition getroffen hat. Beide Varianten sind **Regelbeispiele,** dh trotz Erfüllung der Voraussetzungen kann im Einzelfall eine abweichende Beurteilung geboten sein mit der Folge, dass das Vertrauen konkret nicht schutzwürdig ist (Indizwirkung); eine solche abweichende Beurteilung ist nicht beschränkt auf den Ausschluss des Vertrauensschutzes gem. S. 3, bedarf dann aber einer besonderen Begründung. Umgekehrt sind die Fälle nicht abschließend, so dass auch andere als die genannten Umstände bei Vergleichbarkeit einen Vertrauensschutz begründen können (Beispielscharakter). 29

Die Schutzwürdigkeit des Vertrauens bejaht das Gesetz zunächst in der Regel dort, wo der Begünstigte die gewährten **Leistungen verbraucht** hat. Mit Blick auf die Regelung in § 49a II, die hinsichtlich des Erstattungsanspruchs die Vorschriften des BGB über die Herausgabe einer ungerechtfertigten Bereicherung für entsprechend anwendbar erklärt, wird ein Verbrauch der Leistung beim Wegfall der Bereicherung gem. § 818 III BGB angenommen (BVerwG DVBl. 1993, 947 (948)). Aus dem Erfordernis eine Saldierung des Vermögens folgt, dass die Leistung nicht verbraucht ist, wenn der Verbrauch auf einer Anschaffung beruht, so dass der Wert der Leistung noch vorhanden ist, oder der Begünstigte durch die Leistung sonst notwendige Ausgaben erspart hat. Umgekehrt liegt eine Entreicherung vor, wenn der Begünstigte bereits vor der Leistung im Vertrauen auf diese einen entsprechenden Betrag aus seinem Vermögen eingesetzt hat (VGH Mannheim NVwZ 1991, 79). 30

31 Vertrauensschutz besteht darüber hinaus in der Regel, wenn der Begünstigte vom ihm getroffene **Vermögensdispositionen nicht** oder **nur unter unzumutbaren Nachteilen rückgängig machen kann.** Eine Vermögensdisposition in diesem Sinne ist jedes Tun, Dulden oder Unterlassen, das kausal auf dem Vertrauen in den begünstigenden VA beruht und sich auf das Vermögen des Begünstigenden auswirkt. In den meisten Fällen wird es sich um Dispositionen in Gestalt der Begründung vertraglicher Verpflichtungen handeln. Der Grund für die Vermögensdisposition kann in einer bereits gewährten Leistung oder auch in einem für die Zukunft erwarteten VA liegen. Eine Vermögensdisposition **kann nicht rückgängig gemacht werden,** wenn der Begünstigte rechtlich nicht in der Lage ist, das Vertragsverhältnis durch Kündigung, Rücktritt oder in anderer Weise unter Einhaltung der Rechtsordnung zu beenden. Die Rückgängigmachung bringt **unzumutbare Nachteile** mit sich, wenn die konkrete Einkommens-, Vermögens- oder sonstige Lebenssituation des Begünstigten derart schwer betroffen wäre, dass sie von jedem vernünftig und wirtschaftlich handelnden Dritten abgelehnt würde (BeckOK VwVfG/Müller § 48 Rn. 67).

32 **bb) Ausschluss des Vertrauensschutzes (S. 3).** In § 48 II 3 nennt das Gesetz drei Fälle, in denen sich der Begünstigte nicht auf Vertrauen berufen kann: wenn er den VA durch arglistige Täuschung, Drohung oder Bestechung erwirkt hat (Nr. 1), den VA durch in wesentlichen Teilen unrichtige oder unvollständige Angaben erwirkt hat (Nr. 2) oder die Rechtswidrigkeit des VA kannte oder grob fahrlässig nicht kannte (Nr. 3). Die Aufzählung ist **nicht abschließend,** sondern lediglich beispielhaft. Ein Ausschluss des Vertrauensschutzes kommt mithin auch in anderen Fällen, dann aber als Ergebnis der Abwägung nach § 48 II 1 in Betracht (BVerwGE 92, 81 (84 f.)).

33 Im Sinne von Nr. 1 liegt eine **arglistige Täuschung** vor, wenn der Begünstigte objektiv durch unrichtige oder unvollständige Angaben oder durch Verschweigen wahrer Tatsachen bei dem Behördenmitarbeiter in dem Bewusstsein einen Irrtum erregt hat, ihn hierdurch zu einer günstigeren Entscheidung zu bestimmen; subjektiv muss der Begünstigte die Unrichtigkeit zumindest für möglich gehalten und billigend in Kauf genommen haben. **Drohung** ist das In-Aussicht-Stellen eines empfindlichen Übels oder Nachteils seitens des Drohenden mit dem Ziel, den Behördenmitarbeiter zum Erlass des gewünschten VA zu bestimmen. Der VA ist durch **Bestechung** erwirkt, wenn der Begünstigte dem Behördenmitarbeiter für den Erlass des VA einen Vorteil angeboten, versprochen oder gewährt hat. Bestechung ist hier weiter gefasst als in § 334 StGB und umfasst auch die Fälle der Vorteilsgewährung gem. § 333 StGB; einer Dienstpflichtverletzung bedarf es nicht. Der Begünstigte muss den VA durch die Täuschung, Drohung oder Bestechung „erwirkt" haben, dh, seine Handlung muss **kausal** für den Erlass des rechtswidrigen VA gewesen sein. Das ist der Fall, wenn die Behörde den VA ohne die Handlung nicht oder nicht so erlassen hätte. Umgekehrt fehlt es an der Kausalität, wenn die Behörde den VA auch ohne die in gleicher Weise erlassen hätte. Ein Verschulden des Begünstigten ist dagegen nicht erforderlich.

Hat der Begünstigte den VA gem. Nr. 2 durch objektiv **unrichtige oder unvollständige Angaben** erwirkt, ist sein Vertrauen – ebenso wie bei Nr. 1 – nicht schutzwürdig. Teilweise wird bei der Unvollständigkeit gefordert, dass sie ein Verschweigen iSd Eidesformel gem. § 392 ZPO darstellt. Hinsichtlich der Kausalität gilt das zu Nr. 1 Gesagte entsprechend (→ Rn. 33). Die unterbliebenen Angaben müssen objektiv ursächlich für die VA-Entscheidung gewesen sein. Das ist insbesondere zu verneinen, wenn die Behörde auf andere Weise Kenntnis von diesen Angaben erlangt hat. Andererseits kann sich der Begünstigte nicht deshalb auf Vertrauensschutz berufen, weil die Behörde von Amts wegen den Sachverhalt hätte ermitteln müssen. Nur in Ausnahmefällen wird bei Vorliegen besonderer Umstände die Anwendung der Nr. 2 seitens der Behörde als unzulässige Rechtsausübung angesehen werden können (Rechtsgedanke des § 242 BGB), wenn der Begünstigte bei seinen objektiv unrichtigen Angaben ein Höchstmaß an Sorgfalt hat walten lassen und der Fehler nicht mehr seiner Verantwortungssphäre zugerechnet werden kann (BVerwG BeckRS 2014, 57133 Rn. 33). Ebenso wie bei Nr. 1 bedarf es keines Verschuldens des Begünstigten (OVG Magdeburg BeckRS 2023, 1119 Rn. 19). Der Vertrauensschutz entfällt auch, wenn er die Unrichtigkeit oder Unvollständigkeit der Angaben weder kannte noch hätte kennen müssen. 34

Die nach Nr. 3 erforderliche **Kenntnis der Rechtswidrigkeit** des VA seitens des Begünstigten muss sich, wie der Wortlaut schon sagt, auf die Rechtswidrigkeit des VA beziehen. Nicht ausreichend ist die Kenntnis der Tatsachen, welche die Rechtswidrigkeit des VA begründen, es sei denn, der Begünstigte kann aufgrund eigener Rechtskenntnis ohne weiteres die Rechtswidrigkeit erkennen. Im Übrigen sind an die Kenntnis keine hohen Anforderungen zu stellen. Ausreichend ist, wenn der Begünstigte bei einer Parallelwertung in der Laiensphäre von der Rechtswidrigkeit des VA ausging. **Grob fahrlässige Unkenntnis** liegt vor, wenn sich die Rechtswidrigkeit des VA für den Begünstigten geradezu aufdrängt, er aber einfachste, ganz naheliegende Überlegungen nicht anstellt (OVG Hamburg BeckRS 2022, 40924 Rn. 39; OVG Münster BeckRS 2015, 46572 – zur aus der Treuepflicht resultierenden Erkundigungspflicht eines Beamten; BeckRS 2013, 55810). Abzustellen ist hier auf die persönlichen Umstände und Fähigkeiten des Begünstigten (konkret-individueller Maßstab). Wer sich auf eine ständige Verwaltungspraxis verlässt, handelt regelmäßig nicht grob fahrlässig (VGH Mannheim BeckRS 2013, 51695). 35

Gemeinsam ist allen drei Fallgruppen, dass bei Nr. 1 und 2 das Handeln und bei Nr. 3 die Kenntnis/grob fahrlässige Unkenntnis von **Vertretern** dem Begünstigten zuzurechnen ist (bei juristischen Personen: das Handeln bzw. die Kenntnis der vertretungsberechtigten Organe; BVerwG BeckRS 2017, 116746 Rn. 31; zur Übernahme von Angaben eines Sachverständigen OVG Magdeburg BeckRS 2023, 2570 Rn. 34). Im Rahmen der Nr. 2 muss sich der Begünstigte darüber hinaus auch die Angaben seines Rechtsvorgängers zurechnen lassen (KR/Ramsauer § 48 Rn. 120). Bei Nr. 3 ist zu beachten, dass die dort vorzunehmende konkret-individuelle Beurteilung der grob fahrlässigen Unkenntnis bei Unternehmen, jedenfalls aber bei solchen mit eigener 36

Rechtsabteilung, zu einem strengeren Maßstab führt als beim privaten Bürger (BVerwG NVwZ 1987, 500). In keiner Fallgruppe muss sich der Begünstigte dagegen das Handeln **Dritter** zurechnen lassen.

37 **cc) Regelfall der Rücknahme für die Vergangenheit (S. 4).** Kann sich der Begünstigte in den Fällen des § 48 II 3 nicht auf Vertrauen berufen, wird der VA nach der ausdrücklichen Regelung in S. 4 in der Regel **mit Wirkung für die Vergangenheit zurückgenommen.** Damit wird das Ermessen der Behörde in zeitlicher Hinsicht dahin intendiert, dass die Rücknahme des rechtswidrigen VA mit Wirkung für die Vergangenheit vorzunehmen ist, sofern nicht ausnahmsweise besondere Umstände des Einzelfalls eine abweichende Regelung (zB Rücknahme nur für die Zukunft oder Verzicht auf die Rücknahme) erfordern (BVerwGE 143, 230 Rn. 16 = NVwZ-RR 2012, 933).

3. Abwägung

38 Nach dem Gesetz darf eine Rücknahme nur erfolgen, wenn und soweit der Begünstigte auf den Bestand des VA vertraut hat und dieses Vertrauen unter **Abwägung** mit dem öffentlichen Interesse an der Rücknahme schutzwürdig ist. Dieses Erfordernis ermöglicht die Berücksichtigung der besonderen Umstände eines jeden Einzelfalls und verpflichtet die Behörde, diese Umstände auf der einen Seite mit dem öffentlichen Interesse an der Rücknahme auf der anderen Seite abzuwägen. Grundsätzlich schutzwürdig ist, wer sich mit guten Gründen auf die Rechte aus dem VA verlassen durfte, insbesondere wenn dessen Rechtswidrigkeit nicht in seinem Verantwortungsbereich liegt, ihm nicht bekannt war und auch nicht bekannt sein musste (OVG Bautzen BeckRS 2024, 2182 Rn. 21). Die Abwägung unterliegt der vollen gerichtlichen Überprüfung; sie eröffnet der Verwaltung kein Ermessen (SBS/Sachs § 48 Rn. 135). Das Vertrauensinteresse ist in Anlehnung an die Regelfälle des § 48 II 2 zu bestimmen. Das **öffentliche Interesse an der Rücknahme** umfasst die Wiederherstellung des gesetzmäßigen (rechtmäßigen) Zustandes (zB mittels Gleichbehandlung vergleichbarer Sachverhalte durch rechtmäßige Entscheidungen) sowie fiskalische und insbesondere haushaltsrechtliche Gesichtspunkte (zB den sorgsamen Umgang mit öffentlichen Mitteln; BVerwG LKV 2007, 182).

IV. Rücknahme sonstiger begünstigender VAe (III)

39 Die Regelung des § 48 III betrifft sonstige rechtswidrige begünstigende VAe, die nicht unter § 48 II fallen, dh keine Geld- oder Sachleistung zum Gegenstand haben. Anders als in den Fällen des § 48 II wird hier das Ermessen nicht um eine dabei vorzunehmende Abwägung zwischen dem Vertrauensschutz des Begünstigten und dem öffentlichen Interesse an der Rücknahme ergänzt; vielmehr knüpft § 48 III an die erfolgte Rücknahmeentscheidung die Rechtsfolge eines öffentlich-rechtlichen Ausgleichsanspruchs. Die Entscheidung über die Rücknahme selbst beurteilt sich damit für sonstige begünstigende VAe

allein auf der Grundlage des § 48 I 1. Dies schließt die Berücksichtigung von Vertrauensschutzaspekten im Rahmen des dort eingeräumten **Ermessens** nicht aus (BVerwG NVwZ-RR 2001, 198; OVG Münster BeckRS 2013, 55075; instruktiv zur verfassungsrechtlichen Einordnung KR/Ramsauer § 48 Rn. 137), so dass die Überlegung statthaft ist, ob ein schutzwürdiges Vertrauen vorliegt und im Rahmen des Ausgleichsinteresses nach § 48 III angemessen berücksichtigungsfähig ist (BVerwG BeckRS 2012, 55844 Rn. 26ff. = NVwZ-RR 2012, 862; OVG Bautzen BeckRS 2014, 55715 Rn. 18). Der § 48 III gilt nicht, wenn der begünstigende VA von einem Dritten erfolgreich angefochten wurde (§ 50).

1. Nicht unter § 48 II fallender rechtswidriger VA

Nicht unter § 48 II fallende rechtswidrige begünstigende VAe sind solche, die weder eine Geld- noch eine teilbare Sachleistung gewähren oder hierfür Voraussetzung sind (zB Erlaubnisse und Genehmigungen nach §§ 29 ff. GewO, Baugenehmigung nach den LBauOen, Sondernutzungserlaubnis nach den LStrWGen; Beamtenernennung (OVG Münster BeckRS 2013, 57624)), -beförderung; Ausstellung einer Spätaussiedlerbescheinigung nach § 15 I BVFG – BverwG BeckRS 2015, 48583 Rn. 26 unter Aufgabe der früheren Rechtsprechung). Grundsätzlich gilt § 48 III auch für nicht teilbare Sachleistungen (aber → Rn. 22). 40

2. Vermögensnachteil

Der Betroffene muss einen **Vermögensnachteil** erlitten haben, weil er auf den Bestand des VA vertraut hat. Ob beim Betroffenen ein Vermögensnachteil entstanden ist, ist im Wege der Saldierung festzustellen. An einem Nachteil fehlt es, wenn der eingetretene Schaden kompensiert wurde (OVG Münster BeckRS 2012, 57708). Der Vermögensnachteil muss **kausal** durch das **Vertrauen des Betroffenen** in den Bestand des VA entstanden sein. 41

3. Schutzwürdigkeit des Vertrauens

Das **Vertrauen** des Betroffenen in den Bestand des VA muss **schutzwürdig** sein, was mittels Abwägung des Vertrauens mit dem öffentlichen Interesse an der Rücknahme festzustellen ist. Aufgrund des Verweises in § 48 III 2 auf § 48 II 3 führen die dort genannten Umstände hier zum Ausschluss des Erstattungsanspruchs. Obwohl insoweit ein ausdrücklicher Verweis fehlt, ist im Rahmen der Abwägung auch § 48 II 2 heranzuziehen, so dass auch stets zu prüfen ist, ob und zu welchen Bedingungen der Betroffene die Vermögensdisposition rückgängig machen kann. 42

4. Art und Umfang des ersatzfähigen Schadens

Die Behörde hat dem Betroffenen den Schaden zu ersetzen, den er dadurch erleidet, dass er auf den Bestand des VA vertraut hat. Der Ersatzanspruch beschränkt sich mithin auf das **Vertrauensinteresse** (sog. negatives Interesse; 43

im Gegensatz zum Erfüllungs-/Bestandsinteresse, dem sog. positiven Interesse). Der Betroffene ist so zu stellen, wie er ohne den Erlass des VA gestanden hätte. Erstattungsfähig sind allein solche Aufwendungen, die der Betroffen im Vertrauen auf den Erlass oder den Bestand des VA gemacht hat, nicht hingegen zB der entgangene Gewinn (KR/Ramsauer § 48 Rn. 143). Nach S. 3 bildet das Bestandsinteresse des Betroffenen die Obergrenze des ersetzbaren Schadens.

5. Verfahren, Entscheidung und Verjährung

44 Die Behörde nimmt den Ausgleich des dem Betroffenen entstandenen Vermögensnachteils nur auf dessen **Antrag** hin vor (S. 1), der keiner bestimmten Form bedarf. Die Festsetzung des auszugleichenden Vermögensnachteils erfolgt durch die Behörde, die auch für die Rücknahme des rechtswidrigen VA zuständig ist, und ist selbst ein begünstigender leistungsgewährender **VA** (S. 4).

45 Seinen Ausgleichsanspruch kann der Betroffene nur **innerhalb eines Jahres** geltend machen, gerechnet ab dem Zeitpunkt, in welchem die Behörde den Betroffenen auf die Frist hingewiesen hat (S. 5). Ohne den behördlichen Hinweis auf die Frist beginnt diese nicht zu laufen. Dann gelten die allgemeinen Verjährungsregeln des BGB (§§ 195, 199 BGB) mit der Folge, dass der Anspruch innerhalb von 3 Jahren verjährt, beginnend mit dem Schluss des Jahres, in dem der Anspruch entstanden ist und der Betroffene von den den Anspruch begründenden Umständen und der schuldenden Behörde Kenntnis erlangt oder ohne grobe Fahrlässigkeit erlangen müsste (§ 199 I BGB), andernfalls innerhalb von 10 Jahren von ihrer Entstehung an (§ 199 IV BGB).

V. Jahresfrist (IV)

46 Nach § 48 IV ist die Rücknahme eines rechtswidrigen VA nur **innerhalb eines Jahres** seit dem Zeitpunkt zulässig, zu dem die Behörde von Tatsachen Kenntnis erhält, welche die Rücknahme des VA rechtfertigen (S. 1). Diese Jahresfrist gilt nicht im Falle des § 48 II 3 Nr. 1 (S. 2). Die Vorschrift dient der Rechtssicherheit und dem Vertrauensschutz. Sie konkretisiert in ihrem Geltungsbereich den Grundsatz der Verwirkung, ohne dessen Anwendung im Übrigen auszuschließen (zur Verwirkung bei verzögerter Ausübung des Rücknahmerechts s. BVerwG BeckRS 2018, 18064 Rn. 5). Auch wenn § 48 weder in IV noch sonst insgesamt eine absolute Ausschlussfrist kennt, ist der Zeitablauf im Rahmen der Ermessensentscheidung zu berücksichtigen (OVG Münster BeckRS 2015, 40603: 15 ½ Jahren; BeckRS 2012, 60331: 52 Jahre).

1. Rechtswidriger VA

47 Die Jahresfrist gilt ausweislich des § 48 I 2 lediglich für **rechtswidrige begünstigende VAe** mit Ausnahme solcher VAe, die der Begünstigte durch arglistige Täuschung, Drohung oder Bestechung erwirkt hat (S. 2) oder die von einem Dritten erfolgreich angefochten wurden (§ 50). Die Ausnahme

erklärt sich aus dem Umstand des in diesen Fällen offensichtlich fehlenden Vertrauensschutzes auf Seiten des Begünstigten.

Der § 48 IV erfasst grundsätzlich auch **nichtige VAe,** hat allerdings hier keine praktische Bedeutung, da § 44 V der Behörde unabhängig von einer Frist die Feststellung der Nichtigkeit gestattet. Er ergänzt regelmäßig auch im Übrigen vorrangige, spezialgesetzliche Rücknahmevorschriften, sofern sie in diesem Punkt keine abschließende Regelung enthalten. Nicht anwendbar ist § 48 IV auf die Ersetzung vorläufiger VAe durch endgültige VAe, denn insoweit handelt es sich nicht um eine Rücknahme (BVerwG NVwZ 2010, 643 = BeckRS 2010, 45411; für eine differenzierte, sektorspezifische Betrachtung dagegen BVerwG DVBl. 1994, 409). Ebenfalls nicht anwendbar ist die Regelung zur Jahresfrist im Verwaltungsprivatrecht (BGH NVwZ 2010, 531 = BeckRS 2009, 87765; zur Abgrenzung s. auch BGH NVwZ 2007, 246; ähnlich KR/Ramsauer § 48 Rn. 149). 48

2. Kenntnis der die Rücknahme rechtfertigenden Tatsachen

Die Jahresfrist beginnt mit der Kenntnis der Behörde von den Tatsachen, welche die Rücknahme des rechtswidrigen VA rechtfertigen. Die Kenntnis muss sich ausdrücklich auf Tatsachen beziehen. Nach der Rechtsprechung sind **Tatsachen** in diesem Sinne nicht nur etwas Geschehenes oder Bestehendes, das in die Wirklichkeit getreten und dem Beweis zugänglich ist, sondern auch die Rechtswidrigkeit (BVerwGE 70, 356 (357 f.)). Damit gilt die Vorschrift nicht nur dann, wenn die Behörde bei Erlass des VA nicht alle entscheidungsrelevanten Tatsachen kannte, sondern erfasst auch die Fälle, dass die Behörde in Kenntnis aller Tatsachen das Recht fehlerhaft angewendet hat. Diese Rechtsprechung widerspricht zwar Wortlaut und Zweck des § 48 IV (s. KR/Ramsauer § 48 Rn. 153), vermeidet aber die Schlechterstellung des Begünstigten bei einem Rechtsanwendungsfehler der Behörde im Vergleich zu Tatsachenfehlern (so auch Ziekow § 48 Rn. 50). 49

Die Vorschrift knüpft den Beginn der Jahresfrist an die **positive Kenntnis** der Behörde von den die Rücknahme rechtfertigenden Tatsachen. Es handelt sich damit um eine sog. Entscheidungsfrist. Aufgrund des weiten Tatsachenbegriffs (→ Rn. 49) ist bei der Kenntnis zu differenzieren: beruht der rechtswidrige VA auf einem echten Tatsachenirrtum, kommt es auf den Zeitpunkt des Eintritts der Kenntnis der Behörde von dieser Tatsache und der hieraus folgenden Rechtswidrigkeit an; bei einem reinen Irrtum über die Rechtswidrigkeit ist der Zeitpunkt der Kenntnis von der Rechtswidrigkeit des VA entscheidend. Bloße Erkennbarkeit (zB Aktenkundigkeit) reicht in keinem Fall aus, ebenso wenig schuldhafte Unkenntnis oder Kennenmüssen (aA KR/Ramsauer § 48 Rn. 155). Ohne Einfluss auf die Frist ist es, wenn die Behörde bei voller Tatsachen- (und Rechts-) Kenntnis falsche Schlussfolgerungen in Bezug auf die Rücknehmbarkeit des VA zieht. Die positive Kenntnis muss zudem bei der für die Rücknahme zuständigen Behörde bestehen, eine Zurechnung der Kenntnis anderer Behörden findet grundsätzlich nicht statt (BVerwG BeckRS 2018, 962 Rn. 10; zu möglichen Ausnahmen KR/Ramsauer § 48 Rn. 158). 50

3. Fristbeginn und -berechnung

51 Liegen die Voraussetzungen für die Rücknahme eines rechtswidrigen begünstigenden VA vor und ist die Jahresfrist noch nicht abgelaufen, ist die Rücknahme zulässig. Logisch kann der **Fristbeginn** erst nach Erlass des rechtswidrigen VA liegen (BVerwGE 70, 356, (365)). Ist eine Anhörung des Betroffenen zur Herstellung der Entscheidungsreife über die Rücknahme des VA erforderlich, beginnt die Frist erst mit Abschluss des Anhörungsverfahrens (BVerwG BeckRS 2022, 22965 Rn. 17; OVG Magdeburg BeckRS 2024, 4686 Rn. 29). Unterlässt die Behörde die Anhörung, so beginnt die Frist nicht zu laufen (BVerwG BeckRS 2020, 42620 Rn. 5). Ist aufgrund der Stellungnahme des Betroffenen eine weitere Sachaufklärung seitens der Behörde erforderlich, beginnt die Frist erst mit deren Abschluss; wird eine erneute Anhörung erforderlich, beginnt die Frist erst mit deren Abschluss (BVerwG BeckRS 2022, 22965 Rn. 17). Ist die Sache objektiv entscheidungsreif, beginnt die Jahresfrist auch dann, wenn die Behörde weitere Schritte zur Sachverhaltsaufklärung unternimmt (BVerwG aaO Rn. 31). Für die **Berechnung** der Frist gelten die allgemeinen Regeln gem. § 31 I iVm §§ 187 ff. BGB. Für die Einhaltung der Frist ist insoweit auf den Ausgangsbescheid abzustellen, so dass ein späteres Auswechseln des Rücknahmegrundes im Widerspruchsverfahren für die Frist unbeachtlich ist (OVG Koblenz BeckRS 2018, 26166 Rn. 98). Wird ein Rücknahmebescheid angefochten und im Rechtsbehelfsverfahren aufgehoben, beginnt die Jahresfrist erneut zu laufen (BVerwGE 70, 356 (363 f.)), wobei der Fristbeginn umstritten ist (BVerwG NVwZ 1988, 822: nach Kenntnis der Entscheidungsgründe; VGH Mannheim NVwZ-RR 2001, 6 (7): ab Rechtskraft des Urteils). Der Erlass des Rücknahmebescheids hemmt die Jahresfrist; wird der Widerrufsbescheid später durch das VG aufgehoben, läuft die Jahresfrist nach Eintritt der Rechtskraft des Urteils weiter (OVG Bremen BeckRS 2011, 48023).

VI. Örtliche Zuständigkeit für die Rücknahme (V)

52 Die Entscheidung über die Rücknahme liegt nach Unanfechtbarkeit des VA bei der nach § 3 zuständigen Behörde, und zwar auch dann, wenn der VA von einer anderen Behörde erlassen wurde (§ 48 V). Die Regelung betrifft die **örtliche Zuständigkeit** und ist notwendig, weil das Rücknahmeverfahren ein neues und selbständiges Verwaltungsverfahren ist. Bis zum Eintritt der Unanfechtbarkeit verbleibt die Zuständigkeit dagegen bei der im Zeitpunkt des Erlasses des rechtswidrigen VA zuständigen Behörde, auch in dem Fall, dass sich die Zuständigkeit zwischen Erlass und Eintritt der Unanfechtbarkeit geändert hat, und sogar dann, wenn die Erlassbehörde selbst örtlich unzuständig war (BVerwGE 110, 226 (230) = NVwZ 2000, 1512).

53 Der § 48 V erfasst allein die örtliche Zuständigkeit, nicht hingegen auch die **sachliche Zuständigkeit.** Sie richtet sich nach dem einschlägigen Fachrecht. Enthält das Fachrecht keine Regelung, sind die allgemeinen Grundsätze des Verwaltungsverfahrensrechts anzuwenden, wonach sich die (sachliche)

Zuständigkeit nach der Zuständigkeit im Zeitpunkt der (Rücknahme-)Entscheidung bestimmt (BVerwG BeckRS 2018, 33822). Im Fall der Anfechtung ist während des Vorverfahrens neben der Ausgangsbehörde auch die Widerspruchsbehörde sachlich zuständig, nach Abschluss des Vorverfahrens allein noch die Ausgangsbehörde. Die Rücknahme des Ausgangsbescheides in Gestalt des Widerspruchsbescheides durch die Ausgangsbehörde setzt neue Tatsachen oder neue Erkenntnisse über eine fehlerhafte Rechtsanwendung voraus; fehlt es hieran, liegt ein Ermessensfehler vor (BVerwG NVwZ 2002, 1252 (1254)).

VII. Rücknahme bei Unionsrechtswidrigkeit

Zunehmend stellt sich die Frage, welches Recht bei der Rücknahme von **unionsrechtswidrigen VAen,** welche die Behörden der Mitgliedstaaten (hier: die Behörden der Bundesrepublik Deutschland) im Wege des sog. **indirekten Vollzugs** von Unionsrecht erlassen haben, anzuwenden ist. Hierbei ist zu unterscheiden: soweit das Unionsrecht selbst verfahrensrechtliche Regelungen enthält, sind diese Bestimmungen unmittelbar (bei Verordnungen) oder als mitgliedschaftliches Recht aufgrund Transformation (bei Richtlinien) maßgeblich und vorrangig gegenüber § 48 (zB Art. 35 VI 1 VO (EU) Nr. 640/2014 – BVerwG BeckRS 2022, 3534 Rn. 7; Art. 80 III UA 1 der VO (EG) Nr. 1122/2009 – OVG Lüneburg BeckRS 2021, 11967 Rn. 21; Art. 73 VO (EG) Nr. 796/2004 – OVG Lüneburg BeckRS 2015, 45890; VGH Mannheim BeckRS 2014, 52253 Rn. 37f.; Art. 49 VO (EG) Nr. 2419/2001 – VGH Mannheim BeckRS 2014, 51235); soweit im Unionsrecht derartige Verfahrensregeln fehlen, beurteilt sich die Rücknehmbarkeit von VAen allein nach nationalem Recht (vgl. BVerwG BeckRS 2009, 39206; OVG Bautzen BeckRS 2010, 46512). Wo das Unionsrecht Teilregelungen enthält, verdrängt es das mitgliedstaatliche Recht im Umfang der Teilregelung (zB Art. 3 VO 2988/95 – EuGH EuZW 2012, 438: unionsrechtliche Verjährungsregelung erfasst die im Anspruch auf Erstattung bestehende Hauptforderung, nicht aber den Zinsanspruch; Art. 14 IV VO 3887/92 nF – VGH München BeckRS 2014, 46941 Rn. 22: unionsrechtliche Regelung zum Vertrauensschutz verdrängt die nationalen Regelungen). Zu beachten ist in diesem Zusammenhang, dass die materiell-rechtliche Pflicht des Begünstigten zur Rückzahlung von zu Unrecht erhaltenen Beträgen (zB aus Art. 14 I der VO (EWG) Nr. 3887/92 und Art. 49 I der VO (EG) Nr. 2419/2001) nicht die verfahrensrechtliche Ermächtigung der nationalen Behörden zur Aufhebung eines Zuwendungsbescheiden und zum Erlass eines Rückforderungsbescheids enthält (BVerwG NVwZ-RR 2004, 413). 54

Ist der VA unionsrechtswidrig, fehlen aber unionsrechtliche Verfahrensvorschriften und erfolgt die Rücknahme nach nationalem Recht, führt der Anwendungsvorrang und das Gebot der effektiven Umsetzung des Unionsrechts (Art. 4 III EUV) zu **Modifikationen des nationalen Rücknahmerechts.** Sie können das Ermessen der Behörde gem. § 48 I 1, die Vertrauensschutzregelungen des § 48 II (dazu BVerwG BeckRS 2014, 57133 Rn. 37 55 unter Hinweis auf EuGH Slg. 1998 I-4767 Rn. 24; 1983, 2633 Rn. 30 ff.) sowie die Jahresfrist gem. § 48 III betreffen. Die Geltung und Durchsetzung des Unionsrechts soll grundsätzlich nicht durch das nationale Recht der Mitgliedstaaten eingeschränkt oder ausgeschlossen werden. Bestehende Unterschiede im Rücknahmerecht der einzelnen Mitgliedstaaten würden zudem zu abweichenden Rücknahmeentscheidungen führen, abhängig vom Wohnort bzw. Sitz des Adressaten. Als Konsequenz wird das nationale Recht in diesen Fällen modifiziert.

56 Zu beachten ist, dass eventuelle Einschränkungen des § 48 nicht ausnahmslos und in jedem Fall gelten: So kennt das Unionsrecht keine grundsätzliche Verpflichtung nationaler Verwaltungsbehörden, eine unionsrechtswidrige Verwaltungsentscheidung zurückzunehmen, wenn diese nach Erschöpfung des Rechtswegs bestandkräftig geworden ist. Vielmehr erachtet der EuGH die Bestandskraft eines VA als Instrument der Rechtssicherheit und einen im Unionsrecht anerkannten Grundsatz (vgl. EuGH Slg 2008, I-00411 (Kempter KG) = DÖV 2008, 505 (506), Nr. 37; Slg. 2006, I-08559, Nr. 51 (Germany GmbH)). Im Interesse des Rechtsfriedens, der Beständigkeit rechtlicher Beziehungen sowie einer geordneten Rechtspflege sollen unanfechtbare Gerichtsentscheidungen nicht mehr in Frage gestellt werden können (EuGH Slg. 2006, I-02585, Nr. 20 (Kapferer)). Allerdings geht der Europäische Gerichtshof nicht schrankenlos von diesem Grundsatz aus. Der Grundsatz der Zusammenarbeit gem. Art. 4 III EUV (vormals: Art. 10 EG) verpflichtet die Verwaltungsbehörde auf einen entsprechenden Antrag hin, eine bestandskräftige Verwaltungsentscheidung zu überprüfen und ggf. zurückzunehmen, um einer zwischenzeitlich vom EuGH vorgenommenen Auslegung der einschlägigen Bestimmungen Rechnung zu tragen, wenn vier Voraussetzungen gegeben sind:

(1.) Die Behörde muss nach nationalem Recht zur Rücknahme der Entscheidung befugt sein.

(2.) Die Entscheidung muss aufgrund eines letztinstanzlichen Urteils eines nationalen Gerichts bestandskräftig geworden sein.

(3.) Das Urteil muss infolge einer nach seinem Erlass ergangenen Entscheidung des EuGH auf einer unrichtigen Auslegung des Gemeinschaftsrechts beruhen, ohne dass der EuGH um Vorabentscheidung ersucht wurde, obwohl der Tatbestand des Art. 234 (III) EG erfüllt war.

(4.) Der Betroffene hat sich unmittelbar nach Kenntniserlangung von der betreffenden EuGH-Entscheidung an die Verwaltungsbehörde gewandt (vgl. EuGH Slg. 2006, I-02585; OVG Münster BeckRS 2018, 31299 Rn. 12).

57 Zudem führt insbesondere im **Subventionsbereich** nicht jeder beliebige Rechtsverstoß zu einer iSd europäischen Unionsrechts „unrechtmäßigen" Förderung und begründet eine Rückforderungspflicht infolge Ermessensreduzierung auf Null. Die Rückforderungspflicht besteht nach dem Sinn und Zweck der EU-Vorschriften vielmehr im Interesse einer effektiven und dem Missbrauch vorbeugenden Durchsetzung unionsrechtlicher Förderregelungen. Maßgebend ist der im europäischen Unionsrecht wurzelnde, mit den Subventionen verfolgte Zweck und die Frage, ob dieser Zweck gefördert oder verfehlt wird (s. OVG Bautzen BeckRS 2010, 46512 – zur Rückforderung von seitens der EU kofinanzierten Fördermitteln; ferner OVG Lüneburg BeckRS 2010, 46298 – zur Frage der Verjährungsfrist bei unionswidrigen Subventionen).

VIII. Rechtsschutz

Da die Rücknahme als actus contrarius selbst ein VA ist, kann sie mit den allgemeinen Rechtsbehelfen **Widerspruch** und **Anfechtungsklage** angegriffen werden. Die Einlegung von Rechtsbehelfen hat hier nach den allgemeinen Regeln grundsätzlich **aufschiebende Wirkung** (Suspensiveffekt, § 80 I VwGO), so dass der zurückgenommene VA in diesen Fällen zunächst wirksam bleibt. 58

Als Folge der aufschiebenden Wirkung des Rechtsbehelfs scheidet auch eine **Aufrechnung** der Behörde mit ihrer Gegenforderung einstweilen aus (BVerwG NJW 2009, 1099 f.). Zwar begründet der Rücknahmebescheid als solcher unabhängig von der Anfechtung bereits den Rückzahlungsanspruch. Die Rechtsbehelfe Widerspruch und Anfechtungsklage betreffen nur seine Vollziehbarkeit, lassen aber die Wirksamkeit unberührt. § 80 I VwGO hindert allein die Vollziehung des angegriffenen Bescheids. Die Behörde ist einstweilen gehindert, die spezifisch hoheitliche Regelung des VA umzusetzen. Weil die Begründung oder Fälligstellung der Gegenforderung aber gerade zu dieser spezifisch hoheitlichen Regelung des VAs zählt, gilt die Gegenforderung für die Behörde einstweilen als noch nicht bestehend oder als noch nicht fällig (BVerwG NJW 2009, 1099 f.; BVerwGE 66, 218). 59

Soweit die Rücknahme im Ermessen der Behörde steht, hat der Betroffene grundsätzlich nur einen **Anspruch auf ermessensfehlerfreie Entscheidung.** Nur im Fall der Ermessensreduzierung auf Null besteht ein Anspruch auf Widerruf. Gleiches gilt bei VAen mit Drittwirkung für den Dritten. 60

Im Prozess trifft grundsätzlich die Behörde die **Beweislast** für das Vorliegen der tatbestandlichen Voraussetzungen einer Rücknahme (BVerwG BeckRS 2021, 20343 Rn. 19; VGH München BeckRS 2015, 48562 Rn. 26). Im Fall der Rücknahme eines begünstigenden VA wegen unrichtiger oder unvollständiger Angaben (§ 48 II 3 Nr. 3) hat ausnahmsweise der Begünstigte das Vorliegen sonstiger Tatsachen zu beweisen, die den VA – alternativ – rechtfertigen würden (BVerwG DÖV 1970, 783). Die Behörde ist zudem beweispflichtig für der Kenntniserlangung von den die Rücknahme rechtfertigenden Tatsachen (§ 48 IV). 61

Der Anspruch auf Ausgleich des vom Betroffenen durch die Rücknahme des rechtswidrigen begünstigenden, nicht leistungsgewährenden VA gem. § 48 III 1 ist, sofern die Behörde ihrer Festsetzungspflicht nicht oder nicht ordnungsgemäß nachkommt, mit der **Verpflichtungsklage** zum Verwaltungsgericht durchzusetzen. Denn bei der Festsetzung handelt es sich nach § 48 III 4 ihrerseits um einen VA. 62

Hinsichtlich der **Verjährung** ist im Rahmen der §§ 48 ff. zu unterscheiden zwischen der Rücknahme des (Bewilligungs-) Bescheids und der Rückforderung der nunmehr rechtsgrundlos gezahlten Beträge: Die Rücknahme des 62a

(Bewilligungs-) Bescheids wird teilweise als unverjährbarer Anspruch angesehen, teilweise wird eine 30-jährige Verjährungsfrist angenommen (zum Streitstand BVerwG NVwZ 2011, 949 Rn. 16). Der Rückzahlungsanspruch selbst unterliegt der 30-jährigen Verjährungsfrist (BVerwG NVwZ 2011, 949 Rn. 16). Für die Zinsansprüche gem. § 49a gilt dagegen die 3-jährige Verjährungsfrist in analoger Anwendung der §§ 195 ff. BGB (BVerwG BeckRS 2013, 51246 Rn. 18, auch zur Reichweite des Vorrangs unionsrechtlicher Verjährungsregelungen). Das Landesrecht enthält – für seinen Anwendungsbereich – hier teilweise ausdrückliche Regelungen (zB § 3 I SächsVwVfZG).

63 Zur Frage der Notwendigkeit der Einholung einer **Vorabentscheidung des EuGH** nach Art. 267 AEUV hat das BVerwG (Urt. v. 22.10.2009 – 1 C 18.08) ausgeführt: „*(Ein) Verstoß gegen die Verpflichtung der nationalen Gerichte zur Zusammenarbeit mit dem Gerichtshof nach Art. 10 EG* (jetzt: Art. 4 EUV – Anm. des Verf.) *liegt nur dann vor, wenn der gemeinschaftsrechtliche Gesichtspunkt, dessen Auslegung sich in Anbetracht eines späteren Urteils des Gerichtshofs als unrichtig erwiesen hat, von dem in letzter Instanz entscheidenden nationalen Gericht entweder geprüft wurde oder von Amts wegen hätte aufgegriffen werden können. Das Gemeinschaftsrecht gebietet den nationalen Gerichten nicht, von Amts wegen die Frage eines Verstoßes gegen gemeinschaftsrechtliche Bestimmungen zu prüfen, wenn sie durch die Prüfung dieser Frage die von den Parteien bestimmten Grenzen des Rechtsstreits überschreiten müssten. Sie müssen die rechtlichen Gesichtspunkte, die sich aus einer zwingenden Gemeinschaftsvorschrift ergeben, aber von Amts wegen aufgreifen, wenn sie nach dem nationalen Recht verpflichtet oder berechtigt sind, dies im Falle einer zwingenden Vorschrift des nationalen Rechts zu tun (vgl. EuGH Slg. 2008 I-411, Rn. 44 und 45 (Kempter KG))*“.

§ 49 Widerruf eines rechtmäßigen Verwaltungsaktes

(1) Ein rechtmäßiger nicht begünstigender Verwaltungsakt kann, auch nachdem er unanfechtbar geworden ist, ganz oder teilweise mit Wirkung für die Zukunft widerrufen werden, außer wenn ein Verwaltungsakt gleichen Inhalts erneut erlassen werden müsste oder aus anderen Gründen ein Widerruf unzulässig ist.

(2) [1] Ein rechtmäßiger begünstigender Verwaltungsakt darf, auch nachdem er unanfechtbar geworden ist, ganz oder teilweise mit Wirkung für die Zukunft nur widerrufen werden,

1. wenn der Widerruf durch Rechtsvorschrift zugelassen oder im Verwaltungsakt vorbehalten ist;

2. wenn mit dem Verwaltungsakt eine Auflage verbunden ist und der Begünstigte diese nicht oder nicht innerhalb einer ihm gesetzten Frist erfüllt hat;

3. wenn die Behörde auf Grund nachträglich eingetretener Tatsachen berechtigt wäre, den Verwaltungsakt nicht zu erlassen, und wenn ohne den Widerruf das öffentliche Interesse gefährdet würde;

4. wenn die Behörde auf Grund einer geänderten Rechtsvorschrift berechtigt wäre, den Verwaltungsakt nicht zu erlassen, soweit der Begünstigte von der Vergünstigung noch keinen Gebrauch gemacht oder auf Grund des Verwaltungsaktes noch keine Leistungen empfangen hat, und wenn ohne den Widerruf das öffentliche Interesse gefährdet würde;

5. um schwere Nachteile für das Gemeinwohl zu verhüten oder zu beseitigen.
[2] § 48 Abs. 4 gilt entsprechend.

(3) [1] Ein rechtmäßiger Verwaltungsakt, der eine einmalige oder laufende Geldleistung oder teilbare Sachleistung zur Erfüllung eines bestimmten Zwecks gewährt oder hierfür Voraussetzung ist, kann, auch nachdem er unanfechtbar geworden ist, ganz oder teilweise auch mit Wirkung für die Vergangenheit widerrufen werden,

1. wenn die Leistung nicht, nicht alsbald nach der Erbringung oder nicht mehr für den in dem Verwaltungsakt bestimmten Zweck verwendet wird;
2. wenn mit dem Verwaltungsakt eine Auflage verbunden ist und der Begünstigte diese nicht oder nicht innerhalb einer ihm gesetzten Frist erfüllt hat.

[2] § 48 Abs. 4 gilt entsprechend.

(4) Der widerrufene Verwaltungsakt wird mit dem Wirksamwerden des Widerrufs unwirksam, wenn die Behörde keinen anderen Zeitpunkt bestimmt.

(5) Über den Widerruf entscheidet nach Unanfechtbarkeit des Verwaltungsaktes die nach § 3 zuständige Behörde; dies gilt auch dann, wenn der zu widerrufende Verwaltungsakt von einer anderen Behörde erlassen worden ist.

(6) [1] Wird ein begünstigender Verwaltungsakt in den Fällen des Absatzes 2 Nr. 3 bis 5 widerrufen, so hat die Behörde den Betroffenen auf Antrag für den Vermögensnachteil zu entschädigen, den dieser dadurch erleidet, dass er auf den Bestand des Verwaltungsaktes vertraut hat, soweit sein Vertrauen schutzwürdig ist. [2] § 48 Abs. 3 Satz 3 bis 5 gilt entsprechend. [3] Für Streitigkeiten über die Entschädigung ist der ordentliche Rechtsweg gegeben.

Übersicht

	Rn.
I. Bedeutung	1
II. Widerruf nicht begünstigender VAe (I)	3
1. Nicht begünstigender VA	3
2. Widerrufsausschluss	5
a) Pflicht zum erneuten inhaltsgleichen Erlass	6
b) Widerruf aus anderen Gründen unzulässig	7
3. Widerrufsermessen	8
III. Widerruf begünstigender VAe (II u. III)	9
1. Allgemeines	9
2. Widerrufsgründe gem. § 49 II	10
a) Zugelassener oder vorbehaltener Widerruf (S. 1 Nr. 1)	10
b) Nichterfüllen einer Auflage (S. 1 Nr. 2)	12
c) Nachträglich eingetretene Tatsachen (S. 1 Nr. 3)	14
d) Geänderte Rechtsvorschrift (S. 1 Nr. 4)	17
e) Beseitigung oder Verhütung schwerer Nachteile für das Gemeinwohl (S. 1 Nr. 5)	21
f) Entsprechende Geltung des § 48 IV (S. 2)	22
3. Widerrufsgründe gem. § 49 III	23
a) Zweckwidrige Verwendung (Nr. 1)	24
b) Nichterfüllung einer Auflage (Nr. 2)	25
c) Entsprechende Geltung des § 48 IV (S. 2)	26
4. Widerrufsermessen (II u. III)	27
IV. Zeitpunkt des Unwirksamwerdens des widerrufenen VA (IV)	30

	Rn.
V. Örtliche Zuständigkeit für den Widerruf (V)	31
VI. Entschädigung des Vermögensnachteils (VI)	32
1. Voraussetzungen	33
a) Widerruf auf Grund von § 49 II Nr. 3 bis 5	33
b) Schutzwürdiges Vertrauen	34
2. Umfang des Ersatzanspruchs	35
3. Verfahren, Entscheidung und Verjährung	36
VII. Widerruf und Unionsrecht	38
VIII. Rechtsschutz	39

I. Bedeutung

1 Der § 49 regelt die Aufhebbarkeit rechtmäßiger VAe, den sog. **Widerruf,** und ergänzt damit den § 48, der die Aufhebung rechtswidriger VAe betrifft (sog. Rücknahme). Der Widerruf ist – ebenso wie die Rücknahme – unabhängig von der Anfechtbarkeit und damit von der Bestandskraft des VA möglich. Die Vorschrift dient der Realisierung des Grundsatzes der Gesetzmäßigkeit der Verwaltung aus Art. 20 III GG. Sie erfasst den belastenden VA ebenso wie den begünstigenden VA. Den beim Widerruf eines begünstigenden VA zugunsten des Adressaten zu berücksichtigenden Grundsätzen des **Vertrauensschutzes** und der **Rechtssicherheit** tragen die einschränkenden Regelungen in § 49 II, III u. VI Rechnung. Der Widerruf ist als actus contrarius ebenfalls ein VA und unterliegt seinerseits den Vorschriften des Gesetzes. Über den Wortlaut hinaus ist § 49 nach ganz hM im Wege des Erst-recht-Schlusses auch auf rechtswidrige VAe anwendbar, wenn die übrigen Voraussetzungen vorliegen (BVerwG BeckRS 2018, 28295 Rn. 15; OVG Lüneburg BeckRS 2015, 40452; KR/Ramsauer § 49 Rn. 12). Die Norm findet auch Anwendung auf **Planfeststellungsbeschlüsse** (BVerwG BeckRS 2020, 31032 Rn. 24), wobei der Widerruf sich in Ansehung des Verhältnismäßigkeitsgrundsatzes als Ultima Ratio erweist (BVerfG BeckRS 2021, 18993 Rn. 21; BVerwG BeckRS 2016, 47803 Rn. 31).

2 § 49 ist gegenüber fachgesetzlichen Bestimmungen **subsidiär** (§ 1 I u. II 1; zB §§ 52 AufenthG, 73 I u. III AsylG – BVerwG BeckRS 2012, 45615 Rn. 14 = NVwZ 2012, 451; ZAR 2007, 370, §§ 17 III u. IV AtG, 21 BImSchG, 14 II FahrlG – VG Chemnitz GewArch 2010, 81, §§ 15 II u. III GastG, 33d V GewO, 6 II LuftVG, 45 II–IV WaffG). Trifft das Spezialgesetz keine abschließende Regelung, ist eine ergänzende Anwendung des § 48 möglich.

II. Widerruf nicht begünstigender VAe (I)

1. Nicht begünstigender VA

3 Ein **rechtmäßiger nicht begünstigender VA** kann nach § 49 I jederzeit ganz oder teilweise mit Wirkung für die Zukunft widerrufen werden, es sei denn, ein VA mit gleichem Inhalt müsste erneut erlassen werden oder der

Widerruf ist aus anderen Gründen unzulässig. Mit dem Terminus „nicht begünstigender VA“ will der Gesetzgeber Regelungslücken im Fall der Ablehnung eines VA oder der negativen Feststellung durch VA vermeiden, was allerdings bei richtigem, weitem Verständnis des Begriffs „belastender VA“ nicht notwendig gewesen wäre. Enthält ein VA neben belastenden auch begünstigende Teile, ist bei Teilbarkeit der Regelung § 49 I auf den belastenden Teil, § 49 II auf den begünstigen Teil anzuwenden; bei Unteilbarkeit gilt insgesamt § 49 II.

Der Widerruf rechtmäßiger belastender VAe ist nur für die **Zukunft** 4
möglich (anders als bei der Rücknahme gem. § 48 I).

2. Widerrufsausschluss

Der Widerruf ist nach § 49 I Hs. 2 nur in zwei Fällen **ausgeschlossen:** wenn 5
ein VA gleichen Inhalts erneut erlassen werden müsste oder ein Widerruf aus anderen Gründen unzulässig wäre.

a) Pflicht zum erneuten inhaltsgleichen Erlass

Der Widerruf ist unzulässig, wenn die Behörde den **VA mit gleichem** 6
Inhalt erneut erlassen müsste. Die Regelung soll verhindern, dass sich die Behörde mit dem Widerruf ihrer Pflicht zur Aufrechterhaltung eines rechtmäßig ergangenen VA entzieht und mit dem Widerruf des rechtmäßigen VA ein rechtswidriger Zustand entsteht. Der Ausschluss des Widerrufs betrifft insbesondere die Fälle, wo der VA als gebundene Entscheidung ergangen ist oder eine Ermessensreduzierung auf Null vorliegt. Dann ist ein Widerruf nur ausnahmsweise bei Änderung der Sach- oder Rechtslage möglich.

b) Widerruf aus anderen Gründen unzulässig

Der Widerruf ist **aus anderen Gründen unzulässig,** wenn gesetzliche 7
Regelungen ihn ausschließen oder einschränken und die einschränkenden Voraussetzungen im konkreten Einzelfall nicht erfüllt sind, ebenso, wenn Sinn und Zweck einer gesetzlichen Regelung oder allgemeine Rechtsgrundsätze entgegenstehen. Ein Widerruf kann darüber hinaus wegen einer gegebenen Zusicherung (§ 38) oder aufgrund eines öffentlich-rechtlichen Vertrages (§§ 54 ff.) unzulässig sein. Verwaltungsvorschriften und Verwaltungspraxis sind grundsätzlich unbeachtlich, es sei denn, ihnen kommt über die Selbstbindung der Verwaltung und Art. 3 I GG Außenwirkung zu. Verwaltungsinterne Anordnungen oder Weisungen reichen nicht aus.

3. Widerrufsermessen

Liegt kein Ausschlussgrund vor, steht der Widerruf des nicht begünstigenden 8
VA im **pflichtgemäßen Ermessen** der Behörde (§ 40). Das Ermessen ist nicht intendiert. Im Rahmen des Ermessens ist auch ein Vertrauensschutz des Betroffenen zu berücksichtigen, wenn es aufgrund des Widerrufs zu einer noch stärkeren Belastung kommen kann. Ist der Widerruf dagegen in der

Konsequenz begünstigend, ist kein Raum für Vertrauensschutz. Bei VAen mit Drittwirkung sind auch die Interessen des Dritten von der Behörde in ihre Ermessenserwägungen einzubeziehen. Anders als beim Widerruf begünstigender VAe gilt hier nicht die Jahresfrist.

III. Widerruf begünstigender VAe (II u. III)

1. Allgemeines

9 Der Widerruf **rechtmäßiger begünstigender VAe** beurteilt sich nach § 49 II u. III. Der § 49 II statuiert die Voraussetzungen eines Widerrufs allgemein für begünstigende VAe (einschließlich solcher mit Doppelwirkung, OVG Lüneburg BeckRS 2014, 50055) für die Zukunft, § 49 III diejenigen eines Widerrufs leistungsbezogener VAe (auch) für die Vergangenheit. Aufgrund der weiterreichenden Rechtsfolge ist § 49 III lex specialis zu § 49 II. Beide Absätze formulieren besondere Widerrufsgründe, deren Aufzählung jeweils abschließend ist. Daneben kommt lediglich noch ein Widerruf mit Zustimmung des Betroffenen in Betracht. Die § 49 II u. III gelten – wie auch der § 49 I – erst recht für den Widerruf rechtswidriger VAe. Auch der Widerruf eines begünstigenden VA steht im pflichtgemäßen Ermessen der Behörde.

2. Widerrufsgründe gem. § 49 II

a) Zugelassener oder vorbehaltener Widerruf (S. 1 Nr. 1)

10 Der Widerruf eines begünstigenden VA ist statthaft, wenn er durch Rechtsvorschrift zugelassen ist. **Rechtsvorschrift** meint hier im weiten Sinn jedes materielle Gesetz, also Parlamentsgesetze, Rechtsverordnungen und Satzungen. Keine Rechtsvorschriften sind die sog. VV. Unbeachtlich ist, ob die Behörde oder der Betroffenen von der den Widerruf zulassenden Rechtsvorschrift im Zeitpunkt des Erlasses des begünstigenden VA Kenntnis hatte. Die Vorschrift hat in der Praxis nur geringe Bedeutung, da derartige Rechtsvorschriften zumeist eine **eigene Ermächtigungsgrundlage** für den Widerruf darstellen (zB § 8a II BImSchG, § 14 RDG und dazu OVG Münster BeckRS 2023, 11348; § 16a III LuftSiG und dazu VGH Kassel BeckRS 2022, 39200 Rn 9).

11 Ist der Widerruf im VA vorbehalten, handelt es sich um einen sog. **Widerrufsvorbehalt** gem. § 36 II Nr. 3 (→ § 36 Rn. 13). Unerheblich ist, ob der Vorbehalt rechtmäßig war (hM: BVerwG NVwZ-RR 1994, 580; KR/Ramsauer § 49 Rn. 37a; aA OVG Münster BeckRS 2014, 56201 Rn. 5 ff.; Knack/Hennecke/Meyer § 49 Rn. 37). Entscheidend ist die Wirksamkeit des Vorbehalts, der als unselbständige Nebenbestimmung das Schicksal des VA teilt. Eine etwaige Rechtswidrigkeit des Widerrufsvorbehalts ist allerdings im Rahmen der Ausübung des Widerrufsermessens zu berücksichtigen (→ Rn. 27; BVerwG BeckRS 2018, 40763). Ist der Widerrufsvorbehalt selbst unbeschränkt formuliert, darf der Widerruf auch aus anderen als in der

Begründung angegebenen Gründen erklärt werden (BVerwG BeckRS 2019, 22528). Er darf in diesem Fall auch wegen einer Rechtsänderung erklärt werden, selbst wenn die Voraussetzungen des II 1 Nr. 4 nicht vorliegen (BVerwG aaO). Erst recht schließt ein Widerrufsvorbehalt iSv II 1 Nr. 1die Anwendbarkeit der anderen gesetzlich vorgesehenen Widerrufstatbestände nicht aus (OVG Berlin-Brandenburg BeckRS 2020, 18100 Rn. 4).

b) Nichterfüllen einer Auflage (S. 1 Nr. 2)

12 Der Widerruf ist möglich, wenn mit dem VA eine **Auflage** gem. § 36 II Nr. 4 (→ § 36 Rn. 13) verbunden ist und der Begünstigte diese nicht oder nicht fristgerecht erfüllt hat. Gleiches gilt, wenn der Begünstigte in besonders schwerem Maße gegen die Auflage verstoßen hat. Wie beim Widerrufsvorbehalt kommt es allein auf die Wirksamkeit der Auflage an, nicht auch auf ihre Rechtmäßigkeit (→ Rn. 11) oder ihre Bestimmtheit (aA Knack/Henneke/Meyer § 49 Rn. 44, der verkennt, dass die Bestimmtheit eines VA ebenfalls eine Rechtmäßigkeitsvoraussetzung ist).

13 Ob es sich im Einzelfall um eine Auflage iSv § 36 II Nr. 4 oder um bloße Erläuterung oder Hinweise handelt, ist durch **Auslegung** zu ermitteln (§ 133 BGB). Insoweit ist darauf abzustellen, wie die Erklärung von ihrem Adressaten bei verständiger Würdigung zu verstehen ist (vgl. OVG Münster BeckRs 2005, 25386 mwN). Eine Auflage liegt vor, wenn die Verwaltung dem Begünstigten ein bestimmtes Tun, Dulden oder Unterlassen auferlegen will. Für eine Auflage sprechen auf ein striktes selbstständiges Verhaltensgebot abzielende Formulierungen, die sich gerade nicht im bloßen Hinweis auf anderweitig bereits begründete Pflichten erschöpfen, das erkennbare Interesse der Verwaltung an der Bindung des Adressaten an zusätzliche Regelungen sowie auch das weitere Interesse, an eine Verletzung dieser zusätzlichen Regelungen möglichst weitgehende Konsequenzen bis hin zum Widerruf des VA knüpfen zu können, nämlich den Widerruf des Bescheids wegen eines Auflagenverstoßes (vgl. BVerwGE 112, 360 (364) = NJW 2001, 672; OVG Münster NVwZ-RR 2006, 86 (87)).

c) Nachträglich eingetretene Tatsachen (S. 1 Nr. 3)

14 Die Behörde darf den VA widerrufen, wenn sie aufgrund nachträglich eingetretener Tatsachen berechtigt wäre, ihn nicht zu erlassen, und wenn ohne diesen Widerruf das öffentliche Interesse gefährdet würde. Der Widerrufsgrund der nachträglichen Tatsachenänderung gem. Nr. 3 kann neben demjenigen der geänderten Rechtsvorschrift gem. Nr. 4 zur Anwendung kommen; es besteht kein Spezialitätsverhältnis. Der Widerrufsgrund gilt nur für VAe, die trotz der Änderung der Tatsachengrundlage unverändert wirksam sind. **Tatsachen** sind etwas Geschehenes oder Bestehendes, das in die Wirklichkeit getreten und dem Beweis zugänglich ist. Sie sind **nachträglich** eingetreten, wenn sie als solche neu oder im Wege der Änderung bisheriger Tatsachen nach Erlass des VA eingetreten sind. Eine bei gleichbleibender Tatsachengrundlage geänderte Bewertung durch die Behörde reicht nicht aus, ebenso wenig eine geänderte Verwaltungspraxis oder eine Änderung der Haushalts-

lage. Keinen Widerrufsgrund stellt es auch dar, wenn die Behörde erst nach Erlass des VA von Tatsachen Kenntnis erlangt, die schon vor dem Erlass vorlagen (BVerwG BeckRS 2018, 28295). Der VA kann in diesem Fall aber rechtswidrig und nach § 48 rücknehmbar sein. Im Übrigen gestattet auch Nr. 3 allein den Widerruf des VA, nicht hingegen von ihren Voraussetzungen und Zielen andere Maßnahmen wie zB eine Untersagungsverfügung; das Argument majore-ad-minus greift insoweit nicht (OVG Berlin-Brandenburg BeckRS 2022, 618 Rn. 26).

15 Die Tatsachen müssten die Behörde berechtigen, den VA nicht zu erlassen **(hypothetische Kausalität).** Handelt es sich bei dem VA um eine gebundene Entscheidung, muss die nachträglich eingetretene Tatsache zum Entfall einer Tatbestandsvoraussetzung führen, bei Ermessensentscheidungen kann sie auch einen für die Ermessensausübung bedeutsamen Umstand betreffen mit der Folge, dass dessen Änderung eine negative Entscheidung rechtfertigen würde.

16 Schließlich müsste ohne den Widerruf das **öffentliche Interesse gefährdet** sein. Das ist der Fall, wenn der Widerruf zur Abwehr einer konkreten Gefahr für das öffentliche Interesse geboten ist (VGH Mannheim BeckRS 2018, 2675 Rn. 17: *„zur Beseitigung oder Verhinderung eines sonst drohenden Schadens für wichtige Gemeinschaftsgüter geboten"*). Der Begriff des öffentlichen Interesses entspricht demjenigen des § 48 II (→ § 48 Rn. 28, 38). Auch die Beeinträchtigung lediglich fiskalischer Interessen des Staates stellt eine Gefährdung des öffentlichen Interesses dar (BVerwG DVBl. 1982, 797; VGH Mannheim BeckRS 2015, 41441). An dieser Stelle kommt es allein auf die Gefährdung des öffentlichen Interesses an. Für eine Berücksichtigung der Interessen des Begünstigten ist an dieser Stelle kein Raum; sie findet erst im Rahmen der Ermessensausübung bei der dort vorzunehmenden Abwägung statt.

d) Geänderte Rechtsvorschrift (S. 1 Nr. 4)

17 Die Behörde kann den VA widerrufen, wenn sie aufgrund einer geänderten Rechtsvorschrift berechtigt wäre, ihn nicht zu erlassen, soweit der Begünstigte von der Begünstigung noch keinen Gebrauch gemacht oder aufgrund des VA noch keine Leistungen empfangen hat, und wenn ohne den Widerruf das öffentliche Interesse gefährdet würde. Die Nr. 4 ist **nicht lex specialis** zu Nr. 3, sondern wird häufig neben diesem zu Anwendung kommen. Der Widerrufsgrund gilt nur für VAe, die trotz der Gesetzesänderung unverändert wirksam sind.

18 Die **Änderung einer Rechtsvorschrift** erfasst zunächst alle materiellen Gesetze (Parlamentsgesetze, Rechtsverordnungen, Satzungen), nicht dagegen VVen oder Änderungen in der Rechtsprechung. Der Änderung von Rechtsvorschriften stehen bestandskräftige Entscheidungen der EU-Kommission gleich, insbesondere zur EU-Konformität von nationalen Beihilfen (KR/Ramsauer § 49 Rn. 50).

19 Der Begünstigte darf von dem VA noch **keinen Gebrauch gemacht** haben; handelt es sich um einen leistungsgewährenden VA, darf der Begünstigte die Leistung noch nicht empfangen haben. Gebrauchmachen ist das „ins

Werk setzen" des VA (zB Ausführungsbeginn bei einer Baugenehmigung; auch die Vergabe von Planungsaufträgen – KR/Ramsauer § 49 Rn. 52). Hieran fehlt es, wenn der status quo lediglich beibehalten wird.

Ohne den Widerruf müsste das **öffentliche Interesse gefährdet** sein (zum Begriff → Rn. 16). 20

e) Beseitigung oder Verhütung schwerer Nachteile für das Gemeinwohl (S. 1 Nr. 5)

Schließlich ist der Widerruf möglich, um **schwere Nachteile für das Gemeinwohl zu verhüten oder zu beseitigen.** Die Bestimmung ist Ausdruck des allgemeinen Grundsatzes, dass Gemeinwohlinteressen von hohem Rang Vorrang vor Individualinteressen haben. Die generalklauselartige Weite der Vorschrift erfordert eine enge Auslegung: schwere Gemeinwohlnachteile sind nicht bereits bei jeder Gefährdung des öffentlichen Interesses gegeben. Zu denken ist hier insbesondere an die Fälle des übergesetzlichen Notstandes (zB bei Naturkatastrophen). Anders als bei Nr. 3 und 4 reichen hier fiskalische Erwägungen nicht aus. Als schwere Nachteile anerkannt sind Leben und Gesundheit individueller Rechtsträger, nicht hingegen die Beeinträchtigung des Eigentums Einzelner (BVerwG BeckRS 2015, 47870 Rn. 17; ausführlich VGH Mannheim BeckRS 2015, 41441). 21

f) Entsprechende Geltung des § 48 IV (S. 2)

Nach § 49 II 2 gilt § 48 IV und damit die dort geregelte **Jahresfrist** auch für den Widerruf rechtmäßiger begünstigender VAe. Die Frist ist eine Entscheidungsfrist mit der Folge, dass sie erst zu laufen beginnt, wenn die Behörde vollständige Kenntnis über alle für ihre Entscheidung relevanten Tatsachen hat. Im Übrigen kann auf die dortigen Erläuterungen verwiesen werden (→ § 48 Rn. 46 ff.). Der Erlass des Widerrufsbescheids hemmt die Jahresfrist; wird der Widerrufsbescheid später durch das VG aufgehoben, läuft die Jahresfrist nach Eintritt der Rechtskraft des Urteils weiter (OVG Bremen BeckRS 2011, 48023). 22

3. Widerrufsgründe gem. § 49 III

Der § 49 III regelt die Voraussetzungen des Widerrufs **rechtmäßiger begünstigender VAe,** die eine Geld- oder (teilbare) Sachleistung zum Gegenstand haben oder hierfür Voraussetzung sind. Er ist lex specialis zu § 49 II. Die Vorschrift ist dem § 48 II ähnlich, verlangt aber zusätzlich, dass die Leistung zur Erfüllung eines bestimmten, im Ergebnis nicht erreichten Zwecks gewährt wurde. Die Begriffe der Geld- oder teilbaren Sachleistung sind mit denen des § 48 II identisch (→ § 48 Rn. 20 ff.). 23

a) Zweckwidrige Verwendung (Nr. 1)

Nach Nr. 1 kann der begünstigende LeistungsVA widerrufen werden, wenn die Leistung nicht, nicht alsbald nach der Erbringung oder nicht mehr für den 24 im VA bestimmten Zweck verwendet wird. Eine **Nichtverwendung** der Leistung zu dem im VA bestimmten Zweck liegt vor, wenn der Begünstigte die Leistung von vornherein für einen anderen Zweck verwendet, die Leistung untergegangen oder ihm auf sonstige Weise abhanden gekommen ist. Eine bloße Zweckgefährdung reicht nicht aus. Der Leistungszweck bestimmt sich allein anhand des gewährenden VA (instruktiv OVG Bautzen BeckRS 2017, 140989 Rn. 23 ff.). Nicht in den VA eingeflossene Erwartungen oder Vorstellungen der Behörde bleiben außer Betracht. Bezieht sich die Zweckverfehlung (auch) auf das Nichtvorliegen unionsrechtlicher Bewilligungsvoraussetzungen, sind bestehende europäische Regelungen zur Rückabwicklung vorrangig (OVG Lüneburg BeckRS 2015, 46115). Eine **nicht alsbaldige Verwendung** der Leistung ist gegeben, wenn es durch den Begünstigten zu Verzögerungen beim Mitteleinsatz kommt. Dabei ist „alsbald" weiter als „unverzüglich" iSv § 121 BGB. Noch alsbald ist je nach den konkreten Umständen des Einzelfalles ein Zeitraum von bis zu zwei Monaten (Ziekow § 49 Rn. 29 unter Hinweis auf haushaltsrechtliche VVen; zur nachträglichen Konkretisierung des Tatbestandsmerkmals „alsbald" OVG Lüneburg BeckRS 2014, 57495). Die Erwähnung auch der **nicht mehr zweckgemäßen Verwendung** stellt klar, dass ein Widerruf auch möglich ist, wenn die Verwendung der Leistung zunächst zweckentsprechend erfolgte. Auf ein Verschulden des Begünstigten kommt es im Rahmen der Nr. 1 nicht an (OVG Weimar BeckRS 2022, 20768 Rn. 35).

b) Nichterfüllung einer Auflage (Nr. 2)

25 In Nr. 2 ist die Möglichkeit des Widerrufs eines leistungsgewährenden VA vorgesehen, wenn der VA mit einer **Auflage** verbunden ist und der Begünstigte diese nicht oder nicht fristgerecht erfüllt hat. Die objektive Nichterfüllung reicht aus, auf ein Verschulden kommt es nicht an (OVG Lüneburg BeckRS 2013, 46068). Die Widerrufsgründe gem § 49 III Nr. 1 und 2 lassen sich nicht immer scharf voneinander abgrenzen. Ist die Zweckbestimmung einer Zuwendung in einer Auflage enthalten, können bei fehlender Zweckerreichung beide Tatbestände erfüllt sein (BVerwG BeckRS 2019, 17296 Rn. 18). Die Vorschrift ist wortgleich mit § 49 II 1 Nr. 2 (→ Rn. 12). Zur Abgrenzung der Auflage von bloßen Erläuterungen und Hinweisen → Rn. 13.

c) Entsprechende Geltung des § 48 IV (S. 2)

26 Nach § 49 III 2 gilt § 48 IV und damit die dort geregelte Jahresfrist auch für den Widerruf rechtmäßiger leistungsgewährender VAe. Die Frist ist eine Entscheidungsfrist (→ Rn. 22). Im Übrigen kann auf die dortigen Erläuterungen verwiesen werden (→ § 48 Rn. 46 ff.). Zur (Nicht-)Anwendbarkeit der Fristregelungen in Bezug auf Schlussbescheide s. BVerwG BeckRS 2019, 4502 Rn. 24 ff.; OVG Bautzen BeckRS 2023, 1948 Rn. 51)

4. Widerrufsermessen (II u. III)

Sind die tatbestandlichen Voraussetzungen des § 49 II oder des § 49 III erfüllt, steht der Widerruf des begünstigenden VA im **pflichtgemäßen Ermessen** der Behörde. Im Rahmen des Ermessens ist auch ein **Vertrauensschutz** des Betroffenen angemessen zu berücksichtigen, wobei ein Widerruf regelmäßig den Vertrauensschutz einschränkt und diese Einschränkung auch bezweckt. Im Rahmen des Ermessens bedarf es daher besonderer Gründe des Einzelfalls, damit der Vertrauensschutz berücksichtigungsfähig ist. Das Ermessen ist grundsätzlich nicht intendiert. Ausnahmen gelten für § 49 II Nrn. 3 – 5 wegen des dort schon tatbestandlich verankerten öffentliches Interesses bzw. Gemeinwohls sowie für § 49 III 1 Nrn. 1 und 2, wo die haushaltsrechtlichen Grundsätze der Wirtschaftlichkeit und Sparsamkeit (§ 7 BHO) zu einem **intendierten Ermessen** führen (BVerwG BeckRS 2019, 17296 Rn. 18; E 105, 55 (58); OVG Bautzen BeckRS 2023, 9386 Rn. 21; BeckRS 2023, 9334 Rn. 31). Erfolgt der Widerruf aufgrund eines rechtswidrigen, aber wirksamen Widerrufsvorbehalts, ist dies bei der Ermessensausübung zu berücksichtigen (BVerwG BeckRS 2018, 40763 Rn. 33). Für die Rückabwicklung von Subventionsverhältnissen kann der Zeitfaktor im Rahmen des Ermessens zu berücksichtigen sein (OVG Magdeburg BeckRS 2013, 51859) 27

Auch der **Verhältnismäßigkeitsgrundsatz** stellt eine Grenze für die Ermessensausübung dar. Die Gründe für den Widerruf dürfen weder geringfügig noch im Hinblick auf die Folgen des Widerrufs unangemessen sein. Zudem kann es unter Verhältnismäßigkeitsgesichtspunkten angezeigt sein, dass die Behörde den Betroffenen zunächst abmahnt, insbesondere wenn damit zu rechnen ist, dass eine Abmahnung den Betroffenen zur zukünftig ordnungsgemäßen Ausübung seiner Tätigkeit veranlasst (VGH München BeckRS 2023, 15625 Rn. 27). 28

Bei **VAen mit Drittwirkung** sind auch die Interessen des Dritten von der Behörde in ihre Ermessenserwägungen einzubeziehen. 29

IV. Zeitpunkt des Unwirksamwerdens des widerrufenen VA (IV)

Nach § 49 IV wird der widerrufene VA grundsätzlich im Zeitpunkt des Wirksamwerdens des Widerrufs **unwirksam,** es sei denn, die Behörde bestimmt einen anderen und damit späteren Zeitpunkt. Da der Widerruf als actus contrarius seinerseits ein VA ist, wird er mit der Bekanntgabe wirksam (§ 43 I), der widerrufene VA unwirksam. Die Vorschrift kommt auch dann zur Anwendung, wenn die Behörde im Widerrufsbescheid keinerlei Regelung zum Zeitpunkt des Unwirksamwerdens getroffen hat. Im Übrigen kann der Zeitpunkt nach den allgemeinen Regeln des § 80 hinausgeschoben werden, wenn der Begünstigte den Widerruf anficht und die Anfechtung aufschiebende Wirkung hat (Suspensiveffekt). 30

V. Örtliche Zuständigkeit für den Widerruf (V)

31 In § 49 V ist die **örtliche Zuständigkeit** derart festgelegt, dass nach Eintritt der Unanfechtbarkeit des VA die nach § 3 zuständige Behörde über den Widerruf entscheidet, und zwar auch dann, wenn der zu widerrufende VA von einer anderen Behörde erlassen wurde (VGH Mannheim BeckRS 2013, 59836). Die Regelung entspricht derjenigen des § 48 V (→ § 48 Rn. 52).

VI. Entschädigung des Vermögensnachteils (VI)

32 § 49 VI bestimmt, dass die Behörde den Betroffen auf Antrag **zu entschädigen** hat, wenn ein begünstigender VA aus einem der Gründe gem. § 49 II Nr. 3 bis 5 widerrufen wurde. Zu entschädigen ist der **Vermögensnachteil,** welchen der Betroffene im Vertrauen auf den Bestand des VA erleidet, soweit sein Vertrauen schutzwürdig ist. Hinsichtlich der Obergrenze und des Verfahrens gelten die Regelungen des § 48 III 3 bis 5 entsprechend. Der eigenständige Entschädigungsanspruch besteht unabhängig von und selbständig neben öffentlich-rechtlichen Entschädigungsansprüchen. Im Streitfall sind die ordentlichen Gerichte zuständig.

1. Voraussetzungen

a) Widerruf auf Grund von § 49 II Nr. 3 bis 5

33 Voraussetzung ist zunächst, dass der Widerruf des begünstigenden VA wegen eines **Widerrufsgrundes iSv § 49 II Nr. 3 bis 5** erfolgte. Der Widerruf muss also aufgrund einer Tatsachen- oder Rechtsänderung oder zur Abwehr schwerer Gemeinwohlnachteile geschehen sind. Kein Entschädigungsanspruch besteht bei einem auf § 49 II Nr. 1 oder 2 gestützten Widerruf (zur Frage, ob ein Entschädigungsanspruch besteht, wenn sowohl beachtliche wie unbeachtliche Widerrufsgründe vorliegen, s. KR/Ramsauer § 49 Rn. 82).

b) Schutzwürdiges Vertrauen

34 Der Betroffene muss auf den Bestand des begünstigenden VA vertraut haben und sein **Vertrauen** muss **schutzwürdig** sein. Obwohl § 49 VI 2 nur auf die S. 3 bis 5 des § 48 III, nicht aber auch auf dessen S. 1 verweist, ist die Schutzwürdigkeit des Vertrauens nach allg. Auffassung auch hier im Rahmen einer Abwägung des Vertrauens des Betroffenen mit dem öffentlichen Interesse (hier: am Widerruf) festzustellen (KR/Ramsauer § 49 Rn. 81 f.). Dabei spricht regelmäßig für die Schutzwürdigkeit, dass der Betroffene hier weder mit dem Widerruf rechnen musste noch mit seinem Verhalten den Grund für den Widerruf gesetzt hat.

2. Umfang des Ersatzanspruchs

Die Behörde hat dem Betroffenen den Schaden zu ersetzen, den er dadurch erleidet, dass er auf den Bestand des VA vertraut hat. Der Ersatzanspruch beschränkt sich mithin auf das **Vertraueninteresse** (sog. negatives Interesse), welches infolge des Verweises auf § 48 III 3 in der Höhe auf das Bestandinteresse beschränkt ist (→ § 48 Rn. 43). 35

3. Verfahren, Entscheidung und Verjährung

Die Behörde nimmt den Ausgleich des dem Betroffenen entstandenen Vermögensnachteils nur auf dessen **Antrag** hin vor (S. 1), der keiner bestimmten Form bedarf. Die Festsetzung des auszugleichenden Vermögensnachteils erfolgt durch die Behörde, die auch für die Rücknahme des rechtswidrigen VA zuständig ist, und ist selbst ein begünstigender leistungsgewährender **VA** (S. 2 iVm § 48 III 4). 36

Seinen Ausgleichsanspruch kann der Betroffene nur **innerhalb eines Jahres** geltend machen, gerechnet ab dem Zeitpunkt, in welchem die Behörde den Betroffenen auf die Frist hingewiesen hat (S. 2 iVm § 48 III 5). Zu den näheren Einzelheiten (→ § 48 Rn. 45). 37

VII. Widerruf und Unionsrecht

Hinsichtlich der Anwendbarkeit des § 49 auf nach Unionsrecht erlassene VAe kann an dieser Stelle auf die Ausführungen zu → § 48 Rn. 54 ff. Bezug genommen werden. Auch hier gilt, dass das Unionsrecht, soweit es eigenen Regelungen zum Widerruf enthält, das nationale Recht verdrängt (zB Art. 49 I–III VO (EG) Nr. 2419/2001 – VGH Mannheim BeckRS 2014, 51235), im Übrigen aber auf das – europarechtskonform modifizierte – nationale Recht zurückgegriffen werden muss (OVG Lüneburg BeckRS 2015, 46115; s. auch KR/Ramsauer § 49 Rn. 4 ff.). 38

VIII. Rechtsschutz

Da der Widerruf als actus contrarius selbst ein VA ist, kann er mit **Widerspruch** und **Anfechtungsklage** angegriffen werden. Die Einlegung von Rechtsbehelfen hat hier nach den allgemeinen Regeln grundsätzlich **aufschiebende Wirkung** (Suspensiveffekt, § 80 I VwGO), so dass der widerrufene VA in diesen Fällen zunächst wirksam bleibt. 39

Als Folge der aufschiebenden Wirkung des Rechtsbehelfs scheidet auch eine **Aufrechnung** der Behörde mit ihrer Gegenforderung einstweilen aus (BVerwG NJW 2009, 1099 f.). Zwar begründet der Widerrufsbescheid als solcher unabhängig von der Anfechtung bereits den Rückzahlungsanspruch. Die Rechtsbehelfe Widerspruch und Anfechtungsklage betreffen nur seine Vollziehbarkeit, lassen aber die Wirksamkeit unberührt. § 80 I VwGO hindert allein die Vollziehung des angegriffenen Bescheids. Die Behörde ist einst- 40 weilen gehindert, die spezifisch hoheitliche Regelung des VA umzusetzen. Weil die Begründung oder Fälligstellung der Gegenforderung aber gerade zu dieser spezifisch hoheitlichen Regelung des VAs zählt, gilt die Gegenforderung für die Behörde einstweilen als noch nicht bestehend oder als noch nicht fällig (BVerwG NJW 2009, 1099 f.; BVerwGE 66, 218).

41 Soweit der Widerruf im Ermessen der Behörde steht, hat der Betroffene grundsätzlich nur einen **Anspruch auf ermessensfehlerfreie Entscheidung.** Nur im Fall der Ermessensreduzierung auf Null besteht ein Anspruch auf Widerruf. Gleiches gilt bei VAen mit Drittwirkung für den Dritten.

§ 49a Erstattung, Verzinsung

(1) [1] Soweit ein Verwaltungsakt mit Wirkung für die Vergangenheit zurückgenommen oder widerrufen worden oder infolge Eintritts einer auflösenden Bedingung unwirksam geworden ist, sind bereits erbrachte Leistungen zu erstatten. [2] Die zu erstattende Leistung ist durch schriftlichen Verwaltungsakt festzusetzen.

(2) [1] Für den Umfang der Erstattung mit Ausnahme der Verzinsung gelten die Vorschriften des Bürgerlichen Gesetzbuchs über die Herausgabe einer ungerechtfertigten Bereicherung entsprechend. [2] Auf den Wegfall der Bereicherung kann sich der Begünstigte nicht berufen, soweit er die Umstände kannte oder infolge grober Fahrlässigkeit nicht kannte, die zur Rücknahme, zum Widerruf oder zur Unwirksamkeit des Verwaltungsaktes geführt haben.

(3) [1] Der zu erstattende Betrag ist vom Eintritt der Unwirksamkeit des Verwaltungsaktes an mit fünf Prozentpunkten über dem Basiszinssatz jährlich zu verzinsen. [2] Von der Geltendmachung des Zinsanspruchs kann insbesondere dann abgesehen werden, wenn der Begünstigte die Umstände, die zur Rücknahme, zum Widerruf oder zur Unwirksamkeit des Verwaltungsaktes geführt haben, nicht zu vertreten hat und den zu erstattenden Betrag innerhalb der von der Behörde festgesetzten Frist leistet.

(4) [1] Wird eine Leistung nicht alsbald nach der Auszahlung für den bestimmten Zweck verwendet, so können für die Zeit bis zur zweckentsprechenden Verwendung Zinsen nach Absatz 3 Satz 1 verlangt werden. [2] Entsprechendes gilt, soweit eine Leistung in Anspruch genommen wird, obwohl andere Mittel anteilig oder vorrangig einzusetzen sind. [3] § 49 Abs. 3 Satz 1 Nr. 1 bleibt unberührt.

I. Bedeutung

1 Der § 49a regelt die **Erstattung** und **Verzinsung** von aufgrund eines VA erbrachten Leistungen, wenn dieser VA mit Wirkung für die Vergangenheit zurückgenommen (§ 48) oder widerrufen (§ 49) oder infolge des Eintritts einer auflösenden Bedingung (§ 36 II Nr. 2) unwirksam geworden ist. § 49a I statuiert die grundsätzliche Erstattungspflicht und bestimmt die Rechtsform ihrer Geltendmachung; § 49 II verweist für den Umfang auf die Vorschriften der §§ 812 BGB. Die Verzinsungspflicht und die Höhe der Verzinsung sind in § 49 III geregelt. § 49 IV regelt den Sonderfall der Zins-

pflicht, wenn eine gewährte Leistung nicht unmittelbar zweckentsprechend verwendet wird.

Die Vorschrift ist Ausdruck eines **allgemeinen Rechtsgedankens,** der auch bereits Grundlage der in den – aufgehobenen – Vorgängerbestimmungen der §§ 44a BHO aF und 48 II 5 bis 8 aF enthaltenen Regelungen war. Der § 49a gilt allein für Erstattungsansprüche des Staates, sei es gegenüber dem Bürger oder zwischen Hoheitsträgern. Er ist gegenüber fachgesetzlichen Bestimmungen subsidiär (zB §§ 12 II BBesG, 52 II BeamtVG, 15 S. 4 BBG). 2

II. Erstattungspflicht (I)

1. Entstehung des Erstattungsanspruchs

Voraussetzung für das Entstehen des Erstattungsanspruchs ist nach dem Wortlaut der Norm die **Rücknahme** (§ 48) oder **Widerruf** (§ 49) eines VA **für die Vergangenheit** oder der **Eintritt einer auflösenden Bedingung** (§ 36 II Nr. 2). Allein hierdurch entsteht der Anspruch (BVerwG 2019, 17296 Rn. 15 – zur Begründung des Anspruchs iSv § 38 InsO). Die Rücknahme- oder Widerrufsentscheidung (auch) für die Vergangenheit beinhaltet immer zugleich die Feststellung der Erstattungspflicht. Weiterer Voraussetzungen bedarf es für die Anspruchsentstehung nicht, insbesondere ist eine Festsetzung des Anspruchs nach § 49a I 2 nicht erforderlich. Bei einer Aufhebung für die Vergangenheit entsteht der Anspruch rückwirkend auf den Zeitpunkt der Leistungserbringung. Die Vorschrift findet über den Wortlaut hinaus entsprechende Anwendung, wenn ein VA, der eine Zuwendung zunächst nur vorläufig bewilligt hat, rückwirkend durch einen anderen VA ersetzt wird, der die Zuwendung endgültig in geringerer Höhe festsetzt. In einem solchen Fall muss der Zuwendungsempfänger eine zuviel erhaltene Leistung erstatten (BVerwG NVwZ 2010, 643 (645) = BeckRS 2010, 45411). 3

Erstattungspflichtiger ist grundsätzlich der Adressat des aufgehobenen VA; er wird regelmäßig auch der Begünstigte/Zuwendungsempfänger sein. Im Fall der Rücknahme eines Bewilligungsbescheids ist entscheidend, mit wem dieser ein Rechtsverhältnis begründet hat. Der Regelungsadressat eines VAs ist im Wege der Auslegung zu ermitteln. Hierzu sind in erster Linie die Bestimmungen im VA selbst heranzuziehen; ergänzend kann auf die Umstände zurückgegriffen werden, unter denen der VA erlassen wurde, namentlich auf einen vorangegangenen Antrag oder auf die zugrunde liegenden Rechtsnormen. Entscheidend ist, wie der Empfänger den VA verstehen musste (BVerwG 3 C 37.03 – Buchholz 451.90 Sonstiges Europäisches Recht Nr. 198). Problematisch sind die Fälle, wo Adressat und Begünstigter nicht identisch sind. War der Begünstigte (auch) Adressat des VA, kann er auch Adressat des Rückforderungsanspruchs sein (OVG Magdeburg BeckRS 2013, 48181; abgelehnt für den OHG-Gesellschafter von OVG Weimar BeckRS 2012, 53622). Anerkannt sind weiter die Fälle der Einzel- und Gesamtrechtsnachfolge (zB Erbschaft; OVG Münster BeckRS 2018, 20781) sowie der 4

Firmen- und Vermögensübernahme und des Schuldbeitritts (BVerwG BeckRS 2011, 49895 Rn. 17 ff. = NVwZ 2011, 1193 – zum öffentlich-rechtlichen Schuldbeitritt; OVG Bautzen BeckRS 2019, 19428 Rn. 35 – zum Schuldbeitritt des Geschäftsübernehmers gem. § 25 I 1 HGB). Nicht anwendbar ist § 49a auf nachhaftende Gesellschafter einer GbR (BVerwG BeckRS 2017, 119747). Wendet der Adressat die Leistung unentgeltlich einem Dritten zu, gilt § 822 BGB analog. Im Übrigen kommt eine Erstattungspflicht nur innerhalb des Leistungsverhältnisses in Betracht.

2. Festsetzung des Erstattungsanspruchs

5 Nach § 49a I 2 ist die zu erstattende Leistung durch **schriftlichen VA** festzusetzen. Die Festsetzung durch VA ist gegenüber dem Bürger, aber auch zwischen Hoheitsträgern, möglich. Die Behörde ist zur Festsetzung der zu erstattenden Leistung verpflichtet („ist … festzusetzen"), ihr steht insoweit kein Ermessen zu. Sie ist allerdings nicht gehindert, eine Stundung oder einen Erlass des festgesetzten Anspruchs zu verfügen (§§ 31 II HGrG, 59 I BHO). Die Festsetzung kann bereits vor Eintritt der Bestandskraft des Aufhebungs-VA erfolgen. Möglich ist auch die Anordnung der sofortigen Vollziehung, allerdings setzt dies die sofortige Vollziehbarkeit oder Bestandskraft des Aufhebungs-VA voraus.

III. Umfang der Erstattung (II)

6 Für den **Umfang der Erstattung** gelten gem. § 49a II die Vorschriften des Bürgerlichen Gesetzbuches über die Herausgabe einer ungerechtfertigten Bereicherung entsprechend. Hierbei handelt es sich um eine Rechtsfolgenverweisung, dh, die Voraussetzungen der §§ 812 ff. BGB müssen nicht mehr geprüft werden und erfasst sind nur Vorschriften, die den Anspruchsumfang betreffen (nicht zB § 814 BGB – BVerwGE 116, 74 (77) = NVwZ 2002, 854).

1. Grundsatz

7 Der Begünstigte hat zunächst das durch die Leistung **Erlangte** herauszugeben (entsprechend § 812 I BGB), darüber hinaus die daraus gezogenen Nutzungen (insb. tatsächlich gezogene Zinsen) sowie etwaige **Surrogate** (entsprechend § 818 I BGB); ist die Herausgabe objektiv unmöglich, hat der Pflichtige **Wertersatz** in Geld zu leisten (entsprechend § 818 II BGB). Ob auch der **Gewinn** herauszugeben ist, ist umstritten (verneinend BVerwG NJW 1992, 329 und 705, jedenfalls in dem Fall, dass der Gewinn auch unter Einsatz anderweitig beschaffter Gegenstände erzielt worden wäre; KR/Ramsauer § 49a Rn. 12; SBS/Sachs § 49a Rn. 44).

2. Verschärfte Haftung

Eine **verschärfte Haftung** trifft den Begünstigten ab Rechtshängigkeit, bei Bösgläubigkeit und bei unsicherem Erfolgseintritt (entsprechend §§ 818 IV, 819, 820 BGB). Er haftet dann auch für die Verzugsfolgen (§ 287 BGB, insb. auch S. 2) sowie für schuldhaft nicht gezogene Nutzungen (§§ 292 II, 987 II BGB). Was die Verzinsung anbetrifft, wird der § 291 BGB allerdings durch den spezielleren § 49a III verdrängt. 8

3. Entreicherung

Daneben finden nach § 49a II auch hier die Regeln über den **Wegfall der Bereicherung** Anwendung (entsprechend § 818 III BGB) mit der Maßgabe des § 49a II 2, wonach sich der Begünstigte nicht auf den Wegfall der Bereicherung berufen kann, soweit er die zur Aufhebung oder zur Unwirksamkeit des VA führenden Umstände kannte oder infolge grober Fahrlässigkeit nicht kannte (BVerwG BeckRS 2014, 57133, Rn. 34 = NVWZ-RR 2015, 21). Die Bestimmung des § 49a Abs. 2 S. 2 ist lex specialis zu § 819 BGB. Die erforderliche Kenntnis oder grob fahrlässige Unkenntnis muss sich hier nur auf die tatsächlichen Voraussetzungen beziehen (anders bei § 48 II 3 Nr. 3, der Kenntnis der Rechtswidrigkeit verlangt). Grob fahrlässige Unkenntnis liegt vor, wenn der Begünstigte zB mit der Rücknahme des VA rechnen musste (BVerwGE 74, 367 = DVBl. 1986, 1207) oder die Rechtswidrigkeit des VA offensichtlich war (OVG Hamburg NVwZ 1988, 74). Ist der Begünstigte eine juristische Person, kommt es auf die Kenntnis des oder – bei mehreren – eines Vertretungsberechtigten oder der im Unternehmen zuständigen Person an (BVerwGE 71, 56). 9

Ob Entreicherung vorliegt, ist durch einen **saldenmäßigen Vergleich** des Aktiv- und des Passivvermögens des Begünstigten festzustellen. Entscheidender **Zeitpunkt** ist die letzte Verwaltungsentscheidung. Erforderlich ist Kausalität zwischen der Leistung und dem Vorteil. Auf ein Verschulden des Begünstigten in Bezug auf die Entreicherung kommt es hingegen nicht an. Die Entreicherung ist keine Einrede. Sie ist von der Behörde **von Amts wegen** zu berücksichtigen, wenn ihr die sie begründenden Umstände bekannt sind. Im Übrigen ist es Sache des Begünstigten, im Verwaltungsverfahren die eine Entreicherung begründenden Umstände darzulegen. Werden diese Umstände erst im gerichtlichen Verfahren bekannt, hat das VG sie bei seiner Entscheidung zu berücksichtigen. 10

4. Entreicherung bei Unionsrechtswidrigkeit

Ist die Rechtswidrigkeit des leistungsgewährenden VA im EU-Recht begründet, führt diese **Unionsrechtswidrigkeit** auch zu Modifikationen bei der Anwendung des § 49a (zum Ausschluss des Ermessens im Rahmen der Rücknahmeentscheidung → § 48 Rn. 54 ff.). Wurde die Beihilfe auf der Grundlage des nationalen Rechts gewährt, ist der Einwand des Wegfalls der Bereicherung ist ausgeschlossen (EuGH Slg. 1997, I-1591 Rn. 43, 54 (Alcan II)). Wurde 11 die Beihilfe auf der Grundlage des Unionsrechts gewährt, ist eine Entreicherung dann beachtlich, wenn der Begünstigte bereits zum Zeitpunkt der Beihilfebewilligung den sich daraus ergebenden Vermögensvorteil weitergegeben hat, ein eventueller Regressanspruch gegen seine Lieferanten wertlos wäre, der Begünstigte selbst gutgläubig war und die gleichen Voraussetzungen wie bei der Rückforderung nationaler Beihilfen gelten (EuGH Slg. 2007 I-5103 Rn. 33 (ROM-Projekten); Slg. 1998 I-4767 Rn. 38 (Oelmühle und Schmidt Söhne)).

IV. Verzinsung (III)

12 Nach § 49a III 1 hat der Begünstigte den zu erstattenden Betrag vom Eintritt der Unwirksamkeit des VA mit fünf Prozentpunkten über dem Basiszinssatz jährlich zu **verzinsen.** Dieser variable Zins soll eine zinsgünstige, gewinnbringende Anlage des Betrages durch den Begünstigten verhindern (BT-Drs. 13/1534, 7). Die Zinspflicht beginnt mit Eintritt der Unwirksamkeit des VA. Bei der Aufhebung des VA mit Wirkung für die Vergangenheit sind beginnt auch die Zinspflicht in der Vergangenheit (ex tunc; BVerwG BeckRS 2013, 51246 Rn. 15). Der Beginn der Zinspflicht kann jedoch nicht vor dem Auszahlungszeitpunt des bewilligten Betrages liegen (BVerwG BayVBl. 2002, 705). Nicht abschließend geklärt ist bislang die Frage, ob ein zurückgeforderter Subventionsbetrag gem. § 49a III 1 zu verzinsen ist, wenn die Rückforderung darauf beruht, dass die zuwendungsfähigen Gesamtkosten des geförderten Vorhabens niedriger sind als sie dem Subventionsbescheid zugrunde gelegt worden sind und der Bescheid die Förderhöhe unter den Vorbehalt der Ermittlung der zuwendungsfähigen Gesamtkosten gestellt hat (vgl. BVerwG BeckRS 2009, 31536). Über den Wortlaut hinaus ist die Vorschrift entsprechend anwendbar, wenn ein VA, der eine Zuwendung zunächst nur vorläufig bewilligt hat, rückwirkend durch einen anderen VA ersetzt wird, der die Zuwendung endgültig in geringerer Höhe festsetzt. Hier hat der Zuwendungsempfänger den zu erstattenden Betrag vom Empfang an zu verzinsen (BVerwG BeckRS 2016, 49937; OVG Münster BeckRS 2020, 15883 Rn. 36). Verstößt der aufgehobene VA gegen **Unionsrecht,** kommt § 49a nur zur Anwendung, soweit das Unionsrecht (oder die zu seiner Umsetzung erlassenen nationalen Durchführungsbestimmungen) keine Regelung zur Verzinsungspflicht enthalten und die Verzinsung auch nicht ausschließen (BVerwG BeckRS 2013, 51246 Rn. 9).

13 Die Behörde kann nach § 49a III 2 im Einzelfall von der Geltendmachung des Zinsanspruchs **absehen,** und zwar insbesondere dann, wenn der Begünstigte die Umstände, die zur Aufhebung oder zur Unwirksamkeit des VA geführt haben, nicht zu vertreten hat und den Erstattungsbetrag innerhalb einer von der Behörde festgesetzten Frist leistet (BVerwG BeckRS 2016, 49937). Die Entscheidung steht im pflichtgemäßen Ermessen der Behörde. Das Vertretenmüssen beurteilt sich anhand der §§ 276, 278 BGB analog. Jede Form von Verschulden reicht insoweit aus, auch leichte Fahrlässigkeit, bloßes Mitverschulden und ein dem Betroffenen zuzurechnendes Verschulden von

Erfüllungspersonen (Ziekow § 49a Rn. 14). Selbst im Fall des Vertretenmüssens können aber andere Aspekte ein Absehen von der Rückforderung rechtfertigen (OVG Berlin-Brandenburg BeckRS 2016, 44159 Rn. 29)

V. Zinsen bei verspätet zweckentsprechender Verwendung (IV)

Verwendet der Begünstigte die Leistung nicht alsbald nach ihrer Auszahlung für den bestimmten Zweck, so können für die Zeit bis dahin Zinsen (sog. **Zwischen- oder Verzögerungszinsen**) nach § 49a III 1 verlangt werden. Entsprechendes gilt, soweit eine Leistung in Anspruch genommen wird, obwohl andere Mittel anteilig oder vorrangig einzusetzen sind. Unberührt bleibt § 49 III 1 Nr. 1. Die Vorschrift soll verhindern, dass der Begünstigte aus der verzögerten Leistungsverwendung Vorteile erlangt. Die Entscheidung über die Geltendmachung von Zwischenzinsen steht im pflichtgemäßen Ermessen der Behörde (BVerwG BeckRS 2015,50280 Rn. 29; aA BVerwG BeckRS 2002, 23557; OVG Bautzen BeckRS 2017, 106207 Rn. 45). Dabei können unterschiedlichste Aspekte einbezogen werden (BVerwG BeckRS 2018, 38529 Rn. 22 – zum Zinsanspruch als Vorteilsausgleich oder Sanktionsmittel; BeckRS 2018, 18982 – zum fehlenden Verschulden; OVG Magdeburg BeckRS 2014, 52717 – zur Berücksichtigung der Verfahrensdauer). Das Ermessen erstreckt sich nicht auf die Höhe des Zinssatzes (OVG Magdeburg BeckRS 2021, 40651 Rn. 10). 14

Die Anwendbarkeit des § 49a I 1 VwVfG setzt nicht notwendig voraus, dass die Leistung auf einem vorher erlassenen VA beruht; vielmehr ist die Vorschrift auch anwendbar bei der Erbringung einer **Leistung ohne VA** (BVerwG BeckRS 2008, 36609). Denn eine Leistung ist jede bewusste und gegenüber dem Empfänger zweckgerichtete Vermögensvermehrung, unabhängig davon, ob sie Gegenstand eines Leistungsbescheides ist. Der Wortlaut enthält keine Einschränkung, und auch der Zweck der Vorschrift, einen möglichen ungerechtfertigten Zinsvorteil auf Seiten des Empfängers abzuschöpfen (BVerwGE 116, 332 (338) = Buchholz 316 § 49a VwVfG Nr. 2), spricht für eine umfassende Anwendung der Norm. 15

VI. Rechtsschutz

Im Festsetzungsverfahren hat die Behörde **von Amts wegen** auch solche ihr bekannten Umstände zu berücksichtigen, die zu einem Wegfall der Bereicherung führen. Die Entreicherung und ihre Geltendmachung sind nach allg. Auffassung keine Einrede. Allerdings sollte sich der Begünstigte vergewissern, dass die eine Entreicherung begründenden Umstände der Behörde auch tatsächlich bekannt sind; erforderlichenfalls hat der Begünstigte diese Umstände darzulegen. Die Geltendmachung der Entreicherung und die Darlegung der sie begründen Umstände kann auch noch im verwaltungsgerichtlichen Verfahren erfolgen und ist dann vom Gericht bei seiner Entscheidung zu berücksichtigen. 16

17 Die Festsetzung der zu erstattenden Leistung erfolgt durch **schriftlichen VA.** Dieser VA kann – ebenso wie die Entscheidung über die Rücknahme gem. § 48 oder den Widerruf gem. § 49 – mit **Widerspruch** und **Anfechtungsklage** angegriffen werden. Beide Rechtsbehelfe haben grundsätzlich aufschiebende Wirkung (§ 80 I VwGO). Die aufschiebende Wirkung entfällt insbesondere dann, wenn die Behörde in Bezug auf die Festsetzung die sofortige Vollziehung angeordnet hat (§ 80 II Nr. 4 VwGO). Neben den allgemeinen Rechtmäßigkeitsanforderungen ist die Anordnung der sofortigen Vollziehung in Bezug auf die Festsetzung nur statthaft, wenn der Aufhebungs-VA ebenfalls sofort vollziehbar oder aber bestandskräftig ist (VGH München NVwZ 1985, 663). Ein gegen die Festsetzung eingelegter Rechtsbehelf hindert zudem auch die Durchsetzbarkeit.

18 Sämtliche Zinsansprüche nach § 49a unterliegen – ebenso wie sonstige Zinsansprüche aus öffentlichem Recht – der kurzen 3-jährigen **Verjährung** nach Maßgabe der Verjährungsvorschriften des bürgerlichen Rechts (§§ 197 ff. BGB), jeweils beginnend mit dem Schluss des Jahres, in welchem der Zinsanspruch entstanden ist (BVerwG BeckRS 2017, 122569; 2016, 46245). Auf die Fälligkeit des Anspruchs kommt es nicht an (VGH Kassel BeckRS 2012, 46951; OVG Greifswald BeckRS 2012, 53829), ebenso wenig auf dessen Festsetzung (BVerwG BeckRS 2021, 42635 Rn. 17). Die LandesVwVfGe enthalten – für ihren Anwendungsbereich – teilweise Sonderregelungen (zB § 3 I SächsVwVfZG, dazu OVG Bautzen BeckRS 2012, 57042).

§ 50 Rücknahme und Widerruf im Rechtsbehelfsverfahren

§ 48 Abs. 1 Satz 2 und Abs. 2 bis 4 sowie § 49 Abs. 2 bis 4 und 6 gelten nicht, wenn ein begünstigender Verwaltungsakt, der von einem Dritten angefochten worden ist, während des Vorverfahrens oder während des verwaltungsgerichtlichen Verfahrens aufgehoben wird, soweit dadurch dem Widerspruch oder der Klage abgeholfen wird.

I. Bedeutung

1 Die Vorschrift schließt für den Fall der **Drittanfechtung** eines begünstigenden VA die sonst für dessen Aufhebung geltenden Vertrauensschutzregelungen der §§ 48 und 49 während des Vorverfahrens wie im verwaltungsgerichtlichen Verfahren aus, soweit durch die Aufhebung dem Widerspruch oder der Klage abgeholfen wird. Die Anfechtung schließt insoweit ein schutzwürdiges Vertrauen aus. Trotz der insoweit missverständlichen Formulierung handelt es sich bei der Aufhebung gem. § 50 um eine selbständige Entscheidung außerhalb des laufenden Widerspruchs- oder Klageverfahrens. Die Aufhebungsentscheidung ist damit streng zu trennen von der Abhilfeentscheidung im Vorverfahren (§ 72 VwGO; instruktiv zur Abgrenzung VGH Mannheim BeckRS 2018, 35357, der aus dem Gesichtspunkt der Rechtsstaatlichkeit einen sachli-

chen Grund verlangt, wenn die Behörde anstelle der Abhilfeentscheidung eine Aufhebung des VA gem. §§ 49 f. wählt).

Der § 50 erfasst die Aufhebung begünstigender VAe während eines Rechtsbehelfsverfahrens. Die Regelung ist **analog anwendbar** auf im Verhältnis zu §§ 48 f. vorrangige Sonderbestimmungen, sofern sie keine abschließende Regelung enthalten, ebenso auf die Fälle, wo die Anfechtung nicht dem Recht der VwGO unterliegt (zB §§ 217 ff. BauGB, die in ihrem Anwendungsbereich die Zuständigkeit der Kammern für Bausachen bei den LGen begründen; § 22 GrdstVG). Ausgeschlossen ist die analoge Anwendung auf die Aufhebung belastender VAe (BVerwG NVwZ 2012 1547 Rn. 62). 2

II. Voraussetzungen

1. Begünstigender VA mit Drittwirkung

Die Vorschrift gilt nur für **begünstigende,** von einem Dritten angefochtene **VAe.** Der VA begünstigt also eine oder mehrere Personen und belastet gleichzeitig eine oder mehrere andere Personen (zB Konkurrenten, Nachbarn). Die Drittbelastung ändert nichts am begünstigenden Charakter des VA. Auch ein Widerspruchsbescheid ist ein begünstigender VA iSd Gesetzes, wenn er denjenigen begünstigt, zu dessen Lasten die Aufhebung erfolgen sollte (KR/Ramsauer § 50 Rn. 14). 3

Die **belastende Drittwirkung** setzt die Beeinträchtigung eines subjektiv-öffentlichen Rechts des Dritten voraus; insoweit gelten die allgemeinen Anforderungen (eine Auflistung findet sich bei SBS/Sachs § 50 Rn. 24 ff.). Die Drittwirkung kann nicht nur bei einem Dritten, sondern in dem Fall, dass der VA mehrere Adressaten hat, auch bei einem Adressaten eintreten. An einer belastenden Drittwirkung fehlt es aber bei Personenidentität, dh wenn der VA für einen Adressaten sowohl günstige und belastende Regelungen enthält (KR/Ramsauer § 50 Rn. 19). Darüber hinaus kann aus einem Begünstigten ein Belasteter werden, so bei der Aufhebung eines zunächst begünstigenden VA (zB einer Genehmigung) im Widerspruchsverfahren und der anschließenden Klage des ursprünglich Begünstigten gegen den ihn nun belastenden Widerspruchsbescheid. 4

2. Anfechtung eines Dritten

Der begünstigende VA mit Drittwirkung muss von einem Drittbetroffenen angefochten worden sein. Die **Anfechtung** kann mittels (Anfechtungs-)Widerspruch oder (Anfechtungs-)Klage erfolgen. Auf andere Rechtsbehelfe (zB Dienstaufsichtsbeschwerde) oder Anträge (zB auf Wiederaufgreifen des Verfahrens, § 51) findet die Vorschrift keine Anwendung. In zeitlicher Hinsicht setzt § 50 voraus, dass die Anfechtung tatsächlich erfolgt ist. Bloße Anfechtbarkeit reicht nicht aus; dann verbleibt es bei den allgemeinen Regelungen der §§ 48 f. Ist die Bekanntgabe des VA an den Dritten unterblieben oder fehlte die Rechtsmittelbelehrung, gilt für die Drittanfechtung die Jahresfrist mit der Folge, dass bei einer Drittanfechtung innerhalb der Frist auch 5

§ 50 anwendbar bleibt. Dass der Begünstigte hier nicht mehr mit einer Anfechtung rechnen musste, beschränkt nicht die Geltung der Vorschrift. Ein darauf gestütztes Vertrauen des Begünstigten kann die Behörde aber im Rahmen der Ausübung ihres Ermessens berücksichtigen.

3. Zulässigkeit des Rechtsbehelfs

6 Nicht abschließend geklärt ist, welche Anforderungen an den Rechtsbehelf über die Notwendigkeit seiner Einlegung hinaus zu stellen sind. Weitgehende Einigkeit besteht, dass der Widerspruch bzw. die Klage **zulässig** sein muss (abweichend SBS/Sachs § 50 Rn. 93 ff., der die Anwendbarkeit der Vorschrift nur bei offensichtlicher Unzulässigkeit des Rechtsbehelfs ausschließt). Umstritten ist hingegen, ob und welche Anforderungen an die **Begründetheit** des Rechtsbehelfs zu stellen sind. Während eine Auffassung die Begründetheit als gänzlich unerheblich erachtet (VGH München BayVBl. 1997, 244; Ziekow § 50 Rn. 9), wird teilweise gefordert, dass der Rechtsbehelf jedenfalls nicht offensichtlich unbegründet sein darf (OVG Bautzen NVwZ 1983, 488), teilweise wird sogar die Begründetheit des Rechtsbehelfs verlangt (KR/Ramsauer § 50 Rn. 24; SBS/Sachs § 50 Rn. 93). Für die erstgenannte Auffassung spricht, dass nur sie dem § 50 einen sachgerechten Anwendungsbereich im Verhältnis zu den §§ 48 f. eröffnet.

4. Während des Rechtsbehelfsverfahrens

7 Die dem Widerspruch oder der Klage abhelfende Aufhebung des begünstigenden VA kann nur **während des Vorverfahrens oder des verwaltungsgerichtlichen Verfahrens** erfolgen. Die Vorschrift ist damit von der Einlegung des Widerspruchs bis zum Erlass des Abhilfe- oder Widerspruchsbescheides und von der Erhebung der Klage bis zur Rechtskraft des Urteils, zum Abschluss eines Prozessvergleichs, zur Klagerücknahme oder zur Erledigung der Hauptsache anwendbar.

III. Rechtsfolge

8 Liegen die Voraussetzungen des § 50 vor, gelten § 48 I 2, II-IV sowie § 49 II-IV nicht, soweit durch die Aufhebung des begünstigenden VA dem Rechtsbehelf des Dritten abgeholfen wird (OVG Koblenz NVwZ-RR 2012, 749 (751)). Der Begriff der Abhilfe ist hier im Vergleich zu § 72 VwGO umfassender, da er auch die behördliche Abhilfe im Klageverfahren einbezieht. Die **Nichtanwendbarkeit der Vertrauensschutz- und Entschädigungsregeln** in § 48 f. ist beschränkt auf den Umfang der Abhilfe. Wird die Rechtsstellung des Dritten durch die Abhilfeentscheidung nicht positiv verändert, ist kein Raum für die Anwendung des § 50. In diesen Fällen gelten die §§ 48 f. insgesamt.

9 Im Anwendungsbereich des § 50 sind die Vertrauensschutz- und die Entschädigungsregelungen der §§ 48 f. ausgeschlossen, ebenso die Regelung über die Jahresfrist. Vom Ausschluss **nicht erfasst** ist dagegen § 49a mit der Folge, dass der dort geregelte Erstattungsanspruch und insbesondere die mögliche

Einrede des Wegfalls der Bereicherung gem. § 49a II auch im Fall des § 50 bestehen bleibt.

§ 51 Wiederaufgreifen des Verfahrens

(1) Die Behörde hat auf Antrag des Betroffenen über die Aufhebung oder Änderung eines unanfechtbaren Verwaltungsaktes zu entscheiden, wenn

1. sich die dem Verwaltungsakt zugrunde liegende Sach- oder Rechtslage nachträglich zugunsten des Betroffenen geändert hat;

2. neue Beweismittel vorliegen, die eine dem Betroffenen günstigere Entscheidung herbeigeführt haben würden;

3. Wiederaufnahmegründe entsprechend § 580 der Zivilprozessordnung gegeben sind.

(2) Der Antrag ist nur zulässig, wenn der Betroffene ohne grobes Verschulden außerstande war, den Grund für das Wiederaufgreifen in dem früheren Verfahren, insbesondere durch Rechtsbehelf, geltend zu machen.

(3) [1] Der Antrag muss binnen drei Monaten gestellt werden. [2] Die Frist beginnt mit dem Tage, an dem der Betroffene von dem Grund für das Wiederaufgreifen Kenntnis erhalten hat.

(4) Über den Antrag entscheidet die nach § 3 zuständige Behörde; dies gilt auch dann, wenn der Verwaltungsakt, dessen Aufhebung oder Änderung begehrt wird, von einer anderen Behörde erlassen worden ist.

(5) Die Vorschriften des § 48 Abs. 1 Satz 1 und des § 49 Abs. 1 bleiben unberührt.

Übersicht

	Rn.
I. Bedeutung	1
II. Materielle Voraussetzungen (I)	4
1. Unanfechtbarer VA	4
2. Antrag	5
3. Wiederaufgreifensgründe	7
a) Nachträgliche Änderung der Sach- oder Rechtslage (Nr. 1)	7
b) Neue Beweismittel (Nr. 2)	10
c) Wiederaufnahmegründe entsprechend § 580 ZPO (Nr. 3)	12
III. Kein grobes Verschulden (II)	14
IV. Antragsfrist (III)	15
V. Zuständigkeit (IV)	16
VI. Verhältnis zu den §§ 48 und 49 (V)	18
1. Unterschiede zwischen §§ 48, 49 und § 51 I	18
2. Wiederaufgreifen iwS gem. § 51 V iVm §§ 48, 49	19
VII. Prozedurales	21
1. Darlegungslast des Antragstellers	21
2. Gestuftes Entscheidungsverfahren	23
VIII. Rechtsschutz	27
1. Klageantrag: Wiederaufgreifen oder Sachentscheidung	27
2. Entschädigungsansprüche	28

I. Bedeutung

1 § 51 regelt die Voraussetzungen, bei deren Vorliegen der Betroffene einen Anspruch gegen die Behörde auf Entscheidung über seinen Antrag auf **Aufhebung oder Änderung eines unanfechtbaren VA** hat. Er enthält darüber hinaus Regelungen zum Verfahren der Geltendmachung dieses Anspruchs. Die Norm ergänzt damit die §§ 48 f., die selbst das Wiederaufgreifen in das Ermessen der Behörde stellen und dem Betroffenen nur einen Anspruch auf fehlerfreie Ermessensausübung einräumen (Wiederaufgreifen iwS), um einen konkreten Anspruch des Betroffenen auf ein Wiederaufgreifen (ieS); im Übrigen stehen die §§ 48 f. und § 51 selbständig nebeneinander. Fachgesetzliche Bestimmungen gehen auch hier vor (→ § 48 Rn. 2; BVerwG NVwZ 2008, 193 (194) – zu § 47 I 2 BBG aF).

2 Die Vorschrift eröffnet dem Betroffenen eine Möglichkeit zur Durchbrechung der **Bestandskraft** eines VA und gibt der Rechtmäßigkeit Vorrang gegenüber der **Rechtssicherheit.** Sie ist kein Ausdruck eines allgemeinen Rechtsgedankens (SBS/Sachs § 51 Rn. 2; aA KR/Ramsauer § 51 Rn. 5) und subsidiär gegenüber spezielleren Normen (zB § 35 VI GewO, §§ 2, 4 StVG). Ein Anwendungsausschluss kann sich ergeben aus einer ausdrücklichen Regelung (zB § 72 I), aus Sinn und Zweck einer Regelung (zB § 47 I Hs. 2 BBG – s. OVG Greifswald BeckRS 2024, 3880 Rn. 33, § 20 FeV) oder auch aus der Natur der Sache (KR/Ramsauer § 51 Rn. 4).

3 Das Wiederaufgreifen des Verfahrens erfolgt in einem **gestuften Verfahren** (→ Rn. 23 ff.).

II. Materielle Voraussetzungen (I)

1. Unanfechtbarer VA

4 Ein Wiederaufgreifen des Verfahrens setzt einen **unanfechtbaren VA** voraus. Unanfechtbar ist ein VA, wenn er nicht (mehr) mit ordentlichen Rechtsbehelfen, d. h. Widerspruch und/oder Klage, angegriffen werden kann, sei es, dass die Rechtsbehelfe erfolglos waren, sei es, dass die Rechtsbehelfsfristen abgelaufen sind. Eine rechtskräftige Entscheidung des VG, die den VA bestätigt, schließt mithin einen Antrag auf Wiederaufgreifen nicht aus. Andererseits scheidet § 51 aus, solange und soweit ein Rechtsbehelf möglich ist. Wird dennoch ein Antrag auf Wiederaufgreifen gestellt, ist er in einen Widerspruch umzudeuten.

2. Antrag

5 Ein Wiederaufgreifen setzt zwingend einen entsprechenden **Antrag** des Betroffenen voraus. Die Betroffenheit beurteilt sich ähnlich der Klagebefugnis gem. § 42 II VwGO (näher KR/Ramsauer § 51 Rn. 10). Der Antrag muss auf ein Wiederaufgreifen des Verfahrens gerichtet sein. Er bestimmt zugleich den Verfahrensgegenstand. Der Antrag kann ausdrücklich, aber auch konklu-

dent gestellt werden (zB in einem Widerspruch – BVerwG BeckRS 2009, 30636, Rn. 14). Im Antrag muss ausdrücklich oder zumindest konkludent ein bestimmter Wiederaufgreifensgrund gem. § 51 I Nr. 1–3 geltend gemacht werden. Andere als den oder die geltend gemachten Wiederaufgreifensgründe werden nicht Verfahrensgegenstand mit der Folge, dass ihr Vorliegen von der Behörde oder dem Gericht nicht geprüft werden (BVerwG NVwZ 1990, 359 = BayVBl. 1990, 216). Der Antrag muss zudem die neuen Beweismittel und die Tatsachen, für die sie benannt werden, bezeichnen sowie darüber hinaus ihre Eignung und die darauf beruhenden Erfolgsaussichten des Antrags darlegen (OVG Münster NWVBl. 1990, 170).

Der Antrag ist bei der nach § 3 **zuständigen Behörde** zu stellen. Liegt 6 bereits ein (früherer und von der Behörde abgelehnter) Antrag auf Wiederaufgreifen des Verfahrens zwischenzeitlich dem VG zur Entscheidung vor, so ist umstritten, ob ein weiterer Wiederaufgreifensgrund noch im gerichtlichen Verfahren geltend gemacht werden kann (so BVerwG NVwZ 1990, 359 = BayVBl. 1990, 216) oder zunächst ein neuer Antrag bei der Behörde zu stellen ist (so KR/Ramsauer § 51 Rn. 11).

3. Wiederaufgreifensgründe

a) Nachträgliche Änderung der Sach- oder Rechtslage (Nr. 1)

Ein Wiederaufgreifen des Verfahrens ist gem. Nr. 1 möglich, wenn sich die 7 dem VA zugrunde liegende Sach- oder Rechtslage nachträglich zugunsten des Betroffenen geändert hat. Eine **Änderung der Sachlage** liegt vor, wenn nachträglich neue Tatsachen eingetreten oder beim Erlass des VA vorliegende Tatsachen zwischenzeitlich weggefallen sind. Hierzu zählen auch Erkenntnisfortschritte (BVerfGE 80, 26; BVerwG BeckRS 2022, 38233 Rn. 14), Änderungen der inneren Einstellung des Betroffenen (BVerWG Buchholz 448.0 § 25 WpflG Nr. 61) und Änderungen in der Einschätzung und Bewertung bestimmter Sachverhalte (OVG Magdeburg EzAR 214 Nr. 12). Keine Änderung der Sachlage stellt demgegenüber eine Änderung der Verwaltungspraxis dar (BVerwG BayVBl. 1993, 308).

Eine **Änderung der Rechtslage** ist gegeben, wenn die Rechtsvorschrif- 8 ten, die Grundlage des VA waren, sich nach dessen Erlass ändern. Als Rechtsvorschriften kommen sowohl (formelle) Gesetze wie auch Rechtsverordnungen und Satzungen in Betracht, allerdings nur, wenn es sich um materiell-rechtliche Normen handelt. Das Inkrafttreten eines neuen Gesetzes und die hiermit verbundene Ersetzung des alten Gesetzes oder einzelner Rechtsvorschriften bedeutet nicht in jedem Fall eine Änderung der Rechtslage iSd Nr. 1, sondern nur dann, wenn die für den VA maßgeblichen Rechtsnormen, also dessen entscheidungserhebliche rechtliche Grundlagen, nachträglich geändert werden (BVerwG BeckRS 2018, 27519 Rn. 23). Bestimmt das neue Gesetz, dass die nach altem Recht erlassenen VAe einschließlich ihrer Rechtsfolgen wirksam bleiben, liegt keine Änderung der Rechtslage vor (offen gelassen in BVerwG BeckRS 2018, 6991 Rn. 9). Um **keine** Änderung der Rechtslage handelt es sich auch bei der Änderung der höchstrichterlichen

Rechtsprechung, unabhängig davon, ob eine Entscheidung seitens des EuGH (instruktiv EuGH Urt. v. 12.2.2008 – Rs. C-2/06, Kempter – Slg. 2008, I-00411 Rn. 35 – mit der Begründung, dass die eigene Rechtsprechung in Vorabentscheidungsverfahren nach dortigem Selbstverständnis nicht konstitutiver, sondern rein deklaratorischer Natur ist; s. auch BVerwG BeckRS 2013, 52996 – zur unionsrechtlichen Verpflichtung des Wiederaufgreifens aus dem Grundsatz der loyalen Zusammenarbeit), des EGMR oder des BVerfG ergangen ist (so zuletzt BVerwG BeckRS 2020, 40407 Rn. 8; OVG Münster BeckRS 2022, 10248; BeckRS 2021, 9253 Rn. 33; OVG Bremen BeckRS 2021, 21717 Rn. 8); es fehlt hier gerade an der erforderlichen Änderung im Bereich des materiellen Rechts, dem allein eine allgemein verbindliche Außenwirkung zukommt. Ebenso wenig liegt eine Änderung der Rechtslage grundsätzlich vor bei der Nichtigerklärung von Rechtsvorschriften durch das BVerfG oder ein LandesVerfG (es sei denn, das Recht bestimmt Abweichendes, zB § 43 II HessStGHG) vor, bei einer Änderung der Verwaltungspraxis oder einer Änderung von VVen. Im Ergebnis kommt ein Wiederaufgreifen des Verfahrens wegen einer Änderung der Sach- oder Rechtslage nur bei VAen mit Dauerwirkung (→ § 35 Rn. 34), wegen einer Änderung der Rechtslage darüber hinaus auch bei einer rückwirkenden Änderung der Rechtslage (es tunc) in Betracht. Denn in allen anderen Fällen – und damit regelmäßig – trifft ein VA nur eine Regelung in Bezug auf die Sach- und Rechtslage im Zeitpunkt seines Erlasses. Unabhängig hiervon kann der Betroffene zu einem späteren Zeitpunkt einen neuen Antrag auf Erlass eines neuen VA stellen. Die Änderung muss entscheidungserheblich sein, dh sie muss Umstände betreffen, die für das „Ob" und/oder das „Wie" des VA-Erlasses von Bedeutung waren, und darüber hinaus eine für den Betroffenen günstigere Sach- oder Rechtslage bedeuten (BVerwG BeckRS 2018, 32346). Die Änderung muss bereits eingetreten sein. Zukünftige Änderungen bilden keine Wiederaufgreifensgründe (BVerwG NJW 1986, 1187).

9 **Nachträglich** ist die Änderung, wenn sie nach Erlass des inzwischen unanfechtbar gewordenen VA eingetreten ist (vgl. auch BVerwG BeckRS 2009, 31508, Rn. 12 = NVwZ 2009, 595 (596)).

b) Neue Beweismittel (Nr. 2)

10 Nach Nr. 2 ist ein Wiederaufgreifen des Verfahrens bei Vorliegen neuer Beweismittel möglich, die eine dem Betroffenen günstigere Entscheidung herbeigeführt haben würden. **Beweismittel** sind Erkenntnismittel zum Nachweis des Vorliegens oder Nichtvorliegens von Tatsachen (BVerwGE 95, 86 (90)). Neben den in § 26 I aufgeführten kommen auch andere Beweismittel in Betracht. Ein Beweismittel ist **neu,** wenn es während des ersten Verwaltungsverfahrens überhaupt noch nicht existierte, wenn es dem Betroffenen in diesem ersten Verfahren ohne sein Verschulden nicht bekannt war oder nicht zur Verfügung stand (BVerwG BeckRS 2017, 124190 Rn. 24; VGH München BeckRS 2022, 12074 Rn. 15). Die Neuheit beurteilt sich also aus der Sicht des Betroffenen; sie wird nicht durch eine bereits im ersten Verfahren bestehende Kenntnis und/oder Möglichkeit der Verwertung seitens der Behörde aus-

geschlossen. War ein Beweismittel dagegen dem Antragsteller bereits im ersten Verfahren bekannt, hat er es aber unterlassen, dieses vorzutragen, handelt es sich nicht um ein neues Beweismittel iS der Nr. 2. Ebenso handelt es nicht um ein neues Beweismittel, wenn der Antragsteller das Beweismittel bereits in einem früheren (ersten) Verfahren auf Wiederaufgreifen vorgelegt hat, eine abschließende gerichtliche Prüfung des Beweismittels aber aufgrund Rücknahme des Antrags, des Widerspruchs gegen die Ablehnungsentscheidung oder der Klage nicht erfolgte (vgl. BVerwG BeckRS 2006, 26719). Neu ist auch ein Zeuge, wenn von ihm im ersten Verfahren nur eine schriftliche Aussage vorlag, er jetzt aber persönlich zur Verfügung steht (VGH Mannheim NVwZ-RR 1991, 55). Ein Sachverständigengutachten ist ein neues Beweismittel, wenn es auf neuen, im ersten Verfahren – zumindest dem Gutachter – nicht bekannten Tatsachen oder nicht bekannten wissenschaftlichen Erkenntnissen beruht (BVerwGE 113, 322 (326); bei lediglich anderen Ergebnissen kommt eine Berücksichtigung gem. Nr. 1 in Betracht, vgl OVG Lüneburg BeckRS 2018, 23498 Rn. 12). Umstritten ist die Einordnung von abweichenden fachlichen Auffassungen oder Bewertungen von Sachverständigen (neues Beweismittel: BVerwG BeckRS 2014, 58295 Rn. 5; BVerwGE 82, 277; aA VGH München BayVBl. 1987, 371).

Das neue Beweismittel muss darüber hinaus die **Eignung zur Herbeiführung einer günstigeren Entscheidung** für den Betroffenen besitzen. Diese Eignung besteht, wenn die Behörde bei Kenntnis des neuen Beweismittels (allein oder iVm anderen – auch schon bekannten – Beweismitteln) bereits im ersten Verfahren eine andere, für den Betroffenen günstigere Entscheidung getroffen hätte. Grundlage für diese Beurteilung ist die den bestandskräftigen Bescheid tragende seinerzeitige Rechtsauffassung der Behörde; unerheblich ist dagegen die heutige Rechtsauffassung der Behörde oder die damalige objektive Rechtslage (BVerwG BeckRS 2023, 21862; BeckRS 2022, 38116 Rn. 8). Steht eine Ermessensentscheidung in Frage, muss es insoweit ausreichen, dass es sich bei der nun bewiesenen Tatsache um einen für die Ermessensausübung relevanten Umstand handelt (Ziekow § 51 Rn. 14). Ist das Beweismittel zwar neu, würde aber eine erneute Prüfung der Behörde dennoch zur gleichen Sachentscheidung führen, stellt dies keinen Wiederaufgreifensgrund iSv Nr. 2 dar (BVerwG BeckRS 2017, 124190 Rn. 27). Die Neuheit eines Beweismittels reicht also für die Zulässigkeit eines Antrags auf Wiederaufgreifen des Verfahrens nicht aus. 11

c) Wiederaufnahmegründe entsprechend § 580 ZPO (Nr. 3)

Schließlich kann der Betroffene ein Wiederaufgreifen beantragen, wenn Wiederaufnahmegründe entsprechend § 580 ZPO gegeben sind. Die in § 580 ZPO normierte sog. Restitutionsklage findet statt, 12

1. wenn der Gegner durch Beeidigung einer Aussage, auf die das Urteil gegründet ist, sich einer vorsätzlichen oder fahrlässigen Verletzung der Eidespflicht schuldig gemacht hat;
2. wenn eine Urkunde, auf die das Urteil gegründet ist, fälschlich angefertigt oder verfälscht war;

3. wenn bei einem Zeugnis oder Gutachten, auf welches das Urteil gegründet ist, der Zeuge oder Sachverständige sich einer strafbaren Verletzung der Wahrheitspflicht schuldig gemacht hat;
4. wenn das Urteil von dem Vertreter der Partei oder von dem Gegner oder dessen Vertreter durch eine in Beziehung auf den Rechtsstreit verübte Straftat erwirkt ist;
5. wenn ein Richter bei dem Urteil mitgewirkt hat, der sich in Beziehung auf den Rechtsstreit einer strafbaren Verletzung seiner Amtspflichten gegen die Partei schuldig gemacht hat;
6. wenn das Urteil eines ordentlichen Gerichts, eines früheren Sondergerichts oder eines Verwaltungsgerichts, auf welches das Urteil gegründet ist, durch ein anderes rechtskräftiges Urteil aufgehoben ist;
7. wenn die Partei
   a) ein in derselben Sache erlassenes, früher rechtskräftig gewordenes Urteil oder
   b) eine andere Urkunde auffindet oder zu benutzen in den Stand gesetzt wird, die eine ihr günstigere Entscheidung herbeigeführt haben würde;
8. wenn der Europäische Gerichtshof für Menschenrechte eine Verletzung der Europäischen Konvention zum Schutz der Menschenrechte und Grundfreiheiten oder ihrer Protokolle festgestellt hat und das Urteil auf dieser Verletzung beruht.

13 Die Restitutionsklage gem. § 580 Nr. 8 ZPO erfordert nach dem Wortlaut der Vorschrift und der Begründung des Gesetzgebers (vgl. BT-Drs. 16/3038, 38 ff.), dass sich die **Feststellung der Konventionsverletzung** auf den konkreten Fall bezieht (BVerwG BeckRS 2009, 40436). Umstritten ist, ob über den ausdrücklichen Verweis auf § 580 ZPO auch die ergänzende Vorschrift des § 581 ZPO Anwendung findet. Dies hätte zur Folge, dass ein auf § 51 I Nr. 3 iVm § 580 Nr. 1–5 ZPO gestützter Wiederaufgreifensantrag nur Erfolg haben könnte, wenn wegen der jeweiligen Straftat eine rechtskräftige Verurteilung ergangen ist oder die Einleitung oder Durchführung eines Strafverfahrens aus anderen Gründen als wegen Mangels an Beweisen nicht erfolgen kann. Im Ergebnis ist die entsprechende Anwendung des § 581 ZPO abzulehnen, denn der Gesetzgeber hat seinerzeit in Kenntnis der Problematik von einer Aufnahme auch des § 581 ZPO abgesehen (BT-Drs. 7/910, 110).

III. Kein grobes Verschulden (II)

14 Der Antrag auf Wiederaufgreifen ist nur zulässig, wenn der Betroffene ohne grobes Verschulden außerstande war, den Grund für das Wiederaufgreifen im früheren Verfahren, insbesondere durch Rechtsbehelf, geltend zu machen. Die Regelung des § 51 II ist dem § 582 ZPO nachgebildet. Umstritten ist, ob das Fehlen eines groben Verschuldens eine Frage der Zulässigkeit (so Ziekow § 51 Rn. 18) oder Begründetheit des Wiederaufgreifensantrags ist (so KR/Ramsauer § 51 Rn. 44). Das **frühere Verfahren** ist dasjenige auf Erlass des VA, einschließlich etwaiger Rechtsbehelfs- und Gerichtsverfahren (OVG Schleswig BeckRS 2023, 8460 Rn. 23). Es endet folglich mit Eintritt der

Bestandkraft des VA oder des Widerspruchsbescheides oder mit Eintritt der Rechtskraft des Urteils. **Grobes Verschulden** liegt bei Vorsatz oder grober Fahrlässigkeit vor. Grob fahrlässig handelt, wer die im Verkehr erforderliche Sorgfalt in besonders schwerwiegendem Maße außer Acht lässt (zB durch Nichtbeantwortung wichtiger Fragen auf einem Antragsformular, Unterlassen des Hinweises auf das Vorhandensein weiterer Beweismittel, etwa Urkunden; vgl. auch BVerwG BeckRS 2009, 31508, Rn. 13 = NVwZ 2009, 595 (596)). An einem groben Verschulden fehlt es, wenn die Vorlage des Beweismittels im früheren Verfahren seinerzeit keine andere Entscheidung hätte erwarten lassen. Der Betroffene muss sich ein Verschulden seines Vertreters oder Bevollmächtigten zurechnen lassen.

IV. Antragsfrist (III)

Der Antrag auf Wiederaufgreifen des Verfahrens muss **binnen drei Monaten** 15
gestellt werden, gerechnet ab dem Tag, an welchem der Betroffene Kenntnis von dem Grund für das Wiederaufgreifen erhalten hat. Es handelt sich um eine Zulässigkeitsvoraussetzung. Die Kenntnis bedeutet hier nur Kenntnis der Beweismittel bzw. Tatsachen, die einen Grund iSd § 51 I darstellen; nicht erforderlich ist die Kenntnis, dass es sich dabei um einen Wiederaufgreifensgrund handelt (aA wohl OVG Münster NVwZ 2000, 89 (90 f.)). Erforderlich ist hier zudem positive Kenntnis, ein Kennenmüssen reicht nicht aus. Bei mehreren Wiederaufgreifensgründen beginnt und läuft die Frist für jeden Grund selbständig (BVerwGE 95, 86 (88)). Der Betroffene muss sich ein Wissen seines Vertreters oder Bevollmächtigten zurechnen lassen. Da sich die Antragsfrist erkennbar nur auf die in § 51 I geregelten Tatbestände bezieht, findet die Norm keine Anwendung bei einem Wiederaufgreifen als Ermessensentscheidung gem. § 51 V (vgl. BVerwG NVwZ 2010, 656 = BeckRS 2010, 45404 = DVBl. 2010, 254).

Im **Asylrecht** gilt die Antragsfrist bei sog. Folgeanträgen trotz des aus- 15a
drücklichen Verweises in § 71 I 1 AsylG nicht (OVG Berlin-Brandenburg BeckRS 2023, 20703 Rn. 16). Dies folgt aus dem Anwendungsvorrang des Unionsrechts (EuGH BeckRS 2021, 25395 = NVwZ 2022, 53 m. Anm. Dietz).

V. Zuständigkeit (IV)

In § 51 IV wird klargestellt, dass über den Antrag die nach § 3 zuständige 16
Behörde entscheidet, und zwar auch dann, wenn der VA, dessen Aufhebung oder Änderung begehrt wird, von einer anderen Behörde erlassen wurde. Die Regelung betrifft allein die **örtliche Zuständigkeit** und trägt dem Umstand Rechnung, dass das Verfahren gem. § 51 ein gegenüber dem früheren Verfahren selbständiges, neues Verwaltungsverfahren ist. § 3 III ist hier nicht anwendbar. Die **sachliche Zuständigkeit** bestimmt sich nach dem einschlägigen Fachrecht. Entscheidend ist aber auch hier die Zuständigkeit im Zeit-

punkt der Entscheidung über den Antrag auf Wiederaufgreifen des Verfahrens.

17 Richtet sich der Antrag gegen einen im Vorverfahren von der Widerspruchsbehörde erlassenen **Widerspruchsbescheid,** ist dennoch auch in diesem Fall die Ausgangsbehörde zuständige Behörde. Denn die Zuständigkeit der Widerspruchsbehörde endet mit Eintritt der Unanfechtbarkeit des von ihr erlassenen Widerspruchsbescheids.

VI. Verhältnis zu den §§ 48 und 49 (V)

1. Unterschiede zwischen §§ 48, 49 und § 51 I

18 Die Vorschriften des § 48 I 1 und des § 49 I bleiben nach § 51 V unberührt. Die Behörde kann also unabhängig vom Vorliegen eines Antrags auf Wiederaufgreifen des Verfahrens und unabhängig vom Bestehen eines Wiederaufgreifensgrundes gem. § 51 I Nr. 1–3 einen einmal erlassenen VA unter den Voraussetzungen der §§ 48 I 1 bzw. 49 I zurücknehmen oder widerrufen (BVerwG BeckRS 2015, 45527 Rn. 8). Der wesentliche Unterschied für den Betroffenen besteht darin, dass er in den Fällen der §§ 48 I 1 und 49 I nur einen **Anspruch auf ermessensfehlerfreie Entscheidung** über die Aufhebung des VA hat, während er im Fall des § 51 I einen Anspruch auf Wiederaufgreifen des Verfahrens hat. Konkret bedeutet dies, dass bei der Entscheidung nach §§ 48 I 1 und 49 I die Behörde im Rahmen ihres Ermessens auch die Rechtssicherheit und das daraus folgende Interesse an der Fortgeltung des VA berücksichtigen und unter Hinweis darauf als Ergebnis der Abwägung ein Wiederaufgreifen ablehnen kann. Etwas anderes gilt nur, wenn der Fortbestand des VA schlechthin unerträglich ist (zB wegen offensichtlicher Fehlerhaftigkeit oder Sittenwidrigkeit des VA; vgl. BVerwGE 95, 86 (92)). Für die Behörde besteht der wesentliche Unterschied darin, dass ihr der Weg über §§ 48 I 1 bzw. 49 I die möglicherweise im Einzelfall schwierige Prüfung der Zulässigkeit und Begründetheit des Antrags nach § 51 I erspart.

2. Wiederaufgreifen iwS gem. § 51 V iVm §§ 48, 49

19 Liegen die Voraussetzungen des § 51 I-III VwVfG nicht vor, kann die Behörde gleichwohl gem. § 51 V iVm §§ 48, 49 ein abgeschlossenes Verwaltungsverfahren nach pflichtgemäßem **Ermessen** zugunsten des Betroffenen wiederaufgreifen und eine neue Sachentscheidung treffen (sog. Wiederaufgreifen iwS). Wurde die ursprüngliche Sachentscheidung gerichtlich bestätigt, bildet § 51 V die Rechtsgrundlage zur Überwindung der Rechtskraft (vgl. BVerfG, InfAuslR 2008, 94; BVerwG, NVwZ 2000, 204 (206)). Trifft die Behörde in einem ersten Schritt eine positive Entscheidung zum Wiederaufgreifen, wird hierdurch die Rechtskraft durchbrochen und der Weg für eine im zweiten Schritt erfolgende erneute Sachentscheidung eröffnet (vgl. BVerwG NVwZ 2010, 656 = BeckRS 2010, 45404 = DVBl. 2010, 254). Mit der im Ermessen der Behörde liegenden Befugnis zum Wiederaufgreifen eines rechtskräftig abgeschlossenen Verwaltungsverfahrens gem. § 51 V korrespondiert ein An-

spruch des Betroffenen auf fehlerfreie Ermessensausübung (vgl. BVerfG infAuslR 2008, 94; BVerwGE 111, 77 (82)). Ist ein VA rechtskräftig bestätigt, handelt die Behörde grundsätzlich nicht ermessensfehlerhaft, wenn sie ein Wiederaufgreifen im Hinblick auf die rechtskräftige Bestätigung ihrer Entscheidung ablehnt; besonderer weiterer Ermessenserwägungen der Behörde bedarf es hier regelmäßig nicht (vgl. BVerwGE 111, 77 (82)). Umgekehrt müssen Umstände, die ausnahmsweise eine erneute Sachentscheidung gebieten, das Ermessen der Behörde also zu Gunsten des Betroffenen verdichten, eine den Wiederaufgreifensgründen des § 51 I vergleichbare Bedeutung und Gewicht besitzen. Die bloße Rechtswidrigkeit des VA reicht insoweit nicht aus. Vielmehr muss die Aufrechterhaltung des rechtswidrigen VA schlechthin unerträglich sein (BVerfG BeckRS 2021, 4356; BVerwG BeckRS 2020, 41653 Rn. 43). Zu beachten ist weiter, dass die **Antragsfrist** gem. § 51 III im Rahmen des § 51 V **keine Anwendung** findet, da sie sich ausschließlich auf die in § 51 I geregelten Tatbestände bezieht (vgl. BVerwG NVwZ 2010, 656 = BeckRS 2010, 45404 = DVBl. 2010, 254).

Auch die **Unionsrechtswidrigkeit** des VA erfordert nicht stets eine Über- **20**
prüfung durch die nationalen Behörden (vgl. EuGH Urt. v. 12.2.2008 –C-2/06, Kempter – Slg. 2008, I-00411 Rn. 35). Das ist nur unter bestimmten, engen Voraussetzungen der Fall, so insbesondere bei einer Verletzung der Verpflichtung zur Einholung einer Vorabentscheidung des Gerichtshofs nach Art. 267 III AEUV (weitergehend für Ruhensbescheide BVerwG BeckRS 2020, 41653 Rn. 52). Ein Verstoß gegen die Verpflichtung der nationalen Gerichte zur Zusammenarbeit mit dem Gerichtshof nach Art. 4 III EUV liegt nur vor, wenn der gemeinschaftsrechtliche Gesichtspunkt, dessen Auslegung sich in Anbetracht eines späteren Urteils des Gerichtshofs als unrichtig erwiesen hat, von dem in letzter Instanz entscheidenden nationalen Gericht entweder geprüft wurde oder von Amts wegen hätte aufgegriffen werden können. Das Unionsrecht gebietet den nationalen Gerichten dagegen nicht, von Amts wegen die Unionskonformität zu prüfen, wenn die Prüfung dieser Frage die von den Parteien bestimmten Grenzen des Rechtsstreits überschreiten würde. Sie müssen die rechtlichen Gesichtspunkte, die sich aus einer zwingenden Unionsnorm ergeben, aber von Amts wegen aufgreifen, wenn sie nach dem nationalen Recht verpflichtet oder berechtigt sind, dies im Falle einer zwingenden Vorschrift des nationalen Rechts zu tun (vgl. EuGH Urt. v. 12.2.2008 –C-2/06, Kempter – Slg. 2008, I-00411 Rn. 44 und 45).

VII. Prozedurales

1. Darlegungslast des Antragstellers

Im Antrag auf Wiederaufgreifen des Verfahrens hat der Antragsteller die **21**
Voraussetzungen des § 51 substantiiert darzulegen. Der Antragsteller muss sich mit seinem Antrag erkennbar – ausdrücklich oder konkludent – auf einen bestimmten Wiederaufgreifensgrund stützen. Bei der Abfassung des Antrags ist besondere Sorgfalt geboten, bestimmt der Antragsteller hiermit doch den

Verfahrensgegenstand für das gesamte Verfahren gem. § 51, und damit auch für ein sich ggf. anschließenden Widerspruchs- und Klageverfahren. Weder die Behörde noch das Gericht können andere als die im Antrag geltend gemachten Wiederaufgreifensgründe berücksichtigen (BVerwG BeckRS 2019, 11043 Rn. 7; OVG Münster BeckRS 2020, 34740 Rn. 43). Ob der Antragsteller selbst nachträglich weitere Wiederaufgreifensgründe in einem bereits laufenden Verfahren gem. § 51 geltend machen kann oder auch er einen neuen, eigenständigen Antrag gem. § 51 stellen muss, ist umstritten (für eine Einbeziehung in das laufende Verfahren BVerwG NVwZ 1990, 359 = BayVBl. 1990, 216; aA KR/Ramsauer § 51 Rn. 11 mwN).

22 Die Geltendmachung des Wiederaufgreifensgrundes erfordert im Fall des § 51 I Nr. 1 zudem die substantiierte Behauptung des Eintritts einer für die Entscheidung erheblichen Änderung der Sach- oder Rechtslage (dazu BVerwG BeckRS 2013, 46944 Rn. 8 ff.), für § 51 I Nr. 2 neben dem objektiven Vorliegen des neuen Beweismittels, dass der Antragsteller sich auf dieses neue Beweismittel beruft und schlüssig dessen **Eignung** darlegt, eine für ihn **günstigere Entscheidung** herbeizuführen, und schließlich (BVerwG BeckRS 2015, 42587 Rn. 10; Beck RS 2015, 41793 Rn. 9 = NVwZ-RR 2015, 379 – nicht ausreichend ist die Geltendmachung eines Verfahrensfehlers dergestalt, das VG habe Ermittlungen unterlassen, die dem Auffinden weiterer Beweismittel dienen sollen).

2. Gestuftes Entscheidungsverfahren

23 Über den Antrag gem. § 51 wird in einem **gestuften Verfahren** entschieden:

1. Zulässigkeit des Antrags gem. § 51 II u. 3.
2. Begründetheit des Antrags, insb. Vorliegen eines Wiederaufgreifensgrundes gem. § 51 I Nr. 1–3.
3. Entscheidung die Behörde über die Aufhebung oder Änderung des unanfechtbaren VA.

24 Teilweise werden die 1. und die 2. Stufe zur verfahrensrechtlichen Ebene des Wiederaufgreifens zusammengefasst und die 3. Stufe als Neuentscheidung in der Sache und materiellrechtliche Ebene bezeichnet (so KR/Ramsauer § 51 Rn. 12a). Mit dem Antrag auf Wiederaufgreifen des Verfahrens wird ein **neues,** eigenständiges **Verwaltungsverfahren** eingeleitet. Dieses Verfahren unterliegt den allgemeinen Vorschriften (BVerwG NVwZ 2010, 656 = BeckRS 2010, 45404= DVBl. 2010, 254).

25 Der Antrag ist **zulässig,** wenn (1.) der geltend gemachte Wiederaufgreifensgrund eine andere Entscheidung in der (Haupt-) Sache möglich erscheinen lässt, (2.) der Antragsteller durch den früheren VA beschwert ist, (3.) der frühere VA unanfechtbar ist und schließlich (4.) die Antragsfrist gewahrt ist. Der Antrag ist **begründet,** wenn der vom Antragsteller behauptete und dargelegte Wiederaufgreifensgrund tatsächlich vorliegt. Es handelt sich um eine gebundene Entscheidung. Ist der Antrag begründet, ergeht hierüber regelmäßig keine eigenständige Entscheidung; vielmehr leitet die Behörde ohne formellen Zwischenschritt eine neue Sachprüfung mit dem Ziel einer

neuen Sachentscheidung ein. Ist der Antrag dagegen unbegründet, muss die Behörde eine Ablehnung des Wiederaufgreifens als selbständige Entscheidung im Wege eines VA treffen. Insoweit gelten die allgemeinen Anforderungen, insb. das Erfordernis einer Begründung gem. § 39 und der Beifügung einer Rechtsbehelfsbelehrung gem. § 58 VwGO.

Ist der Wiederaufgreifensantrag zulässig und begründet, entscheidet die Behörde über die Aufhebung oder Änderung des ursprünglichen VA. Hier handelt es sich um eine vollständige und **neue Sachprüfung.** Insbesondere ist die Behörde in diesem Stadium bei ihrer Entscheidung nicht mehr auf den geltend gemachten Wiederaufgreifensgrund beschränkt. Die ihr zustehende Entscheidungsbefugnis ist identisch mit derjenigen bei Erlass des ursprünglichen, unanfechtbaren VA. Es erfolgt eine neue und vollständige Subsumtion auf der Grundlage des zum Zeitpunkt der Entscheidung geltenden materiellen Rechts. Steht die Entscheidung im Ermessen der Behörde, hat sie ihr Ermessen erneut und vollumfänglich auszuüben (anders nur Maurer § 11 Rn. 61, der nach erfolgtem Wiederaufgreifen bei Rechtswidrigkeit des VA für eine grundsätzliche Pflicht zur Rücknahme plädiert). 26

VIII. Rechtsschutz

1. Klageantrag: Wiederaufgreifen oder Sachentscheidung

Lehnt die Behörde den Antrag auf Wiederaufgreifen des Verfahrens ab oder trifft sie nach erfolgtem Wiederaufgreifen keine für den Betroffenen günstige Sachentscheidung, stehen dem Antragsteller gegen diese jeweils als VA ergehenden Entscheidungen die allgemeinen Rechtsbehelfe offen. Im ersten Fall ist streitig, ob sich das Begehren des Betroffenen zunächst auf eine positive Entscheidung über den Antrag auf Wiederaufgreifen des Verfahrens beschränken muss (SBS/Sachs § 51 Rn. 76 ff.) oder ob er unmittelbar eine positive Sachentscheidung anstreben kann (BVerwGE 95, 86 – aus Gründen der Prozessökonomie). Hat die Behörde bereits eine neue, aber für den Betroffenen nicht günstigere Sachentscheidung getroffen, richtet sich sein Begehren auf die Verpflichtung der Behörde zur Aufhebung oder Änderung des unanfechtbaren VA. 27

2. Entschädigungsansprüche

Die Vorschrift enthält keine Regelung zu etwaigen Erstattungs-, Folgenbeseitigungs- und/oder Schadensersatzansprüchen für den Fall, dass der Antragsteller mit seinem Antrag nach § 51 Erfolg hat und eine für ihn günstige Sachentscheidung ergeht. Dennoch ist allgemein anerkannt, dass der Antragsteller in einem solchen Zwei-Parteien-Verhältnis die gleichen Entschädigungsansprüche hat wie sie ihm im Fall der Rücknahme gem. § 48 zustehen würden (KR/Ramsauer § 51 Rn. 55). Ebenso hat der Dritte im Fall eines Drei-Parteien-Verhältnisses bei einem VA mit Drittwirkung Entschädigungsansprüche analog §§ 48 III, 49 V unter den dort genannten Voraussetzungen (EuGH BeckRS 2008, 70226 Rn. 67; Ziekow § 51 Rn. 27). 28

§ 52 Rückgabe von Urkunden und Sachen

[1] Ist ein Verwaltungsakt unanfechtbar widerrufen oder zurückgenommen oder ist seine Wirksamkeit aus einem anderen Grund nicht oder nicht mehr gegeben, so kann die Behörde die auf Grund dieses Verwaltungsaktes erteilten Urkunden oder Sachen, die zum Nachweis der Rechte aus dem Verwaltungsakt oder zu deren Ausübung bestimmt sind, zurückfordern. [2] Der Inhaber und, sofern er nicht der Besitzer ist, auch der Besitzer dieser Urkunden oder Sachen sind zu ihrer Herausgabe verpflichtet. [3] Der Inhaber oder der Besitzer kann jedoch verlangen, dass ihm die Urkunden oder Sachen wieder ausgehändigt werden, nachdem sie von der Behörde als ungültig gekennzeichnet sind; dies gilt nicht bei Sachen, bei denen eine solche Kennzeichnung nicht oder nicht mit der erforderlichen Offensichtlichkeit oder Dauerhaftigkeit möglich ist.

I. Bedeutung

1 Die Vorschrift statuiert für die Behörde eine **Ermächtigungsgrundlage** auf Rückgabe von auf Grund eines VA erteilten Urkunden und Sachen, wenn der VA unanfechtbar widerrufen oder zurückgenommen wurde oder aus einem anderem Grund nicht oder nicht mehr wirksam ist. Die Norm dient der Sicherheit des Rechtsverkehrs und soll einen Missbrauch der Unterlagen verhindern.

2 Spezialgesetzliche Herausgabeansprüche gehen vor (zB §§ 63 AsylG, 18 BJagdG, 12 I PassG, 17 V PBefG, 3 II StVG, 46 I WaffG). Ist ihre Regelung nicht abschließend, kommt § 52 **ergänzend** zur Anwendung. Die Vorschrift ist zudem Ausdruck eines allgemeinen Rechtsgedankens.

II. Voraussetzung: Unwirksamer VA

3 Voraussetzung des Rückforderungsanspruchs ist ein **unwirksamer VA.** Das Gesetz nennt beispielhaft den unanfechtbar widerrufenen (§ 49) und den unanfechtbar zurückgenommenen VA (§ 48) und spricht im Übrigen allgemein vom aus einem anderen Grund nicht oder nicht mehr wirksamen VA. Als anderer Grund für eine von Anfang an gegebene Unwirksamkeit des VA kommen insbesondere eine fehlende (oder nicht wirksame) Bekanntgabe (§ 41 I) oder die Nichtigkeit des VA (§ 44) in Betracht. Andere Gründe für eine nachträgliche Unwirksamkeit des VA können der Ablauf einer Befristung (§ 36 II Nr. 1), der Eintritt einer auflösenden Bedingung (§ 36 II Nr. 2), die Erledigung auf andere Weise (§ 43 II) und die Aufhebung des VA im Widerspruchs- oder Klageverfahren sein. Nach ganz hM stehen der Unwirksamkeit des VA die Fälle gleich, dass der Widerruf oder die Rücknahme des VA zwar nicht unanfechtbar, aber nach § 80 II VwGO sofort vollziehbar ist (KR/Ramsauer § 52 Rn. 7).

III. Rückforderung

Ist der VA unwirksam, kann die Behörde die aufgrund dieses VA erteilten Urkunden und Sachen, die zum Nachweis der Rechte aus dem VA oder zu deren Ausübung bestimmt sind, zurückfordern. Über die Rückforderung entscheidet die Behörde in einem **selbständigen Verwaltungsverfahren,** für welches die allgemeinen Grundsätze gelten. Die Rückforderungsentscheidung ist ihrerseits ein VA und als solcher einerseits von der Behörde mit den Mitteln des Verwaltungszwangs durchsetzbar und andererseits vom Adressaten selbständig angreifbar. Die Rückforderung kann mit der Aufhebungsentscheidung verbunden werden, ohne dass dies ihren selbständigen Charakter ändert. 4

1. Urkunden und Sachen

Der Rückforderungsanspruch umfasst Urkunden und Sachen, die zum Nachweis der Rechte aus dem VA oder zu deren Ausübung bestimmt sind. Das Erfordernis einer **Nachweis-** und **Ausübungsfunktion** beschränkt den Rückforderungsanspruch auf solche Urkunden und Sachen, die aufgrund des VA ausgehändigt wurden (Kausalität) und dem Nachweis bzw. der Ausübung der im VA gewährten Rechte dienen (Zweck; BVerwG BeckRS 2015, 46552 Rn. 14 ff. = MMR 2015, 548 – abgelehnt für das tk-rechtliche Wegerecht). **Urkunden** sind schriftlich niedergelegte Äußerungen von Personen, die einen bestimmten Gedankeninhalt vermitteln, wobei es nicht darauf ankommt, ob die Urkunde einen Aussteller erkennen lässt oder im Rechtsverkehr sonst Bedeutung hat (zu den näheren Einzelheiten → § 26 Rn. 28) (zB Ausweise, Bescheinigungen, Bestätigungen, Erlaubnisscheine, Patente, Staatsangehörigkeitsurkunden, Zertifikate, Zeugnisse). Erfasst werden Urkunden mit konstitutiver wie deklaratorischer Bedeutung. Die Bezeichnung des Schriftstücks als Urkunde ist nicht erforderlich. **Sachen** sind körperliche Gegenstände, wenn ihnen die beschriebene Nachweis- oder Ausübungsfunktion zukommt (zB Marken, Plaketten, Schilder, Siegel, nicht aber Werkzeuge und ähnliche Gerätschaften). 5

2. Ermessen

Die Entscheidung über die Rückforderung der erteilten Urkunden und Sachen ergeht in einem selbständigen Verwaltungsverfahren und steht im **pflichtgemäßen Ermessen** der Behörde. Im Rahmen der Ermessensausübung hat die Behörde insbesondere eine mögliche Irreführungs- und Missbrauchsgefahr sowie ein fortbestehendes Nachweisinteresse des Urkundeninhabers zu berücksichtigen (OVG Münster NVwZ 1990, 1183 (1184)). 6

3. Herausgabepflichtige

Die Pflicht zur Herausgabe trifft nach S. 2 den Inhaber der Urkunden oder Sachen und, sofern dieser nicht zugleich der Besitzer ist, auch den Besitzer. **Inhaber** ist regelmäßig derjenige, dem die Urkunde ausgestellt oder die Sache 7 ausgehändigt wurde. **Besitzer** ist jeder, der die Urkunde oder Sache rein tatsächlich besitzt, unabhängig davon, ob er ein Recht zum Besitz hat (zB Erbe, sonstiger Rechtsnachfolger) oder nicht (zB Dieb, Finder).

IV. Anspruch auf Wiederaushändigung

8 Nach S. 3 kann der Inhaber oder Besitzer von der Behörde die **Wiederaushändigung** der Urkunden oder Sachen nach deren Kennzeichnung als ungültig verlangen, bei Sachen allerdings dann nicht, wenn ihre Kennzeichnung nicht mit der erforderlichen Offensichtlichkeit und Dauerhaftigkeit möglich ist. Bei Urkunden erfolgt die Kennzeichnung typischerweise durch Lochung, Ungültigkeitsstempel oder -vermerk und ist in allen Fällen offensichtlich und dauerhaft möglich mit der Folge, dass die anschließende Wiederaushändigung keinen Bedenken begegnet. Bei Sachen ist die Kennzeichnung teilweise überhaupt nicht möglich, teilweise nicht offensichtlich und dauerhaft gewährleistet. In diesen Fällen ist der Anspruch auf Wiederaushändigung der Sachen kraft Gesetzes ausgeschlossen. Der Inhaber oder Besitzer hat nur einen Anspruch gegen die Behörde auf Erteilung einer Bescheinigung über Art und Inhalt der Urkunde und die Art und Beschaffenheit der Sache sowie die Tatsache der erfolgten Herausgabe.

V. Rechtsschutz

9 Die Entscheidung der Behörde über die Rückforderung von Urkunden oder Sachen ist ein VA, der mit den allgemeinen Rechtsbehelfen **Widerspruch** und **Anfechtungsklage** angegriffen werden kann. Gegen die Durchsetzung des VA im Wege des Verwaltungszwangs sind ebenfalls die allgemeinen Rechtsbehelfe statthaft. Ist die Rückforderungsentscheidung sofort vollziehbar, kann der Adressat die Rechtsbehelfe gem. § 80 IV u. V VwGO ergreifen.

10 Der Anspruch auf Wiederaushändigung der als ungültig gekennzeichneten Urkunden oder Sachen bzw. im Fall des Ausschlusses der Wiederaushändigung der Anspruch auf Erteilung einer Bescheinigung ist ggf. mittels **allgemeiner Leistungsklage** zu verfolgen.

Abschnitt 3. Verjährungsrechtliche Wirkungen des Verwaltungsaktes

§ 53 Hemmung der Verjährung durch Verwaltungsakt

(1) [1] Ein Verwaltungsakt, der zur Feststellung oder Durchsetzung des Anspruchs eines öffentlich-rechtlichen Rechtsträgers erlassen wird, hemmt die Verjährung dieses Anspruchs. [2] Die Hemmung endet mit Eintritt der Unanfechtbarkeit des Verwaltungsaktes oder sechs Monate nach seiner anderweitigen Erledigung.

(2) [1] Ist ein Verwaltungsakt im Sinne des Absatzes 1 unanfechtbar geworden, beträgt die Verjährungsfrist 30 Jahre. [2] Soweit der Verwaltungsakt einen Anspruch auf künftig fällig werdende regelmäßig wiederkehrende Leistungen zum Inhalt hat, bleibt es bei der für diesen Anspruch geltenden Verjährungsfrist.

Übersicht

	Rn.
I. Bedeutung	1
II. Hemmung der Verjährung (I)	4
1. Das Rechtsinstitut der Verjährung	4
a) Anwendbarkeit im öffentlichen Recht	5
b) Analoge Anwendung der Verjährungsnormen des BGB	6
c) Regelmäßige Verjährung: 30 Jahre oder 3 Jahre?	7
2. Anspruch eines öffentlich-rechtlichen Rechtsträgers	11
a) Vermögensrechtliche Ansprüche	11
b) Öffentlich-rechtliche Rechtsträger	12
3. Feststellung oder Durchsetzung durch VA	13
4. Rechtsfolge: Hemmung	14
a) Beginn und Ende der Hemmung	14
b) Wirkung der Hemmung	15
c) Andere Gründe der Hemmung	17
III. Dreißigjährige Verjährungsfrist (II 2)	23
IV. Verwandte Rechtsinstitute	25
1. Unvordenkliche Verjährung	26
2. Verwirkung	27
3. Verzicht	28

I. Bedeutung

Die Vorschrift regelt die **verjährungsrechtliche Wirkung** eines VA: nach § 53 I hemmt ein VA die Verjährung solcher Ansprüche öffentlich-rechtlicher Rechtsträger, die durch VA festgesetzt oder durchgesetzt werden (können), nach § 53 II beträgt die Verjährungsfrist für einen solchen VA dreißig Jahre, es sei denn, der VA betrifft künftig fällig werdende regelmäßig wiederkehrende Leistungen. Ihr Zweck liegt in der Förderung der Rechtssicherheit und des Rechtsfriedens sowie in der Planbarkeit der staatlichen Einnahmen. 1

§ 53 normiert allein die verjährungsrechtliche Wirkung der dort näher bezeichneten VAe. Er gilt **nicht** allgemein für VAe und auch nicht für Ansprüche aus öffentlich-rechtlichen Verträgen; letztere unterliegen über § 62 S. 2 den Regelungen der §§ 197 ff. BGB. 2

Ein **einheitliches öffentlich-rechtliches Verjährungsrecht** existiert bis heute nicht. Umfassende Regelungen bestehen nur im Abgaben- (§§ 169 ff., 228 ff. AO) und Sozialrecht (§§ 45 SGB I, 25, 27 II, 3 SGB IV, 50 IV, 52, 113 SGB X). Verschiedentlich bestehen sondergesetzliche Regelungen (zB §§ 105b AMG, 78 BBG, 54 BGSG), die teilweise aber nur einzelne Ansprüche erfassen (zB § 24 BBodSchG – Verjährung des Ausgleichsanspruchs unter mehreren Störern). Der § 53 wurde im Jahr 2003 dem durch das Schuldrechtsmodernisierungsgesetz neu gefassten Verjährungsrecht des BGB ange- 3 passt (Art. 13 HZvNG v. 21.6.2002 – BGBl. I 2137; s. auch die Übergangsvorschrift in § 102; grundlegend BVerwG BeckRS 2021, 42635 mAnm Waldhoff JuS 2022, 693).

II. Hemmung der Verjährung (I)

1. Das Rechtsinstitut der Verjährung

4 Der **Begriff** der Verjährung wird im Gesetz nicht näher definiert, sondern vorausgesetzt. Denn die Verjährung gehört zum materiellen Recht. Folglich enthält das Gesetz jeweils nur aspektive Regelungen (wie zB § 53; anders das Fachrecht → Rn. 3). Verjährung bedeutet den Verlust der Durchsetzbarkeit eines Rechts (anders im Abgabenrecht, wo die Verjährung zum Erlöschen des Rechts führt). Sie tritt ein mit Ablauf der Verjährungsfrist, deren Länge vom jeweiligen Recht abhängt. Nach ganz hM ist die Verjährung auch im öffentlichen Recht eine Einrede, deren Berücksichtigung eine Geltendmachung durch den Pflichtigen verlangt (ebenso wie im Privatrecht; s. KR/Ramsauer § 53 Rn. 4; SBS/Sachs § 53 Rn. 6).

a) Anwendbarkeit im öffentlichen Recht

5 Das Rechtsinstitut der Verjährung findet auch im öffentlichen Recht **Anwendung,** jedenfalls auf vermögensrechtliche Ansprüche (BVerwG BeckRS 2009, 31185; NVwZ 2008, 599 (601)). Es dient im öffentlichen wie im privaten Recht der Rechtssicherheit und dem Rechtsfrieden, indem es Ansprüche, die über geraume Zeit hinweg nicht geltend gemacht wurden, dem Streit entzieht. Diese Schutzrichtung ändert sich nicht, nur weil Gläubiger und/oder Schuldner juristische Personen des öffentlichen Rechts sind. Insbesondere ist bei öffentlichen Schuldnern das Interesse an einer planbaren und möglichst zeitnahen Belastung seines öffentlichen Haushalts zu berücksichtigen (BVerwGE 128, 99 = Buchholz 11 Art. 104a GG Nr. 20, Rn. 43 mwN; DVBl 2008, 1122 Rn. 26).

b) Analoge Anwendung der Verjährungsnormen des BGB

6 Fehlen spezielle fachgesetzliche Vorschriften, muss im Wege der **Analogie** entschieden werden, nach welchen Regeln sich die Verjährung richtet (BVerwG BeckRS 2009, 31185). Maßgeblich sind der Gesamtzusammenhang der für den jeweiligen Anspruch maßgebenden Rechtsvorschriften und die Interessenlage. Dabei besteht kein Anwendungsvorrang für die Verjährungsnormen des BGB oder die dort vorgesehene Regelverjährung (BVerwGE 97, 1 (5) = Buchholz 437.1 BetrAVG Nr. 11 S. 17). Allerdings sah das BVerwG bis zur Schuldrechtsreform 2002 den § 195 BGB aF mit der dortigen dreißigjährigen Regelverjährung als Ausdruck eines allgemeinen Rechtsgedankens (aktuell BVerwG BeckRS 2018, 24341 – Vorlagebeschluss).

c) Regelmäßige Verjährung: 30 Jahre oder 3 Jahre?

Umstritten ist, ob in Ermangelung einer umfassender eigenen Normierung von Verjährungsfristen im öffentlichen Recht mit der Schuldrechtsreform 2002 die dort vorgenommene Kürzung der **regelmäßigen Verjährung** von 30 auf 3 Jahre auch im Verwaltungsrecht gilt. Bei einer verwaltungsrechtlichen Verweisung auf die §§ 194 ff. BGB beantwortet sich die Frage danach, ob es sich um eine statische oder dynamische Verweisung handelt. 7

Im Übrigen besteht kein Grund, für derartige Ansprüche von dem **allgemeinen Rechtsgedanken** abzugehen, dass Rechtssicherheit und Rechtsfrieden eine Verjährung nach dreißig Jahren erfordern, aber auch genügen lassen (BVerwG BeckRS 2009, 31185; NVwZ 2007, 1315 (1320); offen gelassen von BVerwG NVwZ 2008, 599 (601)). Der deutsche Gesetzgeber hat bei der Neuregelung des Verjährungsrechts im BGB durch das SMG vom 26. November 2001 (BGBl I 3138) das öffentliche Recht ausgespart. Er hat dem neuen Verjährungsrecht für das öffentliche Recht ausdrücklich keine Geltung beigelegt, sondern es auf den Anwendungsbereich des BGB beschränkt. Die Entscheidung über eine Übertragung des neuen Regelungssystem auf spezialgesetzlich normierte Materien sollte zukünftigen weiteren Gesetzgebungsschritten vorbehalten bleiben (BT-Drs. 14/6857, 42). Auch das spätere Gesetz zur Anpassung von Verjährungsvorschriften an das Gesetz zur Modernisierung des Schuldrechts vom 9. Dezember 2004 (BGBl. I 3214) spart das öffentliche Recht aus mit der Begründung, im öffentlichen Recht gälten grundsätzlich eigenständige Verjährungsregelungen und auf die zivilrechtlichen Verjährungsbestimmungen könne nur analog und nur hilfsweise zurückgegriffen werden könne; darüber hinaus würde die Einbeziehung des öffentlichen Rechts eine umfassende systematische Abstimmung von Regelungsmaterien auf Bundes- und Landesebene erfordern, was den Rahmen des vorliegenden Gesetzentwurfs sprengen würde (BT-Drs. 15/3653, 10). Der Gesetzgeber hat bewusst bis heute eine Änderung der verjährungsrechtlichen Rechtslage im öffentlichen Recht nicht herbeigeführt. 8

Demgemäß begegnet eine Übertragung der neuen Verjährungsregeln für bürgerlich-rechtliche Bereicherungsansprüche auf den öffentlich-rechtlichen Erstattungsanspruch erheblichen Bedenken (skeptisch auch BVerwG NVwZ 2008, 599 (601); s. auch BVerwG NVwZ 2007, 1315 (1320)). Wie erwähnt, dient das Rechtsinstitut der Verjährung im öffentlichen Recht vor allem der Verwirklichung von Rechtssicherheit und Rechtsfrieden. Die bisherige gefestigte Rechtsprechung des Bundesverwaltungsgerichts hat angenommen, dass die objektive dreißigjährige Verjährungsfrist des § 195 BGB aF eine zutreffende Konkretisierung dieser Grundsätze in Abwägung gegen den Grundsatz der gesetzmäßigen Verwaltung darstellt, der einer Verjährung öffentlich-rechtlicher Ansprüche widerstreitet. Dem **Schuldrechtsmodernisierungsgesetz** lässt sich nicht entnehmen, dass das Verhältnis von Rechtssicherheit und Rechtsfrieden einerseits und der Gesetzmäßigkeit der Verwaltung andererseits neu bestimmt werden sollte. Die Neuregelung beabsichtigt eine Vereinfachung des Verjährungsrechts und seine Angleichung an zwischenzeitlich erreichte internationale Standards im Interesse des Geschäfts- 9 verkehrs und akzentuiert dabei den Schuldnerschutz, dies mit Rücksicht auf und in Abstimmung mit vermehrten Verbraucherrechten (BT-Drs. 14/6040, 98 ff.). Diese zivilrechtlichen Aspekte spielen im öffentlichen Recht eine allenfalls untergeordnete Rolle und lassen die hier vorrangig wirksamen rechtsstaatlichen Grundsätze der Rechtssicherheit und des Rechtsfriedens unberührt.

10 Die im Ergebnis vom BVerwG für möglich gehaltene Analogie auch zu den neuen Verjährungsvorschriften des BGB mit ihren kurzen Frist findet damit nur **ausnahmsweise Anwendung,** wo nach dem Gesamtzusammenhang der für den jeweiligen Anspruch maßgeblichen Rechtsvorschriften und der Interessenlage diese Regelungen am sachnächsten sind (bejaht zB für Zinsansprüche gem. § 49a III – BVerwG BeckRS 2013, 51246 (Rn. 18); Schadenersatzansprüche des öffentlichen Rechts – BVerwG NVwZ 2007, 1315 (Rn. 49 ff.); abgelehnt zB für Herausgabeansprüche gem. § 8 IV 2 VZOG – BVerwG BeckRS 2009, 31185).

2. Anspruch eines öffentlich-rechtlichen Rechtsträgers

a) Vermögensrechtliche Ansprüche

11 Die Regelung in § 53 I 1 spricht nur allgemein von Ansprüchen öffentlich-rechtlicher Rechtsträger. Nach allgemeiner Auffassung gilt die Norm allerdings nur für **vermögensrechtliche Ansprüche** im Rahmen eines Verwaltungsverfahrens nach diesem Gesetz, nicht aber auch für nichtvermögensrechtliche Ansprüche. Für nicht vermögensrechtliche Ansprüche gelten die jeweiligen fachgesetzlichen Regelungen.

b) Öffentlich-rechtliche Rechtsträger

12 Inhaber des vermögensrechtlichen Anspruchs muss ein **öffentlich-rechtlicher Rechtsträger** sein. Erfasst sind damit sowohl Ansprüche des Staates gegen den Bürger als auch Ansprüche verschiedener öffentlicher Verwaltungsträger untereinander (aA KR/Ramsauer § 53 Rn. 23, der private Ansprüche des Bürgers dann einbeziehen will, wenn sie durch VA festgestellt wurden, und Ziekow § 53 Rn. 4, der ohne nähere Begründung allgemein Ansprüche des Bürgers gegen den Staat einbezieht).

3. Feststellung oder Durchsetzung durch VA

13 Die Hemmung der Verjährung setzt weiter voraus, dass ein VA zur Feststellung oder Durchsetzung des Anspruchs des öffentlich-rechtlichen Rechtsträgers erlassen wird. Ein VA wird zur **Durchsetzung** des Anspruchs erlassen, wenn der Anspruch bereits besteht (dh zB kraft Gesetzes oder VA bereits entstanden ist) und der Schuldner nunmehr zur Leistung aufgefordert wird oder die Verwaltung den Anspruch im Wege der Verwaltungsvollstreckung durchsetzt. Um die Durchsetzung handelt es sich auch bei Festsetzungs-, Feststellungs- und Leistungsbescheiden (aA für Feststellungsbescheide VGH München NVwZ 2000, 83 (84)). Damit die Hemmung der Verjährung

eintritt, muss der DurchsetzungsVA wirksam sein, maW er kann rechtmäßig oder rechtswidrig sein, darf aber nicht nichtig sein.

4. Rechtsfolge: Hemmung

a) Beginn und Ende der Hemmung

Nach § 53 I 2 endet die Hemmung entweder mit Eintritt der Unanfechtbarkeit des VA gem. S. 1 oder sechs Monate nach seiner anderweitigen Erledigung. **Unanfechtbarkeit** beurteilt sich nach den allgemeinen Regeln; sie tritt ein, wenn der VA bestandskräftig wird (mit Ablauf der Rechtsbehelfsfristen) oder ein Urteil im verwaltungsgerichtlichen Verfahren nicht mehr mit weiteren Rechtsbehelfen angegriffen werden kann. Es handelt sich insoweit um eine abschließende Regelung. Unerheblich ist die Dauer des Widerspruchs- oder Klageverfahrens. Insbesondere § 204 II 3 BGB findet keine Anwendung (BVerwG BeckRS 2012, 57785 Rn. 44; OVG Bremen BeckRS 2023, 13722 Rn. 13). Auch eine Verwirkung scheidet in der Regel aus (OVG Bremen BeckRS 2023, 13722 Rn. 22)**Anderweitige Erledigung** meint das Ende der Wirksamkeit eines VA (zB infolge behördlicher oder gerichtlicher Aufhebung des VA, Abschluss eines Vergleichsvertrages). Mit der hier eingeräumten Frist von sechs Monaten zwischen der anderweitigen Erledigung und dem Ende der Hemmung gibt das Gesetz der Verwaltung Zeit, auf die veränderte Situation zu reagieren und durch geeignete Maßnahmen (zB den Erlass eines neuen VA) den Eintritt der Verjährung zu verhindern. 14

b) Wirkung der Hemmung

Ein VA zur Feststellung oder Durchsetzung eines Anspruchs eines öffentlich-rechtlichen Rechtsträgers hemmt die Verjährung dieses Anspruchs. Die Hemmung bewirkt, dass dieser Zeitraum **nicht** in die Verjährungsfrist **eingerechnet** wird (vgl. § 209 BGB). Die Verjährungsfrist wird damit um den Zeitraum der Hemmung verlängert. Endet die Hemmung, läuft die Verjährungsfrist weiter. Möglich ist auch eine mehrmalige Hemmung der Verjährungsfrist. 15

Die Verjährungshemmung ist zu unterscheiden von der **Verjährungsunterbrechung.** Bei der Unterbrechung beginnt die Verjährungsfrist nach Ende des unterbrechenden Ereignisses oder Eintritt eines ihn beendenden Umstandes erneut von vorne zu laufen (vgl. § 212 BGB). 16

c) Andere Gründe der Hemmung

Neben dem VA zur Feststellung oder Durchsetzung eines Anspruchs eines öffentlich-rechtlichen Rechtsträgers existieren außerhalb des § 53 I **weitere Gründe,** die eine Verjährungshemmung bewirken. Sie resultieren aus einer analogen Anwendung der §§ 203 ff. BGB. Im Einzelnen kommen insbesondere in Betracht 17

18 – **schwebende Verhandlungen** über den Anspruch oder die ihn begründenden Umstände (§ 203 BGB; streitig, s. BGH NJW 2005, 2004 (2006); Guckelberger, Die Verjährung im öffentlichen Recht, 2004, S. 600);

19 – die **Erhebung einer Leistungs- oder Feststellungsklage** (§ 204 I Nr. 1). Nicht ausreichend für eine Verjährungshemmung ist idR eine Beiladung gem. § 65 VwGO;

20 – die **Einreichung des Antrags** bei einer Behörde, wenn die Zulässigkeit der Klage von der Entscheidung dieser Behörde abhängt und innerhalb von drei Monaten nach Erledigung des Gesuchs die Klage erhoben wird (§ 204 I Nr. 12 BGB). Diese Regelung erfasst jedenfalls nach der Rechtsprechung zur bis zum Jahre 2002 geltenden Fassung auch die Einlegung von Widersprüchen gem. §§ 68 ff. VwGO (BVerwGE 102, 33 (38));

21 – das Bestehen eines **vorübergehenden Leistungsverweigerungsrechts** des Schuldners (§ 205 BGB) und

22 – die Hinderung des Gläubigers an der Rechtsverfolgung innerhalb der letzten sechs Monate der Verjährungsfrist durch **höhere Gewalt** (§ 206 BGB).

III. Dreißigjährige Verjährungsfrist (II 2)

23 Nach § 53 II 1 beträgt die **Verjährungsfrist** für Ansprüche, zu deren Festsetzung oder Durchsetzung ein VA gem. § 53 I erlassen wurde, dreißig Jahre. Diese lange Verjährungsfrist entspricht derjenigen bei Feststellung des Anspruchs durch ein rechtskräftiges Urteil. Der **Beginn** der Verjährungsfrist ist der Zeitpunkt des Eintritts der Unanfechtbarkeit des VA (→ Rn. 14).

24 Eine **Ausnahme** von der dreißigjährigen Verjährungsfrist enthält § 53 II 2, der für den Fall, dass der VA einen Anspruch auf künftig fällig werdende regelmäßig wiederkehrende Leistungen betrifft, bestimmt, dass es bei der für den Anspruch geltenden Verjährungsfrist bleibt (BVerwG BeckRS 2016, 46245 Rn. 35; OVG Bautzen BeckRS 2023, 23320 Rn. 7). Die Ausnahme gilt nur für künftig fällig werdende Leistungen. Werden also gleichzeitig bereits im Zeitpunkt des Erlasses des VA fällige Leistungen festgesetzt, verbleibt es für diesen Teil beim Grundsatz der dreißigjährigen Verjährung gem. § 53 II 1.

IV. Verwandte Rechtsinstitute

25 Die Verjährung ist **abzugrenzen** von anderen Rechtsinstituten, die teilweise ähnliche Bezeichnungen tragen und ähnliche Wirkungen haben.

1. Unvordenkliche Verjährung

26 **Unvordenkliche Verjährung** nimmt die Rechtsprechung an, wenn ein als Recht beanspruchter Zustand über einen langen Zeitraum als Recht besessen wurde und und über einen weiteren davor liegenden langen Zeitraum keine Erinnerung an einen anderen Zustand bestand (BGHZ 16, 234 (238)). Beide Zeiträume werden idR mit 40 Jahren bemessen. Eine gesetzliche Regelung

existiert nicht. Im Unterschied zur „normalen" Verjährung handelt es sich bei der unvordenklichen Verjährung nur um eine **widerlegbare Vermutung** betreffend die Entstehung und Existenz eines Rechts.

2. Verwirkung

27 Die **Verwirkung** eines Rechts liegt nach der Rechtsprechung vor, wenn der Berechtigte es längere Zeit nicht geltend gemacht hat (Zeitmoment), der Verpflichtete sich darauf eingerichtet hat und sich nach dem Gesamtverhalten des Berechtigten auch darauf einrichten durfte, dass jener das Recht auch zukünftig nicht mehr geltend machen würde (Umstandsmoment; BVerwG NVwZ 2008, 599 (601); NVwZ-RR 2004, 314). In Betracht kommt die Verwirkung bei materiellen und bei Verfahrensrechten. Die Verwirkung kann bereits vor der Verjährung eintreten. Deshalb kommt dem Zeitmoment besondere Bedeutung zu, soll doch die Verwirkung nicht zu einer Aushöhlung der Verjährung führen.

3. Verzicht

28 Der **Verzicht** bedeutet die einseitige Erklärung des Inhabers eines Rechts, dieses Recht zukünftig nicht (mehr) auszuüben (OVG Bremen BeckRS 2012, 46205; VGH Kassel NVwZ-RR 1995, 495 f.). Er setzt voraus, dass der Erklärende die Befugnis hat, über das Recht zu disponieren. Der Verzicht kann sowohl ein materielles wie ein Verfahrensrecht betreffen. Es handelt sich insoweit um eine einseitige und empfangsbedürftige Willenserklärung. Ein Verzicht ist auch im öffentlichen Recht möglich (ausdrücklich vorgesehen zB in §§ 46 SGB I, 26 StAngG), sofern gesetzliche Regelungen nicht entgegenstehen. Ein Verzicht ist immer von Amts wegen zu berücksichtigen (KR/Ramsauer § 53 Rn. 50).

Teil IV. Öffentlich-rechtlicher Vertrag

§ 54 Zulässigkeit des öffentlich-rechtlichen Vertrags

[1] Ein Rechtsverhältnis auf dem Gebiet des öffentlichen Rechts kann durch Vertrag begründet, geändert oder aufgehoben werden (öffentlich-rechtlicher Vertrag), soweit Rechtsvorschriften nicht entgegenstehen. [2] Insbesondere kann die Behörde, anstatt einen Verwaltungsakt zu erlassen, einen öffentlich-rechtlichen Vertrag mit demjenigen schließen, an den sie sonst den Verwaltungsakt richten würde.

Übersicht

	Rn.
I. Bedeutung	1
II. Der verwaltungsrechtliche Vertrag	3
1. Grundlagen und Entwicklung einer Vertragstypik	3
2. Reformbedarf seit 2000	6
3. Inkorporiertes Vertragsrecht des BGB	8
4. Die Trias der Teilrechtsordnungen	10
III. Vertragsarten	11
1. Vergleichs- und Austauschvertrag	11
2. Koordinations- und subordinationsrechtlicher Vertrag	15
IV. Entstehungsvoraussetzungen des öffentlich-rechtlichen Vertrages	20
1. Entschließungsermessen der Behörde	20
2. Angebot und Annahme	21
3. Vorvertragliches Verschulden	30
4. Faktisches Vertragsverhältnis?	35
V. Verträge auf dem Gebiet des öffentlichen Rechts	36
1. Allgemeines	36
2. Einzelfallbezug eines Rechtsverhältnisses	37
3. Vertrag auf dem Gebiet des öffentlichen Rechts	39
4. Rechtswegzuordnung	42
5. Öffentlich-rechtliche Vertragstypen im Fachrecht	46
6. Privatrechtliche Verträge	51
VI. Entgegenstehende Rechtsvorschriften	52
1. Allgemeines	52
2. Vertragsformverbote	55
3. Unzulässige Vertragsinhalte	57
VII. Moderne Kooperationsformen	58
1. Öffentlich-rechtlicher Vertrag und Mediation	58
2. Public Private Partnership	59

I. Bedeutung

Der öffentlich-rechtliche Vertrag ist seit dem Inkrafttreten des VwVfG in 1976 neben dem in der Praxis dominanten Verwaltungsakt die alternative 1

Handlungsform im Verwaltungsverfahren (§ 9). Der Gesetzgeber hat den öffentlich-rechtlichen Vertrag als Form behördlichen hoheitlichen Handelns in § 54 innerhalb gesetzlicher Grenzen (§§ 1, 2, 54 ff., hierzu differenzierend BeckOK VwVfG/Kämmerer § 54 Rn. 8 ff.; KR/Tegethoff § 54 Rn. 3 ff.) anerkannt. Mit der in sprachlicher Hinsicht zu weit gefassten Bezeichnung des „öffentlich-rechtlichen" Vertrags, dessen konkreter gegenständlicher Anwendungsbereich auf das Verwaltungsrecht beschränkt ist (KR/Tegethoff § 54 Rn. 3), wird der Verwaltung zum Verwaltungsakt eine **Handlungsalternative im Verwaltungsverfahren** an die Hand gegeben. Das VwVfG enthält indes keine allgemeine Regelung für die gesamte öffentlich-rechtliche Rechtsordnung (SBS/Bonk/Neumann/Siegel § 54 Rn. 24 ff.). Ein **öffentlich-rechtlicher Vertrag** iSd § 54 ist gegeben, wenn der Vertragsgegenstand dem öffentlichen Recht zuzuordnen ist (st. Rspr. BVerwG NVwZ 2019, 1685 (1687); BVerwG NVwZ-RR 2003, 874; BVerwGE 74, 368 (370)). Der BNetzA steht für die Erfüllung ihrer Aufgaben – nach Maßgabe der §§ 54 ff. und sofern eine Vorabbindung des Regulierungsermessens unterbleibt – auch die Handlungsform des öffentlich-rechtlichen Vertrags im Vorfeld einer **telekommunikationsrechtlichen Regulierungsverfügung** zur Verfügung (BVerwG NVwZ 2019, 549 (Ls. 4)).

Im Europarecht wird der Vertrag als Handlungsform der Rechtsakte (Art. 288 AEUV) im Primärrecht zumindest nicht explizit erwähnt. Gleichwohl ist der Vertrag als Handlungsform eine weltweit anzutreffende konsensuale Begründung von Rechten und Pflichten, wobei deren Ausschluss, nicht aber deren Anwendbarkeit begründungspflichtig wäre (vgl. → § 60 Rn. 4).

2 Zweifel an der grundsätzlichen **Zulässigkeit** eines öffentlich-rechtlichen Vertrags, an einem „unzulässigen Paktieren" (O. Mayer) zwischen hoheitlicher Verwaltung und Bürger bzw. Unternehmen im öffentlichen Recht werden in Deutschland nicht mehr erhoben; sie wären in Anbetracht der seit mehr als 40-jährigen unverändert bestehenden gesetzlichen Regelung und zahlreicher kooperativer Erscheinungsformen, wie zB den im Übrigen weltweit anzutreffenden**Public Private Partnerships** (BVerwG NVwZ 2007, 820 (820)) nicht mehr überzeugend (zur Historie vgl. SBS/Bonk/Neumann/Siegel § 54 Rn. 2 ff, Rn. 5 u. 75 ff.; MSU/Brüning/Bosesky § 54 Rn. 12 ff.).

II. Der verwaltungsrechtliche Vertrag

1. Grundlagen und Entwicklung einer Vertragstypik

3 Das auf einem **Konsens** beruhende Vertragsverhältnis ist nicht nur ein zentraler Gegenstand des Privatrechts. Vielmehr rücken vertragsbildende Elemente wie Vertrauen, das Entstehen eines Konsenses, und, im Zuge der Abwicklung eines Vertrages, **kooperatives Handeln** in das Blickfeld des öffentlichen Rechts. Erfolgreiche Kooperation verlangt ebenso wie der Konsens ein klares **gemeinsames Verständnis** über Gegenstand und Inhalt des Vertrags und seine Zielerreichung auf kooperativer Vertragsbasis. Obgleich schon im römischen Recht das öffentliche vom privaten Recht mit der Interessentheorie

(Ulpian, D. 1, 1, 1, 2.) getrennt wurde, bezeugt die auf dem Konsens beruhende Geltungskraft eines Vertrags ein über die Unterschiede der Rechtsmaterien hinausgreifendes, allgemeines **fundamentales Rechtsprinzip.**

4 Die Zulässigkeit und die Rechtmäßigkeit öffentlich-rechtlicher Verträge wird begrenzt durch entgegenstehende Rechtsvorschriften, die den Grundsatz der **Gesetzmäßigkeit der Verwaltung** (Art. 20 I und III GG) widerspiegeln (OVG Berlin-Brandenburg LKV 2007, 90 (90); BeckOK VwVfG/Kämmerer § 54 Rn. 3; KR/Tegethoff § 54 Rn. 2b). Verträge sind nur dann verboten, wenn kraft Gesetzes im öffentlichen Recht die Formulierung eines Vertrags als Handlungsform untersagt ist (Vertragsformverbot, KR/Tegethoff § 54 Rn. 1). Der Verwaltung ist es verwehrt, sich der verfassungsrechtlichen Bindung an die Gesetzmäßigkeit durch eine **„Flucht in das Vertragsrecht“** zu entziehen.

5 Die Geltung der Gesetzmäßigkeit der Verwaltung wird durch spezielle Verbote konkretisiert, die bestimmte vertragliche Vereinbarungen für nichtig erklären (§§ 59 I, 61). Soweit Verbote und andere Begrenzungen nicht eingreifen, ist die Verwaltung befugt, erstens nach pflichtgemäßem **Ermessen** zu entscheiden, ob ein Rechtsverhältnis auf dem Gebiet des öffentlichen Rechts durch Vertrag begründet, geändert oder aufgehoben werden soll und in einem zweiten Schritt ermessensfehlerfrei zu entscheiden, in welcher Weise der offenstehende **Gestaltungsrahmen** konkret genutzt werden kann.

2. Reformbedarf seit 2000

6 Ein Bedarf zur Fortentwicklung der Handlungsform des öffentlich-rechtlichen Vertrags zB bei Public Private Partnerships wird spätestens seit dem Jahr 2000 diskutiert (Schmitz NVwZ 2000, 1238 (1240); KR/Tegethoff § 54 Rn. 2a). Insgesamt hat sich Gehalt und Bedeutung des Instrumentariums „Vertrag“ für die öffentliche Verwaltung erheblich gewandelt. Heute nutzt die Verwaltung zunehmend öffentlich-rechtliche Verträge, um ihre Aufgaben in Zusammenarbeit mit anderen juristischen Personen des öffentlichen Rechts sowie mit Privatpersonen zu erfüllen. Gemessen an den Anforderungen im Verwaltungskooperationsrecht stößt die Handlungsform des öffentlich-rechtlichen Vertrags an Grenzen, die den Bedarf für eine Reform unterstreichen (hierzu Bericht und die Beschlussempfehlungen des Beirats Verwaltungsverfahrensrecht beim Bundesministerium des Innern zur Fortentwicklung der Vorschriften über den öffentlich-rechtlichen Vertrag unter Einbeziehung verwaltungsrechtlicher Kooperationsverhältnisse, NVwZ 2002, 834 ff.). Konkreter wurde dann der in 2005 vorgelegte Bund-Länder-Musterentwurf. Der **Kooperationsvertrag** soll als neuer Vertragstyp aufgenommen und der öffentlich-rechtliche Vertrag durch Beseitigung verschiedener „Nichtigkeitsfallen“ insgesamt gestärkt werden (Schmitz DVBl 2005, 17 (18, 19); Reicherzer ZRP 2004, 112 (113)). Das ÖPP-Beschleunigungsgesetz hat die keineswegs neuen Public Private Partnerships erstmals gesetzlich verankert (Byok/Müller-Kabisch KommJur 2009, 281 (287); Uechtritz/Otting NVwZ 2005, 1105 (1106); Ziekow/Windoffer NZBau 2005, 665 (671)).

7 Die Akzeptanz und die Anwendungsbreite des verwaltungsrechtlichen Vertrags in der Praxis steigen, wenn auch der VA in der Praxis das maßgebliche Instrument ist und auf unabsehbare Zeit bleiben wird. Ein Grund für die **Dominanz des VA** liegt in fundierten Regel-Routinen der Verwaltung begründet, die zu einem geringeren Aufwand und damit letztlich zur Effektivität und Effizienz führt, wie sie in § 10 zudem gefordert werden (Ziekow § 54 Rn. 3). Der personale und zeitliche Aufwand für konsensuales Handeln ist demgegenüber bedeutend höher (BeckOK VwVfG/Kämmerer § 54 Rn. 7). Dennoch können die Behörden, die Erfahrungen mit der Handlungsform des öffentlichen Vertrags gesammelt haben, Positives berichten: gerichtliche Auseinandersetzungen über öffentlich-rechtliche Verträge seien sehr selten (Ziekow § 54 Rn. 2). Indem der Gesetzgeber in der nicht immer spannungsfreien Beziehung zwischen Verwaltung und Bürger/Unternehmen ein „verträgliches" Lösungsmodell bereitstellt, wird die Entstehung von Rechtsfrieden, Rechtssicherheit und **Akzeptanz** begünstigt. Auch kooperative Handlungsformen in der Konfliktlösung, zB **Mediation** (Ortloff NVwZ 2007, 33 (34); KR/Tegethoff § 54 Rn. 8b) sind ein Beleg für ein dem Wandel unterworfenes Staat-Bürger-Verhältnisses (SBS/Bonk/Neumann/Siegel § 54 Rn. 2).

3. Inkorporiertes Vertragsrecht des BGB

8 Die Vorschriften über den öffentlich-rechtlichen Vertrag enthalten kein dem BGB vergleichbares „öffentliches Vertragsgesetzbuch". Verträge können im Rahmen des sachlichen Anwendungsbereichs des VwVfG (§§ 1, 2) dann geschlossen werden, wenn Rechtsvorschriften dem Vertrag nicht entgegenstehen (§ 54 I).

9 Das allgemeine **Vertragsrecht des BGB** gilt für Entstehung und Abwicklung ergänzend (§§ 59 I, 62 S. 2). Damit werden die zivilrechtliche Vertragsrechtsdogmatik und weitere strukturbildende Prinzipien des BGB in den öffentlich-rechtlichen Vertrag inkorporiert. Dazu gehören ua die Trennung zwischen dinglicher und schuldrechtlicher Wirkung, zwischen Verpflichtungs- und Verfügungsgeschäft sowie der Frage nach der dem Vertag zugrundeliegenden causa, dem Rechtsgrund des Verpflichtungsgeschäftes, die den rechtlichen Grund, die causa, für das „Behalten dürfen" einer Leistung abgibt (§ 812 I 1 Alt. 1 BGB) und die allgemeinen Auslegungsregeln der §§ 133, 157 BGB (VG Karlsruhe NVwZ 2022, 1663).

4. Die Trias der Teilrechtsordnungen

10 Insgesamt wird das öffentlich-rechtliche Vertragsrecht durch **3 Teilrechtsordnungen** beeinflusst, die sich aus dem vorrangigen bzw. ergänzenden öffentlichen Fachrecht, den speziellen Regelungen zum öffentlich-rechtlichen Vertrag nach §§ 54–62 und aus den ergänzend geltenden Normen des BGB ergeben. Die Normentrias lautet: **Fachrecht, VwVfG und BGB** (SBS/Bonk/Neumann/Siegel § 54 Rn. 4). Die auf einer horizontalen Ebene angesiedelten Teilrechtsordnungen (Fachrecht/VwVfG/BGB) sind darüber hi-

naus, wie jede andere Norm, eingebettet in das nationale Verfassungsrecht und in das (vertikal wirkende) europäische Unionsrecht (SBS/Bonk/Neumann/Siegel § 54 Rn. 4), was insbes. bei der unionsrechtlich gebotenen **richtlinienkonformen Auslegung** zivilrechtlicher Begriffe, die durch den öffentlich-rechtlichen Vertrag in ein Verwaltungsverfahren inkorporiert werden, zu beachten bleibt (zu jüngeren Entwicklungen in der Rspr. des BGH zu dem Problemkreis, siehe etwa Grüneberg NJW 2024, 993) (vgl. → § 62 Rn. 6).

III. Vertragsarten

1. Vergleichs- und Austauschvertrag

Das VwVfG enthält keinen Numerus clausus öffentlich-rechtlicher Vertragstypen (BeckOK VwVfG/Kämmerer § 54 Rn. 2, 76; KR/Tegethoff § 54 Rn. 2). Der Gesetzgeber hat lediglich den **Vergleichs- und den Austauschvertrag** geregelt. Ein dem BGB vergleichbares System bestimmter Vertragstypen fehlt. 11

Ein **Vergleichsvertrag** ist nach § 55 eine Vereinbarung, durch die eine bei verständiger Würdigung des Sachverhalts oder der Rechtslage bestehende Ungewissheit durch gegenseitiges Nachgeben beseitigt wird. Im Mittelpunkt steht nicht der Leistungsaustausch sondern die Konfliktlösung (OVG Bautzen BeckRS 2017, 117955 (Rn. 27); KR/Tegethoff § 54 Rn. 51). 12

Der **Austauschvertrag** ist nach § 56 ein Vertrag, in dem sich der Vertragspartner der Behörde zu einer Gegenleistung verpflichtet, wenn die angemessene Gegenleistung für einen bestimmten Zweck im Vertrag vereinbart wird und der Behörde zur Erfüllung ihrer öffentlichen Aufgaben dient. In der Praxis handelt es sich üblicherweise um einen zweiseitig verpflichtenden Vertrag, bei dem die Gegenleistung mit einer von der Behörde zu erbringenden Leistung in einem Gegenseitigkeitsverhältnis (Synallagma) steht (KR/Tegethoff § 54 Rn. 51a), so zB einer **Kostenübernahmevereinbarung** für die Verlegung von Telekommunikationsleitungen (OVG Bautzen BeckRS 2017, 135802 (Rn. 38)). 13

§ 56 kommt auch auf sog **„hinkende Austauschverträge"** (vgl. → § 56 Rn. 4) zur Anwendung, in denen lediglich für eine Vertragspartei die Leistung fixiert wird, während die andere Partei eine Leistung in Aussicht stellt, ohne sich zu einer Leistung in dem Vertrag zu verpflichten (BVerwG NVwZ 2019, 549 (558); KR/Tegethoff § 54 Rn. 51a; Knack/Henneke/Schliesky § 54 Rn. 73). 14

2. Koordinations- und subordinationsrechtlicher Vertrag

Ein weiterer normativer Ansatz zur Typisierung öffentlich-rechtlicher Verträge liegt dem **zweigeteilten Regelungskonzept** zugrunde, das auf der Unterscheidung zwischen einem sog koordinationsrechtlichen und einem subordinationsrechtlichen Vertrag beruht. Während §§ 57, 58, 59 I und III, 60 und 62 für sämtliche Verträge gelten und damit einen „koordinationsrecht- 15 lichen“ Akzent aufweisen, finden §§ 55, 56, 59 II und 61 nur auf Verträge nach § 54 S. 2 Anwendung, deren Charakter „subordinationsrechtlicher“ Natur ist (Ziekow § 54 Rn. 25; BeckOK VwVfG/Kämmerer § 54 Rn. 6).

16 Ein **subordinationsrechtlicher Vertrag** liegt vor, wenn ein Verwaltungsträger einen Vertrag schließt, anstatt einen VA zu erlassen (§ 54 S. 2). Zu den subordinationsrechtlichen Verträgen zwischen Staat und Privaten gehören zB folgende Verträge: Erschließungsvertrag (§ 124 BauGB), Vertrag über die Ablösung des Erschließungsbeitrags nach § 133 III 5 BauGB (hierzu BVerwG NVwZ 1991, 1096), Vertrag über eine sog „freiwillige Umlegung“ (BVerwG NJW 1985, 989), Sanierungsvertrag zwischen der Gemeinde und einem Sanierungsträger (§ 157 BauGB), Vertrag über die befristete Duldung eines Schwarzbaus oder sonstiger rechtswidriger Zustände (Knack/Henneke/Schliesky § 54 Rn. 60). Zu dem Typus **subordinationsrechtlicher Vertrag** zwischen staatlichen Stellen zählen zB Verträge im Rahmen der Kommunalaufsicht oder sonstiger staatlicher Aufsichtsverhältnisse (KR/Tegethoff § 54 Rn. 47).

17 Die Interpretation der Textstelle „an den sie **sonst** einen VA richten würde“ (§ 54 S. 2) ist umstritten (BeckOK VwVfG/Kämmerer § 54 Rn. 82; KR/Tegethoff § 54 Rn. 48). Es stellt sich die Frage, ob **vertragliche Inhalte** nur dann vereinbart werden dürfen, die rechtmäßigerweise auch **Gegenstand eines VA** hätten sein können. Das BVerwG hat zu einer gleichlautenden Bestimmung im bayerischen VwVfG ausgeführt (BVerwG NVwZ 2000, 1285 (1286) mwN), dass das Wort „sonst“ im letzten Halbsatz der Vorschrift nicht bedeutet, dass die Behörde im Zeitpunkt des Vertragsabschlusses (noch) befugt gewesen sein muss, die vom Bürger zu erbringende Leistung mit demselben Inhalt durch VA festzusetzen. Dafür spricht auch die Gesetzesbegründung der Bundesregierung (vgl. BT-Drs. 7/910, 79 f.), die das Wesen des subordinationsrechtlichen Vertrages im Unterschied „zum typischen Gesetzesvollzug“ darin sieht, dass erst der Konsens der Vertragspartner eine Lösung ermögliche, „für die der strenger gebundene und mithin weniger elastische VA versagen müsste“. Nach der Rechtsprechung (vgl. BVerwG NVwZ 2000, 1285 mwN) genügt es demzufolge, dass die Behörde anstelle des Vertragsschlusses, den Vertragsgegenstand auch durch VA oder andere einseitig-hoheitliche Maßnahmen hätte regeln können. Nicht erforderlich ist hiernach, dass ein VA mit genau demselben Inhalt hätte erlassen werden können (BeckOK VwVfG/Kämmerer § 54 Rn. 84). Ausreichend ist es, wenn formal auch der Erlass eines VA statt eines öffentlich-rechtlichen Vertrags hätte erwogen werden können, ohne dass die materiellen Inhalte eines VA mit denen eines Vertrages hätten übereinstimmen müssen.

18 **Koordinationsrechtliche Verträge** werden definiert als öffentlich-rechtliche Verträge zwischen Verwaltungsträgern, zwischen solchen und Bürgern sowie zwischen Bürgern, bei denen bezüglich des Vertragsgegenstandes kein Über- und Unterordnungsverhältnis besteht (BeckOK VwVfG/Kämmerer § 54 Rn. 85; KR/Tegethoff § 54 Rn. 47), wie zB baurechtliche Verträge zwischen Hoheitsträgern über einen gemeinsamen **Flächennutzungsplan** (§ 204 BauGB), einem Gebietsveränderungsvertrag zwischen Gemeinden (BeckOK VwVfG/Kämmerer § 54 Rn. 85.1), einer **Kreuzungsverein-**

barung im Eisenbahnrecht (OVG Bautzen BeckRS 2019, 2176 (Rn. 43)), einem **Stipendienvertrag** (OVG Lüneburg BeckRS 2019, 5383),ein Vertrag zwischen einer Gemeinde und einem Energieversorgungsunternehmen über die Errichtung einer Freileitung (hierzu VGH Mannheim NVwZ-RR 1998, 351), ein **Betriebsträgerschaftsvertrag** über eine Kindertageseinrichtung (OVG Bautzen BeckRS 2023, 40563 Rn. 39) bzw. ein Betreibervertrag (BGH NVwZ 2023, 660 (664) – Obdachlosenwohnheim) und die **Übertragung von Rettungsdienstleistungen** (OVG Lüneburg BeckRS 2021, 15322 Rn. 32).

Ein Vertrag ist nicht allein deshalb schon privatrechtlicher Natur, weil an 19 ihm **zwei Rechtssubjekte privaten Rechts** beteiligt sind. Ein koordinationsrechtlicher öffentlich-rechtlicher Vertrag zwischen Privaten liegt nämlich dann vor, wenn eine konkrete öffentlich-rechtliche Verpflichtung den Vertragsgegenstand bildet (BeckOK VwVfG/Kämmerer § 54 Rn. 85.3; KR/Tegethoff § 54 Rn. 7).

IV. Entstehungsvoraussetzungen des öffentlich-rechtlichen Vertrages

1. Entschließungsermessen der Behörde

Die Behörde hat im Verwaltungsverfahren zunächst die Entscheidung zu 20 treffen, welche der alternativen Handlungsformen (VA oder öffentlich-rechtlicher Vertrag, § 9) der Entscheidung zu Grunde zu legen ist. Eine gesetzliche Pflicht zum Abschluss eines öffentlich-rechtlichen Vertrages besteht nicht (BeckOK VwVfG/Kämmerer § 54 Rn. 30). Die Behörde hat, sofern keine den Vertrag ausschließenden Gründe (Vertragsformverbote) greifen, ein **Entschließungsermessen** (→ § 40 Rn. 5) ob das konkrete Verwaltungsverfahren auf den Abschluss eines VA oder eines öffentlichen Vertrags zu richten ist. Das in S. 2 eingeräumte Ermessen gilt für sämtliche verwaltungsrechtliche Verträge; hier kann der Grundsatz der Selbstbindung der Verwaltung zu Einschränkungen führen (KR/Tegethoff § 54 Rn. 16). Mit dem Abschluss des öffentlich-rechtlichen Vertrags wird zugleich das Verwaltungsverfahren nach § 9 beendet.

2. Angebot und Annahme

Voraussetzung für den wirksamen Abschluss eines öffentlich-rechtlichen Ver- 21 trags sind zumindest zwei aufeinander bezogene und inhaltlich **korrespondierende Willenserklärungen** (Antrag und Annahme), die auf die Herbeiführung eines Rechtserfolgs gerichtet, der jeweils anderen Partei zugegangen sind und dem Schriftformerfordernis folgend schriftlich als Vertrag mit den wesentlichen, essentiellen Abreden geschlossen werden (OVG Münster JuS 2009, 955 (956)).

Für die Beurteilung eines Vertrags als ein dem öffentlichen Recht zugehö- 22 riger Vertrag rückt der Vertragsgegenstand als solcher in den Blickpunkt; er kann nicht beliebiger Natur sein. Der Vertragsgegenstand setzt Anforderungen, deren Erfüllung erst für die Komplettierung der Voraussetzungen eines öffentlich-rechtlichen Vertrags sorgt. Die Qualifizierung als öffentlich-rechtlicher Vertrag nach § 54 S. 1 ist erst dann gegeben, wenn mit dem Vertragsgegenstand ein **Rechtsverhältnis auf dem Gebiet des öffentlichen Rechts** begründet, geändert oder aufgehoben wird. Fehlt es an einer dieser Voraussetzungen, liegt ein zivilrechtlich zu beurteilender Vertrag vor.

23 Die auf den Vertragsschluss gerichteten Willenserklärungen der Amtsträger stellen **keine VA** dar; es sind öffentlich-rechtliche Willenserklärungen ohne VA-Qualität (OVG Münster NVwZ 1984, 522 (523); SBS/Bonk/Neumann/Siegel § 54 Rn. 31; KR/Tegethoff § 54 Rn. 21), die auf die Rechtsbindung eines konsensualen Vertrags und nicht auf den einseitigen imperativen Erlass einer Regelung abzielen (Knack/Henneke/Schliesky VwVfG § 54 Rn. 78). Eine Überprüfung der Ermessensentscheidung zur innerbehördlichen Entschließung über den Abschluss eines VA bleibt im Wege der allgemeinen Leistungsklage im Verwaltungsrechtsweg möglich, wenn ein subjektives Recht auf einen Vertragsschluss geltend gemacht werden kann (BeckOK VwVfG/Kämmerer § 54 Rn. 32).

24 Die aus dem BGB bekannte **Mechanik der Vertragsentstehung** gilt bei § 54 in gleichem Umfang (→ § 62 S. 2 VwVfG). Eine Besonderheit ist das Formerfordernis für den öffentlichen Vertrag, für den die **Schriftform** gilt (§ 57). Gleichwohl ist die wirksame Entstehung eines Vertrages, gleich ob mündlich, konkludent oder per E-Mail, von der Unwirksamkeit wegen eines Formmangels zu unterscheiden, der seinerseits eine vertragliche Entstehung voraussetzt (OVG Bremen BeckRS 2020, 1721 Rn. 11). Der Vertrag kommt erst zustande, wenn sich die Parteien über alle Fragen geeinigt haben, über die nach der Erklärung auch nur einer Partei eine Vereinbarung getroffen werden soll (OVG Bremen BeckRS 2009, 32578). Dissens, Anfechtung und andere die Entstehung eines Vertrags hindernde Gründe gelten auch für den öffentlich-rechtlichen Vertrag (§ 62 S. 2).

25 Ob die Willenserklärungen übereinstimmen und welchen Inhalt die Parteien vereinbart haben, kann eine Auslegung im Einzelfall erfordern. Fehlt es an hinreichend klaren Inhalten, finden §§ 133, 157 BGB als **Ausdruck allgemeiner Rechtsgrundsätze** entsprechende Anwendung. Dabei darf das Gericht nicht beim Wortlaut stehen bleiben, sondern muss gemäß § 133 BGB den wirklichen Willen der Vertragspartner erforschen (OVG Lüneburg BeckRS 2021, 15322 Rn. 33 mwNw). Ausgangspunkt der Auslegung von öffentlich-rechtlichen Verträgen ist darüber hinaus die **Gesetzesbindung der Verwaltung,** weshalb die Auslegungsregel, dass sich die Vertragsparteien im Zweifel gesetzeskonform verhalten wollen, für die öffentliche Hand in besonderem Maße gilt. Werden in einem öffentlich-rechtlichen Vertrag gesetzliche Fachbegriffe bewusst verwandt, so ist deren **fachsprachliche Bedeutung** bei der Auslegung des Vertrages zugrunde zu legen (OVG Schleswig BeckRS 2021, 50058).

26 Vertragszweck und -inhalt sind unter Berücksichtigung des erklärten Parteiwillens und unter Berücksichtigung von Treu und Glauben (§ 242 BGB) zu ermitteln. Bei **mehreren Auslegungsmöglichkeiten** eines Vertrages ist diejenige Auslegung zu wählen, die nicht zur Nichtigkeit führt, wenn sie dem objektiven Willen der Parteien nicht ausdrücklich zuwiderläuft und sich

innerhalb der Auslegungsschranken der § 133, 157 BGB hält (OVG Münster NVwZ 1992, 988 (989); SBS/Bonk/Neumann/Siegel § 54 Rn. 29 f.).

Die vertraglichen Hauptpflichten werden zudem von **Nebenpflichten** begleitet, die aus dem Grundsatz von Treu und Glauben nach 242 BGB ableitbar sind. Das aus § 242 folgende Verbot widersprüchlichen Verhaltens (venire contra factum proprium) in der Form der Verwirkung findet grundsätzlich Anwendung (OVG Bautzen BeckRS 2020, 29780 Rn. 8 – Verwirkung des Rechts auf höhere Geldleistung einer Tagespflegeperson bei abgeschlossenem öffentlich-rechtlichen Vertrag). 27

Neben dem Wortlaut und dem daraus zu entnehmenden objektiv erklärten Parteiwillen kommt es auf den mit dem Rechtsgeschäft verfolgten Zweck einer Regelung, die **beiderseitige Interessenlage** und die Begleitumstände der Vereinbarung an. Im Zweifel ist der Auslegung der Vorzug zu geben, die zu einem vernünftigen, widerspruchsfreien und den Interessen beider Vertragsparteien gerecht werdenden Ergebnis führt (BGH NJW-RR 2006, 337 (338)) und die Nichtigkeit des Rechtsgeschäfts vermeidet (OVG Magdeburg BeckRS 2015, 40789 mwN). 28

Die Rechtsfiguren des konstitutiven (abstrakten) bzw. deklaratorischen (kausalen) Schuldanerkenntnisses sind auch im öffentlichen Recht anzuerkennen. Denn es ist nicht einzusehen, weshalb es eine bereits bestehende Schuld, so sich diese ihrerseits gleichsam als „Ursprung" des Schuldanerkenntnisses als zulässig erweist, zu bestätigen oder eine neue Schuld zu begründen (VG Cottbus BeckRS 2022, 4714 Rn. 52 mwN). 29

3. Vorvertragliches Verschulden

Mit der Aufnahme von Vertragsverhandlungen in einem mit § 54 übereinstimmenden Zweck entsteht nach § 62 S. 2 iVm § 311 II BGB ein **öffentlich-rechtliches Schuldverhältnis.** Die in § 241 II, 280 I, 311 II BGB kodifizierten Grundsätze über eine Haftung aus **Verschulden bei Vertragsschluss** (culpa in contrahendo) sind auch auf die Anbahnung von öffentlich-rechtlichen Verträgen anwendbar (OVG Magdeburg BeckRS 2015, 44926; BVerwG BeckRS 2010, 46711 Rn. 6). Wer in dem anderen Vertragspartner, wenn auch unabsichtlich, einen Irrtum erregt und erkennt oder erkennen muss, dass dieser unter dem Einfluss des Irrtums zum Vertragsschluss schreitet, ist aus vorangegangenem Tun (Ingerenz) verpflichtet, den anderen Teil über seinen Irrtum aufzuklären (OVG Magdeburg BeckRS 2015, 44926). 30

Eine Verletzung von Aufklärungs- und Informationspflichten bei der Vertragsanbahnung kann folglich zu einer Schadensersatzverpflichtung auch bei einem öffentlich-rechtlichen Vertrag führen. Problematisch bleibt dann allerdings die Frage des zuständigen Gerichts. Das BVerwG hat aufgrund divergierender Entscheidungen zur Frage der **Zuständigkeit der Verwaltungsgerichtsbarkeit oder der ordentlichen Gerichtsbarkeit** insofern für Klarheit gesorgt, als dass für Ansprüche für Verschulden bei Vertragsschluss nach § 311 II BGB auf den Sachzusammenhang bei der Entstehung des Anspruchs abzustellen sei. Für Ansprüche aus Verschulden bei der Anbahnung oder dem 31

Abschluss eines öffentlich-rechtlichen Vertrags **(culpa in contrahendo)** aus Gründen, die typischerweise auch Gegenstand eines Amtshaftungsanspruchs sein können, sind die ordentlichen Gerichte zuständig (VGH Mannheim NJW 2005, 2636 (2636); BVerwG NJW 2002, 2894 (2895) im Anschluss an BGH NJW 1986, 1109 (1110)).

32 Ausnahmsweise ist der Verwaltungsrechtsweg dann gegeben, wenn ein Schadensersatzanspruch wegen Verschuldens bei Abschluss eines öffentlich-rechtlichen Vertrags im **Sachzusammenhang** mit dem Anspruch auf Erfüllung des Vertrags steht. Doch setzt der Rechtsweg zu den Verwaltungsgerichten jedenfalls voraus, dass der jeweils geltend gemachte Schadensersatzanspruch in sachlichem Zusammenhang mit Anbahnung, Abschluss oder Abwicklung eines öffentlich-rechtlichen Vertrags steht. Das gilt auch dann, wenn der Verpflichtungsvertrag sich als unwirksam herausstellt (BVerwG NJW 2002, 2894 (2895)).

33 Soweit es sich um einen Schadensersatzanspruch aus einer **nichtvertraglichen Verletzung** handelt, sind auch die ordentlichen Gerichte zuständig (BVerwG NJW 2004, 1680). Die Zuständigkeit der Verwaltungsgerichte ist dann gegeben, wenn ein Kl. die Erstattung von Leistungen verlangt, die er aufgrund eines Vertrags oder im Blick auf einen noch abzuschließenden umfassenden Vertrag erbracht hat. **Erstattungs- und Bereicherungsansprüche** stellten die Kehrseite des Leistungsanspruchs dar und sind im Verwaltungsrechtsweg zu verfolgen (BVerwG NJW 2002, 2894 (2895)). Für einen Schadensersatzanspruch wegen der Verletzung von öffentlich-rechtlichen Pflichten, die nicht auf einem öffentlich-rechtlichen Vertrag beruhen, ist gem. § 40 II 1 Hs. 1 Alt. 3 VwGO der ordentliche Rechtsweg gegeben (BVerwG NVwZ 2003, 1383).

34 Die Verletzung einer Nebenpflicht (positive Vertragsverletzung) während der Vertragsabwicklung kann zu einem Schadensersatzanspruch nach § 280 BGB auch beim öffentlich-rechtlichen Vertrag führen (VGH Mannheim NVwZ-RR 1991, 449 (450)).

4. Faktisches Vertragsverhältnis?

35 Die **Lehre vom faktischen Vertragsverhältnis** begründet im Zivilrecht einen Vertrag durch konkludentes Tun im Bereich sozialtypischen Verhaltens (etwa bei Verkehrs- und Versorgungsbetrieben, Museen, Schwimmbädern, Parkplätzen). In sachlicher Hinsicht bleibt offen, ob es außerhalb theoretischer Überlegungen einen nennenswerten praktischen Bedarf in Gestalt konkreter Sachverhalte für die Übertragbarkeit der im Zivilrecht entwickelten Lehre und deren Anerkennung „auf dem Gebiet des öffentlichen Rechts" gibt. Im Ergebnis scheitert das Zustandekommen dieser Vertragskonstruktion zumindest im Verwaltungsverfahren (nicht zwingend auch sonst im öffentlichen Recht) an einer mangelnden Schriftlichkeit nach § 57 (BeckOK VwVfG/Kämmerer § 54 Rn. 26; SBS/Bonk/Neumann/Siegel § 54 Rn. 33).

V. Verträge auf dem Gebiet des öffentlichen Rechts

1. Allgemeines

36 Voraussetzung für die Anwendbarkeit der §§ 54 ff. sind Verträge, die auf dem **Gebiet des öffentlichen Rechts** abgeschlossen werden. Maßgeblich ist folglich, ob das vertraglich zu regelnde Rechtsverhältnis, auf dessen Begründung, Änderung oder Aufhebung der Vertrag gerichtet ist, dem öffentlichen Recht zuzuordnen ist. Mitunter ist in der Praxis der Vertrag gegen andere Handlungsformen abzugrenzen, so zB gegen einen **mitwirkungsbedürftigen VA.** Bei dem mitwirkungsbedürftigen VA wird die Rechtsfolge einseitig-hoheitlich von der Verwaltung bestimmt, ohne dass während der Entstehung die rechtlich relevanten Inhalte **konsensual** abgestimmt würden. Die Abgabe der Erklärung durch den Bürger bzw. dessen sonstige Mitwirkung ist lediglich eine Wirksamkeitsvoraussetzung für den „unter Mitwirkung" zu erlassenden VA (BVerwG NVwZ 2006, 703 (705); BeckOK VwVfG/Kämmerer § 54 Rn. 34; KR/Tegethoff § 54 Rn. 24).

2. Einzelfallbezug eines Rechtsverhältnisses

37 Unter einem Rechtsverhältnis iSd § 54 S. 1 ist die sich aus einem konkreten Sachverhalt auf Grund einer öffentlich-rechtlichen Rechtsnorm ergebende rechtliche Beziehung zwischen Rechtsträgern (Personen) oder das rechtliche Zuordnungsverhältnis einer Sache zu einer Person zu verstehen. Vorausgesetzt wird ein konkretes, dh einzelfallbezogenes Rechtsverhältnis (BeckOK VwVfG/Kämmerer § 54 Rn. 38; SBS/Bonk/Neumann/Siegel § 54 Rn. 84). Die durch Vertrag gestalteten Rechtsverhältnisse sind nicht auf materiell-rechtliche Vorgänge beschränkt.

38 Ein öffentlich-rechtlicher Vertrag kann auch verfahrensrechtlicher sowie prozessualer Natur sein. Möglich sind zB Verfahrensabreden, Verträge über prozessuale Beziehungen (BeckOK VwVfG/Kämmerer § 54 Rn. 39), Vereinbarungen über die Klagerücknahme (OVG Hamburg NJW 1989, 604 f.). Ein Prozessvergleich iSd § 106 VwGO ist zugleich Prozesshandlung und öffentlich-rechtlicher Vertrag (BVerwG NJW 1990, 2700 (2702)). Der Prozessvergleich (§ 106 VwGO) mit seiner **Doppelnatur** unterliegt ebenfalls der Geltung der §§ 54 ff. (VGH Kassel BeckRS 2018, 42332; BVerwG NJW 1990, 2700 (2702)). Durch einen Prozessvergleich mit einem Dritten tritt allerdings keine Selbstbindung der Verwaltung für eine Vielzahl von Fällen ein. Die Verwaltung ist lediglich an die zwingenden Normen der öffentlich-rechtlichen Rechtsordnung gebunden und darf hiervon nicht durch die Wahl der Vertragsform abweichen (OVG Berlin-Brandenburg LKV 2007, 90 (90)).

3. Vertrag auf dem Gebiet des öffentlichen Rechts

39 Ob ein Vertrag iSd § 54 „auf dem Gebiet des öffentlichen Rechts" oder dem des Zivilrechts liegt, ist zur Vorbereitung eines gerichtlichen Verfahrens und

damit für die Bestimmung des **zulässigen Zivil- oder Verwaltungsrechtswegs** von erheblicher praktischer Bedeutung (§ 13 GVG, § 40 I 1 VwGO). Ob ein Vertrag privatrechtlicher oder öffentlich-rechtlicher Art ist, **bestimmt sich nach seinem Gegenstand und Zweck** (BVerwG NVwZ 2018, 993 (995); BGHZ 162, 78 (80) = NVwZ 2006, 243 mwN).

40 Ein Vertrag ist **dem öffentlichen Recht zuzuordnen,** wenn sein Gegenstand sich auf von der gesetzlichen Ordnung öffentlich-rechtlich geregelte Sachverhalte bezieht oder, wenn eine gesetzliche Verordnung des Vertragsgegenstandes fehlt, wenn er nach seinem Zweck in enger, unlösbarer Beziehung zur Erfüllung öffentlicher Aufgaben steht (BVerwG NVwZ 2018, 993). Für die Abgrenzung zwischen öffentlichem Recht und Privatrecht ist in einem ersten Schritt die modifizierte Subjektstheorie und die Subordinationstheorie heranzuziehen (vgl. → § 1 Rn. 10 und Rn. 25 zur cic).

41 Mitunter können sowohl zivilrechtliche als auch öffentlich-rechtliche Bestimmungen in einem gemischten Vertrag enthalten sein. Begründet ein Vertrag sowohl öffentlich-rechtliche wie bürgerlich-rechtliche Verpflichtungen, so kommt es auf die Rechtsnatur des jeweils strittigen Vertragsanspruchs an (BVerwG NVwZ 2013, 209 (211)).

4. Rechtswegzuordnung

42 Die Rspr. trifft eine Zuordnung unter Berücksichtigung der in den genannten Theorien enthaltenen Wertungen sowie danach, in welchem Rechtsgebiet der **Schwerpunkt** des jeweiligen Regelungsgegenstands zu verorten ist. Zur Abgrenzung der Rechtsgebiete hat sich eine vom BVerwG und dem BGH abgestimmte Auffassung herausgebildet: „Ob eine Streitigkeit öffentlich-rechtlich oder bürgerlich-rechtlich ist, richtet sich nach der **Natur des Rechtsverhältnisses,** aus dem der geltend gemachte Anspruch hergeleitet wird“ (stRspr BGH NVwZ 2021, 660 (664); BGH NVwZ 2009, 1054 (1054); NJW 2000, 1042; BVerwG NJW 2007, 2275 (2276); NJW 2006, 2568).

43 Dabei kommt es regelmäßig darauf an, ob die Beteiligten zueinander in einem hoheitlichen Verhältnis der Über- und Unterordnung stehen und sich der Träger hoheitlicher Gewalt der besonderen Rechtssätze des öffentlichen Rechts bedient (BVerwG NJW 2007, 2275 (2276); GmS-OGB NJW 1986, 2359 (2359) mwN). Doch kann aus einem Gleichordnungsverhältnis noch nicht ohne weiteres auf eine bürgerlich-rechtliche Streitigkeit geschlossen werden, weil auch dem öffentlichen Recht eine gleichgeordnete Beziehung zwischen Berechtigtem und Verpflichteten nicht fremd ist. So liegt es im Wesen – auch des öffentlich-rechtlichen – Vertrages, dass sich die Vertragsparteien grundsätzlich gleichgeordnet gegenüberstehen.

44 Eine öffentlich-rechtliche Streitigkeit kann aber auch auf einem Gleichordnungsverhältnis beruhen. Gleichordnungsverhältnisse sind öffentlich-rechtlich, wenn die das Rechtsverhältnis beherrschenden Rechtsnormen nicht für jedermann gelten, sondern **Sonderrecht** des Staates oder sonstiger Träger öffentlicher Aufgaben sind, das sich zumindest auf einer Seite nur an Hoheitsträger wendet“ (BVerwG NJW 2007, 2275 (2276); NJW 2006,

2568). Sind an einem streitigen Rechtsverhältnis ausschließlich Privatrechtssubjekte beteiligt, so scheidet die Zuordnung des Rechtsstreits zum öffentlichen Recht grundsätzlich aus, es sei denn, eine Partei wäre durch Gesetz oder aufgrund eines Gesetzes mit öffentlich-rechtlichen Handlungs- oder Entscheidungsbefugnissen ausgestattet und gegenüber der anderen Partei als **beliehenes Unternehmen** tätig geworden (BGH NJW 2000, 1042 (1042)). Dabei ist für den öffentlich-rechtlichen Vertrag zwischen einem Träger öffentlicher Verwaltung und einer Privatperson typisch, dass er an die Stelle einer sonst möglichen Regelung durch VA tritt (BGH NVwZ 2009, 1054 (1055); GmS-OGB NJW 1986, 2359 (2359)).

Für den Zahlungsanspruch, den ein Betreiber von Obdachlosenunterkünften aus einem an ihn gerichteten, die Beherbergung eines Flüchtlings betreffenden „Kostenübernahmeschein" eines öffentlichen Leistungsträgers ableitet, ist in der Regel nach § 51 I SGG der **Rechtsweg zu den Sozialgerichten** gegeben (BGH NVwZ 2021, 660). 45

5. Öffentlich-rechtliche Vertragstypen im Fachrecht

Insbesondere im **Baurecht** finden sich zahlreiche Beispiele für typisierte Verträge, die im Kontext mit den jeweiligen Fachaufgaben stehen und dementsprechende Funktionen erfüllen. Hervortritt der **städtebauliche Vertrag** nach § 11 BauGB(zu gemeindlichen Interessen vgl. Schwemer NVwZ 2022, 1166). Städtebaulich ist ein Vertrag, wenn er sich auf Regelungen oder Maßnahmen des Städtebaurechts bezieht (BeckOK BauGB/Hoffmann BauGB § 11 Rn. 7 ff.). 46

Abzugrenzen ist der städtebauliche Vertrag gegen den **Erbbaurechtsvertrag,** der zwar der Erfüllung öffentlicher Aufgaben dient, aber überwiegend privatrechtlicher Natur ist (BGH NZM 2024, 201 (204 mwN). 46a

er überwiegende Teil der in § 11 I 2 BauGB genannten Vertragstypen ist wegen der damit verbundenen städtebaulichen Zielsetzungen öffentlich-rechtlicher Natur. Allein aus der Tatsache, dass der städtebauliche Vertrag in § 11 BauGB und damit im öffentlichen Recht geregelt ist, folgt jedoch keineswegs automatisch, dass es sich um einen öffentlich-rechtlichen Vertrag handelt, es kann sich auch um einen zivilrechtlichen Vertrag handeln (BVerwG NJW 1993, 2695 (2697)). Im Einzelfall kommt es auf den konkreten Gegenstand des Vertrages und dessen Zuordnung zum öffentlichen oder privaten Recht an. Maßgeblich sind die jeweiligen vertraglich übernommenen Verpflichtungen (GmS-OBG NJW 1986, 2359 (2359)). 47

Städtebauliche Verträge können sowohl öffentlich-rechtliche als auch zivilrechtliche Bestandteile enthalten (BVerwG NVwZ 1994, 1012 (1012)). Einen Überblick über die Rspr. zum städtebaulichen Vertrag vermittelt Busse KommJur 2009, 241, während Lorz DÖV 2002, 177 auf die Unzulänglichkeiten des öffentlichen Vertragsrechts am Beispiel des städtebaulichen Vertrags eingeht. Weitere praxisrelevante Vertragstypen sind zB der **Erschließungsvertrag** nach § 124 BauGB (hierzu OVG Lüneburg NVwZ-RR 2009, 260; BVerwG NVwZ 2008, 212), der **Durchführungsvertrag** nach § 12 I 1 BauGB (hierzu BVerwG NVwZ 2007, 825; BauR 2004, 975) und der 48

Folgekostenvertrag als städtebaulicher Vertrag (hierzu BVerwG NVwZ 2009, 1109).

49 Unter dem Eindruck der von den Vereinten Nationen am 25.9.2015 beschlossenen Globalen Agenda 2030 und den **17 Nachhaltigkeitszielen** (Sustainable Development Goals) sowie dem Europäischen Green Deal wird zunehmend die Frage aufgeworfen, was Städte tun können, um klimaresilient (er) zu werden (Köck/Neubauer/Dahms NVwZ 2024, 296; Mitschang ZfBR 2020, 613).

50 Eine kommunalpolitische Eingliederungsvereinbarung ist ein öffentlich-rechtlicher Vertrag zwischen zwei Kommunen mit dem Ziel, eine Gemeinde in eine andere einzugliedern bzw. einzugemeinden. Dabei handelt es sich um eine Vereinbarung, die keine Wirkungen zu Gunsten oder zu Lasten Dritter entfaltet. Die Institute des Vertrages zu Gunsten Dritter und des Vertrages zu Lasten Dritter passen nicht auf eine Eingliederungsvereinbarung (OVG Bautzen KommJur 2014, 143 (144)).

6. Privatrechtliche Verträge

51 Zur Kategorie des Privatrechts zählen: **Vergabeverträge** (hierzu BVerwG NVwZ 2007, 820), der Erbbauvertrag (BGH NZM 2024, 201 (204),**fiskalische Hilfsgeschäfte,** wie zB Einkauf von Büromaterial (Burgi NZBau 2009, 609 (621); BeckOK VwVfG/Kämmerer § 54 Rn. 61; KR/Tegethoff § 54 Rn. 39). Dienstleistungskonzessionen, auf die das GWB-Vergaberecht keine Anwendung findet, oder andere Formen öffentlicher Aufträge (Forschungsaufträge, Gutachterverträge) stellen je nach Inhalt Dienst- oder Werkverträge dar (BeckOK VwVfG/Kämmerer § 54 Rn. 60; KR/Tegethoff § 54 Rn. 38 f.).

VI. Entgegenstehende Rechtsvorschriften

1. Allgemeines

52 Nach § 54 S. 1 Hs. 2 darf ein öffentlich-rechtlicher Vertrag nur geschlossen werden, „soweit Rechtsnormen nicht entgegenstehen“, dh, wenn er mit der Rechtsordnung konform ist (BeckOK VwVfG/Kämmerer § 54 Rn. 64). Die Rechtsfolge eines Verstoßes gegen den Vorbehalt des § 54 S. 1 Hs. 2 ergibt sich **nicht** aus der Vorschrift selbst. Insoweit ist vielmehr auf § 59 abzustellen (VGH Mannheim NVwZ-RR 2017, 957 (959)).

53 Rechtsvorschriften stehen vertraglichen Vereinbarungen nach § 54 S. 1 dann entgegen, wenn sie das Verwaltungshandeln im Konsens ausschließen, ganz oder teilweise beschränken oder wenn bereits das Tätigwerden einer Behörde als solches unzulässig ist (BeckOK VwVfG/Kämmerer § 54 Rn. 64; KR/Tegethoff § 54 Rn. 41). Die rechtliche Ausgestaltung des Mitbenutzungsregimes im Sinne des § 6 IV 5 VerpackV ist keinem verwaltungsrechtlichen Handlungsformgebot unterstellt worden. Regeln Entsorgungsträger und Systembetreiber die Mitbenutzung öffentlicher Entsorgungseinrichtun-

gen in einem verwaltungsrechtlichen Vertrag, sind §§ 54ff. zu beachten (VGH Mannheim ZUR 2012, 685 (687)).

Einen auf einen Vertragsschluss gerichteten Konsens als Handlungsform stehen im öffentlichen Recht fachgesetzliche Verbotsvorschriften entgegen, überhaupt in Form eines Vertrages § 54 S. 1 Hs. 2 handeln zu dürfen. Es handelt sich dabei um bestimmte Rechtsmaterien, die dem konsensualen Handeln entzogen sind (sog **Vertragsformverbote**). Auf einer zweiten Ebene sind nach § 59 zur Nichtigkeit führende **unzulässige Vertragsinhalte** und das **Schriftformerfordernis** nach § 57 „entgegenstehende Rechtsnormen". 54

2. Vertragsformverbote

Ein Vertragsformverbot liegt vor, wenn der Einsatz des öffentlich-rechtlichen Vertrages als Handlungsform im Verwaltungsverfahren in bestimmten Rechtsbereichen – ohne Rücksicht auf den Vertragsinhalt – als solcher unzulässig ist (BeckOK VwVfG/Kämmerer § 54 Rn. 66). 55

Vertragsformverbote sind im Fachrecht anzutreffen. In der Regel handelt es sich um Materien, für die zur Begründung und Änderung eines Rechtsverhältnisses ein VA vorgeschrieben ist, wie zB im Beamtenrecht bei der Ernennung eines Beamten durch VA (zB § 10 II BBG) oder bestimmte Handlungen generell einem Vertrag entziehen, wie zB bei der Bundesbeamtenbesoldung § 2 II BBesG. Entsprechendes gilt bei der Verleihung und dem Entzug der deutschen Staatsangehörigkeit, die nur durch VA verfügt werden darf (§§ 16, 23 StAG). 56

3. Unzulässige Vertragsinhalte

Die Unzulässigkeit von Vertragsinhalten bestimmt sich nach § 59 I iVm §§ 134, 138 BGB ff. oder nach § 59 II. Für die Schriftform gilt § 57 als lex specialis gegenüber § 125 BGB (BeckOK VwVfG/Kämmerer § 54 Rn. 74). 57

VII. Moderne Kooperationsformen

1. Öffentlich-rechtlicher Vertrag und Mediation

Mediation ist eine Form der Konfliktlösung, in der ein neutraler Dritter, der Mediator, die Verhandlung zwischen den Streitbeteiligten nicht norm-, sondern interessenorientiert leitet. Der Gesetzgeber hat mit dem am 26.7.2012 in Kraft getretenen Gesetz zur Förderung der Mediation und anderer Verfahren der außergerichtlichen Konfliktbeilegung auch § 173 S. 1 VwGO geändert, sodass die **gerichtsnahe Mediation** auch im Verwaltungsprozess gilt (NK-VwGO/Schmid VwGO § 173 Rn. 2). Gem. § 173 VwGO iVm § 278a I ZPO kann das Gericht den Beteiligten eine Mediation oder ein anderes Verfahren der außergerichtlichen Konfliktbeilegung vorschlagen. Wenn sich die Beteiligten für eine Konfliktlösung durch Mediation oder eines anderen Verfahrens der außergerichtlichen Konfliktbeilegung entscheiden, 58 ordnet das Gericht das Ruhen des Verfahrens an. Die außergerichtliche Mediation und die Pflichten eines außergerichtlichen Mediators sind seit 2012 im Mediationsgesetz geregelt (BeckOK VwGO/Wolff VwGO § 173 Rn. 20). Das Gericht wird dann das Ende der Bemühungen über eine außergerichtliche Konfliktlösung abwarten. Je nach Vertragsgegenstand kann die Mediation auch in Form eines öffentlich-rechtlichen Vertrags abgeschlossen werden. Es kommt dabei auf die jeweiligen **Umstände des Einzelfalls** an (KR/Ramsauer Einf. I Rn. 76 ff., 85; SBS/Schmitz § 9 Rn. 190 ff.).

2. Public Private Partnership

59 Der Begriff „Public-Private-Partnership" (Öffentliche Private Partnerschaften) bezeichnet eine vertiefte Zusammenarbeit zwischen Organisationseinheiten der öffentlichen Hand und privaten Organisationseinheiten (OLG Jena NZBau 2007, 730 (732); EuGH NVwZ 2005, 187 (189); KR/Tegethoff § 54 Rn. 40b) zur Durchführung öffentlicher Aufgaben. Die Art und Weise der Kooperation zeigt sich in der Praxis in mannigfaltiger Gestalt. Es fehlt an einem einheitlichen Leitmodell. Typisch für die PPP sind eine weitgehende Offenheit und Flexibilität der organisatorischen und beschaffungsrechtlichen Rahmenbedingungen.

60 Es haben sich in der Praxis **verschiedene Betreibermodelle** entwickelt, wie zB Inhabermodell, Erwerbermodell, Leasingmodell, Vermietungsmodell, Contractingmodell, Konzessionsmodell usw, an die jeweils besondere rechtliche, finanzielle und betriebswirtschaftliche Folgen geknüpft sind (OLG Jena NZBau 2007, 730 (732)). Public Private Partnerships zeigen sich als vielgestaltiges Phänomen für eine Vielzahl von Kooperationsverhältnissen zwischen staatlichen Stellen und der Privatwirtschaft. Bereiche eines solchen Zusammenwirkens mit Privaten sind zB: Straßenverkehrsinfrastruktur, der öffentliche Hochbau, Logistik im Wehrbereich, Energieversorgung und Entsorgung, öffentlicher Personennahverkehr, Bildung und Wissenschaft, das E-Government, Stadt- und Regionalentwicklung, Wirtschaftsförderung, Tourismus, Errichtung und Betrieb von Freizeit-, Sport und Kultureinrichtungen, Umweltschutz, Soziales sowie die innere Sicherheit. Ein Schwerpunkt in jüngster Zeit beruht auf der Frage, ob und inwieweit derartige Projekte dem Vergaberecht unterliegen (Just EuZW 2009, 879 (880)). Diesen vornehmlich im **Infrastrukturbereich** angesiedelten Projekten liegen umfangreiche Vertragsregelungen zugrunde, die unterschiedlichen Modellen folgen. Ob es noch zu Formen einer informellen Zusammenarbeit ohne bindenden Charakter kommt, bleibt bei der rechtlichen Fragilität dieser Kooperationen eher zweifelhaft; informelle Absprachen dürften bei echten PPP in der Praxis ausgeschlossen sein. Die Rechtsnatur der zumeist außerordentlich umfangreichen vertraglichen Absprachen ist abhängig vom Gegenstand der jeweiligen Verträge; treffen sie die in § 54 S. 1 genannten Voraussetzungen, so ist eine Zuordnung einfach.

61 In der Regel dienen die Verträge öffentlichen Aufgaben, ohne dass der Vertragsgegenstand **zwingend** auf dem Gebiet des öffentlichen Rechts liegt. Allein die bloße Erfüllung **öffentlicher Aufgaben** begründet den öffent-

lich-rechtlichen Charakter indes noch nicht (BeckOK VwVfG/Kämmerer § 54 Rn. 62; KR/Tegethoff § 54 Rn. 40b). Charakteristisch für sämtliche Modelle ist ein **ganzheitlicher Ansatz:** es geht um die Verteilung von Verantwortung für die Erfüllung öffentlicher Aufgaben im Rahmen eines kooperativen Zusammenwirkens zwischen Privaten und dem Staat. PPP-Projekte sind im Wesentlichen durch zwei Elemente gekennzeichnet: die **Ersetzung oder Ergänzung öffentlicher Aufgabenerfüllung** durch Private bei **fortbestehender Aufgabenverantwortung der öffentlichen Hand** (hierzu Kollewe/Mösinger VerwArch 2009, 98 = LSK 2010, 010713; Battis/Kersten LKV 2006, 442 (446); Peters/Horn BB 2005, 2421; Ziekow/Windoffer NZBau 2005, 665 (667)).

Die Schwierigkeit einer eindeutigen rechtlichen Zuordnung besteht in der Dynamik und in der Komplexität des gesamten Vorgangs, der in einem bisher nicht gekannten Ausmaß private und öffentlich-rechtliche Aufgaben und Funktionen miteinander verschränkt. Überzeugend erscheint der Ansatz zu sein, PPP weniger als ein Phänomen zu sehen, das eine statisch ruhende Definition erlaubt, als vielmehr das PPP als zweckorientierte, dynamische **Modernisierungsstrategie** zu begreifen. Das in 2005 auf den Weg gebrachte ÖPP-Beschleunigungsgesetz, ein Artikelgesetz (Gesetz zur Beschleunigung der Umsetzung von Öffentlichen Privaten Partnerschaften und zur Verbesserung gesetzlicher Rahmenbedingungen für Öffentlich Private Partnerschaften v. 1.9.2005 (BGBl. I 2676) ist für die hier vorliegende Frage nicht ergiebig (Ziekow/Windoffer NZBau 2005, 665 (671)). **62**

Für die Frage, ob es sich bei den unterschiedlichen Vertragsmodellen um **öffentlich-rechtliche oder zivilrechtliche Verträge** handelt, wird es auf den **Einzelfall** und dabei vor allem darauf ankommen, ob hoheitliche Befugnisse aus dem Gebiet des öffentlichen Rechts berührt werden (Knack/Henneke/Schliesky Vor § 54 Rn. 58; KR/Ramsauer Einf. I Rn. 89b; § 54 Rn. 40d). **63**

§ 55 Vergleichsvertrag

Ein öffentlich-rechtlicher Vertrag im Sinne des § 54 Satz 2, durch den eine bei verständiger Würdigung des Sachverhalts oder der Rechtslage bestehende Ungewissheit durch gegenseitiges Nachgeben beseitigt wird (Vergleich), kann geschlossen werden, wenn die Behörde den Abschluss des Vergleichs zur Beseitigung der Ungewissheit nach pflichtgemäßem Ermessen für zweckmäßig hält.

Übersicht

Rn.
I. Bedeutung ... 1
II. Anwendungsbereich ... 4
1. Anwendungsbereich ... 4
2. Vergleich im Verfahren ... 8
3. Doppelnatur des gerichtlichen Vergleichs ... 9

	Rn.
III. Voraussetzungen des Vergleichs	10
1. Begriff des Vergleichs	10
2. Gegenseitiges Nachgeben	13
3. Ungewissheit bei den Beteiligten über die Sach- und Rechtslage	17
4. Ermessen zum Abschluss eines Vergleichs	21
IV. Fehler des Vergleichsvertrags	22

I. Bedeutung

1 Ein öffentlich-rechtlicher Vertrag iSd § 54 S. 2, durch den eine bei verständiger Würdigung des Sachverhalts oder der Rechtslage bestehende Ungewissheit durch gegenseitiges Nachgeben beseitigt wird (Vergleich), kann geschlossen werden, wenn die Behörde den Abschluss des Vergleichs nach pflichtgemäßem Ermessen für zweckmäßig hält (§ 55). Entgegenstehende Vorschriften iSv § 54 S. 1 sind dabei nicht nur solche, die ein ausdrückliches Vertragsformverbot aussprechen, sondern auch solche, aus deren **Sinn und Zweck** sich ein entsprechendes Verbot ableiten lässt (BGH NVwZ-RR 2022, 579 (580 mwN).

1a Bei der Auslegung von Rechtsvorschriften, die als Vertragsformverbote in Betracht kommen, muss allerdings beachtet werden, dass § 54 den Behörden bei der Ausübung ihrer öffentlich-rechtlichen Verwaltungstätigkeit den öffentlich-rechtlichen Vertrag als Handlungsform für den Regelfall zur Verfügung stellt, so dass **Vertragsformverbote** als Ausnahme von diesem Grundsatz **eng auszulegen** sind. Nach diesen Grundsätzen stehen § 29 I, § 28a EnWG iVm Art. 36 VI bis IX GasRL, § 54, § 59 I 1 und II EnWG – auch wenn diesen Vorschriften kein ausdrückliches Vertragsformverbot zu entnehmen ist – einer Befugnis der BNetzA zum Abschluss eines öffentlich-rechtlichen Vergleichsvertrags nach § 55 entgegen. Ein solcher Vertrag ist nicht nur rechtswidrig, sondern nach Sinn und Zweck dieser Vorschriften gem. § 59 nichtig. (BGH NVwZ-RR 2022, 579 (581 mwN).

1b Die Behörde hat nach pflichtgemäßer Ermessensausübung („kann") die Befugnis, im Falle objektivierbarer („verständiger Würdigung") tatsächlicher rechtlicher Ungewissheit einen Vergleich auf der Basis gegenseitigen Nachgebens mit einem Beteiligten zu schließen, an den sie sonst einen VA richten würde (§ 55). Die Norm enthält eine Legaldefinition des Vergleichs im Verwaltungsverfahren. Zugleich werden die Voraussetzungen benannt, die ein „VA-Surrogat-Vertrag" (SBS/Bonk/Neumann/Siegel § 55 Rn. 12) bzw. ein subordinationsrechtlicher Vergleichsvertrag im Sinne von § 54 S. 2 zu erfüllen hat.

2 Der Wirkung eines Vergleichs kann eine schuldumschaffende Wirkung im Sinne einer **Novation** zu Eigen sein. Sofern der ausdrücklich erklärte Parteiwille oder die Umstände ein anderes ergeben, lässt der Vergleich zumindest nach zivilrechtlichem Verständnis das **ursprüngliche Rechtsverhältnis** weiterbestehen (BGH NJW-RR 1987, 1426 (1427)), wirkt also nicht schuldumschaffend (BGH NJW 2003, 3345 (3346 f.); NJW 2002, 1503 (1503)).

Im europäischen Unionsrecht existiert keine positive Regelung über Vergleichsverträge (Stelkens EuZW 2005, 299 (301); KR/Tegethoff § 55 Rn. 3a), die bereits im römischen Recht in erster Linie als **transactio** bzw. als **aquilianische Stipulation** bekannt waren (vgl. Corpus Iuris Civilis, Band II, Digesten (Hrsg.: Behrends, Knütel, Kupisch, Seiler) D 2, 15, 1, 4 und 7). Der Vergleich entspricht auf diesem Hintergrund einem gewohnheitsrechtlich begründeten (ungeschriebenen) Institut, das in das **europäische Unionsrecht** inkorporiert ist (BeckOK VwVfG/Spieth § 55 Rn. 6; SBS/Bonk/Neumann/Siegel § 55 Rn. 47 ff.; zudem Knütel JuS 1996, 768 ff.). 3

II. Anwendungsbereich

1. Anwendungsbereich

§ 55 ist im Rahmen von § 1, 2 unmittelbar anwendbar auf subordinationsrechtliche Verfahrenslagen, soweit keine spezielleren fachgesetzlichen Normen oder öffentlich vertragsrechtliche Rechtsvorschriften entgegenstehen (→ § 54 Rn. 1). 4

Vergleichsverträge sind grundsätzlich im einfachen sowie im förmlichen Verfahren und während jedes Verfahrensschritts zulässig, und zwar im Ausgangsverfahren, im Widerspruchsverfahren sowie im Gerichtsverfahren als Prozessvergleich (BeckOK VwVfG/Spieth § 55 Rn. 11). Ein Vergleichsvertrag iSd § 55 kann zugleich ein Austauschvertrag sein (BeckOK VwVfG/Spieth § 55 Rn. 28). Ein gegenseitiges Entgegenkommen im Rahmen des ohnehin erforderlichen gegenseitigen Nachgebens entspricht noch nicht den an einen Leistungsaustausch iSd § 56 zu stellenden Anforderungen (KR/Tegethoff § 55 Rn. 8). Liegt jedoch ein Vertrag vor, der – zulässigerweise – Elemente des Vergleichs und des Austauschs kombiniert, sind sowohl die Wirksamkeitsvoraussetzungen nach § 55 als auch nach § 56 zu erfüllen (BeckOK VwVfG/Spieth § 55 Rn. 28; KR/Tegethoff § 55 Rn. 5). 5

Obgleich die Bestimmungen in § 55 nur auf subordinationsrechliche Verträge bezogen sind, kann das Institut des Vergleichs als Ausdruck eines allgemeinen Rechtsgrundsatzes auch auf andere Rechtsbeziehungen, zB zwischen Hoheitsträgern untereinander in Analogie zur Anwendung gelangen (KR/Tegethoff § 55 Rn. 3, 5; aA Ziekow § 55 Rn. 4). Der in § 55 enthaltene allgemeine Rechtsgedanke der Vorschrift ist ferner analog auf koordinationsrechtliche öffentlich-rechtliche Verträge anwendbar (OVG Saarlouis BeckRS 2007, 28083; BeckOK VwVfG/Spieth § 55 Rn. 12; SBS/Bonk/Neumann/Siegel § 55 Rn. 9; KR/Tegethoff § 55 Rn. 5). 6

Die **Grenzen der Zulässigkeit** eines Vergleichs ergeben sich neben gesetzlichen Beschränkungen nach § 59, 57, 62 (OVG Hamburg DVBl 2008, 1202 Ls. = BeckRS 2008, 37943) und Vertragsformverboten unmittelbar aus verfahrensrechtlich eingebetteten Grundrechten Dritter, zB in Verfahren unter Beteiligung der Öffentlichkeit. Rechte Dritter werden in Verwaltungsverfahren durch besondere Verfahrensgestaltungen (zB Einwendungen, Anhörungen, Erörterung) geschützt (SBS/Bonk/Neumann/Siegel § 55 Rn. 19). 7

Ein Vertrag zu Lasten Dritter ist auch im öffentlichen Recht unwirksam (vgl. § 58 I).

2. Vergleich im Verfahren

8 Der Vergleichsvertrag ist sowohl Verfahrenshandlung iSd § 9 als auch ein materiell-rechtlicher Vertrag und hat insofern eine **Doppelnatur** (SBS/Bonk/Neumann/Siegel § 55 Rn. 12; KR/Tegethoff § 55 Rn. 9). Als materieller Vertrag des öffentlichen Rechts unterliegt der Vergleich den allgemeinen Vorschriften für öffentlich-rechtliche Verträge (§§ 54, 59) und über § 62 S. 2 ergänzend den Vorschriften des BGB. Aus der **Doppelnatur des Vergleichs** folgt, dass ein aus verfahrensrechtlichen Gründen unwirksamer behördlicher Vergleich durchaus eine vom Verfahrensrecht unberührt bleibende **materiell-rechtlich wirksame Vereinbarung** enthalten kann (BeckOK VwVfG/Spieth § 55 Rn. 30; SBS/Bonk/Neumann/Siegel § 55 Rn. 12).

3. Doppelnatur des gerichtlichen Vergleichs

9 Das **BVerwG vertritt in Übereinstimmung mit den obersten Gerichten** zum prozessualen Vergleich folgende Auffassung (BVerwG BeckRS 2010, 48391 Rn. 12; NJW 1994, 2306 (2307) mwN): „Der gerichtliche Vergleich ist nach § 106 VwGO sowohl eine Prozesshandlung deren Wirksamkeit sich nach den Grundsätzen des Prozessrechts richtet, als auch ein öffentlich-rechtlicher Vertrag, für den die Rechtsregeln des materiellen Rechts gelten. Die **Doppelnatur des Vergleichs** wirft die Frage auf, ob ein prozessrechtlich unwirksamer Vergleich materiell-rechtlich wirksam sein kann. Ist die Vergleichsvereinbarung materiell unwirksam, so verliert auch die Prozesshandlung ihre Wirksamkeit, da sie nur die Begleitform für den materiell-rechtlichen Vergleich ist. Entbehrt der Vergleich der sachlich-rechtlichen Grundlage, so geht ihm auch die verfahrensrechtliche Wirkung der Prozessbeendigung ab. Im umgekehrten Fall gilt dies nicht in gleicher Weise. Kommt ein wirksamer Prozessvergleich wegen eines Verfahrensmangels nicht zustande, so zieht das nicht ohne weiteres die Ungültigkeit des materiell-rechtlichen Vertrages nach sich. Denn auch ein prozessual unwirksamer Vergleich kann als materiell-rechtliche Vereinbarung eine von der Rechtsordnung anerkannte Funktion erfüllen“.

III. Voraussetzungen des Vergleichs

1. Begriff des Vergleichs

10 Als Sonderform des öffentlich-rechtlichen Vertrages muss auch ein Vergleichsvertrag zunächst die **allgemeinen Wirksamkeitsvoraussetzungen** erfüllen, die für alle öffentlich-rechtlichen Verträge gleichermaßen gelten. Willensmängel (OVG Bautzen BeckRS 2009, 37767) und das fehlende Schriftformerfordernis (VGH Kassel NVwZ 1997, 618 (620)) hindern den Vergleich in seiner Entstehung.

Nach der Legaldefinition des § 55 setzt ein Vergleichsvertrag voraus, dass eine nach verständiger Würdigung in tatsächlicher oder rechtlicher Hinsicht bestehende Ungewissheit durch gegenseitiges Nachgeben beseitigt wird. 11

Fehlt eines dieser Merkmale liegt ein Vergleich im Sinne von § 55 nicht vor. Die Wirksamkeit dieses von den Merkmalen eines Vergleichs entkleideten Vertrags ergibt sich dann weiter aus §§ 54 S. 1 und 59 I (Ziekow § 55 Rn. 6; KR/Tegethoff § 55 Rn. 13). 12

2. Gegenseitiges Nachgeben

Eine Mitwirkung der Behörde im Zuge des gegenseitigen Nachgebens verlangt die Berechtigung der Behörde von ermittelten Sach- oder Rechtspositionen abweichen zu dürfen. Genau dieser Punkt, die **Befugnis zur Abweichungsintensität** ist die in § 55 zu bemerkende Besonderheit. Fraglich ist, in welchem Umfang eine Behörde die Befugnis besitzt, von gesetzlichen Normen abzurücken und damit die strikte Gesetzesbindung zu lockern (KR/Tegethoff § 55 Rn. 1). Die Lockerung von dem Verfassungsprinzip der Gesetzmäßigkeit der Verwaltung entspricht dem wohlverstandenen Prinzip der Verhältnismäßigkeit und der Verfahrensökonomie und ist damit vertretbar (SBS/Bonk/Neumann/Siegel § 55 Rn. 2; BeckOK VwVfG/Spieth § 55 Rn. 5). Zugrunde liegt ein Abwägungsprozess zwischen dem Ausmaß einer fortbestehenden Ungewissheit, das gegen den Vorteil einer baldigen Lösung abgewogen wird. 13

Das **„Privileg gesteigerter Unempfindlichkeit gegen Gesetzesverletzungen"** (BVerwG NJW 1976, 686 (687)) schafft bei schwierigen Sach- oder Rechtsfragen eine praktikable Option für einen kooperativen Vergleichsabschluss (VGH Mannheim BeckRS 2015, 48874 (Rn. 137)). Auf diese Weise kann ein für die Vertragsbeteiligten insgesamt befriedigendes, weil einvernehmliches Ergebnis und damit Rechtssicherheit erzielt werden, die ohne Vergleich voraussichtlich nur mit (unverhältnismäßig) hohen Kosten und Zeitaufwand zu erreichen wäre. Voraussetzung ist weiter, dass eine **begrenzte Lockerung** des Verfassungsprinzips der Gesetzmäßigkeit der Verwaltung nur dann gerechtfertigt ist, sofern die Ungewissheit über die Sach- oder Rechtslage sich nicht mit vertretbarem Aufwand beseitigen lässt (KR/Tegethoff § 55 Rn. 3), was zu prüfen und zu dokumentieren ist. 14

Ein Nachgeben ist jedes, auch minimales Abrücken von einem günstigenfalls maximal erreichbaren Ergebnis. Das Nachgeben kann sowohl die Preisgabe materiell-rechtlicher als auch verfahrensrechtlicher Rechtspositionen (zB Verzicht auf Rechtsbehelf) einschließen (BeckOK VwVfG/Spieth § 55 Rn. 40; SBS/Bonk/Neumann/Siegel § 55 Rn. 29; KR/Tegethoff § 55 Rn. 19). Ein Vergleich, der die bestehende Ungewissheit durch **gegenseitiges Nachgeben** beseitigen soll, enthält im Regelfall keine unentgeltlichen Leistungen (BGH NJW-RR 2007, 263 (263)). Gegenseitiges Nachgeben bedeutet in diesem Zusammenhang, dass beide Parteien nachgeben müssen. Gibt nur einer nach, ist kein Vergleich geschlossen, es kommt immerhin aber noch ein (materiell-rechtlicher) Verzichts- oder Anerkenntnisvertrag in Betracht (OVG Münster BeckRS 2009, 30359; BeckOK VwVfG/Spieth § 55 15

Rn. 41; SBS/Bonk/Neumann/Siegel § 55 Rn. 31). Nicht jede **Gesetzesinkongruenz** führt ipso iure schon zur **Nichtigkeit** des Vertrages. Ansonsten hätte die Behörde keine Möglichkeit, im Wege des gegenseitigen Nachgebens einen Vergleich zu schließen (BeckOK VwVfG/Spieth § 55 Rn. 2). Einem außergerichtlichen Vergleich, mit dem einem Prüfling, der eine Prüfung nicht bestanden hatte, eine weitere Wiederholungsprüfung von der Prüfungsbehörde zugestanden wird, begegnet keinen Bedenken (OVG Berlin-Brandenburg NVwZ-RR 2014, 686 (687)).

16 Die **Grenzen behördlicher Befugnis** zum Abschluss eines Vergleichs ergeben sich aus den Gründen, die nach § 59 zur (rückwirkenden) Nichtigkeit des Vergleichs führen oder mittels Kündigung die sofortige oder zukünftige Beendigung des Vertrags verursachen. Schließlich können Gründe (§ 60) vorliegen, die eine Vertragsanpassung erforderlich machen (Sanden NVwZ 2009, 491 (494)).

3. Ungewissheit bei den Beteiligten über die Sach- und Rechtslage

17 Voraussetzung ist tatbestandlich eine Ungewissheit bei den Beteiligten über die Sach- und/oder Rechtslage. Eine Ungewissheit liegt vor, wenn Zweifel an der Wahrheit einer Aussage über die Sach- oder Rechtslage bestehen (BeckOK VwVfG/Spieth § 55 Rn. 35; KR/Tegethoff § 55 Rn. 14).

18 Die Formulierung „bei verständiger Würdigung" bringt zum Ausdruck, dass es für die Beurteilung der Sach- und Rechtslage darauf ankommt, ob ein objektiver Betrachter **Zweifel** im Hinblick auf den Sachverhalt oder die Rechtslage zur Zeit des Vertragsschlusses gehabt hätte (VGH München NVwZ 1989, 167 (168)). Eine Unsicherheit des Sachverhalts oder der Rechtslage ist aus der Sicht eines unabhängigen, objektiven Beobachters mit den Kenntnissen und dem Wissen der Parteien zu prüfen.

19 Eine Ungewissheit über die **Tatsachenlage** im Sinne von § 55 liegt dann vor, wenn Tatsachen unbekannt und die Ergebnisse weiterer Tatsachenermittlungen ungewiss sind und der Aufklärungsaufwand sich als unverhältnismäßig darstellt (VGH Mannheim BeckRS 2015, 48874 (Rn. 123); KR/Tegethoff § 55 Rn. 16). Eine Ungewissheit über die **Rechtslage** ist dann anzunehmen, wenn die Auslegung einer Norm gerichtlich oder höchstrichterlich ungeklärt ist, es divergierende Rechtsprechung zu der Norm gibt oder Gewohnheitsrecht, älteres oder schwer erreichbares ausländisches Recht als Entscheidungsgrundlage dient (KR/Tegethoff § 55 Rn. 16a) oder divergierende Urteile vorliegen (VGH Mannheim BeckRS 2015, 48874 (Rn. 123)).

20 **Bloße Schwierigkeiten** in der rechtlichen Erkenntnisgewinnung und Beurteilung zB bei unbestimmten Tatbestandsmerkmalen umfangreicher Verfahren rechtfertigen noch nicht die Annahme einer rechtlichen Ungewissheit, auch dann nicht, wenn sich zu der konkreten Frage eine höchstrichterliche oder noch gar keine Rspr. gebildet hat (KR/Tegethoff § 55 Rn. 16a).

4. Ermessen zum Abschluss eines Vergleichs

Liegen die Voraussetzungen vor, so ist ein Vergleichsvertrag gegeben. Die Behörde ist zum Vertragsschluss allerdings nicht verpflichtet; sie kann nach **pflichtgemäßer Ermessensausübung** („Zweckmäßigkeit") den Vergleich schließen. Sie hat dabei insbes. die Gebote der Gleichbehandlung und der Verhältnismäßigkeit zu berücksichtigen, ggf. den Eintritt einer Selbstbindung und die sich daraus ergebende Handlungsbegrenzung bei gleichgelagerten Sachverhalten (Knack/Henneke/Schliesky § 55 Rn. 20; KR/Tegethoff § 55 Rn. 20; SBS/Bonk/Neumann/Siegel § 55 Rn. 34). 21

IV. Fehler des Vergleichsvertrags

Für den Vergleichsvertrag gelten die **allgemeinen Wirksamkeitsvoraussetzungen,** die generell an den Abschluss des Vertrags zu stellen sind. Liegen die nach § 55 erforderlichen und oben dargestellten Voraussetzungen zum Abschluss eines Vergleichsvertrags nicht vor, folgt daraus die Nichtigkeit des Vergleichs nach § 59 II Nr. 3 (OVG Bautzen BeckRS 2017, 117955 (30); KR/Tegethoff § 55 Rn. 23). Ferner kann sich eine Nichtigkeit des Vergleichsvertrags auch nach § 59 I iVm § 779 BGB ergeben. Danach ist ein Vergleich unwirksam, wenn der nach dem Inhalt des Vertrags als feststehend zugrunde gelegte Sachverhalt der Wirklichkeit nicht entspricht und der Streit oder die Ungewissheit bei Kenntnis der Sachlage nicht entstanden sein würde (VGH München NVwZ-RR 2007, 353 (354); OVG Lüneburg NVwZ 2000, 1309, (1310)). Dabei muss ein **beiderseitiger Irrtum** der Parteien über die Sachlage vorliegen, der auf andere Umstände gerichtet ist als jene, die eine Ungewissheit begründen (Ziekow § 55 Rn. 16; BVerwG NJW 1976, 686 (687)). Einseitige Erwartungshaltungen, die unerfüllt bleiben, berechtigen nicht dazu, die Unwirksamkeit des Vergleichs nach § 779 BGB geltend zu machen (OVG Lüneburg NVwZ 2000, 1309 (1310); VGH München NVwZ 2000, 1310 (1311); BeckOK VwVfG/Spieth § 55 Rn. 56). Fehlvorstellungen über Begleitumstände der Streitbeilegung nur rechtserheblich, wenn sie zur gemeinschaftlichen Vergleichsgrundlage erhoben worden sind. Bleibt der Irrtum als Motivirrtum im Vorfeld der nicht in die Regelung einbezogenen Umstände, ist er unerheblich (VGH Mannheim BeckRS 2015, 48874, Ls.). 22

Der Begriff des Sachverhalts iSd § 779 BGB erfasst nach weitverbreiteter Ansicht auch die **Rechtslage** (BeckOK VwVfG/Spieth § 55 Rn. 57; Ziekow § 55 Rn. 16; KR/Tegethoff § 55 Rn. 24). Allerdings führen zumindest nach der höchstrichterlichen älteren Rspr. **bloße Rechtsirrtümer** zur Unwirksamkeit eines Vergleichs nach § 779 I BGB (BGH NZM 2004, 28 (29) mwN; OVG Lüneburg NVwZ 2000, 1309 (1310)). Der BGH hat **offen** gelassen, ob die frühere, ältere Rspr. aufgegeben wird; es handelte sich bei dem zu beurteilenden Sachverhalt nicht nur um eine „reine" sondern um eine Rechtsfrage, bei der „tatsächliche Umstände" erheblich waren (BGH NZM 2004, 28 (29)). 23

§ 56 Austauschvertrag

(1) [1] Ein öffentlich-rechtlicher Vertrag im Sinne des § 54 Satz 2, in dem sich der Vertragspartner der Behörde zu einer Gegenleistung verpflichtet, kann geschlossen werden, wenn die Gegenleistung für einen bestimmten Zweck im Vertrag vereinbart wird und der Behörde zur Erfüllung ihrer öffentlichen Aufgaben dient. [2] Die Gegenleistung muss den gesamten Umständen nach angemessen sein und im sachlichen Zusammenhang mit der vertraglichen Leistung der Behörde stehen.

(2) Besteht auf die Leistung der Behörde ein Anspruch, so kann nur eine solche Gegenleistung vereinbart werden, die bei Erlass eines Verwaltungsaktes Inhalt einer Nebenbestimmung nach § 36 sein könnte.

I. Bedeutung

1 In § 56 wird die Rechtsgrundlage und zugleich der Typus des subordinationsrechtlichen Austauschvertrags festgelegt (§ 54 S. 2). Die Leistung der Behörde und die Gegenleistung müssen sachlich aufeinander bezogen sein, wobei die Gegenleistung angemessen sowie zweckgebunden sein muss und der Behörde zur Erfüllung ihrer öffentlichen Aufgaben zu dienen hat. Indem der Gesetzgeber die Gegenstände des Austauschs einem inneren **rechtlichen Begründungszusammenhang** unterwirft, wird das Leistungsgefüge in einen der Kontrolle zugänglichen Transparenzrahmen eingestellt und damit ein **Ausverkauf von Hoheitsrechten** verhindert (VGH Mannheim NJOZ 2009, 4411 (4419); OVG Lüneburg ZfBR 2007, 804 (806)). Zugleich wird der Bürger vor **hoheitlicher Übermacht** der Verwaltung geschützt, die für ihre Leistung eine unangemessen hohe Gegenleistung fordern könnte (Ziekow § 56 Rn. 1; KR/Tegethoff § 56 Rn. 1). Der Verhinderung einer Kommerzialisierung von Hoheitsrechten dient das verfassungsrechtlich dem Verhältnismäßigkeitsprinzip und dem Rechtsstaatsprinzip zugeordnete **Koppelungsverbot** (OVG Münster JuS 2009, 955 (955); BVerwG NJW 1980, 1294 (1295): Knack/Henneke/Schliesky VwVfG § 56 Rn. 31) nach § 56 I 2 („sachlicher Zusammenhang mit der Leistung des Bürgers") und das **Angemessenheitsgebot** nach § 56 I 2 (Ziekow § 56 Rn. 2; KR/Tegethoff § 56 Rn. 1).

2 Die Voraussetzungen des § 56 sind **zwingendes Recht;** sie sind damit einer **Disposition** der Parteien entzogen (BeckOK VwVfG/Spieth § 56 Rn. 38; KR/Tegethoff § 56 Rn. 1a; SBS/Bonk/Neumann/Siegel § 56 Rn. 12). Damit wird die privatautonome Gestaltungsfreiheit der Parteien über die im Zivilrecht geltenden Schranken der § 134, 138 BGB hinaus unmittelbar durch das Verwaltungsrecht eingeschränkt (SBS/Bonk/Neumann/Siegel § 56 Rn. 31).

2a In der Praxis sind Austauschverträge insbes. im **Städtebau-, Bauplanungs- und Erschließungsrecht** (BVerwG BeckRS 2015 45399; NVwZ 2009, 1109 (1109); hierzu auch VGH Mannheim NJOZ 2009, 4411; BVerwG NVwZ 2006, 336) sowie im **Umweltrecht** (hierzu BVerwG NVwZ 2007, 1187) anzutreffen, wo ein Bedürfnis besteht, die Erfüllung öffentlicher Aufgaben zwischen Staat und Privaten zu teilen und zu koordinieren (BeckOK VwVfG/Spieth § 56 Rn. 2, 4 ff. mwN). Nicht nur bei einem städtebaulichen Vertrag (§ 11 BauGB) nach §§ 1, 62 S 2 iVm §§ 339 ff. BGB ist die **Vereinbarung einer Vertragsstrafe** grundsätzlich zulässig (VG Neustadt a. d. Weinstraße BeckRS 2020, 39813; BVerwG NVwZ 1986, 922).

II. Begriff und Anwendungsbereich des Austauschvertrags

1. Begriff

Nach § 56 I liegt ein nicht legal definierter subordinationsrechtlicher Austauschvertrag vor, wenn „sich der Vertragspartner der Behörde zu einer Gegenleistung verpflichtet" und auf der Grundlage der Gegenseitigkeit ein Rechtsanspruch auf die Leistung der anderen Vertragspartei erzeugt wird. Eine **synallagmatische Beziehung** iSd § 320 BGB ist nicht erforderlich. Die Vorschrift findet auch auf sonstige gegenseitige Verträge Anwendung, die nicht unmittelbar Austauschverträge im Sinne von § 56 sind und damit als **unechte Austauschverträge** bezeichnet werden (KR/Tegethoff § 56 Rn. 4; BeckOK VwVfG/Spieth § 56 Rn. 28). Ausreichend ist es, wenn Leistung und Gegenleistung in einem umfassenden Sinn funktional aufeinander bezogen sind. Dies ist zB gegeben, wenn die Gegenleistung des Bürgers erst die Voraussetzung für eine Leistung der Behörde schafft (KR/Tegethoff § 56 Rn. 4) sowie bei den in der Praxis verbreiteten sog **hinkenden Austauschverträgen** (hierzu näher Stelkens DÖV 2009, 850). Der Inhalt eines Austauschvertrags kann ferner Gegenstand eines Vergleichsvertrags nach § 55 sein (KR/Tegethoff § 56 Rn. 5), wobei die Voraussetzungen, insbes. die **Gesetzesinkongruenz** nach § 55 erfüllt sein müssen. 3

2. Hinkende Austauschverträge

Die Rspr. wendet auf hinkende Austauschverträge die Erfordernisse nach § 56 zumindest entsprechend an (VGH Mannheim BeckRS 2015, 45520; BVerwG NVwZ 2009, 1109 (1112); NVwZ 2006, 336 (337); NVwZ 2000, 1285 (1287)). Charakteristisch für diesen Vertragstyp ist, dass die Leistung des Bürgers klar definiert ist, während die Leistung der Behörde **nicht vertraglich** festgelegt oder zumindest **nicht als Hauptleistungspflicht** vereinbart wird (BVerwG NVwZ 2009, 1109 (1112); OVG Greifswald NJOZ 2009, 626 (632); OVG Lüneburg ZfBR 2007, 804 (804); BVerwG NVwZ-RR 2003, 874 (875); NVwZ 2000, 1285 (1287)). 4

Besondere Bedeutung erlangen hinkende Austauschverträge im **Städtebaurecht.** Der Gemeinde ist es aufgrund von § 1 III 2 BauGB verwehrt, sich zum Erlass eines Bebauungsplans zu verpflichten (BeckOK VwVfG/Spieth § 56 Rn. 30; Knack/Henneke/Schliesky VwVfG § 56 Rn. 12). Daher verpflichtet sich ein Privater zur Zahlung bestimmter Folgekosten eines Bauvorhabens, um die Gemeinde zur Aufstellung eines Bebauungsplans zu bewegen, ohne dass die Gemeinde eine vertraglich gebundene Verpflichtung zur 5

Aufstellung eines Bebauungsplans übernimmt (BVerwG NVwZ 2006, 336 (336); BeckOK VwVfG/Spieth § 56 Rn. 30).

III. Voraussetzungen des Austauschvertrags

1. Allgemeine Voraussetzungen für alle öffentlich-rechtlichen Verträge

6 Sowohl die Frage, ob die Behörde einen Austauschvertrag zu schließen beabsichtigt als auch die darauffolgende Frage mit welchem konkreten Inhalt sie den Vertrag schließen möchte, steht im pflichtgemäßen Ermessen der Behörde (BeckOK VwVfG/Spieth § 56 Rn. 64). Als Sonderform des öffentlich-rechtlichen Vertrages muss auch ein subordinationsrechtlicher Austauschvertrag zunächst die allgemeinen Wirksamkeitsvoraussetzungen für öffentlich-rechtliche Verträge erfüllen, insbes. dürfen der Wahl des Austauschvertrags keine Rechtsvorschriften entgegenstehen. Die Norm enthält (nachfolgend Nr. 2–5) **vier Voraussetzungen,** die kumulativ vorliegen müssen (BeckOK VwVfG/Spieth § 56 Rn. 47; SBS/Bonk/Neumann/Siegel § 56 Rn. 44), ansonsten ist der Vertrag gem. § 59 II Nr. 4 nichtig.

2. Bestimmtheitsgebot (I 1)

7 Nach § 56 I 1 muss die im Vertrag vereinbarte Gegenleistung für einen bestimmten Zweck vereinbart werden. Der Zweck sollte **konkret** bezeichnet werden (KR/Tegethoff § 56 Rn. 9). Ohne den Zweck der Gegenleistung im Vertrag zu benennen, ist eine Kontrolle der **materiellen Wirksamkeitsvoraussetzungen** des Ausgleichvertrags nicht möglich (BeckOK VwVfG/Spieth § 56 Rn. 49; KR/Tegethoff § 56 Rn. 9a). Bestimmbarkeit des Zwecks indes genügt. Es reicht – im Übrigen auch im Hinblick auf das Schriftformerfordernis des § 57 – aber aus, wenn sich im Text der Vertragsurkunde ein **konkretisierender Anhaltspunkt** findet, aufgrund dessen im Zusammenhang mit den Umständen des Vertragsabschlusses die **Gegenleistung** und ihr Zweck durch Auslegung ermittelt werden kann (OVG Münster JuS 2009, 955 (955 f.); VGH Mannheim NVwZ-RR 2006, 90 (91); BVerwG NVwZ 2000, 1285 (1287)). Eine Alternative ggf. mehrere Variationen können im Rahmen einer Zweckbestimmung gebildet werden, sofern eindeutig bleibt, welche Reihenfolge unter welchen Voraussetzungen konkret gelten soll (KR/Tegethoff § 56 Rn. 9a).

3. Erfüllung einer öffentlichen Aufgabe (I 1)

8 Ein weiteres Erfordernis besteht darin, dass die Gegenleistung des Vertragspartners der Erfüllung öffentlicher Aufgaben der Behörde zu dienen hat. Der Begriff der öffentlichen Aufgaben ist weit zu verstehen, erfährt aber eine Konkretisierung durch die Zuständigkeiten und Befugnisse der Behörde (KR/Tegethoff § 56 Rn. 11). Ob die öffentliche Aufgabe durch privatwirtschaftliches oder öffentlich-rechtliches Handeln wahrgenommen wird, bleibt

dabei unerheblich (Ziekow § 56 Rn. 9). Keine Erfüllung öffentlicher Aufgaben liegt etwa in der **erwerbswirtschaftlichen Betätigung** der öffentlichen Hand, zB bei dem Betrieb einer Porzellanmanufaktur (BeckOK VwVfG/Spieth § 56 Rn. 52) oder zB in der Erfüllung der gesetzlichen **Aufgabe zur Abfallbeseitigung** durch einen privaten Dritten in Gestalt sogenannter Dienstleistungskonzessionen (OVG Lüneburg BeckRS 2019, 2899 (Rn. 10).

4. Angemessenheit der Gegenleistung – Koppelungsverbot – (I 2)

Nach § 56 I 2 muss eine Gegenleistung den gesamten Umständen nach angemessen sein und im sachlichen Zusammenhang mit der vertraglichen Leistung der Behörde stehen. Das Erfordernis der Angemessenheit wurzelt im Übermaßverbot und dient dem Schutz des Vertragspartners der Behörde (BeckOK VwVfG/Spieth § 56 Rn. 54; KR/Tegethoff § 56 Rn. 13). Das Gebot der Angemessenheit bedeutet, dass bei wirtschaftlicher Betrachtung des Gesamtvorgangs die Gegenleistung **nicht außer Verhältnis** zu der Bedeutung und dem wirtschaftlichen Wert der von der Behörde zu erbringenden Leistung stehen darf und auch sonst keine Anhaltspunkte für eine unzumutbare Belastung gegeben sind. Zwischen der Gegenleistung des Vertragspartners und der Leistung der Behörde muss ein sachlicher Zusammenhang gegeben sein. Mit dem Tatbestandmerkmal der Angemessenheit wird das aus dem Rechtsstaatsprinzip folgende **Koppelungsverbot** umschrieben (BVerwG NVwZ 2000, 1285 (1287); KR/Tegethoff § 56 Rn. 16 ff.). 9

In der Rspr. ist geklärt, dass der geforderte sachliche Zusammenhang zwischen Leistung und Gegenleistung kaum abstrakt-generell umschrieben oder gar festlegt werden kann. Entscheidend sind vielmehr Inhalt und Begleitumstände des konkreten Vertrags. Auszugehen ist vom Zweck des schon vor In-Kraft-Treten des § 56 VwVfG entwickelten und in die Verwaltungsverfahrensgesetze des Bundes und der Länder übernommenen **Koppelungsverbots.** Es besagt nach der Rspr. (OVG Lüneburg NJOZ 2007, 994 (999); BVerwG NVwZ 2000, 1285 (1287); grdl. NJW 1973, 1895 (1897)) dass – zum einen – durch einen verwaltungsrechtlichen Vertrag nichts miteinander verknüpft werden darf, was nicht ohnedies schon in einem inneren Zusammenhang steht, und dass – zum anderen – hoheitliche Entscheidungen ohne entsprechende gesetzliche Ermächtigung nicht von wirtschaftlichen Gegenleistungen abhängig gemacht werden dürfen, es sei denn, erst die Gegenleistung würde ein der Entscheidung entgegenstehendes rechtliches Hindernis beseitigen (kein „Verkauf von Hoheitsakten“) (OVG Lüneburg NJOZ 2007, 994 (999); BVerwG NVwZ 2006, 336 (337); NVwZ 1994, 485 (485)). 10

Der Fall einer **unzulässigen Gegenleistung** und ein Verstoß gegen das Koppelungsverbot liegt zB dann vor, „wenn die Behörde im Gegenzug eine Leistung verspricht, auf die der Bürger nach dem einschlägigen Bundes- oder Landesrecht ohnehin Anspruch hat“ (VGH Mannheim BeckRS 2015, 45520; BVerwG NVwZ 2000, 1285 (1287); BVerwG NJW 1995, 1104 (1106)). Das Koppelungsverbot beschränkt sich jedoch nicht auf derartige oder vergleichbare Fälle. 11

11a Eine Bestimmung in einem **öffentlich-rechtlichen Stipendienvertrag,** die den Stipendiennehmer dazu verpflichtet, das Stipendium bei Nichtannahme eines Einstellungsangebot des Stipendiengebers nach Abschluss der mit dem Stipendium geförderten Ausbildung zurückzuzahlen, verstößt **nicht** gegen das Koppelungsverbot. Eine solche Verpflichtung stellt weder eine unangemessene Benachteiligung des Stipendiennehmers dar noch handelt es bei ihr sich um eine überraschende Vertragsklausel (OVG Lüneburg BeckRS 2019, 5383 (Ls. 2)).

12 Ein sachlicher Zusammenhang zwischen Leistung und Gegenleistung kann sich auch dann entfallen, wenn die vom Bürger zu erbringende Leistung einem anderen öffentlichen Interesse zu dienen bestimmt ist als die von der Behörde zu erbringende oder von ihr in Aussicht gestellte Leistung. Zulässig sind nur Gegenleistungen, die der Erfüllung öffentlicher Aufgaben der Behörde dienen, wobei es sich um öffentliche Aufgaben der vertragsschließenden Behörde handeln muss. Das Bestehen eines sachlichen Zusammenhangs im Sinne des § 56 I 2 beurteilt sich nach **materiellem Recht** und steht nicht in einer privatautonomen Gestaltungsmacht der Beteiligten des öffentlich-rechtlichen Vertrags (BVerwG BeckRS 2006, 24490 Rn. 11). Zur Beurteilung der Frage, ob es sich um ein rechtswidriges Koppelungsgeschäft gehandelt hat, ist ausschließlich auf die Verhältnisse im Zeitpunkt des Vertragsschlusses abzustellen (VGH Mannheim BeckRS 2015, 45520 – Sicherung des Rückbaus einer Anlage durch Bankbürgschaft; BVerwG NJW 1980, 1294 (1295): „Baudispens gegen Entrichtung der Einkommenssteuer"). Eine Verletzung des Koppelungsverbotes ist auch dann gegeben, wenn sich ein Land von einem Angestellten eine **monatliche Zahlung als Gegenleistung** für die Zusage der späteren Ernennung zum Beamten versprechen lässt (BVerwG NVwZ-RR 2003, 874 (874)).

13 Ob eine von den Vertragsparteien vereinbarte **„Spende" an die Gemeinde** das Koppelungsverbot oder ein gesetzliches Verbot verletzt, das sich aus der entsprechenden Anwendung von Vorschriften des Bürgerlichen Gesetzbuches ergibt (§ 59 I), hängt insbes. vom Zweck der Geldleistung und dem vertraglichen Zusammenhang ab, in dem sie steht (BVerwG NVwZ 2002, 473 (475)).

5. Anspruch auf die Leistung (II)

14 Das Erfordernis des sachlichen Zusammenhangs ist jedenfalls dann erfüllt, wenn eine Gegenleistung vereinbart wurde, die auch Gegenstand einer Nebenbestimmung nach § 36 sein könnte. Ein zu Gunsten eines Bürgers bestehendes Recht soll nicht dadurch unterlaufen werden, dass sich die Behörde für ein Handeln, zu dem sie ohnehin verpflichtet wäre, eine Gegenleistung versprechen lässt (BeckOK VwVfG/Spieth § 56 Rn. 62; SBS/Bonk/Neumann/Siegel § 56 Rn. 40; KR/Tegethoff § 56 Rn. 20 ff.).

14a Bei einem Vertrag über die Übertragung von Rettungsdienstleistungen handelt es sich um einen koordinationsrechtlichen Vertrag, da sich die Vertragspartner in einem Gleichordnungsverhältnis – und eine Übertragung des Rettungsdienstauftrags durch Verwaltungsakt nicht in Betracht kommt. Die

Vereinbarungen über die Übertragung des Rettungsdienstauftrags sind als koordinationsrechtliche Verträge gemäß § 54 Satz 1 zu behandeln. Eine verwaltungsgerichtliche **Kontrolle von Leistung und Gegenleistung,** wie sie § 56 Abs. 1 bei subordinationsrechtlichen Verträgen gebietet, findet bei koordinationsrechtlichen Verträgen grundsätzlich nicht statt (OVG Lüneburg BeckRS 2021, 15322 Rn. 40).

IV. Fehlerhaftigkeit des Austauschvertrags

Die Rechtsfolgen eines fehlerhaften Austauschvertrages ergeben sich aus § 59, insbes. aus § 59 II Nr. 4. Des Weiteren kommt eine Nichtigkeit aufgrund von Vertragsformverboten (→ § 54 Rn. 37) sowie aufgrund einzelner Bestimmungen des Austauschvertrags nach § 59 I iVm §§ 134, 138 BGB in Betracht. 15

§ 57 Schriftform

Ein öffentlich-rechtlicher Vertrag ist schriftlich zu schließen, soweit nicht durch Rechtsvorschrift eine andere Form vorgeschrieben ist.

I. Bedeutung

Obgleich das Verwaltungsverfahren grundsätzlich nicht an bestimmte Formen gebunden ist (§ 10), unterfällt der Abschluss eines öffentlich-rechtlichen Vertrags, gleich ob subordinations- oder koordinationsrechtlicher Typik, einem **Schriftformerfordernis** (Schlemminger, NVwZ 2009, 223; SBS/Bonk/Neumann/Siegel § 57 Rn. 1). Soweit durch Rechtsvorschrift eine andere Form vorgeschrieben ist, ist die **speziellere Formvorschrift** anwendbar, wie zB § 311b BGB (VG Göttingen NZBau 2009, 45 = BeckRS 2008, 39742). Ist wie nach § 57 die schriftliche Form vorgeschrieben, müssen die Parteien eigenhändig durch Namensunterschrift oder mittels notariell beglaubigten Handzeichens auf derselben Urkunde unterzeichnen (§ 126 I, II 1 BGB). Die notarielle Beurkundung substituiert die schriftliche Form (§ 126 IV BGB). Wird das für den Vertragsschluss errichtete Schriftformerfordernis nicht eingehalten, ist der Vertrag **nichtig** (§ 59 I iVm § 125 BGB). Eine **Umdeutung in einen VA** oder in einen privatrechtlichen Vertrag ist nicht möglich (KR/Tegethoff § 57 Rn. 1). Sofern Vertreter ohne hinreiche **Vertretungsmacht** Erklärungen abgeben, führen etwaige Fehler nicht zur Nichtigkeit, sondern lediglich zu einer zunächst **schwebenden Unwirksamkeit** nach § 62 S. 2 iVm §§ 177 ff. BGB, die dem Vorbehalt einer Genehmigung bzw. einer Ablehnung unterliegt. 1

Der Sinngehalt des Formzwangs liegt in der **Warn- und Beweisfunktion** begründet (BVerwG NVwZ 2005, 1083 (1084)). Beiden Partnern wird durch die schriftliche Fixierung zumeist bedeutender Vertragsinhalte deren Tragweite in rechtlicher und ökonomischer Konsequenz unmittelbar **„vor Augen“** geführt. Ungünstigere Bedingungen stehen somit erneut auf dem Prüf- 2 stand (zu den Risiken der Schriftform, vgl. Schlemminger NVwZ 2009, 223). Beide Vertragspartner werden ferner vor **Übereilung** und **Übervorteilung** hinreichend geschützt. Die Beweisfunktion stellt auf den gesamten Vorgang der **Dokumentation** des Vertragsabschlusses ab, so dass Abschluss und Inhalt des Vertrags dem Beweis zugänglich werden (Ziekow § 57 Rn. 1; KR/Tegethoff § 57 Rn. 1). **Europarechtliche Bedenken** gegen das unionsrechtlich nicht ausdrücklich fixierte Schriftformgebot sind nicht ersichtlich (KR/Tegethoff § 57 Rn. 1a).

II. Spezielle Rechtsvorschriften

3 Speziellere Rechtsvorschriften, die eine andere Form vorschreiben, sind nach § 57 vorrangig (KR/Tegethoff § 57 Rn. 3). Das Tatbestandsmerkmal der anderen Form erstreckt sich auf **strengere Formerfordernisse** als jenes der Schriftform. Gemeint ist vor allem die **notarielle Beurkundung** (KR/Tegethoff § 57 Rn. 3; SBS/Bonk/Neumann/Siegel § 57 Rn. 25; vgl. BT-Drs. 7/910, 81). Ein Beispiel aus der Praxis sind Grundstücksgeschäfte, die dem Formerfordernis der notariellen Beurkundung nach § 311b BGB unterliegen, das auf Erschließungsverträge nach § 124 BauGB erstreckt wird (VG Göttingen NZBau 2009, 45 = BeckRS 2008, 39742). Weniger strenge Formen als die Schriftlichkeit sind nicht zulässig, da ansonsten nicht eine spezifische Form, sondern der Wegfall der Form vorgeschrieben würde (Ziekow § 57 Rn. 5; BeckOK VwVfG/Spieth § 57 Rn. 6).

4 **Öffentlich-rechtliche Erschließungsverträge** sind notariell zu beurkunden, wenn sie entweder selbst eine Verpflichtung zur Übertragung eines Grundstücks enthalten oder wenn sie als Vorvertrag mit einem Grundstücksüberlassungsvertrag derart rechtlich verbunden sind, dass eine wechselseitige Abhängigkeit besteht (OVG Schleswig NJW 2008, 601 (602)). Die Beurkundung des Erschließungsvertrags muss während des Vertragsschlusses stattfinden. Das Fehlen der Beurkundung wird nicht dadurch geheilt, dass der formunwirksam geschlossene Vertrag dem zu beurkundenden Grundstücksvertrag als Anlage beigefügt und auf Seiten der Gemeinde von einer anderen Person genehmigt wird (OVG Schleswig NJW 2008, 601 (602)). Entsprechendes gilt für einen **mündlich vereinbarten städtebaulichen Vertrag,** auf den eine notariell beurkundete Höchstbetragssicherungshypothek verweist (BayVGH MittBayNot 2009, 165 (166)).

4a Auch die **Abänderung** eines **abgeschlossenen Vergleichsvertrages** unterliegt aufgrund dessen Doppelnatur dem Schriftformerfordernis des § 57. Das Schriftformerfordernis hat eine Warnfunktion in dem Sinne, dass die Vertragsparteien vor einem übereilten Vertragsabschluss geschützt werden, sowie Beweisfunktion und wirkt damit Unklarheiten und Meinungsverschiedenheiten entgegen. Es dient auch der Abschlussklarheit, um bloße Vertragsverhandlungen vom Vertragsschluss abzugrenzen (VG Schwerin BeckRS 2022, 24623 mwN).

5 Umstritten ist, ob neben der unproblematischen Zuordnung von Gesetz und Rechtsverordnung auch eine **Satzung** dem Begriff der Rechtsvorschrift

iSd § 57 zuzuordnen ist. Überzeugende Argumente sprechen dafür, die Satzung als Rechtsquelle den speziellen und insoweit dem § 57 vorrangigen Rechtsnormen zuzurechnen. Der Anwendungsbereich des § 57 ist im Wesentlichen auf den Bund beschränkt, während die Länder aus sachlichen Erwägungen zB für die Satzungsgewalt in den Kommunen zu divergierenden Regelungen ermächtigen können (KR/Tegethoff § 57 Rn. 4; Ziekow § 57 Rn. 6; BeckOK VwVfG/Spieth § 57 Rn. 4; aA SBS/Bonk/Neumann/Siegel § 57 Rn. 22a).

III. Schriftlichkeit des Vertragsschlusses

1. Schriftformerfordernis

6 Das Schriftformerfordernis betrifft die Form des Vertrags. Im Zweifel erstreckt sich der Formzwang auf den vollständigen Vertrag, unabhängig von der Einordnung des Vertrags (SBS/Bonk/Neumann/Siegel § 57 Rn. 5 f.). Die wesentlichen Vertragsabreden müssen sich aus dem schriftlich dokumentierten Vertrag ergeben. Die **Vertragspartner** sind korrekt zu bezeichnen (KR/Tegethoff § 57 Rn. 8). Es muss erkennbar sein (§ 37 III analog), welche Behörde den Vertrag geschlossen hat (BeckOK VwVfG/Spieth § 57 Rn. 9). Grundsätzlich müssen die Parteien **eigenhändig durch individualisierbare Namensunterschrift** oder mittels notariell beglaubigten Handzeichens auf derselben Urkunde unterzeichnen (§ 126 II 1 BGB).

2. Ergänzende Vertragsauslegung

7 Allerdings steht das Schriftformerfordernis des § 57 einer **ergänzenden Vertragsauslegung** nicht entgegen (BVerwG NVwZ-RR 1998, 302 (305)). Der Formzwang besagt nicht, dass sich die von der Verwaltung zu erbringende Leistung eindeutig und zweifelsfrei allein nur aus dem Wortlaut der Vertragsurkunde ergeben muss. Eine unklare oder mehrdeutige Formulierung des Vertragstextes bleibt unschädlich, wenn die sich daraus ergebenden **Zweifel** im **Wege der Auslegung** behoben werden können (BVerwG NVwZ-RR 1998, 302 (305); NVwZ 1990, 665 (667)), wenn sich zumindest im Vertragstext ein **Anhaltspunkt** finden lässt (VGH Mannheim NVwZ 2006, 90 (91); BVerwG NVwZ 2000, 1285 (1287)).

8 Für die Auslegung gelten die gleichen Grundsätze wie für die Auslegung der Schriftform nach § 126 unterfallenden privatrechtlichen Willenserklärungen (BVerwG NVwZ 1990, 665 (667); KR/Tegethoff § 57 Rn. 8). Das Erfordernis der Schriftform erstreckt sich (Arg. e contr.) auch auf die zweiseitig vereinbarte **Aufhebung,** weitere gemeinschaftlich erklärte Modifikationen im Vertrag sowie auf die Ausübung einseitiger Gestaltungsrechte wie Kündigung, Rücktritt und Anfechtung (BeckOK VwVfG/Spieth § 57 Rn. 2; SBS/Bonk/Neumann/Siegel § 57 Rn. 10 f.).

3. Urkundeneinheit

9 Nach früherer hM war es rechtlich zur Erfüllung des Schriftformerfordernisses notwendig, dass die vertragsschließenden Parteien auf einer Vertragsurkunde unterzeichnen. Die Ansicht entsprach dem in § 62 iVm § 126 II 1 BGB geforderten Wortlaut. Nach dem **Grundsatz der Urkundeneinheit** sollte der Vertragstext in einer einzigen Urkunde fixiert sein. Das BVerwG hat jedenfalls für eine Verwaltungsvereinbarung ausgeführt, dass auch ein **Briefwechsel** ausreiche: „**Formvorschriften sind kein Selbstzweck** und deshalb unter Berücksichtigung ihres Sinngehalts auszulegen und anzuwenden (BVerwG NJOZ 2011, 988; BVerwG NVwZ 2005, 1083 (1084); NJW 1995, 1104 (1105)). Der Sinngehalt des § 57 liegt in der Warn- und Beweisfunktion der Schriftform.

Es ist nichts dafür ersichtlich, dass diese **Warn- und Beweisfunktion** vereitelt oder erschwert wird, wenn ein umfangreiches und komplexes Vertragswerk nicht in einer Urkunde zusammengefasst ist, und zwar selbst dann nicht, wenn drei Vertragsurkunden (des Erschließungs-, des Ablöse- und des Umlegungsvertrags) am gleichen Tage bei derselben Veranstaltung unterzeichnet werden (BVerwG NJOZ 2011, 988 (989)). Gegenteiliges ergibt sich auch nicht aus den von der Beschwerde angeführten Gerichtsentscheidungen und Literaturstimmen (so wörtlich BVerwG NJOZ 2011, 988 (989)). Jedenfalls bei Verwaltungsvereinbarungen zwischen Ländern ist darüber hinaus nicht erforderlich, dass beide Vertragserklärungen – namentlich die beiden Unterschriften – in ein und derselben Urkunde enthalten sind; ein **Briefwechsel** genügt, wenn die Zusammengehörigkeit der beiderseitigen Erklärungen aus den Umständen zweifelsfrei ersichtlich ist“ (BVerwG NVwZ 2005, 1083 (1084)). Auch der Umstand, dass die in einem Vertrag genannten Anlagen nicht mit diesem körperlich fest verbunden, sondern in einem eigenen Büroordner geheftet sind, begründet keinen Verstoß gegen das aus dem Schriftformgebot abgeleitete, auch für den öffentlich-rechtlichen Vertrag geltende (BVerwG, NJOZ 2011, 988) Erfordernis der Urkundeneinheit (OVG Lüneburg NJOZ 2017, 610, 615 Rn. 35)).

10 Das BVerwG hat ferner bei einem den Bürger **einseitig verpflichtenden Vertrag** entschieden, dass ein öffentlich-rechtlicher Vertrag, der wie bei einem Schuldanerkenntnis nach § 781 BGB eine lediglich einseitige Verpflichtung des Bürgers gegenüber der Verwaltung zum Gegenstand hat, – auch ohne das in § 126 II 1 BGB vorgesehene Merkmal der Urkundeneinheit – nach § 57 bereits dann formwirksam zustande kommt, wenn dem schriftlichen Vertragsangebot „eine **unmissverständliche schriftliche Annahmeerklärung** der Behörde gegenübersteht“ (BVerwG NJW 1995, 1104 (1106)). Das BVerwG konnte bei der **teleologischen Reduktion** unter Berücksichtigung der Warn- und Beweisfunktion offen lassen, ob die Schriftform im Grundsatz immer Urkundeneinheit verlangt (so OVG Lüneburg NJW 1992, 1404 (1405)) oder ob von einem entsprechenden Erklärungsbewusstsein getragene, mit Bindungswillen abgegebene schriftliche Vertragserklärungen durch Schriftwechsel einen formgültigen öffentlich-rechtlichen Vertrag zustande bringen können (so KR/Tegethoff § 57 Rn. 9a; SBS/Bonk/Neumann/Siegel § 57 Rn. 18 mwN).

Ob der **Verzicht auf die Urkundeneinheit** auch auf den zumindest zweiseitigen öffentlich-rechtlichen Vertrag zwischen Verwaltung und Bürger übertragen werden kann, ist nicht abschließend entschieden, wird allerdings von der wohl überwiegenden Meinung mit Blick auf die seit 2005 erwartete Novellierung des öffentlich-rechtlichen Vertrags (schon) bejaht (BeckOK VwVfG/Spieth § 57 Rn. 16, SBS/Bonk/Neumann/Siegel § 57 Rn. 19; aA Schlemminger NVwZ 2009, 223 ff.). 11

4. Elektronischer Vertragsschluss

Das Schriftformerfordernis nach § 57 iVm § 126 BGB kann grundsätzlich durch die elektronische Form nach § 126 III BGB ersetzt werden. Das BGB lässt allerdings dort eine Substitution nicht zu, wo die Warnfunktion einer Unterschrift durch die elektronische Form nicht gewährleistet erscheint (HK-BGB/Dörner, 5. Aufl. 2007, BGB § 126 Rn. 12). Ob ein öffentlich-rechtlicher Vertrag auf elektronischem Wege geschlossen werden kann, hängt davon ab, ob unter Berücksichtigung des § 3a eine an der Vorstellung einer stofflichen Urkunde haftende Vorstellung der Urkundeneinheit festzuhalten sein wird. Geht man mit der hM von ihrer Entbehrlichkeit aus, so ist der Weg für einen elektronischen Vertragsschluss unter der Voraussetzung frei, dass die einzelnen Erklärungen die Voraussetzungen des § 3a erfüllen (KR/Tegethoff § 57 Rn. 11a; BeckOK VwVfG/Spieth § 57 Rn. 17). 12

IV. Missachtung der Form

1. Grundsatz: Nichtigkeit

Die Missachtung der vorgeschriebenen Form führt zur Nichtigkeit des gesamten Vertrags nach § 59 I iVm § 125 BGB. 13

2. Ausnahme: Treu und Glauben trotz Nichtigkeit

Eine Ausnahme von der Nichtigkeit gilt jedoch – wie auch im Zivilrecht – für den Fall, dass es nach Treu und Glauben unerträglich wäre, den Vertrag an dem bloßen Formmangel scheitern zu lassen (KR/Tegethoff § 57 Rn. 15). Zur Beantwortung der Frage ist es von Belang, ob etwa die Vertragsparteien den Vertrag zumindest fahrlässig in fehlerhafter Form abgeschlossen, ihn aber gleichwohl als gültig behandelt und abredegemäß erfüllt haben. Bedeutsam ist dabei auch, ob ein öffentliches Interesse an der Vertragserfüllung und -durchführung besteht und in welchem Maße die **Schutzzwecke der Schriftform** (Abschluss- und Inhaltsklarheit, Beweissicherung und Übereilungsschutz) berührt werden (OVG Bautzen BeckRS 2009, 41236; OVG Hamburg BeckRS 2008, 37943; BVerwG BeckRS 2007, 27707 Rn. 6; BVerwG, NVwZ 2000, 1285 (1287)). Ist die Berufung auf die Nichtigkeit treuwidrig, hat das allerdings zur Folge, dass die **Leistungspflichten als fortbestehend** zu gelten haben. 14

15 Ein Verstoß gegen den auch im **öffentlichen Recht geltenden Grundsatz von Treu und Glauben** (§ 242 BGB) kommt ferner in Betracht, wenn eine Partei **arglistig** die Wahrung der Form schuldhaft vereitelt, um sich später auf die Formnichtigkeit zu berufen (VGH Kassel BeckRS 2008, 38556).

16 Ein Leistungserfüllungsanspruch kann bei einem nichtigen öffentlich-rechtlichen Vertrag aus dem Grundsatz von Treu und Glauben nur hergeleitet werden, wenn eine Rückabwicklung bereits erbrachter Leistungen nicht möglich ist und ein Fortbestand der dadurch eingetretenen Verhältnisse nach der Rechtsordnung schlechthin **unerträglich** wäre (OVG Hamburg NordÖR 2008, 331 = BeckRS 2008, 37943). Zu schlechthin unerträglichen Ergebnissen im Sinne des § 242 BGB kann es führen, wenn die Berufung auf den Formmangel bei der anderen Partei, die gutgläubig auf die Wirksamkeit des Rechtsgeschäfts vertraut hat, die **Gefährdung oder die Vernichtung ihrer wirtschaftlichen Existenz** zur Folge hat (VGH Kassel BeckRS 2008, 38556).

3. Ausnahme: Heilung

17 Von der treuwidrigen Berufung auf den Formmangel ist die Heilung des Formmangels zu unterscheiden (Ziekow § 57 Rn. 8). Eine Heilung des formunwirksamen Rechtsgeschäfts im Wege der **Bestätigung** nach § 141 BGB setzt voraus, dass die Bestätigung ihrerseits die für das ursprüngliche Rechtsgeschäft vorgeschriebene Form beachtet, ansonsten könnten die Formerfordernisse auf einfache Weise umgangen werden (OVG Koblenz NVwZ-RR 1999, 389 (390)). Die schriftliche Bestätigung entfaltet aber **keine rückwirkende Kraft** (Ziekow § 57 Rn. 8). Ein Formmangel kann geheilt werden, soweit hierfür eine spezialgesetzliche Grundlage vorgesehen ist (BeckOK VwVfG/Spieth § 57 Rn. 18). Nach § 311b BGB tritt eine Heilung bereits mit dem notariell beurkundeten Abschluss des Kaufvertrages – vor Auflassung und Eintragung – ein (BGH NJW 1982, 759 (760)).

§ 58 Zustimmung von Dritten und Behörden

(1) Ein öffentlich-rechtlicher Vertrag, der in Rechte eines Dritten eingreift, wird erst wirksam, wenn der Dritte schriftlich zustimmt.

(2) Wird anstatt eines Verwaltungsaktes, bei dessen Erlass nach einer Rechtsvorschrift die Genehmigung, die Zustimmung oder das Einvernehmen einer anderen Behörde erforderlich ist, ein Vertrag geschlossen, so wird dieser erst wirksam, nachdem die andere Behörde in der vorgeschriebenen Form mitgewirkt hat.

I. Bedeutung

1 Der aus dem Zivilrecht bekannte Grundsatz, dass ein Vertrag zu Lasten Dritter unwirksam ist, findet einen an die Teilrechtsordnung des Verwaltungsrechts angepassten Ausdruck in § 58 auf zwei unterschiedlichen Ebenen. In erster

Linie sind subjektiv öffentliche Rechte eines Dritten nach § 58 I von den Vertragsbeteiligten zu achten (BeckOK VwVfG/Spieth § 58 Rn. 3). Ein Vertrag, der in **grundrechtsbezogene Verfahrensrechte oder materielle Rechte** eines Dritten eingreift, ist schwebend unwirksam. Ein relevanter Eingriff in die Rechte eines Dritten kann auch durch einen **tatsächlich rechtswidrigen Eingriff** durch den öffentlich-rechtlichen Vertrag zustande kommen (OVG Berlin-Brandenburg NVwZ-RR 2016, 325 (326)). Stimmt der Dritte in schriftlicher Form dem Eingriff zu, wird die Wirksamkeit des Vertrags ab dem Zeitpunkt des Zugangs der formwirksamen Zustimmung erstmals in Kraft gesetzt. Lehnt der Dritte hingegen ab, ist der Vertrag von Anfang an unwirksam. In zweiter Linie ist in § 58 II als Schutzgut das **kompetenzielle Ordnungsgefüge** im Verwaltungsrecht erfasst (BVerwG NJW 1988, 662 (664)). Ist eine Behörde in einem Verwaltungsverfahren zu beteiligen, so entfaltet ein ohne Berücksichtigung eines Beteiligungsrechts einer anderen Behörde zustande gekommener Vertrag zwischen den Vertragsparteien keine Wirkung. Auch hier kommt es zu einer vorläufigen, schwebenden Unwirksamkeit (KR/Tegethoff § 58 Rn. 2). Die jeweiligen rechtsgeschäftlichen Erklärungen behalten allerdings ihre Wirkung, was eine unmittelbare Folge der zunächst schwebenden Unwirksamkeit ist (Ziekow § 58 Rn. 3).

II. Anwendungsbereich

§ 58 I findet auf sämtliche Vertragstypen des öffentlich-rechtlichen Vertrags 2
Anwendung, während die Regelung in II dem Wortlaut zufolge lediglich auf solche in § 54 II genannten Verträge zur Anwendung gelangt und damit auf den subordinationsrechtlichen Vertragstyp eingegrenzt wird. Es entspricht aber der hM § 58 II in extensiver, auch **entsprechender Anwendung** auf weitere unterlassene Beteiligungen von Behörden zu erstrecken (BeckOK VwVfG/Spieth § 58 Rn. 2; SBS/Bonk/Neumann/Siegel § 58 Rn. 6; KR/Tegethoff § 58 Rn. 3c).

III. Eingriff in Rechte Dritter (I)

1. Rechte Dritter

Zu klären ist, ob ein Vertrag in Rechte Dritter eingreift. Schützenswerte 3
Rechte ergeben sich nicht nur aufgrund materiell-rechtlicher Rechtspositionen, sondern auch durch solche Normen, die **Grundrechtsschutz durch die Gestaltung des Verwaltungsverfahrens** bewirken (BVerfG NVwZ 2009, 1489 (1490); BVerfG NJW 2005, 1917 (1918)), wie zB gesonderte Beteiligungsrechte von Einwendern in Massenverfahren. Bloße faktische Nachteile oder nicht geschützte Beeinträchtigungen, die rechtlich nicht zu verorten sind, rechtfertigen nicht die schwebende Unwirksamkeit des Vertrags (KR/Tegethoff § 58 Rn. 6).

2. Begriff des Dritten

4 Ein Dritter im Sinne von § 58 I ist grundsätzlich jede natürliche und juristische Person sowie Rechtssubjekte, die aufgrund einer Rechtsnorm ein subjektives Recht beanspruchen können. Der Begriff des Dritten im Sinne des § 58 I verschließt sich einer bloßen **schematischen Zuordnung** nach Kriterien des öffentlichen und privaten Rechts. Der Begriff ist vielmehr funktional vor dem Hintergrund des subjektiv-öffentlichen Rechts zu verstehen und daher generell auf Personen zu beziehen, denen im öffentlichen Recht ein subjektiv öffentliches Recht zustehen kann (Ziekow § 58 Rn. 5). Juristische Personen des öffentlichen Rechts, wie zB Kommunen haben mit Blick auf die grundrechtlich geschützte kommunale Selbstverwaltung (Art. 28 II GG) eine schützenswerte Rechtsposition (BVerfG NVwZ 2004, 1477 (1482); NVwZ 2003, 850 (851)), die ihnen ein „Recht" im Sinne des § 58 I verleiht. Entsprechendes gilt zB für **Rundfunkanstalten und Hochschulen** (Art. 5 GG). Andererseits können private Unternehmen keine subjektiv aus Grundrechten ableitbaren öffentlichen Rechte geltend machen, wenn diese sich überwiegend im **Eigentum der öffentlichen Hand** befinden (BVerfG NVwZ 2009, 1282 (1283)).

5 Ein Eingriff in Rechte Dritter liegt dann vor, wenn der **rechtliche Status des Dritten** durch den Vertragsabschluss verschlechtert, vermindert oder beeinträchtigt wird. Maßgeblich ist ein **Vergleich der Verhältnisse** vor und nach Vertragsschluss (SBS/Bonk/Neumann/Siegel § 58 Rn. 13). Ob der Eingriff vorhersehbar war oder nicht, ist dabei unerheblich (KR/Tegethoff § 58 Rn. 5a). Ein Eingriff in die Rechte eines Dritten ist dann gegeben, wenn die vertraglich durch die Behörde übernommene Pflicht eine verfügende Wirkung zeitigt, mit der die Rechtslage gegenüber dem zustimmungsberechtigten Dritten unmittelbar geändert, begründet oder aufgehoben wird (Ziekow § 58 Rn. 6).

3. Verfügungs- und Verpflichtungsvertrag

6 Umstritten ist die Frage, ob das Zustimmungserfordernis nicht nur an den die Rechtslage unmittelbar gestaltenden Verfügungsvertrag gebunden ist, sondern auch schon an den **Verpflichtungsvertrag,** mit dem sich die Behörde zu einer einen Dritten belastenden Maßnahme verpflichtet. Obgleich überwiegend ein Eingriff auch schon bei dem Abschluss eines Verpflichtungsvertrags anerkannt wird (SBS/Bonk/Neumann/Siegel § 58 Rn. 15; KR/Tegethoff § 58 Rn. 7), verdient eine stärker auf die vertraglichen Besonderheiten abstellende Meinung den Vorzug (BeckOK VwVfG/Spieth § 58 Rn. 7 ff.). Maßgeblich ist die mit der Verpflichtung einsetzende schuldrechtliche Wirkung, die nur relativer Natur ist und damit einen Dritten zunächst nicht begünstigt oder benachteiligt oder sonst rechtlich berührt (§ 241 BGB). Schuldrechtliche Sonderverbindungen entfalten keine absolute Wirkung. Insofern bedarf es für den Vollzug des aus der Verpflichtung stammenden Leistungsprogramms des Schuldners noch eines weiteren Aktes. Der Zugriff der Behörde erfolgt dann in der Regel durch VA entsprechend dem durch die **Verpflichtung über-**

nommenen Leistungsprogramm. Allein die vertragliche Verabredung der Erfüllung einer gegenüber dem Vertragspartner bestehenden Pflicht vermittelt nicht schon im Zeitpunkt des Abschlusses des Vertrags einen **unmittelbar rechtsgestaltend wirkenden Eingriff.** Der Eingriff in die geschützte Rechtsposition erfolgt vielmehr erst im Zeitpunkt des **exekutiven Vollzugs** der Vertragsabwicklung. Hiergegen kann sich der Dritte allerdings mit den üblichen im Verwaltungsrecht zur Wahl stehenden Rechtsbehelfen zur Wehr setzen. Es gibt in der Regel keinen Grund, den Schutz der Rechtsposition des Dritten **präventiv** weiter auszudehnen und schon die **abstrakt mittelbare Gefährdung** der Rechte Dritter tatbestandlich bereits als Eingriff zu werten. Eine rechtlich nicht durchsetzbare Verpflichtung gegenüber dem Dritten ist eine vertragliche Schlechtleistung gegenüber dem Vertragspartner und ist in dieser schuldrechtlichen Sonderbeziehung über § 62 S. 2 zu lösen (wie hier BeckOK VwVfG/Spieth § 58 Rn. 8 mwN).

4. Zustimmung, Genehmigung, Einwilligung, Schweigen

Die **Zustimmung** ist formgebunden und hat schriftlich gegenüber einer der beiden Vertragsparteien zu erfolgen (§ 62 S. 2 iVm § 182 BGB). Die elektronische Form ist ausreichend (§ 3a II). Die gerichtliche Protokollierung ersetzt die Schriftform (§ 106 VwGO); entsprechendes gilt für die notarielle Beurkundung (§ 126 IV BGB). Terminologisch ist Zustimmung der Oberbegriff für **Einwilligung und Genehmigung** (§§ 183, 184 BGB). Unterschiedlich sind die jeweiligen Wirkungen. Wird die Zustimmung vor Vertragsschluss erteilt, liegt eine Einwilligung vor (§ 183 BGB), die ebenfalls formgebunden, schriftlich zu erfolgen hat und bei der der Vertrag von Anbeginn an wirksam ist. Die Genehmigung ist begrifflich eine nachträgliche Zustimmung; sie wirkt auf den Zeitpunkt der Vornahme des öffentlich-rechtlichen Vertrags zurück (§ 184 I) und neutralisiert die schwebende Unwirksamkeit (BVerwG NVwZ 2004, 871 (873)). Das **Schweigen** ist keine Erklärung, weder zustimmend noch ablehnend. Schweigt der Dritte bleibt der Vertrag weiterhin schwebend unwirksam. Jedenfalls wird nach Ablauf einiger Zeit sich die schwebende in eine vollständige Unwirksamkeit wandeln. Offen ist der insoweit nicht näher geregelte Zeitpunkt. Auch hier sind die Umstände des Einzelfalls unter Berücksichtigung von Treu und Glauben maßgeblich. Es empfiehlt sich, den Dritten unter Fristsetzung zur Erklärung aufzufordern. In entsprechender Anwendung des in § 177 II 2 BGB formulierten Rechtsgedankens **gilt** die Genehmigung im Wege einer **Fiktion** dann als verweigert, wenn nach dem Ablaufe von zwei Wochen nach dem Empfang der Aufforderung der Dritte sich nicht erklärt hat. Wird die Zustimmung nicht erteilt, obgleich ein Rechtsgrund für die Erteilung vorliegt, kann sie durch Leistungsurteil nach § 894 ZPO ersetzt werden (Ziekow § 58 Rn. 8). 7

IV. Mitwirkung anderer Behörden (II)

8 Die Regelung sichert die **kompetenzielle Zuständigkeitsordnung** im Verwaltungsverfahren; sie verlangt für subordinationsrechtliche Verträge, die anstatt eines VA geschlossen werden, dann eine Mitwirkung einer anderen Behörde, wenn diese Behörde zur Mitwirkung an dem konkreten Sachverhalt gesetzlich verpflichtet ist. Der Wortlaut verweist auf rechtliche Regelungen, die unter dem **Vorbehalt** einer **Zustimmung, einer Genehmigung oder dem Einvernehmen** einer anderen gesetzlich kompetenten und daher auch zuständigen Behörde stehen. Zutreffend wird darauf verwiesen, dass es nicht auf die Terminologie ankomme, sondern vielmehr darauf, ob die Mitwirkung der zu beteiligenden Behörde eine **Bindungswirkung im Entscheidungsprozess** entfalte und die vertragsschließende Behörde in ihrer abschließenden Willensbildung eingeschränkt sei (OLG Düsseldorf NZBau 2003, 55 (59) „Einwilligung des BMF nach § 44 III 1 BHO"; BeckOK VwVfG/Spieth § 58 Rn. 15; SBS/Bonk/Neumann/Siegel § 58 Rn. 25; KR/Tegethoff § 58 Rn. 16). Sämtliche Formen der Behördenbeteiligung, auch die schwächeren Formen der Abstimmung, die keinen Einfluss auf das Zustandekommen der Entscheidung der vertragsschließenden Behörde ausüben, berühren die Wirksamkeit des öffentlich-rechtlichen Vertrags nicht. Schwächere Formen der Abstimmung liegen etwa vor bei der Anhörung, der gutachtlichen Stellungnahme oder bei dem Erstellen des Benehmens (VGH Mannheim NVwZ-RR 1998, 221 (223); BeckOK VwVfG/Spieth § 58 Rn. 15).

9 Die Mitwirkung einer anderen Behörde ist erforderlich, wenn sie in einer Rechtsvorschrift **zwingend** vorgeschrieben ist (OLG Düsseldorf NZBau 2003, 55 (59)). Rechtsvorschriften im Sinne klassischer Rechtsquellenlehre sind Satzung, Rechtsverordnung und Gesetz, jedenfalls keine internen Verwaltungsvorschriften (BeckOK VwVfG/Spieth § 58 Rn. 16).

V. Folgen der (unterbliebenen) Zustimmung und Mitwirkung

10 Ein ohne die erforderliche Zustimmung bzw. Mitwirkung geschlossener Vertrag ist nicht nichtig, sondern **schwebend unwirksam.** Da der Vertrag nicht nichtig ist, bleiben die abgegebenen Erklärungen weiterhin bindend und in Kraft. Die Vertragsparteien können vertragliche Änderungen vereinbaren, die zB die Mitwirkung oder die Zustimmung obsolet machen. Die nachträgliche Zustimmung (Genehmigung) wirkt auf den **Zeitpunkt des Vertragsabschlusses** zurück (ex-tunc, KR/Tegethoff § 58 Rn. 19a). Wird die Zustimmung abgelehnt oder die Mitwirkungshandlung verweigert, so ist der Vertrag **nichtig.** Entsprechendes gilt, wenn sich der Dritte nicht innerhalb einer ihm gesetzten allerdings angemessenen Frist gegenüber einem der Vertragspartner äußert (BeckOK VwVfG/Spieth § 58 Rn. 12).

§ 59 Nichtigkeit des öffentlich-rechtlichen Vertrags

(1) Ein öffentlich-rechtlicher Vertrag ist nichtig, wenn sich die Nichtigkeit aus der entsprechenden Anwendung von Vorschriften des Bürgerlichen Gesetzbuchs ergibt.

(2) Ein Vertrag im Sinne des § 54 Satz 2 ist ferner nichtig, wenn

1. ein Verwaltungsakt mit entsprechendem Inhalt nichtig wäre;

2. ein Verwaltungsakt mit entsprechendem Inhalt nicht nur wegen eines Verfahrens- oder Formfehlers im Sinne des § 46 rechtswidrig wäre und dies den Vertragschließenden bekannt war;

3. die Voraussetzungen zum Abschluss eines Vergleichsvertrags nicht vorlagen und ein Verwaltungsakt mit entsprechendem Inhalt nicht nur wegen eines Verfahrens- oder Formfehlers im Sinne des § 46 rechtswidrig wäre;

4. sich die Behörde eine nach § 56 unzulässige Gegenleistung versprechen lässt.

(3) Betrifft die Nichtigkeit nur einen Teil des Vertrags, so ist er im Ganzen nichtig, wenn nicht anzunehmen ist, dass er auch ohne den nichtigen Teil geschlossen worden wäre.

Übersicht

	Rn.
I. Bedeutung	1
II. Nichtigkeit in entsprechender Anwendung des BGB (I)	6
1. Verbotsgesetz nach § 134 BGB	7
2. Sittenwidrigkeit nach § 138 BGB	9
3. Nichtigkeit wegen Formmangels	10
4. Sonstige Nichtigkeitstatbestände	11
III. Nichtigkeit des subordinationsrechtlichen Vertrags (II)	12
1. Nichtigkeit eines VA mit entsprechendem Inhalt (Nr. 1)	13
2. Kollusives Zusammenwirken der Vertragsparteien (Nr. 2)	14
3. Fehlende Voraussetzungen bei Vergleich (Nr. 3)	15
4. Versprechen einer unzulässigen Gegenleistung (Nr. 4)	17
IV. Teilnichtigkeit eines Vertrags (III)	21
V. Rechtsfolgen der Nichtigkeit und Rückabwicklung	24
1. Grundsätze des Rückabwicklungsverhältnisses	24
2. Öffentlich-rechtlicher Erstattungsanspruch	25
3. Vertragserhaltung aufgrund von Treu und Glauben	29
4. Vertragserfüllender Verwaltungsakt	31

I. Bedeutung

Regelungsgegenstand in § 59 sind abschließend formulierte Tatbestände 1
(KR/Tegethoff § 59 Rn. 1b), die die Nichtigkeit eines öffentlich-rechtlichen Vertrags bewirken. Grundsätzlich gilt dabei, dass die Gründe, die zur Nichtigkeit nach den Vorschriften des BGB auch bei sämtlichen öffentlich-rechtlichen Vertragstypen zur Nichtigkeit führen. Öffentlich- und zivilrechtliche Verträge werden insofern nach den gleichen rechtsgrundsätzlichen Maßstäben gemessen (SBS/Bonk/Neumann/Siegel § 59 Rn. 1). Zusätzliche Sondervorschriften gelten nach § 59 II nur („ist ferner nichtig") für den Typus des

subordinationsrechtlichen Vertrags im Sinne von § 54 II. Dass die Teilnichtigkeit eines Vertrags im Zweifel den Vertrag als Ganzes erfasst (III), entspricht der **bekannten Regelung** des § 139 BGB.

2 Die Regelungen beziehen sich sowohl auf Verpflichtungs- als auch auf Verfügungsverträge (KR/Tegethoff § 59 Rn. 18). Speziellere Vorschriften gelten zB nach § 11 BauGB für städtebauliche Verträge (Sanden NVwZ 2009, 491 (492)).

3 Der differenzierenden Regelung in § 59 ist zu entnehmen, dass bei verwaltungsrechtlichen Verträgen nicht schon jeder Rechtsverstoß, sondern nur **qualifizierte Fälle** der Rechtswidrigkeit zur Nichtigkeit führen sollen (BVerwG NJW 1992, 1642 (1643)). Daraus folgt, dass öffentlich-rechtliche Verträge zugleich rechtswidrig und wirksam sein können. Die Rechtswidrigkeit eines Vertrags ist nur dann erheblich, wenn die Rechtswidrigkeit gesetzlich an das Verdikt der Nichtigkeit gebunden ist, es sich um einen qualifizierten und nicht nur einfachen Verstoß handelt.

3a Im Rahmen einer Vertragssauslegung nach den Vorschriften des §§ 133, 157 BGB ist zu berücksichtigen, dass im Zweifel derjenigen Auslegung der Vorzug gebührt, die die Nichtigkeit eines Rechtsgeschäfts vermeidet (OVG Weimar BeckRS 2021, 38378 Rn. 282); stRspr des BGH GRUR 2011, 946 mwN).

4 Die seit mehr als 30 Jahre geltenden Vorschriften über den öffentlich-rechtlichen Vertrag stehen unter **Anpassungsdruck** (→ § 54 Rn. 3). Ist der Vertrag erst einmal von der Nichtigkeit erfasst, scheidet eine nachträgliche Anpassung aus. Insbesondere erlaubt die strikte gesetzliche Folge der Nichtigkeit keine an dem Interesse der Parteien ausgerichtete Korrektur einer der Nichtigkeit unterfallenden Regelungen. Auf der Grundlage des Bund/Länder-Musterentwurfs bereitet das Bundesinnenministerium einen Entwurf zur Änderung des VwVfG vor (vgl. Beschlussempfehlungen des Beirats Verwaltungsverfahrensrecht beim Bundesministerium des Innern NVwZ 2002, 834; Schmitz DVBl 2005, 17 (24)), der es ermöglichen soll, die Rückabwicklung durch eine Anpassung des Vertrags zu ersetzen, soweit die nichtige durch eine angemessene wirksame Regelung ersetzt werden kann.

5 Als unmittelbare Folge einer sich aus § 59 ergebenden Nichtigkeit eines öffentlich-rechtlichen Vertrags stellt sich die Frage, wie die **Rückgewähr rechtsgrundlos empfangener Leistungen** rechtlich begründet und wie sie zu vollziehen ist. Eine gesetzliche Regelung im VwVfG gibt es nicht. Die hM geht von der Unanwendbarkeit des Bereicherungsrechts nach §§ 812 ff. BGB aus und wendet das **öffentlich-rechtliche Erstattungsrecht** an (KR/Tegethoff § 59 Rn. 33).

II. Nichtigkeit in entsprechender Anwendung des BGB (I)

6 Nach § 59 I ist ein öffentlich-rechtlicher Vertrag nichtig, wenn sich die Nichtigkeit aus der entsprechenden Anwendung von Vorschriften des **Bürgerlichen Gesetzbuchs** ergibt. Liegt kein öffentlich-rechtlicher Vertrag vor, kommt § 59 nicht zur Anwendung (BGH NZM 2024, 201 (204) -Erbbau-

rechtsvertrag). Die Vorschrift verzahnt das öffentliche mit dem bürgerlichen Recht und schafft insofern ein für das Verwaltungsrecht einheitliches und abschließendes Nichtigkeitsregime (BeckOK VwVfG/Spieth § 59 Rn. 9). Der Regelungsgegenstand in § 59 I ist die prioritäre Grundnorm für die Frage, ob ein Vertrag der Nichtigkeit anheimfällt und damit lex specialis gegenüber § 62 S. 2 ist (KR/Tegethoff § 59 Rn. 8). § 59 I gilt für alle öffentlich-rechtlichen Verträge, also für koordinationsrechtliche und subordinationsrechtliche Verträge gleichermaßen (SBS/Bonk/Neumann/Siegel § 59 Rn. 8).

Ob eine Nichtigkeit einer Besserungsvereinbarung nach § 62 S 2 in ergänzender Anwendung des § 307 BGB zu prüfen ist, wird von der Rspr. mitunter offengelassen, weil es auf die Rechtsfrage nicht ankommt. Nach § 307 BGB sind Bestimmungen in Allgemeinen Geschäftsbedingungen unwirksam, wenn sie den Vertragspartner des Verwenders entgegen den Geboten von Treu und Glauben (§ 242 BGB) unangemessen benachteiligen. Die Vorgängervorschrift des § 9 AGB-Gesetz fand neben der Inhaltskontrolle nach §§ 56, 59 keine Anwendung, weil der in ihr niedergelegte allgemeine Grundsatz ohnehin kraft öffentlichen Rechts gilt und zusätzlich für den Bereich der öffentlich-rechtlichen Verträge gesetzliche Ausgestaltungen in §§ 56, 59 erfahren hat (BVerwG NJW 1986 2589 (2590)). Nach der Integration des AGBG in das BGB bedürfte es der ergänzenden Anwendung über § 62 S. 2 dann nicht mehr, wenn die Nichtigkeit öffentlich-rechtlicher Verträge nach § 59 I bereits aus der entsprechenden Anwendung des § 307 BGB folgen könnte. Gleichwohl wird in Teilen der Rspr. und Lit. weiterhin angenommen, dass die Vorschriften des Verwaltungsverfahrensrechts die Anwendung der §§ 305 ff. BGB weitgehend ausschließen. Das Verbot der unangemessenen Benachteiligung entgegen **Treu und Glauben** gilt im öffentlichen Recht stets und ist nach § 59 I in Verbindung mit der entsprechenden Anwendung von § 242 BGB zu beachten (OVG Bautzen BeckRS 2023, 334 Rn. 28). 6a

Es kommt auch eine Nichtigkeit einer Vereinbarung nach § 59 I 2 iVm § 138 II BGB in Betracht. Für den Wuchertatbestand des § 138 II BGB genügt ein auffälliges Missverhältnis zwischen Leistung und Gegenleistung allein nicht. Erforderlich ist darüber hinaus, dass der Gläubiger die beim Schuldner bestehende, von § 138 II BGB näher bestimmte Schwächesituation ausgenutzt hat. Dieser **Ausbeutungsvorsatz** kann bei § 138 II BGB nicht allein aus einem auffälligen Missverhältnis gefolgert werden (OVG Lüneburg BeckRS 2021, 15322 Rn. 42 mwN). 6b

1. Verbotsgesetz nach § 134 BGB

§ 59 I verweist auf § 134 BGB, wonach ein Rechtsgeschäft nichtig ist, wenn es gegen ein gesetzliches Verbot verstößt. Nicht abschließend ist geklärt, unter welchen Voraussetzungen ein **„gesetzliches Verbot" im Sinne von § 134 BGB** zur Anwendung gelangt. Der differenzierenden Regelung in § 59 ist zu entnehmen, dass bei verwaltungsrechtlichen Verträgen nicht schon jeder einfache, bzw. schlichte Rechtsverstoß gegen ein gesetzliches Verbot sondern 7 nur qualifizierte Verstöße gegen ein Verbot zur Nichtigkeit führen sollen (OVG Koblenz BeckRS 2021, 20370 Rn. 50; OVG Koblenz KommJur 2021, 371 (373) –- Abwasserbeseitigung; OVG Bautzen BeckRS 2019 Rn. 44; VGH Mannheim BeckRS 2015, 48874 Rn. 139; OVG Magdeburg NVwZ 2010, 396 (396); BSG NZS 2009, 695; BVerwG NJW 1992, 1642 (1643); OVG Münster NVwZ 1992, 988 (989)).

7a Das BSG hat jüngst formuliert, dass ein die Nichtigkeit bewirkender qualifizierter Rechtsverstoß jedenfalls dann vorliegt, wenn Vorschriften „offensichtlich" missachtet werden, die „eindeutig" zumindest beide Vertragspartner binden. Qualifiziert ist ein gesetzliches Verbot folglich dann, wenn die Norm ein **„eindeutiges, aus sich heraus verständliches Verbot enthalte"** (BSG NZS 2009, 695). Mit dieser Formel, die den in der Literatur angestellten Überlegungen ähnelt (KR/Tegethoff § 59 Rn. 10), werden zumindest besonders hervortretende Eigenschaften einer Norm deskriptiv erfasst, die ein sicheres Indiz für die Voraussetzung eines qualifizierten Verstoßes liefern. Letztlich ist ein von der Rspr. geforderter „qualifizierter Verstoß" nur durch Auslegung der jeweiligen Norm zu ermitteln (BSG NZS 2009, 695; BVerwG NVwZ 2002, 473 (475); OVG Münster NVwZ 1992, 988 (989)). Ein wichtiges Kriterium ist dabei, ob sich das Verbot gegen beide Vertragspartner oder nur gegen einen von ihnen richtet. Im letzteren Fall ist der Vertrag in der Regel gültig (VGH Mannheim BeckRS 2015, 48874 Rn. 143). Vorschriften über die **Aufstellung des Haushaltsplans** sind keine Verbotsgesetze im Sinne des § 134 BGB (VGH Mannheim BeckRS 2015, 48874 Rn. 141).

8 Ein zur Nichtigkeit eines außergerichtlichen Vergleichs führender Verstoß gegen ein gesetzliches Verbot (§ 134 BGB) liegt nicht schon dann vor, wenn vom Inhalt eines **Planfeststellungsbeschlusses** abgewichen wird (OVG Magdeburg BeckRS 2015, 40789 Ls.). Die Vereinbarung über einen erheblich unter dem **marktüblichen liegenden Mietzins** zwischen Behörde und einem Dritten verstößt gegen das in Art. 108 III 3 AEUV enthaltene Durchführungsverbot, das ein Verbotsgesetz iSd § 134 BGB darstellt, und ist nichtig (OVG Berlin-Brandenburg NJOZ 2019, 261 (262) = EuZW 2018, 323; BVerwG EuZW 2017, 355). Ob eine von den Vertragsparteien vereinbarte **„Spende"** an die Gemeinde im Rahmen einer **freiwilligen Baulandumlegung** auch ein gesetzliches Verbot verletzt, hängt insbes. vom Zweck der Geldleistung und dem vertraglichen Zusammenhang ab, in dem sie steht (BVerwG NVwZ 2002, 473 (475)). Mitunter kommt es auch bei vertraglichen Vereinbarungen zu **mehrfach begründeter Nichtigkeit.** So ist die im Rahmen eines Angestelltenvertrages vereinbarte Nebenabrede, „Für die Zusicherung (Vollzeitbeschäftigung als Beamtin/Beamter und entsprechender Altersversorgung und Anrechnung der Beschäftigung im Angestelltenverhältnis) verpflichtet sich die/der Angestellte zu einer Gegenleistung in Höhe von 200,- DM monatlich" in zweifacher Hinsicht nichtig. Zum einen weil ein entsprechender Verwaltungsakt nichtig wäre (§ 59 II Nr. 1) und zum andern weil die Nebenabrede nach §§ 59 I, 8 I NBG, Art. 33 II GG gegen ein gesetzliches Verbot verstößt (OVG Lüneburg NordÖR 2002, 307 = BeckRS 2002, 20711).

Eine abweichende Vereinbarung der Vergütungshöhe in **Jahresverträgen** für öffentlich bestelle **Vermessungsingenieure** im Land Brandenburg ist nichtig (OVG Berlin-Brandenburg BeckRS 2017, 131877 Rn. 13–18). Ein von einer Gemeinde geschlossener städtebaulicher Vertrag, mit dem sie ihre nicht in einem Bebauungsplan normierten städtebaulichen Vorstellungen durchzusetzen versucht **(bebauungsplanersetzender städtebaulicher Vertrag),** verstößt gegen den in § 1 I BauGB enthaltenen Grundsatz der Planmäßigkeit. Mit dem Verstoß gegen den Grundsatz der Planmäßigkeit liegt zugleich ein Verstoß gegen ein gesetzliches Verbot (§ 134 BGB) vor (VGH Mannheim NVwZ-RR 2017, 957 (959 Rn. 37)). Einigt sich ein privater Eigentümer eines Wegegrundstücks mit der Gemeinde als Trägerin der Straßenbaulast durch **Prozessvergleich** darauf, dass ein streitbefangener Weg **kein öffentlicher Weg** sei, so ist die Vereinbarung nichtig, wenn dadurch das im Niedersächsischen Straßengesetz vorgesehene Einziehungsverfahren umgangen wird (OVG Lüneburg BeckRS 2016, 54025). 8a

2. Sittenwidrigkeit nach § 138 BGB

Nichtigkeit kann ferner nach § 138 BGB bei einem sittenwidrigen oder wucherischen Rechtsgeschäft gegeben sein. Sittenwidrigkeit wird angenommen, wenn ein Rechtsgeschäft gegen das Anstandsgefühl aller „billig und gerecht Denkenden“ verstößt, wenn ein Vertrag „den **Stempel der Verwerflichkeit**“ trägt (BGH NJW 2004, 2668 (2670)). Es kommt – wie stets – auf den Einzelfall an. Die Sittenwidrigkeit liegt jedenfalls vor, wenn eine Zwangs- oder extreme Notlage ausgenutzt wird oder ein hoheitlicher Machtmissbrauch evidenten Charakter aufweist (SBS/Bonk/Neumann/Siegel § 59 Rn. 23). Eine vertragliche Verknüpfung zwischen Grundstückserwerb und Baulandausweisung führt ausnahmsweise noch nicht zur Sittenwidrigkeit nach § 138 BGB, wenn der Grundstückserwerb zur Realisierung der Bauleitplanung im Rahmen eines so genannten **Einheimischenmodells** dient (LG München I NVwZ 2005, 119 (120); BGH NJW 1999, 208 (209)). Allerdings enthält das Einheimischenmodell dann eine grundrechtswidrige und zugleich sittenwidrige Klausel, wenn der Käufer sich gegenüber der Stadt zu einer **Selbstnutzung von 20 Jahren** verpflichtet (OLG Frankfurt KommJur 2009, 386 (387)). 9

3. Nichtigkeit wegen Formmangels

Der Nichtigkeit fallen auch jene Verträge anheim, die nicht der Schriftform des § 57 oder einer sonst durch Rechtsnorm vorgeschriebenen Form entsprechen (vgl. → § 54 Rn. 37). 10

4. Sonstige Nichtigkeitstatbestände

Weitere Gründe, die zur Nichtigkeit des Vertrags aufgrund der Bestimmungen des BGB führen sind: fehlende Geschäftsfähigkeit und ähnliche Fälle zumindest bei einem der Vertragsschließenden (§ 105 BGB), ferner sofern ein Scheingeschäft oder ein Fall mangelnder Ernstlichkeit vorliegt (§§ 117, 118 11

BGB) sowie der Zugang einer berechtigten Anfechtungserklärung (§§ 119, 120, 123, 142 BGB), auch aufgrund arglistiger Täuschung nach § 123 I BGB (OVG Bremen BeckRS 2024, 3144 Rn. 26. Hingegen liegt bei dem Vertragsabschluss durch einen beschränkt Geschäftsfähigen (§ 108 BGB) oder Vertreter ohne Vertretungsmacht (§§ 177, 182 BGB) zunächst eine nach § 62 S. 2 zu beurteilende **schwebende Unwirksamkeit** vor, die nach dem Zugang einer Ablehnung durch den Vertreter oder aufgrund einer gesetzlichen Fiktion im Falle des Schweigens zur endgültigen Nichtigkeit führt (BeckOK VwVfG/Spieth § 59 Rn. 24).

III. Nichtigkeit des subordinationsrechtlichen Vertrags (II)

12 In § 59 II sind zusätzliche, über den Anwendungsbereich des § 59 I hinausgehende Nichtigkeitsgründe ausschließlich für Verträge subordinationsrechtlichen Charakters enthalten. Die beiden Absätze stehen zueinander nicht in einem Alternativverhältnis; sie gelten **kumulativ,** so dass die Nichtigkeit mehrfach begründet sein kann. Nicht ausgeschlossen ist es, dass bei einem Vertrag gleichzeitig mehrere Nichtigkeitsgründe vorliegen, sowohl aus § 59 II als auch kumulativ. Eine **analoge Anwendung** von § 59 II auf koordinationsrechtliche Verträge ist beim **kollusiven Zusammenwirken** mit Blick auf Schutzgut und Vertragsinhalt nicht ausgeschlossen (SBS/Bonk/Neumann/Siegel § 59 Rn. 27).

1. Nichtigkeit eines VA mit entsprechendem Inhalt (Nr. 1)

13 Ein öffentlich-rechtlicher Vertrag ist nichtig, wenn ihm nach § 59 II Nr. 1 iVm § 44 I **offensichtlich** ein besonders **schwerwiegender** Fehler anhaftet. Die Fehlerhaftigkeit kann in der versprochenen Leistung der Behörde oder der Gegenleistung des Bürgers begründet liegen (KR/Tegethoff § 59 Rn. 20). Nichtig ist ein Vertrag, in dem die Aufnahme in ein Beamtenverhältnis von der Zahlung einer Geldsumme abhängig gemacht wird (OVG Lüneburg NordÖR 2002, 307 (308)). Die synallagmatische Verknüpfung von Leistung und Gegenleistung in einer Nebenabrede, die im Hinblick auf ein zu begründendes Beamtenverhältnis einem Arbeitsvertrag angefügt wurde, kann nichtig sein (OVG Lüneburg DVBl 2007, 454 L= BeckRS 2007, 20929). Ferner sind in § 44 II sechs weitere zur Nichtigkeit führende Voraussetzungen enumerativ angeführt, deren praktische Relevanz allerdings als gering einzustufen ist (KR/Tegethoff § 59 Rn. 22).

2. Kollusives Zusammenwirken der Vertragsparteien (Nr. 2)

14 Nach § 59 II Nr. 2 ist ein subordinationsrechtlicher Vertrag nichtig, wenn ein VA mit entsprechendem Inhalt nicht nur wegen eines Verfahrens- oder Formfehlers im Sinne des § 46 rechtswidrig wäre und dies den Vertragschließenden bekannt war. Gemeint sind mit der Formulierung Fallgruppen, bei denen die am Vertrag Beteiligten in **bewusstem und gewolltem Zusammenwirken** beabsichtigen **(Kollusion),** auf der Grundlage eines öffent-

lich-rechtlichen Vertrags einen rechtswidrigen Erfolg herbeizuführen (SBS/Bonk/Neumann/Siegel § 59 Rn. 37; KR/Tegethoff § 59 Rn. 23a). Die Vorschrift wird auch auf Fälle angewandt, bei denen allen Vertragsschließenden unabhängig voneinander im Zeitpunkt des Vertragsschlusses die Rechtswidrigkeit des Vertragsinhalts oder die Verletzung von Zuständigkeitsvorschriften oder Verfahrensvorschriften, die nicht nach § 46 unbeachtlich sind oder nach § 57, 58 zur Nichtigkeit führen, bekannt war (SBS/Bonk/Neumann/Siegel § 59 Rn. 39; KR/Tegethoff § 59 Rn. 24; BeckOK VwVfG/Spieth § 59 Rn. 30). Die Kenntnis der Vertragsparteien muss sich auf die Rechtswidrigkeit von Vertragsform oder -inhalt im **Zeitpunkt des Vertragsschlusses** beziehen (KR/Tegethoff § 59 Rn. 24). Bleibt die Rechtswidrigkeit aus welchem Grund auch immer nur für einen Beteiligten unbekannt, scheidet zumindest die Anwendbarkeit der Norm aus, was gleichwohl nicht bedeutet, dass sich die Nichtigkeit nicht aus einer anderen Norm ergeben könnte (SBS/Bonk/Neumann/Siegel § 59 Rn. 39).

3. Fehlende Voraussetzungen bei Vergleich (Nr. 3)

Nach § 59 II Nr. 3 tritt Nichtigkeit ein, wenn die Voraussetzungen zum Abschluss eines Vergleichsvertrages nicht vorlagen und ein Verwaltungsakt mit entsprechendem Inhalt nicht nur wegen eines Verfahrens- oder Formfehlers im Sinne des § 46 rechtswidrig wäre. Mit dieser Bestimmung, die auf § 55 Bezug nimmt, soll verhindert werden, dass der Vergleichsvertrag dazu missbraucht wird, einen **rechtlich missbilligten Erfolg** herbeizuführen (SBS/Bonk/Neumann/Siegel § 59 Rn. 40; KR/Tegethoff § 59 Rn. 26; Ziekow § 59 Rn. 14 „objektiver Institutsmissbrauch"). 15

Die Norm setzt voraus, dass die Behörde ihren Beurteilungsspielraum überschritten hat und dabei ungerechtfertigterweise eine (grobe) Abweichung vom materiellen Recht dem Vergleich zugrunde gelegt hat. Die **Inkongruenz des materiellen Rechts** mit dem Vergleichsinhalt wäre bei ordnungsgemäßer Ermittlung zugänglicher Tatsachen nicht oder nicht in dem jeweiligen Umfang entstanden (KR/Tegethoff § 59 Rn. 26). Auf die Kenntnis der Beteiligten, ob die Voraussetzungen des Vergleichs vorlagen, kommt es nicht an (KR/Tegethoff § 59 Rn. 27). Fehlt es hingegen an einer Beachtlichkeit des Fehlers, liegen also bloß Fehler im Sinne des § 46 vor, bleibt der Vergleich wirksam. 16

4. Versprechen einer unzulässigen Gegenleistung (Nr. 4)

Nach § 59 II Nr. 4 ist ein öffentlich-rechtlicher Vertrag nichtig, wenn sich die Behörde eine nach § 56 unzulässige Gegenleistung versprechen lässt. Der Nichtigkeitsgrund bezweckt den **Schutz des Bürgers,** der zu Leistungen verpflichtet werden soll, die in einer unangemessenen, sachwidrigen Koppelung (sog. **Koppelungsverbot**) von Geldleistung und hoheitlicher Leistung stehen (OVG Greifswald NJOZ 2009, 626 (632), Breuer NVwZ 2017, 112 (115)). Der **Verkauf von Hoheitsrechten** soll damit vermieden werden 17

(VGH Mannheim NJOZ 2009, 4411 (4419); OVG Lüneburg ZfBR 2007, 804 (806) mwN).

18 Fehlt es an einem **sachlichen Bezug** mit der Leistung der Kommune, insbes. durch die **unbestimmte Benennung** des Zwecks der Zahlungen als Beitrag für „Folgeeinrichtungen, städtebauliche Planungen und Maßnahmen", die mit dem Wort **„insbes."** auch noch als beispielhafte Aufzählung zu verstehen sind, wird es in das Belieben der Gemeinde gestellt, die eingenommenen Gelder für jedwede beliebige öffentliche Aufgaben der Gemeinde zu verwenden. Solch eine Vereinbarung ist nichtig (OVG Greifswald NJOZ 2009, 626 (632)). So ist ferner ein städtebaulicher Vertrag wegen Verstoßes gegen das Koppelungsverbot nichtig, wenn kein sachlicher Zusammenhang zwischen der Leistung einer Behörde (Ausweisung eines Baugebiets) und der hierfür versprochenen Gegenleistung (Zahlung eines Betrages pro Quadratmeter veräußerter Bauparzelle) besteht (vgl. BayVGH MittBayNot 2009, 165).

19 Auch **unsubstantiiert** berechnete Ansprüche im Folgekostenvertrag für die Erweiterung einer Grundschule sind nichtig (VGH Mannheim NVwZ-RR 2006, 90 (93)). Nichtigkeit nach § 59 II Nr. 4 tritt ferner ein, wenn sich ein bauwilliger Eigentümer gegenüber der Gemeinde an Stelle eines **nicht mehr** festsetzbaren **Erschließungsbeitrags** verpflichtet, an sie einen Geldbetrag für einen gemeinnützigen Zweck (Unterhaltung städtischer Kinderspielplätze) zu leisten (BVerwG NVwZ 2000, 1285 (1286)). Ebenfalls dem Koppelungsverbot nach § 59 II Nr. 4 unterliegt ein Vertrag, in dem sich ein (Flughafen-) Betreiber in einer **schriftlichen Erklärung** gegenüber einer Gemeinde auf Dauer verpflichtet, bauliche Maßnahmen in einem bestimmten Teil des Gemeindegebiets zu unterlassen, um dadurch die erforderlichen Genehmigungen zu erlangen. Die Vereinbarung ist nichtig, sofern dem Betreiber auch ohne Leistungsversprechen ein **Rechtsanspruch** auf die Genehmigung zugestanden hat (VGH Kassel NVwZ-RR 2005, 680 (680)).

20 Der Verkauf von Gemeindeeigentum und die Beteiligung am Wettbewerb der Energieversorger qualifiziert das Verhalten einer Gemeinde als noch nicht wettbewerbswidrig. Die für öffentlich-rechtliche Verträge geltenden Beschränkungen (§§ 56, 59 II Nr. 4, § 11 II 2 BauGB) finden in einem solchen Fall ebenso wenig Anwendung wie die Grundsätze, nach denen unter Ausnutzung einer hoheitlichen Stellung geschlossene Kopplungsgeschäfte nach § 138 BGB unter bestimmten Voraussetzungen nichtig sein können (BGH NJW 2002, 3779 (3780) mwN).

IV. Teilnichtigkeit eines Vertrags (III)

21 Die Regelung in **§ 139 BGB** ist nahezu **wortgleich** in § 59 III übernommen worden. Danach ist für den Fall, dass die Nichtigkeit nur einen Teil des Vertrags betrifft, dieser im Ganzen nichtig, wenn nicht anzunehmen ist, dass er auch ohne den nichtigen Teil geschlossen worden wäre. Es ist im Rahmen einer hypothetischen Fragestellung – wie auch bei § 139 BGB – auf den mutmaßlichen **Willen der Vertragsparteien** abzustellen (BVerwG NVwZ

2006, 336 (338)). Der mutmaßliche Wille ist im Wege der Vertragsauslegung anhand eines objektivierten Parteiwillens zu ermitteln, wobei es darauf ankommt, ob eine Bewertung aus der Sicht einer verständigen Vertragspartei ergibt, dass die Vertragsschließenden den Vertrag auch ohne den nichtigen Teil vernünftigerweise abgeschlossen hätten (BVerwG NVwZ 2002, 473 (474); SBS/Bonk/Neumann/Siegel § 59 Rn. 46; KR/Tegethoff § 59 Rn. 29a).

Eine **Teilnichtigkeit** infiziert jedenfalls nicht zwingend den Vertrag in vollem Umfang, sofern eine isolierte Trennung der teilnichtigen Regelung von dem funktionsfähigen Vertrag objektiv möglich ist (BVerwG NVwZ 2006, 336 (338); VGH Mannheim NVwZ-RR 2006, 90 (93)). Ob eine Trennung von bestimmten Vertragsinhalten möglich ist, bleibt der Würdigung der Umstände des Einzelfalls überlassen (Ziekow § 59 Rn. 16). Kann der Vertrag nicht in einen isoliert funktionsfähigen und in einen nichtigen Teil gespalten werden, ergreift die Teilnichtigkeit den Vertrag und führt damit unweigerlich zu einer Gesamtnichtigkeit. Sofern die Auslegung zweifelhaft bleibt, folgt nach hM aus der Teilnichtigkeit die Nichtigkeit des gesamten Vertrags (OVG Berlin-Brandenburg BeckRS 2017, 131877 Rn. 18; KR/Tegethoff § 59 Rn. 29 mwN). **Salvatorische Klauseln,** denen in Verträgen die Aufgabe zufallen, präventiv für eine sachliche Begrenzung der Nichtigkeit zu sorgen, versagen in Anbetracht der Bedeutung der teilnichtigen Abrede ihren Dienst (OVG Greifswald NJOZ 2009, 626 (632)). 22

Möglich bleibt dann bei vorliegender Nichtigkeit die **Umdeutung** des nichtigen Vertrags in eine reduzierte Regelung zB in Gestalt eines privatrechtlichen Vertrags oder eines VA (BeckOK VwVfG/Spieth § 59 Rn. 47). Die nach § 62 S. 2 iVm § 140 BGB zulässige Umdeutung, eröffnet die Möglichkeit, aus dem Inhalt des teilnichtigen Vertrags eine isoliert fortbestehende Regelung „herauszuholen". Umgedeutet werden kann zB ein nichtiger Vertrag über eine Steuerbefreiung in einen wirksamen Steuererlass gem. § 163, 227 AO (BeckOK VwVfG/Spieth § 59 Rn. 47 mwN). 23

V. Rechtsfolgen der Nichtigkeit und Rückabwicklung

1. Grundsätze des Rückabwicklungsverhältnisses

Im VwVfG existieren weder Regelungen über die Rechtsfolge der Nichtigkeit noch Regelungen über die Rückabwicklung rechtsgrundlos empfangener Leistungen. Ist ein Vertrag vollständig unwirksam, mangelt es an einem Rechtsgrund, einer causa, etwaige wechselseitig empfangene Leistungen behalten zu dürfen. Wurden keine Leistungen ausgetauscht, entfallen mit Eintritt der Nichtigkeit sämtliche vertragsrechtlichen primären Ansprüche sowie weitere aus dem Vertrag abgeleitete sekundäre Ansprüche und Einwendungen. Das ursprüngliche Vertragsverhältnis wandelt sich mit Eintritt der Nichtigkeit in ein **gesetzliches Rückgewährschuldverhältnis,** das Zug um Zug zu erfüllen ist (KR/Tegethoff § 59 Rn. 33). Das insoweit entstandene Rückgewährschuldverhältnis ist auf Rückabwicklung durch Herausgabe des Erlang- 24 ten oder, falls das Erlangte nicht mehr vorhanden ist, durch Wertersatz in analoger Anwendung von § 818 II BGB gerichtet (SBS/Bonk/Neumann/Siegel § 59 Rn. 55). Die Begründung des Rückabwicklungsverhältnisses (ziviles Bereicherungsrecht oder Grundsätze des öffentlich-rechtlichen Erstattungsanspruchs) ist nur in dogmatischer Hinsicht strittig, was sich aber in der Praxis nicht auswirkt (vgl. zum Meinungsstand BeckOK VwVfG/Spieth § 59 Rn. 49; Ziekow § 59 Rn. 19 ff.; KR/Tegethoff § 59 Rn. 33). Die in das Rückgewährschuldverhältnis eingebundenen Ansprüche können Gegenstand einer Aufrechnung sein (BeckOK VwVfG/Spieth § 59 Rn. 50).

2. Öffentlich-rechtlicher Erstattungsanspruch

25 Die hM wendet bei der Rückabwicklung zu Unrecht empfangener Leistungen die Grundsätze des öffentlich-rechtlichen Erstattungsanspruchs an (Knack/Henneke/Schliesky VwVfG § 59 Rn. 67; KR/Tegethoff § 59 Rn. 33). In der Rechtsprechung des BVerwG ist geklärt, dass es sich bei dem **allgemeinen öffentlich-rechtlichen Erstattungsanspruch** um ein aus Grundsätzen des Verwaltungsrechts, insbes. der Gesetzmäßigkeit der Verwaltung, abgeleitetes eigenständiges Rechtsinstitut des öffentlichen Rechts handelt, dessen Anspruchsvoraussetzungen und Rechtsfolgen, soweit sie nicht spezialgesetzlich geregelt sind (vgl. etwa § 12 BBesG), denen des **zivilrechtlichen Bereicherungsanspruchs** entsprechen (BVerwG NVwZ 2008, 1369 (1369) mwN; NVwZ 2008, 212 (212)).

25a Der öffentlich-rechtliche Erstattungsanspruch kommt dann in Betracht, wenn nicht anderweitige speziellere und damit vorrangige Vorschriften, die den Ausgleich von Vermögensverschiebungen oder den Ersatz von Aufwendungen regeln, eingreifen und deshalb den allgemeinen öffentlich-rechtlichen Erstattungsanspruch ausschließen (VGH Mannheim NJOZ 2015, 1344 (1345), VGH Mannheim NJW 2003, 1066 = NVwZ 2003, 1140 Ls.). Die Voraussetzungen des auf den Ausgleich rechtsgrundloser Vermögensverschiebungen im öffentlichen Recht gerichteten öffentlich-rechtlichen Erstattungsanspruchs (BVerwG BeckRS 2009, 39941; NVwZ 2003, 993 = NJW 2003, 2846 Ls.) sind erfüllt, wenn es zu einer rechtsgrundlosen Vermögensverschiebung in entsprechender Anwendung nach § 812 ff. BGB kommt (VGH Mannheim NJOZ 2015, 1344 (1345) mwN; BVerwG NVwZ 2008, 212 = NJW 2008, 1399 Ls.).

25b Der öffentlich-rechtliche Erstattungsanspruch ist auch im Verhältnis des Bundes zu anderen Verwaltungsträgern (und umgekehrt) bei zumindest grob fahrlässigem fehlerhaftem Verwaltungshandeln eröffnet, soweit spezialgesetzliche Regelungen fehlen (BSG NVwZ-RR 2014, 230 (232)).

26 **Ausnahmen** davon hat das BVerwG lediglich dann anerkannt, wenn und soweit den §§ 812 ff. BGB eine abweichende Interessenwertung zu Grunde liegt, die in das öffentliche Recht nicht übertragbar ist. Funktion des öffentlich-rechtlichen Erstattungsanspruchs ist es, eine dem materiellen Recht nicht entsprechende Vermögensverschiebung zu korrigieren (BVerwG NVwZ 2008, 1369 (1369) mwN). Wie auch im Zivilrecht erfolgt beim öffentlich-rechtlichen Erstattungsanspruch der Erstattungsausgleich grundsätzlich

nur innerhalb des jeweiligen Leistungsverhältnisses (BVerwG NVwZ 2008, 212 (212)).

§ 814 BGB ist auf die Rückabwicklung von Verträgen zwischen Staat und Bürger nicht anwendbar (OVG Koblenz NVwZ-RR 2003, 830 (832)). 27

Im Rahmen des öffentlich-rechtlichen Erstattungsanspruchs findet **§ 818 III BGB** weder zu Gunsten von Behörden noch von Bürgern Anwendung (zur stRspr vgl. BVerwG NVwZ 2008, 1369; BVerwG LKV 2001, 367 (369)). Die Verwaltung ist dem Grundsatz der Gesetzmäßigkeit verpflichtet und damit stets gehalten, rechtmäßige Zustände herzustellen und **zu Unrecht erlangte Leistungen** zurückzugewähren (BeckOK VwVfG/Spieth § 59 Rn. 51).

Auf vermögensrechtliche Ansprüche findet auch im öffentlichen Recht das Rechtsinstitut der Verjährung Anwendung (BVerwG NVwZ 2008, 1369 (1370)). In Ermangelung öffentlich-rechtlicher Normen sind für den öffentlich-rechtlichen Erstattungsanspruch die im Wege der Analogie als sachnächste in Betracht kommenden Verjährungsregelungen des BGB heranzuziehen. Der öffentlich-rechtliche Erstattungsanspruch unterliegt daher der **dreijährigen regelmäßigen Verjährungsfrist** des § 195 BGB (OVG Bautzen BeckRS 2014, 52120 Rn. 22 mwN aus der Rspr.; OVG Berlin-Brandenburg BeckRS 2014, 54097; BVerwG BeckRS 2013, 58650 Rn. 14 (offen gelassen); BVerwG NVwZ 2008, 1369 (1370)). 28

3. Vertragserhaltung aufgrund von Treu und Glauben

Die Berufung auf die Nichtigkeit eines öffentlich-rechtlichen Vertrags ist, auch wenn sie von den Vertragspartnern nicht gewollt und ihnen auch nicht bekannt war oder bekannt sein konnte, grundsätzlich jederzeit zulässig; sie wird nur durch den **Einwand der unzulässigen Rechtsausübung** (Grundsatz von Treu und Glauben) begrenzt (BVerwG BeckRS 2013, 58650 Rn. 13; NVwZ 2009, 1109 (1110); NVwZ 2003, 993 (994)). 29

Die **Verpflichtung zur Rückgewähr findet dort ihre Grenze,** wo die Forderung mit den auch im öffentlichen Recht geltenden Grundsätzen von Treu und Glauben nicht in Einklang steht (KR/Tegethoff § 59 Rn. 35). Die Grundsätze von Treu und Glauben können den öffentlich-rechtlichen Erstattungsanspruch einschränken (§ 62 S. 2 iVm § 242 BGB). Ob das Geltendmachen eines Erstattungsanspruchs gegen Treu und Glauben verstößt, bedarf allerdings einer umfassenden Würdigung eines Vertrags mit allen seinen Bestandteilen (BVerwG NVwZ 2009, 1109 (1111)). Dem auf einem nichtigen verwaltungsrechtlichen Vertrag beruhenden Erstattungsanspruch eines Beteiligten steht der Grundsatz von Treu und Glauben nicht schon deshalb entgegen, weil eine Rückabwicklung der vom anderen Teil erbrachten Leistung aus rechtlichen oder tatsächlichen Gründen nicht möglich ist (BVerwG NVwZ 2000, 1285 (1286)). 30

4. Vertragserfüllender Verwaltungsakt

31 Erlässt die Behörde aufgrund eines später **nichtigen öffentlich-rechtlichen Vertrags** einen Verwaltungsakt, so folgt aus dem nachträglichen Wegfall der Rechtsgrundlage noch nicht automatisch die Nichtigkeit des vertragserfüllenden Verwaltungsakts (BeckOK VwVfG/Spieth § 59 Rn. 54, SBS/Bonk/Neumann/Siegel § 59 Rn. 49; KR/Tegethoff § 59 Rn. 36). Der rechtliche Charakter eines aufgrund eines nichtigen Vertrags erlassenen Verwaltungsakts wird nach § 44 beurteilt (SBS/Bonk/Neumann/Siegel § 59 Rn. 49; BVerwG BeckRS 2006, 27453 (Rn. 35)). In der Regel dürfte die Nichtigkeit des öffentlich-rechtlichen Vertrags zur Rechtswidrigkeit des Verwaltungsakts führen, sodass auf ihn § 48 anwendbar ist (SBS/Bonk/Neumann/Siegel § 59 Rn. 49). Hat die Behörde aufgrund eines (scheinbar) zunächst wirksamen, später aber rückwirkend nichtigen Vertrags einen VA erlassen, so ist es für die Entscheidung der Rücknahme maßgeblich, ob das **Vertrauen** des Begünstigten nach den Voraussetzungen des § 48 schutzwürdig ist (BeckOK VwVfG/Spieth § 59 Rn. 54; SBS/Bonk/Neumann/Siegel § 59 Rn. 49).

§ 60 Anpassung und Kündigung in besonderen Fällen

(1) [1] Haben die Verhältnisse, die für die Festsetzung des Vertragsinhalts maßgebend gewesen sind, sich seit Abschluss des Vertrags so wesentlich geändert, dass einer Vertragspartei das Festhalten an der ursprünglichen vertraglichen Regelung nicht zuzumuten ist, so kann diese Vertragspartei eine Anpassung des Vertragsinhalts an die geänderten Verhältnisse verlangen oder, sofern eine Anpassung nicht möglich oder einer Vertragspartei nicht zuzumuten ist, den Vertrag kündigen. [2] Die Behörde kann den Vertrag auch kündigen, um schwere Nachteile für das Gemeinwohl zu verhüten oder zu beseitigen.

(2) [1] Die Kündigung bedarf der Schriftform, soweit nicht durch Rechtsvorschrift eine andere Form vorgeschrieben ist. [2] Sie soll begründet werden.

Übersicht

	Rn.
I. Bedeutung	1
II. Wesentliche Änderung der äußeren Verhältnisse (I 1)	7
1. Rechtliche und tatsächliche Verhältnisse	7
2. Wesentlichkeit der Änderung	10
III. Anpassung und Kündigung des Vertrags (I 1)	12
1. Anpassung	12
2. Kündigung	16
IV. Sonderkündigungsrecht der Behörde (I 2)	17
V. Schriftform und Begründung (II)	19

I. Bedeutung

Allgemeine Rechtsgrundsätze, die im Bürgerlichen Recht normiert und konkretisiert sind, gelten auch unmittelbar im öffentlichen Recht, wenn sie gleichsam als Rechtssätze des allgemeinen Teils des Rechts vorgegeben sind (OVG Lüneburg NVwZ 2003, 629). Der allgemein geltende Grundsatz, der auch im öffentlichen Recht seit Langem anerkannt ist, dass einmal geschlossene Verträge verbindlich sind **(pacta sunt servanda),** wird durch das im öffentlichen wie im zivilen Recht (§ 313 BGB) gleichermaßen geltende Institut des Wegfalls der Geschäftsgrundlage durchbrochen, ohne dass es hierzu einer ausdrücklichen vertraglichen Vereinbarung bedarf (BFH NVwZ-RR 2017, 933 (934 Nr. 18); BVerwG NVwZ 2013, 209 (213); BVerfG NJW 1973, 609)). Das gilt auch für das **Kommunalabgabenrecht** (VG Potsdam BeckRS 2020, 34186 Rn. 22). 1

Führt eine Änderung der einem Vertrag zugrundeliegenden Verhältnisse zu einer Veränderung der Leistungspflicht, die sich zumindest für eine Partei als unzumutbar erweist, ist der Vertrag nach dem auch im öffentlichen Recht verankerten Prinzip von **Treu und Glauben** (§ 242 BGB) in der Regel an die geänderten Verhältnisse anzupassen **(clausula rebus sic stantibus).** 2

Diese Regel spielt in den verschiedensten Rechtsbereichen eine Rolle, im Völkerrecht, im **Europarecht** (SBS/Bonk/Neumann/Siegel § 60 53 ff.; KR/Tegethoff § 60 Rn. 4 u. 5), im bürgerlichen, im deutschen Verwaltungsrecht, im deutschen Verfassungsrecht, teils positiviert, teils innerhalb von geschriebenen Generalklauseln, teils als ungeschriebener Rechtssatz, im Kern stets als Ausnahme von dem allgemeinen Rechtssatz „pacta sunt servanda" (BVerwG NVwZ 2013, 209 (213); VGH München BeckRS 2009 33080 Rn. 45; BVerfG NJW 1973, 609, (610)). Der EuGH greift in zahlreichen Konstellationen auf **antikes römisches Recht** zurück, das sich als fortgeltender Ausdruck einer lebenden Rechtskultur erweist (Knütel JuS 1996, 768 (770)). Die clausula rebus sic stantibus ist zudem **ungeschriebener Bestandteil des Bundesverfassungsrechts** (BVerfG NJW 1976, 225). Nach dem klaren Wortlaut der Norm gilt die clausula allerdings lediglich für den im Zeitpunkt nach Vertragsschluss einsetzenden Wegfall der Geschäftsgrundlage, nicht jedoch schon für ein Fehlen von Anfang an (Sanden NVwZ 2009, 491 (492); BVerfG NJW 1973, 609 (610)). 3

Ist eine Verhandlungslösung unmöglich oder im Ergebnis unzumutbar, ist als vertragsrechtliche **ultima ratio** die Auflösung des Vertrags durch Kündigung nach 60 I 1 und 2 zulässig sowie die beiderseitige einvernehmliche Vertragsaufhebung (Arg. a minore ad maius), sofern Dritte nicht beteiligt sind. In § 60 I 2 wird die Behörde berechtigt, die Kündigung des öffentlich-rechtlichen Vertrags zu erklären, sofern dies zur Verhütung schwerer Nachteile für das Allgemeinwohl erforderlich ist. Die Regelung entspricht im Wesentlichen § 49 II Nr. 5 für den **Widerruf** von VA. 4

Die Kündigungserklärung ist an eine Schriftform gebunden und unterliegt im Regelfall („soll") einer **Begründungspflicht** (III). Der durch das SchRModG erstmals eingeführte „Anspruch" auf die Vertragsanpassung 5

(§ 313 I BGB: „kann … verlangt werden“) hat die Aufgabe, eine **„Verhandlungslösung“** zu begünstigen und damit die **Integrität des Vertrags** zu fördern (Stadler in Jauernig BGB, 15. Aufl. 2014, § 313 Rn. 27) und entspricht insoweit der Regelung in § 60 I 1. Ein Rückgriff auf § 313, 314 BGB ist nach § 62 nur insoweit möglich, als dass in §§ 54–61 keine vorrangige Regelung getroffen wurde. § 60 entspricht nur teilweise den Bestimmungen nach §§ 313, 314 BGB, so dass § 60 als **lex specialis** der Anwendbarkeit des § 313 BGB insoweit vorgeht. Hingegen wird der Regelungsgegenstand des § 314 BGB nicht von § 60 erfasst, so dass § 314 BGB nach § 62 S. 2 auf Verträge nach §§ 54 ff. ergänzend entsprechend anwendbar ist (SBS/Bonk/Neumann/Siegel § 60 Rn. 9, 11). Infolge dessen besteht – unabhängig von dem Regelungsgegenstand in § 60 – zusätzlich für **Dauerschuldverhältnisse** ein gesetzliches Kündigungsrecht für jeden Vertragsteil, sofern ein wichtiger Grund vorliegt.

6 Sofern die Vertragsparteien aus Gründen der Vorsorge **Anpassungsklauseln oder Rücktrittsrechte** vereinbart haben, vor allem solche, die den § 60 als Mindeststandard nicht unterschreiten, gehen diese der Anwendung des § 60 vor (SBS/Bonk/Neumann/Siegel § 60 Rn. 10). Der Inhalt der Vorschrift des § 60 ist **zwingendes Recht** und damit der privatautonomen Dispositionsfreiheit der Parteien entzogen (Ziekow § 60 Rn. 3).

II. Wesentliche Änderung der äußeren Verhältnisse (I 1)

1. Rechtliche und tatsächliche Verhältnisse

7 Voraussetzung für die Anwendung des § 60 I 1 ist, dass sich die für die Festsetzung des Vertragsinhalts maßgeblichen Verhältnisse seit dem Zeitpunkt des Vertragsschlusses wesentlich geändert haben. Die äußeren Verhältnisse finden ihre Entsprechung in der Geschäftsgrundlage; sie sind von den (inneren) Festsetzungen des Vertragsinhalts zu unterscheiden.

7a Für den Vertragsinhalt maßgebend sind **rechtliche und tatsächliche** Verhältnisse, die weder Vertragsinhalt noch bloßer Beweggrund, sondern die von den Vertragsparteien ausdrücklich oder stillschweigend zur gemeinsamen und **wesentlichen Grundlage** des Vertrags gemacht worden sind. Die Vertragspartner müssen die betreffenden Umstände als gemeinsame Grundlage des Vertrags angenommen und vorausgesetzt haben (BVerwG NVwZ 2013, 209 (214); VGH Mannheim NVwZ-RR 2006, 81 (84)). Die gemeinsame Vorstellung muss dagegen nicht auf konkrete künftig eintretende Ereignisse oder deren Ausbleiben gerichtet sein. Sie kann auch in der unausgesprochen gebliebenen Erwartung liegen, ein für die Vereinbarung entscheidender tatsächlicher oder rechtlicher Zustand werde Bestand haben (BVerwG NVwZ 2013, 209, (214)).

8 Zu den erheblichen Umständen zählen vor allem **tatsächliche Verhältnisse** (zB Kursschwankungen) aber auch eine Veränderung der rechtlichen Verhältnisse kommt in Betracht (SBS/Bonk/Neumann/Siegel § 60 Rn. 16). Eine nach Vertragsschluss hervorgerufene **Änderung der Rechtslage** sei es

durch Gesetz oder aufgrund eines Urteils vermag durchaus die vertraglich festgesetzte Anspruchsbeziehung im äußersten Fall sogar obsolet machen. Auch insoweit muss eine Anpassung und, falls rechtlich unmöglich oder subjektiv unzumutbar, eine Kündigung erwogen werden (SBS/Bonk/Neumann/Siegel § 60 Rn. 17). Als Änderung der rechtlichen Verhältnisse ist ferner ein **gemeinsamer Rechtsirrtum** über die Rechtslage anerkannt (SBS/Bonk/Neumann/Siegel § 60 Rn. 21).

Eine erhebliche, weil wesentliche Änderung der Vertragsgrundlage, der 9
äußeren Verhältnisse, führt lediglich dazu, dass eine oder beide Parteien die **Anpassung des Vertrags** verlangen können. Es treten nach § 60 I weder ein Wegfall des Vertrags noch eine automatische Änderung des Vertrags an die geänderten Verhältnisse ein. Maßgeblich für diese Konstruktion ist die aus dem Grundsatz **pacta sunt servanda** folgende rechtliche Bindungswirkung und der aus der Dispositionsbefugnis folgende Parteiwillen, der für Inhalt, Änderung des Vertragsgegenstands primär und solange gesetzliche Grenzen nicht verletzt werden auch ausschließlich zuständig ist (SBS/Bonk/Neumann/Siegel § 60 Rn. 21).

2. Wesentlichkeit der Änderung

Liegen Verhältnisse vor, die für die Festsetzung des Vertragsinhalts maßgebend 10
gewesen sind, so ist weitere Voraussetzung für eine Anpassung oder Kündigung des Vertrags nach § 60 I 1, dass es sich um eine wesentliche Änderung handelt und dass zumindest für eine Vertragspartei ein Festhalten an der ursprünglichen Vereinbarung nicht zumutbar ist. Die **Unzumutbarkeit** ist in diesem Zusammenhang näher zu bestimmen. Nicht gegeben ist die Unzumutbarkeit, wenn sich lediglich ein **normale Vertragsrisiko** realisiert, und nach gegenwärtigem Stand in Anbetracht des Risikos ein Vertrag nicht mehr geschlossen werden würde (VG Berlin BeckRS 2021, 43830 Rn. 41).

Unzumutbar ist das Festhalten an einem öffentlich-rechtlichen Vertrag 10a
dann, wenn die **Ausgleichsfunktion der beiderseitigen Leistungen** so stark gestört ist, dass es dem benachteiligten Vertragspartner unmöglich wird, in der bisherigen vertraglichen Regelung seine Interessen auch nur annähernd noch gewahrt zu sehen; es genügt insbesondere nicht, dass sich für eine Vertragspartei lediglich das normale Vertragsrisiko realisiert hat (VGH München BeckRS 2019, 5560 (Ls. 2, Rn. 39)). Es reicht nicht aus, dass eine Vertragspartei nach ihrer gegenwärtigen Interessenlage in den Vertragsschluss vernünftigerweise jetzt nicht mehr einwilligen würde. Vielmehr muss die Änderung der für den Vertragsinhalt maßgeblichen tatsächlichen oder rechtlichen Verhältnisse zu schwerwiegenden, bei Vertragsschluss nicht absehbaren **Nachteilen für die Vertragspartei** geführt haben, denen die Vertragspartner billigerweise Rechnung getragen hätten, wenn sie die Entwicklung vorhergesehen hätten. Die Folgen der nachträglichen Änderung müssen also den Risikorahmen überschreiten, den ein Vertragspartner nach Treu und Glauben hinzunehmen hat (BVerwG BeckRS 2011, 47872 Rn. 8). Dabei ist nicht auf das subjektive Empfinden der Vertragspartei abzustellen, sondern ein objektiver Maßstab zu Grunde zu legen. Anderenfalls hätte es eine Vertragspartei

entgegen dem – für die Gewährleistung von Rechtssicherheit unverzichtbaren – Grundsatz „pacta sunt servanda" in der Hand, über die Eigendefinition der Unzumutbarkeit die Notwendigkeit einer Vertragsanpassung weitgehend selbst zu bestimmen (BVerwG NVwZ 2013, 209 (214) mwN).

10b Maßgeblich für die rechtliche Beurteilung der Unzumutbarkeit sind die Umstände des Einzelfalls. Das Festhalten an dem unveränderten ursprünglichen Vertragsinhalt ist jedenfalls dann unzumutbar, wenn – bei Annahme der Gleichwertigkeit der gegenseitig versprochenen Leistungen bei Vertragsschluss – durch die nachträgliche tatsächliche Entwicklung oder eine nachträgliche Rechtsänderung ein **eklatantes Missverhältnis** zwischen ihnen entstanden ist. Denn bei gegenseitigen Verträgen ist in der Regel die Vorstellung von der Gleichwertigkeit von Leistung und Gegenleistung Geschäftsgrundlage. Die Ausgleichsfunktion der beiderseitigen Leistungen muss so stark gestört sein, dass es dem benachteiligten Vertragspartner nach Treu und Glauben unmöglich wird, in der bisherigen vertraglichen Regelung seine Interessen auch nur annähernd noch gewahrt zu sehen (BVerwG NVwZ 2013, 209 (215) mwN).

11 Wann eine Änderung der Verhältnisse so **wesentlich** ist, dass eine Vertragsanpassung verlangt oder der Vertrag gekündigt werden kann (§ 60 VwVfG), ist in der Rechtsprechung des BVerwG geklärt: Die Folgen der nachträglichen Änderung müssen den **Risikorahmen überschreiten,** den ein Vertragspartner nach Treu und Glauben hinzunehmen hat. Dies ist insbesondere der Fall, wenn durch die nachträgliche Entwicklung ein **eklatantes Missverhältnis** zwischen Leistung und Gegenleistung entstanden ist (BVerwG BeckRS 2016, 42765 (Rn. 11)). Eine wesentliche Änderung der Verhältnisse liegt folglich vor, wenn Umstände eintreten, mit denen die Vertragspartner bei Abschluss des Vertrags nicht gerechnet haben und die bei objektiver Betrachtung so erheblich sind, dass nicht angenommen werden kann, dass der Vertrag bei ihrer Kenntnis mit dem gleichen Inhalt abgeschlossen worden wäre (BGHZ 40, 334 (338); Lorenz DVBl 1997, 865 (865)). Abzustellen ist dabei auf den Gesamtinhalt des Vertrags (SBS/Bonk/Neumann/Siegel § 60 Rn. 19; KR/Tegethoff § 60 Rn. 8). Besteht bei den Leistungen ein grobes Missverhältnis im Sinne einer **Äquivalenzstörung** ist die „Wesentlichkeit" gegeben (OVG Münster BeckRS 2009, 41525; BVerwG NVwZ 1996, 171 (173)). Eine „Faustregel" gibt es indes nicht. Entscheidend bleiben – wie stets – die Umstände des Einzelfalls (SBS/Bonk/Neumann/Siegel § 60 Rn. 21).

III. Anpassung und Kündigung des Vertrags (I 1)

1. Anpassung

12 Sind die Voraussetzungen nach § 60 I 1 gegeben, ist entsprechend dem **zweistufig angelegten gesetzlichen Verfahrensprogramm** zunächst die Anpassung des Vertrags an die geänderten Umstände zu versuchen und – sofern die Anpassung unzumutbar ist (KR/Tegethoff § 60 Rn. 15) oder insgesamt unmöglich ist – in einem zweiten Schritt die Kündigung zu erwägen. Bei

einer wesentlichen Kostensteigerung nach Vertragsschluss ist zunächst eine Anpassung oder schließlich eine Kündigung in Betracht zu ziehen (OVG Magdeburg BeckRS 2015, 44926). Im Vertrag kann ein anderes Vorgehen vereinbart werden, das insoweit vorrangig ist (SBS/Bonk/Neumann/Siegel § 60 Rn. 22). Es ist empfehlenswert, das Verlangen nach Anpassung schriftlich zu formulieren, auch wenn ein Formerfordernis nicht vorliegt. Die Erklärung ist ferner zugangsbedürftig.

Unzumutbar ist eine Vertragsanpassung für eine Vertragspartei, wenn die durch die Änderung der Verhältnisse eingetretene Äquivalenzstörung durch eine mögliche Vertragsanpassung nicht beseitigt, sondern allenfalls durch eine ihrerseits (weiterhin) nicht äquivalente Bestimmung der beiderseitigen Leistungen ersetzt werden könnte, die beiderseitigen Leistungen also weiterhin in einem solchen Missverhältnis stehen würden, dass trotz Änderung des Vertragsinhalts eine die **Opfergrenze überschreitende Äquivalenzstörung** fortbesteht und nicht beseitigt werden kann (VGH München BeckRS 2019, 5560 Ls. 2, Rn. 39)). 12a

Das **Anpassungsverlangen** ist gerichtet auf Zustimmung zu dem einer Änderung unterworfenen vertraglichen Leistungsprogramm, das mit einer Leistungsklage im Verwaltungsrechtsweg durchgesetzt werden kann (BVerwG NVwZ 2002, 486 (487); KR/Tegethoff § 60 Rn. 26). Das Scheitern eines ernsthaften außergerichtlichen Anpassungsversuchs ist dabei eine Sachurteilsvoraussetzung (Ziekow § 60 Rn. 7). 13

Die Anpassung eines öffentlich-rechtlichen Vertrages an wesentlich geänderte Verhältnisse nach § 60 kann frühestens zu dem Zeitpunkt verlangt werden, zu dem das schriftliche Anpassungsverlangen dem Vertragspartner zugeht (BVerwG NVwZ 2002, 486 (487)). 14

Im Übrigen gibt § 60 auch ein **Leistungsverweigerungsrecht,** dessen Ausübung seinerseits den Geboten von Treu und Glauben unterliegt. Liegen die Voraussetzungen nach § 60 (und die vor dem Inkrafttreten des VwVfG gleichermaßen geltende Rechtslage) vor, werden aber die sich daraus ergebenden Rechte über nahezu acht Jahrzehnte nicht ausgeübt, sondern ihre vertraglichen Pflichten vorbehaltlos erfüllt, steht dem Recht auf Anpassung des Vertrags die **Einrede der Verwirkung** nach § 242 BGB entgegen (BVerwG NVwZ-RR 2009, 590 (592); NVwZ-RR 2004, 314 (315), Traulsen NVwZ 2009, 1019 (1021); SBS/Bonk/Neumann/Siegel § 60 Rn. 31). 15

2. Kündigung

Die Kündigung setzt als ultima ratio voraus, dass eine Anpassung **objektiv unmöglich** oder beiden Parteien **nicht zumutbar** ist. Aufgrund einer wirksam erklärten und empfangsbedürftigen Kündigung (§ 130 BGB iVm § 62 S. 2) erlischt der Vertrag aufgrund der Gestaltungswirkung im Zeitpunkt des Zugangs der Kündigung mit Wirkung **ex nunc,** sofern nicht ein anderer Zeitpunkt vereinbart wird (BeckOK VwVfG/Spieth § 60 Rn. 17; SBS/Bonk/Neumann/Siegel § 60 Rn. 36; KR/Tegethoff § 60 Rn. 30). Die Kündigungserklärung der Behörde erfolgt in Form einer **öffentlich-rechtlichen Willenserklärung,** die ihrerseits die Voraussetzungen von §§ 9 ff. zu erfül- 16 len hat (SBS/Bonk/Neumann/Siegel § 60 Rn. 36); sie ist **kein VA** (allg. Meinung vgl. KR/Tegethoff § 60 Rn. 29; Knack/Henneke/Schliesky VwVfG § 60 Rn. 45). Der Einhaltung von Fristen, auch einer Anhörung nach § 28 bedarf es daher nicht (KR/Tegethoff § 60 Rn. 28).

16a Für die Klage auf Feststellung der durch die Kündigung erfolgten Rechtswirkung ist der Verwaltungsrechtsweg eröffnet. Eine **Frist** für die Kündigungserklärung besteht nicht. Im Falle des Widerspruchs der anderen Vertragspartei kann eine entsprechende Klage auf Feststellung der Zulässigkeit der Kündigung erhoben werden. Die rechtliche Wirkung der Kündigung, Erlöschen des Schuldverhältnisses mit Wirkung ex nunc, hat zur Folge, dass der bis zur Kündigung wechselseitig erbrachte Leistungsaustausch grds. **mit Rechtsgrund** und insofern **kondiktionsfest** erfolgte.

16b Eine außerordentliche Kündigung, über deren Wirksamkeit gestritten wird, kann nach § 140 BGB in eine **ordentliche Kündigung** umgedeutet werden. Zunächst ist die **Umdeutung** in § 140 BGB über § 62 auch ohne Weiteres auf den öffentlich-rechtlichen Vertrag anzuwenden (VG Bremen BeckRS 2022, 33949, Rn. 28, 29).

IV. Sonderkündigungsrecht der Behörde (I 2)

17 Die Behörde hat über die in I 1 geregelten Möglichkeiten nach § 60 I 2 zusätzlich („auch") die Befugnis, den Vertrag zu kündigen, um **schwere Nachteile** für das Gemeinwohl zu verhüten oder zu beseitigen. Der Eintritt schwerer Nachteile für das Gemeinwohl und mithin die Überschreitung des für das Gemeinwohl **äußerstenfalls noch Zumutbaren,** muss nicht abgewartet werden. Die Kündigung kann im Gegensatz zu der Regelung in § 60 I 1 auch dann erfolgen, wenn die zur Gefährdung des Gemeinwohls führenden Umstände schon im **Zeitpunkt des Vertragsschlusses** bestanden haben (OVG Münster NVwZ 1993, 588 (589); Ziekow § 60 Rn. 12; SBS/Bonk/Neumann/Siegel § 60 Rn. 42).

18 Der unbestimmte Rechtsbegriff des schweren Nachteils ist **restriktiv** auszulegen (Ziekow Rn. 11; KR/Tegethoff § 60 Rn. 31). Nicht jede unerwartete finanzielle Belastung rechtfertigt schon die Annahme eines „schweren Nachteils". Hat ein Vertrag aber **„erdrosselnde" Wirkung** (Ziekow § 60 Rn. 12), zB zu Lasten einer Kommune, wird die Schwelle des schweren Nachteils überschritten sein. Mit dem Begriff des schweren Nachteils werden besondere, erhebliche und überragende Interessen der Allgemeinheit geschützt, die eine Kündigung dann rechtfertigen, wenn in Anlehnung an die Kriterien der Zumutbarkeit in § 60 I 1 eine **grobe gemeinwohlschädliche Äquivalenzstörung** vorliegt (BeckOK VwVfG/Spieth § 60 Rn. 22). Die Ausübung des Kündigungsrechts nach I 2 kann zu einer Entschädigungspflicht der öffentlichen Hand führen, deren rechtliche Begründung zwar strittig sein mag, aber überwiegend aus § 49 VI abgeleitet wird (BeckOK VwVfG/Spieth § 60 Rn. 24; KR/Tegethoff § 60 Rn. 38; Ziekow § 60 Rn. 13)

V. Schriftform und Begründung (II)

Die Kündigung bedarf der **Schriftform,** soweit nicht durch Rechtsvorschrift eine andere Form vorgeschrieben ist (§ 60 II 1). Schriftform bedeutet eigenhändige Unterschrift nach § 126 BGB bzw. § 37 III. Textform nach § 126b BGB ist nicht ausreichend (KR/Tegethoff § 60 Rn. 34). Die Wirksamkeit der Kündigung setzt den **Zugang** bei dem Vertragspartner voraus (§ 130 BGB); bei mehreren Vertragspartnern wird die Kündigung wirksam im Zeitpunkt des **letzten Zugangs** (SBS/Bonk/Neumann/Siegel § Rn. 44). Die Kündigung **soll** begründet werden (§ 60 II 2). Die Kündigung entfaltet ihre Wirkung folglich auch dann, wenn sie **nicht** begründet wurde (KR/Tegethoff § 60 Rn. 36). Die Begründung kann zu einem **späteren Zeitpunkt** erfolgen. 19

§ 61 Unterwerfung unter die sofortige Vollstreckung

(1) [1]Jeder Vertragschließende kann sich der sofortigen Vollstreckung aus einem öffentlich-rechtlichen Vertrag im Sinne des § 54 Satz 2 unterwerfen. [2]Die Behörde muss hierbei von dem Behördenleiter, seinem allgemeinen Vertreter oder einem Angehörigen des öffentlichen Dienstes, der die Befähigung zum Richteramt hat, vertreten werden.

(2) [1]Auf öffentlich-rechtliche Verträge im Sinne des Absatzes 1 Satz 1 ist das Verwaltungs-Vollstreckungsgesetz des Bundes entsprechend anzuwenden, wenn Vertragschließender eine Behörde im Sinne des § 1 Abs. 1 Nr. 1 ist. [2]Will eine natürliche oder juristische Person des Privatrechts oder eine nichtrechtsfähige Vereinigung die Vollstreckung wegen einer Geldforderung betreiben, so ist § 170 Abs. 1 bis 3 der Verwaltungsgerichtsordnung entsprechend anzuwenden. [3]Richtet sich die Vollstreckung wegen der Erzwingung einer Handlung, Duldung oder Unterlassung gegen eine Behörde im Sinne des § 1 Abs. 1 Nr. 2, so ist § 172 der Verwaltungsgerichtsordnung entsprechend anzuwenden.

I. Bedeutung

Jeder der Vertragschließenden kann sich allein oder wechselseitig der sofortigen Vollstreckung aus einem subordinationsrechtlichen öffentlich-rechtlichen Vertrag (§ 54 S. 2) unterwerfen. Der Gesetzgeber hat im Interesse einer **einheitlichen Vertragsordnung** davon abgesehen, eine Vollstreckbarkeit **unmittelbar** aus einem Vertrag zuzulassen (KR/Tegethoff § 61 Rn. 1). Der öffentliche Vertrag ist im Gegensatz zu dem VA **kein Vollstreckungstitel** (SBS/Bonk/Neumann/Siegel § 61 Rn. 1). Eine Unterwerfung unter die sofortige Vollstreckung setzt zunächst das **Einverständnis** des Schuldners voraus, die Vollstreckung des Gläubigers zu dulden, ohne in einem vorgeschalteten Erkenntnisverfahren das Bestehen des Anspruchs gerichtlich zu überprüfen (SBS/Bonk/Neumann/Siegel § 61 Rn. 3). Ein Zeitpunkt für die 1

Vereinbarung ist gesetzlich nicht fixiert, folglich kann die Unterwerfungserklärung **zeitgleich** mit der Errichtung des Vertrags oder auch **später** abgegeben werden. Liegt keine oder eine unwirksame Vollstreckungserklärung vor, so muss die Behörde zunächst einen **vollstreckbaren Titel** im Verwaltungsrechtsweg mittels einer **Leistungsklage** erwirken (VG Braunschweig NVwZ-RR 2001, 626 (627); KR/Tegethoff § 61 Rn. 5). Der Erlass eines VA auf der Basis eines öffentlich-rechtlichen Vertrags, der dann aufgrund seiner **Titelfunktion** die Vollstreckung ohne verwaltungsgerichtliches Erkenntnisverfahren ermöglicht, ist hier **unzulässig** (VG Braunschweig NVwZ-RR 2001, 626 (627); BVerwG NJW 1992, 2846).

2 Den Parteien steht zu den Voraussetzungen nach § 61 allerdings eine **gleichwertige Alternative** zur Verfügung, die durch die **Aufnahme einer Urkunde nach § 794 I Nr. 5 ZPO** erreicht wird. Noch vor dem Abschluss des öffentlich-rechtlichen Vertrags kann ebenfalls eine Unterwerfungserklärung errichtet werden. Ein unzulässiger Umgehungstatbestand ist damit nicht gegeben (BVerwG NJW 1995, 1104 (1106); KR/Tegethoff § 61 Rn. 2a; SBS/Bonk/Neumann/Siegel § 61 Rn. 8).

3 Der Anwendungsbereich des § 61 I 1 ist seinem Wortlaut zufolge auf den subordinationsrechtlichen Vertragstyp (§ 54 S. 2) beschränkt. Ob für den Typus des **kooperationsrechtlichen Vertrages** überhaupt ein praktischer „Bedarf" für eine Regelung im Sinne des § 61 besteht, mag mit Blick auf die Möglichkeit der Abgabe einer funktional gleichwertigen Unterwerfungserklärung nach § 794 I Nr. 5 ZPO Zweifeln ausgesetzt sein (Ziekow § 61 Rn. 2), jedenfalls mangelt es an einer **planwidrigen Regelungslücke** (BeckOK VwVfG/Kämmerer § 61 Rn. 6; aA in Knack/Henneke/Schliesky § 61 Rn. 5), die in dem eher schmalen regulativen Feld des öffentlich-rechtlichen Vertrags im VwVfG nicht ohne weiteres zu unterstellen ist.

II. Voraussetzung der sofortigen Vollstreckung (I 1)

4 Die Unterwerfungserklärung des § 61 I offenbart eine **Doppelnatur:** sie ist eine einseitige, empfangsbedürftige Willenserklärung des Schuldners, die auf das Zustandekommen eines Vollstreckungstitel gerichtet ist und sie ist zugleich als verwaltungsrechtliche Willenserklärung eine Verfahrenshandlung, die allerdings weder als VA noch als Vertrag zu qualifizieren ist (BeckOK VwVfG/Kämmerer § 61 Rn. 10). Der Gegenstand der Erklärung muss dem **Bestimmtheitsgebot** folgend auf einen vollstreckungsfähigen Inhalt eines Vertrages gerichtet sein, dh auf einen Vertragsinhalt, der auf ein bestimmtes nicht nur bestimmbares Tun, Dulden oder Unterlassen gerichtet ist (SBS/Bonk/Neumann/Siegel § 61 Rn. 20 ff.).

5 Die Unterwerfungserklärung bedarf jedenfalls dann der **Schriftform** (§ 57), wenn sie unmittelbar im Vertrag wechselbezüglich vereinbart oder dort zumindest textlich als einseitige Erklärung aufgenommen wird. Obgleich es in § 61 an tatbestandlicher Klarheit fehlt, entspricht es allg. Meinung, dass auf die Unterwerfungserklärung das Schriftformerfordernis nach § 57 anzuwenden ist (KR/Tegethoff § 61 Rn. 7; SBS/Bonk/Neumann/Siegel § 61

Rn. 11; Ziekow § 61 Rn. 3). Ausreichend ist aber auch die **Abgabe der Erklärung zu Protokoll des Gerichts** (SBS/Bonk/Neumann/Siegel § 61 Rn. 11) oder **zur Niederschrift der Behörde** (KR/Tegethoff § 61 Rn. 7).

Ein Verstoß gegen den Formzwang führt zur **Nichtigkeit** der Erklärung 6 (§ 62 S. 2 iVm § 125 BGB). Die Abgabe der Unterwerfungserklärung durch die Behörde kann durch den Behördenleiter, seinen allgemeinen Vertreter oder einen Angehörigen des öffentlichen Dienstes vertreten werden, der die Befähigung zum Richteramt hat oder die Voraussetzungen des § 110 S. 1 DRiG. Der Behördenleiter und auch sein Stellvertreter müssen demnach keine Volljuristen sein (I 2).

Ein Verstoß gegen § 61 I 2 hat die absolute, nicht bloß schwebende **Unwirksamkeit** 7 der behördlichen Erklärung zur Folge (KR/Tegethoff § 61 Rn. 8). Es handelt sich nicht um eine Vertretung ohne Vertretungsmacht, sondern ein Verstoß gegen ein Vertretungsverbot (BVerwG NJW 1996, 608 (611); BeckOK VwVfG/Kämmerer § 61 Rn. 18).

III. Verfahren der Vollstreckung (II)

Die Vollstreckung eines Privatrechtssubjekts **gegen** eine Behörde als auch die 8 Vollstreckung **durch** die Behörde folgt ebenso wie die Vollstreckung wegen **Geldforderungen** und die **Erzwingung einer Handlung** unterschiedlichen in § 61 II geregelten Ansätzen. Aufgrund der sachlichen Begrenzungen der Zuständigkeiten nach §§ 1, 2 gilt § 62 II nur für Bundesbehörden, nicht aber für die Landesbehörden, die aufgrund der jeweiligen teilweise voneinander abweichenden Landesgesetze befugt sind, die Vollstreckung zu betreiben (SBS/Bonk/Neumann/Siegel § 61 Rn. 32; KR/Tegethoff § 61 Rn. 10a). Die Regelung in § 61 II erschöpft sich in einer **dynamischen Verweisung** auf vollstreckungsrechtliche Sonderregelungen im VwVG und in der VwGO, enthält aber keine unmittelbaren vollstreckungsrechtlich zu beachtenden Sondervorschriften.

1. Vollstreckung gegen Privatrechtssubjekt wegen einer Geldforderung (II 1)

Beabsichtigt nach § 61 II 1 eine Behörde des Bundes, eine bundesunmittel- 9 bare Körperschaft, eine Anstalt und Stiftung des öffentlichen Rechts (§ 1 I Nr. 1) gegenüber einem Privatrechtssubjekt eines subordinationsrechtlichen Vertrags die Vollstreckung aufgrund einer vertraglich vereinbarten Forderung, so wird in dieser Konstellation das **Verwaltungsvollstreckungsgesetz** des Bundes für anwendbar erklärt (BeckOK VwVfG/Kämmerer § 61 Rn. 20; KR/Tegethoff § 61 Rn. 10a).

2. Vollstreckung gegen Behörden (II 2 und 3)

Beabsichtigt ein privater Vollstreckungsgläubiger gegen eine Behörde im 10 Sinne des § 1 I Nr. 2 vorzugehen, ist zunächst nach dem **Gegenstand** der Vollstreckung zu fragen (§ 61 II 2 und 3). Für eine Vollstreckung **wegen**

einer Geldforderung ist § 170 I-III VwGO entsprechend anwendbar (II 2). Die Zuständigkeit liegt hierfür bei dem örtlich zuständigen Verwaltungsgericht. Die Durchführung der Vollstreckung auf diese Weise hat ihren Grund in dem in § 17 geregelten Verbot, wonach eine Vollstreckung gegen Behörden grundsätzlich unzulässig ist.

11 Zielt hingegen die Vollstreckung auf die **Erzwingung** einer Handlung, Duldung oder Unterlassung ab, so ist § 172 VwGO entsprechend anwendbar (§ 61 II 3). Zuständig ist das Verwaltungsgericht. Zwangsmittel ist in diesem Fall nur das Zwangsgeld (Knack/Henneke/Schliesky § 61 Rn. 30).

3. Erzwingung von Handlungen, Duldungen und Unterlassungen (II 3)

12 Für die Vollstreckung von Handlungs-, Duldungs- und Unterlassungspflichten ist § 172 VwGO entsprechend anwendbar. Dies gilt auch, wenn die vorzunehmende Handlung im Erlass eines VA besteht (KR/Tegethoff § 61 Rn. 13). § 172 VwGO betrifft **unmittelbar** nur die Fälle des § 113 I 2 VwGO (Folgenbeseitigungsausspruch bei bereits vollzogenem VA im Falle einer stattgebenden Anfechtungsklage), § 113 V VwGO (stattgebendes Urteil auf eine Verpflichtungsklage) sowie § 123 VwGO (einstweilige Anordnung). Die Vorschrift ist allerdings auf **gerichtliche Vergleiche** entsprechend anzuwenden. Diese Auslegung wird durch § 61 II 3 bestätigt. Hat sich eine Behörde in einem öffentlich-rechtlichen Vertrag der sofortigen Vollstreckung unterworfen, richtet sich die Vollstreckung wegen der Erzwingung einer Handlung, Duldung oder Unterlassung gegen die Behörde nach § 172 VwGO (OVG Münster NVwZ-RR 2007, 140 (140) mwN).

§ 62 Ergänzende Anwendung von Vorschriften

[1]Soweit sich aus den §§ 54 bis 61 nichts Abweichendes ergibt, gelten die übrigen Vorschriften dieses Gesetzes. [2]Ergänzend gelten die Vorschriften des Bürgerlichen Gesetzbuchs entsprechend.

Übersicht

		Rn.
I.	Bedeutung	1
II.	Erste Ebene: Vorschriften nach §§ 54–62	3
III.	Zweite Ebene: Allgemeine Anwendbarkeit des VwVfG (S. 1)	4
IV.	Dritte Ebene: Ergänzende und entsprechende Geltung des BGB (S. 2)	8
	1. Grundlagen, insbes. europarechtskonforme Auslegung	8
	2. Allgemeiner Teil des BGB	10
	3. Schuldrecht	12

I. Bedeutung

Die Bestimmung des § 62 verleiht den unvollständig gebliebenen Regelungen der §§ 54 ff. über Entstehung, Wirksamkeit und Beendigung des öffentlich-rechtlichen Vertrags einen **Ergänzungsrahmen,** der VwVfG und BGB in **systematischer und methodischer Hinsicht** zueinander in Beziehung setzt. Die Bipolarität des öffentlich-rechtlichen Vertrags zeigt sich in seiner Funktion im Verwaltungsverfahren (§ 9) und in seiner nicht zu verleugnenden Verwurzelung im Privatrecht. 1

Das Verhältnis der §§ 54–62 zum VwVfG ist vom Grundsatz des **lex specialis derogat legi generali** geprägt. Die §§ 54–61 sind als spezielle Gesetze gegenüber dem VwVfG und dem BGB vorrangig. Soweit in §§ 54–62 keine speziellen Regelungen vorhanden sind, die die Regelungen des VwVfG abändern, gelten die übrigen Bestimmungen des VwVfG unmittelbar. Sofern das vorrangige VwVfG auch außerhalb der Regelungen zum öffentlichen Vertragsrecht keinen normativen Lösungsansatz bietet, gelten in Ergänzung, besser in Komplettierung fehlender, insbes. vertragsspezifischer Regelungen die Vorschriften des BGB entsprechend. Insgesamt ergibt sich eine systematische Anordnung **drei hierarchischer Ebenen:** die erste Ebene bilden die Vorschriften nach §§ 54–62, es folgen sodann auf der 2. Ebene die allgemeinen Vorschriften des VwVfG und schließlich die Vorschriften des BGB ergänzend und in entsprechender Anwendung auf der 3. Ebene. Damit wird zugleich ein **Prüfraster** vorgegeben, in das öffentlich-rechtliche Verträge ihrer normativen Eigenheit folgend eingebettet sind. 2

II. Erste Ebene: Vorschriften nach §§ 54–62

Verweisen bereits auf der ersten Ebene die Normen des VwVfG auf Bestimmungen des BGB, bleibt in systematischer Hinsicht der Weg über § 62 S. 2 und dem BGB verschlossen, da Sonderregelungen in §§ 54 ff. enthalten sind. So nimmt zB bereits § 59 I Nichtigkeitsbestimmungen in Bezug, insbes. die §§ 105, 116 ff., 125, 134 und 138 BGB; so dass zur Begründung rechtsmethodisch nicht auf § 62 S. 2 abzustellen ist (KR/Tegethoff § 62 Rn. 8). 3

III. Zweite Ebene: Allgemeine Anwendbarkeit des VwVfG (S. 1)

Bestimmungen des VwVfG, die eine Anwendbarkeit auf den öffentlich-rechtlichen Vertrag dezidiert ausschließen, sind nicht existent. Auf öffentlich-rechtliche Verträge anwendbar sind nur Vorschriften des VwVfG, die erstens den §§ 54 ff. nicht widersprechen und die zweitens auch auf vertragliche Regelungen passen, also unabhängig von der jeweiligen verfahrensrechtlichen Handlungsform gelten und dabei nicht exklusiv auf das Handeln durch Verwaltungsakt zugeschnitten sind (SBS/Bonk/Neumann/Siegel § 62 Rn. 5; BeckOK VwVfG/Kämmerer § 62 Rn. 7; KR/Tegethoff § 62 Rn. 4). 4

5 Zu den **anwendbaren Vorschriften** im VwVfG zählen nach allgemeiner Meinung zumindest folgende Bestimmungen, und zwar: Anwendbarkeit des VwVfG (§§ 1, 2), örtliche Zuständigkeit (§ 3), Amtshilfe (§§ 4 ff.), Verfahren (§ 9), Ausgestaltung (§ 10), Beteiligten- und Verfahrensfähigkeit (§§ 11, 12), Beteiligte (§ 13 I Nr. 3), Bevollmächtigte und Beistände (§ 14), Vertreter von Amts wegen (§§ 16–19), Ausgeschlossene Personen (§ 20), Besorgnis der Befangenheit (§§ 20, 21, 65 I, 71 III), Verfahrensbeginn und Verfahrensgrundsätze (§§ 19–30), Fristen und Termine (§§ 31, 32), Beglaubigungsvorschriften (§§ 33, 34) sowie die Ermessensausübung nach § 40 (BeckOK VwVfG/Kämmerer § 62 Rn. 8; KR/Tegethoff § 62 Rn. 5).

6 Die Ersetzung der Schriftform durch **elektronische Form** (§ 3a II) ist bei öffentlich-rechtlichen Verträgen zulässig. Aufgrund der Besonderheit des Mediums ist der Grundsatz der **Urkundeneinheit** nur schwerlich zu realisieren und daher nicht aufrecht zu halten. Ob an dem Grundsatz der Urkundeneinheit generell festzuhalten ist, hat das BVerwG ohnehin **offen gelassen** (BVerwG NVwZ 2005, 1083 (1084)).

7 **Unanwendbar** sind diejenigen Normen, die auf die **Handlungsform des VA** zugeschnitten sind und keinen verallgemeinerungsfähigen Inhalt aufweisen, der als abstrahierter Rechtsgedanke auf die Vertragssituation übertragbar ist. Hierzu zählen vor allem folgende Regelungen: Vorschriften über Nebenbestimmungen (§ 36), Schriftform (§ 37), Begründungspflicht (§ 39), Bekanntgabe (§ 41), Berichtigung offenbarer Unrichtigkeiten (§ 42), Wirksamkeit (§ 43), Nichtigkeit (§ 44), Heilung und Unbeachtlichkeit (§§ 45, 46), Umdeutung (§ 47), Widerruf, Rücknahme, Wiederaufgreifen des Verfahrens und Erstattungsregelungen (§§ 48–51) sowie über die Rückforderung von Urkunden und die Verjährung nach § 52, 53 (BeckOK VwVfG/Kämmerer § 62 Rn. 10; KR/Tegethoff § 62 Rn. 6).

7a Rechtlich nicht grds. unanwendbar aber mit der konsensualen Charakteristik und dem Entstehungsprozess eines Vertrags nur schwer in Einklang zu bringen ist das **Erfordernis der Anhörung** (§ 28), zu dem sich unterschiedliche Meinungen darbieten (BeckOK VwVfG/Kämmerer § 62 Rn. 11; KR/Tegethoff § 62 Rn. 7; SBS/Bonk/Neumann/Siegel § 62 Rn. 13). Soweit Rechte Dritter durch den Vertragsabschluss zulässigerweise berührt werden können, wäre die Anhörung Dritter erforderlich. Verwaltungsrechtlich und in funktionaler Hinsicht ist es richtig, bei einem **„erzwungenen" Vertragsabschluss** die Anhörung zu fordern (Ziekow § 62 Rn. 4), wenn es auch in der konkreten Situation wenig praxisnah erscheint, zumal sich der Bürger vom rechtswidrig ausgeübten hoheitlichen Zwang durch Anfechtung seiner Willenserklärung nach § 123 mit Wirkung **ex tunc** (§ 142 I BGB) befreien kann.

IV. Dritte Ebene: Ergänzende und entsprechende Geltung des BGB (S. 2)

1. Grundlagen, insbes. europarechtskonforme Auslegung

Nach § 62 S. 2 gelten ergänzend zu den §§ 54–61 und den weiteren Regelungen des VwVfG die Vorschriften des BGB entsprechend. Dieser Formulierung („doppelte Modifizierung“, SBS/Bonk/Neumann/Siegel § 62 Rn. 21) kann entnommen werden, dass die mittels **dynamischer Verweisung** erfassten Regelungen des BGB nicht in jedem Fall unreflektiert auf die dem öffentlichen Recht unterstellten Vertragsgegenstand übertragbar sind (BeckOK VwVfG/Kämmerer § 62 Rn. 15). Klar ist, dass insbes. im BGB auf der Basis des römisch beeinflussten und in der Entwicklung fortschreitenden kontinentaleuropäischen Privatrechts einige Prinzipien Inhalt einer allgemeinen Rechtsordnung sind und eine übergreifende gültige Wirkung entfalten (zB Wegfall der Geschäftsgrundlage, zahlreiche Ausprägungen von Treu und Glauben). Neben diesen allgemeinen, jede Teilrechtsordnung **überwölbende Rechtsprinzipien** stehen jüngere Normen im BGB, deren verbraucherorientierter Schutzzweck zumeist **europäischer Provenienz** ist. Die Diskussion um die Frage der Anwendbarkeit des aus dem Prinzip von Treu und Glauben folgenden AGBG als Nebengesetz zum BGB (heute: §§ 305 ff. BGB) auf öffentlich-rechtliche Verträge verweist neben dem formalen Aspekt der damals noch externen Vorschriften auf die Schwierigkeit, die auf Privatautonomie und Vertragsfreiheit (Ziekow § 62 Rn. 5 ff.; KR/Tegethoff § 62 Rn. 15 ff.) beruhende Vertragsrechtsdogmatik im BGB in das Verwaltungsrecht zu transformieren. Insoweit ist auch hier keine **Faustformel** in Sicht, die ohne Mühe eine in jedem Fall sichere Navigation durch ergänzend anwendbare Normen des BGB erlauben würde. Auch insofern bleiben die **Umstände des Einzelfalls** maßgeblich. 8

Vorhandene Wertungen und Bestimmungen des VwVfG erfahren eine Ergänzung durch rechtliche Regelung des BGB, die der jeweiligen **Eigenheit des vorhandenen Vertragsgegenstands** („Rechtsverhältnis auf dem Gebiet des öffentlichen Rechts“, § 54 S. 1) folgend zur Anwendung gelangen können. Dabei ist zu beachten, dass solche vertraglichen Vereinbarungen in eine **vertikal** zu umschreibende **hierarchische Rechtsordnung** eingeordnet sind, bei der auch das dem Verfassungsrecht vorgehende europäische Unions- und (frühere) Gemeinschaftsrecht zu berücksichtigen ist. 9

Bei einem **Konflikt** zwischen dem Unionsrecht und dem nationalen Recht ist es Sache des nationalen Gerichts, das innerstaatliche Gesetz unter voller Ausschöpfung des Beurteilungsspielraums, den ihm das nationale Recht einräumt, in Übereinstimmung mit den Anforderungen des Unionsrechts auszulegen und anzuwenden; soweit eine solche **unionsrechtskonforme Auslegung** nicht möglich ist, darf es entgegenstehende innerstaatliche Vorschriften nicht anwenden (BVerwG NVwZ 2023, 1652 (1653); EuGH BeckRS 2004, 77798; EuGH NVwZ 2016, 1465). 9a

Zahlreiche Begriffe, auch im BGB haben ihren Ursprung in europäischen Richtlinien, die in methodischer Hinsicht eine **europarechtskonforme und insbes. richtlinienkonforme Auslegung** erfordern (BVerwG NVwZ 2023, 1652; BVerfG NJW 2010, 1268 (1269); BGH NJW 2009, 427 (428), BVerwG NVwZ 2008, 1122 (1122); NVwZ 2008, 791 (792); BGH NGZ 2008, 460 (460)), die für eine europarechtliche Homogenität sorgen (vgl. KR Einf. II Rn. 33).

2. Allgemeiner Teil des BGB

10 Anwendbar sind aus dem **allgemeinen Teil des BGB** zumindest folgende Vorschriften: Angebot und Annahme (§§ 145 ff. BGB), §§ 116–119, 120, 123 I, 142–144 BGB über die Anfechtung wegen Irrtums, Täuschung und Drohung (OVG Bremen BeckRS 2020, 27548; OVG Hamburg NJW 2004, 2111 (2112); BeckOK VwVfG/Kämmerer § 62 Rn. 17; SBS/Bonk/Neumann/Siegel § 62 Rn. 28; KR/Tegethoff § 62 Rn. 11 ff.). Weitere anwendbare Bestimmungen sind ua die **Formvorschriften** der §§ 126 ff. BGB, wobei § 57 lex specialis ist, und § 3a die Norm 126 BGB verdrängt. § 125 BGB (iVm § 57) ist nur über § 59 I heranzuziehen. Des Weiteren finden Anwendung: **Zugang** (§ 130 BGB), Auslegung von Willenserklärungen und Verträgen (§§ 133, 157 BGB), die Umdeutung (§ 140 BGB), Dissens (§§ 145, 146 BGB), Bedingungen und Bestimmungen (§§ 158 ff. BGB), **Stellvertretung und Vollmacht** (§§ 164 ff. BGB), die zusätzlich zu den Bestimmungen des VwVfG erfüllt sein müssen (KR/Tegethoff § 62 Rn. 12), sowie §§ 182 ff. BGB über Einwilligung und Genehmigung.

10a Bei der **Auslegung von öffentlich-rechtlichen Verträgen** sind die gesetzlichen Auslegungsregeln gemäß § 62 Satz 2 iVm §§ 133, 157 BGB zu beachten. Dabei darf nicht beim Wortlaut stehen geblieben werden, sondern muss gemäß § 133 BGB der wirkliche Willen der Vertragspartner erforscht werden (BGH NVwZ 2019, 501 (503); OVG Lüneburg BeckRS 2019, 13300 (Rn. 15); OVG Bautzen BeckRS 2017, 135802 (Rn. 47)).

11 Auf **Fragen der Verjährung** betreffend gelten die §§ 194 ff. BGB entsprechend. Hierbei sind die im **Verjährungsrecht durch das Schuldrechtsmodernisierungsgesetz** zum 1.1.2002 vorgenommenen Änderungen relevant. Durch die ab 1.1.2002 wirksamen Verjährungsvorschriften gilt nach § 195 eine Regelverjährung von **3 Jahren.** Der Ansicht, wonach für den Fall einer vollstreckbaren Forderung analog § 197 I Nr. 4 BGB eine Verjährungsfrist von 30 Jahren besteht, ist zuzustimmen (KR/Tegethoff § 62 Rn. 23; BeckOK VwVfG/Kämmerer § 62 Rn. 28). Das BVerwG hat sich allerdings zu einer entsprechenden Anwendbarkeit des Verjährungsrechts sehr zurückhaltend geäußert, vielmehr zwinge die im Schuldrechtsmodernisierungsgesetz getroffenen Regelungen „zu **Vorsicht und Zurückhaltung**". „Ob das neue Regelungssystem des Verjährungsrechts, das ausdrücklich nur für das BGB gilt, auf spezialgesetzlich geregelte Materien im Verwaltungsrecht übertragen werden könne und welche Sonderregelungen ggf. getroffen werden müssten, sollte zukünftigen **weiteren Gesetzgebungsschritten** vorbehalten bleiben" (BVerwG BeckRS 2009, 31189).

3. Schuldrecht

Der Grundsatz von **Treu und Glauben** (§ 242 BGB), auch als der das AGB-Recht beherrschender Grundsatz,gilt uneingeschränkt im öffentlich-rechtlichen Vertragsrecht, auch in seinen Ausprägungen wie Verwirkung und dem Verbot des widersprüchlichen Verhaltens – venire contra factum proprium – (OVG Bautzen BeckRS 2023, 334 Rn. 28; VGH Mannheim BeckRS 2015, 41181 = KommJur 2015, 184 (187); BVerwG NVwZ 2005, 1334 mwN). Die Vorschriften zum Erlöschen des Schuldverhältnisses (Erfüllung und Erfüllungssurrogate) sind auf öffentlich-rechtliche Verträge anwendbar. Entsprechendes gilt auch grundsätzlich für die Leistungsstörungen und Schadensersatzansprüchen infolge einer Pflichtverletzung des Vertrags (Ziekow § 62 Rn. 12), einer **culpa in contrahendo** nach § 311 II BGB (OVG Magdeburg BeckRS 2015, 44926; BVerwG BeckRS 2010, 46711 Rn. 5; VGH Mannheim NJW 2005, 2636 (2637)) sowie der **positiven Vertragsverletzung** (BVerwG BeckRS 2010, 46711 Rn. 5; VGH Mannheim BeckRS 2008, 33242; VGH München NVwZ-RR 2006, 199 (200); BVerwG NVwZ 2004, 1372 (1373)). Bei einem Vergleichsvertrag iSd § 55 kommt der Wegfall der Gegenleistungspflicht im Falle der nachträglichen Unmöglichkeit der Leistungspflicht (§ 62 S. 2 iVm §§ 275, 326 BGB) nur in Betracht, wenn Leistungs- und Gegenleistungsanspruch im Gegenseitigkeitsverhältnis stehen (VGH Mannheim BeckRS 2015, 48874, Ls.). Anwendbar sind Vorschriften über das Zurückbehaltungsrecht nach § 273 BGB sowie die Regelungen über den Schuldnerverzug (§ 286 BGB). Verzugszinsen sind in entsprechender Anwendung von § 284, 288 BGB zu zahlen (BVerwG NVwZ 1989, 876 (878)), sofern der Verzug auf eine im Gegenseitigkeitsverhältnis stehende Hauptleistungspflicht bezogen ist. Geldforderungen können gegenüber einer Behörde auch durch **Aufrechnung** als zulässiges Erfüllungssurrogat getilgt werden, ohne das Treu und Glauben entgegenstehen (BVerwG BeckRS 2017, 107105 (Rn. 9)). Eine **aufrechenbare Gegenforderung** kann auch kann auch mit der **Haftung für den Erfüllungsgehilfen** aus § 62 Satz 2 iVm §§ 280, 278 BGB begründet werden (BVerwG BeckRS 2017, 107105 (Rn. 9). Des Weiteren sind nach § 62 S. 2 die Vorschriften über den **Gläubigerverzug** (§§ 293 ff. BGB), **Mitverschulden** (§ 254 BGB), Haftung für eigenes Verschulden (§ 276 BGB) und das des Erfüllungsgehilfen (§ 278 BGB) sowie über die **Kündigung von Dauerschuldverhältnissen** aus wichtigem Grund (§ 314 BGB) entsprechend anwendbar. § 313 BGB **(Störung der Geschäftsgrundlage)** wird hingegen durch § 60 abbedungen (BeckOK VwVfG/Kämmerer § 62 Rn. 31; Ziekow § 62 Rn. 11), ferner je nach Lage des Sachverhalts auch Schiedsgutachten (§§ 317 ff. BGB), **Verträge zugunsten Dritter** nach § 328 BGB (LG Berlin BeckRS 2009, 28460), **Vertragsstrafenvereinbarungen** (§§ 339 ff. BGB; BVerwG NJW 1986, 2589 (2590)) und Rücktritt (§§ 346 ff. BGB). Ebenfalls anwendbar sind die Bestimmungen über Gesamtschuldnerschaft (§ 426 BGB) und Gesamtgläubigerschaft (§ 428 BGB). Auch das **Auswechseln eines Vertragspartners** und damit eine **Rechtsnachfolge** in einem öffentlich-rechtlichen Vertrag ist nach Maßgabe der im Bürgerlichen Recht entwickelten 12

Grundsätze zu vollziehen. Die Auswechselung eines Vertragspartners kann danach durch dreiseitigen Vertrag erfolgen oder durch einen zweiseitigen Vertrag zwischen dem ausscheidenden und dem eintretenden Vertragspartner, sofern der nicht beteiligte Vertragsteil der Auswechslung zustimmt (BVerwG NVwZ 2021, 1792 (1793).

12a Da ein Recht zur ordentlichen **Kündigung bei Dauerschuldverhältnissen** bereits von Gesetzes wegen besteht, bedarf es hierfür keiner gesonderten vertraglichen Regelung, so dass allein aus dem Fehlen einer solchen Regelung nicht auf die Vereinbarung eines Ausschlusses der ordentlichen Kündigung geschlossen werden kann (OVG Bautzen BeckRS 2020, 29153 Rn. 18).

13 Zulässig ist eine **selbstständige Nebenabrede zu einem Arbeitsvertrag,** durch die sich das Land von einem Angestellten eine monatliche Zahlung an den Pensionsfond als Gegenleistung für die Gewährleistung einer Versorgungsanwartschaft versprechen lässt; sie ist nach § 62 wirksam (OVG Koblenz NVwZ 2006, 1318 (1318)). Zulässig ist auch ein Vertrag zwischen Eltern und dem Land für die **Klassenfahrt** des Kindes (vgl. VG Braunschweig NJW 2005, 698).

14 Inwieweit die **Vertragstypen des besonderen Schuldrechts** ergänzend herangezogen werden können, ist von den Umständen und Regelungen des Einzelfalls abhängig. Vereinbaren zwei Träger öffentlicher Gewalt gemeinschaftlich den Bau und Betrieb eines Hallenbades zur Erfüllung eines öffentlichen Zwecks, so beurteilt sich in Ermangelung vertraglicher Regelungen diese Vereinbarung als Abschluss einer **Gesellschaft bürgerlichen Rechts** (VG Darmstadt NVwZ-RR 2004, 74 (75)). Eine ebenso pauschale Verneinung wie eine zu schnelle Bejahung einer Anwendbarkeit wird der **Vielgestaltigkeit** möglicher Fallkonstellationen kaum gerecht (Ziekow § 62 Rn. 14).

15 Das **Bereicherungsrecht** wird durch den **öffentlich-rechtlichen Erstattungsanspruch** verdrängt. In der Rechtsprechung des BVerwG ist geklärt, dass es sich bei dem allgemeinen öffentlich-rechtlichen Erstattungsanspruch um ein aus Grundsätzen des Verwaltungsrechts, insbes. der Gesetzmäßigkeit der Verwaltung, abgeleitetes **eigenständiges Rechtsinstitut** des öffentlichen Rechts handelt, dessen Anspruchsvoraussetzungen und Rechtsfolgen, soweit sie nicht spezialgesetzlich geregelt sind (vgl. etwa § 12 BBesG), denen des zivilrechtlichen Bereicherungsanspruchs entsprechen (BVerwG NVwZ 2008, 1369 (1369)). Auf den öffentlich-rechtlichen Erstattungsanspruch sind, soweit sachnähere Regelungen fehlen, die Vorschriften des BGB **entsprechend** anzuwenden. **§ 818 III** ist dabei unanwendbar (BVerwG NVwZ 2008, 1369 (1371)).

16 Ob das **Recht der allgemeinen Geschäftsbedingungen** seit dem Schuldrechtsmodernisierungsgesetz in §§ 305 ff. integriert ist, ergänzend herangezogen werden kann, ist zumindest nicht abschließend entschieden. Die Rechtsprechung der Verwaltungsgerichte hat die Frage bisher jedenfalls mit dem Hinweis verneint, das AGBG sei keine Vorschrift des „Bürgerlichen Gesetzbuchs" und schon deshalb nicht anwendbar (OVG Münster NJW 1989, 1879 (1880); BVerwGE 74, 78 (83)) oder die Frage wurde mit Verweis auf

den das AGB-Recht beherrschenden und anwendbaren Grundsatz von Treu und Glauben nach § 242 BGB offen gelassen (OVG Bautzen BeckRS 2023, 334 Rn. 28; OVG Bautzen BeckRS 2016, 45360 Rn. 6 mwN; VGH München NVwZ 1999, 1008 (1010)). In der Sache geht es eher um die Frage der Begründung, denn die bei der Inhaltskontrolle von Vertragsbedingungen zur Diskussion stehenden Wertungen sind solche, die aus Treu und Glauben (§ 242 BGB) entwickelt worden und sich darauf zurückführen lassen.

Bei der Zwangsgeldandrohung nicht berücksichtigt werden bestehende 17
Zurückbehaltungsrechte (§ 62 S. 2 iVm § 273 Abs. 1 BGB) und die Einrede des nicht erfüllten Vertrags (§ 62 S 2 iVm § 320 BGB), die als materielle Einwendungen mit der Vollstreckungsabwehrklage geltend zu machen sind (OVG Bremen BeckRS 2024, 3144, Rn. 24).

Teil V. Besondere Verfahrensarten

Abschnitt 1. Förmliches Verwaltungsverfahren

§ 63 Anwendung der Vorschriften über das förmliche Verwaltungsverfahren

(1) Das förmliche Verwaltungsverfahren nach diesem Gesetz findet statt, wenn es durch Rechtsvorschrift angeordnet ist.

(2) Für das förmliche Verwaltungsverfahren gelten die §§ 64 bis 71 und, soweit sich aus ihnen nichts Abweichendes ergibt, die übrigen Vorschriften dieses Gesetzes.

(3) [1] Die Mitteilung nach § 17 Abs. 2 Satz 2 und die Aufforderung nach § 17 Abs. 4 Satz 2 sind im förmlichen Verwaltungsverfahren öffentlich bekannt zu machen. [2] Die öffentliche Bekanntmachung wird dadurch bewirkt, dass die Behörde die Mitteilung oder die Aufforderung in ihrem amtlichen Veröffentlichungsblatt und außerdem in örtlichen Tageszeitungen, die in dem Bereich verbreitet sind, in dem sich die Entscheidung voraussichtlich auswirken wird, bekannt macht.

I. Bedeutung

1 Regelungsgegenstand in § 63 ist das förmliche Verwaltungsverfahren, dessen praktische Relevanz gegenüber der zweiten Verfahrensart in Teil V., dem Planfeststellungsverfahren (§§ 72 ff.), als erheblich geringer einzustufen ist (Wahl NVwZ 2002, 1192 (1192)). Der sachliche Anwendungsbereich der §§ 63 ff. ist eröffnet, wenn vorrangige, speziellere Normen fehlen (§ 1 I Nr. 1, II 1, III) und sofern das förmliche Verwaltungsverfahren durch Rechtsvorschrift gesondert angeordnet ist (§ 63 I).

2 Die Regelungen des förmlichen Verwaltungsverfahrens zeichnen sich dabei nicht durch ein homogenes, weitgehend geschlossenes verfahrensrechtliches System aus, wie es vergleichsweise bei dem Planfeststellungsverfahren (§§ 72 ff.) erkennbar ist. Vielmehr werden die allgemeinen Anforderungen im Verwaltungsverfahren durch **Sondervorschriften** modifiziert, wie etwa die Vorschriften zur Antragstellung (§ 64), bei der Mitwirkung von Zeugen und Sachverständigen (§ 65), bei der Anhörung von Beteiligten (§ 66) aufzeigen (KR/Wysk § 63 Rn. 1a).

3 Der für das förmliche Verfahren typische **prozessuale Charakter,** erkennbar an mündlicher Verhandlung (§ 67 und § 68), Entscheidung (§ 69), Anfechtbarkeit (§ 70) sowie den Normen für das Verfahren vor Ausschüssen (§ 71), verfolgt den Zweck, die Richtigkeitsgewähr des Verfahrensergebnisses und damit die Akzeptanz der Entscheidung unter den Beteiligten zu erhöhen (SBS/Sachs/Kamp § 63 Rn. 6; Ziekow § 63 Rn. 1).

4 Aufgrund zahlreicher spezieller Normen zum förmlichen Verfahren wird in systematischer Hinsicht zwischen **förmlichen Verwaltungsverfahren im weiteren Sinne,** auf die die Vorschriften der §§ 64 ff. nicht anwendbar sind, und den förmlichen Verwaltungsverfahren **im engeren Sinne** unterschieden, auf welche die §§ 63 ff. zur Anwendung gelangen (KR/Wysk § 63 Rn. 2; BeckOK VwVfG/Michler § 63 Rn. 4; SBS/Sachs/Kamp § 63 Rn. 12). Beispiele für förmliche Verfahren im weiteren Sinn finden sich ua in den Vorschriften der Atomrechtlichen Verfahrensverordnung (AtVfV), etwa in Verbindung mit § 7 AtG (Genehmigung von Kernanlagen) oder § 6 AtG (Aufbewahrung von Kernbrennstoffen) sowie für immissionsschutzrechtlich genehmigungsbedürftige Anlagen nach §§ 10 ff. BImSchG und der 9. Verordnung zur Durchführung des Bundes-Immissionsschutzgesetzes (Verordnung über das Genehmigungsverfahren); ferner für gentechnische Anlagen bzw. Tätigkeiten nach dem Gentechnikgesetz nach §§ 10, 15, 16 und 18 GenTG iVm den Verfahrensverordnungen zum Gentechnikgesetz (Gentechnik-Verfahrensverordnung und Gentechnik-Anhörungsverordnung) sowie in §§ 132 ff. des Telekommunikationsgesetzes, §§ 104 ff. BauGB (Enteignungsverfahren) und in §§ 21 ff. des JuSchG (Verbreitung jugendgefährdender Schriften).

5 In dem **Gesetz über die Umweltverträglichkeitsprüfung** (UVPG) wird die Geltung des förmlichen Verfahrens nicht angeordnet; das UVP ist vielmehr ein unselbständiger Bestandteil eines verwaltungsbehördlichen „Trägerverfahrens" (§ 2 I 1 UVPG), für das fachrechtlich durch Bund oder Land durchaus ein förmliches Verfahren angeordnet sein kann.

6 Die Anwendung der §§ 63 ff. setzt voraus, dass die Vorschrift nur auf **nach dem Inkrafttreten des Verwaltungsverfahrensgesetzes** erlassene Gesetze unmittelbar Anwendung findet (OVG Hamburg NZBau 2000, 475 (477); BVerwGE 55, 299 (304)). Der sachlich und zeitlich begrenzte Anwendungsbereich schließt es allerdings nicht aus, die in dem förmlichen Verwaltungsverfahren zu Tage tretenden allgemeinen Grundsätze zur **Lückenschließung** insbesondere bei älteren Gesetzen in entsprechender Anwendung heranzuziehen (KR/Wysk § 63 Rn. 7b).

II. Anordnung durch Rechtsvorschrift (I)

7 Das förmliche Verfahren findet nach § 63 I statt, wenn die Durchführung des förmlichen Verfahrens durch Rechtsvorschrift ausdrücklich angeordnet wird (förmliches Verfahren im engeren Sinne). Die Qualität einer Rechtsvorschrift im Sinne der Norm erreichen förmliche **Gesetze** des Bundes und der Länder, **Rechtsverordnungen und Satzungen** (SBS/Sachs/Kamp § 63 Rn. 28; KR/Wysk § 63 Rn. 7; BeckOK VwVfG/Michler § 63 Rn. 14). Die Anordnung durch eine Verwaltungsvorschrift erfüllt die Voraussetzung nach § 63 I nicht. Denkbar bleibt allenfalls der Eintritt einer Selbstbindung der Verwaltung, wenn durch Verwaltungsvorschrift die Anwendung des förmlichen Verfahrens behördenintern vorgeschrieben und damit das Verfahren mittelbar „angeordnet" wird. Der **Vorbehalt des Gesetzes** wird damit nicht obsolet.

In Ermangelung einer gesetzlichen Grundlage ist die Behörde nicht ermächtigt, belastende Maßnahmen nach den §§ 63 ff. gegenüber den Beteiligten zu treffen (BeckOK VwVfG/Michler § 63 Rn. 14; KR/Wysk § 63 Rn. 7a).

Sofern mittels Rechtsvorschrift die Geltung des förmlichen Verwaltungsverfahrens angeordnet wird, ist in der Regel ein **ausdrücklicher Verweis** auf §§ 63 ff. erforderlich (KR/Wysk § 63 Rn. 7). Ein genereller Verweis auf das VwVfG reicht zur Begründung einer „Anordnung" nicht aus (BeckOK VwVfG/Michler § 63 Rn. 16; SBS/Sachs/Kamp § 63 Rn. 31; KR/Wysk § 63 Rn. 8; Knack/Henneke/Dürr § 63 Rn. 8). Durch die Anordnung kann nicht nur das vollständige Verfahren zur Anwendung gelangen, sondern es ist zulässig (Arg. a maiore ad minus), lediglich eine oder mehrere Bestimmungen für anwendbar zu erklären oder deren Anwendbarkeit auszuschließen (SBS/Sachs/Kamp § 63 Rn. 34; KR/Wysk § 63 Rn. 7a; BeckOK VwVfG/Michler § 63 Rn. 17). 8

Für im förmlichen Verwaltungsverfahren erlassene VA gilt, sofern sich aus dem das förmliche Verwaltungsverfahren anordnende Gesetz nicht ein anderes ergibt, dass VA auch nach ihrem Erlass noch geändert werden können. Insbesondere ist eine **Korrektur inhaltlicher Mängel** auch nachträglich durch Änderung oder Ergänzung zulässig. § 45 II schließt nur die „Heilung" bestimmter verfahrensfehlerhafter VA durch bloße Nachholung des Verfahrensschrittes aus (→ § 45 Rn. 4 ff.). 9

Bundesgesetzlich angeordnet wurde das förmliche Verfahren zB in § 41 Saatgutverkehrsgesetz (SaatG) für das Verfahren vor den Sortenausschüssen und den Widerspruchsausschüssen des Bundessortenamtes (§ 38 SaatG); in § 21 Sortenschutzgesetz (SortSchG) für das Verfahren vor den Prüfabteilungen und den Widerspruchsausschüssen des Bundessortenamtes (§ 18 SortSchG) und in § 36 BBergG für das Zulegungsverfahren (BeckOK VwVfG/Michler § 63 Rn. 20; SBS/Sachs/Kamp § 63 Rn. 39 ff. mwN). 10

III. Anwendbarkeit der übrigen Vorschriften (II)

Im förmlichen Verwaltungsverfahren finden **sämtliche Vorschriften des VwVfG** Anwendung, soweit sich aus §§ 64–71 nichts Abweichendes ergibt (§ 63 II). Unanwendbar bleiben die Bestimmungen über die Anhörung (§ 28), die durch § 66 ersetzt werden, und die Vorschriften über das Planfeststellungsverfahren (§§ 77 ff.), das als selbständige Verfahrensart qualitativ eine eigenständige Kategorie des förmlichen Verfahrens bildet, sowie die nach § 70 ausgeschlossenen Vorschriften über das Widerspruchsverfahren nach §§ 79, 80 (KR/Wysk § 63 Rn. 11c). Zusätzlich ist im förmlichen Verfahren § 63 III anzuwenden, der versehentlich in II „vergessen" und dann nachträglich eingefügt wurde (BeckOK VwVfG/Michler § 63 Rn. 26; KR/Wysk § 63 Rn. 11; SBS/Sachs/Kamp § 63 Rn. 48). 11

IV. Öffentliche Bekanntmachung (III)

12 Die in § 63 III getroffene Regelung modifiziert im förmlichen Verfahren lediglich die Art und Weise der Bekanntmachung in sog Massenverfahren. Im förmlichen Verfahren wird die **ortsübliche Bekanntmachung** (§ 17 II und IV) durchgehend durch eine öffentliche Bekanntmachung ersetzt (§ 63 III, § 67 I 4, § 69 II 3 sowie III 2). Daher wird in § 63 III bestimmt, dass die Mitteilung nach § 17 II 2 und die Aufforderung nach § 17 IV 2 im förmlichen Verwaltungsverfahren öffentlich bekannt zu machen sind (§ 63 III 1).

13 Die öffentliche Bekanntmachung wird dadurch bewirkt, dass die Behörde die Mitteilung oder die Aufforderung in ihrem **amtlichen Veröffentlichungsblatt** und außerdem in **örtlichen Tageszeitungen,** die in dem Bereich verbreitet sind, in dem sich die Entscheidung voraussichtlich auswirken wird, bekannt macht (§ 63 III 2). Soweit die Bekanntmachung der Satzung eines Wasserverbandes „in den Gemeinden" (§ 67 II WasserVerbG) zu erfolgen hat, auf die sich der Verband erstreckt, ist für die „ortsübliche Bekanntmachung" eine Bekanntmachung im Amtsblatt der Verbandsgemeinde vorzusehen (OVG Koblenz ZfWassR 2002, 37). Die Bekanntmachungen im förmlichen Verwaltungsverfahren erfolgen vereinheitlicht auf die gleiche Weise, sodass der Bürger nicht gezwungen ist, an verschiedenen Orten die relevanten Informationen zu suchen (KR/Wysk § 63 Rn. 12; SBS/Sachs/Kamp § 63 Rn. 49).

13a Nach § 27a soll eine Bekanntmachung zwingend auch im Internet erfolgen (→ § 27a Rn. 2).

14 Das jeweilige amtliche Veröffentlichungsblatt wird durch Rechtsvorschrift bestimmt. Fehlt der Behörde ein eigenes amtliches Veröffentlichungsblatt, ist auf die **Druckschrift (etwa Tageszeitung)** auszuweichen, die sonst durch Rechtsvorschrift für amtliche Bekanntmachungen der betreffenden Behörde vorgesehen ist (KR/Wysk § 63 Rn. 14; HK-VerwR/Fehling § 63 Rn. 20). Ferner hat die Bekanntmachung in örtlichen Tageszeitungen zu erfolgen, die in dem Bereich verbreitet sind, in dem sich die Entscheidung voraussichtlich auswirken wird. In der Regel werden die Bekanntmachungen in den **auflagenstärksten Tageszeitungen** zu verbreiten sein.

§ 64 Form des Antrags

Setzt das förmliche Verwaltungsverfahren einen Antrag voraus, so ist er schriftlich oder zur Niederschrift bei der Behörde zu stellen.

I. Bedeutung

1 Die Norm, deren Ziel es ist die Sicherheit des Rechtsverkehrs zu erhöhen, setzt bei antragsgebundenen förmlichen Verwaltungsverfahren die Schriftform voraus (SBS/Sachs/Kamp § 64 Rn. 1; Ziekow § 64 Rn. 1; KR/Wysk § 64

Rn. 1). Das Formerfordernis kann wahlweise durch schriftliche Formulierung des Antrags oder zur Niederschrift bei der zuständigen Behörde erfüllt werden. Die in § 63 getroffene **Regelung eines Formerfordernisses** verdrängt als vorrangige Norm den in § 10 verankerten Grundsatz der Nichtförmlichkeit des Verwaltungsverfahrens, wonach Anträge formlos, zB fernmündlich gestellt werden können. Inhaltsgleiche oder entgegenstehende Vorschriften außerhalb des VwVfG sind zudem aufgrund der allgemeinen Subsidiaritätsklausel nach § 1 vorrangig.

II. Anwendungsbereich

Sachlich ist der Anwendungsbereich eröffnet, wenn eine **gesonderte Rechtsvorschrift** die Anwendung der Vorschriften über das förmliche Verwaltungsverfahren anordnet, wie zB bei §§ 36, 105 BBergG sowie § 41 SaatG bzw. § 21 SortSchG. 2

III. Formerfordernis

Die in § 64 getroffene Regelung gilt für die Stellung eines Antrags im Sinne von § 22, mit dem das Verfahren anhängig wird (KR/Wysk § 64 Rn. 3), nach hM auch für die Rücknahme des Antrags (KR/Wysk § 64 Rn. 3; SBS/Sachs/Kamp § 64 Rn. 5) und gilt zudem für **Ergänzungen und inhaltliche Erweiterungen** des Antragsgegenstandes (Arg. a maiore ad minus). Sonstige Anträge und Verfahrenshandlungen werden von dem materiellen Antragsbegriff nicht erfasst, unterliegen daher auch nicht dem Schriftformerfordernis (KR/Wysk § 64 Rn. 3; SBS/Sachs/Kamp § 64 Rn. 10, 11). 3

Die Antragstellung kann wahlweise schriftlich oder zur Niederschrift bei der Behörde erfolgen. Der Antrag muss in schriftlich abgefasster Form, in einem Schriftstück, bei der Behörde zugehen (KR/Wysk § 64 Rn. 5). Das Schriftstück ist vom Verfasser **eigenhändig** zu unterschreiben. Eine Stellvertretung ist zulässig (MSU/Enders § 64 Rn. 9). Die Anforderungen an die Lesbarkeit sind nicht allzu hoch, aber auch nicht vernachlässigbar. Zumindest muss die Unterschrift einen individuell gestalteten, die Identität des Unterschreibenden ausreichend kennzeichnenden Namenszug erkennen lassen, der im Bewusstsein gefertigt wurde, überhaupt eine Unterschrift zu leisten (BGH NJW 1997, 3380 (3381)). 4

Die elektronische Übermittlung eines Antrags bedarf der **qualifizierten Signatur,** die nach § 3a II die Schriftform ersetzt. Eine einfache E-Mail ist nicht ausreichend, weil damit nicht festgestellt werden kann, ob die betreffende E-Mail vollständig und richtig ist und ob sie tatsächlich von dem in ihr angegebenen Urheber stammt (VGH Kassel NVwZ-RR 2006, 377 (378); VG München BeckRS 2014, 56376; aA weil rechtlich andere Ausgangslage bei der FGO: FG Düsseldorf MMR 2010, 144 = BeckRS 2009, 26027693). Wird ein elektronisches Dokument gleichwohl ausgedruckt und zur Akte genommen, ändert dies nichts an der Unwirksamkeit (VGH Kassel 4a

NVwZ-RR 2006, 377 (378)). Die Nachholung einer Unterschrift ist zulässig, hat aber zur Folge, dass der Antrag erst im Zeitpunkt der Unterschrift rechtlich wirksam ist. Bereits abgelaufene Fristen können nicht geheilt werden (MSU/Enders § 64 Rn. 11).

5 Das Schriftformerfordernis erfüllen – wie im Prozessrecht – die Übermittlung des Antrags per Telegramm, Telefax, Computer-Fax (BVerwG NJW 2006, 1989 (1989); KR/Wysk § 64 Rn. 10; Ortloff/Riese in SSB/Ortloff/Riese VwGO § 81 Rn. 8a). Auch eine **eingescannte Unterschrift** erfüllt die Voraussetzung des Schriftformerfordernisses (GmS-OGB NJW 2000, 2340 (2341)).

6 Die Schriftform erstreckt sich auf das Begehren des Antragstellers, das im Antrag konkret wiederzugeben ist. Eine etwaige **Begründung** ist hiervon zu trennen und unterliegt keinem Formzwang. Sofern die Behörde **Formblätter** vorhält, führt die Nichtverwendung solcher nur dann zur Unwirksamkeit einer Antragstellung, wenn eine Rechtsnorm die Verwendung von Formblättern vorschreibt (KR/Wysk § 64 Rn. 6).

7 Die Antragstellung zur Niederschrift bei der Behörde bedeutet, dass eine mündlich durch den persönlich anwesenden Antragsteller abgegebene Erklärung von dem zuständigen Bediensteten protokolliert wird. Ein fernmündlich gestellter Antrag ist unzulässig, da die **persönliche Anwesenheit** nicht gegeben ist (Ziekow § 64 Rn. 12). Einer gesonderten Unterschrift durch den Antragsteller bedarf es nicht. Allerdings sollte die Erklärung nach der Niederschrift vorgelesen und von dem Antragsteller genehmigt werden, was der Bedienstete seinerseits schriftlich vermerken sollte (SBS/Sachs/Kamp § 64 Rn. 12). Das Fehlen des Bestätigungsvermerks berührt nicht die Wirksamkeit der Niederschrift (KR/Wysk § 64 Rn. 14).

8 Die **Missachtung der Form** hat die Nichtigkeit des Antrags zur Folge. Die mögliche Nachholung (§ 45 I Nr. 1) eines den Mangel heilenden Antrags führt allerdings nicht rückwirkend zur Wahrung einer zuvor abgelaufenen Frist (KR/Wysk § 64 Rn. 1; SBS/Sachs/Kamp § 64 Rn. 14).

§ 65 Mitwirkung von Zeugen und Sachverständigen

(1) [1] Im förmlichen Verwaltungsverfahren sind Zeugen zur Aussage und Sachverständige zur Erstattung von Gutachten verpflichtet. [2] Die Vorschriften der Zivilprozessordnung über die Pflicht, als Zeuge auszusagen oder als Sachverständiger ein Gutachten zu erstatten, über die Ablehnung von Sachverständigen sowie über die Vernehmung von Angehörigen des öffentlichen Dienstes als Zeugen oder Sachverständige gelten entsprechend.

(2) [1] Verweigern Zeugen oder Sachverständige ohne Vorliegen eines der in den §§ 376, 383 bis 385 und 408 der Zivilprozessordnung bezeichneten Gründe die Aussage oder die Erstattung des Gutachtens, so kann die Behörde das für den Wohnsitz oder den Aufenthaltsort des Zeugen oder des Sachverständigen zuständige Verwaltungsgericht um die Vernehmung ersuchen. [2] Befindet sich der Wohnsitz oder der Aufenthaltsort des Zeugen oder des Sachverständigen nicht am Sitz eines Verwaltungsgerichts oder einer besonders errichteten Kammer, so kann

auch das zuständige Amtsgericht um die Vernehmung ersucht werden. [3] In dem Ersuchen hat die Behörde den Gegenstand der Vernehmung darzulegen sowie die Namen und Anschriften der Beteiligten anzugeben. [4] Das Gericht hat die Beteiligten von den Beweisterminen zu benachrichtigen.

(3) Hält die Behörde mit Rücksicht auf die Bedeutung der Aussage eines Zeugen oder des Gutachtens eines Sachverständigen oder zur Herbeiführung einer wahrheitsgemäßen Aussage die Beeidigung für geboten, so kann sie das nach Absatz 2 zuständige Gericht um die eidliche Vernehmung ersuchen.

(4) Das Gericht entscheidet über die Rechtmäßigkeit einer Verweigerung des Zeugnisses, des Gutachtens oder der Eidesleistung.

(5) Ein Ersuchen nach Absatz 2 oder 3 an das Gericht darf nur von dem Behördenleiter, seinem allgemeinen Vertreter oder einem Angehörigen des öffentlichen Dienstes gestellt werden, der die Befähigung zum Richteramt hat.

I. Bedeutung

Im förmlichen Verwaltungsverfahren erlangt die **Aufklärung des Sachverhalts durch Beweiserhebung** eine gesteigerte Bedeutung. Zeugen und Sachverständige sind verpflichtet, vor der Behörde auszusagen bzw. ein Gutachten zu erstatten. Die Mitwirkung von Sachverständigen und die Aussagen von Zeugen erhöhen die Gewähr für eine zutreffende, zumeist weitreichende Genehmigungsentscheidung. Entgegen der in § 26 III 1 unter Vorbehalt einer spezielleren Regelung getroffenen Bestimmung, der eine allgemeine Verpflichtung zur Aussage oder eine Verpflichtung zur Erstattung eines Gutachtens grds. fremd ist, sind im förmlichen Verfahren Sachverständige und Zeugen grundsätzlich zur Mitwirkung verpflichtet. Die Behörde verfügt allerdings nicht über die rechtliche Befugnis, die Mitwirkung unmittelbar durchzusetzen oder zu erzwingen. Im Falle mangelnder Mitwirkung muss das örtlich zuständige Verwaltungsgericht ersucht werden, die Vernehmung durchzuführen (§ 65 II) und ggf. die Aussage zu beeidigen (§ 65 III, V). Das Verwaltungsgericht bzw. Amtsgericht entscheidet über die Rechtmäßigkeit einer Verweigerung der Mitwirkung u. der Eidesleistung (§ 65 IV). 1

II. Mitwirkungsverpflichtung für Zeugen und Sachverständige (I)

Ob und ggf. welcher unparteiische und fachkundige Sachverständige ein Gutachten zu erstatten hat, liegt im Ermessen der Behörde begründet (MSU/Enders § 65 Rn. 6). Obgleich in § 65 I die Mitwirkungspflicht im förmlichen Verfahren für Zeugen und Sachverständige angeordnet wird, fehlt der Behörde die rechtliche Befugnis, die **Mitwirkungspflicht** notfalls zu **erzwingen.** In Ermangelung eigener Befugnisse hat sie das örtlich zuständige Verwaltungsgericht um eine gerichtliche Vernehmung nach II zu ersuchen. 2

Für Zeugen im Verwaltungsverfahren besteht eine **Pflicht zur Aussage** nur, wenn sie – wie in § 65 I 1 – durch Rechtsvorschrift vorgesehen ist (§ 26 III 1). Die Freiwilligkeit der Aussage ist im Verwaltungsverfahren also die Regel, die Verpflichtung zur Aussage hingegen die Ausnahme (BVerwG 3

NVwZ-RR 1995, 113 (113)). Fehlt es an einer gesetzlichen Anordnung in einem speziellen Gesetz, ist ein Rückgriff auf § 65 nicht zulässig (OVG Greifswald LKV 2004, 231).

4 Für die Mitwirkungspflichten von Zeugen und Sachverständigen im förmlichen Verwaltungsverfahren gelten nach I 2 bestimmte Vorschriften der ZPO entsprechend. Bei der Verweisung handelt es sich um eine **dynamische Rechtsgrundverweisung** (SBS/Sachs/Kamp § 65 Rn. 7; KR/Wysk § 65 Rn. 5). Im Mittelpunkt der Verweisung stehen materielle Bestimmungen über die Pflichten der Zeugen und Sachverständigen nach §§ 373 ff. ZPO bzw. §§ 402 ff. ZPO im förmlichen Verwaltungsverfahren vor der Verwaltungsbehörde (KR/Wysk § 65 Rn. 5; SBS/Sachs/Kamp § 65 Rn. 6, 8 ff.; MSU/Enders § 65 Rn. 11 ff.). Die Verweisung erfasst naturgemäß nicht jene prozessual formellen Regelungen, wie jene zB über die Ladung, den Auslagenvorschuss etc. Daher ist ein Sachverständiger gem. § 65 I 2 iVm § 406 ZPO nur im Rahmen des behördlichen Verfahrens als befangen abzulehnen, die Anbringung eines Ablehnungsgesuchs gegenüber dem Gericht im anschließenden Gerichtsverfahren ist nicht mehr zulässig (BVerwG NVwZ 1991 1187 (1187)).

III. Verweigerung des Zeugnisses und des Gutachtens (II)

5 Die Behörde kann im Falle der Verweigerung des Zeugnisses oder der Gutachtenerstattung nach § 65 gerichtliche Hilfe in Anspruch nehmen. Der Begriff der Verweigerung ist weit zu verstehen (SBS/Sachs/Kamp § 65 Rn. 23). Die Inanspruchnahme, bei der es sich um eine besondere Form der Rechts- und Amtshilfe handelt, ist in das behördliche **Verfahrensermessen** gestellt (KR/Wysk § 65 Rn. 6). Die Einschaltung eines Gerichts dient dem Schutz der Mitwirkungspflichtigen und der Weigerungsrechte (§§ 376, 383–385 und 408 ZPO) sowie der ausschließlich den Gerichten zugewiesenen Befugnis, bei rechtsgrundloser Weigerung eine Aussage oder die Erstattung eines Gutachtens zu erzwingen (KR/Wysk § 65 Rn. 6).

6 Für die Vernehmung ist grundsätzlich das Verwaltungsgericht (II 1) zuständig. Wohnt der Mitwirkungspflichtige nicht am Sitz eines Verwaltungsgerichts, ist **ersatzweise** das am Wohnsitz oder am ständigen Aufenthaltsort zuständige Amtsgericht um Rechtshilfe zu ersuchen. Das **Ersuchen** (II 3) ist schriftlich (§ 362 I ZPO analog) zu stellen (SBS/Sachs/Kamp § 65 Rn. 27; KR/Wysk § 65 Rn. 8). Dabei ist der Gegenstand der Vernehmung darzulegen sowie Namen und Anschriften der Beteiligten anzugeben (II 3).

7 Aufgrund der hervorgehobenen Bedeutung darf das Ersuchen an das Gericht nur von dem Behördenleiter, seinem Stellvertreter oder einem Angehörigen des öffentlichen Dienstes gestellt werden (§ 65 V), der die **Befähigung zum Richteramt** hat oder die Voraussetzungen nach § 110 S. 1 DRiG erfüllt

IV. Beeidigung von Zeugen und Sachverständigen (III)

8 Vertritt die Behörde in den Grenzen des Verfahrensermessens die Meinung, dass die Aussage eines Zeugen oder das Gutachten eines Sachverständigen zur Herbeiführung einer wahrheitsgemäßen Aussage unter Eid zu stellen sind, kann sie das zuständige Gericht um eine **eidliche Vernehmung** ersuchen. Das Vereidigungsersuchen ist an einen bestimmten Zeitpunkt eines Verfahrens nicht gebunden, sondern kann zB gemeinsam mit einem Vernehmungsersuchen (II), unmittelbar nach einer Aussage vor der Behörde oder dem Gericht oder unter den Voraussetzungen nach III sofort (BeckOK VwVfG/Michler § 65 Rn. 21; SBS/Sachs/Kamp § 65 Rn. 29) gestellt werden. Der Zeuge bzw. der Sachverständige muss vor **Gericht erneut aussagen;** erst diese Aussage kann beeidet werden (KR/Wysk § 65 Rn. 11).

V. Gerichtliche Entscheidung (IV)

9 Das Gericht hat nach § 65 IV über die Rechtmäßigkeit einer Verweigerung des Zeugnisses, des Gutachtens oder der Eidesleistung zu entscheiden. Die richterliche Untersuchung und Entscheidung ist allerdings beschränkt auf die Frage, ob eine etwaige Weigerung des Zeugen oder des Sachverständigen zu Recht erfolgt ist (KR/Wysk § 65 Rn. 13). Außerhalb der durch IV eröffneten Prüfkompetenz des Gerichts ist für sämtliche weitere, das Verfahren und die Ermittlung der verfahrensrelevanten Tatsachen betreffenden Fragen die Kompetenz und Entscheidungszuständigkeit der zuständigen Behörde gegeben (KR/Wysk § 65 Rn. 13; SBS/Sachs/Kamp § 65 Rn. 39).

10 Entsprechendes gilt für die Frage der Rechtmäßigkeit der Verweigerung einer Eidesleistung nach III. Da eine Vereidigung im Verwaltungsverfahren ausgeschlossen ist, kann es nur darum gehen, ob die Vereidigung im gerichtlichen Verfahren rechtmäßig verweigert wurde oder nicht. Nicht Gegenstand einer gerichtlichen Entscheidung ist die Frage der Erforderlichkeit einer Beeidigung (KR/Wysk § 65 Rn. 12), die ausschließlich in die Entscheidungskompetenz der Behörde fällt (BeckOK VwVfG/Michler § 65 Rn. 27).

VI. Rechtsschutz

11 Sämtliche Entscheidungen der Behörde, die auf die Aktualisierung der Mitwirkungspflicht im Verfahren abzielen, können als Verfahrenshandlungen nach § 44a S. 1 VwGO nicht selbständig angefochten werden (Ziekow § 65 Rn. 12). Gegen die Entscheidung des VG nach § 65 IV ist die Beschwerde nach § 146 VwGO und gegen die Entscheidung des Amtsgerichts ist die sofortige Beschwerde nach § 387 III ZPO der zutreffende Rechtsbehelf (Ziekow § 65 Rn. 12).

§ 66 Verpflichtung zur Anhörung von Beteiligten

(1) Im förmlichen Verwaltungsverfahren ist den Beteiligten Gelegenheit zu geben, sich vor der Entscheidung zu äußern.

(2) Den Beteiligten ist Gelegenheit zu geben, der Vernehmung von Zeugen und Sachverständigen und der Einnahme des Augenscheins beizuwohnen und hierbei sachdienliche Fragen zu stellen; ein schriftlich oder elektronisch vorliegendes Gutachten soll ihnen zugänglich gemacht werden.

I. Bedeutung

1 Im Mittelpunkt der in § 66 getroffenen Regelung stehen zugunsten sämtlicher Beteiligter (§ 13) am förmlichen Verfahren **spezialgesetzliche Ausprägungen** des Grundsatzes des **rechtlichen Gehörs** (§ 28). Die Mitwirkungsrechte der Beteiligten sollen ferner während der Teilnahme an der Beweisaufnahme gestärkt werden. Rechtsgrundlage für den im Verwaltungsverfahren geltenden **Grundsatz des rechtlichen Gehörs** ist allerdings nicht die Verfassungsbestimmung in Art. 103 I GG, die ihrem eindeutigen Wortlaut und ihrer systematischen Stellung zufolge nur in gerichtlichen Verfahren zur Anwendung gelangt (BVerfG NJW 2000, 1709 (1709) mwN). Auch außerhalb des Anwendungsbereichs des Art. 103 I GG darf der Einzelne nicht zum bloßen Objekt staatlicher Entscheidung werden; ihm muss insbesondere die Möglichkeit gegeben werden, vor einer Entscheidung, die seine Rechte betrifft, zu Wort zu kommen, um Einfluss auf das Verfahren und dessen Ergebnis nehmen zu können (BVerfG NJW 2000, 1709 (1709) mwN). Der Grundsatz des rechtlichen Gehörs wird für das Verwaltungsverfahren aus dem **Recht auf ein faires Verfahren** abgeleitet, das dem Rechtsstaatsprinzip zugeordnet ist (BVerfG NJW 2000, 1709 (1709) mwN). Ein weiterer Ansatz zur verfassungsrechtlichen Begründung des Anspruchs auf rechtliches Gehör ergibt sich aus der Rechtsprechung, nach der Grundrechte auf das Verwaltungsverfahren ausstrahlen und im Verfahren konkret zu berücksichtigen sind, wenn die jeweilige formale Bestimmung für einen effektiven Grundrechtsschutz von Relevanz ist (BVerwG NVwZ 1993, 681 (683, 684); NJW 1991, 2005 (2005); BVerfG NJW 1980, 759 (763)). Grundrechtsrelevant sind insbesondere solche Verfahrensvorschriften, die der Gesetzgeber in Erfüllung der Staatspflicht zum Schutz der Rechtsgüter der Grundrechte erlassen hat (BVerfG NJW 1980, 759 (763)). Das Recht auf Anhörung ist ein solches grundrechtsrelevantes Verfahrensrecht (BeckOK VwVfG/Michler § 66 Rn. 2).

2 Die Beteiligten sind vor Erlass einer Entscheidung **anzuhören** (I); sie sind berechtigt, an Zeugen- und Sachverständigenvernehmungen sowie an Augenscheinsnahmen teilzunehmen und befugt, sachdienliche Fragen zu stellen. Die als Soll-Vorschrift gefasste Pflicht, den Beteiligten ein schriftliches Gutachten zugänglich zu machen, folgt aus § 66 II Hs. 2, die bei (seltenen) atypischen Sachverhalten eine Ausnahme von der Regel ermöglicht. Im Regelfall ist daher ein Gutachten zugänglich zu machen.

II. Gelegenheit zur Äußerung (I)

Nach I ist den Beteiligten iSd § 13 Gelegenheit zu geben, sich vor der Entscheidung zu äußern. Ob die Entscheidung für die Beteiligten eine **Belastung, Begünstigung** oder eine **Drittwirkung** erzeugt, bleibt nach dem klaren Wortlaut auch unter systematischer Berücksichtigung von § 28 für das aus § 66 folgende Recht auf Gehör unerheblich (Ziekow § 66 Rn. 2). Erfasst wird neben dem Verwaltungsakt auch der Abschluss des Verfahrens durch einen **öffentlich-rechtlichen Vertrag** (Ziekow § 66 Rn. 2). Das Äußerungsrecht gilt im förmlichen Verfahren für sämtliche Entscheidungen, unabhängig von ihrer jeweiligen Wirkung auf die Beteiligten (SBS/Sachs/Kamp § 66 Rn. 2; KR/Wysk § 66 Rn. 3). 3

Eine sachliche Einschränkung der Äußerung des Beteiligten auf die „für die Entscheidung erheblichen Tatsachen", wie es in § 28 I formuliert ist, fehlt in § 66. Das Anhörungsrecht, und damit die Möglichkeit zur Äußerung, erstreckt sich im förmlichen Verfahren mangels einer dem Wortlaut entnehmbaren Einschränkung auf **erhebliche** und **unerhebliche** Tatsachen sowie auf die **rechtliche Bewertung.** Zu Rechtsfragen kann der Beteiligte Stellung nehmen (KR/Wysk § 66 Rn. 3; Knack/Henneke/Dürr § 66 Rn 12). 4

Die Gelegenheit zur Äußerung ist von der Behörde in **angemessener Zeit** vor Erlass der Entscheidung zu gewähren, um nach Abschluss der Anhörung eine Einflussnahme des Beteiligten auf die vorgesehene Entscheidung möglich zu machen (SBS/Sachs/Kamp § 66 Rn. 8). Die **Form der Anhörung** (mündlich, schriftlich, auch telefonisch) steht im Ermessen der Behörde (KR/Wysk § 66 Rn. 4). Ausreichend ist es, wenn den Beteiligten objektiv eine zureichende Möglichkeit zur Äußerung gewährt wurde. Eine gesetzliche Verpflichtung zur mündlichen Anhörung oder einer Verhandlung wird durch § 66 nicht begründet (BeckOK VwVfG/Michler § 66 Rn. 8; SBS/Sachs/Kamp § 66 Rn. 7). Ob der Beteiligte von der Gelegenheit zur Äußerung, und wenn in welchem Umfang, Gebrauch macht, ist für die Beurteilung der Rechtmäßigkeit der Anhörung nicht von Belang (SBS/Sachs/Kamp § 66 Rn. 7). Die **einmalige Gelegenheit** zur Äußerung ist ausreichend (KR/Wysk § 66 Rn. 5). Verzichtet der Beteiligte wirksam auf eine Anhörung oder ist eine Anhörung objektiv unmöglich, kann die weitere Durchführung der Anhörung eingestellt werden. Bei **evidentem Missbrauch des Anhörungsrechts** durch den Beteiligten kann auf ein schriftliches Verfahren ausgewichen werden, sofern verfahrensleitend mehrmals gewarnt wurde (KR/Wysk § 66 Rn. 5). 5

Eine **erneute Anhörung** ist in der Regel geboten, wenn sich die Sach- und Rechtslage nach der Anhörung wesentlich geändert hat (Knack/Henneke/Dürr § 66 Rn. 9; SBS/Sachs/Kamp § 66 Rn. 8). Wird die Anhörung unterlassen oder fehlerhaft durchgeführt, liegt ein unbeachtlicher Verfahrensfehler nach § 45 I Nr. 3 vor. Die Anhörung kann bis zum Abschluss der letzten Tatsacheninstanz eines verwaltungsgerichtlichen Verfahrens **nachgeholt** werden (§ 45 II). Ist offensichtlich, dass die unterlassene Anhörung die Entscheidung in der Sache nicht beeinflusst, kann die Aufhebung einer Entscheidung nicht verlangt werden (§ 46). 6

7 Die Behörde hat die Äußerungen, die vor Bekanntgabe der Entscheidung (§ 41 I) bei ihr eingehen, in der Sache zu berücksichtigen. In der **Begründung der Entscheidung** muss sie auf die vorgetragenen Argumente eingehen. Bei sehr spätem Eingang der Äußerungen, die auf eine schon abgeschlossene behördeninterne Entscheidung stoßen, ist erneut zu bewerten und ggf. auch anderen Beteiligten Gelegenheit zur Äußerung zu geben (KR/Wysk § 66 Rn. 6). Fristen mögen das Verfahren straffen.

III. Teilnahme an Beweiserhebungen (II Hs. 1)

8 Die Behörde ist dem **Grundsatz der Parteiöffentlichkeit der Beweisaufnahme** (Ziekow § 66 Rn. 4) folgend verpflichtet, den Beteiligten Gelegenheit zu geben, der Vernehmung von Zeugen und Sachverständigen und der Einnahme des Augenscheins beizuwohnen und hierbei sachdienliche Fragen zu stellen. Ob eine Frage sachdienlich ist, entscheidet die Behörde. Fragen sind „sachdienlich", wenn sie zum Beweisthema gehören, das Verfahren fördern und geeignet sind zur Aufklärung des Sachverhalts beizutragen (SBS/Sachs/Kamp § 66 Rn. 13; BeckOK VwVfG/Michler § 66 Rn. 14; KR/Wysk § 66 Rn. 9; MSU/Enders § 66 Rn. 21).

9 Die Beteiligten und/oder ihre Vertreter/Beistände haben einen **Anspruch auf Anwesenheit** bei der Beweisaufnahme. Eine mittelbare Beweiserhebung durch einen Sachverständigen im Auftrag der Behörde wird nicht erfasst, vielmehr eröffnet erst die Würdigung des Ergebnisses den Anwendungsbereich des § 66 II Hs. 1 (Ziekow § 66 Rn. 4). Die Beteiligten bzw. ihre Vertreter sind rechtzeitig zu dem Beweistermin zu laden.

10 Die Beteiligten und/oder ihre Vertreter sind befugt, an die Adresse der **Zeugen, Sachverständigen** und Behördenvertreter gerichtete sachdienliche Fragen zu stellen. Die Befugnis ist auf den Kreis der genannten Beweismittel beschränkt. **Sachdienliche Fragen** sind solche, die für die Aufklärung des Sachverhalts dienlich sind, innerhalb des Beweisthemas liegen und für das Verfahren förderlich sein können (KR/Wysk § 66 Rn. 9; Ziekow § 66 Rn. 5). Die Behörde ist befugt, nicht sachdienliche Fragen zurückzuweisen. Eine etwaige **Fehlerhaftigkeit der Zurückweisung** kann nach § 44a VwGO nicht selbständig angegriffen werden, sondern nur im Zusammenhang mit einem Rechtsbehelf in der Hauptsache geltend gemacht werden (MSU/Enders § 66 Rn. 21).

IV. Zugänglichkeit von Gutachten (II Hs. 2)

11 Ein schriftlich oder elektronisch vorliegendes Gutachten soll den Beteiligten zugänglich gemacht werden (II Hs. 2). Die in Form einer **Soll-Vorschrift** gehaltene Bestimmung eröffnet der Behörde keineswegs die Möglichkeit, Gutachten ohne triftigen Grund den Beteiligten vorzuenthalten. Grundsätzlich haben die Beteiligten einen **Anspruch auf Einsichtnahme,** der das Recht einschließt, Abschriften, Kopien etc zu fertigen. Elektronisch vor-

liegende Dokumente sind idR per E-Mail weiterzuleiten. Der Behörde bleibt ein **Ermessen,** in welcher Weise Einsicht gewährt wird. Die bloße Möglichkeit, das Gutachten in den Amtsräumen am Sitz der Behörde einsehen zu können, wird als „unerlässliches Minimum" des „Zugänglichmachens" zu bewerten sein (SBS/Sachs/Kamp § 66 Rn. 20; Ziekow § 66 Rn. 8). Nur ausnahmsweise ist die Behörde im Rahmen der Ermessenausübung befugt, bei schwerwiegenden, **atypischen Gründen** die Einsicht zu verweigern (KR/Wysk § 66 Rn. 12; Ziekow § 66 Rn. 7; SBS/Sachs/Kamp § 66 Rn. 17). Die Gefahr einer Unterbringungsbedürftigkeit und etwaiger psychischer Störungen erlauben nicht die Verweigerung eines Einsichtsrechts (BVerwG NJW 1989, 2960 (2961)), auch nicht die Tatsachen des Maßregelvollzugs (BVerfG NJW 2006, 1116 (1119)).

Unterliegt zB ein Dokument der **Geheimhaltung** nach § 30, darf Kenntnis jedenfalls insoweit nicht gewährt werden, wie der berechtigte Schutz des Geheimnisses im Einzelnen reicht (SBS/Sachs/Kamp § 66 Rn. 18; Ziekow § 66 Rn. 7). Der Anspruch auf Einsichtnahme und damit Kenntniserlangung des Gutachtens zur Wahrnehmung eigener Rechte darf nicht durch formale und andere „bürokratisch" **vorgeschobene Hindernisse** unzumutbar durch die Behörde erschwert werden (Ziekow § 66 Rn. 8). **Unmittelbarer Rechtsschutz** bei einer ermessensfehlerhaften, rechtswidrigen Ablehnung des Gesuchs auf Einsichtnahme verhindert allerdings § 44a VwGO (MSU/Enders § 66 Rn. 36). 12

§ 67 Erfordernis der mündlichen Verhandlung

(1) [1]Die Behörde entscheidet nach mündlicher Verhandlung. [2]Hierzu sind die Beteiligten mit angemessener Frist schriftlich zu laden. [3]Bei der Ladung ist darauf hinzuweisen, dass bei Ausbleiben eines Beteiligten auch ohne ihn verhandelt und entschieden werden kann. [4]Sind mehr als 50 Ladungen vorzunehmen, so können sie durch öffentliche Bekanntmachung ersetzt werden. [5]Die öffentliche Bekanntmachung wird dadurch bewirkt, dass der Verhandlungstermin mindestens zwei Wochen vorher im amtlichen Veröffentlichungsblatt der Behörde und außerdem in örtlichen Tageszeitungen, die in dem Bereich verbreitet sind, in dem sich die Entscheidung voraussichtlich auswirken wird, mit dem Hinweis nach Satz 3 bekannt gemacht wird. [6]Maßgebend für die Frist nach Satz 5 ist die Bekanntgabe im amtlichen Veröffentlichungsblatt.

(2) Die Behörde kann ohne mündliche Verhandlung entscheiden, wenn
1. **einem Antrag im Einvernehmen mit allen Beteiligten in vollem Umfang entsprochen wird;**
2. **kein Beteiligter innerhalb einer hierfür gesetzten Frist Einwendungen gegen die vorgesehene Maßnahme erhoben hat;**
3. **die Behörde den Beteiligten mitgeteilt hat, dass sie beabsichtige, ohne mündliche Verhandlung zu entscheiden, und kein Beteiligter innerhalb einer hierfür gesetzten Frist Einwendungen dagegen erhoben hat;**
4. **alle Beteiligten auf sie verzichtet haben;**
5. **wegen Gefahr im Verzug eine sofortige Entscheidung notwendig ist.**

(3) Die Behörde soll das Verfahren so fördern, dass es möglichst in einem Verhandlungstermin erledigt werden kann.

I. Bedeutung

1 Die behördliche Entscheidung im förmlichen Verfahren beruht grundsätzlich auf einer **mündlichen Verhandlung,** von der die Behörde nach pflichtgemäßer Ermessensausübung ausnahmsweise in fünf Fällen (II) absehen darf. Im Mittelpunkt der mündlichen Verhandlung, einschließlich des Procedere der Ladung als vorbereitendem Akt, steht für die Beteiligten die qualifizierte Wahrung des **rechtlichen Gehörs.** Der in § 67 III etablierte **Konzentrationsgrundsatz** ist eine Konkretisierung des Zügigkeitsgebots (§ 10) und bezweckt ein von der Behörde umfassend vorbereitetes Verfahren, das möglichst in einem Verhandlungstermin zu erledigen ist (KR/Wysk § 67 Rn. 18). Auch insoweit wird die Ähnlichkeit mit der mündlichen Verhandlung im gerichtlichen Verfahren deutlich. Die Festlegung von Zeit und Ort der mündlichen Verhandlung liegt – in Ermangelung einer speziellen Regelung – im pflichtgemäßen Ermessen der Behörde.

2 Zum **sachlichen Anwendungsbereich** ist anzumerken, dass § 67 zwingend anzuwenden ist, sofern gesetzliche Bestimmungen das förmliche Verfahren anordnen (→ § 63 Rn. 4). Die Vorschrift gilt entsprechend auch für Erörterungstermine im Planfeststellungsverfahren (§ 73 VI 6). Eine **analoge Anwendbarkeit** der Vorschrift auf die mündliche Verhandlung im nicht förmlichen Verfahren scheidet aus. In einem solchen kann eine Behörde im Rahmen des bestehenden Ermessens nach §§ 9, 10 grundsätzlich auch eine mündliche Verhandlung durchführen, für deren Beurteilung und Durchführung §§ 67, 68 als Grundlage allerdings nicht heranzuziehen sind (Ziekow § 67 Rn. 1; KR/Wysk § 67 Rn. 3; HK-VerwR/Fehling § 67 Rn. 4).

II. Obligatorische mündliche Verhandlung (I)

1. Mündliche Verhandlung

3 Im förmlichen Verwaltungsverfahren wird die Behörde nach § 67 I verpflichtet, eine mündliche Verhandlung durchzuführen, die eine möglichst **breite** (aber nicht ausschließliche) **Entscheidungsbasis** liefert. Die mündliche Verhandlung ist ein formalisierter, dem gerichtlichen Verfahren nachempfundener Verfahrensschritt. Sie bietet im Rahmen der Erörterung nach § 68 I 1 den Beteiligten Gelegenheit zur Äußerung (§ 66) und zur Mitwirkung an der Klärung des Verfahrensstoffs. Erst nach Durchführung der mündlichen Verhandlung darf die Entscheidung ergehen (§ 69 I). Zum gerichtlichen Verfahren besteht allerdings ein wesentlicher Unterschied: die Behörde entscheidet unter Würdigung des **Gesamtergebnisses des Verfahrens,** während das Gericht aufgrund des Ergebnisses der mündlichen Verhandlung entscheidet (KR/Wysk § 67 Rn. 5; SBS/Sachs/Kamp § 67 Rn. 4; BeckOK VwVfG/Michler § 67 Rn. 5).

2. Ladungen

Nach § 67 I 2 sind die Beteiligten zur mündlichen Verhandlung mit angemessener Frist schriftlich zu laden, wobei zur Erfüllung der Schriftform ein **einfacher Brief** ausreichend ist (KR/Wysk § 67 Rn. 6; SBS/Sachs/Kamp § 67 Rn. 7; MSU/Enders § 67 Rn. 13). Erfolgt die Ladung elektronisch, gilt § 3a. Der Zweck einer **angemessenen Ladungsfrist** besteht darin, den Beteiligten eine zureichende Vorbereitung auf die mündliche Verhandlung zu ermöglichen und ihnen somit ausreichend Zeit zur Wahrnehmung des rechtlichen Gehörs einzuräumen. Die inhaltliche Bestimmung dessen, was noch oder schon nicht mehr angemessen ist, lässt sich – wie bei jedem unbestimmten Rechtsbegriff – kaum allgemeingültig und abstrakt formulieren, sondern bedarf der **Konkretisierung im Einzelfall** unter besonderer Berücksichtigung des konkreten zur Entscheidung anstehenden Sachverhalts. In der Literatur werden Fristen von **2 Wochen** in Anlehnung an § 102 I VwGO (KR/Wysk § 67 Rn. 7; BeckOK VwVfG/Michler § 67 Rn. 8; MSU/Enders § 67 Rn. 14) bis zu einem **1 Monat** (SBS/Sachs/Kamp § 67 Rn. 9) als angemessen bezeichnet, die – je nach Lage der Dinge – auch unter- bzw. überschritten werden können (HK-VerwR/Fehling § 67 Rn. 9; KR/Wysk § 67 Rn. 7). Maßgeblich bleibt in Abhängigkeit von Reichweite, sachlicher wie rechtlicher Komplexität des Verfahrens als Bezugspunkt **der Einzelfall.** Eine zu kurze Frist, die dem Beteiligten die Chance nimmt, sich angemessen vorzubereiten, auch mit anwaltlicher Abstimmung, verletzt den **Anspruch auf rechtliches Gehör** (KR/Wysk § 67 Rn. 7; MSU/Enders § 67 Rn. 16); sie bedarf einer unverzüglichen Rüge gegenüber der Behörde, ansonsten bleibt die unangemessen kurze Frist rechtlich ohne Folge (Verwirkung). 4

Für die Beteiligten besteht keine gesetzliche Verpflichtung zu der mündlichen Verhandlung zu erscheinen oder daran mitzuwirken (MSU/Enders § 67 Rn. 18). Es handelt sich um eine bloße **Obliegenheit,** deren Versäumung keine Pflicht verletzt, gleichwohl zu eigenen Rechtsnachteilen führen kann. Ein Anspruch auf spätere Anhörung besteht daher nicht. In der Ladung hat die Behörde nach § 67 I 3 darauf hinzuweisen, dass bei Ausbleiben eines Beteiligten ohne ihn verhandelt und entschieden werden kann. Fehlt der Hinweis und sind nicht alle Beteiligten anwesend, darf die Verhandlung nicht durchgeführt werden (str., wie hier aber: SBS/Sachs/Kamp § 67 Rn. 35; Ziekow § 67 Rn. 5; KR/Wysk § 67 Rn. 8, jeweils mwN). Wird dennoch verhandelt, wird der Anspruch auf rechtliches Gehör verletzt, was heilbar ist (§ 45) und im Anschluss daran die Frage aufwirft, ob und inwiefern sich der Fehler auf das materielle Ergebnis ausgewirkt hat (KR/Wysk § 67 Rn. 7, 8; zu Mitwirkungslasten und Beweislastverteilung → § 26 Rn. 21 und 23c). 5

Ein **Anspruch auf Vertagung** besteht nicht, nur ein Anspruch auf ermessensfehlerfreie Entscheidung über einen Antrag auf Vertagung, Verschiebung etc. Sind die Gründe von besonderem, nachhaltigem Gewicht, mag eine andere Entscheidung als die der Vertagung ermessensfehlerhaft sein (KR/Wysk § 67 Rn. 9). 6

3. Die öffentliche Bekanntmachung als Surrogat der Ladung (I 4)

7 Sind mehr als 50 Ladungen vorzunehmen, so steht es im Ermessen der Behörde, sie durch öffentliche Bekanntmachung zu ersetzen. Voraussetzung und Durchführung der öffentlichen Bekanntmachung im Massenverfahren sind in S. 4–6 geregelt. Voraussetzung für die Verfahrenserleichterung der Behörde bei einer öffentlichen Bekanntmachung ist das Vorliegen eines sog Massenverfahren (vgl. § 69 Rn. 5 ff.), wobei konkret mehr als 50 Ladungen vorzunehmen sind. Für die Zählung, wie auch für den Begriff der Ladung, sind grundsätzlich der **Begriff des Beteiligten** und deren Anzahl (§ 13) relevant. Werden allerdings mehrere Beteiligte durch einen Bevollmächtigten vertreten, **verringert** sich die Anzahl der Ladungen (KR/Wysk § 67 Rn. 10; SBS/Sachs/Kamp § 67 Rn. 15; BeckOK VwVfG/Michler § 67 Rn. 13). Da nur Beteiligte ladungsfähig sind, scheiden andere Personen aus (→ § 63 Rn. 12).

8 Die öffentliche Bekanntmachung wird dadurch bewirkt, dass der Verhandlungstermin mindestens zwei Wochen vorher im amtlichen Veröffentlichungsblatt der Behörde und außerdem in örtlichen Tageszeitungen bekannt gemacht wird. Die öffentliche Bekanntmachung muss mindestens zwei Wochen vor dem Verhandlungstermin erfolgen (I 5). Maßgeblich ist die Bekanntgabe im amtlichen Veröffentlichungsblatt (I 6). Auf die Folgen des Ausbleibens der Beteiligten nach § 67 I 3 ist in der Bekanntmachung hinzuweisen (§ 67 I 5). Die Verwendung des Plurals („Tageszeitungen") macht deutlich, dass eine hohe Informationsverbreitung beabsichtigt ist; gibt es nur eine Tageszeitung in dem Gebiet, dann erlischt die Verpflichtung (MSU/Enders § 67 Rn. 24; Ziekow § 67 Rn. 8).

8a Nach § 27a muss die die Behörde den Inhalt der Bekanntmachung zusätzlich im Internet veröffentlichen,(→ § 27a Rn. 2.

III. Verzicht auf mündliche Verhandlung (II)

9 Die Behörde ist nach pflichtgemäßer Ermessensausübung in den fünf Fällen des § 67 II berechtigt, von einer mündlichen Verhandlung abzusehen und ohne sie zu entscheiden. Die Ausnahmen sind abschließend und restriktiv auszulegen (KR/Wysk § 67 Rn. 12; BeckOK VwVfG/Michler § 67 Rn. 20; MSU/Enders § 67 Rn. 26).

10 Wird einem **Antrag** im Einvernehmen mit allen Beteiligten in vollem Umfang (§ 39 II Nr. 1) **entsprochen** (II Nr. 1), wäre die Durchführung einer mündlichen Verhandlung überflüssig und ist daher verzichtbar. Das Einvernehmen ist gegenüber der Behörde unmissverständlich zu erklären, wie – ob konkludent oder ausdrücklich, schriftlich oder mündlich –, ist unerheblich.

11 Die mündliche Verhandlung ist ferner verzichtbar, wenn **kein Beteiligter** innerhalb einer angemessenen Frist eine **Einwendung** gegen die vorgesehene Maßnahme erhoben hat (II Nr. 2). Voraussetzung hierfür ist, dass die Behörde

eine angemessene Frist für Einwendungen gesetzt und sie den Beteiligten den voraussichtlichen Inhalt der beabsichtigten Entscheidung mitgeteilt hat.

Von der mündlichen Verhandlung kann weiter abgesehen werden, wenn kein Beteiligter Einwendungen gegen die den Beteiligten mitgeteilte **Absicht der Behörde** erhoben hat, **ohne mündliche Verhandlung** entscheiden zu wollen (II Nr. 3). Die Behörde hat die Beteiligten allerdings auf die rechtliche Konsequenz einer unterlassenen Einwendung gegen die Ankündigung der Behörde, von der mündlichen Verhandlung abzusehen, hinzuweisen (KR/Wysk § 67 Rn. 15). 12

Ferner ist eine mündliche Verhandlung obsolet, wenn alle Beteiligten auf eine mündliche Verhandlung wirksam verzichtet haben (II Nr. 4). Formelle Anforderungen an die **Verzichtserklärung** sind nicht existent. Schriftlichkeit zu Beweiszwecken und aus Gründen ordnungsgemäßer Dokumentation des Verwaltungsverfahrens dürfte freilich ratsam sein, wenngleich die Verzichtserklärung lediglich ausdrücklich, eindeutig und vorbehaltlos zu erklären ist, was auch mündlich, sogar – bei unmissverständlichem Inhalt einer Erklärung – auch konkludent möglich ist (BeckOK VwVfG/Michler § 67 Rn. 31). Die Verzichtserklärung ist mit Zugang der Erklärung gegenüber der Behörde wirksam. Ein **Widerruf** ist grundsätzlich solange zulässig, solange die Behörde noch nicht entschieden hat und er zeitnah erfolgt (KR/Wysk § 67 Rn. 16 mwN; Ziekow § 67 Rn. 11; SBS/Sachs/Kamp § 67 Rn. 26). Mit dem Verzicht wird die Anhörung nach § 66 nicht obsolet (KR/Wysk § 67 Rn. 16). 13

Schließlich kann auf eine mündliche Verhandlung verzichtet werden, wenn wegen des in der Praxis seltenen Falls des **Eintritts einer Gefahr im Verzug** (→ § 20 Rn. 29) eine sofortige Entscheidung notwendig ist (II Nr. 5). 14

IV. Verfahrenskonzentration (III)

Nach § 67 III soll die Behörde das Verfahren so fördern, dass es möglichst in einem Verhandlungstermin erledigt werden kann. Die Regelung dient erkennbar der **Verfahrensbeschleunigung** (§ 10). Die Behörde wird dadurch zunächst dazu angehalten, den Sachverhalt im Vorfeld der mündlichen Verhandlung so weit zu ermitteln und aktiv aufzubereiten, dass sie nach der mündlichen Verhandlung in die Lage versetzt ist, abschließend entscheiden zu können (§ 69 I). Eine Beweisaufnahme, insbesondere eine Vernehmung von Zeugen und Sachverständigen, kann daher schon vor der mündlichen Verhandlung angezeigt sein (KR/Wysk § 67 Rn. 19; SBS/Sachs/Kamp § 67 Rn. 28; BeckOK VwVfG/Michler § 67 Rn. 39). 15

V. Verfahrensfehler

Eine Entscheidung ohne mündliche Verhandlung ist rechtswidrig, sofern kein Fall von § 67 II vorliegt. Eine bloß fehlerhaft zustande gekommene Entscheidung erfüllt (noch) nicht die Voraussetzungen, die an eine **Nichtigkeit** zu stellen sind. Zwar wird die obligatorische mündliche Verhandlung in § 45 I 16 nicht ausdrücklich als **nachholbare Verfahrenshandlung** aufgeführt, auf sie ist aber § 45 I Nr. 3 entsprechend anwendbar (BVerwG NVwZ 1984, 578 (579); SBS/Sachs/Kamp § 67 Rn. 33; BeckOK VwVfG/Michler § 67 Rn. 46). Ein offenkundiger und grundlegender Widerspruch liegt in dem fehlerhaften Verzicht auf eine mündliche Verhandlung noch nicht vor, zumal das Gesetz selbst ausnahmsweise eine mündliche Verhandlung nach § 67 II für entbehrlich hält. Nach dieser weit auszulegenden Bestimmung kann die erforderliche Anhörung eines Beteiligten bis zum **Abschluss des Vorverfahrens** nachgeholt werden (BVerwG NVwZ 1984, 578 (579); OLG Düsseldorf NJOZ 2003, 546 (549); OVG Lüneburg NVwZ-RR 2001, 362 (362)).

§ 68 Verlauf der mündlichen Verhandlung

(1) [1] Die mündliche Verhandlung ist nicht öffentlich. [2] An ihr können Vertreter der Aufsichtsbehörden und Personen, die bei der Behörde zur Ausbildung beschäftigt sind, teilnehmen. [3] Anderen Personen kann der Verhandlungsleiter die Anwesenheit gestatten, wenn kein Beteiligter widerspricht.

(2) [1] Der Verhandlungsleiter hat die Sache mit den Beteiligten zu erörtern. [2] Er hat darauf hinzuwirken, dass unklare Anträge erläutert, sachdienliche Anträge gestellt, ungenügende Angaben ergänzt sowie alle für die Feststellung des Sachverhalts wesentlichen Erklärungen abgegeben werden.

(3) [1] Der Verhandlungsleiter ist für die Ordnung verantwortlich. [2] Er kann Personen, die seine Anordnungen nicht befolgen, entfernen lassen. [3] Die Verhandlung kann ohne diese Personen fortgesetzt werden.

(4) [1] Über die mündliche Verhandlung ist eine Niederschrift zu fertigen. [2] Die Niederschrift muss Angaben enthalten über

1. den Ort und den Tag der Verhandlung,
2. die Namen des Verhandlungsleiters, der erschienenen Beteiligten, Zeugen und Sachverständigen,
3. den behandelten Verfahrensgegenstand und die gestellten Anträge,
4. den wesentlichen Inhalt der Aussagen der Zeugen und Sachverständigen,
5. das Ergebnis eines Augenscheins.

[3] Die Niederschrift ist von dem Verhandlungsleiter und, soweit ein Schriftführer hinzugezogen worden ist, auch von diesem zu unterzeichnen. [4] Der Aufnahme in die Verhandlungsniederschrift steht die Aufnahme in eine Schrift gleich, die ihr als Anlage beigefügt und als solche bezeichnet ist; auf die Anlage ist in der Verhandlungsniederschrift hinzuweisen.

I. Bedeutung

1 Die in der Praxis vor allem im Planfeststellungsverfahren (§ 73 VI 6) und weniger im förmlichen Verfahren anzutreffende, dem Verlauf der gerichtlichen Verhandlung angeglichene Norm steckt den **prozeduralen Rahmen** der mündlichen Verhandlung im förmlichen Verfahren ab, regelt die Aufgaben und Befugnisse des Verhandlungsleiters (II und III) und enthält Bestim-

mungen über Inhalt und Umfang der Niederschrift (IV). Findet das förmliche Verfahren vor einem Ausschuss statt, gelten § 71 und §§ 88 ff. ergänzend. Die in § 68 getroffenen Regelungen gelangen in vollem Umfang im **Planfeststellungsverfahren** zur Anwendung (§ 73 VI 6) sowie für Öffentlichkeitsbeteiligungsverfahren bei **Umweltverträglichkeitsprüfungen** nach § 9 I 3 UVPG, der seinerseits auf § 73 VI 6 verweist (BeckOK VwVfG/Michler § 68 Vor 1).

II. Grundsatz der Nichtöffentlichkeit

Die mündliche Verhandlung ist nach § 68 I 1 im förmlichen Verwaltungs- 2
verfahren – anders als im verwaltungsgerichtlichen Verfahren (§ 55 VwGO) – nicht öffentlich (Grundsatz der Beteiligtenöffentlichkeit). Die Entscheidung für eine nicht öffentliche Verhandlung dient dem **Schutz der Beteiligten** und ihren persönlichen Verhältnissen, die der Öffentlichkeit nicht preisgegeben werden sollen. Zugleich wird die Unbefangenheit der Beteiligten in der mündlichen Verhandlung gewahrt, die mit zunehmender Öffentlichkeit in Gefahr geriete. Der Gesetzgeber hat damit für das förmliche Verwaltungsverfahren dem Schutz der Beteiligten **Vorrang** vor dem Informationsbedürfnis der Allgemeinheit eingeräumt (BeckOK VwVfG/Michler § 68 Rn. 2; KR/Wysk § 68 Rn. 3).

1. Teilnahmeberechtigung kraft Gesetzes (I)

Kraft Gesetzes sind zur Teilnahme an der mündlichen Verhandlung bestimm- 3
te Behördenvertreter berechtigt sowie die Verfahrensbeteiligten nach § 13 und deren Vertreter und Beistände (KR/Wysk § 68 Rn. 5; BeckOK VwVfG/Michler § 68 Rn. 4). Teilnahmeberechtigt sind der Behördenleiter, sein allgemeiner Vertreter sowie der Verhandlungsleiter nebst jenen Amtswaltern, denen der konkrete Verfahrensgegenstand dienstlich obliegt, einerlei woraus sich die interne Zuständigkeitsverteilung im Einzelnen ergibt.

Weitere Personen können nach § 68 I 2 teilnehmen, so **Vertreter der** 4
Aufsichtsbehörde sowie Personen, die bei der Behörde zur Ausbildung beschäftigt sind (Referendare, Praktikanten, Auszubildende). Über ihre Teilnahme entscheidet indes der Leiter der Ausbildung, der Verhandlungsleiter stellt nur fest, ob die Personen tatsächlich ausgebildet werden (MSU/Enders § 68 Rn. 12). In der Regel werden zudem **Behörden beteiligt,** deren spezifische Zuständigkeit durch das Vorhaben berührt wird, so dass ein in der Sache begründetes Erfordernis einer Teilnahme geboten ist (KR/Wysk § 68 Rn. 8; BeckOK VwVfG/Michler § 68 Rn. 4 ff.)

2. Teilnahmeberechtigung kraft Entscheidung des Verhandlungsführers

Anderen Personen, zB Vertretern von Presse, Rundfunk und TV kann der 5
Verhandlungsleiter aufgrund seiner allgemeinen Zuständigkeit in der mündlichen Verhandlung (III 1) die **Teilnahme gestatten,** sofern keiner der origi-

nären Beteiligten widerspricht (§ 68 I 3). Die Regelung des § 169 GVG [Öffentlichkeit und Sitzungspolizei im Gerichtsverfahren] ist nicht unmittelbar, wohl aber aufgrund der Vergleichbarkeit der Sachlage entsprechend anwendbar. Im Rahmen des pflichtgemäßen Ermessensgebrauchs ist die Pressefreiheit (Art. 5 Abs. 1 GG) von besonderem Gewicht (→ § 40 Rn. 11). Liegt **Widerspruch** gegen eine beabsichtigte Erweiterung der Teilnehmer vor, ist der für diese Entscheidung zuständige Verhandlungsleiter gehindert, die Teilnahme zu gestatten. Der jeweilige Grund des Widerspruchs bleibt unerheblich, sofern nicht erkennbar Rechtsmissbrauch vorliegt (BeckOK VwVfG/Michler § 68 Rn. 12; KR/Wysk § 68 Rn. 6; SBS/Sachs/Kamp § 68 Rn. 11). Nimmt ein Nichtberechtigter an einer mündlichen Verhandlung teil, führt dies zur Rechtswidrigkeit der Entscheidung nach § 69, wobei die verfahrensfehlerhaft zustande gekommene Entscheidung nur unter den schwer zu erreichenden Voraussetzungen nach § 46 aufhebbar ist (BeckOK VwVfG/Michler § 68 Rn. 22; KR/Wysk § 68 Rn. 3a). Eine mögliche Aufhebung ist zudem zeitlich aufgrund einer prozessualen Ausprägung von Treu und Glauben **limitiert:** Rügt ein Beteiligter die Teilnahme eines unbefugten Dritten in der mündlichen Verhandlung nicht, kann er sich später auf diesen Verfahrensfehler nicht berufen (BVerwG BeckRS 1974, 31282606; MSU/Enders § 68 Rn. 18; KR/Wysk § 68 Rn. 3a; BeckOK VwVfG/Michler § 68 Rn. 23; Ziekow § 68 Rn. 5). Die Aufhebung einer unter Verstoß gegen § 68 ergangenen Sachentscheidung ist nur unter den engen Voraussetzungen des § 46 möglich (KR/Wysk § 68 Rn. 3a; BeckOK VwVfG/Michler § 68 Rn. 22).

III. Aufgaben des Verhandlungsleiters (II und III)

1. Verhandlungsleiter

6 Dem Verhandlungsleiter obliegt die Aufgabe, die mündliche Verhandlung **vorzubereiten** und den Verfahrensgegenstand strukturiert sowie mit gebotener Sachlichkeit und Souveränität umfassend mit den Teilnehmern zu erörtern. Er hat zu jeder Zeit den Anschein der Parteilichkeit zu vermeiden (MSU/Enders § 68 Rn. 30). Der dafür vorgesehene Gestaltungsrahmen wird durch die Sachverhaltsaufklärung und die Gewährung rechtlichen Gehörs begrenzt. Die rechtlichen Grundlagen finden sich in § 68 sowie in § 10. **Verfahrensleitende Entscheidungen** sind an die vorherige Ausübung eines pflichtgemäßen Ermessens gebunden.

7 In der Regel wird einem besonders befähigten Mitarbeiter der zuständigen Behörde die Aufgabe des Verhandlungsleiters übertragen. Ob und inwieweit die Befugnisse und die Funktion des Verhandlungsleiters auf eine **behördenexterne Person** (zB Mediator) übertragbar sind, wird in der Literatur unterschiedlich beurteilt (differenzierend Ziekow § 68 Rn. 6; zustimmend KR/Wysk § 68 Rn. 9; Bedenken bei BeckOK VwVfG/Michler § 68 Rn. 26.1 f.; ablehnend Knack/Henneke/Dürr § 68 Rn. 15). Die Übertragung auf einen Externen dürfte sich jedenfalls dort, wo nicht originäre, unübertragbare ho-

heitliche Aufgaben in der Diskussion stehen, auch nach dem Effizienzgebot nach § 10 für die Führung eines „emotional aufgeladenen Verfahrens" als sinnvoll erweisen. In der Praxis kann auch eine Aufgabenteilung zwischen einem Privaten und der zuständigen Behörde in der Sache geboten sein. Der Leiter der zuständigen Behörde sollte bei einem anspruchsvollen Verfahrensgegenstand zudem einen Vertreter des Verhandlungsleiters bestellen, um eine funktionale Kontinuität für die Dauer der mündlichen Verhandlung zu gewährleisten.

2. Die Pflicht des Verhandlungsleiters zur Erörterung und Beratung (II)

Der Verhandlungsleiter hat für die Eröffnung, die Leitung und den Abschluss der Verhandlung zu sorgen (SBS/Sachs/Kamp § 68 Rn. 18). Die Pflicht des Verhandlungsleiters besteht darin, die Sache mit den Beteiligten zu erörtern. Die Erörterung und Beratung dient der Aufbereitung des Sachverhalts und der Gewährung rechtlichen Gehörs (§ 66). Die Erörterung geht indes über die Gewährung rechtlichen Gehörs hinaus. Der Verhandlungsleiter hat darauf hinzuwirken, dass unklare Anträge erläutert, ungenügende Angaben ergänzt und sämtliche für die Feststellung des Sachverhalts wesentlichen Erklärungen abgegeben sind (II 2; wie § 86 III VwGO). Der Umfang der Erörterung umfasst nicht nur Tatsachen und Beweisergebnisse, sondern auch die **rechtliche Bewertung.** Es soll ausgeschlossen werden, wesentliche tatsächliche oder rechtliche Aspekte auszusparen. Die Beteiligten sollen erkennen, auf welche Fragen es der Behörde ankommt (KR/Wysk § 68 Rn. 10; BeckOK VwVfG/Michler § 68 Rn. 28). 8

Der Verhandlungsleiter hat eine § 86 Abs. 3 VwGO entsprechende Hinweis- und Beratungspflicht (MSU/Enders § 68 Rn. 30). Die Beteiligten sind berechtigt, ihre Auffassung darzulegen. Art und Umfang der Hinweise und Belehrungen sind einzelfallabhängig. Ist ein Beteiligter anwaltlich vertreten, mag die Intensität der Fürsorge im Verfahren geringer als gegenüber dem nichtanwaltlich Vertretenen ausfallen (FSK/Fehling § 68 Rn. 19; KR/Wysk § 68 Rn. 14). Aufgrund der Bandbreite der jeweiligen Verfahren kann es bei umfangreichen Verfahren hilfreich sein, **Zeitfenster** für bestimmte Beratungspunkte in **strukturierten Tagesordnungen** vorzusehen. 9

Auch kann es im Einzelfall ratsam sein, die **Redezeit in Massenverfahren** von nicht anwaltlich vertretenen Beteiligten einzugrenzen. Wortreiche und neben der Sache liegende Ausführungen sollte die Behörde nur dann mit einer **Wortentziehung** sanktionieren, wenn alle weniger schwerwiegenden Eingriffe versagt haben oder keinen Erfolg versprechen. Der Verhandlungsleiter benötigt ein hohes Maß an diplomatischem Geschick und „Fingerspitzengefühl", das sich in der richtigen Sprachwahl und in **unerschütterlicher Sachlichkeit** gegenüber den Beteiligten zeigt. Sofern neue und vor allem erhebliche Tatsachen erstmals in der mündlichen Verhandlung zur Sprache kommen, kann eine Unterbrechung oder Vertagung der mündlichen Verhandlung ein geeignetes Mittel sein, sofern eine aus Zeit- und Kostengründen 10 vorrangige Anhörung nach § 66 zu den neuen Tastsachen als unzweckmäßig ausscheidet (SBS/Sachs/Kamp § 68 Rn. 17, 25).

3. Ordnung in der mündlichen Verhandlung (III)

11 Der Verhandlungsleiter ist für die Ordnung in der mündlichen Verhandlung verantwortlich. Das dem Hausherrn zustehende Hausrecht ist rechtlich davon verschieden (MSU/Enders § 68 Rn. 32). In der Regel ist der Behördenleiter der Inhaber des Hausrechts, das er für die Dauer der mündlichen Verhandlung auf den Verhandlungsleiter übertragen kann. Er hat nach § 68 III die gesetzlichen Befugnisse, die notwendig sind, um einen **störungsfreien Ablauf** der mündlichen Verhandlung zu gewährleisten. Es ist in der Regel und dem Grundsatz der Verhältnismäßigkeit folgend ohnehin empfehlenswert, das dem **Verhandlungsleiter** zustehende Ermessen mit einer Eskalationsstrategie im Rahmen der „Sitzungspolizei" zu verbinden (KR/Wysk § 68 Rn. 18; BeckOK VwVfG/Michler § 68 Rn. 31 ff.). Bleiben Bitten, Ermahnungen, etc die Störung zu unterlassen, fruchtlos, können Androhungen erfolgen, mit denen in Aussicht gestellt wird, die fortdauernde Störung wirksam zu unterbinden. Daran schließt die unmittelbare Wiederherstellung der Ordnung an, wie zB Wortentzug oder Unterbrechung der Sitzung. Als letztes Mittel („ultima ratio") steht dem Verhandlungsleiter die Befugnis zu, Personen von der zugezogenen Polizei entfernen zu lassen, die die Anordnungen des Verhandlungsleiters (beharrlich) ignorieren (BVerwG NVwZ 2002, 984 (986); SBS/Sachs/Kamp § 68 Rn. 32). Sämtliche Ordnungsmaßnahmen des Verhandlungsleiters stehen im pflichtgemäßen Ermessen und sind am Grundsatz der Verhältnismäßigkeit auszurichten (BVerwG NVwZ 2002, 984 (986)). Der Verhandlungsleiter muss in die Lage versetzt werden, auf Ordnungsverstöße flexibel, aber wirksam und nachhaltig zu reagieren. Aufgrund dessen ist ihm ein weiter Ermessensspielraum zuzumessen (BVerwG NVwZ 2002, 984 (986)). Zur Verhängung von Ordnungsgeld oder Ordnungshaft wegen ungebührlichen Verhaltens (§§ 177, 178 GVG) ist der Verhandlungsleiter nach dem VwVfG gesetzlich nicht ermächtigt.

12 Störer kann jede Person sein, die der mündlichen Verhandlung beiwohnt. Unerheblich ist ihre verfahrensrechtlich funktional zugewiesene Rolle (Beteiligter, Beistand oder Rechtsanwalt) (KR/Wysk § 68 Rn. 19a).

13 Wird eine Person unter der Voraussetzung nach III 1 entfernt und die mündliche Verhandlung fortgesetzt, verliert die Person – zumindest zeitweise – das **Recht zur Äußerung** (III 2). Ein erneuter Antrag auf Zulassung zur mündlichen Verhandlung wird damit nicht unzulässig, sondern ist durch den Verhandlungsleiter zu bescheiden. Jedenfalls wird die Person vom rechtlichen Gehör zumindest für den Zeitraum der fortgesetzten mündlichen Verhandlung ausgeschlossen. Je nach Lage des Falls kann der Verhandlungsleiter der Person zugestehen, etwaige noch offen stehende Aspekte schriftlich zu kommentieren (KR/Wysk § 68 Rn. 20), was dem Ermessensspielraum, dem Verhältnismäßigkeitsgrundsatz und der überragenden Bedeutung des **rechtlichen Gehörs** eher entspricht, als der Meinung, das rechtliche Gehör sei verwirkt

(SBS/Sachs/Kamp § 68 Rn. 30). Aber auch hier verbieten sich schematische Lösungen; maßgeblich sind die Umstände des Einzelfalls.

IV. Niederschrift (IV)

Über die mündliche Verhandlung ist eine Niederschrift zu fertigen (IV 1), in **14**
der die **wesentlichen Vorgänge** der mündlichen Verhandlung wiedergegeben werden. Die Gesetzmäßigkeit des Verfahrens zeigt sich in den Mindestanforderungen, die die Niederschrift aufzuweisen hat. Die obligatorischen Mindestinhalte der Niederschrift sind enumerativ in IV 2 genannt.

Bei einer größeren Zahl von Beteiligten ist es nach § 68 IV 4 zulässig, auf **15**
eine **Anwesenheitsliste** zu verweisen, die als Anlage der Niederschrift beigefügt wird (SBS/Sachs/Kamp § 68 Rn. 35; BeckOK VwVfG/Michler § 68 Rn. 48). Der behandelte Verfahrensgegenstand und die gestellten Anträge sind, soweit sie nicht schriftlich vorliegen, wörtlich zu protokollieren (KR/Wysk § 68 Rn. 25; SBS/Sachs/Kamp § 68 Rn. 35).

Ferner ist der wesentliche Inhalt der Aussagen der Zeugen und Sachver- **16**
ständigen festzuhalten; ein **Wortprotokoll** ist nicht erforderlich. Soweit es um **Formulierungen von besonderem Gewicht** geht, kann es zweckmäßig sein, die Formulierungen insoweit wörtlich zu übernehmen. Im Übrigen ist eine auf das Wesentliche beschränkte Wiedergabe der Argumente und Stellungnahmen ausreichend. Soweit möglich und zweckmäßig, sollten Aussagen aus der Niederschrift verlesen und gefragt werden, ob der Inhalt der Verlesung genehmigt wird (Ziekow § 68 Rn. 10; KR/Wysk § 68 Rn. 25).

In der Niederschrift können über den gesetzlichen Mindestinhalt hinaus **17**
weitere Inhalte eingefügt werden, soweit sie für den Verfahrensgegenstand und für die mündliche Verhandlung von Bedeutung sind. Ob die Beteiligten einen Anspruch darauf haben, bestimmte Erklärungen oder Vorgänge in das Protokoll aufzunehmen, entzieht sich einer schematischen Beantwortung. Sofern die Beteiligten ein berechtigtes Interesse geltend machen, sollte der Verhandlungsleiter im Rahmen seiner Ermessensausübung die Erklärungen in die **Niederschrift** aufnehmen (BeckOK VwVfG/Michler § 68 Rn. 54; KR/Wysk § 68 Rn. 24). Ausnahmen ergeben sich aus dem Fachrecht. Die Niederschrift über die Anhörung des Asylbewerbers beim Bundesamt für die Anerkennung ausländischer Flüchtlinge muss nicht allen Formerfordernissen genügen, die für das gerichtliche Verfahren vorgesehen sind (OVG Münster NVwZ-Beil. 2000, 83 (84)).

Die inhaltliche Richtigkeit der Niederschrift, die eine **Urkunde** (§ 98 **18**
VwGO iVm § 418 I ZPO) ist, wird widerlegbar vermutet (BeckOK VwVfG/Michler § 68 Rn. 53). Ergänzungen und Änderungsanträge sind zulässig und werden – falls ihnen durch den Verhandlungsleiter nicht entsprochen wird – der Niederschrift als Anlage hinzugefügt (Ziekow § 68 Rn. 10).

Die Niederschrift ist nach S. 3 von dem Verhandlungsleiter und, soweit ein **19**
Schriftführer zugezogen wurde, auch von diesem zu unterzeichnen (dazu KR/Wysk § 68 Rn. 27). **Tonaufzeichnungsgeräte** sind in der Praxis üb-

lich und dienen der Vorbereitung der Niederschrift (BeckOK VwVfG/Michler § 68 Rn. 56). Heimliche Mitschnitte des Inhalts der Verhandlung, insbesondere des gesprochenen Wortes sind unzulässig (OLG Köln NJW 1979, 661 (662)) und können eine Strafbarkeit nach § 201 I Nr. 1 StGB auslösen. Das Recht auf Informationsfreiheit eines Zuhörers berechtigt diesen nicht zu einem Tonbandmitschnitt des Sitzungsverlaufs (VG Augsburg BeckRS 2004, 34829). Eine Aufzeichnung ist nur dann zulässig, wenn der Verhandlungsleiter im Einverständnis der Beteiligten für den Mitschnitt eine Genehmigung erteilt hat (MSU/Enders § 68 Rn. 43; KR/Wysk § 68 Rn. 29).

§ 69 Entscheidung

(1) Die Behörde entscheidet unter Würdigung des Gesamtergebnisses des Verfahrens.

(2) [1] Verwaltungsakte, die das förmliche Verfahren abschließen, sind schriftlich zu erlassen, schriftlich zu begründen und den Beteiligten zuzustellen; in den Fällen des § 39 Abs. 2 Nr. 1 und 3 bedarf es einer Begründung nicht. [2] Ein elektronischer Verwaltungsakt nach Satz 1 ist mit einer dauerhaft überprüfbaren qualifizierten elektronischen Signatur zu versehen. [3] Sind mehr als 50 Zustellungen vorzunehmen, so können sie durch öffentliche Bekanntmachung ersetzt werden. [4] Die öffentliche Bekanntmachung wird dadurch bewirkt, dass der verfügende Teil des Verwaltungsaktes und die Rechtsbehelfsbelehrung im amtlichen Veröffentlichungsblatt der Behörde und außerdem in örtlichen Tageszeitungen bekannt gemacht werden, die in dem Bereich verbreitet sind, in dem sich die Entscheidung voraussichtlich auswirken wird. [5] Der Verwaltungsakt gilt mit dem Tage als zugestellt, an dem seit dem Tage der Bekanntmachung in dem amtlichen Veröffentlichungsblatt zwei Wochen verstrichen sind; hierauf ist in der Bekanntmachung hinzuweisen. [6] Nach der öffentlichen Bekanntmachung kann der Verwaltungsakt bis zum Ablauf der Rechtsbehelfsfrist von den Beteiligten schriftlich oder elektronisch angefordert werden; hierauf ist in der Bekanntmachung gleichfalls hinzuweisen.

(3) [1] Wird das förmliche Verwaltungsverfahren auf andere Weise abgeschlossen, so sind die Beteiligten hiervon zu benachrichtigen. [2] Sind mehr als 50 Benachrichtigungen vorzunehmen, so können sie durch öffentliche Bekanntmachung ersetzt werden; Absatz 2 Satz 4 gilt entsprechend.

I. Bedeutung

1 Der Regelungsgehalt des § 69 ist nicht sonderlich umfangreich. Es geht um den **formalen Aufbau** und die **Wirksamkeitsvoraussetzung** einer das förmliche Verfahren abschließenden Entscheidung, die der Zustellung bedarf. § 69 I vermittelt der Behörde einen sachlichen Bezugspunkt, der besagt, dass sie aufgrund der **Würdigung des Gesamtergebnisses** des Verfahrens zu entscheiden habe und nicht nur aufgrund der mündlichen Verhandlung. § 69 II beschreibt in S. 1 und S. 2 den formalen Umfang eines VA im

förmlichen Verfahren, während § 69 II 3–6 das Procedere einer einfachen Zustellung, einer elektronischen Zustellung und der öffentlichen Bekanntmachung als Surrogat der Zustellung festlegt. Wird das Verfahren nicht durch einen VA abgeschlossen, bestimmt § 69 III, dass durch **Benachrichtigung** und ggf. durch **öffentliche Bekanntmachung** über die Beendigung des Verfahrens zu informieren ist

II. Entscheidung der Behörde (I)

Die Behörde, nicht der Verhandlungsleiter (anders § 71 II 1), entscheidet unter Würdigung des **Gesamtergebnisses** des Verfahrens (I). Das Gesamtergebnis ist in der Regel umfangreicher als die allein in der mündlichen Verhandlung gewonnene Erkenntnis. Zum Gesamtergebnis zählen auch außerhalb der mündlichen Verhandlung ermittelte Tatsachen, wie zB schriftliches Vorbringen der Beteiligten, das Ergebnis einer außerhalb der mündlichen Verhandlung durchgeführten Beweisaufnahme, eines Sachverständigengutachtens oder zB das Ergebnis beigezogener Akten und die Stellungnahmen beteiligter Behörden (KR/Wysk § 69 Rn. 3; SBS/Sachs/Kamp § 69 Rn. 3; BeckOK VwVfG/Michler § 69 Rn. 2). Die im gerichtlichen Verfahren geltende Unmittelbarkeit der Beweisaufnahme, findet im Verwaltungsverfahren keine Anwendung (BeckOK VwVfG/Michler § 69 Rn. 6; SBS/Sachs/Kamp § 69 Rn. 6). § 69 I bestätigt für das förmliche Verfahren den **Grundsatz der freien Beweiswürdigung** (Ziekow § 69 Rn. 2; SBS/Sachs/Kamp § 69 Rn. 4). Dabei ist die Behörde an Beweisregeln nicht gebunden. 2

III. Erlass verfahrensabschließender VA (II)

1. Abschließende Entscheidung der Behörde (II S. 1)

Aus dem Kreis der Möglichkeiten, die zu einer Beendigung eines Verfahrens führen, werden in § 69 II besondere Voraussetzungen nur für das **förmliche Verfahren abschließende VA** errichtet. VA, die das Verfahren abschließen, also beenden, sind entweder Entscheidungen, die einem Antrag stattgeben oder ablehnen sowie Entscheidungen, die kraft Gesetzes ohne Antrag in einem förmlichen Verfahren ergehen. Auch ein VA, mit dem ein Antrag als unzulässig zurückgewiesen wird, schließt das Verfahren ab (KR/Wysk § 69 Rn. 7; Ziekow § 69 Rn. 4; SBS/Sachs/Kamp § 69 Rn. 9). Für alle übrigen Entscheidungen, die nicht in Gestalt eines das Verfahren abschließenden VA zu erlassen sind, greift die subsidiäre Auffangvorschrift nach § 69 III ein („wird das förmliche Verfahren auf andere Weise abgeschlossen"), so insbesondere bei Abschluss eines öffentlich-rechtlichen Vertrags, Erledigungserklärungen (BeckOK VwVfG/Michler § 69 Rn. 11; SBS/Sachs/Kamp § 69 Rn. 11 u. 28; Ziekow § 69 Rn. 10) und die Einstellung des Verfahrens. 3

2. Formelle Anforderungen (II)

4 VA, die das Verfahren abschließen, sind **schriftlich** zu erlassen, schriftlich zu begründen und in der Regel den Beteiligten zuzustellen (II 1 Hs. 1). Die Anforderungen an die Schriftlichkeit des VA nebst seiner Begründung ergeben sich aus § 37 III, IV und § 39 und bei einem elektronischen VA aus § 3a II, der nach § 69 II 2 iVm § 37 IV mit einer dauerhaft prüfbaren qualifizierten elektronischen Signatur zu versehen ist. Von der in § 69 II 1 statuierten Regel, dass der VA zu begründen ist, werden in § 69 II 1 Hs. 2 Ausnahmen zugelassen, wonach die **Begründung verzichtbar** ist, wenn die Behörde einem Antrag entspricht oder einer Erklärung folgt und der VA nicht in Rechte Dritter eingreift (§ 39 II Nr. 1), wenn die Behörde gleichartige VA in größerer Zahl oder VA mit Hilfe automatischer Einrichtungen erlässt und die Begründung nach den Umständen des Einzelfalls nicht geboten ist (§ 39 II Nr. 3) und – kraft Verweisung – wenn sich der Verzicht auf eine Begründung aus einer sondergesetzlichen Rechtsvorschrift (§ 39 II Nr. 4) ergibt (SBS/Sachs/Kamp § 69 Rn. 14).

5 Einem schriftlichen oder elektronischen VA, der der Anfechtung unterliegt, ist eine Rechtsbehelfsbelehrung nach § 37 VI beizufügen.

3. Zustellung und öffentliche Bekanntmachung (II)

6 VA, die das förmliche Verfahren abschließen, sind an die Beteiligten bzw. deren Vertreter zuzustellen. Sind mehr als 50 Zustellungen vorzunehmen, können die Zustellungen durch eine öffentliche Bekanntmachung ersetzt werden (II 1 und 3). Die Zustellung der VA erfolgt nach den Bestimmungen des VwZG (§§ 63 II iVm 41 V). In sog. **Massenverfahren** ist es den Behörden zur Reduzierung des Verwaltungsaufwands und zur Erleichterung gestattet, ab 50 Zustellungen diese durch eine öffentliche Bekanntmachung wirksam zu ersetzen. Die Entscheidung, ob auf das Substitut der Bekanntmachung zurückzugreifen ist, steht im Ermessen der Behörde („können"). Das BVerwG hatte bereits in 1983 tenoriert, dass es verfassungsrechtlich zulässig ist, dass die individuelle Zustellung durch eine öffentliche Bekanntmachung (im Planfeststellungsverfahren) ersetzt werde, wenn mehr als **200 individuelle Zustellungen** stattdessen vorzunehmen wären (BVerwG NJW 1984, 188 (188)).

7 Die Wirksamkeit einer **öffentlichen Bekanntmachung** setzt nach § 69 II 4 voraus, dass der verfügende Teil des VA einschließlich der Nebenbestimmungen (Ziekow § 69 Rn. 7; KR/Wysk § 69 Rn. 13; SBS/Sachs/Kamp § 69 Rn. 18) und der Anordnung der sofortigen Vollziehung (§ 80 II 1 Nr. 4 VwGO) sowie die Rechtsbehelfsbelehrung im amtlichen Veröffentlichungsblatt der Behörde und außerdem in örtlichen Tageszeitungen bekannt gemacht werden, die in dem Bereich verbreitet sind, in dem sich die Entscheidung voraussichtlich auswirken wird.

7a Nach § 27a I 1 soll die Behörde zusätzlich eine Veröffentlichung im Internet vornehmen (→ § 27a Rn. 2).

Bei dem verfügenden Teil des VA handelt es sich um den **Tenor,** die Sachentscheidung in Kurzform ohne Begründung (KR/Wysk § 69 Rn. 12). Zur Erreichung einer **Anstoßfunktion** bei den möglicherweise in ihren Rechten betroffenen Bürgern kann in besonders gelagerten Fällen auch eine inhaltliche Bezeichnung der wesentlichen Merkmale des Vorhabens ausreichend sein (BVerwG NJW 1984, 188 (190)). Das BVerwG hat in einem kaum verallgemeinerungsfähigen Urteil ausgeführt, dass eine wörtliche Wiedergabe aller „verfügenden Regelungen" bei einem verfügenden Teil von ca. 70 Seiten sogar verfehlt sei; es bestünde nämlich die Gefahr, dass die wörtliche Wiedergabe in diesem Umfang den Bürger eher verwirren würde, als dass sie zu seiner persönlichen Information förderlich wäre (BVerwG NJW 1984, 188 (190)). Auf diese Rechtsprechung wird daher nur bei vergleichbaren Sachverhalten (Großprojekte) abgestellt werden können. 8

Ferner ist öffentlich die Rechtsbehelfsbelehrung, der Hinweis auf die Fiktion der Zustellung durch öffentliche Bekanntmachung („gilt als zugestellt") nach § 69 II 5 sowie der Hinweis auf die Möglichkeit, bis zum Ablauf der Rechtsbehelfsfrist den VA schriftlich oder elektronisch anfordern zu können (§ 69 II 6), bekannt zu machen. 8a

4. Wirkung der öffentlichen Bekanntmachung

Der öffentlich bekanntgemachte VA entfaltet seine Wirkung (§ 43 I) mittels einer **Zustellungsfiktion** („gilt als zugestellt"), wenn vom Zeitpunkt des Tages der Bekanntmachung in dem amtlichen Veröffentlichungsblatt zwei Wochen verstrichen sind. Ab diesem Zeitpunkt beginnt zudem der Lauf der **Rechtsbehelfsfrist.** Zur Fristberechnung: Ausgangspunkt ist der Wortlaut der Norm, der nur schwerlich anders zu verstehen ist, als dass die Zweiwochenfrist mit dem Beginn des Tages zu laufen beginnt (§ 31 I; § 187 I und § 188 II Alt. 1 BGB), an dem die öffentliche Bekanntmachung erfolgt (so wie hier BeckOK VwVfG/Michler § 69 Rn. 26; SBS/Sachs/Kamp VwVfG § 69 Rn. 22). Da der VA „mit dem Tage" als zugestellt gilt, an dem seit der öffentlichen Bekanntmachung zwei Wochen verstrichen sind, werden die Rechtsbehelfsfristen (Widerspruchs- bzw. Klagefristen) nach § 187 II und § 188 II Alt. 2 BGB berechnet. **Unterbleibt der Hinweis** auf die Zustellfiktion, tritt die Wirksamkeit des VA dennoch ein (BeckOK VwVfG/Michler § 69 Rn. 28; MSU/Enders § 69 Rn. 30; KR/Wysk § 69 Rn. 15; SBS/Sachs/Kamp § 69 Rn. 22; Ziekow § 69 Rn. 8), während die Einlegung eines Rechtsbehelfs dann innerhalb eines Jahres seit Zustellung zulässig bleibt (§ 58 II VwGO). 9

Wird neben der öffentlichen Bekanntmachung kumulativ eine Zustellung vorgenommen, gilt für den Zeitpunkt der Wirksamkeit des VA, dass die jeweils frühere Bekanntmachung (Zustellung oder öffentliche Bekanntmachung) für den Lauf der Fristen maßgeblich ist (Ziekow § 69 Rn. 8). Vertraut der Betroffene auf einen späteren Zeitpunkt, so kann das eine Wiedereinsetzung in den vorigen Stand begründen (BeckOK VwVfG/Michler § 69 Rn. 27; KR/Wysk § 69 Rn. 15). 10

11 Damit die Beteiligten den VA zur Kenntnis nehmen und prüfen können, ob ggf. ein Rechtsbehelf erforderlich ist, kann der VA im Zeitpunkt nach der öffentlichen Bekanntmachung bis zum Ablauf der Rechtsbehelfsfrist von den Beteiligten schriftlich oder elektronisch angefordert werden (§ 69 II 6). Mit der Übersendung, die einen rein **informatorischen Charakter** hat, werden keine Fristen in Gang gesetzt (BeckOK VwVfG/Michler § 69 Rn. 30). Wird dem Betroffenen erst im Zeitpunkt nach Ablauf der Rechtsbehelfsfrist der VA zugesandt, obgleich die Anforderung rechtzeitig erfolgte, ist in der Regel Wiedereinsetzung in den vorigen Stand zu gewähren (BeckOK VwVfG/Michler § 69 Rn. 31; Ziekow § 69 Rn. 9; KR/Wysk § 69 Rn. 16; SBS/Sachs/Kamp § 69 Rn. 26; zurückhaltend VGH München NVwZ 1982, 128 (129)). Versäumt es die Behörde, auf die Möglichkeit der Anforderung in der öffentlichen Bekanntmachung hinzuweisen, wozu sie verpflichtet ist (69 II 6), folgt aus diesem Versäumnis für sich allein betrachtet noch nicht eine Wiedereinsetzung in den vorigen Stand (KR/Wysk § 69 Rn. 16; SBS/Sachs/Kamp § 69 Rn. 27).

IV. Abschluss des Verfahrens auf andere Weise (III)

12 Soweit das Verfahren nicht durch einen VA abgeschlossen wird, sondern auf „andere Weise", wie zB aufgrund des Abschlusses eines öffentlich-rechtlichen Vertrags, der Zurücknahme des Antrags, einer Erledigungserklärung (BeckOK VwVfG/Michler § 69 Rn. 34; MSU/Enders § 69 Rn. 34; KR/Wysk § 69 Rn. 17; SBS/Sachs/Kamp § 69 Rn. 28) beendet wird, sind die Beteiligten hiervon zu **benachrichtigen** (§ 69 III). Eine gesonderte Einstellungsverfügung wird von 69 III nicht verlangt, ist demzufolge auch nicht zu erlassen (BeckOK VwVfG/Michler § 69 Rn. 35; Ziekow § 69 Rn. 10; SBS/Sachs/Kamp § 69 Rn. 29; Knack/Henneke/Dürr § 69 Rn. 21). Formgebundene Anforderungen an die Benachrichtigung bestehen nicht, so dass auch mündlich oder konkludent benachrichtigt werden kann, obgleich sich in der Praxis die aus der Verpflichtung zur ordnungsgemäßen Aktenführung abgeleitete Schriftlichkeit aufdrängen dürfte. Sind sämtliche Beteiligte an dem Abschluss des Verfahrens im Sinne von § 69 III beteiligt, wäre die bereits bekannte Information insofern keine Nachricht mehr, sondern „bloße Förmelei" (BeckOK VwVfG/Michler § 69 Rn. 37; SBS/Sachs/Kamp § 69 Rn. 30; Knack/Henneke/Dürr § 69 Rn. 21) und damit überflüssig.

§ 70 Anfechtung der Entscheidung

Vor Erhebung einer verwaltungsgerichtlichen Klage, die einen im förmlichen Verwaltungsverfahren erlassenen Verwaltungsakt zum Gegenstand hat, bedarf es keiner Nachprüfung in einem Vorverfahren.

I. Bedeutung

Nach § 70 ist ein Widerspruch gegen einen im förmlichen Verwaltungsverfahren nach § 69 II erlassenen VA ein **unzulässiger Rechtsbehelf.** Eine Nachprüfung in einem Vorverfahren ist gesetzlich ausgeschlossen, was vor allem für Planfeststellungsbeschlüsse relevant ist, für die § 70 auch gilt (VGH Mannheim BeckRS 2020, 3454 Rn. 24) (§ 74 I 2). Wird hingegen ein Vorverfahren im förmlichen Verfahren spezialgesetzlich angeordnet, kann auf die insoweit nachrangige Norm des § 70 nicht abgestellt werden (vgl. → § 63 Rn. 7). 1

II. Anwendungsbereich

Der richtige Rechtsbehelf gegen einen das förmliche Verfahren nach § 69 II abschließenden VA ist entweder eine **Anfechtungs- oder Verpflichtungsklage** (SBS/Sachs/Kamp § 70 Rn. 5; KR/Wysk § 70 Rn. 3). Ein Widerspruch wäre unzulässig (KR/Wysk § 70 Rn. 5; Ziekow § 70 Rn. 1). Eine Klage ist innerhalb einer Frist von einem Monat gerechnet vom Zeitpunkt der Bekanntgabe zu erheben (§ 74 I 2 VwGO). Vom **sachlichen Anwendungsbereich** des § 70 werden nicht erfasst VA, die während des laufenden förmlichen Verfahrens gegenüber einzelnen Beteiligten ergehen (BeckOK VwVfG/Michler § 70 Rn. 4; SBS/Sachs/Kamp § 70 Rn. 6) und auch der VA mit dem das Verfahren nach § 69 III eingestellt wird (BeckOK VwVfG/Michler § 70 Rn. 4; MSU/Enders § 70 Rn. 8; KR/Wysk § 70 Rn. 3). In beiden Fällen wird das förmliche Verfahren **nicht** im Sinne der §§ 70, 69 II **abgeschlossen,** die in systematischer Hinsicht eine Einheit bilden. 2

Lehnt die Behörde es von vornherein ab, ein förmliches Verfahren überhaupt einzuleiten und beendet einen Streit über den Eintritt in ein förmliches Verfahren mit einem VA, dann liegt dieser VA ebenfalls außerhalb des sachlichen Anwendungsbereichs des § 70 (VGH Mannheim NVwZ 1986, 234 (235); BeckOK VwVfG/Michler § 70 Rn. 4; MSU/Enders § 70 Rn. 9). Kommt es hingegen zu einer echten materiellrechtlichen Prüfung im Rahmen eines förmlichen Verfahrens, sei es auch nur der erste Schritt zur Prüfung einer Voraussetzung, ist der sachliche Anwendungsbereich nach § 70 eröffnet (VGH Mannheim NVwZ 1986, 234 (235); BeckOK VwVfG/Michler § 70 Rn. 5). 3

§ 71 Besondere Vorschriften für das förmliche Verfahren vor Ausschüssen

(1) [1] Findet das förmliche Verwaltungsverfahren vor einem Ausschuss (§ 88) statt, so hat jedes Mitglied das Recht, sachdienliche Fragen zu stellen. [2] Wird eine Frage von einem Beteiligten beanstandet, so entscheidet der Ausschuss über ihre Zulässigkeit.

(2) [1]Bei der Beratung und Abstimmung dürfen nur Ausschussmitglieder zugegen sein, die an der mündlichen Verhandlung teilgenommen haben. [2]Ferner dürfen Personen zugegen sein, die bei der Behörde, bei der der Ausschuss gebildet ist, zur Ausbildung beschäftigt sind, soweit der Vorsitzende ihre Anwesenheit gestattet. [3]Die Abstimmungsergebnisse sind festzuhalten.

(3) [1]Jeder Beteiligte kann ein Mitglied des Ausschusses ablehnen, das in diesem Verwaltungsverfahren nicht tätig werden darf (§ 20) oder bei dem die Besorgnis der Befangenheit besteht (§ 21). [2]Eine Ablehnung vor der mündlichen Verhandlung ist schriftlich oder zur Niederschrift zu erklären. [3]Die Erklärung ist unzulässig, wenn sich der Beteiligte, ohne den ihm bekannten Ablehnungsgrund geltend zu machen, in die mündliche Verhandlung eingelassen hat. [4]Für die Entscheidung über die Ablehnung gilt § 20 Abs. 4 Satz 2 bis 4.

I. Bedeutung

1 Findet ein förmliches Verfahren vor einem Ausschuss im Sinne von § 88 statt, finden die speziellen Regelungen des § 71 Anwendung. Der Inhalt der Regelung in § 71 erstreckt sich auf das **Fragerecht** der Ausschussmitglieder (I 1), die **Beratung** (II 1), **Abstimmung** und Protokollierung (II 2–3) und auf die **Ablehnung** von Ausschussmitgliedern (III). Die Vorschrift enthält überwiegend allgemeine Rechtsgrundsätze. Die Norm ergänzt die Vorschriften über das förmliche Verfahren in den §§ 63–70, soweit kraft eines speziellen Gesetzes ein förmliches Verfahren vor einem Ausschuss stattfindet. Zugleich ist § 71 rechtssystematisch den Regelungen über die Ausschüsse zuzuordnen (§§ 89–93), die insoweit eingreifen.

II. Anwendungsbereich

2 Der sachliche Anwendungsbereich des § 71 ist eröffnet, wenn ein förmliches Verfahren aufgrund einer Rechtsvorschrift (§ 63 I) angeordnet wird und aufgrund einer spezialgesetzlichen Bestimmung das förmliche Verfahren vor einem Ausschuss stattzufinden hat, wie zB nach § 18 SortSchG, § 38 SaatG (BeckOK VwVfG/Delbanco § 71 Rn. 1). Das Verfahren einer Universität zur Entziehung des Doktorgrades wird nicht von § 71 erfasst (VGH Mannheim BeckRS 2014, 47666). Die Regelungen in § 71 I und II enthalten allgemeine Rechtsgedanken, die nach allgemeiner Auffassung auch im Wege der **Analogie** auf nicht-förmliche Verwaltungsverfahren vor Ausschüssen übertragbar sind (BeckOK VwVfG/Delbanco § 71 Rn. 2; KR/Wysk § 71 Rn. 2, SBS/Sachs/Kamp § 71 Rn. 3).

III. Fragerecht der Ausschussmitglieder (I)

3 Jedes Mitglied des Ausschusses hat in Anlehnung an § 104 II 2 VwGO das Recht, **sachdienliche Fragen** zu stellen (§ 71 I 1). Das Fragrecht der Ausschussmitglieder ergänzt die Sachverhaltsaufklärung im Rahmen der Erörte-

rung (§ 68 II) der Sache durch den Vorsitzenden. Das Recht zur Frage wird durch deren Sachdienlichkeit begrenzt. Sachdienlich sind alle Fragen, deren Beantwortung der weiteren Klärung der Sach- und Rechtslage dienen (BeckOK VwVfG/Delbanco § 71 Rn. 4; KR/Wysk § 71 Rn. 3). Zur umfassenden Meinungsbildung und im Interesse einer hinreichenden Sachverhaltsaufklärung ist an die Frage, was noch und was im Einzelfall schon nicht mehr sachdienlich sei, kein allzu restriktiver, sondern vielmehr ein **großzügiger Maßstab** anzulegen (HK-VerwR/Fehling § 71 Rn. 8; Ziekow § 71 Rn. 3; BeckOK VwVfG/Delbanco § 71 Rn. 4).

IV. Beanstandung von Fragen (I 2)

Dem Wortlaut in § 71 I 2 ist unmittelbar zu entnehmen, dass nur die am 4
Verwaltungsverfahren Beteiligten die Befugnis haben, Fragen der Ausschussmitglieder zu beanstanden, nicht hingegen der Vorsitzende sowie andere Ausschussmitglieder, Zeugen und Sachverständige (SBS/Sachs/Kamp § 71 Rn. 13; Ziekow § 71 Rn. 4). Der Vorsitzende des Ausschusses hat zusätzlich die aus der **Leitungsmacht** des Gremiums resultierende Befugnis (§ 89) objektiv nicht sachdienliche bzw. **unzweckmäßige Fragen** zu neutralisieren (BeckOK VwVfG/Delbanco § 71 Rn. 5; Ziekow § 71 Rn. 4). Wird eine Frage beanstandet, hat der Vorsitzende die Sitzung für eine Beratung der Ausschussmitglieder zu unterbrechen, die dann zu beschließen haben, ob die Frage zu beantworten und die Beanstandung zurückzuweisen ist (§ 91).

V. Beratung, Abstimmung und Ergebnis (II)

Zur Beratung und der Abstimmung sind nur diejenigen Ausschussmitglieder 5
befugt, die an der mündlichen Verhandlung teilgenommen haben (ähnlich § 112 VwGO und § 193 I GVG). Mit diesem **allgemeinen Rechtsgedanken** wird der Grundsatz der Unmittelbarkeit der Entscheidung unterstrichen (BeckOK VwVfG/Delbanco § 71 Rn. 6). Die auf die Beratung folgende Abstimmung soll nur von den Mitgliedern wahrgenommen werden, die einen unmittelbaren **persönlichen Eindruck** von den Beteiligten sowie eventuell gehörter Zeugen und Sachverständigen gewonnen haben (KR/Wysk § 71 Rn. 5). Einer Abstimmung und/oder Entscheidung im **Umlaufverfahren** steht die geforderte Unmittelbarkeit nur dann entgegen, wenn die Mitglieder des Ausschusses an den vorausgegangenen mündlichen Verhandlungen nicht oder nicht regelmäßig teilgenommen haben (BeckOK VwVfG/Delbanco § 71 Rn. 7; SBS/Sachs/Kamp § 71 Rn. 16).

Die Teilnahme an Beratungen und Abstimmungen (II 2) ist – neben den 6
Ausschussmitgliedern – grundsätzlich nur den bei der Behörde zur **Ausbildung beschäftigten Personen** und auch nur dann zulässig, wenn der Vorsitzende die Anwesenheit nach pflichtgemäßem Ermessen gestattet hat. Nur so kann die Vertraulichkeit und die Unbefangenheit der Beratung gewährleistet werden (Ziekow § 71 Rn. 6). Der Vorsitzende ist befugt, die Anwe-

senheit auf bestimmte Sachpunkte zu beschränken, sie auch zeitlich zu limitieren. Anderen als den in II 2 genannten Personen ist eine Teilnahme an den Beratungen und Abstimmungen nicht gestattet. Da die Teilnahme anderer Personen unzulässig ist, macht ihre Anwesenheit die getroffene Entscheidung rechtswidrig (KR/Wysk § 71 Rn. 7).

7 Das Ergebnis der Abstimmung ist in einem **Protokoll** festzuhalten (§ 71 II 3). Nicht das konkrete Abstimmungsverhalten, sondern lediglich das Resultat, das **zahlenmäßige Ergebnis** ist schriftlich festzuhalten. Ein Anspruch der Ausschussmitglieder darauf, abweichende Auffassungen („dissenting opinion") im Protokoll zu erläutern, besteht nicht (Ziekow § 71 Rn. 7; BeckOK VwVfG/Delbanco § 71 Rn. 9; SBS/Sachs/Kamp § 71 Rn. 20, 21).

VI. Ablehnung von Mitgliedern des Ausschusses (III)

8 In 71 III wird die Geltung der § 20, 21 angeordnet. Jeder Beteiligte kann ein Mitglied des Ausschusses ablehnen, das in dem konkreten Verwaltungsverfahren nicht tätig werden darf oder bei dem die **Besorgnis der Befangenheit** besteht. Die allgemeinen Regelungen über die Befangenheit und den Ausschluss von Ausschussmitgliedern nach § 20 gelten aufgrund der Verweisung nach § 63 II fort; die Mitwirkungshindernisse sind daher von Amts wegen zu berücksichtigen (BeckOK VwVfG/Delbanco § 71 Rn. 11; SBS/Sachs/Kamp § 71 Rn. 24; KR/Wysk § 71 Rn. 14). Die Ablehnung ist schriftlich oder zur Niederschrift bei der Behörde abzugeben, bei der der Ausschuss eingerichtet ist (§ 71 III 2). Eine Ablehnung in der mündlichen Verhandlung kann formlos, insbesondere mündlich vorgebracht werden; sie ist zu protokollieren (§ 68 IV 2 Nr. 3 „gestellte Anträge").

9 In personeller Hinsicht kann jedes Mitglied des Ausschusses, auch der Vorsitzende, abgelehnt werden. Der Ausschuss als Gremium ist nicht ablehnungsfähig, die Gründe müssen sich auf eine konkrete Person beziehen (BeckOK VwVfG/Delbanco § 71 Rn. 12). Allerdings kann die Ablehnung des ganzen Ausschusses als eine Ablehnung sämtlicher individueller Mitglieder umgedeutet werden (KR/Wysk § 71 Rn. 14). Mit der Ablehnung ist das jeweilige Mitglied nicht sofort ausgeschlossen; hierzu bedarf es eines **Ausschlussverfahrens** nach § 71 III 4 iVm § 20 IV 2–4. Bis zur Entscheidung über den Ausschluss hat sich das Mitglied jeder weiterer Betätigung im Ausschuss zu enthalten (Ziekow § 71 Rn. 9). Für die Beschlussfähigkeit und Beschlussfassung im Ausschlussverfahren gelten die §§ 90, 91 (BeckOK VwVfG/Delbanco § 71 Rn. 13).

10 Die spätere Ablehnung ist unzulässig, wenn sich der Beteiligte, ohne den ihm bekannten Ablehnungsgrund geltend zu machen, in die mündliche Verhandlung eingelassen hat (III 3). Der **Verlust des Ablehnungsrechts** aufgrund des Verbots unzulässiger Rechtsausübung (BVerwG NVwZ 1993, 587 (Ls)) wirkt in einem späteren Verwaltungsprozess in der Weise fort, dass die Fehlerhaftigkeit der Entscheidung aufgrund der Mitwirkung eines befangenen Mitglieds auch in einem späteren Prozess nicht mehr geltend gemacht werden

kann (KR/Wysk § 71 Rn. 21; BeckOK VwVfG/Delbanco § 71 Rn. 14; Ziekow § 71 Rn. 11).

Das Ablehnungsrecht eines Beteiligten hinsichtlich nach § 20 ausgeschlos- 10a
sener oder nach § 21 befangener Personen ist ebenso wie § 43 ZPO und entsprechende prozessrechtliche Normen nur die besondere Ausprägung eines allgemeinen, das ganze Recht **beherrschenden Rechtsgedankens.** Die genannten Vorschriften stellen eine unwiderlegliche Vermutung dafür auf, dass ein Beteiligter mit der Person des zur Entscheidung berufenen Richters, Beamten oder Ausschussmitglieds einverstanden ist, wenn er sich trotz eines ihm bekannten Ablehnungsgrundes in eine Verhandlung einlässt oder Anträge stellt (VGH Mannheim BeckRS 2014, 47666; BVerwG NVwZ 1993, 587 (Ls); KR/Wysk § 71 Rn. 18, 21).

Der Verlust des Rügerechts hat aber **nicht** zur Folge, dass zB Gründe, die 10b
einen Ausschluss nach § 20 rechtfertigten, im Verwaltungsprozess **unberücksichtigt** zu bleiben hätten. Vielmehr sind §§ 20 und 21 auch von Amts wegen beachtlich, so dass ein Verwaltungsgericht entsprechenden Hinweisen nachzugehen hätte. Wegen § 44a VwGO kann die Entscheidung im Ausschlussverfahren von einem Beteiligten nicht mit einem **isolierten Rechtsbehelf** angefochten werden (KR/Wysk § 71 Rn. 23).

Abschnitt 1a. Verfahren über eine einheitliche Stelle

§ 71a Anwendbarkeit

(1) Ist durch Rechtsvorschrift angeordnet, dass ein Verwaltungsverfahren über eine einheitliche Stelle abgewickelt werden kann, so gelten die Vorschriften dieses Abschnitts und, soweit sich aus ihnen nichts Abweichendes ergibt, die übrigen Vorschriften dieses Gesetzes.

(2) Der zuständigen Behörde obliegen die Pflichten aus § 71b Abs. 3, 4 und 6, § 71c Abs. 2 und § 71e auch dann, wenn sich der Antragsteller oder Anzeigepflichtige unmittelbar an die zuständige Behörde wendet.

I. Bedeutung

Der mit **„Verfahren über eine einheitliche Stelle"** überschriebene, inhalt- 1
lich komplett neue Abschnitt 1a des Teils V des VwVfG beruht auf dem Vierten Gesetz zur Änderung verwaltungsverfahrensrechtlicher Vorschriften (4. VwVfÄndG) vom 11.12.2008 (BGBl. I 2418), in Kraft getreten am 18.12.2008. Das 4. VwVfÄndG dient primär der Umsetzung der Richtlinie 2006/123/EG des Europäischen Parlaments und des Rates vom 12.12.2006 über Dienstleistungen im Binnenmarkt (ABl. EG Nr. L 376 S. 36 – sog. **Dienstleistungsrichtlinie**). In einem Mitgliedstaat niedergelassene Dienstleistungserbringer sollen künftig alle zur Aufnahme einer Dienstleistungstätigkeit in einem anderen Mitgliedstaat erforderlichen Verfahren und Formalitä-

ten sowie die Beantragung der für die Ausübung ihrer Dienstleistungstätigkeit dort erforderlichen Genehmigungen über einen sog. einheitlichen Ansprechpartner (Art. 6 DLR), daneben wahlweise weiterhin über die zuständige(n) Behörde(n) des anderen Mitgliedstaates – auch vollständig elektronisch (Art. 8 I DLR) – abwickeln können. Die Dienstleistungsrichtlinie statuiert zudem umfangreiche Informationspflichten (Art. 7 DLR), bestimmt Entscheidungsfristen und sieht Genehmigungsfiktionen (Art. 13 IV DLR) vor.

2 Mit dem 4. VwVfÄndG hat der Bundesgesetzgeber sich für eine Umsetzung der Dienstleistungsrichtlinie im VwVfG, für eine Gleichbehandlung von grenzüberschreitenden und inländischen Sachverhalten sowie eine prinzipielle Anwendbarkeit der Regelungen auf **alle Verwaltungsverfahren** (nicht nur solche betreffend Dienstleistungen iSv Art. 2 DLR) entschieden. Aus diesem Grund wurde auch der gemeinschaftsrechtliche Begriff des einheitlichen Ansprechpartners durch denjenigen der einheitlichen Stelle ersetzt.

3 Die Vorschrift bestimmt zunächst die **Anwendbarkeit** der neuen Regelungen für alle Fälle, in denen durch Rechtsvorschrift die Möglichkeit der Verfahrensabwicklung über eine einheitliche Stelle angeordnet ist (§ 71a I). Die dem Fachrecht vorbehaltene Bestimmung ihrer Geltung ist im Anwendungsbereich der DLR obligatorisch, im Übrigen fakultativ. Gleichzeitig werden die wesentlichen Regeln zur Gewährleistung einer elektronischen Verfahrensabwicklung, Ausstellung von Empfangsbestätigungen und Erfüllung von Informationspflichten auf die – weiterhin – sachlich zuständigen Behörden erstreckt (§ 71a II).

4 Mit dem 4. VwVfÄndG wurden im **Fachrecht** des Bundes bereits zahlreiche Änderungen vorgenommen, die den Ländern einen weiten Gestaltungsspielraum für die Einrichtung von einheitlichen Stellen einräumen. Sie betreffen sämtlich die funktionale Selbstverwaltung (Schmitz/Prell NVwZ 2009, 1), namentlich § 73a BRAO, §§ 76 VII, 164a I 2 StBerG, § 1 IIIa u. IIIb IHKG (Jahn GewA 2009, 177), §§ 5b (M. Müller OK-LexisNexis § 5b HwO), 91 Ia u. IIa HwO, § 30 S. 2 PAO. Die Regelung des § 71a erfasst insoweit nur die Bereiche, für welche das VwVfG gem. §§ 1 f. anwendbar ist.

5 Die vormals in Abschnitt 1a enthaltenen Regelungen zur **Beschleunigung von Genehmigungsverfahren** für wirtschaftliche Unternehmungen sind nach Auffassung des Gesetzgebers zwischenzeitlich fester Bestandteil der Verwaltungspraxis und sollen zukünftig für alle Verwaltungsverfahren gelten, ohne dass es insgesamt einer gesetzlichen Regelung bedürfe. Allein der Inhalt der §§ 71b und 71c III aF ist in den geänderten § 25 II nF übernommen worden mit der Maßgabe, dass die bisherige Mitteilungspflicht gem. § 71c III aF zukünftig aufgrund des erweiterten Anwendungsbereichs in § 25 II 2 nF als Sollvorschrift ausgestaltet ist.

II. Einheitliche Stelle

6 Ist durch Rechtsvorschrift angeordnet, dass ein Verwaltungsverfahren über eine einheitliche Stelle abgewickelt werden kann, können alle zur Aufnahme einer Dienstleistungstätigkeit in Deutschland erforderlichen Verfahren und

Formalitäten, einschließlich der Beantragung etwa erforderlicher Genehmigungen, über die sog. **einheitliche Stelle** durchgeführt werden. Die Vorschrift ist in ihrem Anwendungsbereich nicht beschränkt auf bereits in einem anderen EG-Mitgliedstaat niedergelassene Dienstleistungserbringer und gilt damit auch für in Deutschland ansässige Dienstleistungserbringer.

Wer einheitliche Stelle ist, bestimmt § 71a nicht. Diese Festlegung bleibt 7 den **Fachgesetzen** vorbehalten. Zu nennen sind hier insbesondere §§ 6b GewO, 53a InfSchG, § 20a SigG, § 4a WiPO – s. G. v. 17.7.2009, BGBl. I 2091; § 5b HwO – s. G. v. 11.12.2008, BGBl. I 2418.

III. Anwendbares Recht

1. Verfahren vor der einheitlichen Stelle

Wenn durch Rechtsvorschrift angeordnet ist, dass ein Verwaltungsverfahren 8 über eine einheitliche Stelle abgewickelt werden kann, richtet sich das **Verfahrensrecht** primär nach den §§ 71b ff. und, soweit sich aus ihnen nichts Abweichendes ergibt, nach den übrigen Vorschriften dieses Gesetzes. Die §§ 71b ff. treffen hier insbesondere Regelungen zur Fristwahrung und zur Sicherstellung des wechselseitigen Informationsaustausches zwischen der einheitlichen Stelle und der zuständigen Behörde. Zu nennen sind auf Seiten der einheitlichen Stelle die Pflicht zur Weiterleitung an die zuständige Behörde (§ 71b I), zur Auskunft (§ 71c I), auf Seiten der zuständigen Behörde die Pflicht zur Ausstellung einer Empfangsbestätigungen mit vorgegebenem Mindestinhalt (§ 71b III), zur Hinweiserteilung (§ 71b IV), zur Verfahrensabwicklung über die einheitliche Stelle (§ 71b V) und zur Auskunft (§ 71c II) sowie schließlich die beiden gemeinsame Pflicht zur gegenseitigen Unterstützung (§ 71d).

Von den **übrigen Vorschriften** gilt (auch) für die einheitliche Stelle insb. 9 die Beratungs- und Auskunftspflichten gem. § 25 (BR-Drs. 580/08, 21).

2. Verfahren von der zuständigen Behörde

Der § 71a II stellt klar, dass die besonderen Pflichten der **zuständigen** 10 **Behörde** aus §§ 71b III, IV u. VI, 71c II und 71e ihr auch dann obliegen, wenn der Antragsteller oder Anzeigepflichtige sich unmittelbar an sie wendet. Der Bürger soll mithin nicht schlechter gestellt werden, wenn er sich direkt ohne Einschaltung der einheitlichen Stelle an die zuständige Behörde wendet. Er soll hier keinen Nachteil erleiden. Das gilt insbesondere für die Ausstellung von Empfangsbestätigungen, Hinweis- und Auskunftspflichten sowie die Gewährleistung einer elektronischen Verfahrensabwicklung. Im Übrigen verbleibt es bei den allgemeinen Regelungen des Gesetzes.

§ 71b Verfahren

(1) Die einheitliche Stelle nimmt Anzeigen, Anträge, Willenserklärungen und Unterlagen entgegen und leitet sie unverzüglich an die zuständigen Behörden weiter.

(2) [1] Anzeigen, Anträge, Willenserklärungen und Unterlagen gelten am dritten Tag nach Eingang bei der einheitlichen Stelle als bei der zuständigen Behörde eingegangen. [2] Fristen werden mit Eingang bei der einheitlichen Stelle gewahrt.

(3) [1] Soll durch die Anzeige, den Antrag oder die Abgabe einer Willenserklärung eine Frist in Lauf gesetzt werden, innerhalb deren die zuständige Behörde tätig werden muss, stellt die zuständige Behörde eine Empfangsbestätigung aus. [2] In der Empfangsbestätigung ist das Datum des Eingangs bei der einheitlichen Stelle mitzuteilen und auf die Frist, die Voraussetzungen für den Beginn des Fristlaufs und auf eine an den Fristablauf geknüpfte Rechtsfolge sowie auf die verfügbaren Rechtsbehelfe hinzuweisen.

(4) [1] Ist die Anzeige oder der Antrag unvollständig, teilt die zuständige Behörde unverzüglich mit, welche Unterlagen nachzureichen sind. [2] Die Mitteilung enthält den Hinweis, dass der Lauf der Frist nach Absatz 3 erst mit Eingang der vollständigen Unterlagen beginnt. [3] Das Datum des Eingangs der nachgereichten Unterlagen bei der einheitlichen Stelle ist mitzuteilen.

(5) [1] Soweit die einheitliche Stelle zur Verfahrensabwicklung in Anspruch genommen wird, sollen Mitteilungen der zuständigen Behörde an den Antragsteller oder Anzeigepflichtigen über sie weitergegeben werden. [2] Verwaltungsakte werden auf Verlangen desjenigen, an den sich der Verwaltungsakt richtet, von der zuständigen Behörde unmittelbar bekannt gegeben.

(6) [1] Ein schriftlicher Verwaltungsakt, der durch die Post in das Ausland übermittelt wird, gilt einen Monat nach Aufgabe zur Post als bekannt gegeben. [2] § 41 Abs. 2 Satz 3 gilt entsprechend. [3] Von dem Antragsteller oder Anzeigepflichtigen kann nicht nach § 15 verlangt werden, einen Empfangsbevollmächtigten zu bestellen.

I. Bedeutung

1 Für den Fall der Einschaltung der einheitlichen Stelle regelt § 71b das Verhältnis zwischen ihr und der zuständigen Behörde. Die einheitliche Stelle hat danach die Funktion des **Verfahrensmittlers** zwischen dem Antragsteller oder Anzeigeerstatter und der zuständigen Behörde. Aus Sicht des Bürgers steht die einheitliche Stelle dabei auf Seiten der zuständigen Behörde. Die Vorschrift stellt sicher, dass dem Antragsteller/Anzeigepflichtigen aus der Einschaltung der einheitlichen Stelle und vor allem damit verbundenen zeitlichen Verzögerungen keinerlei Nachteile erwachsen. So ist die einheitliche Stelle zur Entgegennahme der gesamten Verfahrenskorrespondenz berechtigt sowie zu ihrer unverzüglichen Weiterleitung an die zuständige Behörde verpflichtet (§ 71b I). Der Eingang der Korrespondenz bei der einheitlichen Stelle gilt als Eingang bei der zuständigen Behörde und genügt zur Wahrung von Fristen (§ 71b II). Bei fristgebundenen Verfahren hat die zuständige Behörde eine

qualifizierte Empfangsbestätigung auszustellen (§ 71b III), die über die einheitliche Stelle übermittelt wird (§ 71b V). Das Fehlen von Unterlagen hat die zuständige Behörde unverzüglich unter Bezeichnung dieser Unterlagen und gleichzeitigem Hinweis, dass die Frist nach § 71b III erst mit Eingang der vollständigen Unterlagen beginnt, mitzuteilen. Ebenso ist das Eingangsdatum der nachgereichten Unterlagen mitzuteilen (§ 71b IV). Dass im Falle der stets fakultativen Inanspruchnahme der einheitlichen Stelle die gesamte Verfahrensabwicklung über sie laufen soll, ist eine notwendige Folge dieser Verfahrenswahl, aber dennoch nicht zwingend. So kann der Antragsteller/Anzeigepflichtige verlangen, dass an ihn zu richtende VAe von der zuständigen Behörde unmittelbar bekannt gegeben werden (§ 71b V). Für die Bekanntgabe eines per Post ins Ausland übermittelten VAs enthält § 71b VI schließlich eine Bekanntgabefiktion von 1 Monat (s. auch § 41 II 2). Vom Antragsteller/Anzeigepflichtigen kann insoweit nicht die Bestellung eines Empfangsbevollmächtigten verlangt werden. § 71b dient im Anwendungsbereich der **Dienstleistungsrichtlinie** der Umsetzung von Art. 6 I DLR.

II. Entgegennahme- und Weiterleitungspflicht Aufgaben der einheitlichen Stelle (I)

Die einheitliche Stelle ist nach § 71b I zur **Entgegennahme** von Anzeigen, Anträgen, Willenserklärungen und Unterlagen berechtigt und zur unverzüglichen Weiterleitung an die zuständige Behörde verpflichtet. Vorbehaltlich anderweitiger Regelungen in Fachgesetzen besitzt die einheitliche Stelle keine Verfahrens- oder Entscheidungszuständigkeit. Die Pflicht zur unverzüglichen **Weiterleitung** konkretisiert das Gebot der zügigen Verfahrensabwicklung (§ 10 S. 2). Die Weiterleitungspflicht schließt nicht aus, dass die einheitliche Stelle selbst bereits eine offensichtliche Unvollständigkeit oder Fehlerhaftigkeit der Angaben oder Unterlagen beanstandet. Eine solche Verpflichtung der einheitlichen Stelle resultiert vielmehr aus § 25 und dem allgemeinen Gebot einer sachgerechten Verfahrensabwicklung. Die Geltung der Bestimmungen des Gesetzes auch für die einheitliche Stelle folgt daraus, dass sie Behörde iSv § 1 IV ist. Das Verfahren bei der einheitlichen Stelle kann durch VV näher ausgestaltet werden. 2

Die Vorschrift ist von herausragender Bedeutung, wo lt. Gesetz nach Ablauf einer Entscheidungsfrist eine **Genehmigungsfiktion** eintritt (zB §§ 6a GewO, 10 I 2 HwO). 3

III. Eingangsfiktion und Fristwahrung (II)

Die Regelung in § 71b II 1 ergänzt die Pflicht der einheitlichen Stelle zur unverzüglichen Weiterleitung aus § 71b I und trägt dem Umstand Rechnung, dass schon die elektronische Übermittlung, erst recht aber die postalische Übermittlung notwendig eine gewisse Verzögerung mit sich bringt. Um den organisatorischen und zeitlichen Aufwand der Weiterleitung von der einheit- 4 lichen Stelle an die zuständige Behörde angemessen zu berücksichtigen, statuiert S. 1 eine **Zugangsfiktion** zugunsten von Antragsteller oder Anzeigeerstatter bei der zuständigen Behörde von drei Tagen nach Eingang bei der einheitlichen Stelle. Die Frist entspricht der Bekanntgabefiktion für VAe bei der Übermittlung durch die Post gem. § 41 II. Die Fiktion gilt unabhängig von der Art der Übermittlung, also auch bei elektronischer Weiterleitung. Die Regelung wird im Wege der Analogie von der Rechtsprechung unter bestimmten Voraussetzungen auch auf das sog. Sternverfahren erstreckt (VG Trier BeckRS 2015, 48865).

5 Um den Antragsteller oder Anzeigeerstatter in fristgebundenen Angelegenheiten vor Nachteilen aus der Inanspruchnahme der einheitlichen Stelle zu schützen, bestimmt § 71b II 2, dass von diesem einzuhaltende Fristen schon mit dem (fristgerechten) **Eingang bei der einheitlichen Stelle** gewahrt werden. Für die Fristwahrung ist damit unerheblich, ob die einheitliche Stelle die Dinge unverzüglich weiterleitet und wann die Unterlagen bei der zuständigen Stelle eintreffen.

IV. Empfangsbestätigung bei fristgebundenen Verfahren (III)

6 Wird durch die Anzeige, den Antrag oder die Abgabe einer Willenserklärung eine Frist in Lauf gesetzt, innerhalb derer die zuständige Behörde tätig werden muss (sog. **fristgebundene Verfahren**), ist die Behörde zur Ausstellung einer **qualifizierten Empfangsbestätigung** verpflichtet (§ 71b III 1). Solche fristgebundenen Verfahren sind Verfahren, für welche durch Rechtsvorschrift angeordnet ist, dass eine beantragte Genehmigung nach Ablauf einer für die Entscheidung festgelegten Frist als erteilt gilt (Genehmigungsfiktion, § 42a I 1). Die Frist beträgt drei Monate, soweit durch Rechtsvorschrift nichts Abweichendes bestimmt ist; sie beginnt mit dem Eingang der vollständigen Unterlagen und kann einmal wegen der Schwierigkeit der Angelegenheit angemessen verlängert werden (§ 42a II).

7 Der notwendige **Inhalt** der Empfangsbestätigung ist in S. 2 festgelegt. Er umfasst das Datum des Eingangs bei der einheitlichen Stelle, die Frist, die Voraussetzungen für den Fristbeginn (idR Vollständigkeit der vorliegenden Unterlagen), die an den Fristablauf geknüpfte Rechtsfolge und die verfügbaren Rechtsbehelfe. Als Hinweis auf verfügbare Rechtsbehelfe reichen in diesem frühen Verfahrensstadium allgemeine Erläuterungen zu künftigen Rechtsbehelfen gegen eine spätere Entscheidung oder das Unterlassen einer Entscheidung (BR-Drs. 580/08, 31). Zweck der Empfangsbestätigung ist neben der Mitteilung über den Eingang der Unterlagen auch die Erteilung einer Auskunft darüber, wo der Antragsteller oder Anzeigepflichtige mit seinem Verfahren steht und was er weiter zu veranlassen und/oder erwarten hat (BR-Drs. 589/08, 31).

V. Verfahren bei unvollständigen Unterlagen (IV)

Ist die **Anzeige oder der Antrag unvollständig,** teilt die zuständige Behörde dem Anzeigeerstatter oder Antragsteller **unverzüglich** mit, welche Unterlagen er nachzureichen hat, und weist ihn darauf hin, dass die Frist nach § 71b III erst mit Eingang der vollständigen Unterlagen beginnt. Die zuständige Behörde hat des Weiteren das Datum des Eingangs der nachgereichten Unterlagen gegenüber der einheitlichen Stelle mitzuteilen. 8

Die Regelung konkretisiert die allgemeine **Betreuungs-** und **Fürsorgepflicht** der Behörden gegenüber Verfahrensbeteiligten. Auch unabhängig von der ausdrücklichen Normierung dieser Pflicht prüft die zuständige Behörde zunächst die eingereichten Unterlagen auf Vollständigkeit und fordert bei Fehlen von Unterlagen zum Nachreichen auf. Wenn die Pflicht hier ausdrücklich festgeschrieben wird, so erklärt sich dies aus dem S. 2, der bestimmt, dass der Mitteilung über die Unvollständigkeit der Unterlagen der Hinweis beizufügen ist, dass die Frist nach § 71b III erst mit Vollständigkeit der Unterlagen beginnt. Durch die Bezugnahme auf den vorangegangenen Absatz wird deutlich, dass die Bestimmung allein auf fristgebundene Verfahren mit der ihnen eigenen Genehmigungsfiktion abzielt. Der in ihr positivrechtlich verankerte allgemeine Grundsatz bleibt dennoch für alle Verwaltungsverfahren gültig. 9

Ob die **Mitteilung** der zuständigen Behörde über die einheitliche Stelle oder direkt an den Anzeigeerstatter oder Antragsteller erfolgen muss, ist nicht in § 71b IV festgelegt, sondern in § 71b V (→ Rn. 12f.). 10

Schließlich ist das **Datum des Eingangs** der nachgereichten Unterlagen oder Angaben bei der einheitlichen Stelle mitzuteilen. Nachgeforderte Unterlagen können bei der einheitlichen Stelle oder der zuständigen Behörde eingereicht werden. Werden sie bei der einheitlichen Stelle eingereicht, ist die zuständige Behörde insoweit wiederum zur Mitteilung des Einreichungszeitpunkts verpflichtet. 11

VI. Verfahrensabwicklung (V)

Nach § 71b 5 sollen **Mitteilungen** der zuständigen Behörde an den Antragsteller oder Anzeigepflichtigen über die einheitliche Stelle weitergegeben werden, soweit sie zur Verfahrensabwicklung in Anspruch genommen wird. Der Begriff der Mitteilungen umfasst alle Handlungen der zuständigen Behörde gegenüber dem Antragsteller oder Anzeigepflichtigen, einschließlich der Bekanntgabe des (verfahrensabschließenden) VA. Nach der Wertung des Gesetzgebers bringt der Antragsteller durch die Inanspruchnahme der einheitlichen Stelle zu Verfahrensbeginn regelmäßig zum Ausdruck, dass er eine vollständige Verfahrensabwicklung über diese Stelle wünscht. Einer zusätzlichen und ausdrücklichen Erklärung bedarf es nicht. Andererseits handelt es sich um eine bloße Ordnungsvorschrift, die zudem als Soll-Vorschrift ausgestaltet ist. Ausnahmsweise kann die Behörde folglich direkt mit dem An- 12 tragsteller korrespondieren, zB zur Vermeidung unsinniger Verfahrenshandlungen (BR-Drs. 580/08, 32). Gleiches gilt, wo – aufgrund konkreter Umstände – ein entsprechender Wille des Antragstellers unterstellt werden kann. Nicht ausreichend ist hingegen, dass Gründe der Verfahrensökonomie eine direkte Korrespondenz sinnvoll erscheinen lassen (BR-Drs. 580/08, 32).

13 Die **Zuständigkeitsregelung** des S. 2, wonach VAe auf Verlangen desjenigen, an den sie sich richten, von der zuständigen Behörde unmittelbar bekannt gegeben werden, erklärt sich aus der verfahrensrechtlichen Bedeutung der Bekanntgabe des VA (vgl. § 41). Das Verlangen des potentiellen Adressaten erfordert keinen besonderen Antrag, eine konkludente Erklärung reicht aus.

VII. Bekanntgabefiktion bei Auslandsübermittlung (VI)

14 Wird ein **schriftlicher VA** durch die Post **ins Ausland übermittelt,** gilt er einen Monat nach Aufgabe zur Post als bekannt gegeben (Bekanntgabefiktion). Die Sonderregelung für die Bekanntgabe von VAen im Ausland erfasst nur die Übermittlung durch die Post und gilt nicht bei der elektronischen Übermittlung des VA ins Ausland. Während im Fall der elektronischen Übermittlung praktisch kein Unterschied zwischen dem Inland und Ausland besteht, ist bei der postalischen Übermittlung ins Ausland mit deutlich längeren Laufzeiten zu rechnen. Da die für die Bekanntgabe im Inland geltende Bekanntgabefiktion nach drei Tagen gem. § 41 II auf die Übermittlung im Inland und die dabei üblichen Postlaufzeiten abstellt, bedurfte es für die Übermittlung ins Ausland einer eigenen, der besonderen Bedeutung der Bekanntmachung Rechnung tragenden Regelung. Die Monatsfrist orientiert sich an § 122 II AO. Die in S. 2 bestimmte entsprechende Geltung des § 41 II 3 hat zur Folge, dass die Fiktion nicht anwendbar ist, wenn der VA nicht oder später zugegangen ist. Im Streitfall muss die Behörde den Zugang nachweisen.

15 Schließlich kann vom Antragsteller oder Anzeigepflichtigen nicht die Bestellung eines **Empfangsbevollmächtigten** gem. § 15 verlangt werden (S. 3). Hierdurch soll eine mögliche Benachteiligung dieser Personen vermieden werden. Die Vorschrift bezieht sich ausdrücklich allein auf ausländische Antragsteller und Anzeigepflichtiger. Sie gilt nicht gegenüber sonstigen Verfahrensbeteiligten im Ausland (BR-Drs. 850/08, 33; EuGH Urt. v. 12.2.2008 –. C-2/06, Kempter – Slg. 2008, I-00411).

§ 71c Informationspflichten

(1) [1] Die einheitliche Stelle erteilt auf Anfrage unverzüglich Auskunft über die maßgeblichen Vorschriften, die zuständigen Behörden, den Zugang zu den öffentlichen Registern und Datenbanken, die zustehenden Verfahrensrechte und die Einrichtungen, die den Antragsteller oder Anzeigepflichtigen bei der Aufnahme oder Ausübung seiner Tätigkeit unterstützen. [2] Sie teilt unverzüglich mit, wenn eine Anfrage zu unbestimmt ist.

(2) [1] Die zuständigen Behörden erteilen auf Anfrage unverzüglich Auskunft über die maßgeblichen Vorschriften und deren gewöhnliche Auslegung. [2] Nach § 25 erforderliche Anregungen und Auskünfte werden unverzüglich gegeben.

I. Bedeutung

1 Die Vorschrift konkretisiert die allgemeine **Auskunfts- und Beratungspflicht** gem. § 25 und erfasst dem Verwaltungsverfahren ieS vorgelagerte Informationspflichten. Die Differenzierung zwischen der einheitlichen Stelle (§ 71c I) und der zuständigen Behörde (§ 71c II) ist Folge eines gestuften Pflichtensystems: die Auskunft der einheitlichen Stelle dient der Orientierung und soll einen Überblick über Vorschriften, Verfahren und Behörden vermitteln; die Auskunft der zuständigen Behörde bezieht sich auf die Anwendung der maßgeblichen Vorschriften. § 71c dient im Anwendungsbereich der Dienstleistungsrichtlinie der Umsetzung von Art. 7 I, II u. IV DLR.

II. Informationspflichten der einheitlichen Stelle (I)

2 In § 71c I sind die Informationspflichten der einheitlichen Stelle normiert. Sie ist zur unverzüglichen **Auskunft** über die maßgeblichen Vorschriften, die zuständigen Behörden, den Zugang zu öffentlichen Registern und Datenbanken, die zustehenden Verfahrensrechte und die den Antragsteller oder Anzeigepflichtigen unterstützenden Einrichtungen verpflichtet (S. 1). Die Auskunft ist auf Informationen und Hinweise allgemeiner Art beschränkt, die typischerweise eine erste Orientierung geben. Da nach dem Verständnis des Gesetzgebers die einheitliche Stelle keine detaillierten Fachkenntnisse über die im jeweiligen Einzelfall erforderlichen Verfahren und Formalitäten in Bezug auf die zuständige Behörde benötigt, beschränkt sich deren Informationspflicht auf die ihr verwaltungsorganisatorisch zur Abwicklung zugewiesenen Verfahren und Formalitäten (BR-Drs. 580/08, 33, 34).

3 Die Auskunft über **maßgebliche Vorschriften** beschränkt sich demgemäß auf Hinweise über Anzeige- und Genehmigungserfordernisse sowie die Benennung der für die beabsichtigte Tätigkeit in Betracht kommenden Rechtsnormen. Auskunft wird darüber hinaus erteilt über die **zuständige(n) Behörde(n)** und den Zugang zu öffentlichen Registern und Datenbanken. **Öffentliche Register und Datenbanken** sind von Behörden oder Gerichten geführte Datensammlungen über bestimmte rechtserhebliche Tatsachen oder Umstände; sie sind öffentlich, wenn jedermann regelmäßig ohne Nachweis eines speziellen Interesses Einsicht nehmen kann (zB Grundbuch, Handelsregister, Register gem. § 23 A-QSG, § 2 X KWG). Die Auskunftspflicht umfasst auch alle **Verfahrensrechte** und unterstützende **Einrichtungen.**

4 Die einheitliche Stelle teilt dem Antragsteller oder Anzeigepflichtigen unverzüglich mit, wenn seine Anfrage zu **unbestimmt** ist (S. 2). Die Abweichung in der Wortwahl gegenüber der Dienstleistungsrichtlinie liegt darin begründet, dass Informationsersuchen nach deutschem Rechtsverständnis nicht „fehlerhaft" oder „unbegründet" sein können.

5 Die Auskünfte nach S. 1 und die Mitteilung nach S. 2 müssen **unverzüglich** erfolgen. Unverzüglich bedeutet ohne schuldhaftes Zögern (vgl. § 121 I BGB).

III. Informationspflichten der zuständigen Behörden (II)

6 Der § 71c II verpflichtet die **zuständigen Behörden** in S. 1, auf Anfrage unverzüglich Auskunft über die maßgeblichen Vorschriften und deren gewöhnliche Auslegung zu erteilen. In S. 2 ist ergänzend bestimmt, dass nach § 25 erforderliche Anregungen und Auskünfte unverzüglich gegeben werden. Die hier beschriebenen Pflichten folgen im Wesentlichen bereits aus § 25, der § 71c II ergänzt die dortigen Pflichten lediglich um das Merkmal „unverzüglich" (= ohne schuldhaftes Zögern, § 121 I BGB, EuGH Urt. v. 12.2.2008 – C-2/06, Slg. 2008, I-00411– Kempter).

§ 71d Gegenseitige Unterstützung

[1] Die einheitliche Stelle und die zuständigen Behörden wirken gemeinsam auf eine ordnungsgemäße und zügige Verfahrensabwicklung hin; alle einheitlichen Stellen und zuständigen Behörden sind hierbei zu unterstützen. [2] Die zuständigen Behörden stellen der einheitlichen Stelle insbesondere die erforderlichen Informationen zum Verfahrensstand zur Verfügung.

I. Bedeutung

1 Die Vorschrift will eine **funktionierende Verfahrensabwicklung** im Wege einer engen und möglichst reibungslosen Zusammenarbeit zwischen der einheitlichen Stelle und den verschiedenen zuständigen Behörden sicherstellen. Insbesondere in den Fällen, wo einheitliche Stelle und zuständige Behörden nicht demselben Verwaltungsträger angehören und auch nicht einer Aufsicht unterstehen, erscheint eine ausdrückliche gesetzliche Verpflichtung zur gegenseitigen Unterstützung angezeigt. Nur so kann sichergestellt werden, dass die einheitliche Stelle auch jenseits ihrer eigenen Verbandskompetenz die ihr vom Gesetz zugewiesenen Aufgaben effektiv wahrnehmen kann.

II. Gegenseitige Unterstützung

2 Ziel der Regelung ist die **ordnungsgemäße und zügige Verfahrensabwicklung.** Da hier mit der einheitlichen Stelle und der/den zuständigen Behörde(n) mindestens zwei Stellen beteiligt sind, bedarf es zwischen ihnen einer ständigen Kooperation. Nur so kann die einheitliche Stelle ihrer Funktion als Verfahrensmittler und die zuständige(n) Behörde(n) ihrer Funktion als Entscheidungsträger nachkommen.

Als **Unterstützung** kommen alle Handlungen in Betracht, mit denen sich die genannten Partner in ihrer Tätigkeit helfen und befördern. Beispielhaft nennt S. 2 das Zurverfügungstellen der erforderlichen Informationen zum Verfahrensstand durch die zuständigen Behörden an die einheitliche Stelle. Da das Verwaltungsverfahren nach Wahl des Antragstellers insgesamt über die einheitliche Stelle abzuwickeln ist, stellt in diesem Fall auch die Bekanntgabe oder Zustellung eines VA über die einheitliche Stelle eine Unterstützungshandlung dar. Die gegenseitige Unterstützung ist **keine Amtshilfe** iSv § 4. Denn während bei der Amtshilfe nur die ersuchende Behörde, nicht aber für die ersuchte Behörde eine eigene Aufgabe erfüllt, handelt es sich hier im Rahmen des § 71d um eigene Aufgaben sowohl der einheitlichen Stelle wie der zuständigen Behörde(n). 3

Die Begriffe „gegenseitig" in der gesetzlichen Überschrift und „gemeinsam" im S. 1 verdeutlichen, dass **Adressaten** der Unterstützungspflicht die einheitlichen Stellen und die zuständige(n) Behörde(n) sind. Beide haben den jeweils anderen im Interesse einer ordnungsgemäßen und zügigen Verfahrensabwicklung im Rahmen ihrer Möglichkeiten zu unterstützen. Gehören die einheitliche Stelle und die zuständige(n) Behörde(n) demselben Verwaltungsträger an oder unterstehen sie einer Aufsicht, könnten auch Verwaltungsvorschriften die Zusammenarbeit regeln. Wo dies allerdings nicht der Fall ist, bedarf es zumindest aus Gründen der Rechtsklarheit einer ausdrücklichen gesetzlichen Verpflichtung zur gegenseitigen Unterstützung. Wenn im 2. Hs. formuliert ist, dass alle einheitlichen Stellen und zuständigen Behörden bei der Verfahrensabwicklung zu unterstützen sind, soll hiermit die allgemeine Unterstützungspflicht gegenüber anderen Behörden eingeführt werden, dh auch gegenüber solchen, die nicht in den Anwendungsbereich des Gesetzes fallen (zB die Landesrecht vollziehenden Behörden der Länder; BR-Drs. 580/08). Insoweit kann die Regelung mangels Geltungskraft aber allenfalls **Appellfunktion** haben. 4

§ 71e Elektronisches Verfahren

[1] Das Verfahren nach diesem Abschnitt wird auf Verlangen in elektronischer Form abgewickelt. [2] § 3a Abs. 2 Satz 2 und 3 und Abs. 3 bleibt unberührt.

I. Bedeutung

Die Norm verpflichtet die einheitliche Stelle und die zuständige(n) Behörde (n) zur Ermöglichung einer Verfahrensabwicklung in elektronischer Form. Die Entscheidung über die Form des Verfahrens obliegt dem Antragsteller oder Anzeigepflichtigen. Damit müssen alle Stellen eine **elektronische Verfahrensabwicklung** anbieten. Der Verweis auf die Regelungen zur elektronischen Kommunikation in § 3a verdeutlicht, dass die dort festgelegten qualitativen Anforderungen auch im Bereich der §§ 71a ff. Geltung haben. § 71e 1 dient im Anwendungsbereich der Dienstleistungsrichtlinie der Umsetzung von Art. 8 I DLR.

II. Verfahrensabwicklung in elektronischer Form

2 Mit § 71e wird allen einheitlichen Stellen und allen zuständigen Behörden die **Pflicht** auferlegt, die Abwicklung des Verfahrens in elektronischer Form zuzulassen und die technische Ausstattung sowie die notwendigen Vorkehrungen vorzuhalten. Alle Stellen müssen die elektronische Verfahrensabwicklung ermöglichen, unabhängig davon, ob ein Antragsteller oder Anzeigepflichtige im Einzelfall den Weg über die einheitliche Stelle oder den direkten Kontakt mit der zuständigen Behörde wählt, und ob er sich für die elektronische Abwicklung entscheidet.

3 Nach dem Gesetz muss „das Verfahren" elektronisch abgewickelt werden können. Die Ermöglichungspflicht ist **umfassend.** Sie gilt insb. auch für die Erteilung von Auskünften oder Anregungen gem. § 71c.

III. Auf Verlangen

4 Die elektronische Verfahrensabwicklung erfolgt nur **auf Verlangen,** dh auf Wunsch des Antragstellers oder Anzeigepflichtigen. Er entscheidet über die Verfahrensform, nicht dagegen die einheitliche Stelle oder die zuständige(n) Behörde(n). Ein ausdrücklicher oder besonderer Antrag ist nicht erforderlich, ausreichend ist ggf. eine konkludente Erklärung (zB Kontaktaufnahme durch den Antragsteller per E-Mail).

IV. Verweis auf § 3a II S. 2 u. 3, III

5 Nach S. 2 bleibt § 3a II 2 u. 3, III unberührt. Abgesehen vom allein hier und nur für den Bereich der §§ 71a ff. festgeschriebenen Anspruch auf elektronische Kommunikation sind damit die **allgemeinen Vorschriften zur elektronischen Kommunikation** anwendbar. Das bedeutet: Zur Ersetzung der Schriftform bedarf es weiterhin der qualifizierten elektronischen Signatur nach dem VDG, soweit nicht Sonderregelungen etwas anderes bestimmen. Ein Pseudonym ist nur zulässig, wenn trotzdem die Identifizierung der Person des Signaturschlüsselinhabers möglich ist. Ist ein übermitteltes elektronisches Dokument nicht bearbeitbar, hat die Behörde als Empfänger dies dem Absender unter Angabe der für sie geltenden technischen Rahmenbedingungen unverzüglich mitzuteilen bzw. die Behörde als Absender es dem Antragsteller oder Anzeigepflichtige erneut in einem geeigneten elektronischen Format oder als Schriftstück zu übermitteln.

Abschnitt 2. Planfeststellungsverfahren

§ 72 Anwendung der Vorschriften über das Planfeststellungsverfahren

(1) Ist ein Planfeststellungsverfahren durch Rechtsvorschrift angeordnet, so gelten hierfür die §§ 73 bis 78 und, soweit sich aus ihnen nichts Abweichendes ergibt, die übrigen Vorschriften dieses Gesetzes; die §§ 51 und 71a bis 71e sind nicht anzuwenden, § 29 ist mit der Maßgabe anzuwenden, dass Akteneinsicht nach pflichtgemäßem Ermessen zu gewähren ist.

(2) [1] Die Mitteilung nach § 17 Abs. 2 Satz 2 und die Aufforderung nach § 17 Abs. 4 Satz 2 sind im Planfeststellungsverfahren öffentlich bekannt zu machen. [2] Die öffentliche Bekanntmachung wird dadurch bewirkt, dass die Behörde die Mitteilung oder die Aufforderung in ihrem amtlichen Veröffentlichungsblatt und außerdem in örtlichen Tageszeitungen, die in dem Bereich verbreitet sind, in dem sich das Vorhaben voraussichtlich auswirken wird, bekannt macht.

Übersicht

Rn.

I. Bedeutung ... 1
II. Begriff und Bedeutung von Planfeststellungsverfahren ... 5
III. Begriff, Gegenstand und Beschleunigung des Planfeststellungsverfahrens ... 8
1. Begriff und Charakteristik ... 8
2. Gegenstände des Planfeststellungsrechts ... 11
3. Beschleunigung durch Gesetze ... 13a
4. Anspruch auf Planfeststellung ... 16
5. Feststellung des Bedarfs im Rahmen der Fachplanung (Planrechtfertigung) ... 20
IV. Planfeststellung im Kontext vor- und nachgelagerter Entscheidungen sowie integrierter Verfahren (UVP) ... 23
1. Fachplanung und Landesentwicklung ... 23
2. Linienbestimmung ... 29
3. Integrierte Umweltverträglichkeitsprüfung ... 33
4. Enteignungsrechtliche Vorwirkung ... 37
V. Anwendbare Vorschriften (I) ... 45
1. Systematik ... 45
2. Anwendbarkeit des VwVfG ... 46
a) Teil I (§§ 1–8e) ist anwendbar ... 51
b) Teil II (§§ 9–34) ist überwiegend anwendbar ... 52
c) Teil III (§§ 35–53) ist überwiegend anwendbar ... 65
d) Teil IV: Vorschriften über den öffentlich-rechtlichen Vertrag (§§ 54–62) nur bedingt anwendbar ... 72
e) Teil V: §§ 79–80 zum Rechtsbehelfsverfahren sind anwendbar ... 73
f) Vorschriften über die ehrenamtliche Tätigkeit und Ausschüsse (§§ 81–93) sind anwendbar ... 75
g) Nicht anwendbare Normen des VwVfG ... 76
VI. Bekanntmachung bei Massenverfahren (II) ... 79

I. Bedeutung

1 Das Planfeststellungsverfahren ist neben dem förmlichen Verwaltungsverfahren (§§ 63 bis 71) und dem Verfahren über eine einheitliche Stelle (§§ 71a ff.) die dritte im VwVfG normierte besondere Verfahrensart. Das Planfeststellungsverfahren ist auf den Erlass eines rechtsgestaltenden Verwaltungsaktes, des **Planfeststellungsbeschlusses,** durch die Planfeststellungsbehörde gerichtet, die damit das formalisierte Verfahren unter Beteiligung der Öffentlichkeit mit einer einheitlichen Gesamtentscheidung abschließt. Der eingereichte Plan des Vorhabenträgers wird damit festgestellt. Der Planfeststellungsbeschluss erfasst sämtliche von dem Vorhaben berührten Rechtsverhältnisse und ersetzt alle speziellen Genehmigungen und Erlaubnisse die für das Vorhaben fachgesetzlich notwendig sind (SBS/Neumann/Külpmann § 72 Rn. 5).

2 § 72 enthält keine **Defintion** des Planfeststellungsverfahrens, sondern setzt es vielmehr als bestehend voraus und enthält einen Verteilmechanismus, der bestimmt, welche Normen innerhalb des VwVfG auf ein durch Rechtsvorschrift angeordnetes Planfeststellungsverfahren zur Anwendung gelangen (§ 72 I). In § 72 I wird die Systematik der innerhalb des VwVfG anwendbaren Normen aufgezeigt. Fachgesetzliche Regelungen außerhalb des VwVfG sind vorrangig und verdrängen die §§ 72 als **subsidiäres Recht.** Im Fachplanungsrecht sind zudem die materiell-rechtlichen Voraussetzungen geregelt, unter denen ein Vorhaben im Einklang mit kollidierenden Rechten und Interessen Dritter durch Abwägung in Einklang gebracht und genehmigt werden kann (BVerwG NVwZ 2004, 1229 (1230 ff.); SBS/Neumann/Külpmann § 72 Rn. 10). In § 72 II geht es um die Bekanntmachung des Vorhabens im amtlichen Veröffentlichungsblatt sowie in örtlichen Tageszeitungen sowie darum, dass gleichförmige Eingaben unberücksichtigt bleiben können und um die Bestellung eines gemeinsamen Vertreters.

3 In dem Planfeststellungsbeschluss wird über die Zulässigkeit einer raumbedeutenden Anlage oder eines Infrastrukturprojekts zB im Verkehrswegebau (Vorhaben) in Form einer Planungsentscheidung entschieden, in die alle öffentlichen und **privaten Belange Dritter** eingestellt werden. Unterschiedlich gelagerte Interessen in der von einem Vorhaben betroffenen Personen sind von der Planfeststellungsbehörde im Rahmen des Planfeststellungsverfahrens zu ermitteln und in einen Ausgleich zu bringen (Ziekow § 72 Rn. 4). Der Planfeststellungsbeschluss ergeht in einem besonderen Verfahren (§ 73), in einer besonderen Form (§ 74) und entfaltet nach § 75 besondere Rechtswirkungen (SBS/Neumann/Külpmann § 72 Rn. 4).

4 Werden Rechte Dritter nicht beeinträchtigt oder haben Dritte sich schriftlich einverstanden erklärt, kann statt eines Planfeststellungsbeschlusses im Wege eines **vereinfachten Genehmigungsverfahrens** eine **Plangenehmigung** erteilt werden (§ 74 VI).

4a Während eines noch laufenden Planfeststellungsverfahrens besteht für eine zivilrechtliche Nachbarschaftsklage, in der Ansprüche aus § 906 BGB geltend gemacht werden (hier: Unterlassung von Lärmbelästigung durch Bahnbetrieb), regelmäßig kein Rechtsschutzbedürfnis. Vielmehr bilden die Rechtsschutzmöglichkeiten der §§ 74 II, 75 I VwVfG ein in sich geschlossenes Regelungssystem, das im Fall von Planfeststellungen den nachbarschaftlichen Interessen zum Ausgleich verhelfen soll (OLG Bremen NVwZ-RR 2014, 879 (879)).

II. Begriff und Bedeutung von Planfeststellungsverfahren

Der Ursprung des Planfeststellungsverfahrens geht zurück auf die eisenbahn- 5
rechtliche „Genehmigung der Bahnlinie in ihrer vollständigen Durchführung durch alle Zwischenpunkte" nach § 4 des Preußischen Gesetzes über die Eisenbahn-Unternehmungen vom 3.11.1835 (SBS/Neumann/Külpmann § 72 Rn. 12). Im Interesse eines möglichst schnellen und effizienten Verwaltungsverfahrens war die Behörde alleine zur Entscheidung befugt; bei ihr sollten alle für das Vorhaben notwendigen Entscheidungen konzentriert sein. Etwaig anderen zuständigen Behörden war die Ausübung ihrer sachlichen Zuständigkeit verwehrt. Dieser besondere Effekt, die **Konzentrationswirkung,** gehört neben dem Vorhabensbezug durch das zur Genehmigung gestellte Vorhaben bis heute zu den charakteristischen Merkmalen eines Planfeststellungsverfahrens. Später wurde die Idee der Zuständigkeitskonzentration ua auf die Genehmigung von „Reichsautobahnen" übertragen (SBS/Neumann/Külpmann § 72 Rn. 13).

Heute entspricht es gefestigter Rechtsprechung, dass es bei der Planung 6
durchweg um einen **Ausgleich** zahlreicher, in ihrem Verhältnis zueinander **komplexer Interessen** geht, die in eigentümlicher Weise miteinander verschränkt sind. Wird dem einen Interesse etwas zugestanden oder verwehrt, werden wie in einer Kettenreaktion zahlreiche andere Interessen berührt. Planung zielt auf den Ausgleich von Interessen und die Koordination von Aktivitäten in einem Gefüge abgestimmter, miteinander zu einem Konzept verflochtener Maßnahmen (BVerwG NVwZ 2005, 810 (811); NJW 1969, 1868, (1869)). Kennzeichnend für den Planungsprozess ist seine prinzipielle Ergebnisoffenheit, die in der Regel mehrere denkbare Möglichkeiten einschließt.

Die Behörde unterliegt bei der Auswahl unter mehreren Möglichkeiten 7
dem Rechtsstaatsgebot, wonach alle von der Planung berührten öffentlichen und privaten Belange gegeneinander und untereinander gerecht abzuwägen sind (OVG Greifswald NJOZ 2012, 2033 (2042); OVG Berlin-Brandenburg NVwZ-RR 2009, 715 (715) LSK 2009, 340129; NJOZ 2009, 4809 (4825); BVerwG NVwZ 2001, 1030 (1034)). Mit diesem **Abwägungsgebot** korrespondiert ein Abwägungsanspruch der betroffenen Privaten und Gemeinden, der sich auch auf eine planerische Gesamtabwägung erstreckt, bei der das gesamte Entscheidungsgeflecht aller Belange in Betracht zu ziehen und abzuwägen ist (OVG Greifswald NJOZ 2012, 2033 (2051); OVG Berlin-Brandenburg NJOZ 2009, 4809 (4833)).

III. Begriff, Gegenstand und Beschleunigung des Planfeststellungsverfahrens

1. Begriff und Charakteristik

8 Der Begriff des Planfeststellungsverfahren wird in den §§ 72 ff. nicht definiert; die Vorschriften setzen den Begriff vielmehr voraus. Planfeststellungsverfahren im Sinne des § 72 sind **förmliche Verfahren,** die auf die Genehmigung eines Vorhabens und auf eine umfassende verbindliche Regelung unter Einbeziehung sämtlicher Genehmigungen und Erlaubnisse sowie unter grds. Ausschluss späterer zivilrechtlicher Unterlassungsansprüche gerichtet sind (KR/Wysk § 72 Rn. 10). Eine originäre staatliche Planung findet im Planfeststellungsverfahren allerdings nicht statt.

9 Die Planung des Vorhabens ist vielmehr **Aufgabe des Vorhabenträgers.** Im Zeitpunkt der Einreichung des Plans bei der Planfeststellungsbehörde (Antragstellung), wird der Behörde eine planerische Einflussnahme eröffnet, die regelmäßig auf eine nachvollziehende Planung beschränkt ist (BVerwG NVwZ 1986, 470 (471)).

10 Die **Wirkungen des Planfeststellungsbeschlusses** sind vielschichtig. Der Planfeststellungsbeschluss tritt an die Stelle sämtlicher für das Vorhaben erforderlicher öffentlich-rechtlicher Genehmigungen, Zustimmungen, Befreiungen gleich welcher Art und Bezeichnung **(Konzentrationswirkung).** Mit dem Planfeststellungsbeschluss wird nicht nur der Plan festgestellt, sondern auch das konkrete Vorhaben unter Einschluss sämtlicher rechtlicher Gesichtspunkte genehmigt **(Genehmigungswirkung).** Darin eingeschlossen sind auch die Rechtsverhältnisse Dritter, indem sämtliche Ansprüche, gleich ob zivil- oder öffentlich-rechtlich begründet, ausgeschlossen und auf Schutzvorkehrungen oder Entschädigungsansprüche beschränkt werden – **Gestaltungs- und Ausschlusswirkung** (KR/Wysk § 72 Rn. 10a).

2. Gegenstände des Planfeststellungsrechts

11 Gegenstand des Planfeststellungsverfahrens sind **raumbedeutsame Vorhaben,** deren Voraussetzungen im Fachplanungsrecht verankert sind. Fachplanungen sind spezialgesetzlich geregelte raumrelevante Vorhaben, deren Zulassung eine planerische Gestaltung, also eine Abwägungsentscheidung der Planfeststellungsbehörde erfordert (KR/Wysk § 72 Rn. 10).

12 Die wichtigsten Fachplanungen sind allerdings nicht im mehrfach subsidiären VwVfG beheimatet, sondern in dem VwVfG vorrangigen spezialgesetzlichen Vorschriften geregelt (MSU/Lieber § 72 Rn. 128, 135).

13 Zu den besonders bedeutenden Fachplanungen gehören unter anderem Bau und ggf. Änderung sowie Betrieb von **Bundesfernstraßen** (§ 17 I FStrG), Betriebsanlageneiner **Eisenbahn** einschließlich der Bahnfernstromleitungen (§ 18 I AEG), **Magnetschwebebahnen** (§ 1 MBPlG), **Flughäfen** und Verkehrslandeplätze (§§ 6, 8 LuftVG), **Gewässerausbau** (§ 68 WHG) Ausbau, Neubau oder die Beseitigung von **Bundeswasserstraßen** (§ 14

WaStrG), Betriebsanlagen für **Straßenbahnen** (§ 28 PBefG), ortsfeste **Abfallbeseitigungsanlagen** (§ 38 KrWG), Errichtung und Betrieb von Anlagen des Bundes zur Sicherstellung und zur **Endlagerung radioaktiver Abfälle** (§ 9b AtG), Errichtung, Betrieb und Änderung von **Hochspannungsfreileitungen,** Gasversorgungsleitungen, Anbindungsleitungen von LNG-Anlagen (LNGG), Hochspannungsleitungen zur Netzanbindung von Offshore-Anlagen sowie **Seekabel** sowie das **Wasserstoffnetz** (§§ 43, 43l EnWG), Anlagen zur Erzeugung von Energie aus Wasser und Strömung (§ 2 SeeAnlG), Errichtung und Betrieb von **Windenergieanlagen auf See** sowie Anlagen zur Übertragung der Energie (§§ 66, 70 WindSeeG), Errichtung, Betrieb und wesentliche Änderung von **Kohlendioxidleitungen** (§ 4 KSpG). Zu erwähnen sind ferner der Wege- und Gewässerplan mit landschaftspflegerischem Begleitplan (§ 41 FlurbG) sowie der Rahmenbetriebsplan im Bergrecht (§ 52 IIa–IIc BBergG)(zu weiteren Hinweisen auf das Fachplanungsrecht BeckOK VwVfG/Kämper § 72 Rn. 15–33).

3. Beschleunigung durch Gesetze

In Deutschland herrscht nicht erst vor dem Hintergrund von rechtlichen **13a** Maßnahmen zum Klimaschutz, einer Dekarbonisierung zahlreicher Sektoren, der Energiewende, des Ausbaus von Erneuerbaren Energien, des Ausbaus von Wasserstoffnetzen, der Anforderungen zur Digitalisierung, der Verbreitung von Künstlicher Intelligenz und des Krieges Russlands gegen die Ukraine ein erheblicher Bedarf an einer deutlich zu **beschleunigenden Modernisierung** (Schütte/Langstädtler ZUR 2024, 3 – zum „neuen" Deutschlandtempo). Die Globale Agenda 2030 der Vereinten Nationen mit ihren 17 Nachhaltigkeitszielen, den Sustainable Development Goals (SDGs), liefern das Fundament auf dem die EU-Kommission mit dem Green Deal, Fit for 55 (Senkung der Nettotreibhausgasemissionen bis 2030 um mindestens 55 %) und zahlreichen anderen legislativen Maßnahmen aufgesetzt hat. Allein die (digitale) Infrastruktur in Deutschland muss seit geraumer Zeit modernisiert, erweitert und zudem ordnungsgemäß instandgehalten werden (Lau UPR 2023, 248 zu Bundesfernstraßen), was nicht immer gelingt. Ob Deutschland als Standort für Investoren in Konkurrenz zu anderen Ländern noch attraktiv ist und im Idealfall auch in Zukunft bleiben wird, hängt auch davon ab, in welcher Geschwindigkeit Vorhaben beantragt, geprüft und bei hoher Interdependenzdichte (Kment NVwZ 2023, 123) genehmigt und auch gerichtlich kontrolliert werden können. Hinzutritt ein Fachkräftemangel in zahlreichen Sektoren, der auf der Seite der Vorhabenträger als auch bei Behörden geeignet ist, die Verfahren zu verzögern.

Auch in der **Vergangenheit** sind kontinuierlich Gesetze erlassen worden, **13b** deren Ziel in einer Verkürzung der Verfahrensdauer bestand (etwa Roth ZRP 2022, 82). Ob sich ein Erfolg durch die zahlreichen Beschleunigungsgesetze eingestellt hat, darf mit einiger Skepsis begegnet werden. Die Fehleranfälligkeit von Genehmigungsentscheidungen dürfte trotz allgemeiner Einsicht in die Notwendigkeit eines „schlanken" Verfahrens durch die Zunahme an Umweltschutzgesetzgebung, eine erhöhte gerichtliche Kontrolldichte und europarechtliche Vorgaben gleichwohl nicht gesunken sein (BeckOK VwVfG/Kämper VwVfG § 72 Rn. 24a). Ein jeweils neues Gesetz zur Beschleunigung, das auf die unzureichende Geschwindigkeit als Investitionshemmnis verweist, mag als Diagnose des Symptoms zutreffen, löst aber nicht die Problematik eines im Mehrebenensystem hypertroph wuchernden Genehmigungsrechts. Das **Genehmigungsrecht** in der gegenwärtigen Konstitution ist als solches ist nur noch durch eine Matrix vertikaler und horizontaler Ebenen zu erfassen. Das gilt ums so mehr, wenn international verfasste Standards, völkerrechtliche Abkommen, europarechtlicher Normen- und Interpretationsbestand (europarechtskonforme und richtlinienkonforme Auslegung) und nationale Normen vertikal mit einer horizontalen Ebene, nämlich dem inneren „Verhältnis von allgemeinem Verwaltungsrecht, sektoralen Fachplanungsgesetzen und sektorübergreifenden Querschnittsregelungen (zB UVPG, UmwRG)" in Einklang gebracht werden müssen (zutreffend Schoch/Schneider/Weiß VwVfG § 72 Rn. 131 mwN).

13c Richtigerweise wird darauf hingewiesen, dass „die Ursache von Verzögerungen meist nicht im Prozessrecht, sondern in Unklarheiten und **Überfrachtungen** des materiellen Rechts liegt" (Breuer NVwZ 2023, 1273 (1282)), die sich in der gerichtlichen Prüfung auch in einer zeitaufwändigeren Kontrolle niederschlagen. Es liegt auf der Hand, dass die Zeit für eine Gesamtreform des Planfeststellungsrechts reif ist und stets wiederkehrende Beschleunigungsnovellen, kaum geeignet sind, die Anforderungen an Deregulierung nachhaltig zu erfüllen. Es werden an dieser Stelle nicht alle Beschleunigungsgesetze vorgestellt, sondern nur diejenigen, die in jüngerer Zeit erlassen worden sind (vollständige Übersichten enthalten etwa SBS/Neumann/Külpmann VwVfG § 72 Rn. 15–26; BeckOK VwVfG/Kämper § 72 Rn. 24–31l).

13d Nicht aus dem Blick geraten darf im Zuge weiterer Novellierungen, dass das durch die Rechtsprechung geschaffene **Fehlerfolgenregime** im Planfeststellungsrecht auf einem nicht mehr als zeitgemäß erachtetem Regelwerk beruht (Kment NVwZ 2023, 123 (126)) und eine kompetenz- und verfahrensrechtliche Neuausrichtung der Planfeststellung durch den Gesetzgeber erforderlich ist, die bei der Rechtsprechung insgesamt zu einem großzügigeren Verständnis führen dürfte (überzeugend Kment NVwZ 2023, 123 (127).

13e Der Bund und die Länder vereinbarten am 6.11.2023 für Planungs- und Genehmigungsverfahren neue **Beschleunigungs- und Modernisierungsmaßnahmen** in der Erkenntnis, dass Deutschland dringend modernisiert und eine Transformation zur Klimaneutralität erfolgreich umgesetzt werden müsse. Die vorherrschende Langsamkeit sei ein **Investitionshemmnis,** das schade (Schütte/Winkler ZUR 2024, 55 mwN). Die politischen Bemühungen, Planungs- und Genehmigungs- und verwaltungsgerichtliche Verfahren zu beschleunigen, um Transformations- und Infrastrukturvorhaben schneller, kostengünstiger und vereinfachter realisieren zu können, finden in jüngerer Zeit Niederschlag in zahlreichen gesetzlichen Regelungen. Vor allem ruft die Beschleunigung durch Beschränkung des Rechtsschutzes ein zumeist kritisches Echo hervor (D'Souza ZUR 2024, 126; Schwerdtfeger ZUR 2023, 451, 462; Breuer NVwZ 2023, 1273; Wulff NVwZ 2023, 978).

Das am 17.12.2006 in Kraft getretene **Infrastrukturplanungsbeschleunigungsgesetz** (IPBeschlG) hat zahlreiche Fachplanungsgesetze geändert (AEG, FStrG, WaStrG, LuftVG, MBPlG, EnWG, BNatSchG, ROG, BBergG, VwGO, vgl. Otto NVwZ 2007, 379 ff.). Die Vorschriften sollen wichtige Verkehrs- und Infrastrukturvorhaben beschleunigen (BeckOK VwVfG/Kämper § 72 Rn. 28 ff., zu Energieleitungen Kämper RdE 2007, 112 ff.; SBS/Neumann/Külpmann § 72 Rn. 22). Zugleich wurde das Verkehrswegeplanungsbeschleunigungsgesetz zum 1.1.2007 außer Kraft gesetzt. Das VwVfG konnte in Bund und Ländern mangels verfügbarer Zeit nicht mehr rechtzeitig angepasst werden. Der Bundestag hat die Bundesregierung aufgefordert, die beschleunigenden Maßgaben auf den gesamten Anwendungsbereich der Planfeststellungsverfahren auszudehnen und das VwVfG des Bundes sowie der Länder sobald wie möglich in einem gesonderten Gesetzgebungsverfahren zu verankern (BT-Drs. 16/3158, 29). 13f

Mit dem **PlVereinhG,** das im Wesentlichen am 7.6.2013 in Kraft getreten ist (BGBl I S. 1388), soll eine höhere Akzeptanz der Bürger bei Großvorhaben erreicht werden, von denen Auswirkungen auf ihre unmittelbare Umgebung ausgehen und oft eine Bedeutung über ihren Standort hinaus haben. Die bisherigen Formen der Öffentlichkeitsbeteiligung werden als nicht mehr ausreichend empfunden. Hier ist ein zunehmendes Interesse der Bürger an frühzeitiger Beteiligung und Mitsprache festzustellen, das durch § 25 III und weitere Bestimmungen berücksichtigt wurde, so dass die Stärkung der Öffentlichkeitsbeteiligung für mehr Transparenz und Akzeptanz bei Großvorhaben sorgen soll (BT-Drs. 17/9666, 13, 54; Schmitz Prell NVwZ 2013, 745 ff.) 13g

Das Gesetz zur **Beschleunigung von Planungs- und Genehmigungsverfahren im Verkehrsbereich** vom 29.11.2018 (BGBl I 2237) zielt darauf ab, die Planungsverfahren im AEG, WaStrG, FStrG effizienter und schneller umzusetzen (Antweiler NVwZ 2019, 29). Die Planfeststellungsbehörde ist befugt, vorläufige Anordnungen zur Durchführung von vorbereitenden oder Teilbaumaßnahmen festzusetzen, §§ 17 Abs. 2 FStrG, 18 Abs. 2 AEG, 14 Abs. 2 S. 1 WaStrG. Außerdem kann ein Dritter als **Projektmanager** gem. §§ 17h FStrG, 17a AEG, 14f WaStrG eingesetzt werden (Antweiler NVwZ 2019, 29, 31; BeckOK VwVfG/Kämper § 72 Rn. 31d). 13h

Mit dem am 17.5.2019 in Kraft getretenen **Gesetz zur Beschleunigung des Energieleitungsausbaus** wurden 9 Gesetze und 11 Rechtsverordnungen geändert (BGBl I S. 706). Das Artikelgesetz dient der Vereinfachung und Beschleunigung von Genehmigungsverfahren für **Neubau, Verstärkung und Optimierung von Stromleitungen,** insbes. durch bessere Verzahnung verschiedener Planungsschritte und Planungsebenen. Geändert wurde u.a das NABEG. Die Bundesnetzagentur bestimmt in der Bundesfachplanung zur Erfüllung der in § 1 I 1 des EnWG genannten Zwecke Trassenkorridore von im Bundesbedarfsplan aufgeführten Höchstspannungsleitungen (§ 5 NABEG), auf die unter den Voraussetzungen nach § 5a NABEG nunmehr verzichtet werden kann (Franke/Karrenstein EnWZ 2019, 195 (196)). 14

Vor dem Hintergrund der Nachhaltigkeitsbestrebungen, die auf aktive Klimaschutzmaßnahmen hinauslaufen (SDG 13) und die Stromversorgung bereits 2035 nahezu vollständig auf erneuerbaren Energien beruhen soll, ist 14a mit dem **„Gesetz zu Sofortmaßnahmen für einen beschleunigten Ausbau der erneuerbaren Energien und weiteren Maßnahmen im Stromsektor“** (v. 20.7.2022, BGBl. I 1237) § 2 EEG neu gefasst worden, wonach die Errichtung und der Betrieb von Anlagen der „Renewables“ im überragenden öffentlichen Interesse liegen und der öffentlichen Sicherheit dienen. Erneuerbare Energien sind ferner als vorrangiger Belang in die jeweils durchzuführenden Schutzgüterabwägungen solange einzubeziehen, bis die Stromerzeugung im Bundesgebiet nahezu treibhausgasneutral ist (hierzu Birkner NVwZ 2024, 138; Lingemann NVwZ 2023, 1634; zur Abwägung beim Klimaschutz, etwa Muffler KlimR 2023, 240).

14b Mit dem **Gesetz zur Beschleunigung von Investitionen** (Investitionsbeschleunigungsgesetz) v. 3.12.2020 (BGBl. I 2694) wurden die Dauer von Raumordnungs-, Genehmigungs- und Verwaltungsgerichtsverfahren im Verkehrsbereich verringert mit dem Ziel einer Beschleunigung von Infrastrukturvorhaben. Ebenfalls wird die Erstzuständigkeit des OVG bei verwaltungsgerichtlichen Verfahren für den Bau von Windkraftanlagen, Landesstraßen, Häfen u. a. angeordnet (§ 48 VWG), der später erneut angepasst werden wird.

14c Auf die Pandemie mit dem Coronavirus Sars-CoV-2 (COVID-19) wurde sehr rasch mit dem zeitlich befristeten **Planungssicherstellungsgesetz** (PlanSiG), einem Querschnittsgesetz für 23 Bundesgesetze, (§ 1 PlanSiG) reagiert. Es tritt im Wesentlichen mit Ablauf des 31.12.2024, spätestens mit Ablauf des 31.9.2029 (§ 7 PlanSiG) außer Kraft. Unmittelbare Vorgänge wie Auslegungen, Einsichtnahmen, Niederschriften, Verhandlungen während der Planungsverfahren wurden infolge der weitreichenden Kontaktbeschränkungen durch digitalisierte Verfahrensschritte ersetzt. Wesentliche Regelungen des PlanSiG sind in modifizierter Form in das Verwaltungsverfahrensgesetz (VwVfG) übernommen worden (Wysk NVwZ 2020, 905; BeckOK VwVfG/Kämper VwVfG § 72 Rn. 31i). Aufgrund der Erfahrungen mit dem PlanSiG wird die bislang zusätzlich und als Soll-Vorschrift geregelte öffentliche Bekanntmachung im Internet nunmehr zwingend und als Wirksamkeitsvoraussetzung vorgegeben (→ § 27a Rn. 6). Zur Einsicht auszulegende Dokumente sind vorrangig über das Internet zugänglich zu machen (→ § 27b Rn. 2). Zudem werden die Onlinekonsultation sowie die Video- und Telefonkonferenz als bewährte Formate der elektronischen Ersetzung von Erörterungen, mündlichen Verhandlungen (→ § 27c Rn. 1) und Ähnlichem aus dem PlanSiG in das VwVfG überführt (BReg, Entwurf eines Fünften Gesetzes zur Änderung verwaltungsverfahrensrechtlicher Vorschriften (5. VwVfÄndG) v. 11.9.2023 BT-Drs. 20/8299), → § 102a Rn. 2; → § 27a Rn. 1

14d Zur Sicherstellung einer schnellen Unabhängigkeit von russischen Gasimporten wurde am 1.6.2022 das Gesetz zur Beschleunigung des Einsatzes verflüssigten Erdgases, kurz **LNG- Beschleunigungsgesetz** (LNGG) beschlossen mit dem Ziel Zulassungs-, Vergabe- und Nachprüfungsverfahren erheblich zu beschleunigen. Die nach § 2 LNGG näher bezeichneten Vorhaben für schwimmende und landgebundene Anlagen und deren Anbindungsleitungen sind schnellstmöglich durchzuführen; sie dienen dem zentralen Interesse einer sicheren und diversifizierten Gasversorgung in Deutschland und sind aus Gründen eines überragenden öffentlichen Interesses und im

Interesse der öffentlichen Sicherheit erforderlich (§ 3 LNGG). Die Durchführung einer Umweltverträglichkeitsprüfung ist weitgehend entbehrlich (BVerwG NVwZ 2924, 60; BVerwG NVwZ 2023, 1657 (1658). Über sämtliche Vorhaben entscheidet im ersten und letzten Rechtszug das BVerwG (§ 12 LNGG).

Das **Gesetz zur Beschleunigung von verwaltungsgerichtlichen Verfahren im Infrastrukturbereich** vom 14.3.2023 verfolgt das Ziel bedeutsame Infrastrukturvorhaben gegenüber anderen Verfahren zu beschleunigen. Verwaltungsgerichtliche Verfahren über bedeutsame Infrastrukturvorhaben zeichnen sich durch rechtliche und tatsächliche Komplexität aus. Die Verfahrensdauer für diese Vorhaben mit einer hohen wirtschaftlichen oder infrastrukturellen Bedeutung soll reduziert werden, ohne hierbei die Effektivität des Rechtsschutzes zu beeinträchtigen (Schwerdtfeger ZUR 2023, 451 (462): „Ziel in mehrfacher Hinsicht verfehlt"). Hierdurch sollen unter Wahrung der Rechte der Beteiligten entsprechende Vorhaben schneller umgesetzt werden können (Bier/Bick NVwZ 2023, 457, (462) „nicht das letzte Prozessbeschleunigungsgesetz"). Die Beschleunigung der verwaltungsgerichtlichen Verfahren ist sowohl angesichts der angestrebten Energiewende mit dem Ausbau der erneuerbaren Energien, einschließlich des erforderlichen Ausbaus der Stromnetze, als auch im Hinblick auf den erforderlichen Ausbau und die erforderliche Erneuerung der verkehrlichen Infrastruktur nachvollziehbar dringlich (krit. Pagenkopf NJW 2023, 1095 (1098) „Gerichte nicht Reparaturbetrieb der Verwaltung"). Damit dient das Gesetz auch der von den Vereinten Nationen beschlossenen **Nachhaltigkeitsagenda** (Global Agenda 2030) und den Nachhaltigkeitszielen (SDG 7.2, 9.4, 13 und 16). Für besonders bedeutsame Infrastrukturvorhaben regeln § 48 I S 2 Nr. 3 bis 15 und § 50 I Nr. 6 VwGO die erstinstanzliche Zuständigkeit der Oberverwaltungsgerichte und Verwaltungsgerichtshöfe sowie des Bundesverwaltungsgerichts. Im Rahmen eines Erörterungstermins in einem frühen Verfahrensstadium sollen zum einen die Möglichkeiten einer gütlichen Beilegung des Rechtsstreits ausgelotet werden, zum anderen soll, wenn es nicht zu einer solchen Beilegung kommt, ein Verfahrensplan festgelegt werden, mit dem das weitere Verfahren strukturiert wird (BT-Drs. 20/5165 vom 11.1.2023). Mängel können nach § 80c II VWGO außer Acht gelassen werden (hierzu Siegel NVwZ 2023, 462 (465) „Schnellschuss"; krit. auch Pagenkopf NJW 2023, 1095 (1098)). 14e

Mit dem **Gesetz zur Beschleunigung von Genehmigungsverfahren im Verkehrsbereich** und zur Umsetzung der Richtlinie (EU) 2021/1187 über die Straffung von Maßnahmen zur rascheren **Verwirklichung des transeuropäischen Verkehrsnetzes** vom 22.12.2023 sollen u. a. Infrastrukturprojekte der Bahn befördert werden. Es handelt sich um ein Mantelgesetz zur Änderung des Bundesfernstraßengesetzes (FStrG), des Fernstraßenausbaugesetzes (FStrAbG), des Allgemeinen Eisenbahngesetzes (AEG), des Bundesschienenwegeausbaugesetzes (BSWAG), des Bundeswasserstraßengesetzes (WaStrG), des Luftverkehrsgesetzes (LuftVG), des Wasserhaushaltsgesetzes (WHG) des Infrastrukturgesellschaftserrichtungsgesetzes (InfrGG), des Investitionsgesetzes Kohleregionen (InvKG) sowie des Gesetzes über die Umwelt- 14f verträglichkeitsprüfung (UVPG). Planungs- und Genehmigungsverfahren für den Ausbau wichtiger Schienenstrecken und Straßenprojekte sollen vereinfacht und damit schneller abgeschlossen werden können. Regelungen aus dem LNG-Beschleunigungsgesetz werden auf den Verkehrsbereich übertragen. Die Änderungen im Fernstraßenausbaugesetz und des Bundesschienenwegeausbaugesetz gelten als besonders wichtiger Vorhaben im Bereich der Fernstraßen und der Eisenbahnen und liegen im überragenden öffentlichen Interesse.

14g Globale Maßnahmen zum **Klimaschutz** und der **Angriffskrieg Russlands** auf die Ukraine liefern den Hintergrund für neue Ziele eines schnellen Aufbaus einer autarken und nachhaltigen Energieversorgung. Im Rahmen des **REPowerEU-Plans** der EU-Kommission (COM(2022) 230 final, 1) ua zur Beschleunigung der Energiewende hat die EU die Erneuerbare-Energien-Verordnung **(EU-Notfallverordnung)** vom 22.12.2022 erlassen. Die Verordnung gilt bis zum 30.6.2024 und ist durch drei Elemente gekennzeichnet. Erstens wird ein Abwägungsvorrang für erneuerbare Energien begründet (Hennicke ZUR 2023, 442; Ruge NVwZ 2023, 870). Danach liegen die Planung, der Bau und der Betrieb von Anlagen und Einrichtungen zur Erzeugung von Energie aus erneuerbaren Quellen sowie ihr Netzanschluss, das betreffende Netz selbst und die Speicheranlagen im überwiegenden öffentlichen Interesse und dienen der öffentlichen Gesundheit und Sicherheit (Ludwigs EuZW-Sonderausgabe 2024, 16; Kohls/Boerstra EnWZ 2024, 69 – zur Beschleunigungsgesetzgebung zum Netzausbau). Mit der Regelung in § 72a WindSeeG wurde von der in Art. 6 der Notfallverordnung VO (EU) 2022/2577 vorgesehenen Möglichkeit Gebrauch gemacht, von bestimmten unionsrechtlichen Umweltvorschriften abzuweichen. Begünstigt sind Genehmigungsverfahren, bei denen die Antragstellung bis zum 30.6.2024 erfolgt ist (§ 72a III S. 1 WindSeeG). Ferner ist § 72a WindSeeG auch für begonnene Genehmigungsverfahren anwendbar, bei denen der Antrag vor dem Inkrafttreten von § 72a WindSeeG gestellt worden ist und das Verfahren durch die Anwendung verkürzt werden kann (§ 72a III S. 2 WindSeeG). Mit einer dauerhaften Verstetigung der Regulierung in § 72a WindSeeG darf gerechnet werden (ausführlich Lutz-Bachmann/Zywitz EnWZ 2023, 445). Hinzukommt die Beschleunigungswirkung durch die am 18.10.2023 vom EU-Parlament und Rat beschlossene Richtlinie (EU) 2023/2413 („Renewable Energy Directive III" bzw. **„RED III"**), die am 20.11.2023 in Kraft getreten ist. Die Mitgliedstaaten haben bis zum 21.2.2026 die Beschleunigungsgebiete auszuweisen, die benötigt werden, um ihren nationalen Beitrag zum europäischen Gesamtziel für erneuerbare Energien für 2030 zu erreichen (Art. 15c Abs. 1 iVm 15b Abs. 1 RED III). Hierfür sollen die Mitgliedstaaten einen oder mehrere Pläne verabschieden, in denen Beschleunigungsgebiete festgelegt werden (Lutz-Bachmann/Zywitz EnWZ 2023, 445 (450); Wulff NVwZ 2024, 368; Kohls/Boerstra EnWZ 2024, 69 (70)).

15 Eine gleichlautende Änderung der allgemeinen Verwaltungsverfahrensgesetze des Bundes und der Länder hilft, **Rechtszersplitterungen** und **Anwendungsfehler** zu vermeiden (BT-Drs. 16/3158, 46). Mit einer **Novellie-**

rung des Planfeststellungsrechts im VwVfG ist auch in Zukunft zu rechnen (Schulz/Maierhöfer ZRP 2019, 54).

4. Anspruch auf Planfeststellung

16 Der Vorhabenträger hat **kein subjektiv-öffentliches Recht** in Form eines Anspruchs auf Planfeststellung. Er hat aber einen Anspruch auf **Durchführung des Planfeststellungsverfahrens** (KR/Wysk § 72 Rn. 42). Die zuständige Behörde hat einen planerischen Gestaltungsspielraum, der dem Antragsteller lediglich einen Anspruch auf fehlerfreie Entscheidung vermittelt (KR/Wysk § 72 Rn. 41; SBS/Neumann/Külpmann § 72 Rn. 40).

17 **Ausnahmen** sind zB die atomrechtliche Planfeststellung, die als gebundene Entscheidung ohne planerischen Gestaltungsspielraum der Planfeststellungsbehörde im Hinblick auf Alternativstandorte ergeht (BVerwG NVwZ 2007, 837 (838)) sowie der durch Planfeststellung zuzulassende Rahmenbetriebsplan im Bergrecht, der ebenfalls als gebundene Entscheidung ohne planerischen Gestaltungsspielraum der Behörde ergeht (BVerwG NVwZ 2007, 700 (701)).

18 Im Übrigen kann die Behörde den Betreiber einer Anlage nicht zur **Stellung eines Antrags zwingen,** sofern dazu keine gesetzliche Grundlage geschaffen wurde (BVerwG NVwZ 1990, 658 (660, 662 f.); KR/Wysk § 72 Rn. 43). Für einen Verwaltungsakt, durch den die Behörde dem Betreiber einer formell illegalen Abfallentsorgungsanlage unter Androhung von Zwangsmitteln die Einleitung eines Planfeststellungs- oder Plangenehmigungsverfahrens aufgibt, gibt es keine Rechtsgrundlage (OVG Lüneburg NVwZ-RR 1993, 7 (8)).

19 Ein **Anspruch Drittbetroffener auf Durchführung eines Planfeststellungsverfahrens ist abzulehnen** (BVerwG NJW 1981, 2769 (2770)). Sofern ein Betreiber durch wesentliche Änderung eines Vorhabens eine Sachlage schafft, die im Planfeststellungsverfahren zu prüfen wäre, gibt es andere Instrumente, die das einem präventiven Verbot mit Erlaubnisvorbehalt unterliegende Vorgehen – bis auf weiteres – zuverlässig unterbinden können; der Weg über ein subjektiv-öffentliches Recht Drittbetroffener ist der falsche Ansatz.

19a Ein von einem Vorhaben nur mittelbar Betroffener kann nach der stRspr des BVerwG nur die Verletzung gerade ihn schützender Normen des materiellen Rechts und des Verfahrensrechts sowie eine nicht ordnungsgemäße Abwägung seiner geschützten Privatbelange rügen, nicht aber eine insgesamt fehlerfreie Abwägung und Planung verlangen (OVG Lüneburg BeckRS 2022, 21129 Rn. 19 mwN).

5. Feststellung des Bedarfs im Rahmen der Fachplanung (Planrechtfertigung)

20 Nach stRspr des BVerwG ist im Rahmen des Fachplanungsrechts das Erfordernis der **Planrechtfertigung** zu prüfen. Die Planrechtfertigung erfordert die Prüfung, ob das Vorhaben mit den Zielen des Gesetzes übereinstimmt (fachplanerische Zielkonformität) und ob das Vorhaben für sich in Anspruch nehmen kann, in der konkreten Situation erforderlich zu sein. Das ist nicht

erst bei Unausweichlichkeit des Vorhabens der Fall, sondern bereits dann, wenn es **vernünftigerweise geboten** ist (BVerwG NVwZ 2015, 79 (80); 2007, 445 (447 ff.) mwN; BVerwG NVwZ 2006 Beil. I 8/2006, 1 Rn. 182; BVerwG LKV 1999, 143 (143)).

21 Die Planrechtfertigung ist ein **ungeschriebenes Erfordernis jeder Fachplanung** und eine Ausprägung des Prinzips der Verhältnismäßigkeit staatlichen Handelns, das mit Eingriffen in Rechte Dritter verbunden ist (BVerwG NVwZ 2006, Beil. I 8/2006, 1 Rn. 182). Die Planrechtfertigung ist nicht nur dann zu prüfen, wenn Dritte für das Vorhaben enteignet werden sollen, sondern immer dann, wenn das Vorhaben mit Eingriffen in ihre Rechte einhergeht. Art. 14 I GG schützt den Eigentümer auch vor mittelbaren Beeinträchtigungen seines Eigentums durch ein planfeststellungsbedürftiges Vorhaben. Auch derartige Eigentumsbeeinträchtigungen müssen dem Grundsatz der Verhältnismäßigkeit genügen.

22 Ein mittelbar eigentumsbetroffener Dritter kann deshalb geltend machen, dass für das beabsichtigte Vorhaben – gemessen an den Zielsetzungen des jeweiligen Fachplanungsgesetzes – **kein Bedarf** besteht. Nicht verlangen kann er die Prüfung, ob die mit dem Vorhaben verfolgten öffentlichen Interessen generell geeignet sind, entgegenstehende Eigentumsrechte zu überwinden, dh insbes. das Gemeinwohlerfordernis des Art. 14 III 1 GG auszufüllen (BVerwG NVwZ 2009, 109 (118); BVerwG NVwZ 2007, 445 mwN).

IV. Planfeststellung im Kontext vor- und nachgelagerter Entscheidungen sowie integrierter Verfahren (UVP)

1. Fachplanung und Landesentwicklung

23 In dem Gesamtsystem, in das ein raumbedeutsames Vorhaben eingestellt wird, wird zwar über das konkrete Vorhaben mittels eines Planfeststellungsbeschlusses entschieden, was andere Entscheidungsabläufe aber nicht ausschließt. Im Gegenteil: in der Regel bestehen weitere Anforderungen, die entweder vor oder nach Erlass eines Planfeststellungsverfahrens zu erfüllen sind. Vom Planfeststellungsverfahren werden somit **vor- und nachgelagerte Planungsstufen** nicht erfasst (KR/Wysk § 72 Rn. 26).

24 Dem Planungsverfahren vorgelagert sind zB das Verfahren über die Planung und Linienführung einer Bundesfernstraße (§ 16 FStrG) oder einer Bundeswasserstraße (§ 13 WaStrG). Es handelt sich bei diesen Entscheidungen um dem Planverfahren vorgelagerte Entscheidungen, die einen **internen Charakter** aufweisen, gleichwohl die Planungsbehörde binden. Unmittelbarer Rechtsschutz ist gegen **vorgelagerte Entscheidungen** nach Rspr. des BVerwG nicht zu erlangen (kritisch dazu Kment NVwZ 2010, 542 (543)). Rechtsschutz wird erst gegen den das Planfeststellungsverfahren abschließenden Planfeststellungsbeschluss gewährt (OVG Münster BeckRS 2015, 49962 Rn. 123); BVerwG NVwZ 1996, 896 (897); BVerwG NJW 1992, 256 (257); BVerwG UPR 1991, 32 (32); KR/Wysk § 72 Rn. 28).

Die Festlegungen vorgelagerter Planungen sind im Planfeststellungsverfahren allerdings nicht unüberwindbar (str.); vielmehr kann durch die Konzentrationswirkung im Planfeststellungsbeschluss zulässigerweise eine **Abweichung von Zielen** zB der Landesentwicklungsplanung (hier: Regionalplan Südhessen 2000) getroffen werden. Die Abweichung muss noch nicht einmal ausdrücklich als Abweichungsentscheidung formuliert werden (VGH Kassel NJOZ 2010, 296 (322); NJOZ 2006, 237 (255 f.)). Es genügt, dass der Planfeststellungsbeschluss (hier: Flughafen Frankfurt a. M.) **im Bewusstsein einer Abweichung von Zielen der Raumplanung** erlassen worden ist (VGH Kassel NJOZ 2010, 296 (322); hierzu kritisch Steinberg NVwZ 2010, 273 (277): „verfehlte normtheoretische Qualifizierung eines raumordnerischen Grundsatzes"). Das Verhältnis zwischen Fach- und Landesentwicklungsplanung wird in diesem Verfahren durch die eingelegte Revision möglicherweise durch das BVerwG neu bestimmt werden (Steinberg NVwZ 2010, 273 (277)). 25

Im Zuständigkeitsgefüge sind nach Rspr. des BVerwG bestimmte Vorwirkungen allerdings auch von der Planfeststellungsbehörde zu beachten. Wird die Zulassung eines Flughafenvorhabens (Berlin-Schönberg) für den von der Landesplanung festgelegten Standort beantragt, ist die Planfeststellungsbehörde nicht ermächtigt, die vorangegangene raumordnerische Abwägung durch eine **eigene ergebnisoffene Abwägung** der nach ihrer Auffassung maßgeblichen Standortanforderungen **zu ersetzen, zu bestätigen oder zu korrigieren.** Die Planfeststellungsbehörde hat das Ergebnis des landesplanerischen Standortvergleichs als solches hinzunehmen (BVerwG 2006 NVwZ-Beil. 2006, 1, 5). 26

Kommt es bei der **Bauleitplanung zu einer Kollision** zwischen dem Vorhaben und den Festsetzungen eines kommunalen Bebauungsplanes, ist entscheidend, ob das Vorhaben des Planfeststellungsverfahrens von überörtlicher oder nur örtlicher Bedeutung ist. Bleibt es lediglich bei einer örtlichen Bedeutung, muss das Vorhaben den Festsetzungen des Bebauungsplans entsprechen. Im Übrigen gilt – bei überörtlicher Bedeutung – und Beteiligung der Gemeinde ein Fachplanungsprivileg nach § 38 BauGB (Ziekow § 72 Rn. 8); die städtebaulichen Belange sind dann (nur) in der Abwägung zu berücksichtigen (VGH München NVwZ-RR 2009, 668 (669 f.)). So können Bebauungspläne keine verbindlichen gestalterischen Vorgaben für Betriebsgebäude der öffentlichen Eisenbahn von überörtlicher Bedeutung enthalten (VGH München NVwZ-RR 2009, 668 (669), BVerwG NVwZ 2008, 563, (569). Entsprechendes gilt für die Bundeswasserstraßen. Die Fachplanung hat insoweit Vorrang vor dem Ortsrecht (OVG Schleswig NordÖR 2004, 488 ff. = BeckRS 2005, 25850). 27

Für Zwecke der Wasserstraßennutzung auf der Basis des zum 1.3.2010 novellierten WHG (Müggenborg/Hentschel NJW 2010, 961 (962); Fassbender ZUR 2010, 181 (183)) verwaltete Flächen sind der gemeindlichen Bauleitplanung zwar nicht vollständig entzogen; die kommunale Planung darf aber nicht in Widerspruch zum **Wasserstraßenrecht** treten (OVG Schleswig NordÖR 2004, 488 ff. = BeckRS 2005, 25850). Ob § 38 S. 1 BauGB für den bergrechtlichen Planfeststellungsbeschluss gilt, ist noch offen (OVG Münster DVBl 2006, 463 L = BeckRS 2006, 21050). 28

2. Linienbestimmung

29 Die Bestimmung der Linienführung bei Bundesfernstraßen oder Bundeswasserstraßen (§ 13 WaStrG) ist der Planfeststellung vorgeschaltet. Die Bestimmung der Linienführung hat den Charakter einer vorbereitenden Grundentscheidung mit **verwaltungsinterner Bedeutung** (OVG Münster BeckRS 2015, 49962 Rn. 123; BVerwG NVwZ-RR 2002, 2 (2 f.); BVerwG NVwZ 1996, 1011 (1014)).

30 Das Verhältnis zwischen Linienführung und Planfeststellung bzw. Plangenehmigung lässt sich mit dem zwischen Flächennutzungsplan und Bebauungsplan vergleichen (BGH NVwZ 2009, 1184 (1184)). Damit verbunden ist allerdings eine Vorwirkung, aus denen der BGH **Grundsätze der „Vorwirkungs-Rechtsprechung"** entwickelt hat. Danach können auch vorbereitende unverbindliche Planungen, die noch keinen Eingriff in das Eigentum bilden, Vorwirkungen einer **späteren Enteignung** auslösen, indem sie Grundstücke von der konjunkturellen Weiterentwicklung ausschließen. Voraussetzung hierfür ist, dass die (unverbindliche) Planung ursächlich für die spätere Enteignung war, eine hinreichende Bestimmtheit hatte und die spätere verbindliche Planung, die dann zur Enteignung führte, mit Sicherheit erwarten ließ (BGH NVwZ 2009, 1184 (1184) mwN; BGH NJW 1987, 1256 (1256)).

31 Die Linienbestimmung als Grundlage für den Planfeststellungsbeschluss ist rechtlich **nicht selbständig angreifbar** (BVerwG NVwZ-RR 2002, 2 (2 f.); Ziekow § 72 Rn. 12). Sie wird aber inzident im Rahmen der Rechtmäßigkeit des Planfeststellungsbeschlusses überprüft, so insbes. ob die Grenzen der planerischen Gestaltungsfreiheit verlassen werden. Die Grenzen bei der Auswahl zwischen verschiedenen Linienvarianten sind erst dann überschritten, wenn eine andere als die gewählte Linienführung sich unter Berücksichtigung aller abwägungserheblichen Belange eindeutig als die bessere, weil öffentliche und private Belange insgesamt schonendere, darstellen würde, wenn sich maW diese Lösung der Behörde hätte aufdrängen müssen (OVG Lüneburg BeckRS 2009, 41423; BVerwG NVwZ 2004, 1486 (1490)). Ein Planfeststellungsbeschluss ist nicht allein deshalb rechtswidrig, weil ihm kein Linienbestimmungsverfahren vorangegangen ist oder weil er von der festgelegten Linie abweicht (OVG Münster BeckRS 2015, 49962 (Rn. 123)).

32 Ein Angriff auf die Grundlagen der Linienbestimmung zielt jedoch ins Leere, wenn sich der Planfeststellungsbeschluss ausdrücklich mit den von Einwenderseite angesprochenen Trassenalternativen und unabhängig von den Wertungen, die zur Linienbestimmung geführt haben, befasst hat (BVerwG NVwZ 2009, 1498 (1501)).

3. Integrierte Umweltverträglichkeitsprüfung

33 Die **Umweltverträglichkeitsprüfung (UVP)** ist nach § 4 UVPG ein unselbständiger Teil des Planfeststellungsverfahren, das der Entscheidung über die Zulässigkeit eines Vorhabens dient (§ 2 I UVPG). In der Anlage 1 zu § 1 I Nr. 1 UVPG ist die UVP-Pflichtigkeit einzelner Vorhaben geregelt.

Die UVP ist ein der allgemeinen Abwägung im Planfeststellungsverfahren **vorgeschalteter, formalisierter Zwischenschritt** (BVerwG NVwZ 2008, 563 (565); BVerwG NVwZ 2005, 442 (443)), die auch bei Änderungen und Ergänzungen von Anlagen anzuwenden ist (BVerwG NVwZ 2014, 669 (671)). Als Ausprägung des **Frühzeitigkeitsprinzips** hat sie die Funktion, eine auf die Umweltbelange zentrierte Vorabprüfung unter Ausschluss der sonstigen Belange zu gewährleisten. Die Umweltbelange sollen in gebündelter Form in die Abwägung eingehen (BVerwG NVwZ 2015, 85 (87 Rn. 21); 2014, 669 (672 Rn. 37)). Verstärkt wird die Bedeutung der Umweltprüfung durch ihren **integrativen Ansatz** (BVerwG NVwZ 2008, 563 (566); NVwZ 2005, 442 (443)). Betrachtet werden Neuvorhaben (§ 1 IV iVm Anlage 1, 6 UVPG, Änderungsvorhaben (§ 9 UVPG) und kumulierende Vorhaben (§§ 10–13 UVPG) sowie Entwicklungs- und Erprobungsvorhaben (§ 14 UVPG). Die UVP soll gewährleisten, dass die Umweltauswirkungen ermittelt, beschrieben und bewertet werden (§ 3 UVPG). Die Umweltverträglichkeitsprüfung als unselbständiger Teil verwaltungsbehördlicher Verfahren endet mit einer positiven oder negativen Zulassungsentscheidung zB einem Planfeststellungsbeschluss oder einer Plangenehmigung (§§ 2 VI, 4 UVPG). 34

Für bestimmte Pläne und Programme ist eine **Strategische Umweltprüfung** als unselbständiger Teil behördlicher Verfahren erforderlich (§ 33 UVPG), wobei die zuständige Behörde frühzeitig festzustellen hat, ob nach den §§ 35 bis 37 UVPG eine Verpflichtung zur Durchführung einer Strategischen Umweltprüfung (SUP-Pflicht) besteht. Welche Vorhaben im Einzelnen einer SUP-Pflicht unterliegen, ergibt sich aus § 35 I iVm Anlage 5 UVPG. Sondervorschriften zur Beteiligung von Behörden und zur **Öffentlichkeitsbeteiligung** sind in §§ 41, 42 UVPG enthalten. 34a

Die Umweltverträglichkeitsprüfungen dienen einer **wirksamen Umweltvorsorge** und werden nach einheitlichen Grundsätzen sowie unter Beteiligung der Öffentlichkeit durchgeführt (§§ 3,18 UVPG). Die betroffene Öffentlichkeit ist im Rahmen der Beteiligung berechtigt, sich schriftlich oder zur Niederschrift bei der zuständigen Behörde zu äußern (§§ 2 IX, 18 I, 21 I UVPG). Indem in § 18 I S. 3 UVPG auf § 73 V – VII verwiesen wird, werden im **Öffentlichkeitsbeteiligungsverfahren** auch jene Einwendungen erfasst, die europarechtlich nicht vorgeschrieben sind (BeckOK VwVfG/Kämper § 72 Rn. 64c mwN). Beachtlich bleibt, dass das UVPG gem. § 1 IV keine Anwendung findet, wenn Bund oder Länder vorrangige Bestimmungen hinsichtlich der UVP-Pflichtigkeit festlegen, sie aufheben oder erweitern. 34b

Vor dem Hintergrund des zuletzt **2017** novellierten und **neu bekanntgemachten UmwRG** (BGBl. I 2017, 1298; Bekanntmachung der Neufassung v. 23.8.2017, BGBl. I 2017, 3290) (Schlacke NVwZ 2019, 1392- 1394 mwN; Schlacke, NVwZ 2017, 905, 907)) ist die Rechtslage neu zu bestimmen, die allerdings nicht frei von „rechtssystematischen Friktionen" ist (Schlacke NVwZ 2019, 1401). Im Mittelpunkt stehen die in § 4 UmwRG geregelten Fälle, wonach eine Zulassungsentscheidung eines Vorhabens zB durch Planfeststellungsbeschluss aufgehoben werden kann, wenn eine erforderliche Umweltverträglichkeitsprüfung weder durchgeführt noch nachgeholt worden ist. 35

35a Nach § 4 I S. 1 Nr. 1 UmwRG kann die Aufhebung einer Entscheidung über die Zulässigkeit eines Vorhabens nach § 1 I S. 1 Nr. 1 – 2b UmwRG verlangt werden, wenn eine nach den Bestimmungen des UVPG erforderliche Umweltverträglichkeitsprüfung oder erforderliche Vorprüfung des Einzelfalls zur Feststellung der UVP-Pflichtigkeit weder durchgeführt noch nachgeholt worden ist. Die Aufhebung einer Entscheidung über die Zulässigkeit eines Vorhabens kann nach § 4 I S. 1 UmwRG des Weiteren verlangt werden, wenn eine erforderliche Öffentlichkeitsbeteiligung im Sinne von § 18 UVPG oder im Sinne von § 10 BImSchG weder durchgeführt noch nachgeholt worden ist oder wenn ein anderer Verfahrensfehler vorliegt, der a) nicht geheilt worden ist, b) nach seiner Art und Schwere mit den in den Nr. 1 und 2 genannten Fällen vergleichbar ist und c) der betroffenen Öffentlichkeit die Möglichkeit der gesetzlich vorgesehenen Beteiligung am Entscheidungsprozess genommen hat; zur Beteiligung am Entscheidungsprozess gehört auch der **Zugang zu den Unterlagen,** die zur Einsicht für die Öffentlichkeit auszulegen sind (Seibert NVwZ 2019, 337). Bei den in § 4 I UmwRG genannten Verfahrensfehlern handelt es sich um sog. **absolute Verfahrensfehler** (OVG Lüneburg BeckRS 2018, 20559 Rn. 99).

Absolute Verfahrensfehler sind nur Verstöße gegen Rechtsvorschriften, welche die äußere Ordnung des Verfahrens, also den Verfahrensablauf als solchen, betreffen. Von den einzelnen Verfahrensschritten und ihrer Durchführung zu unterscheiden sind die Anforderungen an die inhaltliche Ausgestaltung der Umweltverträglichkeitsprüfung, die vor allem in den § 6 Abs. 2 bis 4, § 11 UVPG aF bzw. den §§ 16, 24 Abs. 1 und § 25 Abs. 3 UVPG ihren Niederschlag finden. (BVerwG 2021, 41134 Rn. 44 mwN). Eine Verletzung des § 27a VwVfG ist unbeachtlich (BVerwG 2021, 41134 Rn. 24 mwN).

35b Die **globalen Klimaschutzziele** gehören hier nicht zum Prüfungsprogramm der Umweltverträglichkeitsprüfung. Das Inkrafttreten des Bundes-Klimaschutzgesetzes gebietet keine andere Beurteilung und führt nicht zu einer **nachträglichen „Aufladung“** und Erweiterung des Begriffs der Umweltauswirkungen bei der Umweltverträglichkeitsprüfung um den Aspekt des globalen Klimas (BVerwG NVwZ 2022, 1549 (1556); ausführlich → § 75 Rn. 36 und → § 75 Rn. 27b).

35c **Verfahrensfehler, die nicht nach § 4 I UmwRG zu bewerten sind, gelten als relative Fehler,** die am Maßstab von § 4 Ia und Ib UmwRG zu beurteilen sind. Fehler der Bekanntmachung und die unterbliebene Auslegung einer Verkehrsuntersuchung, liegen unterhalb der Schwere absoluter Fehler und führen dann nicht zu einer Aufhebung, wenn sich der Verfahrensfehler im Ergebnis auf die Entscheidung über ein Vorhaben im Planfeststellungsrecht nicht ausgewirkt hat (OVG Münster BeckRS 2019, 24959 Rn. 81).

35d Allerdings ist eine **Heilung von Verfahrensfehlern** im Interesse einer Planerhaltung zulässig (vgl. → § 75 Rn. 18). Hierzu dient die **Aussetzung des Verfahrens** nach § 4 Abs. 1b S. 3 UmwRG. Danach kann das Gericht auf Antrag anordnen, dass die Verhandlung bis zur Heilung von Verfahrensfehlern ausgesetzt wird. Der Zweck der Aussetzung besteht darin, dass während des Verfahrens eingeleitete Schritte zur Heilung von Verfahrensfehlern, wie das Nachholen einer Umweltverträglichkeitsprüfung, der UVP-Vorprüfung oder einzelner Verfahrensschritte, nicht vom gerichtlichen Verfahren **überholt** werden und ins Leere laufen (OVG Magdeburg BeckRS 2019, 22640 Rn. 8 mwN). Voraussetzung einer Aussetzung des Verfahrens nach § 4 Ib S. 3 UmwRG ist, dass die Nachholung von Verfahrensschritten zur Heilung von Verfahrensfehlern in einem ergänzenden Verfahren zumindest **ernsthaft beabsichtigt** ist. Zudem setzt die Aussetzung des Verfahrens nach § 4 Ib S. 3 UmwRG voraus, dass die Fehlerbehebung nicht von vornherein ausgeschlossen ist. Es muss die konkrete Möglichkeit bestehen, dass sich der Verfahrensfehler in absehbarer Zeit beseitigen lässt, und es dürfen keine **unheilbaren materiellen Fehler** vorliegen. Dies entspricht den vom BVerwG zur Möglichkeit einer Fehlerbehebung in einem ergänzenden Verfahren nach § 75 Ia S. 2 entwickelten Kriterien (vgl. → § 75 Rn. 15 ff.). Diese gelten für die Zulässigkeit einer Verfahrensaussetzung nach § 4 Abs. 1b Satz 3 UmwRG zur Fehlerheilung entsprechend, da es andernfalls an der Sachdienlichkeit der Aussetzung des Verfahrens im Sinne der Verfahrenskonzentration fehlt (OVG Magdeburg BeckRS 2019, 22640 Rn. 8 mwN).

Hintergrund für die Novellierung des UmwRG ist unter anderem das in dem Vertragsverletzungsverfahren gegen Deutschland ergangene **Urteil des EuGH** in der Rechtssache C-137/14 (EuGH NVwZ 2015, 1665 mit Anmerkung Keller/Rövekamp; Siegel NVwZ 2016, 337) mit dem die **materiellen Präklusionsvorschriften** des § 2 III UmwRG und des § 73 IV 3 als **unvereinbar** mit dem Grundsatz des effektiven Rechtsschutzes erachtet wurden. Zu den Wirkungen der materiellen Präklusion im Verwaltungsverfahren vgl. ferner → § 74 Rn. 83a und → § 75 Rn. 21c – 21 f. **35e**

Entgegen den bisher geltenden materiellen Regelungen im deutschen Recht, muss der betroffenen Öffentlichkeit ein **weiter Zugang zu den Gerichten** gewährt werden und grundsätzlich jeden Verfahrensfehler geltend machen können. Der weite Zugang zu den Gerichten steht der Anwendung von **materiellen Präklusionsvorschriften** entgegen. Besteht nachweislich die Möglichkeit, dass die angegriffene Entscheidung ohne den geltend gemachten Verfahrensfehler nicht anders ausgefallen wäre, kann es nach nationalem Recht zulässig sein, eine Rechtsverletzung auszuschließen (EuGH NVwZ 2014, 49 Rn. 51). Dies ist jedoch nur dann zulässig, wenn das mit dem Rechtsbehelf befasste Gericht oder die mit ihm befasste Stelle dem Rechtsbehelfsführer insoweit in keiner Form die Beweislast aufbürdet und gegebenenfalls anhand der Aktenlage entscheidet (EuGH BeckRS 2015, 81352 Rn. 38 ff.; EuGH NVwZ 2014, 49 (Rn. 57). **35f**

Der Gesetzgeber hat zwar die Norm § 2 III UmwRG aF aber nicht die Präklusionsvorschrift in **§ 73 IV 3** aufgehoben, sondern hat die notwendigen Änderungen in zahlreichen Vorschriften des Fachplanungsrechts vorgenommen (AEG, FStrG, WaStrG, LuftVG, MBPlG, EnWG). Diese Normen verweisen auf § 9 I 4 UVPG, der wiederum nicht mehr auf § 73 IV, sondern lediglich auf § 73 V- VII verweist (im Einzelnen siehe Schlacke NVwZ 2017, 905, 909 –910 mwN). **35g**

Der EuGH gestattet als Ausnahme lediglich nationale Regelungen, die darauf abzielen, **missbräuchliches oder unredliches Verhalten** aus- **35h** zuschließen. Der Gesetzgeber hat hierfür die Regelung in § 5 UmwRG geschaffen, der allerdings unionsrechtskonform und zudem als Ausnahmetatbestand restriktiv auszulegen ist (OVG Hamburg ZUR 2019, 37 (39)).

35i Die Vorschrift des § 5 UmwRG wurde durch das Gesetz vom 29. Mai 2017 (BGBl. I S. 1298) eingeführt, mit dem der Gesetzgeber auf das Urteil des EuGH – C-137/14 – reagiert und unter anderem die als unionsrechtswidrig beurteilte Präklusion nach § 2 III UmwRG aF aufgehoben hat. Diese Norm berücksichtigt den Hinweis aus dem Urteil, wonach der nationale Gesetzgeber spezifische Verfahrensvorschriften vorsehen kann, nach denen z. B. ein **missbräuchliches oder unredliches Vorbringen** unzulässig ist. Ein solches Vorbringen liegt etwa vor, wenn der Rechtsbehelfsführer im Verwaltungsverfahren deutlich macht, dass entsprechende Einwendungen nicht bestehen (BT-Drs. 18/9526 S. 41) und sich somit widersprüchlich und insoweit treuwidrig Verhalten im Sinne eines **„venire contra factum proprium“** verhält (BVerwG BeckRS 2019, 20641 Rn. 38 mwN).

36 Auch im **Verfahren nach § 80 V VwGO** kann sich der Antragsteller auf die bislang unterbliebene **UVP** oder **Vorprüfung** berufen und die Anordnung der aufschiebenden Wirkung seiner Klage erreichen, auch wenn diese Verfahrensschritte im Laufe des Hauptsacheverfahrens noch nachgeholt werden können (OVG Magdeburg NVwZ 2009, 340 (341)). Während im Regelfall die UVP in einem gerichtlichen Hauptsacheverfahren nicht mehr nachgeholt werden kann (BVerwG NVwZ 2008, 1349 (1350 ff.)), ist eine **UVP-Vorprüfung** in entsprechender Anwendung des § 45 I, II VwVfG nur bis zum **Abschluss der letzten Tatsacheninstanz** des verwaltungsgerichtlichen Verfahrens nachholbar (BVerwG NVwZ 2008, 1349 (1350 ff.)).

4. Enteignungsrechtliche Vorwirkung

37 Die Planfeststellung hat eine Vorwirkung für die Enteignung, wenn aufgrund gesetzlicher Vorschrift ausdrücklich angeordnet ist, dass mit der Planfeststellung bindend über die Zulässigkeit der Enteignung für das Vorhaben entschieden ist, wie es zB bei § 19 FStrG, § 22 AEG, § 44 WaStrG, § 28 II LuftVG, § 30 PBefG der Fall ist (SBS/Neumann/Külpmann § 72 Rn. 70–71, § 75 Rn. 26 f.).

38 **Enteignungsrechtliche Vorwirkung** (→ § 75 Rn. 13) bedeutet, dass der Planfeststellungsbeschluss die Zulässigkeit einer Enteignung einzelner Grundstücke für das planfestgestellte Vorhaben abschließend feststellt. Weiteren nachfolgenden Enteignungsschritten kann nicht mehr die **Unzulässigkeit des Vorhabens** entgegengehalten werden. Dem nachfolgenden Enteignungsverfahren ist der festgestellte Plan unverändert zugrunde zu legen. Er bindet in dieser Gestalt die Enteignungsbehörde. Im Enteignungsverfahren kann folglich **das „Ob“** der Enteignung nicht mehr in Frage gestellt werden (BVerfG BeckRS 2010 47085; BVerwG NVwZ 2009, 331 (332); BVerfG NVwZ 2007, 573 (574)).

39 Eine solche enteignungsrechtliche Vorwirkung kommt einem Planfeststellungsbeschluss oder einer anderen (Planungs-) Entscheidung nur dann zu,

wenn sie auf Grund gesetzlicher Vorschrift **ausdrücklich** angeordnet ist (BGH NVwZ 2004, 377 (379)).

Nach stRspr des BVerwG unterliegt der Anspruch des von der enteignungsrechtlichen Vorwirkung Betroffenen auf gerichtliche Überprüfung des Plans auf seine objektive Rechtmäßigkeit (sog. Vollüberprüfungsanspruch) Einschränkungen. Nicht jeder **objektivrechtliche Fehler,** der einer Planung anhaftet, führt bereits zur (vollständigen oder teilweisen) Aufhebung des Planfeststellungsbeschlusses oder zur Feststellung seiner Rechtswidrigkeit und Nichtvollziehbarkeit. Ist der geltend gemachte Rechtsfehler für die Eigentumsbetroffenheit aus tatsächlichen oder rechtlichen Gründen nicht erheblich, insbesondere nicht kausal, bleibt der Plan in Kraft (BVerwG BeckRS 2015, 43213 Rn. 35). 40

Macht ein von der enteignungsrechtlichen Vorwirkung eines straßenrechtlichen Planfeststellungsbeschlusses (§ 19 Abs. 1 und 2 FStrG) Betroffener geltend, durch das Vorhaben werde sein Betrieb in seiner Existenz gefährdet oder gar vernichtet, gehört dieser Einwand zu den Belangen, mit denen sich die Planfeststellungsbehörde im Rahmen der Abwägung der von dem Vorhaben berührten öffentlichen und privaten Belange (§ 17 Satz 2 FStrG) grundsätzlich auseinandersetzen muss. Zeichnet sich eine solche **Gefährdung ernsthaft** ab, darf die Planfeststellungsbehörde nicht die Augen vor der Tragweite ihrer Entscheidung verschließen; andernfalls kann sie sich grundsätzlich damit begnügen, den Eigentümer auf das **nachfolgende Enteignungsverfahren** zu verweisen (stRspr BVerwG BeckRS 2019, 20641 Rn. 25 mwN). 41

Der **Flurbereinigungsbeschluss** nach § 87 I FlurbG hat für den Fall der Anordnung der Flurbereinigung zur Durchführung eines durch Bebauungsplan festgesetzten Unternehmens eine **„enteignungsrechtliche Vorwirkung"** sowohl gegenüber den Eigentümern von Grundstücken im Flurbereinigungsgebiet als auch gegenüber allen **Pächtern** solcher Grundstücke (BVerwG NVwZ 2009, 1047 (1049 f.)). 42

Dem **Bebauungsplan** kommt hingegen keine enteignungsrechtliche Vorwirkung zu (BVerwG ZfBR 2009, 786 (788)). 43

Dritte sind aufgrund der enteignungsrechtlichen Vorwirkung des Planfeststellungsbeschlusses **klagebefugt** (§ 42 II VwGO), weil in ihrem Eigentum stehender Grundbesitz für das Vorhaben in Anspruch genommen werden soll (BVerwG NVwZ 2009, 302 (304)).

Der Drittbetroffene kann sich gegen die enteignungsrechtliche Vorwirkung des Planfeststellungsbeschlusses mit dem Recht zur Wehr setzen, von einer Entziehung oder Belastung ihres Grundeigentums verschont zu bleiben, die nicht dem Wohl der Allgemeinheit dient oder nicht gesetzmäßig ist (BVerwG NVwZ 2010, 63 (64)). So hat der von der enteignungsrechtlichen Vorwirkung des Planfeststellungsbeschlusses Betroffene nach § 19 II FStrG einen Anspruch auf gerichtliche Überprüfung des Plans auch auf seine objektive Rechtmäßigkeit, soweit der geltend gemachte Fehler für die Eigentumsbetroffenheit kausal ist (BVerwG NVwZ 2012, 557 (558); BVerwGE 134, 308 = BeckRS 2009, 37830 Rn. 24). 44

V. Anwendbare Vorschriften (I)

1. Systematik

45 § 72 I enthält die Regelung über das auf Planfeststellungsverfahren anwendbare Recht des VwVfG. Zunächst ist Voraussetzung, dass in räumlicher und sachlicher Hinsicht (§ 1 I, II 2) nach der **allgemeinen Subsidiaritätsklausel** § 72 I anwendbar ist. Die §§ 73–78 sind folglich auf Planfeststellungsverfahren anwendbar, sofern zwei weitere Voraussetzungen gegeben sind: Erstens muss eine Rechtsvorschrift dies anordnen und zweitens ist die Existenz spezieller Gesetze **(Fachplanungsrecht des Bundes und der Länder)** auszuschließen (Ziekow § 72 Rn. 19). Die §§ 73–78 gelten im Zuständigkeitsbereich der Bundesbehörden (§ 1 I, II 2 – nicht für die Landesbehörden –) unmittelbar ergänzend, folglich subsidiär zu den spezialgesetzlichen Verfahrensvorschriften des Fachplanungsrechts und füllen „soweit sich aus ihnen nichts Abweichendes" ergibt, die dortigen Lücken (KR/Wysk § 72 Rn. 19). Hingegen gelten die §§ 72 ohne Einschränkung und ohne Rücksicht auf die Bund-Länder-Kompetenzen, wenn ein Fachplanungsgesetz unmittelbar auf sie verweist; die Zuständigkeiten sind dann fachgesetzlich normiert (Ziekow § 72 Rn. 23).

2. Anwendbarkeit des VwVfG

46 Für die Anwendbarkeit ist unerheblich, ob der Träger des Vorhabens ein **Privatrechtssubjekt oder ein Hoheitsträger** ist. Auch für Vorhaben der öffentlichen Hand sind §§ 72 ff. anwendbar (KR/Wysk § 72 Rn. 20). Im Fachplanungsrecht kann beispielhaft auf die Planfeststellung nach § 9b AtG für das atomare Endlager „Schacht Konrad" (Anlage des Bundes zur Sicherstellung und zur Endlagerung radioaktiver Abfälle) verwiesen werden, für die der Bund (Bundesamt für Strahlenschutz) antragstellende Behörde ist, während das in die Bundesauftragsverwaltung (Art. 85 GG) integrierte und damit den Weisungen des Bundesministeriums für Umwelt unterstehende Landesministerium als Planfeststellungsbehörde für den Planfeststellungsbeschluss zuständig ist (BVerfG NVwZ 2010, 114 (114); BVerfG NVwZ 2009, 171 (174 ff.); BVerwG NVwZ 2007, 837 (839)).

47 Festzustellen ist, dass die Anwendbarkeit der §§ 51, 71a–71e nach § 72 I 2 HS. ausgeschlossen ist (BVerwG NVwZ 2016, 1325 Rn. 42; BVerwG NVwZ-RR 2016, 934 Rn. 3).

48 Auch wenn im Einzelfall die §§ 72 bis 78 nicht unmittelbar anwendbar sind, so bei einer **militärischen Nutzung eines Truppenübungsplatzes** als Luft-Boden-Schießplatz („Bombodrom"), kann ihnen doch ein Minimum an Verfahrensanforderungen entnommen werden, das bei fachplanerischen Entscheidungen aus rechtsstaatlichen Gründen jedenfalls nicht unterschritten werden darf (OVG Berlin-Brandenburg NVwZ-RR 2009, 715 L = BeckRS 2009, 32528; BVerwG, NVwZ 2001, 1030 (1030)).

Das Planfeststellungsverfahren schließt ab mit einem **rechtsgestaltenden Verwaltungsakt** (Planfeststellungsbeschluss), ist somit ein Verwaltungsverfahren iSv § 9. Die weiteren Vorschriften des Verwaltungsverfahrensgesetzes sind grundsätzlich anwendbar, soweit sie nicht durch spezialgesetzliche Regelungen oder durch die §§ 73 bis 78 modifiziert oder ausgeschlossen werden. § 72 I 2 formuliert insofern deklaratorisch Grundsätze der allgemeinen Methodenlehre (BeckOK VwVfG/Kämper § 72 Rn. 39). 49

In einem kurzgefassten Überblick wird im Folgenden dargelegt, ob und in welchem Umfang die allgemeinen Bestimmungen des VwVfG auf das Planfeststellungsverfahren zur Anwendung gelangen (KR/Wysk § 72 Rn. 19 ff.): 50

a) Teil I (§§ 1–8e) ist anwendbar

Die Bestimmungen des Teil I sind – soweit nicht subsidiär – ohne Einschränkungen anwendbar (Ziekow § 72 Rn. 27; SBS/Neumann/Külpmann § 72 Rn. 84). Die Übermittlung elektronischer Dokumente ist nach § 3a zulässig, soweit der Empfänger hierfür einen Zugang eröffnet hat. Insbesondere bei Vorhaben mit europäischem Bezug regeln §§ 8a–8e das grenzüberschreitende Zusammenwirken, wobei die Regelungen in räumlicher Hinsicht über die Mitgliedstaaten der EU auch auf die Mitgliedstaaten des EWR erstreckt werden. In der Sache wird damit der räumliche Anwendungsbereich zusätzlich auf **Island, Liechtenstein und Norwegen** erweitert (BeckOK VwVfG/Riedel § 8e Rn. 8). 51

b) Teil II (§§ 9–34) ist überwiegend anwendbar

Anmerkungen erfolgen lediglich zu den Normen, die eine Änderung erfahren oder die aufgrund der Eigenart des Planfeststellungsverfahrens nicht zur Anwendung gelangen. Nichtgenannte Normen finden uneingeschränkt Anwendung. 52

Modifikationen gelten bei § 13. Der **Vorhabenträger** ist Beteiligter. **Einwender** (§ 73 V 2 Nr. 4a, VI 1) und **Betroffene** (§ 73 III 2, V 3, VI 1, § 74 II 3, IV, V, § 75 II 2, § 76 II 2) sind keine Beteiligten im Sinne des § 13. Ihr rechtlicher Status ist in §§ 73 ff. geregelt. Sie sind allerdings keine Nichtbeteiligten iSd § 44a VwGO (SBS/Neumann/Külpmann § 72 Rn. 85). 53

Die Regelungen in §§ 17–19 sind ausweislich des Wortlauts in § 72 II anwendbar, werden allerdings geringfügig abgeändert. Soweit die Behörde eine Eingabe nach § 17 II 1 unberücksichtigt lassen will, hat sie dies durch öffentliche Bekanntmachung mitzuteilen (§ 72 II 1) statt durch eine ortsübliche Bekanntmachung nach § 17 II (SBS/Neumann/Külpmann § 72 Rn. 86). 54

Die **Beratungs- und Auskunftspflichten** nach § 25 gelten für den Vorhabenträger und Beteiligte nach § 13. Einwender und Betroffene haben Anspruch auf eine Erörterung des Plans nach § 73 VI 1, eine darüber hinausgehende Pflicht nach § 25 besteht aber nicht (SBS/Neumann/Külpmann § 72 Rn. 93).

Der Vorhabenträger wie auch die Beteiligten sind nach § 28 **anzuhören.** 55
Für Einwender und Betroffene ersetzt das in § 73 vorgesehene Anhörungs-

verfahren die Beteiligtenanhörung nach § 28 (BVerwG NVwZ-RR 1998, 90 (91)).

55a Das Recht auf Anhörung kann sich auch aus den **allgemeinen Grundsätzen des Europarechts** ergeben (→ § 28 Rn. 3). Nach stRspr. des EuGH ist die Wahrung der Verteidigungsrechte ein tragender Grundsatz des Unionsrechts mit dem der Anspruch darauf, in jedem Verfahren gehört zu werden, untrennbar verbunden ist (EuGH NVwZ-RR 2015, 233 (234 Rn. 30, 33)). Die Pflicht zur Wahrung der Verteidigungsrechte der Adressaten von Entscheidungen, die ihre Interessen spürbar beeinträchtigen, ist somit grundsätzlich den Verwaltungen der Mitgliedstaaten auferlegt, wenn sie Maßnahmen treffen, die in den Geltungsbereich des Unionsrechts fallen (EuGH NVwZ-RR 2015, 233 (234 Rn. 40); BeckRS 2014, 81993 Rn. 35)). Das Recht auf eine gute Verwaltung nach Art. 41 II lit. a richtet sich ausschließlich an Organe, Einrichtungen und sonstige Stellen der Union, sodass hierauf bei Planfeststellungsverfahren in den Mitgliedstaaten nicht abzustellen ist (EuGH NVwZ-RR 2015, 233 (233 Rn. 32); BeckRS 2012, 80089 Rn. 28).

56 Der **Anspruch auf Akteneinsicht** wird nach Maßgabe des § 72 I Hs. 2 modifiziert, er ist nach pflichtgemäßem Ermessen zu gewähren (zu weiteren Gesetzen, die ein Recht auf Akteneinsicht gewähren → § 29 Rn. 8)

56a Der verfahrensakzessorische Einsichtsanspruch aus § 72 I S. 1 Hs. 2 iVm § 29 I umfasst nicht die Akteneinsicht in die **nicht anonymisierte Stellungnahme der Anhörungsbehörde** nach § 73 IX, wenn die Einsichtnahme nur dazu dienen soll, anhand der personenbezogenen Daten von Einwendern geeignete Betroffene als Kläger gegen den zu erlassenden Planfeststellungsbeschluss zu identifizieren. (BVerwG BeckRS 2019, 26733 Rn. 7–10)

57 Unabhängig von den Bestimmungen des VwVfG gewähren spezielle Gesetze, wie das UIG, die IFG des Bundes und der Länder sowie das BNatSchG einen **Anspruch auf Teilhabe an Information.**

58 Nach § 3 I 1 UIG hat jeder, auch nicht rechtsfähige Personenvereinigungen, wie **hinreichend organisatorisch verfestigte Bürgerinitiativen** (BVerwG NVwZ 2008, 791 (794) – Kirchengemeindeverband), einen **Anspruch auf freien Zugang** zu Umweltinformationen, dessen rechtliches Schicksal von § 29 unabhängig ist (VGH Kassel NVwZ 2007, 348 (348 ff.)). Dieser Anspruch umfasst auch **Stellungnahmen des Vorhabenträgers** zu erhobenen Einwendungen Dritter sowie die Stellungnahmen von Fachbehörden im Rahmen ihrer Beteiligung an einem Planfeststellungsverfahren, wenn diese Stellungnahmen geeignet sind, die Entscheidung über die Planfeststellung hinsichtlich der Belange des Umweltschutzes zu beeinflussen. Hierzu gehören auch in einer Datenbank enthaltene, aus sämtlichen Einwendungen und Stellungnahmen zusammengefasste Argumente gegen ein geplantes Großvorhaben (VGH Kassel NVwZ 2006, 951 (951 ff.)).

58a Daten über Vorgänge, die zeitlich vor der Stellung des Planfeststellungsantrages liegen und keinen Eingang in den Planfeststellungsbeschluss gefunden haben, sind Umweltinformationen iS des § 2 III Nr. 3 UIG, sofern sie in einem Zusammenhang mit der umweltrelevanten Maßnahme stehen. Für die Feststellung des Zusammenhangs genügt, dass sich die Daten auf das planfestgestellte Vorhaben beziehen (OVG Berlin-Brandenburg NVwZ 2012, 979 (980)).

Eine nicht ordnungsgemäße, insbes. verspätete Erfüllung des Anspruchs auf freien Zugang zu Umweltinformationen ist **ohne Einfluss** auf die Rechtmäßigkeit eines ergehenden Planfeststellungsbeschlusses. Für die Rechtmäßigkeit des Planfeststellungsbeschlusses ist allein maßgeblich, ob der Betroffene und Einwender die Rechte auf Einsicht in Unterlagen hat wahrnehmen können, die ihm § 73 oder die §§ 2 I 1, 9 UVPG einräumen. Planfeststellungsverfahren einerseits und das Verfahren auf Gewährung freien Zugangs zu Umweltinformationen andererseits stehen **gänzlich getrennt** nebeneinander. Daraus folgt: 59

Der Anspruch auf Information kann auch von Betroffenen und Einwendern **zeitlich parallel** und damit während eines Planfeststellungsverfahrens geltend gemacht werden. Der Anspruch besteht aber auch in diesem Fall **neben und getrennt von den Informationsrechten,** die Einwender und Betroffene im Planfeststellungsverfahren haben. Der Anspruch auf freien Zugang zu Umweltinformationen wird außerhalb des Planfeststellungsverfahrens erfüllt. Er vermittelt kein zusätzliches Verfahrensrecht im Planfeststellungsverfahren (BVerwG NVwZ 2007, 1095 (1096); SBS/Neumann/Külpmann § 72 Rn. 98). 60

Die **Informationsfreiheitsgesetze des Bundes und der Länder** verschaffen nicht einen umfassenden, sondern einen beschränkten (§§ 3, 6 IFG) und beschränkbaren (§§ 4, 5) Zugang zu amtlichen Informationen (Schmitz/Jastrow NVwZ 2005, 984 (984 ff.)). Nach §§ 1, 2 Nr. 1 IFG(Gesetz zur Regelung des Zugangs zu Informationen des Bundes) hat jeder grundsätzlich Anspruch auf Zugang zu amtlichen Information. Unter dem Rechtsbegriff der amtlichen Information ist jede amtlichen Zwecken dienende Aufzeichnung zu verstehen, unabhängig von der Art ihrer Speicherung. Entwürfe und Notizen, die nicht Bestandteil eines Vorgangs werden sollen, gehören allerdings nicht dazu. Nach § 4 I 1 IFG soll der Antrag auf Informationszugang abgelehnt werden für Entwürfe zu Entscheidungen sowie Arbeiten und Beschlüsse zu ihrer unmittelbaren Vorbereitung, soweit und solange durch die vorzeitige Bekanntgabe der Informationen der Erfolg der Entscheidung oder bevorstehender behördlicher Maßnahmen vereitelt würde. Nicht der unmittelbaren Entscheidungsvorbereitung nach Satz 1 dienen regelmäßig Ergebnisse der Beweiserhebung und Gutachten oder Stellungnahmen Dritter (§ 4 I 2 IFG). 61

Zur **Gesetzeskonkurrenz** gilt folgendes: Soweit Umweltinformationen betroffen sind, verdrängt das UIG als Spezialvorschrift das IFG, tritt nach § 1 III IFG aber nicht hinter § 29 zurück (BeckOK VwVfG/Kämper § 72 Rn. 51). 62

Mitwirkungsrechte kommen **anerkannten Naturschutzvereinigungen** nach **§ 63 BNatSchG** zu (Gellermann NVwZ 2010, 73 (73 ff.)). Sie haben Anspruch auf **Stellungnahme** und **Einsicht** in die einschlägigen Sachverständigengutachten in Planfeststellungsverfahren des Bundes und der Länder, sofern es sich um Vorhaben handelt, die mit Eingriffen in Natur und Landschaft verbunden sind. Gegen die Weigerung kann Klage erhoben wer- 63 den (§ 64 I BNatSchG). Im Übrigen kann die Aufhebung eines Planfeststellungsbeschlusses mit dem Argument, es sei keine Gelegenheit zur Äußerung gegeben worden, beantragt werden (§§ 64 II BNatSchG).

64 Die **Wiedereinsetzung in den vorigen Stand** (§ 32) ist zulässig und erlangt mit Blick auf die Präklusionsvorschriften nach § 73 IV erhöhte Bedeutung.

c) Teil III (§§ 35–53) ist überwiegend anwendbar

65 § 36 I ist wegen der planerischen Gestaltungsfreiheit nicht anwendbar. Ein Auflagenvorbehalt nach § 36 II Nr. 5 ist wegen des im Planfeststellungsrecht geltenden Grundsatzes der Problembewältigung lediglich nach Maßgabe des § 74 III zulässig (BVerwG NVwZ 2001, 429 (249 f.)). § 37 II und IV werden durch § 74 verdrängt (SBS/Neumann/Külpmann § 72 Rn. 104).

66 Zu **Zusicherungen nach § 38** hat das BVerwG klarstellend ausgeführt: „Zwar schränken vorzeitige Bindungen und Festlegungen der Behörde zu Gunsten bestimmter Teilnehmer ihre **Gestaltungsfreiheit** – auch zu Lasten anderer Teilnehmer und deren Rechtspositionen – ein. Das schließt die Abgabe behördlicher Zusicherungen jedoch nicht von vornherein aus. Wie die Nichterwähnung von § 38 in § 72 zeigt, geht der Gesetzgeber selbst bei Planfeststellungsbeschlüssen nicht von einer generellen Unvereinbarkeit von Zusicherungen und Planungsentscheidungen aus. Das BVerwG hat deswegen die grundsätzliche Möglichkeit der Abgabe von Zusicherungen im Planungsrecht in seiner bisherigen Rechtsprechung nicht in Frage gestellt und darüber hinaus auch eine über das zweiseitige Verhältnis zwischen Behörde und Zusicherungsempfänger hinausgehende Wirkung gegenüber Dritten, deren Ausschluss den Anwendungsbereich des § 38 erheblich einschränken würde, ohne dass der Vorschrift für eine solche Begrenzung ein Anhaltspunkt entnommen werden könnte, nicht beanstandet (BVerwG NVwZ-RR 2007, 456 (457 f.)).

67 Die **Bekanntgabe** eines Planfeststellungsbeschlusses erfolgt nach § 74 IV; § 41 wird insoweit verdrängt.

68 Die **Berichtigung** (§ 42) eines Planfeststellungsbeschlusses, der infolge eines offenkundigen Versehens der zuständigen Behörde unvollständig erlassen worden ist, kann jederzeit erfolgen (BVerwG NVwZ 2000, 553 (554)).

§ 42a I bestimmt die **Fiktion einer Genehmigung** infolge Zeitablaufs, sofern dies durch eine Rechtsvorschrift angeordnet wird. In der Vorschrift wird nicht geregelt, bei welchen Genehmigungsverfahren eine Genehmigungsfiktion gelten soll. Dies bleibt dem besonderen Verwaltungsrecht vorbehalten (Krajewski NVwZ 2009, 929 (933)), wobei – soweit ersichtlich – nur aus Gründen der Rechtssicherheit für den Übergang von DDR-Recht auf bundesrepublikanisches Recht für den Betrieb von Flughäfen eine **Planfeststellungsfiktion** nach § 71 LuftVG vorgesehen wurde (BVerwG NVwZ 2007, 576 (580)).

69 Die Vorschriften über die **Nichtigkeit und Heilung von Verfahrens- und Formfehlern** nach §§ 44–46 sind grundsätzlich auf den Planfeststellungsbeschluss anwendbar. Diese Grundsätze gelten auch im Anwendungs-

bereich der Planfeststellungsfiktion des § 71 LuftVG (BVerwG NVwZ 2004, 869 (871)). Allerdings ist gegenüber §§ 45, 46 die Regelung in § 75 Ia als lex specialis vorrangig. Bei Planungsentscheidungen wird die von § 46 VwVfG geforderte Alternativlosigkeit der Sachentscheidung wegen des bestehenden planerischen Gestaltungsspielraums der Planungsbehörde nur selten anzutreffen sein (BeckOK VwVfG/Kämper § 72 Rn. 4; BVerwG DVBl 2008, 916 (918)).

Von den Vorschriften der §§ 48 ff. über **Rücknahme und Widerruf** bestandskräftiger Verwaltungsakte wird in § 72 I nur § 51 ausdrücklich ausgenommen (SBS/Neumann/Külpmann § 72 Rn. 113–114). Die Anwendung des § 51 ist gemäß § 72 I 2 HS für das Planfeststellungsverfahren ausgeschlossen. Da § 51 insgesamt nicht anzuwenden ist, ist auch ein Wiederaufgreifen im weiteren Sinne ausgeschlossen (BVerwG BeckRS 2021, 9797; BVerwG BeckRS 2020, 15393 (Rn. 13). 70

Die Vorschriften über die **Rücknahme und den Widerruf von Verwaltungsakten** nach §§ 48, 49 bzw. den entsprechenden landesrechtlichen Regelungen sind auch auf Planfeststellungsbeschlüsse anwendbar. § 72 I schließt insoweit nur die Anwendung des § 51 aus. Auch § 75 II 1 steht nicht entgegen, weil diese Vorschrift die Auswirkungen der Bestandskraft von Planfeststellungsbeschlüssen regelt und eine besondere, insbesondere privatrechtsgestaltende Duldungswirkung des bestandskräftigen Planfeststellungsbeschlusses anordnet, aber keine Aussage zu der in § 48 geregelten Durchbrechung der Bestandskraft selbst enthält. Soweit sich einzelne Regelungen der §§ 72 ff. mit der Änderung oder Aufhebung bestandskräftiger Planfeststellungsbeschlüsse befassen (vgl. § 75 II 2–4, §§ 76, 77), betreffen sie nur Einzelaspekte, ohne insoweit abschließenden Charakter zu haben (BVerfG NVwZ-RR 2021, 873 (875); BVerwG NVwZ 2021, 152, (154 mwN)). Auch ein Widerruf kommt nach dem Grundsatz der Verhältnismäßigkeit nur als Ultima Ratio in Betracht, wenn etwa Schutzauflagen nach § 75 II 2 als Abhilfe nicht ausreichen (BVerfG NVwZ-RR 2021, 873 (875); BVerwG NVwZ 2021, 152 (154)). 70a

Gegen die Anwendbarkeit von §§ 52, 53 sind keine Einwände zu erheben. 71

d) Teil IV: Vorschriften über den öffentlich-rechtlichen Vertrag (§§ 54–62) nur bedingt anwendbar

Die Vorschriften über den öffentlich-rechtlichen Vertrag sind mit der Ausgestaltung des Planfeststellungsverfahrens grundsätzlich nicht in Einklang zu bringen, ohne die geschützten Interessen der am Planfeststellungsverfahren beteiligten Personen zu beeinträchtigen. Es spricht zwar grundsätzlich nichts gegen die Anwendbarkeit der §§ 54–62, wenngleich der tatsächlich relevante Anwendungsbereich eng sein dürfte, zumal von Relevanz ist, wie die Vertragsparteien innerhalb des Gestaltungsprogramms des Planfeststellungsverfahren überhaupt eine von geschützten Interessen Dritter losgelöste Disposition treffen können. Eine vertragliche Vereinbarung hingegen, mit der die Planfeststellungsbehörde sich gegenüber dem Vertragspartner verpflichtet, hinter den gesetzlichen Vorgaben der Prüfdichte und Abwägung zurückzubleiben 72 oder die Rechte Dritter zu beschränken oder auch nur teilweise unbeachtet zu lassen, verstieße gegen das Prinzip der Gesetzmäßigkeit der Verwaltung (Ziekow § 72 Rn. 33; SBS/Neumann/Külpmann § 72 Rn. 120).

72a Die Vorschriften über das förmliche Verwaltungsverfahren (§§ 63 bis 71 VwVfG) finden nur Anwendung, wenn dies ausdrücklich angeordnet ist (§ 63 I VwVfG). Darauf verweisen etwa § 73 VI 6 VwVfG für die mündliche Erörterung und § 74 I 2 (KR/Wysk § 72 Rn. 20).

e) Teil V: §§ 79–80 zum Rechtsbehelfsverfahren sind anwendbar

73 Die §§ 79, 80 sind anwendbar, sofern in Planfeststellungsverfahren ein Vorverfahren abweichend von § 74 I 2 iVm § 70 aufgrund spezialgesetzlicher Regelung vorgeschrieben ist (SBS/Neumann/Külpmann § 72 Rn. 123).

74 Anwaltskosten können für das Anhörungsverfahren des § 73 nicht erstattet werden, es handelt sich nicht um ein Rechtsbehelfsverfahren iSd §§ 68 ff. VwGO (BVerwG NVwZ 1990, 59 (59)). Entsprechendes gilt für ein Planänderungsverfahren nach § 76 und für Verfahren zur nachträglichen Anordnung von Schutzmaßnahmen § 75 II (SBS/Neumann/Külpmann § 72 Rn. 123).

f) Vorschriften über die ehrenamtliche Tätigkeit und Ausschüsse (§§ 81–93) sind anwendbar

75 Gegen die Anwendbarkeit der §§ 81–93 bestehen keine Bedenken (SBS/Neumann/Külpmann § 72 Rn. 124).

g) Nicht anwendbare Normen des VwVfG

76 Ausgeschlossen im Planfeststellungsverfahren bleiben nach § 72 I 2 die §§ 51 und 71a–e.

77 Ein **Wiederaufgreifen des Verfahrens** (§ 51) ist mit Blick auf die Schwierigkeiten, die bei der Rückgängigmachung entstehen, gesetzlich ausgeschlossen (KR/Wysk § 72 Rn. 23 unter Hinweis auf die amtl. Begr.). Der Ausschluss gilt aber nur für Planfeststellungsbeschlüsse, hingegen nicht für eine Plangenehmigung (KR/Wysk § 72 Rn. 23; offen: OVG Koblenz NJW 1986, 2779 (2780)).

78 Die Vorschriften nach §§ 71a–e gelten ohnehin nur dann, wenn das Verfahren über eine **einheitliche Stelle** durch Rechtsvorschrift angeordnet ist, was bisher jedenfalls für Planfeststellungsverfahren nicht der Fall ist. Ob die Vorschrift seit **Aufhebung der Vorschriften** zur **Beschleunigung von Genehmigungsverfahren** redaktionell versehentlich „stehengeblieben" ist, kann offenbleiben, sie ist jedenfalls funktional ohne Bedeutung (BeckOK VwVfG/Kämper § 72 Rn. 46).

VI. Bekanntmachung bei Massenverfahren (II)

In § 72 II wird geregelt, dass die Mitteilung nach § 17 II 2 und die Aufforderung nach § 17 IV öffentlich bekannt zu machen ist. Die grundsätzlich anwendbaren Vorschriften der §§ 17 ff. über gleichförmige Eingaben von mehr als 50 Personen bleiben gleichwohl anwendbar. Die Vorschrift gewährleistet eine gleichmäßige Art und Weise der Bekanntmachung in allen Planfeststellungsverfahren (KR/Wysk § 72 Rn. 29). Lediglich die Auslegung des Plans in der Gemeinde soll im Verfahren ortsüblich bekannt gemacht werden (§ 75 V 1). **79**

Nach § 27a aF soll zusätzlich eine Veröffentlichung im Internet erfolgen (→ § 27a Rn. 2 ff.). **79a**

Eine **Verletzung des § 27a aF** ist unbeachtlich und führt nicht zur Rechtswidrigkeit eines Planfeststellungsbeschlusses (BVerwG BeckRS 2021, 41134 Rn. 24 mwN). Die Veröffentlichung der Bekanntmachung und der Unterlagen im Internet ist nicht zwingend angeordnet, sondern „soll" erfolgen. Diese Formulierung sollte ua dem Umstand Rechnung tragen, „dass noch nicht alle Behörden über die erforderliche Technik verfügen" (so LT NRW Drs. 16/5230 S. 43; BT-Drs. 17/12525 S. 9). Der Gesetzgeber stellte damit die Pflicht des § 27a aF unter den Vorbehalt einer ausreichenden personellen und technischen Ausstattung der Behörde anstatt ihre Befolgung strikt oder im Wege eines Regel-Ausnahme-Verhältnisses anzuordnen. Er wollte zudem weiteren Umständen Rechnung tragen. Es gäbe Unterlagen, die nicht in brauchbarer Form im Internet dargestellt werden könnten, auch könne der berechtigte Schutz von Betriebs- und Geschäftsgeheimnissen einer Veröffentlichung entgegenstehen. Eingang in den Wortlaut des Gesetzes haben diese Überlegungen indes nicht gefunden. § 27a I lässt damit die Voraussetzungen einer Internetveröffentlichung in erheblichem Maße ungeregelt und stellt sie unter den Vorbehalt einer ausreichenden Ausstattung der Behörde. Angesichts dessen liegt die Annahme fern, dass Fehler bei der Anwendung des § 27a I VwVfG zur Rechtswidrigkeit des jeweiligen Verwaltungsaktes führen könnten und der Streit um die Voraussetzungen der Norm – etwa: technische Fähigkeit der Behörde oder das Vorliegen schutzwürdiger Betriebs- und Geschäftsgeheimnisse – Gegenstand gerichtlicher Verfahren werden sollte (BVerwG BeckRS 2021, 41134 Rn. 25). **79b**

Nach der zum 1.1.2024 geltenden Fassung des § 27a muss die Bekanntmachung im Internet erfolgen. Eine Verletzung der zwingend vorgeschriebenen Bekanntmachung im Rahmen des Planfeststellungsverfahrens führt zur Rechtswidrigkeit, da hier die Anstoßwirkung nun von der Bekanntmachung im Internet ausgeht, die dadurch geschwächt wird oder ausbleibt, → § 27a Rn. 6. **79c**

§ 73 Anhörungsverfahren

(1) [1]Der Träger des Vorhabens hat den Plan der Anhörungsbehörde zur Durchführung des Anhörungsverfahrens einzureichen. [2]Der Plan besteht aus den Zeichnungen und Erläuterungen, die das Vorhaben, seinen Anlass und die von dem Vorhaben betroffenen Grundstücke und Anlagen erkennen lassen.

(2) Innerhalb eines Monats nach Zugang des vollständigen Plans fordert die Anhörungsbehörde die Behörden, deren Aufgabenbereich durch das Vorhaben berührt wird, zur Stellungnahme auf und veranlasst, dass der Plan in den Gemeinden, in denen sich das Vorhaben voraussichtlich auswirken wird, nach § 27b ausgelegt wird.

(3) [1]Die Gemeinden nach Absatz 2 haben den Plan innerhalb von drei Wochen nach Zugang für die Dauer eines Monats zur Einsicht auszulegen. [2]Die Anhörungsbehörde bestimmt, in welcher der Gemeinden nach Absatz 2 eine andere Zugangsmöglichkeit nach § 27b Absatz 1 Satz 1 Nummer 2 zur Verfügung zu stellen ist und legt im Benehmen mit der jeweiligen Gemeinde die Zugangsmöglichkeit fest. [3]Auf eine Auslegung kann verzichtet werden, wenn der Kreis der Betroffenen und die Vereinigungen nach Absatz 4 Satz 5 bekannt sind und ihnen innerhalb angemessener Frist Gelegenheit gegeben wird, den Plan einzusehen.

(3a) [1]Die Behörden nach Absatz 2 haben ihre Stellungnahme innerhalb einer von der Anhörungsbehörde zu setzenden Frist abzugeben, die drei Monate nicht überschreiten darf. [2]Stellungnahmen, die nach Ablauf der Frist nach Satz 1 eingehen, sind zu berücksichtigen, wenn der Planfeststellungsbehörde die vorgebrachten Belange bekannt sind oder hätten bekannt sein müssen oder für die Rechtmäßigkeit der Entscheidung von Bedeutung sind; im Übrigen können sie berücksichtigt werden.

(4) [1]Jeder, dessen Belange durch das Vorhaben berührt werden, kann bis zwei Wochen nach Ablauf der Auslegungsfrist schriftlich oder zur Niederschrift bei der Anhörungsbehörde oder bei einer Gemeinde nach Absatz 2 Einwendungen gegen den Plan erheben. [2]Im Falle des Absatzes 3 Satz 3 bestimmt die Anhörungsbehörde die Einwendungsfrist. [3]Mit Ablauf der Einwendungsfrist sind alle Einwendungen ausgeschlossen, die nicht auf besonderen privatrechtlichen Titeln beruhen. [4]Hierauf ist in der Bekanntmachung der Auslegung oder bei der Bekanntgabe der Einwendungsfrist hinzuweisen. [5]Vereinigungen, die auf Grund einer Anerkennung nach anderen Rechtsvorschriften befugt sind, Rechtsbehelfe nach der Verwaltungsgerichtsordnung gegen die Entscheidung nach § 74 einzulegen, können innerhalb der Frist nach Satz 1 Stellungnahmen zu dem Plan abgeben. [6]Die Sätze 2 bis 4 gelten entsprechend.

(5) [1]Die Gemeinden nach Absatz 2, in denen der Plan auszulegen ist, haben die Auslegung vorher ortsüblich bekannt zu machen. [2]In der Bekanntmachung ist darauf hinzuweisen,

1. wo und in welchem Zeitraum der Plan zur Einsicht ausgelegt ist;
2. dass etwaige Einwendungen oder Stellungnahmen von Vereinigungen nach Absatz 4 Satz 5 bei den in der Bekanntmachung zu bezeichnenden Stellen innerhalb der Einwendungsfrist vorzubringen sind;
3. dass bei Ausbleiben eines Beteiligten in dem Erörterungstermin auch ohne ihn verhandelt werden kann;

4. dass
   a) die Personen, die Einwendungen erhoben haben, oder die Vereinigungen, die Stellungnahmen abgegeben haben, von dem Erörterungstermin durch öffentliche Bekanntmachung benachrichtigt werden können,
   b) die Zustellung der Entscheidung über die Einwendungen durch öffentliche Bekanntmachung ersetzt werden kann,

wenn mehr als 50 Benachrichtigungen oder Zustellungen vorzunehmen sind. [3]Nicht ortsansässige Betroffene, deren Person und Aufenthalt bekannt sind oder sich innerhalb angemessener Frist ermitteln lassen, sollen auf Veranlassung der Anhörungsbehörde von der Auslegung mit dem Hinweis nach Satz 2 benachrichtigt werden.

(6) [1]Nach Ablauf der Einwendungsfrist hat die Anhörungsbehörde die rechtzeitig gegen den Plan erhobenen Einwendungen, die rechtzeitig abgegebenen Stellungnahmen von Vereinigungen nach Absatz 4 Satz 5 sowie die Stellungnahmen der Behörden zu dem Plan mit dem Träger des Vorhabens, den Behörden, den Betroffenen sowie denjenigen, die Einwendungen erhoben oder Stellungnahmen abgegeben haben, zu erörtern. [2]Der Erörterungstermin ist mindestens eine Woche vorher ortsüblich bekannt zu machen. [3]Die Behörden, der Träger des Vorhabens und diejenigen, die Einwendungen erhoben oder Stellungnahmen abgegeben haben, sind von dem Erörterungstermin zu benachrichtigen. [4]Sind außer der Benachrichtigung der Behörden und des Trägers des Vorhabens mehr als 50 Benachrichtigungen vorzunehmen, so können diese Benachrichtigungen durch öffentliche Bekanntmachung ersetzt werden. [5]Die öffentliche Bekanntmachung wird dadurch bewirkt, dass abweichend von Satz 2 der Erörterungstermin im amtlichen Veröffentlichungsblatt der Anhörungsbehörde und außerdem in örtlichen Tageszeitungen bekannt gemacht wird, die in dem Bereich verbreitet sind, in dem sich das Vorhaben voraussichtlich auswirken wird; maßgebend für die Frist nach Satz 2 ist die Bekanntgabe im amtlichen Veröffentlichungsblatt. [6]Im Übrigen gelten für die Erörterung die Vorschriften über die mündliche Verhandlung im förmlichen Verwaltungsverfahren (§ 67 Abs. 1 Satz 3, Abs. 2 Nr. 1 und 4 und Abs. 3, § 68) entsprechend. [7]Die Anhörungsbehörde schließt die Erörterung innerhalb von drei Monaten nach Ablauf der Einwendungsfrist ab.

(7) Abweichend von den Vorschriften des Absatzes 6 Satz 2 bis 5 kann der Erörterungstermin bereits in der Bekanntmachung nach Absatz 5 Satz 2 bestimmt werden.

(8) [1]Soll ein ausgelegter Plan geändert werden und werden dadurch der Aufgabenbereich einer Behörde oder einer Vereinigung nach Absatz 4 Satz 5 oder Belange Dritter erstmals oder stärker als bisher berührt, so ist diesen die Änderung mitzuteilen und ihnen Gelegenheit zu Stellungnahmen und Einwendungen innerhalb von zwei Wochen zu geben; Absatz 4 Satz 3 bis 6 gilt entsprechend. [2]Wird sich die Änderung voraussichtlich auf das Gebiet einer anderen Gemeinde auswirken, so ist der geänderte Plan in dieser Gemeinde auszulegen; die Absätze 2 bis 6 gelten entsprechend.

(9) Die Anhörungsbehörde gibt zum Ergebnis des Anhörungsverfahrens eine Stellungnahme ab und leitet diese der Planfeststellungsbehörde innerhalb eines Monats nach Abschluss der Erörterung mit dem Plan, den Stellungnahmen der

Behörden und der Vereinigungen nach Absatz 4 Satz 5 sowie den nicht erledigten Einwendungen zu.

Übersicht

	Rn.
I. Bedeutung	1
II. Anhörung im Planfeststellungsverfahren	6
1. Geltungsbereich, Verfahrensgliederung	6
2. Behördenzuständigkeit	8
III. Einreichung des Plans (I)	9
1. Antragstellung (I 1)	9
2. Einzureichende Unterlagen (I 2)	13
3. Umweltauswirkungen – UVP-Pflichtigkeit	20
4. Informelle Beratung vor Einreichung des Antrags	22
IV. Behördenbeteiligung (II, IIIa)	25
1. Voraussetzungen der Beteiligung (II)	25
2. Inhalt und Bedeutung der behördlichen Stellungnahme (II)	32
3. Frist von drei Monaten (IIIa 1)	36
4. Behördenpräklusion (IIIa 2)	38
V. Auslegung des Plans (II, III und V)	44
1. Veranlassung der Auslegung	46
2. Zweck der Auslegung	50
3. Auszulegende Unterlagen (III 1)	52
4. Bekanntmachung sowie Art und Weise der Auslegung (V)	57
5. Verzicht auf Auslegung (III 2)	63
6. Bekanntmachung der Auslegung (V)	65
7. Nicht ortsansässige Betroffene (V S. 3)	69
VI. Erhebung von Einwendungen gegen den Plan (IV)	70
1. Einwendungsberechtigte	70
2. Stellungnahmen von Vereinigungen	75
3. Inhaltliche Anforderungen	76
4. Form und Frist (IV 1)	81
5. Materielle Präklusion (IV 3)	83a
VII. Erörterungstermin (VI)	89
1. Bekanntmachung und Überblick	89
2. Zweck des Erörterungstermins	92
3. Präklusion bei einvernehmlicher Einigung	95
4. Anforderungen und Praxis im Erörterungstermin	96
5. Verzicht auf Durchführung des Erörterungstermins (VI 6)	101
6. Dauer des Erörterungstermins (VI 7)	102
7. Teilnahmeberechtigt	104
VIII. Planänderung (VIII)	106
IX. Stellungnahme der Anhörungsbehörde (IX)	112
X. Verfahrensfehler und Rechtsschutz	113

I. Bedeutung

1 Das durch die Planeinreichung eröffnete **Planfeststellungsverfahren** ist in **zwei unselbständige Abschnitte** unterteilt: das Anhörungsverfahren nach

§ 73 ist Gegenstand des ersten Abschnitts, während der mit dem Planfeststellungsbeschluss abschließende Abwägungs- und Gestaltungsprozess den zweiten Abschnitt bildet (§§ 74, 75). Der Träger des Vorhabens, der Antragsteller, initiiert mit der Einreichung des Antrags und des Plans, das auf die Planfeststellungentscheidung gerichtete Genehmigungsverfahren (→ § 22 Rn. 8). Der Antrag kann zurückgenommen werden (→ § 22 Rn. 21) und auch durch eine Änderung ergänzt (→ § 75 Rn. 21) oder ersetzt werden (→ Rn. 106). Wegen des Grundsatzes der Nichtförmlichkeit ist der Antrag an eine bestimmte Form nicht gebunden (→ § 22 Rn. 15). Die Behörde kann allerdings verlangen, dass die Dokumente, die für die Auslegung einzureichen sind, in einem verkehrsüblichen elektronischen Format eingereicht werden (§ 27b II Nr. 3). In einem allgemeinen Sinn ist das Anhörungsverfahren durch eine umfassende Informationssammlung und Erörterung unterschiedlicher Interessen gekennzeichnet, während der darauffolgende Verfahrensschritt die Informationsverarbeitung und die Gewichtung der Informationen abdeckt. Dieser Zweiteilung folgend sind zwei Zuständigkeiten geschaffen worden. Die Anhörungsbehörde ist für das Verfahren nach § 73 und die Planfeststellungsbehörde für die weitere Entscheidung nach §§ 74, 75 zuständig (IX).

Nach Art. 6 der **Arhus-Konvention** ist eine Beteiligung der Öffentlichkeit bei 19 verschiedenen Tätigkeiten völkerrechtlich vorgesehen. Nach Art. 6 II AK beginnt das Beteiligungsverfahren damit, dass die betroffene Öffentlichkeit entweder durch öffentliche Bekanntmachung oder gegenüber Einzelnen in sachgerechter, rechtzeitiger und effektiver Weise frühzeitig über die geplante Tätigkeit informiert wird. Betroffene Öffentlichkeit ist nach Art. 2 Nr. 5 AK die von umweltbezogenen Entscheidungsverfahren betroffene oder wahrscheinlich betroffene Öffentlichkeit oder die Öffentlichkeit mit einem Interesse daran. Der Aarhus-Konvention liegt die Erkenntnis zu Grunde, dass im Umweltbereich ein verbesserter Zugang zu Informationen und eine verbesserte Öffentlichkeitsbeteiligung an Entscheidungsverfahren die Qualität und die Umsetzung von Entscheidungen verbessern, zum Bewusstsein der Öffentlichkeit in Umweltangelegenheiten beitragen, der Öffentlichkeit die Möglichkeit geben, ihre Anliegen zum Ausdruck zu bringen, und es den Behörden ermöglichen, diese Anliegen angemessen zu berücksichtigen (BVerwG NVwZ 2013, 1413 (1415); Schröer/Kullick NVwZ 2014, 497 (497 f.)). 1a

Mit dem zum 1.1.2024 in Kraft getretenen 5. VwVfÄndG, das Regelungen zur digitalen Durchführung der Öffentlichkeitsbeteiligung aus dem bis 31.12.2024 befristeten PlanSiG (§ 7 PlanSiG) in modifizierter Form in das VwVfG übernommen hat, wurden im VwVfG ua die Vorschriften zur Auslegung und Erörterung im Rahmen von Planfeststellungsverfahren erheblich verändert. Dabei hat der Gesetzgeber darauf verzichtet, die umfangreichen neuen Regelungen in das bestehende nicht minder umfangreiche Normengefüge des Planfeststellungsrecht nach §§ 72 ff. einzufügen und dessen Handhabbarkeit zu schmälern (Prell/Altmiks NVwZ 2024, 105 (106)). In Zukunft ist nunmehr zwingend geregelt, dass die Bekanntmachungen auch auf der **Internetseite der Behörde** oder **ihres Verwaltungsträgers** zugänglich gemacht werden sollen (→ § 27a Rn. 2). Die zur Auslegung vorgesehenen 1b

Dokumente sollen ebenfalls vor Beginn des Erörterungstermins auf einer **Internetseite** der für die Auslegung der Dokumente **zuständigen Behörde** bekannt gemacht werden (→ § 27b Rn. 2). Der **Erörterungstermin** kann ersetzt werden durch eine **Onlinekonsultation** und mit Einwilligung der zur Teilnahme Berechtigten auch mittels einer **Video- oder Telefonkonferenz** (→ § 27c Rn. 1 ff.) (Prell/Altmiks NVwZ 2024, 105; Durinke/Elgeti NVwZ 2024, 112).

1c Die Regelungen in den §§ 27a bis 27c VwVfG sind im Hinblick auf die Öffentlichkeitsbeteiligung vor allem bei Planfeststellungsverfahren eine Reflexion des Bemühens auf der einen Seite, den Beschleunigungsanforderungen und der Digitalisierung gerecht zu werden, und dabei zugleich, die Planungs- und Genehmigungsverfahren rechtssicher so zu organisieren, dass der unterschiedliche Zustand der Digitalisierung sowie dessen Handhabung flächendeckend für alle Regionen Deutschlands gewährleistet wird (Prell/Altmiks NVwZ 2024, 105 (106)).

1d Die **Umweltverträglichkeitsprüfung (UVP)** ist nach § 4 UVPG ein unselbständiger Teil des Planfeststellungsverfahren, das der Entscheidung über die Zulässigkeit eines Vorhabens dient (§ 2 I UVPG) → § 72 Rn. 33 ff. Zur **Strategischen Umweltprüfung** als unselbständiger Teil behördlicher Verfahren → § 72 Rn. 34a.

2 Das **Anhörungsverfahren** nach § 73 kann in **fünf maßgebliche Abschnitte** gegliedert werden:

1. Frühe Öffentlichkeitsbeteiligung (§ 25 III; → § 25 Rn. 25)
2. Planeinreichung und Planänderung (I, VIII)
3. Stellungnahme sämtlicher zuständiger Behörden (II-IIIa, VIII)
4. Öffentlichkeitsbeteiligung und Erörterungstermin (IV-VI, VIII)
5. Stellungnahme und Dokumentation der Anhörungsbehörde (IX)

2a Nach § 25 III soll bei größeren Vorhaben vor Einreichung des Plans die betroffene Öffentlichkeit über eine frühe Öffentlichkeitsbeteiligung frühzeitig über die Ziele des Vorhabens informiert werden. Mit der Einreichung des Plans durch den Antragsteller (Vorhabenträger) bei der Anhörungsbehörde beginnt das einheitliche Planfeststellungsverfahren (I). Der Zweck des Anhörungsverfahrens besteht darin, den Plan des Vorhabens in seinen Details sowohl den Behörden, deren Zuständigkeitsbereich berührt wird (II), als auch den von etwaigen Auswirkungen des Vorhabens Betroffenen bekannt zu machen (V), ihnen somit Gelegenheit zur Einsicht zu gewähren, und etwaige gegen das Vorhaben streitende Einwendungen rechtzeitig zu erheben (IV), die in einem Erörterungstermin zur Rede stehen (VI). Jeder, dessen Interessen durch das Vorhaben berührt wird, kann Einwendungen gegen das Vorhaben erheben (IV). Auch Vereinigungen, die auf Grund einer Anerkennung nach anderen Rechtsvorschriften befugt sind, Rechtsbehelfe nach der Verwaltungsgerichtsordnung gegen die Entscheidung nach § 74 einzulegen, können Stellungnahmen zu dem Plan abgeben (IV 5). In einem darauffolgenden Erörterungstermin sind sämtliche rechtzeitig erhobenen Einwendungen mit sämtlichen Behörden, Betroffenen, dem Antragsteller, Beteiligten und Einwendern mündlich zu erörtern (VI). Verspätete Einwendungen sind ausgeschlossen; sie unterliegen einer materiellen Präklusion (IV 3).

Die umfassende Beteiligung sämtlicher Behörden und die Erörterung erhobener Einwendungen ermöglicht mit Blick auf die dem Planfeststellungsbeschluss zugrundeliegende Konzentrationswirkung → § 72 Rn. 5, § 74 Nr. 9) eine koordinierte und widerspruchsfreie Entscheidung, in der alle für das Vorhaben erforderlichen behördlichen Gestattungen gebündelt werden. 3

Wird der Plan im Zeitpunkt nach der Auslegung geändert, so reicht eine bloße Mitteilung; eine erneute Öffentlichkeitsbeteiligung ist nicht vorgesehen. Einwendungen gegen die Änderungen sind innerhalb von zwei Wochen zu erheben. Im Übrigen ergeben sich für eine wesentliche Änderung keine Abweichungen vom gesetzlichen Programm (VIII). 4

In einem letzten Schritt des Anhörungsverfahrens hat die Anhörungsbehörde zu dem Anhörungsverfahren eine Stellungnahme zu verfassen. Diese Stellungnahme, den Plan, die Stellungnahmen der Behörden (II) und die nicht erledigten Einwendungen hat die Anhörungsbehörde möglichst innerhalb eines Monats der Planfeststellungsbehörde zuzuleiten (IX). 5

II. Anhörung im Planfeststellungsverfahren

1. Geltungsbereich, Verfahrensgliederung

Der Anwendungsbereich des § 73 ist eröffnet, wenn vorrangige Fachplanungsgesetze kein Anhörungsverfahren vorsehen oder es nur unvollständig geregelt haben. § 73 ist somit subsidiär (SBS/Neumann/Külpmann § 73 Rn. 1 mwN; KR/Wysk § 73 Rn. 2). Die Durchführung eines planungsrechtlichen Verfahrens ist aber auch ohne gesetzliche Grundlage in entsprechender Anwendung der Normen zum Planfeststellungsverfahren dann durchzuführen, wenn der Bund (hier BMVg) eine **„Verwaltungsentscheidung“** trifft, wonach das Nutzungskonzept eines Truppenübungsplatzes in einen Luft-Boden-Schießplatz („Bombodrom“) verwandelt wird (OVG Berlin-Brandenburg NVwZ-RR 2009, 715 (715); BVerwG NVwZ 2001, 1030 (1031 ff.)). 6

Das Anhörungsverfahren dient dem Anspruch auf ein **faires Verfahren** und dem **Anspruch auf rechtliches Gehör** (BVerwG NVwZ 2010, 44 (45); NVwZ-RR 2000, 760 (760); NVwZ 1987, 578 (581)). § 73 konkretisiert im Rahmen des Planfeststellungsverfahrens die Pflicht zur Anhörung von Einwendern und Betroffenen, die allgemein in § 28 und in § 66 enthalten ist. Insofern schließt § 73 als lex specialis die Anwendung der §§ 28, 66 für Einwender, nicht aber für andere Beteiligte aus (SBS/Neumann/Külpmann § 73 Rn. 9). Wenngleich das Planfeststellungsverfahren ein einheitliches Verwaltungsverfahren nach § 9 ist, wird es doch in **zwei unselbständige Verfahrensabschnitte** unterteilt: das Anhörungsverfahren (§ 73) und die nachfolgende Planfeststellung ieS (§§ 74, 75), für die jeweils funktional zwei unterschiedliche Behörden zuständig sind. 7

2. Behördenzuständigkeit

8 Nimmt ein und dieselbe Behörde sowohl die Funktion der Planfeststellungsbehörde als auch die Funktion einer Anhörungsbehörde wahr, so liegt in der Doppelzuständigkeit noch kein Verstoß gegen §§ 73, 74 (BVerwG NVwZ 2010, 44 (45)). Eine Behörde mit Doppelzuständigkeit unterliegt der Bindung an Recht und Gesetz (Art. 20 III GG) und untersteht exekutiver Aufsicht. Eine **neutrale Aufgabenwahrnehmung** durch sie als Planfeststellungsbehörde ist jedenfalls dann in einer rechtsstaatlichen Anforderungen genügenden Weise gesichert, wenn behördenintern für eine **organisatorische** und **personelle Trennung** beider Aufgabenbereiche gesorgt ist (BVerwG NVwZ 2010, 44 (45); NVwZ 1991, 781 (782 f.)). Der Einwand einer **institutionellen Befangenheit** (→ § 21 Rn. 2) scheitert an Art. 20 III GG, spätestens dann, wenn präventiv eine hinreichende personelle und organisatorische Trennung der Aufgabenbereiche gewährleistet ist (aA KR/Wysk § 73 Rn. 16 mwN). Problematisch bleiben jene Konstellationen, in der ein Vorhabenträger institutionell mit der Anhörungs- bzw. Planfeststellungsbehörde verflochten oder identisch ist. Es ist nicht auszuschließen, dass eine ausschließlich am Gemeinwohl ausgerichtete, unabhängige Amtsführung in einer solchen Konstellation mit inneren oder äußeren sachfremden Erwartungshaltungen kollidieren kann. Mag diese Konstellation rechtsstaatlich und im Sinne der Vorgaben des BVerwG praktisch lösbar sein, so verschattet doch der Anschein innerbehördlicher fehlender Distanz und Transparenz das Ergebnis in den Augen der Bevölkerung, wenn es auch rechtmäßig ist (KR/Wysk § 73 Rn. 16).

III. Einreichung des Plans (I)

1. Antragstellung (I 1)

9 Der Träger des Vorhabens hat nach § 73 I 1 den Plan der Anhörungsbehörde zur Durchführung des Anhörungsverfahrens einzureichen. Das planfeststellungspflichtige Vorhaben unterliegt einem **präventiven Verbot mit Erlaubnisvorbehalt.** Erweist sich nach Beginn einer Baumaßnahme ein Planfeststellungsverfahren als notwendig, ist der Vorhabenträger verpflichtet, das Verfahren unverzüglich einzuleiten (SBS/Neumann/Külpmann § 73 Rn. 15).

10 Unter dem Begriff Vorhabenträger ist der Antragsteller zu verstehen. Vorhabenträger kann jedes beteiligungsfähige (§ 11) Rechtssubjekt des privaten oder öffentlichen Rechts (→ § 11 Rn. 5 ff.) sein (SBS/Neumann/Külpmann § 73 Rn. 16).

11 Das Planfeststellungsverfahren wird durch einen Antrag des Vorhabenträger eingeleitet (§ 22 I 2 Nr. 1), der die Behörde zur Durchführung eines Planfeststellungsverfahren verpflichtet (KR/Wysk § 73 Rn. 16). Andere, insbesondere Dritte sind nicht befugt, den Antrag zu stellen. Auch sind Behörden in Ermangelung einer Rechtsgrundlage nicht berechtigt, den Vorhabenträger zur Einreichung eines Plans zu zwingen (OVG Lüneburg NVwZ-RR

1993, 7 (8); vgl. → § 22 Rn. 12). Durch das im Antrag zum Ausdruck kommende **konkrete Konzept** für das planfeststellungspflichtige Vorhaben bestimmt der Vorhabenträger den Verfahrens- und Genehmigungsgegenstand (BVerwG NVwZ 2002, 350 (351); BeckOK VwVfG/Kämper § 73 Rn. 3). Mit Einreichung des Plans erwirbt der Vorhabenträger ein Recht auf **fehlerfreie Durchführung** des Planfeststellungsverfahrens (SBS/Neumann/Külpmann § 73 Rn. 17), nicht aber einen Anspruch auf Zulassung des Vorhabens (Ziekow § 73 Rn. 7). Ob ein Antrag auf Planfeststellung gestellt oder zurückgenommen wird, steht in der Dispositionsmaxime des Vorhabenträgers (MSU/Lieber § 73 Rn. 27).

Fehlt dem Antragsteller allerdings aufgrund eines „schlechterdings nicht ausräumbaren Hindernisses", das der Planfeststellung unüberwindbar entgegensteht, ein **Sachbescheidungsinteresse,** kann die Durchführung des Planfeststellungsverfahrens abgelehnt werden (BVerwG NVwZ-RR 1994, 381 (381)). 12

2. Einzureichende Unterlagen (I 2)

Der Begriff des Plans wird in § 73 I 2 erläutert. Der einzureichende Plan besteht danach aus **Zeichnungen und Erläuterungen,** die das Vorhaben, seinen Anlass und die von dem Vorhaben betroffenen Grundstücke und Anlagen erkennen lassen. Sämtliche Aspekte müssen verständlich, klar und zutreffend angeben werden, damit der Plan seiner Funktion gerecht werden kann, den vom Plan Betroffenen eine objektive Einschätzung über Art und Umfang der Auswirkungen auf subjektive Rechte des Vorhabens zu ermöglichen (SBS/Neumann/Külpmann § 73 Rn. 18). Erläuterungen sind daher vollständig zu geben (KR/Wysk § 73 Rn. 23). Die Verwendung nicht erläuterter Planzeichen kann je nach den konkreten Umständen die Verständlichkeit einer zeichnerischen Darstellung beeinträchtigen und dazu führen, dass der Plan seiner Funktion, den Planbetroffenen **Art und Ausmaß ihrer Betroffenheit** zu verdeutlichen, nicht voll gerecht wird (BVerwG NVwZ 2006, 1170 (1170)). Die Planunterlagen müssen, um ihre **Anstoßfunktion** gegenüber den von einem Plan Betroffenen erfüllen zu können, klar und verständlich sein (BVerwG NVwZ 2007, 700 (701); NVwZ 2006, 1170 (1171)). Die Anstoßfunktion soll die Prüfung einer möglichen Berührung eigener tatsächlicher oder rechtlicher Interessen ermöglichen (OVG Koblenz BeckRS 2019, 30636 Rn. 91; KR/Wysk § 73 Rn. 24). Sofern es der Verfahrensbeschleunigung dient, hat der Vorhabenträger einen **Anspruch auf Mitteilung über die Vollständigkeit** der eingereichten Planunterlagen sowie über die voraussichtliche Verfahrensdauer (§ 25 II 2). 13

Neben den Planzeichnungen, Grundstücks- und Flurkarten und weiteren je nach Eigenart erforderlichen Übersichten ist ein **Erläuterungsbericht** abzugeben, in dem das Vorhaben, seine Auswirkungen und der Ist- und Sollzustand beschrieben wird (OVG Lüneburg NordÖR 2010, 129=BeckRS 2009, 39128; BVerwG BeckRS 2009, 39939; BeckRS 2007, 24753). Ob und ggf. wann **zusätzliche Gutachten** erforderlich sind, beurteilt sich nach den Gegebenheiten des Einzelfalles (BVerwG NVwZ 2010, 63 (65)). 14

15 Ob **Betriebs- und Geschäftsgeheimnisse** berechtigterweise von einer Auslegung ausgenommen werden, obliegt nicht der Einschätzung des Vorhabenträgers, sondern bedarf vor allem im europarechtlich dominierten Umweltrecht zumeist einer europarechtskonformen Auslegung der privilegierenden Normen. Zumindest im Gentechnikrecht (§ 17a II Nr. 6 GenTG) erstreckt sich der Geheimschutz nicht auf eine im Rahmen der Risikobewertung erstellte Zusammenfassung schädlicher Auswirkungen und auf das insoweit zugrundeliegende Tatsachenmaterial (OVG Münster NVwZ-RR 2006, 248 (249)).

15a Durch die zu erwartende Zunahme der im **Internet** zu veröffentlichenden Dokumente kann von einer erhöhten Eingriffsqualität ausgegangen werden (Ruf ZUR 2023, 162). Die **digitale Veröffentlichung** von Unterlagen (→ § 27b Rn. 10, 11) wird eine besonders sorgfältige Prüfung auf Betriebs- und Geschäftsgeheimnisse erfordern (Durinke/Elgeti NVwZ 2024, 112 (116)) Die Beteiligten haben **Anspruch auf den Schutz** ihrer Betriebs- und Geschäftsgeheimnisse (→ § 30 Rn. 5). Infolgedessen muss der Vorhabenträger, der es am besten beurteilen kann, prüfen, ob die auszulegenden Unterlagen Geheimnisse nach § 30 enthalten. Die Geheimnisse sind entsprechend zu kennzeichnen und der Behörde zum Zwecke der Auslegung zusätzlich eine Darstellung vorzulegen, die den Inhalt der betreffenden Teile der Dokumente ohne Preisgabe der Geheimnisse beschreibt (§ 27b IV Nr. 1–2). Aus **datenschutzrechtlichen Gründen** sind die Namen der Eigentümer von Grundstücken zu anonymisieren (KR/Wysk § 73 Rn. 25).

16 Sind mit dem Vorhaben unvermeidbare Eingriffe in Natur und Landschaft verbunden, hat der Vorhabenträger entweder bereits im Plan oder in einem separat eingereichten **landschaftspflegerischen Begleitplan** (zur nachteiligen Veränderung des Landschaftsbildes für die Dauer von mindestens 20 Jahren durch Windkraftanlagen, vgl. OVG Lüneburg GewA 2010, 133 = BeckRS 2007, 26850) in Text und Karte darzustellen (§§ 15, 17 IV 3 BNatSchG). Betroffene müssen zu Änderungen des landschaftspflegerischen Begleitplan **angehört** werden, wenn für sie daraus eine stärkere (nicht nur unwesentliche) Betroffenheit folgt (OVG Magdeburg BeckRS 2017, 131944 Ls. 1).

17 Der Plan liefert der Planfeststellungsbehörde eine konkrete Entscheidungsgrundlage; ist er unvollständig, wird die Anhörungsbehörde Nachforderungen erheben. Legt der Vorhabenträger erhebliche Unterlagen **trotz Aufforderung** nicht vor, sind etwaige Betroffene nicht in der Lage, die Auswirkungen des Vorhabens auf ihre geschützten Interessen zu beurteilen und die Anhörungsbehörde ist somit gehindert, das Verfahren fortzuführen (BeckOK VwVfG/Kämper VwVfG § 73 Rn. 8; KR/Wysk § 73 Rn. 29).

18 Fehlt es dem Vorhabenträger an der verfahrensrechtlich immanenten Bereitschaft das **Verfahren zu betreiben,** in dem er es unterlässt, erhebliche Unterlagen ein- bzw. nachzureichen, ist die Anhörungsbehörde berechtigt, der ausschließlich zur Entscheidung befugten Planfeststellungsbehörde, die Akten mit einer Stellungnahme und einem Entscheidungsvorschlag in entsprechender Anwendung von § 73 IX zuzuleiten (KR/Wysk § 73 Rn. 29; Ziekow § 73 Rn. 12). Die Planfeststellungsbehörde hat den unvollständig

gebliebenen Antrag als in verfahrensrechtlicher Hinsicht unbegründet zurückweisen (§ 74 I 2 iVm § 69).

Erweist sich das Vorhaben als gestattungsfähig, übernimmt die Planfeststellungsbehörde den Plan als Gegenstand der Planfeststellung (SBS/Neumann/Külpmann § 73 Rn. 18). 19

3. Umweltauswirkungen – UVP-Pflichtigkeit

Die Anhörungsbehörde hat die Öffentlichkeit auch zu den Umweltauswirkungen des Vorhabens zu beteiligen (§ 72 → 33–34b). Nach Rspr. des BVerwG schafft die Umweltverträglichkeitsprüfung die Voraussetzungen dafür, dass die Umweltbelange so herausgearbeitet werden, dass sie in die Abwägung in gebündelter Form eingehen. Zum Anspruch auf Aufhebung eines Planfeststellungsbeschlusses wegen Fehlerfolgen nach dem UmwRG vgl. → § 72 Rn. 35). Die UVP-Richtlinie verlangt vom Vorhabenträger bestimmte inhaltliche Angaben, stellt ihm aber frei, in welcher Form er sie vorlegt (BVerwG NVwZ 2007, 81 (84); im Anschluss an BVerwG BeckRS 2005, 22709; NVwZ 1999, 528 (531)). 20

Bei UVP-pflichtigen Vorhaben ist die Planfeststellungsbehörde verpflichtet, **entscheidungserhebliche Gesichtspunkte** ungeachtet des Ablaufs der Einwendungsfrist **von Amts wegen** zu berücksichtigen. Das folgt zwingend daraus, dass die Präklusionsregelung des § 73 Abs. 4 Satz 3 bis 6 VwVfG in einem nachfolgenden Rechtsbehelfsverfahren gegen eine solche Entscheidung nicht angewendet werden darf und mithin keine materielle Ausschlusswirkung entfalten kann (vgl. § 7 IV UmwRG) (BVerwG BeckRS 2018, 9818 Ls. 2 und Rn. 5 mwN). 20a

Es reicht aus, wenn die erforderlichen Angaben **(zusammenfassende Dokumentation)** sich aus verschiedenen Unterlagen ergeben, etwa aus dem landschaftspflegerischen Begleitplan, dem Erläuterungsbericht, einer schalltechnischen Untersuchung oder einer Schadstoffuntersuchung. Die Angaben müssen nicht zwingend in einem **gesonderten Dokument** dargestellt werden (BVerwG BeckRS 2009, 37830). 21

4. Informelle Beratung vor Einreichung des Antrags

Es liegt im Interesse einer für alle Beteiligten als sinnvoll erkannten beschleunigten Verfahrensabwicklung, schon vor dem Zeitpunkt der Einreichung des Antrags, kooperativ den Kontakt mit der Anhörungsbehörde zu suchen. Rechtsgrundlage ist hierfür jetzt § 25 II (§ 75c aF), wonach die Anhörungsbehörde mit dem Vorhabenträger bereits vor Stellung eines Antrags erörtert, welche Nachweise und Unterlagen von ihm zu erbringen sind und in welcher Weise das Verfahren beschleunigt werden kann. Die Behörden sind im Zeitpunkt **vor** Antragstellung verpflichtet, zu beraten und – ohne dabei die etwaige künftige Verfahrensherrschaft zu neutralisieren – **partnerschaftlich** mit dem Antragsteller an einer Strategie zur **optimalen Abwicklung des Vorhabens** kooperativ, transparent und serviceorientiert zusammenzuarbeiten (Bonk NVwZ 1997, 320 (328)). 22

23 Eine **Unterrichtungs-und Beratungspflicht** ist auch nach § 15 UVPG vorgesehen. Danach hat die Behörde den Vorhabenträger frühzeitig über Inhalt, Umfang und Detailtiefe der Angaben, die der Vorhabenträger voraussichtlich in den UVP-Bericht aufnehmen muss, zu unterrichten und zu beraten (Untersuchungsrahmen) (BeckOK VwVfG/Kämper § 73 Rn. 13).

24 Mitunter sind vor Einreichung des Plans bereits **Vorarbeiten** erforderlich, die zu einer **Beeinträchtigung und Duldungspflicht von Betroffenen** führen. Nach § 16a FStrG sind zur Vorbereitung der Planung und der Baudurchführung notwendige Vermessungen, Boden- und Grundwasseruntersuchungen einschließlich der vorübergehenden Anbringung von Markierungszeichen und sonstigen Vorarbeiten durch die Straßenbaubehörde von Eigentümern oder sonstigen Nutzungsberechtigten zu dulden (BVerwG NVwZ 2012, 571 (573); NVwZ-RR 2003, 66 (67)).

IV. Behördenbeteiligung (II, IIIa)

1. Voraussetzungen der Beteiligung (II)

25 Nach § 73 II ist die Anhörungsbehörde verpflichtet, innerhalb eines Monats nach Zugang des vollständigen Plans diejenigen Behörden zur Stellungnahme aufzufordern, deren Aufgabenbereich durch das Vorhaben berührt wird. Ferner hat die Anhörungsbehörde zu veranlassen, dass der Plan in den Gemeinden, in denen sich das Vorhaben voraussichtlich auswirkt, nach § 27b ausgelegt wird (II 2). Ist das Vorhaben UVP-pflichtig, sind ferner die Behörden zu beteiligen, deren umweltbezogener Aufgabenbereich durch das Vorhaben berührt wird (§ 17 I UVPG). Die zuständige Behörde holt die Stellungnahmen der unterrichteten Behörden ein (§ 17 II UVPG).

26 Im Einzelfall sind auch **ausländische Grenznachbarn** einschließlich der Grenzgemeinden eines Nachbarstaates zu beteiligen. Vor deutschen Verwaltungsgerichten sind sie jedenfalls dann klagebefugt, wenn sie sich gegen die Konversion eines ehemaligen Militärflugplatzes für die zivile Nutzung zur Wehr setzen und die durch den Flugbetrieb ausgelösten grenzüberschreitenden Lärmimmissionen abwehren wollen. In diesem Fall wäre grds. eine Einwendungsbefugnis unter den in der Rspr. dargelegten Voraussetzungen gegeben, an die sich allerdings die Möglichkeit einer Präklusion anschließt (OVG Lüneburg NVwZ 2011, 1073 (1074 f.); BVerwG NVwZ 2009, 452 (453 f.)).

27 Ist der Plan nicht vollständig, beginnt die **Frist** nicht zu laufen (Arg. e contr.). Bei der in II festgelegten **Monatsfrist** handelt es sich um eine **sanktionslose Norm,** die dem Interesse des Vorhabenträgers an einer Beschleunigung des Verfahrens dient.

28 Der **Aufgabenbereich einer Behörde** ist berührt, wenn aufgrund des Vorhabens und den damit verbundenen potentiellen Auswirkungen nach materiellem Recht eine Behörde zuständig ist, eine Genehmigung oder über eine andere Form einer Gestattung eine Entscheidung zu treffen, die durch die Konzentrationswirkung des Planfeststellungsbeschlusses ersetzt wird (KR/Wysk § 73 Rn. 35).

Ob der Behördenbegriff in einem engen oder weiteren Sinne zu verstehen ist, bleibt zumindest solange unerheblich solange öffentliche Aufgaben erfüllt werden. Die Planfeststellungsbehörde darf im Anhörungsverfahren **einzelne Private** (hier: erwerbswirtschaftlich tätiges privates Unternehmen) jedenfalls dann nicht von Amts wegen beteiligen, wenn ihnen **keine Erfüllung öffentlicher Aufgaben** übertragen wurde (BVerwG NVwZ-Beilage 2018, 41 Ls. 1 und Rn. 13 mwN). 28a

Darüber hinaus ist der Aufgabenbereich berührt, sofern gesetzlich eine Beteiligung in der qualifizierten Form der Herstellung des **Einvernehmens,** des **Benehmens** oder die **Abgabe einer unverbindlichen Stellungnahme** vorschrieben ist (BeckOK VwVfG/Kämper § 73 Rn. 17). Bei der Beurteilung, ob ein Aufgabenbereich einer Behörde berührt ist, soll ein **großzügiger Maßstab** angelegt werden (KR/Wysk § 73 Rn. 35). Im Zweifel sollte eine Beteiligung erfolgen (MSU/Lieber § 73 Rn. 61). 29

Sind **Gemeinden** durch ein Planfeststellungsverfahren berührt, ist zu differenzieren: Wird eine Gemeinde im Rahmen des behördlichen Stellungnahmeverfahrens nach § 73 II am Planfeststellungsverfahren beteiligt, besteht für die Gemeinde eine Gelegenheit, sich über den tatsächlichen Umfang des Vorhabens zu informieren. Daraus ergeben sich jedoch keine rechtlichen Folgerungen für das Einwendungsverfahren nach § 73 IV und die rechtlichen Voraussetzungen der Präklusion. Das BVerwG hat im Hinblick auf die **Doppelrolle der Gemeinde** als Behörde und Einwender die Verschiedenartigkeit der beiden Verfahren und ihrer rechtlichen Voraussetzungen betont. Eine Privilegierung der Gemeinden hinsichtlich der Wahrung der Einwendungsfrist ist genauso ausgeschlossen, wie sie gegenüber anderen Einwendern schlechter zu stellen (OVG Greifswald NJOZ 2012, 2033 (2046); BVerwG NVwZ 2000, 68 (69); LKV 2000, 39 (40); differenzierend MSU/Lieber § 73 Rn. 60). Die Einwendungen, die eine Gemeinde gegen ein geplantes Vorhaben erhebt, können keinen Erfolg haben, weil einer Gemeinde grundsätzlich kein Anspruch auf eine umfassende objektiv-rechtliche Planprüfung zusteht. Die Gemeinde kann nur die **Verletzung eigener Rechtspositionen** rügen, die sich zB aus ihrem Selbstverwaltungsrecht ergeben können. Eine Überprüfung des Planfeststellungsbeschlusses auf seine Vereinbarkeit mit Rechten der Gemeindebürger oder mit Bestimmungen des objektiven Rechts, etwa des **Umweltschutzes,** kann sie nicht beanspruchen (OVG Greifswald NJOZ 2012, 2033 (2047); OVG Koblenz NVwZ-RR 2005, 404 (405)). 30

Soweit Gemeinden **private Rechte,** wie zB Eigentumsrechte als Einwendungen geltend machen, sind derartige subjektiv-öffentliche Rechte im Rahmen der Anhörung nach § 73 IV geltend zu machen (BeckOK VwVfG/Kämper § 73 Rn. 18; BVerwGE 123, 152 = NVwZ 2005, 811 (812)). In diesem Fall findet die Präklusionsvorschrift nach § 73 IV 3 Anwendung (VGH Kassel NJOZ 2009, 3485 (3495 f.)). Eine bloße Stellungnahme im Rahmen der Behördenanhörung nach § 73 II ist nicht ausreichend (SBS/Neumann/Külpmann § 73 Rn. 35). 31

2. Inhalt und Bedeutung der behördlichen Stellungnahme (II)

32 Nach § 73 II hat die Anhörungsbehörde die Stellungnahmen jener Behörden einzuholen, deren Aufgabenbereich durch das Vorhaben berührt wird. Der Wortlaut dieser Bestimmung gibt zu Zweifeln über seinen Regelungsinhalt keinen Anlass. Die Vorschrift besagt nicht, dass die Anhörungsbehörde – von sich aus und damit gleichsam unaufgefordert – den zu beteiligenden Trägern öffentlicher Belange, deren Zuständigkeiten berührt sein könnten, sämtliche Planunterlagen zu übersenden hat. Entscheidend ist vielmehr etwas Anderes. Die Anhörungsbehörde hat die zu beteiligenden Behörden soweit von dem Vorhaben zu unterrichten, dass diese erkennen können, ob ihre Zuständigkeit berührt wird und ob es angezeigt ist, sich aus diesem Grunde näher um den Inhalt der beabsichtigten Planung zu kümmern (BVerwG NVwZ-RR 1997, 212 (212); aA etwa KR/Wysk § 73 Rn. 42). Zutreffend wird darauf hingewiesen, dass die Planunterlagen regelmäßig in digitaler Form vorliegen und es für die Behörden in der Regel keinen Aufwand erzeugt, bei Bedarf umfassendere oder ggf. sämtliche Unterlagen zur Verfügung zu stellen (MSU/Lieber § 73 Rn. 66).

32a Die Behörde hat ihre Stellungnahme in **tatsächlicher** Hinsicht substantiiert darzulegen und **rechtlich** zu würdigen. Die Stellungnahme muss erkennen lassen, ob und welche rechtlichen Belange zu berücksichtigen sind (SBS/Neumann/Külpmann § 73 Rn. 37). Art und Umfang der Stellungnahme sind in das Ermessen der Behörde gestellt.

33 Anhörungs- und Planfeststellungsbehörde werden durch die Stellungnahme, auch bei gutachtlichen Ausführungen zB wissenschaftlicher Behörden, nicht ihrer originären Verpflichtung zur **Sachverhaltsermittlung** (→ § 24 Rn. 7, 10) und deren nachfolgend rechtlicher Würdigung enthoben (KR/Wysk § 73 Rn. 38). Die Stellungnahme gehört nach § 73 III nicht zu den Unterlagen, die auszulegen ist; sie entfaltet im Übrigen auch für die Planfeststellungsbehörde **keine Bindungswirkung** (KR/Wysk § 73 Rn. 38).

34 Der Kreis auszulegender Unterlagen wird erweitert, wenn das Vorhaben UVP-pflichtig ist. Die Behörde hat nach § 19 I UVPG zu Beginn des Beteiligungsverfahrens zahlreiche Unterlagen zur Unterrichtung der Öffentlichkeit zwingend auszulegen (BVerwG NVwZ 2018, 1804 Rn. 31 mwN). Im Rahmen des Beteiligungsverfahrens legt die zuständige Behörde **zumindest** den **UVP-Bericht** und die das Vorhaben betreffenden **entscheidungserheblichen Berichte und Empfehlungen,** die der zuständigen Behörde zum Zeitpunkt des Beginns des Beteiligungsverfahrens vorgelegen haben (§ 19 II UVPG). Weitere Ansprüche von Dritten gegen die zuständige Behörde richten sich im Zeitpunkt nach Beginn des Beteiligungsverfahrens der Öffentlichkeit nach dem UIG (§ 19 III UVPG).

35 Da die behördliche Stellungnahme nicht ausgelegt wird, ist der wesentliche Inhalt der Stellungnahme im Erörterungstermin bekannt zu geben und mit den beteiligten Behörden, Einwendern und Beteiligten zu erörtern (§ 73 VI 1).

3. Frist von drei Monaten (IIIa 1)

36 Nach § 73 IIIa 1 haben die Behörden ihre Stellungnahme innerhalb der von der Anhörungsbehörde gesetzten Frist abzugeben. Aus Beschleunigungsgründen darf die gesetzte Frist von drei Monaten nicht überschritten werden. Wenn auch nach dem Wortlaut die Frist zwingend ist, sprechen Gründe der **Praktikabilität** bei der Vorlage zureichender Gründe dafür, zumindest solche, die nicht allein durch schlichte Fristversäumung begründet sind, eine Verlängerung der Frist auch über den Zeitraum von drei Monaten zu ermöglichen (MSU/Lieber § 73 Rn. 68; BeckOK VwVfG/Kämper § 73 Rn. 24; SBS/Neumann/Külpmann § 73 Rn. 39; KR/Wysk § 73 Rn. 37; aA Ziekow § 73 Rn. 24).

37 Eine **praktische Lösung** der von der **Präklusion** (§ 73 IIIa 2) bedrohten Stellungnahme besteht mit Blick auf die Ausnahmen von der Präklusion darin, zumindest innerhalb der Frist die wesentlichen Überlegungen in knapper Form mitzuteilen und auf eine noch zu erstellende umfangreichere Stellungnahme zu verweisen, die ggf. nach dem Erörterungstermin eingehen kann.

4. Behördenpräklusion (IIIa 2)

38 Das PlVereinhG hat die bisherige restriktive Behördenpräklusion im Interesse einer sachgerechten Verwaltungsentscheidung gelockert (MSU/Lieber § 73 Rn. 83 mwN). Stellungnahmen, die nach Ablauf der Frist nach IIIa 1 eingehen, sind zu berücksichtigen, wenn der Planfeststellungsbehörde die vorgebrachten Belange bekannt sind oder hätten bekannt sein müssen oder für die Rechtmäßigkeit der Entscheidung von Bedeutung sind; im Übrigen können sie berücksichtigt werden. Danach ist die Nichtberücksichtigung verfristeter behördlicher Stellungnahmen nicht mehr gesetzlich festgelegt, sondern wird in das Ermessen der Behörde gestellt (BeckOK VwVfG/Kämper § 73 Rn. 25; MSU/Lieber § 73 Rn. 83) Jede andere Auslegung müsste erläutern, aus welchem Grund eine materielle Präklusionswirkung die Gesetzmäßigkeit der Verwaltung (Art. 20 III GG) in Frage zu stellen vermag, und zwar unabhängig davon, dass das Gebot des zügigen Verwaltungsverfahrens ebenfalls dem Rechtsstaatsprinzip zugeordnet werden kann (BeckOK VwVfG/Kämper § 73 Rn. 28.1 mwN). Im Ergebnis dürfte selbst eine verfristet eingegangene aber als rechtserheblich zu erachtende Stellungnahme im Planfeststellungsverfahren im Interesse einer rechtmäßigen Entscheidung zu berücksichtigen sein.

39 Sind die verfristet vorgetragenen Belange der Planfeststellungsbehörde bereits bekannt oder hätten ihr bekannt sein müssen oder sind sie für die Rechtmäßigkeit der Entscheidung von Bedeutung, so greift die Präklusion nicht ein (§ 73 IIIa 2).

40 Ob bestimmte Belange der Behörde bekannt sind, hängt von der Kenntnis der Behörde als solcher ab, nicht nur von der Kenntnis des zuständigen Mitarbeiters. Ergeben sich die Belange aus den Planunterlagen, hat die Behörde in der Regel eine positive Kenntnis. Ausreichend ist Kenntnis bzw. Kennenmüssen des Belangs, nicht notwendig aller Tatsachen im Einzelnen

(MSU/Lieber § 73 Rn. 86). Fehlt es hingegen an einer positiven Kenntnis, hätte sie aber bei Wahrung der objektiv erforderlichen Sorgfalt gegeben sein müssen, sind die Belange in den Abwägungsprozess einzubeziehen, insbesondere, wenn sich das Vorhandensein bestimmter Belange aufdrängen musste (SBS/Neumann/Külpmann § 73 Rn. 43).

41 Die Aufklärungspflicht der Planfeststellungsbehörde überwiegt das Interesse an der Einhaltung der Frist aus Gründen der Verfahrensbeschleunigung. Die verspätet eingegangene behördliche Stellungnahme kann berücksichtigt werden, wenn sie für die Rechtmäßigkeit der Entscheidung von Bedeutung ist. Damit wird vermieden, dass die Planfeststellungsbehörde **„sehenden Auges" eine rechtswidrige Entscheidung** trifft (KR/Wysk § 73 Rn. 40). Das wäre nicht sachgerecht. Von Bedeutung für die Rechtmäßigkeit der Entscheidung ist dabei nicht nur ein fehlerfreies Abwägungsergebnis, sondern auch ein **fehlerfreier Abwägungsvorgang.** Wird ein wesentlicher Belang nicht in den Abwägungsvorgang eingestellt, folgt aus dem Unterlassen ein erheblicher Abwägungsfehler der für die Rechtmäßigkeit von Relevanz sein kann (BVerwG BeckRS 2009, 42259; SBS/Neumann/Külpmann § 73 Rn. 44).

42 Ein Mangel ist beachtlich, wenn nach den Umständen des jeweiligen Falls die konkrete Möglichkeit besteht, dass ohne den Mangel im Vorgang die Planung anders ausgefallen wäre; eine solche konkrete Möglichkeit besteht immer dann, wenn sich anhand der Planunterlagen oder sonst erkennbarer oder naheliegender Umstände die Möglichkeit abzeichnet, dass der Mangel im Abwägungsvorgang von Einfluss auf das Abwägungsergebnis gewesen sein kann (BVerwG NVwZ 2008, 899 (901); NVwZ 1992, 663 (664)). Auch das Gewicht des betroffenen Belangs in der Abwägung kann für die Ergebnisrelevanz von Bedeutung sein (BVerwG NVwZ 2008, 899 (901); NVwZ 2005, 442 (443)).

43 Im Ergebnis verbleibt den Behörden ein hinreichend **umfangreicher Ermessensspielraum.**

V. Auslegung des Plans (II, III und V)

44 Die Gemeinden, deren Aufgabenbereich durch den Plan berührt wird (II), haben den Plan innerhalb von **drei Wochen** nach Zugang für die **Dauer eines Monats** zur Einsicht auszulegen (§ 73 III 1). Für die **Fristberechnung** der Monatsfrist wird bei der Berechnung der einmonatigen Auslegungsdauer der erste Tag der Auslegung mitgezählt (GmS OGB NJW 1972, 2035) (§§ 31 I, 187 II BGB → § 31 Rn. 3 ff.). Eine Verlängerung der Auslegungsfrist ist zwar nicht vom Wortlaut vorgesehen, aber auch nicht untersagt, so dass sie unter besonderen Umständen gerechtfertigt sein kann. Es liegt in der Natur der Sache, dass vor Verwirklichung des Vorhabens nur eine **Prognoseentscheidung** über zu erwartende Auswirkungen getroffen werden kann. Die in den §§ 63 ff. und 72 ff. einheitlich verwendete Formulierung „voraussichtlich auswirken wird" bringt dies zum Ausdruck. Entsprechendes gilt für VIII 2 (BT-Drs. 17/9666, 18).

Die **Auslegung des Plans** erfolgt nach § 73 II iVm § 27b sowohl in **digitaler** als auch in (nur) einer Gemeinde in physischer Form. Der Plan wird daher auf einer Internetseite der für die Auslegung zuständigen Behörde oder ihres Verwaltungsträgers zugänglich gemacht (→ § 27b Rn. 4) und darüber hinaus in physischer Form (§ 27b I Nr. 1–2). **44a**

In der Bekanntmachung der Auslegung ist darauf hinzuweisen, dass und wo die Veröffentlichung im Internet erfolgt; daraus folgt nicht, dass die Internetseite, auf der die betreffenden Unterlagen unmittelbar zur Verfügung gestellt werden, mit ihrer vollständigen Adresse (URL) angegeben werden müsste, vielmehr ist die Angabe der **übergeordneten Internetseite** ausreichend, wenn hierüber die Zugänglichkeit in leicht erkennbarer und einfacher Weise, dh über Seitennavigationselemente mit wenigen Mausclicks, gewährleistet ist (BVerwG BeckRS 2023, 19504 Rn. 20 mwN). **44b**

In § 73 III 2 ist vorgesehen, dass die Anhörungsbehörde bestimmt, in welcher der Gemeinden nach § 73 II eine klassische Auslegung in den Räumen einer Gemeinde und damit nach § 27b I 1 Nr. 2 zur Verfügung zu stellen ist. Es ist daher nur noch **eine Gemeinde** zu bestimmen und auch nur dort müssen die Dokumente und zur Einsicht Betroffener ausgelegt werden. Eine weitere Auslegung des Plans und weiterer Dokumente in anderen Gemeinden ist damit grds. nicht mehr notwendig (Durinke/Elgeti NVwZ 2024, 112 (116 mwN). **44c**

Die **Entscheidung über die Zugangsmöglichkeit** trifft die Anhörungsbehörde im Benehmen mit der jeweiligen Gemeinde (§ 73 III 2). Eine konkrete Auslegung der Unterlagen in einer weiteren, von dem Plan betroffenen Gemeinde ist vom Gesetzgeber nicht vorgesehen, dessen Ziel darin bestand, einen Ausgleich zwischen digitaler Bekanntmachung und physisch präsenter Unterlagen im Interesse einer rechtssicheren Entscheidung herbeizuführen. Eine **weitere Auslegung** kann unter Umständen aufgrund einer atypischen Besonderheit des Planfeststellungsverfahren allerdings gegeben sein. Kriterien zur Beurteilung können sein die jeweilige Netzabdeckung des Internets in ländlichen Gemeinden **(Gebiete mit Ausbaudefizit),** die geographische Lage (und die Ungewissheit der Auswirkung des Vorhabens. Die **interaktive Mobilfunk-Karte** der Bundesnetzagentur zeigt die aktuelle Mobilfunkversorgung und Netzabdeckung in Deutschland. **44d**

Besonderheiten ergeben sich dann, wenn die Ermittlung der Betroffenheiten im Planfeststellungsverfahren mit der Unsicherheit behaftet ist, dass Flugrouten für die An- und Abflüge nicht feststehen. In einer solchen Situation muss im Planfeststellungsverfahren jeder beteiligt werden und Einwendungen erheben können, der durch Fluglärm **abwägungserheblich betroffen** werden kann, weil sein Grundstück innerhalb des Einwirkungsbereichs des Flughafens liegt und weder aus tatsächlichen noch aus rechtlichen Gründen auszuschließen ist, dass ein zu seiner Betroffenheit führendes Flugverfahren festgelegt wird. Soweit es um das subjektive Recht auf fehlerfreie Abwägung der eigenen Belange geht, ist eine Repräsentation durch exemplarisch ermittelte andere Betroffene nicht möglich. Das subjektive Recht steht jedem Einzelnen zu, dessen schutzwürdige Belange mehr als geringfügig betroffen werden können. Insoweit gilt für die Öffentlichkeitsbeteiligung nichts Anderes als für **45** die Klagebefugnis (BVerwG NVwZ 2013 297 (299)). Auch vor diesem Hintergrund bleibt es bei der tatbestandlichen Bestimmung, dass eine Auslegung ab dem 1.1.2024 auf den Internetseiten der für die Auslegung zuständigen Behörde und mindestens auf eine andere Weise nach § 27b I 1 Nr. 1 und 2 auszulegen ist. Betroffenen wird es in der Regel zuzumuten sein, die Informationen über das Internet abzurufen und -sofern- nicht möglich, in die Gemeinde zu reisen, bei der die Unterlagen vor Ort zugänglich sind (§ 73 III 2: in „welcher" der Gemeinden). Fehlt es an einer **Netzabdeckung** in bestimmten Gemeinden, dann ist als Ersatz uU eine zusätzliche Auslegung in Betracht zu ziehen (→ § 73 Rn. 44a).

1. Veranlassung der Auslegung

46 Die Gemeinden, deren Aufgabenbereich durch den Plan berührt wird (II), haben den Plan innerhalb von **drei Wochen** nach Zugang für die **Dauer eines Monats** zur Einsicht auszulegen (§ 73 III 1).

Die Anhörungsbehörde hat zunächst die Gemeinden zu ermitteln, auf die sich das Vorhaben in faktischer Hinsicht auswirken wird (OVG Bautzen BeckRS 2022, 17423 Rn. 31) Zudem hat sie dabei alle unmittelbaren und mittelbaren Umstände zu berücksichtigen und sie in ihre Prognose einstellen (BeckOK VwVfG/Kämper § 73 Rn. 31; Ziekow § 73 Rn. 30).

46a Der **Bestimmung des Auslegungsortes** zugrunde zu legen sind solche Auswirkungen, die eine planerische Konfliktbewältigung gerade im anstehenden Planfeststellungsverfahren erforderlich machen. Bei einem in mehrere Planungsabschnitte unterteilten Gesamtvorhaben gilt darüber hinaus der **Grundsatz der abschnittsbezogenen Auslegung** mit der Folge, dass die Auslegung grundsätzlich auf den **unmittelbaren Einwirkungsbereich des Vorhabens** beschränkt werden kann, sofern nicht das Gesamtvorhaben mit dem nunmehr geplanten Abschnitt endet oder ungeachtet einer vorgesehenen Anschlussplanung der Verweis auf die Möglichkeit der dortigen Konfliktbewältigung wegen der zeitlichen Verhältnisse unzureichend ist (vgl. BVerwG NVwZ 2017, 1294 Rn. 16; BVerwG, NVwZ 2014, 730 Rn. 20ff.; BVerwGE 155, 91 = NVwZ 2016, 1710 Rn. 15). Insoweit kann auch die **Auslegung in einer Gemeinde** rechtmäßig sein (BVerwG NVwZ 2017, 1294 Rn. 15–17 „Drochtersen").

47 Die Veranlassung erfolgt durch die Übersendung der auszulegenden Unterlagen. Die Gemeinde ist zur Auslegung objektiv verpflichtet, auch dann, wenn sie an der Rechtmäßigkeit des Vorhabens zweifelt oder eine Stellungnahme abzugeben beabsichtigt (SBS/Neumann/Külpmann § 73 Rn. 63).

47a Die Art und Weise der Auslegung orientiert sich an deren Zweck, so dass die Anhörungsbehörde Räume und den Ablauf im Benehmen mit der in § 73 III 2 genannten Gemeinde festlegt. Die Räume müssen **nicht barrierefrei** sein. Betroffenen, die in ihrer Mobilität eingeschränkt sind, bleibt es in der Regel zumutbar, die Hilfe von Mitarbeitern der Gemeinde in Anspruch zu nehmen, um Hindernisse wie beispielsweise Stufen zu überwinden oder um die Unterlagen zur Einsichtnahme in einen barrierefreien Raum zu verbringen (BVerwG NVwZ 2017, 1294 Rn. 18 mwN).

48 Der Zeitraum für die Auslegung beträgt einen Monat. Die Gemeinden sind zur Auslegung verpflichtet (SBS/Neumann/Külpmann § 73 Rn. 63). **Aufwendungsersatz** steht der Gemeinde für die mit der Auslegung verbundenen Kosten nicht zu. Es handelt sich bei der Aufgabe um eine gesetzlich übertragene Pflicht, nicht um eine Amtshilfe § 4 (KR/Wysk § 73 Rn. 44; SBS/Neumann/Külpmann § 73 Rn. 46; Ziekow § 73 Rn. 29).

49 Auch die **Länder sind in vergleichbaren Fällen** nicht befugt, für die Durchführung eines Anhörungsverfahrens bei einem eisenbahnrechtlichen Planfeststellungsverfahren vom Bund eine Verwaltungsgebühr zu verlangen (BVerwG NVwZ 2000, 673 (674)).

2. Zweck der Auslegung

50 Gem. § 73 Abs. III 1haben die von der Anhörungsbehörde ausgewählten Gemeinden den Plan innerhalb von 3 Wochen nach Zugang für die Dauer eines Monats zur Einsicht auszulegen. Die Gemeinden sind zur Auslegung des Plans auf den Internetseiten und in physischer Hinsicht verpflichtet (MSU/Lieber § 73 Rn. 102; SBS/Neumann/Külpmann § 73 Rn. 46). Nach § 94 S. 1 können die Landesregierungen die den Gemeinden obliegenden Aufgaben auf eine andere kommunale Gebietskörperschaft oder eine Verwaltungsgemeinschaft übertragen (→ § 94 Rn. 1 ff.)

51 Die Auslegung verfolgt den Zweck, Betroffene über die Auswirkung des Vorhabens so zu informieren, dass Betroffene in der Lage sind, zu prüfen, ob und welche Einwendungen sie erheben wollen. Durch die Auslegung soll eine **Anstoßwirkung** erzielt werden (VGH München BeckRS 2009, 40321).

Mit dem in der Rspr. insgesamt im Planungsrecht verwendeten **Begriff der Anstoßwirkung** werden schlagwortartig die Anforderungen gekennzeichnet, die an die ortsübliche Bekanntmachung des Ortes und der Dauer der Auslegung zu stellen sind. Die Bekanntmachung muss danach in einer Weise geschehen, die geeignet ist, dem an dem Vorhaben interessierten Bürger sein Interesse an Information und Beteiligung durch Abgabe einer Stellungnahme bewusst zu machen und dadurch eine gemeindliche Öffentlichkeit herzustellen. Sie soll interessierte Bürger dazu ermuntern, sich am Ort der Auslegung des Plans zu den angegebenen Zeiten über das Vorhaben zu informieren und gegebenenfalls mit Einwendungen zur Planung beizutragen (OVG Koblenz BeckRS 2018, 23035 Rn. 49; BVerwG BeckRS 2008, 39561; NVwZ 2007, 445 (446); NVwZ 2006, 1170 (1171)).

51a Die **Anstoßwirkung** hat den Zweck der Öffentlichkeitsbeteiligung sicherzustellen, durch Einbeziehung von Meinungsäußerungen und Bedenken der Öffentlichkeit zu Umweltbelangen den behördlichen Entscheidungsprozess besser und transparenter zu gestalten. Sie setzt voraus, dass die Unterlagen potentiell Betroffenen und den anerkannten Vereinigungen die Beurteilung ermöglicht, ob und in welchem Umfang ihre Belange oder ihre satzungsmäßigen Interessen von den Umweltauswirkungen betroffen werden könnten (BVerwG BeckRS 2023, 19504 Rn. 27).

51b Von einem **Verfehlen der Anstoßfunktion** kann erst dann ausgegangen werden, wenn die ausgelegten Unterlagen **grob unvollständig** sind oder

schwerwiegende Fehler enthalten, sodass das zentrale gesetzgeberische Anliegen einer frühzeitigen und effektiven Öffentlichkeitsbeteiligung grundsätzlich in Frage gestellt wäre (OVG Münster KommJur 2024, 106 (110) mwN). Zwar müssen die Informationen nicht unbedingt in einem einzigen Dokument enthalten sein, doch muss die Öffentlichkeit jedenfalls anhand der ihr zugänglich gemachten Unterlagen einen **genauen Überblick über die Auswirkungen** erhalten können. Unvollständige Akten oder unzusammenhängend in einer Vielzahl von Dokumenten verstreute Angaben sind hierfür ungeeignet (BVerwG NVwZ 2021, 1846 (1848); EuGH NVwZ 2020, 1177; BVerwG NVwZ 2021, 487).

51c Die Bekanntmachung darf daher **keine Zusätze oder Einschränkungen** enthalten, die geeignet sind, interessierte Bürger von der Abgabe von Einwendungen abzuhalten. Allerdings heißt dies nicht, dass eine Formulierung in der Bekanntmachung, die nur mit entfernter Wahrscheinlichkeit zu einem Missverständnis führen kann, bereits einen Bekanntmachungsmangel begründet. Es ist hier auf einen Bürger mit einem **durchschnittlichen Auffassungsvermögen** abzustellen (OVG Bautzen BeckRS 2023, 43914 mwN).

3. Auszulegende Unterlagen (III 1)

52 Nach dem Wortlaut von III 1 sind auszulegen der Plan, der nach I 2 aus Zeichnungen und Erläuterungen besteht, sowie weitere vom Vorhabenträger eingereichte Unterlagen, aus denen sich Anlass und Umfang sowie die Auswirkungen erkennen lassen (BVerwG NVwZ 2005, 591 (592)). Welche **weiteren Unterlagen** auszulegen sind, steht im **Ermessen** der Anhörungsbehörde (MSU/Lieber § 73 Rn. 109). Es brauchen nicht schon alle Unterlagen ausgelegt zu werden, die möglicherweise erforderlich sind, um die Rechtmäßigkeit der Planung umfassend beurteilen zu können (stRspr BVerwG NVwZ 2005, 591 (592)). Es ist ausreichend, nur diejenigen Unterlagen auszulegen, denen der Einzelne bedarf, um als Laie den Grad seiner **Beeinträchtigung abschätzen** und sich das Interesse, Einwendungen zu erheben, bewusst machen zu können (stRspr BVerwG NvWZ 2022, 730 (729), BVerwG NVwZ 2021, 1145 Rn. 16 mwN; BVerwG NVwZ-RR 2019, 944 Rn. 26; NVwZ 2017, 1294 Rn. 20).

52a Welche Unterlagen auszulegen sind, beurteilt sich nach den **Gegebenheiten des Einzelfalls.** Unterlagen sind grundsätzlich dann auszulegen, wenn sich erst aus ihnen **abwägungserhebliche Auswirkungen** auf die Belange potenziell Betroffener oder anerkannter Vereinigungen ergeben; ergänzt eine Unterlage dagegen nur ausgelegte Planungsunterlagen, muss sie nicht mit ausgelegt werden (BVerwG NVwZ 2022, 730 (729); BVerwG NVwZ 2021, 1145 Rn. 16 mwN).

53 Auszulegen sind daher solche Unterlagen, die – aus der Sicht der potenziell Betroffenen – erforderlich sind, um den Betroffenen das Interesse an der Erhebung von Einwendungen bewusst zu machen, und die insoweit geeignet sind, eine **Anstoßwirkung** zu entfalten (stRspr BVerwG NVwZ 2010, 63 (65); NVwZ 1996, 381 (383)).

Unterlagen zur Linienbestimmung müssen nicht ausgelegt werden. Diese sind vielmehr in dem Verfahren zur Linienbestimmung auszulegen und die Öffentlichkeit ist gem. § 19 UVPG in diesem Verfahren zu beteiligen (BVerwG NVwZ 2017, 1294 Rn. 21; BVerwGE 155, 91 = NVwZ 2016, 1710 Rn. 19). 53a

Nicht ausgelegt werden müssen ferner **Unterlagen** und das **Ergebnis des Raumordnungsverfahrens** zu den dort geprüften großräumigen Trassenvarianten (BVerwG NVwZ-RR 2019, 944 Rn. 23; BVerwG NVwZ 2016, 844 Rn. 23), ein „**Abwägungspapier** zu Auswirkungen des Handbuch Emissionsfaktoren des Straßenverkehrs auf die Konsistenz der Planänderungs- und Ergänzungsunterlagen BAB 143", zu dessen Inhalt lediglich die zum Gegenstand der Öffentlichkeitsbeteiligung gemachten Untersuchungen gehören und die das Gesamtkonzept der Planung unberührt lässt (BVerwG BeckRS 2019, 20641 Rn. 15), eine **„Vertiefende FFH-Verträglichkeitsstudie"**, das Fehlen wesentlicher **Fledermauskartierungen** oder ein **Artenschutzbeitrag** (BVerwG NVwZ 2019, 1213 Rn. 15; NVwZ-RR 2019, 944 Rn. 25; NVwZ 2016, 844 Rn. 26). 53b

Ob **Gutachten** dazu gehören, beurteilt sich nach den Gegebenheiten des Einzelfalls. Das gilt auch für nachträglich eingeholte Gutachten. Anlass, sie auszulegen, besteht nur, wenn die Behörde erkennt oder erkennen muss, dass ohne diese Unterlagen Betroffenheiten nicht oder nicht vollständig geltend gemacht werden können (OVG Koblenz BeckRS 2019, 30636 Rn. 91; BVerwG NVwZ 2010, 63 (65)). **Sachverständigengutachten** sind grundsätzlich dann auszulegen, wenn sich erst aus ihnen abwägungserhebliche Auswirkungen auf die Belange potenziell Betroffener oder anerkannter Vereinigungen ergeben, diese also nur bei Kenntnis des Gutachtens hinlänglich über das Vorhaben und dessen Auswirkungen auf ihre Rechte und Interessen unterrichtet sind und sachkundige Einwendungen erheben oder eine Stellungnahme abgeben können. **Ergänzt ein Gutachten** dagegen nur ausgelegte Planunterlagen, muss es nicht mit ausgelegt werden (VGH München BeckRS 2020, 32721 Rn. 106; BVerwG NVwZ 2019, 1213 Rn. 16 mwN). 53c

Nicht alle Gutachten und Prognosen sind zwingend auszulegen. Maßgeblich ist, ob durch die ausgelegten Unterlagen eine Anstoßwirkung erzeugt wird. 53d

Aus der Rspr. des BVerwG lässt sich keine Verpflichtung für die Planfeststellungsbehörde ableiten, unabhängig von der konkreten Fallkonstellation jeder Planfeststellung eine Verkehrsprognose zugrunde legen zu müssen (VGH München KommJur 2021, 424 Ls. 1). Die einem Vorhaben zugrunde gelegte **Verkehrsprognose** gehört grundsätzlich zu den auszulegenden Unterlagen (BVerwG BeckRS 2020, 42110), fehlt sie aber, stellt sie keinen absoluten, sondern lediglich einen relativen Fehler im Sinne von § 4 1a UmwRG iVm § 46 dar (BVerwG NVwZ 2021, 1145 (1147)). Werden in dem ausgelegten Erläuterungsbericht Angaben zu dem **künftig erwarteten Passagieraufkommen** gemacht und sind Angaben zur Untersuchung der **Verkehrsprognose** enthalten, so ist eine eigenständige Verkehrsprognose nicht zusätzlich auszulegen (BVerwG BeckRS 2021, 48728 Rn. 33). 53e

53f **Verkehrsprognosen,** wie die Ermittlung der auf dem Streckenabschnitt künftig verkehrenden Züge, können gerichtlich nur darauf überprüft werden, ob sie mit den zu jener Zeit verfügbaren Erkenntnismitteln unter Beachtung der für sie erheblichen Umstände sachgerecht erarbeitet worden sind. Zu beanstanden ist eine Prognose demnach nicht, wenn sie nach einer geeigneten Methode durchgeführt wurde, der ihr zugrundeliegende Sachverhalt zutreffend ermittelt und das Ergebnis einleuchtend begründet worden ist (VGH München BeckRS 2021, 20930). Bei der Berechnung des Straßenverkehrslärms ist kein Zuschlag für einen beschrankten Bahnübergang vorzusehen (VGH München BeckRS 2021, 20930; BVerwG BeckRS 2009, 35978 Rn. 16)

53g Eine sog. **Standardisierte Bewertung** zählt nicht zu den auszulegenden Unterlagen. Ihr Zweck ist die Rechtfertigung der Investitionsentscheidung, nicht des Vorhabens. Entsprechend hat sie auch nicht an der rechtsgestaltenden Wirkung des Planfeststellungsbeschlusses teil (OVG Schleswig BeckRS 2023, 41422 Nr. 64).

53h Betroffenheiten können sich auch aus der **enteignungsrechtlichen Vorwirkung** ergeben (→ § 72 Rn. 30), die es erfordert, erfasste Flächen eindeutig zu bestimmen (MSU/Lieber § 73 Rn. 115 mwN).

53i Die Gemeinde hat für die Auslegung der Unterlagen einen konkreten Ort zu wählen, der die Einsichtnahme leicht und effektiv zu ermöglichen hat; die Erreichbarkeit und die Öffnungszeiten sind an dem Zweck der Auslegung auszurichten.

53j Außerdem sind die auszulegenden Unterlagen im Internet zugänglich zu machen (§ 27a I 3), sofern die Gemeinde dort auch die ortsübliche Bekanntmachung einstellt (§ 27a I 1). Rechtsverbindlich sind nach § 27a I 4 allerdings nur die tatsächlich ausgelegten Unterlagen. Die Gemeinde kann sich nicht unter Verweis auf die elektronische Bekanntmachung auf die Organisation der Auslegung der Unterlagen in Papierform entziehen. Die Bekanntmachung im Internet sollte durch die Anhörungsbehörde erfolgen, auf deren Webseite die auslegende Gemeinde zur Vermeidung von Widersprüchen einen Link setzen sollte.

54 Für Vorhaben, die einer UVP-Pflicht unterliegen, ist für die Öffentlichkeitsbeteiligung § 9 UVPG zu berücksichtigen. Das Beteiligungsverfahren muss dabei den Anforderungen des § 73 III 1, IV bis VII entsprechen (§ 9 I 3 UVPG). Welche Unterlagen für die Öffentlichkeitsbeteiligung auszulegen sind, konkretisiert § 9 Ib UVPG.

55 Die Auslegung lässt Informations- und Einsichtsrechte (§ 3 UIG, § 1 IFG) des Bundes und der Länder sowie das BNatSchG völlig unberührt, diese können **zusätzlich** geltend gemacht werden, um Informationen über die Inhalte von Gutachten und Stellungnahmen zu erlangen (→ § 72 Rn. 56).

56 Der **Vermerk auf planfestgestellten Planunterlagen** über deren Auslegung im Rahmen der Behörden- und Betroffenenbeteiligung dient dem Nachweis, dass ausgelegte und festgestellte Planunterlagen identisch sind. Fehlt der Vermerk, so kann dies Bedeutung gewinnen, wenn ein Planbetroffener geltend macht, dass ihn belastende Details der festgestellten Planung für ihn aus den ausgelegten Planunterlagen nicht erkennbar gewesen seien und

deshalb nicht zum Gegenstand von Einwendungen hätten gemacht werden können (BVerwG NVwZ 2006, 1170 (1171)).

4. Bekanntmachung sowie Art und Weise der Auslegung (V)

Die Gemeinden, die den Plan auszulegen haben, sind nach § 73 V 1 verpflichtet, die Auslegung vorher **ortsüblich** bekannt zu machen. Gemäß § 73 V 1 Nr. 1 ist in der Bekanntmachung darauf hinzuweisen, „in welchem **Zeitraum**" der Plan zur Einsicht ausgelegt ist. Die Vorschrift regelt die Dauer der Auslegung, aber nicht, an welchen Tagen und zu welchen Tageszeiten die Planunterlagen bei der auslegenden Behörde eingesehen werden können (BVerwG BeckRS 2021, 49009 Rn. 25). Eine in den **Sommerferien übliche stundenweise Reduzierung** bedeutet nicht, dass Einwender in unzumutbarer Weise an der Einsichtnahme gehindert werden. Eine rechtserhebliche Einschränkung der Auslegung liegt damit nicht vor (BVerwG BeckRS 2021, 49009 Rn. 25). 57

Ein formeller Verstoß gegen die Auslegung liegt auch nicht vor, wenn lediglich das Ende der Auslegungsfrist bekannt gemacht wird, nicht aber der **Beginn der Auslegungsfrist.** Eine solche Notwendigkeit ergibt sich weder aus der Anstoßwirkung noch aus § 73 V 2 Nr. 2, der lediglich bestimmt, dass Einwendungen „innerhalb der Einwendungsfrist" vorzubringen sind. Zu dieser Frist gibt § 73 IV 1 vor, dass Einwendungen „bis zwei Wochen nach **Ablauf der Auslegungsfrist**" erhoben werden können. Die Einwendungsfrist schließt an den Ablauf der Auslegungsfrist an, nicht an deren Beginn (OVG Schleswig BeckRS 2023, 41422 Rn. 41 mwN). 57a

Was als „ortsüblich" anzusehen ist, ergibt sich primär aus den maßgeblichen **Normen des Landes- oder Ortsrechts** (VGH München NVwZ-RR 2003, 296 (296); BVerfG NVwZ 2000, 546 (547); BVerwG NVwZ 1998, 847 (848)). Reicht eine Veröffentlichung im Bekanntmachungsteil eines von der Gemeinde herausgegebenen Amtlichen Anzeigers aus, so verstößt die sich daraus ergebende Obliegenheit jedes ortsansässigen Grundstückseigentümers, zur Vermeidung der Präklusion sein Grundstück betreffende Bekanntmachungen dieser Art zur Kenntnis zu nehmen und erforderlichenfalls fristgerecht Einwendungen zu erheben, nicht gegen Art. 19 IV GG (BVerwG NVwZ 1998, 847 (848)). 58

Für die Herbeiführung der Auslegung bestimmt § 73 III 1 eine Frist von drei Wochen nach Zugang des Plans (§ 43a Nr. 1 EnWG: 2 Wochen). 59

Der Plan nebst den weiteren Unterlagen ist für die Dauer eines Monats auszulegen. Für die **Fristberechnung** ist der erste Tag der Auslegung mitzuzählen (§ 31 iVm § 187 II Alt. 2), fällt der letzte Tag auf einen Sonnabend, Sonn- oder Feiertag, gilt § 31 III. Beginnt die Auslegung zB am 2.5. müssen die Pläne bis zum Ablauf des 1.5. ausliegen (SBS/Neumann/Külpmann § 73 Rn. 63). Es ist unschädlich, wenn eine längere Frist als ein Monat zur Auslegung vorgesehen wird (KR/Wysk § 73 Rn. 49), hingegen ist die Auslegung für einen Zeitraum der geringer als ein Monat ist, fehlerhaft (MSU/Lieber § 73 Rn. 121). 60

61 Die Auslegung der Unterlagen in den Diensträumen und der Zutritt zu den Planunterlagen während der **allgemeinen Dienst- und Amtsstunden** ist in der Regel ausreichend (KR/Wysk § 73 Rn. 52), sofern die Stunden des Publikumsverkehrs so bemessen sind, dass die Einsichtsmöglichkeit nicht unzumutbar beschränkt wird (BVerwG NVwZ 1986, 740 (741)). Ein Planfeststellungsbeschluss kommt nicht allein deshalb fehlerhaft zustande, weil während der Auslegung der Planunterlagen zur Einsicht die Auslegungsbehörde für das Publikum an einem Werktag (Silvester) geschlossen war (BVerwG NVwZ 1986, 740 (741)).

62 Besteht die Möglichkeit, **Kopien** anzufertigen, können die Betroffenen verlangen, auf eigene Kosten Kopien anzufertigen. Ein Anspruch auf Mitnahme von Unterlagen besteht nicht (Ziekow § 73 Rn. 53 mwN; BeckOK VwVfG/Kämper § 73 Rn. 38).

5. Verzicht auf Auslegung (III 2)

63 Die Anhörungsbehörde ist nach III 2 ermächtigt, auf eine Auslegung zu verzichten, wenn der Kreis der Betroffenen bekannt ist und ihnen innerhalb angemessener Frist Gelegenheit gegeben wird, den Plan einzusehen.

64 Die Anwendung der Norm setzt voraus, dass die Behörde den Kreis der anzuschreibenden Personen **positiv kennt,** zumindest sehr schnell durch Einsicht in die geführten Akten zuverlässig den Personenkreis bestimmen kann (KR/Wysk § 73 Rn. 54 f.). Ein Verzicht auf die Auslegung ist allerdings bei UVP-pflichtigen Vorhaben im Rahmen der Öffentlichkeitsbeteiligung nicht vorgesehen (§ 9 I 1 UVPG).

6. Bekanntmachung der Auslegung (V)

65 Nach § 73 V Nr. 1–4 sind die Gemeinden verpflichtet, in der Bekanntmachung darauf hinzuweisen, wo und in welchem Zeitraum der Plan zur Einsicht ausgelegt ist (Nr. 1), dass etwaige Einwendungen bei den in der Bekanntmachung zu bezeichnenden Stellen innerhalb der Einwendungsfrist vorzubringen sind (Nr. 2), dass bei Ausbleiben eines Beteiligten in dem Erörterungstermin auch ohne ihn verhandelt werden kann (Nr. 3) und dass die Personen, die Einwendungen erhoben haben, von dem Erörterungstermin durch öffentliche Bekanntmachung benachrichtigt werden können (Nr. 4a) sowie die Zustellung der Entscheidung über die Einwendungen durch öffentliche Bekanntmachung ersetzt werden kann, wenn mehr als 50 Benachrichtigungen oder Zustellungen vorzunehmen sind (Nr. 4b).

66 Anerkannte Vereinigungen sind durch das PlVereinhG den Betroffenen verfahrensrechtlich gleichgestellt worden. Die Stellungnahmen der Vereinigungen unterliegen der Präklusion nach § 73 IV 3. Für die anerkannten Vereinigungen gelten die gleichen Vorschriften wie für Betroffene (§ 73 IV 6). Die Behörde ist nicht gehindert, ihr bekannte anerkannte Vereinigungen zusätzlich unmittelbar über die Planauslegung zu benachrichtigen (VGH München BeckRS 2021, 6122 Rn. 33; BT-Drs. 17/9666, 19).

67 Darüber hinaus ist das Vorhaben **kurz und präzise** zu beschreiben, auf das sich die Bekanntmachung bezieht.

68 Nach § 73 IV 4 ist ferner auf die Einwendungsfrist hinzuweisen und darauf, dass mit Ablauf der Einwendungsfrist eine **materielle Präklusion** eintritt, in dem alle Einwendungen ausgeschlossen sind, die nicht auf besonderen privatrechtlichen Titeln beruhen. Fehlt es an der Bekanntmachung nach IV 4 kann die materielle Präklusion nicht eintreten (KR/Wysk § 73 Rn. 110). **Fehlt ein Hinweis** auf die Rechtsfolgen der Nichteinhaltung, lässt sich für den Adressaten nicht mit der notwendigen Eindeutigkeit die Rechtsfolge einer unterbliebenen oder nicht fristgerechten Beteiligung erkennen, so dass eine Präklusion nicht eintritt (BVerwG NVwZ-RR 2009, 753 (754)).

68a Nach § 73 VII kann der Erörterungstermin bereits in der ortsüblichen Bekanntmachung nach V 2 bestimmt werden (MSU/Lieber § 73 Rn. 151).

7. Nicht ortsansässige Betroffene (V S. 3)

69 Die Bekanntmachung über die Auslegung des Plans erfolgt in den Gemeinden, in denen sich das Vorhaben auswirkt. Betroffene, die nicht ortsansässig sind, deren Person und Aufenthalt allerdings bekannt sind oder sich innerhalb angemessener Frist ermitteln lassen, sollen auf Veranlassung der Anhörungsbehörde von der Auslegung benachrichtigt werden (V 3). Die Benachrichtigung muss die Informationen nach V 2 enthalten. Die Anhörungsbehörde trifft die Entscheidung über die zu benachrichtigenden Personen und verpflichtet die auslegungspflichtige Gemeinde zur Benachrichtigung (BeckOK VwVfG/Kämper § 73 Rn. 44). Die Ermittlungsintensität der Gemeinden wird durch die Verhältnismäßigkeit begrenzt. Die **Ermittlung des Personenkreises** durch Sichtung amtsinterner Vorgänge (Grundbuch, Meldeunterlagen etc) ist nicht unzumutbar (SBS/Neumann/Külpmann § 73 Rn. 58 f.; Ziekow § 73 Rn. 43; KR/Wysk § 73 Rn. 112; BeckOK VwVfG/Kämper § 73 Rn. 44). Unterbleibt die Benachrichtigung, tritt die **Präklusionswirkung** nach § 73 IV 3 nicht ein (BVerwG NVwZ 2008, 216 (217)).

VI. Erhebung von Einwendungen gegen den Plan (IV)

1. Einwendungsberechtigte

70 Nach § 73 IV 1 kann jeder, dessen **eigene** (nicht allgemeine oder dritte) **Belange** durch das Vorhaben berührt werden, bis zwei Wochen nach Ablauf der Auslegungsfrist oder innerhalb der nach III 2 gesetzten Frist schriftlich oder zur Niederschrift Einwendungen gegen den Plan erheben. Nach Fristablauf erhobene Einwendungen sind grundsätzlich präkludiert (§ 73 IV 3). Mit der Regelung in § 73 IV 1 wird gegenüber § 28 als spezielleres Gesetz einem zunächst unbestimmten Personenkreis **rechtliches Gehör** gewährt (KR/Wysk § 73 Rn. 60). Die Bestimmung der Länge nach § 5 IV 2 PlanSiG zu setzenden Äußerungsfrist steht im Ermessen der Anhörungsbehörde. Diese handelt grundsätzlich jedenfalls dann nicht ermessensfehlerhaft, wenn sie sich an den Zweiwochenfristen gem. § 73 IV 1 VwVfG oder § 73 VIII VwVfG

orientiert (OVG Lüneburg NVwZ-RR 2022, 939- Netzentwicklungsplan Gas).

70a Einwender kann im Sinne der Vorschrift „jeder" sein, also natürliche und juristische Personen und öffentlich-rechtliche Körperschaften sofern ihnen wehrfähige Rechte zustehen können, wie es zB bei den Gemeinden der Fall ist (Art. 28 II GG). Das Einwendungsverfahren ist allerdings **kein Popularverfahren,** sondern setzt zumindest voraus, dass **subjektive, eigene Belange durch das geplante Vorhaben berührt** werden können, einer Verletzung, wie sie § 42 II VwGO fordert, bedarf es nicht (KR/Wysk § 73 Rn. 91; SBS/Neumann/Külpmann § 73 Rn. 71).

70b **Gemeinden** sind im Rahmen des verwaltungsgerichtlichen Rechtsschutzes nicht befugt, **Lärmschutzinteressen ihrer Bürger** geltend zu machen und sich damit zu Sachwalterinnen von Rechten Dritter bzw. des Gemeinwohls zu machen. Belastungen gemeindeeigener Grundstücke durch Immissionen können Gemeinden als Eingriff in ihr Eigentum nur rügen, wenn Nutzer oder Bewohner in rechtswidriger Weise Immissionen ausgesetzt würden (BVerwG NVwZ 2018, 1799 Ls. 1 und Rn. 27; BVerwGE 157, 73 = NVwZ 2017, 708 Rn. 13 u. 17).

70c **Einwendungen im Sinne des Planfeststellungsrechts** sind sachliches Gegenvorbringen, das der Wahrung eigener Rechte oder Belange dient und auf die Verhinderung des Vorhabens oder seine Änderung zielt. Der Einwendungsführer muss darlegen, inwieweit er sich durch das Vorhaben betroffen sieht und welche Bedenken sich daraus gegen das Vorhaben ergeben, damit die Planfeststellungsbehörde erkennen kann, welchen **Belangen** sie in welcher Weise nachgehen soll (BVerwG BeckRS 2015, 44585 Rn. 6 mwN)).

71 Der **Begriff des Belangs** umfasst nach allgemeiner Rechtsauffassung nicht nur öffentlich-rechtlich oder zivilrechtlich begründete eigene Rechte, sondern darüber hinaus grundsätzlich jegliches Interesse sachlicher oder ideeller Natur, wirtschaftlicher, sozialer oder sonstiger Art, sofern ein subjektiver Bezug zum Einwender gegeben ist (SBS/Neumann/Külpmann § 73 Rn. 71). Der Schutz der Allgemeinheit, politische Forderungen und Ähnliches liegen somit außerhalb der Einwendungsbefugnis, die ohne einen subjektiven Belang nicht auskommt.

72 Die Geltendmachung von Einwendungen steht ferner unter dem aus Treu und Glauben abgeleiteten **Vorbehalt des Rechtsmissbrauchs,** insbesondere bei dem Grundstückserwerb, dem sog. **„Sperrgrundstück"** zur Einwendungs- und Klagebegründung. Nach der gefestigten Rechtsprechung des BVerwG ist ein (im Übrigen nicht einwendungsbefugter) Naturschutzverband nicht daran gehindert, mit Hilfe eines so genannten „Sperrgrundstücks" geltend zu machen, ein Planfeststellungsbeschluss verstoße durch seine enteignungsrechtliche Vorwirkung gegen Art. 14 III 1 GG. Es ist **unerheblich,** aus welchen Beweggründen das Eigentum an einem Grundstück erworben wurde (BVerwG NVwZ 2009, 302 (304); NVwZ 2001, 427 (428)).

73 Ausreichend für eine Eigentümereinwendung ist die vor Ablauf der Einwendungsfrist im Grundbuch eingetragene **Auflassungsvormerkung** des Grundstückskäufers, wobei die Mitwirkungslast bis zur Eintragung im Grundbuch auf dem verkaufenden Eigentümer ruht, dessen Unterlassen dem auf-

lassungsvorgemerkten Käufer zugerechnet wird (OVG Greifswald NordÖR 2010, 67 (70)). Der **Rechtsnachfolger** kann die vom Vorgänger erhobenen Einwendungen als eigene geltend machen. Umgekehrt muss sich der Rechtsnachfolger den Eintritt einer Präklusion zurechnen lassen (Ziekow § 73 Rn. 54).

Nicht schutzwürdig ist es dagegen, wenn die Eigentümerstellung **rechtsmissbräuchlich** begründet wurde. Davon ist auszugehen, wenn das Eigentum nicht erworben wurde, um die mit ihm verbundenen Gebrauchsmöglichkeiten auszuüben, sondern wenn der Erwerb ausschließlich als Mittel dafür dient, die formalen Voraussetzungen für eine andernfalls nicht mögliche Prozessführung zu schaffen (BVerwG NVwZ 2009, 302 (304); NVwZ 2001, 427 (428)). 74

2. Stellungnahmen von Vereinigungen

Die durch das PlVereinhG neu angefügten Sätze 5 und 6 stellen **Vereinigungen** den Betroffenen gleich. Es muss sich dabei um Vereinigungen handeln, die aufgrund einer Anerkennung gesetzlich befugt sind, Rechtsbehelfe nach der VwGO gegen die Planfeststellungsentscheidung nach § 74 einzulegen. Nur anerkannte Vereinigungen sind befugt, Stellungnahmen zu dem Plan abzugeben. Solche Vereinigungen nehmen entsprechend den Festlegungen ihrer satzungsgemäßen Aufgaben als **besondere Sachwalter** nach anderen gesetzlichen Vorschriften Mitwirkungsrechte im öffentlichen Interesse neben den Behörden wahr. Rechtsbehelfe gegen Entscheidungen im Planfeststellungsverfahren können von Vereinigungen nach § 3 UmwRG iVm § 64 BNatSchG geltend gemacht werden. Eigene Rechte machen die Vereinigungen regelmäßig damit nicht geltend. Dies wird durch den Begriff **„Stellungnahme"** deutlich gemacht. Soweit Vereinigungen dagegen die Verletzung eigener Rechte geltend machen (etwa als Eigentümer eines von dem Vorhaben betroffenen Grundstücks → Rn. 72), erheben sie als Betroffene Einwendungen. Die Ergänzung ist abstrakt formuliert und offen für künftige Entwicklungen. Voraussetzung für die Beteiligung einer Vereinigung ist, dass sie nach einer Rechtsvorschrift durch staatliche Anerkennung die Befugnis erteilt bekommen hat, (BT- Drs. 17/9666, 19). 75

In Fällen unterschiedlich laufender Auslegungsfristen iSd § 73 IV 1 steht es einer anerkannten Naturschutzvereinigung frei, die ausgelegten Unterlagen in der Gemeinde einzusehen, die sie zuerst auslegt, und für die Abgabe der Einwendung die zuletzt auslaufende Frist zu nutzen (BVerwG NVwZ 2013, 1209 (1209 f.)). 75a

3. Inhaltliche Anforderungen

Dem Einwender obliegt es, die **Einwendung zu begründen.** Es muss erkennbar sein, welchen von dem Vorhaben berührten eigenen Belang er als berührt oder gefährdet ansieht und worin die durch das Vorhaben hervorgerufenen Beeinträchtigungen bestehen (BVerwG NVwZ 1995, 905 (907)). 76

76a Von Planungsverfahren **betroffene Grundstücke** sind präklusionsbelastet. Der Einzel- oder Gesamtrechtsnachfolger muss etwaige unterlassene Einwendungen im Wege der materiellen Präklusion gegen sich gelten lassen (OVG Hamburg NVwZ-RR 2014, 585 (587)).

77 Einwendungen sind **substantiiert** zu verfassen. Nach ständiger Rspr. des BVerwG muss eine Einwendung gegen ein planfeststellungsbedürftiges Vorhaben so **konkret** sein, dass die Planfeststellungsbehörde erkennen kann, in welcher Hinsicht sie bestimmte Belange einer näheren Prüfung unterziehen soll. Mit ihnen bringt der Einwender zum Ausdruck, bestimmte Beeinträchtigungen von Rechten oder Belangen nicht hinnehmen zu wollen. Das Vorbringen von Einwendungen soll zur sachlichen Bewältigung des Vorhabens durch die Genehmigungsbehörde beitragen und dieser gleichsam die Richtung für ihre Tätigkeit weisen (BVerwG BeckRS 2015, 45880 Rn. 17).

77a Der Betroffene muss zumindest in groben Zügen darlegen, welche Beeinträchtigungen befürchtet werden, ohne dies allerdings rechtlich und tatsächlich begründen zu müssen (BVerwG NVwZ 2012, 47 (48); NVwZ 2009, 302 (305); NVwZ-RR 2006, 759 (760) mwN). Anzuknüpfen ist dabei an die ausgelegten Planunterlagen. Nach ihrer Konkretheit richten sich die Anforderungen an die Einwendungslast, dh an **Umfang und Detailliertheit der Darlegungen** (BVerwG NVwZ 2008, 678 (680)). Die Darlegungsanforderungen orientieren sich an den Möglichkeiten planungsbetroffener Laien. Ausführungen, die einen **wissenschaftlich- technischen Sachverstand** erfordern, können nicht verlangt werden (BVerwG NVwZ 2012, 47 (48)).

77b An die Substantiierungslast privater Einwender sind nur **geringe Anforderungen** zu stellen (BVerwG NVwZ 2012, 180 (182); NVwZ 2011, 1256 (1260); BVerfG NJW 1982, 2173 (2173)). Um ihr zu genügen, muss eine Einwendung erkennen lassen, in welcher Hinsicht nach Meinung des Einwenders Bedenken gegen die in Aussicht genommene Planfeststellung bestehen können. Hierzu reicht es aus, wenn die Einwendung in groben Zügen erkennen lässt, welches Schutzgut als gefährdet angesehen wird und welche Beeinträchtigungen befürchtet werden. Die **Darlegungsanforderungen** orientieren sich an den Möglichkeiten **betroffener Laien;** Ausführungen, die fachwissenschaftlichen Sachverstand voraussetzen, können regelmäßig nicht erwartet werden (BVerwG NVwZ 2012, 180 (182); NVwZ 2004, 986 (987)). Ebenso kann privaten Einwendern keine rechtliche Einordnung ihrer Einwendungen abverlangt werden (BVerwG NVwZ 2006, 1407 (1408 f.)).

77c Nicht ausreichend für die Anforderungen (an eine präklusionshindernde Einwendung) ist es, wenn der Einwender **Hinweise auf andere Stellungnahmen** in einem anderen Verfahren oder in einem Vorstadium des eigentlichen Planfeststellungsverfahrens abgibt. Dies gilt für planbetroffene Privatpersonen ebenso wie für planbetroffene Gemeinden. Offen bleibt, ob das auch gilt, wenn die Stellungnahme, auf die sich die Einwendung bezieht, in den Akten der Behörde ist. (BVerwG NVwZ-RR 2012, 261 (262) mwN).

77d Die Einwendungslast besteht allerdings nicht nur gegenüber subjektiven Rechtspositionen, sondern auch sofern sich zB ein **Enteignungsbetroffener** auf öffentliche Belange beruft. Beabsichtigt ein Betroffener sich die Rüge einer Beeinträchtigung öffentlicher Belange offenzuhalten, so darf er sich mit seinen Einwendungen im Planfeststellungsverfahren nicht auf die Geltendmachung eigener Rechte und Belange beschränken, sondern muss auch bereits die **Beeinträchtigung** der betreffenden **öffentlichen Belange** einwenden. Hat ein Planbetroffener Beeinträchtigungen von Naturgütern durch das Vorhaben in seinem Einwendungsschreiben nicht ansatzweise thematisiert, so ist er mit dem Einwand, die Bestandserfassung und -bewertung des Planungsraums sei defizitär, unabhängig davon präkludiert, ob die behaupteten Defizite für einen Laien aus den Planunterlagen erkennbar waren (BVerwG NVwZ 2012, 180 (182)).

Nicht **jede Rüge** ist unterschiedslos als **Einwendung** zu behandeln. Die 77e
Rüge, eine Behörde sei von Rechts wegen daran gehindert, eine zur Genehmigung gestellte Maßnahme (Ausbau eines Hafens) – einheitlich im Wege der Planfeststellung zuzulassen, unterliegt nicht der Präklusion nach § 73 IV 3 (BVerwG BeckRS 2015, 45880 amtl. Ls.). Bei dem Umstand, dass eine Behörde schon von Rechts wegen gehindert ist, eine zur Genehmigung gestellte Maßnahme einheitlich im Wege der Planfeststellung zuzulassen, geht es um die Reichweite der gesetzlichen Ermächtigung der Genehmigungsbehörde, sich einer bestimmten Verfahrens- und Entscheidungsform zu bedienen (BVerwG BeckRS 2015, 45880 Rn. 17).

Fehlt es zB in den Planunterlagen an einer Darlegung erheblicher Aus- 77f
wirkungen und kann die **Anstoßwirkung** infolgedessen nicht ihr Ziel erreichen, können Einwendungen auch nicht erhoben werden, so dass für sie eine Präklusion nicht eingreift (Ziekow § 73 Rn. 54). Folglich ist eine spätere Klage bezogen auf diesen Aspekt möglich. Werden Einwendungen indes nicht erhoben, obgleich es möglich wäre, so ist ein Gericht an einer Prüfung der nicht oder verspätet erhobenen Einwendung gehindert (BVerwG NVwZ 1997, 489 (490); 1997, 171 (172); Ziekow VwVfG § 73 Rn. 53).

Die Einwendung zu **„hochgradig gefährdeter Vogelarten“** im Pla- 78
nungsraum schließt im späteren Klageverfahren aufgrund der materiellen Präklusion aus, den Planfeststellungsbeschluss unter Hinweis auf **Fledermäuse, Reptilien und Amphibien** anzugreifen (BVerwG NVwZ 2006, 1407 (1409)).

Wenn etwa der Naturschutz in den ausgelegten Unterlagen ausführlich 79
behandelt worden ist, genügt ein **allgemeiner Hinweis** auf die Fauna und Flora nicht, um einem Planbetroffenen als Einwendung die **Zerstörung der Landschaft** offen zu halten, die Planfeststellungsbehörde hätte bestimmte Tier- und Pflanzenarten in bestimmter Hinsicht einer näheren Betrachtung unterziehen müssen. Umgekehrt kann einem Planbetroffenen nicht entgegengehalten werden, seine Einwendung erschöpfe sich in einer allgemeinen Kritik an der Behandlung des Naturschutzes in den Planunterlagen, wenn diese selbst diesen Aspekt nur **rudimentär** behandeln (BVerwG NVwZ 2009, 302 (305)).

Einwendungen, die den Mindestanforderungen nicht entsprechen, sind 80
unbeachtlich (KR/Wysk § 73 Rn. 70).

4. Form und Frist (IV 1)

81 Die Einwendung ist **formgebunden** und bedarf zu ihrer Wirksamkeit grds. der **eigenhändigen Unterschrift** (BVerwG NVwZ 1997, 997 (997)); daran hindert auch der technische Fortschritt nichts, obgleich in anderen -nicht formgebundenen- Verfahren auch eine einfache E-Mail ausreicht (BVerwG NVwZ 2021, 1311(1312) – Bekanntmachungstext der öffentlichen Auslegung eines Bebauungsplans). Die Einwendung kann auch zur Niederschrift bei der Anhörungsbehörde, der Gemeinde bzw. der nach § 73 V 2 Nr. 2 bestimmten Behörde erfolgen. Fax ist ausreichend, E-Mail nicht, es sei denn es liegt qualifizierte Signatur nach § 3a Abs. 2 vor. Mündliche Einwendungen sind unwirksam (MSU/Lieber § 73 Rn. 229).

81a Einwendungen wie Stellungnahmen können auch durch einen **vollmachtlosen Vertreter** erhoben werden, die selbst nach Erlass der Planfeststellung rückwirkend nach § 177 BGB analog genehmigt werden können. Das Rechtsstaatsprinzip wird nicht verletzt. Eine Einwendung ist damit nicht präkludiert (BVerwG NVwZ 2012, 47 (48 f.)).

81b Planbetroffene Einwender sind nicht darauf festgelegt, ihre Einwendungen gegen das jeweilige Vorhaben individuell zu erheben. Es ist rechtlich zulässig, Einwendungen auch in **Sammeleinwendungen** vorzubringen BVerwG BeckRS 2013, 45841 mwN; BeckOK VwVfG/Kämper § 73 Rn. 53).

81c Entsprechendes gilt auch für die Stellungnahmen anerkannter Vereinigungen, auch wenn die Regelung nach § 73 IV 6 nicht auf S. 1 verweist.

81d Die Erhebung von Einwendungen unterliegt einer **Frist** (IV 1). Einwendungen können nur während des Zeitraums der Auslegung und bis zwei Wochen nach Ablauf der Auslegungsfrist erhoben werden. Die Frist beträgt somit **einen Monat und zwei Wochen.** Maßgeblich für die Berechnung der Frist insbesondere bei raumübergreifenden Vorhaben ist die Fristberechnung der Gemeinde, in dem der Einwender ortsansässig ist. Auf unterschiedliche Fristberechnungen anderer Gemeinden, kann sich der dort nicht ansässige Einwender nicht zur Vermeidung der Präklusion berufen (OVG Greifswald NJOZ 2012, 2033 (2046); BVerwG LKV 1999, 29 (30)). Einwendungen, die zeitlich vor der Auslegung der Pläne oder zeitlich danach erhoben werden, sind unbeachtlich (KR/Wysk § 73 Rn. 83; aA SBS/Neumann/Külpmann § 73 Rn. 78: zeitlich vor der Auslegungsfrist). Rechtlich setzt die Einwendung einen konkreten Bezug zu dem durch Auslegung bekanntgemachten Plan voraus, an dem es an vorher erhobenen Einwendungen fehlt. Wird auf eine Auslegung nach § 73 III 2 verzichtet, hat die Behörde die Einwendungsfrist nach IV 2 festzusetzen.

82 Diese Frist ist zwingend, ihre Einhaltung ist auch für die Planfeststellungsbehörde wegen des materiellrechtlichen Charakters für das nachfolgende verwaltungsgerichtliche Verfahren nicht verzichtbar (BeckOK VwVfG/Kämper § 73 Rn. 52). Die Anhörungsbehörde ist nicht befugt, die gesetzliche Auslegungs- und Einwendungsfrist abweichend – weder **verkürzend noch verlängernd** – zu bestimmen. Wer auf eine derart fehlerhaft zugestandene Fristverlängerung vertraut, kann nach § 32 Wiedereinsetzung in den vorigen Stand erhalten.

Nach Erlass des Planfeststellungsbeschlusses ist ein derart Betroffener im gerichtlichen Verfahren so zu stellen, wie er mit seinen verspäteten Einwendungen stünde, wenn er nicht präkludiert wäre (BVerwG NVwZ-RR 1999, 162 (162 f.); Ziekow § 73 Rn. 56). Die Fristberechnung erfolgt nach § 31 I iVm § 187 II 1, 188 II Alt. 2 BGB (KR/Wysk § 73 Rn. 83). 83

5. Materielle Präklusion (IV 3)

Nach Ablauf der Einwendungsfrist sind alle Einwendungen ausgeschlossen, die nicht auf besonderen privatrechtlichen Titeln beruhen. (§ 73 IV 3) Hierauf ist in der Bekanntmachung der Auslegung oder bei der Bekanntgabe der Einwendungsfrist hinzuweisen (§ 73 IV 4). Dieser Einwendungsausschluss hat im **Verwaltungsgerichtsverfahren** aufgrund der Änderungen in § 7 IV und VI UmwRG vor dem Hintergrund der Entscheidung des EuGH zu Art. 11 der Umweltverträglichkeitsrichtlinie und zu Art. 25 der Richtlinie über Industrieemissionen kaum noch eine praktische Bedeutung (SBS/Neumann/Külpmann § 73 Rn. 87). 83a

Die **Präklusionsvorschriften** des § 73 IV 3–6 VwVfG sind in einem gerichtlichen Verfahren gegen einen noch zu erlassenden Planfeststellungsbeschluss **nicht** anwendbar. Dies folgt aus § 7 IV UmwRG, wonach die genannten Vorschriften, auch in den Fällen des § 73 VIII VwVfG, nicht auf Rechtsbehelfsverfahren gegen Entscheidungen nach § 1 I 1 Nr. 1–2b UmwRG anwendbar sind. Dazu gehören nach § 1 I 1 Nr. 1 Buchst. a UmwRG Verfahren über Zulassungsentscheidungen im Sinne von § 2 VI UVPG, für die nach dem Gesetz über die Umweltverträglichkeitsprüfung eine Pflicht zur Durchführung einer Umweltverträglichkeitsprüfung bestehen kann (OVG Bautzen BeckRS 2020, 20498 Rn. 50). 83b

Der EuGH (EuGH BeckRS 2015, 81352) hat **§ 73 IV** bei **UVP-pflichtigen Verfahren** im Wesentlichen als **unionsrechtswidrig** beurteilt. Die Beschränkungen in § 73 IV entsprechen nicht dem mit den erwähnten Richtlinien angestrebten europäischen Ziel, im Rahmen des Umweltschutzes einen **weitreichenden Zugang zu Gerichten** zu gewähren (EuGH BeckRS 2015, 81352 Rn. 77), → § 72 Rn. 35e. 84

Der EuGH gestattet dem nationalen Gesetzgeber allerdings spezifische Verfahrensvorschriften, um die Wirksamkeit des gerichtlichen Verfahrens zu gewährleisten. So bleibt der nationale Gesetzgeber befugt, Regelungen gegen unzulässiges, zB missbräuchliches oder unredliches Vorbringen zu erlassen (hierzu BVerwG BeckRS 2023, 36351 Rn. 40; EuGH BeckRS 2015, 81352 Rn. 81), → § 5 UmwRG (VGH Mannheim BeckRS 2023, 38301 Rn. 53 – eng auszulegende Norm –).

Der Betroffene wird mit seinen verspätet vorgetragenen Belangen im Erörterungstermin und auch im nachfolgenden verwaltungsgerichtlichen Verfahren ausgeschlossen. Die materielle Rechtsposition des Einwenders wird nicht mehr berücksichtigt; sie ist **verwirkt** und kann im Klageweg nicht mehr zu Gehör gebracht werden. 85

85a Der Einwendungsausschluss erstreckt sich in gleichem Umfang auch auf verfristete Stellungnahmen anerkannter Vereinigungen (§ 73 IV 6; → Rn. 75).

85b Die gesetzlich angeordnete materiell-rechtliche Präklusion steht nicht zur Disposition der Planfeststellungsbehörde. Sie ist zwar nicht gehindert, außerhalb der Frist vorgetragene Einwendungen von Amts wegen zu berücksichtigen. Die gesetzliche Rechtsfolge des Einwendungsverlustes wird dadurch aber nicht überwunden. Dem Betroffenen eröffnet sich daher auch dann nicht die Möglichkeit, verfristete, erfolglos gebliebene Einwendungen mit einer Klage zu verfolgen, wenn sie der Behörde bekannt waren und sie sich inhaltlich mit ihnen auseinandergesetzt hat (BVerwG BeckRS 2013, 45841 Rn. 6; VGH München BeckRS 2014, 45251 Rn. 22).

86 Auf die Unbeachtlichkeit einer nicht oder zu spät erhobenen Einwendung, die die materielle Präklusion der Einwendungen charakterisiert, kann es nach dem für das **gesamte Umwelt- und Planungsrecht** (→ § 72 Rn. 35e) relevanten Urteil des EuGH im Rahmen der Verfassungs- und Verwaltungskontrolle jetzt nicht mehr ankommen. Sämtliche Beschränkungen, die aufgrund einer materiellen Präklusion zu einer **limitierten Kontrolldichte** führen, sind in Deutschland nicht mehr anzuwenden, und zwar sowohl von der Verwaltung als auch von der Rechtsprechung. Allerdings darf der nationale Gesetzgeber Ausnahmevorschriften erlassen, deren Ziel weniger auf eine materielle Präklusion als vielmehr auf die **Verhinderung von Rechtsmissbrauch** abstellt. Ob es dazu zwingend kommen muss, bleibt fraglich. In der Rspr. des BVerwG ist bereits geklärt, dass zB die Verwirkung als Ausfluss des **Grundsatzes von Treu und Glauben** für die **gesamte Rechtsordnung** Gültigkeit hat. Sie bildet einen Anwendungsfall des venire contra factum proprium (Verbot widersprüchlichen Verhaltens) und besagt, dass ein Recht nicht mehr ausgeübt werden darf, wenn seit der Möglichkeit der Geltendmachung längere Zeit verstrichen ist und besondere Umstände hinzutreten, welche die verspätete Geltendmachung als treuwidrig erscheinen lassen (BVerwG BeckRS 2019, 20641 Rn. 38 mwN; BVerwG BeckRS 2011, 53777 Rn. 5 mwN). Neue gesetzliche Bestimmungen dürften eher aus **Gründen der Rechtsklarheit und Rechtssicherheit** erforderlich werden, da der Anwendungsvorrang des EU-Rechts schon jetzt verlangt, die mit dem Urteil des EuGH kollidierenden Normen des deutschen Umwelt- und Planungsrechts unangewandt zu lassen. Zu den Regelungen im UmwRG → § 72 Rn. 35–35g.

86a Versäumt es ein von einer Straßenbauplanung Betroffener im Anhörungsverfahren für eine straßenrechtliche Planfeststellung auf seine **besondere betriebliche Disposition** (hier: das Vorhandensein überbreiter Arbeitsfahrzeuge in seinem Landwirtschaftsbetrieb) hinzuweisen, so ist er mit darauf gestützten Einwendungen gegen den Plan ausgeschlossen, wenn im Hinblick auf diese Disposition jedenfalls das Risiko planbedingter Nachteile aus den ausgelegten Unterlagen für ihn erkennbar war (BVerwG NVwZ 2005, 215 (218)). Eine ausschließlich auf eine präkludierte Einwendung gestützte Klage würde an der fehlenden Klagebefugnis scheitern (KR/Wysk § 73 Rn. 88). Die Präklusionswirkung ergreift auch **Gemeinden,** soweit sie eigene Rechte zu spät, gar nicht oder nur als Stellungnahme nach II geltend machen (BVerwG NVwZ 2005, 813 (815); NVwZ 2000, 68 (69)).

Die **Präklusionswirkung** ist an die formale Voraussetzung geknüpft, dass auf den **Einwendungsausschluss** hingewiesen wird (IV 4). Fehlt der Hinweis, tritt die Präklusionswirkung nicht ein (BVerwG NVwZ 2006, 85 (86)). Ist ein Einwender ohne Verschulden gehindert, die Einwendungsfrist einzuhalten, ist eine Wiedereinsetzung in den vorigen Stand nach § 32 möglich (BeckOK VwVfG/Kämper § 73 Rn. 59: MSU/Lieber § 73 Rn. 268 ff.). 87

Die Präklusion ist allerdings verknüpft mit der **Konkretheit der ausgelegten Planunterlagen.** Erfüllt der ausgelegte Plan nicht die ihm zugedachte Anstoßfunktion, wirkt sich die Präklusion auf nach Fristablauf bekannt gewordene Tatsachen nicht aus. Einwendungen und ggf. eine Klage können insofern ohne Wirkung der materiellen Präklusion geltend gemacht werden. 88

Von besonderer Bedeutung für die Praxis ist § 6 S. 1 UmwRG. Danach hat eine Person oder eine Vereinigung innerhalb einer Frist von zehn Wochen ab Klageerhebung die zur Begründung ihrer Klage gegen eine Entscheidung nach § 1 I 1 UmwRG Tatsachen und Beweismittel anzugeben. Für die **Angabe von Tatsachen,** die zur Klagebegründung iSv VI 1 UmwRG dienen, genügt es grundsätzlich nicht, nur den angegriffenen Bescheid vorzulegen (OVG Münster BeckRS 2024, 4539 Ls.). 88a

Geregelt ist in § 6 UmwRG ein Fall der innerprozessualen **formellen Präklusion.** Ihr Sinn und Zweck besteht darin, zur Straffung des Gerichtsverfahrens beizutragen, indem der Prozessstoff zu einem frühen Zeitpunkt handhabbar gehalten und der mit der Klage geltend gemachte prozessuale Anspruch alsbald hinreichend umrissen wird. Der Kläger hat innerhalb der Begründungsfrist fundiert die zur Begründung der Klage dienenden Tatsachen zu benennen und den Prozessstoff dergestalt darzulegen, dass für das Gericht und die übrigen Beteiligten klar und unverwechselbar feststeht, unter welchen tatsächlichen Gesichtspunkten eine behördliche Entscheidung angegriffen wird. **Neuer Tatsachenvortrag** soll verhindert werden, auf die Beteiligten und das Gericht nicht mehr angemessen reagieren kann (OVG Münster BeckRS 2024, 4539 Rn. 9; VGH München BeckRS 2024, 7480 Rn. 105). Um diesen Zweck zu erreichen und den Verfahrensstoff zu fixieren, muss der Vortrag ein **Mindestmaß an Schlüssigkeit und Substanz** aufweisen und dem Gericht einen Eindruck von der Sicht des Klägers auf den Tatsachenkomplex verschaffen (OVG Münster BeckRS 2024, 4539 Rn. 10). Eine pauschale Bezugnahme auf Einwendungen aus dem Verwaltungsverfahren reicht nicht aus (OVG Münster BeckRS 2024, 4539 Rn. 11). 88b

VII. Erörterungstermin (VI)

1. Bekanntmachung und Überblick

Nach § 73 VI 1 ist die Anhörungsbehörde nach Ablauf der Einwendungsfrist verpflichtet, die rechtzeitig gegen den Plan erhobenen Einwendungen, die rechtzeitig abgegebenen Stellungnahmen von Vereinigungen sowie die Stel- 89 lungnahmen der Behörden zu dem Plan mit dem Träger des Vorhabens, den Behörden, den Betroffenen sowie denjenigen, die Einwendungen erhoben oder Stellungnahmen abgegeben haben, zu erörtern. Die **Anhörungsbehörde** hat einen **mündlichen Erörterungstermin** durchzuführen, der mindestens eine 1 Woche vorher ortsüblich und in Tageszeitungen bekannt zu machen ist, in deren Verbreitungsgebiet sich das Vorhaben voraussichtlich auswirken wird (VI 2, V). Die Bekanntmachung des Erörterungstermins ist nach § 27a I 1 dadurch zu bewirken, dass der Inhalt der Bekanntmachung **auch** auf einer Internetseite der Behörde oder ihres Verwaltungsträgers zugänglich gemacht wird. Einer gesonderten Bekanntmachung bedarf es nicht, wenn die Bekanntmachung des Erörterungstermins frühzeitig in der Bekanntmachung der öffentlichen Auslegung nach V bestimmt wird (VII). Die Anhörungsbehörde schließt die Erörterung innerhalb von drei Monaten nach Ablauf der Einwendungsfrist ab (§ 73 VI 7).

90 Zu benachrichtigen sind ferner Behörden, der Träger des Vorhabens und diejenigen, die Einwendungen oder Stellungnahmen erhoben haben (VI 3). In dem Erörterungstermin werden sämtliche rechtzeitig erhobenen Einwendungen und die Stellungnahmen der Behörden mit dem Vorhabenträger, den Behörden, den Betroffenen sowie den Einwendern erörtert. Sind mehr als 50 Benachrichtigungen vorzunehmen, wobei die Benachrichtigungen an Behörden und an den Vorhabenträger nicht mitgerechnet werden, so können diese Benachrichtigungen durch öffentliche Bekanntmachung ersetzt werden (IV).

90a Für die Erörterung gelten die Vorschriften über die **mündliche Verhandlung** im förmlichen Verwaltungsverfahren nach § 67 I 3, II Nr. 1 und 4 und III sowie § 68 entsprechend.

91 Für die **Umweltverträglichkeitsprüfung** nach §§ 17, 18, 19 ist das Beteiligungsverfahren durchzuführen.

91a Ein Einwender hat **keinen Anspruch auf eine Eingangsbestätigung.** Eine Ungleichbehandlung liegt auch nicht darin begründet, dass in einem Fall die Stellungnahmen zu schriftlichen Einwendungen erst drei Tage vor dem Erörterungstermin übermittelt wurden, während es in einem anderen Fall unterblieb. Eine Pflicht zur Übermittlung vor dem Erörterungstermin besteht nicht (BVerwG BeckRS 2021, 49009 Rn. 26).

2. Zweck des Erörterungstermins

92 Der Zweck des Erörterungstermins, dem **Herzstück des Planfeststellungsverfahrens,** besteht darin, sämtliche Auswirkungen des Vorhabens auf der Grundlage der Einwendungen und der Stellungnahmen in einem unmittelbaren **mündlich geführten Diskurs** zwischen dem Vorhabenträger, den Einwendern und weiteren Beteiligten umfassend zu erörtern und dabei – so jedenfalls die theoretische Intention – die öffentlichen und privaten Interessen in einen Ausgleich zu bringen (Ziekow § 73 Rn. 55).

92a Der Erörterungstermin soll insbesondere der Verständigung über bestehende Einwände und Anregungen im Rahmen einer unmittelbaren mündlichen Erörterung dienen. Neben der Befriedungsfunktion hat der Erörterungstermin die Funktion, Verfahrenstransparenz zu schaffen und die Akzeptanz für die zu treffende Entscheidung zu fördern (BT-Drs. 17/9666, 19).

Im Mittelpunkt der Erörterung steht die Darlegung der konkreten Interessen betroffener Bürger, beteiligter Behörden, Gemeinden und öffentlicher Verbände. Vor Eintritt einer planerischen Verfestigung können die Bürger auf das Vorhaben konkret Einfluss nehmen. Die Planfeststellungsbehörde kann ihr Verhalten darauf ausrichten, indem sie in konkrete Verhandlungen mit Betroffenen eintritt, auch um rechtlich zweifelhafte Fragen einvernehmlich zu lösen und damit den späteren Vollzug der Planung zu fördern (BVerwG NVwZ 1997, 489 (490)). 93

Von dem Vorhaben betroffene Bürger oder Unternehmen trifft eine **rechtlich erhebliche Mitwirkungslast** und die Obliegenheit, **Überlegungen** anzustellen, welche Auswirkung das Vorhaben im Einzelfall konkret ausübt (BVerwG NVwZ 2005, 218 (219)). 94

3. Präklusion bei einvernehmlicher Einigung

Das Anhörungsverfahren dient nicht nur der wechselseitigen Unterrichtung, 95 sondern auch einer **streitbefriedigenden** Erörterung. Besteht im Erörterungstermin Einigkeit darüber, dass eine Einwendung **erledigt** ist, so ist der Einwender gehindert, diese Einwendung in einem sich anschließenden gerichtlichen Verfahren wiederum geltend zu machen. Der Betroffene ist rechtlich so zu behandeln, als hätte er Einwendungen nicht fristgerecht erhoben. In diesem Falle ist der Betroffene mit seinem Klagevorbringen im gerichtlichen Verfahren präkludiert (zur aktuellen Europarechtskonformität der Präklusion (EuGH BeckRS 2015, 81352 Rn. 77 ff.; OVG Koblenz NVwZ-RR 2006, 385 (386); NVwZ-RR 2005, 404 (405); BVerwG LKV 1997, 328 (328 f.)).

4. Anforderungen und Praxis im Erörterungstermin

Die Durchführung des Erörterungstermins ist in das Ermessen der Anhörungs- 96 behörde gestellt, die in der Regel auf erprobte und gerichtlich nicht beanstandete Strukturen bereits durchgeführter Erörterungstermine zurückgreifen wird. Die Anhörungsbehörde hat bei der Auswahl des Zeitraumes und der Lokalität nebst anderer äußerer Rahmenbedingungen sich von dem Ziel des Erörterungstermins leiten zu lassen, alle für den begehrten Planfeststellungsbeschluss erheblichen Tatsachen und rechtlichen Aspekte sachgerecht und in der gebotenen Neutralität umfassend mündlich zu erörtern. Zentrale Figur des Erörterungstermins ist der von der Anhörungsbehörde zu bestimmende **Verhandlungsleiter,** der für die Aufgabe sorgfältig auszuwählen ist. Nach § 73 VI 6 iVm § 68 III 1 ist der Verhandlungsleiter für die Ordnung während des Erörterungstermins verantwortlich (vgl. → § 68 Rn. 6). Zu Vorbereitung auf den Erörterungstermin ist es nicht zu beanstanden, wenn die Anhörungsbehörde dem privaten Vorhabenträger die Einwendungen in nicht anonymisierter Form zur Stellungnahme überlässt (BVerwG NVwZ-RR 2000, 759 (760)). Über die Erörterung ist eine zumindest vom Verhandlungsleiter zu unterzeichnende Niederschrift zu fertigen, deren weitere Mindestinhalte sich aus § 73 VI 6 iVm § 68 IV ergeben.

97 Es muss Gelegenheit gewährt werden, die durch das Vorhaben berührten Belange **substanziell** zu erörtern (BVerwG NVwZ 2010, 44 (45)), wozu auch die **Gutachten und Stellungnahmen** der Behörden sowie der anerkannten Vereinigungen gehören.

97a Sofern wesentliche Gutachten nicht ausgelegt werden, sondern nur eine Einsichtnahme ermöglicht wird, wird allein dadurch das Recht auf **substanzielle Erörterung** nicht geschmälert (BVerwG NVwZ 2010, 44 (45)).

98 Die Anhörungsbehörde ist nicht verpflichtet, den Erörterungstermin einheitlich unter gleichzeitiger Anwesenheit aller Einwender abzuhalten, was eine mündliche und einvernehmlich schriftlich **gesplittete Behandlung** der erhobenen Einwendungen zulässt (BVerwG NVwZ 2010, 44 (46)). Sofern bestimmte Einwendungen im Erörterungstermin nicht behandelt werden, ist eine nachgeholte Erörterung nur mit den übergangenen Einwendern zulässig (Ziekow § 73 Rn. 67).

99 Die in der Regel zeitlich und personell aufwändigen Erörterungstermine haben sich von dem durch § 73 vorgeprägten Bild einer unmittelbar mit Einwendern geführten Diskussion ihrer subjektiven Belange in der Praxis erheblich entfernt. Zumeist handelt es sich um eine auf **wissenschaftlichem Niveau geführte Diskussion** über naturwissenschaftliche Kausalketten unter eingehender kritischer Betrachtung methodisch-wissenschaftlicher Grundannahmen, die wiederum die Kausalität von Wirkungsmechanismen bedingen und je nach Akzentuierung neue Risiken oder die Wahrscheinlichkeit eines Gefahreneintritts hervorheben, gegen die besondere Vorsorge zu treffen sei, zB durch eine noch zu prüfende Wahl eines anderen Standortes für das Vorhaben. Die Einwendergruppen werden in der Regel vertreten durch professionelle Gutachter und Rechtsanwälte, die den nicht selten mehrtägigen Erörterungstermin durch Verfahrens- oder Sachanträge anreichern. Hier öffnet sich ein Feld, in dem eine kreative Antragsstrategie in Konflikt mit der **Befriedungs- und Ausgleichsfunktion des Erörterungstermins** treten kann. Das den Erörterungstermin tragende Recht auf Anhörung wird an die Grenze der noch möglichen Extension geführt. Etwaige Entscheidungen des Verhandlungsleiters der Anhörungsbehörde, mögen sie auch ermessensfehlerfrei zustande gekommen sein, bieten Anlass für Anträge auf Befangenheit, auf Unterbrechung des Erörterungstermins zur Erhebung von Beweisen oder zu Anträgen auf Änderung der Tagesordnung der zu erörternden Aspekte (zum Ganzen überzeugend Dippel NVwZ 2010, 145, der in Fn. 36 als Negativbeispiel auf eine insgesamt 1963 (!) Seiten umfassende Niederschrift eines zwölftägigen Erörterungstermins für ein konventionelles Kraftwerk verweist).

100 Die in der Sache komplexen sowie zeitlich und personell aufwändigen Erörterungstermine sind **keineswegs ein Garant** für die allseitige Akzeptanz eines auf **Ausgleich und Abwägung** orientierten Planfeststellungsbeschlusses.

5. Verzicht auf Durchführung des Erörterungstermins (VI 6)

Von der Durchführung eines Erörterungstermins kann abgesehen werden, wenn ein Verzicht auf die Durchführung des Erörterungstermins von allen Betroffenen, Einwendern und Beteiligten erklärt wird oder sämtliche beteiligten Rechtssubjekte einverstanden sind oder wenn dem Plan in vollem Umfang entsprochen wird (§§ 73 VI 6 iVm 67 II Nr. 1 und 4), was in der Praxis eher selten anzutreffen sein dürfte. 101

Hinzutreten die Fälle, mit denen der Gesetzgeber eine **Beschleunigungswirkung** der Planfeststellungsverfahren bezweckt hat. Nach § 17a Nr. 1 Satz 1 FStrG kann die Anhörungsbehörde auf eine Erörterung im Sinne des § 73 VI VwVfG und des § 18 I 4 UVPG verzichten. Die Entscheidung, ob auf eine **Erörterung verzichtet** werden kann, liegt in ihrem pflichtgemäßen Ermessen (vgl. BT-Drs. 16/3158 S. 38). Soll ein ausgelegter Plan geändert werden, so kann im Regelfall von einer Erörterung abgesehen werden (§ 17a Nr. 2 FStrG) (VGH München BeckRS 2023, 20807 Rn. 33). 101a

6. Dauer des Erörterungstermins (VI 7)

Nach § 73 VI 7 ist in zeitlicher Hinsicht bestimmt, dass die Erörterung innerhalb von **drei Monaten** nach Ablauf der Einwendungsfrist abzuschließen ist (VI 7). Der zeitliche Umfang wird in der Praxis bestimmt von Art und Umfang, insbesondere von der rechtlichen und naturwissenschaftlichen Komplexität des Vorhabens. 102

Die Behörde ist gegenüber der früher als Soll-Vorgabe geltenden Frist von drei Monaten nunmehr verpflichtet, die Erörterung in dieser Zeit abzuschließen. Die Regelung dient der Verfahrensbeschleunigung, ist aber als Ordnungsvorschrift nicht mit Sanktionen verbunden. Die Überschreitung der Frist stellt somit keinen Verfahrensfehler dar (so BT-Drs. 17/9666, 19). Es handelt sich um eine **sanktionslose Norm,** die dem Interesse des Vorhabenträgers an einer Beschleunigung des Verfahrens dient. Angesichts dessen wäre es sinnwidrig, wenn ihre Überschreitung auf die Klage eines Drittbetroffenen hin dem Verfahren den Boden entziehen könnte (BVerwG NVwZ 2010, 44 (45)). Die Überschreitung bleibt ohne verfahrensrechtliche Konsequenz (BeckOK VwVfG/Kämper § 73 Rn. 71). 103

7. Teilnahmeberechtigt

Die Berechtigung zur Teilnahme an dem **nicht öffentlichen Erörterungstermin** (§ 73 VI 6 iVm § 68 I) ergibt sich aus § 73 VI 1. Der Kreis der Teilnehmer des Erörterungstermins setzt sich zusammen aus den Bediensteten der Anhörungsbehörde, Vertretern der beteiligten Behörden, dem Träger des Vorhabens, anerkannten Vereinigungen, die Stellungnahmen abgegeben haben, weiteren Beteiligten sowie den Einwendern. Der **Verhandlungsleiter** ist befugt, anderen Personen, also solchen, die nicht Betroffene oder Einwender sind (vgl. § 73 VI S. 1), die **Anwesenheit** zu gestatten, wenn nach § 68 I 104

S. 3 kein Beteiligter widerspricht (BVerwG NVwZ 2016, 1641 Ls. 1 und Rn. 16).

105 Die Nichtöffentlichkeit gebietet es nicht, die **Presse auszuschließen.** Das berechtigte Interesse der Öffentlichkeit bei kontrovers beurteilten Vorhaben, kann es gebieten, insbesondere den **Printmedien** den Zutritt zum Erörterungstermin zu gestatten. Widerspricht ein Beteiligter der Zulassung der Öffentlichkeit (vgl. § 68 I 3), verstößt die öffentliche Erörterung gegen die Verfahrensrechte des Widersprechenden. Dies gilt auch dann, wenn Gegenstand der Erörterung Umweltthemen sind. Ein etwaiger **Verstoß** stellt einen relativen Verfahrensfehler dar, der einen Planfeststellungsbeschluss in der Sache nicht beeinflusst (BVerwG NVwZ 2016, 1641 Ls. 1 und Rn. 16–20).

VIII. Planänderung (VIII)

106 Soll ein ausgelegter Plan geändert werden und werden dadurch der Aufgabenbereich einer Behörde oder einer Vereinigung oder Belange Dritter erstmalig oder stärker als bisher berührt, so ist diesen die Änderung mitzuteilen und ihnen Gelegenheit zu Stellungnahmen und Einwendungen innerhalb von zwei Wochen zu geben (VIII 1). Auf ein vollständiges **neues Öffentlichkeitsbeteiligungsverfahren** kann daher verzichtet wird. Der sachliche Anwendungsbereich des VIII ist zugeschnitten auf eine Änderung des Vorhabens, die **zeitlich nach Auslegung** des Plans aber noch **vor dem Planfeststellungsbeschluss** erfolgt (zum üblichen sog Deckblattverfahren vgl. BVerwG NVwZ 2013, 147 (148 f.)). Für Änderungen die zeitlich vor Fertigstellung des Vorhabens aber nach dem Erlass des Planfeststellungsbeschlusses erfolgen, ist der Anwendungsbereich nach § 76 eröffnet.

106a Berührt eine nachträgliche räumliche Beschränkung eines Vorhabens weder das **Gesamtkonzept der Planung** noch die **Identität des Vorhabens** und bleibt damit das Planfeststellungsverfahren im Wesentlichen unverändert, so handelt es sich um eine Planänderung (BVerwG BeckRS 2021, 22571 Rn. 34 – nachträgliche räumliche Beschränkung eines Leitungsvorhabens). Ein Änderungsvorhaben darf nicht zu einem Vorhaben führen, das nach **Gegenstand, Art, Größe und Betriebsweise** im Wesentlichen andersartig ist (BVerwG BeckRS 2021, 22571 Rn. 22).

106b Bei **Frage der Identitätsänderung** ist nicht in erster Linie das unter Umständen aus vielen Abschnitten bestehende Gesamtvorhaben in den Blick zu nehmen, sondern auf den ausgelegten und aufgrund dieser Auslegung geänderten Abschnitt abzustellen. Dieser bildet das Vorhaben, das zu betrachten und bei einer wesentlichen Änderung erneut offenzulegen ist. Änderungen des Konzepts des Gesamtvorhabens spielen hierbei nur insoweit eine Rolle, als sie sich auf den zu betrachtenden Abschnitt identitätsändernd auswirken (BVerwG BeckRS 2023, 27887 Rn. 23 – LNG – Anbindungsanleitung Lubmin).

107 Im Anwendungsbereich des VIII liegt ein **Verfahrensfehler** nicht darin begründet, dass die Anhörungsbehörde davon absieht, nach Ablauf der Einwendungsfrist geänderte Planunterlagen und eingeholte Gutachten auslegen zu lassen (BVerwG NVwZ 2010, 63 (64)). Soll ein bereits ausgelegter Plan

geändert werden, so erübrigt sich nach § 73 VIII 1 grundsätzlich eine erneute Auslegung. Es reicht aus, Behörden und Drittbetroffenen, deren Aufgabenbereich bzw. Belange erstmalig oder stärker als bisher berührt werden, die **Änderung mitzuteilen.** Eine Ausnahme gilt dann, wenn die Planänderungen so weitreichend sind, dass sie im Ergebnis zu einem neuen Vorhaben führen (BVerwG NVwZ 2010, 63 (64)). Wird das Gesamtkonzept der Planung einer Änderung unterworfen oder grundlegend andere Beurteilungsergebnisse zu Tage gefördert, wäre die **Grenze der wesentlichen Änderung** überschritten (BVerwG NVwZ 2010, 44 (46)).

107aEines erneuten Anhörungsverfahrens mit öffentlicher Auslegung des Plans bedarf es nur dann, wenn Änderungen das **Gesamtkonzept der Planung** berühren und die **Identität** des Vorhabens nicht wahren, weil sie zu einem nach Gegenstand, Art, Größe und Betriebsweise im Wesentlichen andersartigen Vorhaben führen (OVG Lüneburg NVwZ-RR 2023, 270; BVerwG BeckRS 2022, 42911 Rn. 27).

Wesentliche Änderungen von Betriebsregelungen unterfallen dem Rege- **108**
lungsbereich des § 73 VIII mit der Folge, dass Dritten, deren Belange erstmalig oder stärker als bisher berührt werden, die Änderung mitzuteilen und ihnen Gelegenheit zu Einwendungen zu geben ist (BVerwG NVwZ 2012, 1314 (1315)).

Werden die ausgelegten Planunterlagen um ein Lärmminderungskonzept **108a**
ergänzt, welches das Aufstellen von mobilen Lärmschutzwänden für Zeiten besonders lärmintensiver Bauarbeiten umfasst, kann es an einer erstmaligen oder stärkeren Betroffenheit im Sinne des § 73 VIII 1 fehlen, wenn durch die mobilen Lärmschutzwände die freie Sicht von einem durch das Vorhaben betroffenen Grundstück zeitweilig beeinträchtigt wird. Art. 14 Abs. 1 GG vermittelt dem Grundstückseigentümer kein Recht auf die jederzeit uneingeschränkte Beibehaltung bestimmter Lagevorteile, zu denen der freie Blick in die Landschaft oder auf ein Gewässer gehören kann (OVG Lüneburg ZUR 2021, 176).

Allerdings kann eine Planänderung nicht im Wege einer bloßen **Ände- 109**
rungsmitteilung nach § 73 VIII erfolgen, sondern bedarf einer erneuten Öffentlichkeitsbeteiligung, wenn das Vorhaben durch die Planänderung erstmals eine eigenständige Verkehrsfunktion durch Anbindung an das übrige Verkehrsnetz erhält (BVerwG BeckRS 2009, 37830).

Liegt indes eine wesentliche Änderung nicht vor, ist auch eine erneute **110**
Öffentlichkeitsbeteiligung nach § 9 I 3 UVPG verzichtbar (BVerwG NVwZ 2010, 44 (46)).

Nach **Ablauf der Frist** greifen die Präklusionsvorschriften nach IV 3 und **111**
IIIa ein (zur Europarechtskonformität → Rn. 86; BeckOK VwVfG/Kämper § 73 Rn. 79; KR/Wysk § 73 Rn. 88), worauf in den Mitteilungen hinzuweisen ist. Wirkt sich die Änderung des Plans auf das Gebiet einer anderen Gemeinde aus, ist nach VIII 2 der geänderte Plan dort auszulegen. Auszulegen ist er in der Gemeinde, deren Gebiet erstmals durch die Änderung betroffen ist, als auch in den Gemeinden, die aufgrund der Änderungen in gesteigerter Intensität gegenüber den bisher ausgelegten Plänen von den Änderungen betroffen sind. Dabei sind die II-VI entsprechend anzuwenden.

IX. Stellungnahme der Anhörungsbehörde (IX)

112 Nach § 73 IX gibt die Anhörungsbehörde zum Ergebnis des Anhörungsverfahrens eine Stellungnahme ab und leitet diese der Planfeststellungsbehörde innerhalb eines Monats nach Abschluss der Erörterung mit dem Plan, den Stellungnahmen der Behörden und der Vereinigungen nach Absatz 4 Satz 5 sowie den nicht erledigten Einwendungen zu. Das Anhörungsverfahren wird mit der Übersendung einer Stellungnahme an die Planfeststellungsbehörde beendet (IX). In der Stellungnahme hat die Anhörungsbehörde das Ergebnis des Anhörungsverfahrens in einer sachlichen und zugleich wertenden **Zusammenfassung** darzustellen. Neben dieser Stellungnahme sind die Stellungnahmen der Behörden, die nicht erledigten Einwendungen und die Stellungnahmen der Vereinigungen sowie sämtliche Gutachten und weitere verfahrenserhebliche Unterlagen der Planfeststellungsbehörde in geordneter Form zuzuleiten. Die Planfeststellungsbehörde wird durch die abschließende Stellungnahme in die Lage versetzt, eine Entscheidung über alle abwägungserheblichen öffentlichen und privaten Belange durch einen Planfeststellungsbeschluss nach § 74 zu treffen (BVerwG NVwZ 1998, 513 (514 ff.); Ziekow § 73 Rn. 72). Die zusammenfassende Darstellung der Umweltauswirkungen des Vorhabens nach § 11 I UVPG trifft hingegen die Planfeststellungsbehörde. Die Anhörungsbehörde ist gesetzlich verpflichtet, die Stellungnahme nebst allen weiteren Unterlagen innerhalb eines Monats nach Abschluss der Erörterung der Planfeststellungsbehörde zuzuleiten (IX). Die strikte Fristregelung dient der Verfahrensbeschleunigung. Es handelt sich um eine Ordnungsvorschrift, so dass eine Fristüberschreitung keinen Verfahrensfehler darstellt (so BT-Drs. 17/9666, 19).

X. Verfahrensfehler und Rechtsschutz

113 Eine **selbständige Klage** wegen eines Verfahrensfehlers scheitert in der Regel an § 44a S. 1 VwGO (Ziekow § 73 Rn. 74; KR/Wysk § 73 Rn. 151). Insofern kommt nur im gerichtlichen Hauptsacheverfahren oder im Verfahren auf einstweiligen Rechtsschutz die Geltendmachung von Verfahrensfehlern in Betracht. Im Mittelpunkt des Anhörungsverfahrens steht der Anspruch der Betroffenen auf rechtliches Gehör. Verfahrensvorschriften im Planfeststellungsverfahren gewähren Drittschutz grundsätzlich nur zur **bestmöglichen Verwirklichung** der materiellrechtlichen Rechtspositionen, die dem jeweiligen Beteiligungsrecht zugrunde liegt. Liegt ein Verfahrensfehler vor, ist nachzuweisen, dass und wie sich der Verfahrensfehler auf materiell-rechtliche Rechtspositionen des Klägers tatsächlich ausgewirkt hat. Die als verletzt geltend gemachte Verfahrensvorschrift muss ferner dem Schutz des jeweiligen Klägers zu dienen bestimmt sein (SBS/Neumann/Külpmann § 73 Rn. 147). Zur Beurteilung der Beachtlichkeit eines etwaigen Verfahrensfehlers kommt es im Planfeststellungsverfahren nach § 46 darauf an, ob die **konkrete Möglichkeit** bestanden hat, dass die Entscheidung bei Vermeidung des Fehlers anders ausgefallen wäre (KR/Wysk § 73 Rn. 131 mwN). Verfahrensfehler können überdies geheilt werden, insbesondere dann, wenn eine Verletzung des rechtlichen Gehörs gerügt wird, wie sich aus § 45 I Nr. 3 ergibt. Die Heilung erfolgt in der Regel durch Nachholung des fehlerhaften Verfahrensabschnitts (KR/Wysk § 73 Rn. 130).

§ 74 Planfeststellungsbeschluss, Plangenehmigung

(1) [1]Die Planfeststellungsbehörde stellt den Plan fest (Planfeststellungsbeschluss). [2]Die Vorschriften über die Entscheidung und die Anfechtung der Entscheidung im förmlichen Verwaltungsverfahren (§§ 69 und 70) sind anzuwenden.

(2) [1]Im Planfeststellungsbeschluss entscheidet die Planfeststellungsbehörde über die Einwendungen, über die bei der Erörterung vor der Anhörungsbehörde keine Einigung erzielt worden ist. [2]Sie hat dem Träger des Vorhabens Vorkehrungen oder die Errichtung und Unterhaltung von Anlagen aufzuerlegen, die zum Wohl der Allgemeinheit oder zur Vermeidung nachteiliger Wirkungen auf Rechte anderer erforderlich sind. [3]Sind solche Vorkehrungen oder Anlagen untunlich oder mit dem Vorhaben unvereinbar, so hat der Betroffene Anspruch auf angemessene Entschädigung in Geld.

(3) Soweit eine abschließende Entscheidung noch nicht möglich ist, ist diese im Planfeststellungsbeschluss vorzubehalten; dem Träger des Vorhabens ist dabei aufzugeben, noch fehlende oder von der Planfeststellungsbehörde bestimmte Unterlagen rechtzeitig vorzulegen.

(4) [1]Der Planfeststellungsbeschluss ist dem Träger des Vorhabens, denjenigen, über deren Einwendungen entschieden worden ist, und den Vereinigungen, über deren Stellungnahmen entschieden worden ist, zuzustellen. [2]Eine Ausfertigung des Beschlusses ist mit einer Rechtsbehelfsbelehrung und einer Ausfertigung des festgestellten Plans in den Gemeinden zwei Wochen zur Einsicht auszulegen; die Auslegung ist ortsüblich bekannt zu machen. [3]Die Planfeststellungsbehörde bestimmt, in welcher Gemeinde eine andere Zugangsmöglichkeit nach § 27b Absatz 1 Satz 1 Nummer 2 zur Verfügung zu stellen ist und legt im Benehmen mit der jeweiligen Gemeinde die Zugangsmöglichkeit fest. [4]Mit dem Ende der Auslegungsfrist gilt der Beschluss gegenüber den übrigen Betroffenen als zugestellt; darauf ist in der Bekanntmachung hinzuweisen.

(5) [1]Sind außer an den Träger des Vorhabens mehr als 50 Zustellungen nach Absatz 4 vorzunehmen, so können diese Zustellungen durch öffentliche Bekanntmachung ersetzt werden. [2]Die öffentliche Bekanntmachung wird dadurch bewirkt, dass der verfügende Teil des Planfeststellungsbeschlusses, die Rechtsbehelfsbelehrung und ein Hinweis auf die Auslegung nach Absatz 4 Satz 2 im amtlichen Veröffentlichungsblatt der zuständigen Behörde und außerdem in örtlichen Tageszeitungen bekannt gemacht werden, die in dem Bereich verbreitet sind, in dem sich das Vorhaben voraussichtlich auswirken wird; auf Auflagen ist hinzuweisen. [3]Mit dem Ende der Auslegungsfrist gilt der Beschluss den Betroffenen und denjenigen gegenüber, die Einwendungen erhoben haben, als zugestellt; hierauf ist in der Bekanntmachung hinzuweisen. [4]Nach der öffentlichen Bekanntmachung kann der Planfeststellungsbeschluss bis zum Ablauf der Rechtsbehelfsfrist von den

Betroffenen und von denjenigen, die Einwendungen erhoben haben, schriftlich oder elektronisch angefordert werden; hierauf ist in der Bekanntmachung gleichfalls hinzuweisen.

(6) [1]An Stelle eines Planfeststellungsbeschlusses kann eine Plangenehmigung erteilt werden, wenn

1. **Rechte anderer nicht oder nur unwesentlich beeinträchtigt werden oder die Betroffenen sich mit der Inanspruchnahme ihres Eigentums oder eines anderen Rechts schriftlich einverstanden erklärt haben,**
2. **mit den Trägern öffentlicher Belange, deren Aufgabenbereich berührt wird, das Benehmen hergestellt worden ist und**
3. **nicht andere Rechtsvorschriften eine Öffentlichkeitsbeteiligung vorschreiben, die den Anforderungen des § 73 Absatz 3 Satz 1 und Absatz 4 bis 7 entsprechen muss.**

[2]Die Plangenehmigung hat die Rechtswirkungen der Planfeststellung; auf ihre Erteilung sind die Vorschriften über das Planfeststellungsverfahren nicht anzuwenden; davon ausgenommen sind Absatz 4 Satz 1 und Absatz 5, die entsprechend anzuwenden sind. [3]Vor Erhebung einer verwaltungsgerichtlichen Klage bedarf es keiner Nachprüfung in einem Vorverfahren. [4]§ 75 Abs. 4 gilt entsprechend.

(7) [1]Planfeststellung und Plangenehmigung entfallen in Fällen von unwesentlicher Bedeutung. [2]Diese liegen vor, wenn

1. **andere öffentliche Belange nicht berührt sind oder die erforderlichen behördlichen Entscheidungen vorliegen und sie dem Plan nicht entgegenstehen,**
2. **Rechte anderer nicht beeinflusst werden oder mit den vom Plan Betroffenen entsprechende Vereinbarungen getroffen worden sind und**
3. **nicht andere Rechtsvorschriften eine Öffentlichkeitsbeteiligung vorschreiben, die den Anforderungen des § 73 Absatz 3 Satz 1 und Absatz 4 bis 7 entsprechen muss.**

Übersicht

	Rn.
I. Bedeutung	1
II. Formelle Voraussetzungen des Planfeststellungsbeschlusses (I 1)	3
1. Planfeststellungsbehörde	3
2. Grundlagen der Entscheidung	4
3. Untersuchungsgrundsatz	5
4. Verfahrensrechtliche Grundlagen	7
5. Rechtswirkung des Planfeststellungsbeschlusses	9
6. Planbefolgungsanspruch	10
III. Materielle Voraussetzungen des Planfeststellungsbeschlusses (I 1)	11
1. Planrechtfertigung	13
a) Definition	14
b) Gesetzliche Bedarfsfeststellung	15
c) Mangelnde Realisierbarkeit	17
d) Drittschützende Wirkung der Planrechtfertigung	18
e) Planrechtfertigung bei späterer Planänderung	19

Rn.
f) Bedarf als ein die Planrechtfertigung konkretisierender Aspekt 20
2. Abschnittsbildung und konzeptionelle Gesamtplanung 23
3. Einhaltung zwingenden Rechts („Planungsleitsätze") 25
4. Planerische Abwägung (Abwägungsgebot) 27
a) Drittschützender Charakter des Abwägungsgebots 29
b) Abwägungsausfall 31
c) Vollständigkeit des Abwägungsmaterials 32
d) Alternative zum Standort 34
e) Problembewältigung 37
f) Zeitliche Verlagerung der Problembewältigung 38
g) Verletzung der Problembewältigung 39
IV. Entscheidung über Einwendungen (II 1) 40
V. Entscheidung über Schutzauflagen (II 2) 41
1. Voraussetzungen 41
2. Verhältnis zu § 906 II BGB 43
3. Vorkehrungen und Anlagen (II 2) 44
4. Entschädigungsanspruch bei fehlendem Schutz (II 3) 49
5. Anspruch auf Übernahme gegen Übertragung des Eigentums (II 3) 52
VI. Vorbehalt abschließender Entscheidung im Planfeststellungsbeschluss (III) 55
VII. Zustellung und öffentliche Bekanntmachung (IV-V) 58
1. Individuelle Bekanntgabe (IV) 58
2. Öffentliche Bekanntmachung (V) 62
VIII. Plangenehmigung (VI) 66
1. Zulässigkeit der Plangenehmigung 66
2. Verfahrensrechtliche Besonderheiten (VI) 67
3. Beeinträchtigung von Rechten Dritter (VI 1 Nr. 1 Alt. 1) . 70
4. Schriftliches Einverständnis (VI 1 Nr. 1 Alt. 2). 71
5. Benehmen mit Trägern öffentlicher Belange (VI 1 Nr. 2) .. 72
6. Rechtswirkungen der Plangenehmigung (VI 2) 73
IX. Entbehrlichkeit von Planfeststellung und Plangenehmigung (VII) 74
1. Gestuftes Genehmigungssystem im förmlichen Verfahren .. 74
2. Wesentlichkeit als gesetzliches Entscheidungskriterium 75
3. Feststellung der Rechtskonformität durch Freistellungsbescheid 77

I. Bedeutung

§ 74 enthält die wesentlichen Regelungen über den Erlass des Planfeststellungsbeschlusses, die zur Anwendung gelangen soweit vorrangige Regelungen fehlen oder auf § 74 verwiesen wird (§§ 1, 72). In I-III werden verfahrensrechtliche Besonderheiten festgelegt, die aufzeigen, dass das Planfeststellungsverfahren normativ in das förmliche Verfahren eingebunden ist (I). Regelungsgegenstände betreffen die **Einwendungen,** über die bis zu diesem Verfahrensabschnitt keine Einigung erzielt wurde (II) sowie die Festlegung eines **Vorbehalts** im Planfeststellungsbeschluss, sofern eine abschließende Entschei- 1 dung (noch) nicht möglich (III). Die **Zustellungs- und Bekanntmachungsregelungen** finden sich in IV-V. Sonderregelungen zur **Plangenehmigung,** die den Planfeststellungsbeschluss ersetzen kann, sind in VI normiert. Ein **Verzicht** auf eine Planfeststellung und eine Plangenehmigung ist unter den in VII genannten Voraussetzungen **zulässig.** Eines **Vorverfahrens** bedarf es nach §§ 74 I 2, 70 nicht (VGH Mannheim BeckRS 2020, 3454 Rn. 24).

2 Insgesamt besteht die Norm aus einem **dreigestuften, am Verhältnismäßigkeitsprinzip ausgerichteten Genehmigungssystem,** das in Fällen wesentlicher Bedeutung einen Planfeststellungsbeschluss voraussetzt, in Fällen abgeschwächter, aber nicht völlig unwesentlicher Bedeutung eine Plangenehmigung ermöglicht (VI) und lediglich in Fällen von unwesentlicher Bedeutung das Genehmigungserfordernis kraft Gesetzes vollständig entfallen lässt (VII). Der unmittelbare Anwendungsbereich der Norm ist eröffnet, wenn aufgrund einer Rechtsnorm des Bundes das Planfeststellungsverfahren vor einer Bundesbehörde angeordnet oder zugelassen wird (zB AEG, WaStrG). Werden die Planfeststellungsverfahren von Landesbehörden geführt, gilt das jeweilige VwVfG des Landes (KR/Wysk § 74 Rn. 1).

II. Formelle Voraussetzungen des Planfeststellungsbeschlusses (I 1)

1. Planfeststellungsbehörde

3 Das Planfeststellungsverfahren zeichnet sich durch eine funktional auf **zwei Behörden** verteilte Zuständigkeit aus. Während das Anhörungsverfahren von der Anhörungsbehörde vorzubereiten und abzuschließen ist, ist für die das Verfahren abschließende Gesamtentscheidung die **Planfeststellungsbehörde** zuständig (MSU/Lieber § 74 Rn. 66). Mitunter kann es zu einer Identität von Vorhabenträger und Planfeststellungsbehörde kommen, die trotz des Prinzips der Gesetzmäßigkeit und der Überprüfung durch eine Aufsichtsbehörde rechtlich irritierend erscheint. Erfahrungsgemäß sind Sachzwänge nicht auszuschließen, die zumindest eine sachlich neutrale, unbefangene und unvoreingenommene Entscheidung gefährden können (SBS/Neumann/Külpmann § 74 Rn. 6).

3a Allerdings ist eine Doppelzuständigkeit als Vorhabenträger und Genehmigungsbehörde auf der anderen Seite zB mit § 17a FStrG iVm § 73 I, § 17b FStrG iVm § 74 I VwVfG vereinbar, da die in den genannten Bestimmungen verwendeten Begriffe des Vorhabenträgers und der Planfeststellungsbehörde in einem funktionalen Sinne zu verstehen sind. Zwar mag eine Zuweisung der Aufgaben an verschiedene Behörden rechtspolitisch wünschenswert sein. Es gibt allerdings **kein gesetzliches Verbot,** die genannten Aufgaben ein und derselben Behörde zuzuweisen. Ein solches Verbot kann auch nicht aus rechtstaatlichen Grundsätzen hergeleitet werden. Eine Behörde mit Doppelzuständigkeit hat als Teil der öffentlichen Verwaltung in beiden ihr übertragenen Funktionen dem Gemeinwohl zu dienen, ist an Recht und Gesetz gebunden und untersteht exekutiver Aufsicht. Angesichts dessen ist eine neutrale Aufgabenwahrnehmung durch sie als Planfeststellungsbehörde jedenfalls dann in einer rechtsstaatlichen Anforderungen genügenden Weise gesichert, wenn behördenintern für eine organisatorische und personelle Trennung beider Aufgabenbereiche gesorgt ist (BVerwG NVwZ 2016, 1641 Rn. 36; NVwZ 2010, 44 Rn. 24; NVwZ 2012, 557 Rn. 20) (vgl. zur institutionellen Befangenheit → § 73 Rn. 8).

2. Grundlagen der Entscheidung

Entscheidungsgrundlagen für den nach § 74 I 1 festzustellenden Plan sind der vom Vorhabenträger eingereichte **Plan nebst Unterlagen** nach § 73 I 2 (→ § 73 Rn. 13 ff.), die **Stellungnahme** der Anhörungsbehörde (§ 73 IX), die behördlichen Stellungnahmen (§ 73 II), die nicht erledigten **Einwendungen** (§ 73 IV), etwaige erstattete **Gutachten** (Ziekow § 74 Rn. 4) sowie zB die landschaftspflegerische **Begleitplanung** (BVerwG NVwZ 2008, 561 (561)) und die zusammenfassende **Dokumentation** zur UVP (→ § 73 Rn. 21). 4

Der Planfeststellungsbeschluss ist **formgebunden;** er ist schriftlich zu erlassen und schriftlich zu begründen, § 74 I 2, 69 II 1. Die elektronische Form ist nach § 3a Abs. 2 S. 1 zulässig, soweit in Fachgesetzen nicht ein anderes bestimmt ist (MSU/Lieber § 73 Rn. 85). Im Wesentlichen besteht er aus einem verfügenden Teil, der inhaltlichen Begründung und einer Rechtsbehelfsbelehrung nach §§ 74 V 2, 69 II 3 (BeckOK VwVfG/Kämper § 74 Rn. 2; MSU/Lieber § 73 Rn. 80 ff., 110). 4a

3. Untersuchungsgrundsatz

Es bleibt der Planfeststellungsbehörde im Rahmen des Untersuchungsgrundsatzes (§ 24) unbenommen, nach pflichtgemäßer Ermessensausübung weitere Ermittlungen anzustellen, Beteiligte und Betroffene nochmals zu dem Plan zu hören oder darüber hinausgehende eigene Ermittlungen anzustellen, die Ermittlungen zu intensivieren, sie auszudehnen, um im Ergebnis die Feststellungen treffen zu können, die für die Planfeststellung erheblich sind (SBS/Neumann/Külpmann § 74 Rn. 8; KR/Wysk § 74 Rn. 15; Ziekow § 74 Rn. 5). Beabsichtigt die Planfeststellungsbehörde neue, wesentliche Tatsachen zu berücksichtigen, die für die Betroffenen und Beteiligten von Belang sind, so ist ihnen – soweit ihre Rechte berührt sind – die Gelegenheit zu **substantieller Anhörung** zu gewähren (SBS/Neumann/Külpmann § 74 Rn. 9). 5

Wie in jedem anderen mitwirkungsbedürftigen Verfahren, kann die Planfeststellungsbehörde die beantragte Planfeststellung in vollem Umfang gestatten, sofern sämtliche formellen und materiellen Voraussetzungen erfüllt sind (Ziekow § 74 Rn. 6). Je nach Sachlage kann uU auch eine in Teilen oder vollständige Ablehnung des Antrags auf Planfeststellung die Folge sein. Insoweit zeigen sich keine Besonderheiten zu anderen Verfahren (SBS/Neumann/Külpmann § 74 Rn. 13 ff.; Ziekow § 74 Rn. 6 ff.). 6

4. Verfahrensrechtliche Grundlagen

7 Die Planfeststellungsbehörde hat das Verfahren auf der Grundlage nach § 74 I 2 iVm § 69 zu vollziehen. Der Planfeststellungsbeschluss bedarf der Schriftform, ist zu begründen und dem Antragsteller und weiteren Beteiligten zuzustellen. Der Planfeststellungsbeschluss unterliegt dem Bestimmtheitserfordernis des § 37 I und muss den Vorhabenträger als Adressaten erkennen lassen (BVerwG BeckRS 2007, 25152). Für den Umfang der Begründung gilt der Grundsatz, dass mit zunehmender Beeinträchtigung der Rechte Dritter oder anderer geschützter Interessen die Anforderungen an den **Detaillierungsgrad der Begründung** steigen (Ziekow § 74 Rn. 8).

7a Beabsichtigt die Planfeststellungsbehörde dem Planfeststellungsverfahren ein **informelles Verfahren** mit dem Ziel vorzuschalten, eine Empfehlung für eine Planung zu erarbeiten, die auf breite Akzeptanz in der Öffentlichkeit durch ein informelles Lenkungsverfahrens zur Vertrauensbildung und Akzeptanzförderung stoßen kann, so bestehen dagegen keine Bedenken (BVerwG NVwZ 2011, 1256 Ls. 2, 25 ff.).

8 Fehlen die Voraussetzungen für den Erlass eines auch mit Nebenbestimmungen verbundenen Planfeststellungsbeschluss und werden sie nicht erfüllt zB durch Einreichung erheblicher Unterlagen, lehnt die Behörde das Begehren auf Erlass eines Planfeststellungsbeschlusses durch VA ab (BeckOK VwVfG/Kämper § 74 Rn. 13 f.). Der Antragsteller hat in der Regel kein subjektiv öffentliches Recht auf einen Planfeststellungsbeschluss (vgl. → § 73 Rn. 16), lediglich einen Anspruch auf fehlerfreie Abwägung (Ziekow § 74 Rn. 9), die zur positiven Gestattung erstarkt, sofern rechtliche oder tatsächliche Hindernisse nicht entgegenstehen oder durch Schutzvorkehrungen (II 2) überwunden werden können. **Ausnahmen** sind die **atomrechtliche Planfeststellung,** die als gebundene Entscheidung ohne planerischen Gestaltungsspielraum der Planfeststellungsbehörde im Hinblick auf Alternativstandorte ergeht (BVerwG NVwZ 2007, 837 (838 f.)) sowie der durch Planfeststellung zuzulassende **Rahmenbetriebsplan** im Bergrecht (BVerwG NVwZ 2007, 700 (700 ff.)).

5. Rechtswirkung des Planfeststellungsbeschlusses

9 Der Planfeststellungsbeschluss ergeht nach allg. Meinung als **VA mit rechtsgestaltender Wirkung** (SBS/Neumann/Külpmann § 74 Rn. 19; Ziekow § 74 Rn. 10; KR/Wysk § 74 Rn. 17). Mit der Bekanntgabe des Planfeststellungsbeschlusses wird das Vorhaben genehmigt. Ein besonderes Charakteristikum der Genehmigung ist dabei die **Konzentrationswirkung,** die sämtliche fachrechtliche Genehmigungen und Befreiungen etc. ersetzt (KR/Wysk § 74 Rn. 17; vgl. → § 75 Rn. 7 f.). Der Vorhabenträger wird allerdings nicht verpflichtet, den festgestellten Plan auszuführen, sondern ist im Rahmen seiner Dispositionsbefugnis frei, das Vorhaben zB aus nachträglich ungünstigeren wirtschaftlichen Rahmenbedingungen ganz oder in Teilen aufzugeben (§ 75 IV).

6. Planbefolgungsanspruch

Die Ausführung des Plans hat mit Ausnahme unwesentlicher Änderungen auf der Grundlage des Planfeststellungsbeschlusses zu erfolgen. Die von dem Plan Betroffenen haben einen **Anspruch auf Planbefolgung,** der sich gegenüber einer fehlerfreien Planänderung nicht durchsetzt (BVerwG BeckRS 2006, 22213). Einen Schutz des Vertrauens in die unveränderte Verwirklichung eines planfestgestellten Vorhabens kennt das Gesetz nicht. Das heißt nicht, dass Dritte eine Planänderung verhindern können, weil sie auf die **Verwirklichung der Planfeststellung** vertraut haben. Wenn die Planänderung zum Gegenstand einer Plangenehmigung gemacht und deswegen auf ein Anhörungsverfahren verzichtet wird, gilt nichts anderes (BVerwG NVwZ 2003, 1381 (1382)). Setzt der Vorhabenträger zu Lasten der Betroffenen den festgestellten Plan nicht nur unwesentlich anders um und folgen daraus für die Betroffenen nachteilige Wirkungen, sind gegen Vorhabenträger und ggf. auch gegen die Planfeststellungsbehörde Ansprüche auf Unterlassung, Beseitigung oder auf Geldentschädigung möglich (SBS/Neumann/Külpmann § 74 Rn. 23). 10

III. Materielle Voraussetzungen des Planfeststellungsbeschlusses (I 1)

Nach § 74 I 1 stellt die Planfeststellungsbehörde den Plan fest (Planfeststellungsbeschluss). Die Planfeststellungsbehörde ist ermächtigt, ein Vorhaben mit weitreichender rechtlicher und tatsächlicher Wirkung durch einen Plan festzustellen, wobei der Behörde ein **Planungsermessen** eingeräumt ist. Das in dem Entscheidungsprozess eingeräumte Ermessen, als eigenständige Kategorie neben dem einfachen Ermessen und dem Beurteilungsspielraum (KR/Wysk § 74 Rn. 124), wird vom BVerwG als **planerische Gestaltungsfreiheit** bezeichnet (BVerwG NVwZ 1995, 598 (600)). Planungsentscheidungen sind dadurch gekennzeichnet, dass der planenden Behörde durch ein Gesetz die Befugnis übertragen wird, für ein bestimmtes Vorhaben private und öffentliche Belange in einem Akt planender Gestaltung durch Abwägung zum Ausgleich zu bringen oder erforderlichenfalls zu überwinden (SBS/Neumann/Külpmann § 74 Rn. 27; KR/Wysk § 74 Rn. 125). 11

Die Befugnis zur planerischen Gestaltung muss von der Behörde in **unparteiischer Weise** wahrgenommen werden. Der rechtsstaatliche Grundsatz der **fairen Verfahrensgestaltung** verpflichtet sie, sich ein Maß an innerer Distanz und Neutralität zu bewahren, das es ihr ermöglicht, zu einer problemabgewogenen Entscheidung zu gelangen. Denn nur auf der Grundlage von Gestaltungsfreiheit und innerer Unabhängigkeit kann sie die Aufgabe einer eigenen planerischen Entscheidung erfüllen und im Rahmen der Abwägung den erforderlichen gerechten Ausgleich zwischen den vom Vorhaben berührten öffentlichen und privaten Belangen herstellen (BVerwG NVwZ 2022, 1549 (1555); BVerwGE 141, 171 Rn. 20, 22 = NVwZ 2012, 557). 11a

11b Die Planfeststellungsbehörde hat **grundsätzlich alle Probleme,** die durch das planfestgestellte Vorhaben verursacht werden, im Planfeststellungsbeschluss zu bewältigen (stRspr; OVG Koblenz BeckRS 2019, 30636 Rn. 63 mwN; BVerwG, NWwZ 2011, 1256; BVerwG UPR 2016, 264).

12 Die planerische Gestaltungsfreiheit bedeutet nun nicht, dass die Entscheidungsfindung der Planfeststellungsbehörde eine gestalterische Aufgabe ist, die von verwaltungsgerichtlicher Kontrolle frei sei. Die planerische Gestaltungsfreiheit unterliegt einer **verwaltungsgerichtlichen Kontrolle,** die sich vor allem auf die Einhaltung **zwingenden formellen und materiellen Rechts** und die von der Rspr. entwickelten Grundsätze über die **Planrechtfertigung** und die **Beachtung des Abwägungsgebots** unter Berücksichtigung des **Gebots der Konfliktbewältigung** erstreckt (BVerwG BeckRS 2009, 39935; BVerwG NVwZ 2009, 986 (987); BeckOK VwVfG/Kämper § 74 Rn. 14). Materielle Schranken können sich des Weiteren aus einer Bindung an die Ergebnisse vorausgegangener Verfahren ergeben, wie beispielsweise Linienführungsbestimmungen oder zielförmige Standortentscheidungen der Landes- oder Regionalplanung (SBS/Neumann/Külpmann § 74 Rn. 32).

1. Planrechtfertigung

13 Die von der Rspr. entwickelte, gesetzlich nicht geregelte Planrechtfertigung ist vor der Ausübung des planerischen Ermessens festzustellen (BVerwG NVwZ 2008, 675 (676 ff.); vgl. → § 72 Rn. 20). Ob für das konkrete Vorhaben eine Planrechtfertigung gegeben ist, ist eine **rechtlich gebundene** Entscheidung, die voller gerichtlicher Kontrolle unterliegt (KR/Wysk § 74 Rn. 30; SBS/Neumann/Külpmann § 74 Rn. 39; Ziekow § 74 Rn. 17). Das Kriterium der Planrechtfertigung wird in **drei Fallgruppen** relevant: a) Eine Planung ist rechtswidrig, sofern das Vorhaben mit dem Ziel des Fachplanungsgesetzes nicht übereinstimmt; b) ein Vorhaben ist objektiv nicht beabsichtigt, was ebenfalls einer Rechtfertigung mangelt und c) fehlt es dann an einer Planrechtfertigung, wenn das Vorhaben objektiv nicht realisierungsfähig ist (Ziekow § 74 Rn. 15).

a) Definition

14 Nach stRspr des BVerwG ist die „Planrechtfertigung […] ein **ungeschriebenes Erfordernis** jeder Fachplanung und eine Ausprägung des Prinzips der Verhältnismäßigkeit staatlichen Handelns, das mit Eingriffen in private Rechte verbunden ist. Das Erfordernis ist erfüllt, wenn für das beabsichtigte Vorhaben gemessen an den Zielsetzungen des jeweiligen Fachplanungsgesetzes Bedarf besteht, die geplante Maßnahme unter diesem Blickwinkel also erforderlich ist. Das ist nicht erst bei Unausweichlichkeit des Vorhabens der Fall, sondern wenn es vernünftigerweise geboten ist“ (BVerwG NVwZ 2018, 332 Rn. 17; BeckRS 2010, 46648; NVwZ-Beilage I 8/2006, 1 Rn. 182).

b) Gesetzliche Bedarfsfeststellung

Maßgebend für die Planrechtfertigung sind allein die **Ziele** des jeweiligen Fachplanungsgesetzes (MSU/Lieber § 73 Rn. 14). Die **gesetzliche Bedarfsfeststellung** ist für die Planfeststellung und das gerichtliche Verfahren verbindlich und schließt im Grundsatz die Nachprüfung aus, ob zB für eine geplante Autobahn ein Verkehrsbedarf vorhanden ist (stRspr, BVerwG NVwZ 2022, 1549, 1551; BVerwGE 169, 94 Rn. 59 = NVwZ 2021, 648). Der **Bedarfsplan** für die Bundesfernstraßen ist eingebettet in die gesamtstaatliche Bundesverkehrswegeplanung und stellt eine verkehrspolitische Leitentscheidung auf einer der konkreten Planung weit vorgelagerten Ebene dar, die von zahlreichen politischen und wirtschaftlichen Faktoren bestimmt wird; die gerichtliche Prüfung der sachlichen Rechtfertigung dieser Entscheidung ist daher auf eine **Evidenzkontrolle** beschränkt (BVerwG NVwZ 2022, 1549, 1551; BVerfG NVwZ 1998, 1060 (1061) zu Bundesschienenwegen). 15

Anhaltspunkte für eine **Überschreitung** des weiten Gestaltungs- und Prognoseermessens des Gesetzgebers liegen nur dann vor, wenn die Bedarfsfeststellung evident **unsachlich** ist, weil es für die Aufnahme des Vorhabens in den Bedarfsplan im Hinblick auf die bestehende oder künftig zu erwartende Verkehrsbelastung oder auf die verkehrliche Erschließung eines zu entwickelnden Raums an **jeglicher Notwendigkeit** fehlt, oder wenn sich die Verhältnisse seit der Bedarfsentscheidung des Gesetzgebers so grundlegend gewandelt haben, dass das angestrebte Planungsziel unter keinen Umständen auch nur annähernd erreicht werden kann (stRspr BVerwG NVwZ 2022, 1549, 1551; BVerwGE 130, 299 Rn. 43 = NVwZ 2008, 1238 Ls. = BeckRS 2008, 38060 und BVerwGE 171, 346 Rn. 46 = NVwZ 2021, 1846, jew. mwN). 15a

Das Erfordernis der Planrechtfertigung ist vor allem bei **gemeinnützigen Vorhaben** zu prüfen. Planungen, die ausschließlich im privaten Interesse erfolgen, rechtfertigen in der Regel keine Beeinträchtigung von Rechten Dritter (Ziekow § 74 Rn. 14; zu den Ausnahmen im Luftverkehrsrecht vgl. BeckOK VwVfG/Kämper § 74 Rn. 23 f.). Allerdings wird zB im Luftverkehrsrecht **keine Unterscheidung** zwischen privat- und gemeinnützigen Vorhaben getroffen. Auch für die Planfeststellung eines nur **privaten Verkehrszwecken** dienenden Sonderflugplatzes gelten die allgemeinen Anforderungen der Planrechtfertigung (BVerwG NVwZ 2007, 1074 (1077 f.)). 15b

Ziele, die sich nicht primär aus dem Fachplanungsgesetz ableiten lassen, können daher zur Rechtfertigung **nicht** herangezogen werden (BVerwG NVwZ 2007, 1074 (1078); aA in der Begründung aber im Ergebnis gleich MSU/Lieber § 74 Rn. 22). So gehören zB „**Schaffung von Arbeitsplätzen** und die **Förderung der regionalen Wirtschaftsstruktur** […]“ nicht zu den Zielen des Luftverkehrsgesetzes. Das Luftverkehrsgesetz verbietet zwar nicht, mit einem Vorhaben auch über den Luftverkehr hinausgehende Interessen zu verfolgen, insbesondere solche, die im Planungsrecht – wie dies für die Förderung einer langfristig wettbewerbsfähigen Wirtschaftsstruktur der Fall ist (§ 2 II Nr. 9 ROG, § 1 VI Nr. 8a BauGB) als öffentliche Belange anerkannt sind. Ziele des Luftverkehrsgesetzes sind diese Interessen ungeachtet 16 ihrer Anerkennung in anderen Gesetzen nicht. Sie bleiben für das Vorhaben sprechende **öffentliche Belange,** die im Rahmen der Abwägung zu berücksichtigen sind (§ 8 I 2 LuftVG). Soweit die Luftfahrtindustrie auf Luftverkehr angewiesen ist, kann dieser Verkehrsbedarf ein Vorhaben rechtfertigen. Einer darüber hinausgehenden Förderung der Luftfahrtindustrie fehlt der im Luftverkehrsgesetz vorausgesetzte Bezug zum Luftverkehr" (BVerwG NVwZ 2007, 1074, (1078)).

c) Mangelnde Realisierbarkeit

17 Die Planrechtfertigung fehlt, wenn ein **Mangel der Finanzierbarkeit** des Vorhabens gegeben ist. Eine Planung, die aus finanziellen oder aus anderen Gründen objektiv nicht realisierbar ist, ist rechtswidrig und unzulässig. Ihr fehlt die Planrechtfertigung, weil sie nicht vernünftigerweise geboten ist. Die Planfeststellungsbehörde hat deshalb bei der Planaufstellung **vorausschauend zu beurteilen,** ob dem geplanten Bauvorhaben unüberwindbare finanzielle Schranken oder andere objektivrechtliche unübersteigbare Hindernisse entgegenstehen würden (BVerwG NVwZ 2016, 1710 Rn. 58 mwN; BVerwG NVwZ-Beilage I 8/2006, 1 Rn. 182, 200; BVerwG NVwZ 2000, 555 (558)) und es sich daher als unzulässige **„verfrühte Planung"** erweist (OVG Koblenz BeckRS 2019, 30636 Rn. 126 mwN; BVerwG NVwZ 2016, 1710 Rn. 58 ff; NVwZ 2004, 732 (734)). Diese Einschätzung setzt einen **Zeithorizont** voraus, der sich an der Geltungsdauer des nicht ausgenutzten Planfeststellungsbeschlusses orientiert (BVerwGE 84, 123 (128) = NVwZ 1990, 860). Mithin beträgt der Zeithorizont für diese Betrachtung im Fernstraßenbau 15 Jahre nach Planerlass (vgl. § 17c Nr. 1 FStrG) (BVerwG NVwZ 2016, 1710 Rn. 58 mwN).

17a Stehen die **notwendigen Finanzmittel** zur Realisierung eines Straßenbauvorhabens bereit, so ist die Planrechtfertigung zu bejahen, ohne dass fachplanungsrechtlich hinterfragt werden müsste, ob die zu Grunde liegenden Finanzierungsentscheidungen **haushaltsrechtlichen Vorgaben** entsprechen (BVerwG NVwZ 2016, 1710 Rn. 58–60; BVerwG NVwZ 2008, 675 (678) mwN). Die Finanzierung eines planfestgestellten Vorhabens kann für die Planrechtfertigung nur dann erheblich sein, wenn sie von vornherein ausgeschlossen und die Realisierung des Vorhabens deshalb eindeutig nicht möglich ist (OVG Schleswig BeckRS 2023, 41422 Nr. 83).

d) Drittschützende Wirkung der Planrechtfertigung

18 Die Planrechtfertigung ist nicht nur dann zu prüfen, wenn Dritte für das Vorhaben enteignet werden sollen, sondern immer dann, wenn das Vorhaben mit Eingriffen in ihre Rechte einhergeht Auch mittelbare Eigentumsbeeinträchtigungen nach Art. 14 I GG müssen dem Grundsatz der Verhältnismäßigkeit genügen. Die Planrechtfertigung entfaltet daher eine **drittschützende Wirkung** (BVerwG BeckRS 2010, 46648). Ein mittelbar eigentumsbetroffener Betroffener kann deshalb geltend machen, dass für das beabsichtigte Vorhaben – gemessen an den Zielsetzungen des jeweiligen Fachplanungsgesetzes – kein Bedarf streitet. Nicht verlangen kann er freilich

die Prüfung, ob die mit dem Vorhaben verfolgten öffentlichen Interessen generell geeignet sind, entgegenstehende Eigentumsrechte zu überwinden, dh insbesondere das Gemeinwohlerfordernis des Art. 14 III 1 GG auszufüllen (BVerwG NVwZ 2007, 445 (447); BVerwG NVwZ Beilage I 8/2006, 1).

e) Planrechtfertigung bei späterer Planänderung

Kommt es zu einer Planänderung im Wege eines vereinfachten Verfahrens steht nicht ausschließlich die Planänderung unter Rechtfertigungsdruck. Das BVerwG hat zum Verhältnis zwischen Planänderung und dem ursprünglichen Planfeststellungsbeschluss ausgeführt, dass dann für das **Vorhaben in seiner geänderten Gestalt** gemessen an den Zielsetzungen des jeweiligen Fachplanungsgesetzes ein Bedarf bestehen muss. Der Änderungsbescheid geht in den ursprünglichen Planfeststellungsbeschluss ein. Es entsteht ein einheitlicher Plan. Maßgeblich ist der ursprüngliche Plan in der Gestalt, die er durch den Änderungsbescheid erhalten hat. Beide Entscheidungen zusammen bilden eine einheitliche Planfeststellung. Die Planrechtfertigung muss dann für das geänderte Vorhaben gegeben sein (BVerwG NVwZ 2010, 584 (586)). 19

f) Bedarf als ein die Planrechtfertigung konkretisierender Aspekt

Für bedeutsame und vordringliche Infrastrukturvorhaben, vor allem für Straßen, Eisenbahnen und Magnetschwebebahnen wird in gesetzlich festgelegten Bedarfsplänen die Planrechtfertigung mit **bindender Wirkung** auch für die Verwaltungsgerichte konkretisiert (BVerwG NVwZ 2010, 44 (47); NVwZ 2007, 462 (463); NVwZ 1996, 381 (383); KR/Wysk § 74 Rn. 37). Dem Gesetzgeber steht dabei ein weiter Gestaltungs- und Prognosespielraum offen, der lediglich einer gerichtlichen Evidenzkontrolle unterliegt (BVerfG NVwZ 1998, 1060 (1061); BeckOK VwVfG/Kämper § 74 Rn. 25; SBS/Neumann/Külpmann § 74 Rn. 43). 20

In der Regel ist die gesetzliche Bedarfsfeststellung für die Planfeststellung verbindlich. Lediglich besondere Umstände können die Erforderlichkeit des Vorhabens entfallen ließen, so zB wenn mit dem Vorhaben verbundene Benutzung oberirdischer Gewässer an unüberwindlichen wasserrechtlichen Zulassungshürden scheitern müsste und sich das Vorhaben aus diesem Grund als objektiv nicht realisierbar erweist (BVerwG NVwZ 2010, 44 (47)). 21

Neben der gesetzlichen Bedarfsfestlegung haben die Planfeststellungsbehörden den Bedarf dann zu konkretisieren, wenn das Fachrecht für ein Vorhaben den Nachweis einer **Bedarfsprognose** verlangt. In diesen Fällen hat die Behörde den Bedarf für ein Vorhaben zu prognostizieren und mit nachvollziehbaren Methoden den Bedarf zu analysieren und das Ergebnis einleuchtend zu begründen (SBS/Neumann/Külpmann § 74 Rn. 50; KR/Wysk § 74 Rn. 49). Ob es zur Feststellung eines Luftverkehrsbedarfs ausreicht, das Passagieraufkommen zu prognostizieren, oder ob eine konkrete Nachfrage der Luftverkehrsgesellschaften hinzutreten muss, hängt allerdings von den tatrichterlich zu würdigenden Umständen des Einzelfalls ab (BVerwG NVwZ 2009, 910 (911)). 22

2. Abschnittsbildung und konzeptionelle Gesamtplanung

23 Besonderheiten ergeben sich bei raumbedeutsamen Vorhaben, wie zB für Autobahnen und für den Schienenverkehr. Eine Trassenplanung zB für Autobahnen kann unterteilt werden und ist grundsätzlich auch in Abschnitten zulässig (BVerwG NVwZ 2010, 320 (320); NVwZ 2001, 800 (800)).

23a Die Zulässigkeit einer planungsrechtlichen **Abschnittsbildung,** die eine richterrechtliche Ausprägung des Abwägungsgebots darstellt (BVerwG NVwZ 2021, 1615 (1619); BVerwGE 147, 184 = NVwZ 2013, 1605 Rn. 50) ist in der Rechtsprechung des BVerwG grundsätzlich anerkannt. Dem liegt die Erwägung zugrunde, dass angesichts vielfältiger Schwierigkeiten, die mit einer detaillierten Streckenplanung verbunden sein können, die Planfeststellungsbehörde ein **planerisches Gesamtkonzept** häufig nur in Teilabschnitten verwirklichen kann.

23b Dritte haben deshalb grundsätzlich kein Recht darauf, dass über die Zulassung eines Vorhabens insgesamt, vollständig und abschließend in einem einzigen Bescheid entschieden wird. Jedoch kann eine **Abschnittsbildung** Dritte in ihren Rechten verletzen, wenn sie deren durch Art. 19 IV 1 GG gewährleisteten Rechtsschutz faktisch unmöglich macht oder dazu führt, dass die abschnittsweise Planfeststellung dem Grundsatz umfassender Problembewältigung nicht gerecht werden kann, oder wenn ein dadurch gebildeter Abschnitt der eigenen sachlichen Rechtfertigung vor dem Hintergrund der Gesamtplanung entbehrt (BVerwG NVwZ 2021, 1615 (1619); BVerwG NVwZ 2013, 1605).

23c Die **Bildung von Teilabschnitten** einer Bundesfernstraße ist nur gerechtfertigt, wenn sie auf der Grundlage einer **konzeptionellen Gesamtplanung** vorgenommen wird. Die Bildung von Planungsabschnitten als Ausprägung des fachplanerischen Abwägungsgebots ist grundsätzlich zulässig, weil Streckenvorhaben ab einer gewissen Länge aus praktischen Gründen nicht in einem Verfahren geprüft und planfestgestellt werden können. Sie stellt daher ein Instrument der planerischen Problembewältigung dar; doch darf sich die Teilplanung nicht soweit verselbstständigen, dass von der Gesamtplanung ausgelöste Probleme voraussichtlich ungelöst bleiben. Erforderlich, aber auch ausreichend ist eine **Vorausschau** auf nachfolgende Abschnitte nach Art eines „vorläufigen positiven Gesamturteils“ (BVerwG NVwZ 2021, 1615 (1619)). Eine Prognose für die nachfolgenden Abschnitte muss ergeben, dass der Verwirklichung des (Gesamt-) Vorhabens keine von vornherein unüberwindlichen Hindernisse entgegenstehen (BVerwG NVwZ 2021, 1615 (1619); OVG Koblenz BeckRS 2015, 48080 (Rn. 144)). Zudem kann eine Abschnittsbildung rechtswidrig sein, wenn sie objektiv geeignet ist, die nach Art. 19 IV 1 GG gewährleisteten Rechtsschutzmöglichkeiten wegen übermäßiger **„Parzellierung“ des Planungsvorhabens** faktisch unmöglich zu machen (BVerwG NVwZ 1993, 572 (573)).

23d **Dritte** haben deshalb grundsätzlich **kein Recht** darauf, dass über die Zulassung eines Vorhabens vollständig und abschließend in einem einzigen Bescheid entschieden wird. Jedoch kann eine Abschnittsbildung Dritte in ihren Rechten verletzen, wenn sie einen **effektiven Rechtsschutz** faktisch unmöglich macht oder dazu führt, dass die abschnittsweise Planfeststellung dem Grundsatz umfassender Problembewältigung nicht gerecht werden kann (vgl. BVerwG NVwZ 2014, 730 (734); 2010, 1486 (1488)).

Entscheidungen der Planungsbehörde zwischen zwei oder mehreren Trassenvarianten unterliegen nur eingeschränkter gerichtlicher Kontrolle. Nach der **gefestigten Rspr. des BVerwG** sind die „Grenzen der planerischen Gestaltungsfreiheit bei der Auswahl zwischen verschiedenen Trassenvarianten erst dann überschritten, wenn eine andere als die gewählte Linienführung sich unter Berücksichtigung aller abwägungserheblichen Belange eindeutig als die bessere, weil öffentliche und private Belange insgesamt schonendere darstellen würde, wenn sich mit anderen Worten diese Lösung der Behörde hätte aufdrängen müssen“ (BVerwG NVwZ 2009, 986 (987) mwN). Um Fehlplanungen zu vermeiden, muss jeder Teilabschnitt einer Straße eine eigenständige Verkehrsfunktion besitzen (BVerwG NVwZ 2008, 675 (676); NVwZ 2005, 808 (810)). Ein **Planungstorso** soll so vermieden werden (VGH München BeckRS 2009, 40629; BVerwG NVwZ 2006, 823 (826); BeckOK VwVfG/Kämper § 74 Rn. 27; Ziekow § 74 Rn. 31). Die eingeschränkte gerichtliche Kontrolle der eigentlichen (endgültigen) **Auswahlentscheidung** ändert aber nichts daran, dass die Planfeststellungsbehörde zuvor alle ernsthaft in Betracht kommenden Planungsalternativen auch ernsthaft in Betracht zu ziehen und zu prüfen hat (VGH Mannheim NVwZ-RR 2015, 325 (325)). 24

3. Einhaltung zwingenden Rechts („Planungsleitsätze“)

Die Ermächtigung zu einer Planungsentscheidung aufgrund einer Abwägung aller für und gegen das Vorhaben sprechenden Belange entbindet die Planfeststellungsbehörde nicht von der **Einhaltung zwingender Normen** (KR/Wysk § 74 Rn. 67; Ziekow § 74 Rn. 21). Das BVerwG stellt hierzu klar, dass „materiellrechtliche Vorschriften, welche strikte Gebote oder Verbote enthalten, bei ihrer Missachtung ohne weiteres zur Rechtswidrigkeit des Planfeststellungsbeschlusses führen“ (BVerwG NVwZ 1993, 575 (575)). Dies gilt auch für Verstöße gegen zwingendes Landesrecht. Sind im materiellen Recht hingegen Befreiungen und Ausnahmen vorgesehen, kann die Planfeststellungsbehörde eine Ausnahme zulassen, sofern sie vernünftigerweise geboten ist (KR/Wysk § 74 Rn. 67; SBS/Neumann/Külpmann § 74 Rn. 131). Ob der irritierende Begriff des Planungsleitsatzes aufgegeben wurde (KR/Wysk § 74 Rn. 67; BeckOK VwVfG/Kämper § 74 Rn. 28) bleibt offen (BVerwG NVwZ 2002, 350 (352 ff.)). 25

Wasserrechtliche Zulassungshürden führen zur Unzulässigkeit eines Planvorhabens, wenn sie unüberwindlich sind und das Vorhaben sich ohne die Gewässerbenutzung nicht verwirklichen lässt (BVerwG NVwZ 2010, 44 (47)). Zu weiteren materiell-rechtlich relevanten Bezügen, insbesondere zur Einbindung in höherstufige Planungen, zum Natur- und Artenschutzrecht, Immissionsschutzrecht und zum Wasserrecht wird aufgrund vorgegebener Beschränkungen auf weiterführende Literatur verwiesen (BeckOK VwVfG/ 26

Kämper § 74 Rn. 29 ff.; SBS/Neumann/Külpmann § 74 Rn. 130 ff.; KR/Wysk § 74 Rn. 69 ff.; Stüer Bau- und FachplanungsR Rn. 4396 ff.).

4. Planerische Abwägung (Abwägungsgebot)

27 Ein im Fachplanungsrecht normativ vereinzelt festgelegter, im Übrigen aus der Rspr. entwickelter Grundsatz ist das **Abwägungsgebot** (vgl. § 8 I 2 LuftVG, § 18 S. 2 AEG, § 17 S. 2 FStrG) bzw. das **Gebot planerischer Abwägung** (BVerwG NVwZ-RR 2007, 85 (87); BVerwG ZfBR 2006, 583 (583)). Das allgemeine (und drittschützende) fachplanerische Abwägungsgebot gilt allerdings nicht für die bergrechtliche Planfeststellung (BVerwG NVwZ 2007, 700 (702)) und auch nicht für die atomrechtliche Entscheidung nach § 9b AtG für ein Endlager (BVerfG NVwZ 2010, 114 (115 ff.); BVerwG NVwZ 2007, 837 (838 ff.)). Das ansonsten auch ohne spezialgesetzliche Verankerung geltende **Abwägungsgebot** verlangt, dass die von einer Planung berührten öffentlichen und privaten Belange **gegeneinander und untereinander gerecht** abgewogen werden (BVerwG NvWZ 2024, 60 (63 Rn. 33); BVerwG NVwZ 2023, 1733 (1737); OVG Berlin-Brandenburg NJOZ 2009, 4809 (4813) – stRspr; BVerfG NVwZ 2003, 197 (197); BVerwG NVwZ 1993, 167 (169); SBS/Neumann/Külpmann § 74 Rn. 55).

Der Grundsatz wird aus dem Rechtsstaatsprinzip abgeleitet und genießt **Verfassungsrang** (BVerfG NVwZ 2010, 512 (513 ff.); KR/Wysk § 74 Rn. 95; SBS/Neumann/Külpmann § 74 Rn. 54).

27a Welche **Belange** im Einzelnen in die Abwägung einzustellen sind, bestimmt sich nach dem Gegenstand, der Reichweite und den Auswirkungen der konkreten Planung. Hat die Behörde einen abwägungserheblichen Belang nicht eingestellt, ergibt sich daraus zunächst ein **Abwägungsdefizit** (MSU/Lieber § 74 Rn. 58). Die nach Lage des Einzelfalls erfolgende Bestimmung der **Abwägungserheblichkeit** ist zu unterscheiden von der Frage, welche Ermittlungspflichten die Behörde auf Grund des Untersuchungsgrundsatzes treffen. Die Behörde muss nur solche Umstände **aufklären** und sodann abwägend berücksichtigen, die für sie als entscheidungserheblich erkennbar sind. Eine **entscheidungserhebliche Erkennbarkeit** ist gegeben, wenn sich die Abwägungserheblichkeit entweder **aufdrängt** oder wenn ein Planbetroffener Umstände, die nicht ohne Weiteres als abwägungserheblich erkennbar sind, im Zuge der **Bürgerbeteiligung** oder auf andere zulässige Weise **rechtzeitig** in das Planungsverfahren einbringt (BVerwG NVwZ 2011, 812 Rr. 23; BVerwG NVwZ 1989, 463).

27b Die Belange des **Klimaschutzes** → Rn. 36 sind als öffentlicher Belang unter dem Gesichtspunkt der globalen Klimaauswirkungen und der nationalen Klimaschutzziele im Rahmen der Gesamtabwägung nach Art. 20a GG iVm § 13 I 1 KSG zu berücksichtigen (BVerwG NVwZ 2022, 1549, (1555); OVG Lüneburg BeckRS 2024, 9481 Rn. 12). Die Bestimmung in **Art. 20a GG** verpflichtet den Staat – auch in Verantwortung für künftige Generationen – zum Schutz der natürlichen Lebensgrundlagen; dies umfasst auch die Verpflichtung zum Klimaschutz einschließlich des Ziels der Herstellung von Klimaneutralität (grdl. BVerfGE 157, 30 Rn. 197 f. = NVwZ 2021, 951). Zu den Adressaten des Schutzgebots gehört die vollziehende Gewalt „nach Maßgabe von Gesetz und Recht“. Das bedeutet, dass für die Verwaltung die Staatsziele des Art. 20a GG grundsätzlich dort Bedeutung entfalten, wo die Gesetze ihr Gestaltungsspielräume überlassen; dies ist etwa im Rahmen von **planerischen Entscheidungen** der Fall (BVerwG NVwZ 2022, 1549 (1555).

Das **Berücksichtigungsgebot** nach § 13 KSG gilt damit umfassend für jede nicht gesetzesgebundene Tätigkeit der öffentlichen Verwaltung, die klimarelevante Auswirkungen haben kann (Schink NuR 2021, 1), und erstreckt sich als materiell-rechtliche Vorgabe des Bundesrechts auf sämtliche Bereiche, für die dem Bund eine Gesetzgebungskompetenz zusteht, in denen es also um den Vollzug von materiellem Bundesrecht geht. Überall dort, wo materielles Bundesrecht auslegungsbedürftige Rechtsbegriffe verwendet oder Planungs-, Beurteilungs- oder Ermessensspielräume konstituiert, sind nunmehr der **Zweck und die Ziele des Bundes-Klimaschutzgesetzes** als (mit-)entscheidungserhebliche Gesichtspunkte in die Erwägungen einzustellen (BVerwG NVwZ 2022, 1549 (1556). Trzaska/Keimeyer/Sina NVwZ 2020, 1 (6); Schink NuR 2021, 1 (3)). 27c

Für die Rechtmäßigkeit einer planerischen Entscheidung ist es unabdingbar, dass 28

a) eine Abwägung überhaupt stattfindet (**Abwägungsausfall** – VGH Mannheim NVwZ-RR 2008, 676 (676 ff.))
b) sämtliche relevanten **privaten und öffentlichen Belange** in die Abwägung eingestellt werden und
c) weder die Bedeutung der in die Abwägung einzustellenden öffentlichen und privaten Belange verkannt wird **(Vollständigkeit des Abwägungsmaterials)** noch
d) der Ausgleich zwischen ihnen in einer Weise vorgenommen wird, der zur objektiven Gewichtigkeit einzelner Belange außer Verhältnis steht (**Abwägungsdisproportionalität** (OVG Lüneburg BeckRS 2024, 9481 Rn. 10; VGH Baden-Württemberg ZfBR 2010, 72 (75); BVerwG BeckRS 2009 41581; ZfBR 2007, 150 (150);). Die Fehlerfolgen ergeben sich aus § 75.

Mängel bei der Abwägung der von dem Vorhaben berührten öffentlichen und privaten Belange sind gemäß § 75 Ia VwVfG nur **erheblich,** wenn sie **offensichtlich** und auf das Abwägungsergebnis von Einfluss gewesen sind. Erhebliche Mängel bei der Abwägung oder eine Verletzung von Verfahrens- oder Formvorschriften führen nur dann zur Aufhebung des Planfeststellungsbeschlusses oder der Plangenehmigung, wenn sie nicht durch Planergänzung oder durch ein ergänzendes Verfahren behoben werden können; die §§ 45 und 46 bleiben unberührt. 28a

Innerhalb des so gezogenen Rahmens wird das Abwägungsgebot nicht verletzt, wenn sich die zur Planung ermächtigte Stelle in der Kollision zwischen verschiedenen Belangen für die Bevorzugung des einen und damit notwendig für die Zurückstellung eines anderen entscheidet. Die darin liegende Gewichtung der von der Planung berührten öffentlichen und privaten Belange ist ein wesentliches Element der planerischen Gestaltungsfreiheit und als solches der verwaltungsgerichtlichen Kontrolle entzogen. Diese beschränkt 28b sich im Rahmen des Abwägungsgebots daher auf die Frage, ob die Verwaltungsbehörde die abwägungserheblichen Gesichtspunkte rechtlich und tatsächlich zutreffend bestimmt hat und ob sie – auf der Grundlage des derart zutreffend ermittelten Abwägungsmaterials – die aufgezeigten Grenzen der ihr obliegenden Gewichtung eingehalten hat. Gerichtlich zu beanstanden ist es aber, wenn die Prüfung ergibt, dass bestimmten öffentlichen Belangen im konkreten Fall kein ausreichendes Gewicht zukommt, um entgegenstehende private Belange zu überwinden oder gar diese Prüfung nicht ausreichend präzise vorgenommen werden kann (OVG Lüneburg BeckRS 2024, 9481 Rn. 10; OVG Lüneburg BeckRS 2003, 24656). Die Wahl einer Trassenvariante ist rechtsfehlerhaft, wenn eine andere als die gewählte Linienführung sich unter Berücksichtigung aller abwägungserheblichen Belange eindeutig als die bessere, weil öffentliche und private Belange insgesamt schonendere darstellen würde, wenn sich mit anderen Worten diese Lösung der Behörde hätte aufdrängen müssen (BVerwG NVwZ 2024, 684 (Ls.)).

a) Drittschützender Charakter des Abwägungsgebots

29 Das Abwägungsgebot hat drittschützenden Charakter hinsichtlich solcher privaten Belange, die für die Abwägung erheblich sind. Dem Eigentum und auch dem Schutz der Gesundheit durch Betroffene kommt in der fachplanerischen Abwägung mit anderen öffentlichen und privaten Belangen ein besonderes Gewicht zu. Betroffene können insbesondere die gerichtliche Prüfung einfordern, ob ihre Belange mit dem ihnen zustehenden Gewicht in die **planerische Abwägung** eingestellt und mit den für das Ausbauvorhaben streitenden öffentlichen und privaten Belangen in einen Ausgleich gebracht worden sind, der zur objektiven Gewichtigkeit ihrer Belange nicht außer Verhältnis steht (stRspr BVerwG BeckRS 2009, 33966 (Rn. 14); BVerwG NVwZ 2002, 350 (351)).

29a Das Recht auf fehlerfreie Abwägung der eigenen Belange steht nicht nur demjenigen zu, dessen Belange ausgehend von der dem Planfeststellungsbeschluss zu Grunde liegenden Vorhaben (Flugverfahren) abwägungserheblich betroffen wären, sondern **jedem,** der **abwägungserheblich betroffen** werden kann, weil sein Grundstück innerhalb des Einwirkungsbereichs eines Flughafens liegt und weder aus tatsächlichen noch aus rechtlichen Gründen auszuschließen ist, dass ein zu seiner Betroffenheit führendes Flugverfahren festgelegt wird (BVerwG NVwZ 2013, 284 (287)).

30 Die drittschützende Wirkung des fachplanerischen Abwägungsgebots macht vor der deutschen Staatsgrenze nicht halt; auch **ausländische von einem Vorhaben betroffene Gemeinden sind klagebefugt** (BVerwG NVwZ 2009, 452 (453 f.)). Das BVerwG geht in stRspr davon aus, dass der von einer Planung Betroffene ein Recht darauf hat, dass seine beachtlichen Belange in der Abwägung fehlerfrei behandelt werden und die fachplanungsrechtlichen Abwägungsvorschriften insoweit drittschützende Wirkung haben (BVerwG NVwZ 2009, 452 (454); NVwZ 2005, 940 (942)). Insoweit reicht es aus, dass ein Kläger Tatsachen vorträgt, die eine fehlerhafte Behandlung seiner Belange

in der Abwägung als möglich erscheinen lassen (BVerwG BeckRS 2010, 46648).

b) Abwägungsausfall

Die Planfeststellungsbehörde muss selbst in den Abwägungsvorgang eintreten; 31
sie muss den ihr eingeräumten Spielraum erkennen und darf sich nicht frühzeitig durch zu enge, auch informelle Absprachen binden (KR/Wysk § 74 Rn. 100) oder sich rechtsirrig gebunden fühlen. Die Behörde muss selbst abwägen, darf aber zugrundeliegende Unterlagen prüfen und sich zu Eigen machen, zB Planungsunterlagen des Vorhabenträger (SBS/Neumann/Külpmann § 74 Rn. 58). Die Berücksichtigung sachfremder Erwägungen, die sich aus der politischen Bevorzugung einer bestimmten Alternative ergibt, ist unzulässig.

c) Vollständigkeit des Abwägungsmaterials

Welche privaten oder öffentlichen Belange in die Abwägung einzustellen sind, 32
ist abhängig von den Umständen des Einzelfalls, die vor allem durch Gegenstand, Reichweite und Auswirkungen der konkreten Planung geprägt werden (KR/Wysk § 74 Rn. 104). Für die Ermittlung ist für die Planfeststellungsbehörde maßgeblich der Amtsermittlungsgrundsatz nach § 24. Unberücksichtigt bleiben objektiv unbedeutende, nicht schutzwürdige oder objektiv nicht erkennbare Belange (KR/Wysk § 74 Rn. 108). Eigentumsrechtliche Belange und Gesundheitsbelange sind zu berücksichtigen (BeckOK VwVfG/Kämper § 74 Rn. 74 f.).

Individuelle Befindlichkeiten sind aufgrund der Variationsbreite unterschiedlicher von Auswirkungen Betroffener, wie es zB bei Kindern und älteren Menschen der Fall ist, ebenfalls zu berücksichtigten (KR/Wysk § 74 Rn. 108). In der Regel wird für die Relevanz von Belangen auf **Personen mit durchschnittlichem Wahrnehmungs- und Empfindungsvermögen** abzustellen sein (KR/Wysk § 74 Rn. 108), sofern nicht Umstände des Einzelfalls zu einer anderen Wertung führen. Materiell präkludierte Tatsachen von Betroffenen und die formell von einer Behörde präkludierten Tatsachen hindern die Planfeststellungsbehörde nicht, Ermittlungen anzustellen (KR/Wysk § 74 Rn. 108).

Öffentliche Belange sind aus der fachplanerischen Zielsetzung und aus der 32a
gesamten Rechtsordnung abzuleiten (KR/Wysk § 74 Rn. 68). Die verfassungsrechtlich garantierten Inhalte der **Selbstverwaltungsgarantie** nach Art. 28 II GG, insbesondere die **Planungshoheit** sind als abwägungserheblicher Belang erheblich (BVerwG NVwZ-RR 2009, 11 (12); OVG Weimar LKV 2008, 321 (321 f.); BVerwG NVwZ 2007, 700 (702); OVG Koblenz NJOZ 2006, 1717 (1718); BVerwG NVwZ 2006, 1290 (1290)).

Die **gemeindliche Planungshoheit** vermittelt eine wehrfähige, in die 32b
Abwägung einzubeziehende Rechtsposition gegen fremde Fachplanungen auf dem eigenen Gemeindegebiet, wenn das Vorhaben nachhaltig eine bestimmte Planung der Gemeinde stört, wegen seiner Großräumigkeit wesentliche Teile des Gemeindegebiets einer durchsetzbaren gemeindlichen Planung entzieht

oder gemeindliche Einrichtungen in ihrer Funktionsfähigkeit erheblich beeinträchtigt (VGH München KommJur 2021, 424 (430). Sie kann sich auf das in Art. 28 II 1 GG gewährleistete Selbstverwaltungsrecht oder ihr zivilrechtliches Eigentum stützen (OVG Lüneburg BeckRS 2023, 36869). Zudem ist die Planungshoheit betroffen, wenn ein Vorhaben die Umsetzung bestehender Bebauungspläne faktisch erschwert oder die in ihnen zum Ausdruck kommende städtebauliche Ordnung nachhaltig stört. Unter dieser Voraussetzung kann auch die Beeinträchtigung bereits verwirklichter Bebauungspläne einen abwägungserheblichen Belang darstellen (VGH München KommJur 2021, 424 (430).

32c Zur Geltendmachung der **Belange ihrer Bürger** und Einwohner ist die Gemeinde allerdings mangels der Betroffenheit eigener Rechte und einer fehlenden Klagebefugnis nicht berechtigt (VGH BeckRS 2021, 28491 Rn. 44). Eine Gemeinde ist im verwaltungsgerichtlichen Verfahren nicht befugt, als **Sachwalterin von Rechten zB** Immissionsschutzinteressen der Nachbarn von Verkehrswegen geltend zu machen (VGH München KommJur 2021, 424 Ls. 3).

32d Einwirkungen **elektromagnetischer Felder** auf trassennahe Wohngebiete sind kein abwägungserheblicher Belang einer Gemeinde. Die Anforderungen des Immissionsschutzrechts an den Schutz der Wohnbevölkerung vor Immissionen dienen dem allgemeinen öffentlichen Interesse und dem Schutz Betroffener und sind nicht dem kommunalen Selbstverwaltungsrecht zugeordnet (BVerwG BeckRS 2021, 41134 Rn. 65).

33 Nach der Rechtsprechung des BVerwG setzt die Prüfung, ob ein Vorhaben gegen artenschutzrechtliche Verbote verstößt, eine **ausreichende Bestandsaufnahme** der im Trassenbereich vorhandenen Arten, die in den Anwendungsbereich der Verbote fallen, und ihrer Lebensräume voraus (BVerwG NVwZ 2009, 302 (306) mwN). Das verpflichtet die Behörde indes nicht, ein **lückenloses Arteninventar** zu fertigen. Welche Anforderungen an Art, Umfang und Tiefe der Untersuchungen zu stellen sind, hängt vielmehr von den naturräumlichen Gegebenheiten im Einzelfall sowie von Art und Ausgestaltung des Vorhabens ab. Erforderlich, aber auch ausreichend ist – auch nach den Vorgaben des europäischen Gemeinschaftsrechts – eine am Maßstab praktischer Vernunft ausgerichtete Prüfung (BVerwG NVwZ 2010, 44 (48)). Zu weiteren öffentlichen Belangen und Beispielen aus der umfangreichen Rspr. wird auf die Nachweise in der Kommentarliteratur verwiesen (BeckOK VwVfG/Kämper § 74 Rn. 82 ff.; SBS/Neumann/Külpmann § 74 Rn. 105; Ziekow § 74 Rn. 28).

d) Alternative zum Standort

34 Die Planfeststellungsbehörde ist verpflichtet, für die beantragte Planung zumindest eine Alternative oder ggf. weitere mögliche Varianten zu untersuchen und abzuwägen. Es entspricht stRspr des BVerwG im Fachplanungsrecht, dass sich die Anforderungen des Abwägungsgebots auch und gerade an der Berücksichtigung von planerischen Alternativen zeigen. Ernsthaft sich anbietende **Alternativlösungen** müssen bei der Zusammenstellung des abwägungs-

erheblichen Materials berücksichtigt werden und mit der ihnen objektiv zukommenden Bedeutung in die vergleichende Prüfung der von den möglichen Alternativen jeweils berührten öffentlichen und privaten Belange Eingang finden (BVerwG NVwZ 2008, 563 (569); BVerwG NVwZ-Beil. 2006 1; NVwZ 2004, 1486 (1492 f.)). Das gilt auch für solche Varianten, die im Laufe des Verfahrens von dritter Seite vorgeschlagen werden (BVerwG NVwZ 2009, 986 (986)). Dies setzt jedoch voraus, dass eine bestimmte Alternativlösung sich nach Lage der Dinge anbietet oder gar aufdrängt. Bei einem Vorhaben, dessen Verwirklichung bedeutende umweltrechtliche Konfliktlagen mit sich bringen kann, kann Anlass bestehen, den Untersuchungsraum der Alternativenprüfung über den Geltungsbereich des Regionalplans zu erstrecken (BVerwG NVwZ 2024, 917 (Ls. 2)). Die Planfeststellungsbehörde ist befugt, Alternativen, die sich auf Grund einer Grobanalyse als weniger geeignet erweisen, schon in einem frühen Verfahrensstadium auszuscheiden (BVerwG NVwZ-Beilage 2006, 1, 7 Rn. 98).

Bei der **Zusammenstellung des Abwägungsmaterials** müssen bei der 34a
Straßenplanung alle ernsthaft in Betracht kommenden Alternativlösungen berücksichtigt werden und mit der ihnen zukommenden Bedeutung in die vergleichende Prüfung der von den möglichen Varianten jeweils berührten öffentlichen und privaten Belange eingehen. Dabei müssen auch die von den jeweiligen Varianten – gegebenenfalls unterschiedlich – betroffenen Belange zutreffend ermittelt und bewertet werden (VGH Mannheim BeckRS 2013, 52329 (Ls.) im Anschluss an BVerwG NVwZ 2012, 557 (563 Rn. 54)).

Nach der Rspr. des BVerwG ist die **Standortwahl** erst dann **rechtswidrig,** 35
wenn sich die verworfene Alternative entweder als die eindeutig vorzugswürdige Lösung hätte aufdrängen müssen oder wenn der Planungsbehörde in Folge einer fehlerhaften Ermittlung, Bewertung oder Gewichtung einzelner Belange ein rechtserheblicher Fehler unterlaufen ist (BVerwG NVwZ 2009, 986 (986 f.)). Die **Bewertung** der privaten und öffentlichen Belange und ihre **Gewichtung** im Verhältnis untereinander macht das Wesen der Planung als im **Kern politische Entscheidung** aus, die gerichtlich nur auf die Einhaltung rechtlicher Schranken hin überprüfbar ist (BVerwG NVwZ 2009, 986 (986 f.)).

Der Hinweis im Planfeststellungsbeschluss, dass sich keine andere Alternati- 35a
ve als die vom Vorhabenträger beantragte als eindeutig vorzugswürdig aufgedrängt habe, vermag eine nachvollziehbare Begründung der von der Planfeststellungsbehörde zu treffenden Auswahlentscheidung nicht zu ersetzen. Die eingeschränkte gerichtliche Kontrolle der eigentlichen (endgültigen) Auswahlentscheidung ändert nichts daran, dass die Planfeststellungsbehörde zuvor alle ernsthaft in Betracht kommenden Planungsalternativen auch ernsthaft in Betracht zu ziehen und zu prüfen hat. Ihre **Pflicht zur Ermittlung, Bewertung und Gewichtung** einzelner Belange ist im Rahmen der Variantenprüfung in keiner Weise zurückgenommen (VGH Mannheim NVwZ-RR 2015, 325 Ls.).

Bei der Entscheidung über die Zulassung eines **Flughafens** muss die Plan- 35b
feststellungsbehörde nach der gefestigten Rspr. des BVerwG nicht alle realistischerweise in Betracht kommenden [28] Flugrouten auf die zu erwartenden

Lärmbeeinträchtigungen untersuchen; sie kann sich auf die Betrachtung bestimmter Flugrouten beschränken (BVerwG NVwZ 2013, 284 (288); NVwZ 2012, 432 (440)). Der Planfeststellungsbeschluss muss aber die von dem Planvorhaben in seiner räumlichen Umgebung aufgeworfenen Probleme bewältigen (BVerwG NVwZ 2012, 432 (441) mwN). Hierzu ist er nur in der Lage, wenn die prognostische **Flugroutenplanung** Art und Ausmaß der zu erwartenden Betroffenheiten in der für die Abwägung relevanten Größenordnung realistisch abbildet (BVerwG NVwZ 2013, 284 (288)).

36 Seit Inkrafttreten KSG gehören der **globale Klimaschutz** und die **Klimaschutzziele** des KSG zu den **öffentlichen Belangen,** die in die Gesamtabwägung im Rahmen eines Planfeststellungsverfahrens einzustellen sind (OVG Lüneburg BeckRS 2024, 9481 Ls. 1 u. Rn. 12; BVerwG NVwZ 2022, 1549 (1557)).

Nach der Rspr. des BVerwG verlangt das Berücksichtigungsgebot des § 13 I 1 KSG (Kling ZUR 2024, 141 – erste Bilanz) von der Planfeststellungsbehörde, mit einem – bezogen auf die konkrete Planungssituation – **vertretbaren Aufwand** zu ermitteln, welche CO2 -relevanten Auswirkungen das Vorhaben hat und welche Folgen sich daraus für die Klimaziele des Bundes-Klimaschutzgesetzes ergeben. Der Behörde kommt insoweit die Pflicht zu, die zu erwartende **Menge an Treibhausgasen,** welche aufgrund des Projekts emittiert werden, zu ermitteln; bei unverhältnismäßigem Ermittlungsaufwand kommt (zumindest) eine Schätzung in Betracht (OVG Lüneburg BeckRS 2024, 9481Rn. 13; BVerwG NVwZ 2022, 1549, (1555).)

36a Eine hinreichende Befassung mit dem Thema „Klimaschutz" ergibt sich nicht aus dessen Berücksichtigung im Rahmen der **UVP;** sie ersetzt hingegen nicht die eigenständige Gesamtabwägung sich gegenüberstehender Belange (OVG Lüneburg BeckRS 2024, 9481Rn. 16). Zum Verhältnis zwischen Klimaschutz im Sinne des KSG und UVP **bis zum 15.5.2027:** Das Inkrafttreten des Bundes-Klimaschutzgesetzes gebietet keine andere Beurteilung und führt nicht zu einer nachträglichen „Aufladung" und Erweiterung des **Begriffs der Umweltauswirkungen** bei der Umweltverträglichkeitsprüfung um den Aspekt des globalen Klimas (VGH München BeckRS 2024, 18950 Rn. 66; BVerwG NVwZ 2022, 1549;Ls. 1 und 1156). Die Nichtberücksichtigung des globalen Klimas in der **nach altem Recht erfolgten UVP** begründet auch keinen unionsrechtswidrigen Zustand, der perpetuiert werden könnte, weil auch das Unionsrecht zwischen Projekten, die der UVP-Richtlinie von 2011 (RL 2011/92/EU des Europäischen Parlaments und des Rates vom 13.12.2011) unterfallen, und solchen, für die ab dem **Stichtag 16.5.2017** der erweiterte Klimabegriff der RL 2014/52/EU des Europäischen Parlaments und des Rates vom 16.2014 gilt, unterscheidet (BVerwG BeckRS 2024, 18464 (Rn. 20); BVerwG Urt. v. 4.5.2022 – 9 A 7.21, BVerwGE 175, 312 Rn. 65).

36b Die Einbeziehung der Klimaschutzbelange in die **Gesamtabwägung** ist ein Aspekt, der **gerichtlich** geltend machen werden kann (BVerwG NVwZ 2022, 1549, (1557)). Der **Rügebefugnis** steht nicht die Regelung in § 4 I 10 KSG entgegen, wonach subjektive Rechte und klagbare Rechtspositionen durch oder aufgrund des Gesetzes nicht begründet werden. Einer Umwelt-

und Naturschutzvereinigung nach § 3 UmwRG steht gem. § 2 I UmwRG unabhängig von der Geltendmachung einer Verletzung eigener Rechte ein Klagerecht gegen einen Planfeststellungsbeschluss als Zulassungsentscheidung iSd § 1 I 1 Nr. 1 UmwRG zu. Diese **Verbandsklagebefugnis** ist vor dem Hintergrund von Art. 9 II und III der Aarhus-Konvention im Interesse eines effektiven gerichtlichen Rechtsschutzes der durch das Unionsrecht verliehenen Rechte grundsätzlich **weit auszulegen,** um es einer Umweltschutzorganisation zu ermöglichen, eine Entscheidung, die möglicherweise im Widerspruch zum Umweltrecht der Union steht, gerichtlich überprüfen zu lassen (BVerwG NVwZ 2022, 1549 (1557); BVerwGE 168, 368 Rn. 18 mwN = NVwZ 2021, 152).

Das **Berücksichtigungsgebot des § 13 I 1 KSG** erfordert, dass im Rahmen der Abwägung die Auswirkungen der Planungsentscheidung auf den Klimaschutz – bezogen auf die in §§ 1 und 3 KSG konkretisierten nationalen Klimaschutzziele – zu ermitteln und die Ermittlungsergebnisse in die Entscheidungsfindung einzustellen sind (VGH Mannheim BeckRS 2024, 15574, Rn. 128; Schlacke EurUP 2020, 338 (343); Frenz/Schink, 2. Aufl. 2022, KSG § 13 Rn. 24 f.). Dies entspricht dem Willen des Gesetzgebers, „die Bedeutung der Entscheidung für den Klimaschutz zu ermitteln und **Klimaschutzgesichtspunkte** zu berücksichtigen, soweit keine entgegenstehenden, überwiegenden rechtlichen oder sachlichen Gründe vorliegen" (BT-Drs. 19/14337, 36) (BVerwG NVwZ 2022, 1549, (1557). Der Rechtsordnung ist allerdings kein pauschaler Vorrang des globalen Klimaschutzes gegenüber anderen öffentlichen Belangen zu entnehmen. Ein solcher lässt sich weder aus Art. 20a GG noch aus § 13 KSG oder § 6 I 1 Nr. 5 WHG ableiten (BVerwG NVwZ 2023, 1733 (1736 Rn. 43 mwN) 36c

Das KSG enthält keine näheren Vorgaben für das **Verfahren der „Berücksichtigung",** es gelten die allgemeinen planungsrechtlichen Grundsätze. Im Rahmen der Gesamtabwägung des Planfeststellungsverfahrens ist der globale Klimaschutz und die Zielsetzungen des Klimaschutzgesetzes (KSG) als öffentliche Belange wertend miteinzubeziehen (OVG Lüneburg KlimR 2024, 186 (187)). Die Abwägung der Klimabelange durfte daher verfahrensrechtlich im Wege des **ergänzenden Verfahrens** (§ 75 I a 2) nachgeholt werden. Diese Fehlerbehebung kann auch **prozessbegleitend** während eines gerichtlichen Verfahrens erfolgen (BVerwG NVwZ 2022, 1549, (1557); BVerwGE 130, 299 Rn. 155 mwN = NVwZ 2008, 1238 Ls.; BVerwG BeckRS 2019, 24602 Rn. 30). 36d

Verfahrensrechtlich zutreffend kann der Abwägungsmangel dadurch behoben werden, dass die in der Gesamtabwägung fehlenden Verfahrensschritte **nachgeholt** werden. Die Abwägung wird um die Ermittlung und Bewertung des bislang fehlenden Belangs des Klimaschutzes ergänzt, dann auf dieser Grundlage die Gesamtabwägung erneut ergebnisoffen vorgenommen und das neue Abwägungsergebnis in der Planbegründung dokumentiert. Die **ergänzende Begründung** verschmilzt sodann mit dem ursprünglichen Planfeststellungsbeschluss zu einem **einzigen Plan** in der durch den Ergänzungsbeschluss erreichten Gestalt (BVerwG NVwZ 2022, 1549 (1557); BVerwG NVwZ 2011, 175 Rn. 24). 36e

36f Da derzeit Verwaltungsvorschriften, Ausführungsvorschriften, Leitfäden, Handreichungen oder Ähnliches, die Verwaltungsbehörden bei der praktischen Umsetzung ihrer Ermittlungs- und Bewertungspflichten unterstützen können, fehlen, dürfen die **Anforderungen** dabei nicht überspannt werden. Die Anforderungen an die Belange des Klimaschutzes müssen **„mit Augenmaß"** inhaltlich bestimmt und konkretisiert werden. Den Behörden darf kein **unzumutbarer Aufwand** abverlangt werden (BVerwG NVwZ 2022, 1549 (1558)). Das Auslegungsergebnis deckt sich auch mit dem auf eine Klimagesamtbilanz ausgerichtetes KSG. Das Berücksichtigungsgebot des § 13 I 1 KSG verweist auf Zweck und Ziele des Gesetzes, die auf eine Gesamtbilanz gerichtet sind. Es geht um die Einhaltung der nationalen, europäischen und völkerrechtlichen Klimaschutzziele, wobei langfristig eine „Netto-Treibhausgasneutralität" im Sinne eines Gleichgewichts zwischen den anthropogenen Emissionen von Treibhausgasen aus Quellen und dem Abbau solcher Gase durch Senken angestrebt wird (BVerwG NVwZ 2022, 1549 (1558); BT-Drs. 19/14337, 24).

e) Problembewältigung

37 Die Planfeststellungsbehörde hat die von der Planung betroffenen öffentlichen und privaten Belange zu **bewerten und zu gewichten** (BVerwG NVwZ 2009, 986 (986 f.)). Dies hat in einer **bilanzierenden Betrachtung** zu geschehen (Ziekow § 74 Rn. 26), in der sich die Behörde mit den Gründen auseinanderzusetzen hat, die für und gegen das Vorhaben sprechen (KR/Wysk § 74 Rn. 34). Der **Grundsatz der Problembewältigung** besagt, dass die gewichteten Belange, die für und gegen das Vorhaben streiten, im Rahmen der Abwägung gegenüber zu stellen und dabei alle durch das Vorhaben verursachten Konflikte zu regeln sind (OVG Berlin-Brandenburg LKV 2009, 321 (322); BVerwG NVwZ 2004, 1237 (1239)).

37a Die Behörde hat im Rahmen des Abwägungsprozesses eine Lösung zu finden, bei der im Sinne der Verhältnismäßigkeit die öffentlichen und privaten Belange am wenigsten beeinträchtigt werden (BVerwG NVwZ 1993, 887 (888); Ziekow § 74 Rn. 26). Wenn die Planfeststellungsbehörde bei der Zulassung eines Flughafens auf nächtliche Flugbeschränkungen verzichtet, so ist die Zurückdrängung des gesetzlich festgelegten Belangs der **Nachtruhe der Bevölkerung** in besonderer Weise zu rechtfertigen (BVerwG NVwZ 2006 Beilage I Rn. 269). Die Planfeststellungsbehörde hat unter Zurückstellung der als weniger gewichtig bewerteten Belange über den Antrag zu Gunsten oder zu Ungunsten des Vorhabens zu entscheiden (BeckOK VwVfG/Kämper § 74 Rn. 91). Ggf. kann für die zurückgestellten Belange ein Interessenausgleich herbeigeführt werden, so durch Anordnung von Schutzvorkehrungen (II 2) oder durch eine finanzielle kompensatorische Entschädigung (II 3). Eingriffe in Natur und Landschaft sind durch Maßnahmen des Naturschutzes und der Landschaftspflege auszugleichen (BeckOK VwVfG/Kämper § 74 Rn. 91).

f) Zeitliche Verlagerung der Problembewältigung

38 Die Problembewältigung kann allerdings auch darin bestehen, dass die Planfeststellungsbehörde die endgültige Problemlösung auf ein **nachfolgendes Verwaltungsverfahren** verlagert, wenn hierdurch die Durchführung der erforderlichen Problemlösungsmaßnahmen sichergestellt ist (BVerwG NVwZ 2004, 1237 (1239), NVwZ 2001, 429 (429)). Entsprechendes gilt sofern außerhalb des Planfeststellungsverfahrens ein spezielles gesetzliches Verfahren existiert, dem die endgültige Problemlösung vorbehalten bleiben kann, wie es zB bei der Einhaltung der Grenzwerte der 22. BImSchV vorgesehen ist. Dieser Grundsatz gilt aber nicht uneingeschränkt, sondern stößt auf Grenzen, die durch das Gebot der Konfliktbewältigung vorgegeben werden.

g) Verletzung der Problembewältigung

39 Das Gebot der Konfliktbewältigung als Ausformung des Abwägungsgebots ist erst verletzt, wenn die Planfeststellungsbehörde das Vorhaben zulässt, obgleich absehbar ist, dass seine Verwirklichung die Möglichkeit ausschließt, die Einhaltung von Grenzwerten in einer mit der Funktion des Vorhabens zu vereinbarenden Weise zu sichern (BVerwG NVwZ 2005, 803 (805); NVwZ 2005, 808 (809)). Das ist insbesondere der Fall, wenn die von einer planfestgestellten Straße herrührenden Immissionen bereits für sich genommen die **maßgeblichen Grenzwerte** überschreiten (BVerwG NVwZ 2010, 44 (58)).

IV. Entscheidung über Einwendungen (II 1)

40 Nach II 1 entscheidet die Planfeststellungsbehörde im Planfeststellungsbeschluss über die Einwendungen, über die bei der Erörterung vor der Anhörungsbehörde nach § 73 VI keine Einigung erzielt worden ist. Dabei ist nicht erforderlich, dass jede einzelne Einwendung im **Tenor des Beschlusses** berücksichtigt wird, was bei Sammeleinwendungen ohnehin kaum zu verwirklichen wäre (KR/Wysk § 74 Rn. 135; BeckOK VwVfG/Kämper § 74 Rn. 7). Dabei muss sich die Planfeststellungsbehörde nicht ausdrücklich, jedoch der Sache nach mit den Einwendungen befassen (BVerwG BeckRS 2020, 15393 Rn. 11). Nicht zu berücksichtigen im Rahmen der Entscheidung sind die bereits **erledigten Einwendungen,** sei es wegen einvernehmlicher Erledigung, sei es aus Gründen der Unzulässigkeit oder solcher, die aus der Präklusion folgen (KR/Wysk § 74 Rn. 135.; MSU/Lieber § 74 Rn. 108 ff.).

40a Einem bereits in dem Erörterungstermin gestellten **Beweisantrag** kann bei **Bestandskraft des Planfeststellungsbeschluss** gerichtlich nicht mehr weitverfolgt werden. Mit der Bestandskraft des Planfeststellungsbeschlusses sind weitere Einwendungen oder die Durchsetzung bereits erhobener Einwendungen nicht mehr möglich. Anderes wäre allenfalls denkbar, wenn sich die Planfeststellungsbehörde gemäß § 74 III Hs. 1 die abschließende Entscheidung vorbehalten hat (BVerwG BeckRS 2020, 15393 Rn. 12).

40b Die Entscheidung des Planfeststellungsbeschlusses ist zu begründen (§§ 74, 69 II 1). Aus der Begründung müssen auch die Erwägungen hervorgehen, aus denen die nicht berücksichtigten Einwendungen zurückgewiesen worden sind (§ 74 I 1). Nach stRspr des BVerwG führen aber nicht jeder Begründungsmangel und jeder Verstoß gegen die Dokumentationspflicht zur **Rechtswidrigkeit** eines Planfeststellungsbeschlusses. Ein **Begründungsmangel** kann zwar von indizieller Bedeutung für das Fehlen einer sachgerechten Abwägung sein. Lücken in der Dokumentation und Begründung rechtfertigen aber nicht ohne Weiteres den Schluss auf einen Abwägungsausfall oder ein Abwägungsdefizit. Erst wenn sich im gerichtlichen Verfahren herausstellt, dass eine Abwägung nicht oder auf der Grundlage eines nur unzureichend ermittelten Tatsachenmaterials stattgefunden hat, darf das Gericht daraus den Schluss auf die Rechtswidrigkeit des Planfeststellungsbeschlusses ziehen (BVerwG NVwZ 2011, 1124 (1132); NVwZ 1988, 532 (533); NVwZ 1993, 572 (573), NVwZ 1993, 565 (570)). Fehlt die Begründung oder ist sie nicht vollständig, kann sie nach § 45 I Nr. 1 bis zum Abschluss der letzten Tatsacheninstanz eines verwaltungsgerichtlichen Verfahrens **nachgeholt** werden (BeckOK VwVfG/Kämper § 74 Rn. 10).

V. Entscheidung über Schutzauflagen (II 2)

1. Voraussetzungen

41 Nach II 2 hat die Planfeststellungsbehörde dem Vorhabenträger Vorkehrungen oder die Errichtung und Unterhaltung von Anlagen aufzuerlegen, die zum Wohl der Allgemeinheit oder zur Vermeidung nachteiliger Wirkungen auf Rechte anderer erforderlich sind. Es liegt auf der Hand, dass bei raumbedeutsamen Vorhaben, etwa eines Flughafens oder einer Autobahn zB Lärmimmissionen, Verschattungen etc. zum Nachteil der durch die Auswirkungen Betroffener auftreten, für die zur Vermeidung nachteiliger gesundheitlicher oder ökonomischer Faktoren entsprechende Schutzauflagen in dem Planfeststellungsbeschluss zu verfügen sind. Der Verfügung einer Auflage im Planfeststellungsbeschluss ist vorgeschaltet eine Abwägung der widerstreitenden Belange und Interessen, die fehlerhaft ausfällt, wenn die Behörde eine zumutbare Belastungsgrenze des Betroffenen nicht erkennt, deren Zumutbarkeit durch Schutzmaßnahmen im Interesse des Vorhabens gemildert werden kann (BVerwG NVwZ 2006, Beilage I Rn. 268).

41a Schädliche Umwelteinwirkungen stellen zugleich **nachteilige Wirkungen** auf Rechte Dritter dar und markieren die Grenze dessen, was den Betroffenen an Belastungen noch zumutbar ist. § 74 II 2 erfasst auch solche nachteiligen Wirkungen, die durch Lärm, Erschütterungen, Staub und dergleichen infolge der Bauarbeiten zur Realisierung eines planfestgestellten Vorhabens entstehen. Überschreiten die Belastungen diese Schwelle, können sie nicht mehr durch eine gerechte Abwägung überwunden werden. Vielmehr hat die Planfeststellungsbehörde zur **Vermeidung der nachteiligen Wirkungen Schutzvorkehrungen** anzuordnen. Sind solche Vorkehrungen oder Anlagen untunlich oder mit dem Vorhaben unvereinbar, hat der Betroffene nach § 74 II 3 Anspruch auf angemessene Entschädigung in Geld (BVerwG BeckRS 2023, 24568 Rn. 49 mwN; OVG Schleswig BeckRS 2023, 41422 Rn. 122).

Für unterhalb der **Zumutbarkeitsschwelle** liegende negative Auswirkungen eines Vorhabens gilt § 74 II 2 indes nicht (BeckOK VwVfG/Kämper § 74 Rn. 100). Wird von der Planfeststellungsbehörde erkannt, dass Schutzvorkehrungen untunlich oder mit dem Vorhaben unvereinbar sind, bleibt lediglich die **finanzielle Entschädigung** (II 3).

Voraussetzung für einen Anspruch auf Anordnung von Schutzvorkehrungen ist allerdings, dass das planfestgestellte Vorhaben eine **gesundheitsgefährdende Umweltbelastung** verursacht und sogar durch die Realisierung des Vorhabens ansteigt (BVerwG NVwZ 2009, 50 (51)); ein Sanierungsanspruch „bei Gelegenheit" einer Planfeststellung besteht indes nicht (BVerwG NVwZ 2008, 675 (676); BeckOK VwVfG/Kämper § 74 Rn. 97). 42

Erforderlich ist eine **Schutzvorkehrung,** wenn die fachplanerische Zumutbarkeitsschwelle überschritten wird. Die Schwelle ist nach den Maßgaben des Fachplanungsrechts zu bestimmen (BVerwG BeckRS 2023, 24568 Rn. 51 mwN). Fehlt es an notwendigen Schutzauflagen, ist der Plan insoweit mangels ausreichender Konfliktbewältigung rechtswidrig (BVerwG BeckRS 2023, 24568 Rn. 52). 42a

Ansprüche Betroffener auf **Erschütterungsschutz** beurteilen sich nach § 74 II S. 2 und 3. Das Schutzregime der §§ 41 ff. BImSchG gilt **nur** für **Umwelteinwirkungen durch Verkehrsgeräusche** (stRspr; BVerwG NVwZ 2018, 270 Ls. = BVerwG BeckRS 2017, 134358 Rn. 96 ff mwN). Schutzvorkehrungen sind gemäß § 74 II S. 2 dann anzuordnen, wenn dies zur Vermeidung nachteiliger Wirkungen auf Rechte anderer erforderlich ist. Die damit angesprochene Zumutbarkeitsschwelle ist bei Einwirkungen durch Erschütterungen nicht durch gesetzliche Grenzwerte festgelegt, sondern nach den Verhältnissen im Einzelfall zu bestimmen. Maßgeblich sind Schutzwürdigkeit und Schutzbedürftigkeit der betroffenen Nutzung am jeweiligen Immissionsort. Diese richten sich nach der Art des Gebietes und den weiteren konkreten tatsächlichen Verhältnissen (BVerwG NVwZ 2018, 270 Ls. = BVerwG BeckRS 2017, 134358 Rn. 96; BVerwG NVwZ 2011, 676). 42b

Zur **Beurteilung der Schädlichkeit** bzw. Erforderlichkeit im Sinne des § 74 II 2 können nach stRspr des BVerwG die Anhaltswerte der DIN 4150, Teil 2, Tabelle 1 (Erschütterungen im Bauwesen, Einwirkungen auf Menschen in Gebäuden) und Teil 3 (Einwirkungen auf bauliche Anlagen) als allgemein anerkannte Regeln der Technik (→ § 24 Rn. 11a) herangezogen werden (VGH München BeckRS 2020, 19004 Rn. 95 mwN; BVerwG BeckRS 2016, 110267 Rn. 84 (Schwelle: Unbewohnbarkeit). 42c

Besteht bereits eine Bahnstrecke von der im Betrieb **Erschütterungsbelastungen** ausgehen, ist die Zumutbarkeitsschwelle für neu hinzutretende Erschütterungen dann überschritten, wenn sich die Vorbelastung vorhabenbedingt **um 25 %** oder mehr erhöht (BVerwG NVwZ 2021, 1145 (1151 Rn. 90); BVerwG BeckRS 2017, 134358 Rn. 106–109). Bei diesem Wert handelt es sich um eine Wahrnehmungsschwelle, die sich auf empirisch 42d hinreichend abgesicherte Erkenntnisse stützen kann (BVerwG NVwZ 2021, 1696 (1699 mwN).

42e In der Rechtsprechung des BVerwG ist anerkannt, dass bei Erschütterungen im Hinblick auf die Ausbreitungsbedingungen und die Eigenarten des Immissionsortes Unsicherheiten bestehen, die es regelmäßig unmöglich machen, die **Erschütterungsimmissionen verlässlich zu prognostizieren** und eine abschließende Entscheidung über den erforderlichen Schutz bzw. über Entschädigungsansprüche bereits im Zeitpunkt der Planfeststellung zu treffen (BVerwG NVwZ 2021, 1696 (1699 mwN); BVerwG NVwZ 2019, 1348 (1354)).

42df Über die Regelung des § 74 II 2 werden auch nachteiligen Wirkungen erfasst, die durch **Lärm, Erschütterungen und Staub** auf Grund der Bauarbeiten für das planfestgestellte Vorhaben entstehen (BVerwG NVwZ 2019, 1348 Rn. 51; NVwZ 2012, 1393 (1394 ff.); NVwZ 1988, 534 (535)). Für eine Differenzierung hinsichtlich der einzelnen Abschnitte zur Realisierung des Vorhabens gibt es keine Rechtsgrundlage. Die durch den Planfeststellungsbeschluss begründete Duldungspflicht des Nachbarn umfasst auch die während der **Bauphase entstehenden Immissionen** (BVerwG NVwZ 2012, 1393 (1394)). Ob nachteilige Wirkungen iSd § 74 II 2 VwVfG vorliegen, beurteilt sich bei **Baulärm** nach §§ 22 I, 3 I BImSchG in Verbindung mit der gem. § 66 II BImSchG maßgeblichen Allgemeinen Verwaltungsvorschrift zum Schutz gegen Baulärm – **AVV Baulärm** – vom 19.8.1970 (BVerwG NVwZ 2019, 1348 Rn. 51; BVerwG NVwZ 2012, 1393 (1394)).

42g § 74 III ermächtigt die Planfeststellungsbehörde, sich eine abschließende Entscheidung vorzubehalten, soweit diese bei Planfeststellung noch nicht möglich ist. Das ist bei Erschütterungen aus Schienenverkehr wegen sachbedingter Prognoseunsicherheiten typischerweise der Fall (BVerwG NJOZ 2017, 1199 Rn. 82; NVwZ 2011, 676 Rn. 23). Behörden sind nach § 74 III befugt, einen **Ergänzungsbescheid zum Planfeststellungsbeschluss** zu erlassen, in dem über die notwendigen Schutzmaßnahmen vor Erschütterungen und/oder Ansprüche auf Entschädigungen abschließend entschieden wird (BVerwG NVwZ 2019, 1348 Rn. 57 m. Anm. v. U. Kramer).

42h **Masten einer Freileitung** können für Wohngebäude in Extremfällen (BVerwGE 161, 263 Rn. 89) eine **erdrückende Wirkung** entfalten, die für den Eigentümer unzumutbar ist. In einem solchen Fall hat die Planfeststellungsbehörde dem Träger des Vorhabens Vorkehrungen oder die Errichtung und Unterhaltung von Anlagen aufzuerlegen, die zur Vermeidung nachteiliger Wirkungen auf die Rechte des jeweiligen Grundeigentümers erforderlich sind (§ 74 II 2). Sind solche Vorkehrungen oder Anlagen – wie häufig – untunlich oder mit dem Vorhaben unvereinbar, hat der Betroffene nach § 74 II 3 einen Anspruch auf angemessene Entschädigung in Geld. Ist die **visuelle Wirkung** hingegen nicht erdrückend, so ist sie entschädigungslos hinzunehmen und zumutbar (BVerwG BeckRS 2021, 29914 Nr. 6).

42i Wird die Schwelle einer erdrückenden Wirkung durch Masten und Freileitungen nicht erreicht, können **visuelle Wirkungen** abwägungserheblich sein, weil die Leitung die Wohnbebauung optisch bedrängt (BVerwGE 161, 263 Rn. 90). Eine solche Belastung ist zwar noch zumutbar, verlangt aber in der

Abwägung Beachtung. Die Masten der Leitung müssen sich bestimmten einzelnen Grundstücken so annähern, dass sie gerade deren Situation deutlich mitprägen (BVerwG BeckRS 2021, 29914 Rn. 70). Die Platzierung einzelner Masten einer Höchstspannungsfreileitung unterliegt grundsätzlich den Maßstäben für die gerichtliche Überprüfung der Auswahl unter verschiedenen Trassenvarianten. Angesichts der Vielzahl bei einem Leitungsvorhaben festzulegender Maststandorte und der davon jeweils betroffenen Belange bedarf es einer näheren Darlegung der Abwägungsentscheidung für einen einzelnen Maststandort jedoch nur im Falle dazu substantiiert erhobener Kritik (BVerwG BeckRS 2024, 17537 Rn. 29).

Die **visuellen Wirkungen** einer Freileitung im Übrigen betreffen das **Wohnumfeld,** berühren aber nicht das Eigentumsrecht. Dies gilt insbesondere für die **Sichtbarkeit einer Leitung.** Der Anblick einer Leitung und damit einer Einrichtung technischen oder industriellen Charakters mag in einem Wohngebiet als störend oder unästhetisch wahrgenommen werden. Freileitungen gehören aber ebenso wie andere Infrastruktureinrichtungen, Fabriken oder Windenergieanlagen zur Raumausstattung eines Industrielandes. Vor ihrem Anblick schützt das Eigentumsrecht nicht (BVerwG BeckRS 2021, 29914 Rn. 71) 42j

Etwas anderes gilt, wenn **bauliche Anlagen** eine **erdrückende Wirkung** zeigen, wenn zB die Anlage ein Nachbargrundstück abriegelt, ihm die Luft zum Atmen nimmt oder es – einem Gefängnishof vergleichbar – einmauert (OVG Lüneburg ZfBR 2015, 274 (278)). Eine solche Wirkung kann von einem **Gittermast für eine Höchstspannungsfreileitung** (stRspr BVerwGE 161, 263 Rn. 89), regelmäßig nicht ausgehen. Dieser ist lichtdurchlässig und lässt einen, wenn auch eingeschränkten Blick auf die dahinter liegende Landschaft oder Bebauung zu und ist in der Regel nur für bestimmte Blicke von Bedeutung. Erdrückend wirken kann ein Mast aber, wenn das benachbarte Grundstück und die auf ihm errichteten Gebäude ihre Eigenständigkeit und Charakteristik verlieren (OVG Münster BeckRS 2021, 13790 Rn. 26; BVerwG BeckRS 2021, 29914 Rn. 73). 42k

2. Verhältnis zu § 906 II BGB

Zum Verhältnis zwischen § 906 II BGB und den im Planfeststellungsverfahren eröffneten Rechtsbehelfen hat der BGH festgestellt: Es „bleibt neben den im Planfeststellungsverfahren eröffneten Rechtsbehelfen für einen Anspruch aus § 906 II 2 BGB **grundsätzlich kein Raum**". Entsprechendes gilt für den vor den Zivilgerichten geltend zu machenden **enteignenden Eingriff,** der ausnahmsweise bei nicht voraussehbaren und **durch Schutzvorkehrungen nicht mehr zu verhindernden Schäden am Eigentum Dritter** in Betracht zu ziehen ist (BGH NVwZ 2015, 1317 (1318); → § 75 Rn. 32). Dem Eigentumsschutz eines Nachbarn wird dadurch Genüge getan, dass die Planfeststellungsbehörde sich mit der Frage der erforderlichen **aktiven oder passiven Schutzmaßnahmen** (§ 74 II 2) bezogen auf das benachbarte Eigentum umfassend auseinandersetzen und solche Maßnahmen oder eine Entschädigungspflicht (§ 74 II 3) anordnen muss, wenn unzumutbare Beeinträch- 43 tigungen zu erwarten sind (BGH NZM 2010, 131 (132)). Hinter die sich aus dem Planfeststellungsverfahren ergebenden Rechtsschutzmöglichkeiten tritt der Anspruch aus § 906 II 2 BGB unabhängig davon zurück, ob die konkrete Planfeststellung ausreichende Schutzvorkehrungen zu Gunsten der betroffenen Grundstückseigentümer und -nutzer enthält; ebenso wenig kommt es darauf an, ob die Vorgaben des Beschlusses eingehalten werden (LG Bremen NVwZ-RR 2014, 879 (879 f.); → § 72 Rn. 4a). Denn der Vorrang des Planfeststellungsverfahrens rechtfertigt sich aus seiner generellen Eignung, Beeinträchtigungen des Eigentums zu vermeiden oder jedenfalls angemessen auszugleichen (BGH NZM 2010, 131 (133)).

3. Vorkehrungen und Anlagen (II 2)

44 Der Begriff der Vorkehrungen ist extensiv auszulegen und umfasst das gesamte Spektrum der in Betracht zu ziehenden sachdienlichen Maßnahmen, Übergangsregelungen, Ausnahme- und Befreiungsvorschriften sowie der Einsatz sonstiger administrativer und technischer Vorkehrungen zB auch betriebsregelnde Maßnahmen (BVerfG NVwZ 2010, 512 (514); OVG Münster ZUR 2008, 434 (434 ff.); BVerwG NVwZ 2007, 831 (831 ff.); VGH München NVwZ-RR 2007, 161 (165 ff.); OVG Lüneburg NVwZ-RR 2006, 682 (683 ff.); BVerwG NVwZ 1984, 718 (719)), die geeignet sind, die Auswirkungen zu minimieren oder durch Schutzmaßnahmen soweit es geht zu neutralisieren. Die verfassungsrechtliche Bestandsgarantie des Art. 14 I GG verlangt, dass in erster Linie Vorkehrungen getroffen werden, die eine **unverhältnismäßige Belastung des Eigentums** so weit wie möglich vermeiden (BVerfG NVwZ 2010, 512 (514)). Allerdings können dem Vorhabenträger nur solche Schutzmaßnahmen auferlegt werden, die er in rechtlich zulässiger Weise auch umzusetzen in der Lage ist (BVerwG NVwZ-RR 1991, 601 (602 ff.)). § 74 II 2 setzt allerdings voraus, dass Vorkehrungen zur Vermeidung nachteiliger Wirkungen auf Rechte anderer erforderlich sind. Die Beeinträchtigungen müssen, unabhängig davon, ob der Gewährleistungsgehalt des Art. 2 II oder des Art. 14 GG berührt ist, die Grenze des Zumutbaren überschreiten (BVerwG NVwZ 2005, 803 (807) mwN). **Baubedingte Geräuschimmissionen** können dem planfestgestellten Schutzkonzept rechtmäßig unterfallen und damit weder Schutzmaßnahmen noch Ausgleichszahlungen hervorrufen (BVerwG BeckRS 2021, 48728 Rn. 60).

44a Die pauschale Kritik am System des passiven Schallschutzes eines Vorhabensträger als **„Notlärmschutz“** reicht als Vortrag nicht aus (BVerwG BeckRS 2021, 49006 Rn. 66).

44b Auch ein **interimistischer Lärmschutz** kann bei bestimmten Vorhaben notwendig werden. Wird ein einheitliches Ausbauvorhaben in mehrere Planungsabschnitte unterteilt, muss die Gesamtplanung darauf ausgerichtet sein, das Ausbauvorhaben als Ganzes so zeitig zu einem Abschluss zu bringen, dass keiner der Betroffenen Gefahr läuft, plötzlich einer signifikant erhöhten Lärmbelastung schutzlos ausgesetzt zu sein. Kann dieses Ziel nicht erreicht werden, ist im Rahmen der Abwägung über die Gewährung eines auf die Übergangszeit bezogenen (interimistischen) Lärmschutzes zu entscheiden;

dabei ist ungeachtet der plangegebenen Vorbelastung insbesondere die Einhaltung der grundrechtlichen Zumutbarkeitsschwelle zu berücksichtigen (BVerwG NVwZ 2014, 730 (734 Rn. 49)).

Im Rahmen der Variantenprüfung von Schutzmaßnahmen muss eine **detaillierte Kosten-Nutzen-Analyse** nicht auf solche Varianten erstreckt werden, bei denen schon aufgrund einer Grobprüfung festgestellt werden kann, dass sie nicht ernsthaft in Betracht kommen oder die wegen bestimmter Vorzüge (etwa besonderer Wirtschaftlichkeit) in jedem Fall ausgeführt werden sollen (BVerwG NVwZ 2013, 645 (645 ff.)). **44c**

Zur Frage der Auslegung der in § 75 II 2 getroffenen Regelung hat das BVerwG grundlegend Stellung genommen (BVerwG NVwZ 2012, 46 (46); NVwZ 2007, 827 (828 ff.)) und dabei den engen Sinnzusammenhang betont, der zwischen dieser Norm und § 74 II 2 besteht. Beide Normen sind Ausprägungen des für hoheitliche Planungen geltenden **Grundsatzes der Problembewältigung.** Nach der erstgenannten Vorschrift hat die Planfeststellungsbehörde in der Planfeststellung Schutzauflagen zu treffen, die der Erfüllung des materiell-rechtlichen Anspruchs des Betroffenen auf Schutz vor schädlichen Umwelteinwirkungen von Straßen und Schienenwegen iSv § 41 BImSchG dienen. Dieser Schutzanspruch findet seine verfahrensrechtliche Begrenzung durch § 75 II 1; dessen an den Eintritt der Unanfechtbarkeit des Planfeststellungsbeschlusses anknüpfende Ausschlusswirkung umfasst auch das Begehren von Schutzauflagen. Im Planfeststellungsbeschluss können freilich nur solche Einwirkungen durch Schutzauflagen bewältigt werden, die bei Erlass des Planfeststellungsbeschlusses voraussehbar sind (→ § 75 Rn. 22 ff.). Ohne Korrektiv hätte § 75 II 1 deshalb zur Folge, dass dem Betroffenen ein Schutz vor nicht voraussehbaren Wirkungen verwehrt bliebe. Um dies zu verhindern, gewährt § 75 II 2 dem Betroffenen einen Anspruch auf Anordnung nachträglicher Schutzvorkehrungen zum Ausschluss nicht voraussehbarer nachteiliger Wirkungen. Sinn und Zweck der Vorschrift ist es also, den Betroffenen so zu stellen, als ob die nachträglich aufgetretenen Wirkungen des Vorhabens bereits bei der Planung vorausgesehen und im Planfeststellungsbeschluss berücksichtigt wären (BVerwG NVwZ 2007, 827 (829, 830); NVwZ 1989, 253 (254 f.)). Ein **Anspruch auf nachträglichen Schutz** nach § 75 II 2 kommt mithin nur in Betracht, wenn der Betroffene bereits nach der dem unanfechtbar gewordenen Planfeststellungsbeschluss zu Grunde liegenden Rechtslage einen Anspruch auf Schutzvorkehrungen gehabt hätte, sofern die später aufgetretenen schädlichen Umwelteinwirkungen schon damals vorauszusehen gewesen wären (BVerwG NVwZ 2012, 46 (46)). **44d**

Ist der ursprüngliche Planfeststellungsbeschluss gegenüber einem Planbetroffenen **bestandskräftig** geworden, so kann nach stRspr des BVerwG ein Betroffener diese Änderungen oder Ergänzungen der Planung grundsätzlich nur in dem Umfang angreifen, in dem die Änderungen eine eigene Regelung enthalten und er hierdurch erstmals oder weitergehend als bisher betroffen wird (BVerwG BeckRS 2021, 41132 Ls. 1 und Rn. 12 mwN). **44e**

Das Fehlen einer Schutzauflage, mit der die Aufhebung eines Planfeststellungsbeschlusses wegen unzureichender Lärmvorsorge geltend gemacht wird, kommt nur in Betracht, wenn das Fehlen der Schutzauflage ausnahmsweise **45** von so großem Gewicht ist, dass die Ausgewogenheit der Planung insgesamt in Frage gestellt wird (OVG Lüneburg ZUR 2009, 329 (330)). Ansonsten führt selbst das **Fehlen einer Schutzauflage** in der Regel nur zu einem **Anspruch auf Planergänzung** (BVerwG NVwZ-RR 2005, 453 (454)). Es ist in der Regel nicht zu beanstanden, wenn der Vorhabenträger auf der Grundlage weiterer Untersuchungen eine Planergänzung vornimmt (BVerwG NJOZ 2017, 1199 Rn. 78).

46 Eine Verpflichtung der Planfeststellungsbehörde zur Planergänzung um Maßnahmen des **aktiven und/oder passiven Schallschutzes** nach § 74 II 2 setzt voraus, dass der Planfeststellungsbeschluss nachteilige Wirkungen auf die Rechte des Betroffenen zeitigte, die ihm im Rahmen der Abwägung billigerweise nicht ohne Ausgleich, insbesondere im Hinblick auf die Schutzbedürftigkeit und Schutzwürdigkeit seiner betroffenen Rechtsgüter, zuzumuten ist. Dabei müssen die Nachteile die fachplanungsrechtliche (nicht erst die enteignungsrechtliche) Zumutbarkeitsschwelle überschreiten (BVerwG NVwZ 2009, 463 (468)).

47 In **verfassungsrechtlicher Sicht** hat das BVerfG zur Frage der Geldentschädigung statt **Schallschutzvorkehrungen** wegen planfestgestellten Flughafens „bislang offengelassen, ob sich die aus Art. 2 II 1 GG folgende Schutzpflicht ausschließlich auf einen Schutz der körperlichen Unversehrtheit in biologisch-physiologischer Hinsicht beschränkt oder ob sie sich auch auf den geistig-seelischen Bereich, also das **psychische Wohlbefinden** erstreckt oder sogar das **soziale Wohlbefinden** umfasst“. Das BVerfG hat jedoch selbst für den Fall, dass der Begriff der „körperlichen Unversehrtheit“ im engen Sinne auszulegen wäre, festgestellt, dass sich die staatliche Schutzpflicht mit Blick auf Fluglärm nicht schon mit der Begründung verneinen lasse, dass der durch den Betrieb von Verkehrsflughäfen entstehende Fluglärm keinerlei somatische Folgen haben könne, sondern sich in einer **Beeinträchtigung des psychischen und sozialen Wohlbefindens** erschöpfe. Denn zumindest in Gestalt von **Schlafstörungen** lassen sich Einwirkungen auf die körperliche Unversehrtheit schwerlich abstreiten. Darüber hinaus steht nach heutigem Forschungsstand fest, dass Fluglärm ab einer bestimmten Einwirkungsintensität gesundheitsgefährdende Auswirkungen hat“ (BVerfG NVwZ 2009, 1494 (1495); BVerwG NVwZ 2006, 927 (928)).

48 Zu den besonderen Anforderungen für Schutzvorkehrungen, insbesondere zum **Schutz vor Lärm** (Steinberg NVwZ 2010, 273 (273 ff.); Müggenborg NVwZ 2010, 166 (167); Mitschang ZfBR 2009, 538 (538 ff.)) wird ergänzend auf die Kommentarliteratur verwiesen (BeckOK VwVfG/Kämper § 74 Rn. 102 ff.; KR/Wysk § 74 Rn. 143; SBS/Neumann/Külpmann § 74 Rn. 178 ff.).

4. Entschädigungsanspruch bei fehlendem Schutz (II 3)

49 Sind Schutzvorkehrungen oder Anlagen untunlich oder mit dem Vorhaben unvereinbar, hat der Betroffene Anspruch auf eine angemessene Entschädigung in Geld (§ 74 II 3). Die Norm gewährt aber **keinen Anspruch auf**

einen Ausgleich aller Vermögensnachteile, die ein Planvorhaben auslöst. (BVerwG BeckRS 2023, 24568 Rn. 49 mwN).

Der Ausgleichsanspruch nach § 74 II 3 gewährt einen **finanziellen Ausgleich** für einen anderenfalls unverhältnismäßigen Eingriff in das Eigentum. Es handelt sich dabei nicht um eine **Enteignungsentschädigung** im Sinn des Art. 14 III GG, sondern um einen Ausgleichsanspruch eigener Art. § 74 II 2 und 3 bestimmen im Sinn des Art. 14 I 2 GG Inhalt und Schranken des Eigentums. Wird der Eigentümer in der Nutzung seines Eigentums durch nachteilige Einwirkungen des Vorhabens unzumutbar gestört und können diese Störungen nicht durch physisch-reale Schutzmaßnahmen ausgeglichen werden, muss der Eigentümer die Einwirkungen auf sein Eigentum trotz deren Unzumutbarkeit zwar hinnehmen, wenn in der Abwägung hinreichend gewichtige Belange des Allgemeinwohls für die Verwirklichung des Vorhabens sprechen. Die darin liegende Beschränkung seines Eigentums ist aber nur verhältnismäßig, wenn er finanziell entschädigt wird (BVerwG NVwZ 2023, 1733 (1742); VGH München BeckRS 2023, 15661 Rn. 15 mwN). 49a

Danach hat der von der Planung Betroffene einen Anspruch auf **finanzielle Kompensation,** wenn (weitere) Schutzvorkehrungen nicht vorgenommen werden können, sei es, weil sich technisch-reale Maßnahmen als unzureichend oder angesichts der Höhe ihrer Kosten als unverhältnismäßig erweisen, sei es, weil sich die Beeinträchtigungen durch geeignete Maßnahmen überhaupt nicht verhindern lassen (BVerwG NVwZ 2014, 1454 (1456); NVwZ 2008, 1113 (1114); BVerwG NVwZ 2005, 803 (807)). 49b

Der Entschädigungsanspruch erweist sich damit als ein **Surrogat** für nicht zu verwirklichende Ansprüche gerichtet auf einen technisch-realen Ausgleich, der sich aus unzumutbaren Auswirkungen der Planung ergibt. Etwaige verbleibende Nachteile, **sofern zumutbar,** sind dagegen entschädigungslos im Rahmen der Sozialbindung des Eigentums hinzunehmen (VGH München BeckRS 2020, 19004 Rn. 133; BVerwG NVwZ 2023, 1733 (1742). 49c

Wenn Belastungen so massiv ins Gewicht fallen, dass dem Betroffenen ein unzumutbares Opfer abverlangt wird, ist die Grenze zur Abwägungsdisproportionalität erreicht (BVerwG NVwZ 2023, 1733 (1742); BVerwG NVwZ 2006, 927 Ls.; BVerwG NVwZ-Beil. 2018, 19 Ls.) 49d

Untunlich sind Schutzmaßnahmen dann, wenn sie **unverhältnismäßige Aufwendungen** erfordern würden und damit für den Vorhabenträger die Zumutbarkeit überschreiten würden. Untunlich sind Schutzmaßnahmen ferner auch dann, wenn sie keine wirksame Abhilfe erwarten lassen (KR/Wysk § 74 Rn. 167; BeckOK VwVfG/Kämper § 74 Rn. 112). 50

Aus § 74 II 3 ist allerdings kein Anspruch auf **Ausgleich aller Vermögensnachteile** welche ein Planvorhaben auslöst, abzuleiten (BVerwG NVwZ 1996, 1003 (1006); BeckOK VwVfG/Kämper § 74 Rn. 114). Führt ein Vorhaben zu einer **Verschattung eines Grundstücks,** die durch Schutzauflagen nicht zu vermeiden ist und die Grenze der Zumutbarkeit übersteigt, hat der betroffene Grundstückseigentümer einen Entschädigungsanspruch (BVerwG NVwZ 2005, 803 (807 f.)). 51

Nach der Rspr. des BVerwG lässt nicht jede **Wertminderung eines Grundstücks,** die durch Zulassung eines (etwa) mit Immissionen verbunde- 51a nen Planvorhabens ausgelöst wird, eine Pflicht zu einem finanziellen Ausgleich entstehen. Kein Grundeigentümer kann auf einen **unveränderten Fortbestand** der von ihm zu einem bestimmten Zeitpunkt vorgefundenen Lage vertrauen. Aus dem Gewährleistungsgehalt der Eigentumsgarantie (Art. 14 GG) lässt sich deshalb ein Recht auf bestmögliche Nutzung des Eigentums nicht ableiten. Eine **Minderung der Wirtschaftlichkeit** ist grundsätzlich ebenso hinzunehmen wie eine **Verschlechterung der Verwertungsaussichten** (stRspr, BVerwG BeckRS 2017, 147002 Nr. 47 mwN; BVerwGE 125, 116 Rn. 400 ff.). Die Planfeststellungsbehörde hat jedoch planbedingte Wertverluste als private Belange im Rahmen der Abwägungsentscheidung zu berücksichtigen. Dem Planungsträger bleibt es jedoch unbenommen, solche Wertminderungen nach dem zum Abwägungsgebot entwickelten Grundsätzen hinter gegenläufige öffentliche Interessen zurücktreten zu lassen. Die Grenze zur **Abwägungsdisproportionalität** ist jedoch erreicht, wenn die **Wertverluste** so massiv ins Gewicht fallen, dass dem Betroffenen ein **unzumutbares Opfer** abverlangt wird (BVerwG BeckRS 2017, 147002 Nr. 47; BVerwGE 125, 116 Rn. 404).

51b Das BVerwG hat wiederholt entschieden, dass es nicht zu beanstanden sei, wenn bei unverhältnismäßig hohen Kosten für Schallschutzmaßnahmen nach II 2 die **Geldentschädigung auf höchstens 30 % des Verkehrswerts** von Grundstück und Gebäuden begrenzt wird (BVerwG NVwZ 2008, 1007 (1008); BVerwG NVwZ-Beilage I 8/2006, 1 Rn. 421). Eine dem Grundsatz des Sozialbindungsabzugs nach Art. 14 III 1 GG entsprechende Reduzierung der Entschädigung ist grundsätzlich verfassungskonform. Verfassungsrechtlich ist die **unterschiedslose Begrenzung auf 30 % des Verkehrswerts** vom BVerfG jüngst beanstandet worden; sie ist nicht akzeptabel. Sind die Betroffenen auf Grund der Festlegung des Stichtags für die zu zahlende Entschädigung nicht mehr in der Lage, sich ein adäquates Wohngrundstück für sich und ihre Familie zu leisten, ist eine **Verkehrswertminderung von mehr als 50 bis 60 %** unzumutbar (BVerfG NVwZ 2010, 512 (515)). Wird eine angemessene Entschädigung in Geld gezahlt, folgt daraus für den Betroffenen die gesetzliche Pflicht, die finanziell kompensierten gleichwohl vorhandenen nachteiligen Wirkungen zu dulden. Die Duldungsverpflichtung bleibt jedoch bedenklich, wenn die Grenze zur verfassungsrechtlichen Zumutbarkeit überschritten wird (BVerwG NVwZ 2008, 1007 (1009)).

5. Anspruch auf Übernahme gegen Übertragung des Eigentums (II 3)

52 Die Vorschrift nach § 74 II 3 ist auch auf den **Anspruch auf Übernahme** anwendbar, obwohl davon in dem Wortlaut nicht die Rede ist (BVerfG NVwZ 2010, 512 (516); BVerwG NVwZ 2007, 1308 (1309 f.); BVerwG NVwZ 2003, 209 (210 f.)). Ein **Übernahmeanspruch** ist gegeben, wenn die Nutzung eines Grundstücks so schwer beeinträchtigt wird, dass **weitere Nutzung als unzumutbar** erscheint. Lärmbelastungen sind unzumutbar, wenn ein Wohngrundstück so massiv verlärmt wird, dass es seine Wohnqualität einbüßt und unbewohnbar wird. Das Gleiche gilt, wenn der Lärm von so hoher Einwirkungsintensität ist, dass er den Grad einer Gesundheitsgefähr-

dung erreicht (BVerwG NVwZ-Beilage 2006, 1, 34, 376 mwN). Der Übernahmeanspruch wird zB bei durch Luftverkehr ausgelöstem Lärm bei einer **Grenzmarke von 70 dB(A)** erreicht (BVerwG NVwZ 2008, 1113 (1114); BVerwG NVwZ 2006, Beilage I Rn. 376 ff.).

Im Falle einer luftverkehrsrechtlichen Planfeststellung kann der Anspruch 53
auf eine angemessene Entschädigung in Geld statt realer Schutzvorkehrungen nach § 74 II 3 je nach Art und Intensität der Fluglärmimmissionen einen **Anspruch auf Übernahme der betroffenen Grundstücke zum Verkehrswert** (gegen Übertragung des Eigentums) begründen (BVerwG NVwZ 2008, 1113 (1114)). Für die Festlegung des **Zeitpunktes eines Stichtags** zur Berechnung des Verkehrswerts ist zur Vermeidung der Verfassungswidrigkeit nach Art. 14 I GG auf einen früheren Zeitpunkt als den Erlass des Planfeststellungsbeschlusses abzustellen (BVerfG NVwZ 2010, 512 (516)). Der Planfeststellungsbehörde steht bei der **Stichtagsregelung** für die Ermittlung des Verkehrswertes ein Gestaltungsspielraum zu, bei dessen Ausfüllung sie die schutzwürdigen Interessen der lärmbetroffenen Grundstückseigentümer und des Flughafenbetreibers in einen gerechten Ausgleich zu bringen hat. Das BVerfG erkennt allerdings in der bisherigen Rspr. des BVerwG, wonach sich die **Höhe der Entschädigung** nach dem Verkehrswert des Grundstücks zum Zeitpunkt der Geltendmachung des Entschädigungsanspruchs nach Erlass des Planfeststellungsbeschlusses bemisst (BVerwG NVwZ 2008, 1113 (1115); Bestätigung von BVerwG NVwZ-Beilage I 8/2006, 1), eine **grundsätzlich unrichtige Auffassung von der Bedeutung des Art. 14 I GG** (BVerfG NVwZ 2010, 512 (517)).

Bildet ein Grundstück den wesentlichen Teil des Vermögens, das zugleich 54
Grundlage der privaten Lebensführung ist, und ergibt sich durch das Vorhaben eine Verkehrswertminderung im **Ausmaß von 50 bis 60 %,** rückt die Aufgabe der Eigentumsgarantie in den Vordergrund, dem Träger des Grundrechts einen Freiraum im vermögensrechtlichen Bereich zu sichern und ihm damit eine eigenverantwortliche Gestaltung des Lebens zu ermöglichen (BVerfG BeckRS 2010, 47085 Rn. 40). Eigentümern eines im Entschädigungsgebiet „Übernahmeanspruch" gelegenen Grundstücks bleibt aufgrund der Unzumutbarkeit der Lärmbelastung faktisch gar nichts anderes übrig, als ihr Eigentum aufzugeben und sich eine Ersatzwohnung zu beschaffen. Zur realen Bemessung des Wertes eines Grundstücks komme es nicht zwingend auf den Zeitpunkt des Erlasses des Planfeststellungsbeschlusses an, sondern es bietet sich vielmehr ein früherer Zeitpunkt an, der auch bei der Anwendung der Grundsätze der **enteignungsrechtlichen Vorwirkung** auf die Ermittlung der Entschädigungshöhe nach § 74 II 3 zur Anwendung gelangt (BVerfG BeckRS 2010, 47085 Rn. 54). Im Ergebnis wird in Zukunft für die Bewertung eines privat genutzten Grundstücks nicht auf den Erlass des Planfeststellungsbeschlusses, sondern zumindest auf den **Zeitpunkt der Planauslegung** abzustellen sein.

VI. Vorbehalt abschließender Entscheidung im Planfeststellungsbeschluss (III)

55 Die Planfeststellungsbehörde hat die Befugnis eine Vorbehaltsentscheidung im Planfeststellungsbeschluss zu treffen, soweit eine abschließende Entscheidung noch nicht möglich ist (III 1). Durch eine Auflage ist sicherzustellen, dass der Träger des Vorhabens noch fehlende oder von der Planfeststellungsbehörde bestimmte Unterlagen rechtzeitig vorzulegen hat (III 2). Zur Auslegung der Regelung in der stRspr des BVerwG (vgl. → Rn. 44c).

55a Voraussetzung für den Vorbehalt einer abschließenden Entscheidung über ein Planungselement im Planfeststellungsbeschluss ist, dass sich die für die Bewältigung des Problems notwendigen Kenntnisse mit vertretbarem Aufwand beschaffen lassen und das **offen gehaltene Problem** so gelöst werden kann, dass die bereits getroffenen Festlegungen nicht nachträglich als unabgewogen erscheinen (BVerwG NVwZ 2023, 1733 (1742); BVerwG NVwZ 2011, 1256).

55b Behält sich eine Planfeststellungsbehörde in einem Planfeststellungsbeschluss eine abschließende Entscheidung vor, so sind für die spätere Beurteilung, ob die Voraussetzungen dieses Vorbehalts erfüllt sind und ein Anspruch auf Aufnahme weiterer Schutzauflagen besteht, die aus dem Planfeststellungsbeschluss ersichtlichen Maßstäbe und Erwartungen der Planfeststellungsbehörde zum **Planungszeitpunkt** maßgeblich. Insofern kommt es auf den Erklärungsgehalt des Entscheidungsvorbehalts an, der nach den Grundsätzen der §§ 133, 157 BGB zu ermitteln ist (VGH Mannheim BeckRS 2021, 15578 LS 1 mwN).

55c Der Erlass des Planfeststellungsbeschlusses ist folglich auch dann rechtmäßig, wenn bestimmte, allerdings **nicht wesentliche Belange** zu einem späteren Zeitpunkt verbindlich geregelt werden. Es muss allerdings erkennbar sein, dass das Ergebnis der vorbehaltenen Entscheidung die zugrundeliegende Abwägung nicht insgesamt in Frage stellen darf (Ziekow § 74 Rn. 53).

55d Der Entscheidungsvorbehalt nach § 74 III bezieht sich auf eine bestimmte, als regelungsbedürftig erkannte und **inhaltlich abtrennbare** Festsetzung. Er muss im Planfeststellungsbeschluss ausdrücklich erklärt sein; entschieden wird über die vorbehaltene Teilmaßnahme in einem Planergänzungsbeschluss (OVG Schleswig BeckRS 2023, 41422 Rn. 249; BVerwG BeckRS 2021, 9797 Rn. 9).

55e **Unzulässig** ist eine **Vorbehaltsentscheidung,** wenn sich herausstellt, dass eine andere Entscheidung geboten gewesen wäre oder das verlagerte Problem nicht zu bewältigen ist (KR/Wysk § 74 Rn. 180). Der Vorbehalt bedarf daher einer hinreichend **sicheren Tatsachenbasis,** die eine wertende Prognose über eine spätere Bewältigung und deren Abschluss hinreichend sicher erlaubt. Fehlt ein konkretes Nutzungskonzept für eine spätere durch ein Vorhaben beeinträchtigte Grundstücksnutzung, kann die Planfeststellungsbehörde einen Vorbehalt für Schutzvorkehrungen vorsehen (BVerwG NVwZ-RR 2012, 303 (304)).

56 Die vorbehaltene Entscheidung muss in zeitlicher Hinsicht einen engen Zusammenhang mit dem Erlass des Planfeststellungsbeschlusses wahren. Auch

ist von der Ermächtigung **restriktiv Gebrauch zu machen.** Die von dem Vorbehalt zunächst ausgenommenen Belange dürfen nicht so wesentlich sein, dass die Planungsentscheidung als unabgewogen erscheint (BVerwG NVwZ 1998, 508 (513); BeckOK VwVfG/Kämper § 74 Rn. 118). Beim Schutz vor Erschütterungen und sekundären Luftschall ist ein Entscheidungsvorbehalt bezüglich abschließender Feststellungen (zu etwaigen wesentlichen Verschlechterungen) während und nach den Bauarbeiten zulässig (VGH München UPR 2001, 160 L = BeckRS 2001, 20049).

Ein Entscheidungsvorbehalt ist generell nicht ungeeignet, den durch das Vorhaben hervorgerufenen **Konflikt nachträglich zu bewältigen** (BVerwG NVwZ 2004, 340 (343)). Rechtlich nicht zu beanstanden ist ein Entscheidungsvorbehalt, in dem ein etwaiger Ausgleich in Geld (II 3) dann anfällt, wenn nach Inbetriebnahme Abhilfemaßnahmen nicht getroffen werden können (BVerwG NVwZ 2004, 340 (343)). Für einen abschnittsübergreifenden „Konfliktlösungstransfer" im Fernstraßenrecht gibt es indes keine Rechtsgrundlage (BVerwG NVwZ 2014, 1008 (1010)). 57

VII. Zustellung und öffentliche Bekanntmachung (IV-V)

1. Individuelle Bekanntgabe (IV)

Die Planfeststellungsbehörde hat den als Verwaltungsakt zu qualifizierenden Planfeststellungsbeschluss dem Träger des Vorhabens und denjenigen, über deren Einwendungen entschieden worden ist, und den Vereinigungen, über deren Stellungnahmen entschieden worden ist, zuzustellen. Eine Ausfertigung des Beschlusses ist mit einer Rechtsbehelfsbelehrung und einer Ausfertigung des festgestellten Plans in den Gemeinden zwei Wochen zur Einsicht auszulegen; der Ort und die Zeit der Auslegung sind ortsüblich bekannt zu machen. 58

Der Inhalt des Planfeststellungsbeschlusses **muss** nach § 27a **zusätzlich im Internet** veröffentlicht werden. **Die zwingende Vorgabe,** die öffentliche Bekanntgabe im Internet zugänglich zu machen, gilt in allen Fällen der im VwVfG uneinheitlichen Begriffsverwendung (Öffentliche Bekanntgabe, öffentliche Bekanntmachung und ortsübliche Bekanntmachung) (BeckOK VwVfG/Prell VwVfG § 27a Rn. 5–7, 8, 9). § 27a verlangt in den Fällen, in denen eine öffentliche oder ortsübliche Bekanntmachung angeordnet ist, diese dadurch zu bewirken, dass der Inhalt der Bekanntmachung auch auf einer Internetseite der Behörde oder ihres Verwaltungsträgers zugänglich gemacht wird. 58a

Um den Verwaltungsaufwand zu reduzieren, muss seit dem PlVereinhG der Planfeststellungsbeschluss neben dem Vorhabenträger nicht mehr allen bekannten **Betroffenen** zugestellt werden, sondern nur noch denjenigen Betroffenen, über deren Einwendungen entschieden worden ist, sowie den **Vereinigungen,** über deren Stellungnahmen entschieden worden ist. Andere Betroffene werden dadurch nicht unverhältnismäßig benachteiligt, da eine Ausfertigung des Planfeststellungsbeschlusses auch in den Gemeinden auszule- 58b gen ist, was wiederum ortsüblich bekanntzumachen ist. Damit besteht ausreichend Gelegenheit, den Planfeststellungsbeschluss zur Kenntnis zu nehmen (BT-Drs. 17/9666, 19 f.).

59 Die Zustellung ist die Voraussetzung der Wirksamkeit des VA. Mit der Zustellung nach Maßgabe des VwZG an den Vorhabenträger wird der Planfeststellungsbeschluss wirksam. Adressaten der Zustellung sind nach IV 1 der Vorhabenträger, diejenigen, über deren nicht im Erörterungstermin erledigte Einwendungen gemäß II 1 entschieden worden ist, sowie die Vereinigungen, über deren Stellungnahmen entschieden worden ist ((zur Auslegung vgl. MSU/Lieber § 74 Rn. 336 ff.), Der Zeitpunkt der Bekanntgabe ist für den Lauf der Klagefrist relevant (§ 74 I 2 VwGO: „innerhalb eines Monats nach Bekanntgabe“). Eine Ausfertigung des Beschlusses ist mit einer Rechtsbehelfsbelehrung und einer Ausfertigung des festgestellten Plans in den Gemeinden zwei Wochen zur Einsicht auszulegen; der Ort und die Zeit der Auslegung sind ortsüblich bekannt zu machen (IV 2). Mit dem Ende der Auslegungsfrist gilt der Beschluss gegenüber den übrigen Betroffenen als zugestellt; darauf ist in der Bekanntmachung hinzuweisen (IV 3).

60 Für die **Fristberechnung der Klagefrist** kommt es bei IV 1 auf die Zustellung an den Träger des Vorhabens, für alle übrigen, in IV 1 nicht genannten Personen auf den Zeitpunkt der Beendigung der Auslegungsfrist (IV 3) an (OVG Magdeburg BeckRS 2021, 40664 Rn. 44).

60a Ist eine Gemeinde sowohl Einwenderin als auch die Gemeinde, in der der Planfeststellungsbeschluss ausgelegt wird, beginnt der Lauf der Klagefrist für die Gemeinde nicht mit dem Zeitpunkt der Zustellung und der Verfügung die Planunterlagen auszulegen, sondern mit dem **Ende der Auslegungsfrist** nach § 73 V S. 3 (BVerwG NVwZ 2017, 1309 Rn. 10). Eine individuelle Zustellung ist zulässig, muss aber den Willen der Planfeststellungsbehörde eindeutig erkennen lassen, dass die zuständige Gemeinde eine Ausfertigung nicht nur zum Zwecke der Auslegung im Rahmen der öffentlichen Bekanntmachung erhält (BVerwG NVwZ 2017, 1309 Rn. 10–12; NVwZ-RR 2017, 768 Rn. 12).

60b Mit der Zustellung wird der Planfeststellungsbeschluss dem Träger des Vorhabens und den weiteren genannten Personen bekanntgegeben. Abweichende Regelungen finden sich im Fachrecht. Eine Zustellung ist auch gegenüber den Einwendern vorzunehmen, die mit ihren Einwendungen präkludiert sind (str. wie hier Ziekow § 74 Rn. 60, KR/Wysk § 74 Rn. 185; SBS/Neumann/Külpmann § 74 Rn. 116 jeweils mwN).

60c Die nach dem **VwZG** vorzunehmende **Zustellung** ist mit einer Rechtsbehelfsbelehrung zu verbinden, aus der sich ergibt, dass es eines Vorverfahrens nicht bedarf, sondern unmittelbar gerichtlicher Rechtsschutz gesucht werden kann (§ 74 I 2 iVm § 70). Im Übrigen entspricht die Regelung in IV 1 der in § 69 II.

61 Um der breiten Öffentlichkeit und den Einwendern, über deren Einwendungen nicht entschieden wurde (IV 1), Gelegenheit zur Kenntnisnahme zu gewähren und den **Beginn der Klagefrist** zu berechnen, ist in IV 2 geregelt, dass eine Ausfertigung des Beschlusses mit einer Rechtsbehelfsbelehrung und einer Ausfertigung des festgestellten Plans in den Gemeinden, in denen sich das Vorhaben auswirkt, zwei Wochen zur **Einsicht** ausgelegt wird. Mit Ablauf der Auslegungsfrist gilt der Beschluss im Wege der Zustellungsfiktion als zugestellt; worauf in der Bekanntmachung hinzuweisen ist (IV 3). Die **Zustellungsfiktion** entfaltet indes keine Wirkung gegenüber dem Träger des Vorhabens und dem in IV 1 genannten Adressatenkreis. Für den genannten Personenkreis kommt es für den Lauf der Fristen auf den Zeitpunkt der Zustellung an (KR/Wysk § 74 Rn. 189). Die Regelung in IV 2 ist § 41 III-IV und § 73 III-VI nachgebildet (KR/Wysk § 74 Rn. 189).

Die **Zustellungsfiktion** gemäß § 74 IV 3 ist nicht mit der eine Individualzustellung gemäß § 74 IV 4 ersetzenden öffentlichen Bekanntmachung iSd § 74 V vergleichbar. Die Anstoßfunktion der ortsüblichen Bekanntmachung an unbekannte Betroffene iSd § 74 IV 3 unterliegt anderen, geringeren Anforderungen, weil sie lediglich Auskunft darüber gibt, wo die Adressaten der öffentlichen Bekanntmachung die weiteren Informationen einholen können. Die unterschiedliche Regelung rechtfertigt sich, weil sie die Information eines Personenkreises bezweckt, der sich trotz des vorangegangenen Anhörungsverfahrens und der dort erfolgten Bekanntmachungen nicht mit Einwendungen am Verfahren beteiligt hat. Diese Personen werden ohnehin erst den mit einer Rechtsbehelfsbelehrung ausgelegten Planfeststellungsbeschluss einsehen müssen, um ihre Rechtsbetroffenheit zu erkennen und zu entscheiden, ob sie Rechtsmittel einlegen wollen. Demgegenüber ersetzt die öffentliche Bekanntmachung gemäß § 74 V die Zustellung an Personen, die bereits am Anhörungsverfahren beteiligt sind und nach Ablehnung ihrer Einwendungen nunmehr vor der Frage stehen, ob sie gegen den Planfeststellungsbeschluss Klage erheben wollen (OVG Magdeburg BeckRS 2021, 40664 Rn. 47). **61a**

Ein Planfeststellungsbeschluss ist nicht deshalb formell **rechtswidrig,** weil seine **Rechtsbehelfsbelehrung unzutreffend** ist. Eine nicht den Anforderungen des § 58 VwGO entsprechende Rechtsbehelfsbelehrung macht den davon betroffenen Verwaltungsakt nicht rechtswidrig (BVerwG NVwZ 2019, 1597 Rn. 18; KS VwGO § 58 Rn. 3). Die Formulierung, gegen den Beschluss könne innerhalb eines Monats „nach dessen Zustellung" Klage erhoben werden, auch nicht die falsche Vorstellung hervor, die Klagefrist werde nur bei einer förmlichen Zustellung des Planfeststellungsbeschlusses in Lauf gesetzt. Denn in der Rechtsbehelfsbelehrung wird ausdrücklich auf den Wortlaut des § 74 IV hingewiesen, wonach mit dem Ende der Auslegungsfrist der Beschluss gegenüber den übrigen Betroffenen als zugestellt gilt (BVerwG NVwZ 2019, 1597 Rn. 18). **61b**

2. Öffentliche Bekanntmachung (V)

§ 74 V regelt die Zustellung, die durch öffentliche Bekanntmachung ersetzt werden kann, was die Regel darstellen dürfte. **62**

Die Regelung in § 75 V ermächtigt die Planfeststellungsbehörde in **Massenverfahren** die Zustellung an einzelne Personen durch eine öffentliche Bekanntmachung zu ersetzen. Voraussetzung hierfür ist, dass insgesamt mindestens **51 Zustellungen** an Einwender und bekannte Betroffene vorzuneh- **62a** men sind (V 1). Die Zustellung an den Träger des Vorhabens wird dabei ausweislich des Wortlauts nicht mitgezählt. Die Behörde ist allerdings gesetzlich nicht verpflichtet, eine öffentliche Bekanntmachung statt der individuellen Zustellung vorzunehmen. Ob sie von der Möglichkeit der öffentlichen Bekanntmachung Gebrauch macht, ist in ihr pflichtgemäßes Ermessen gestellt.

62b Für die Zeit vor dem Inkrafttreten des 5. VwVfÄndG zum 1.1.2024 ist hinsichtlich der Bekanntmachung noch zu differenzieren. Für Verfahren **vor dem 1.1.2024** kann die zuständige Behörde nicht anstelle der in § 74 V 2 vorgesehenen Form andere Bekanntmachungsformen (Bekanntmachung in den Amtsblättern der berührten Gemeinden in Verbindung mit einer Pressemitteilung auf der Homepage des Regierungspräsidiums) einer Veröffentlichung im Internet bedienen. Ob damit die Anstoßfunktion noch besser erreicht werde, ist insoweit ohne Belang (VGH Mannheim BeckRS 2019, 33137 Rn. 7).

63 Die öffentliche Bekanntmachung bewirkt eine **Zustellungsfiktion** (§ 74 V 3). Voraussetzung für den Eintritt der Zustellungswirkung ist, dass der verfügende Teil des Planfeststellungsbeschlusses, die Rechtsbehelfsbelehrung und ein Hinweis auf die Auslegung nach IV 2 im amtlichen Veröffentlichungsblatt der zuständigen Behörde und außerdem in örtlichen Tageszeitungen bekannt gemacht werden, die in dem Bereich verbreitet sind, in dem sich das Vorhaben voraussichtlich auswirken wird. Sofern die **sofortige Vollziehung** nach § 80 II 1 Nr. 4 VwGO angeordnet wurde, ist auch sie in gleicher Weise bekanntzumachen (KR/Wysk § 74 Rn. 201). Für Auflagen und Schutzvorkehrungen sowie für die nicht erwähnten aber in Analogie zu berücksichtigenden Nebenbestimmungen (KR/Wysk § 74 Rn. 201; SBS/Neumann/Külpmann § 74 Rn. 216; VGH München NVwZ 1982, 128 (129)) ist es ausreichend, wenn auf sie ohne nähere Spezifikation hingewiesen wird (KR/Wysk § 74 Rn. 201). Nach dem Ende der Auslegungsfrist gilt der Planfeststellungsbeschluss als zugestellt. Die Zustellungsfiktion wirkt gegenüber sämtlichen Betroffenen, gleichgültig ob sie der Behörde bekannt oder unbekannt waren sowie gegenüber allen Einwendern (KR/Wysk § 74 Rn. 201).

64 Danach kann der Planfeststellungsbeschluss bis zum Ablauf der Rechtsbehelfsfrist von den Betroffenen und von denjenigen, die Einwendungen erhoben haben, schriftlich angefordert werden. Auf das Recht zur Anforderung ist in der Bekanntmachung ebenfalls hinzuweisen (§ 74 V 4).

65 Die Regelungen nach IV und V gelten nicht für die Ablehnung des Antrags. Insofern gelten die Bestimmungen nach § 74 I 2 iVm § 69 III. Ausreichend ist bei Ablehnung oder Rücknahme des Antrags eine formlose Mitteilung (Ziekow § 74 Rn. 60). Allerdings gilt bei **UVP-pflichtigen Vorhaben,** dass die Ablehnung des Antrags nach § 9 II UVPG öffentlich bekannt zu machen und mit Begründung und einer Rechtsbehelfsbelehrung zur Einsicht auszulegen ist (BeckOK VwVfG/Kämper § 74 Rn. 130).

VIII. Plangenehmigung (VI)

1. Zulässigkeit der Plangenehmigung

Die Planfeststellungsbehörde kann von einem Planfeststellungsverfahren in ein verfahrensrechtlich **verkürztes und damit beschleunigtes Verfahren** eintreten, das mit einer Plangenehmigung anstelle eines Planfeststellungsbeschlusses abschließt. Voraussetzung ist daher zunächst, dass für ein Vorhaben aufgrund einer Rechtsnorm im Fachrecht ein Planfeststellungsverfahren vorgesehen ist. Dann ist es nach VI der Behörde gestattet, eine Plangenehmigung zu erteilen, wenn Rechte anderer nicht oder nur unwesentlich beeinträchtigt werden oder die Betroffenen sich mit der Inanspruchnahme ihres Eigentums oder eines anderen Rechts schriftlich einverstanden erklärt haben (Nr. 1), zusätzlich das Benehmen mit Trägern öffentlicher Belange hergestellt wird (Nr. 2) und schließlich nicht aufgrund anderer Rechtsvorschriften eine Öffentlichkeitsbeteiligung vorgeschrieben ist (Nr. 3). 66

2. Verfahrensrechtliche Besonderheiten (VI)

Der wesentliche Unterschied zum Planfeststellungsverfahren besteht darin, 67 dass für die Erteilung einer Plangenehmigung **kein Öffentlichkeitsbeteiligungsverfahren** erforderlich ist (§ 74 VI 2 Hs. 2). Im Übrigen ergeht auch die Plangenehmigung als VA (§ 35) und bedarf für ihr Zustandekommen einer **planerischen Abwägung und Entscheidung** (VGH Mannheim NVwZ-RR 2002, 818 (819 f.), BVerwG NVwZ 1997, 919 (920)). Ziel der Regelung ist es, in den Fällen, in denen eine Beeinträchtigung von Rechten Dritter nicht oder nur unwesentlich gegeben ist, das Verfahren zu verkürzen und damit zur Beschleunigung beizutragen (KR/Wysk § 74 Rn. 203; MSU/Lieber § 74 Rn. 385). Ob die Planfeststellungsbehörde auf die Alternative einer Plangenehmigung zugreift, ist in ihr **pflichtgemäßes Ermessen** gestellt (Ziekow § 74 Rn. 72).

Die Plangenehmigung ist daher nur für einfach gelagerte Fälle geeignet, zB 68 notwendigen **Folgemaßnahmen** an anderen Anlagen (BVerwG BeckRS 2016, 46678 Rn. 8). Wenn für ein Vorhaben fachgesetzlich die Beteiligung der Öffentlichkeit nach den Anforderungen des Planfeststellungsverfahrens vorgeschrieben ist, gelangt die Plangenehmigung nicht zur Anwendung. Die Regelung zielt dabei auf die UVP ab, ohne sie ausdrücklich zu bezeichnen, und verweist insoweit auf die einschlägigen Regelungen in den Fachplanungsgesetzen. Sie ist damit auch offen für weitere fachgesetzliche Regelungen zur Öffentlichkeitsbeteiligung (BT-Drs. 19/9666, 20).

Die Ersetzung des Planfeststellungsbeschlusses durch die Plangenehmigung 69 bedeutet allerdings auch, dass die **Ebene des förmlichen Verfahrens** verlassen wird. Die Vorschriften über die Planfeststellung finden nach § 74 VI 2 Hs. 2 keine Anwendung. Damit bedarf es nicht der ein Planfeststellungsverfahren prägenden Elemente der Öffentlichkeitsbeteiligung (Behördenstellungnahme, Auslegung, Einwendungen und Erörterungstermin). Ebenfalls sind

Schutzvorkehrungen ausgeschlossen (BVerwG NVwZ 1997, 919 (920)). Das Verfahren zum Erlass einer Plangenehmigung wird auf der Grundlage eines nichtförmlichen Verfahrens vollzogen nach der Maßgabe der § 9 ff. (Ziekow § 74 Rn. 73; BT-Drs. 19/9666, 20).). Die Bekanntgabe richtet sich nach § 41 und die Anhörung der Betroffenen nach § 28 (Ziekow § 74 Rn. 60, 73). Wird die Plangenehmigung nicht innerhalb von fünf Jahren nach Eintritt der Unanfechtbarkeit genutzt, tritt sie nach § 74 VI 4 iVm § 75 IV außer Kraft (BeckOK VwVfG/Kämper § 74 Rn. 142). Gegen die Bekanntgabe der Plangenehmigung ist unmittelbar verwaltungsgerichtlicher Rechtsschutz eröffnet (BVerwG NVwZ 2006, 817 (817 f.)). Eines vorangehenden Widerspruchsverfahren bedarf es nicht (§ 74 VI 3).

3. Beeinträchtigung von Rechten Dritter (VI 1 Nr. 1 Alt. 1)

70 Die erste der **kumulativ** erforderlichen Voraussetzungen nach § 74 VI 1 für den Erlass einer Plangenehmigung lautet, dass Rechte anderer nicht oder nur unwesentlich beeinträchtigt werden. Die Erweiterung der Plangenehmigung auf Fälle einer unwesentlichen Rechtsbeeinträchtigung wurde mit dem PlVereinhG eingefügt.

70a Rechte im Sinne der Norm sind subjektive Rechte, Ansprüche, die sich aus wehrfähigen Rechtspositionen unmittelbar ergeben oder mittelbar ableitbar sind. Mit einer Rechtsbeeinträchtigung, die nur im Einverständnis des Betroffenen das Absehen von einem Planfeststellungsverfahren zulässt, ist der **direkte Zugriff auf fremde Rechte** gemeint, nicht aber die bei jeder raumbeanspruchenden Planung gebotene wertende Einbeziehung der Belange Dritter in die Abwägungsentscheidung (BVerwG NVwZ 2001, 90 (90); MSU/Lieber § 74 Rn. 403). Ausreichend ist jede relevante Beeinträchtigung einer geschützten Rechtsposition (KR/Wysk § 74 Rn. 208, Ziekow § 74 Rn. 62, BeckOK VwVfG/Kämper § 74 Rn. 134). Damit ist der Begriff deutlich enger gefasst als der Begriff der Belange im Sinne von § 73 IV. **Popularbefugnisse** werden subjektiven Rechte nicht zugerechnet und können mithin nicht geltend gemacht werden (BVerwG DÖV 2008, 428 (428)). Gewicht und Bedeutung des jeweiligen Rechts ist ohne Belang (KR/Wysk § 74 Rn. 209). Eine **Bagatellgrenze** ist ausweislich des Wortlauts nicht vorhanden.

70b Eine Plangenehmigung kommt auch dann in Frage, wenn Rechte anderer zwar beeinträchtigt werden, es sich aber um eine nur **unwesentliche Beeinträchtigung** handelt. Die Frage der Wesentlichkeit ist anhand der Umstände des Einzelfalls zu entscheiden. Unwesentlichkeit kann dann gegeben sein, wenn ein Grundstück in sehr geringem Maße oder nur vorübergehend in Anspruch genommen werden soll, etwa als **vorübergehende Baufläche** im Rahmen einer Straßenbaumaßnahme oder durch die Behinderung einer Grundstückszufahrt, wenn andere Zufahrtsmöglichkeiten nur mit unverhältnismäßigem Mehraufwand genutzt werden können (BT-Drs. 19/9666, 20; zu weiteren Konstellationen vgl. MSU/Lieber § 74 Rn. 413). Die Planfeststellungsbehörde bzw. die Planbehörde trägt insoweit das Risiko der Prognoseabschätzung. Kann eine wesentliche Beeinträchtigung nicht ausgeschlossen werden, kommt eine Plangenehmigung nicht in Frage und es ist ein Planfeststellungsverfahren durchzuführen (MSU/Lieber § 74 Rn. 413; SBS/Neumann/Külpmann § 74 Rn. 234).

4. Schriftliches Einverständnis (VI 1 Nr. 1 Alt. 2).

Liegt eine die Grenze der Unwesentlichkeit übersteigende Beeinträchtigung 71 eines subjektiven Rechts vor, bleibt als Alternative das schriftlich erklärte Einverständnis des Berechtigten mit der Inanspruchnahme seines Eigentums oder eines anderen Rechts, um insofern die erste Voraussetzung zu erfüllen. Die Erklärung ist eine öffentlich-rechtliche, auf das konkrete Verfahren zur Vorhabenzulassung bezogene Erklärung, die gegenüber der Planfeststellungsbehörde bzw. der Plangenehmigungsbehörde abzugeben ist (VGH Mannheim NVwZ-RR 2005, 377 (379)). Nicht der richtige Adressat ist der Vorhabenträger. Ein Widerruf der Erklärung ist in entsprechender Anwendung von § 130 I BGB nur bis zu deren Zugang bei der Genehmigungsbehörde möglich (OVG Lüneburg NVwZ-RR 2013, 947 (948)).

Der Erklärung kommt eine **doppelte Wirkung** zu: zum einen ist sie 71a verfahrensrechtlicher Natur gegenüber der Behörde und zum anderen hat sie einen materiell-rechtlichen Charakter, da mit ihr gegenüber dem Träger des Vorhabens auf die aus dem subjektiven Recht folgenden Abwehrrechte verzichtet wird (Ziekow § 74 Rn. 64). Der **Verzicht** setzt allerdings voraus, dass der Berechtigte zulässigerweise befugt ist, über das Recht zu disponieren. Das Schriftformerfordernis ist mit dem Erfordernis aus § 64 identisch. Die Erklärung bindet auch den Rechtsnachfolger des Erklärenden (VGH Mannheim NVwZ-RR 2005, 377 (379)).

5. Benehmen mit Trägern öffentlicher Belange (VI 1 Nr. 2)

Der Erlass einer Plangenehmigung setzt ferner voraus, dass mit den Behörden 72 (also nicht anerkannte Vereinigungen) deren Aufgabenbereich berührt wird, das **Benehmen** herzustellen ist. Die Herstellung des Benehmens ist eine qualifizierte Form der Behördenbeteiligung. Die besondere Form der Beteiligung ist erforderlich, da durch eine Plangenehmigung die Entscheidungen anderer Behörden durch die Planfeststellungsbehörde ersetzt wird und sich damit die **Konzentrationswirkung** entfaltet (KR/Wysk § 74 Rn. 213). Das Benehmen zeichnet sich dadurch aus, dass den in ihrem Zuständigkeitsbereich betroffenen Behörden Gelegenheit geben wird, eine **Stellungnahme** abzugeben. Die Planfeststellungsbehörde ist allerdings nicht verpflichtet, einer etwaigen negativen Stellungnahme zu folgen. Einer Willensübereinstimmung bedarf es bei der Herstellung des Benehmens im Gegensatz zu dem Erfordernis des „Einvernehmens" gerade nicht (BVerwG NVwZ 2001, 90 (91); BeckOK VwVfG/Kämper § 74 Rn. 136; Ziekow § 74 Rn. 66). Die Planfeststellungsbehörde hat eine etwaige **ablehnende Meinung** einer beteiligten Behörde in den Abwägungsprozess einzustellen (KR/Wysk § 74 Rn. 213). Anerkannte **Naturschutzvereine** sind keine Träger öffentlicher Belange, sodass ein Benehmen insoweit nicht hergestellt werden muss (BVerwG

NVwZ 1998, 279 (280); zu den Mitwirkungsrechten von Naturschutzverbänden vgl. → § 72 Rn. 62).

72a Des Weiteren kommt eine Plangenehmigung als dritte kumulative Voraussetzung nur dann in Betracht, wenn nach § 74 VI 1 Nr. 3 nicht andere Rechtsvorschriften eine Öffentlichkeitsbeteiligung vorschreiben, die den Anforderungen des § 73 III 1 und IV-VII entsprechen muss. Dies ist insbesondere nach dem Gesetz über die Umweltverträglichkeitsprüfung (UVPG) bei sog. UVP-pflichtigen Vorhaben der Fall (BT-Drs. 19/9666, 20). Liegt nach UVPG ein Vorhaben vor, für das eine Öffentlichkeitsbeteiligung vorgesehen ist, ist die Erteilung einer Plangenehmigung ausgeschlossen (SBS/Neumann/Külpmann § 74 Rn. 244a).

72b Eine auf der Grundlage von § 8 I 1 VI, 10 LuftVG und § 74 VI erteilte Planänderungsgenehmigung kann im Anwendungsbereich des Umweltrechtsbehelfsgesetzes mit der Begründung angefochten werden, es hätte anstelle eines Plangenehmigungsverfahrens ein Planfeststellungsverfahren mit Öffentlichkeitsbeteiligung durchgeführt werden müssen (OVG Hamburg ZUR 2021, 174).

6. Rechtswirkungen der Plangenehmigung (VI 2)

73 Die Plangenehmigung hat grundsätzlich die Rechtswirkungen einer Planfeststellung (VI 2). Die Anforderungen des Abwägungsgebots sind für das Zustandekommen der Plangenehmigung zu berücksichtigen (Ziekow § 74 Rn. 69). Eine **enteignungsrechtliche Vorwirkung** ist nicht Inhalt einer Plangenehmigung (VI 2). Der Plangenehmigung kommt auch die Ausschlusswirkung des § 75 II zu, wonach nach ihrer Unanfechtbarkeit Ansprüche auf Unterlassung des Vorhabens, auf Beseitigung oder Änderung der Anlagen oder auf Unterlassung ihrer Benutzung ausgeschlossen sind (KR/Wysk § 74 Rn. 221; BeckOK VwVfG/Kämper § 74 Rn. 138).

IX. Entbehrlichkeit von Planfeststellung und Plangenehmigung (VII)

1. Gestuftes Genehmigungssystem im förmlichen Verfahren

74 Nach VII entfallen Planfeststellung und Plangenehmigung in Fällen von **unwesentlicher Bedeutung** kraft Gesetzes unter den Voraussetzungen des VII Nr. 1 bis 3. Die Voraussetzungen müssen indes kumulativ vorliegen. Mit dieser Norm wird geregelt, unter welchen Voraussetzungen in Fällen unwesentlicher Bedeutung sowohl auf eine Planfeststellung als auch auf eine Plangenehmigung verzichtet werden kann. So ist ein Verzicht ausgeschlossen, wenn für das Vorhaben mit Öffentlichkeitsbeteiligung zB nach dem UVPG gesetzlich vorgeschrieben ist (BT-Drs. 19/9666, 20).

74a Auch bei Planänderungen von unwesentlicher Bedeutung nach § 76 II kann die Planfeststellungsbehörde von einem neuen Planfeststellungsverfahren absehen. Unbedeutende Änderungen oder Erweiterungen sollen in einem **gestuften System** (Planfeststellungsbeschluss, Plangenehmigung) jedenfalls dann nicht einem Genehmigungserfordernis unterstellt werden, wenn aus unwesentlichem Anlass ein – insoweit unverhältnismäßiges – förmliches Verfahren verursacht würde. Es liegt auf der Hand, dass etwaige Genehmigungserfordernisse fortbestehen. Ein fehlendes Planfeststellungsverfahren, das nicht mit einem Planfeststellungsbeschluss endet, entfaltet keine Konzentrationswirkung (KR/Wysk § 74 Rn. 224). Zur Beurteilung kommt es allein darauf an, ob eine unwesentliche Bedeutung vorliegt, die in VII 2 Nr. 1 und Nr. 2 klar definiert wird. Danach dürfen weder öffentliche noch private Interessen durch das Vorhaben berührt werden; die Voraussetzungen nach VII 2 müssen **kumulativ** vorliegen („und").

Was als Planänderung von unwesentlicher Bedeutung iSv § 76 II zu gelten hat, ist eigenständig zu ermitteln, ohne Rückgriff auf § 74 VII, der sich allein auf Ausnahmen vom Erfordernis der Planfeststellung oder Plangenehmigung bezieht (BVerwG NVwZ 2018, 1642 Rn. 37; BVerwGE 84, 31 (34) = NJW 1990, 925). **74b**

Die sog. **Unterbleibensentscheidung** nach § 74 VII, also die Feststellung der Planfeststellungsbehörde, dass ein Planfeststellungsverfahren nicht durchgeführt wird, ist eine das Planfeststellungsverfahren „betreffende" Frage, die dem Anwendungsbereich des § 48 I 1 Nr. 8, Satz 2 VwGO unterfällt (BVerwG BeckRS 2023, 5289 zum Streitstand Nr. 18 mwN). **74c**

2. Wesentlichkeit als gesetzliches Entscheidungskriterium

Eine **wesentliche Bedeutung** liegt vor, wenn andere öffentliche Belange berührt sind oder erforderliche behördliche Entscheidungen nicht vorliegen und sie dem Plan entgegenstehen (VII 2 Nr. 1) und Rechte anderer beeinflusst werden oder mit den vom Plan Betroffenen entsprechende Vereinbarungen nicht getroffen worden sind (VII 2 Nr. 2). **75**

Nach der Rspr. des BVerwG ist eine Planänderung von **unwesentlicher Bedeutung** iSv § 76 II, wenn die mit der Planung verfolgte Zielsetzung unberührt bleibt und wenn die beabsichtigte Änderung die bereits getroffene Abwägung aller einzustellenden Belange in ihrer Struktur unberührt lässt. Das ist stets der Fall, wenn Umfang und Zweck des Vorhabens **unverändert** bleiben und zusätzliche belastende Auswirkungen von **„einigem" Gewicht** sowohl auf die Umgebung als auch hinsichtlich der Belange einzelner auszuschließen sind (BVerwG NVwZ 2018, 1642 Rn. 38; BVerwGE 84, 31 (34) = NJW 1990, 925 mwN). **75a**

Wesentlich sind Änderungen dann, wenn sie **„die Genehmigungsfrage neu aufwerfen"** (BVerwG NVwZ 1997, 161 (162)), dh bezogen auf die im Fachplanungsgesetz für die Abwägung benannten Belange Anlass zu einer erneuten Prüfung geben (BeckOK VwVfG/Kämper § 74 Rn. 145). Ein erster Ausgangspunkt für die Frage, ob die Änderung eines Vorhabens vorliegt und damit eine Planfeststellungspflicht auslöst, zielt darauf ab, ob das Vorhaben vom Regelungsgehalt einer bestandskräftigen früheren Zulassungsentscheidung noch oder nicht mehr gedeckt ist. Schon Zugelassenes bedarf nicht erneut einer Zulassung. **Bezugspunkt und Maßstab** für das Vorliegen einer Änderung ist der **„bisherige Gestattungszustand"** (BVerwG NVwZ 2007, 576 (579)). **75b**

76 Für § 74 VII 2 gilt mit Blick auf die UVP-Pflichtigkeit und die durch Dritte erzwingbare Anwendbarkeit des UVPG folgendes: Ist für ein Vorhaben eine Umweltverträglichkeitsprüfung durchzuführen, sind regelmäßig öffentliche Belange erfüllt (vgl. → § 74 Rn. 32 ff.).

3. Feststellung der Rechtskonformität durch Freistellungsbescheid

77 Planfeststellung und Plangenehmigung entfallen in Fällen von unwesentlicher Bedeutung nach § 74 VII Nr. 1–3. Nach dem Wortlaut von VII ist der Behörde ein Ermessen nicht eingeräumt („entfallen").

Das Planfeststellungserfordernis entfällt nicht nach § 74 VII wegen unwesentlicher Bedeutung des Vorhabens, wenn Hangsicherungsmaßnahmen seitlich des Schienenwegs auf einer Strecke von 70 Metern durchgeführt werden, die einen Eingriff in Natur und Landschaft (§ 14 I BNatSchG) darstellen und damit andere öffentliche Belange iSd § 74 VII 2 Nr. 1 VwVfG berühren (BVerwG NVwZ 2015, 445 (446)).

77a Der Vorhabenträger kann ein unwesentliches Vorhaben sofort umsetzen. Allerdings ist ein allzu forsches Vorgehen mit dem Risiko behaftet, dass eine Aufsichtsbehörde weitreichende Verfügungen erlässt. Um durch Rechtsunsicherheit etwaige aufsichtliche Maßnahmen, Untersuchungen und Ähnliches zu vermeiden, dürfte es regelmäßig im Interesse des Vorhabenträgers und zugleich auch im Interesse der Aufsichtsbehörde liegen, von der zuständigen Behörde ein **„grünes Licht"** für die Rechtskonformität seiner Ansicht zu erlangen. Geeignet hierfür ist die Beantragung eines **Freistellungsbescheids** mit dem die Behörde in einem VA lediglich im deklaratorischen Sinne **feststellend** bekundet, dass die Voraussetzungen einer wesentlichen Bedeutung nach VII 2 nicht gegeben sind und damit die Aufsichtsbehörde gebunden wird (KR/Wysk § 74 Rn. 231; MSU/Lieber § 74 Rn. 508; Ziekow § 74 Rn. 73; SBS/Neumann/Külpmann § 74 Rn. 258: „Unterbleibensbescheid"). Die behördliche Weigerung kann der Vorhabenträger mit der Verpflichtungsklage überwinden (Ziekow § 74 Rn. 75).

§ 75 Rechtswirkungen der Planfeststellung

(1) [1] Durch die Planfeststellung wird die Zulässigkeit des Vorhabens einschließlich der notwendigen Folgemaßnahmen an anderen Anlagen im Hinblick auf alle von ihm berührten öffentlichen Belange festgestellt; neben der Planfeststellung sind andere behördliche Entscheidungen, insbesondere öffentlich-rechtliche Genehmigungen, Verleihungen, Erlaubnisse, Bewilligungen, Zustimmungen und Planfeststellungen nicht erforderlich. [2] Durch die Planfeststellung werden alle öffentlich-rechtlichen Beziehungen zwischen dem Träger des Vorhabens und den durch den Plan Betroffenen rechtsgestaltend geregelt.

(1a) [1] Mängel bei der Abwägung der von dem Vorhaben berührten öffentlichen und privaten Belange sind nur erheblich, wenn sie offensichtlich und auf das Abwägungsergebnis von Einfluss gewesen sind. [2] Erhebliche Mängel bei der Abwägung oder eine Verletzung von Verfahrens- oder Formvorschriften führen nur

dann zur Aufhebung des Planfeststellungsbeschlusses oder der Plangenehmigung, wenn sie nicht durch Planergänzung oder durch ein ergänzendes Verfahren behoben werden können; die §§ 45 und 46 bleiben unberührt.

(2) [1] Ist der Planfeststellungsbeschluss unanfechtbar geworden, so sind Ansprüche auf Unterlassung des Vorhabens, auf Beseitigung oder Änderung der Anlagen oder auf Unterlassung ihrer Benutzung ausgeschlossen. [2] Treten nicht voraussehbare Wirkungen des Vorhabens oder der dem festgestellten Plan entsprechenden Anlagen auf das Recht eines anderen erst nach Unanfechtbarkeit des Plans auf, so kann der Betroffene Vorkehrungen oder die Errichtung und Unterhaltung von Anlagen verlangen, welche die nachteiligen Wirkungen ausschließen. [3] Sie sind dem Träger des Vorhabens durch Beschluss der Planfeststellungsbehörde aufzuerlegen. [4] Sind solche Vorkehrungen oder Anlagen untunlich oder mit dem Vorhaben unvereinbar, so richtet sich der Anspruch auf angemessene Entschädigung in Geld. [5] Werden Vorkehrungen oder Anlagen im Sinne des Satzes 2 notwendig, weil nach Abschluss des Planfeststellungsverfahrens auf einem benachbarten Grundstück Veränderungen eingetreten sind, so hat die hierdurch entstehenden Kosten der Eigentümer des benachbarten Grundstücks zu tragen, es sei denn, dass die Veränderungen durch natürliche Ereignisse oder höhere Gewalt verursacht worden sind; Satz 4 ist nicht anzuwenden.

(3) [1] Anträge, mit denen Ansprüche auf Herstellung von Einrichtungen oder auf angemessene Entschädigung nach Absatz 2 Satz 2 und 4 geltend gemacht werden, sind schriftlich an die Planfeststellungsbehörde zu richten. [2] Sie sind nur innerhalb von drei Jahren nach dem Zeitpunkt zulässig, zu dem der Betroffene von den nachteiligen Wirkungen des dem unanfechtbar festgestellten Plan entsprechenden Vorhabens oder der Anlage Kenntnis erhalten hat; sie sind ausgeschlossen, wenn nach Herstellung des dem Plan entsprechenden Zustands 30 Jahre verstrichen sind.

(4) [1] Wird mit der Durchführung des Plans nicht innerhalb von fünf Jahren nach Eintritt der Unanfechtbarkeit begonnen, so tritt er außer Kraft. [2] Als Beginn der Durchführung des Plans gilt jede erstmals nach außen erkennbare Tätigkeit von mehr als nur geringfügiger Bedeutung zur plangemäßen Verwirklichung des Vorhabens; eine spätere Unterbrechung der Verwirklichung des Vorhabens berührt den Beginn der Durchführung nicht.

Übersicht

	Rn.
I. Bedeutung	1
II. Rechtswirkungen des Planfeststellungsbeschlusses (I 1)	5
1. Genehmigungswirkung (I 1 Hs. 1)	5
2. Konzentrationswirkung (I 1 Hs. 2)	7
3. Gestaltungswirkung (I 2)	9
4. Duldungs- und Ausschlusswirkung (I 1)	10
5. Enteignungsrechtliche Vorwirkung	12
III. Planerhaltung und Abwägungsmängel (Ia)	15
1. Erhebliche und unerhebliche Abwägungsmängel	15
2. Fehlerkorrektur und deren Grenze	16
3. Verfahrensrechtliche Besonderheiten (Ia 2)	17
4. Planergänzung	20
5. Ergänzendes Verfahren	21

Rn.
IV. Nachträgliche Schutzvorkehrungen (II) 22
1. Schutzanordnungen im System der Planfeststellung (II S. 1) 22
2. Voraussehbare Auswirkungen (II 2) 27
3. Unanfechtbarkeit 31
4. Schutzauflagen, Geldentschädigung 32
5. Veränderungen auf benachbartem Grundstück (II 5) 33
6. Verfahren (III) 36
V. Außerkrafttreten des Plans (IV) 38

I. Bedeutung

1 In § 75 werden die besonderen **Rechtswirkungen** der Plangenehmigung und des Planfeststellungsbeschlusses geregelt. Die weitreichenden durch das Planfeststellungsverfahren erfassten rechtlichen Beziehungen zeigen sich zum einen darin, dass sämtliche öffentlich-rechtlichen Gestattungen durch den Planfeststellungsbeschluss ersetzt werden und überdies der Planfeststellungsbeschluss zugleich die Rechtsverhältnisse zwischen dem Träger des Vorhabens und den von den Auswirkungen des Vorhabens Betroffenen umfassend gestaltet (I 1 und 2). Diese umfassende Gestaltungs- und Duldungswirkung der Planfeststellung gegenüber allen Betroffenen erstreckt sich auch auf Änderungen des Vorhabens. Änderungen eines festgestellten und noch nicht abschließend ausgeführten Plans wachsen dem ursprünglichen Planfeststellungsbeschluss an; es kommt zu einer **einheitlichen Planungsentscheidung** in der durch die Änderungsplanfeststellung erreichten Gestalt (BVerwG NVwZ 2014, 1008 (1010); NVwZ 2010, 63 (64)); NJW 1982, 950 (950)). Diese Einheitlichkeit der Planfeststellung rechtfertigt wiederum die umfassende Konzentrations-, Gestaltungs- und Duldungswirkung des Planfeststellungsbeschlusses (BVerwG NVwZ 2014, 1008 (1010)).

2 Die Planfeststellung erzeugt insgesamt verschiedene Rechtswirkungen, die herkömmlicherweise als **Genehmigungswirkung** (§ 75 I 1 Hs. 1), **Konzentrationswirkung** (§ 75 I 1 Hs. 2), **Gestaltungswirkung** (§ 75 I 2), **Duldungswirkung** (§ 75 II 1) und **Ausgleichswirkung** (§ 75 II 2–5) bezeichnet werden (BeckOK VwVfG/Kämper § 75 Rn. 1; KR/Wysk § 75 Rn. 1). Je nach Sachverhalt und Rechtslage kann die gesetzlich nicht geregelte **enteignungsrechtliche Vorwirkung** hinzutreten. Die umfassende Genehmigungs-, Konzentrations- und Gestaltungswirkung gem. § 75 I bestimmt den **Umfang der materiellen Bestandskraft** des Planfeststellungsbeschlusses, die sich auch darin widerspiegelt, dass ein Kläger Änderungen oder Ergänzungen einer Planung trotz deren Verschmelzens mit dem ursprünglichen Planfeststellungsbeschluss grundsätzlich nur in dem Umfang angreifen kann, in dem die Änderungen eine eigene Regelung enthalten und er hierdurch erstmals oder weitergehend als bisher betroffen wird (stRspr BVerwG BeckRS 2022, 49447 Rn. 36).

3 Ob und inwieweit **Abwägungsmängel** zu einer Aufhebung einer Plangenehmigung oder eines Planfeststellungsbeschlusses führen, wird in § 75 Ia

näher geregelt. Betroffene können bei nicht vorhersehbaren Auswirkungen, die durch eine Anlage hervorgerufen werden, einen **Anspruch auf Schutzvorkehrung** geltend machen (BVerwG NVwZ 2019, 1202 Rn. 57). Sind Vorkehrungen insofern nicht realisierbar, verbleibt ein Anspruch auf **finanzielle Entschädigung** (II), für dessen Geltendmachung allerdings besondere Verfahrensvorschriften zu beachten sind (III). Der Plan **erlischt,** wenn mit der Durchführung des Plans nicht nach fünf Jahren nach Eintritt der Unanfechtbarkeit begonnen wird (IV).

Zwischen Planfeststellungsbeschluss und Plangenehmigung ist im Rahmen 4 des Anwendungsbereichs von § 72 zu unterscheiden. Eine **analoge Anwendung** der in § 75 getroffenen Regelungen auf andere behördliche Genehmigungsverfahren wird wegen der besonderen Charakteristik einer umfassenden Abwägung aller Belange und der weitgreifenden Rechtswirkungen zutreffend abgelehnt (KR/Wysk § 75 Rn. 7; Ziekow § 75 Rn. 2), und zwar auch für genehmigungsrechtliche Normen, die einen planungsrechtlichen Einschlag haben, wie zB §§ 4, 10, 13, 14 BImSchG (KR/Wysk § 75 Rn. 7). Eine entsprechende Anwendung von § 74 II 2–4 ist allerdings zulässig, sofern die Anwendbarkeit des Planungsrechts auf einer **gesetzlichen Fiktion** beruht, wie es bei Überleitungsvorschriften der Fall sein kann (BVerwG NVwZ 2007, 576 (580)). **Modifikationen** finden sich im Fachplanungsrecht (zB § 9b IV-V AtG, § 18c AEG, § 9 LuftVG, § 57b III 3 BBergG, § 17 FStrG).

II. Rechtswirkungen des Planfeststellungsbeschlusses (I 1)

1. Genehmigungswirkung (I 1 Hs. 1)

Nach § 75 I 1 Hs. 1 wird mit der Bekanntgabe des Planfeststellungsbeschlus- 5 ses die Zulässigkeit des Vorhabens einschließlich der notwendigen Folgemaßnahmen an anderen Anlagen im Hinblick auf alle von ihm berührten öffentlichen Belange festgestellt. Die behördliche Entscheidung der rechtlichen Zulässigkeit eines Vorhabens beinhaltet die **Feststellung** der Planfeststellungsbehörde, dass das zur Genehmigung gestellte Vorhaben den Voraussetzungen entspricht, die zugunsten grundrechtrelevanter Belange Dritter durch ein präventives Verbot mit Erlaubnisvorbehalt bestehen. Liegen die Voraussetzungen insgesamt vor und wird der Planfeststellungsbeschluss zugestellt und damit wirksam, entfällt das präventiv zum Schutz Dritter errichtete Verbot (BeckOK VwVfG/Kämper § 75 Rn. 2). Die rechtliche Wirkung bezieht sich entgegen dem missverständlichen Wortlaut nicht nur auf die Feststellungswirkung einer Genehmigung, sondern schließt auch die der Genehmigung immanente Gestattungswirkung ein (KR/Wysk § 75 Rn. 8 f.; Ziekow § 75 Rn. 4). Die **gestattende Wirkung** (Genehmigungswirkung) ergreift das durch den Plan insgesamt konkretisierte Vorhaben. Davon umfasst sind die Errichtung sämtlicher baulicher Anlagen, die Inbetriebsetzung und der bestimmungsgemäße Betrieb der Anlage (BeckOK VwVfG/Kämper § 75 Rn. 4; MSU/Deutsch § 75 Rn. 55).

6 Die Rechtswirkungen werden darüber hinaus auf alle **notwendigen Folgemaßnahmen** an anderen Anlagen erstreckt (Kment NVwZ 2023, 123 (124); KR/Wysk § 75 Rn. 10). Die Regelung in § 75 I S. 1 hat somit auch eine **kompetenzerweiternde Wirkung.** Die Kompetenzerweiterung trägt dem Grundsatz der Problembewältigung Rechnung. Folgemaßnahmen sind zu treffen, um die Probleme zu lösen, die durch das Vorhaben für die Funktionsfähigkeit anderer Anlagen entstehen (BVerwG NJOZ 2017, 1199 Rn. 72; BVerwGE 109, 192 (201)). Unter dem Begriff einer notwendigen Folgemaßnahme sind alle Regelungen außerhalb der eigentlichen Zulassung des Vorhabens zu verstehen, die für eine angemessene Entscheidung über die durch das Vorhaben aufgeworfenen Probleme erforderlich sind. Das damit angesprochene Gebot der Problembewältigung rechtfertigt es indes nicht, **andere Planungen** mitzuerledigen, obwohl sie ein eigenes umfassendes Planungskonzept erfordern. Insoweit unterliegt der Begriff der notwendigen Folgemaßnahme räumlichen und sachlichen Beschränkungen. Folgemaßnahmen dürfen über Anschluss und Anpassung nicht wesentlich hinausgehen (OVG Lüneburg BeckRS 2016, 112152 Rn. 48; OVG Berlin-Brandenburg BeckRS 2015, 46642; BVerwG NJOZ 2015, 984 Rn. 30; BVerwG BeckRS 2015, 45880 Rn. 31). Zu notwendigen Folgemaßnahmen gehören etwa die Regelungen über die Ablagerungen der bei dem Bau einer ICE-Strecke anfallenden **Überschussmassen** (OVG Koblenz NVwZ 2001, 104 (104 f.)), während die Planung eines **Baugebiets** keine notwendige Folgemaßnahme einer Verkehrswegeplanfeststellung darstellt (VGH Mannheim NJOZ 2009, 4391 (4410); Maus NVwZ 2012, 1277). Auch die landseitigen Anlagen eines geplanten **Hafenausbaus** sind keine Folgemaßnahmen, sondern erfordern ein eigenes Planungskonzept (BVerwG NJOZ 2015, 984 Rn. 30).

6a Notwendige Folgemaßnahme ist auch durch Neubauvorhaben gekennzeichnet, was zu einem **zwingenden Anpassungsbedarf** an einem schon vorhandenen Verkehrsweg führen kann. Es handelt sich dabei um eine einheitliche Planung, die in einem engen räumlichen Zusammenhang zum einen eine neue Lärmquelle schafft und zum anderen eine vorhandene Lärmquelle wesentlich verstärkt mit der Folge, dass beide Lärmquellen gemeinsam auf die Nachbarschaft einwirken. In dieser Fallkonstellation wäre eine separierende Lärmbetrachtung mit dem das Fachplanungsrecht prägenden Grundsatz der Problembewältigung nicht vereinbar (BVerwG NVwZ 2014, 1454 (1457)).

6b Sind Maßnahmen lediglich sinnvoll, aber nicht notwendig, versagt die Erstreckung der Genehmigungswirkung (BVerwG NVwZ 2007, 700 (703)). Die Erweiterung auf Folgemaßnahmen verlangt nach einer Grenzziehung. Es ist daher zu differenzieren, zwischen der von der Genehmigungswirkung einbezogenen Folgemaßnahmen im Rechtssinne und solchen, die von der Wirkung nach § 75 I 1 Hs. 1 nicht mehr erreicht werden. Die Planfeststellungsbehörde ist nicht befugt, **alle nützlichen** oder **zweckmäßigen Maßnahmen** an anderen Anlagen gleich mitzuerledigen, sondern nur solche, die erforderlich sind und in einem **unmittelbaren Zusammenhang** mit dem Vorhaben stehen (notwendige Folgemaßnahmen). Dabei müssen die gesetzliche Kompetenzordnung und die Zuständigkeit anderer Behörden gewahrt bleiben (BVerwG NVwZ 2007, 700 (703)).

Der **Begriff der notwendigen Folgemaßnahme** wird somit gekennzeichnet durch räumliche und sachliche Beschränkungen; die Maßnahmen dürfen über Anschluss und Anpassung nicht wesentlich hinausgehen (BVerwG NJOZ 2015, 984). Als notwendige Folgemaßnahme ist eine Maßnahme anzusehen, die für eine angemessene Entscheidung über die durch die anlassgebende Maßnahme aufgeworfenen Konflikte erforderlich ist; dabei darf sie nicht wesentlich über Anschluss und Anpassung hinausgehen und unterliegt insoweit räumlichen und sachlichen Beschränkungen. Eine Folgemaßnahme ist abzugrenzen von Maßnahmen, die ein umfassendes Planungskonzept benötigen (BVerwG NVwZ 2024, 680 (682)). Liegt demnach eine notwendige Folgemaßnahme gem. § 75 I 1 vor, bleibt für die Annahme **kumulierender Verfahren** gem. § 78 I kein Raum (BVerwG NVwZ 2024, 680, (682); VGH Mannheim BeckRS 2023, 15154 Rn. 92). 6c

Nicht alles, was in Bezug auf die anderen Anlagen in der Folge eines Vorhabens wünschenswert und zweckmäßig erscheint, darf der Vorhabenträger in eigener Zuständigkeit planen und ausführen (OVG Lüneburg BeckRS 2016, 112152 Rn. 48). Das gilt auch dann, wenn der für die andere Anlage **zuständige Planungsträger** mit einer weitreichenden Folgemaßnahme **einverstanden** ist; denn die gesetzliche Kompetenzordnung ist allen Hoheitsträgern vorgegeben. Sie können ihre Zuständigkeiten nicht ohne weiteres an andere abtreten (OVG Lüneburg BeckRS 2016, 112152 Rn. 48 mwN). Maßgeblich sind insoweit die Umstände des Einzelfalls (MSU/Deutsch § 75 Rn. 48). Für die Abgrenzung kommt es auf die Qualität und Quantität einer Maßnahme an (OVG Berlin-Brandenburg BeckRS 2015, 46642; BVerwG NVwZ-RR 2010, 138). 6d

Mehrere Maßnahmen beim Gewässerausbau, die schon für sich genommen tatbestandlich einen Gewässerausbau darstellen, sind weiter dann ein einziges Ausbauvorhaben, wenn eine Maßnahme als **„führend"** und die anderen Maßnahmen als notwendige Folgemaßnahmen an einer anderen Anlage im Sinne des § 70 I 1 Hs. 2 WHG in Verbindung mit § 75 I 1 anzusehen sind. Die in § 75 I 1 geregelte Einbeziehung notwendiger Folgemaßnahmen an anderen Anlagen in das „führende" planfeststellungspflichtige Vorhaben (und damit gerade auch in die Entscheidungskompetenz der für das „führende" Vorhaben zuständigen Planfeststellungsbehörde) ist Ausdruck des Problembewältigungsgrundsatzes. Notwendige Folgemaßnahmen an anderen Anlagen sind dementsprechend nur Maßnahmen, die gerade erforderlich sind, um Probleme zu bewältigen, die durch das „führende" Vorhaben ausgelöst werden (OVG Berlin-Brandenburg BeckRS 2023, 36332 Rn. 70). 6e

2. Konzentrationswirkung (I 1 Hs. 2)

Die Planfeststellung ersetzt grundsätzlich sämtliche für das Vorhaben erforderlichen behördlichen Entscheidungen, insbesondere öffentlich-rechtliche Genehmigungen, Verleihungen, Erlaubnisse, Bewilligungen, Zustimmungen und Planfeststellungen (I 1 Hs. 2). Die zahlreichen einzelnen Genehmigungstatbestände verschiedener Fachgesetze werden nicht in dem Planfeststellungsbeschluss gebündelt, sondern durch den Beschluss rechtlich ersetzt (OVG 7

Münster BeckRS 2017, 128597, Rn 12; KR/Wysk § 75 Rn. 12). Unter diese Konzentrationsnorm fallen zB einzuholende **straßenrechtliche Erlaubnisse** (OVG Bautzen BeckRS 2017, 136747 Rn. 45). Die Konzentrationswirkung nach § 75 I 1 VwVfG von Planfeststellungsbeschlüssen erfasst denjenigen Bereich staatlicher Entscheidungen, in denen sich der Gesetzgeber des Mittels vorheriger Kontrolle bedient, sei es eines **präventiven Verbots mit Erlaubnisvorbehalt** oder eines **repressiven Verbots mit Befreiungsvorbehalt.** Entscheidungen über Gefahrenabwehr oder – bei eingetretenem Schaden – über dessen Beseitigung oder Kompensation werden hingegen von der Konzentrationswirkung des Planfeststellungsbeschlusses nicht erfasst (BVerwG BeckRS 2023, 32288 Rn. 10).

7a Unterfällt allerdings **ein Vorhaben** dem Rechtsregime von zwei selbständigen Planfeststellungsverfahren, ist entsprechend der Kriterien nach § 78 II ein führendes Verfahren zu ermitteln, in dessen Konzentrationswirkung das „nachgeordnete" Verfahren einzustellen ist (OVG Berlin NVwZ-RR 2001, 89 (90 ff.); KR/Wysk § 75 Rn. 14). So wird die Ablagerung von Aushubmassen auf bestimmten Grundstücken, für die eine abfallrechtliche Planfeststellung erforderlich ist, von der Konzentrationswirkung eines wasserstraßenrechtlichen Planfeststellungsbeschlusses erfasst (OVG Koblenz NVwZ-RR 2005, 404 (407)). Treffen hingegen **zwei selbständige Vorhaben** aufeinander, für deren Durchführung separate Planfeststellungsverfahren vorgesehen sind, gilt § 78.

7b Die Konzentrationswirkung, die der Planfeststellungsbeschluss entfaltet, äußert sich in einer Zuständigkeits-, einer Verfahrens- und einer Entscheidungskonzentration. Eine materielle Konzentrationswirkung, die über diese formellen Wirkungen hinausgeht, kommt der Planfeststellung dagegen nicht zu (BVerwG NVwZ 2006 Beilage I Rn. 448 mwN). Die Planfeststellungsbehörde hat das **materielle Recht** im selben Umfang zu beachten, wie die Behörden, die ohne Konzentrationswirkung das Recht anzuwenden hätten (KR/Wysk § 75 Rn. 16). Strikte Gebote oder Verbote, die sich aus diesem Recht ergeben, kommen auch in der Planfeststellung als solche zur Geltung. Sie lassen sich – sofern das maßgebende Fachrecht keine anders lautende Regelung aufweist (§ 38 S. 1 BauGB) – nicht zu **bloßen Abwägungsposten** abschmelzen (BVerwG NVwZ 2006 Beilage I Rn. 448 mwN).

8 Besonderheiten, die nicht von der Konzentrationswirkung erfasst werden, ergeben sich zB im Eisenbahnrecht (BVerwG BeckRS 2023, 36351 Rn. 15) und **im Wasserrecht.** Erfüllt ein Vorhaben (Rutschsanierung eines Hangs) den Tatbestand einer Gewässerbenutzung so ist wegen § 14 I WHG neben der Planfeststellung trotz ihrer **Konzentrationswirkung** eine wasserrechtliche Erlaubnis erforderlich, welche die Planfeststellungsbehörde erteilt (VGH Mannheim NJOZ 2007, 1391 (1398); BVerwG NVwZ 2006 Beilage I Rn. 449). Die **wasserrechtliche Entscheidung** selbst wird nicht durch den Planfeststellungsbeschluss ersetzt, sondern tritt als **selbständiges Element** neben die Planfeststellung (BeckOK VwVfG/Kämper § 75 Rn. 6). Aus der **rechtlichen „Zweigleisigkeit"** folgt, dass Mängel der wasserrechtlichen Erlaubnis die Planfeststellung wegen der rechtlichen Selbständigkeit beider Rechtsakte unberührt lassen (BVerwG NVwZ 2010, 44 (47)).

3. Gestaltungswirkung (I 2)

9 Die Planfeststellung regelt in rechtsgestaltender Weise alle öffentlich-rechtlichen Beziehungen zwischen dem Träger des Vorhabens und den durch den Plan Betroffenen (I 2). Gegenüber dem Träger des Vorhabens entfaltet der Planfeststellungsbeschluss gestalterische Wirkung insoweit, als dass Rechte **begründet, geändert oder aufgehoben** werden. Der Planfeststellungsbeschluss ist damit Grundlage für die **Aufsichtsbehörde** sowie für die weiteren Träger öffentlicher Belange, die an den Beschluss gebunden sind (KR/Wysk § 75 Rn. 17; Ziekow § 75 Rn. 10). Gegenüber Dritten äußert die Planfeststellung ebenfalls eine gestaltende Wirkung, unabhängig davon, ob sie Einwendungen erhoben haben, spätestens mit dem Eintritt der Zustellungsfiktion nach § 74 IV 3. Gegenüber den Betroffenen hat die Gestaltungswirkung den **Ausschluss** etwaiger öffentlich-rechtlicher Unterlassungs- oder Beseitigungsansprüche zur Folge. Private Rechte bleiben ausweislich des Wortlauts („alle öffentlich-rechtlichen Beziehungen") von der Gestaltungswirkung allerdings unberührt. Die Ausschluss- bzw. Duldungswirkung nach § 75 II VwVfG erstreckt sich demzufolge nur auf solche Auswirkungen, auf die sich die Planfeststellung bezieht und die damit geregelt werden. Etwaige weitere zivilrechtliche Lärmsanierungsansprüche gegen den Vorhabenträger bleiben davon unberührt. Mit solchen Ansprüchen braucht sich die Planfeststellungsbehörde auch nicht auseinanderzusetzen (VGH Mannheim ZUR 2012, 570 (574)). Persönlichkeitsrechte und vergleichbare Rechte wie das Urheberrecht werden nicht erfasst (MSU/Deutsch § 75 Rn. 83).

4. Duldungs- und Ausschlusswirkung (I 1)

10 Bestandskräftige Planfeststellungsbeschlüsse sind mit Eintritt der Unanfechtbarkeit mit einer besonderen Ausschlusswirkung ausgestattet (§ 75 Abs. 2 S. 1). Sobald ein Planfeststellungsbeschluss unanfechtbar geworden ist, sind Ansprüche von Betroffenen auf Unterlassung des Vorhabens, auf Beseitigung oder Änderung der Anlagen oder auf Unterlassung ihrer Nutzung ausgeschlossen. Der Ausschlusswirkung gegenüber einem etwaigen Änderungsbegehren entspricht spiegelbildlich die Duldungswirkung, die die Betroffenen hinzunehmen haben. Die Planbetroffenen haben das Vorhaben nach Eintritt der Bestandskraft zu dulden, und zwar auch bei **später eintretenden veränderten Umständen** (BVerwG NVwZ 2008, 561 (561)). Die Duldungswirkung erstreckt sich auch auf die im Luftverkehrsrecht gelegentlich anzutreffende **Planfeststellungsfiktion** (BVerwG NVwZ 2004, 869 (871)). Auf Grund eines bestandskräftigen Planfeststellungsbeschlusses ist der Betroffene zur Duldung auch der Belastungen verpflichtet, wozu auch Lärm- und Schadstoffeinwirkungen, Erschütterungen und Ähnliches durch den Bauverkehr gehört, der zur Verwirklichung des planfestgestellten Vorhabens benötigt wird (BVerwG NVwZ 2014, 367 (368)).

11 **Entschädigungs- und Ausgleichsansprüche** Dritter sind nach § 75 II 1 ebenfalls ausgeschlossen, sofern sie nicht im Planfeststellungsbeschluss in Form von Auflagen nach § 74 II 3 verfügt wurden (KR/Wysk § 75 Rn. 38; Beck-

OK VwVfG/Kämper § 75 Rn. 14). Betroffene sind zur Vermeidung einer materiellen Präklusion gezwungen, die im Planfeststellungsverfahren zur Verfügung stehenden Rechtsbehelfe (§ 74 II und § 75 II 4) zu ergreifen, um entweder Schutzmaßnahmen oder, wo diese untunlich oder mit dem Vorhaben unvereinbar sind, eine Entschädigung in Geld durchzusetzen. Macht ein Betroffener hiervon keinerlei Gebrauch und wird der Planfeststellungsbeschluss bestandskräftig, sind Ansprüche gegen den Träger des Vorhabens **verbindlich** aberkannt (BGH NZM 2010, 131 (133)). Zivilrechtliche Entschädigungsansprüche zB wegen Lärmbelästigung nach § 906 II BGB sind grundsätzlich ausgeschlossen. Das gilt auch, sofern eine Planfeststellung kraft einer **gesetzlichen Fiktion** besteht (BGH NJW 2005, 660 (662)). Der Entschädigungsanspruch nach **§ 906 II 2 BGB** wegen Lärmbelästigungen tritt auch dann hinter die im Planfeststellungsverfahren gegebenen Rechtsbehelfe zurück, wenn der Vorhabenträger die den Nachbar schützenden Planvorgaben nicht einhält (BGH NZM 2010, 131 (133)).

5. Enteignungsrechtliche Vorwirkung

12 Raumbedeutende Vorhaben lassen sich häufig nur dann verwirklichen, wenn Dritte auf ihr Eigentum verzichten, was entweder freiwillig aufgrund einer hinreichend akzeptablen Gegenleistung gelingen oder mittels eines Enteignungsverfahrens erreicht werden kann. In die Planfeststellung nach dem VwVfG ist allerdings **kein Enteignungsverfahren** integriert. Ist für ein bestimmtes Vorhaben ein Eingriff in das geschützte Eigentum zumindest eines Dritten erforderlich, bedarf es dazu eines gesonderten Enteignungsverfahrens. Die Planfeststellung hat in diesen Fällen eine **Vorwirkung für die spätere Enteignung,** wenn aufgrund gesetzlicher Vorschrift ausdrücklich angeordnet ist, dass mit der Planfeststellung bindend über die Zulässigkeit der Enteignung für das Vorhaben entschieden ist, wie es zB aufgrund des IPBeschlG bei § 19 FStrG, § 22 AEG, § 44 WaStrG, § 28 II LuftVG und § 30 PBefG der Fall ist (KR/Wysk § 75 Rn. 20; SBS/Neumann/Külpmann § 75 Rn. 27; BeckOK VwVfG/Kämper § 75 Rn. 16; Jarass DVBl. 2006, 1329 (1329 ff.)).

13 **Enteignungsrechtliche Vorwirkung** (vgl. → § 72 Rn. 37) bedeutet folglich, dass der Planfeststellungsbeschluss die Zulässigkeit einer Enteignung einzelner Grundstücke für das planfestgestellte Vorhaben abschließend feststellt. Weiteren nachfolgenden Enteignungsschritten, insbesondere der Festlegung der Enteignungsentschädigung kann dann nicht mehr die **Unzulässigkeit des Vorhabens** entgegengehalten werden. Dem nachfolgenden Enteignungsverfahren ist der festgestellte Plan unverändert zu Grunde zu legen. Er bindet in dieser Gestalt die Enteignungsbehörde. Im Enteignungsverfahren kann **das „Ob“** der Enteignung nicht mehr in Frage gestellt werden (BVerwG NVwZ 2009, 331 (332); BVerfG NVwZ 2007, 573 (574)). Der BGH hat hierzu Grundsätze einer von ihm so bezeichneten **„Vorwirkungs-Rechtsprechung“** entwickelt: „Danach können auch vorbereitende unverbindliche Planungen, die noch keinen Eingriff in das Eigentum bilden, Vorwirkungen einer späteren Enteignung auslösen, indem sie Grundstücke von der konjunkturellen Weiterentwicklung ausschließen. Voraussetzung

hierfür ist, dass die (unverbindliche) Planung ursächlich für die spätere Enteignung war, eine hinreichende Bestimmtheit hatte und die spätere verbindliche Planung, die dann zur Enteignung führte, mit Sicherheit erwarten ließ. Ob diese Voraussetzungen im Einzelfall gegeben sind, ist dabei weitgehend eine Frage tatrichterlicher Würdigung" (BGH NVwZ 2009, 1184 (1184) mwN). Eines Planfeststellungsbeschlusses bedarf es daher nicht. Bereits die dem Planfeststellungsverfahren vorgeschaltete **Linienführung** (vgl. → § 72 Rn. 28), kann als „Vorwirkung" der Enteignung eines für den Bau dieser Straße benötigten Grundstücks anzusehen sein (BGH NVwZ 2009, 1184 (1184)).

Ein Betroffener bleibt im Rahmen der Eigentumsordnung nicht schutzlos. **14**
Er kann sich gegen die enteignungsrechtliche Vorwirkung des Planfeststellungsbeschlusses und gegen die Entziehung des Grundeigentums mit dem Argument zur Wehr setzen, das Vorhaben diene nicht dem Wohl der Allgemeinheit nach Art. 14 III 1 GG (BVerwG NVwZ 2010, 63 (64); NVwZ 2009, 302 (305)). Mit der Bestandskraft des Planfeststellungsbeschlusses ist abschließend über die **grundsätzliche Zulässigkeit** einer für das Vorhaben erforderlichen Enteignung entschieden. Mit der an Art. 14 III GG zu messenden Enteignung greift der Staat auf das Eigentum eines Einzelnen zu. Die Enteignung ist darauf gerichtet, konkrete Rechtspositionen, die durch Art. 14 I 1 GG geschützt sind, zur Erfüllung bestimmter öffentlicher Aufgaben vollständig oder teilweise zu entziehen (BVerfG NVwZ 2008, 780 (782)). Auch ein Planfeststellungsbeschluss, dem durch Gesetz Bindungswirkung für die Enteignungsbehörde verliehen ist, ist an Art. 14 III GG zu messen, weil er abschließend und für das weitere Verfahren verbindlich über die grundsätzliche Zulässigkeit der Enteignung einzelner Grundstücke entscheidet (BVerfG NVwZ 2008, 780 (782); NVwZ 2007, 573 (573)).

Indes unterliegt dieser sog. **Vollüberprüfungsanspruch** Einschränkun- **14a**
gen, soweit der im Rahmen der Anfechtungsklage geltend gemachte Rechtsfehler aus rechtlichen oder tatsächlichen Gründen für die Inanspruchnahme des Eigentums nicht erheblich, insbesondere **nicht kausal** ist. Dies ist dann der Fall, wenn ein als verletzt geltend gemachter öffentlicher Belang nur von örtlicher Bedeutung ist und auch die fehlerfreie Beachtung dieses Belangs nicht zu einer Veränderung der Planung im Bereich des klägerischen Grundstücks führen würde (OVG Schleswig BeckRS 2023, 17578 Rn. 58). Der Vollüberprüfungsanspruch des Enteignungsbetroffenen reicht nur so weit, wie sich der gerügte Fehler auf die Inanspruchnahme seines Grundstücks auswirken kann (OVG Berlin-Brandenburg BeckRS 2020, 31526 Rn. 28).

Eine **Baugenehmigung** stellt als solches keine durch Art. 14 GG eigen- **14b**
tumsrechtlich geschützte Rechtsposition dar, die im Rahmen der Abwägungsentscheidung zu berücksichtigen ist (OVG Berlin-Brandenburg, BeckRS 2020, 31526 Rn. 47).

III. Planerhaltung und Abwägungsmängel (Ia)

1. Erhebliche und unerhebliche Abwägungsmängel

15 Nach § 75 Abs. Ia sind Mängel bei der Abwägung der von dem Vorhaben berührten öffentlichen und privaten Belange nur dann erheblich, wenn sie offensichtlich und auf das Abwägungsergebnis von Einfluss gewesen sind (S. 1). Erhebliche Mängel bei der Abwägung oder eine Verletzung von Verfahrens- oder Formvorschriften führen nur dann zur Aufhebung des Planfeststellungsbeschlusses oder der Plangenehmigung, wenn sie nicht durch Planergänzung oder durch ein ergänzendes Verfahren behoben werden können; die § 45 und 46 bleiben unberührt (S. 2).

15a Nach § 4 Ib S. 1 UmwRG ist die Entscheidung wegen des Verfahrensfehlers auch bei einer an sich begründeten Klage nur aufzuheben, wenn nicht die Möglichkeit besteht, den Verfahrensfehler in einem **ergänzenden Verfahren** zu heilen. Ist die Heilung im ergänzenden Verfahren nicht ausgeschlossen, so darf das Gericht im Urteilstenor lediglich die Rechtswidrigkeit und Nichtvollziehbarkeit der Entscheidung aussprechen (BVerwG NVwZ 2021, 1846 (1848); Landmann/Rohmer UmweltR/Fellenberg/Schiller UmwRG § 4 Rn. 78). § 75 Ia ist als eine der Vorschriften zur Planerhaltung nach § 4 Ib S. 1 Nr. 2 UmwRG vorrangig (Landmann/Rohmer UmweltR/Fellenberg/Schiller UmwRG § 4 Rn. 83).

15b Die durch das PlVereinhG eingefügte Ergänzung in Ia dient der Klarstellung, dass bei der Verletzung von Verfahrens- oder Formvorschriften die allgemeinen Vorschriften in den §§ 45 und 46 unberührt bleiben. Wie bei Mängeln in der Abwägung ist vorrangiges Ziel die **Planerhaltung** (BVerfG NVwZ 2016, 524 Ls. 1 und Rn. 19). Nur wenn der Verfahrens- oder Formfehler nicht durch ein ergänzendes Verfahren behoben werden kann, kommt eine Aufhebung des Planfeststellungsbeschlusses oder der Plangenehmigung in Frage (BT-Drs. 17/9666, 20). Der Gedanke der **Erhaltung mangelbehafteter Rechtsakte** prägt zahlreiche Gebiete des öffentlichen Rechts, auch das der Planfeststellung, wie § 75 I a VwVfG prägnant verdeutlicht (Kment NVwZ 2019 1734 (1739)). Es ist im Grundsatz **verfassungsrechtlich** nicht zu beanstanden, wenn der Gesetzgeber die Aufhebung einer Planungsentscheidung auf Abwägungsmängel beschränkt hat, die offensichtlich und für das Ergebnis von Einfluss gewesen sind. Dies setzt allerdings voraus, dass konkrete Anhaltspunkte dafür nachweisbar sind, dass die Planfeststellungsbehörde ohne den Abwägungsmangel die gleiche Entscheidung getroffen hätte. Das Gericht darf nicht seine eigene Abwägungsentscheidung an die Stelle derjenigen der Planfeststellungsbehörde setzen (BVerfG NVwZ 2018, 1561, Rn. 29; BVerfG NVwZ 2016, 524 Ls. 1 Rn. 17 ff.). Alleine der Umstand, dass Planungsentscheidungen nur einer eingeschränkten Nachprüfung durch die Fachgerichte wie auch durch das BVerfG unterliegen, führt nicht zu einer unangemessenen Rechtsschutzverkürzung und zu einem Verstoß gegen Art. 19 IV GG (BVerfG NVwZ 2018, 1561, Ls. 1 und Rn. 29).

Ebenfalls geklärt ist, dass die Anwendung von § 75 Ia 2 mit dem Grundgesetz und mit Unionsrecht einschließlich der UVP-Richtlinie in Einklang steht (BVerwG BeckRS 2022, 5153 Rn. 5 mwN). 15c

Die Fehlerfolgenregelung des § 75 Ia 2 findet nicht nur auf Abwägungsmängel, sondern entsprechend auch auf Verstöße gegen Vorschriften des **strikten Rechts** Anwendung (stRspr BVerwG BeckRS 2022, 5153 Rn. 4). 15d

Der in § 75 Ia zum Ausdruck kommende **Grundsatz der Planerhaltung** begrenzt die Reichweite eines Rücknahmeverlangens. Die Aufhebung des Planfeststellungsbeschlusses scheidet aus, wenn der Mangel kein zwingendes Planungshindernis betrifft. Die Gesamtplanung wird nicht in Frage gestellt, wenn der die Rechtswidrigkeit begründende Mangel durch Planergänzung oder durch ein ergänzendes Verfahren mit nachfolgender erneuter Sachentscheidung, die in einer Änderung oder Bestätigung, aber auch in einer Aufhebung des Planfeststellungsbeschlusses bestehen kann, behoben wird (OVG Lüneburg NordÖR 2024, 219 mwN). Nach § 75 Ia 2 iVm § 7 V S. 2 UmwRG führen erhebliche Mängel bei der Abwägung oder eine Verletzung von Verfahrens- oder Formvorschriften zudem nur dann zur Aufhebung des Planfeststellungsbeschlusses oder der Plangenehmigung, wenn sie nicht durch Planergänzung oder durch ein ergänzendes Verfahren behoben werden können; die §§ 45 und 46 VwVfG bleiben hierbei unberührt (VGH Mannheim BeckRS 2023, 47492 Rn. 31). 15e

Mängel sind bei der Abwägung nach § 75 Ia 1 nur erheblich, wenn sie **offensichtlich** und auf das **Abwägungsergebnis von Einfluss,** also **erheblich** gewesen sind (BVerwG NVwZ 2005, 699 (699)). Erhebliche Mängel bei der Abwägung führen nur dann zur Aufhebung des Planfeststellungsbeschlusses oder der Plangenehmigung, wenn sie nicht durch Planergänzung oder durch ein ergänzendes Verfahren behoben werden können (Ia 2). 15f

Das **Abwägungsgebot** → § 74 Rn. 27 verlangt nach der stRspr der Verwaltungsgerichte, dass eine Abwägung überhaupt stattfindet, in die Abwägung an Belangen eingestellt wird, was nach Lage der Dinge in sie eingestellt werden muss, die Bedeutung der betroffenen öffentlichen und privaten Belange nicht verkannt wird und der Ausgleich zwischen den betroffenen Belangen nicht in einer Weise vorgenommen wird, die zur Gewichtigkeit einzelner Belange außer Verhältnis steht (VGH Mannheim NJOZ 2009, 4391 (4407)). Das Abwägungsgebot wird insbesondere dann verletzt, wenn ein geplantes Vorhaben nur durch Festsetzungen zu verwirklichen ist, die nachteilige Wirkungen auf das Recht eines Dritten (§ 70 I iVm § 14 III WHG) verursachen und dieser Einwendungen erhebt, der Plan aber festgestellt wird, ohne gleichzeitig die entsprechenden Schutzvorkehrungen oder die ersatzweise Entschädigung anzuordnen (OVG Magdeburg NVwZ-RR 2023, 355 LS 2). 15g

Ein **Fehler ist nicht erheblich,** wenn nach den Umständen des Einzelfalls die konkrete Möglichkeit fehlt, dass die Planungsentscheidung ohne den Fehler anders, also für den Kl. günstiger ausgefallen wäre. Die Annahme, dass bei **Vermeidung des Abwägungsfehlers** keine andere Abwägungsentscheidung ergangen wäre, ist aber nur gerechtfertigt, solange konkrete Anhaltspunkte dafür nachweisbar sind, dass die Planfeststellungsbehörde gleichwohl 15h die gleiche Entscheidung getroffen hätte (OVG Magdeburg NVwZ-RR 2023, 564 (566); OVG Lüneburg 2022, 8963 Rn. 24).

15i **Unerheblich** sind auch offensichtliche Mängel, die auf das Abwägungsergebnis keinerlei Einfluss ausgeübt haben (Arg. e contr.; KR/Wysk § 75 Rn. 23).Wird ein offensichtlicher Abwägungsmangel festgestellt, der auf das Abwägungsergebnis von Einfluss gewesen ist, ist der Planfeststellungbeschluss rechtswidrig, was aber nicht zur Aufhebung führt, sondern in einem ergänzenden Verfahren (§ 75 Ia 2) behoben werden kann (BVerwG BeckRS 2020, 38855 Rn. 21).

15j Eine Erheblichkeit kann nur verneint werden, wenn konkrete Anhaltspunkte dafür nachweisbar sind, dass die Planfeststellungsbehörde auch im Falle einer ordnungsgemäßen Abwägung die gleiche Entscheidung getroffen hätte. Solche Anhaltspunkte können sich etwa aus dem Planfeststellungsbeschluss ergeben. Das Gericht darf keine eigene **hypothetische Abwägungsentscheidung** an die Stelle der Entscheidung durch die Planfeststellungsbehörde setzen (BVerwG BeckRS 2020, 38855 Rn. 21 mwN).

15k Es bedarf aber keines positiven Nachweises, ob der Abwägungsmangel (→ § 74 Rn. 36e) sich tatsächlich ausgewirkt hat. Vielmehr ist es ausreichend, wenn die **abstrakte Möglichkeit** besteht, dass die Planung ohne den Mangel anders ausgefallen wäre (KR/Wysk § 75 Rn. 25; Ziekow § 75 Rn. 17). Entsprechende Regelungen, die der Beschleunigung von Verfahren dienen sollen, sind auch in anderen Fachplanungsvorschriften anzutreffen (zB § 4 Ib UmwRG, § 182 VI AEG, § 14e VI WaStrG, §§ 10 VIII LuftVG, 43e IV EnWG, 17e VI FStrG, 214 III BauGB). Ein Planfeststellungsbeschluss leidet nicht an einem Abwägungsfehler, wenn private Belange nicht berücksichtigt wurden, die der Betroffene im Planfeststellungsverfahren nicht vorgetragen hat und die sich der planenden Behörde nicht aufdrängen mussten (OVG Lüneburg BeckRS 2019, 24578 Ls.12).

2. Fehlerkorrektur und deren Grenze

16 Eine gerichtlich nicht angreifbare **Fehlerkorrektur** ist möglich durch **Planergänzung** (§ 75 Ia 2, KR/Wysk § 75 Rn. 28; MSU/Deutsch § 75 Rn. 118) und einem **ergänzenden Verfahren** (BVerwG BeckRS 2017, 144434 Rn. 79, 90). Die Grenze wird erreicht und eine Korrektur scheidet dann aus, wenn die Behebung eines erheblichen Mangels durch eine Planergänzung (Ia 2) das Grundgerüst des Planungskonzepts und die Ausgewogenheit der Planungsentscheidung insgesamt in Frage stellen würde (BVerwG NVwZ 2006 Beilage I Rn. 238; Ziekow § 75 Rn. 20).

16a Die Behörde kann in einem Planfeststellungsverfahren **jederzeit** einen von ihr erkannten oder auch nur als möglich unterstellten Mangel beseitigen, indem sie das Verfahren wieder aufnimmt und erneut zu Ende führt. Das ergänzende Verfahren zur Fehlerbehebung ist kein Änderungsverfahren im Sinne des § 76, sondern ein unselbständiger Teil des einheitlichen Planfeststellungsverfahrens. Es führt nicht **zwingend** zu einer **Änderung oder Ergänzung** des Planfeststellungsbeschlusses, sondern kann auch mit seiner Bestätigung enden (BVerwG BeckRS 2021, 46594 Rn. 9 mwN).

Die Öffentlichkeit muss in einem ergänzenden Verfahren dann neu beteiligt werden, wenn nach Erlass des Planfeststellungsbeschlusses eine nach Gegenstand, Systematik und Ermittlungstiefe neue oder über die bisherigen Untersuchungen **wesentlich hinausgehende Prüfung** der Umweltbetroffenheiten stattfindet (BVerwG BeckRS 2021, 46594 Rn. 5 mwN). Dies beurteilt sich danach, ob bereits die ursprünglichen Unterlagen die nötige Anstoßwirkung entfalten oder ob eine solche erstmalig von den neuen Unterlagen ausgeht. Die **Anstoßwirkung** soll den Zweck der Öffentlichkeitsbeteiligung sicherstellen, durch Einbeziehung von Meinungsäußerungen und Bedenken der Öffentlichkeit zu Umweltbelangen den behördlichen Entscheidungsprozess besser und transparenter zu gestalten. Sie setzt voraus, dass die Unterlagen potenziell Betroffenen und den anerkannten Vereinigungen die Beurteilung ermöglichen, ob und in welchem Umfang ihre Belange oder ihre satzungsgemäßen Interessen von den Umweltauswirkungen betroffen werden können (BVerwG BeckRS 2021, 46594 Rn. 5 mwN). 16b

3. Verfahrensrechtliche Besonderheiten (Ia 2)

Beachtliche Mängel können nach § 75 Ia 2 durch eine **Planergänzung** oder ein **ergänzendes Verfahren** geheilt werden (Bell/Herrmann NVwZ 2004, 288, (293)). Die in Ia vorgesehenen Möglichkeiten einer Fehlerkorrektur stellen eine Ausprägung des **Grundsatzes der Planerhaltung** mit dem Ziel dar, den Planfeststellungsbeschluss um Regelungen zu ergänzen, die für ein fehlerfreies Abwägungsergebnis erforderlich sind. Nur schwerwiegende, erhebliche Fehler sollen geeignet sein, die Aufhebung einer Planfeststellung zu ermöglichen. 17

Bei dem **Grundsatz der Planerhaltung** handelt es sich um ein offenes Prinzip, das der Weiterentwicklung durch die Rechtsprechung grundsätzlich zugänglich ist (BVerwG NVwZ 2007, 581 (582); NVwZ 2004, 1486 (1496)). Mängel einer spezifisch naturschutzrechtlichen Abwägung, die nicht die Planung als Ganzes von vornherein in Frage stellen, können in entsprechender Anwendung des § 75 Ia 2 in einem ergänzenden Verfahren geheilt werden (BVerwG NVwZ 2007, 581 (582)). 18

Bedeutsam für die Planfeststellung ist, dass eine Fehlerbehebung bis zum Abschluss der gerichtlichen Tatsacheninstanz zulässig ist (OVG Lüneburg NJOZ 2005, 2775 (2785)). Auch wenn für die Frage der Rechtmäßigkeit eines angefochtenen Planfeststellungsbeschlusses auf den Zeitpunkt seines Erlasses abzustellen ist, kann ein (möglicherweise) bestehender Verstoß gegen Schranken des strikten Rechts danach behoben und dies wie das Ergebnis eines ergänzenden Verfahrens bis zum Abschluss der Tatsacheninstanz berücksichtigt werden. Dies gilt auch für Verstöße, deren Behebung Ergebnis eines vom Planfeststellungsverfahren unabhängigen Verfahrens ist (OVG Lüneburg NJOZ 2005, 2775 (2785)). Nachholbar ist auch eine **Stellungnahme der Europäischen Kommission** nach § 34 IV 2 BNatSchG (BeckOK VwVfG/Kämper § 75 Rn. 32a). 19

4. Planergänzung

20 Die in § 75 Ia 2 enthaltene Regelung gibt den von der Rspr. des BVerwG entwickelten Grundsatz wieder, dass das **Fehlen gesetzlich gebotener Schutzauflagen** nicht zur Aufhebung des Planfeststellungsbeschlusses führt, wenn der Fehler durch eine Planergänzung behoben werden kann (seit BVerwGE 56, 110 (133) stRspr; BeckOK VwVfG/Kämper § 75 Rn. 29; KR/Wysk § 75 Rn. 31). Die Planergänzung wird angewandt, wenn zB erforderliche Schutzmaßnahmen im Planfeststellungsbeschluss fehlen und über den Weg der Planergänzung dem Beschluss hinzugefügt werden sollen (SBS/Neumann/Külpmann § 75 Rn. 46; Ziekow § 75 Rn. 21). In § 75 Ia 2 ist zwar die Ermächtigung zur Planergänzung nicht aber das Verfahren geregelt (SBS/Neumann/Külpmann § 75 Rn. 47).

5. Ergänzendes Verfahren

21 Mit der in § 75 Ia 2 vorgesehenen Ergänzung können formelle oder materielle Fehler der Planfeststellung behoben werden, die nachträglich beseitigt oder durch bisher fehlende Schritte ergänzt werden. Vorschriften für das **konkrete Verfahren** fehlen indes. Auf § 76 kann nicht zurückgegriffen werden; es handelt sich bei dem Regelungsgegenstand **nicht** um eine **Planänderung** (BVerwG NVwZ 2001, 429 (429 f.); SBS/Neumann/Külpmann § 75 Rn. 51; KR/Wysk § 75 Rn. 28; Ziekow § 75 Rn. 22; BeckOK VwVfG/Kämper § 75 Rn. 33).

21a Die Behörde kann in einem Planfeststellungsverfahren jederzeit einen von ihr erkannten oder auch nur als möglich unterstellten Mangel beseitigen, indem sie das Verfahren wieder aufnimmt und erneut zu Ende führt. Das ergänzende Verfahren zur Fehlerbehebung ist **kein Änderungsverfahren** im Sinne des § 76 VwVfG, sondern ein **unselbständiger Teil** des einheitlichen Planfeststellungsverfahrens (BVerwG BeckRS 2021, 46594 Rn. 9). Daher ist ein **gesetzlich ungeregeltes** ergänzendes **Fehlerbehebungsverfahren** erforderlich, in dem die fehlerhaften Verfahrensschritte oder weitere, bisher unterlassene oder fehlerhaft erfolgte Prüfungen durchgeführt werden können (KR/Wysk § 75 Rn. 28); die daraufhin ergehende ergänzende Entscheidung ist ein zustellungsbedürftiger Verwaltungsakt (BeckOK VwVfG/Kämper § 75 Rn. 33; MSU/Deutsch § 75 Rn. 131).

21b Kommt es zu einer **wesentlichen Änderung** des Vorhabens im Sinne des Regelungsgehalts nach § 76 II und III oder sind wesentliche Inhalte des Planfeststellungsbeschlusses im Rahmen der Planergänzung erneut zu beurteilen und einer erneuten Abwägung zu unterziehen, so ist eine erneute **Beteiligung der Öffentlichkeit** im Rahmen eines ergänzenden Verfahrens notwendig (BVerwG BeckRS 2021, 46594 Rn. 9). Im Übrigen richtet sich die **Reichweite der Öffentlichkeitsbeteiligung** auch sonst nach der Änderung, derentwegen das Verfahren nach § 76 durchgeführt wird, sodass selbst bei wesentlichen Änderungen nur die Bürger und Behörden zu beteiligen sind, deren Belange gegenüber der ursprünglichen Planung erstmals oder stärker betroffen sind (BVerwG BeckRS 2022, 1228 Rn. 30).

Die Regelung des § 75 Abs. 1a ermächtigt die Planfeststellungsbehörde zur Behebung eines Mangels des Planfeststellungsbeschlusses (BVerwG BeckRS 2019, 24602 Rn. 30). Die Bestimmung berechtigt die Planfeststellungsbehörde **zu jedem Zeitpunkt** einen von ihr erkannten oder auch nur als möglich angesehenen Mangel aufzugreifen und diesen Mangel rechtskonform zu heilen. Die Heilung des Mangels ist auch im Laufe eines gerichtlichen Verfahrens vor dessen rechtskräftigem Abschluss auf gerichtlichen Hinweis möglich. Auch dann kann die Behörde das Verfahren an der Stelle, an der der – unterstellte – Fehler unterlaufen ist, wiederaufnehmen und einen **unselbstständigen Abschnitt** eines einheitlichen Verfahrens hinzufügen (BVerwG BeckRS 2019, 24602 Rn. 30 mwN). Aus § 75 Ia S. 2 und ergänzenden Vorschrift wie etwa § 7 V UmwRG ergibt sich **kein Verbot** einer gerichtlichen Aussetzung zur Nachholung von Verfahrensschritten. Die Fehlerfolgenregelung des § § 75 Ia S. 2 findet nicht nur auf Abwägungsmängel, sondern entsprechend auch auf Verstöße gegen Vorschriften des strikten Rechts Anwendung (stRspr BVerwG BeckRS 2018, 9818 Rn. 6 mwN). Der Vorschrift lässt sich nicht entnehmen, dass ein Fehler erst **gerichtlich beanstandet** werden muss, bevor ein Verfahren zur Fehlerheilung durchgeführt werden kann. Deshalb kann das ergänzende Verfahren auch zur Heilung von der Behörde selbst festgestellter Defizite eingesetzt werden (BVerwG BeckRS 2019, 24602 Rn. 30; BVerwG BeckRS 2018, 9818 Rn. 6 mwN). 21c

Nach stRspr des BVerwG beschränkt sich im Falle des § 75 Ia S. 2 die Rechtskraft eines Urteils mit dem Ausspruch, dass ein Planfeststellungsbeschluss rechtswidrig und nicht vollziehbar ist, nicht auf die Feststellung, dass ein bestimmter Rechtsfehler gegeben ist und im ergänzenden Verfahren behoben werden kann, sondern umfasst auch die Feststellung, dass weitere Fehler des Beschlusses nicht vorliegen. Die durch das rechtskräftige Urteil erlangte Rechtssicherheit wird grundsätzlich nur insoweit aufgegeben, als es zur Beseitigung der gerichtlich festgestellten Mängel im ergänzenden Verfahren erforderlich ist (BVerwG BeckRS 2018, 614 Rn. 7). 21d

Auch vor Erlass einer die Rechtmäßigkeit des Planfeststellungsbeschlusses teilweise bestätigenden gerichtlichen Entscheidung erlangt die Planfeststellungsbehörde bereits im Umfang des Einwendungsausschlusses **Rechtssicherheit** (BVerwG BeckRS 2019, 24602 Rn. 31 mwN). Hieran hat sich durch den **Wegfall der Präklusion** aufgrund des Anwendungsvorrangs des Unionsrechts nichts geändert (BVerfG NVwZ 2018, 406 Rn. 24). Die Präklusion hat materiell-rechtliche Wirkung; sie ist kein prozessuales Rechtsinstitut, dessen Änderungen in anhängigen Verfahren gegebenenfalls zu beachten wären. Mit der Präklusion wird die betreffende Rechtsposition eines Betroffenen und Klägers beseitigt, und zwar ungeachtet des Erlasses einer gerichtlichen Entscheidung (BVerwG BeckRS 2019, 24602 Rn. 31; BVerwG BeckRS 2018, 614 Rn. 10). Dieser einmal eingetretene Rechtsverlust bleibt zu Lasten des Klägers bestehen, sofern nicht die Behörde bei unveränderter Sach- und Rechtslage durch die Wiederaufnahme des Verfahrens auf die Rechtswirkung des Einwendungsausschlusses verzichtet (BVerwG BeckRS 2019, 24602 Rn. 31; BVerfG NVwZ 2018, 406 Rn. 24). Zur materiellen Präklusion ferner → § 72 Rn. 35e–35i. 21e

21f Die Frage der Rechtmäßigkeitskontrolle wirft die Frage auf, welcher Zeitpunkt einer Kontrolle für welches Entscheidungselement nach Abschluss des ergänzenden Verfahrens maßgeblich ist. Wird nach Erlass des Planfeststellungsbeschlusses ein **ergänzendes Verfahren** durchgeführt, verschmelzen der festgestellte Plan und die nachträglichen Änderungen zu einem einzigen Plan in der durch den **Änderungsbeschluss erreichten Gestalt** (BVerwG BeckRS 2019, 24602 Rn. 14). Für die Prüfung der Rechtmäßigkeit eines Planfeststellungsbeschlusses kommt es grundsätzlich auf die Sach- und Rechtslage bei dessen Erlass an (stRspr, BVerwG BeckRS 2019, 24602 Rn. 14; BVerwGE 158, 1 Rn. 21 mwN = NVwZ-Beilage 2017, 101 Rn. 21). Für die Frage der Rechtmäßigkeit im ergänzenden Verfahren kommt es daher auf den **richtigen Zeitpunkt** der Überprüfung an. Soll ein **punktueller Fehler** der ersten Entscheidung vor dem Ergänzungsverfahren überprüft werden, so ist der Zeitpunkt des (ersten) Planfeststellungsbeschlusses maßgeblich (BVerwG BeckRS 2019, 24602 Rn. 14). Abweichendes gilt dann, wenn die Planfeststellungsbehörde ihre Entscheidung im ergänzenden Verfahren auf veränderte tatsächliche oder rechtliche Verhältnisse stützt und auf der Grundlage einer Aktualisierung der Beurteilungsgrundlagen eine **Neubewertung** etwa der Verträglichkeitsuntersuchung vornimmt; dann ist insoweit der **Zeitpunkt der Aktualisierung** maßgeblich (BVerwG BeckRS 2019, 24602 Rn. 14 mwN).

21g Wird ein Planfeststellungsbeschluss nicht aufgehoben, sondern für rechtswidrig und nicht vollziehbar erklärt, weil die Mängel, an denen er leidet, durch Planergänzung oder ein ergänzendes Verfahren behoben werden können, so darf das Gericht die Rechtmäßigkeit des Planfeststellungsbeschlusses nicht offenlassen (BVerwG BeckRS 2018, 7761 Rn. 66 = NVwZ 2018, 1076 (Ls.)).

Der Zweck des § 75 Abs. 1a VwVfG besteht darin, der Planfeststellungsbehörde Gelegenheit zu geben, die vom **Gericht identifizierten Fehler** in einem auf deren Korrektur beschränkten ergänzenden Verfahren zu beheben. Dieser Zweck wird dadurch erreicht, dass der Kläger aufgrund der Rechtskraftwirkung des Urteils gegen die spätere behördliche Entscheidung im ergänzenden Verfahren regelmäßig nicht mehr gerichtlich geltend machen kann, dass der Planfeststellungsbeschluss über die Beanstandung des Gerichts hinaus an weiteren Fehlern leide (BVerwG BeckRS 2018, 7761 Rn. 66 mwN aus der Rspr. des BVerwG).

21h Die Rechtsschutzmöglichkeiten gegen eine **erneute planfeststellungsrechtliche Entscheidung** in einem **ergänzenden Verfahren** sind eingeschränkt. Ein Planänderungs- und/oder -ergänzungsbeschluss kann grundsätzlich nur angefochten werden, soweit er gegenüber dem bestandskräftigen Planfeststellungsbeschluss **eigene Regelungen** enthält. Die Klagebefugnis setzt danach die substantiierte Geltendmachung einer erst hierdurch ausgelösten erstmaligen oder weitergehenden Betroffenheit voraus, und zwar in einen den Kläger schützenden Normen des materiellen oder des Verfahrensrechts oder in der Abwägung seiner geschützten Belange. Darüber hinaus kann (nur) ein im Ausgangsverfahren obsiegender Kläger gegen die Entscheidung im ergänzenden Verfahren geltend machen, die vom Gericht festgestellten Mängel seien weiterhin nicht behoben (stRspr, BVerwG BeckRS 2023, 40325 Rn. 7; BVerwG BeckRS 2022, 49448 Rn. 15). Handelt es sich um die Fortsetzung des ursprünglichen Planfeststellungsverfahrens zur Fehlerheilung und nicht um ein selbstständiges, einen anderen Streitgegenstand betreffendes Planänderungsverfahren handelt, finden diese Grundsätze uneingeschränkt Anwendung (BVerwG BeckRS 2023, 40325 Rn. 7).

Die Bestimmungen des § 75 I a 2 oder § 7 V 1 UmwRG stehen der Aus- 21i
setzung eines gerichtlichen Verfahrens nicht entgegen. Zwar bieten diese Vorschriften und der in ihnen zum Ausdruck kommende **Grundsatz der Planerhaltung** keine Grundlage für die Aussetzung des gerichtlichen Verfahrens zur Heilung materieller Fehler (OVG Magdeburg NVwZ 2018, 1331 Rn. 6; OVG Bautzen LKV 2018, 177). Ihr Regelungsgehalt beschränkt sich darauf, vorzuschreiben, dass bei einem materiellen Verstoß gegen Rechtsvorschriften die Entscheidung über die Zulässigkeit eines Vorhabens nicht aufgehoben wird, wenn der materielle Verstoß durch Entscheidungsergänzung oder in einem ergänzenden Verfahren geheilt werden kann (BT-Drs. 18/9526, 44). Die Vorschriften schließen aber nicht aus, dass die Behörde von sich aus eine Entscheidungsergänzung vornimmt oder ein ergänzendes Verfahren durchführt, wenn ihr ein behebbarer Mangel des angefochtenen Verwaltungsakts offenbar wird (SBS/Neumann/Külpmann § 75 Rn. 45). Eine solche Fehlerheilung durch die Behörde ist auch dann nicht ausgeschlossen, wenn ein gegen den Planfeststellungsbeschluss gerichtetes Klageverfahren gem. § 4 I b 3 UmwRG zur Heilung von Verfahrensfehlern ausgesetzt ist (OVG Magdeburg NVwZ 2018, 1331 Rn. 6).

IV. Nachträgliche Schutzvorkehrungen (II)

1. Schutzanordnungen im System der Planfeststellung (II S. 1)

Ist der Planfeststellungsbeschluss unanfechtbar geworden, so sind Ansprüche 22
auf Unterlassung des Vorhabens, auf Beseitigung oder Änderung der Anlagen oder auf Unterlassung ihrer Benutzung ausgeschlossen (II 1). Sofern nicht voraussehbare Wirkungen des Vorhabens oder der dem festgestellten Plan entsprechenden Anlagen auf das Recht eines anderen erst nach Unanfechtbarkeit des Plans auftreten, kann der Betroffene Vorkehrungen oder die Errichtung und Unterhaltung von Anlagen verlangen, welche die nachteiligen Wirkungen ausschließen (II 1). Der Betroffene hat trotz Unanfechtbarkeit einen Anspruch auf Schutzvorkehrungen, wenn das Vorhaben nicht voraussehbare Auswirkungen zeitigt. Der Anspruch ist nach § 75 III 2 nur innerhalb von drei Jahren nach dem Zeitpunkt zulässig, zu dem der Betroffene Kenntnis von den Wirkungen erhalten hat. Der Anspruch ist ausgeschlossen, wenn nach Herstellung des Vorhabens 30 Jahre verstrichen sind.

Nicht voraussehbare Auswirkungen einer Anlage auf grundrechtlich ge- 22a
schützte Rechtspositionen haben Betroffene grundsätzlich nicht zu dulden. Insofern werden in II 2–5 die Anforderungen des Grundrechtsschutzes zugunsten Dritter konkretisiert (Bell/Herrmann NVwZ 2004, 288 (292)).

§ 75 I 1 soll im Interesse einer umfassenden Problembewältigung im Zuge des Planvorhabens eine **einheitliche Entscheidung** auch über notwendige (Anpassungs-) Maßnahmen an anderen Anlagen ermöglichen (BVerwG BeckRS 2015, 41452 Rn. 12). Vorhersehbare Auswirkungen sind hingegen vor Zustellung und Bekanntgabe der Planentscheidung durch Schutzanordnungen nach § 74 II 2 oder ggf. mittels einer finanziellen Entschädigung zu kompensieren.

23 Betroffenen, die mit unvorhersehbaren Auswirkungen konfrontiert werden, steht ein Anspruch auf Anordnung nachträglicher Schutzmaßnahmen (II 2 und 3) oder eine angemessene Entschädigung in Geld zu. § 75 II folgt hier dem in § 74 II 2–3 getroffenen Unterscheidungsmuster. Die Anwendbarkeit des Anspruchs bei **unvorhersehbaren Auswirkungen** ist in zeitlicher Hinsicht erst nach Eintritt der Unanfechtbarkeit des Planfeststellungsbeschlusses eröffnet. **Vorhersehbare Auswirkungen** vor Zustellung der Entscheidung werden hingegen von § 74 erfasst. Dieses durch das Planungsfeststellungsrecht in §§ 74 II, 75 II zur Verfügung gestellte Instrumentarium gewährleistet **im Regelfall** einen hinreichenden Schutz des Eigentums Dritter. Zivilrechtliche Entschädigungsansprüche sind daher **grundsätzlich** ausgeschlossen (BGH NVwZ 2015, 1317 (1318); (zur Ausnahme siehe → § 75 Rn. 32). Diese Ausschluss- und Duldungswirkung des Planfeststellungsbeschlusses bezieht sich nicht nur auf öffentlich-rechtliche Ansprüche, sondern auch auf zivilrechtliche **Ansprüche,** wie sie unter anderem in §§ 823, 906 f. und 1004 BGB vorgesehen sind (OLG Köln NVwZ 2017, 733).

24 Ist der Planfeststellungsbeschluss unanfechtbar geworden, ohne dass vorhersehbare Auswirkungen berücksichtigt wurden, so sind Ansprüche auf Unterlassung des Vorhabens, auf Beseitigung oder Änderung der Anlagen oder auf Unterlassung ihrer Benutzung ausgeschlossen (§ 75 II 1). Aufgrund der weitreichenden Ausschlusswirkung hat ein Betroffener eine **Mitwirkungslast,** will er nicht die in II 1 verfügten Folgen tragen. Werden vom Planfeststellungsbeschluss die vorhersehbaren Wirkungen des Vorhabens nicht berücksichtigt, muss der Betroffene ihn wegen eines Abwägungsmangels anfechten oder Ansprüche auf Schutzmaßnahmen nach § 74 II 2 und 3 bis zum Eintritt der Unanfechtbarkeit des Planfeststellungsbeschlusses geltend machen.

25 Für den Betroffenen besteht eine **Obliegenheit,** rechtzeitig zu prüfen, ob der Planfeststellungsbeschluss Immissionen oder andere Belastungen zulässt, die die **Grenze der Zumutbarkeit** übersteigen. Ist dies der Fall, kann er zum Schutz seiner Rechte Klage mit dem Ziel erheben, den Plan um eine Schutzvorkehrung iS des § 74 II 3 zu ergänzen. Sieht er hiervon ab und wird der Planfeststellungsbeschluss bestandskräftig, sind Ansprüche aus § 74 II gegen den Träger des Vorhabens **verbindlich** aberkannt (BGH NZM 2010, 131 (133) mwN).

26 Die Planbetroffenen haben das Vorhaben nach **Eintritt der Bestandskraft** zu dulden, und zwar auch bei später eintretenden veränderten Umständen (BVerwG NVwZ 2008, 561 (562)). Der Anspruch auf nachträgliche Schutzvorkehrungen kann dann nicht mehr auf solche Wirkungen gestützt werden, deren Bewältigung bereits im Planfeststellungsbeschluss hätte geregelt werden können und müssen, weil sie objektiv voraussehbar waren (BVerwG NVwZ

2007, 827 (830); KR/Wysk § 75 Rn. 38). Die Regelungen gelten im Übrigen **analog** bei einer aufgrund gesetzlicher Fiktion fortgeltenden Planfeststellung (BGH NJW 2005, 660 (662)).

Ist der ursprüngliche Planfeststellungsbeschluss gegenüber einem Planbetroffenen bestandskräftig geworden, so kann dieser wegen der Ausschlusswirkung des § 75 II 1 den Änderungsbescheid nur angreifen, wenn er durch dessen Festsetzungen **erstmals** oder **weitergehend** als bisher betroffen wird (BVerwGE 162, 102 Rn. 47 = NVwZ 2018, 1642 Rn. 47). 26a

2. Voraussehbare Auswirkungen (II 2)

§ 74 II 2 bestimmt, dass Betroffene wirksame, die nachteiligen Wirkungen ausschließende Vorkehrungen oder die Errichtung und Unterhaltung von Anlagen verlangen können, wenn nicht voraussehbare Wirkungen des Vorhabens oder der dem festgestellten Plan entsprechenden Anlagen auf das Recht eines anderen erst nach Unanfechtbarkeit des Plans auftreten. Sie sind dem Träger des Vorhabens durch Beschluss der Planfeststellungsbehörde aufzuerlegen (II 3). 27

Der Anspruch auf **nachträgliche Schutzvorkehrungen** besteht dann, wenn bei Vorhersehbarkeit der Auswirkungen ein Anspruch auf Schutzvorkehrungen nach § 74 II 2, → § 74 Rn. 44, vorgelegen hätte (BVerwG BeckRS 2019, 2739 Rn. 24f.; OVG Lüneburg NordÖR 2008, 291 = BeckRS 2008, 34589); BVerwG NVwZ 2007, 827 (830)). Sind auf ein Grundstück einwirkende Lärmimmissionen bei Erlass des Planfeststellungsbeschlusses voraussehbar, wird damit ein Anspruch ausgeschlossen, und zwar auch dann, wenn ein **Abwägungsfehler** vorliegt (BVerwG BeckRS 2019, 2739 Rn. 25). Es obliegt dem Betroffenen im Fall voraussehbarer Wirkungen, gegen den Planfeststellungsbeschluss innerhalb der Rechtsmittelfrist vorzugehen (BVerwG BeckRS 2019, 2739 Rn. 25). **Voraussehbar** sind solche Wirkungen, deren Eintritt im Zeitpunkt der Entscheidung gewiss ist oder sich mit **hinreichender Zuverlässigkeit** prognostisch abschätzen lässt (BVerwG 2008, 827 (829)). Die bloße, abstrakte Eintrittsmöglichkeit wird allerdings noch nicht von der Vorhersehbarkeit erfasst, hinzuzutreten haben konkrete Anhaltspunkte. Waren die Auswirkungen allerdings im Zeitpunkt des Erlasses nicht voraussehbar, konnten die Beteiligten unter Zugrundelegung eines objektiven Maßstabs vernünftigerweise nicht mit dem Eintritt der Auswirkungen rechnen (BVerwG NVwZ 1989, 253 (255)), kann ein Anspruch auf nachträgliche Schutzvorkehrungen bestehen (KR/Wysk § 75 Rn. 43). 27a

Unanwendbar bleibt § 75 II 2 als Anspruchsgrundlage für **passiven Schallschutz** soweit **spezialgesetzliche Regelungen** abschließend Schutzvorkehrungen regeln, wie zB Schallschutz nach dem Fluglärmschutzgesetz 2007. Insoweit bleibt allenfalls Raum für ergänzenden Schallschutz nach § 75 II 2, wenn nachgewiesen werden kann, dass in verfassungsrechtlich unzureichender Weise der Lärmschutz im Fachrecht verwirklicht wurde (OVG Berlin-Brandenburg NVwZ-RR 2014, 878 (878)). 27b

Nicht voraussehbar sind auch Auswirkungen, deren Schädlichkeit oder Gefährlichkeit sich auf Grund **neuer wissenschaftlicher Erkenntnisse** und 28 des technischen Fortschritts erst nachträglich herausstellen. Insoweit trägt II 2 tatsächlichen Entwicklungen Rechnung, die einen neuen **Stand von Wissenschaft und Technik,** → § 24 Rn. 11a, begründen (BVerwG NVwZ 2004, 618 (619)). Welche Anforderungen neue wissenschaftliche Erkenntnisse erfüllen müssen, um im Anwendungsbereich von II 2 einen Anspruch auf nachträgliche Planergänzung zu begründen, beurteilt sich nach dem Schutzzweck dieser Vorschrift. Zu fragen ist daher, ob bei unterstellter Voraussehbarkeit der Wirkungen im Zeitpunkt der Planfeststellung begründeter Anlass bestanden hätte, zu Gunsten der nachteilig Betroffenen im Planfeststellungsbeschluss Schutzauflagen anzuordnen (BVerwG NVwZ 2007, 827 (830)). Als nicht vorhersehbar gelten entsprechend auch die Festlegung der Flugverfahren, wenn damit die planungsrechtliche Grundlage konterkariert oder verlassen wird (OVG Berlin LKV 2013, 513 (517)).

28a Als schädlich oder gefährlich im Sinne des § 75 II 2 können sich nur solche Auswirkungen nachträglich herausstellen, die bei der Planfeststellung in tatsächlicher Hinsicht überhaupt noch nicht als solche erkannt waren oder deren **Gefährlichkeit oder Schädlichkeit** zum Zeitpunkt der Planfeststellung grundlegend anders oder geringer eingestuft wurden als danach (OVG Magdeburg BeckRS 2023, 37657).

28b Für die **Prognose der Verkehrsentwicklung** gibt der Gesetzgeber keinen festen Zeitrahmen vor. Mit Blick auf die von der Planfeststellung ausgehende Duldungswirkung (§ 75 II) mit der die Prognoseentscheidung einen engen Zusammenhang aufweist, ist derjenige überschaubare Zeitraum zu wählen, in dem sich ein voraussichtlich dauerhaftes Verkehrsgeschehen eingestellt haben wird. Denn die Verkehrsprognose soll die Grundlage zu einer möglichst lange Bestand behaltenden Bewältigung jener Probleme schaffen, die durch den Betrieb der geplanten Strecke aufgeworfen werden. Ein Zeitraum von **zehn Jahren** ab Planfeststellung bewegt sich im Rahmen des für Verkehrsprognosen Üblichen.

28c Nach der Rspr des BVerwG können Verkehrsprognosen, → § 73 Rn. 53f, gerichtlich nur darauf überprüft werden, ob sie mit den zu jener Zeit verfügbaren Erkenntnismitteln unter Beachtung der für sie erheblichen Umstände sachgerecht erarbeitet worden sind. Zu beanstanden ist eine Prognose demnach nicht, wenn sie nach einer **geeigneten Methode** durchgeführt wurde, der ihr zugrunde liegende Sachverhalt zutreffend ermittelt und das Ergebnis einleuchtend begründet ist (VGH München BeckRS 2020, 32376 Rn. 120 mwNachw.; stRspr, BVerwG NVwZ 2019, 1348 (1350)).

29 Der **Anspruch auf nachträgliche Anordnung von Schutzmaßnahmen** wegen nicht voraussehbarer (Lärm-) Wirkungen besteht grundsätzlich für die gesamte Dauer der 30-Jahres-Frist gem. § 75 III 2 Hs. 2. Das Tatbestandsmerkmal **„nicht voraussehbar"** ist des Weiteren nicht gleichzusetzen mit dem Begriff der **„fehlgeschlagenen Prognose"** (vgl. hierzu BVerwG NVwZ 1996, 1006 (1007)) und setzt eine solche nicht voraus (BVerwG NVwZ 2007, 827 (829)). **Neue wissenschaftliche Erkenntnisse** begründen einen Anspruch auf nachträgliche Planergänzung nur, wenn sie als gesichert angesehen werden können. Die neuen Erkenntnisse müssen sich in der wissenschaftlichen Diskussion durchgesetzt und allgemeine Anerkennung gefunden haben. Allgemeine Anerkennung ist nicht gleichbedeutend mit Einstimmigkeit der Zustimmung in der wissenschaftlichen Öffentlichkeit. Ein neuer Stand der Wissenschaft ist noch nicht erreicht, solange bisher anerkannte wissenschaftliche Aussagen kritisch hinterfragt und kontrovers diskutiert werden, ohne dass sich in der Forschung bereits ein neuer **Grundkonsens** abzeichnet (BVerwG NVwZ 2004, 618 (619)).

Entsprechendes gilt auch für die Auswahl **neuerer Berechnungsverfahren** zur Ermittlung von Auswirkungen, die zulässigerweise an die Stelle des damaligen Berechnungsverfahrens zur Anwendung treten können, sofern die Vergleichbarkeit der Ergebnisse gewährleistet ist. Existieren allerdings Parameter zur Bestimmung von Auswirkungen durch gesetzlich festgelegte Grenzwerte, bleiben jene maßgeblich, die dem Planfeststellungsbeschluss zugrunde lagen (BVerwG NVwZ 2007, 827 (830)). Bei der kraft gesetzlicher Fiktion geltenden Planfeststellung kommt es auf die mangelnde Voraussehbarkeit der nachteiligen Wirkungen nicht an (BVerwG NVwZ 2007, 219 (220); BeckOK VwVfG/Kämper § 75 Rn. 40). Ist die Unanfechtbarkeit des Planfeststellungsbeschlusses vor dem Inkrafttreten des VwVfG eingetreten, kann aus Gründen des zeitlichen Geltungsrahmens II 2 nicht zur Anwendung gelangen (VGH Kassel NVwZ 2008, 88 (90)). 30

3. Unanfechtbarkeit

Erst mit Eintritt der Unanfechtbarkeit ist der Anspruch nach II eröffnet, fehlt es an dieser Zäsur, bleibt § 74 II anwendbar (KR/Wysk § 75 Rn. 44). Der Eintritt der Unanfechtbarkeit ist **individuell** für jeden Betroffenen gesondert zu bestimmen. Dass der Planfeststellungsbeschluss anderen Betroffenen oder dem Vorhabenträger gegenüber noch nicht bestandskräftig geworden ist, ist unschädlich (KR/Wysk § 75 Rn. 44; BeckOK VwVfG/Kämper § 75 Rn. 43). 31

4. Schutzauflagen, Geldentschädigung

Die von den Auswirkungen Betroffenen haben ein subjektives öffentliches Recht auf Anordnung von Schutzmaßnahmen (Ziekow § 75 Rn. 33), es sei denn, dass Schutzmaßnahmen nicht möglich sind. In diesem Fall wandelt sich der Anspruch in einen Entschädigungsanspruch (→ § 75 Rn. 11, 23). 32

Eine behördliche Anordnung von Schutzmaßnahmen ohne das Vorliegen der Voraussetzungen nach III ist gesetzlich nicht vorgesehen. Ob die Behörde von Amts wegen nach II und III vorgehen kann, ist strittig (KR/Wysk § 75 Rn. 50; Ziekow § 75 Rn. 30; SBS/Neumann/Külpmann § 75 Rn. 56). Unberührt bleibt aber davon, dass die Behörde nachträgliche Bestimmungen nach § 48, 49 erlassen kann, sofern die Voraussetzungen gegeben sind (KR/Wysk § 75 Rn. 50). Inhaltlich entsprechen die anzuordnenden Schutzmaßnahmen denen nach § 74 II 2. Entsprechendes gilt für den Anspruch auf finanzielle Entschädigung nach II 4, wonach der Anspruch sich auf eine angemessene Geldentschädigung richtet, wenn Vorkehrungen oder Anlagen untunlich oder mit dem Vorhaben unvereinbar sind. Das **Merkmal der** 32a

„Untunlichkeit" ist in erster Linie eine Ausprägung des allgemeinen Grundsatzes, dass Schutzmaßnahmen nicht in Betracht kommen, wenn sie wirtschaftlich nicht vertretbar sind (BGH NVwZ 2015, 1317 (1320) unter Hinweis auf die amtl. Begr.). Untunlich sind Schutzmaßnahmen, wenn sie keine wirksame Abhilfe erwarten lassen oder wenn sie für den Vorhabenträger **unzumutbar** wären, insbesondere weil der Aufwand außer Verhältnis zu dem angestrebten Schutzzweck stünde. Mit dem Zweck des Vorhabens unvereinbar sind solche Schutzmaßnahmen, die dem Zweck des Vorhabens zuwiderlaufen (BGH BeckRS 2015, 08994 Rn. 24 ff.).

32b Der Anspruch auf angemessene Entschädigung ist ein **Surrogat für nicht realisierbare Ansprüche** auf einen technisch-realen Ausgleich unzumutbarer Auswirkungen der Planung durch Schutzmaßnahmen (BGH BeckRS 2015, 08994 Rn. 23). Er ist damit gegenüber dem Anspruch auf Schutzvorkehrungen nachrangig. Der BGH vertritt die Ansicht, dass das Planfeststellungsverfahren und -recht im Hinblick auf nach Unanfechtbarkeit des Plans aufgetretene, nicht voraussehbare und durch Schutzvorkehrungen nicht mehr zu verhindernde Beeinträchtigungen des Eigentums Dritter durch das Planvorhaben **keinen ausreichenden Schutz** bietet. Damit entfällt zugleich die Grundlage für die – im Regelfall gegebene – Sperrwirkung eines bestandskräftigen Planfeststellungsverfahrens in Bezug auf zivilrechtliche Entschädigungsansprüche (BGH NVwZ 2015, 1317 (1320)). In einem solchen (Ausnahme-) Fall können die Betroffenen Ansprüche aus enteignendem Eingriff vor den Zivilgerichten geltend machen (BGH NVwZ 2015, 1317 (Ls.)).

5. Veränderungen auf benachbartem Grundstück (II 5)

33 Die Ansprüche auf Schutzvorkehrungen oder auf Entschädigung (II 4) werden unter den Voraussetzungen von II 5 abgeändert. Werden Schutzmaßnahmen notwendig, weil nach Abschluss des Planfeststellungsverfahrens auf einem benachbarten Grundstück Veränderungen eingetreten sind, so hat die hierdurch entstehenden Kosten der Eigentümer des benachbarten Grundstücks zu tragen, es sei denn, dass die Veränderungen durch natürliche Ereignisse oder höhere Gewalt verursacht worden sind (II 5).

34 **Eintretende Veränderungen** sind solche, die objektiv in Erscheinung treten. (SBS/Neumann/Külpmann § 75 Rn. 79). Nach dem Wortlaut kommt es nicht auf Unanfechtbarkeit an; maßgeblicher Zeitpunkt ist die Zustellung der Plangenehmigung oder des Planfeststellungsbeschlusses. Die **Eigentumsverhältnisse** sind unerheblich. Das an die Anlage grenzende Grundstück kann sowohl das Grundstück des Betroffenen als auch ein anderes sein (KR/Wysk § 75 Rn. 51).

35 Verursachen natürliche Ereignisse (zB Erdrutsch) oder **höhere Gewalt** die Veränderungen auf dem benachbarten Grundstück, haben die Betroffenen Ansprüche auf Schutzmaßnahmen gegen den Vorhabenträger. Diese Verpflichtung ergibt sich aus dem Verursacherprinzip (SBS/Neumann/Külpmann § 75 Rn. 80; KR/Wysk § 75 Rn. 51). Allerdings wird in V 2 Hs. 2 ein Anspruch auf angemessene Entschädigung ausgeschlossen, wenn notwendige Schutzvorkehrungen nicht realisiert werden, sei es, weil sie untunlich oder

mit dem Vorhaben unvereinbar sind (Ziekow § 75 Rn. 39). Ergeben sich daher Veränderungen, die nicht durch natürliche Ereignisse oder durch höhere Gewalt hervorgerufen werden, besteht auch kein Anspruch gegen den Vorhabenträger. In diesem Fall ist der Eigentümer des Grundstücks verpflichtet, von dem aus die Veränderung ausgeht (SBS/Neumann/Külpmann § 75 Rn. 81; Ziekow § 75 Rn. 35; KR/Wysk § 75 Rn. 51). Hat der Eigentümer selbst eine Ursache für die Veränderung auf seinem Grundstück gesetzt, ist entsprechend dem Verhältnis seines Verursachungsbeitrags zu entscheiden.

6. Verfahren (III)

Ansprüche auf nachträgliche Schutzmaßnahmen oder auf eine angemessene Entschädigung sind **schriftlich** an die Planfeststellungsbehörde zu richten (III 1). Der Behörde steht ein Ermessenspielraum offen, welche Maßnahmen festzusetzen sind. Das Verfahren ist ein **Annex zum Planfeststellungsverfahren,** auf das die **allgemeinen Regelungen des Verfahrensrechts** zur Anwendung gelangen (BeckOK VwVfG/Kämper § 75 Rn. 47; KR/Wysk § 75 Rn. 54) und infolgedessen auch ein Widerspruchsverfahren durchzuführen ist. Konsequenz: § 74 I 2 iVm § 70 sind unanwendbar (str., wie hier KR/Wysk § 75 Rn. 33 mwN). Der Beschluss ist ein VA in der Gestalt eines Ergänzungsbeschlusses zum Planfeststellungsbeschluss; beide sind aufeinander bezogen und bilden eine **Einheit** (Ziekow § 75 Rn. 32; SBS/Neumann/Külpmann § 75 Rn. 91). Der Antrag ist innerhalb einer Frist von drei Jahren nach dem Zeitpunkt zulässig, zu dem der Betroffene von den nachteiligen Wirkungen positive Kenntnis erhalten hat (III 2). Die Frist ist mit der Rechtsschutzgarantie des Art. 19 IV GG vereinbar (BVerwG NVwZ 2004, 97 (97)). Festzustellen, ob diese Frist gewahrt ist, kann in der Praxis allerdings Schwierigkeiten bereiten, wenn zB der **Anstieg von Lärm** auf einem über die Jahre ansteigenden Verkehrsaufkommen beruht. Für die Frist ist nicht auf das **subjektive Erleben,** auf das bloße Gefühl, dass der Lärm inzwischen „erheblich" geworden sei, abzustellen. Vielmehr ist der Zeitpunkt maßgeblich, zu dem anhand **objektivierbarer Kriterien** erstmals zB entsprechendes Zahlenmaterial über das Verkehrsaufkommen und/oder (darauf beruhende) Lärmberechnungen zur Verfügung stehen (BVerwG NVwZ 2007, 827 (830)). 36

Der Anspruch unterliegt einer **Ausschlussfrist.** Ein Anspruch auf nachträgliche Schutzmaßnahmen ist ausgeschlossen, wenn nach Herstellung des dem Plan entsprechenden Zustandes 30 Jahre verstrichen sind (III 2). Eine Wiedereinsetzung nach § 32 ist hier – im Gegensatz zu der Frist von drei Jahren – nicht zulässig (Ziekow § 75 Rn. 32; KR/Wysk § 75 Rn. 55). Stellt die Behörde fest, dass ein Anspruch auf nachträgliche Schutzmaßnahmen oder finanzielle Entschädigung berechtigt ist, wird sie gegenüber dem Träger des Vorhabens durch Beschluss die Schutzvorkehrungen auferlegen (III 2). 37

V. Außerkrafttreten des Plans (IV)

38 Die Vorschrift regelt das Außerkrafttreten des Plans, wenn nicht innerhalb von fünf Jahren mit seiner Durchführung begonnen wird. Um Zweifel zu beseitigen, wird der Beginn der Plandurchführung durch den neu angefügten Satz 2 definiert. Ausdrücklich geregelt wird auch die Auswirkung einer Unterbrechung der begonnenen Durchführung. Sie berührt den Beginn der Durchführung nicht. Die zeitweise – auch längerfristige – **Unterbrechung** ist zu unterscheiden von einer **endgültigen Aufgabe des Vorhabens.** Maßgeblich ist dabei eine objektive Betrachtung. Wird das Vorhaben (ggf. nach einer Unterbrechung der Durchführung) endgültig aufgegeben, kann die Behörde gemäß § 77 auch von Amts wegen die Aufhebung des Planfeststellungsbeschlusses beschließen (BT-Drs. 17/9666, 20 f.)

38a Der Plan tritt außer Kraft, wenn nicht mit seiner Durchführung **fünf Jahre** nach Eintritt der Unanfechtbarkeit begonnen wird (IV 1). Der Gesetzgeber hat den Beginn der Durchführung in IV 2 legal definiert. Danach gilt als Beginn der Durchführung des Plans jede erstmals nach außen erkennbare Tätigkeit von mehr als nur geringfügiger Bedeutung zur plangemäßen Verwirklichung des Vorhabens; eine spätere Unterbrechung der Verwirklichung des Vorhabens berührt den Beginn der Durchführung nicht. Damit wird keine neue Regelung geschaffen, sondern lediglich eine vorher schon bestehende Meinung deklaratorisch in das Gesetz einfügt (VGH München BeckRS 2014, 53703 Rn. 4).

38b Der Begriff des Beginns der Durchführung des Plans ist in Einklang mit dem Zweck der gesetzlichen Befristung von Planfeststellungsbeschlüssen auszulegen, **Vorratsplanungen** ohne erkennbaren Realisierungsgrad **zu unterbinden.** § 75 IV dient auch der Rechtsklarheit für die von der Planfeststellung betroffenen Personen und Behörden. Sie sollen nicht auf unbegrenzte Zeit im Unklaren darüber gelassen werden, ob der Plan tatsächlich ausgeführt wird. Deshalb bestimmt § 75 IV 2, dass als Beginn der Durchführung des Plans jede erstmals nach außen erkennbare Tätigkeit von mehr als nur geringfügiger Bedeutung für die planmäßige Verwirklichung des Vorhabens gilt (OVG Münster BeckRS 2014, 53467).

38c Demgemäß kommen als Maßnahmen, die ein Außerkrafttreten von Planfeststellungsbeschlüssen verhindern können, nur solche in Betracht, bei denen nach Art, Umfang und Zielrichtung deutlich erkennbar zum Ausdruck kommt, dass das Vorhaben in überschaubarem Zeitraum verwirklicht werden soll. Das schließt rein **verwaltungsinterne Vorbereitungsmaßnahmen** ebenso aus wie **symbolische Akte,** die nur dem Zweck dienen, den Ablauf der Frist zu hindern. Auch lassen nur Maßnahmen, die nicht mehr ohne weiteres rückgängig gemacht werden können und für die Verwirklichung des Plans von Bedeutung sind, den Schluss zu, dass das Vorhaben nunmehr ernsthaft ins Werk gesetzt werden soll (OVG Münster BeckRS 2014, 53467; VGH Mannheim NuR 2004, 810 (811)). Ebenso wenig sind vorbereitende Maßnahmen oder Handlungen zureichend, die den ersten, die Durchführung konkretisierenden Handlungen sachlogisch vorgelagert sind, wie zB die Aufnahme eines Kredits (Ziekow § 75 Rn. 38; BeckOK VwVfG/Kämper § 75 Rn. 56).

Wird das Vorhaben nach begonnener Durchführung endgültig aufgegeben, ist die Planfeststellungsbehörde gesetzlich verpflichtet, den Planfeststellungsbeschluss aufzuheben (§ 77 S. 1). Die endgültige Aufgabe des Vorhabens kann sich aber – unabhängig von einer Willensbildung beim Vorhabenträger – auch aus **objektiven Umständen** ergeben. In diesem Fall sind gegenteilige Beteuerungen des Vorhabenträgers unerheblich, er wolle das Vorhaben noch durchführen 38d

Einem Vorhaben, dessen Verwirklichung nicht (mehr) beabsichtigt oder das objektiv nicht realisierbar ist, fehlt allerdings die **Planrechtfertigung,** weil es nicht vernünftigerweise geboten ist. Realisierungsabsicht und Realisierbarkeit können auch nachträglich entfallen und zum **Funktionsloswerden eines Planfeststellungsbeschlusses** führen. Eine Änderung der Sachlage kann zur Funktionslosigkeit einer Planung führen, wenn die Verhältnisse wegen der tatsächlichen Entwicklung einen Zustand erreicht haben, der die Verwirklichung der Planung auf unabsehbare Zeit ausschließt. Bloße Zweifel an der Verwirklichungsfähigkeit der Planung reichen für die Annahme eines unüberwindlichen Realisierungshindernisses nicht aus (BVerwG BeckRS 2022, 30398 Rn. 25). 38e

Ein Planfeststellungsbeschluss wird funktionslos und damit rechtlich **obsolet,** wenn realistischerweise nicht mehr damit gerechnet werden kann, dass das genehmigte Vorhaben noch verwirklicht wird (OVG Bremen BeckRS 2021, 35993). 38f

Eines zusätzlichen **feststellenden Verwaltungsakts** der Planfeststellungsbehörde bedarf es hierzu nicht; die Rechtswirkung des Außerkrafttretens tritt kraft Gesetzes ein (BVerwG NVwZ 2021, 568, (569)). 38g

§ 76 Planänderungen vor Fertigstellung des Vorhabens

(1) Soll vor Fertigstellung des Vorhabens der festgestellte Plan geändert werden, bedarf es eines neuen Planfeststellungsverfahrens.

(2) Bei Planänderungen von unwesentlicher Bedeutung kann die Planfeststellungsbehörde von einem neuen Planfeststellungsverfahren absehen, wenn die Belange anderer nicht berührt werden oder wenn die Betroffenen der Änderung zugestimmt haben.

(3) Führt die Planfeststellungsbehörde in den Fällen des Absatzes 2 oder in anderen Fällen einer Planänderung von unwesentlicher Bedeutung ein Planfeststellungsverfahren durch, so bedarf es keines Anhörungsverfahrens und keiner öffentlichen Bekanntgabe des Planfeststellungsbeschlusses.

Übersicht

	Rn.
I. Bedeutung	1
II. Änderung des Plans vor Fertigstellung (I)	3
III. Unwesentliche Bedeutung der Planänderung (II)	7
IV. Vereinfachtes Planfeststellungsverfahren (III)	11

I. Bedeutung

1 Der Regelungsgegenstand der Norm betrifft die Handlungsmöglichkeiten der Planfeststellungsbehörde, wenn der Träger des Vorhabens im Zeitpunkt **vor** Fertigstellung einer Anlage die **Änderung eines abgeschlossenen** Planverfahrens begehrt (KR/Wysk § 76 Rn. 1). Aufgrund der Genehmigungswirkung nach § 75 ist der Vorhabenträger berechtigt, den festgestellten Plan umzusetzen. Für die Behörde ist daher die Frage zu beantworten, ob es sich um eine **wesentliche Änderung** des zuvor erlassenen Planfeststellungsbeschlusses (§ 74) oder um eine **unwesentliche** Änderung handelt. Von **dieser Entscheidung** hängt das weitere Vorgehen ab, insbesondere ob ein **weiteres Anhörungsverfahren** durchzuführen ist. Selbst eine wesentliche Änderung verliert nicht den sachlichen Zusammenhang mit der ursprünglichen Entscheidung. Begehrt der Vorhabenträger hingegen etwas gänzlich Neues, bedarf es eines neuen Planfeststellungsverfahrens mit einem neuen Anhörungsverfahren. Während eine wesentliche Änderung die Initiierung eines neuen Planfeststellungsverfahren verlangt (§ 76 I), kann die Behörde nach **pflichtgemäßer Ermessensausübung** bei einer begehrten **unwesentlichen Bedeutung** von einem Planfeststellungsverfahren absehen (II-III). Obgleich § 76 vom Wortlaut einen Planfeststellungsbeschluss voraussetzt, ist die Norm **erst recht** anwendbar (Arg. a maiore ad minus), wenn eine Vorhabenänderung beantragt ist, für das die Planfeststellungsbehörde aufgrund von Unwesentlichkeit nach § 74 VII von einer Planfeststellung abgesehen hat (SBS/Neumann/Külpmann § 76 Rn. 4).

1a Zur Bestimmung des sachlichen Anwendungsbereichs müssen Inhalt und Reichweite der maßgeblichen Begriffe bestimmt werden. In der Norm wird unterschieden zwischen dem **„festgestellten Plan“**, dh dem Planfeststellungsbeschluss (§ 74 I S. 1), der einer Änderung unterliegt, und **dem „Vorhaben“**, mit dessen Fertigstellung der Anwendungsbereich der Norm endet (OVG Lüneburg BeckRS 2017, 130249 Rn. 7). Der Begriff des festgestellten Plans betrifft nicht nur die Regelungen eines Planfeststellungsbeschlusses, sondern auch planfestgestellte (zB naturschutzrechtliche) Kompensationsmaßnahmen sowie Schutzauflagen (BVerwG NVwZ 2018, 1642 Rn. 25; OVG Lüneburg BeckRS 2017, 130249 Rn. 7 mwN; Maus NVwZ 2012, 1277; BVerwG BeckRS 1992, 11849. Zur Problematik, ob ein nachträglicher Planänderungsbeschluss mit dem Planfeststellungsbeschluss zu einem einheitlichen Planfeststellungsbeschluss als Annex verwächst oder ein neues Planfeststellungsverfahren erforderlich ist, vgl. OVG Lüneburg BeckRS 2021, 8849 Rn. 122, 123 und BVerwG NVwZ 2022, 724 (725).

1b Der **Begriff des Vorhabens** im Sinne des § 76 ist nach Wortlaut, Systematik, Sinn und Zweck sowie Gesetzesmaterialien und Entstehungsgeschichte (BVerwG NVwZ 2018, 1642 Rn. 23; BVerwGE 157, 203 = NJW 2017, 2635 mwN), wie folgt zu verstehen: Mit dem Vorhaben, bis zu dessen Fertigstellung der Plan nach § 76 geändert werden kann, ist nicht nur die Maßnahme selbst gemeint, wegen der der Planfeststellungsbeschluss erforderlich geworden ist (BVerwG NVwZ 2018, 1642 Rn. 23, 31, gegen OVG

Lüneburg BeckRS 2017, 130249, das den Vorhabenbegriff auf die konkrete Anlage bezieht), wie zB der Bau oder die Änderung einer Bundesfernstraße (§ 17 S. 1 FStrG). Zum Vorhaben iSv § 76 I gehören auch die **Ausgleichs- und Ersatzmaßnahmen** für die Beeinträchtigungen von Natur und Landschaft (§§ 13 ff. BNatSchG), die mit der planfeststellungsbedürftigen Maßnahme verbunden sind (BVerwG BeckRS 2022, 49448 Rn. 28; BVerwG NVwZ 2018, 1642 Rn. 23 ff.).

Die Frage der Erforderlichkeit einer **erneuten Öffentlichkeitsbeteiligung** orientiert sich an dem anwendbaren Regelungsregime für die Planänderung, welches sich nach Zeitpunkt und Gegenstand der Änderung richtet. Ist ein Planfeststellungsbeschluss bereits erlassen worden, aber noch nicht bestandskräftig, kann die Behörde bei einem erkannten Fehler das Verfahren wiederaufnehmen und es (erneut) zu Ende führen. Abgesehen von solchen Fallgestaltungen kann die Behörde nach Erlass des Planfeststellungsbeschlusses eine Planergänzung nach § 75 Ia oder eine Planänderung nach § 76 vornehmen (OVG Lüneburg BeckRS 2018, 20559 (Rn. 102)). Die §§ 18, 22 UVPG sind daneben nur dann anwendbar, wenn in dem Planänderungsverfahren eine (erneute) Umweltverträglichkeitsprüfung durchgeführt wird (OVG Lüneburg BeckRS 2018, 20559 (Ls. 1)). 1c

Die Behörde ist nicht gehindert, statt eines Änderungsbescheids einen **Zweitbescheid** zu erlassen und den Beteiligten zuzustellen (BVerwG NVwZ 2018, 1642, Rn. 48), der allerdings eine **erneute Rechtsschutzmöglichkeit** eröffnet (BVerwG NVwZ 2018, 1642 Rn. 48; BVerwG NVwZ 2008, 561, Ls. 5, Rn. 14, 20 f.). Ob ein Änderungsbescheid als Zweitbescheid zu verstehen ist, ist eine Frage der Auslegung. Maßgebend ist insoweit in entsprechender Anwendung der §§ 133, 157 BGB der **erklärte Wille,** wie ihn der Empfängerkreis bei objektiver Würdigung verstehen muss (BVerwG NVwZ 2018, 1642, Rn. 48; BVerwG NVwZ 2018, 501 Rn. 16). 1d

Wird die Änderungen des Vorhabens vor dem **Zeitpunkt der Bekanntgabe** des Planfeststellungsbeschlusses beantragt, kommt § 73 VIII zur Anwendung. Hat der Vorhabenträger das Interesse an dem Vorhaben verloren und gibt es vollständig auf, hat die Planfeststellungsbehörde den Planfeststellungsbeschluss aufzuheben (§ 77 S. 1). 2

Für **nachträgliche Schutzanordnungen** und deren Umsetzung gilt nicht § 76, sondern § 75 II 2. Für die Abgrenzung zu § 49 gilt folgendes: § 76 betrifft wesentliche Änderungen des festgestellten Planes **vor** Fertigstellung des Vorhabens. Der Widerruf eines Planfeststellungsbeschlusses nach § 49 II Nr. 5 wird von § 76 nicht ausgeschlossen. Anders als bei wesentlichen Änderungen geht es beim Widerruf nicht um eine planerisch-gestaltende Aufgabe, sondern um die Rückführung auf den ursprünglichen, „vorplanerischen" Rechtszustand, sofern die Voraussetzungen nach § 49 II Nr. 5 vorliegen (BVerwG NVwZ 1998, 281 (282)). 2a

II. Änderung des Plans vor Fertigstellung (I)

3 Beabsichtigt der Vorhabenträger vor Fertigstellung des Vorhabens eine Änderung des festgestellten Plans, bedarf es eines neuen Planfeststellungsverfahrens nach § 76 I. Die Norm gelangt nur zur Anwendung, wenn das Vorhaben nicht endgültig fertig gestellt wurde, dh nicht tatsächlich vollständig errichtet und zum planfestgestellten Zweck in Betrieb genommen wurde (BeckOK VwVfG/Kämper § 76 Rn. 5; KR/Wysk § 76 Rn. 2). Eine Planänderung nach § 76 I setzt das Vorliegen eines festgestellten und nicht außer Kraft getretenen Plans voraus, an den die beabsichtigte Änderung anknüpfen kann (OVG Hamburg BeckRS 2020, 14232 Rn. 39). Beim Änderungsplanfeststellungsverfahren handelt es sich nicht etwa um einen unselbstständigen Annex zum ursprünglichen Planfeststellungsverfahren, sondern dieses bildet ein eigenes – vollwertiges – Planfeststellungsverfahren. Bekräftigt wird diese Einschätzung von § 76 I, nach dem es „eines neuen Planfeststellungsverfahrens" bedarf, wenn vor Fertigstellung des Vorhabens der festgestellte Plan geändert werden soll (OVG Lüneburg BeckRS 2021, 8849 Rn. 123).

3a Soll das bereits planfestgestellte Vorhaben einer wesentlichen Änderung unterzogen werden, und zwar im Zeitpunkt vor der Fertigstellung des Vorhabens, ist die Planfeststellungsbehörde verpflichtet, ein **neues Planfeststellungsverfahren** durchzuführen, das allerdings auf den zur Genehmigung gestellten Änderungssachverhalt nebst etwaiger Wechselwirkungen reduziert ist (BeckOK VwVfG/Kämper § 76 Rn. 1; Bell/Herrmann NVwZ 2004, 288 (289)).

3b Die Gründe, die zu einer Änderung geführt haben, sind für die Beurteilung der Wesentlichkeit unerheblich (SBS/Neumann/Külpmann § 76 Rn. 9). Maßgeblich für die Beurteilung ist, ob eine Änderung des Vorhabens erfolgt, das von dem Planfeststellungsbeschluss abweicht. Ein Vorhaben weicht ab, wenn es vom **Regelungsgehalt** einer bestandskräftigen früheren Zulassungsentscheidung nicht mehr gedeckt ist. Bezugspunkt und Maßstab für das Vorliegen einer Änderung ist der **„bisherige Gestattungszustand"** (BVerwG NVwZ 2007, 576 (579); Keilich LKV 2004, 97 (101)). Die Grundkonzeption des Vorhabens darf dabei jedoch nicht in Frage gestellt werden (BVerwG NVwZ 2007, 576 (579)), da ansonsten ein vollständig **neues Planfeststellungsverfahren** erforderlich wäre.

4 Grundsätzlich bedarf die Planänderung nach Erlass des Planfeststellungsbeschlusses eines neuen Planfeststellungsverfahrens, § 76 I 1. Die Behörde ist – neben dem Vorhabenträger – ebenfalls befugt, das Verfahren **von Amts** wegen zu eröffnen, um etwaige Mängel ihrer Entscheidung bis zu deren Bestandskraft zu beseitigen (BVerwG BeckRS 2005, 29372 Rn. 4). Steht fest, dass es sich um eine **wesentliche Änderung handelt, ist § 74 anwendbar.** Ausnahmen sind insofern nicht vorgesehen. Der Änderungsbeschluss ist nach § 74 IV-V zuzustellen und öffentlich auszulegen bzw. bekannt zu machen.

5 Aufgrund einer Änderungsentscheidung nach § 76 verschmelzen der festgestellte Plan und die nachträglichen Änderungen zu einem **einzigen Plan** in der durch den **Änderungsbeschluss erreichten Gestalt** (BVerwG NVwZ

2010, 63 (64); OVG Münster NVwZ-RR 2003, 633 (634)). Indem der Änderungsbeschluss dem ursprünglichen Planfeststellungsbeschluss „anwächst", bleibt es inhaltlich gleichwohl bei einer **einheitlichen Planungsentscheidung.** In prozessualer Hinsicht folgt daraus, dass der Planfeststellungsbeschluss sich in seiner **Ursprungsfassung** prozessual erledigt und das Rechtsschutzinteresse für ein gegen ihn gerichtetes Klagebegehren entfällt (BVerwG NVwZ 2010, 63 (64)). Will der Betroffene weiterhin Rechtsschutz gegen die Planung erreichen, bleibt ihm also keine andere Wahl, als gegen die Entscheidung in ihrer geänderten Fassung vorzugehen. In diesem Fall ist die **Klagefrist** nach § 74 I 2 VwGO unbeachtlich (BVerwG NVwZ 2010, 63 (64)).

Kommt es zu einer **Kollision von zwei Planfeststellungsverfahren,** die 6 ein unterschiedliches Schicksal nehmen, wobei ein Plan nicht mehr durchgeführt werden soll, sind sowohl die Regelungen über die Aufhebung eines Planfeststellungsbeschlusses (§ 77) als auch diejenigen über die Planänderung (§ 76) anzuwenden. Kommt es zu einer **Teilaufhebung** eines Planfeststellungsbeschlusses, der sich wesentlich auf den anderen Plan auswirkt, kann von einem neuen Planfeststellungsverfahren nicht abgesehen werden, es sei denn, die Teilaufhebung wäre von unwesentlicher Bedeutung (BVerwG NVwZ 2005, 327 (327)).

III. Unwesentliche Bedeutung der Planänderung (II)

Nach § 76 II und III kann die Planfeststellungsbehörde bei Planänderungen 7 von unwesentlicher Bedeutung von einem neuen Planfeststellungsverfahren absehen, wenn die Belange anderer nicht berührt werden oder wenn die Betroffenen der Änderung zugestimmt haben (ausführlich BVerwG NVwZ 2018, 1642 Rn. 21 ff.). Was als Planänderung von unwesentlicher Bedeutung iSv § 76 II zu gelten hat, ist **eigenständig** zu ermitteln. Auf § 74 VII, der sich allein auf Ausnahmen vom Erfordernis der Planfeststellung oder Plangenehmigung bezieht, ist dabei nicht abzustellen. Ob eine Planänderung schon eine wesentliche oder noch eine unwesentliche Bedeutung hat, ist in **Ermangelung** einer gesetzlichen Definition nach **Sinn und Zweck** der Regelung in § 76 II festzustellen.

Nach st. Rspr. des BVerwG ist eine **Planänderung von unwesentlicher** 8 **Bedeutung** iSv § 76 II, wenn die mit der Planung verfolgte Zielsetzung unberührt bleibt und wenn die beabsichtigte Änderung die bereits getroffene Abwägung aller einzustellenden Belange in ihrer Struktur unberührt lässt. Das ist stets der Fall, wenn **Umfang und Zweck des Vorhabens** unverändert bleiben und zusätzliche belastende Auswirkungen von „einigem" Gewicht sowohl auf die Umgebung als auch hinsichtlich der Belange einzelner auszuschließen sind (BVerwG BeckRS 2022, 1228 Rn. 28; BVerwG NVwZ 2018, 1642 Rn. 38 mwN; BVerwG NVwZ 2014, 714 Rn. 124; BVerwG NJW 1990, 925 (926)).

Unwesentlich ist die Änderung nach der Rechtsprechung des BVerwG 8a insbesondere dann, wenn sie im Verhältnis zur abgeschlossenen Gesamtplanung unerheblich ist, wenn also Umfang, Zweck und Auswirkungen des Vorhabens im Wesentlichen gleichbleiben und nur bestimmte räumlich und sachlich abgrenzbare Teile geändert werden sollen (OVG Magdeburg BeckRS 2014, 55097 Rn. 37; BVerwG NVwZ 2010, 584 (585) mwN). Es kommt hingegen nicht ausschließlich darauf an, ob die Belange eines einzelnen Betroffenen durch die Änderung stärker berührt werden als durch die ursprüngliche Planung (OVG Magdeburg BeckRS 2014, 55097 Rn. 37; BVerwG NVwZ 2010, 584 Rn. 22).

8b Soll der Planfeststellungsbeschluss lediglich um **Schutzauflagen** ergänzt werden, handelt es sich regelmäßig um Planänderungen von unwesentlicher Bedeutung iSd § 76 II, weil von den Schutzauflagen keine neuen Betroffenheiten ausgehen (BVerwG NJOZ 2017, 1199 Rn 31).

Die **Wesentlichkeit** ergibt sich demnach dann, wenn es sich um ein Vorhaben nach § 3e UVPG handelt (BVerwG NVwZ 2007, 576 (579)). Fehlen gesetzliche oder sonstige normative Indikatoren, wird es darauf ankommen, in welchem Ausmaß und mit welcher Qualität der dem Planfeststellungsbeschluss zugrundeliegende Abwägungsvorgang erneut aufgegriffen werden muss (Ziekow § 76 Rn. 9; SBS/Neumann/Külpmann § 76 Rn. 19).

8c Eine **Lärmerhöhung** unterhalb der **Wahrnehmbarkeitsschwelle** von 1 dB(A) berührt grundsätzlich keine Belange iSd § 76 II (BVerwG NVwZ 2022, 722 (723)). In der Rspr. ist anerkannt, dass eine Lärmerhöhung von bis zu 1 dB(A) nicht wahrnehmbar ist (BVerwG NVwZ 2022, 722 (723); BVerwGE 169, 94 Rn. 101 = NVwZ 2021, 648; VGH Mannheim BeckRS 2012, 50982 Rn. 49, 61; VGH München BeckRS 2014, 60035 Rn. 28; OVG Münster BeckRS 2018, 37019 Rn. 131).

8d Der Vorhabenträger kann nach 76 II vor Fertigstellung des Vorhabens unwesentliche Änderungen des festgestellten Plans in einem vereinfachten Verfahren feststellen lassen. Liegen die die Voraussetzungen vor, so hat der Vorhabenträger **Anspruch auf Durchführung** eines Planänderungsverfahrens ebenso, wie er allgemein die Durchführung eines Planfeststellungsverfahrens verlangen kann (BVerwG NVwZ 2018, 501 Rn. 22). **Dritte** haben keinen Anspruch auf den Fortbestand der ursprünglichen Planung, auch wenn der Planfeststellungsbeschluss bestandskräftig geworden ist (BVerwG NVwZ 2018, 501 Rn. 22; BVerwGE 91, 17 (23) = BeckRS 1992, 118498).

9 Ist der sachliche Gehalt und die von ihm ausgehenden Wirkungen von einer für die bisherige **Feststellung und Gestattung** der Planentscheidung eher untergeordnete Bedeutung, wird es bei einer unwesentlichen Bedeutung bleiben. Auch wenn eine Übertragung der Kriterien nach § 74 VII 2 (SBS/Neumann/Külpmann § 76 Rn. 18) aufgrund eines unterschiedlichen Sachzusammenhangs abgelehnt wird, mögen sie als **Kontrollüberlegung** herangezogen werden, zumal einer einheitlichen Anwendung vergleichbarer Wertungen im Planfeststellungsrecht ein **systematisches Gewicht** kaum abzusprechen ist (KR/Wysk § 76 Rn. 24; SBS/Neumann/Külpmann § 76 Rn. 18). Ob Belange anderer durch die Planänderung berührt werden, ergibt sich aus der Frage, ob andere durch eine Planänderung erstmals oder stärker betroffen sind als bisher (BVerwG NVwZ 2018, 1642 Rn. 41). Erforderlich ist eine **negative Betroffenheit.** Wirkt sich die Planänderung hingegen aus-

schließlich positiv auf die Belange anderer aus, etwa weil weniger Fläche in Anspruch genommen werden muss, steht dies einer Anwendung von § 76 II VwVfG nicht entgegen (BVerwG NVwZ 2018, 1642 Rn. 41 mwN).

Weitere Voraussetzung, um von einem Planfeststellungsverfahren abzusehen zu können, ist, dass Belange anderer nicht berührt oder die Betroffenen der Änderung zugestimmt haben. Die Voraussetzungen müssen indes nicht kumulativ, sondern nur **alternativ** vorliegen („oder"). Werden **Belange anderer** erstmals oder zusätzlich nicht unerheblich berührt, ist nicht mehr von einer unwesentlichen Bedeutung auszugehen (SBS/Neumann/Külpmann § 76 Rn. 21). Stimmen von einer unwesentlichen Änderung Betroffenen zu, ist ebenfalls ein Planfeststellungsverfahren verzichtbar (KR/Wysk § 76 Rn. 28, 30). In der Regel wird sich die Einholung einer **schriftlichen Zustimmung** zu Dokumentations- und Beweiszwecken empfehlen. Ein **gesetzliches Schriftformerfordernis** besteht jedoch nicht. Mündliche Erklärungen sind zu protokollieren. Das Ausbleiben einer Erklärung ist auch nach wiederholter Aufforderung als Ablehnung zu werten. Für die (irrige) Annahme, dass das Schweigen auf die Aufforderung zur Zustimmung die Fiktion einer Zustimmung nach Ablauf einer behördlichen gesetzten Frist auslöst, fehlt es an einer gesetzlichen Grundlage. Ob die Planfeststellungsbehörde nach § 76 II bei einer unwesentlichen Änderung von einer erneuten Planfeststellungsverfahren absieht, ist ausweislich des Wortlauts in das behördliche pflichtgemäße **Ermessen** gestellt (KR/Wysk § 76 Rn. 24). 10

IV. Vereinfachtes Planfeststellungsverfahren (III)

Die in § 76 III getroffene Regelung, die das vereinfachte Verfahren ermöglicht, erfasst **zwei** unterschiedliche Sachlagen. Das vereinfachte Verfahren kann durchgeführt werden, wenn die Behörde im Interesse der Bedeutung die Ansicht gewonnen hat, dass ein vollständiger an sich zulässiger Verzicht auf die Durchführung des Planfeststellungsverfahren trotz des Vorliegens der Voraussetzung nach § 76 II nicht opportun erscheint. Darüber hinaus ist der Anwendungsbereich nach § 76 III bei Planänderungen von unwesentlicher Bedeutung eröffnet, wenn Belange anderer berührt werden oder wenn die Betroffenen ihre Zustimmung vollständig oder in Teilen verweigert haben (SBS/Neumann/Külpmann § 76 Rn. 26–27). **Unwesentlich ist eine Änderung** insbesondere dann, wenn sie im Verhältnis zur abgeschlossenen Gesamtplanung unerheblich ist, also **Umfang, Zweck und Auswirkungen** des Vorhabens im Wesentlichen gleichbleiben und nur bestimmte räumlich und sachlich abgrenzbare Teile geändert werden sollen (VGH Mannheim BeckRS 2014, 53314 mwN; BVerwG NVwZ 2010, 584 (585)). Unwesentlich ist zB die Erhöhung von Masten um 3 Meter bei einer Eisenbahnlinie (OVG Lüneburg BeckRS 2014, 49021 Rn. 42). Eine Beteiligung anerkannter Vereinigungen nach § 3 UmwRG ist weder bei einer Planänderung nach § 76 II noch bei einem vereinfachten Verfahren nach § 76 III erforderlich, wenn die Planänderung nicht zu neuen oder zusätzlichen Eingriffen in Natur und Landschaft führt bzw. keine naturschutzrechtlichen Fragen aufgeworfen 11 werden (BVerwG NVwZ 2014, 714 (728)); VGH Mannheim ZUR 2012, 312 (316)). Die Beteiligung eines anerkannten Naturschutzverbands ist nicht schon von vornherein entbehrlich (OVG Bremen NVwZ-RR 2011, 976 (976)).

11a Belange Anderer werden bereits dann „berührt", wenn eine – negative – Betroffenheit Dritter **zumindest möglich** erscheint. Sieht die Planfeststellungsbehörde dessen ungeachtet von einem Planfeststellungsverfahren ab, kann ein Betroffener die Aufhebung eines daraufhin ergangenen Änderungsbescheides gleichwohl nur beanspruchen, wenn er durch die Planänderung erstmals oder weitergehend als bisher in seinen Rechten verletzt wird (VGH Mannheim NVwZ 2014, 1180 (Ls.))

12 Beabsichtigt die Behörde daher ein vereinfachtes Verfahren nach § 76 III durchzuführen, entfällt das Anhörungsverfahren mit dem **Erörterungstermin** nach § 73 III-VI sowie das Erfordernis der öffentlichen Bekanntgabe des Planfeststellungsbeschlusses (III). Betroffene sind nach § 28 anzuhören (VGH Mannheim BeckRS 2014, 56977 Rn. 23; KR/Wysk § 76 Rn. 37). Von der Befreiung des Anhörungsverfahrens unberührt bleiben die Erfordernisse, bekannte Betroffene anzuhören (§ 74 III) sowie die Beteiligung der Behörden und der Naturschutzverbände (KR/Wysk § 76 Rn. 37; SBS/Neumann/Külpmann § 76 Rn. 28; Ziekow § 76 Rn. 14). Im Übrigen gelten für das vereinfachte Verfahren **uneingeschränkt** die Regelungen des § 74. Für die **Planrechtfertigung** folgt daraus, dass nicht die Planänderung als solche im Sinne einer Planrechtfertigung erforderlich sein muss. Vielmehr muss auf der Ebene der Planänderung für das Vorhaben **in seiner geänderten Gestalt** gemessen an den Zielsetzungen des jeweiligen Fachplanungsgesetzes ein Bedarf bestehen (BVerwG NVwZ 2010, 584 (586)). Die Änderung eines Planfeststellungsbeschlusses genügt regelmäßig dem **Abwägungsgebot,** wenn das Vorhaben, so wie es jetzt geplant ist, mit denselben Erwägungen abwägungsfehlerfrei hätte zugelassen werden können, wenn es sogleich zur Entscheidung gestellt worden wäre (BVerwG NVwZ 2010, 584 (586)).

§ 77 Aufhebung des Planfeststellungsbeschlusses

[1] Wird ein Vorhaben, mit dessen Durchführung begonnen worden ist, endgültig aufgegeben, so hat die Planfeststellungsbehörde den Planfeststellungsbeschluss aufzuheben. [2] In dem Aufhebungsbeschluss sind dem Träger des Vorhabens die Wiederherstellung des früheren Zustands oder geeignete andere Maßnahmen aufzuerlegen, soweit dies zum Wohl der Allgemeinheit oder zur Vermeidung nachteiliger Wirkungen auf Rechte anderer erforderlich ist. [3] Werden solche Maßnahmen notwendig, weil nach Abschluss des Planfeststellungsverfahrens auf einem benachbarten Grundstück Veränderungen eingetreten sind, so kann der Träger des Vorhabens durch Beschluss der Planfeststellungsbehörde zu geeigneten Vorkehrungen verpflichtet werden; die hierdurch entstehenden Kosten hat jedoch der Eigentümer des benachbarten Grundstücks zu tragen, es sei denn, dass die Veränderungen durch natürliche Ereignisse oder höhere Gewalt verursacht worden sind.

I. Bedeutung

§ 77 regelt den Fall, dass der Vorhabenträger ein bereits begonnenes und teilweise verwirklichtes Vorhaben endgültig aufgibt, nachdem es durch Planfeststellungsbeschluss genehmigt worden war. Trifft der Vorhabenträger die Entscheidung zur Aufgabe einer Anlage, ist die Planfeststellungsbehörde gesetzlich nach § 77 S. 1 verpflichtet, den Planfeststellungsbeschluss aufzuheben; es handelt sich folglich um eine **gebundene Entscheidung.** Gibt ein Vorhabenträger das Vorhaben endgültig auf, ist die Planfeststellungsbehörde nach § 77 verpflichtet, den Planfeststellungsbeschluss ausdrücklich aufzuheben (OVG Münster BeckRS 2012, 60133). § 77 ist lex specialis gegenüber §§ 48, 49 (Ziekow § 77 Rn. 3). 1

Regelungsgegenstand des § 77 S. 1 ist die Behandlung begonnener, aber gleichsam **„steckengebliebener Vorhaben"** durch die Verwaltung (OVG Lüneburg BeckRS 2009, 41851). Der Zweck besteht darin, **Rechtsklarheit** darüber zu schaffen, dass das Vorhaben nicht (mehr) durchgeführt wird und die mit dem Planfeststellungsbeschluss verbundenen rechtlichen und faktischen Beeinträchtigungen zu beseitigen (OVG Lüneburg NVwZ-RR 2010, 180 (180); SBS/Neumann/Külpmann § 77 Rn. 4). Die Rechtsprechung erstreckt den Anwendungsbereich der Regelung – über den Wortlaut hinaus – auch auf sog. **„unrealisierte Vorhaben",** dh Projekte, mit deren Durchführung noch nicht begonnen worden und/oder der Planfeststellungsbeschluss noch nicht bestandskräftig geworden ist (OVG Lüneburg NVwZ-RR 2010, 180 (180); BVerwG NVwZ 2005, 327 (328); SBS/Neumann/Külpmann § 77 Rn. 5, 9; Ziekow § 77 Rn. 1). 2

Die Vorschrift ist ferner auch dann abwendbar, wenn der Vorhabenträger ein Vorhaben teilweise aufgibt und es sich um einen selbständigen Teil eines Vorhabens handelt, der unproblematisch von dem übrigen Vorhaben getrennt werden kann (KR/Wysk § 77 Rn. 1). § 77 findet auf die **Plangenehmigung** (Arg. a maiore ad minus) entsprechende Anwendung (KR/Wysk § 77 Rn. 2). § 77 S. 1 vermittelt nach allgemeiner Auffassung **Drittschutz,** wobei die Reichweite innerhalb der Rechtsprechung der Oberverwaltungsgerichte bei Immissionsbetroffenen streitig ist (dafür OVG Lüneburg NVwZ-RR 2010, 180 (180) mwN; aA VGH Mannheim NVwZ-RR 2000, 87 (89) und VGH München BeckRS 2009, 33072 Rn. 38). 3

Nicht vom sachlichen Anwendungsbereich des § 77 geregelt ist der Fall, dass Anlagen in Betrieb genommen und später vom Betreiber aufgegeben werden. Aufgrund systematischer Erwägungen bleiben soweit nicht **spezialgesetzliche Vorschriften im Planungsrecht** eingreifen, wie etwa 5 Abs. 4 S. 1 Seeanlagengesetz (BeckOK VwVfG/Kämper § 77 Rn. 13–16 mwN), die **allgemeinen Vorschriften** nach 48, 49 anwendbar (VGH Mannheim BeckRS 2018, 19767 (Rn. 22); BVerwG NVwZ 1998, 281 (282 mwN)). Die planfeststellungsrechtlichen Spezialregelungen der §§ 73 ff. VwVfG werden in diesen Fällen nicht verdrängt (VGH Mannheim BeckRS 2018, 19767 (Rn. 23)). § 77 VwVfG steht diesem Ergebnis nicht entgegen (BVerwG NVwZ 1998, 281 (282 mwN)). Diese Regelung bezieht sich auf begonnene, 3a danach endgültig aufgegebene Vorhaben. Mit ihr sollte nach dem Willen des Gesetzgebers entsprechend einem Bedürfnis der Praxis eine zusätzliche Aufhebungsmöglichkeit über die allgemeinen Aufhebungsregelungen hinaus geschaffen werden, die den in § 77 VwVfG geregelten Fall sogenannter „steckengebliebener Vorhaben" nicht erfassen (BT-Drs. 7/910, S. 90). Daraus lässt sich nicht der Schluss ziehen, diese punktuelle Sonderregelung habe die für unzureichend erachteten Aufhebungsregelungen vollständig ersetzen wollen (BVerwG NVwZ 1998, 281 (282)).

3b Ebenfalls nicht anwendbar ist § 77 in Fällen der Aufgabe eines Betriebes oder deren Rückbau eine **Stilllegungsgenehmigung** und dem vorgeschaltet ein entsprechendes Stilllegungsverfahren vorgesehen ist (vgl. etwa § 11 AEG, § 9a I AtG) für das fachgesetzliche Verfahren vorgesehen sind (BVerwG NVwZ 2019, 69 Rn. 26 ff. mAnm von U. Kramer ab Rn. 49).

II. Endgültige Aufgabe des Vorhabens (S. 1)

4 Für die Anwendbarkeit des § 77 ist grundsätzlich die **willentlich gefasste Entscheidung** des Vorhabenträgers maßgeblich, das konkrete Vorhaben endgültig aufzugeben. Die zu der Entscheidung führenden Motive und Gründe spielen keine Rolle. Ob eine gerichtlich voll nachprüfbare endgültige Aufgabe des Vorhabens vorliegt, wird nicht nach den subjektiven Vorstellungen des Vorhabenträgers allein beurteilt, sondern danach, ob bei verständiger Würdigung aller Umstände unter **Berücksichtigung der Gesamtkonzeption** des Planungsträgers noch mit einer **Verwirklichung des Vorhabens** zu rechnen ist (KR/Wysk § 77 Rn. 3a; BeckOK VwVfG/Kämper § 77 Rn. 3; OVG Lüneburg NJOZ 2001, 474 (487)). Der Vorbehalt, zu einem späteren Zeitpunkt weitere Abschnitte fortzuführen, rechtfertigt daher nicht die Annahme einer endgültigen Aufgabe. In der Änderung eines Vorhabens kann naturgemäß eine (Teil-) Aufgabe des früheren Vorhabens begründet sein, was gleichwohl nur den Anwendungsbereich von § 76 eröffnet (BVerwG NVwZ 2007, 704 (704)).

5 Eine endgültige Aufgabe liegt als Ausnahme auch dann vor, sofern das Vorhaben infolge **tatsächlicher Entwicklungen funktionslos** geworden ist. Ein Planfeststellungsbeschluss wird funktionslos, wenn sich entweder die Sachlage oder die Rechtslage nachträglich so verändert haben, dass ein Planvollzug auf unüberschaubare Zeit ausgeschlossen erscheint. **Bloße Zweifel an der Verwirklichungsfähigkeit** reichen für die Annahme eines solchen unüberwindlichen Hindernisses allerdings nicht aus. Die Erkennbarkeit der Abweichung muss vielmehr einen Grad erreicht haben, der der Verwirklichung des Vorhabens realistischerweise nicht mehr erwarten lässt und deshalb einem in seine Verwirklichung gesetzten Vertrauen die Schutzwürdigkeit nimmt (OVG Münster BeckRS 2012, 60133 mwN). Es handelt sich hier um den Fall einer Erledigung nach § 43 II, für die es einer Aufhebung nach § 77 S. 1 rechtlich nicht bedarf; es kann allerdings ein Interesse an einer Entscheidung bestehen, die das Ergebnis deklaratorisch wiedergibt, um Rechtssicherheit gegenüber allen Beteiligten und Betroffenen herzustellen (SBS/

Neumann/Külpmann § 77 Rn. 7, 8; Ziekow § 77 Rn. 5). Die Norm zeigt im Übrigen auf, dass für den Vorhabenträger keine gesetzliche Pflicht zur Umsetzung eines planfestgestellten Vorhabens besteht.

III. Folgenbeseitigung (S. 2 und 3)

Wird ein begonnenes Vorhaben endgültig aufgegeben und infolge dessen der Planfeststellungsbeschluss aufgehoben, wird den bereits durchgeführten Maßnahmen die Rechtsgrundlage rückwirkend entzogen. Damit entfällt die rechtliche Grundlage für die gegenüber Dritten bestehende Verpflichtung umgesetzte Teilschritte zur Verwirklichung des Vorhabens auch weiterhin zu dulden. Vielmehr ist der frühere, ursprüngliche Zustand im Wege einer **Naturalrestitution** wiederherzustellen. Verantwortlich ist nach dem **Verursacherprinzip** der Träger des Vorhabens (KR/Wysk § 77 Rn. 8a). Ist bereits zugunsten des Vorhabenträgers enteignet worden, kommt eine **Rückenteignung** in Betracht (KR/Wysk § 77 Rn. 9). Die Behörde konkretisiert durch ein ihr für die Auswahl der geeigneten Maßnahmen zustehendes Auswahlermessen, **wie** die Folgenbeseitigung zu erfolgen hat. Ein Entschließungsermessen hat sie indes nicht. § 77 S. 2 ist für die Konkretisierung der Folgenbeseitigung die erforderliche Ermächtigungsgrundlage (KR/Wysk § 77 Rn. 10, Ziekow § 77 Rn. 7; BeckOK VwVfG/Kämper § 77 Rn. 10). Grundsätzlich besteht nach S. 2 das primäre Ziel in der Wiederherstellung des früheren Zustands oder – und hier setzt das Ermessen ein – durch die Auferlegung anderer Maßnahmen, soweit dies zum Wohl der Allgemeinheit oder zur Vermeidung nachteiliger Wirkungen auf Rechte anderer erforderlich ist. 6

In Ausnahmefällen, die jenen der Regelung in § 75 II 5 entsprechen, gilt nach § 77 S. 3, dass der Träger des Vorhabens zu entsprechenden Maßnahmen verpflichtet werden kann, wobei die dabei entstehenden Kosten dann allerdings vom **Eigentümer des benachbarten Grundstücks** zu tragen sind, sofern die Veränderungen nicht durch natürliche Ereignisse oder höhere Gewalt verursacht worden sind. Im Gegensatz zu der Regelung in S. 2, bei der die Behörde kein Entschließungsermessen hat, kann sie im Fall des S. 3 nach **pflichtgemäßer Ermessensausübung** entscheiden, ob und welche Maßnahmen sie dem Vorhabenträger auferlegt (KR/Wysk § 77 Rn. 10). 7

§ 78 Zusammentreffen mehrerer Vorhaben

(1) Treffen mehrere selbständige Vorhaben, für deren Durchführung Planfeststellungsverfahren vorgeschrieben sind, derart zusammen, dass für diese Vorhaben oder für Teile von ihnen nur eine einheitliche Entscheidung möglich ist, und ist mindestens eines der Planfeststellungsverfahren bundesrechtlich geregelt, so findet für diese Vorhaben oder für deren Teile nur ein Planfeststellungsverfahren statt.

(2) [1] Zuständigkeiten und Verfahren richten sich nach den Rechtsvorschriften über das Planfeststellungsverfahren, das für diejenige Anlage vorgeschrieben ist,

die einen größeren Kreis öffentlich-rechtlicher Beziehungen berührt. [2]Bestehen Zweifel, welche Rechtsvorschrift anzuwenden ist, so entscheidet, falls nach den in Betracht kommenden Rechtsvorschriften mehrere Bundesbehörden in den Geschäftsbereichen mehrerer oberster Bundesbehörden zuständig sind, die Bundesregierung, sonst die zuständige oberste Bundesbehörde. [3]Bestehen Zweifel, welche Rechtsvorschrift anzuwenden ist, und sind nach den in Betracht kommenden Rechtsvorschriften eine Bundesbehörde und eine Landesbehörde zuständig, so führen, falls sich die obersten Bundes- und Landesbehörden nicht einigen, die Bundesregierung und die Landesregierung das Einvernehmen darüber herbei, welche Rechtsvorschrift anzuwenden ist.

I. Bedeutung

1 § 78 I regelt das Zusammentreffen mindestens zweier selbständiger Vorhaben auf der Grundlage unterschiedlicher Planfeststellungsverfahren, die aufgrund eines engen räumlichen Zusammenhangs in einem Planverfahren zusammengefasst werden. Durch die Regelung soll vermieden werden, dass trotz Notwendigkeit einer einheitlichen Entscheidung mehrere Behörden neben- oder nacheinander Planfeststellungsverfahren durchführen, womit der **Gefahr divergierender Entscheidungen** begegnet sowie eine **Koordinierung des Verwaltungshandelns** sichergestellt werden soll (VGH Mannheim NVwZ 2000, 1188 (1189)). Besteht aber eine derartige Gefahr nicht, sind vor allem planerische Belange sinnvoll trennbar. So kann nach den Umständen des Einzelfalls das Gebot der Konfliktbewältigung auch auf andere Weise als durch die Anwendbarkeit nach § 78 bewältigt werden, sodass es einer **Kompetenzverlagerung** nicht bedarf (OVG Bautzen NVwZ-RR 2006, 767; BVerwG NVwZ 2005, 813 (814); BVerwG NVwZ 2004, 1500 (1501)).

1a Liegt eine notwendige Folgemaßnahme gem. § 75 I 1 vor, bleibt für die Annahme kumulierender Verfahren gem. § 78 I VwVfG kein Raum (BVerwG NVwZ 2024, 680 (682)).

1b Soweit Zuständigkeiten des Bundes oder des Landes aufeinandertreffen, regelt II Verfahren und Zuständigkeit. Sofern vorrangige Normen zur Anwendung gelangen, wie zB beim Eisenbahnkreuzungsgesetz oder bei Kreuzungen zwischen Bundesfernstraßen und Wasserstraßen (§ 12a FStrG), wird § 78 als allgemeinere Norm verdrängt und lebt auf, soweit speziellere Normen fehlen.

1c Wegen der kompetenzverlagernden Wirkung für die Durchführung des Planfeststellungsverfahrens ist die Regelung restriktiv **auszulegen,** eine bloße Zweckmäßigkeit oder nur ein Interesse an einer einheitlichen Planung reichen nicht aus (OVG Schleswig BeckRS 2020, 16557 Rn. 75). Hinsichtlich der Notwendigkeit einer einheitlichen Entscheidung ist § 78 VwVfG so **auszulegen,** dass einheitliche Planfeststellungsverfahren die **Ausnahme** bleiben; erforderlich ist ein nicht sinnvoll trennbarer Sachzusammenhang zwischen beiden Vorhaben; ein erhöhter, über den Normalfall deutlich hinausgehender planerischer Koordinierungsbedarf muss die Verlagerung der Entscheidung auf eine einzige Planfeststellungsbehörde bzw. in ein einziges Zulassungsverfahren erzwingen (BVerwG BeckRS 2020, 48543 Rn. 30).

Letztlich hängt es von den Umständen des Einzelfalls ab, ob der in § 78 I zum Ausdruck kommende Grundsatz der Konfliktbewältigung eine **einheitliche planerische Entscheidung** für mehrere räumlich und zeitlich zusammentreffende selbständige Vorhaben fordert oder ob die gebotene Koordinierung mittels verfahrensmäßiger und inhaltlicher Abstimmung auch **ohne förmliche Zusammenführung** der Verfahren und damit unter Wahrung der gesetzlichen Zuständigkeitsordnung möglich ist. Indizien hierfür können räumliche Überschneidungen der Trassen bzw. die Planfeststellung gemeinsamer Einrichtungen wie Kreuzungsbauwerke, eine Parallelführung von Eisenbahn- und Straßentrassen oder dieselben, für beide Vorhaben durch gemeinsame bauliche Maßnahmen zu bewältigende topographische Verhältnisse sein (BVerwG BeckRS 2020, 47446 Rn. 741). 1d

Der Anwendungsbereich setzt nach § 78 I voraus, dass zwei Planfeststellungsverfahren durchgeführt werden **(echte Konkurrenz).** Die Vorschrift ist jedenfalls nicht unmittelbar anzuwenden, wenn ein und dasselbe Vorhaben mehreren Planfeststellungsverfahren unterfällt **(unechte Konkurrenz).** Auch in diesen Fällen soll nur eine einheitliche planfeststellungsbedürftige Maßnahme durchgeführt werden, sodass es zu einer Normenkollision kommt, die über die Konzentrationswirkung nach § 75 I Hs. 2 aufgelöst werden kann (BeckOK VwVfG/Ronellenfitsch § 78 Rn. 6; KR/Wysk § 78 Rn. 2). Mitunter wird die Norm analog auch auf Fallgestaltungen angewandt, die ein Planfeststellungsverfahren und ein weiteres nicht konzentriertes Genehmigungsverfahren betreffen (VGH Mannheim NVwZ 2000, 1188 (1189)). 2

Sowohl im Falle einer echten als auch im Falle einer unechten Konkurrenz wird danach entschieden, welches Verfahren das bedeutendere von beiden ist, was sich aus verschiedenen Indikatoren ergeben kann. Treffen zwei jeweils mit Konzentrationswirkung ausgestattete Genehmigungserfordernisse im Falle einer unechten Konkurrenz aufeinander, ohne dass aus den betreffenden Gesetzen selbst eine klare Vorrangregelung ermittelt werden kann, so gewinnt der allgemeine Grundsatz Bedeutung, dass derjenige Genehmigungsvorbehalt den anderen verdrängt, der auf Grund seiner umfassenderen Konzentrationswirkung unter Heranziehung des Rechtsgedankens des § 78 einen größeren Kreis öffentlich-rechtlicher Vorschriften und Belange erfasst (OVG Berlin NVwZ-RR 2001, 89 (91); KR/Wysk § 78 Rn. 1; aA Ziekow § 78 Rn. 2; BeckOK VwVfG/Ronellenfitsch § 78 Rn. 6; SBS/Neumann/Külpmann § 78 Rn. 4). 3

Ein von einem Vorhaben betroffener **Dritter** hat nach § 78 I **keine selbstständig durchsetzbare Verfahrensposition.** Es werden ausschließlich die Zuständigkeit und das Verfahrensrecht geregelt, wenn mehrere Vorhaben zusammentreffen (VGH München BeckRS 2019, 2297 Rn. 11 mwN). Die Frage, inwieweit **subjektive Rechte Dritter** berührt sind, wird dagegen ausschließlich nach dem materiellen Recht entschieden und hängt nicht davon ab, ob über die Zulassung des Vorhabens in einer gesonderten Planfeststellung oder gemeinsam mit anderen Vorhaben in einem einheitlichen Planfeststellungsverfahren entschieden wird (VGH München BeckRS 2019, 2297 3a

Rn. 11; VGH München BeckRS 2015, 53575 Rn. 12; BVerwG NVwZ 2007, 1074 (1075, Rn. 28)).

II. Durchführung eines einzigen Verfahrens (I)

4 Nach § 78 I findet nur ein Planfeststellungsverfahren statt, wenn mehrere selbständige, darunter zumindest ein bundesrechtliches Vorhaben derart zusammentreffen, dass nur eine einheitliche Entscheidung möglich ist. Es muss sich demzufolge um selbstständige, dh voneinander unabhängige Vorhaben handeln, zwischen denen ein **zeitlicher, räumlicher und funktionaler Zusammenhang** besteht (KR/Wysk § 78 Rn. 6; Ziekow § 78 Rn. 4; SBS/Neumann/Külpmann § 78 Rn. 7). Es muss ein gesteigerter Koordinierungsbedarf (KR/Wysk § 78 Rn. 7) etwa in Gestalt einer starken und vielfältigen räumlichen Verflechtung bestehen. Eine **räumliche Überschneidung** ist bereits ein starkes Indiz (BVerwG NVwZ 2005, 813 (815)). Verhindert werden soll, dass sich auf gleichem Raum ein gegenüber einem anderen zeitlich nur geringfügig fortgeschrittenes Projekt gleichsam „blind" durchsetzt (OVG Lüneburg NdsVBl 2010, 11). Gefordert ist demzufolge ein **nicht sinnvoll trennbarer Sachzusammenhang** zwischen den Vorhaben. Können planerisch erhebliche Belange des einen Vorhabens bei dem anderen Vorhaben durch Verfahrensbeteiligung und durch Berücksichtigung im Rahmen planerischer Abwägung angemessen erfasst werden, so entfällt dieser Zusammenhang. Ein nur materielles Interesse an der planerischen Koordination verschiedener Belange rechtfertigt es noch nicht, Verfahren und Behördenzuständigkeit zu koordinieren (BVerwG NVwZ 2018, 1322 (1325 Rn. 31 mwN aus der Rspr.); BVerwG BeckRS 2014, 56037 Rn. 130).

4a Voraussetzung für die Anwendbarkeit des § 78 ist, dass die Vorhaben derart zusammentreffen, dass für sie oder für Teile von ihnen nur eine **einheitliche Entscheidung** möglich ist (OVG Schleswig BeckRS 2020, 16557 Rn. 74, 76). Voraussetzung dafür wäre insbesondere, dass es sich um Vorhaben handelt, die nicht nur **räumlich,** sondern auch **zeitlich** zusammentreffen. An diesem von § 78 I vorausgesetzten zeitlichen Zusammenhang fehlt es, wenn es für eines der selbstständigen Vorhaben **kein ausgearbeitetes Planungskonzept** des zuständigen Vorhabenträgers gibt, das zum Gegenstand eines einheitlichen Planfeststellungsverfahrens gemacht werden könnte (VGH München BeckRS 2023, 40677 Rn. 52; BVerwG BeckRS 2019, 37313 Rn. 40).

5 Es muss sich um selbständige planfeststellungspflichtige Vorhaben handeln, für die rechtlich zumindest **zwei getrennte Planverfahren** durchzuführen wären. Treffen zwei Vorhaben aufeinander, für die nur das Landesrecht gilt, ist § 78 nicht anwendbar, sondern es ist auf entsprechendes Landesrecht zurückzugreifen. Voraussetzung für § 78 I ist, dass zumindest eines der Verfahren bundesrechtlich vorgeschrieben ist. Vom Anwendungsbereich von I wird auch ein **Plangenehmigungsverfahren** erfasst – Arg. a maiore ad minus – (KR/Wysk § 78 Rn. 6a; BeckOK VwVfG/Ronellenfitsch § 78 Rn. 22).

6 Die dritte Voraussetzung für die Anwendbarkeit des § 78 ist, dass beide Verfahren unter dem Dach lediglich eines führenden Verfahrens in einem **einheitlichen Planfeststellungsbeschluss** zusammengeführt werden. Es ist allerdings nicht zwingend, dass planerische Belange ausnahmslos in einem Verfahren zu bewältigen sind. Letztlich bleibt die Zusammenführung eine **Option.** Von den Umständen des Einzelfalls ist abhängig, ob der in § 78 I zum Ausdruck kommende Grundsatz der Problembewältigung eine **Koordinierung** mittels **verfahrensmäßiger und inhaltlicher Abstimmung** auch **ohne förmliche Zusammenführung** der Verfahren und damit unter Wahrung der gesetzlichen Zuständigkeitsordnung ermöglicht (OVG Bautzen NVwZ-RR 2006, 767; BVerwG NVwZ 2005, 813 (814); BVerwG NVwZ 2004, 1500 (1501)).

III. Zuständigkeit und Verfahren (II)

7 Ist unter den Voraussetzungen nach § 78 I nur ein Planfeststellungsverfahren zulässig, bedarf es nach § 78 II der Festlegung der für das Verfahren zuständigen Behörde. Zuständigkeiten und Verfahren nach den Rechtsvorschriften über das Planfeststellungsverfahren richten sich danach, welches für die Anlage vorgeschriebene Planfeststellungsverfahren einen **größeren Kreis öffentlicher Beziehungen** berührt (II 1). Maßgeblich für die Bestimmung von Verfahren und Zuständigkeit ist folglich die Ermittlung und die Feststellung des **Schwerpunktes** (BeckOK VwVfG/Ronellenfitsch § 78 Rn. 20, 22). Zweifel können erst entstehen, wenn kein eindeutiger Schwerpunkt zu ermitteln ist. Für diese Konstellation sind in § 78 II 2 und 3 besondere subsidiäre Entscheidungs- und Einigungsmechanismen vorgesehen. Aus dem Konzept des § 78 II 2 folgt, dass der Schwerpunkt zunächst vorrangig und im Wege einer gebundenen Entscheidung zu bestimmen ist (BeckOK VwVfG/Ronellenfitsch § 78 Rn. 25; KR/Wysk § 78 Rn. 11; SBS/Neumann/Külpmann § 78 Rn. 16).

8 Für die Schwerpunktbildung kommt es im Rahmen einer **Gesamtschau auf qualitative und quantitative** Aspekte an, die nicht auf eine einheitliche Formel gebracht werden können (KR/Wysk § 78 Rn. 9). Von besonderer Relevanz sind allerdings die Kriterien wie zB Größe, Beschaffenheit und die von der Anlage ausgehenden Auswirkungen, bei denen die zeitliche Dauer, räumliche Ausdehnung und Intensität der Belastungen auf Betroffene besonders ins Gewicht fallen (BeckOK VwVfG/Ronellenfitsch § 78 Rn. 22; SBS/Neumann/Külpmann § 78 Rn. 16; KR/Wysk § 78 Rn. 9).

8a Voraussetzung für die Anwendung des § 78 I ist, dass mehrere selbstständige Vorhaben derart zusammentreffen, dass für diese Vorhaben oder für Teile von ihnen nur eine einheitliche Entscheidung möglich ist. Die Vorschrift verlangt die strikte Notwendigkeit einer einheitlichen Entscheidung. Sie geht davon aus, dass Vorhaben räumlich in dem Sinne aufeinandertreffen, dass in einem überschneidenden Raum über-, unter- oder nebeneinander geplant und gebaut wird. Nur in einem solchen Fall des zeitlichen und räumlichen Aufeinandertreffens von Planungen verschiedener Planungsträger ergibt sich typischerweise die Notwendigkeit einer Koordinierung durch Zusammenlegung der Planungsverfahren, um einen **„Wettlauf der Zulassungsbehörden"** mit dem Ziel zu vermeiden, der eigenen Planung im Kampf um die gegenseitige Rücksichtnahme prioritären Status zu verschaffen (OVG Lüneburg BeckRS 2014, 49021 Rn. 39; BVerwG NVwZ 1996, 389 (391)). Die in § 78 I angeordnete Kompetenzverlagerung auf die für das eine Vorhaben an sich nicht zuständige Planfeststellungsbehörde setzt einen nicht sinnvoll trennbaren Sachzusammenhang zwischen den beiden Vorhaben voraus (BVerwG NVwZ 2004, 1500 (1501)). Eine im Sinne des § 78 I notwendig einheitliche Entscheidung ist nur dann geboten, wenn jeder der Vorhabenträger zur sachgerechten Verwirklichung seines Planungskonzepts darauf angewiesen ist, dass über die Zulassung der zusammentreffenden Vorhaben nur in einem Verfahren entschieden werden kann. Ein nur materielles Interesse an der planerischen Koordination verschiedener Belange rechtfertigt hingegen für sich nicht, die gesetzliche Verfahrenszuständigkeit zu ändern (BVerwG NVwZ 2018, 1322 (1325 Rn. 31 mwN aus der Rspr.); BVerwG BeckRS 2014, 56037 (Rn. 130); OVG Lüneburg BeckRS 2014, 49021 Rn. 39; BVerwG NVwZ 1996, 901 (903)).

9 In Zweifelsfällen ist nach § 78 II 2 und 3 ein **Streitschlichtungsverfahren** vorgesehen, wobei zu unterscheiden ist, zwischen einer Streitschlichtung innerhalb von Zuständigkeiten des Bundes (II 2) und einer Streitschlichtung bei einem Bund-Länder-Konflikt (II 3). Sind für die zu beurteilenden Vorhaben mehrere Bundesbehörden aus verschiedenen Geschäftsbereichen zuständig, so entscheidet die Bundesregierung (§ 78 II 2 Hs. 1). Gehören die Bundesbehörden demselben Ressort an, entscheidet das zuständige Bundesministerium (§ 78 II 2 Hs. 2). Bestehen Zweifel, ob eine Bundes- oder eine Landesbehörde zuständig ist, muss zunächst in einem stufenförmigen Verfahren versucht werden, eine Einigung der obersten Bundes- und Landesbehörden herbeizuführen. Misslingt eine Einigung, sind Bundesregierung und die jeweilige Landesregierung verpflichtet, das **Einvernehmen** über die anzuwendende Rechtsvorschrift herbeizuführen. Gelingt die Herbeiführung des Einvernehmens nicht, entscheidet das BVerwG nach § 50 I Nr. 1 VwGO (KR/Wysk § 78 Rn. 13).

IV. Rechtsfolgen der Zuständigkeits- und Verfahrenskonzentration

10 Ist eine Behörde für die Durchführung des Planfeststellungsverfahren nach § 78 II 1 oder aufgrund einer Zuständigkeitsbestimmung (II 2 und 3) alleine zuständig, hat sie das Verfahren nach den Rechtsvorschriften über das Schwerpunktverfahren oder kraft der getroffenen Zuständigkeitsbestimmung zu führen. Die Auswahl eines führenden Verfahrens nach § 78 II bewirkt nur eine **Zuständigkeits- und Verfahrenskonzentration** (KR/Wysk § 78 Rn. 10). Die mit § 78 I verbundene Zuständigkeitskonzentration setzt sich beim Rechtsschutz fort (VGH Mannheim BeckRS 2018, 3095865 (Rn. 80)). Die gerichtliche Zuständigkeit und das gerichtliche Verfahren richten sich damit im Falle einer Anfechtung eines auf Grundlage von § 78 I ergangenen

einheitlichen Planfeststellungsbeschlusses nach § 78 II (VGH Mannheim BeckRS 2018, 3095865 (Rn. 80)).

Erfordert der in § 78 I zum Ausdruck kommende Grundsatz der Konflikt- 11
bewältigung ausnahmsweise eine einheitliche planerische Entscheidung, so bestimmen sich gemäß § 78 II 1 die Zuständigkeiten und Verfahren nach den Vorschriften über das Planfeststellungsverfahren, das für diejenige Anlage vorgeschrieben ist, die einen größeren Kreis öffentlich-rechtlicher Beziehungen berührt. Sind somit ausschließlich die Verfahrensvorschriften für das auswirkungsstärkere Vorhaben heranzuziehen, so wird hiervon auch die Pflicht zur Umweltverträglichkeitsprüfung als unselbständiger Teil des verwaltungsbehördlichen Verfahrens (§ 2 I UVPG) ist, mit der Folge erfasst, dass für das – beide Vorhabenteile umfassende – Vorhaben insgesamt nur **eine Umweltverträglichkeitsprüfung** durchzuführen ist (BVerwG BeckRS 2020, 48543 Rn. 31).

Einer gesonderten Umweltverträglichkeitsprüfung für **jedes Vorhaben ist** 12
erforderlich, wenn die mit ihnen verfolgten Planungsziele **unabhängig voneinander verwirklicht** werden können, ohne dass die Erreichung der Ziele eines Vorhabens durch den Verzicht auf das Vorhaben auch nur teilweise vereitelt würde (BVerwG BeckRS 2020, 48543 Rn. 33; VGH Mannheim BeckRS 2018, 30958 Ls. 1).

Teil VI. Rechtsbehelfsverfahren

§ 79 Rechtsbehelfe gegen Verwaltungsakte

Für förmliche Rechtsbehelfe gegen Verwaltungsakte gelten die Verwaltungsgerichtsordnung und die zu ihrer Ausführung ergangenen Rechtsvorschriften, soweit nicht durch Gesetz etwas anderes bestimmt ist; im Übrigen gelten die Vorschriften dieses Gesetzes.

Übersicht

	Rn.
I. Bedeutung	1
II. Förmliche Rechtsbehelfe gegen VAe	3
1. Begriff „förmliche Rechtsbehelfe"	3
2. Förmliche Rechtsbehelfe iSv § 79	7
3. Objekt des Rechtsbehelfs: ein VA	9
III. Anzuwendende Rechtsvorschriften	10
1. Vorrang spezialgesetzlicher Vorschriften	11
2. Geltung der VwGO und der Ausführungsgesetze zur VwGO	13
3. Geltung der Vorschriften dieses Gesetzes	18
4. Analoge Anwendung der VwGO und anderer Gesetze, allgemeine Rechtsgrundsätze	20
a) Analoge Anwendung der VwGO, ZPO und GVG	20
b) Allgemeine Rechtsgrundsätze	22
c) Reformatio in peius	23
IV. Das Vorverfahren	26
1. Zulässigkeit des Widerspruchs	27
a) Statthaftigkeit des Widerspruchs gem. § 68 VwGO	28
b) Form- und fristgerechte Widerspruchserhebung gegenüber der zuständigen Behörde gem. § 70 VwGO	34
c) Widerspruchsbefugnis	35
2. Begründetheit des Widerspruchs	36
V. Rechtsschutz	39

I. Bedeutung

Die Vorschrift erklärt für **förmliche Rechtsbehelfe gegen VAe** die VwGO 1
und die zu ihrer Ausführung ergangenen Rechtsvorschriften für maßgeblich, soweit spezialgesetzlich nichts anderes bestimmt ist. Ergänzend und damit subsidiär gilt das VwVfG. Tatsächlich enthält der Teil VI – Rechtsbehelfsverfahren mit den §§ 79 und 80 nur zwei Normen und auch sonst finden sich im Gesetz nur vereinzelte Regelungen zu förmlichen Rechtsbehelfen (zB § 70). Eine umfassende Regelung zu förmlichen Rechtsbehelfsverfahren findet sich dagegen in der VwGO.

2 Im **Anwendungsbereich** ist § 79 auf den Geltungsbereich des VwVfG beschränkt, wie er in §§ 1 f. des Gesetzes festgelegt ist (zB keine Geltung für Verfahren nach der Abgabenordnung (§ 2 I Nr. 1) und dem Sozialgesetzbuch (§ 2 I Nr. 4). Die Vorschrift gilt des Weiteren nur für förmliche, außergerichtliche Rechtsbehelfe vor Verwaltungsbehörden. Nicht erfasst sind mithin förmliche Rechtsbehelfe zu den Gerichten, insbesondere zur Verwaltungsgerichtsbarkeit.

II. Förmliche Rechtsbehelfe gegen VAe

1. Begriff „förmliche Rechtsbehelfe"

3 Der Begriff des Rechtsbehelfs bezeichnet im Ansatz alle verfahrensrechtlichen Mittel, mit denen ein durch eine für ihn ungünstige Entscheidung Beschwerter sein Recht weiterverfolgen kann. Er umfasst gerichtliche wie außergerichtliche, förmliche wie nicht förmliche (= formlose) Rechtsbehelfe. **Förmliche Rechtsbehelfe** sind solche, bei deren Einlegung eine bestimmte Form zu beachten und eine bestimmte Frist zu wahren ist. **Gerichtliche förmliche Rechtsbehelfe** sind alle Arten von Klagen (Anfechtungs-, Verpflichtungs-, Allgemeine Leistungs- und Feststellungsklagen), Anträge auf vorläufigen Rechtsschutz gem. §§ 80 V und 123 VwGO sowie der Antrag auf Normenkontrolle gem. § 47 VwGO. Ebenfalls zu den gerichtlichen förmlichen Rechtsbehelfen gehören die Rechtsmittel gegen gerichtliche Entscheidungen wie Berufung gem. §§ 124 ff. VwGO, Revision und Beschwerde gem. § 146 VwGO. **Außergerichtlicher förmlicher Rechtsbehelf** ist der Widerspruch gem. §§ 68 ff. VwGO.

4 Allen förmlichen Rechtsbehelfen ist gemeinsam, dass der Rechtsbehelfsführer ein Kostenrisiko trägt (für außergerichtliche förmliche Rechtsbehelfe gem. § 80 VwVfG, für gerichtliche förmliche Rechtsbehelfe gem. § 154 I VwGO) und dass ihre Einlegung den Eintritt der formellen Rechtskraft der angegriffenen Entscheidung hemmt (sog. **Suspensiveffekt**). So kommt dem Widerspruch (und der Anfechtungsklage) gem. § 80 I VwGO aufschiebende Wirkung zu. Die Vollziehbarkeit des VAs wird ausgesetzt, der Betroffene nimmt – unabhängig von den Erfolgsaussichten des förmlichen Rechtsbehelfs – wieder die Rechtsposition vor Erlass des VAs ein. Die Behörde darf für die Dauer der aufschiebenden Wirkung keine rechtlichen oder tatsächlichen Folgerungen aus dem angefochtenen VA ziehen (BVerwG NJW 1986, 2267). Nur die förmlichen Rechtsbehelfe bewirken darüber hinaus, dass die Sache nunmehr von der nächsthöheren Instanz entschieden werden muss (sog. **Devolutiveffekt**), wobei in Bezug auf den Widerspruch zwei Besonderheiten bestehen: Im Vorverfahren tritt der Devolutiveffekt nicht bereits mit Erhebung des Widerspruchs ein, sondern erst mit der Nichtabhilfeentscheidung der Ausgangsbehörde und ist damit aufschiebend bedingt. Darüber hinaus bleibt die Ausgangsbehörde trotz des Eintritts des Devolutiveffekts befugt, ihre bereits getroffene Nichtabhilfeentscheidung durch eine spätere Abhilfeentscheidung zu ersetzen, solange nicht die Widerspruchsbehörde ihrerseits einen

Widerspruchsbescheid erlassen hat (BVerwGE 82, 336, 338 – umstritten). Bei förmlichen Rechtsbehelfen hat der Rechtsbehelfsführer stets einen **Anspruch auf Entscheidung in der Sache,** einschließlich ihrer Bekanntgabe.

Formlose (= nicht förmliche) **Rechtsbehelfe** sind solche, die weder an bestimmte Formen (s. auch BVerfGE 2, 225 (230): keine Begründungspflicht) noch an bestimmte Fristen gebunden sind (zB Dienst-, Fach- oder Rechtsaufsichtsbeschwerde, Gegenvorstellung, Petition und die – beamtenrechtliche – Remonstration). Sie erfordern keine Betroffenheit in eigenen Rechten. Die Entscheidung über nichtförmliche Rechtsbehelfe ist endgültig; eine nochmalige Überprüfung im Wege eines weiteren (nicht förmlichen oder förmlichen) Rechtsbehelfs ist regelmäßig nicht vorgesehen. Ein Kostenrisiko besteht hier nicht. Teilweise existieren besondere Rechtsvorschriften (zB für die Dienst-, Fach oder Rechtsaufsichtsbeschwerde in § 108 StVollzG; für die Petition in Art. 17 GG und den verschiedenen Petitionsgesetzen auf Bundes- und Landesebene, etwa dem Gesetz über die Befugnisse des Petitionsausschusses des Deutschen Bundestages v. 19.7.1975, BGBl. I 1921, mit späteren Änderungen; für die Remonstration in den Beamtengesetzen des Bundes und der Länder, etwa in § 63 BBG); im Übrigen gelten die allgemeinen Rechtsgrundsätze des Verwaltungsverfahrens- und Verwaltungsprozessrechts (insb. die Pflicht zur Begründung des Bescheids für die Aufsichtsbeschwerden KR/Ramsauer § 79 Rn. 21, und für die Petition Rühl DVBl. 1993, 14 f.; für die Remonstration nur die beamtenrechtlichen Grundsätze). Formlose Rechtsbehelfe besitzen keinen Suspensiveffekt und keinen Devolutiveffekt. Im Unterschied zu förmlichen Rechtsbehelfen hat der Rechtsbehelfsführer hier regelmäßig keinen Anspruch auf Entscheidung in der Sache, sondern lediglich einen **Anspruch auf Bescheidung** (KS VwGO § 40 Rn. 34), aber nur teilweise einen Anspruch auf förmliche Befassung, der wiederum nur ausnahmsweise gerichtlich durchsetzbar ist (zur Petition: BVerfG NVwZ 1989, 953). Die Entscheidung über den formlosen Rechtsbehelf ist kein VA (vgl. BVerwG NJW 1981, 700). 5

Das vorstehend beschriebene Rechtsschutzsystem und die ihm innewohnende Systematik findet seine Grundlage insgesamt im geschriebenen Recht. Außerhalb der Rechtsordnung stehende außerordentliche Rechtsbehelfe, wie sie von der Rechtsprechung verschiedentlich entwickelt wurden, genügen nicht den verfassungsrechtlichen Anforderungen an die **Rechtsmittelklarheit.** Rechtsbehelfe müssen stets in der geschriebenen Rechtsordnung geregelt und in ihren Voraussetzungen für die Bürger erkennbar sein (BVerfG Beschl. v. 30.4.2003 – 1 PBvU 1/02, Rn. 63). 6

2. Förmliche Rechtsbehelfe iSv § 79

Entgegen dem – zu weit gefassten – Wortlaut des § 79 beschränkt sich der Anwendungsbereich der Vorschrift auf förmliche Rechtsbehelfe **vor Behörden;** förmliche Rechtsbehelfe vor Gerichten werden nicht erfasst (allgA, vgl. KR/Ramsauer § 79 Rn. 9). Hauptanwendungsfall ist damit das Widerspruchsverfahren gem. §§ 68 ff. VwGO. Daneben kommen aber auch Ein- 7 spruchs- und Beschwerdeverfahren (zB § 23 WBO) in Betracht. Auf die Bezeichnung des Rechtsbehelfs kommt es nicht an.

8 Nicht um einen förmlichen Rechtsbehelf handelt es sich auch bei Verfahren auf **Rücknahme** gem. § 48, **Widerruf** gem. § 49 oder **Wiederaufgreifen des Verfahrens** gem. § 51. Grundsätzlich nicht von § 79 erfasst sind auch sog. **verwaltungsinterne Kontrollverfahren** (zB im Prüfungsrecht – dazu KR/Ramsauer § 79 Rn. 15), es sei denn, diese Verfahren sind im Gesetz als förmliche Rechtsbehelfsverfahren ausgestaltet.

3. Objekt des Rechtsbehelfs: ein VA

9 Der förmliche Rechtsbehelf muss sich gegen einen VA (s. zum Begriff und den einzelnen Merkmalen der Legaldefinition → § 35 Rn. 29 ff.) richten. Ob das der Fall ist, beurteilt sich nach den allgemeinen Vorschriften. In Bezug auf den förmlichen Rechtsbehelf des Widerspruchs erfasst § 79 sowohl die Fälle des **Anfechtungswiderspruchs,** der auf die Aufhebung eines belastenden VA abzielt, wie auch des **Verpflichtungswiderspruchs,** der die Aufhebung der Ablehnung eines beantragten begünstigenden VA und den Erlass des beantragten VA bezweckt. Richtet sich der förmliche Rechtsbehelf gegen sonstiges Verwaltungshandeln (zB Realakte oder öffentlich-rechtliche Verträge), findet § 79 keine Anwendung. Dessen ungeachtet bleiben die sonstigen Regelungen des VwVfG und auch die Bestimmungen der VwGO anwendbar.

III. Anzuwendende Rechtsvorschriften

10 § 79 statuiert eine Reihenfolge hinsichtlich der auf förmliche Rechtsbehelfe anzuwendenden Rechtsvorschriften:

1. Vorrangig sind **spezialgesetzliche Regelungen** über förmliche Rechtsbehelfe.
2. Wo sie fehlen, gelten die Bestimmungen der **VwGO und die zu ihrer Ausführung ergangenen Rechtsvorschriften** über förmliche Rechtsbehelfe.
3. Im Übrigen gelten die **Vorschriften dieses Gesetzes** zu förmlichen Rechtsbehelfen.
4. Soweit Regelungslücken verbleiben, sind die **VwGO und andere Gesetze analog** anzuwenden. Ebenfalls kann auf **allgemeine Rechtsgrundsätze** zurückgegriffen werden.

1. Vorrang spezialgesetzlicher Vorschriften

11 Soweit durch Gesetz etwas anderes bestimmt ist, besitzen diese Regelungen aufgrund ihrer **Spezialität** Vorrang gegenüber der allgemeinen Norm des § 79 und damit insbesondere auch gegenüber der VwGO und ihren Ausführungsgesetzen. Das Erfordernis der spezialgesetzlichen Regelung „durch Gesetz“ schließt eine Spezialregelung durch **Rechtsverordnung** nicht aus,

sofern die Rechtsverordnung ihrerseits auf einer Ermächtigung in der VwGO oder in einem zu ihr ergangenen Ausführungsgesetz beruht.

Spezialgesetzliche Regelungen zu förmlichen Rechtsbehelfen existieren 12
in den unterschiedlichsten Bereichen und den verschiedensten Ausprägungen. Teilweise schließen sie die Durchführung eines Vorverfahrens zwingend aus (zB § 70; § 11 AsylG), teilweise erklären sie das Vorverfahren für entbehrlich, teilweise ersetzen sie das Vorverfahren durch ein anderes Verfahren (zB § 23 WBO – Beschwerdeverfahren an Stelle des Vorverfahrens). Teilweise enthalten die spezialgesetzlichen Vorschriften abschließende Regelungen (zB §§ 347 ff. AO; 77 ff. SGG; → Rn. 2), teilweise modifizieren sie die allgemeinen Bestimmungen nur punktuell (zB § 72 II ZDG – verkürzte Widerspruchsfrist von zwei Wochen; §§ 212 f. BauGB – Entfall der aufschiebenden Wirkung).

2. Geltung der VwGO und der Ausführungsgesetze zur VwGO

Soweit keine spezialgesetzlichen Vorschriften existieren, gelten die **VwGO** 13
und die zu ihrer Ausführung ergangenen Rechtsvorschriften. Von diesem Verweis erfasst werden nur solche Regelungen, die einen Bezug zum formellen Rechtsbehelf der VwGO und damit zum Widerspruch gem. §§ 68 ff. VwGO haben.

Die Geltung der VwGO für förmliche Rechtsbehelfe erfasst folgende Vor- 14
schriften:

- § 44a VwGO – die Beschränkung von Rechtsbehelfen gegen Verfahrenshandlungen.
- § 57 II VwGO – zur Berechnung der Widerspruchsfrist gem. § 70 I VwGO.
- §§ 58 iVm 70 II VwGO – zum Erfordernis der ordnungsgemäßen Rechtsbehelfsbelehrung und den Folgen von Mängeln.
- §§ 60 iVm 70 II VwGO – die Wiedereinsetzung in den vorigen Stand bei Versäumung der Widerspruchsfrist.
- § 68 VwGO – zum Erfordernis eines Vorverfahrens.
- § 69 VwGO – der Beginn des Vorverfahrens mit Widerspruchserhebung.
- § 70 VwGO – Form und Frist des Widerspruchs.
- § 71 VwGO – die Anhörung im Vorverfahren.
- § 72 VwGO – die Abhilfemöglichkeit durch die Ausgangsbehörde.
- § 73 VwGO – der Erlass des Widerspruchsbescheids durch die Widerspruchsbehörde.
- § 77 VwGO – die Ausschließlichkeit des Vorverfahrens.
- § 79 II 2 VwGO – die Beachtlichkeit wesentlicher Verfahrensfehler.
- §§ 80–80b VwGO – die aufschiebende Wirkung des Widerspruchs.
- § 185 VwGO – die Abweichungsbefugnisse verschiedener Bundesländer in Bezug auf § 73 I 2 VwGO.

Bei den zur Ausführung der VwGO ergangenen Rechtsvorschriften handelt 15
es sich um die von den einzelnen Bundesländern erlassenen sog. **Ausführungsgesetze zur VwGO.** Nicht erfasst sind hingegen bundesrechtliche Spezialvorschriften, denn sie haben ohnehin Vorrang (→ Rn. 2). Auch sonst

besitzt die Vorschrift nur geringe Bedeutung. Denn die Ausführungsgesetze der Länder finden gerade keine Anwendung auf das Verwaltungshandeln von Bundesbehörden. Das Verwaltungshandeln der Landesbehörden regelt aber ohnehin das jeweilige LandesVwVfG. Der Anwendungsbereich der Regelung beschränkt sich damit im Ergebnis auf den Fall, dass ein Bundesland kein eigenes LandesVwVfG besitzt (§ 1 III).

16 Nur der Vollständigkeit halber sei an dieser Stelle darauf hingewiesen, dass verschiedene Bundesländer das Widerspruchsverfahren gem. §§ 68 ff. VwGO für den Bereich der Landesverwaltungen in den letzten Jahren abgeschafft oder zumindest eingeschränkt haben. Begründet wird dieser Schritt mit der fehlenden **Effektivität** des Widerspruchsverfahrens oder mit einer Behördenneuorganisation (zB Niedersachsen, wo die Mittelbehörden (Bezirksregierungen) zum 1.1.2005 abgeschafft wurden; kritisch KR/Ramsauer § 79 Rn. 5 ff.).

17 Die **Ausführungsgesetze** betreffen konkret folgende Regelungen der VwGO und modifizieren diese:

- § 68 I 2 VwGO, wo das Landesrecht das Vorverfahren ausschließt.
- § 68 I 2 Nr. 1 VwGO, wo durch Landesrecht die Durchführung des Vorverfahrens auch bei Erlass des VA durch eine oberste Landesbehörde vorschreibt.
- § 73 I 2 Nr. 1 VwGO, wo nach Landesrecht eine andere als die nächsthöhere Behörde den Widerspruchsbescheid erlässt.
- § 73 I 2 Nr. 3 VwGO, wo nach Landesrecht in Selbstverwaltungsangelegenheiten eine andere als die Selbstverwaltungsbehörde den Widerspruchsbescheid erlässt.
- § 73 I 3 VwGO, wo nach Landesrecht die Ausgangsbehörde selbst den Widerspruchsbescheid erlässt.
- § 73 II 1 VwGO, wo nach Landesrecht ein bei der Ausgangsbehörde gebildeter Ausschuss oder Beirat den Widerspruchsbescheid erlässt.
- § 80 II 1 Nr. 3 VwGO, wo das Landesrecht abweichend von § 80 I VwGO bestimmt, dass ein Widerspruch gegen einen nach Landesrecht erlassenen VA keine aufschiebende Wirkung hat.
- § 80 II 2 VwGO, wo das Landesrecht abweichend von § 80 I VwGO bestimmt, dass Rechtsbehelfe gegen Maßnahmen der Verwaltungsvollstreckung durch die Länder nach Bundesrecht keine aufschiebende Wirkung haben.
- § 185 II VwGO, wo das Landesrecht abweichend von § 73 I 2 Nr. 2 VwGO bestimmt, dass die oberste Landesbehörde, wenn sie nächsthöhere Behörde ist, den Widerspruchsbescheid erlässt.

3. Geltung der Vorschriften dieses Gesetzes

18 Soweit spezialgesetzliche Vorschriften fehlen (→ Rn. 1) und auch die VwGO und ihre Landes-Ausführungsgesetze keine Regelung treffen (→ Rn. 15 ff.), kommen ergänzend („im Übrigen") die **Vorschriften dieses Gesetzes** zur Anwendung. Darüber hinaus ist hinsichtlich jeder einzelnen Bestimmung des VwVfG festzustellen, dass (1.) keine Ausnahme vom Anwendungsbereich

gem. § 2 vorliegt und (2.) die Vorschrift mit den Besonderheiten des Vorverfahrens, dh dem Abhilfeverfahren vor der Ausgangsbehörde und im Anschluss dem Widerspruchsverfahren vor der nächsthöheren (Widerspruchs-) Behörde vereinbar ist.

Auf das Verfahren bei förmlichen Rechtsbehelfen finden Anwendung insbesondere folgende Vorschriften: 19

- Teil I: alle, mit Ausnahme von § 22 (Vorrang des § 69 VwGO). Umstritten ist die Anwendbarkeit von § 3 (grundsätzlich bejahend KR/Ramsauer § 79 Rn. 46; ablehnend BeckOK VwVfG/Kunze § 79 Rn. 23.3; Ziekow § 79 Rn. 12; BVerwG BeckRS 2020, 18927 Rn. 14 – zu § 3a).
- Teil II: alle, mit Ausnahme von § 32 (Vorrang von §§ 70 II iVm 60 I–IV VwGO. Umstritten ist hier die Anwendbarkeit von § 28 (bejahend KR/Ramsauer § 79 Rn. 47; ablehnend für den Fall, dass keine neuen tatsächlichen Gesichtspunkte auftreten, VGH Mannheim NVwZ 1987, 1087; Ziekow § 79 Rn. 13).
- Teil III: alle, mit Ausnahme von § 51, teilweise jedoch mit Einschränkungen: § 39 insgesamt für den Abhilfebescheid, dagegen für den Widerspruchsbescheid nur im Rahmen des – vorrangigen – § 73 III VwGO; § 41 nur für den Abhilfebescheid der Ausgangsbehörde (dagegen § 73 III VwGO für den Widerspruchsbescheid); § 46 insgesamt für das Verfahren vor der Ausgangsbehörde, ergänzend zu § 79 II VwGO für das Verfahren vor der Widerspruchsbehörde; §§ 48 f. für die Aufhebung des angefochtenen VA im Vorverfahren durch die Ausgangsbehörde und die Aufhebung des Widerspruchsbescheides durch die Widerspruchsbehörde bis zum Eintritt der Unanfechtbarkeit des Widerspruchsbescheides; § 50 nur für Rücknahmen und Widerrufe im Vorverfahren, die nicht gleichzeitig als Abhilfe- oder Widerspruchsbescheid anzusehen sind.
- Teil IV: alle (hM, vgl. KR/Ramsauer § 79 Rn. 48;; aA NK-VwGO/Geis VwGO § 68 Rn. 64)
- Teil V: §§ 63–71, alle, soweit ausnahmsweise spezialgesetzliche Regelungen abweichend von § 70 ein außergerichtliches förmliches Rechtsbehelfsverfahren vorsehen (vgl. § 63 II). §§ 71a–e, alle mit Ausnahme des § 71b, da insoweit der § 70 VwGO hinsichtlich der Erfordernisse der Fristwahrung bei der Einlegung des Widerspruchs und der § 73 III iVm dem VwZG hinsichtlich der Bekanntgabe des Widerspruchs vorrangig sind. §§ 72–78 finden insgesamt keine Anwendung, da hier der Widerspruch gem. §§ 74 I 2, 70 grundsätzlich ausgeschlossen ist.
- Teil VI: alle, wobei zu beachten ist, dass § 80 ausscheidet, wenn dem Widerspruchsverfahren ein gerichtliches Klageverfahren folgt (s. auch § 162 VwGO; BVerwG NVwZ 2008, 324).
- Teil VII: §§ 81–87, alle, wenn der seltene Fall eintritt, dass im außergerichtlichen förmlichen Rechtsbehelfsverfahren eine ehrenamtliche Tätigkeit ausgeübt wird. §§ 88–93, alle, wenn das Gesetz vorsieht, dass ein Ausschuss innerhalb einer Behörde über den Widerspruch entscheidet.
- Teil VIII: alle, soweit sie einschlägig sein können.

4. Analoge Anwendung der VwGO und anderer Gesetze, allgemeine Rechtsgrundsätze

a) Analoge Anwendung der VwGO, ZPO und GVG

20 Nicht ausdrücklich geregelt ist der Fall, dass auch bei Zugrundelegung der in § 79 vorgesehenen Reihenfolge anzuwendender Rechtsvorschriften noch Regelungslücken verbleiben (→ Rn. 10). Es besteht Einigkeit, dass in diesen Fällen die Regelungslücke zunächst durch die **analoge Anwendung anderer Rechtsvorschriften,** im Übrigen durch die Heranziehung **allgemeiner Rechtsgrundsätze** zu schließen ist. Da der Widerspruch und das Vorverfahren selbst in der VwGO normiert sind, sind hier zunächst die übrigen Bestimmungen der VwGO außerhalb der §§ 68 ff. in den Blick zu nehmen, ergänzend über die Verweisung in § 173 VwGO aber auch die Vorschriften der ZPO und des GVG. Dabei müssen stets die allgemeinen Voraussetzungen für eine Analogie erfüllt sein: (1.) es muss eine Regelungslücke bestehen und (2.) es muss eine vergleichbare Interessenlage bestehen. Insbesondere bei der Heranziehung der Normen der ZPO und des GVG ist jeweils kritisch zu fragen, ob die dortigen Vorschriften – trotz der grundsätzlich anderen Interessenlage – übertragbar sind.

21 Eine analoge Anwendung ist anerkannt in folgenden Fällen:

- § 40 VwGO – die Eröffnung des Verwaltungsrechtswegs im Fall eines sich später anschließenden Klageverfahren.
- § 42 II VwGO – in Gestalt der Widerspruchsbefugnis, wobei neben der Geltendmachung der Rechtswidrigkeit auch die Zweckwidrigkeit ausreicht.
- § 59 VwGO iVm §§ 59–63 ZPO – Möglichkeit der Streitgenossenschaft.
- § 91 VwGO – Möglichkeit der Antragsänderung (auch bei Änderung, Ersetzung oder Wiederholung des angegriffenen VA – BVerwGE 85, 163 (168); Ziekow § 79 Rn. 16; aA OVG Bautzen DÖV 1998, 1068, das eine Einbeziehung des neuen VA von Amts wegen annimmt).
- § 92 I u. II VwGO – Möglichkeit der Widerrufsrücknahme. Nicht auf das Vorverfahren anwendbar ist dagegen die in § 92 II VwGO formulierte Rücknahmefiktion.
- § 113 I 2 u. 4 VwGO – Möglichkeit der Erledigung des Widerspruchs. Umstritten ist die Möglichkeit der Änderung eines (Anfechtungs-) Widerspruchs in einen Fortsetzungsfeststellungswiderspruch (bejahend Ziekow § 79 Rn. 16; ablehnend BVerwG NJW 1989, 2468; offen gelassen bei BeckOK VwVfG/Kunze § 79 Rn. 28; zum Streitstand SBS/Kallerhoff/Keller § 79 Rn. 50).
- § 113 I u. IV VwGO – mit der Besonderheit, dass im Vorverfahren neben der Rechtmäßigkeit auch die Zweckmäßigkeit geprüft wird.
- § 173 VwGO iVm §§ 239 ff. ZPO – Regelungen zur Unterbrechung des Verfahrens (OVG Bautzen BeckRS 2023, 4243 Rn. 21).

Darüber hinaus scheidet eine analoge Anwendung der Bestimmungen insb. der VwGO aus.

b) Allgemeine Rechtsgrundsätze

Verbleiben weiterhin Regelungslücken, können diese nur noch über allgemeine Rechtsgrundsätze geschlossen werden. In Bezug auf förmliche außergerichtliche Rechtsbehelfe zählt hierzu insbesondere die Möglichkeit des **Verzichts** auf den Rechtsbehelf. Demgegenüber spielt die ebenfalls als allgemeiner Rechtsgrundsatz anerkannte **Verwirkung** mit Blick auf die regelmäßig kurze Widerspruchsfrist von 1 Monat (und 1 Jahr bei fehlerhafter oder unterbliebener Rechtsbehelfsbelehrung) praktisch kaum eine Rolle. Verwirkung verlangt ein Zeit- und ein Umstandsmoment. Allenfalls bei Nichtbekanntgabe des VA kommt eine Verwirkung im Einzelfall in Betracht, allerdings nur dann, wenn der Widerspruchsführer einen Vertrauenstatbestand geschaffen hat, wonach mit der Einlegung des Widerspruchs nicht mehr zu rechnen war (BVerwG NVwZ 2005, 1334). Dass der VA bereits vor längerer Zeit erlassen wurde, reicht als solches regelmäßig nicht aus, um Verwirkung anzunehmen. 22

c) Reformatio in peius

Ob auch das Verbot der **reformatio in peius** ein allgemeiner Rechtsgrundsatz jedenfalls des Vorverfahrens ist, ist umstritten. Die reformatio in peius bzw. ihr Verbot betrifft die Frage nach der Zulässigkeit einer inhaltlichen Verschlechterung des Ausgangsbescheides seitens der Widerspruchsbehörde im Vorverfahren. Mit anderen Worten: Ist die Widerspruchsbehörde, die dem Widerspruch nicht stattgeben will, im Rahmen ihrer Nichtabhilfeentscheidung auf die Zurückweisung des Widerspruchs beschränkt oder kann sie darüber hinaus im Widerspruchsbescheid den Ausgangsbescheid der Ausgangsbehörde zum Nachteil des Widerspruchsführers abändern („verschärfen“)? Eine Verschlechterung kann auf unterschiedlichste Weise eintreten, so etwa dann, wenn eine im Ausgangsbescheid enthaltene **Belastung erhöht** (zB die Erhöhung der Gebührensumme in einem Gebührenbescheid, die Anordnung des Abrisses an Stelle der ursprünglichen Nutzungsuntersagung/Stilllegung) oder **erstreckt** wird (zB Gewerbeuntersagung für alle Gewerbe an Stelle der ursprünglichen Untersagung eines einzelnen Gewerbes), wenn erstmals eine **belastende Nebenbestimmung** beigefügt wird (zB nachträgliche Befristung einer Genehmigung) oder eine solche zum Nachteil des Widerspruchsführers verändert wird (zB Verschärfung der von einer Anlage einzuhaltenden Grenzwerte) oder wenn eine Vergünstigung oder eine konkrete **Rechtsposition entzogen** wird (zB Kürzung einer Subvention). 23

Eine reformatio in peius setzt insoweit zwingend die **Abweichung des Tenors** der Widerspruchsentscheidung im Vergleich zu demjenigen der Ausgangsentscheidung voraus. Eine **Ergänzung** oder selbst ein vollständiges **Auswechseln der Begründung** reicht nicht aus. Um keine reformatio in peius handelt es sich auch, wenn durch den Widerspruchsbescheid erstmalig eine andere Person als der Widerspruchsführer belastet wird, wenn die Verböserung durch einen in einem eigenen, lediglich parallel zum laufenden Widerspruchsverfahren stattfindenden Verwaltungsverfahren ergehenden VA liegt. 24

25 Weder die VwGO noch das VwVfG enthalten eine Regelung zur reformatio in peius im außergerichtlichen förmlichen Rechtsbehelfsverfahren. Auch das sonstige formelle und materielle Bundes- oder Landesrecht enthält kaum Aussagen (ausnahmsweise finden sich Regelungen zB in § 367 II AO; § 337 LAG). Die hM beurteilt die Zulässigkeit der reformatio in peius daher materiell-rechtlich unter dem Aspekt des **Vertrauensschutzes** und formell-rechtlich unter demjenigen der Zuständigkeit. Das Vertrauen des Widerspruchsführers ist aber in der Regel nicht schutzwürdig, da er mit dem Widerspruch selbst den Eintritt der Bestandskraft des VA verhindert hat. Unzulässig ist die reformation in peius nur dort, wo sie zu nahezu untragbaren Verhältnissen für den Betroffenen führen würde (BVerwGE 67, 129 (134)). Abweichendes gilt in Prüfungsangelegenheiten, wo der Grundsatz der Chancengleichheit eine Verschlechterung verbietet (BVerwG DVBl. 1996, 1375). Was die **Zuständigkeit** betrifft, ist zu beachten, dass der Widerspruch den Verfahrensgegenstand des Verwaltungsverfahrens nicht verändert, insbesondere nicht erweitert. Innerhalb dieses Rahmens ist die Widerspruchsbehörde zu einer Verböserung berechtigt, wenn sie mit der Ausgangsbehörde identisch ist (OVG Hamburg NordÖR 2005, 121 (123)) oder wenn sie als Fachaufsichtsbehörde zugleich weisungsbefugt ist (BVerwG NVwZ 1987, 215; aA KS VwGO § 68 Rn. 10b). Ist der Widerspruch unzulässig, hat die Behörde ihn mit dieser Begründung zurückzuweisen, ist aber nicht zur Verböserung berechtigt.

IV. Das Vorverfahren

26 Das mit Einlegung des Widerspruchs beginnende **Vorverfahren** gem. §§ 68 ff. VwGO gliedert sich in der rechtlichen Prüfung in die Zulässigkeit und die Begründetheit des Widerspruchs. Es ist ähnlich dem Klageverfahren aufgebaut, weist allerdings auch einige Besonderheiten auf.

1. Zulässigkeit des Widerspruchs

27 Die Zulässigkeit des Widerspruchs beurteilt sich anhand folgender Punkte:
- Eröffnung des Verwaltungsrechtswegs gem. § 40 VwGO analog
- Statthaftigkeit des Widerspruchs gem. § 68 VwGO
- Form- und fristgerechte Widerspruchserhebung gegenüber der zuständigen Behörde gem. § 70 VwGO
- Beteiligtenfähigkeit und Handlungsfähigkeit des Widerspruchsführers gem. §§ 11, 12, 79 VwGO, ggf. ordnungsgemäße Bevollmächtigung gem. §§ 14, 79 VwGO).
- Widerspruchsbefugnis gem. § 42 II VwGO analog
- Allgemeines Rechtsschutzbedürfnis

Neben diesen stets zu prüfenden Zulässigkeitsvoraussetzungen sind – sofern konkrete Anhaltspunkte bestehen – weitere Voraussetzungen zu beachten:
- keine anderweitige Anhängigkeit
- kein Widerspruchsverzicht
- kein Widerspruchsausschluss gem. § 44a VwGO

Auf folgende Punkte ist näher einzugehen:

a) Statthaftigkeit des Widerspruchs gem. § 68 VwGO

Die Statthaftigkeit des Widerspruchs beurteilt sich anhand von § 68 VwGO, soweit keine spezialgesetzlichen Regelungen existieren. Danach ist die Recht- und Zweckmäßigkeit eines VAs vor Erhebung einer Anfechtungs- (§ 68 I 1) wie einer Verpflichtungsklage in Gestalt der sog. Versagungsgegenklage (§ 68 II) in einem Vorverfahren nachzuprüfen. 28

In allen anderen Fällen ist ein Vorverfahren nicht erforderlich und ein Widerspruch unstatthaft. Die Unstatthaftigkeit des Widerspruchs kann sich gem. § 68 I 2 VwGO zunächst ergeben, wenn ein Gesetz dies bestimmt. Dies kann ein Bundes- oder ein Landesgesetz und auch eine RVO sein (BVerwGE 84, 34 (48)). Weitere Fälle sind lt. Gesetz, dass der VA von einer obersten Bundes- oder Landesbehörde erlassen wurde (§ 68 I 2 Nr. 1 VwGO) oder der Abhilfe- oder der Widerspruchsbescheid erstmalig eine Beschwer – des Widerspruchsführers oder eines Dritten – enthält (§ 68 I 2 Nr. 2 VwGO). 29

Wäre richtige Klageart die Anfechtungsklage, spricht man von einem Anfechtungswiderspruch. Gegenstand des Anfechtungswiderspruchs kann nur ein VA sein. Erfüllt das Verwaltungshandeln der Behörde nicht die Merkmale des § 35 und handelt es sich folglich nicht um einen VA, ist der Anfechtungswiderspruch nicht statthaft. Der VA muss zudem grundsätzlich wirksam sein (§ 43 Rn. 3 ff.), dh, er kann möglicherweise rechtswidrig (aber wirksam), er darf hingegen nicht nichtig (und damit unwirksam) sein. Hat die Behörde mit ihrem Handeln zumindest den Rechtsschein eines VA gesetzt, ist der Betroffene aber nicht auf die Nichtigkeitsfeststellungsklage gem. § 43 II 2 VwGO beschränkt, sondern kann wahlweise Widerspruch erheben. Ansonsten bestände für den Betroffenen das Risiko, dass das VG die Nichtigkeit verneint und ein Widerspruch gegen den dann wirksamen VA inzwischen verfristet wäre. Voraussetzung des Widerspruchs ist in diesem Fall auch nicht ein vorheriger Antrag gem. § 44 V an die Behörde (Ziekow § 79 Rn. 19). 30

Bei **Erledigung des VA** vor Klageerhebung ist hinsichtlich der Statthaftigkeit und Notwendigkeit eines Widerspruchs vor Erhebung der dann allein noch in Betracht kommenden Fortsetzungsfeststellungsklage in Anknüpfung an den Zeitpunkt der Erledigung zu differenzieren: Hat sich der VA vor Ablauf der Widerspruchsfrist erledigt und war auch noch kein Widerspruch eingelegt worden, wäre ein Widerspruch nunmehr unstatthaft. Wurde bereits fristgerecht Widerspruch eingelegt und ist die Erledigung anschließend eingetreten, ist das Widerspruchsverfahren einzustellen (BVerwGE 81, 226 (229) = NJW 1989, 2468). Die Klagefrist gem. § 74 VwGO gilt in diesen Fällen nicht (BVerwGE 109, 203). Ist der VA bei Eintritt des erledigenden Ereignisses bestandskräftig, weil innerhalb der Widerspruchsfrist kein Widerspruch erhoben wurde, wäre der Widerspruch wie die Klage unzulässig. Im Fall der hier eigentlich nicht interessierenden Erledigung nach Klageerhebung, muss der Betroffene die Anfechtungsklage auf eine Fortsetzungsfeststellungsklage umstellen, für welche die Durchführung des Vorverfahrens Sachentscheidungsvoraussetzung ist (Ziekow § 79 Rn. 20). 31

32 Umstritten ist, ob es Konstellationen gibt, in denen ein Widerspruch statthaft und die Durchführung des Vorverfahrens damit Zulässigkeitsvoraussetzung der anschließenden Klage ist, er aber dennoch im Einzelfall entbehrlich ist. Das BVerwG hat wiederholt entschieden, dass der Widerspruch und das **Vorverfahren entbehrlich** sind, wenn sich der Beklagte im Prozess zur Sache einlässt, ohne vorab das Fehlen des Vorverfahrens zu rügen (BVerwG NVwZ-RR 1995, 90). Diese Rechtsprechung verkennt jedoch Sinn und Zweck des Vorverfahrens und stellt dieses – contra legem – zur Disposition des Beklagten (instruktiv Ziekow § 79 Rn. 23).

33 Vermittelt ein Gegenstand die Widerspruchsbefugnis (und im anschließenden Klageverfahren die Klagebefugnis, muss ein Rechtsnachfolger (zB ein Erwerber) vor einer Klageerhebung dann **kein eigenes Widerspruchsverfahren** durchführen, wenn die auf den Gegenstand bezogene Beschwer bereits Gegenstand eines noch vom Rechtsvorgänger als Widerspruchsführer durchgeführten Vorverfahrens war. Vielmehr rückt der Rechtsnachfolger in dessen Verfahrensposition ein (BVerwG NVwZ 2006, 1072 = DVBl. 2006, 1246).

b) Form- und fristgerechte Widerspruchserhebung gegenüber der zuständigen Behörde gem. § 70 VwGO

34 Der Widerspruch ist **innerhalb eines Monats** seit seiner Bekanntgabe an den Beschwerten schriftlich oder zur Niederschrift bei der Behörde zu erheben, die den VA erlassen hat (Ausgangsbehörde; § 70 I 1 VwGO). Zur Fristwahrung reicht es auch aus, wenn der Widerspruch bei der Behörde, die den Widerspruchsbescheid zu erlassen hat (Widerspruchsbehörde), eingelegt wird (§ 70 I 2 VwGO). **Ausgangsbehörde** ist nach der gesetzlichen Umschreibung die Erlassbehörde. Unerheblich ist, ob die Ausgangsbehörde zuständig war und ob alle Voraussetzungen für den Erlass des VA vorlagen. Die Stellung einer Behörde als Widerspruchsbehörde ergibt sich aus § 73 VwGO. Allgemein handelt es sich um die Behörde, die den Widerspruchsbescheid erlässt, wenn die Ausgangsbehörde dem Widerspruch nicht abhilft (§ 73 I 1 VwGO). Grundsätzlich ist **Widerspruchsbehörde** die nächsthöhere Behörde, soweit nicht das Gesetz eine andere Behörde bestimmt (§ 73 I 2 Nr. 1 VwGO). Im Fall der Beleihung ist der Beliehene Ausgangsbehörde, die beleihende Behörde demgegenüber die nächsthöhere Behörde. Wenn die nächsthöhere Behörde eine oberste Bundes- oder Landesbehörde ist, ist die Ausgangsbehörde zugleich auch die Widerspruchsbehörde (§ 73 I 2 Nr. 2 VwGO). In Selbstverwaltungsangelegenheiten erlässt die Selbstverwaltungsbehörde den Widerspruchsbescheid (§ 73 I 2 Nr. 2 VwGO). Selbstverwaltungsangelegenheiten sind allein weisungsfreie Aufgaben.

c) Widerspruchsbefugnis

35 Die Zulässigkeit des Widerspruchs setzt voraus, dass der Widerspruchsführer geltend macht, durch den VA, seine Ablehnung oder seine Unterlassung in eigenen Rechten verletzt zu sein (sog. **Widerspruchsbefugnis,** § 42 II

VwGO analog). Der Grund ist, dass das Vorverfahren ein dem gerichtlichen Klageverfahren vorgelagertes, verwaltungsinternes Rechtsbehelfsverfahren ist und – wie das Klageverfahren – dem Schutz subjektiver öffentlicher Rechte des Einzelnen dient. Da das Vorverfahren der Überprüfung der Rechtmäßigkeit und Zweckmäßigkeit dient, kommt eine Verletzung in eigenen Rechten hier auch bei bloßer Unzweckmäßigkeit des VA, seiner Ablehnung oder seiner Unterlassung in Betracht.

2. Begründetheit des Widerspruchs

Der Widerspruch ist **begründet,** wenn der VA, seine Ablehnung oder seine Unterlassung rechtswidrig oder zweckwidrig ist und der Widerspruchsführer durch die Rechtswidrigkeit in seinen Rechten verletzt oder durch die Zweckwidrigkeit in eigenen Rechten betroffen ist (vgl. §§ 68 I 1, II, 113 I 1, V 1 VwGO). Die **Rechtswidrigkeit** und ihre Folgen beurteilen sich nach den allgemeinen Grundsätzen. Insbesondere Verfahrens- und Formfehler sind regelmäßig heilbar (§§ 45, 46), so dass ein allein darauf gestützter Widerspruch zumeist unbegründet sein wird. Bei materieller Rechtswidrigkeit des VA ist der Widerspruch hingegen regelmäßig begründet. 36

Im Einzelfall kann entscheidend sein, ob für die Beurteilung der Rechtmäßigkeit des VA auf den **Zeitpunkt** der Erstentscheidung oder auf denjenigen der Widerspruchsentscheidung abzustellen ist. 37

Trotz Rechtmäßigkeit des VA, seiner Ablehnung oder seiner Unterlassung ist der Widerspruch dennoch begründet sein, wenn der VA **zweckwidrig** ist. Ist der VA dagegen bereits rechtswidrig, bedarf es keiner Zweckmäßigkeitskontrolle. Da eine Behörde ihre Entscheidung auf der Grundlage des geltenden Rechts zu treffen hat, ist zunächst zu klären, wann überhaupt Zweckmäßigkeitserwägungen relevant sein können. Das Gesetz selbst spricht den Zweck im Rahmen des Ermessens gem. § 40 an. Danach ist das Ermessen entsprechend dem Zweck der Ermächtigung auszuüben. Eine Entscheidung ist somit **zweckwidrig,** wenn sie mit Blick auf das mit der Ermesseneinräumung vom Gesetzgeber verfolgte Ziel nicht sachgerecht ist und dieses Ziel mit einer anderen Entscheidung besser erreichbar wäre (vgl. Ziekow § 79 Rn. 31). Die Identifizierung und Bewertung von Zielen obliegt dabei innerhalb der gesetzlichen Grenzen zunächst der Ausgangsbehörde. Im Rahmen des Vorverfahrens ist die Widerspruchsbehörde aber weder an die Ziele noch an deren Bewertung durch die Ausgangsbehörde gebunden (VGH München BayVBl. 2004, 149). 38

V. Rechtsschutz

Umstritten ist die Frage, ob der Einzelne einen **gerichtlich durchsetzbaren Anspruch** auf die Durchführung eines Widerspruchsverfahrens und den Erlass eines Widerspruchsbescheides hat. Der Widerspruch ist ein förmlicher Rechtsbehelf mit der Folge, dass der Betroffene einen Anspruch auf eine Sachentscheidung hat (→ Rn. 4). Diesem Umstand trägt das Gesetz mit den 39 auf eine Sachentscheidung abzielenden Formulierungen in § 72 VwGO („so hilft sie ihm ab") für die Ausgangsbehörde und in § 73 VwGO („so ergeht ein Widerspruchsbescheid") für die Widerspruchsbehörde Rechnung. Mit der Pflicht der Verwaltung zur Sachentscheidung korrespondiert regelmäßig ein Recht des Bürgers auf Entscheidung. Das Bestehen eines materiellen Anspruchs auf eine Sachentscheidung ist aber von der Frage der gerichtlichen Durchsetzbarkeit zu trennen. Einem solchen Durchführungs- und Entscheidungsanspruch könnte § 75 VwGO entgegenstehen, der dem Betroffenen eine Klagemöglichkeit für den Fall eröffnet, dass die Behörde über einen Widerspruch oder über einen Antrag auf Vornahme eines VA ohne zureichenden Grund nicht in angemessener Frist entschieden hat. Die überwiegende Rechtsprechung verneint einen daneben gerichtlich mit der Verpflichtungsklage durchsetzbaren Anspruch auf Erlass eines Widerspruchsbescheids (VGH Mannheim NVwZ 1995, 280; bei Ermessenentscheidungen wegen Fehlens des Rechtsschutzbedürfnisses: BVerwGE 63, 192 (194); s. auch Ziekow § 79 Rn. 6). Die Literatur bejaht demgegenüber generell die Möglichkeit der Verpflichtungsklage und verweist auf den Vorteil des fehlenden Prozesskostenrisikos für den Betroffenen bei einer solchen Verpflichtungsklage im Unterschied zur Untätigkeitsklage (KS VwGO § 68 Rn. 13; NK-VwGO/Geis VwGO § 68 Rn. 6, 10 ff.; Schenke DÖV 1996, 529; vgl. auch die ausdrückliche Regelung in § 88 II SGG für die Sozialgerichtsbarkeit).

§ 80 Erstattung von Kosten im Vorverfahren

(1) 1 Soweit der Widerspruch erfolgreich ist, hat der Rechtsträger, dessen Behörde den angefochtenen Verwaltungsakt erlassen hat, demjenigen, der Widerspruch erhoben hat, die zur zweckentsprechenden Rechtsverfolgung oder Rechtsverteidigung notwendigen Aufwendungen zu erstatten. 2 Dies gilt auch, wenn der Widerspruch nur deshalb keinen Erfolg hat, weil die Verletzung einer Verfahrens- oder Formvorschrift nach § 45 unbeachtlich ist. 3 Soweit der Widerspruch erfolglos geblieben ist, hat derjenige, der den Widerspruch eingelegt hat, die zur zweckentsprechenden Rechtsverfolgung oder Rechtsverteidigung notwendigen Aufwendungen der Behörde, die den angefochtenen Verwaltungsakt erlassen hat, zu erstatten; dies gilt nicht, wenn der Widerspruch gegen einen Verwaltungsakt eingelegt wird, der im Rahmen

1. eines bestehenden oder früheren öffentlich-rechtlichen Dienst- oder Amtsverhältnisses oder

2. einer bestehenden oder früheren gesetzlichen Dienstpflicht oder einer Tätigkeit, die an Stelle der gesetzlichen Dienstpflicht geleistet werden kann,

erlassen wurde. 4 Aufwendungen, die durch das Verschulden eines Erstattungsberechtigten entstanden sind, hat dieser selbst zu tragen; das Verschulden eines Vertreters ist dem Vertretenen zuzurechnen.

(2) Die Gebühren und Auslagen eines Rechtsanwalts oder eines sonstigen Bevollmächtigten im Vorverfahren sind erstattungsfähig, wenn die Zuziehung eines Bevollmächtigten notwendig war.

(3) [1]Die Behörde, die die Kostenentscheidung getroffen hat, setzt auf Antrag den Betrag der zu erstattenden Aufwendungen fest; hat ein Ausschuss oder Beirat (§ 73 Abs. 2 der Verwaltungsgerichtsordnung) die Kostenentscheidung getroffen, so obliegt die Kostenfestsetzung der Behörde, bei der der Ausschuss oder Beirat gebildet ist. [2]Die Kostenentscheidung bestimmt auch, ob die Zuziehung eines Rechtsanwalts oder eines sonstigen Bevollmächtigten notwendig war.

(4) Die Absätze 1 bis 3 gelten auch für Vorverfahren bei Maßnahmen des Richterdienstrechts.

Übersicht

	Rn.
I. Bedeutung	1
II. Anwendungsbereich	3
1. Kosten im Vorverfahren	3
2. Anfechtungs- und Verpflichtungswiderspruch	6
3. Sonstige Widerspruchs- und andere Verfahren	7
III. Erstattungspflicht (I)	10
1. Erfolgreicher Widerspruch	11
2. Gleichstellung: Wegen Verfahrens- und Formfehlern erfolgloser Widerspruch	15
3. Erfolgloser Widerspruch	16
4. Umfang der Erstattungspflicht	19
IV. Zuziehung eines Bevollmächtigten (II)	24
V. Kostenfestsetzung (III)	29
VI. Geltung für Vorverfahren bei Maßnahmen des Richterdienstrechts (IV)	31
VII. Rechtsschutz	32

I. Bedeutung

Die Vorschrift normiert die **Erstattung der von im Vorverfahren** gem. §§ 68 ff. VwGO **angefallenen Kosten.** Sie ist angelehnt an die Regelungen im verwaltungsgerichtlichen Verfahren (§§ 154 ff. VwGO), übernimmt diese jedoch nicht, sondern enthält eine abgeschlossene eigene Regelung. Eine ergänzende Heranziehung der VwGO-Bestimmungen ist ebenso wenig zulässig wie eine Ausweitung des Anwendungsbereichs der Vorschrift im Wege der Analogie (OVG Bautzen BeckRS 2016, 122727 Rn. 5 – keine Anwendbarkeit auf die Gegenvorstellung). § 80 ist im Zusammenhang mit den §§ 72, 73 VwGO zu sehen: Die Entscheidung über den Widerspruch beinhaltet immer auch eine Entscheidung über die Kosten (sog. Kostenlastentscheidung), für die Abhilfeentscheidung gem. § 72 VwGO, für den Widerspruchsbescheid gem. § 73 III 3 VwGO. Die Kostenlastentscheidung trifft die Behörde von Amts wegen, sie ist ein (selbständig anfechtbarer) VA iSv § 35 und bildet die notwendige Grundlage für die Kostenerstattung. Aus der Kostenlastentscheidung folgt, wer die Kosten trägt, aber nicht, welche von den im Vorverfahren im Einzelnen entstandenen Kosten in welchem Umfang tatsächlich erstattungsfähig sind. Dies regelt der § 80. 1

2 **Andere materiell-rechtliche Erstattungs- und Entschädigungsansprüche** bleiben unberührt (zB aus Amtshaftung, Aufopferung, Enteignung, enteignendem oder enteignungsgleichem Eingriff; KR/Ramsauer § 80 Rn. 4;; aA Knack/Hennecke/Dürr § 80 Rn. 19).

II. Anwendungsbereich

1. Kosten im Vorverfahren

3 Die Vorschrift ist gem. § 80 I beschränkt auf die **Kosten im Vorverfahren** (= Widerspruchsverfahren) gem. §§ 68 ff. VwGO. Die Vorschrift gilt zudem nur für Vorverfahren im Anwendungsbereich des Gesetzes selbst (s. Erläut. zu §§ 1 und 2). In zeitlicher Hinsicht fallen hierunter also nur die im Widerspruchsverfahren entstandenen Aufwendungen. Nicht nach dieser Vorschrift erstattungsfähig sind die im Ausgangsverfahren entstandenen Aufwendungen; ihre Erstattungsfähigkeit bestimmt sich nach den Bundes- und Landeskostengesetzen. Das gilt auch dann, wenn sich an das Ausgangsverfahren kein Vorverfahren anschließt (zB § 68 I 2 VwGO oder im Fall der Untätigkeitsklage gem. § 75 VwGO).

4 Eine **Ausnahme** macht das Gesetz insoweit nur für Vorverfahren bei Maßnahmen des Richterdienstrechts (§ 80 IV).

5 Die Bestimmung erfasst nur die **notwendigen Aufwendungen** des Widerspruchsführers (§ 80 I 1) oder der Ausgangsbehörde (§ 80 I 3). Über die Erstattungsfähigkeit der hier nicht geregelten Kosten der Widerspruchsbehörde ist ggf. durch einen eigenen Gebührenbescheid auf der Grundlage der Gebührenordnungen oder Verwaltungskostengesetze zu entscheiden. Schließt sich an das Vorverfahren ein gerichtliches Verfahren an, entscheidet das Gericht nicht nur über die Kostenerstattungspflicht hinsichtlich der prozessbedingten (Anwalts- und Gerichts-) Kosten, sondern auch erneut über die Kosten des Vorverfahrens (vgl. § 162 I VwGO). In diesem Fall ist § 80 nicht anwendbar (BVerwG NVwZ 2006, 1294).

2. Anfechtungs- und Verpflichtungswiderspruch

6 Obwohl § 80 I 1 als Erstattungspflichtigen nur den Rechtsträger nennt, dessen Behörde den angefochtenen VA erlassen hat, und auch den nachfolgenden Regelungen die Situation des **Anfechtungswiderspruchs** zugrunde zu liegen scheint, entspricht es der allg. Auffassung, dass die Vorschrift auch auf die Situation des **Verpflichtungswiderspruchs** Anwendung findet (KR/Ramsauer § 80 Rn. 14).

3. Sonstige Widerspruchs- und andere Verfahren

7 Darüber hinaus findet § 80 Anwendung auf Widerspruchsverfahren, die aufgrund **spezialgesetzlicher Regelungen** zwingend vorgeschrieben sind (zB § 63 II BeamtStG iVm § 126 BRRG).

Nicht erfasst werden die Fälle der Erledigung der Sache im Widerspruchsverfahren auf andere Weise als durch Sachentscheidung (zB durch Aufhebung des VA, Abschluss eines Vergleichsvertrages), es sei denn, die Aufhebung eines VA geschehe nur zu dem Zweck, einer ungünstigen Kostenlastentscheidung zu entgehen (OVG Bautzen BeckRS 2024, 3516 Rn. 11). Des Weiteren sind nicht erfasst sonstige förmliche Rechtsbehelfe, die allein schon gem. §§ 1 f. nicht dem sachlichen Anwendungsbereich des Gesetzes unterfallen, ebenso wenig das Verfahren auf Erlass des Ausgangs-VA. Nicht anwendbar ist § 80 auch auf sonstige Beteiligte, die nicht selbst Widerspruchsführer sind. 8

Umstritten ist die Anwendbarkeit des § 80 auf förmliche Rechtsbehelfe außerhalb der §§ 68 ff. VwGO, für die aber im Übrigen das VwVfG gem. §§ 1 f. gilt (bejahend KR/Ramsauer § 80 Rn. 13; SBS/Kallerhoff/Keller § 80 Rn. 7; verneinend Knack/Henneke/Busch § 80 Rn. 21). 9

III. Erstattungspflicht (I)

Die **Erstattungspflicht** knüpft § 80 an den Erfolg bzw. die Erfolglosigkeit des Widerspruchs. Hinsichtlich des Erstattungspflichtigen unterscheidet die Vorschrift zwischen dem Rechtsträger, dessen Behörde den angefochtenen VA erlassen hat, und dem Widerspruchsführer. Beim Umfang der Erstattungspflicht differenziert das Gesetz nach den zur zweckentsprechenden Rechtsverfolgung oder Rechtsverteidigung notwendigen Aufwendungen, den Gebühren und Auslagen eines Rechtsanwalts oder eines sonstigen Bevollmächtigten im Vorverfahren und den durch das Verschulden eines Erstattungsberechtigten (oder seines Vertreters) entstandenen Aufwendungen. 10

1. Erfolgreicher Widerspruch

Nach § 80 I 1 hat der Rechtsträger, dessen Behörde den angefochtenen VA erlassen hat, dem Widerspruchsführer seine notwendigen Aufwendungen zu erstatten, soweit der Widerspruch erfolgreich ist. Der **Erfolg des Widerspruchs** richtet sich nach dem Begehren des Widerspruchsführers. Richtet sich der Widerspruch nur gegen einen (selbständig angreifbaren) Teil eines VA, beurteilt sich auch der Erfolg nur nach diesem Teil des VA. Auf den Grund des Erfolges kommt es nicht an, auch nicht darauf, ob die Behörde dem Widerspruch aus Gründen der Rechtswidrigkeit oder der Unzweckmäßigkeit des Ausgangsbescheides stattgibt oder ob durch den angegriffenen VA überhaupt eine (rechtliche oder faktische) Beschwer eingetreten war oder eintreten würde (BVerwGE 79, 296). Der Widerspruch war auch erfolgreich, wenn die Behörde ihm rechtswidrig stattgibt (BVerwG NVwZ 1983, 544) oder ihm trotz Unzulässigkeit des Widerspruchs selbst in der Sache stattgibt (zuletzt offen gelassen von BVerwGE 77, 270). Entscheidend ist der äußere Verfahrensgang. Erforderlich, aber auch ausreichend ist, dass die Einlegung des Rechtsbehelfs kausal für die begünstigende Entscheidung der Behörde war (OVG Münster BeckRS 2020, 20913 Rn. 5). 11

12 **Nicht erfolgreich** war der Widerspruch, wenn die Beteiligten einen (Vergleichs-) Vertrag gem. § 55 abschließen oder der Widerspruch sich erledigt hat und die Behörde das Vorverfahren einstellt. Bei der Einstellung wegen Erledigung ist § 80 nicht anwendbar, es ergeht keine Kostenlastentscheidung (abweichend zT die landesrechtlichen Regelungen, vgl. zur Erledigung wegen Rücknahme Art. 80 I 2 BayVwVfG; zur Erledigung auf andere Weise Art. 80 I 5 BayVwVfG; § 80 I 5 BwVwVfG; § 19 I 5 RpAGVwGO; § 80 I 6 ThürVwVfG).

13 Umstritten ist die (analoge) Anwendbarkeit der Vorschrift in den Fällen, wo sich der Widerspruch durch **Rücknahme des VA** erledigt. Wählt die Behörde den Weg der Rücknahme allein, um der Kostenlast nach § 80 zu entgehen, ist die Vorschrift entsprechend anwendbar (KR/Ramsauer § 80 Rn. 28; im Ergebnis ähnlich Ziekow § 80 Rn. 9, allerdings unter Berufung auf Treu und Glauben soweit den Grundsatz fairer Verfahrensgestaltung).

14 Hat der Widerspruch nur **teilweise Erfolg,** sind die Kosten anteilig erstattungsfähig („soweit"). Im Bescheid ist dann die Quote festzusetzen. Umstritten ist, ob eine Aufhebung der Kosten gegeneinander auch möglich ist, wenn dies – wie im Bundesrecht – nicht ausdrücklich vorgesehen ist (ausdrückliche Regelungen enthalten zB Art. 80 I BayVwVfG, § 80 I 4 ThürVwVfG; zustimmend KR/Ramsauer § 80 Rn. 27; ablehnend Ziekow § 80 Rn. 11).

2. Gleichstellung: Wegen Verfahrens- und Formfehlern erfolgloser Widerspruch

15 Dem erfolgreichen Widerspruch stellt § 80 I 2 bezüglich der Kostenlast den Fall grundsätzlich gleich, dass der Widerspruch allein wegen **Verfahrens- und Formfehlern** gem. § 45 keinen Erfolg hat. Insoweit kommt es nicht auf den Zeitpunkt der Heilung oder die Kenntnis des Widerspruchsführer an (aA KR/Ramsauer § 80 Rn. 30). Die Vorschrift ist auf die Fälle des dort ausdrücklich und allein genannten § 45 beschränkt (Knack/Hennecke/Dürr § 80 Rn. 27 f.; aA KR/Ramsauer § 80 Rn. 30, der eine zumindest teilweise analoge Anwendung auf § 46 befürwortet).

3. Erfolgloser Widerspruch

16 Soweit der **Widerspruch erfolglos** geblieben ist, hat nach § 80 I 3 Hs. 1 derjenige, der den Widerspruch eingelegt hat, die notwendigen Aufwendungen der Behörde, die den angefochtenen VA erlassen hat, zu erstatten. Nicht hierunter fallen die Rücknahme und die Erledigung des Widerspruchs (BVerwGE 60, 204).

17 Eine **Ausnahme** von dieser Erstattungspflicht enthält § 80 I 3 Hs. 2 für den Fall des Widerspruchs gegen einen VA im Rahmen eines bestehenden oder früheren öffentlich-rechtlichen Dienst- oder Amtsverhältnisses (vgl. die Aufzählung in § 52 Nr. 4 VwGO; § 1 BMinG) oder einer bestehenden oder früheren gesetzlichen Dienstpflicht oder einer an ihrer Stelle leistbaren Tätigkeit. Die Fürsorgepflicht des Dienstherrn gebietet es, diese Personen nicht schlechter zu stellen als jene, die in einem privaten Dienstverhältnis stehen

und für die aus diesem Grund kein Vorverfahren angeordnet ist. Die Regelung gilt nach ihrem eindeutigen Wortlaut nur für bestehende oder frühere Dienst- oder Amtsverhältnisse, nicht hingegen für Streitigkeiten über die Begründung von Dienst- oder Amtsverhältnissen (ebenso Ziekow § 80 Rn. 13; aA KR/Ramsauer § 80 Rn. 32; SBS/Kallerhoff/Keller § 80 Rn. 57).

Der zweite Halbsatz, dies gelte nicht bei Widersprüchen im Rahmen eines **öffentlich-rechtlichen Dienst- oder Amtsverhältnisses** (Nr. 1), schließt nur die Aufwendungserstattungspflicht des unterlegenen Widerspruchsführers aus. Umgekehrt schließt bereits der Gesetzeswortlaut einen Anspruch des Widerspruchsführers auf Erstattung seiner notwendigen Aufwendungen trotz Erfolglosigkeit seines Widerspruchs aus (BVerwG NVwZ 2008, 324 (326)). 18

4. Umfang der Erstattungspflicht

Erstattungsfähig sind die im Vorverfahren zur zweckentsprechenden Rechtsverfolgung oder Rechtsverteidigung **notwendigen Aufwendungen** (§ 80 I 1 u. 3). Welche Aufwendungen zweckentsprechend und notwendig sind, sagt das Gesetz nicht. Da die Formulierung dem § 162 VwGO entspricht, kann nach allg. Auffassung auf die zu dieser Vorschrift ergangene umfangreiche Rechtsprechung zurückgegriffen werden. Allgemein sind Aufwendungen notwendig, wenn sie aus Sicht einer verständigen und verantwortlichen Partei (Widerspruchsführer bzw. Ausgangsbehörde) im Zeitpunkt ihres Entstehens und mit Blick auf die Bedeutung und Schwierigkeit der Sache erforderlich sind. Die Erforderlichkeit beurteilt sich aus der ex-ante-Sicht einer im wohlverstandenen eigenen Interesse an möglichst geringen Kosten prozess- und verfahrensökonomisch handelnden Partei. Die Erstattungsfähigkeit von Aufwendungen bedarf einer doppelten Feststellung der Notwendigkeit, nämlich nach dem Grund und nach der Höhe. 19

Erstattungspflichtig sind nur die notwendigen Aufwendungen des **Widerspruchsführers** (S. 1) und diejenigen der **Ausgangsbehörde** (S. 3). Nicht geregelt und damit nicht erstattungsfähig im Rahmen des § 80 sind die Kosten der **Widerspruchsbehörde.** 20

Erstattungsfähig auf Seiten des Widerspruchsführers sind zB Fahrt-, Fax-, Porto- und Telefonkosten, Kosten für Schreibdienste, Verdienstausfall, entgangener Gewinn, nicht hingegen die aufgewendete Zeit als solche. Ebenfalls erstattungsfähig sind die hypothetischen Kosten eines sich selbst vertretenden Rechtsanwalts (Rechtsgedanke des § 91 II 3 ZPO). Je nach den Umständen des Einzelfalls können die Kosten für ein Privatgutachten erstattungsfähig sein. 21

Erstattungsfähig auf Seiten der Ausgangsbehörde sind die Aufwendungen, die ihr nach Erhebung des Widerspruchs entstanden sind (näher OVG Magdeburg BeckRS 2021, 30035 Rn. 20). 22

Durch den Erstattungsberechtigten selbst oder seinen Vertreter verschuldete Aufwendungen sind von ihm selbst zu tragen und **nicht erstattungsfähig** (S. 4). Die Regelung setzt voraus, dass es sich bei den selbstverschuldeten Aufwendungen um einzelne, im Vorverfahren entstandene und selbständig ausscheidbare Aufwendungen handelt (BVerwG NVwZ 1988, 249). Nach 23 richtiger Auffassung ist die Vorschrift des S. 4 trotz ihrer Aufnahme in § 80 I keine Regelung zur Kostenlastentscheidung, sondern tatsächlich eine solche zum Kostenfestsetzungsverfahren gem. § 80 III; denn die Erstattungsfähigkeit und Ausscheidbarkeit einzelner Aufwendungen gehört ins Festsetzungsverfahren (KR/Ramsauer § 80 Rn. 33; SBS/Kallerhoff/Keller § 80 Rn. 74).

IV. Zuziehung eines Bevollmächtigten (II)

24 War die **Zuziehung eines Rechtsanwalts oder sonstigen Bevollmächtigen notwendig,** sind nach § 80 II dessen Gebühren und Auslagen im Vorverfahren erstattungsfähig. Der Oberbegriff des Bevollmächtigten umfasst neben Rechtsanwälten und Rechtslehrern an deutschen Hochschulen alle Bevollmächtigten iSv § 14 (aA SBS/Kallerhoff/Keller § 80 Rn. 78, für Beistände nach § 14 IV, deren Kosten im Einzelfall nach § 80 I erstattungsfähig sein sollen), nicht dagegen Empfangsbevollmächtigte (§ 15) oder sonstige Vertreter (§§ 16 ff.).

25 **Zuziehung** bedeutet die Beauftragung des Bevollmächtigten mit der Vertretung. Keine Zuziehung stellt die bloße Beratung oder die Erstellung eines Gutachtens dar; insoweit beurteilt sich die Erstattungsfähigkeit nach § 80 I.

26 Die **Notwendigkeit** der Zuziehung ist gegeben, wenn aus Sicht einer verständigen und verantwortlichen Partei im Zeitpunkt der Bevollmächtigung und mit Blick auf die Bedeutung und Schwierigkeit der Sache erforderlich sind. Die Erforderlichkeit beurteilt sich aus der ex-ante-Sicht einer im wohlverstandenen eigenen Interesse an möglichst geringen Kosten prozess- und verfahrensökonomisch handelnden Partei. Hierbei bedarf es stets einer Würdigung der konkreten Umstände des Einzelfalles, einschließlich des Bildungs- und Erfahrungsstand der Partei (OVG Saarlouis BeckRS 2020, 8447 Rn. 28). Auf Seiten des Widerspruchsführers werden die Grundsätze eines rechtsstaatlichen Verfahrens in der Regel die Notwendigkeit begründen, denn sonst würde die Zuziehung eines Bevollmächtigten zum Ausnahmefall (ebenso KR/Ramsauer § 80 Rn. 39, SBS/Kallerhoff/Keller § 80 Rn. 81; wohl jetzt auch Ziekow § 80 Rn. 23; aA BVerwG NVwZ-RR 2004, 5). Kriterien für die Beurteilung der Notwendigkeit der Zuziehung eines Bevollmächtigten auf Seiten des Widerspruchsführers sind zB die Komplexität des Sachverhalts und des Rechtsgebiets, die vorhandenen Rechtskenntnisse, die Erfahrung im Umgang mit Behörden etc. Ein Rechtsanwalt ist nicht verpflichtet, sich selbst zu vertreten (OVG Magdeburg BeckRS 2018, 15998). Die Beauftragung eines Verkehrsanwalts auf Seiten der Ausgangsbehörde ist als Zuziehung eines Bevollmächtigten typischerweise nicht notwendig, denn die Behörde verfügt in der Regel selbst über ausreichende Sachkunde und Fachkenntnisse oder kann sich diese bei anderen Behörden besorgen.

27 Die Entscheidung über die Notwendigkeit der Zuziehung eines Bevollmächtigten ist Teil der **Kostenlastentscheidung** gem. §§ 72, 73 III 2 VwGO (arg. e § 80 III 2) und ergeht damit von Amts wegen.

28 War die Zuziehung eines Bevollmächtigten notwendig, hat die Partei Anspruch auf Erstattung der hierdurch entstandenen (notwendigen) Aufwendun-

gen. Erstattungsfähig sind die **gesetzlichen Gebühren und Auslagen** im Rahmen des RVG. Die Partei muss sich insoweit nicht entgegenhalten lassen, die Zuziehung eines Rechtsbeistandes wäre ausreichend und kostengünstiger gewesen oder der Verzicht auf einen Bevollmächtigten wäre sinnvoll gewesen. Mehrkosten aufgrund der Beauftragung eines auswärtigen Rechtsanwalts sind bei Notwendigkeit erstattungsfähig (zB wenn der RA seine Kanzlei nicht am Sitz der Behörde, aber am Wohn- oder Geschäftssitz des Beteiligten hat; wenn der RA an einem anderen Ort seine Kanzlei hat nur, wenn er über spezielle Fachkenntnisse verfügt, die für das Verfahren von Bedeutung sind – OVG Lüneburg MDR 1973, 436). Die Kosten eines Verkehrsanwalts sind erstattungsfähig, wenn die Kosten einer Informationsreise des Widerspruchsführers höher gewesen wären.

V. Kostenfestsetzung (III)

Die Behörde, welche die Kostenlastentscheidung nach § 80 I getroffen hat, setzt auf Antrag auch den Betrag der zu erstattenden Aufwendungen fest; wurde die Kostenlastentscheidung von einem Ausschuss oder Beirat (§ 73 II VwGO) getroffen, obliegt die **Kostenfestsetzung** der Behörde, bei dem der Ausschuss oder Beirat gebildet ist (§ 80 III 1). 29

Voraussetzung der Kostenfestsetzung ist stets eine **Kostenlastentscheidung,** entweder im Widerspruchsbescheid (§ 73 III 2 VwGO) oder im Abhilfebescheid (§ 72 VwGO). Die Kostenfestsetzung entscheidet über die Notwendigkeit der Aufwendungen und damit über ihre Erstattungsfähigkeit im Einzelnen. Eine Ausnahme bildet nur die Notwendigkeit der Hinzuziehung eines Bevollmächtigten, über die bereits in der Kostenlastentscheidung entschieden wird (→ Rn. 27; zur Erstattung von Rechtsanwaltskosten ohne förmliche Bevollmächtigung s. VGH Mannheim BeckRS 2018, 13637). Die Kostenfestsetzung erfolgt nur auf **Antrag.** Sie setzt nach hM die Unanfechtbarkeit der Kostenlastentscheidung voraus (SBS/Kallerhoff/Keller § 80 Rn. 90, 102;). Das Gesetz selbst statuiert eine solche Sperre nicht. Der Antrag auf Kostenfestsetzung vor Eintritt der Unanfechtbarkeit der Kostenlastentscheidung mag unzweckmäßig sein (so zu Recht KR/Ramsauer § 80 Rn. 49), unzulässig ist er aber jedenfalls so lange nicht, wie nicht ein Rechtsbehelf gegen die Kostenlastentscheidung eingelegt wurde und aufschiebende Wirkung entfaltet. Vor der Festsetzung ist der Erstattungspflichtige anzuhören (§ 28). Die Festsetzung selbst ist ein VA und kann ggf. selbständig angegriffen werden. 30

VI. Geltung für Vorverfahren bei Maßnahmen des Richterdienstrechts (IV)

§ 80 IV bestimmt, dass die § 80 I-III auch für Vorverfahren bei Maßnahmen des **Richterdienstrechts** gelten. Die Anordnung ist notwendig, da das Gesetz grundsätzlich für Maßnahmen des Richterdienstrechts keine Anwendung 31 findet (§ 2 II Nr. 2). Die Vorschrift stellt Richter im Vorverfahren nach § 66 II DRiG den Beamten gleich, so dass für beide Gruppen die Regelung des § 80 I gilt.

VII. Rechtsschutz

32 Die **Kostenlastentscheidung** im Widerspruchsbescheid der Widerspruchsbehörde (§ 73 III 2 VwGO) ist ein **selbständiger VA** und kann folglich auch isoliert angefochten werden. Der beschwerte Widerspruchsführer kann gegen die Kostenlastentscheidung unmittelbar Anfechtungsklage erheben. Wenn die Kostenlastentscheidung im Widerspruchsbescheid ganz oder teilweise fehlt (zB keine Entscheidung über die Notwendigkeit der Zuziehung eines Bevollmächtigten enthält), kann der Widerspruchsführer unmittelbar Verpflichtungsklage erheben. Ein (weiteres) Widerspruchsverfahren ist in keinem Fall erforderlich. Der beschwerte Widerspruchsführer, nicht hingegen der Bevollmächtigte, ist stets klagebefugt, die beschwerte Ausgangsbehörde nur dann, wenn sie und die Widerspruchsbehörde demselben Rechtsträger angehören (BVerwGE 116, 273 (275) = NVwZ 2002, 1254).

33 Soll die Kostenlastentscheidung im Abhilfebescheid der Ausgangsbehörde (§ 72 VwGO) angefochten werden oder ist sie dort ganz oder teilweise unterblieben, bedarf es zunächst eines **Widerspruchs** hiergegen, bevor Anfechtungs- bzw. Verpflichtungsklage erhoben werden kann (ähnlich KR/Ramsauer § 80 Rn. 62).

Unabhängig von jedem Rechtsbehelf kann die Behörde den Widerspruchsbescheid jederzeit von Amts wegen oder auf Antrag um die fehlende Kostenlastentscheidung ergänzen.

34 Die **Kostenfestsetzungsentscheidung** ist ein weiterer VA und ebenfalls selbständig anfechtbar. Allerdings ist hier zunächst grundsätzlich ein Vorverfahren durchzuführen. Hinsichtlich der Anfechtungsbefugnis gilt das zur Kostenlastentscheidung Gesagte entsprechend.

Teil VII. Ehrenamtliche Tätigkeit, Ausschüsse

Abschnitt 1. Ehrenamtliche Tätigkeit

§ 81 Anwendung der Vorschriften über die ehrenamtliche Tätigkeit

Für die ehrenamtliche Tätigkeit im Verwaltungsverfahren gelten die §§ 82 bis 87, soweit Rechtsvorschriften nichts Abweichendes bestimmen.

I. Bedeutung

Gegenstand der nicht abschließenden Regelungen in §§ 82–87 ist die ehren- 1
amtliche Tätigkeit von Bürgern im Verwaltungsverfahren im Sinne von § 9 (KR/Ramsauer § 81 Rn. 1, 2). In den Normen wird die Rechtsstellung der ehrenamtlich Tätigen im **Innenverhältnis** zu der sie berufenden Behörde (§§ 83 II, 86) einheitlich, aber nicht abschließend geregelt (SBS/Kallerhoff/Hecker § 81 Rn. 2; KR/Ramsauer § 81 Rn. 1). Die Regelungen der §§ 81–87 gelten subsidiär; sie werden von spezielleren Rechtsvorschriften (Gesetze, Verordnungen und Satzungen) verdrängt, die vielfach im Kommunalrecht anzutreffen sind (KR/Ramsauer § 81 Rn. 6; Ziekow § 81 Rn. 4). Infolgedessen liegt es im **Organisationsermessen des Trägers** des öffentlichen Rettungsdienstes, die **Mindestqualifikation** für den Organisatorischen Leiter (hier: Rettungsassistent) festzulegen (VG Hannover BeckRS 2018, 41019).

Das Verhältnis zwischen ehrenamtlich Tätigen und dritten Personen **(Au- 2
ßenverhältnis)** ist nicht Gegenstand der Regelungen in §§ 81–87. Liegt ein anerkennungswerter Grund in der Person des zum Ehrenamt Berufenen nach § 87 I Nr. 2 vor, so kann die Ablehnung der ehrenamtlichen Tätigkeit durch den Berufenen rechtmäßig erfolgen oder eine spätere Niederlegung der Tätigkeit rechtfertigen (Knack/Henneke/Henneke § 81 Rn. 3).

II. Die ehrenamtliche Tätigkeit

Der Begriff der ehrenamtlichen Tätigkeit wird im VwVfG nicht definiert. 3
Unter Bezug auf die amtliche Begründung, die den gleichlautenden Definitionen in der Literatur erkennbar zugrunde liegt, wird darunter jede unentgeltliche Mitwirkung bei der Erfüllung öffentlicher Aufgaben aufgrund behördlicher Bestellung außerhalb eines haupt- oder nebenamtlichen Dienstverhältnisses verstanden, wobei das Erfordernis besteht, dass es sich um eine nebenberufliche Tätigkeit handelt (KR/Ramsauer § 81 Rn. 4 f.; BeckOK VwVfG/Schaller § 81 Rn. 1).

Ehrenamtliche Tätigkeit ist ihrem Wesen nach unentgeltlich (VGH Kassel 3a
NVwZ-RR 1998, 449 (450)). Die Zahlung einer Aufwandsentschädigung

(§ 85) bzw. die Ersetzung notwendiger Auslagen oder eines Verdienstausfalls stehen dem Ehrenamt und damit der Unentgeltlichkeit grundsätzlich nicht entgegen → § 85 Rn. 1a (BSG NZS 2022, 463; BSG NJW 2021, 3212; Kluth NZS 2022, 441; BVerwG NVwZ 1994, 1219; VGH Kassel NVwZ-RR 1998, 449 (450); VG Magdeburg BeckRS 2012, 45316; SBS/Kallerhoff/Hecker § 81 Rn. 7; KR/Ramsauer § 81 Rn. 3). Ein Soldat im Ruhestand, der als Ehrenbeamter eine bundesrechtlich **zulässige Aufwandsentschädigung** erhält, verliert dadurch nicht den Anspruch auf einen Teil seines Ruhegehalts (BVerwG NVwZ 1994, 1219). Die zulässigen Grenzen sind jedoch überschritten, sobald die Aufwandsentschädigung den Charakter einer „Alimentation" bzw. Teilalimentation mit dem Charakter von „Einkommen" erreicht, was aufgrund der Umstände des Einzelfalls zu entscheiden ist (VGH Kassel NVwZ-RR 1998, 449 (450)).

3b Die Erwerbsmäßigkeit ehrenamtlich Tätiger beurteilt sich nicht aus der subjektiven Sicht des Einzelnen, sondern objektiv danach, was vom ehrenamtlich Tätigen im konkreten Fall normativ oder mangels rechtlicher Regelung nach allgemeiner Verkehrsanschauung ohne Entlohnung seiner Arbeitskraft erwartet werden kann. Die Verrichtung von Tätigkeiten zur Verfolgung eines ideellen Zwecks ohne Erwerbsabsicht muss objektiv erkennbar vorliegen und die gewährte Aufwandsentschädigung darf sich nicht als verdeckte Entlohnung einer Erwerbsarbeit darstellen. (BSG 2022, 463 (466)).

3c Die Freiwilligkeit der Ausübung des Ehrenamts ist nicht Voraussetzung (§ 82). Es muss sich aber um eine Tätigkeit handeln, die öffentlich-rechtlicher Natur ist (KR/Ramsauer § 81 Rn. 3). Der ehrenamtlich Tätige steht in keinem privatrechtlichen oder öffentlich-rechtlichen Dienstverhältnis zur Behörde, sondern in einem öffentlich-rechtlichen Amtsverhältnis eigener Art (BGH NJW 1996, 3158; KR/Ramsauer § 81 Rn. 5; SBS/Kallerhoff/Hecker § 81 Rn. 8). Verhindert ein ehrenamtlicher Richter die korrekte Berechnung seiner Entschädigung durch wahrheitswidrige Angaben, verstößt er gröblich gegen die ihm obliegenden Amtspflichten und kann daher von seinem Amt entbunden werden (OVG Berlin-Brandenburg NVwZ-RR 2008, 846 (846)).

4 Der ehrenamtlich Tätige ist Amtsträger iSd § 11 I 1 Nr. 2c StGB, aber **kein Beliehener,** der eigenständig als Behörde fungiert (KR/Ramsauer § 81 Rn. 3; BeckOK VwVfG/Schaller § 81 Rn. 2). Nicht zu der ehrenamtlichen Tätigkeit gehört ua die Tätigkeit als Ehrenbeamter sowie die Tätigkeit als Nebenbeamter (KR/Ramsauer § 81 Rn. 4; BeckOK VwVfG/Schaller § 81 Rn. 3). Wird ein **festes Gehalt** gezahlt, Lohn oder eine **überhöhte, lohnsubstituierende Aufwandsentschädigung,** fehlt es an einer ehrenamtlichen Tätigkeit (VGH Kassel NVwZ-RR 1998, 449 (450); BVerwG NVwZ 1994, 1219). Die Berufung in ein Ehrenamt erfolgt in der Regel durch eine förmliche Verpflichtung (§ 83 II). Allerdings ist die Verpflichtung **keine Wirksamkeitsvoraussetzung** für die Berufung in das Ehrenamt.

III. Tätigkeit im Verwaltungsverfahren

Der sachliche Anwendungsbereich der ehrenamtlichen Tätigkeit ist auf eine Tätigkeit im Verwaltungsverfahren (§ 9) beschränkt. Eine Eingrenzung auf bestimmte Verwaltungsverfahren ist nicht erkennbar. Der vom Gesetzgeber in § 81 Hs. 1 gewählte Begriff des Verwaltungsverfahrens sowie die Einordnung der Vorschriften der §§ 81 ff. im Anschluss an die „Besonderen Verfahrensarten" machen deutlich, dass die §§ 81 ff. für **alle Verfahrensarten** Geltung beanspruchen (SBS/Kallerhoff/Hecker § 81 Rn. 10; KR/Ramsauer § 81 Rn. 4a). 5

Unerheblich ist, ob der ehrenamtlich Tätige im Verwaltungsverfahren unmittelbar an einer behördlichen Entscheidung mitwirkt oder einen unterstützenden Beitrag leistet. Die Vorschriften der §§ 81 ff. beziehen sich nur auf das Verhältnis zwischen ehrenamtlich tätigem Bürger und dem Verwaltungsträger **(Innenverhältnis),** nicht geregelt ist weder das Außenverhältnis zwischen Bürger und dem Ehrenamtlichen noch das **zivile Haftungsrecht.** 6

§ 82 Pflicht zu ehrenamtlicher Tätigkeit

Eine Pflicht zur Übernahme ehrenamtlicher Tätigkeit besteht nur, wenn sie durch Rechtsvorschrift vorgesehen ist.

I. Bedeutung

Der Grundsatz der **Freiwilligkeit ist die Regel,** die rechtliche Verpflichtung zur ehrenamtlichen Tätigkeit dagegen die Ausnahme. Eine rechtliche Verpflichtung zur Übernahme besteht nur in einem eng begrenzten Umfeld. Das Hauptanwendungsgebiet ehrenamtlicher Tätigkeit ist in den Kommunen zu finden. Die Verbundenheit der Bürger untereinander, der persönliche Kontakt ist für die überschaubare kommunale Ebene eher charakteristisch als für die Ebene des Bundes oder eines Landes. Besteht eine außerhalb des Anwendungsbereichs des VwVfG angeordnete gesetzliche Verpflichtung zur Übernahme einer ehrenamtlichen Tätigkeit, so kann die Niederlegung ohne Rechtsgrund eine Ordnungswidrigkeit darstellen (KR/Ramsauer § 82 Rn. 1; Knack/Henneke/Henneke § 82 Rn. 4). 1

II. Freiwilligkeit als Rechtsprinzip

Grundsätzlich gilt für die Übernahme eines Ehrenamtes, dass mit der freiwilligen Übernahme eines Ehrenamtes das Interesse an einem intakten und bürgernahen Gemeinwesen in besonderer Weise betont wird. Daher besteht eine rechtliche Verpflichtung zur Übernahme einer ehrenamtlichen Tätigkeit auch nur dann, wenn **spezielle Rechtsvorschriften** eine Heranziehung (ausnahmsweise) rechtlich zu begründen vermögen. Die zwangsweise Heran- 2 ziehung (Berufung) zu ehrenamtlicher Tätigkeit erfolgt in aller Regel durch (belastenden) VA und nicht durch einen Wahlvorgang, so dass die Pflicht eines gewählten Verbandsbeirates zur Annahme der Wahl als Vorstandsmitglied nicht aus § 82 folgt (VG Frankfurt (Oder) BeckRS 2015, 51603). Grundsätzlich ist jede handlungsfähige Person iSd § 12 berufungsfähig, sofern nicht ein wichtiger Grund der Heranziehung entgegensteht (Knack/Henneke/Henneke § 82 Rn. 3; SBS/Kallerhoff/Hecker § 82 Rn. 3). In verfassungsrechtlicher Hinsicht bedarf die rechtlich bindende und den Bürger belastende Verpflichtung (VA) zur Übernahme eines Ehrenamtes einer **gesetzlichen Grundlage,** die den Voraussetzungen der Art. 12 I, Art. 2 I GG zu genügen hat (KR/Ramsauer § 82 Rn. 2; BeckOK VwVfG/Schaller § 82 Rn. 2). **Härten** sind zu vermeiden. Das Gebot der Gleichbehandlung und das Verhältnismäßigkeitsprinzip sind zu beachten (KR/Ramsauer § 82 Rn. 2; BeckOK VwVfG/Schaller § 82 Rn. 2.1).

III. Ablehnung der Übernahme und Rechtsschutz

3 Aus dem Fehlen von Ablehnungsgründen (im Gegensatz zu Abberufungsgründen nach § 86) kann nicht gefolgert werden, dass eine Berufung schrankenlos erfolgen kann. Vielmehr steht eine Pflicht zur Übernahme aus speziellen gesetzlichen Vorschriften immer unter dem Vorbehalt, dass kein wichtiger bzw. anerkennenswerter Grund (entsprechend § 87 Abs. 1 Nr. 2) der Heranziehung entgegensteht (MSU/Schulz § 82 Rn. 14: Knack/Henneke/Henneke § 82 Rn. 3).

4 Die Berufung zum ehrenamtlich Tätigen ist ein belastender Verwaltungsakt gegen den Widerspruch und Anfechtungsklage in Betracht zu ziehen sind. Das Gericht prüft die Recht-, nicht die Zweckmäßigkeit der Heranziehung. In materieller Hinsicht stehen die Rechtsgrundlage und die dort genannten Berufungsvoraussetzungen sowie das Vorliegen bzw. Nichtvorliegen eines anerkennenswerten Ablehnungsgrundes und der Grundsatz der Verhältnismäßigkeit im Vordergrund (MSU/Schulz § 82 Rn. 18; Ziekow § 82 Rn. 2).

§ 83 Ausübung ehrenamtlicher Tätigkeit

(1) Der ehrenamtlich Tätige hat seine Tätigkeit gewissenhaft und unparteiisch auszuüben.

(2) [1] Bei Übernahme seiner Aufgaben ist er zur gewissenhaften und unparteiischen Tätigkeit und zur Verschwiegenheit besonders zu verpflichten. [2] Die Verpflichtung ist aktenkundig zu machen.

I. Bedeutung

1 Ebenso wie die amtliche Tätigkeit dient auch die ehrenamtliche Tätigkeit dem Wohle der Allgemeinheit (BeckOK VwVfG/Schaller § 83 Rn. 1). Jeder ehrenamtlich Tätige ist bei der Wahrnehmung seiner Aufgaben an Gesetz und

Recht (Art. 20 III GG) gebunden (SBS/Kallerhoff/Hecker § 83 Rn. 3). In Übereinstimmung mit Regelungen des Beamtenrechts (§ 61 I 2 BBG: „uneigennützig" und „nach bestem Gewissen") ist der ehrenamtlich Tätige nach § 83 I verpflichtet, sein Amt gewissenhaft und unparteiisch auszuüben (Ziekow § 83 Rn. 2, 3; KR/Ramsauer § 83 Rn. 1).

Die **Ausschluss- und Befangenheitsgründe** der §§ 20, 21 gelten für die ehrenamtlich Tätigen entsprechend (KR/Ramsauer § 83 Rn. 4). Ein potentieller Betroffener sollte entweder auf die **Mitwirkung verzichten** oder die wesentlichen Fakten mitteilen und so eine Entscheidung über eine mögliche Befangenheit ermöglichen (SBS/Kallerhoff/Hecker § 83 Rn. 3). In den Ländern und im Kommunalrecht existieren entsprechende Vorschriften (KR/Ramsauer § 83 Rn. 2). So ist zB die Tätigkeit im Prüfungsausschuss einer Industrie- und Handelskammer ein öffentliches Ehrenamt (BAG NZA 1992, 464 (465)). 2

II. Gewissenhafte und unparteiische Ausübung (I)

Der ehrenamtlich Tätige hat seine Tätigkeit gewissenhaft und unparteiisch auszuüben (I). Eine **gewissenhafte Ausübung** der ehrenamtlichen Tätigkeit liegt vor, wenn die Tätigkeit nach bestem Wissen und Gewissen wahrgenommen wird, getragen von dem Bestreben, unvoreingenommen, objektiv und neutral zu entscheiden und dabei dem Recht, der Wahrheit und der Gerechtigkeit zu dienen (vgl. § 45 DRiG für ehrenamtliche Richter, SBS/Kallerhoff/Hecker § 83 Rn. 4; KR/Ramsauer § 83 Rn. 3). Eine **Bindung** an Vorschläge oder Aufträge Dritter besteht nicht. 3

Zur gewissenhaften Tätigkeit gehört die Pflicht zur **sachgerechten Vorbereitung,** ferner sich zu Sitzungen und Beratungen rechtzeitig einzufinden und sich in ihnen ordnungsgemäß zu verhalten. Wiederholtes Fehlen ohne hinreichenden Entschuldigungsgrund kann ein wichtiger Grund für eine Abberufung sein (§ 86 S. 1; SBS/Kallerhoff/Hecker § 83 Rn. 4). Eine **unparteiische Amtsausübung** hat zum Inhalt, die Aufgabe ausschließlich **im Interesse der Allgemeinheit** wahrzunehmen ohne Beeinträchtigung durch eigene oder fremde, ideelle, wirtschaftliche oder politische Sonderinteressen (SBS/Kallerhoff/Hecker § 83 Rn. 5). Daraus folgt das Verbot der Mitwirkung in einer Angelegenheit, bei der eine der Voraussetzungen der §§ 20, 21 vorliegt. Der ehrenamtlich Tätige, der nach § 83 II iSd § 11 I Nr. 4a StGB besonders zu verpflichten ist, hat aufgrund rechtsstaatlicher Bindung an Recht und Gesetz (Art. 20 III GG) in **Unabhängigkeit, Neutralität und Distanz** zu entscheiden. Der „böse Schein" jedweder Voreingenommenheit ist zu vermeiden (SBS/Kallerhoff/Hecker § 83 Rn. 5). Kommt es dennoch zu einer Mitwirkung, ist die Entscheidung rechtswidrig und anfechtbar (BeckOK VwVfG/Schaller § 83 Rn. 4). 4

III. Besondere Verpflichtung (II)

1. Regelungsgehalt

5 Die ehrenamtlich Tätigen sind bei Übernahme der jeweiligen Aufgaben **besonders** zur gewissenhaften und unparteiischen Tätigkeit (§ 83 I) und zur Verschwiegenheit (§ 84) **zu verpflichten.** Die Verpflichtung ist aktenkundig zu machen (II 2). Besondere Beachtung verdient das 4 Paragraphen umfassende **Gesetz über die förmliche Verpflichtung nicht beamteter Personen** (Verpflichtungsgesetz vom 2.3.1974, BGBl I 469 (547), geändert durch § 1 Nr. 4 des Gesetzes vom 15.8.1974 (BGBl I 1942)). Danach ist die Verpflichtung mündlich vorzunehmen und auf die strafrechtlichen Folgen einer Pflichtverletzung hinzuweisen (§ 1 II VerpflichtungsG). Es ist über die Verpflichtung eine Niederschrift aufzunehmen, die auch der Verpflichtete zu unterzeichnen hat (§ 1 III VerpflichtungsG).

2. Durchführung und Rechtsfolgen der Verpflichtung

6 Der formale Akt der besonderen Verpflichtung dient dazu, dem ehrenamtlich Tätigen die rechtliche Bedeutung seiner Aufgabe, insbesondere seine **Pflichten** zu verdeutlichen. Mit dem formalen Akt der Verpflichtung entsteht eine qualifizierte Wertung. Der ehrenamtlich Tätige erhält in strafrechtlich relevanter Hinsicht die Qualifikation eines **für den öffentlichen Dienst besonders Verpflichteten** (§ 11 I Nr. 4a StGB). Zu einem Amtsträger wird er dadurch allerdings nicht (§ 11 I Nr. 2c StGB). Der formale Akt einer besonderen Verpflichtung wirkt in strafrechtlicher Hinsicht **konstitutiv** (KR/Ramsauer § 83 Rn. 8), dagegen in verwaltungsrechtlicher Hinsicht **deklaratorisch.** Im Verwaltungsrecht erschöpft sich die Verpflichtung in einer **Appellfunktion.** Die gesetzlich begründeten Rechtspflichten der Gewissenhaftigkeit, Unparteilichkeit und Verschwiegenheit entstehen mit **Ausübung der Tätigkeit,** nicht schon mit dem Vollzug der besonderen Verpflichtung (KR/Ramsauer § 83 Rn. 8; vgl. §§ 83 I, 84 I).

7 Der formale Ablauf der besonderen Verpflichtung ist gesetzlich nicht im VwVfG geregelt (SBS/Kallerhoff/Hecker § 83 Rn. 10). Eine mündlich vorgenommene Verpflichtung ist ausreichend; sie entspricht der zwingenden Regelung des § 1 II 1 VerpflichtungsG. Ferner ist auf die strafrechtlichen Folgen einer Pflichtverletzung hinzuweisen, eine Niederschrift anzufertigen, die der Verpflichtete zu unterzeichnen hat. Diese Niederschrift wird zu den Akten genommen, folglich aktenkundig gemacht, und damit der Zweck nach § 83 II 2 erfüllt. Wird die Niederschrift versäumt oder entgegen II 2 nicht zu den Akten genommen, hat das auf die vorgenommene ordnungsgemäße Verpflichtung keine nachteilige Auswirkung (KR/Ramsauer § 83 Rn. 10). Die **Weigerung nach der Übernahme** zur weiteren Ausübung des Ehrenamtes rechtfertigt die Abberufung (BeckOK VwVfG/Schaller § 83 Rn. 8); entsprechendes gilt, wenn die Weigerung der Übernahme unmittelbar vor der be-

sonderen Verpflichtung erklärt wird, was eine besondere Verpflichtung obsolet macht.

3. Qualifikation der Verpflichtung

8 Bei der besonderen, formalen Prozedur der Verpflichtung handelt es sich um eine **bloße Ordnungsvorschrift.** Eine unterbliebene Verpflichtung hat auf die Rechtsmäßigkeit der konkret ausgeübten ehrenamtlichen Tätigkeit in verwaltungsrechtlicher Hinsicht keine Auswirkung. Handlungen, Abstimmungen etc bleiben wirksam (SBS/Kallerhoff/Hecker § 83 Rn. 13). Die unterbliebene Verpflichtung ist nachzuholen (Ziekow § 83 Rn. 5). Die förmliche Verpflichtung ist eine einseitige öffentlich-rechtliche Willenserklärung und kein VA (BeckOK VwVfG/Schaller § 83 Rn. 8; Ziekow § 83 Rn. 5). Erst mit Zugang der Erklärung bei dem ehrenamtlich Tätigen tritt die strafrechtliche Qualifikation eines für den öffentlichen Dienst besonders Verpflichteten ein und vermag eine Strafbarkeit nach §§ 203 II Nr. 2, 353b I Nr. 2, § 355 II Nr. 1 StGB wegen Verletzung von Privat-, Dienst- oder Steuergeheimnissen zu begründen (KR/Ramsauer § 83 Rn. 7; SBS/Kallerhoff/Hecker § 83 Rn. 9; Ziekow § 83 Rn. 5).

IV. Haftung für Schäden bei Ausübung des Ehrenamts

1. Haftung für Schäden

9 Das VwVfG enthält keine besonderen Haftungsgrundsätze, die bei der Ausübung eines Ehrenamts anwendbar wären. Es gelten infolgedessen die **allgemeinen Haftungsvorschriften.** Die Ausübung eines Ehrenamtes nach § 81 hat öffentlich-rechtlichen Charakter. Es gelten für Schäden, die in Ausübung dieser Tätigkeit entstehen, die **Grundsätze der Amtshaftung** (Art. 34 GG iVm § 839 BGB) und die Haftung für die Verletzung schuldrechtlicher Sonderverhältnisse (KR/Ramsauer § 83 Rn. 11; BeckOK VwVfG/Schaller § 83 Rn. 9.1). Der ehrenamtlich Tätige haftet grundsätzlich nicht persönlich; für den entstandenen Schaden hat die verantwortliche Körperschaft aufzukommen.

10 Streitig ist die Antwort auf die Frage, ob der Körperschaft Regressansprüche gegen den ehrenamtlich Tätigen zustehen (analog § 75 I BBG), falls dieser einen Dritten vorsätzlich oder grob fahrlässig geschädigt hat (KR/Ramsauer § 83 Rn. 12; differenzierend SBS/Kallerhoff/Hecker § 81 Rn. 6; dagegen Ziekow § 83 Rn. 6). Das zivile Engagement ehrenamtlich Tätiger sollte nicht durch die Begründung einer analogen Haftung untergraben werden (in diesem Sinne auch Ziekow § 83 Rn. 6). Zweifelhaft bleibt die Begründung einer Analogie zwischen einem Beamten und einem ehrenamtlich Tätigen. Die **Alimentation** eines Beamten ist mit der unentgeltlichen Tätigkeit eines ehrenamtlich Tätigen nicht in Einklang zu bringen. Ob eine vollständige Haftungsfreistellung oder der Verzicht auf die Durchsetzung eines Anspruchs gegenüber dem ehrenamtlich Tätigen angezeigt ist, bedarf der **Entscheidung im Einzelfall.** Auf der anderen Seite ist nicht ersichtlich, aus welchem Grund

rechtswidrige vorsätzliche oder grob fahrlässig begangene Handlungen und daraus folgende Schäden privilegiert werden sollten. Unentgeltlichkeit bedeutet auch nach dem Haftungskonzept des BGB nicht, dass der unentgeltlich Handelnde in den Genuss einer **vollständigen Haftungsprivilegierung** kommt (vgl. § 599 BGB).

2. Versicherungsschutz für ehrenamtliche Tätige

11 Gemäß § 2 I Nr. 10 lit. a SGB VII stehen Personen, die für Körperschaften, Anstalten oder Stiftungen des öffentlichen Rechts „ehrenamtlich tätig sind" unter **Versicherungsschutz.** Darauf kann sich jedoch eine ehrenamtlich tätige Gemeinderätin nicht berufen, wenn sie aufgrund eines mündlichen Hinweises des Bürgermeisters an einem Fußball-Turnier teilnimmt und dabei zu Schaden kommt (LSG Bayern BeckRS 2009, 61205). Ein **freiwillig versicherter Unternehmer,** der als ehrenamtliches Vorstandsmitglied seines Berufsverbands an einer berufsbezogenen Besprechung mit den Vertretern anderer Berufsverbände teilnimmt, steht dabei unter dem Schutz der gesetzlichen Unfallversicherung (BSG NJOZ 2009, 3146 (3148)). Unfallversichert sind ab dem 5.7.2006 auch **Zeugen Jehovas,** da ab diesem Zeitpunkt die Religionsgemeinschaft der Zeugen Jehovas die Verleihungsurkunde als Körperschaft des öffentlichen Rechts erhalten hat (LSG Rheinland-Pfalz NJOZ 2008, 128 (130); vgl. hierzu Plagemann/Radtke-Schwenzer NJW 2008, 2150).

11a Mitunter greift der Unfallversicherungsschutz für ehrenamtliche Tätigkeit auch dann, wenn im konkreten Fall gar kein Ehrenamt vorliegt. So ist für den Unfallversicherungsschutz bei ehrenamtlicher Tätigkeit gem. § 2 I Nr. 10 SGB VII nicht erforderlich, dass die Tätigkeit üblicherweise ehrenamtlich ausgeübt wird, so wenn ein pensionierter Professor Prüfungen in der Hochschule abnimmt (BSG BeckRS 2004, 42141).

§ 84 Verschwiegenheitspflicht

(1) [1] Der ehrenamtlich Tätige hat, auch nach Beendigung seiner ehrenamtlichen Tätigkeit, über die ihm dabei bekannt gewordenen Angelegenheiten Verschwiegenheit zu wahren. [2] Dies gilt nicht für Mitteilungen im dienstlichen Verkehr oder über Tatsachen, die offenkundig sind oder ihrer Bedeutung nach keiner Geheimhaltung bedürfen.

(2) Der ehrenamtlich Tätige darf ohne Genehmigung über Angelegenheiten, über die er Verschwiegenheit zu wahren hat, weder vor Gericht noch außergerichtlich aussagen oder Erklärungen abgeben.

(3) Die Genehmigung, als Zeuge auszusagen, darf nur versagt werden, wenn die Aussage dem Wohl des Bundes oder eines Landes Nachteile bereiten oder die Erfüllung öffentlicher Aufgaben ernstlich gefährden oder erheblich erschweren würde.

(4) [1] Ist der ehrenamtlich Tätige Beteiligter in einem gerichtlichen Verfahren oder soll sein Vorbringen der Wahrnehmung seiner berechtigten Interessen die-

nen, so darf die Genehmigung auch dann, wenn die Voraussetzungen des Absatzes 3 erfüllt sind, nur versagt werden, wenn ein zwingendes öffentliches Interesse dies erfordert. [2] Wird sie versagt, so ist dem ehrenamtlich Tätigen der Schutz zu gewähren, den die öffentlichen Interessen zulassen.

(5) Die Genehmigung nach den Absätzen 2 bis 4 erteilt die fachlich zuständige Aufsichtsbehörde der Stelle, die den ehrenamtlich Tätigen berufen hat.

I. Bedeutung

Die Amtsverschwiegenheit als besondere Verschwiegenheitspflicht gehört 1
neben der Verpflichtung zur unparteiischen und gewissenhaften Amtsführung zu den **Kardinalpflichten** des ehrenamtlich Tätigen. Auch zeitlich **nach Beendigung** der ehrenamtlichen Tätigkeit ist über die bekannt gewordenen Angelegenheiten Verschwiegenheit zu wahren (SBS/Kallerhoff/Hecker § 84 Rn. 2; KR/Ramsauer § 84 Rn. 1). Die Verpflichtung zur Verschwiegenheit gehört zum Kernbestand einer rechtsstaatlich zuverlässigen, unparteiischen und daher vertrauenswürdigen Verwaltung (Ziekow § 84 Rn. 1).

In erster Linie gewährt die Verpflichtung zur Verschwiegenheit einen 2
Schutz vor der Offenbarung amtlicher Vorgänge und schützt in einem Verwaltungsverfahren die berechtigten Interessen der Beteiligten auf Geheimhaltung (§ 30). Auf die Einhaltung der Verschwiegenheit wird der ehrenamtlich Tätige besonders verpflichtet (§ 83 II). Auch nach **Beendigung des Amtsverhältnisses** hat der Verpflichtete grundsätzlich Stillschweigen zu bewahren, das nur in engen Grenzen durchbrochen werden darf, so zB durch eine Aussagegenehmigung (II-IV).

In § 84 III und IV werden die Voraussetzungen für die **Erteilung und** 3
Versagung einer Aussagegenehmigung bestimmt. Auch das Informationsinteresse der Öffentlichkeit kann mit der Verschwiegenheit in einen Konflikt geraten. **Bloße Meinungsverschiedenheiten** rechtfertigen grundsätzlich allerdings keine Flucht in die Öffentlichkeit. **Ausnahmen** können in engen Grenzen dann anerkannt werden, wenn die Gefahr der Vereitelung demokratischer Teilhaberechte besteht (SBS/Kallerhoff/Hecker § 84 Rn. 3, VGH Mannheim VBlBW 2005, 30; OVG Koblenz NVwZ-RR 1999, 648 (648)). Auch hat der **Ehrenschutz Dritter** Vorrang gegenüber dem Schutzinteresse der Ratsmitglieder in einer Kommune auf Verschwiegenheit (OVG Koblenz NVwZ 1996 1133 (1135)).

II. Gegenstand und Reichweite der Verschwiegenheit

1. Gegenstand der Verschwiegenheit

Der Gegenstand der Verschwiegenheit erstreckt sich nach I 1 auf während 4
der ehrenamtlichen Tätigkeit **bekannt gewordene Tatsachen.** Die Pflicht zur Verschwiegenheit bezieht sich auf **alle Angelegenheiten,** die sich unmittelbar aus der Tätigkeit ergeben sowie auf jene Vorgänge, die bei Gelegenheit bekannt wurden, wie zB bei zufälligen Gesprächen (BVerwG NJW 1983,

2343 (2344); KR/Ramsauer § 84 Rn. 3a; SBS/Kallerhoff/Hecker § 84 Rn. 4). Angelegenheiten sind all jene Tatsachen, die geheim und damit vor der Öffentlichkeit zu schützen sind (Knack/Henneke/Henneke § 84 Rn. 10; SBS/Kallerhoff/Hecker § 84 Rn. 4).

5 Die Verschwiegenheit besteht gegenüber **jedem Dritten** außerhalb des für die Sache zuständigen Bereichs (KR/Ramsauer § 84 Rn. 3a), in dem die Angelegenheit zu erörtern wäre. Informationen über den Stand disziplinärer Vorermittlungen gegen einen anderen unterliegen der Verschwiegenheitspflicht. Die Weitergabe derartiger Informationen, auch an den unmittelbar durch ein Disziplinarverfahren Betroffenen, ist auch durch den Rechtfertigungsgrund der mutmaßlichen Einwilligung nicht gedeckt. **Disziplinarsachen** unterliegen nicht nur im Interesse des Betroffenen, sondern auch im dienstlichen Interesse einem besonderen Vertraulichkeitsschutz (BVerwG NVwZ-RR 2007, 690 (691)).

6 Zum **Schutz höherwertiger Rechtsgüter** kann es in seltenen Fällen aus dem Aspekt einer **übergesetzlichen Güterabwägung** ein Recht geben, den Grundsatz der Verschwiegenheit mit einer „Flucht in die Öffentlichkeit" zu durchbrechen (KR/Ramsauer § 84 Rn. 8). Zur Wahrung der demokratischen Teilhabe kann als „ultima ratio" die Preisgabe von Informationen an die Öffentlichkeit in Betracht kommen. Voraussetzung ist, dass zuvor alle anderen Möglichkeiten, wie zB die einer **Remonstration** ausgeschöpft (KR/Ramsauer § 84 Rn. 8) oder zuvor der Aufsichtsbehörde Gelegenheit gegeben wurde, Kenntnis zu nehmen (OVG Münster BeckRS 2010, 45057; OVG Koblenz NVwZ-RR 1996, 68 (68)).

2. Ausnahmen von der Verschwiegenheit (I 1)

7 Gesetzlich ausgenommen von der Verpflichtung zur Verschwiegenheit sind **3 Fälle:** Mitteilungen im dienstlichen Verkehr, offenkundige Tatsachen und solche, die ihrer Bedeutung nach keiner Geheimhaltung bedürfen.

a) Mitteilung im dienstlichen Verkehr (I 1 Var. 1)

8 Mitteilungen im dienstlichen Verkehr unterliegen nicht der Verschwiegenheitspflicht (genauso § 67 II 1 Nr. 1 BBG). Bei Mitteilungen im dienstlichen Verkehr handelt es sich um alle im Zusammenhang mit der ehrenamtlichen Tätigkeit bekanntgewordenen Fakten und Bewertungen innerhalb der Behörde oder zwischen Behörden, insbesondere im Rahmen der Amtshilfe, die zur Gewährleistung interner Kommunikation erforderlich und notwendig sind (SBS/Kallerhoff/Hecker § 84 Rn. 7). Allerdings gilt die Verschwiegenheit auch für Mitteilungen im dienstlichen Verkehr kraft teleologischer Reduktion, wenn **spezialgesetzliche Vorschriften** (ausnahmsweise) eine besondere Verschwiegenheit anordnen, wie es zB bei § 30 AO oder für Verschlusssachen der Fall ist (SBS/Kallerhoff/Hecker § 84 Rn. 7; KR/Ramsauer § 84 Rn. 5).

b) Offenkundigkeit von Tatsachen (I 1 Var. 2)

Tatsachen, die **offenkundig** sind (vgl. § 67 II 1 Nr. 2 BBG), unterliegen nicht der Verschwiegenheit. Offenkundig sind Tatsachen, die allgemein bekannt oder jederzeit leicht feststellbar sind (KR/Ramsauer § 84 Rn. 6; SBS/Kallerhoff/Hecker VfG § 84 Rn. 8; BVerwG NVwZ 1990, 571 (572)). Folglich sind offenkundige Tatsachen solche, die ohne Zugangsbeschränkung, ohne weitere Nachfrage für einen beliebig großen Kreis von Interessenten recherchierbar sind und von denen sie sich jederzeit durch Benutzung allgemein zugänglicher Erkenntnisquellen unschwer überzeugen können (BGH NJW 2007, 3211; BVerwG NJW 1987, 1431 (1433); SBS/Kallerhoff/Hecker § 84 Rn. 8). Die rasante Verbreitung des **Internets** erlaubt eine rasche und trotz gebotener Vorsicht im Einzelfall eine je nach Quelle durchaus zuverlässige Recherche zahlreicher Tatsachen, die den Kreis der offenkundigen Tatsachen in den letzten Jahren erheblich erweitert haben. Die im Internet recherchierbaren Tatsachen sind jedoch nur dann offenkundig, wenn eine Recherche solcher Tatsachen ohne Beschränkung durch jede Person jederzeit möglich ist (keine Benutzungsgebühren, keine vorherige Registrierung etc). 9

c) Nicht geheimhaltungsbedürftige Tatsachen (I 1 Var. 3)

Tatsachen, die keiner Geheimhaltung bedürfen, unterliegen nicht der Verschwiegenheit (vgl. § 67 II 1 Nr. 2 Var. 2 BBG). Keiner Geheimhaltung unterliegen Tatsachen, wenn ausgeschlossen ist, dass ein öffentliches oder das subjektive Interesse Einzelner einer Offenbarung entgegenstehen könnte (KR/Ramsauer § 84 Rn. 7). Maßgeblich ist der Einzelfall, bei dem darauf abzustellen ist, ob und inwieweit Tatsachen objektiv bedeutungslose oder bedeutende Fakten oder Daten enthalten, an denen ggf. (noch) ein schutzwürdiges Interesse eines Dritten oder der Allgemeinheit besteht (SBS/Kallerhoff/Hecker § 84 Rn. 9). Die Grenzen sind fließend, überdies abhängig von Zeit und Umständen. Im **Einzelfall** bedarf es einer wertenden Würdigung, ob aus dem verblassten Interesse eines Einzelnen oder der Allgemeinheit zugleich die Bedeutungslosigkeit einer Tatsache folgt. Auch insoweit setzt die Geschwindigkeit des Internets neue Maßstäbe bei der Beurteilung der hier vorliegenden Frage. 10

III. Verbot von Aussagen und Erklärungen (II)

Ohne Genehmigung darf der ehrenamtlich Tätige über Angelegenheiten, über die er Verschwiegenheit zu wahren hat, weder vor Gericht noch außergerichtlich aussagen oder Erklärungen abgeben (II). Die Regelung entspricht § 67 III BBG. Das Verbot der Zeugenaussage und das von Erklärungen – auch außerhalb des Verfahrens – erfasst ohne Ausnahme sämtliche geheimhaltungsbedürftigen Aussagen – sofern die gesetzlich begründete Verschwiegenheit – nicht aufgehoben wurde. Es werden ausnahmslos sämtliche Aussagen einem **Genehmigungsvorbehalt** unterworfen, die in einem behördlichen, gerichtlichen oder sonstigen Verfahren (parlamentarischer Untersuchungsaus- 11 schuss) gemacht werden sollen. Auf die jeweilige **Stellung** des ehrenamtlich Tätigen in dem Verfahren als Beteiligter, Partei, Zeuge oder Sachverständiger kommt es nicht an (Ziekow § 84 Rn. 5; KR/Ramsauer § 84 Rn. 10).

12 Ebenfalls bedürfen **Erklärungen** einer Genehmigung. Unter Erklärungen sind sämtliche Ausführungen vor Gericht, Behörden, in der Öffentlichkeit zu verstehen, die aus unterschiedlichen Anlässen abgegeben werden, sei es als **Vortrag, Rede, wissenschaftlicher Aufsatz** oder als Verlautbarungen in einem sonstigen Zusammenhang (Ziekow § 84 Rn. 5; KR/Ramsauer § 84 Rn. 10). Die Aussagegenehmigung ist ein Verwaltungsakt (BVerwG NJW 2003, 3217 (3219); SBS/Kallerhoff/Hecker § 84 Rn. 13; BeckOK VwVfG/Schaller § 84 Rn. 5). Zuständig für die Erteilung der Aussagegenehmigung ist nach § 84 V die Aufsichtsbehörde derjenigen Stelle, die den ehrenamtlich Tätigen berufen hat (BeckOK VwVfG/Schaller § 84 Rn. 9).

12a Wenn der ehrenamtlich Tätige die Verschwiegenheitspflicht verletzt, kann die unbefugte Offenbarung von Tatsachen eine Straftat zur Folge haben (§ 203, 353b, 355 StGB) und persönliche Ansprüche gegen den ehrenamtlich Tätigen oder Staatshaftungsansprüche gegen den Träger öffentlicher Gewalt nach Maßgabe des geltenden Rechts auslösen (OLG Köln NJW 2005, 1000 (1000); SBS/Kallerhoff/Hecker § 84 VwVfG Rn. 10; Ziekow § 84 Rn. 11).

IV. Das Genehmigungserfordernis (Abs. III–V)

1. Genehmigung einer Zeugenaussage (III)

13 Die Wahrheitspflicht eines Zeugen vor Gericht und das staatliche Interesse an der Wahrheit kollidieren mit dem Interesse an der Verschwiegenheit eines ehrenamtlich Tätigen. Die Kollision wird durch eine Güterabwägung (III und 4) im Rahmen einer Ermessensentscheidung (§ 40) aufgelöst (KR/Ramsauer § 84 Rn. 15; Ziekow § 84 Rn. 7). Entsprechend lauten auch die beamtenrechtlichen Bestimmungen nach § 68 BBG. Das Genehmigungserfordernis bleibt bestehen, es wird der Aufsichtsbehörde jedoch für die Entscheidung kein Entscheidungsspielraum eingeräumt (KR/Ramsauer § 84 Rn. 15). Es müssen **bedeutende Rechtsgüter** betroffen sein, die sich in einem Nachteil zum Wohle des Bundes, eines deutschen Landes bzw. der betreffenden Körperschaft oder Gefährdung oder Erschwerung der Erfüllung öffentlicher Aufgaben manifestieren, die geeignet sind, das Interesse des Staates an der Wahrheitsfindung zu beeinträchtigen. Die Erfüllung öffentlicher Aufgaben wird nicht allein durch das Bekanntmachen von Missständen, Fehlentwicklungen in einer Verwaltung erschwert (Ziekow § 84 Rn. 8, KR/Ramsauer § 84 Rn. 16). Liegen Gründe mit Umfang und Gewicht vor, kann die Genehmigung verweigert werden. Die Annahme eines Versagungsgrundes unterliegt der uneingeschränkten gerichtlichen Kontrolle (SBS/Kallerhoff/Hecker § 84 Rn. 16). Anderenfalls muss die Genehmigung erteilt werden (KR/Ramsauer § 84 Rn. 15; Ziekow § 84 Rn. 7).

14 Für die **Erstattung eines Gutachtens** ist eine Genehmigung nicht erforderlich, es sei denn, das Gutachten erstreckt sich auf konkrete Angelegenhei-

ten der ehrenamtlichen Tätigkeit (Ziekow § 84 Rn. 6). Grund: Fachleute sollten nicht von der Übernahme eines Ehrenamtes abgehalten werden (Ziekow § 84 Rn. 6 unter Hinweis auf die amtl. Begr.: BT-Drs. 7/910, 94). Für die Auslegung und die Anwendung im Einzelnen kann auf die Rspr. und das Schrifttum zum Beamtenrecht (§§ 67 ff. BBG; § 62 aF BBG und § 39 aF BRRG) zurückgegriffen werden (KR/Ramsauer § 84 Rn. 14).

2. Berechtigte Interessen bei Aussagen und Erklärungen (IV)

Deutlich höhere Anforderungen an die Versagung einer Genehmigung sind 15 gegeben, wenn der ehrenamtlich Tätige in einem gerichtlichen Verfahren beteiligt ist. Die Regelung gilt für **Aussagen** als Kläger, Beklagter, Beigeladener, Nebenintervenient, Streitgenosse oder auch als Sachverständiger in einem gerichtlichen Verfahren (BeckOK VwVfG/Schaller § 84 VwVfG Rn. 7.1). Die Vorschrift findet auch in den Fällen Anwendung, in denen eine Aussage der **Wahrnehmung berechtigter Interessen** dient. Als berechtigte Interessen sind alle anerkennenswerten Interessen rechtlicher, wirtschaftlicher oder ideeller Art zu verstehen. **Zwingende öffentliche Interessen,** die die Versagung der Aussagegenehmigung erfordern, sind dann zu bejahen, wenn besonders wichtige Rechtsgüter der Gemeinschaft oder Einzelner (zB Leben, Gesundheit, Freiheit) in unerträglicher Weise beeinträchtigt werden (Ziekow § 84 Rn. 9) oder persönliche Geheimnisse Dritter zu wahren sind (BVerwG NVwZ-RR 2009, 343 (343); KR/Ramsauer § 84 Rn. 17; BeckOK VwVfG/Schaller § 84 Rn. 7.1; SBS/Kallerhoff/Hecker § 84 Rn. 17).

3. Entscheidungskompetenz der Aufsichtsbehörde (V)

Zuständig für die Erteilung einer Genehmigung (II-IV) ist die **fachlich** 16 **zuständige Aufsichtsbehörde** der Stelle, die den ehrenamtlich Tätigen berufen hat. Folglich besteht keine Entscheidungsbefugnis der berufenden Stelle. Die Ausnahmegenehmigung kann durch den ehrenamtlich Tätigen selbst, durch ein Gericht oder andere Verwaltungsbehörden beantragt werden (KR/Ramsauer § 84 Rn. 21). Die Entscheidung ist ein **VA,** der gerichtlich uneingeschränkter Kontrolle unterliegt. Auch **Dritte** können einen Anspruch auf Aussagegenehmigung geltend machen, wenn ein rechtliches Interesse an einer Zeugenaussage des ehrenamtlich Tätigen in einem Verfahren besteht (KR/Ramsauer § 84 Rn. 21).

§ 85 Entschädigung

Der ehrenamtlich Tätige hat Anspruch auf Ersatz seiner notwendigen Auslagen und seines Verdienstausfalls.

I. Die wesensimmanente Unentgeltlichkeit

1 Immanent ist dem Ehrenamt die Unentgeltlichkeit vgl. Rspr. zu § 81 Rn. 3a; BVerwG NVwZ 1994, 1219). Die **Unentgeltlichkeit** eines Ehrenamts ist hingegen Ausdruck dafür, dass keine Erwerbsabsicht im Vordergrund steht, weil es seiner Art oder den Umständen nach mit keiner berechtigten Vergütungserwartung verbunden ist.

1a Finanzielle Zuwendungen in Form von **Aufwendungsersatz** für konkrete oder pauschal berechnete Aufwände einschließlich eines Ausgleichs für die übernommene Verpflichtung und einer gewissen Anerkennung der ehrenamtlichen Tätigkeit hindern die Sozialversicherungsfreiheit nicht (BSG NJW 2021, 3212 (3215). Die Verrichtung von Tätigkeiten zur Verfolgung eines ideellen Zwecks ohne Erwerbsabsicht muss objektiv erkennbar vorliegen; die gewährte Aufwandsentschädigung darf sich nicht als **verdeckte Entlohnung** einer Erwerbsarbeit darstellen (BSG NJW 2021, 3212 (3215); BSG NZS 2018, 572).

1b Jede der Leistung äquivalente Vergütung, gleich welcher Bezeichnung und welchen Umfangs, sei es offen oder versteckt, wäre unzulässig und würde das Ehrenamt ohne tragende Berechtigung in eine andere Form lohnabhängiger Beschäftigung umwidmen (VGH Kassel NVwZ-RR 1998, 449 (450)). Unberührt bleiben davon **Aufwendungen,** die der ehrenamtlich Tätige übernommen hat; entsprechendes gilt für den Verdienstausfall. Der ehrenamtlich Tätige soll nicht besser und nicht schlechter gestellt werden, als er ohne Ehrenamt stünde (KR/Ramsauer § 85 Rn. 3; SBS/Kallerhoff/Hecker § 85 Rn. 1).

II. Grundlagen des Entschädigungsanspruchs

2 Allerdings sollen dem ehrenamtlich Tätigen auch keine Nachteile aus der Tätigkeit entstehen. Aufgrund dessen hat er einen Rechtsanspruch auf den Ersatz seiner Auslagen und seines echten Verdienstausfalls (VG Gießen DÖV 2009, 725 L = BeckRS 2009, 35396 – strenge Anforderungen an Nachweis bei Freiberufler –; VGH Kassel DÖV 2008, 608=BeckRS 2008, 35018; VGH Kassel DÖV 2005, 212=BeckRS 2005, 20012; VGH Kassel NVwZ-RR 2001, 118 (119)). Aufwendungen zur Ausübung der Tätigkeit werden daher ebenso erstattet, wie der durch die Wahrnehmung des Ehrenamts kausal verursachte **Verdienstausfall** (KR/Ramsauer § 85 Rn. 7; OVG Koblenz NVwZ-RR 1994, 35 (36)). Eine Obergrenze wurde nicht festgesetzt. Während der Wahrnehmung der ehrenamtlichen Tätigkeit weiterlaufende Zahlungen machen den Anspruch auf Verdienstausfall indes obsolet (Ziekow § 85 Rn. 3). Ein fiktiver Verdienstausfall ist nicht ersatzfähig (VG Frankfurt a. M. NVwZ-RR 2009, 736). Ein ehrenamtlich tätiger Angestellter des öffentlichen Dienstes, der sein Mandat außerhalb seiner Arbeitszeit, genauer in dessen Gleitzeit ausübt, hat keinen Anspruch auf Ersatz seines angeblichen Verdienstausfalls (OVG Münster NVwZ-RR 2011, 245 (245)).

2a **Auslagen** sind die für die Wahrnehmung der ehrenamtlichen Tätigkeit verbundenen Aufwendungen (freiwillige Vermögensopfer), zB Fahrt- und Reisekosten, Telefon- und Schreibkosten (KR/Ramsauer § 85 Rn. 6; BeckOK VwVfG/Schaller § 85 Rn. 3; SBS/Kallerhoff/Hecker § 85 Rn. 5 f.; Knack/Henneke/Henneke § 85 Rn. 5). In den Zeiten der Informationsgesellschaft kann zu den notwenigen Auslagen uU die Mittel für den **Erwerb eines Laptops,** Software etc gehören, soweit die Basisausstattung nicht gestellt wird. Ersatzfähig sind auch die Kosten zur Nutzung des Internets, Druckerkosten etc.

3 Begrenzt wird die theoretische Uferlosigkeit der Auslagen durch die **Notwendigkeit** der jeweiligen Aufwendung. Ersetzt werden nur solche Vermögensopfer, die der ehrenamtlich Tätige für die ordnungsgemäße Ausübung der Tätigkeit für erforderlich halten durfte (Knack/Henneke/Henneke § 85 Rn. 6; SBS/Kallerhoff/Hecker § 85 Rn. 6). Im Rahmen des Zumutbaren sind die Kosten so niedrig wie möglich zu halten (Ziekow § 85 Rn. 3). Der Auslagenersatz wird damit durch die tatsächlichen Aufwendungen begrenzt und zwar anhand eines objektiven Maßstabs. Die Bildung einer **Auslagenpauschale** für Verpflegung und Übernachtung mit Höchstgrenzen in Anlehnung an Tage- und Reisekosten des öffentlichen Dienstes ist üblich und zulässig (SBS/Kallerhoff/Hecker § 85 Rn. 6). Hat ein ehrenamtlicher Bürgermeister nur Anspruch auf eine Aufwandsentschädigung, können zu Unrecht gezahlte weitere Entschädigungen zurückgefordert werden (VG Meiningen LKV 2001, 568 (569)).

3a Das Verhältnis einer gezahlten Aufwandsentschädigung zum Umfang der Tätigkeit eines Ortsvorstehers ist relevant und legt von weniger als 15 Stunden wöchentlich eine Vergütung nicht nahe. Pauschalbeiträge zur Sozialversicherung iHv insgesamt 1.380,24 EUR für drei Jahre prägen bei einem Ortsvorsteher den dem gemeinnützige Wahlamt innewohnenden ideellen Zwecke und Unentgeltlichkeit (BSG NJW 2021, 3212 (3216)); zu Ehrenamtsentschädigungen aus dem Blickwinkel des Kommunal- und Sozialversicherungsrechts s. Kluth NZS 2022, 442).

3b Neben der Entschädigung hat der ehrenamtlich Tätige Anspruch auf **Unfallversicherungsschutz** RR 2005, 330 (331); BSG NZS 2001, 496 (497); SBS/Kallerhoff/Hecker § 81 Rn. 10). Der nach Maßgabe des §§ 2 I Nr. 10 iVm § 8 I und II SGB VII (BSG NJW- Versicherungsschutz umfasst auch eine nur einmalige und für wenige Stunden ausgeübte ehrenamtliche Tätigkeit (BSG NZA 1992, 239 (239)). Ein freiwillig versicherter Unternehmer, der als ehrenamtliches Vorstandsmitglied seines Berufsverbandes an einer berufsbezogenen Besprechung mit den Vertretern anderer Berufsverbände teilnimmt, hat Anspruch auf Unfallversicherungsschutz (BSG NZS 2009, 230 (230)). Der Versicherungsschutz umfasst bei einem ehrenamtlichen Beigeordneten einer Gemeinde auch den Besuch des Heimatfestes als offizieller Vertreter (BSG, NVwZ 1998, 111 (111)).

4 Anspruchsverpflichtet ist die Behörde, in deren Zuständigkeitsbereich der ehrenamtlich Tätige seine Aufgaben wahrnimmt. Die **Festsetzung der Entschädigung** erfolgt von Amts wegen oder kraft Antrags durch **Verwaltungsakt** (VG Oldenburg NVwZ 2002, 119 (120)), der mit Widerspruch und

Verpflichtung angreifbar ist, sofern die Festsetzung zu Unrecht oder in zu geringem Ausmaß erfolgt (KR/Ramsauer § 85 Rn. 9).

§ 86 Abberufung

[1] Personen, die zu ehrenamtlicher Tätigkeit herangezogen worden sind, können von der Stelle, die sie berufen hat, abberufen werden, wenn ein wichtiger Grund vorliegt. [2] Ein wichtiger Grund liegt insbesondere vor, wenn der ehrenamtlich Tätige
1. seine Pflicht gröblich verletzt oder sich als unwürdig erwiesen hat,
2. seine Tätigkeit nicht mehr ordnungsgemäß ausüben kann.

I. Bedeutung

1 Die Beendigung einer ehrenamtlichen Tätigkeit kann auf vielfältigen Gründen beruhen. Neben Zeitablauf, zB aufgrund einer Amtsperiode, Erledigung der Sachfrage, Auflösung eines Gremiums, der Niederlegung durch den Ehrenamtlichen, bedarf es einer Regelung, die der berufenden Stelle ein Instrument an die Hand gibt, mit dem eine **sofortige Beendigung** der ehrenamtlichen Tätigkeit möglich wird. Dieses Instrument ist die **Abberufung.** Allerdings bedarf es zur Abberufung eines **wichtigen Grundes,** der die Abberufung innerlich rechtfertigt. Zwei Gründe werden in der gesetzlichen Bestimmung beispielhaft („insbesondere") hervorgehoben, die zugleich eine Orientierung für das argumentative Gewicht für andere, unbenannte wichtige Gründe liefern können. Die Abberufung ist ein **belastender VA,** gegen den die üblichen Rechtsbehelfe der VwGO zu richten sind; sie erfordert pflichtgemäße **Ausübung des Ermessens** (§ 40). Im Rahmen einer Ermessensentscheidung über eine Abberufung müssen die jeweils bestehenden **öffentlichen und privaten Interessen** gegeneinander unter Beachtung des Verhältnismäßigkeitsgrundsatzes abgewogen werden (OVG Bautzen BeckRS 2018, 31965 (Rn. 25)). Eine **Anhörung** nach § 28 hat zu erfolgen (Ziekow § 86 Rn. 5). Es liegt auf der Hand, dass der Bescheid schriftlich verfasst werden sollte.

2 Keiner gesetzlichen Regelung unterliegt die voluntative **Niederlegung** des Amtes durch den ehrenamtlich Tätigen. Unter Berücksichtigung der in § 87 I getroffenen Ordnungswidrigkeitstatbestände ist zu differenzieren: Fehlt es an einer rechtlichen Verpflichtung zur Übernahme, kann die Niederlegung grds. jederzeit erfolgen. Die Beweggründe für die Niederlegung sind unerheblich. Liegt hingegen eine rechtliche Verpflichtung zur Übernahme des Ehrenamtes vor, ist die Niederlegung zulässig, soweit in der Person des Tätigen ein **anerkennenswerter Grund** vorliegt (§ 87 I Nr. 1). Ein anerkennenswerter Grund liegt regelmäßig vor bei Krankheit, familiärer Inanspruchnahme, Wohnsitzwechsel oder beruflicher Überlastung (BeckOK VwVfG/Schaller § 86 Rn. 3.1). Im Übrigen kommt es – wie auch sonst – auf die Umstände des Einzelfalls an (KR/Ramsauer § 86 Rn. 6; SBS/Kallerhoff/Hecker § 86

Rn. 2). **Rechtsmissbräuchlich** ist allerdings die kollektive Niederlegung kommunaler Ämter mit dem Ziel der gesetzlich nicht vorgesehenen Auflösung des Rates (VG Osnabrück NVwZ-RR 2006, 278 (282)).

Die Behörde hat dem Antrag grds. durch Erlass eines VA als **actus contrarius** der Berufung zu entsprechen (KR/Ramsauer § 86 Rn. 4). Ergänzend kann auf das Beamtenrecht und Disziplinarrecht und die dort entwickelte Rechtsprechung zurückgegriffen werden, wobei Wertungsunterschiede vorhanden sind, die einer unmittelbaren und ungeprüften Übernahme entgegenstehen.

II. Abberufung aus wichtigem Grund

1. Wichtiger Grund als unbestimmter Rechtsbegriff

Die Entscheidung über die Abberufung ist in das Ermessen der Behörde gestellt, dass je nach Schwere des wichtigen Grundes im Interesse einer ordnungsgemäßen Verwaltung uU auf Null reduziert sein kann (SBS/Kallerhoff/Hecker § 86 Rn. 5; KR/Ramsauer § 86 Rn. 4). Bleiben Zweifel, ob ein wichtiger Grund gegeben ist, mag aus Gründen der **Verhältnismäßigkeit** zunächst auch eine **Verwarnung** oder Verweis (OVG Bautzen BeckRS 2018, 31965 (Rn. 3)) den Ernst der Lage offenlegen und auf eine Verhaltensänderung hinwirken. Als mildere Maßnahmen können auch **Hinweise oder Belehrungen** auszusprechen sein (BVerwG NJW-RR 2007, 492). Insbesondere im Kommunalrecht ist die Übernahme von Ehrenämtern und die Frage einer Abberufung häufiger anzutreffen (OVG Bautzen BeckRS 2018, 31965; OVG Greifswald LKV 2008, 522 (522); OVG Greifswald NVwZ-RR 2008, 809 (810); dazu auch VG Wiesbaden NVwZ 2006, 959; VGH München NVwZ-RR 2004, 440). Das Gesetz hebt aus der Fülle denkbarer Fälle zwei hervor (S. 2: „insbesondere“). 3

2. Gesetzlich normierte Abberufungsgründe

a) Gröbliche Pflichtverletzung (§ 86 S. 2 Nr. 1 Alt. 1)

Eine gröbliche Pflichtverletzung ist gegeben, wenn gegen wesentliche aus dem Ehrenamt folgende Pflichten in besonders schwerer Weise verstoßen wird. Ob der Pflichtenverstoß schuldhaft begangen wird, ist unerheblich (KR/Ramsauer § 86 Rn. 8). Gröbliche Pflichtverletzungen können sich ergeben zB durch die **Missachtung der Verschwiegenheitspflicht,** durch eine grobe Missachtung der unparteiischen Ausübung des Ehrenamts (§ 83 I) oder die betrügerische Abrechnung von Auslagen und des Verdienstausfalls (§ 85). Liegen wiederholt leichtere Pflichtverletzungen vor, so kann die Gesamtbetrachtung eine gröbliche Pflichtverletzung ergeben; zB unentschuldigtes Fernbleiben von Sitzungen (KR/Ramsauer § 86 Rn. 8). 4

b) Unwürdigkeit (§ 86 S. 2 Nr. 1 Alt. 2)

5 Ein weiterer in der Person liegender wichtiger Grund, der die Abberufung rechtfertigt, ergibt sich aus dem Merkmal der Unwürdigkeit. Der Unwürdigkeit liegt ein **normativer Befund** zugrunde, der auf dem Ergebnis eines Vergleichs beruht. Der Vergleich ergibt sich aus dem Ansehen des Ehrenamtes in der Öffentlichkeit und die daran geknüpften Erwartungen einerseits sowie das in das Amt gesetzte Vertrauen und die konkrete, durch Tatsachen, nicht allein durch Verdächtigungen und Mutmaßungen belegte berufliche und/oder private Lebensführung des ehrenamtlich Tätigen andererseits, die geeignet ist, den ehrenamtlich Tätigen in der Öffentlichkeit herabzusetzen (KR/Ramsauer § 86 Rn. 9). Beispiele für die Unwürdigkeit: Verstöße gegen das Betäubungsmittelgesetz, verdeckte Zugehörigkeit zu extremen Gruppierungen, Aufruf zu Straftaten, Trunkenheit in der Öffentlichkeit, Leugnen des Holocaust („Auschwitzlüge") und andere dem StGB unterfallende Tatbestände. Auf das Beamtenrecht, insbesondere das Disziplinarrecht, kann hier zurückgegriffen werden (KR/Ramsauer § 86 Rn. 9).

c) Prognose fehlender ordnungsgemäßer Ausübung (§ 86 S. 2 Nr. 2)

6 Als wichtiger Grund gilt ferner, wenn aufgrund einer auf Tatsachen beruhenden Prognose zu erwarten steht, dass das übertragene Ehrenamt künftig nicht mehr ordnungsgemäß ausgeübt werden kann. **Tatsachen,** die diese Prognose rechtfertigen sind zB: Alter, Krankheit, Wegzug oder andere erhebliche persönliche Erschwernisse, die eine ordnungsgemäße Aufgabenerfüllung ausschließen (KR/Ramsauer § 86 Rn. 10; BeckOK VwVfG/Schaller § 86 Rn. 2.1).

§ 87 Ordnungswidrigkeiten

(1) Ordnungswidrig handelt, wer

1. eine ehrenamtliche Tätigkeit nicht übernimmt, obwohl er zur Übernahme verpflichtet ist,

2. eine ehrenamtliche Tätigkeit, zu deren Übernahme er verpflichtet war, ohne anerkennenswerten Grund niederlegt.

(2) Die Ordnungswidrigkeit kann mit einer Geldbuße geahndet werden.

I. Bedeutung

1 Der sachliche Anwendungsbereich des § 87 ist eingeschränkt und gilt lediglich für ehrenamtliche Tätigkeiten nach § 82 im Anwendungsbereich des VwVfG – daher: keine Analogietauglichkeit (KR/Ramsauer § 87 Rn. 3). Speziellere Normen, insbesondere solche der Länder genießen Vorrang. Sachlich ist es Voraussetzung, dass aufgrund **einer Rechtsvorschrift** eine ehrenamtliche Tätigkeit zu übernehmen ist (SBS/Kallerhoff/Hecker § 87 Rn. 1). Die Weigerung der Übernahme des Ehrenamtes oder die Niederlegung ohne

zureichenden anerkennungswürdigen Grund begründen eine Ordnungswidrigkeit, die mit einer Geldbuße geahndet werden kann. Eine gesetzliche Verpflichtung, die Erfüllung des jeweiligen Tatbestands mit der Sanktion einer Geldbuße zu ahnden, besteht indes nicht. Fehlt es an einer gesetzlichen Verpflichtung zur Übernahme des Ehrenamtes, gelangt § 87 I nicht zur Anwendung; gleiches gilt, falls kein vorsätzliches Handeln gegeben ist (§ 10 OWiG).

II. Ordnungswidriges Verhalten (I Nr. 1 und 2)

Voraussetzung nach § 87 I Nr. 1 und 2 ist eine **bestehende gesetzliche Pflicht** zur Übernahme eines Ehrenamts im Verwaltungsverfahren (KR/Ramsauer § 87 Rn. 5). Die Berufung kraft normativen Befehls ist ein belastender Verwaltungsakt, der in grundrechtlich geschützte Freiheitsbereiche eingreift, die lediglich durch oder aufgrund eines Gesetzes zulässig ist (Ziekow § 82 Rn. 1). Verordnungen oder Satzungen, die nicht auf eine parlamentarische gesetzliche Entscheidung rückführbar sind, reichen zur Berufung und daher erst recht nicht zur Begründung einer Ordnungswidrigkeit aus (Arg. a maiore ad minus). 2

Die Weigerung der Übernahme eines Ehrenamtes ohne einen anerkennungswürdigen Grund, der die Berufung von vornherein ausschließt, erfüllt den Tatbestand einer Ordnungswidrigkeit. Ablehnungsgründe müssen stets **wichtige Gründe** sein, insbesondere Alter, Krankheit und andere unverhältnismäßige Erschwernisse im persönlichen Bereich, die ein **anerkennenswertes Hindernis** darstellen (SBS/Kallerhoff/Hecker § 87 Rn. 3; KR/Ramsauer § 87 Rn. 7). Die Tatsache, dass der Verpflichtete bereits in der Vergangenheit herangezogen wurde, ist allein kein zureichend anerkennenswerter Grund. Allerdings ist das Bußgeld nicht immer geeignet, seinen **Zweck** zu erfüllen. Das ist insbesondere der Fall, wenn das Ehrenamt beendet werden kann oder muss. Ein ehrenamtlicher Richter, der die Ausübung des Richteramtes schroff und beharrlich verweigert, kann nicht durch Festsetzung eines Ordnungsgeldes diszipliniert werden, sondern ist aus dem Amt zu entfernen (OVG Berlin NJW 1979, 1175 (1175) mit Anm. Wolf; SBS/Kallerhoff/Hecker § 87 Rn. 3). Ein wichtiger Grund für das Fernbleiben eines Gemeinderatsmitglieds von der Gemeinderatssitzung ist regelmäßig nicht anzuerkennen, wenn das Fernbleiben Ausdruck von Meinungsverschiedenheiten politischer oder rechtlicher Art ist (VGH Mannheim NVwZ-RR 1997, 181 (183)). 3

Nach § 87 I Nr. 2 wird die Niederlegung des Amtes ohne einen anerkennungswerten Grund ebenfalls als Ordnungswidrigkeit geahndet. Die Niederlegung des Amtes ist **der Antrag auf Entlassung** oder **Abberufung** aus dem Ehrenamt (KR/Ramsauer § 87 Rn. 6). Die Niederlegung bedarf keiner ausdrücklichen Erklärung, sondern kann auch **konkludent** erklärt werden (dauerhaftes Fernbleiben). Liegt ein anerkennungswürdiger Grund vor, scheidet der Tatbestand einer Ordnungswidrigkeit aus. 4

III. Ordnungswidrigkeit und Opportunitätsprinzip (II)

5 In § 87 II wird das in § 47 I OWiG geregelte **Opportunitätsprinzip** wiederholt. Eine Pflicht der Behörde zur Verfolgung und Festsetzung der Ordnungswidrigkeit besteht ausweislich des Wortlauts nicht. Die Behörde entscheidet folglich über Verfolgung und Festsetzung nach pflichtgemäßem Ermessen (§ 47 I 1 OWiG). Eine Ordnungswidrigkeit setzt **ausnahmslos vorsätzliches Handeln** voraus (KR/Ramsauer § 87 Rn. 9), fahrlässiges Handeln wird nicht mit Geldbuße bedroht (§ 10 OWiG). Mangels gesetzlicher ausdrücklicher Bestimmung wird ein Versuch nicht geahndet (§ 13 II OWiG). Die Geldbuße beträgt der Höhe nach mindestens 5 EUR und höchstens 1000 EUR (§ 17 I OWiG).

Abschnitt 2. Ausschüsse

§ 88 Anwendung der Vorschriften über Ausschüsse

Für Ausschüsse, Beiräte und andere kollegiale Einrichtungen (Ausschüsse) gelten, wenn sie in einem Verwaltungsverfahren tätig werden, die §§ 89 bis 93, soweit Rechtsvorschriften nichts Abweichendes bestimmen.

I. Bedeutung

1 Sofern Ausschüsse oder andere kollegiale Einrichtungen in einem Verwaltungsverfahren im Sinne von § 9 tätig werden, finden die §§ 89–93 unmittelbar Anwendung. Ausschüsse der Legislative, der Regierungstätigkeit oder der rechtsprechenden Gewalt (KR/Ramsauer § 88 Rn. 8) werden per definitionem nicht von § 88 erfasst. Ob ein Ausschuss unmittelbar entscheidet oder nur eine Verwaltungsentscheidung vorbereitet, ist für die Anwendbarkeit ohne Belang (SBS/Kallerhoff/Hecker § 88 Rn. 1). Insgesamt sind die §§ 88 ff. ein Ausdruck **allgemeiner Rechtsgrundsätze** (VG Berlin MMR 2009, 496 (501); KR/Ramsauer § 88 Rn. 4), die sinngemäß auch auf Ausschüsse in anderen Verwaltungsbereichen anwendbar sind, auf die § 2 nicht anwendbar ist. Außerdem dienen die Vorschriften als Orientierung in gewissem Umfang auch außerhalb von Verwaltungsverfahren (KR/Ramsauer § 88 Rn. 4; SBS/Kallerhoff/Hecker § 88 Rn. 14). Die Bestimmungen gelten lediglich subsidiär, auch gegenüber Landes- und autonomen Satzungsrechts (KR/Ramsauer § 88 Rn. 9). In der Praxis ist der Anwendungsbereich der §§ 88 ff. eher gering.

II. Der Begriff des Ausschusses

2 Der Rechtsbegriff des Ausschusses umfasst **kollegiale Einrichtungen,** wie zB Ausschüsse und Beiräte. Auf die konkret gewählte Bezeichnung kommt es nicht an (BT-Drs. 7/910, 95). Entscheidend ist die Struktur einer derartigen Einrichtung, die sich im Wesentlichen durch eine Mitgliederzahl von mindestens 3 Personen (vgl. § 90 I 1: „mindestens drei Personen"), dem Kollegialprinzip, einem formalorganisatorischen Element und der Entscheidungsfindung aufgrund eines demokratischen Mehrheitsprinzips als maßgebliche strukturelle Elemente auszeichnet (BVerwG BeckRS 2010, 48393; KR/Ramsauer § 88 Rn. 6; SBS/Kallerhoff/Hecker § 88 Rn. 6). Das organisationsrechtliche Statut des Ausschusses ist dabei ebenso unerheblich (SBS/Kallerhoff/Hecker § 88 Rn. 7; KR/Ramsauer § 88 Rn. 3) wie die Frage, ob die Grundlage für das jeweilige Tätigwerden eine Rechtsnorm oder eine Verwaltungsvorschrift bildet (KR/Ramsauer § 88 Rn. 3).

3 Davon strikt zu trennen sind die Rechtsfolgen, die sich aus den Entscheidungen gegenüber Dritten ergeben. Ist ein Ausschuss auf der Grundlage einer Verwaltungsvorschrift gegründet, so zeitigen etwaige Verstöße gegen die entsprechend angewandten §§ 88 ff. des Ausschusses keine unmittelbare Rechtswirkung gegenüber Dritten (KR/Ramsauer § 88 Rn. 3). Rechtliche Wirkungen zeigen sich jedoch dann, wenn das Binnenverhalten der Verwaltung von Entschlüssen in gleichgelagerten Sachverhalten abweicht und damit verwaltungsintern gleichheitswidrige Entscheidungen vorbereitet und ausgeführt werden (KR/Ramsauer § 88 Rn. 4).

3a Steht die Besorgnis der Befangenheit des Mitglieds eines Ausschusses iSv § 88 im Raum, so entscheidet gem. § 21 II iVm § 20 IV 2 VwVfG anstatt der Behördenleitung **der Ausschuss** über den Ausschluss des betroffenen Mitglieds. Dem Ausschuss steht bei seiner Entscheidung über den Ausschluss eines Mitglieds kein Beurteilungs- oder Ermessensspielraum zu; seine Entscheidung ist gerichtlich voll überprüfbar (BVerfG NVwZ-RR 2023, 121 (122 mwN))

3b Entsprechendes gilt für die Mitglieder der **Präsidentenkammer der Bundesnetzagentur** oder einer anderen Beschlusskammer der Bundesnetzagentur. Da die Beschlusskammern als unselbständige Organisationseinheiten innerhalb der Bundesnetzagentur Ausschüsse iSv § 88 sind, bedarf es für den Ausschluss eines Mitglieds gemäß § 21 II iVm § 20 IV einer konstitutiven Entscheidung der Kammer über den Ausschluss. Unterbleibt eine solche Entscheidung, können die Beteiligten den Einwand, es habe ein Ausschussmitglied mitgewirkt, bei dem die Besorgnis der Befangenheit bestehe, im Zusammenhang mit der Anfechtung der Endentscheidung geltend machen (BVerwG BeckRS 2021, 44554 (Rn. 76)).

4 Zu den Ausschüssen im Sinne des § 88 zählen zB die Beschlusskammern als unselbständige Organisationseinheiten innerhalb der Bundesnetzagentur (BVerwG BeckRS 2021, 44554 Rn. 76), **Bundesprüfstelle für jugendgefährdende Schriften** (OVG Lüneburg MMR 2009, 203 (208)), der Ausschuss der **Enteignungsbehörde nach § 104 BauGB** hinsichtlich der Ent-

scheidung über Enteignungsanträge und die Art bzw. Höhe der Entscheidung, die Umlegungsausschüsse sowie die Gutachterausschüsse nach § 192 BauGB (BeckOK VwVfG/Delbanco § 88 Rn. 4; Knack/Henneke/Henneke § 88 Rn. 3), aber auch eine **„Gutachterkommission für ärztliche Haftpflichtfragen“ der Ärztekammer** (OVG Münster NJW 1999, 1802 (1802)) sowie im Landesrecht eine Klassenkonferenz (VG Hamburg BeckRS 2022, 2064 Rn. 36)

§ 89 Ordnung in den Sitzungen

Der Vorsitzende eröffnet, leitet und schließt die Sitzungen; er ist für die Ordnung verantwortlich.

I. Bedeutung

1 Die Funktionstüchtigkeit eines Ausschusses verlangt die Sicherstellung einer **äußeren und inneren Ordnung,** die der Vorsitzende zu gewährleisten hat (BeckOK VwVfG/Delbanco § 89 Vorb. 1). Als gesetzliche Mindestaufgabe hat er für die Eröffnung, Leitung und Schließung der Sitzung zu sorgen (Ziekow § 89 Rn. 1; SBS/Kallerhoff/Hecker § 89 Rn. 2). Der Vorsitzende im Verwaltungsverfahren (ähnliche Bestimmungen: § 103 I VwGO, § 176 GVG) ist ein zwingendes, kein fakultatives Organ. Seine in § 89 gesetzlich bestimmten Befugnisse sind auch nicht durch eine Mehrheitsentscheidung entziehbar. Unabhängig von einer Vielzahl vorrangiger Regelungen enthält diese Norm Grundsätze für die Wahrnehmung der Funktion eines Vorsitzenden, die bei ungeregelten Bereichen in entsprechender Form unproblematisch herangezogen werden können (KR/Ramsauer § 89 Rn. 2).

2 Die rechtliche Funktion des Vorsitzenden verlangt die **Bestellung eines Vertreters** (KR/Ramsauer § 89 Rn. 3), die ebenso ungeregelt ist, wie die Bestellung des Vorsitzenden selbst. Die Bestellung des Vorsitzenden wird sich im Wesentlichen an **zwei Modellen** orientieren: entweder wird der Vorsitzende vom Behördenleiter bestimmt (KR/Ramsauer § 89 Rn. 3) oder der Vorsitzende wird dem Kollegialprinzip entsprechend mit Stimmenmehrheit durch den Ausschuss gewählt (SBS/Kallerhoff/Hecker § 89 Rn. 1; Ziekow § 89 Rn. 2; BeckOK VwVfG/Delbanco § 89 Rn. 1.1) oder von einem anderen Gremium gewählt bzw. bestimmt. Erfolgt die Wahl durch den Ausschuss, obliegt bis zur Wahl des Vorsitzenden in der Regel dem ältesten Mitglied der Vorsitz (KR/Ramsauer § 89 Rn. 4).

3 Aufgabe des Vorsitzenden, obgleich gesetzlich ungeregelt, ist die **Vorbereitung einer Ausschusssitzung** (SBS/Kallerhoff/Hecker § 89 Rn. 5). Hierzu bedarf es einer mit einigem zeitlichen Vorlauf verbundenen Einladung, der Festlegung der Tagesordnung, und die Bestimmung von Zeit und Ort (BeckOK VwVfG/Delbanco § 89 Rn. 2). Der Vorsitzende hat den Mitgliedern des Ausschusses ausreichend Zeit zu lassen, um umfangreiche Sitzungsunterlagen zu lesen und daraufhin zu einer Meinungsbildung zu

gelangen. Die mitunter anzutreffende (Un-) Sitte zu Beginn einer Sitzung umfangreiche als Tischvorlagen gekennzeichnete Konvolute vorzulegen, über die dann wenig später zu entscheiden sei, zeugt von einer eher zweifelhaften Aufgabenwahrnehmung. Weitere Befugnisse des Vorsitzenden sind die Ausübung der **Sitzungspolizei** und – sofern es dem Vorsitzenden originär zusteht oder es ihm vom Behördenleiter übertragen wurde – auch das **Hausrecht** (KR/Ramsauer § 89 Rn. 6).

II. Funktionsfähigkeit des Ausschusses

1. Eröffnung der Sitzung

Die Eröffnung der Sitzung ist an besondere Förmlichkeiten nicht gebunden. 4
Der Eintritt in die gemeinsame Befassung wird meist mit Formalia begonnen, worauf dann die zu behandelnden materiellen Punkte folgen. Die Eröffnung kann konkludent oder auch ausdrücklich erfolgen (Ziekow § 89 Rn. 4). Entscheidend ist, dass die Mitglieder des Ausschusses die Eröffnung der Sitzung unmissverständlich wahrnehmen (KR/Ramsauer § 89 Rn. 7).

2. Leitung der Sitzung

Bei der Leitung der Sitzung, die im Ermessen des Vorsitzenden steht, sind die 5
Bestimmungen nach §§ 90 und 91 zu beachten. Beschlüsse werden mit Mehrheit der Stimmen gefasst. Die Befugnis zur Leitung umfasst sämtliche Maßnahmen, die erforderlich sind, um die in der Tagesordnung festgestellten Sachpunkte in zureichender Zeit und unter Beachtung **demokratischer Gepflogenheiten** erschöpfend so zu erörtern, sodass eine richtige Sachentscheidung getroffen werden kann. An die Funktion der Leitung gebunden sind wiederkehrende Standards, die in Sitzungen abzuhandeln sind, wie zB: Feststellung der Beschlussfähigkeit, der Tagesordnung und des Protokolls der vorangegangenen Sitzung, Bestimmung des Protokollführers, Erteilung und Entziehung des Wortes, Zusammenfassung erheblicher Punkte, Formulierung von Beschlussvorschlägen, Initiierung von Abstimmungen, Feststellungen des Abstimmungsergebnisses.

Der Vorsitzende, und das ist einer seiner vornehmsten Pflichten, hat den 6
Mitgliedern des Ausschusses ausreichend **Zeit für die Erörterung** der Sach- und Rechtslage einzuräumen, die zur Grundlage eines Beschlusses reifen kann. Die Leitung der Sitzung steht unter dem kontinuierlichen Gebot der **Gewährleistung eines fairen Verfahrens,** was die Entscheidung einer Vertagung, Sitzungsunterbrechung oder erneuter Anberaumung zur Folge haben kann (SBS/Kallerhoff/Hecker § 89 Rn. 7; KR/Ramsauer § 89 Rn. 9, 12).

3. Die Schließung der Sitzung

Die Schließung der Sitzung ist die **formale Beendigung,** mit dem das 7
zeitliche Ende der mündlichen Erörterung innerhalb des Ausschusses fixiert wird. Ebenso wie die Eröffnung einer Ausschusssitzung ist die Schließung

ausdrücklich oder durch konkludentes Verhalten zulässig. Voraussetzung für die formale Beendigung ist die der Bedeutung und Umfang einer Sache hinreichende Erörterung und Beratung. Der Schließung steht nicht entgegen, dass ein Beratungspunkt auf eine der zukünftigen Ausschusssitzungen verschoben wird. Zulässig ist eine **kurzfristige Wiedereröffnung** einer zuvor zu früh geschlossenen Sitzung (KR/Ramsauer § 89 Rn. 12). Aus der Befugnis zur Schließung folgt auch die Befugnis, die Sitzung zu unterbrechen oder zu vertagen (KR/Ramsauer § 89 Rn. 12; Ziekow § 89 Rn. 5). Durch Eröffnung und Schließung wird der Zeitraum der Sitzung zeitlich fixiert, sodass etwaige Beschlüsse außerhalb dieses Zeitraums unwirksam sind (Ziekow § 89 Rn. 5).

4. Sitzungspolizei des Vorsitzenden

8 Eine weitere aus der Leitungsfunktion ableitbare Befugnis ist die Sitzungspolizei des Vorsitzenden (ähnlich: § 55 VwGO). Darunter ist die Befugnis zu verstehen, nicht schon Lästigkeiten, sondern Handlungen zu unterbinden, die geeignet sind, den Ablauf einer Sitzung erheblich zu stören oder ihn zu vereiteln. Der **Grundsatz der Verhältnismäßigkeit** ist im Rahmen der pflichtgemäßen Ermessensausübung zu beachten; gleichwohl kann der Entzug des Wortes als ein mildes Mittel gerechtfertigt sein, ebenso wie der Ausschluss querulatorischer Zuhörer, die Verfügung eines Rauchverbots oder die Erteilung eines Ordnungsrufes. Überwiegend wird der Ausschluss von Ausschussmitgliedern aus der Sitzungspolizei des Vorsitzenden abgeleitet (Ziekow § 89 Rn. 14; BeckOK VwVfG/Delbanco § 89 Rn. 5.1 mwN). Es müssen allerdings objektive unerträgliche Missstände zu Tage treten, die die Durchführung der Sitzung in besonders schwerwiegender Weise beeinträchtigen (zB erhebliche Trunkenheit). Ggf. ist eine Vertagung, insbesondere unter dem Blickwinkel des Verhältnismäßigkeitsprinzips eine geschicktere und zudem mildere Lösung (KR/Ramsauer § 89 Rn. 14; BeckOK VwVfG/Delbanco § 89 Rn. 5.1). Andere Formen einer Disziplinierung oder Geldbußen sind in Ermangelung einer gesetzlichen Grundlage unzulässig (SBS/Kallerhoff/Hecker § 89 Rn. 10).

5. Das Hausrecht

9 Das Hausrecht ist von der Sitzungspolizei zu unterscheiden. Die Sitzungspolizei des Vorsitzenden eines Ausschusses umfasst nicht zwingend das Hausrecht. Gegenstand des Hausrechts ist die Aufrechterhaltung der Ordnung in einem Gebäude (KR/Ramsauer § 89 Rn. 15) und das daraus folgende Recht, zu bestimmen, wer im Zusammenhang mit Ausschusssitzungen ein bestimmtes Gebäude und/oder einen bestimmten Raum betreten und dort verweilen darf (SBS/Kallerhoff/Hecker § 89 Rn. 11). Das Hausrecht steht dem Leiter der Behörde kraft Amtes zu, der es aber für die Dauer einer kontroversen und eskalationsverdächtigen Sitzung an den Vorsitzenden zeitlich und räumlich befristet delegieren kann. Soweit der Behördenleiter zugleich der Vorsitzende ist, übt er Hausrecht und Sitzungspolizei gleichermaßen aus.

6. Rechtsschutz

Rechtsschutz der Mitglieder eines Ausschusses ist nicht ausgeschlossen, sondern möglich, was die Einräumung **statusbezogener, wehrfähiger subjektiver Rechte** der Ausschussmitglieder im Fachrecht voraussetzt. Solche Rechte fehlen im VwVfG. Gleichwohl kommt ein Organstreitverfahren (KR/Ramsauer § 89 Rn. 16) in Betracht, wenn zB die Besorgnis der Befangenheit eines Ausschussmitglieds zu Unrecht angenommen wurde oder Mitwirkungsrechte verletzt wurden. 10

§ 90 Beschlussfähigkeit

(1) [1]Ausschüsse sind beschlussfähig, wenn alle Mitglieder geladen und mehr als die Hälfte, mindestens aber drei der stimmberechtigten Mitglieder anwesend sind. [2]Beschlüsse können auch im schriftlichen Verfahren gefasst werden, wenn kein Mitglied widerspricht.

(2) Ist eine Angelegenheit wegen Beschlussunfähigkeit zurückgestellt worden und wird der Ausschuss zur Behandlung desselben Gegenstands erneut geladen, so ist er ohne Rücksicht auf die Zahl der Erschienenen beschlussfähig, wenn darauf in dieser Ladung hingewiesen worden ist.

I. Bedeutung

Die §§ 90–92 enthalten Vorgaben für die Voraussetzungen und Durchführung von Abstimmungen und Wahlen in Ausschüssen. Für das Abstimmungsverfahren gilt das **Prinzip der Mündlichkeit.** Das schriftliche Verfahren, insbesondere das **Umlaufverfahren** ist praxisnah und zulässig (OVG Lüneburg MMR 2009, 203 (209 f.; zustimmend OVG Berlin-Brandenburg BeckRS 2015, 41939). Das Umlaufverfahren in einer zB von Person zu Person gehenden Zuleitung oder auch einer zeitgleichen Zuleitung via E-Mail mag nicht in allen Fällen geeignet sein, es ist aber in der Regel ein probates Mittel, um Sitzungen oder kurzfristig abzustimmende Sachverhalte mittels der Nutzung elektronischer Medien im Interesse einer **zeitnahen Entscheidungsfindung** abzukürzen. Eine besondere Bedeutung kann einer gemeinsamen Beratung unter Anwesenden nebst einer Beschlussfassung dann zukommen, wenn eine solche ausdrücklich angeordnet oder wenn diese Form der Entscheidungsfindung geboten ist, um einen gemeinsamen unmittelbaren Eindruck der Ausschussmitglieder in der Entscheidung berücksichtigen zu können, wie dies z. B. bei der Bewertung von Prüfungsleistungen der Fall ist (OVG Berlin-Brandenburg BeckRS 2015, 41939). 1

Die Regelungen in § 90 beziehen sich auf die Voraussetzungen des ordnungsgemäßen Zustandekommens von Beschlüssen. Die **Beschlussfähigkeit** bedeutet die Fähigkeit, rechtlich wirksam einen Beschluss zu fassen; diese Fähigkeit ist dem Kollegialorgan kraft Gesetzes nicht gegeben, wenn weniger als 2 stimmberechtigte Mitglieder anwesend sind (§ 90 I). Andererseits wird 2 gesetzlich bestimmt, dass die Beschlussfähigkeit bei wiederholter Einladung gegeben ist, auch dann, wenn die grundsätzliche Anzahl stimmberechtigter Mitglieder nicht anwesend sein sollte (§ 90 II). Technische Möglichkeiten, die bei der Abfassung des VwVfG in der Praxis nicht verfügbar waren, aber heute in der Informationsgesellschaft üblich sind, sind ihrer Eigenart entsprechend wie das schriftliche Verfahren zu behandeln; hierzu gehören Webkonferenzen, Videokonferenzen, Umlaufverfahren via E-Mail und ähnliche Modelle (KR/Ramsauer § 90 Rn. 1).

II. Beschlussfähigkeit (I)

1. Ordnungsgemäßheit der Ladung (I 1)

3 Die Beschlussfähigkeit beruht auf der **Ordnungsgemäßheit** der Ladung (I 1), die in der Verantwortung des Vorsitzenden liegt. Eine Beschlussfassung ohne Rücksicht auf die Anzahl erschienener Mitglieder ist zulässig, bedarf aber eines Hinweises in der Ladung (II). Rechtzeitigkeit des Zugangs und vollständige Beschreibung der Beratungspunkte mit Angabe von Ort und Zeit sind essentiell und begründen die formale Ordnungsgemäßheit der Ladung (BeckOK VwVfG/Delbanco § 90 Rn. 2; KR/Ramsauer § 90 Rn. 5; SBS/Kallerhoff/Hecker § 90 Rn. 5).

4 Eine **schriftliche Ladung** ist nicht vorgeschrieben. Eine mündliche oder gar konkludente Ladung bewegt sich noch im Rahmen des Zulässigen, gleichwohl bleibt festzuhalten, dass die Praxis für juristische Exotik kaum Verständnis aufbringen dürfte, zumal die elektronische Kommunikation etwaige Fragen von Postlaufzeiten, Zugang und Schriftlichkeitserfordernissen marginalisiert. Ausreichend ist, wenn der Vorsitzende in einer Sitzung den künftigen Sitzungstermin bekanntgibt (KR/Ramsauer § 90 Rn. 5).

5 Die Ladungsfrist ist grds. in das **Ermessen des Vorsitzenden** gestellt, sofern in Geschäftsordnungen keine vorrangige Frist festgelegt wurde. Die Frist sollte zeitlich so ausreichend bemessen sein, dass den Mitgliedern **ausreichend Zeit** zur Vorbereitung auf die Sitzung verbleibt (BeckOK VwVfG/Delbanco § 90 Rn. 2). In der Regel sind Ladungsfristen von **ein bis zwei Wochen** üblich (BeckOK VwVfG/Delbanco § 90 Rn. 2). Ladungsfristen können in Eilfällen per Abstimmung abgekürzt werden. Eine fehlerhafte oder unterbliebene Ladung kann **geheilt** werden, zB wenn die nicht ordnungsgemäß geladenen Mitglieder zur Sitzung erscheinen (BeckOK VwVfG/Delbanco § 90 Rn. 3) oder kein Einwand erhoben wird.

6 Die Ordnungsgemäßheit der Ladung und damit die Beschlussfähigkeit kann allerdings durch **umfangreiche Konvolute** entscheidungserheblicher Unterlagen gefährdet werden, die nach der Ladung entweder unmittelbar vor der Sitzung versandt oder während der Sitzung noch als **„Tischvorlage“** verteilt werden und deren schierer Umfang sich einer aufmerksamen gleichwohl raschen Durchsicht verweigert. In diesen Fällen wäre – entgegen weit verbreiteter Unsitte – der Tagesordnungspunkt vom Vorsitzenden abzusetzen und auf einen neuen Termin zu vertagen.

2. Beschluss(un)fähigkeit (I 1)

7 Die Beschlussfähigkeit des Ausschusses ist gegeben, wenn zum einen alle Mitglieder geladen und zum anderen mehr als die Hälfte, mindestens aber drei der stimmberechtigten Mitglieder anwesend sind (I 1). Die Beschlussfähigkeit ist für die **Dauer der Sitzung** sicherzustellen. Das Absinken der physischen Präsenz der Mitglieder auf dauerhaft (nicht nur vorübergehend) weniger als die Hälfte bzw. weniger als **2 stimmberechtigte Mitglieder** lassen die Beschlussfähigkeit entfallen. Ein gleichwohl gefasster Beschluss ist **nichtig** (KR/Ramsauer § 90 Rn. 4).

8 Beruht ein VA auf einem nichtigen Beschluss, bleibt der VA lediglich anfechtbar, ist jedoch nicht nichtig (§ 44 III Nr. 3). Eine Heilung durch ordnungsgemäße Nachholung eines Beschlusses ist zulässig (§ 45 I Nr. 4). Weder gibt es eine Vermutung vorhandener Beschlussfähigkeit zu Beginn der Sitzung noch bedarf es bei fehlender Beschlussfähigkeit einer Rüge (KR/Ramsauer § 90 Rn. 3). Beschlussfähigkeit ist **kraft Gesetzes** gegeben oder fehlt kraft Gesetzes. Es ist demzufolge eine der vorrangigen Aufgaben des Vorsitzenden bei der Abstimmung über die Beratungspunkte die Beschlussfähigkeit als **Legimitationsvoraussetzung** vor jeder Abstimmung **von Amts wegen** zu prüfen (BeckOK VwVfG/Delbanco § 90 Rn. 6; KR/Ramsauer § 90 Rn. 4). Ggf. muss der Vorsitzende die Sitzung unterbrechen, bis die notwendige Anzahl stimmberechtigter Mitglieder sich erneut im Versammlungsraum eingefunden hat. Ggf. ist zu vertagen. Mitglieder eines Ausschusses, die lediglich beratende Stimmen haben, sowie Mitglieder, die wegen Besorgnis der Befangenheit von dem konkreten Abstimmungsprocedere inklusive Erörterung nach §§ 20, 21, 71 III ausgeschlossen sind, gelten als nicht anwesend (KR/Ramsauer § 90 Rn. 4 mwN). Ein **kurzfristiges Verlassen** des Sitzungsraumes durch einzelne Mitglieder des Ausschusses ist unschädlich (BeckOK VwVfG/Delbanco § 90 Rn. 5), ggf. ist eine Sitzungspause bekanntzugeben.

III. Mündliche und schriftliche Beschlussfassung (I 2)

9 Grundsätzlich liegt der Beschlussfassung das Prinzip der **mündlichen Erörterung** zugrunde, das auf unmittelbarer Wahrnehmung von Stimme und Argument beruht. Eine Beschlussfassung im **schriftlichen Umlaufverfahren** begegnet keinen durchgreifenden rechtlichen Bedenken (VG Hannover BeckRS 2007, 25459), sofern kein Mitglied des Ausschusses widerspricht. Die in der Praxis übliche Kommunikation via **E-Mail** lässt die gleichzeitige Verteilung der Beratungsunterlagen zu. Auch ein sukzessives Umlaufverfahren ist zulässig, bei dem die Mitglieder nacheinander ihre Stimme zu dem jeweiligen Beratungspunkt abgeben (KR/Ramsauer § 90 Rn. 9).

10 Ein grds. zulässiges schriftliches Verfahren (VG Berlin MMR 2009, 496 (501)) bleibt neben dem Regelfall in § 90 I 2 allerdings dann unabwendbar, wenn auf **Grund einer Rechtsvorschrift** einer gemeinsamen Beratung nach dem Zweck oder Zusammenhang der Regelung eine besondere Bedeutung

zukommt (OVG Niedersachsen ZUM-RD 2009, 168 (169); KR/Ramsauer § 90 Rn. 10). Eine Entscheidung, die eine **unmittelbare Anwesenheit der Mitglieder** erfordert (Präsenzprüfung) ist nur dann erforderlich, wenn diese Form der Entscheidungsfindung geboten ist, um einen gemeinsamen unmittelbaren Eindruck der Ausschussmitglieder in der Entscheidung berücksichtigen zu können, wie dies beispielsweise bei der **Bewertung von Prüfungsleistungen** der Fall ist (OVG Lüneburg MMR 2009, 203 (205)). Sofern darüber hinaus auch nur ein Mitglied dem schriftlichen Verfahren **widerspricht,** ist es unzulässig (KR/Ramsauer § 90 Rn. 9). Der Widerspruch eines Mitglieds ist an eine bestimmte Form nicht gebunden. Der Widerspruch muss allerdings **unverzüglich** nach Erhalt der schriftlichen Unterlagen erklärt werden und damit vor dem Eintritt in eine Abstimmung (SBS/Kallerhoff/Hecker § 90 Rn. 10; BeckOK VwVfG/Delbanco § 90 Rn. 8). Jedes Mitglied kann Widerspruch erheben, unabhängig ob beratendes Mitglied mit oder ohne Stimmrecht. Es entspricht der Praxis, dass der Vorsitzende einen Konsens über ein beabsichtigtes schriftliches Verfahren unter den Mitgliedern herstellt. Der **Widerruf** eines zuvor erteilten Einverständnisses ist zulässig (KR/Ramsauer § 90 Rn. 11), allerdings zeitlich und aus Rechtsgründen eingeschränkt.

IV. Beschlussfassung nach Beschlussunfähigkeit (II)

11 Ausnahmsweise ist die Beschlussfähigkeit ohne Rücksicht auf die Zahl der erschienenen Ausschussmitglieder auch dann gegeben, wenn die Behandlung einer Angelegenheit bereits einmal wegen Beschlussunfähigkeit zurückgestellt werden musste. Diese Regelung entspricht einem anerkannten Rechtsgrundsatz (KR/Ramsauer § 90 Rn. 14 mwN), der die **Funktionsfähigkeit** des Ausschusses sicherstellt. Voraussetzung für die Anwendbarkeit ist allerdings die **Übereinstimmung der Tagesordnungspunkte,** dh der Entscheidungsgegenstand der ersten und der zweiten Sitzung müssen gleichlauten (Identität des Tagesordnungspunkts, KR/Ramsauer § 90 Rn. 15). Soll mittels eines Notbeschlusses eine Entscheidung herbeigeführt werden, ist in der Ladung auf die Notbeschlussfassung nach II hinzuweisen. Fehlt der **Hinweis,** fehlt die Beschlussfähigkeit, wenn weniger als drei Mitglieder anwesend sind. Die Ladung nach II bedarf eines Hinweises, der bereits mit der 1. Ladung verbunden sein kann, sofern tatsächliche Anhaltspunkte für ein Ausbleiben der Ausschussmitglieder vorliegen (KR/Ramsauer § 90 Rn. 15; BeckOK VwVfG/Delbanco § 90 Rn. 4).

12 Voraussetzung für die **Notbeschlussfähigkeit** ist die ordnungsgemäße Ladung sämtlicher Ausschussmitglieder einschließlich des Hinweises nach II. Auf die **Zahl** der anwesenden Mitglieder kommt es daher nicht an (KR/Ramsauer § 90 Rn. 17). Die im Rahmen der Notbeschlussfähigkeit gefassten Beschlüsse sind **wirksam** zustande gekommen und bedürfen keiner erneuten Bestätigung durch den beschlussfähigen Ausschuss in einer späteren Sitzung (KR/Ramsauer § 90 Rn. 17; BeckOK VwVfG/Delbanco § 90 Rn. 13).

§ 91 Beschlussfassung

[1] Beschlüsse werden mit Stimmenmehrheit gefasst. [2] Bei Stimmengleichheit entscheidet die Stimme des Vorsitzenden, wenn er stimmberechtigt ist; sonst gilt Stimmengleichheit als Ablehnung.

I. Bedeutung

1 Während § 90 die Frage regelt unter welchen Voraussetzungen ein Ausschuss rechtlich artikulationsfähig ist, normiert § 91 die **formalen Anforderungen,** die an die Entstehung eines Beschlusses geknüpft sind. Beschlüsse erfordern Stimmenmehrheit (S. 1). Bei Wahlen ist § 92 lex specialis (SBS/Kallerhoff/Hecker § 91 Rn. 1). Beschlüsse sind grundsätzlich nicht bereits die Verwaltungsentscheidung, sondern bereiten diese erst vor. Der Beschluss schafft somit die **Grundlage** für einen späteren Rechtsakt als Vollzug demokratischer Willensbildung (KR/Ramsauer § 91 Rn. 10; BeckOK VwVfG/Delbanco § 91 Rn. 7). Etwaige Fehler oder Mängel bei dem Zustandekommen des Beschlusses ziehen nicht die Unwirksamkeit eines auf einem solchen Beschluss beruhenden Rechtsaktes nach sich (vgl. § 44 III Nr. 3; KR/Ramsauer § 91 Rn. 10; BeckOK VwVfG/Delbanco § 91 Rn. 7).

II. Stimmenmehrheit (S. 1)

2 Das VwVfG begnügt sich mit der Feststellung, dass die Willensbildung eines kollegialen Organs rechtlich erheblich ist, wenn sie mit der Mehrheit der Stimmen gefasst wird. Die einfache Mehrheit reicht aus. Stimmenmehrheit setzt eine **Mehrheit** der **abgegebenen** und **stimmberechtigten** gültigen Stimmen voraus (Ziekow § 91 Rn. 2; SBS/Kallerhoff/Hecker § 91 Rn. 5: BVerwG BeckRS 1983, 31291061: einfache Mehrheit setzt voraus, dass die Mehrheit der Stimmen der anwesenden Mitglieder abgegeben wurde). Abstimmungsberechtigt sind nur stimmberechtigte Mitglieder (BeckOK VwVfG/Delbanco § 91 Rn. 3). Stimmberechtigung fehlt dagegen bei befangenen oder ausgeschlossenen Mitgliedern (KR/Ramsauer § 91 Rn. 3; BeckOK VwVfG/Delbanco § 91 Rn. 8; SBS/Kallerhoff/Hecker § 91 Rn. 8). Sofern im Einzelfall eine **qualifizierte Mehrheit** erforderlich ist, bedarf es hierfür einer spezielleren Norm (Satzung, Geschäftsordnung oder Ähnlichem).

3 Der Abgabe der Stimme liegt ein Willensbildungsprozess zugrunde, der dem psychologischen Muster einer Willenserklärung gleicht. Eine Anfechtung der Stimmabgabe ist nicht vorgesehen. Offen ist, ob die Abgabe einer Stimme durch **Stimmboten** zulässig ist, der als Bote keine eigene Stimme, sondern die Stimme eines verhinderten Ausschussmitglieds überbringt, die je nach Sachlage eine Begründung enthalten kann, die verlesen werden mag. Gegen die Überbringung einer Erklärung durch einen Stimmboten sind durchgreifende Bedenken nicht ersichtlich.

III. Art und Weise der Stimmabgabe (S. 1)

4 Es ist Aufgabe des Vorsitzenden, die Mitglieder des Ausschusses zu einer eindeutigen Stimmabgabe anzuhalten. **Personalangelegenheiten** sind in der Regel in geheimer Abstimmung vorzunehmen, es sei denn, es wird mehrheitlich für eine formlose Abstimmung votiert. Geheime Abstimmungen sind üblich und zulässig (SBS/Kallerhoff/Hecker § 91 Rn. 3; KR/Ramsauer § 91 Rn. 7).

5 Die Festlegung der Reihenfolge der Beschlussfassung ist in das Ermessen des Vorsitzenden gestellt (KR/Ramsauer § 91 Rn. 8). Im Einzelnen wird es auf Gewicht und Bedeutung der zu behandelnden Tagesordnungspunkte ankommen; es ist auch hier originäre Aufgabe des Vorsitzenden die **Reihenfolge** der zu erörternden Punkte nach Diskussion und Änderungsanträgen und Abstimmung über die Tagesordnung abzuändern. Stimmenthaltung ist mangels spezialgesetzlicher anderweitiger Regelung zulässig, wenn sich auch darin die schwächste aller Meinungsäußerungen zeigt.

IV. Stimmengewichtung (S. 2)

6 Bei Stimmengleichheit **unter Einschluss** der vom Vorsitzenden abgegebenen Stimme entscheidet die Stimme des Vorsitzenden, wenn er stimmberechtigt ist; sonst gilt Stimmengleichheit als Ablehnung (S. 2). Mit dieser gesetzlichen Regelung (**Diskriminierungsrecht** des Vorsitzenden) wird eine Pattsituation bei Stimmengleichheit ausgeschlossen (KR/Ramsauer § 91 Rn. 6). Voraussetzung für die besondere Gewichtung der Stimme des Vorsitzenden ist, dass er stimmberechtigt ist. Fehlt dem Vorsitzenden das Stimmrecht, folgt daraus kraft Gesetzes, dass der Beschluss abgelehnt ist. Die Regelung ist auch bei **geheimer Abstimmung** anwendbar (SBS/Kallerhoff/Hecker § 90 Rn. 6; BeckOK VwVfG/Delbanco § 91 Rn. 6.1).

§ 92 Wahlen durch Ausschüsse

(1) [1] Gewählt wird, wenn kein Mitglied des Ausschusses widerspricht, durch Zuruf oder Zeichen, sonst durch Stimmzettel. [2] Auf Verlangen eines Mitglieds ist geheim zu wählen.

(2) [1] Gewählt ist, wer von den abgegebenen Stimmen die meisten erhalten hat. [2] Bei Stimmengleichheit entscheidet das vom Leiter der Wahl zu ziehende Los.

(3) [1] Sind mehrere gleichartige Wahlstellen zu besetzen, so ist nach dem Höchstzahlverfahren d'Hondt zu wählen, außer wenn einstimmig etwas anderes beschlossen worden ist. [2] Über die Zuteilung der letzten Wahlstelle entscheidet bei gleicher Höchstzahl das vom Leiter der Wahl zu ziehende Los.

I. Bedeutung

In Ermangelung allgemeiner Bestimmungen über Wahlmodus und der Feststellung eines gesetzeskonformen Ergebnisses im Verwaltungsverfahren bedurfte es einer Bestimmung über die Wahl durch Ausschüsse (Ziekow § 92 Rn. 1). Bei der Willensartikulation kollegialer Organe kann in der Regel zwischen Wahl und Beschluss unterschieden werden. **Wahl** und **Beschluss** sind **Rechtsbegriffe,** denen zwei unterschiedliche Sachverhalte zugrunde liegen. Durch eine Wahl trifft ein Ausschuss eine **personelle Entscheidung** hinsichtlich der Auswahl einer oder mehrerer Personen für bestimmte Aufgaben oder die Abwahl aus ihnen (KR/Ramsauer § 92 Rn. 1), während der Beschluss mit Sachfragen nichtpersoneller Art verbunden ist. 1

7Unmittelbar regelt § 92 nur die Wahl zur Besetzung von Positionen innerhalb und außerhalb des Ausschusses der Aufgaben und Befugnisse hat, die innerhalb eines Verwaltungsverfahrens iSd § 9 angesiedelt sind, wie zB des Ausschussvorsitzenden oder zur ehrenamtlichen Tätigkeit innerhalb eines anderes (Unter-) Ausschusses (SBS/Kallerhoff/Hecker § 92 Rn. 1). Entsprechende Anwendung findet § 92 auch auf Personalentscheidungen mit externer Wirkung (KR/Ramsauer § 92 Rn. 5). Nicht anwendbar ist die Norm hingegen auf **demokratisch legitimierte Wahlen,** wie zB zum Gemeinderat (KR/Ramsauer § 92 Rn. 1) oder für bloße Auswahlentscheidungen, die nicht der Besetzung einer Wahlstelle dienen (KR/Ramsauer § 92 Rn. 5). Bei einer Wahl steht zumindest eine Person oder mehrere Personen zur Auswahl, über die der Ausschuss eine Entscheidung trifft (Ziekow § 92 Rn. 1). 2

II. Wahlmodus (I)

Es obliegt dem Vorsitzenden eines Ausschusses den **Wahlvorgang** zu leiten, indem die Wahl eröffnet und nach Feststellung des Ergebnisses geschlossen wird (§ 89). Ist noch kein Vorsitzender vorhanden, kommt dem ältesten Mitglied im Ausschuss die Aufgabe des Wahlleiters zu, soweit nicht speziellere Bestimmungen insoweit Abweichendes vorsehen (BeckOK VwVfG/Delbanco § 92 Rn. 1). Wahlen durch Ausschüsse folgen dem Grundsatz offener, transparenter und nachvollziehbarer Wahlen. Gewählt wird daher grundsätzlich durch Zuruf oder Zeichen (I 1), sonst durch **Stimmzettel,** deren vorsorgliche Vorbereitung dem Vorsitzenden zufällt (BeckOK VwVfG/Delbanco § 92 Rn. 2). 3

Widerspricht ein Mitglied dem Vorschlag des Vorsitzenden zum Wahlmodus, ist eine geheime Wahl durchzuführen. § 92 I 2 gibt daher jedem Mitglied das Recht, eine **geheime Stimmabgabe** zu verlangen. Einer besonderen Begründung bedarf es hierfür – ausweislich des Gesetzeswortlauts – nicht. Auch die Auswertung der Stimmabgabe unterliegt der Geheimhaltung, um Rückschlüsse auf die Stimmabgabe auszuschließen. 4

III. Wahlergebnis (II und III)

1. Meiststimmenverfahren (II 1)

5 Es gilt das **Meiststimmenverfahren.** Wer die meisten Stimmen erhalten hat, ist gewählt (II 1). Das Wahlergebnis kann damit durch den Vorsitzenden festgestellt werden. Nicht gezählt werden Stimmenthaltungen, und zwar weder positiv noch negativ (BeckOK VwVfG/Delbanco § 92 Rn. 3). Auch ungültige Stimmen werden nicht mitgezählt (Ziekow § 92 Rn. 3).

2. Stimmengleichheit (II 2)

6 Im Falle der Stimmengleichheit für zwei oder mehr Kandidaten entscheidet das Los (II 2). Der Gesetzgeber hat parallel zu bestehenden Regelungen in Wahlgesetzen und -ordnungen bestimmt, dass der Leiter der Wahl ein Los zu ziehen hat. Wahlleiter und Vorsitzender sind nicht notwendigerweise personenidentisch. Die Funktionen können auf verschiedene Personen verteilt sein, wenn der Vorsitzende ebenfalls zur Wahl steht. Die Auswahl eines **geeigneten Losverfahrens** steht im pflichtgemäßen Ermessen des Wahlleiters (KR/Ramsauer § 92 Rn. 12). Bewährte Verfahren sollten Anwendung finden. Münzwurf ist geeignet, wenn die Münze so geworfen wird, dass zwei Ergebnisse gleichermaßen möglich sind (VGH München NJW 1991, 2306 (2307)). Münzwurf ist – **logischerweise** – ausgeschlossen, wenn mehr als zwei Kandidaten die gleiche Stimmzahl erhalten haben. **Streichholzziehen** ist intransparent, manipulationsanfällig und daher unzulässig (BVerwG NJW 1991, 3231 (3232)).

3. Besetzung mehrerer Wahlstellen (III)

7 Eine Verhältniswahl ist vorgesehen, wenn mehrere gleichartige **Wahlstellen** zu besetzen sind. Die Mitglieder des Ausschusses sind allerdings berechtigt, von der Verhältniswahl abzuweichen. Voraussetzung ist, dass die Mitglieder mit Einstimmigkeit den Beschluss fassen, eine Abstimmung nach II herbeizuführen. Für die **Verhältniswahl** ist das Höchstzahlverfahren von d'Hondt vorgesehen (KR/Ramsauer § 92 Rn. 13). Wenn auf die letzte Wahlstelle gleiche Höchstzahlen entfallen, entscheidet das vom Wahlleiter zu ziehende Los (§ 92 III 2).

§ 93 Niederschrift

[1] Über die Sitzung ist eine Niederschrift zu fertigen. [2] Die Niederschrift muss Angaben enthalten über

1. den Ort und den Tag der Sitzung,
2. die Namen des Vorsitzenden und der anwesenden Ausschussmitglieder,
3. den behandelten Gegenstand und die gestellten Anträge,
4. die gefassten Beschlüsse,

5. das Ergebnis von Wahlen.
[3]Die Niederschrift ist von dem Vorsitzenden und, soweit ein Schriftführer hinzugezogen worden ist, auch von diesem zu unterzeichnen.

I. Bedeutung

1 Über jede **Sitzung eines Ausschusses** ist eine Niederschrift anzufertigen, die Bestandteil der Akten des Verwaltungsverfahrens wird. Eine Niederschrift über die wesentlichen Inhalte und Umstände dient der Beweissicherung der erheblichen Tatsachen. Der Akteneinsichtsanspruch nach § 29 erfasst auch die Niederschrift (OVG Münster NJW 1999, 1802 (1802)). Verantwortlich für die Erstellung einer Niederschrift ist der Vorsitzende, der befugt ist, diese Aufgabe an den Schriftführer zu delegieren. Im förmlichen Verwaltungsverfahren wird der Inhalt um weitere zu protokollierende Tatsachen erweitert (§ 68 IV; § 71 II 3).

II. Inhalt und Umfang der Niederschrift

2 Die Niederschrift ist eine Zusammenstellung der in einer Ausschusssitzung **maßgeblichen Tatsachen.** Das Gesetz schreibt **Mindestanforderungen** für die Abfassung eines Protokolls vor. Ein Wortprotokoll zB durch einen Parlamentsstenografen, wie im atomrechtlichen Erörterungstermin üblich, ist (auch) hier nicht erforderlich (OVG Münster BeckRS 2009, 30382; OVG Bremen BeckRS 2009, 33726; OVG Saarlouis NVwZ-RR 2007, 250 (251)). Ein **Ergebnisprotokoll** reicht aus (KR/Ramsauer § 93 Rn. 4; Ziekow § 93 Rn. 2). Erforderlich ist eine **substantielle Erfassung** ohne wörtliche Wiedergabe (VGH Mannheim NVwZ-RR 1990, 479 (480)). Die zwingenden Erfordernisse der Niederschrift erstrecken sich auf Ort und Tag der Sitzung (Nr. 1), den Namen des Vorsitzenden und der anwesenden Ausschussmitglieder (Nr. 2), wobei es empfehlenswert ist, die Namen etwaiger fehlender Mitglieder ebenfalls aufzunehmen.

3 Ferner sind die behandelten Gegenstände und die gestellten Anträge aufzunehmen (Nr. 3). Ob und inwieweit **Stichworte** ausreichend sind, ist von den Umständen des Einzelfalls und der damit einhergehenden Komplexität und Bedeutung der Materie abhängig. Das Protokoll einer mündlichen Prüfung kann zunächst nur **stichwortartig** und mit Abkürzungen erstellt und erst später in die Form eines allgemein verständlichen Textes gebracht werden (OVG Bremen BeckRS 2009, 33726). In der Regel dürften sich vollständige Sätze empfehlen. Die Nachvollziehbarkeit der im Ausschuss behandelten Gegenstände muss gegeben sein; sie darf durch Mehrdeutigkeit nicht in Zweifel gezogen wird (OVG Bremen NJOZ 2010, 942 (943)).

4 Ferner sind die von dem Gremium gefassten Beschlüsse zu protokollieren; auch hier ist es ratsam, das **Abstimmungsergebnis** in kurzer Form wiederzugeben, unterteilt nach Ja, Nein und Enthaltung (zB 3:1:0). Entsprechendes gilt für das Ergebnis der Wahlen (Nr. 5), wobei der Wahlmodus schriftlich

berücksichtigt werden sollte. Die Niederschrift ist vom Vorsitzenden und ggf. vom bestellten Schriftführer zu unterzeichnen (§ 93 S. 3). Versäumte Unterschriften sind **nachholbar.** Mit der Unterschrift wird die zutreffende und vollständige Wiedergabe der in der Niederschrift protokollierten erheblichen Tatsachen bestätigt (Ziekow § 93 Rn. 4). Es entspricht der Praxis, das Protokoll in der folgenden Ausschusssitzung zur Abstimmung zu stellen.

Teil VIII. Schlussvorschriften

§ 94 Übertragung gemeindlicher Aufgaben

[1] Die Landesregierungen können durch Rechtsverordnung die nach den §§ 73 und 74 dieses Gesetzes den Gemeinden obliegenden Aufgaben auf eine andere kommunale Gebietskörperschaft oder eine Verwaltungsgemeinschaft übertragen. [2] Rechtsvorschriften der Länder, die entsprechende Regelungen bereits enthalten, bleiben unberührt.

I. Aufgabenübertragung auf andere kommunale Ebene (S. 1)

Regelungsgegenstand in § 94 sind die in §§ 73 und 74 den Gemeinden zugewiesenen Aufgaben (Auslegung der Pläne, Bekanntmachung des Vorhabens, Entgegennahme der Einwendungen und Auslegung des Planfeststellungsbeschlusses) im Rahmen eines **Planfeststellungsverfahrens.** In der behördlichen Zusammenarbeit erfordern Planfeststellungsverfahren in organisatorischer Hinsicht ein effektives und **kenntnisreiches Behördenmanagement,** das vor allem kleine Gemeinden in der Regel überfordert (BeckOK VwVfG/Ronellenfitsch § 94 Vor Rn. 1). § 94 S. 1 ermöglicht deshalb die kommunalen Aufgaben im Planfeststellungsverfahren auf andere kommunale Gebietskörperschaften oder eine Verwaltungsgemeinschaft zu übertragen. 1

Für die von Landesbehörden durchzuführenden Planfeststellungsverfahren enthalten die Verwaltungsverfahrensgesetze der Länder geeignete Zuständigkeitsregelungen. In der Praxis ist § 94 lediglich für **bundesgesetzliche Planfeststellungsverfahren** relevant (KR/Ramsauer § 94 Rn. 1; HK-VerwR/Kastner § 94 Rn. 1; BeckOK VwVfG/Ronellenfitsch § 94 Vor Rn. 1). Die Übertragung der gemeindlichen Aufgaben auf eine andere organisatorische kommunale Ebene durch die Landesregierungen kann statt einer Rechtsverordnung auch durch ein „verordnungsvertretendes" (KR/Ramsauer § 94 Rn. 5) Parlamentsgesetz erfolgen (Arg. a minore ad maius, klarstellend seit 1994: Art. 80 IV GG). Das Landesverfassungsrecht kann dagegen vorsehen, die Aufgabendelegation auf einen Landesminister zu übertragen (Ziekow § 94 Rn. 2). 2

Der **praktische Nutzen** der Regelung geht jedenfalls derzeit gegen Null; bisher hat kein Land eine Rechtsverordnung oder ein Gesetz erlassen (SBS/Kallerhoff/Keller § 94 Rn. 4; KR/Ramsauer § 94 Rn. 1). Das kann bedeuten, dass auch die kleinen Gemeinden bisher ihre Zuständigkeiten fehlerfrei wahrgenommen haben oder, dass kaum kleine Gemeinden betroffen waren, so dass ein Handlungsbedarf bisher jedenfalls nicht zwingend den Erlass einer Rechtsverordnung oder eines Gesetzes erforderte. 3

II. Temporale Klarstellung (S. 2)

4 S. 2 enthält eine **klarstellende Regelung,** wonach es keine rechtliche Notwendigkeit gibt, schon vorhandene Gesetze und Rechtsverordnungen („Rechtsvorschriften") der Länder aufgrund von S. 1 erneut zu erlassen. Sie bleiben insofern unberührt.

§ 95 Sonderregelung für Verteidigungsangelegenheiten

[1] Nach Feststellung des Verteidigungsfalles oder des Spannungsfalles kann in Verteidigungsangelegenheiten von der Anhörung Beteiligter (§ 28 Abs. 1), von der schriftlichen Bestätigung (§ 37 Abs. 2 Satz 2) und von der schriftlichen Begründung eines Verwaltungsaktes (§ 39 Abs. 1) abgesehen werden; in diesen Fällen gilt ein Verwaltungsakt abweichend von § 41 Abs. 4 Satz 3 mit dem auf die Bekanntmachung folgenden Tag als bekannt gegeben. [2] Dasselbe gilt für die sonstigen gemäß Artikel 80a des Grundgesetzes anzuwendenden Rechtsvorschriften.

I. Bedeutung

1 Der sachliche Anwendungsbereich der Norm setzt zunächst voraus, dass die **Feststellung** des Verteidigungs- oder Spannungs- und/oder Bündnisfalls (S. 2) getroffen wird. § 95 steht im Zusammenhang mit der Notstandgesetzgebung (Art. 80a I GG). Kommt es zu kriegerischen Auseinandersetzungen an den nationalen Außengrenzen oder innerhalb des Bundesgebiets, **lockert** § 95 in Angelegenheiten der Verteidigung die **Gesetzesbindung der Verwaltung** in drei Fällen (Anhörung Beteiligter, schriftliche Bestätigung eines VA und schriftliche Begründung eines VA). Die Verwaltungen sollen in die Lage versetzt werden, rasch handeln zu können; sie sind indes („kann") **nicht** gehindert, die Vorschriften weiterhin anzuwenden. Die für den Verteidigungsfall relevanten Sicherstellungsgesetze enthalten eigene verwaltungsverfahrensrechtliche Normen und gehen dem insoweit subsidiär anwendbaren VwVfG vor (§ 1 I und II). Die Länder haben entsprechende Regelungen getroffen (KR/Ramsauer § 95 Rn. 1; SBS/Kallerhoff/Keller § 95 Rn. 2).

II. Verteidigungs-, Spannungs- und Bündnisfall

2 Voraussetzung für die Anwendbarkeit des § 95 ist die Feststellung des **Verteidigungsfalls** oder des **Spannungsfalls.** Der Begriff des Verteidigungsfalls liegt nach Art 115a I GG vor, wenn das Bundesgebiet mit Waffengewalt angegriffen wird oder ein solcher Angriff unmittelbar droht. Die Feststellung erfolgt auf Antrag der Bundesregierung durch den Bundestag mit Zweidrittelmehrheit; sie ist im BGBl. vom Bundespräsidenten zu verkünden. Sind die Entscheidungsorgane handlungsunfähig, trifft ersatzweise der Gemeinsame

Ausschuss (Art. 53a GG) die Feststellung (Art. 115a II GG). Sind die zuständigen Organe infolge des Angriffs an einer sofortigen Entscheidung gehindert, gilt die Feststellung nach Art. 115a IV 1 GG in Form einer **Fiktion** als in dem Zeitpunkt getroffen und verkündet, in dem der Angriff begonnen hat. Die tatsächliche Feststellung durch die zur Beschlussfassung berufenen Verfassungsorgane und die Feststellung kraft Fiktion eröffnen den Anwendungsbereich des § 95.

Der **Spannungsfall** ist dem Verteidigungsfall zeitlich vorgelagert; seine 3
Feststellung erfolgt ebenfalls aufgrund eines Beschlusses des Bundestags, der mindestens von zwei Drittel seiner Mitglieder zu fassen ist. S. 2 und Art. 80a GG erweitern die nationalen Sonderregelungen und damit den Anwendungsbereich des § 95 um die Ebene der internationalen Bündnisse und damit um den Eintritt des **„Bündnisfalls“** (BeckOK VwVfG/Vogt § 95 Rn. 2).

III. Beschränkung der Vollzugsbindung nur in Verteidigungsangelegenheiten

Selbst unter der Voraussetzung eines Verteidigungs- oder Spannungsfalls ist 4
die Verwaltung nicht in jeglicher Hinsicht von den Bindungen des VwVfG und der Verfassung befreit (KR/Ramsauer § 95 Rn. 2). Der eingeräumte Dispens, welcher der Notlage gerecht werden und ein schnelles Handeln der Verwaltungen begünstigen soll, ist seinerseits dreifach begrenzt. Der Befreiungstatbestand ist erstens als Option ausgestattet und steht der Verwaltung nach **pflichtgemäßer Ermessensausübung** zur Verfügung. Die Befreiungsmöglichkeit ist zweitens **zeitlich** begrenzt; sie endet mit der Aufhebung der Feststellung des Verteidigungsfalls. Schließlich ist drittens in **funktionaler Hinsicht** die Anwendbarkeit der Befreiungsvorschrift nur dann rechtmäßig, wenn nach der Feststellung des Verteidigungsfalls die Verwaltung in Verteidigungsangelegenheiten handelt.

Nach den Gesetzesmaterialien ist der **Begriff der Verteidigungsangele-** 5
genheiten weit zu verstehen (BT-Drs. 7/910, 96 ff.). Verteidigungsangelegenheiten sind alle Verwaltungsverfahren in Bezug auf zivile und militärische Maßnahmen zur Erhaltung und Stärkung der Verteidigungsbereitschaft (Ziekow § 95 Rn. 3; KR/Ramsauer § 95 Rn. 7). Liegen sämtliche Voraussetzungen vor, wird die Verwaltung ermächtigt, nach pflichtgemäßer Ermessensausübung von den in § 95 genannten Verfahrensbestimmungen abzuweichen.

IV. Rechtsfolgen

Die Rechtsfolgen erstrecken sich nicht nur auf eine Lockerung des Verwal- 6
tungsverfahrensrechts der in § 95 S. 1 bezeichneten Tatbestände. § 95 S. 2 erfasst auch andere Vorschriften, die nach Feststellung des Verteidigungs- oder Spannungsfalls (Art. 80a GG) zur Anwendung gelangen (BeckOK VwVfG/Vogt § 95 Rn. 5). Dazu gehören zB Vorschriften des Gesetzes über die Erweiterung des Katastrophenschutzes, des Zivilschutzgesetzes und der Si-

cherstellungsgesetze (Wirtschaftssicherungsstellungsgesetz, Ernährungssicherstellungsgesetz, Verkehrssicherungsstellungsgesetz). Eine analoge Anwendbarkeit des § 95 auf andere Verwaltungsverfahren scheidet aus (BeckOK VwVfG/Vogt § 95 Rn. 7; KR/Ramsauer § 95 Rn. 1).

§ 96 Überleitung von Verfahren

(1) Bereits begonnene Verfahren sind nach den Vorschriften dieses Gesetzes zu Ende zu führen.

(2) Die Zulässigkeit eines Rechtsbehelfs gegen die vor Inkrafttreten dieses Gesetzes ergangenen Entscheidungen richtet sich nach den bisher geltenden Vorschriften.

(3) Fristen, deren Lauf vor Inkrafttreten dieses Gesetzes begonnen hat, werden nach den bisher geltenden Rechtsvorschriften berechnet.

(4) Für die Erstattung von Kosten im Vorverfahren gelten die Vorschriften dieses Gesetzes, wenn das Vorverfahren vor Inkrafttreten dieses Gesetzes noch nicht abgeschlossen worden ist.

I. Bedeutung

1 Die Bestimmung regelt zunächst in § 96 I den Fall, dass ein **Verfahren vor Inkrafttreten des Gesetzes** am 1.1.1977 begonnen, aber nicht beendet war. Ist vor Inkrafttreten des Gesetzes eine Entscheidung ergangen oder hat eine Frist zu laufen begonnen, bestimmt sich die Zulässigkeit eines Rechtsbehelfs und richtet sich die Fristberechnung auch nach Inkrafttreten des Gesetzes weiter nach den bisher geltenden Vorschriften (§ 96 II u. III). Hinsichtlich der Kostenerstattung im Vorverfahren gilt das Gesetz, wenn das Vorverfahren noch nicht vor Inkrafttreten dieses Gesetzes abgeschlossen war (§ 96 IV). Soweit danach das VwVfG Anwendung findet, bezieht sich die Anwendbarkeit immer auf das gesamte Gesetz.

2 Die Regelung ist Ausdruck der allgemeinen Grundsätze des intertemporalen Rechts (BVerwG NJW 1993, 2453) und damit auch auf spätere Änderungen des Gesetzes sowie in Ermangelung eigener oder abweichender Regelungen auch auf spezialgesetzliche Verfahrensregelungen **analog anwendbar.**

3 Für die **neuen Bundesländer** war in Anlage 1 Kap. II Sachg. B Abschn. III Nr. 1 zum Einigungsvertrag bestimmt, dass mit Inkrafttreten des Einigungsvertrages (29.9.1990) der § 96 auch dort anzuwenden war. Die Regelung ist seit dem 7.12.2006 nicht mehr anzuwenden (2. BMIBBG v. 2.12.2006, BGBl. I 2674).

II. Weiterführung bereits begonnener Verfahren (I)

4 Nach § 96 I sind **bereits begonnene Verfahren** nach den Vorschriften dieses Gesetzes zu Ende zu führen. Erfasst werden bereits begonnene Verfahren, die noch zu Ende zu führen sind. War das Verfahren insgesamt oder

ein selbständiger Verfahrensabschnitt als solcher im Zeitpunkt des Inkrafttretens des Gesetzes bereits abgeschlossen, findet die Regelung keine Anwendung. Solche Verfahren(sabschnitte) bleiben abgeschlossen, ihre Rechtmäßigkeit beurteilt sich nach altem Recht (BVerwGE 61, 1).

Unbeantwortet lässt das Gesetz die Frage, zu welchem Zeitpunkt ein Verfahren abgeschlossen ist (mit Erlass des VA, mit Bekanntgabe des VA oder mit Eintritt der Unanfechtbarkeit des VA). Die ganz hM geht inzwischen zutreffend davon aus, dass auf den Eintritt der **Unanfechtbarkeit** des VA bzw. des Widerspruchsbescheides abzustellen ist (KR/Ramsauer § 96 Rn. 4; SBS/Kallerhoff/Keller § 96 Rn. 2 u. 4). Zu beachten ist, dass es sich bei Verfahren um die Aufhebung eines VA gem. §§ 48 ff. um gegenüber dem Erlassverfahren neue und eigenständige Verfahren handelt. Für die Anwendbarkeit des VwVfG kommt es insoweit allein auf den Beginn dieses neuen Verfahrens an. 5

Die Regelung begegnet mit Blick auf das Rechtsstaatsprinzip keinen verfassungsrechtlichen Bedenken (BT-Drs. 7/910, 96). Die Frage der **Rückwirkung** stellt sich hier nicht, da das Gesetz in keinem Fall materiell zurückwirkt. 6

III. Zulässigkeit von Rechtsbehelfen (II)

Gegen Entscheidungen, die vor Inkrafttreten des Gesetzes ergangen sind, richtet sich die Zulässigkeit von Rechtsbehelfen nach den **bisher geltenden Vorschriften** (§ 96 II). Die Regelung konkretisiert das Rechtsstaatsgebot, wonach ein einmal eröffneter Rechtsbehelf nicht nachträglich entzogen werden kann. Sie betrifft ausschließlich die Anwendbarkeit von Vorschriften über die Zulässigkeit von Rechtsbehelfen; nicht erfasst und damit nach jeweils aktuellem Recht beurteilen sich die Zuständigkeit der (Widerspruchs-) Behörde und die materielle Rechtslage. 7

Umstritten ist, ob eine Entscheidung bereits mit der Aufgabe zur Post (KR/Ramsauer § 96 Rn. 8) oder erst mit Zugang an zumindest einen Betroffenen **ergangen** ist (BVerfGE 63, 86; Ziekow § 96 Rn. 6). 8

IV. Berechnung von Fristen (III)

Hat eine **Frist** bereits vor Inkrafttreten des Gesetzes zu laufen begonnen, wird sie nach den bisher geltenden Rechtsvorschriften berechnet (§ 96 III). Die Bestimmung dient der Rechtssicherheit. Nicht geregelt und nicht erfasst ist der Fall, dass das Gesetz neue Fristen einführt. Sie beginnen frühestens mit dem Inkrafttreten des Gesetzes zu laufen (BVerwG NVwZ 1988, 829 (832)). 9

V. Kosten des Vorverfahrens (IV)

Die Vorschriften dieses Gesetzes gelten schließlich für die Erstattung von **Kosten im Vorverfahren,** wenn das Vorverfahren noch nicht vor Inkrafttreten dieses Gesetzes abgeschlossen war. Der § 96 IV erstreckt damit die Regelung des § 96 I auf die Fälle, in denen das Vorverfahren durch die 10

Erhebung des Widerspruchs bereits begonnen hat, aber noch nicht abgeschlossen ist. Auch hier ist umstritten, ob das Widerspruchsverfahren bereits mit dem Erlass des Widerspruchsbescheides (KR/Ramsauer § 96 Rn. 11) oder erst mit der Zustellung (SBS/Kallerhoff/Keller § 96 Rn. 9) abgeschlossen ist.

§§ 97–99 (weggefallen)

§ 100 Landesgesetzliche Regelungen

Die Länder können durch Gesetz

1. **eine dem § 16 entsprechende Regelung treffen;**
2. **bestimmen, dass für Planfeststellungen, die auf Grund landesrechtlicher Vorschriften durchgeführt werden, die Rechtswirkungen des § 75 Abs. 1 Satz 1 auch gegenüber nach Bundesrecht notwendigen Entscheidungen gelten.**

I. Bedeutung

1 Die Länder werden ermächtigt, Regelungen im Zusammenhang mit § 16 und § 75 I 1 zu treffen. **Sämtliche Länder** haben von der Ermächtigung Gebrauch gemacht (KR/Ramsauer § 100 Rn. 2, 4; SBS/Kallerhoff/Keller § 100 Rn. 1).

II. Bestellung eines Vertreters von Amts wegen (Nr. 1)

2 Der Regelungsgehalt zu Ziffer 1 ergab sich aus den unterschiedlichen inhaltlichen Befugnissen der Vorschriften des BGB und des VwVfG über die Bestellung eines Pflegers (§§ 1909 ff. BGB; §§ 33 ff. FGG) einerseits und der Bestellung eines Vertreters von Amts wegen (§ 16) andererseits. Den Ländern sollte eine über den Umfang der BGB-Vorschriften **hinausgehende Ermächtigung** eingeräumt werden. Zum Erlass entsprechender Vorschriften in den VwVfG der Länder bedurfte es einer bundesgesetzlichen Ermächtigungsgrundlage (SBS/Kallerhoff/Keller § 100 Rn. 2; Ziekow § 100 Rn. 2).

III. Reichweite der Konzentrationswirkung landesrechtlicher Planfeststellungen (Nr. 2)

3 Ebenfalls Folge der föderalen Struktur zwischen Bund und Ländern und deren unterschiedlichen Zuständigkeiten im Verfassungsgefüge ist § 100 Nr. 2. Die Existenz dieser Norm besagt zweierlei: zum einen wird klargestellt, dass die Konzentrationswirkung nach § 75 I 1 im Bund-Länder-Verhältnis über eine **unterschiedliche Reichweite** verfügt. Zum anderen wird eine Ermächtigung zugunsten der Länder geschaffen, die unterschiedliche Reichweite zu überbrücken. Planfeststellungsverfahren, die auf der Grundlage landesrecht-

licher Normen durchgeführt werden, erfassen nicht schon aufgrund der Konzentrationswirkung von § 75 I 1 bundesrechtlich notwendige Entscheidungen. Insofern ist die **Reichweite der Konzentrationswirkung** von Planfeststellungsverfahren aufgrund Landesrechts begrenzt.

Die Länder können die Begrenzung der Reichweite durchbrechen, in dem sie von der Ermächtigung nach Nr. 2 Gebrauch machen. Durch Nr. 2 wird dem Landesgesetzgeber ermöglicht, die Reichweite der Konzentrationswirkung in **zwei Bereiche des Bundes** zu erstrecken: zum einen bei Entscheidungen, die Landesbehörden nach Bundesrecht treffen und zum anderen bei Entscheidungen von Bundesbehörden (Ziekow § 100 Rn. 3). 4

Die Erweiterung der Reichweite der Konzentrationswirkung bei landesrechtlichen Planfeststellungsverfahren ist **verfassungsrechtlich unbedenklich** (Ziekow § 100 Rn. 3, zum Streitstand; KR/Ramsauer § 100 Rn. 5 mwN in Fn. 3). Nr. 2 enthält eine deklaratorische, klarstellende Bedeutung (BVerwGE 82, 17 (22)), weil mit der Norm die Konsequenzen aus der Konzentrationswirkung und der Entbehrlichkeit weiterer Entscheidungen gezogen wird (KR/Ramsauer § 100 Rn. 3), zumal den Ländern die Befugnis nach den Grundsätzen der Annexkompetenz nach bisherigem Recht zustand (BVerwGE 82, 17 (23)). 5

§ 101 Stadtstaatenklausel

Die Senate der Länder Berlin, Bremen und Hamburg werden ermächtigt, die örtliche Zuständigkeit abweichend von § 3 dem besonderen Verwaltungsaufbau ihrer Länder entsprechend zu regeln.

Es kann ein Bedürfnis geben, die örtliche Zuständigkeit in den Stadtstaaten von der in den Flächenstaaten normierten Zuständigkeit abweichend zu regeln (BeckOK VwVfG/Warneke § 101 Vor 1). Der Gesetzgeber hat in § 101 insoweit für die Senate der Stadtstaaten eine Ermächtigungsgrundlage für die örtliche Zuständigkeit geschaffen. Im Unterschied zu § 100, der eine an die Länder adressierte Ermächtigung enthält, werden in § 101 lediglich die Regierungen (Senate) der Stadtstaaten ermächtigt (BeckOK VwVfG/Warneke § 10 Rn. 2). 1

Die **praktische Bedeutung** der Regelung in § 101 VwVfG **geht gegen Null** (KR/Ramsauer § 101 Rn. 1; HK-VerwR/Kastner § 101 Rn. 1). Die Stadtstaaten haben eigene Verwaltungsverfahrensgesetze iSd § 1 I 3 erlassen, die an die Besonderheiten ihres Verwaltungsaufbaus angepasst sind. Für das Verwaltungsverfahren der Länder gilt § 101 ohnehin nur dann, sofern die Länder Bundesrecht ausführen (§ 1 II). 2

§ 102 Übergangsvorschrift zu § 53

Artikel 229 § 6 Abs. 1 bis 4 des Einführungsgesetzes zum Bürgerlichen Gesetzbuche gilt entsprechend bei der Anwendung des § 53 in der seit dem 1. Januar 2002 geltenden Fassung.

I. Bedeutung

1 § 102 enthält eine Übergangsregelung für die in § 53 im Zuge der Schuldrechtsreform im BGB ebenfalls **novellierte Regelung des Verjährungsrechts,** das mit den Vorschriften des BGB synchronisiert wurde. Hierzu bedurfte es auch für das Verwaltungsverfahrensrecht einer Übergangsregelung (KR/Ramsauer § 102 Rn. 1a). Nach welchen Regeln sich die **Verjährung allgemein im Öffentlichen Recht** oder **speziell im Verwaltungsverfahrensrecht** richtet, ist allerdings auch durch das Schuldrechtsmodernisierungsgesetz nicht ausdrücklich geregelt worden. Fehlen einschlägige öffentlich-rechtliche Spezialregelungen, ist weiterhin im Wege der Analogie nach dem Gesamtzusammenhang der für den jeweiligen Anspruch maßgebenden Rechtsvorschriften und der Interessenlage zu beurteilen, welche Verjährungsregelung als die „sachnächste" heranzuziehen ist (BVerwG NVwZ 2017, 969 (970) Nr. 18 mwN)). Je nach Regelungszusammenhang und Interessenlage können für öffentlich-rechtliche Erstattungsansprüche Verjährungsfristen von unterschiedlicher Dauer analog anzuwenden sein (BVerwG NVwZ 2017, 969 (971)). Hinsichtlich des öffentlich-rechtlichen Erstattungsanspruchs nach § 49a I 1 spricht Überwiegendes für eine analoge Anwendung der neuen dreijährigen Verjährungsfrist des § 195 BGB nF. Der Gesetzgeber hat zwar nicht im Rahmen des Schuldrechtsmodernisierungsgesetzes, wohl aber im Rahmen des Gesetzes zur Einführung einer kapitalgedeckten Hüttenknappschaftlichen Zusatzversicherung und zur Änderung anderer Gesetze vom 21.6.2002 (BGBl. I 2002, 2167) eine Anpassung des Verwaltungsverfahrensgesetzes an die neuen Verjährungsregeln vorgenommen und die das Verjährungsrecht berührenden Regelungen der §§ 53, 102 VwVfG reformiert. Die Sonderregelung für die Hemmung der Verjährung in § 53 zeigt, dass der Gesetzgeber grundsätzlich von verjährbaren Ansprüchen ausgegangen ist. Die in § 102 VwVfG enthaltene Verweisung auf Art. 229 § 6 I bis IV EGBGB belegt seine Vorstellung, dass die mit der Schuldrechtsnovelle vorgenommenen Änderungen des Verjährungsrechts grundsätzlich auch im Öffentlichen Recht Anwendung finden können (BVerwG NVwZ 2017, 969 (971) Nr. 19). Auf den **Erstattungsanspruch nach § 49a I 1** findet seit Inkrafttreten des Schuldrechtsmodernisierungsgesetzes am 1.1.2002 nicht mehr die kenntnisunabhängige dreißigjährige Verjährungsfrist in entsprechender Anwendung des § 195 BGB aF, sondern die **kenntnisabhängige dreijährige Verjährungsfrist** in entsprechender Anwendung des § 195 BGB nF Anwendung (BVerwG NVwZ 2017, 969 Ls.1)).

2 Die Regelung in § 102 wurde durch Art. 13 Nr. 4 des Hüttenknappschaftlichen Zusatzversicherungs-Neuregelungsgesetz (HZvNG) v. 21.6.2002 eingefügt, die rückwirkend zum 1.1.2002 in Kraft getreten ist.

II. Stichtagsregelung für Ansprüche (Art. 229 § 6 I EGBGB)

3 Für sämtliche Ansprüche, die nach dem **Stichtag 1.1.2002** entstanden sind, gilt § 53 in der gegenwärtigen Fassung (KR/Ramsauer § 102 Rn. 4; HK-

VerwR/Kastner § 102 Rn. 3). Die Regelung des § 102 erfasst die Rechtslage für **begründete** aber zum Stichtag 1.1.2002 **noch nicht verjährte Ansprüche** öffentlich-rechtlicher Träger. Die Überleitungsvorschrift sieht nach Art. 229 § 6 I 1 EGBGB vor, dass grundsätzlich das neue Recht Anwendung findet, wenn am 1.1.2002 die Ansprüche noch nicht verjährt sind (KR/Ramsauer § 102 Rn. 4a).

Eine **Ausnahme** von dem Grundsatz ergibt sich dann, wenn der Verjährungs- 4
beginn, die Hemmung, die Ablaufhemmung und der Neubeginn der Verjährung (früher: Unterbrechung) zeitlich vor dem 1.1.2002 eingetreten sind. In diesem Fall gilt nach Art. 229 § 6 I 2 EGBGB ausnahmsweise das alte Recht (BeckOK VwVfG/Bader/Gerstner-Heck § 102 Rn. 4; KR/Ramsauer § 102 Rn. 4a).

Sämtliche Gründe, die zeitlich vor der Stichtagsregelung vor dem 1.1.2002 5
sich auf die Verjährung ausgewirkt haben, werden in ihrer rechtlichen Wirkung von dem zur Zeit vor dem 1.1.2002 geltenden alten Recht des BGB beurteilt, wie sich aus Art. 229 § 6 I 1 EGBGB ergibt (KR/Ramsauer § 102 Rn. 4). Ist der Anspruch des öffentlich-rechtlichen Trägers vor dem 1.1.2002 entstanden und auch verjährt, ist ebenfalls **das alte Recht** anwendbar (Ziekow § 102 Rn. 4a).

III. Erlassene Verwaltungsakte (Art. 229 § 6 II EGBGB)

Eine Besonderheit von **hoher praktischer Relevanz** (Ziekow § 102 Rn. 4) 6
ist die in § 6 II enthaltene Regelung. Hatte ein Verwaltungsakt vor dem 1.1.2002 zu einer (damals so bezeichneten) Unterbrechung der Verjährung geführt, gilt die Unterbrechungswirkung kraft Gesetzes nach § 6 II mit Ablauf des 31.12.2001 als beendet. Aufgrund der beendeten Unterbrechung läuft die Verjährungsfrist erneut, die aber gesetzlich sogleich von einer Hemmung der Verjährung erfasst wird.

Insofern hat der Gesetzgeber mit der Stichtagsregelung und der **Hemmung** 7
der Verjährung einen Anknüpfungspunkt für die Anwendbarkeit des neuen Rechts eröffnet. Für die Bestimmung der Verjährungsfrist, die nach Ablauf der Hemmung eintritt, gelten die Vorschriften nach § 6 III bis IV (BeckOK VwVfG/Bader/Gerstner-Heck § 102 Rn. 7).

§ 102a Übergangsregelung für die Durchführung von Verwaltungsverfahren

[1] Auf alle vor dem 1. Januar 2024 begonnenen, aber nicht abgeschlossenen Verwaltungsverfahren sind dieses Gesetz in der bis zum 31. Dezember 2023 geltenden Fassung und das Planungssicherstellungsgesetz weiter anzuwenden. [2] Dies gilt nicht für § 3a.

Mit dem Planungssicherstellungsgesetz (PlanSiG) vom 20. Mai 2020 (BGBl. I 1
1041), zuletzt geändert durch Artikel 11 des Gesetzes vom 22. März 2023 (BGBl. I 2023 Nr. 88), wurde während der COVID-19-Pandemie die ordnungsgemäße Durchführung von Planungs-, Genehmigungs- und Entschei-

dungsverfahren mit Öffentlichkeitsbeteiligung ermöglicht. Das PlanSiG fördert verstärkt die digitale Durchführung notwendiger Verfahrensschritte, unabhängig von einer konkreten pandemischen Lage, und gilt bis zum 31.12.2024. Nach § 6 Absatz 2 PlanSiG besteht ab dem 1.1.2024 eine Übergangsregelung, die die Anwendung der §§ 2 bis 5 PlanSiG bis zum Abschluss der jeweiligen Verfahrensschritte verlängert (BT-Drs. 20/8299).

2 Wesentliche Regelungen des PlanSiG sind in modifizierter Form in das VwVfG übernommen werden (Durinke/Elgeti NVwZ 2024, 112; Prell/Altmiks NVwZ 2024, 105; Dammert/EnWZ 2022, 111). Die öffentliche Bekanntmachung im Internet wird nun zwingend und als Wirksamkeitsvoraussetzung vorgeschrieben (§ 27a I 1). Dokumente zur Einsicht sind vorrangig online zugänglich zu machen (§ 27b). Onlinekonsultationen sowie Video- und Telefonkonferenzen als Ersatz für Erörterungen und mündliche Verhandlungen werden in das VwVfG überführt (§ 27c). Zudem werden besondere elektronische Postfächer, insbesondere das besondere elektronische Anwaltspostfach (§ 3 III Nr. 2b), und das qualifizierte elektronische Siegel (§ 3a II). als Ersatz für schriftformbedürftige Erklärungen zugelassen§ 3a II regelt die „elektronischen Form" und unterstreicht damit deren Bedeutung als „Goldstandard" für die Schriftformersetzung (Prell/Altmiks NVwZ 2024, 105 (111)). Damit werden bewährte Regelungen des PlanSiG in Dauerrecht übernommen und weitere Möglichkeiten des elektronischen Schriftformersatzes für Verwaltungsverfahren zugelassen (BR-DRs. 369/1/23, S. 13).

3 Mit der Übergangsvorschrift wird geregelt, dass die geänderten bzw. neuen Vorschriften, insbesondere §§ 27a–27c und §§ 73,74 erst ab dem 1.1.2024 gelten, dem Inkrafttreten des 5. VwVfÄndG zum 1.1.2024, wie sich aus Art. 6 des 5. VwVfÄndG ergibt. Damit gelten auch die mit den neuen §§ 27a–27c korrespondierenden Änderungen in §§ 73 und 74 erst für nach Inkrafttreten des 5. VwVfÄndG zum 1.1.2024 begonnene Verfahren. Das Gleiche gilt auch für die Anpassungen in §§ 33 und 37, die wegen der nunmehr in § 3a zugelassenen Ersetzung der Schriftform durch ein qualifiziertes elektronischen Behördensiegel erfolgt sind (BeckOK VwVfG VwVfG § 102a Rn. 3).

4 Von der Übergangsvorschrift ausgenommen sind die Änderungen von § 3a durch das 5. VwVfÄndG. Die neu zugelassenen Varianten der elektronischen Schriftformersetzung, wie die Nutzung der „besonderen elektronischen Postfächer" und das qualifizierte elektronische Siegel, können auch in Verfahren genutzt werden, die vor Inkrafttreten des 5. VwVfÄndG begonnen wurden. Dies betrifft auch die zusätzlichen Anforderungen für Behörden nach dem neuen § 3a Abs. 5 (BeckOK VwVfG VwVfG § 102a Rn. 5).

§ 103 (Inkrafttreten)

Die Vorschrift ist durch Zeitablauf gegenstandlos geworden. Nach Erlass eigener Verwaltungsverfahrensgesetze in allen neuen Bundesländern, besteht im Hinblick auf den Geltungsbereich des VwVfG im gesamten Bundesgebiet eine einheitliche Rechtslage.

Stichwortverzeichnis

Die **fettgedruckten** Zahlen bezeichnen die Paragraphen, die mageren die Randnummern.

Abgrenzungstheorien **1,** 7
Abhilfe(entscheidung)
– Abgrenzung zur Rücknahme **48,** 15 ff.
– Kosten **48,** 17
– Unklarheiten **48,** 16
Absichtserklärung **35,** 42
Abwägung **48,** 38
Adressat
– formeller **37,** 8
– Gesellschaft bürgerlichen Rechts **37,** 7
– materieller **37,** 8
– sonstige Personenmehrheiten **37,** 7
Akteneinsicht **29,** 1 ff.
– Aktenführung **29,** 12 f.
– Ausnahmen **29,** 21 ff.
– Beeinträchtigung der Aufgabenerfüllung **29,** 22
– Begriff der Akte **29,** 14 ff.
– Berechtigte **29,** 18
– berechtigtes Interesse **29,** 7
– ermessensfehlerfreie Entscheidung **29,** 5 ff.
– Europarecht **29,** 3
– Form **29,** 30
– Geheimhaltungsbedürftigkeit **29,** 26 ff.
– Informationsfreiheitsgesetz **29,** 4
– Kartellrecht **29,** 8a f.
– Nachteile für Bund und Land **29,** 23 ff.
– Naturschutzverein **29,** 4
– Ort **29,** 29
– rechtliches Interesse **29,** 19
– Rechtsmissbrauch **29,** 31
– Umweltinformationsgesetz **29,** 4
– Verfassungsunmittelbarer Anspruch **29,** 8 ff.
– Verfassungsrechtliche Begrenzung **29,** 9 ff.
– Verletzung **29,** 32 ff.
– Verpflichtete **29,** 18
Akzessorietät **36,** 2
Allgemeinverfügung **35,** 56 ff.
– Begründung **39,** 16
– benutzungsbezogene **35,** 59
– eigenschaftsbezogene **35,** 58
– personenbezogene **35,** 57
– sachbezogene **35,** 58
Amtshandlung
– Anlass der **3,** 17
Amtshilfe **4,** 1 ff.
– Anspruch auf **5,** 2
– Anwendungsbereich **4,** 2 ff.
– Auswahl der Behörde s. Auswahlentscheidung
– Begriff **4,** 5 ff.
– Durchführung s. Amtshilfedurchführung
– entsprechende Anwendung bei Hilfeleistung **8a,** 9 ff.
– Grenzen **5,** 1 ff.
– Kosten s. Amtshilfekosten
– öffentlich-rechtlicher Anspruch auf **4,** 8
– Rechtsschutz **4,** 12 f., **5,** 23 f.
– Schadenersatz **7,** 8 f.
– subjektives öffentliches Recht **4,** 13
– Verbot der s. Amtshilfeverbot
– Voraussetzungen **5,** 1 ff.
– Weigerungsmöglichkeit s. Amtshilfeverweigerung
Amtshilfedurchführung **7,** 1 ff.
– Außenverhältnis **7,** 7
– Durchführungsmaßnahme **7,** 5
– Hauptmaßnahme **7,** 4

– Innenverhältnis **7,** 6
– maßgebliches Recht **7,** 3 ff.
– Schadenersatz **7,** 8 f.
– Verantwortungsteilung **7,** 6 f.
Amtshilfeersuchen **4,** 7
– Formfreiheit **5,** 3
– aus rechtlichen Gründen **5,** 4
– aus sonstigen Gründen **5,** 9
– aus tatsächlichen Gründen **5,** 5
– bei fehlenden Beweismitteln **5,** 7
– bei fehlender Tatsachenkenntnis **5,** 6
– bei wesentlich größerem Aufwand **5,** 8
– Rechtsnatur **4,** 7
Amtshilfekosten **8,** 1 ff.
– Auslagen **8,** 3 f.
– Außenverhältnis **8,** 3a
– eingeschränkte Erstattungspflicht 8, 2
– Einnahmenerstattung **8,** 5
– Verwaltungsgebühren **8,** 2
– Verjährung **8,** 3
Amtshilfepflicht
– Verfahren bei Streit um **5,** 22
Amtshilfeverbot **5,** 10
– aus rechtlichen Gründen **5,** 11 f.
– bei erheblichen Nachteilen für das Bundes- oder Landeswohl **5,** 13
– bei Geheimhaltungspflichten **5,** 14 f.
Amtshilfeverweigerung **5,** 16 ff.
– aus Gründen des Aufwands **5,** 17 f.
– bei ernstlicher Gefährdung der Erfüllung eigener Aufgaben **5,** 19
– bei offensichtlicher Rechtswidrigkeit **5,** 20
– Grenzen **5,** 21
Amtssprache **23,** 1 ff.
– Antrag in fremder Sprache **23,** 14 ff.
– Ausländer **23,** 11 ff.
– Aktenführung **23,** 6
– Dolmetscher **23,** 18
– Europäischen Charta der Regional- und Minderheitensprachen **23,** 1a
– Commercial Courts **23,** 2
– Ermessen **23,** 11
– Europäisierung **23,** 2
– Fristwahrung **23,** 19 ff.
– Gender **23,** 2a f.
– Mitwirkungslasten **23,** 11, 16
– Niederdeutsch **23,** 1a
– Schriftverkehr **23,** 7
– unzureichende Sprachkenntnisse **23,** 12 ff.
– Wiedereinsetzung **23,** 11
– Zeugenaussage **23,** 6
– zwischenstaatliche Vereinbarungen **23,** 20
Anfechtungsklage **35,** 62 ff., 69, **37,** 15 f., **44,** 30, **45,** 21, **46,** 15, **48,** 57, **49,** 39, **49a,** 17, **50,** 5, **52,** 9
Angelegenheit, gleiche **3,** 22
Anhörung **28,** 1 ff.; **35,** 60, **47,** 15
– Ablehnung einer Begünstigung **28,** 12
– Akteneinsicht **28,** 18
– Aktenvermerk 28, 20
– Anordnung der sofortigen Vollziehung **28,** 11
– Ausnahmen **28,** 21
– Austausch von Emails **28,** 30a
– Einflussnahme **28,** 16
– Europarecht **28,** 3
– einstweiliger Rechtsschutz **28,** 30c
– entscheidungserhebliche Tatsache **28,** 14
– Massenentscheidungen **28,** 27
– Nachholung **45,** 7
– Nebenbestimmung **28,** 13
– förmliches Verfahren, s. Förmliches Verwaltungsverfahren
– Präklusion **28,** 17, 19
– Recht auf eine gute Verwaltung **28,** 3a
– Verwaltungsvollstreckung **28,** 28
– Verletzung **28,** 30
– Wahrung der Verteidigungsrechte **28,** 3b ff.
Anrechnung **35,** 41
Anstalt **1,** 15, 16
Antrag **39,** 10

– Begründung **22,** 21
– Doppelnatur **22,** 18
– Portal, elektronisch **22,** 18a
– förmliches Verfahren **64,** 3
– Formerfordernis **22,** 15, ff., **64,** 3 ff.
– Rücknahme **22,** 22
– Sperrwirkung **22,** 18b
– Wirkung **22,** 19
– Zugang **22,** 20
Antragsteller **13,** 4
Antragsgegner **13,** 7 f.
Antragsverfahren **22,** 8 ff.
Anwaltspostfach **3a,** 12
Anwaltssachen
– verwaltungsrechtlich **2,** 20
Anwendungsbereich, sachlicher **1,** 1
Anzeigeverfahren **35,** 42c
Aquilianische Stipulation **55,** 3
Asylverfahrensbeschleunigungsgesetz **12,** 6, **14,** 7
Audiatur et altera pars **28,** 1
Aufenthalt, gewöhnlicher **3,** 14; **15;** 3
– an mehreren Orten **3,** 15- Verlagerung **3,** 16a
Aufhebung **43,** 21 f., **48,** 1
Auflage **36,** 16 ff.
– modifizierende **36,** 3
– selbständige **36,** 3
Auflagenvorbehalt **36,** 19
Aufrechnung **35,** 41, **49,** 40
Aufsichtsbehörde
– gemeinsame **3,** 20, 24
– gemeinsame Entscheidung mehrerer **3,** 25
– Aussagegenehmigung für Ehrenamt **84,** 16
Auftragsverwaltung **35,** 49
Ausländerrecht **35,** 42b, 53a
Auslandsvertretungen des Bundes **2,** 22
Auskunft
– Auskunftspflicht **25,** 11f; **71c,** 1 ff.
– Umfang **71c,** 2 ff.
– Unverzüglichkeit **71c,** 5
– zuständige Behörde **71c,** 6
Auslegung s. Verwaltungsakt
Ausschuss
– Aufgaben des Vorsitzenden **89,** 1 ff.
– Begriff **88,** 2
– Bundesprüfstelle für jugendgefährdende Schriften **88,** 4
– Niederschrift **92,** 2
– Sitzung **92,** 1
Außenwirkung s. Verwaltungsakt
Auswahlentscheidung **6,** 1 ff.
– Auswahlkriterien **6,** 3
– Ermessen **6,** 4
– Rechtsfolgen fehlerhafter **6,** 5
Auswahlermessen **40,** 5
Authentifizerung **3a,** 11b

Beamtenrecht **35,** 52
Beamtenrechtliche Beurteilungen s. Beurteilungsspielraum
Bedingung **36,** 11 f.
Befangenheit **20,** 1 ff., **21,** 1 ff.
– amtliche Vorbefassung **20,** 9; **21,** 6
– Angehöriger **20,** 14, 16, 31
– Aufsichtsrat **20,** 17
– Ausschussmitglied **20,** 30
– Beamte **20,** 20
– behördliches Verfahren **21,** 14 ff.
– Berufungskommission **21,** 5f
– Beschäftigte **20,** 17
– Besorgnis **21,** 5 ff.
– Beteiligter 20, 13
– böser Schein **20,** 2
– Gefahr in Verzug **20,** 29
– Gruppenvorteil **20,** 26
– Gutachter **20,** 21
– Hilfskräfte **20,** 10 f.
– institutionalisierte **20,** 6; 12a
– Minister **20,** 21
– Präsident, **21,** 5d
– Personalreferatsleiterin **21,** 5d
– Personalreferent **21,** 5j
– privater Gutachter **20,** 23
– Prüfungswesen **21,** 7
– Remonstration **21,** 18
– Sachverständige **20,** 12, **21,** 12 ff.
– Schornsteinfeger **21,** 6a

– Selbstablehnung **21,** 6
– Straftat, extremistisch 21, 6a
– Vergaberecht **20,** 8
– Vermutung **20,** 1
– Vertretung **20,** 15
– Vor- und Nachteil **20,** 24 ff.
– Vorstand **20,** 17
– Wahlen zur ehrenamtlichen Tätigkeit **20,** 27
Befristung **36,** 7 ff.
Befugnisnorm **35,** 6
Beglaubigung **33,** 1 ff.
– Beglaubigungsverbot **33,** 5
– Beglaubigungsvermerk **33,** 7
– Dokumente **33,** 1
– Eigenurkunde **33,** 4
– elektronischer Dokumente **33,** 1
– öffentliche Beglaubigung **33,** 2
– öffentliche Beurkundung **33,** 2
– Rechtsanspruch **33,** 9
– Unterschriften **33,** 1; **34,** 1 ff.
Begründung **35,** 60, **39,** 1 ff.
– Ausnahmen **39,** 10 ff.
– Auswechseln **45,** 5
– Bezugnahme **39,** 8
– elektronisch bestätigter Verwaltungsakt **39,** 4
– elektronischer Verwaltungsakt **39,** 4
– Ermessensentscheidung **39,** 6
– Inhalt **39,** 5
– Klarstellung **45,** 6
– Mängel **39,** 17 ff., **45,** 4 ff.
– Präzisierung **45,** 5
– Schlüsselzeichen **39,** 8
– schriftlich bestätigter Verwaltungsakt **39,** 4
– schriftlicher Verwaltungsakt **39,** 4
– standardisierte **39,** 8
– Umfang **39,** 5, 10, 13
– Verzicht **39,** 10
– Widerspruchsfreiheit **39,** 7
Begründungsmängel **39,** 17 ff.
– Heilung **39,** 19, **45,** 4 ff.
– Unbeachtlichkeit **39,** 18, **46,** 8
Begründungspflicht **39,** 1
– Ausnahmen **39,** 10 ff.
– Umfang s. Begründung
Behörde **35,** 31
– Beteiligungsfähigkeit **11,** 16
– Begriff **1,** 2, 27 ff.
– des Bundes **1,** 15, 16
– organisatorische Selbständigkeit **1,** 28
– Wahrnehmung öffentlicher Aufgaben **1,** 29
– zuständige **71a,** 10
Bekanntgabe **35,** 60, **41,** 1 ff., **45,** 16
– Auslandsübermittlung **71b,** 14
– Empfänger **41,** 6
– Empfangsbevollmächtigter **71b,** 15
– Ermessen **41,** 2, 7
– Fiktion 71b, 14
– Form **41,** 12
– individuelle **41,** 2, 4
– öffentliche **41,** 2, 10 ff.
– Verfahren **41,** 12
– Verkehrszeichen **41,** 10
– (widerlegbare) Vermutung **41,** 9
– Zeitpunkt **41,** 8 f., 14
– Zugang **41,** 5
– Zustellung **41,** 2, 15
Internet, **27a,** 1 ff.
– öffentliche **63,** 12 ff.
Bekanntmachung
– Internet, **27a,** 1 ff.
– öffentliche **63,** 12 ff.
Belegenheit
– der Sache **3,** 12
– des Rechts **3,** 12
Beleihung **1,** 31
Benehmen **35,** 48
Beratung **25,** 1 ff., 71c, 1 ff.
– Auskunft **25,** 6; 12 ff.
– Beratung **25,** 12 ff.
– Einheitliche Stelle **25,** 1
– Europarecht **25,** 9
– Informalität **25,** 18
– Kooperation **25,** 18
– Umweltinformationsrichtlinie **25,** 9
– vor Antragstellung **25,** 16 ff.
– zivilrechtliche Begründung **25,** 7

Berichtigung **42,** 5 ff.
– Anspruch **42,** 6
– Rechtsschutz **42,** 10 f.
Beruf **3,** 13
Bescheinigung
– schriftliche **42a,** 15
Beschleunigung
– Auslegung **72,** 13a
– Genehmigungsverfahren **71a,** 5; **72** 13b
– Gesetze **72,** 13a ff.
– Green Deal **72,** 13
– Nachhaltigkeit **72,** 14a
– Klimaschutz, **72,** 14g
– RED III **72,** 14g
– REPowerEU-Plan **72,** 14g
– Sustainable Development Goals **72,** 13a
Beschluss
– Beschlüsse im Ausschuss **91,** 1
– Stimmenmehrheit **91,** 2
– qualifizierte Mehrheit **91,** 2
– unionsrechtlicher **35,** 4
Beschlussfähigkeit **91,** 2 ff.
– Anwesenheit der Mitglieder **91,** 7
– Notbeschlussfähigkeit **91,** 12
– ordnungsgemäße Ladung **91,** 3
– schriftliches Umlaufverfahren **91,** 10
Bestandskraft **42a,** 8 f., **43,** 13 ff., **45,** 16, **51,** 2
– formelle **43,** 14
– materielle **43,** 15
Bestätigung
– berechtigtes Interesse **37,** 15
– elektronische **37,** 14
– Pflicht zur **37,** 17
– schriftliche **37,** 14
– unverzügliches Verlangen **37,** 16
Bestimmtheit **40,** 3
– Adressat **37,** 5 ff.
– fehlende **37,** 10
– Handlungsform **37,** 4
– hinreichende **37,** 1 ff.
– inhaltliche **37,** 9
– nachträgliche Herbeiführung **37,** 11
Bestimmtheitsgebot s. Bestimmtheit
Beteiligte, **13,** 1 ff.
– Adressat eines VA **13,** 9 ff.
– Antragsteller und Antragsgegner **13,** 4 ff.
– Aufenthalt Inland **16,** 8
– Behinderung **16,** 11
– einfache Hinzuziehung **13,** 19
– Hinzuziehung **13,** 13 ff.
– Geheimnisschutz **30,** 1 ff. (s. Geheimhaltung)
– Krankheit **16,** 11
– notwendige Hinzuziehung **13,** 23 ff.,
– Rechtsbehelfe **13,** 12
– rechtsgeschäftliche Übertragung **13,** 29
– Rechtsnachfolge **13,** 28
– Status **13,** 8
– unbekannter Aufenthaltsort **16,** 6
– Unbekannter Beteiligter **16,** 5
– Vertragspartner **13,** 11
Beteiligungsfähigkeit **11,** 1 ff.
– Behörden **11,** 16
– Bürgerinitiative **11,** 13
– BGB-Gesellschaft **11,** 14; 13a
– juristische Personen **11,** 7
– natürliche Personen **11,** 5
– politische Parteien **11,** 7
Betrieb **3,** 13
Betriebsstätte **3,** 13
– mehrere 3, 21
Betreuungsgericht s. Vertreter von Amts wegen
Beurteilungsspielraum **39,** 6, **40,** 39 ff., **47,** 14
– beamtenrechtliche Beurteilungen **40,** 44
– Prognose- und Risikoentscheidungen, **40,** 47
– Prüfungsentscheidungen **40,** 42 f.
– Umdeutung **47,** 14
– verwaltungspolitische Entscheidungen **40,** 46
– Wertungen weisungsfreier Gremien und Ausschüsse **40,** 45

Bevollmächtigung **14,** 1 ff.
– abstraktes Geschäft **14,** 4
– Akteneinsicht **14,** 13
– Ausländer **14,** 7
– Befähigung zum Richteramt **14,** 34
– Beistände **14,** 31 f.
– behördliche Pflichten, **14,** 25 ff.
– beschränkte Geschäftsfähigkeit **14,** 6
– Duldungs- oder Anscheinsvollmacht **14,** 9
– Empfangsbevollmächtigter **15,** 1 ff., **71b,** 15
– Form **14,** 19 ff.
– Kostenerstattung 80, 24 ff.
– Natürliche Person, **14,** 10
– Niederlegung Mandat **15,** 12
– Professoren **14,** 34
– Prüfungsverfahren **14,** 3
– Rechtsanwalt **14,** 13 f.
– Rechtsdienstleistungen **14,** 33, 35
– Rechtsgeschäftliche **14,** 4 ff.
– Rechtsnachfolge **14,** 24
– Sachvortrag, ungeeignet **14,** 37 ff.
– Unterlassene Bestellung **15,** 10 ff.
– Vertreter bei gleichförmigen Eingaben s. dort
– Vertretung von Amts wegen s. dort
– Verschulden **14,** 12
– Vollmacht **14,** 18
– Vollmachtgeber **14,** 11
– Vorlage **14,** 22
– Widerruf **14,** 23
– widersprüchliche Handlungen **14,** 17
– Zugangsfiktion **15,** 13
– Zurückweisung **14,** 40
Beweiserhebung s. Untersuchungsgrundsatz
Beweiskraft elektronischer Dokumente **3a,** 11g
Bezirksschornsteinfeger, **20,** 14a
Bindungen, öffentlich-rechtliche **1,** 13
Bindungswirkung **43,** 6 ff.
– personell **43,** 7
– sachlich **43,** 7
Binnenmarktinformationssystem **8b,** 5, 8
Bürgerpostfach **3a,** 16
Bundesauftragsverwaltung 1, 17
Bundesbehörde
– oberste **1,** 16
Bundesfinanzbehörden **2,** 8
Bundesoberbehörde **1,** 16
Bundeswohl **5,** 13

Delegation **4,** 6
Dereliktion **16,** 12
De-Mail **3a,** 17, 23
– Bestätigung **37,** 22
Deutsche Sprache s. Amtssprache
Deutsches Patent- und Markenamt **2,** 14
Diskriminierungsrichtlinie **71a,** 1, **71b,** 1
Dirimierungsrecht **91,** 6
Dispositionsmaxime **22,** 2
Dispositionsfreiheit **22,** 12 ff.
Dokument
– elektronisches **3a,** 3
Doppelnatur
– von Verwaltungsakten **35,** 28, 67
Doppelwirkung
– von Verwaltungsakten **35,** 27, **39,** 10, **43,** 4
Drittanfechtung **50,** 1
– Begründetheit **50,** 6
– Rechtsfolge **50,** 8
– Zulässigkeit **50,** 6
Drittwirkung
– von Verwaltungsakten **35,** 27, **37,** 25b, **39,** 10, **49,** 29, **50,** 4
Duldungsverfügung **35,** 40

Ehrenamtliche Tätigkeit
– Abberufung aus wichtigem Grund **86,** 3
– Aufsichtsbehörde **84,** 16
– Aufwendungsersatz **85,** 2
– Aussagegenehmigung **84,** 12 f.

– Außenverhältnis **81,** 1
– Entschädigung **85,** 1 ff.
– Freiwilligkeit **82,** 1 f.
– Gutachtenerstattung **84,** 14
– Geheimhaltungsbedürftigkeit **84,** 10
– Haftung für Schäden **83,** 9 f.
– Hinderungsgründe **87,** 3
– Innenverhältnis 81, 1
– Niederlegung **86,** 2
– offenkundige Tatsachen **84,** 9
– Ordnungswidrigkeit **87,** 1 ff.
– Pflichtverletzung, **86,** 4
– Remonstration **84,** 6
– Unfallversicherung **85,** 4
– Unwürdigkeit **86,** 5
– Verdienstausfall **85,** 1
– Zeugenaussage **84,** 13
– Verpflichtung **83,** 5
– Verschwiegenheit **84,** 4 ff.
– Verschwiegenheitspflicht **84,** 1 ff.
– Versicherungsschutz **83,** 11
– vorsätzliche u. fahrlässiges Handeln **87,** 3
– Wahrnehmung berechtigter Interessen **84,** 15
eigene Angelegenheiten **1,** 15, 21, **4,** 10
Einfachheit **9,** 6
Eingriffsverwaltung **35,** 6
einheitliche Stelle **71a,** 1, 6
– Anwendbarkeit **71a,** 2 ff.
– Auskunftspflichten **71a,** 9, 71c, 2 ff.
– Auslandsübermittlung **71b,** 14
– Bekanntgabefiktion **71b,** 14
– Beratungspflichten **71a,** 9
– Betreuungspflicht **71b,** 9
– Eingangsfiktion **71b,** 5
– elektronische Verfahrensabwicklung **71e,** 1 ff.
– Empfangsbevollmächtigter **71b,** 15
– Entgegennahmepflicht **71b,** 2
– Fachgesetze **71a,** 4, 7
– Fürsorgepflicht **71b,** 9
– Informationspflichten **71c,** 1 ff.
– Mitteilungspflichten **71b,** 10
– Unterstützung **71d,** 1 ff.
– unvollständige Unterlagen **71b,** 8
– Verfahren **71a,** 8
– Verfahrensabwicklung **71b,** 12
– Verhältnis zur zuständigen Behörde **71a,** 10, **71b,** 1
– Weiterleitungspflicht **71b,** 2
– Zugangsfiktion **71b,** 4
– Zuständigkeitsregelung **71b,** 13
Einrichtungen **2,** 5
Einvernehmen **35,** 48
Einzelfall s. Verwaltungsakt
elektronische Dokumente
– Beweiskraft **3a,** 25
– De-Mail **3a,** 11d f.
– Identitätsnachweis **3a,** 11b f.
– Rechtsbehelfsbelehrungspflicht **37,** 25
Elektronische Kommunikation **3a,** 1 ff.
– Nachweis **3a,** 31
– Öffnungsklausel **3a,** 24
– Überprüfung **3a,** 31
– Elektronischer Verfahrensablauf **33,** 7a
Empfangsbestätigung
– Inhalt **71b,** 7
– qualifizierte **71b,** 6
Empfangsbevollmächtigter s. Bevollmächtigung
Entschädigungsanspruch **38,** 13
– Ausschluss **50,** 8
Entscheidung s. Verwaltungsakt
Entschließungsermessen **40,** 5
Ergänzungsbescheid **35,** 38a
Erklärungstheorie **43,** 19
Ermächtigungsgrundlage **35,** 6, **36,**
– im Subventionsrecht **35,** 7
Erläuterungen **36,** 5
Erledigung **43,** 23 ff.
Ermessen **40,** 1 ff.
– Anspruch **40,** 32
– Ausübung **40,** 21 f.
– Auswahlermessen **40,** 5
– Begriff **40,** 4

– Entschließungsermessen **40,** 5, **48,** 11
– Fehler 40, 24 ff.
– Gleichheitsgrundsatz **40,** 15
– Grenzen **40,** 14 ff.
– intendiertes **39,** 6, **40,** 10
– Nachschieben von Gründen **39,** 6a
– pflichtgemäßes **40,** 11, **42,** 7, **49,** 8
– Rahmenausfüllungsermessen **40,** 6
– Rechtsänderung **40,** 20a
– Rechtsfolgenseite **40,** 1, 4
– Rechtsschutz **40,** 32
– Reduzierung **40,** 23; **22** 5, **48,** 54 ff.
– Regulierungsermessen **40,** 7
– Rücknahmeermessen **48,** 5, 8 ff.
– Selbstbindung **40,** 16 ff.
– Umdeutung
– Verwaltungspraxis **40,** 19 f.
– Verwaltungsvorschriften **40,** 17 f.
– Zweck **40,** 12
Ermessensausübung **40,** 21 f.
Ermessensentscheidung **39,** 6
– Umdeutung 47,
Ermessensfehler **40,** 24 ff.
– Ermessensfehlgebrauch **40,** 28
– Ermessensnichtgebrauch **40,** 25
– Ermessensüberschreitung **40,** 29
– Ermessensunterschreitung **40,** 26
– Heilung **40,** 31
– Rechtsfolgen **40,** 30 f.
Ermessensfehlgebrauch **40,** 28
Ermessensgrenzen s. Ermessen
Ermessensnichtgebrauch **40,** 25
Ermessensreduzierung **40,** 23
– auf Null **22,** 5; **40,** 23, **48,** 9
Ermessensüberschreitung **40,** 29
Ermessensunterschreitung **40,** 26
Ermittlung s. Untersuchungsgrundsatz
Erstattung
– erbrachter Leistungen **49a,** 1 ff.
Erstattungsanspruch **48,** 14, **49a,** 1 ff., **58,** 24 ff.
– bei Eintritt einer auflösenden Bedingung **49a,** 3 ff.
– bei Unionsrechtwidrigkeit **49a,** 11
– bei VA-Rücknahme **49a,** 3 ff.
– bei VA-Widerruf **49a,** 3 ff.
– Entreicherung **49a,** 9
– Erstattungspflichtiger **49a,** 4
– Festsetzung **49a,** 5
– öffentlich-rechtlicher **35,** 7
– Rechtsschutz **49a,** 16 f.
– Umfang **49a,** 6 ff.
– verschärfte Haftung **49a,** 8
Ersuchen s. Hilfeleistungsersuchen
Europäischer Wirtschaftsraum (EWR) **8e,** 1

Fachaufsicht **35,** 49
Fälschungssicherheit
– erhöhte **3a,** 22
Feststellungsklage **44,** 29
Feststellungswirkung **43,** 11
förmliche Rechtsbehelfe **79,** 1 ff.
– Abgrenzung **79,** 5
– allgemeine Rechtsgrundsätze **79,** 20, 22
– analoge Anwendung von Rechtsvorschriften **79,** 20 ff.
– Anfechtungswiderspruch **79,** 9
– anzuwendende Rechtsvorschriften **79,** 10, 13 ff.
– außergerichtliche 79, 3
– Begriff 79, 3
– Devolutiveffekt 79, 4
– gerichtliche 79, 3
– Reformatio in peius 79, 23 ff.
– Suspensiveffekt 79, 4
– Verpflichtungswiderspruch 79, 9
– Verwirkung 79, 22
– Verzicht 79, 22
– vor Behörden 79, 7
– Vorrang spezialgesetzlicher Vorschriften 79, 11
Förmliches Verwaltungsverfahren **63 ff.**
– Ablehnung von Ausschussmitgliedern, **71,** 8

– Anhörung von Beteiligten **66,** 1, 3 ff.
– Antrag, Formerfordernis **64,** 3 ff.
– Anfechtbarkeit der Entscheidung, **70,** 1 ff.
– Anwendbarkeit **63,** 3 ff.
– Aufklärung Sachverhalt, **65,** 1
– Ausschuss, **71,** 1 ff.
– Beanstandung, **71,** 4
– Beteiligte **66,** 1
– Beweiserhebung durch Zeugen und Sachverständige **65,** 2 ff.
– Bundesgesetzliche Anordnung **63,** 7 ff.
– Eidliche Vernehmung **65,** 8
– Entscheidung der Behörde, **69,** 2
– Fragerecht **71,** 3
– Gerichtliche Entscheidung über Verweigerung **65,** 11
– Gutachten **66,** 11
– Ladung **67,** 4
– mündliche Verhandlung **67,** 3; **68,** 1 ff.
– Nichtöffentlichkeit, **68,** 2
– Niederschrift **68,** 14 ff.
– öffentliche Bekanntmachung **63,** 12; **67,** 7; **69** 5 ff.;
– Ordnung **68,** 11
– Rechtliches Gehör **66,** 1
– Teilnahme an Beweiserhebung **66,** 8
– Teilnahmeberechtigung **68,** 3
– Umlaufverfahren **71,** 5
– UVPG **63,** 5
– Verfahrenskonzentration **67,** 15
– Verfahrensfehler **67,** 16
– Verhandlungsleiter **68,** 6 ff.
– Verweigerung des Zeugnisses **65,** 5
– Verwaltungsakt **69,** 3
– Verzicht auf mündliche Verhandlung, **67,** 9
– Würdigung des Gesamtergebnisses **69,** 1 ff.
– Zustellung **69,** 5
Form **37,** 12
– automatisierter Verwaltungsakt **37,** 24
– elektronischer Verwaltungsakt **37,** 18 ff., 23
– Namenswiedergabe **37,** 18, 20
– Rechtsbehelfsbelehrung **37,** 22
– schriftlicher Verwaltungsakt **37,** 18 ff.
– Unterschrift **37,** 18, 20
– Zulässigkeit der elektronischen **3a,** 2 ff.
formales Verwaltungshandeln **35,** 15
Formblätter **22,** 15 ff.
Formfehler **45,** 1 ff., **46,** 1 ff.
– Heilung s. dort
– Unbeachtlichkeit s. dort
Formfreiheit
– Ausnahmen vom Grundsatz der **37,** 13
– Grundsatz der **35,** 23, **37,** 12
formlose Rechtsbehelfe **79,** 5
Formular **3a,** 11a; 10, 7c
– elektronisch **3a,** 11a
Fortführungsentscheidung **3,** 38
Fortsetzungsfeststellungsklage **35,** 63
Fristen **31,** 1 ff.
– Asylrecht **51,** 15a
– Ausschluss **31,** 9
– Ausschlussfrist **32,** 26 ff.
– Beginn **31,** 19
– behördliche **30,** 24
– Behördenentscheidung **32,** 30 ff.
– Berechenbarkeit **31,** 5 ff.
– Berechnung **31,** 13 ff., 25
– gesetzliche Frist **32,** 4 ff.
– Feiertage **31,** 20
– Nachsichtgewährung **32,** 34
– Organisationsverschulden **32,** 19
– Präklusion **31,** 11
– Typologie **31,** 8
– Säumnis **31,** 12
– Unzulässigkeit Wiedereinsetzung **32,** 32 f.
– Verlängerung **31,** 26 ff.
– Verschulden **32,** 8 ff.
– Vertreter, Verschulden **32,** 15 ff.
– Wiedereinsetzung **32,** 1 ff.

fristgebundenes Verfahren **71b,** 6
Frühe Öffentlichkeitsbeteiligung **25,** 26 ff.

Gefahr im Verzug **3,** 32
Geheimhaltung **30,** 1 ff.
– Agrarsubvention **30,** 13
– Anspruch **30,** 5
– befugte Offenbarung 30, 17
– betriebliche **30,** 1, 12
– Berücksichtigung **27b,** 10
– informationelle Selbstbestimmung **30,** 1, 10
– Offenbarung **30,** 14 ff.
– postmortaler Schutz **30,** 9
– unbefugte Offenbarung **30,** 21 ff.
Geheimhaltungsinteresse **39,** 15
Geheimhaltungspflicht
– gesetzliche **5,** 14
– wesensmäßige **5,** 15
Gemeinden **1,** 15, 19
– Behörden der – **2,** 9
Gemeindeverbände **1,** 15, 19
Gemeinschaftsrecht s. Unionsrecht
Genehmigungsfiktion **35,** 30, **37,** 25c, **42a,** 3 ff., **71b,** 3
– Anordnung durch Rechtsvorschrift **42a,** 5 f.
– Bearbeitungszeit **42a,** 12
– Begriff **42a,** 3
– Bescheinigung **42a,** 15
– Bestandskraft **42a,** 8 f.
– Drei-Monats-Frist **42a,** 11 f.
– Fristbeginn 42a, 13
– Fristverlängerung 42a. 14
– hinreichend bestimmter Antrag **42a,** 7
– Klagefrist **42a,** 16
– Rechtsbehelfsverfahren **42a,** 8, 10
– Rechtsfolgen **42a,** 8 ff.
– Regelentscheidungsfrist **42a,** 11
– Rücknahme **42a,** 9
– schriftliche Bescheinigung **42a,** 15
– Widerruf **42a,** 9
– Widerspruchsfrist **42a,** 16
Gerichtsverwaltung **2,** 18 f.
Gesetzesvorbehalt
– institutionell-organisatorischer **3,** 9
Gewöhnlicher Aufenthalt **15,** 3
Gleichheitsgrundsatz **40,** 15

Handeln, privatrechtliches **1,** 12 **1,** 12
Handlungsfähigkeit **12,** 1 ff.
– Ausländer **12,** 12
– Behörden **12,** 9
– betreute Personen **12,** 10
– Juristische Personen **12,** 7
– Natürliche Personen **12,** 3
– partielle Handlungsfähigkeit **12,** 6
– Pflegschaft **12,** 12
Handlungsform(en)
– gesetzliche Vorgaben **35,** 18
– neue **35,** 16
– objektiver Maßstab **35,** 20 ff.
– öffentlich-rechtliche **35,** 15 ff.
– Vermutung **35,** 19
Hausrecht **1,** 12 **1,** 8
Heilung
– andere Verfahrenserfordernisse **45,** 12 ff.
– Begründungsmängel **39,** 19
– Bekanntgabe **45,** 16
– Bekanntgabemängel **43,** 18
– Bestandskraft **45,** 16
– Ermessensfehler **40,** 31
– Formfehler **45,** 1 ff.
– Glaubhaftmachung **45,** 24
– Klageerhebung **45,** 8
– Klagerücknahme **45,** 23
– Kostenfolge **45,** 17
– Kostenverteilung **45,** 23
– letzte Tatsacheninstanz **45,** 18 f.
– Nichtverschuldens-Fiktion 45,
– Verfahrensfehler **45,** 1 ff., 12 ff.
– Widerspruch **45,** 8
Hemmung s. Verjährung
Hilfeleistung **8a,** 1 ff.
– Auswahlermessen **8a,** 7
– Begriff **8a,** 3
– elektronische Übermittlung **8a,** 9
– entsprechende Anwendung der Amtshilfevorschriften **8a,** 9 ff.

– Ersuchen **8a,** 5
– ersuchende Stelle **8a,** 4
– ersuchte Stelle **8a,** 4
– Informationsübermittlung **8d,** 2
– Kosten **8c,** 1 ff.
– Mitteilungsverpflichtung **8d** 1 ff.
– mit EU-Staaten **8a,** 2
– mit EWR-Staaten **8a,** 2; **8e** 4
– Pflicht zur **8a,** 6 f.
– Rechtsschutz **8a,** 11
– Unmittelbare Wirkung **8e** 1 ff.
– Vollstreckungshilfe **8a,** 3
Hilfeleistungsersuchen **8b,** 1 ff.
– an Behörden anderer Mitgliedstaaten **8b,** 2
– Begründung **8b,** 3, 7
– elektronische Übermittlung **8b,** 9
– Festhalten der wesentlichen Verfahrensschritte **8b,** 2
– Formerfordernisse **8b,** 4 ff.
– Übersetzung **8b,** 2
– Übersetzungspflicht **8b,** 5
– von Behörden anderer Mitgliedstaaten **8b,** 4
Hilfeleistungsverbot **8b,** 6
Hin-Kanal **3a,** 14, 15
Hinweise **36,** 5
Hinzuziehung s. Beteiligte

Identitätsnachweis **3a,** 11b f.
informales Verwaltungshandeln **9,** 12; **35,** 15
Informationspflichten **25,** 1 (s. Beratung), **71c,** 1 ff.
innerkirchlicher Bereich **2,** 6
Inkompatibilität
– technische **3a,** 26 ff.
Interessenkollison **20** 1 ff.
Internal Market Information System **8b,** 8
Internet, **27a,** 1 ff.; **27b** 1 ff.

juristische Person
– des öffentlichen Rechts **1,** 20
Justizverwaltung **2,** 18 f.

Kann-Vorschrift **40,** 8
Klagefrist
– Genehmigungsfiktion **42a,** 16
Kirchen **2,** 2
Kirchenrecht **1,** 5
Klageerhebung **45,** 8
Körperschaft **1,** 15, 16
Kosten der Hilfeleistung s. Hilfeleistung
Kostenerstattung
– Antrag **80,** 30
– Anfechtungswiderspruch **80,** 6
– Ausgangsbehörde **80,** 20
– bei erfolglosem Widerspruch **80,** 16
– bei erfolgreichem Widerspruch **80,** 11 ff.
– bei Formfehlern **80,** 15
– bei Verfahrensfehlern **80,** 15
– Bevollmächtigte **80,** 24 ff.
– Erstattungspflicht **80,** 10 ff.
– Festsetzung **80,** 29, 34
– Kostenlastentscheidung **80,** 1, 8, 12, 23, 27, 30, 32
– notwendige Aufwendungen **80,** 5, 19
– öffentlich-rechtliche Dienst- und Amtsverhältnisse **80,** 18
– Rechtsschutz **80,** 32 ff.
– Richterdienstrecht **80,** 31
– Verpflichtungswiderspruch **80,** 6
– Vorverfahren **80,** 1 ff.
– Widerspruchsbehörde **80,** 20
– Widerspruchsführer **80,** 20

Länder **1,** 15
Länderverwaltung **1,** 17 ff.
– Bestellung Vertreter von Amts wegen **100,** 2
– Konzentrationswirkung der Planfeststellung **100,** 3
– Aufgabenübertragung bei Planfeststellung **94,** 1 ff.
Landesbehörde
– oberste **1,** 18
– mittlere **1,** 18
– untere **1,** 18

Landesfinanzbehörden **2,** 8
Landesoberbehörde **1,** 18
Landeswohl **5,** 13
Lastenausgleichsrecht **2,** 16
Legalitätsprinzip **22,** 2
Leistungsklage
– allgemeine **52,** 10
Leistungsverwaltung **35,** 6
Losverfahren **92,** 6

Mandatierung **4,** 6
Massenverfahren s. Vertreter bei gleichförmigen Eingaben
Maßnahme
– hoheitliche s. Verwaltungsakt
– organschaftliche **35,** 47
– zwischen mehreren Behörden **35,** 48
Meiststimmenverfahren **92,** 5
Mitteilungspflicht **3a,** 27 f.
Mitteilungen von Amts wegen **8d,** 1 ff.

Nachholung s. Heilung
Nachprüfung
– verwaltungsgerichtliche **2,** 20
Nebenbestimmungen **36,** 1 ff.
– Akzessorietät **36,** 2
– Auflage **36,** 16 ff.
– Auflagenvorbehalt **36,** 19
– Bedingung **36,** 11 f.
– Befristung **36,** 7 ff.
– bei Ermessensentscheidungen **36,** 30
– Ermächtigungsgrundlage **36,** 20
– gebundener Verwaltungsakt **36,** 23
– Legaldefinitionen **36,** 6 ff.
– Rechtsschutz **36,** 32 ff.
– Systematik **36,** 22
– Widerrufsvorbehalt **36,** 13 ff.
– zu aufsichtsbehördlichen Entscheidungen **36,** 28
– zu Statusentscheidungen **36,** 28
– Zulässigkeit **36,** 20 ff.
– Zulassung durch Rechtsvorschrift **36,** 25 f.
– Zusicherung **38,** 13a
– zweckwidrige **36,** 31
Netze, öffentlich zugänglich **41,** 9a
Nichtförmlichkeit **10,** 1 ff.; **22,** 15 f.
Nichtigkeit **43,** 26 ff., **44,** 1 ff.
– absolute Nichtigkeitsgründe **44,** 12 ff.
– besonders schwerwiegender Fehler **44,** 6
– fehlende Zuständigkeit **44,** 11
– Feststellung auf Antrag **43,** 25, 28
– Feststellung von Amts wegen **43,** 25, 28
– Formfehler 44, 11
– Generalklausel **44,** 5
– inhaltliche Fehler **44,** 11
– Negativkatalog 44, 19 ff.
– Offensichtlichkeit **44,** 8
– Prüfungsreihenfolge **44,** 3
– Rechtsschutz **44,** 29 f.
– Teilnichtigkeit **44,** 24
– Verfahren zur Feststellung **44,** 25 ff.
– Verfahrensfehler **44,** 11
– Verstoß gegen Unionsrecht **44,** 9 f.
Notarsachen
– verwaltungsrechtliche **2,** 20
Notzuständigkeit
– Ende der **3,** 33
– örtliche **3,** 31

Öffentlich-rechtlicher Vertrag **54 ff.**
– Angebot und Annahme **54,** 21 ff.
– Anpassung **60,** 12 ff.
– Äquivalenzstörung **60,** 11
– Auslegung **55,** 1 ff.
– Austauschvertrag **54,** 11 f.; **56,** 3 f.
– clausula rebus sic stantibus **60,** 2 ff.
– culpa in contrahendo **54,** 25
– Doppelnatur Vergleichsvertrag **55,** 9
– Dritter **58,** 4 f.
– Einrede der Verwirkung **60,** 15
– Einwand unzulässige Rechtsausübung **59,** 28

– Elektronischer Vertragsschluss **57,** 12
– Erbbaurechtsvertrag **54,** 46a
– Ergänzende Vertragsauslegung **57,** 7 ff.
– Ergänzung durch BGB **62,** 1 ff.
– Erschliessungsvertrag **54,** 33
– Erstattungsanspruch **54,** 25c
– Europarecht **54,** 2; **60,** 3
– Europarechtskonforme Auslegung **62,** 9
– Gegenseitiges Nachgeben **55,** 13 ff.
– Faktisches Vertragsverhältnis **54,** 26
– Fehler des Vergleichsvertrags **55,** 22 f.
– Heilung **57,** 17
– hinkende Austauschverträge **54,** 14; **56** 4
– Koordinationsrechtlicher Vertrag **54,** 18
– Kollusion **59,** 14
– Kopplungsverbot **56,** 9 ff.; **59,** 17 ff.
– Kündigung **60,** 5; 16 ff.
– Mediation **54,** 39
– mitwirkungsbedürftiger VA **54,** 28
– Mitwirkung Behörde **58,** 8 ff.
– Nichtigkeit **59,** 6 ff.
– Obdachlosenunterkunft **54,** 45
– öffentlich-rechtlicher Erstattungsanspruch **58,** 24 ff.
– pacta sunt servanda **60,** 1
– Public Private Partnership **54,** 3, 40
– Rechtsweg **54,** 31; **54,** 31
– Reformbestrebung **54,** 3
– Rückgewährschuldverhältnis **59,** 23
– Nachhaltigkeitsziele **54,** 49
– Salvatorische Klausel **59,** 21
– Schriftform **57,** 1 ff.; **60,** 19
– Schuldanerkenntnis **54,** 29
– Sittenwidrigkeit **59,** 8
– Sonderkündigungsrecht **60,** 17 f.
– Städtebaulicher Vertrag **53,** 33
– subordinationsrechtlicher Vertrag **54,** 16
– Teilnichtigkeit **59,** 21 ff.
– Treu und Glauben **54,** 27; **57,** 13 ff.; **58,** 28 f., **59,** 6a **60,** 2 f.
– Umdeutung **59,** 22; **60** 16b
– Ungewissheit **55,** 18
– Unionsrechtskonforme Auslegung **62,** 9a
– Unterwerfungserklärung **61,** 4 ff.
– Urkundeneinheit **57,** 9 ff.
– Venire contra factum proprium **54,** 27
– Vergabevertrag **54,** 35
– Vergleichsvertrag **54,** 11 f.; **55,** 8
– Verfügungsvertrag **58,** 6
– Verpflichtungsvertrag **58,** 6
– vertragserfüllender Verwaltungsakt **59,** 30
– Vertragsformverbot **54,** 37
– Verwaltungsakt **54,** 23
– Vollstreckung **61,** 1 ff.
– Vollstreckungsverfahren **61,** 8 ff.
– vorvertragliches Schuldverhältnis, Rechtsweg **54,** 25
– Zustimmung **58,** 7
öffentliche Netze **3a,** 11c
Offizialprinzip **22,** 2
Onlinekonsultation **27c,** 6 f.
Ordnungswidrigkeiten **2,** 10
Organisationsakte **35,** 46
Organleihe **4,** 6
Organisationspostfach **3a,** 16
Organzuständigkeit **3,** 7
Opportunitätsprinzip **22,** 2

Patentanwaltssachen
– verwaltungsrechtliche **2,** 20
Planfeststellungsbeschluss **49,** 1
Planfeststellungsverfahren **72 ff.**
– Abwägungsausfall **74,** 28, 31
– Abschnittsbildung **74,** 23
– Abwägungsgebot s. Gebot planerischer Abwägung
– Abwägungsdisproportionalität **74,** 28
– Abwägungsmängel **74;** 28a; **75,** 15

– Abwägungsmaterial **74,** 32
– Abschnittsplanung **74,** 23a f.
– Antrag **73,** 9
– Anerkannte Naturschutzverbände **72,** 62; **73,** 108
– Anhörungsbehörde **73,** 114
– Anhörungsverfahren **73,** 1 ff.
– Anspruch **72,** 16 ff.
– Anspruch auf Übernahme **74,** 52 ff.
– Anstoßwirkung **73,** 51
– Aufgabe des Vorhabens **77,** 4
– Auflassungsvormerkung **73,** 74
– ausländische Nachbarn und Gemeinden **73,** 26; **74,** 30
– Auslegung d. Plans **73,** 44 ff.
– Auslegung v. Unterlagen **73,** 52
– Auswirkungen, nicht voraussehbar **75,** 26 ff.
– Außerkrafttreten d. Plans **75,** 37
– Bagatellgrenze **74,** 71
– Bauleitplanung **72,** 26
– Bedarf s. Planrechtfertigung
– Bedarfsplan **74,** 15
– Begleitplan, landschaftspflegerisch **73,** 16
– Begriff **72,** 8
– Behördenbeteiligung **73,** 25
– Behördenpräklusion **73,** 38 ff.
– Behördenzuständigkeit **73,** 8
– Bekanntgabe **74,** 58
– Bekanntmachung **72,** 78; **74,** 62 ff.
– Bekanntmachung, Internet, **27a,** 1 ff.
– Bekanntmachung, öffentliche **74,** 62
– Bekanntmachung der Auslegung **73,** 59, 67
– Benehmen **74,** 72
– Benachbartes Grundstück **75,** 32
– Betriebs- und Geschäftsgeheimnis **73,** 15
– Betroffene, nicht ortsansässig **73,** 70
– Drittschutz Abwägungsgebot **74,** 29
– Drittschützende Wirkung der Planrechtfertigung **74,** 18
– Doppelrolle der Gemeinde **73,** 30
– Duldungs- und Ausschlusswirkung **75,** 10
– Eingangsbestätigung **73,** 91a
– Einwender **18,** 2
– Einwendungsberechtigte **73,** 71
– Einwendung, Begründung **73,** 76 ff.
– Einwendung, Form, Frist **73,** 81 ff.
– Einwendung, Entscheidung **74,** 40
– Elektromagnetische Felder **74,** 32d
– Entbehrlichkeit einer Entscheidung 74, 74 ff.
– Enteignungsrechtliche Vorwirkung **72,** 40; **74,** 54, 73; **75,** 12 ff.
– Entschädigungsanspruch **75,** 11
– Entschädigungsanspruch bei fehlendem Schutz **74,** 49 ff.
– Ergänzendes Verfahren **75,** 21
– Erörterungstermin **73,** 89 ff.
– Erörterungstermin, Praxis **73,** 98
– Erörterungstermin, Teilnahmeberechtigung **73,** 106
– Freistellungsbescheid **74,** 77
– Frist von 3 Monaten **73,** 36
– Fristberechnung Klage **74,** 60
– Entschädigungsanspruch bei fehlendem Schutz **74,** 49 ff.
– Fehlerkorrektur **75,** 16
– Folgenbeseitigung **77,** 6
– Folgemaßnahmen **75,** 6
– Freistellungsbescheid **74,** 77
– Gebot der Konfliktbewältigung **74,** 12
– Gebot planerischer Abwägung **74,** 27
– Gemeinde **73,** 30, 67; **74** 32b
– Genehmigungswirkung **75,** 5
– Gegenstände **72,** 11
– Geldentschädigung **75,** 32 ff.
– Gestaltungswirkung **75,** 9
– Grundsatz der Problembewältigung **74,** 36
– Grundstücke **73,** 76a

– Informelle Beratung **73,** 22
– Infrastrukturbeschleunigungsgesetz **72,** 4
– Institutionelle Befangenheit **73,** 8
– Internet **74,** 58a
– Klimaschutz **74,** 27b f.; 36 ff.
– Kollision **76,** 6
– Konzentrationswirkung **72,** 5, 10; **75,** 7
– Lärmminderungskonzept **73,** 108a
– Linienbestimmung, **72,** 29
– Materielle Präklusion **73,** 85
– Mitwirkung **72,** 62 ff.
– Nachträgliche Schutzvorkehrung **75,** 22 ff.
– Planänderung **73,** 106 ff.
– Planänderung vor Fertigstellung **76,** 1 ff.
– Planänderung, unwesentliche Bedeutung **76,** 7 f.
– Planbefolgungsanspruch **74,** 10
– Plangenehmigung **74,** 74 ff.
– Planergänzung **74,** 45, **75,** 20
– Planerhaltung **75,** 15e
– planerische Abwägung **74,** 27
– planerische Gestaltungsfreiheit, **74,** 12
– Planfeststellungsfiktion **72,** 67
– Planfeststellungsbehörde **74,** 3
– Planfeststellungsbeschluss **74,** 9
– Planfeststellungsverfahren, vereinfachtes **76,** 11
– Planrechtfertigung **72,** 20; **74,** 13 ff.
– Planrechtfertigung, Drittschutz **74,** 18
– Planungsermessen **74,** 11
– Planungsleitsätze **74,** 25
– Planungstorso **74,** 24
– Präklusion**73,** 83a ff.
– Präklusion bei Einigung **73,** 97
– Presse **73,** 107
– Raumplanung, **72,** 24
– Rechtliches Gehör **73,** 7 f.
– Rechtsmissbrauch **73,** 75
– Schallschutzvorkehrung **74,** 47
– Schlafstörung **74,** 47
– Schutzauflage, Entscheidung **74,** 41 ff.
– Sperrgrundstück **73,** 73
– Standortalternative **74,** 34 ff.
– steckengebliebenes Vorhaben **77,** 2
– Stellungnahmen von Vereinigungen **73,** 75
– Stichtag, Entschädigung **74,** 53
– Schutzauflagen **74,** 41 ff.
– Umweltverträglichkeitsprüfung **72,** 33 ff., **73,** 20, **74** 69, **76,** 8
– Umweltrechtsbehelfsgesetz, **72,** 36 ff.
– Umweltinformationsgesetz **72,** 56 ff.
– unrealisiertes Vorhaben **77,** 2
– Unterlagen **73,** 13
– Verhältnis zu § 906 II BGB **74,** 43
– Verkehrswert **74,** 51 ff.
– Verkehrsprognose **73,** 53e
– Verschattung **74,** 51
– Verzicht auf Auslegung **73,** 65 ff.
– Verzicht, Erörterungstermin **73,** 103
– Voraussehbare Auswirkungen **75,** 27 ff.
– Vorbehaltsentscheidung **74,** 55
– Vorgelagerte Entscheidungen **72,** 23
– Vorkehrungen **74,** 44
– Vorwirkungsrechtsprechung **72,** 30
– Wesentliche Bedeutung **74,** 75
– Zeichnungen **73,** 13
– Zielkonformität **74,** 15
– Zusammentreffen von Vorhaben **78,** 1. ff
– Zusicherung **72,** 65
– Zustellungsfiktion **74,** 61
– Zuständigkeitskonzentration **78,** 10
Planungsspielraum **39,** 6
Präklusion, materielle **73,** 84 ff., 86a
Prioritätsprinzip **3,** 19; 10,
Prognoseentscheidungen s. Beurteilungsspielraum

Prüfungsentscheidungen s. Beurteilungsspielraum
Prüfungsnoten **35,** 42a
Prüfungsverwaltung **2,** 21
Pseudonym **3a,** 11

Rahmenausfüllungsermessen **40,** 6
Realakt **35,** 36
Recht
– ortsgebundenes **3,** 12
Rechtsaufsicht **35,** 49
Rechtsbehelfsbelehrung **37,** 22, 27 f.
– bei Genehmigungsfiktion **37,** 25c
Rechtsbehelfsfrist **37,** 28
Rechtsbehelfsverfahren **42a,** 8, 10
Rechtsdienstleistungen s. Bevollmächtigung
Rechtliches Gehör
– Förmliches Verwaltungsverfahren, **66,** 1
Rechtsbehelf **79,** 1 ff.
– förmlicher s. dort
Rechtsbehelfsverfahren **50,** 1
Rechtshilfe **2,** 12
Rechtsschutz
– vorläufiger **35,** 64
Rechtsstaatsprinzip **35,** 5
Rechtsverhältnis
– ortsgebundenes **3,** 12
Rechtswidrigkeit
– formelle **3,** 35
– offensichtliche **48,** 9
Rechtswirksamkeit **36,** 10
Reformatio in peius **79,** 23 ff.
Regelung s. Verwaltungsakt
Register
– öffentliche **35,** 35
Regulierungsermessen **40,** 7
Religionsgemeinschaften **2,** 3
Richterdienstrecht **2,** 13, **80,** 4, 31
Risikoentscheidungen s. Beurteilungsspielraum
Rückgabe **52,** 1 ff.
– Besitzer **52,** 7
– Ermessen **52,** 6
– Inhaber **52,** 7
– Herausgabepflichtiger **52,** 7
– Rechtsschutz **52,** 9 f.
– Sachen **52,** 5
– (selbständiges) Verfahren **52,** 4
– Urkunden **52,** 5
– Wiederaushändigung **52,** 8
Rücknahme **43,** 21
– Abgrenzung **48,** 15 ff., **79,** 8
– Abwägung **48,** 38
– arglistige Täuschung **48,** 33
– Bestechung **48,** 33
– Beweislast **48,** 61
– die Leistungsgewährung voraussetzender VAe **48,** 23 f.
– Drittanfechtung **50,** 1 ff.
– Drohung **48,** 33
– Ermessen **48,** 5
– Ermessensreduzierung auf Null **48,** 9
– Erstattungsansprüche **48,** 14, **49a,** 3 ff., **50,** 8
– fingierter VA **42a,** 9
– für die Vergangenheit **48,** 13, 37
– für die Zukunft **48,** 13
– geldgewährender VAe **48,** 21
– Genehmigungsfiktion **42a,** 9
– Jahresfrist **48,** 46 ff.
– Kenntnis der Rechtswidrigkeit **48,** 35
– Kosten **48,** 17
– leistungsgewährender VAe **48,** 20
– Pflicht **48,** 9
– Rechtsbehelfsverfahren **50,** 1 ff.
– Rechtsschutz **48,** 57 ff.
– rechtswidriger begünstigender VAe **48,** 4, 19 ff.
– rechtswidriger belastender VAe **48,** 4
– sachleistungsgewährender VAe **48,** 22
– Schadenersatz **48,** 43 ff.
– schutzwürdiges Vertrauen **48,** 28, 42
– sonstiger begünstigender VAe **48,** 39 ff.
– teilweise **48,** 12
– unionsrechtswidriger VAe **48,** 54 ff.

– unrichtige Angaben **48,** 34
– unvollständige Angaben **48,** 34
– unzumutbare Nachteile **48,** 31
– Verjährung **48,** 62a
– Vermögensnachteil **48,** 41
– Vertrauensschutz **48,** 25 ff., 41
– Verzinsungsansprüche **48,** 14, **49a,** 1, 12 ff.
– Vorabentscheidung des EuGH **48,** 62
– zeitnahe **48,** 18
– Zuständigkeit **48,** 52 f.

Sachbescheidungsinteresse **22,** 11
Sachverhaltsermittlung s. Untersuchungsgrundsatz
Sachzusammenhang **1,** 11
Satzung, **17,** 1a
Schiedsstellen **2,** 14
Schlüsselzeichen s. Begründung
Schuldrechtsmodernisierungsgesetz **53,** 9
Schriftform **3a,** 6, **49a,** 5
Schulrecht **35,** 42a, 53
Selbstbindung **40,** 16 ff.
Selbsteintrittsrecht **3,** 36
Siegel
– Begriff **3a,** 19
– Beweiskraft **3a,** 20
– Fälschungssicherheit **3a,** 22
– qualifiziertes elektronisches **3a,** 18 f.
– Verbindung **3a,** 21
Signatur
– einfache **3a,** 13
– Ersetzung der Schriftform **37,** 21
– qualifizierte elektronische **3a,** 6, 8 ff.
Sittenwidrigkeit **59,** 9
Stempel der Verwerflichkeit **59,** 9
Sitz **3,** 16; **15,** 6
– Verlagerung **3,** 16a
Sonderrechtstheorie **1,** 10
Soll-Vorschrift **40,** 9
Sonder-(status-)verhältnis **35,** 51
Sozialgesetzbuch
– Verfahren nach dem **2,** 15
Stadtstaatenklausel **101,** 1
Standardmaßnahmen
– polizeiliche **35,** 40
Statusentscheidungen **36,** 28
Stiftung **1,** 15, 16
Stimmabgabe
– geheim **92,** 4
Stimmboten 91, 3
Stimmengleichheit **92,** 6
Stimmenmehrheit **91,** 1
Stimmberechtigung **91,** 2
Stimmenwichtung **91,** 6
Strafverfolgung **2,** 10
Subjektstheorie s. Sonderrechtstheorie
Subordinationstheorie **1,** 9
Subsidiarität **1,** 24 ff., **48,** 2
Subsidiaritätsprinzip **1,** 22, 26
Subsidiaritätsklausel **1,** 23
Subvention
– Unionsrechtswidrigkeit **35,** 7
Subventionsrecht **35,** 7, **40,** 13, **48,** 57
supranationales Recht **1,** 5
Suspensiveffekt **35,** 64, **48,** 57, **49,** 39, **49a,** 17, **79,** 4
Sustainable Development Goal(s) **40,** 21a, 37a

Termine s. Fristen
Tätigkeit
– andere dauerhafte **3,** 13
Tatbestandswirkung **43,** 9
Teilnichtigkeit s. Nichtigkeit
Telefonkonferenz **27c,** 1 ff.
Transactio **55,** 3

Überleitung **96,** 1 ff.
– analoge Anwendung **96,** 2
– Fristberechnung **96,** 9
– Rückwirkung **96,** 6
– Vorverfahrenskosten **96,** 10
– Weiterführung **96,** 4 ff.
– Zulässigkeit von Rechtsbehelfen **96,** 7 f.
Umdeutung **47,** 1 ff., **51,** 4
– Anhörung **47,** 15

– Ausschlussgründe **47,** 8 ff.
– Bestandsschutz **47,** 12
– Ermessensentscheidungen **47,** 13 f.
– fehlerhafter Verwaltungsakt **47,** 2
– gleiche Form **47,** 6
– gleiches Verfahren **47,** 6
– gleiches Ziel **47,** 4
– gleiche Zuständigkeit **47,** 6
– materielle Rechtmäßigkeit **47,** 7
– Regelungsgehalt **47,** 1, 3
– Regelungsziel **47,** 1, 3
– Vertrauensschutz **47,** 12
– Zuständigkeit **47,** 16
Umweltverträglichkeitsprüfung **46,** 2a
Unbeachtlichkeit
– Begründungsfehler **46,** 8
– fehlende örtliche Zuständigkeit **46,** 1, 9
– Formfehler **46,** 1, 8
– offensichtliche Irrelevanz **46,** 10 f.
– Rechtsfolgen **46,** 12 f.
– Verfahrensfehler **46,** 1, 5 ff.
Unionsrecht **45** 2a, **46,** 1a
– direkter Vollzug **44,** 9
– indirekter Vollzug **44,** 10
Unionsrechtswidrigkeit
– einer Subvention **35,** 7, **48,** 54 ff., **49a,** 11
Unrichtigkeit **42,** 1 ff.
– Begriff **42,** 3
– Berichtigung **42,** 5 ff.
– offenbare **42,** 4
– Rechtsschutz **42,** 10 f.
Unternehmen **3,** 13
Unterschrift **37,** 18, 20
– eingescannte **64,** 5
Untersuchungsgrundsatz **24,** 1 ff.
– Aktenführung **24,** 54 ff.
– Aufklärungsermessen **24,** 8
– Augenscheineinnahme **26,** 29 f.
– Automatisierung **26,** 55a
– Auskunft **26,** 19 ff.
– Auskunftsverweigerungsrecht **26,** 5 ff.
– Belehrungspflicht **27,** 11 f.
– Beweisantrag **24,** 34a
– Beteiligte **24,** 22 ff.
– Beweiserhebung **26,** 2 ff.
– Beweislast **24,** 16a, 34 ff.
– Beweismaß **24,** 31 ff.
– Beweismittel **26,** 17
– Beweisverwertungsverbot **24,** 46 ff.
– Beweiswürdigung **24,** 29 ff.
– Bußgeldverfahren **24,** 55a
– Dispositionsmaxime **24,** 6
– Eidesunfähigkeit **27,** 6
– Einbürgerungsbewerber **24,** 23a
– Entgegennahme **24,** 58 ff.
– Ermittlungsverbote **24,** 19 ff.
– Fachgespräch **24,** 27a
– Fehlerhafte Ermittlung **24,** 51 ff.
– Fernwirkung eines Beweiserhebungsverbots **24,** 49
– fruit of the poisonous tree-doctrine **24,** 49
– Grenzen Beweiserhebung **26,** 10 ff., **26,** 16
– Kosten der Ermittlung **24,** 64 ff.
– Mitwirkung von Beteiligten **24,** 21c ff., **26,** 21 ff.
– Niederschrift **27,** 13
– non-liquet **24,** 36
– Normungsgremien **26,** 13 f.
– Obergutachten **24,** 17
– Online-Durchsuchung **24,** 21
– offenkundige Tatsache **26,** 12
– präjudizielle Wirkung **24,** 30
– Prüfungsrecht **24,** 40
– Sachverständige **24,** 16 ff.; **26,** 25, 31
– Sachverhaltsermittlung **24,** 7, 10 ff.
– Schätzung **24,** 13
– Stand von Wissenschaft und Technik **24,** 11a
– Umkehr der Beweislast **24,** 39 ff.
– Unfrankierte Sendung **24,** 60 ff.
– Urkunden und Akten **26,** 28
– Technische Regelwerke **24,** 15; **26,** 13
– Vermögensverzeichnis **27,** 4
– Vermutung **26,** 15

– Versicherung an Eides Statt **27,** 1. ff
– Verwaltungspraktikabilität **24,** 13
– Weiterleitung **24,** 62 f.
– Wissenschaftliche Meinungen **24,** 18
– Zeugen **26,** 24, 31

Verbände **2,** 5
Verbandszuständigkeit **3,** 8
Verbot der Erledigung von Hilfeleistungsersuchen s. Hilfeleistungsverbot
Verfahren
– elektronisches **3a,** 1 ff., **71e,** 1 ff.
– förmliches **63,** 1 ff.
– fristgebundenes **71b,** 6
– gestuftes **35,** 37
– nichtförmliches **9,** 3 ff.
– sichere **3a,** 24
Verfahrensfehler **45,** 1 ff., **46,** 1 ff.
– fehlerhafte Ausschussbesetzung **46,** 10a
– Heilung s. dort
– Unbeachtlichkeit s. dort
Verfahrenshandlungen **35,** 9, 37
Verfügung s. Verwaltungsakt
Vergabekammer **20,** 30b
Verhältnismäßigkeit **36,** 30, **40,** 22, **49,** 28
Verjährung
– Abgrenzung **53,** 25 ff.
– Analogie **53,** 6
– Anwendbarkeit **53,** 5
– Begriff **53,** 4
– dreißigjährige Verjährungsfrist **53,** 24 f.
– Durchsetzungs-VA **53,** 13
– Feststellungs-VA **53,** 13
– Hemmung **53,** 1 ff.
– Hemmungsbeginn **53,** 14
– Hemmungsende **53,** 14
– Hemmungsgründe **53,** 17 ff.
– Hemmungswirkung **53,** 15
– kurze Verjährungsfrist **53,** 7 ff.
– öffentlich-rechtliche Rechtsträger **53,** 12
– regelmäßige **53,** 7
– Rückforderungsanspruch **48,** 62a
– Rücknahmeanspruch **48,** 62a
– Schuldrechtsmodernisierungsgesetz **53,** 9
– Überleitung aufgrund Schuldrechtsmodernisierung, **102,** 1
– Unterbrechung, **53,** 16, **102,** 6
– unvordenkliche Verjährung **53,** 26
– vermögensrechtliche Ansprüche **53,** 11
Vermögen
– unbewegliches **3,** 13
Verpflichtungsklage **35,** 62 ff., 70, **37,** 15, **44,** 29, **45,** 21, **46,** 15, **48,** 61
Versicherung an Eides Statt s. Untersuchungsgrundsatz
Verteidigungsangelegenheiten
– Spannungsfall **95,**
– Bündnisfall **95,** 3
Vertrag
– öffentlich-rechtlicher **1,** 12
Vertrauen **48,** 25 ff., **49,** 1
– Ausschluss **48,** 32 ff., **50,** 8
– Drittanfechtung **50,** 1 ff.
– Regelbeispiele **48,** 29 ff.
– Schutzwürdigkeit **48,** 28
Vertrauensschutz s. Vertrauen
Vertreter bei gleichförmigen Eingaben **17,** 1 ff.
– bare Auslagen **19,** 8
– Bestellung eines Vertreters **17,** 18; **18** 3 ff.
– Erlöschen **17,** 16 f.; **18** 8
– gemeinsamer Vertreter **17,** 2
– gesetzliche Fiktion **17,** 11
– gleichförmige Eingabe **17,** 5 ff.
– Massenverfahren **17,** 1, **18** 1 ff.
– Umfang der Vertretungsmacht **19,** 6 ff.
– Schuldverhältnis **19,** 2
– Vergütung **19, 8**
– Weisungsfreiheit **19,** 1, 7
– Zurückweisung **17,** 14
Vertretung von Amts wegen **16,** 1 ff. (s. auch Bevollmächtigung)

– herrenlose Sache **16,** 12
– Betreuungsgericht **12,** 10; **16,** 13
– Betreuungs- und Pflegschaftsrecht **16,** 19
– Vergütung **16,** 14 ff.
– unbekannter Aufenthalt **16,** 6
– unbekannter Beteiligter **16,** 5
Vertretungen s. Auslandsvertretungen
Verwaltungsakt **35,** 1 ff.
– Allgemeinverfügung **35,** 56 ff.
– auf dem Gebiet des öffentlichen Rechts **35,** 32
– Aufhebung s. dort
– Auftragsverwaltung **35,** 49
– Auslegung **37,** 3
– Außenwirkung **35,** 45
– automatisierter **37,** 24, **39,** 14
– Beamtenrecht **35,** 52
– befehlender **35,** 26
– Begründung **39,** 1 ff.
– begünstigender **35,** 24, **39,** 10
– Bekanntgabe **35,** 60, **41,** 1 ff., **45,** 16
– belastender **35,** 24
– Benehmen **35,** 48
– Berichtigung **42,** 5 ff.
– Bestandskraft **43,** 13 ff., **45,** 16
– Bindungswirkung **43,** 6 ff.
– Dauerwirkung **35,** 34
– dinglicher **35,** 25
– Drittanfechtung **50,** 1 ff.
– Doppelnatur **35,** 28, 67
– Doppelwirkung **35,** 27, **37,** 26, **39,** 10, **43,** 4
– Drittwirkung **35,** 27, **39,** 10, **49,** 29
– Einvernehmen **35,** 48
– Einzelfall **35,** 43
– elektronischer **41,** 9a
– Erledigung **43,** 21 ff.
– endgültiger **35,** 24
– Entscheidung **35,** 29
– Erhaltung **42,** 1
– Ermächtigungsgrundlage **35,** 6
– Fachaufsicht **35,** 49
– fehlerhafter **47,** 2
– feststellender **35,** 8, 26, 35, **48,** 24
– Feststellungswirkung **43,** 11
– fiktiver **35,** 55, **42a,** 1 ff.
– formaler **35,** 21, 54
– formeller **35,** 21, 54
– Formfreiheit **35,** 23
– förmliches Verfahren s. Förmliches Verfahren
– Genehmigungsfiktion **35,** 30
– gleichartiger **39,** 14
– hinreichende Bestimmtheit **37,** 1 ff.
– hoheitliche Maßnahme **35,** 29
– im Unionsrecht **35,** 4
– Ketten-Verwaltungsakt **36,** 8
– Konkretisierungsfunktion **35,** 11
– mehrstufiger **35,** 49, **44,** 23
– mitwirkungsbedürftiger **35,** 29; **22,** 12 f.
– Mitwirkungshandlungen **35,** 49
– Nebenbestimmungen **36,** 1 ff.
– Nicht-Verwaltungsakt **35,** 22, **44,** 2
– nichtiger VA s. Nichtigkeit
– offenbare Unrichtigkeit **42,** 1 ff.
– Organisationsakte **35,** 46
– organschaftliche Maßnahmen **35,** 47
– personenbezogener **35,** 25
– privatrechtsgestaltender **35,** 26
– Prozessrecht **35,** 2
– Rechtsaufsicht **35,** 49
– rechtsgestaltender **35,** 26
– Rechtsschutz **35,** 61 ff.
– Rechtsschutzfunktion **35,** 14
– Rechtsstaatsprinzip **35,** 5
– rechtswidriger **48,** 6
– Regelung **35,** 34 ff.
– Regelungsfunktion **35,** 12
– Rücknahme s. dort
– sachbezogener **35,** 25
– Schulrecht **35,** 53
– Sonder-(status-)verhältnis **35,** 51
– statusrechtlicher **48,** 18
– Tatbestandswirkung **43,** 9
– Teilakte **35,** 38
– transnationaler **35,** 4

– unanfechtbarer **48,** 7, 10, **51,** 4
– unwirksamer **52,** 3
– unionsrechtswidriger **48,** 54 ff.
– Verfahrensfunktion **35,** 10
– Verfügung **35,** 29
– vertragserfüllender **59,** 30
– Vollstreckungsfunktion **35,** 13
– Vollziehbarkeit **43,** 12
– vorläufiger **35,** 24, 39, **36,** 4
– vorsorglicher **35,** 24
– Widerruf s. dort
– Wirksamkeit **36,** 10, **43,** 1 ff., s. auch dort
– Wirksamkeitsfunktion **35,** 12
– Zugang **41,** 5
– Zustellung **41,** 2, 15
– Zustimmung **35,** 48
Verwaltungsaktqualität
– von Maßnahmen im Verwaltungsverfahren **35,** 9, 37
Verwaltungshandeln
– in Privatrechtsform **4,** 4
Verwaltungshilfe **1,** 32
Verwaltungspraxis **40,** 19 f.
Verwaltungstätigkeit,
– Begriff **1,** 4
– materielle **1,** 30
– öffentlich-rechtliche **1,** 3, 6
Verwaltungsunterbau **1,** 16
Verwaltungsverfahren **9,** 1 ff.
– Beendigung **9,** 21
– Beginn **9,** 15
– Begriff **9,** 3
– Beteiligte **9,** 27
– Gegenstand **9,** 22
– Teilregelungen **9,** 23
– Nichtförmlichkeit **10,** 3
– verwaltungsinterne Willensbildung **9,** 7
– informelles Handeln **9,** 13 ff.
Verwaltungsvorschriften
– Außenwirkung **40,** 18
– ermessenslenkende **40,** 17
Verwirkung **53,** 27
Verzicht **53,** 28
Verzinsung
– erbrachter Leistungen **49a** 1 ff.
– Rechtschutz **49a,** 16 f.
Verzinsungsanspruch **48,** 14, **49a,** 12 f.
– Absehen **49a,** 13
– Verjährung **49a,** 18
– Videokonferenz **27c,** 1 ff.
Völkerrecht **1,** 5, **2,** 11
Vollmacht s. Bevollmächtigung
Vollstreckungshilfe **4,** 6, 11, **8a,** 3
Vollzugshilfe **4,** 6, 11
Vorbereitungshandlungen **35,** 9, 37
Vorverfahren **79,** 26 ff.
– Anspruch auf **79,** 39
– Begründetheit **79,** 36 ff.
– Kostenerstattung s. dort
– Statthaftigkeit **79,** 28
– Zulässigkeit **79,** 27

Wahlstelle **92,** 7
weisungsfreie Gremien und Ausschüsse s. Beurteilungsspielraum
Weisungsverhältnis **4,** 9
Weltanschauungsgemeinschaften **2,** 4
Werktag, 15, 10
Widerruf **43,** 21, **49,** 1 ff.
– Abgrenzung **79,** 8
– Auflagennichterfüllung **49,** 12 f., 25
– Ausschluss **49,** 5 ff.
– Beseitigung schwerer Gemeinwohlnachteile **49,** 21
– Drittanfechtung **50,** 1 ff.
– Entschädigung **49,** 32 ff.
– Ermessen **49,** 8, 27, 41
– Erstattungsanspruch **49a,** 3 ff., **50,** 8
– fingierter VA **42a,** 9
– für die Zukunft **49,** 4
– geänderte Rechtsvorschrift **49,** 17 ff.
– Genehmigungsfiktion **42a,** 9
– Jahresfrist **49,** 22
– nachträglich eingetretene Tatsachen **49,** 14 ff.

– rechtmäßiger begünstigender VAe **49,** 9 ff., 23 ff.
– rechtmäßiger nicht begünstigender VAe **49,** 3 f.
– Rechtsbehelfsverfahren **50,** 1 ff.
– Rechtsschutz **49,** 39 ff.
– Rechtssicherheit **49,** 1
– VA mit Drittwirkung **49,** 29
– Verhältnismäßigkeit **49,** 28
– Verhütung schwerer Gemeinwohlnachteile **49,** 21
– Vertrauensinteresse **49,** 35
– Vertrauensschutz **49,** 1
– Verzinsungsanspruch **49a,**
– vorbehaltener **49,** 10
– Unzulässigkeit **49,** 7
– Wirksamwerden **49,** 30
– zugelassener **49,** 10
– Zuständigkeit **49,** 31
– zweckwidrige Verwendung **49,** 24
Widerrufsvorbehalt **36,** 13 ff.
Widerspruch **44,** 30, **45,** 8, 21, **46,** 15, **48,** 3, 57, **49,** 39, **49a,** 17, **50,** 5, **52,** 9
– Ausgangsbehörde **79,** 35
– Begründetheit **79,** 36 ff.
– Durchführungsanspruch **79,** 39
– elektronisch **37,** 25a
– Frist **79,** 34
– Form **79,** 34
– Statthaftigkeit **79,** 28 ff.
– Widerspruchsbehörde **79,** 35
– Widerspruchsbefugnis **79,** 35
– Zulässigkeit **79,** 27
Widerspruchsfrist **79,** 34
– Genehmigungsfiktion **42a,** 16
Widmung **3a,** 5
Wiederaufgreifen **51,** 1 ff.
– Abgrenzung **79,** 8
– Änderung der Rechtslage **51,** 8
– Änderung der Sachlage **51,** 7
– Antrag **51,** 5
– Antragsfrist **51,** 15
– Bestandskraft **51,** 2
– gestuftes Verfahren **51,** 3
– grobes Verschulden **51,** 14
– neue Beweismittel **51,** 10
– Rechtssicherheit **51,** 2
– unanfechtbarer VA **51,** 4
– Wiederaufnahmegründe entsprechend 580 ZPO **51,** 12
– zuständige Behörde **51,** 6, 16 f.
Wiedereinsetzung in den vorigen Stand s. Fristen
Wiedergutmachungsrecht **2,** 17
Wirksamkeit **43,** 1 ff.
– äußere W. **43,** 3
– Aufhebung **43,** 21
– Beginn **43,** 16 ff.
– Begriff **43,** 3 ff.
– Bestandskraft **43,** 13 ff.
– Bindungswirkung **43,** 6 ff.
– Dauer **43,** 20 ff.
– Erledigung **43,** 23 ff.
– Feststellungswirkung **43,** 11
– innere W. **43,** 5
– mehrere Beteiligte **43,** 17
– nichtiger VA **43,** 26
– Rücknahme **43,** 21
– Tatbestandwirkung **43,** 9 f.
– unwirksamer VA **52,** 3
– VA mit Doppelwirkung **43,** 4
– Vollziehbarkeit **43,** 12
– Widerruf **43,** 21
Wirksamkeitserfordernis **3a,** 31
Wirtschaftsunternehmen
– kommunale **1,** 33
– staatliche **1,** 33
Wissenserklärung **35,** 41

Zentralstelle **1,** 16
Zeiterfassungssystem, 10, 7b
Zeugnisnoten **35,** 42a
Zinsen s. Verzinsung
Zügigkeit **9,** 8, **71d,** 2
Zugangseröffnung **3a,** 4
– bei Behörden **3a,** 5a
Zugangsfiktion **71b,** 4
Zusage **38,** 2 f.
Zusicherung **38,** 1 ff.
– Anhörung der Beteiligten **38,** 10
– Anspruch **38,** 9
– Begründungspflicht **39,** 2

– Ende der Bindungswirkung **38,** 12 f.
– Ermessen **38,** 8
– fehlerhafte **38,** 11
– Mitwirkung anderer Behörden **38,** 10
– Nebenbestimmung **38,** 13a
– Planfeststellungsverfahren s. Planfeststellungsverfahren
– Rechtsnatur **38,** 5, 14
– Schriftformerfordernis **38,** 7
– Verbindlichkeit **38,** 4
– zuständige Behörde **38,** 6
Zuständigkeit
– Anknüpfungspunkte **3,** 10 ff.
– bei Verlagerung **3,** 16a
– funktionelle **3,** 3
– instanzielle **3,** 4
– örtliche **3,** 1 ff., **44,** 11, 15, **46,** 1, 9, 14
– mehrere Behörden **3,** 18 ff.
– sachliche **3,** 6
Zuständigkeitsfehler
– richtiger Beklagter **46,** 14
– Unbeachtlichkeit s. dort
Zuständigkeitswechsel **3,** 26
– im Laufe des Verfahrens **3,** 27
– Verfahrensfortführung bei **3,** 28
Zustellung **41,** 2, 15
Zustimmung **35,** 48
– bei Zuständigkeitswechsel **3,** 29
– Folge der Versagung **3,** 30
Zwangsmittel
– Androhung **35,** 40
– Festsetzung **35,** 40
Zweckmäßigkeit **9,** 6, **79,** 38
Zwei-Stufen-Theorie **35,** 33
Zwischenzinsen **49**